MEYERS
GROSSES
TASCHEN-
LEXIKON
Band 17

MEYERS GROSSES TASCHENLEXIKON

in 24 Bänden

Herausgegeben und bearbeitet von
Meyers Lexikonredaktion
2., neu bearbeitete Auflage

Band 17:
Pers – Pup

B.I.-TASCHENBUCHVERLAG
Mannheim/Wien/Zürich

Chefredaktion:
Werner Digel und Gerhard Kwiatkowski

Redaktionelle Leitung der 2. Auflage:
Klaus Thome

Redaktion:
Eberhard Anger M. A., Dipl.-Geogr. Ellen Astor,
Dipl.-Math. Hermann Engesser, Reinhard Fresow, Ines Groh,
Bernd Hartmann, Jutta Hassemer-Jersch, Waltrud Heinemann,
Heinrich Kordecki M. A., Ellen Kromphardt, Wolf Kugler,
Klaus M. Lange, Dipl.-Biol. Franziska Liebisch, Mathias Münter,
Dr. Rudolf Ohlig, Ingo Platz, Joachim Pöhls, Dr. Erika Retzlaff,
Hans-Peter Scherer, Ulrike Schollmeier, Elmar Schreck,
Kurt Dieter Solf, Jutta Wedemeyer, Dr. Hans Wißmann,
Dr. Hans-Werner Wittenberg

CIP-Kurztitelaufnahme der Deutschen Bibliothek

Meyers Großes Taschenlexikon: in 24 Bd./hrsg. u. bearb. von
Meyers Lexikonred. [Chefred.: Werner Digel u. Gerhard
Kwiatkowski]. – Mannheim; Wien; Zürich: BI-Taschenbuchverlag
ISBN 3-411-02900-5
NE: Digel, Werner [Red.]
Bd. 17. Pers–Pup. – 2., neubearb. Aufl. – 1987
ISBN 3-411-02917-X

Pers

Persona non grata ↑Persona ingrata.

Personengesellschaft (Personalgesellschaft), Gesellschaft, die auf die persönl. Fähigkeiten der Gesellschafter gegründet ist (Ggs. Kapitalgesellschaft). Die Mitgliedschaft in einer P. ist nur mit Zustimmung der übrigen Gesellschafter übertragbar. Geschäftsführung und Vertretung der P. erfolgen durch die Gesellschafter; diese haften auch für die Verbindlichkeiten der P. unmittelbar und persönlich. Die P. ist nicht ↑juristische Person und daher nicht rechtsfähig.

Personenkennziffer, Abk.: PK, auf die Person jedes Bundeswehrangehörigen bezogene Kennzahl, die sich aus dem Geburtsdatum, dem Anfangsbuchstaben des Familiennamens und einer fünfstelligen Folgenummer zusammensetzt. - Ähnl. Kennzahlen gibt es auch in anderen Bereichen.

Personenkilometer, Abk. Pkm, das Produkt aus der Anzahl der von einem Verkehrsunternehmen beförderten Personen und der Anzahl der Kilometer, über die sie befördert wurden.

Personenkonten, die für die Geschäftspartner (Kunden, Lieferanten) in der Buchhaltung geführten Konten, auf denen alle mit diesen Personen im Zusammenhang stehenden Geschäftsvorfälle erfaßt werden. Von den P. zu unterscheiden sind die Sachkonten.

Personenkraftwagen ↑Kraftwagen.

Personenkult, polit. Schlagwort für die Überbewertung der Rolle der Persönlichkeit in Politik, Gesellschaft und Geschichte, gekennzeichnet durch exzessiven Führerkult und die damit verbundene unkontrollierbare Anhäufung von Macht in einer Hand; schon von K. Marx und F. Engels verwendet, bekannt v. a., seit N. S. Chruschtschow den Begriff auf dem XX. Parteikongreß der KPdSU 1956 gebrauchte, um damit das stalinist. Herrschaftssystem zu charakterisieren.

Personennamen, Eigennamen, die eine Person bezeichnen; dazu gehören die Vornamen (Taufnamen) und die Familiennamen (Zunamen, Nachnamen).

Vornamen: Die altdt. Namen sind i. d. R. Zusammensetzungen aus zwei Bestandteilen, die urspr. eine Sinneinheit darstellen, z. B. *Adalberaht* „von glänzender Abstammung" (heute *Adalbert; Albert, Albrecht*). Diese Sinneinheit des Gesamtnamens ging allerdings früh verloren, weil es Sitte wurde, die Teile beliebig zusammenzusetzen, und weil ihre jeweilige Bedeutung vielfach in Vergessenheit geriet. Aus parallelen Bildungen in anderen indogerman. Sprachen darf man schließen, daß das Prinzip der zweigliedrigen Namen schon in indogerman. Zeit - also im 3. Jt. v. Chr. - bestanden hat. Namen, die von vornherein nur eingliedrig gebildet waren, sind selten und waren urspr. meist Beinamen: *Frank* „der Franke". In Deutschland hat der german. Namentyp bis ins 12. Jh. fast ausschließl. geherrscht. Ein Übergewicht erhielten Namen aus dem lat., griech. und vorderasiat. Sprachbereich (bibl. Namen) erst mit dem Anwachsen der Heiligenverehrung (nach 1200), als es übl. wurde, jedem Kinde einen Heiligen als Namenspatron zu geben. Die Doppelnamen gewannen zuerst im 16. Jh. größere Bedeutung, bes. beliebt waren sie im 18. Jh. (*Gotthold Ephraim* Lessing, *Johann Wolfgang* Goethe); sie boten die Möglichkeit, Namen der Großeltern oder der Taufpaten bei den Kindern fortzuführen, ohne daß sie immer als Rufnamen erscheinen mußten. Die Gegenwart ist gekennzeichnet durch eine Fülle verschiedenster Namen und Namensformen, durch eine internat. Verflechtung des Namenschatzes, an dem aber die altdt. Namen und ihre Kurz- und Koseformen noch einen großen Anteil haben. Die Zahl der Kurz- und Koseformen ist sehr groß; viele davon sind mit der Zeit zu festen Namen geworden.

Familiennamen: Sie sind in Ggs. zu den Vornamen erbl. und allen Mgl. der Familie gemeinsam. Ursprüngl. genügte zur Kennzeichnung einer Person ein Name. Gelegentl. dazugesetzte Beinamen waren die Grundlage für die Familiennamen. Für die Festigung der Beinamen gab es mehrere Ursachen. Wegen des starken Bevölkerungszuwachses im MA, bes. in den Städten, andererseits wegen der immer geringer werdenden Zahl von gebräuchl. Vornamen gab es immer mehr Menschen mit gleichen Namen. Eine Unterscheidung durch Beinamen wurde auch wegen des zunehmenden Handels immer nötiger. Außerdem hatte der Adel die Erblichkeit der Lehen erreicht; durch den erbl. Beinamen wurde dieses Recht bes. dokumentiert. Gefördert wurde die feste Bindung der Beinamen durch die Kontakte mit Oberitalien, wo sich das Bürgertum schon viel früher entwickelt hatte und Familiennamen schon seit dem 8. Jh.

Personensorge

nachweisbar sind. Daher setzten sich in Deutschland die Familiennamen zuerst im S durch. Erste Ansätze finden sich im 12. Jh. (beim südwestdt. Adel schon seit dem 10./11. Jh.), allgemein durchgesetzt haben sie sich erst im 13. und 14. Jh.; der spätere gesetzl. Zwang zu Familiennamen hielt nur bereits Bestehendes fest und führte sie auch in abgelegenen Gegenden ein.

Die Bed. der Familiennamen hängt wieder mit der Art ihrer Entstehung zusammen. Die aus *Vornamen* gebildeten Familiennamen sind urspr. genealog. Angaben (↑Patronymikon, ↑Metronymikon), die im Genitiv stehen, durch Zusammensetzung mit Vornamen oder durch Suffixe gebildet sein können. Die *Herkunftsnamen* kennzeichnen den Menschen außerhalb der Heimat nach seiner örtl. Herkunft oder der seiner Vorfahren. *Wohnstättennamen* sind nach dem Wohnsitz eines Menschen, bes. nach dem Flurnamen, gebildet *(Berger, Bachmann)*. Die *Berufsnamen* entstanden bes. in der ma. Stadt mit dem Aufkommen des Handwerks *(Bauer, Jäger, Wagner)*. Manche Familiennamen gehen auf *Übernamen* zurück, mit denen ein Mensch charakterisiert oder verspottet wurde (z. B. *Klein, Fröhlich, Zänker)*.

In den Namen kommt die Sprachform der Landschaft zum Ausdruck, in der sie gebildet wurden. Bes. in den Berufsnamen spiegelt sich auch die Wortgeographie; die landschaftl. Synonyme *Fleischer, Schlachter, Metzger, Metzler, Fleischhauer, Fleischhacker* tauchten auch in den Berufsnamen der entsprechenen Gegenden wieder auf. Fremdsprachige Namen im deutschsprachigen Raum sind v. a. slaw. (im ostdt. Berührungsgebiet, durch Binnenwanderung vor dem 1. Weltkrieg im Ruhrgebiet und durch tschech. Einwanderung in O-Österreich) oder frz. (durch die Einwanderung der Hugenotten, *Fontane, Savigny*). In jüngster Zeit sind durch die Einbürgerung von Gastarbeitern u. a. auch italien., span., griech. und türk. Namen aufgekommen. - Zum *Recht* ↑Namensrecht.

📖 *Bahlow, H.: Dt. Namen-Lex.* Bayreuth 1982. - *Gottschald, M.: Dt. Namenkunde.* Bln. u. New York ⁵1982. - *Seibicke, W.: Die P. im Deutschen.* Bln. u. New York 1982. - *Drosdowski, G.: Lex. der Vornamen.* Mhm. ²1974.

Personensorge, als Teil der ↑elterlichen Sorge das Recht und die Pflicht der Eltern oder anderer Berechtigter, für die Person eines Kindes zu sorgen, es insbes. zu erziehen, zu beaufsichtigen und seinen Aufenthalt zu bestimmen. Unzulässig sind entwürdigende Erziehungsmaßnahmen. Der P.berechtigte hat mit dem Kind, soweit nach dessen Entwicklungsstand angezeigt, Fragen der elterl. Sorge zu besprechen und soll Einvernehmen anstreben sowie in Angelegenheiten der Ausbildung und des Berufes auf Eignung und Neigung des Kindes Rücksicht nehmen. Grundsätzlich umfaßt die P. auch das Recht, die Herausgabe des Kindes von jedem zu verlangen, der es dem P.berechtigten widerrechtlich vorenthält.

Personenstand (Familienstand), rechtserhebl. Grundverhältnis einer Person zu ihrer Umwelt, das durch die P.bücher nachgewiesen wird: Geburt, Eheschließung und -auflösung, Nachkommenschaft, Tod.

Personenstandsbücher, Bez. für durch das PersonenstandsG vorgeschriebene, zur Beurkundung des Personenstandes vom Standesbeamten geführte Bücher: **Heiratsbuch, Familienbuch, Geburtenbuch** und **Sterbebuch.** Während Heirats-, Geburten- und Sterbebuch für jeden Standesamtbezirk bestehen und jeweils die dort vorkommenden Standesfälle verzeichnen, wird ein Familienbuch für jede Familie angelegt; es folgt den Ehegatten bei Wohnsitzwechsel zum neuen, örtl. zuständigen Standesbeamten, von dem es dann fortgeführt wird.

Personenstandsfälschung, die Unterdrückung oder falsche Angabe des Personenstandes eines anderen (nicht des eigenen) gegenüber einer zur Feststellung des Personenstandes zuständigen Behörde. Die P. wird mit Freiheitsstrafe bis zu zwei Jahren oder mit Geldstrafe bestraft.

Personenstandsurkunden, auf Grund der Personenstandsbücher ausgestellte öffentl. Urkunden, v. a. Geburts-, Heirats-, Sterbe- und Abstammungsurkunden sowie Auszüge aus dem Familienbuch.

Personensteuern ↑Steuern.

Personenverbandsstaat, in der Verfassungsgeschichte übl. Bez. für den ma. Staat, der - im Ggs. zum Flächenstaat - primär nicht auf der Herrschaft über ein Gebiet, sondern über einen Verband von Personen beruhte und in der personalen Spitze, dem Königtum gipfelte.

Personenverein, eine körperschaftl. organisierte, privatrechtl. Personenvereinigung (↑ auch Gesellschaft), bei der - anders als bei den Kapitalgesellschaften - die Kapitalbeteiligung nicht zur Mitgliedschaft gehört oder jedenfalls nicht ihr wesentl. Element ist.

Personenverkehr, Beförderung von Personen mit öffentl. oder privaten Verkehrsmitteln. Der P. kann entsprechend in öffentl. P. und Individualverkehr unterteilt werden. Bei einer Einteilung nach den Beförderungsart lassen sich Straßen-, Schienen-, Luft- und Schiffsverkehr unterscheiden. Beim öffentl. P. steht nach der Anzahl der beförderten Personen der Straßenverkehr mit (1985) 5 786 Mill. an der Spitze (Eisenbahnen: 1 104 Mill.; Luftverkehr: 42 Mill.). Während der öffentl. P. Zuwächse lediglich beim Fernreise- und beim Luftverkehr zu verzeichnen hat, steigt der Individualverkehr weiter an. Die daraus resultierenden Probleme (z. B. Belastung des Straßennetzes) sind Gegenstand der ↑Verkehrspolitik.

Personenwagen, svw. Personenkraftwagen, PKW (↑ Kraftwagen).

◆ svw. Reisezugwagen (↑ Eisenbahn).

Personifikation [lat.], in der *Religionsgeschichte* die personale Auffassung von einer dem Menschen überlegenen Macht. Sie kann Naturerscheinungen betreffen oder einen Prozeß, durch den göttl. Qualitäten personale Eigenständigkeit erlangen und zu hypostasierten Wesen werden. Auch Grundaxiome einer Weltansicht, sog. numinose Ordnungsbegriffe, können persönl. Gestalt gewinnen. Für die röm. Religion war vornehml. die Erhebung abstrakter Begriffe in den Rang von Göttern bezeichnend, z. B. Hoffnung (Spes), Eintracht (Concordia), Treue (Fides).

◆ in der *Literatur* Vermenschlichung (Personifizierung) von Naturerscheinungen.

Personifizierung, svw. ↑ Personifikation.

persönliche Freiheit, svw. ↑ Freiheit der Person.

persönliches Kontrollbuch ↑ Fahrtenbuch.

persönlich haftender Gesellschafter, Gesellschafter einer OHG oder Komplementär einer KG oder KG auf Aktien. Seine Haftung gegenüber den Gesellschaftsgläubigern ist unbeschränkt, d. h., er haftet den Gläubigern mit seinem ganzen privaten Vermögen; er kann eine natürl. oder jurist. Person (GmbH & Co, KG, AG & Co) sein.

Persönlichkeit [lat.], allg. der Mensch, der in seinem Handeln als ↑ Person nicht nur seine personale Identität verwirklicht, sondern darüber hinaus eigenständige, von den Rollenmustern der Gesellschaft (weitgehend) unabhängige Strukturen des Verhaltens entwickelt so wie gegebenenfalls richtungweisende Normen und Orientierungspunkte setzt.

In der *Psychologie* weit gefaßte gedankl. Hilfskonstruktion zur Beschreibung, Vorhersage und theoret. Erklärung der Besonderheiten des Einzelmenschen. Je nach Grundeinstellung, Forschungsrichtung u. a. wird P. unterschiedl. definiert. Ältere Definitionen kommen den Begriffen Person und Charakter nahe, neuere bleiben formal (z. B. nach G. W. Allport: „dynam. Ordnung derjenigen psychophys. Systeme im Individuum, die seine einzigartige Anpassung an die Umwelt bestimmen" oder T. Herrmann: „ein bei jedem Menschen einzigartiges, relativ stabiles und den Zeitablauf überdauerndes Verhaltenskorrelat").

Persönlichkeitsabbau, infolge Krankheit oder hohen Alters bzw. auf Grund degenerativer Gehirnprozesse auftretende Persönlichkeitsveränderungen, bes. der emotionalen Reaktionen und der Selbstkontrolle; häufig zus. mit ↑ Demenz.

Persönlichkeitsforschung, umfassende Bez. für Wiss.disziplinen und Forschungsrichtungen, wie ↑ Behaviorismus, Humanethologie (↑ Verhaltensforschung), ↑ Entwicklungspsychologie, ↑ differentielle Psychologie und ↑ Persönlichkeitspsychologie), die sich (insbes. unter Ausschluß philosoph., eth. oder weltanschaul. Annahmen) rational und empir. mit dem menschl. Verhalten befassen.

Persönlichkeitspsychologie, verhaltenswiss. Disziplin, die sich (im Unterschied zur ↑ Charakterkunde, an deren Stelle sie heute weitgehend gemeinsam mit der ↑ differentiellen Psychologie getreten ist) vorwiegend quantitativer Methoden bedient. Die der anzuwendenden statist. Technik (↑ Faktorenanalyse) zugrundeliegenden empir. Daten werden im wesentl. durch Fragebogen, Test und Experiment ermittelt. Bei persönlichkeitspsycholog. Analysen werden etwa 10 (bis 16) Faktoren (z. B. Aktivität/Passivität, emotionale Stabilität/Labilität, Extraversion/Introversion) unterschieden. Ziel der Bemühungen ist eine umfassende rationale *Persönlichkeitstheorie* als log. strukturiertes und einheitl. System von Sätzen über die Regeln, nach denen individuelles Verhalten aus seinen Bedingungen von Anlage und Umwelt erfolgt.

Persönlichkeitsrecht, umfassendes subjektives Recht auf Achtung und Entfaltung der Persönlichkeit, aus dem einzelne Spezialrechte folgen, z. B. das Recht am eigenen Bild, das Recht auf Achtung der Ehre *(Ehrenschutz)*, das Namensrecht, der Schutz von Geisteswerken. Im BGB ist das allg. P. einzelner Güter (Leben, Gesundheit, Freiheit, Namen) geregelt worden. Das GG hat in Art. 1 Abs. 1 den Schutz der Menschenwürde und in Art. 2 Abs. 1 das Recht auf freie Entfaltung der Persönlichkeit verankert. Das P. stellt eine umfassende Verhaltensfreiheit dar. Diese findet ihre Grenzen in den Rechten anderer, dem Sittengesetz und der verfassungsmäßig zustandegekommenen Rechtsordnung. Bei rechtswidriger und schuldhafter Verletzung des P. entstehen Ansprüche auf Unterlassung, Beseitigung und auf Schadensersatz. Bei schweren Verletzungen des P. (z. B. bei ungenehmigter Werbung mit dem Namen oder Bild) gewährt die Rechtsprechung entgegen der Gesetzeslage eine Entschädigung in Geld auch für den nichtvermögensrechtl. Schaden. In *Österreich* ist das allg. P. in § 16 ABGB anerkannt; weitere Ansatzpunkte werden u. a. in Bestimmungen des Brief- und Bildnisschutzes und der Ehrenschutzdelikte gesehen. - In der *Schweiz* ist das P. unmittelbar durch Art. 27 ZGB geschützt. - Abb. S. 8.

Persönlichkeitsspaltung, umgangssprachl. Ausdruck für ein Grundphänomen der Schizophrenie (sog. „Spaltungsirresein"; ↑ auch Depersonalisation).

Persönlichkeitstypen (Charaktere), allg. Bez. für physiopsych. Erscheinungsbilder, wie sie sich nach eigenschafts- bzw. ver-

Persönlichkeitswahl

haltens- oder körperbau- bzw. konstitutionstypolog. Gesichtspunkten klassifizieren lassen; z. B. extravertierter und introvertierter Typ. An die Stelle idealtypolog. Ansätze sind heute in der psycholog. Forschung weitgehend Analysen der ↑ Eigenschaften bzw. Faktoren (↑ Faktorenanalyse) getreten.

Persönlichkeitswahl ↑ Wahl.

Persorption [lat.], die Aufnahme unverdauter, ungelöster kleinster [Nahrungs]partikeln durch die Darmepithelzellen im Gegensatz zur **Resorption**, bei der gelöste [Nahrungs]stoffe und Wasser aufgenommen werden.

Perspektiv [lat.] (Spektiv, Ausziehfernrohr, Zugfernrohr), aus ineinanderschiebbaren Rohrstücken bestehendes Handfernrohr.

Perspektive [lat., zu perspicere „mit Blicken durchdringen, deutl. wahrnehmen"],

die zweidimensionale, ebene bildl. Darstellung dreidimensionaler (räuml.) Objekte mit Hilfe einer Zentralprojektion (**Zentralperspektive**) - im erweiterten Sinne auch die Darstellung mit Hilfe einer Parallelprojektion (**Parallelperspektive**) -, die dem Betrachter ein anschaul. („naturgetreues") Bild des Objekts vermitteln soll, d. h. den gleichen Bildeindruck hervorrufen soll wie das Objekt selbst. Die Zentral-P. ist dem natürl. (strenggenommen: einäugigen) Sehprozeß nachgebildet. Denkt man sich alle Punkte des darzustellenden, auf einer waagerechten Grundebene ruhenden Gegenstandes durch sog. *Sehstrahlen* (Projektionsstrahlen) mit dem Auge des Betrachters bzw. einem sog. *Augpunkt* (**Perspektivitätszentrum**) verbunden und schneidet die Projektionsstrahlen mit einer Ebene (*Bildebene, Projektionsebene*), so ergibt die Schnittfigur ein ebenes Bild des Gegenstandes (*Zentralprojektion*). Die grundlegende Eigenschaft der Zentralprojektion - und damit auch der P. - ist ihre *Geradentreue*, d. h., das Bild einer

Persönlichkeitsrecht.
Eingriffsmöglichkeiten in der
Bundesrepublik Deutschland

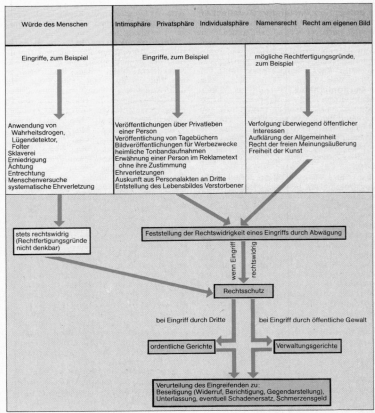

Geraden ist wieder eine Gerade (Ausnahme: das Bild einer durch den Augpunkt verlaufenden Geraden ist ein Punkt). Bes. Bedeutung kommt dem „unendl. fernen" Punkt *(Fernpunkt)* einer nicht durch den Augpunkt verlaufenden Geraden zu. Sein Bildpunkt ist der sog. *Fluchtpunkt* dieser Geraden. Er ergibt sich als Schnittpunkt des zur Geraden parallelen Sehstrahls mit der Bildebene. Parallele Geraden haben folglich denselben Fluchtpunkt. Das Zusammenlaufen der Bildgeraden paralleler Objektgeraden (z. B. paralleler Kanten eines Gegenstandes) sowie das Kleinerwerden der Bilder mit zunehmendem Abstand der Gegenstände von der Bildebene (**perspektivische Verkürzung**) sind das wesentl. Kennzeichen der Perspektive. Insbes. haben alle zur Bildebene senkrechten Geraden, sog. *Tiefenlinien*, ihren gemeinsamen Fluchtpunkt im *Hauptpunkt*, der senkrechten Projektion des Augpunktes auf die Bildebene. Eine zur Bildebene parallele Gerade *(Frontale)* hat hingegen einen unendl. fernen Fluchtpunkt und bildet sich auf eine zu ihr parallele Gerade ab. Alle Fluchtpunkte der Geraden einer nicht zur Bildebene parallelen Ebene liegen im Bild auf einer Geraden, der *Fluchtlinie* der Ebene; alle zu einer gegebenen Ebene parallelen Ebenen haben dieselbe Fluchtlinie. In der Darstellung von Bauten spielen die waagerechten, zur Grundebene parallelen Ebenen *(Höhenebenen)* eine bes. Rolle; insbes. schneidet die durch den Augpunkt verlaufende Höhenebene die Bildebene im *Horizont.* Liegt der Horizont der Bildebene sehr tief, so spricht man von einer **Froschperspektive,** liegt er sehr hoch, von einer **Vogelperspektive.**

Die Anwendung der wiss. Perspektive in der **bildenden Kunst** erfolgte zuerst zur Zeit der Frührenaissance. Die Antike hat den Schritt zur geometr. Konstruktion von einem Blickpunkt aus nicht getan, räuml. Orientierung bleibt an Einzelobjekten ablesbar. In Spätantike und MA bestimmen bei flächenhafter Bildordnung übersinnl. Bezüge die Größenverhältnisse *(Bedeutungs-P.).* Der Wille zur Raumwiedergabe führt vom Kastenraum Giottos über den nach dem Fluchtachsenprinzip gebauten Innenraum A. Lorenzettis zur zentralperspektiv. Raumkonstruktion, deren Erfindung (um 1420) Brunelleschi zugeschrieben wird. Durch den Illusionismus der Zentral-P. erst öffnet sich die Bildfläche gleich einem Fenster, durch das der Betrachter in einen alle Bildgegenstände umfassenden einheitl. Raum blickt. Die *Luft-P.* als Ausdrucksmittel der durch atmosphär. Trübung verursachten Verundeutlichung und Farbveränderung in Abhängigkeit von der Distanz zum Betrachter ergänzt seit Leonardo in der Malerei die Zentralperspektive.

In der Architektur wird die perspektiv. Durchsicht bei Bauentwürfen ein wesentl. Gedanke (z. B. Petersplatz in Rom von Bernini

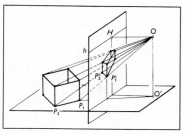

Perspektive. Entstehung des Bildes bei der Zentralperspektive
(*h* Horizont, *HO* Distanz, P_1^c, P_2^c, ... Bildpunkte der Objektpunkte P_1, P_2, ..., *O'* Fußpunkt)

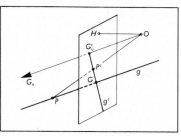

Perspektive. Wesentliche Hilfspunkte der Zentralperspektive
(*G_u^c* Fluchtpunkt der Geraden *g*, *P^c* Bildpunkt des Punktes *P*, *g^c* Bildgerade von *g*, *G_u* Bildspurpunkt von *g*, *G_u* Fernpunkt von *g*)

oder neue Stadtplanungen, z. B. Karlsruhe), auch auf der Bühne (Guckkastenbühne). Tendenzen zu einer neuen Autonomie der Bildfläche haben seit dem Ende des 19. Jh. zur Schwächung perspektiv. Regeln (Cézanne) und durch Kubismus und abstrakte Kunst zu deren Ablehnung geführt, die moderne Flächenkunst nutzt nur die ↑ Farbenperspektive. Vom Surrealismus nie aufgegeben, lebt die P. teilweise auch im modernen Realismus weiter.

📖 *Brügel, E.:* Zeichner. Raumdarstellung. Dt. Übers. Freib. ²1985. - *Fuchs, S. E.:* Die P. Recklinghausen 1983. - *Danielowski, F./Pretsch, A.:* Architekturperspektive. Konstruktion u. Darstellung. Düss. 1982. - *Bärtschi, W. A.:* Linearperspektive. Wsb. ³1981. - *Haack, W.:* Darstellende Geometrie. Bd. 3: Axonometrie u. P. Bln. u.a. ²1980. - *Rehbock, F.:* Geometr. P. Bln. u.a. ²1980.

perspektivische Täuschung (Perspektiventäuschung), opt. Täuschung, bei der in einer perspektiv. Darstellung gleich große

perspektivische Verkürzung

Gegenstände als perspektiv. gestaffelt und darum in unterschiedl. Größe gesehen werden.

perspektivische Verkürzung ↑ Perspektive.

Perspektivismus [lat.], Bez. der erkenntnistheoret. und wiss. Position, daß der Mensch, das erkennende Subjekt, das Ganze (z. B. Gott, die Welt, aber auch Einzelgegenstände) nie als Ganzes, sondern immer nur aus (unter) einer entsprechenden „Perspektive" erfaßt und versteht; vertreten u. a. von Leibniz, Nietzsche und von Ortega y Gasset.

Perspektivpläne ↑ Planwirtschaft.

Perspiration [lat.], svw. ↑ Hautatmung.

Persuasion [lat.], jede Art von beabsichtigter Beeinflussung (Überredung, Überzeugung), die zu Einstellungs- oder Verhaltensänderungen führt.

Perth [engl. pə:θ], schott. Hafenstadt am Tay, Region Tayside, 42 000 E. Museen, Kunstgalerie, Theater. Handels- und Fremdenverkehrszentrum; Jute-, Leinenind., Teppichherstellung, Glasbläserei. - Anfang des 12. Jh. bis 1452 Hauptstadt von Schottland; hieß bis ins 17. Jh. auch **Saint John's Town.** - Kirche Saint John the Baptist (15. Jh., erweitert im 18. Jh.); Kathedrale (19. Jh.); Brücke von 1771.

P., Hauptstadt von Westaustralien, 20 km oberhalb der Mündung des Swan River in den Ind. Ozean, 969 100 E. (Metropolitan Area). Sitz eines anglikan. Erzbischofs und eines kath. Erzbischofs, 2 Univ. (gegr. 1911 bzw. 1973), TH, Inst. für geolog. Landesaufnahme; Museen; botan. Garten, Zoo. Handels-, Finanz- und wichtigstes Ind.zentrum des Bundesstaats. Endpunkt der transkontinentalen Eisenbahn von Sydney; Hafen in ↑ Fremantle; internat. ✈. - 1829 gegr.; seit 1856 City.

Perthes, Friedrich Christoph, * Rudolstadt 21. April 1772, † Gotha 18. Mai 1843, dt. Buchhändler und Verleger. - Neffe von Justus P.; gründete 1796 in Hamburg die erste reine Sortimentsbuchhandlung in Deutschland. Beteiligte sich am Widerstand gegen Napoleon I., flüchtete 1813 - um der Verfolgung zu entgehen - nach Mecklenburg. 1822 übersiedelte P. nach Gotha, wo er einen Verlag gründete; pflegte Kontakt zu Historikern und Schriftstellern seiner Zeit; Mitbegr. des Börsenvereins des Dt. Buchhandels; veröffentlichte 1816 „Der dt. Buchhandel als Bedingung des Daseyns einer dt. Literatur".

P., Georg Clemens, * Moers 17. Jan. 1869, † Arosa 2./3. Jan. 1927, dt. Chirurg. - Neffe von Friedrich Christoph P.; Prof. in Leipzig und Tübingen; führte die Röntgentherapie in die Chirurgie ein und war einer der ersten, der die Wachstumshemmung der Röntgenstrahlen auf Karzinome ausnutzte.

P., Justus, * Rudolstadt 11. Sept. 1749, † Gotha 1. Mai 1816, dt. Buchhändler und Verleger. - Onkel von Friedrich Christoph P.; gründete 1785 in Gotha die *Geograph. Verlagsanstalt J. P.* (u. a. Stielers „Handatlas", „Petermanns Geograph. Mitteilungen", H. Haacks „Schulwandkarten", „Gothaische Genealog. Taschenbücher").

Perthes-Krankheit [nach G. C. Perthes] (Osteochondritis coxae juvenilis, Osteochondropathia deformans coxae juvenilis), Erkrankung des Knochen- und Knorpelgewebes im Bereich des Hüftgelenks mit Nekrose des Gelenkknorpels und Verformung der Gelenkpfanne und des Gelenkkopfes. Die P.-K. tritt im Wachstumsalter (5.–12. Lebensjahr) vorwiegend bei Knaben auf und beginnt schleichend mit Hinken, Bewegungsschmerz und Einschränkung der Gelenkbeweglichkeit. Die Ursache der P.-K. ist unbekannt, möglicherweise liegt eine erbl. Stoffwechselstörung vor.

Perthit [nach dem kanad. Ort Perth], ein durch Entmischen von Alkalifeldspat v. a. in Tiefengesteinen (oder in Pegmatiten) entstandenes Mineral; enthält Orthoklas (bzw. Mikroklin) und Albit (in Form von Schichten oder Schnüren).

Pertini, Alessandro (Sandro), * Stella bei Savona 25. Sept. 1896, italien. Politiker. - Seit 1918 Mgl. der Sozialist. Partei, als Gegner des Faschismus mehrfach inhaftiert und 1935–43 verbannt; nach dem 2. Weltkrieg Chefredakteur des Parteiblatts „Avanti!" (1945/46 und 1950–52), wurde 1948 Mgl. des italien. Senats. 1953 der Abg.kammer (1968–76 deren Präs.); 1978–85 Präs. der Republik.

Pertubation [lat.], Durchblasen der Eileiter mit Luft, z. B. um Verklebungen im Eileiter zu beseitigen bzw. die Eileiter auf ihre Durchgängigkeit zu prüfen.

Pertussis [lat.], svw. ↑ Keuchhusten.

Pertz, Georg Heinrich, * Hannover 28. März 1795, † München 7. Okt. 1876, dt. Historiker. - Archivar und Bibliothekar; übernahm 1824–74 die wiss. Leitung der Edition der „Monumenta Germaniae historica" und widmete sich v. a. der Edition ma. Geschichtsschreiber im Rahmen des von ihm ausgearbeiteten Editionsplanes.

Peru

[pe'ru:, 'pe:ru] (amtl.: República del Perú), Republik im westl. Südamerika, zw. 0° und 18° 21′ s. Br. sowie 68° 39′ und 81° 20′ w. L. **Staatsgebiet:** Grenzt im N an Ecuador und Kolumbien, im O an Brasilien, im SO an Bolivien, im S an Chile, im W an den Pazifik. **Fläche:** 1 285 216 km². **Bevölkerung:** 19,7 Mill. E (1985), 15,3 E/km². **Hauptstadt:** Lima. **Verwaltungsgliederung:** 24 Dep. **Amtssprache:** Spanisch und Quechua. **Nationalfeiertag:** 28. Juli (Unabhängigkeitstag). **Währung:** Inti (I/.) = 100 Céntimos. **Internat. Mitgliedschaften:** UN, OAS, ALALC, Andengruppe, SELA,

Landesnatur: P. hat Anteil an drei großen
Landschaftsräumen: Costa, Sierra sowie
Montaña bzw. Selva. Das von zahlr. Flüssen
durchzogene Küstentiefland (Costa) ist im N
bis 140 km breit. Die sich östl. anschließenden
Anden (Sierra) bestehen im N aus drei Ge-
birgszügen. In der Westkordillere liegt der
Huascarán, mit 6 768 m der höchste Berg des
Landes. Die breite Senke des Río Marañón
trennt die West- von der Zentralkordillere,
letztere wird durch die breite Talsenke des
Río Huallaga von der Ostkordillere getrennt.
Im S bilden die Anden dagegen ein relativ
einheitl. Hochland, zu dem auch die größtenteils zu Bolivien gehörende Beckenlandschaft
des Altiplano mit dem Titicacasee gehört.
Von N her greifen die tiefen Schluchten des
Río Ucayali und Río Urumbamba ein. Die
dritte Landschaftseinheit, die durch die Quellflüsse des Amazonas stark gegliederte Ostab-
dachung der Anden (Montaña) geht in das
nach NO breiter werdende Amazonastiefland
(Selva) über.

Klima: P. liegt in den inneren Tropen. Die
typ. Höhenstufung der trop. Gebirge in Tierra
caliente, Tierra templada, Tierra fría und
Tierra helada erfährt in P. durch den vor
der Küste nach N gerichteten kühlen Hum-
boldtstrom eine Abweichung. In der Costa
ist trotz der dichten Nebeldecke (Juni–Dez.)
eine der trockensten Wüsten der Erde entstanden. Das Andenhochland erhält im Sommer Niederschläge, die für Regenfeldbau ausreichen. In der Selva fallen über 3 000 mm
Niederschlag/Jahr.

Vegetation: Der trop. Regenwald der Selva
geht in der Montaña ab 1 000–1 200 m Höhe
in trop. Bergwald über, dieser in 2 000–
2 500 m ü. d. M. in Nebelwald. Die Baumgren-
ze liegt bei 3 500–3 800 m Höhe. Entsprechend den nach S abnehmenden Niederschlägen vollzieht sich hier der Übergang von den
ständig feuchten, kühlen Páramos im N zur
trockenen Büschelgras- und Hartpolstervege-
tation der Puna im S. In der Costa Taloasen,
auf Randhöhen Kräuter- und Strauchflora.

Tierwelt: Abgesehen von den für den trop.
Regenwald Südamerikas typ. Tieren (mehrere
Affenarten, Faultier, Jaguar, Ozelot u. a.) ist
die Tierwelt in P. sehr artenarm. Die fischrei-
chen Küstengewässer geben zahlr. Vögeln
(Kormoranen, Pelikanen, Tölpeln) Nahrung.

Bevölkerung: 50 % sind Indianer, 33 % Mesti-
zen, 12 % Weiße, 4 % Asiaten, 1 % Schwarze.
Die größten indian. Völker sind die Aymará
und Quechua. Rd. 75 % der Bev. sind kath.,
bei den Indianern ist das Christentum mit
altindian. Glaubensvorstellungen durchsetzt.
In der Costa leben 40 % der E, in den Anden

Peru. Wirtschaftskarte

Bodennutzung

Costa

Flußoasen mit Bewässerungswirtschaft
(hpts. Baumwolle, Zuckerrohr, Reis)

Küstenwüste mit stellenweise periodisch nutzbaren Lomaweiden

Sierra

Zusammenhängendes Kulturland
mit marktorientiertem Anbau (Kartoffeln, Getreide, Gemüse)

Strauch- und Grassteppe mit Regen- und Bewässerungsfeldbau
in tieferen Lagen. Extensive Viehzucht

Periodisch trockene bis feuchtere Punavegetation
mit extensiver Viehzucht

Nivale Zonen und Gletscher

Hochtäler mit Regenfeldbau

Trockensavanne

Dornsavanne

Montaña und Selva

Höhennebelwald, Höhenfeuchtwald und -büsch

Berggegenwald und feuchter Bergwald mit
punktuellem Anbau einjähriger Kulturen

Tieflandregenwald

Erschließungsland. Dauerkulturen (Bananen, Kaffee, Zitrusfrüchte)
als günstigste Anpassungsform, örtlich Edelholzausbeutung

Industrie

● Hüttenindustrie

● Metall- und Maschinenindustrie

● Stahl- u. Fahrzeugbau

● Chemische u. erdölverarbeitende Ind.

● Textil- u. Bekleidungsindustrie

○ Nahrungs- u. Genußmittelindustrie

○ Übrige Industriezweige

Binnenseefischerei (Lachsforellen)

Hauptverbreitung der Anchoveta –
schwärme (Fischmehlverarbeitung)

⊷ Fischereihafen

⊥ Handelshafen

Bergbau

⚒ Steinkohle

▲ Erdöl

◨ Erdgas

■ Eisen

○ Blei, Zink
(mit Silber u. Kupfer)

◎ Zink, Silber
(mit Wolfram)

● Gold, Zink

◖ Kupfer (mit Blei,
Zink u. Silber)

+ Silber (mit Blei,
Zink u. Kupfer)

Ph Phosphat

Peru

50 %, in der Selva 10 %. Im Ballungsraum Lima (mit großen Slumgebieten) wohnen 20 % der Gesamtbev.; Schulpflicht besteht von 7–16 Jahren, doch wird sie nicht überall durchgeführt. Unter den 35 Universitäten befindet sich die älteste Univ. Südamerikas (1551 in Lima gegr.).

Wirtschaft: Trotz Zunahme der Verstädterung ist P. ein Agrarland. 1969 wurden als Höchstgrenze für privaten Landbesitz 150 ha bewässertes und 300 ha unbewässertes Land festgesetzt sowie 1 500 ha Naturweide, in der Sierra 55 bzw. 30–110 ha Land sowie Weide für 5 000 Schafe. Bei der Landvergabe wurden Gemeinschaftsunternehmen begünstigt, um die Zersplitterung in unproduktiven Kleinbesitz zu vermeiden und um leistungsfähige Produktionseinheiten zu schaffen. Wichtigstes Landw.gebiet sind die Täler der Costa; hier werden Baumwolle, Zuckerrohr, Reis, Mais, Gemüse, Tabak und Reben angebaut. Zur Bewässerung wird, neben Tiefbrunnen, zusätzl. Wasser von Flüssen des Amazonassystems auf die pazif. Andenabdachung umgeleitet. In den Andentälern u. a. Ackerbau, auf den Hochflächen Viehhaltung. Die Forstwirtschaft ist durch mangelnde Verkehrserschließung behindert. Nur an den Flüssen der Selva entstanden große Sägewerke. Außer Holz werden Naturkautschuk und Rohchinin gesammelt. Die Fischereischutzzone wurde 1969 auf 200 Seemeilen ausgedehnt, da die Fischwirtschaft ein bes. wichtiger Wirtschaftszweig ist. P. ist reich an Bodenschätzen: Kupfer-, Eisen-, Blei-, Zinkerze sowie Gold, Silber, Wismut, Molybdän, Wolfram, Zinn, Quecksilber werden gewonnen sowie Salz in Küstensalinen und Guano an der Küste und auf den ihr vorgelagerten Inseln. Ein bed. Uranvorkommen wurde 1979 entdeckt. Zahlr. Erdölfelder im Andentiefland sowie im nw. Off-shore-Bereich. Bestimmte Ind.zweige (Erdöl, Stahl, Zement, Papier, Fischmehl, Düngemittel) sind ebenso wie Elektrizitätswirtschaft, Banken, Versicherungen, Fernmeldewesen u. a. dem Staat durch Gesetz ganz oder weitgehend vorbehalten. In anderen Betrieben werden die ausländ. Beteiligungen schrittweise abgebaut. Die Arbeiter müssen am Gewinn beteiligt werden und haben weitreichende Mitbestimmungsrechte. Neben Hütten-, Nahrungsmittel-, Textil- und Baustoffind. bestehen Fischmehl-, Zuckerfabriken, Kfz.montage, Schiffbau, 6 Erdölraffinerien sowie neu aufgebaute chem. Betriebe (Düngemittel, Kunstfasern, Arzneimittel, Farben, Reifen u. a.).

Außenhandel: Wichtigste Ausfuhrgüter sind Bergbauprodukte, landw. Erzeugnisse und Fischereiprodukte. Eingeführt werden Maschinen, Apparate, Metalle und Metallwaren, chem. und pharmazeut. Produkte, Kfz., lebende Tiere u. a. Wichtigste Partner sind die USA, die EG-Länder (bei denen die BR Deutsch-

land an 1. Stelle steht), Japan, Kanada, Brasilien, die DDR, Argentinien u. a.

Verkehr: Die Gesamtschienenlänge der Eisenbahnnetze beträgt rd. 2 700 km. Das Straßennetz ist rd. 65 600 km lang, die wichtigste Strecke ist der 3 400 km lange Abschnitt der Carretera Panamericana, die durch die Costa führt. Wichtigste Seehäfen sind Callao, Talara, Chimbote, Trujillo, Pacasmayo, Pisco, Matarani, San Juán und Ilo. Binnenschiffahrt auf dem Titicacasee und im Amazonasgebiet; hier ist Iquitos der wichtigste Umschlagplatz; internat. ✈ bei Lima.

Geschichte: Vorgeschichte: Im heutigen P. kann man 3 archäolog. Großregionen unterscheiden: Östl. Andenabfall, Hochland (Anden), Küstenbereich (zw. Anden und Pazifik), für die sich trotz aller Unterschiede allg. Tendenzen aufzeigen lassen. Bisher älteste Funde gehören der Pacaicasaphase von Ayacucho (21 000–14 000) an. Um 2 500–1 800 (teilweise länger dauernd) zahlr. Dauersiedlungen mit Häusern aus Lehmziegeln, erste Tempel. Beginn von Kunststilen; anschließend bis 800 v. Chr. Beginn der Keramik, Entwicklung von Kleinstädten und Tempelzentren im Küstenbereich, von Dauersiedlungen und Tempeln im Hochland, Beginn staatl. Organisation. Nach einer durch die Ausbreitung von Bau- und Stilelementen der Chavínkultur bestimmten Zeit (800–200) bis 600 n. Chr. Entstehung von Regionalstaaten bzw. -kulturen (Moche, Nazca), erste Städte im südl. Hochland, Lehmziegelpyramiden an der nördl. Küste; geschichtete Gesellschaft mit Adel, spezialisierten Handwerkern, Sklaven; Höhepunkt des Kunstgewerbes (insbes. Keramik und Textilien). Der Vereinheitlichung der peruan. Kulturen durch Ausbreitung der Huarikultur in N- und Z-P. und des Tiahuanacoreiches im S und in Bolivien (600–1 000) folgte 1000–um 1400 die Wiederherstellung alter Regionalkulturen und -reiche (u. a. Chimú); Entstehung großer Städte, bes. im N. Im mittleren Hochland Beginn der Kultur der Inka, die mit ihrem Reich (etwa 1200–1532) in P. einen Einheitsstaat schufen, dessen Macht schon vor der Landung der Spanier durch dynast. Streitigkeiten geschwächt war.

Kolonialgeschichte: F. Pizarro landete in P. 1532. Am 15. Nov. erreichte er Cajamarca, konnte den Inka Atahualpa durch Verrat gefangennehmen und ließ ihn trotz eines hohen Lösegeldes an Gold hinrichten. Im Febr. 1536 brach ein großer Aufstand der Indianer unter dem von den Spaniern eingesetzten Inka Manco aus. Pizarro wurde in Lima belagert, seine Brüder in Cuzco, das in Flammen aufging, außerhalb der Städte lebende Spanier wurden getötet. In der Folge kam es zu Kämpfen unter den Spaniern, deren Opfer 1541 auch F. Pizarro wurde; ihre Auseinandersetzungen um das Vize-Kgr. P., das das ganze span. Südamerika umfaßte, wurden erst 1548 beigelegt. Der Inka Manco hatte sich nach der Belagerung von Cuzco in die Berge um Vilcabamba zurückgezogen und dort eine unabhängige Herrschaft errichtet, die auch nach seiner Ermordung durch Spanier (1542) weiterbestand. 1572 wurde der letzte Inka Tupac Amaru von den Spaniern gefangen und in Cuzco hingerichtet. Damit war das letzte Inkareich untergegangen.

Unabhängigkeit: Im Unabhängigkeitskampf war P. zunächst eine span. Bastion; P. erlangte seine Unabhängigkeit nicht durch Revolution, sondern durch Eroberung. 1820 landete J. de San Martín mit seinen Truppen aus Chile und Argentinien und rief 1821 die Unabhängigkeit aus; diese war jedoch erst 1824 gesichert, als die von N gekommenen Truppen S. Bolívars die Spanier bei Ayacucho entscheidend schlugen. 1836 vereinigte der bolivian. Diktator Santa Cruz P. gewaltsam mit Bolivien; Argentinien und Chile intervenierten; 1839 war P. wieder frei. Zw. 1862/66 versuchte Spanien, P. zurückzuerobern; die span. Flotte zog jedoch ohne Erfolg ab; 1871 wurde ein Waffenstillstand geschlossen, 1879 erkannte Spanien endgültig die Unabhängigkeit von P. an. 1879 verwickelte sich P. in den um die Atacama ausgebrochenen Konflikt zw. Chile und Bolivien; 1883 mußte P. seine Salpeterprov. Tarapacá, Tacna und Arica an Chile abtreten, ein endgültiger Ausgleich - Chile gab Tacna zurück und zahlte für Arica 1,2 Mill. £ - kam erst 1929 zustande. Unter der Diktatur des Präs. A. B. Leguía 1908–12 und 1919–30 gelang P. unter dem Einfluß amerikan. Kapitals ein gewisser wirtsch. Aufstieg. 1924 gründete V. R. Haya de la Torre im mex. Exil die Alianza Popular Revolucionaria Americana (APRA), die in den 1930er Jahren verboten wurde. P. war dann Militärdiktatur bis 1945, als die wieder zugelassene APRA die Wahlen gewann. J. L. Bustamante y Rivero wurde Präs.; Streitigkeiten der Reg. mit der APRA führten 1948 zum Putsch des konservativen Generals Odría. Den Wahlen von 1962, die Haya de la Torre mit knapper Mehrheit vor General Odría und dem linksorientierten Technokraten F. Belaúnde Terry gewann, folgte ein zweiter Militärputsch. Die Neuwahlen 1963 gewann Belaúnde Terry; da die ihn unterstützenden Parteien aber nicht die Mehrheit im Kongreß hatten, konnte Belaúnde Terry seinen großen Reformplan nur zu ganz geringen Teilen verwirklichen. Am 3. Okt. 1968 stürzte das Militär unter General J. Velasco Alvarado die Reg. und löste den Kongreß auf. Die amerikan. Erdölgesellschaft IPC (International Petroleum Company) wurde verstaatlicht, was einen Konflikt mit den USA auslöste (1968/69), eine umfassende Landreform und sozialpolit. Reformen im Bereich der Arbeitsbeschaffung, des Wohnungsbaus und des Schulwesens wurden angestrebt. Im Dez. 1973 wurde die Cerro de Pasco Corp., die größte amerikan. Bergbaugesellschaft in P., verstaatlicht. Velasco Alvarado wurde im Aug. 1975 durch den Min.präs. General F. Morales Bermúdez gestürzt, der im Unterschied zu seinem linksorientierten Vorgänger einen gemäßigteren Kurs steuert. Wegen massiver, zum Abbau des Haushaltsdefizits verfügter Preiserhöhungen entstanden Unruhen; es kam zur Schließung der Hochschulen und zur Verhängung des Ausnahmezustands im Mai 1978 (aufgehoben im März 1979), worauf die Gewerkschaften mit dem Generalstreik antworteten. Die Wahlen zur Verfassunggebenden Versammlung im Juni 1978 brachten eine relative Mehrheit für die sozialdemokrat. APRA. Die im Juni 1979 verabschiedete neue Verfassung knüpft im individualist.-liberalen Tenor an die von 1933 (1968 suspendierte) an. Im Jan. 1979 übernahm General P. Richter Prada das Amt des Min.präs.; General Morales Bermúdez schied aus dem aktiven Militärdienst, blieb zunächst aber weiterhin Präs. Aus den am 18. Mai 1980 erstmals seit 1963 wieder durchgeführten Parlaments- und Präsidentschaftswahlen, die nach 12 Jahren Militärherrschaft die Rückkehr zu einer Zivilreg. bedeuteten, ging als Sieger die Acción Popular (AP) mit Belaúnde Terry vor der APRA hervor, die im Aug. 1979 mit dem Tod Haya de la Torres ihren Führer verloren hatte. Am 28. Juli 1980 trat der 1968 von den Militärs gestürzte Präs. F. Belaúnde Terry erneut das Amt des Staatsoberhaupts an. Die von ihm ernannte Koalitionsreg. scheiterte an den wirtsch. Problemen des Landes. Die Parlaments- und Präsidentschaftswahlen 1985 konnte die APRA für sich entscheiden.

Politisches System: Nach der Verfassung von 1979 (seit 28. Juli 1980 in Kraft) ist P. eine Republik mit Präsidialsystem. *Staatsoberhaupt* und zugleich oberster Inhaber der *Exekutive* ist der Präs. (seit 1985 A. García Perez). Er wird vom Volk für 5 Jahre gewählt und muß die absolute Mehrheit der Stimmen erreichen, ggf. muß ein 2. Wahlgang durchgeführt werden (bei der Wahl 1980 hätten 36% der Stimmen genügt, überdies hätte das Parlament auch zw. den beiden Kandidaten mit den höchsten Stimmenzahlen entscheiden können). Der Präs. hat u. a. das Recht, Gesetze selbst zu erlassen, wenn das Parlament ihm diese Befugnis übertragen hat; er ernennt das Kabinett und kann unter bestimmten Umständen das Parlament auflösen. Die *Legislative* liegt beim Zweikammerparlament, dem auf 5 Jahre vom Volk gewählten Kongreß, bestehend aus dem Senat (60 auf regionaler Basis gewählte Mgl. und die früheren Präs. verfassungsmäßiger Reg. als Senatoren auf Lebenszeit) sowie dem Abg.haus (180 Abg.). Die wichtigsten der zahlr. Parteien sind (Zahl der Sitze im Senat/Abg.haus nach den Wahlen

Perugino, Die Heilung eines
von einem Stier Verwundeten
(Ausschnitt; 1473). Perugia,
Galleria Nazionale dell'Umbria

vom April 1985) die 1956 von Belaúnde Terry gegr. Acción Popular (AP), schon 1963–68 Reg.partei (5/10 Sitze), das liberal-konservative Bündnis Convergencia Democrática aus Partido Popular Cristiano (PPC) und Movimiento Bases Hayistas, die als sozialdemokrat. eingeschätzte, 1924/30 gegr. Alianza Popular Revolucionaria Americana (APRA; 32/107 Sitze) sowie das linke Parteibündnis Izquierda Unida (15/48 Sitze).

Der Dachverband der peruan. *Gewerkschaften* ist die Confederación General de Trabajadores del Perú. *Verwaltung*smäßig ist P. in 24 Dep. (einschl. der Prov. Callao) gegliedert, deren Präfekten von der Reg. ernannt werden. Eine Neugliederung des Landes ist beabsichtigt. Höchstes Organ der *Recht*sprechung ist der Oberste Gerichtshof, darunter gibt es Gerichte 2. Instanz, 1. Instanz sowie in kleineren Ortschaften ehrenamtl. Friedensrichter. In der neuen Verfassung wurden ein Nat. Richterrat und ein neues Verfassungsgericht institutionalisiert. Die *Streitkräfte* sind rd. 128000 Mann stark (Heer 85000, Marine 27000, Luftwaffe 16000). Paramilitär. Kräfte umfassen rd. 51600 Mann.

📖 *P. Hg. v. F. Kauffmann Doig. Innsbruck; Ffm. 1982. - Uhlig, R. D.: P. Ffm. ⁶1980. - Heymach, D.: Der peruan. Weg. Ffm. 1979. - Gremliza, D.: Die Agrarreform in P. v. 1969. Meisen-*heim 1979. - Hornung, B. R.: Die soziale Entwicklung in P. Ffm. 1979. - Die Eroberung Perus in Augenzeugenberichten. Hg. v. L. Engl und T. Engl. Mchn. 1975. - Monheim, F./Kessler, A.: Beitr. zur Landeskunde v. P. u. Bolivien. Wsb. 1968. - Pike, F. B.: The modern history of P. London 1967. - Ubbelohde-Doering, H.: Kulturen Alt-Perus. Tüb. 1966. - Mason, J. A.: Das alte P. Dt. Übers. Zürich 1965.*

peruanische Literatur, erstes großes Werk der hispanoamerikan. Literatur ist Garcilaso de la Vegas „Geschichte der Incas, Könige von Peru" (1609–17). Die folgende breite literar. Aktivität blieb fast völlig von span. Vorbildern (v. a. Góngora, Quevedo, Calderón) abhängig. Überragende Gestalt des Spätbarock war der Universalgelehrte Pedro de Peralta Barnuevo. Die volksliedhaften Gedichte von M. Melgar (* 1791, † 1815) leiteten eine starke romant. Strömung um die Mitte des 19.Jh. ein, die ihren Höhepunkt bes. in den histor. Erzählungen von R. Palma hatte. Der Lyriker M. González Prada war Vorläufer des Modernismo und bes. der sozialkrit. Romantradition, mit der C. M. de Turner (* 1854, † 1909) einsetzte; Hauptvertreter der modernist. Lyrik sind J. S. Chocano und J. M. Eguren (* 1882, † 1942). Ein neuer Abschnitt der peruan. Lyrik begann mit C. Vallejo; europ. Strömungen, v. a. Futurismus und Surrealismus, wurden von R. P. Barrenechea (* 1893, † 1949), X. Abril (* 1903), M. Adán (* 1908), E. A. Westphalen (* 1911) verarbeitet. Soziale Themen behandeln u. a. A. Peralta (* 1899) und L. Nieto (* 1910). Nach 1946 entwickelte sich v. a. eine Poesie des engagierten Protests durch J. Sologuren (* 1922), C. G. Belli (* 1927), A. Escobar (* 1929). In der Prosaliteratur des 20.Jh. herrscht die Auseinandersetzung mit der nat. Wirklichkeit vor (V. García Calderón und A. Valdelomar). Die herausragende Gestalt der jüngsten Lyrikergeneration ist A. Cisneros (* 1942); namhaft außerdem der auch als Essayist und Dramaturg bekannte J. Ortega (* 1942) sowie M. Martos (* 1942) und M. Lauer (* 1947).

📖 *Delegado, W.: Historia de la literatura republicana. Nuevo carácter de la literatura en el Perú independente. Lima 1980. - Núñez, E.: La imagen del mundo en la literatura peruana. Mexiko 1971.*

Perubalsam, gelblich- bis dunkelbraunes, dickflüssiges Pflanzensekret von vanilleähnl. Geruch, das durch Anräuchern entrindeter Stellen am Stamm des im trop. M- und S-Amerika heim. Schmetterlingsblütlers Myroxylon balsamum var. pareira gewonnen wird. P. besteht v. a. aus Harzen sowie Benzoesäure- und Zimtsäureestern und enthält Spuren von Kumarin und Vanillin; er wird in der Medizin u. a. als Wundheilmittel und zur Behandlung von Ekzemen, in der Parfümerie als Fixateur verwendet.

Perubecken, Meeresbecken im sö. Pazifik, zw. Ostpazif. Rücken und südamerikan. Festland, bis 5 660 m tief.

Perücke [frz.], künstl. Haartracht, die aus Haar oder heute auch aus synthet. Fasern hergestellt wird; als Teil-P. *Toupet* (v. a. für Herren) oder *Haarteil* genannt.
Geschichte: Im Altertum galt die meist stark stilisierte P. v. a. als Zeichen der Würde (bei Ägyptern, Hethitern, Assyrern und Babyloniern). Als Attribut der Mode taucht die P. erst bei den Römerinnen der Kaiserzeit (blonde P. aus dem Haar von Germaninnen) und dann erst wieder unter dem frz. König Ludwig XIII. auf, der mod. gelockte Haarfülle vortäuschen wollte. Ludwig XIV. führte die lang wallende *Allonge-P.* ein, die seit Beginn des 18. Jh. weiß gepudert wurde. Seit etwa 1730 wurde das Nackenhaar der P. in einem *Haarbeutel* zus.gefaßt, in Preußen kam die *Zopf-P.* auf. Die Damen des Hofes bedienten sich zur Zeit Ludwig XIV. zum Aufbau ihrer überhöhten Frisuren (*Fontange*) der P. oder Teilperücke. Mit der Frz. Revolution schwand der P.gebrauch, doch blieb die histor. P. z. T. bis heute Bestandteil von Amtstrachten (z. B. der Richter in Großbrit.). Heute ahmen P. (meist als sog. Zweitfrisur) die gerade mod. Frisuren nach.

Perückenstrauch (Cotinus), Gatt. der Anakardiengewächse mit nur zwei Arten. In S-Europa bis M-Asien wird die Art *Cotinus coggygria* mit einigen Gartenformen als Zierstrauch angepflanzt. Die sommergrünen, bis 4 m hohen Sträucher haben im Herbst orangefarbene Blätter und perückenartige Fruchtstände mit langen, durch abstehende grüne oder rote Haare bes. dekorativ wirkenden Fruchtstielen.

Perückentaube ↑Strukturtauben.

Perugia [italien. pe'ru:dʒa], Hauptstadt von Umbrien, Verwaltungssitz der Prov. P., im Hügelland über dem oberen Tibertal, 493 m ü. d. M., 144 900 E. Kath. Erzbischofssitz; Univ. (gegr. 1200), Ausländeruniv. (gegr. 1925), Kunstakad., Musikschule, Priesterseminar; Museen, Bibliotheken und Archive. Fremdenverkehr; Nahrungsmittel-, Textil-, polygraph., Baustoff-, metallverarbeitende, pharmazeut. Ind. - Ging aus den etrusk. **Perusia** hervor; im Perusin. Krieg (41/40 v. Chr.) vom späteren Kaiser Augustus zerstört, in der Folge als **Augusta Perusia** wiederaufgebaut; im frühen MA unter wechselnder Oberhoheit weitgehend selbständig; fiel 1549 an den Kirchenstaat (bis 1860). - Der Augustusbogen war das Haupttor des etrusk. Mauerrings, 5 weitere Tore sind erhalten, auch etrusk. Gräber. Got. Dom (1345–1490, Hallenkirche), Sant'Angelo, ein Rundbau des späten 5. Jh., San Pietro, eine vorroman. Kirche (10./11. Jh., reiche Renaissanceausstattung). Die Renaissancefassade des Oratorio di San Bernardino stammt von Agostino di Duccio (1457–61). Großer Palazzo Comunale (1293–

97, 1333–53); Brunnen auf dem Domplatz von N. und G. Pisano (1277/78).

Perugino [italien. peru'dʒi:no], eigtl. Pietro di Cristoforo Vannucci, * Città della Pieve (Prov. Perugia) um 1448, † Fontignano bei Città della Pieve Febr. oder März 1523, italien. Maler. - 1478–82 in Rom, Mitarbeit an den Wandfresken in der Sixtin. Kapelle (von P. „Schlüsselübergabe an Petrus"); danach vorwiegend in Perugia (Fresken im Audienzsaal des Collegio del Cambio; 1496–1500). Die Darstellung anmutig bewegter Figuren und sorgsam beobachtete, fein gestaltete architekton. und landschaftl. Hintergründe charakterisieren sein zur Frührenaissance zählendes Werk.

Perugraben, Tiefseegraben im sö. Pazifik vor der Küste Perus, bis 6 262 m tief.

per ultimo [italien. „am letzten"], am Monatsende (ist Zahlung zu leisten).

Perusia ↑Perugia.

Perusilber, Schmucklegierung aus 40–66 % Kupfer, 30–40 % Silber und 5–30 % Nickel; Rest Zink.

Perustrom ↑Humboldtstrom.

Perutz, Leo, * Prag 2. Nov. 1882, † Bad Ischl 25. Aug. 1957, östr. Schriftsteller. - Emigrierte 1938 nach Tel Aviv. Dramatiker und Verf. von spannenden Novellen und Romanen mit phantast. und histor. Themen, u. a. „Der Judas des Leonardo" (hg. 1959).

P., Max Ferdinand, * Wien 19. Mai 1914, brit. Chemiker östr. Herkunft. - Lebt seit 1936 in Großbrit.; leitete u. a. 1962–79 das molekularbiolog. Laboratorium des Medical Research Council in Cambridge. Arbeitete v. a. über die Strukturanalyse von Proteinen und Nukleinsäuren und klärte die räuml. Struktur des Hämoglobins auf, wofür er 1962 (mit J. C. Kendrew) den Nobelpreis für Chemie erhielt.

Peruzzi, Baldassare, ≈ Siena 7. März 1481, † Rom 6. Jan. 1536, italien. Baumeister und Maler. - Ging 1503 nach Rom, dort errichtete er 1509–11 die Villa Farnesina. Nach Raffaels Tod wurde P. Baumeister von Sankt Peter (Entwurfszeichnungen). 1529 Dombaumeister in Siena. Sein letztes großes Werk, der Palazzo Massimo alle Colonne in Rom (1534 ff.), dokumentiert mit der geschwungenen Fassade, dekorativer Reliefrahmungen der Fenster, unorthodoxer Verwendung der Säulenordnungen den Übergang von der Hochrenaissance zum Manierismus.

pervers [lat.], andersartig (veranlagt, empfindend oder handelnd); von der Norm abweichend, bes. in sexueller Hinsicht (↑Perversion).

Perversion [zu lat. perversio „Verdrehung"], als Bez. für abweichendes Verhalten, insbes. die stetige Hinwendung an ein von der Norm abweichendes Sexualziel bzw. auf abweichende Praktiken im sexuellen Bereich einer der umstrittensten sexualwiss. Begriffe, da die allg. eth. Normvorstellungen Wandlungen unterliegen und für das tatsächl. Verhalten von relativ eingeschränkter Verbindlichkeit sind. Als P. gelten u. a. Analerotik, Exhibitionismus, Fetischismus, Masochismus, Nekrophilie, Pädophilie, Sodomie, Transvestismus, Voyeurismus. - In psychoanalyt. Deutung (bes. S. Freud) sind P. Entwicklungsstörungen, durch die das menschl. Individuum auf frühkindl. ↑ Partialtriebe zurückgeworfen und fixiert wird.

Perversität [lat.], Sammelbez. für von der Normalität stark abweichende Formen des Verhaltens (einschl. der psych. Antriebe), insbes. im sexuellen Bereich; auch Bez. für den Zustand wesentlicher Andersartigkeit („Perverssein"); i. w. S. (v. a. in der Gemeinsprache) auch svw. Perversion.

pervertieren [lat.], 1. vom Normalen abweichen; 2. verdrehen, verfälschen.

Pervitin Ⓦ [lat.] (Methamphetamin) ↑ Weckamine.

Perzeptibilität [lat.], Wahrnehmbarkeit, Wahrnehmungsfähigkeit.

Perzeption [lat.], in der *Psychologie* allg. Bez. für den Vorgang der (sinnl.) Wahrnehmung eines Gegenstandes ohne bewußtes Erfassen und Identifizieren des Wahrgenommenen (z. B. bei flüchtigem Hinsehen; im Unterschied zur ↑ Apperzeption).

◆ in der *klass. Erkenntnistheorie* des Rationalismus und des Empirismus bezw. sowohl für den Vorgang als auch für den Inhalt der Wahrnehmung. Dieser ambivalente Sprachgebrauch hat zur Kontroverse zw. Rationalisten und Empiristen beigetragen und die Ausbildung einer psychologismusfreien Erkenntnistheorie erschwert.

◆ in der *Sinnesphysiologie* die Wahrnehmung von Reizen, die durch die Sinneszellen oder Sinnesorgane aufgenommen wurden.

perzipieren [lat.], (sinnl.) wahrnehmen, durch Sinne Reize aufnehmen.

Pes [lat. „Fuß"], in der *Anatomie* und *Medizin* svw. Fuß.

◆ in der *Musik:* 1. ma. Notenzeichen (svw. Podatus; ↑ Neumen); 2. in der ma. engl. Musik Bez. für eine meist instrumentale Fundamentstimme, die häufig aus mehreren Wiederholungen einer kurzen rhythm.-melod. Formel besteht, z. B. im „Sommer-Kanon".

◆ röm. Längeneinheit, entsprach 29,6 cm.

Pesade [italien.-frz.], Übung der ↑ Hohen Schule.

Pesaro, italien. Hafenstadt in den Marken, 11 m ü. d. M., 90 700 E. Hauptstadt der Prov. Pesaro e Urbino; kath. Bischofssitz; Konservatorium; Pinakothek, Museen, Staatsarchiv; Theater, Oper; Filmfestspiele. Keram., holzverarbeitende, metallverarbeitende, Nahrungsmittel- und Textilind.; Badeort. - 184 v. Chr. als röm. Bürgerkolonie (**Pisaurum**) gegr.; kam durch die Pippinsche Schenkung (754) bis 1285 an den Papst;

danach im Besitz verschiedener norditalien. Adelsfamilien, kam 1631 wieder zum Kirchenstaat, 1860 an Italien. - Viele Kirchen, u. a. Dom (19. Jh.) mit roman. Fassade (um 1300), San Giovanni Battista (1543 ff.); Palazzo Ducale (15. und 16. Jh.); ehem. Festung Rocca Costanza (1474 ff.).

Pescadoresinseln, zu Taiwan gehörende Inselgruppe in der Formosastraße, Hauptinsel **Penghu.**

Pescara, Fernando (Ferrante) Francisco de Ávalos, Marchese de [italien. pes'ka:ra], *Neapel 1490, † Mailand 2. (3.?) Dez. 1525, span. Feldherr. - ∞ mit Vittoria Colonna. Als bed. General Kaiser Karls V. beteiligt an der Eroberung von Mailand (1521) und an den Siegen bei Bicocca (1522) und Pavia (1525). Schloß sich zum Schein der antispan. Verschwörung des Kanzlers von Mailand an und verriet das Komplott.

Pescara [italien. pes'ka:ra], italien. Stadt an der Mündung des P. in das Adriat. Meer, Region Abruzzen, 131 900 E. Hauptstadt der Prov. P.; kath. Bischofssitz; Wirtschaftshochschule; Museum, Staatsarchiv; Handelszentrum; Bade- und Winterkurort. - Antiker Hafenort (**Aternum**), von den Langobarden zerstört, entstand im Hoch-MA neu (**Piscaria**). Das heutige P. wurde 1927 aus dem damaligen P. und **Castellammare Adriatico** gebildet.

P. (im Oberlauf **Aterno** gen.), Fluß in Italien, entspringt im Abruzz. Apennin, mündet bei der Stadt P., 145 km lang.

Peschitta [syr.] ↑ Bibel.

Peschkow, Alexei Maximowitsch [russ. 'pjɛʃkɐf], russ.-sowjet. Schriftsteller, ↑ Gorki, Maxim.

Pescia [italien. 'peʃʃa], italien. Stadt am S-Fuß des Etrusk. Apennins, Toskana, 62 m ü. d. M., 18 500 E. Kath. Bischofssitz; Museum, Archiv. Bed. landw. und gartenbaul. Zentrum, Blumenmesse. - Im 8. Jh. erstmals erwähnt; seit 1699 Stadt, seit 1726 Bischofssitz. - Barocker Dom (1693) mit got. Kampanile (1306).

Pese (Peese) [zu umgangssprachl. pesen „eilen"], endloser Antriebsriemen oder Schraubenfeder insbes. zum Antrieb von Filmprojektoren.

Pesel [niederdt.], Hauptraum des Bauernhauses in Nordfriesland, Dithmarschen und Eiderstedt, z. T. auch im Alten Land.

Peseta [span. „kleiner ↑ Peso"] (Mrz. Peseten), urspr. Bez. für eine Werteinheit von ¼ Peso; span. Münze seit 1707, seit 1868 Haup트rechnungseinheit: 1 Pta = 100 Céntimos (cts).

Peshawar [engl. pə'ʃɔ:ə, 'peɪʃɑ:və], Hauptstadt der pakistan. North-West Frontier Province, 50 km östl. des Khaiberpasses, 320 m ü. d. M., 555 000 E. Univ. (gegr. 1950), Colleges; Museum. Handel mit Tee,

Tabak, Früchten, Gemüse und Vieh; Heimgewerbe; Maschinenbau, Obstkonserven- und Textilind., Bahnstation, ⚒. - Im 3.Jh. n.Chr. als **Puruschapura** Residenz eines Kuschankönigs, seit dem 16. Jh. P.; 1833 von den Sikhs, 1849 von den Briten erobert.

Pesne, Antoine [frz. pɛn], * Paris 23. Mai 1683, † Berlin 5. Aug. 1757, frz. Maler. - Nach Italienaufenthalt (1705–10) von Friedrich I. als Hofmaler nach Berlin berufen. In der heiteren, unpathet. Frische der Darstellung ist er ein charakterist. Vertreter des Rokoko. Allegor. Wand- und Deckengemälde (u. a. in Schloß Rheinsberg, 1738; Schloß Charlottenburg, 1742–45; Schloß Sanssouci, 1747) und Porträts.

Peso [span. „Gewicht"; zu lat. pensum († Pensum)] (P. duro, P. fuerte), urspr. span. Silbermünze zu 8 Reales, eingebürgert unter König Karl I. in Nachahmung des dt. Talers; wurde eine der wichtigsten Handelsmünzen des 16.–19. Jh., in Europa, Afrika u. O-Asien so zahlr. geprägt und häufig nachgeahmt wie keine andere Münze der Geschichte; Vorbild des Dollar und der Pataca; als Währungseinheit von zahlr. Ländern übernommen, v. a. im Gebiet des ehem. span. Kolonialreichs.

Pessach [hebr.], svw. ↑ Passah.

Pessach-Haggada [hebr. „Pessach-Erzählung"], jüd. liturg. Text, der am Vorabend des ↑ Passah verlesen wird.

Pessanha, Camilo [portugies. pə'sɐɲɐ], * Coimbra 7. Sept. 1867, † Macau 1926, portugies. Dichter. - Einer der hervorragendsten Lyriker des portugies. Symbolismus.

Pessar [griech.] (Mutterring, Okklusivpessar) ↑ Empfängnisverhütung.

Pessimismus [zu lat. pessimus „sehr schlechte"], dem ↑ Optimismus entgegengesetzte, in manchen Aspekten mit Skeptizismus und Nihilismus übereinstimmende, in anderen von ihnen abzugrenzende Grundhaltung gegen Welt, Geschichte und Kultur, die dadurch gekennzeichnet ist, daß der Welt immanenter oder transzendenter Sinn grundsätzl. in Frage gestellt und negiert wird und Geschichte und Kultur, das Leben und Handeln des Menschen, der Fortschritt, jeder utop. [Selbst]entwurf des Menschen für fragwürdig, für letztl. sinnlos und für zum Scheitern verurteilt gehalten wird.

Pessimum [lat.], Begriff aus der Ökologie zur Bez. noch erträglicher, gerade noch ertragbarer Umweltbedingungen für Tiere und Pflanzen.

Pessinus ['pɛsinʊs; pɛsi'nuːs], antike Stadt in Anatolien, sw. von Polatlı, etwa 120 km sw. von Ankara, Türkei. P. war ein altes Kultzentrum der Kybele und Zentrum eines Priesterstaates, 183–166 pergamen., seit 25 v. Chr. zus. mit Galatien römisch. Ausgrabungen (seit 1967) fanden marmorgefaßte röm. Kanalanlagen, einen Theatertempel (et-

Antoine Pesne, Friedrich der Große als Kronprinz (1739/40). Berlin-Dahlem

wa 22 n. Chr.) und eine ausgedehnte Nekropole mit griech. Inschriften.

Pessôa, Fernando António Nogueira de Seabra, * Lissabon 13. Juni 1888, † ebd. 30. Nov. 1935, portugies. Lyriker. - Gilt als der bedeutendste Lyriker der neueren portugies. Literatur; schrieb außer unter seinem eigenen Namen auch unter 4 Pseud. („Heteronymen") - Alberto Caeiro, Álvaro de Campos, Ricardo Reis, Bernardo Soares -, die er als selbständige menschl. und poet. Individuen verstand; bediente sich souverän und method. der lyr. Ausdrucksmittel von Klassizismus, Symbolismus, Futurismus ebenso wie der freien Rhythmen W. Whitmans; schrieb auch in engl. Sprache (u. a. „English poems", 1921).

Pest ↑ Budapest.

Pest [zu lat. pestis „Seuche, Unglück"], (Pestis) schon im Verdachtsfall meldepflichtige, schwere, akute bakterielle Infektionskrankheit (Erreger: Yersinia pestis), die meist von Nagetieren (vorwiegend Ratten) und den auf ihnen schmarotzenden Flöhen auf den Menschen übertragen wird. Befallen werden als erstes entweder Haut (**Hautpest**) oder Lymphknoten, wobei Lymphgefäßentzündung, Lymphknotenschwellung, Erweichung und Nekrotisierung von P.karbunkeln im Anschluß an den infizierenden Flohstich (**Beulen-, Bubonen-, Drüsenpest**) im Vordergrund stehen, oder (nach der seltenen Tröpfchenin-

17

fektion von Mensch zu Mensch) die Lunge (**Lungenpest**, die auch als Komplikation der Bubonen-P. vorkommt) und schließl. auf dem Blutweg der gesamte Organismus (**Pestsepsis**). Die Allgemeinerscheinungen der P. sind hohes Fieber, Schüttelfrost, Kopfschmerzen, Erbrechen, Unruhe, Benommenheit, Herz- und Kreislaufversagen. Die Inkubationszeit beträgt zwei bis fünf Tage, bei Lungen-P. ein bis zwei Tage. - Bei unbehandelten Fällen schwankt die Sterblichkeit zw. 25 und 75 %. Zur spezif. Behandlung werden Sulfonamide und bes. Antibiotika gegeben. Zur Vorbeugung dienen die (akute) P.schutzimpfung mit abgetöteten oder abgeschwächten P.erregern und die Bekämpfung von Ratten und Flöhen. **Geschichte:** Seit dem Altertum war die P. eine der schwersten u. häufigsten Epidemien. 1348–52 wurde Europa von der schwersten P.pandemie der Geschichte (rd. 25 Mill. Tote), dem „Schwarzen Tod", heimgesucht. Volkstüml. Maßnahmen gegen die P. waren Amulette, Geißlerfahrten, Gelübde (Prozessionen [z. T. heute noch „gelobte Tage"], Festspiele [z. B. in Oberammergau] und P.säulen). 1720/21 trat die P. zum letzten Mal epidem. in Europa auf.

Während der P.epidemien des 14. und 15. Jh. ergriff v. a. die Republik Venedig vorbildl. prophylakt. Maßnahmen für eine öffentl. Gesundheitspflege. Schon Mitte des 14. Jh. unterschied Guy de Chauliac Beulen- und Lungenpest. Doch erst um die Wende zum 20. Jh. setzte anläßl. der P.epidemien in Hongkong und Indien die moderne P.forschung ein. 1894 entdeckte A. Yersin den P.erreger. A. Rennie wies nach, daß v. a. Ratten bei der Entstehung von P.epidemien beteiligt sind. P. L. Simond und M. Ogata klärten 1896–98 die Rolle des Rattenflohs als eines Überträgers der Pest. Heute ist die P. v. a. durch die Bekämpfung der Ratten und Rattenflöhe auf einige enzoot. und epizoot. Herde in Asien, Afrika und Amerika beschränkt.

📖 *Pollitzer, R.: Plague.* Genf 1954. - *Nohl, J.: Der schwarze Tod. Eine Chronik der P. 1348–1720.* Potsdam 1924.

◆ in der *Veterinärmedizin* Bez. für eine meist tödl. verlaufende, durch Viren hervorgerufene Tierseuche; u. a. Geflügelpest (↑Geflügelkrankheiten); schon im Verdachtsfall meldepflichtig.

Pestalozzi, Johann Heinrich, * Zürich 12. Jan. 1746, † Brugg 17. Febr. 1827, schweizer. Pädagoge und Sozialreformer. - Gründete 1769 bei Birr (Aargau) das Gut Neuhof; wandelte es 1775–79 zus. mit seiner Frau Anna, geb. Schulthess (* 1738, † 1815) in eine Erziehungsanstalt (für rd. 50 arme Kinder) um; nach deren wirtsch. Scheitern, mehrjähriger schriftsteller. Tätigkeit 1798 Übernahme eines Waisenhauses (mit 80 Kindern) in Stans („Brief über meinen Aufenthalt in Stans", 1799); 1800–04 Leitung einer Schule in Burg-

dorf; baute nach kurzer Zusammenarbeit mit P. E. von ↑Fellenberg in Yverdon eine Heimschule auf, die er bis 1825 leitete; sie umfaßte rd. 150 Kinder wohlhabender Eltern aus ganz Europa und wurde als Erprobungs- und Ausstrahlungsstätte der pädagog. Grundsätze von P. weltbekannt. Danach Rückkehr auf den Neuhof.

P., der die Frz. Revolution zunächst als Überwindung absolutist. Herrschaft begrüßt hatte (1892 Ehrenbürger der Frz. Republik), wurde v. a. durch seine Schriften zum Wegbereiter der Volksschule und der Lehrerbildung; wesentl. pädagog. Grundtendenzen der Goethezeit wie allg. Menschenbildung, Überwindung der Standesunterschiede, Anerkennung der Menschenwürde, Hebung der Volksbildung und Entwicklung fortschrittl. Bildungsmethoden erfuhren durch P. entscheidende Impulse. In seiner Bekenntnisschrift „Die Abendstunde eines Einsiedlers" (1780) mühte sich P. um die Erkenntnis menschl. Wesens und seiner durch die Natur verbundenen „Lebenskreise"; hierbei waren der „engste innere Kreis" (Gott) und die engste äußere Beziehung (Familie) für Existenz, Entwicklung und Erziehung des Menschen die wichtigsten („Meine Nachforschungen über den Gang der Natur in der Entwicklung des Menschengeschlechtes", 1797). Prinzipien seiner „Elementarmethode" der Erziehung sind „Kräftebildung", „Selbsttätigkeit" und Verknüpfung des Geistigen mit dem Natürl.-Sinnlichen („Über die Idee der Elementarbildung", 1809). Ursprung der Handfertigkeit und Körperkultur ist die „natürl. Bewegung", von sittl.-religiöser Bildung das „urtüml.-naturhafte Verhältnis zw. Mutter und Kind" („Wie Gertrud ihre Kinder lehrt", 1801). Für die intellektuelle Bildung ist „Anschauung" Basis aller Erkenntnis; Grundelemente für das Erfassen von Gegenständen sind „Form, Zahl, Sprache". In seiner polit. Denkschrift „An die Unschuld, den Ernst und den Edelmut meines Vaterlandes" (1815) stellte P. fest, daß die übergroße Spannung zw. individuellem und gesellschaftl. Leben nicht durch gesellschaftl. Veränderungen (Revolution) zu erreichen ist, sondern nur durch Erziehung, „Veredelung" des Menschen.

Wirkung: Schon zu seinen Lebzeiten wurden die Gedanken von P. in Europa verbreitet und von den sog. „Pestalozzianern", u. a. F. Fröbel, F. A. W. Diesterweg, G. W. Runge, in die Tat umgesetzt; in zahlr. Ländern entstanden Schulen, Musteranstalten, Lehrerbildungsstätten. Hatte sich das Interesse zunächst auf die Unterrichtsmethodik konzentriert, so wandte man sich später mehr der volksbildner. Gedanken, seinen Ansichten über die Zerstörung der Familie durch die Industrialisierung („Über Volksbildung und Industrie", 1806) und [ab 1900] stärker den anthropolog. und sozialreformer. Ansätzen zu, die [zus. mit der Anschauungslehre] auch nach 1945 wieder in die pädagog. Methodendiskussion aufgenommen wurden. Gegen diese „natürl. Lehrart als krit. Anschauung", die alle metaphys.-mytholog. Deutungsversuche von Wirklichkeit ablehnte, wird jedoch eingewandt, daß sie sich in dem Maße ins Gegenteil verkehre, wie sie ihrerseits die Natur zum absoluten, urspr. und damit fraglosen Bezugspunkt eines vermeintl. krit. Anschauungsbegriffes mache und mit der „Vergötterung" der Natur auf die erkenntnistheoret. Positionen eines romant., antikrit. Pantheismus zurückfalle.

📖 *Buol, C.: H. P. Stg. u. Basel 1976. - Tobler, H. J.: Die Gestalt des Lehrers bei P. Zürich 1969. - Delekat, F.: J. H. P. Mensch, Philosoph, Politiker, Erzieher. Hdbg. ³1968. - Rang, A.: Der polit. P. Ffm. 1967. - Ganz, H.: P. Leben u. Werk. Zürich ²1966.*

Pestalozzidörfer [nach J. H. Pestalozzi], Bez. für v. a. in W-Europa bestehende internat. Kinderdörfer für Waisen- und Flüchtlingskinder aller Nationen und Rassen; das erste Pestalozzidorf wurde 1946 von W. R. Corti in Trogen (Schweiz) gegründet.

Pestalozzi-Fröbel-Haus, Stiftung des öffentl. Rechts (seit 1943), 1874 von H. Schrader-Breymann in Berlin gegr. als „Berliner Verein für Volkserziehung". Das P.-F.-H. gab entscheidende Impulse insbes. für die Weiterentwicklung der Kindergartenerziehung. Zur Stiftung gehören heute soziale Einrichtungen für Kinder, auch Familienberatung.

Pestalozzi-Fröbel-Verband e. V., 1948 gegr. sozialpädagog. Fachverband, Nachfolgeeinrichtung des ehem. Dt. Fröbel-Verbandes (1873–1938); Sitz Berlin (West); Organ: „Sozialpädagog. Blätter" (1950–75 „Blätter des P.-F.-V.").

Pestel, Pawel Iwanowitsch [russ. 'pjestılj], * Moskau 5. Juli 1793, † Petersburg 25. Juli 1826, russ. Revolutionär. - Oberst; verfaßte als einer der Führer der Dekabristen ein Abschaffung von Autokratie und Leibeigenschaft und Errichtung eines republikan.-zentralist. Einheitsstaates gerichtetes polit. Programm.

Pestfloh ↑Rattenflöhe.

Pestizide [lat.] ↑Schädlingsbekämpfungsmittel.

Pestratten, Bez. für mehrere mäuse- bis rattengroße, pestübertragende Nagetiere, wie z. B. Hausratte, Wanderratte, Kurzschwanz-Mäuseratte und die Ind. Maulwurfsratte.

Pestruper Gräberfeld, eines der größten Grabhügelfelder NW-Deutschlands, auf einer Fläche von 39 ha der Ahlhorner Heide gelegen. Ausgrabungen (1958/59) der (etwa 500) Hügel erbrachten Brandbestattungen von der späten Bronzezeit (9. Jh. v. Chr.) bis zur vorröm. Eisenzeit (2. Jh. v. Chr.).

Pestsäule, anläßl. einer Pestepidemie gelobte und als Dank für die überstandene Pest aufgestellte Votivsäule (v. a. 17./18. Jh.).

Pestwurz (Petasites), Gatt. der Korbblütler mit rd. 20 Arten v. a. in N-Asien; Stauden mit grundständigen, meist nach der Blüte erscheinenden, großen (bis über 1 m), oft herz- oder nierenförmigen, unterseits filzig behaarten Blättern und traubigen oder rispig angeordneten Blütenköpfchen an aufrechtem Schaft. Die in Europa beheimatete Art ist die **Gemeine Pestwurz** (Echte P., Rote P., Petasites hybridus) mit rötl. Blütenköpfchen; wächst an Ufern und auf feuchten Wiesen.

Peta..., Vorsatzzeichen P, Vorsatz vor physikal. Einheiten zur Bez. des 10^{15}fachen der betreffenden Einheit, z. B. Petajoule (PJ).

Petah Tiqwa [hebr. 'pɛtax ti'kva], Stadt in der zentralen Küstenebene von Israel, 123 900 E. Kunstmuseum, Zoo. Textil- und Bekleidungsind., Maschinenbau, Herstellung von Baustoffen, chem. Produkten, Elektrogeräten und Autoreifen; Verarbeitung von Zitrusfrüchten. - Gegr. 1878 als erste jüd. Ackerbaukolonie.

Pétain, [Henri] Philippe [frz. pe'tɛ̃], * Cauchy-à-la-Tour (Pas-de-Calais) 24. April 1856, † Port-Joinville auf der Île d'Yeu (Vendée) 23. Juli 1951, frz. Marschall (seit 1918) und Politiker. - Berufssoldat; rasche Karriere im 1. Weltkrieg: 1915 General, schließl. Kommandeur der 2. Armee; wurde als Verteidiger Verduns 1916/17 zum Nat.helden; seit Mai 1917 Oberbefehlshaber des frz. Heeres, überwand die Krise bei den frz. Fronttruppen; Vizepräs. des Obersten Kriegsrats 1920–31 und Generalinspekteur der Armee 1922–31; 1931 zum Inspekteur der Luftverteidigung ernannt; Kriegsmin. 1934; ab März 1939 Botschafter in Madrid; am 18. Mai 1940 zum stellv. Min.präs. berufen; sprach sich nach der militär. Niederlage Frankr. für einen Waffenstillstand aus, bildete am 17. Juni 1940 die letzte Reg. der 3. Republik und schloß am 22./24. Juni den Waffenstillstand mit Deutschland und Italien; erhielt am 10. Juli 1940 in Vichy vom frz. Parlament alle verfassunggebenden und exekutiven Vollmachten; bemühte sich v. a., die Unabhängigkeit des État Français zu wahren sowie die Integrität des frz. Kolonialreichs zu sichern und unterstützte ein sozialromant. Konzept in der Verbindung von Ideen C. Maurras' und faschist. Ideologie; spielte seit 1942 nur noch die Rolle einer einflußlosen Symbolfigur; am 20. Aug. 1944 nach Belfort, am 8. Sept. nach Sigmaringen gebracht und interniert; stellte sich im April 1945 den frz. Behörden; am 15. Aug. 1945 zum Tode verurteilt, jedoch zu Festungshaft begnadigt.

Petalen [griech.], svw. ↑Blumenblätter.

Petaling Jaya [indones. pə'talıŋ 'dʒaja], Satellitenstadt im SW von Kuala Lumpur, Malaysia, rd. 100 000 E. Technikum, muslim.-theolog. Seminar, Nationalarchiv. - 1953 als Wohnvorort für Kuala Lumpur angelegt; größter Ind.standort Malaysias.

Petalischer Golf

Georg Petel, Ecce Homo
(1627–32). Augsburg, Dom

Petalischer Golf, Teil des Ägäischen Meeres zw. Attika, dem sö. Euböa und Andros.

Petalit [griech.], Mineral von weißer oder rötl. Farbe, auch farblos durchscheinend bis durchsichtig; chem. Li[AlSi$_4$O$_{10}$]; Mohshärte 6,5; Dichte 2,4 g/cm^3. Seine sehr seltenen, erstmals zus. mit Polluzitkristallen (Pollux) aufgefundenen Kristalle werden als **Castor** (Kastor) oder **Castorit** bezeichnet. Vorkommen u. a. in pegmatit. Graniten auf Elba, Bolton (Mass.) und W-Australien; Lithiumrohstoff.

Petel, Georg, * Weilheim i. OB um die Jahreswende 1601/02, † Augsburg 1634, dt. Bildhauer. - Entscheidende Anregungen erhielt er auf Reisen nach Italien und in die Niederlande (um 1620–24, 1627/28, 1633). Seit 1625 in Augsburg ansässig. P. vollzog als erster dt. Bildhauer den Übergang zum Barock. Seinen Werken liegen häufig frei umgesetzte Kompositionen von Rubens zugrunde, z. B. beim Salzfaß mit Triumph der Venus (um 1627/28; Stockholm, Königl. Schloß) und zahlr. Darstellungen des Gekreuzigten in Elfenbein (davon drei in München, Schatzkammer der Residenz), Holz und Bronze, Bildnisbüsten von Gustav II. Adolf (1632; 1643 in Augsburg gegossen; Stockholm, Königl. Schloß) und von Rubens (1633; Antwerpen, Kunstmuseum).

Petent [lat.], Bittsteller.

Peter, männl. Vorname (zu lat. Petrus von griech. pétros „Felsblock, Stein").

Peter, Name von Herrschern:

Aragonien:

P. III., der Große, * 1239, † Villafranca del Panadés (Prov. Barcelona) 2. (?) Nov. 1285, König (seit 1276). - Setzte als Schwiegersohn Manfreds nach der Sizilian. Vesper (1282) Ansprüche auf das stauf. Erbe in Sizilien gegen Karl I. von Anjou und trotz päpstl. Banns durch. Den Widerstand in Aragonien fing P. im „Privilegio general" (1283) ab, das den Ständen eine starke Position einräumte.

Brasilien:

P. I., * Lissabon 12. Okt. 1798, † ebd. 24. Sept. 1834, Kaiser (1822–31). - Floh 1807 vor den napoleon. Truppen nach Brasilien und wirkte dort zunächst als Regent (1821), ließ unter dem Druck einer von den Großgrundbesitzern getragenen separatist. Bewegung am 7. Sept. 1822 die Unabhängigkeit Brasiliens ausrufen und wurde am 12. Okt. zum Kaiser proklamiert. Ab 1826 gleichzeitig König von Portugal (als P. IV.); gestand den Portugiesen eine Verfassung zu und verzichtete auf den portugies. Thron zugunsten seiner Tochter Maria da Glória. Im Jahre 1831 dankte er zugunsten seines Sohnes Peter (II.) auch in Brasilien ab.

P. II., * Rio de Janeiro 2. Dez. 1825, † Paris 5. Dez. 1891, Kaiser (1831–89). - Übernahm 1840 die Reg.geschäfte und förderte die wirtsch. Entwicklung. Konnte militär. Verwicklungen nicht vermeiden (1865–70 Krieg gegen Paraguay); hob entschädigungslos die Sklaverei auf (13. Mai 1888) und mußte deshalb am 15. Nov. 1889 fliehen.

Jugoslawien:

P. II. Karađorđević [serbokroat. kara,dzɔːrdzɛvitɕ] (Petar II.), * Belgrad 6. Sept. 1923, † Los Angeles 3. Nov. 1970, König (1934–45). - Stand seit der Ermordung seines Vaters, Alexander I. Karađorđević, bis März 1941 unter der Regentschaft seines Onkels; lebte seit dem Zusammenbruch Jugoslawiens (April 1941) im Exil (Großbrit. und USA); im Nov. 1945 in Abwesenheit abgesetzt.

Kastilien:

P. I., der Grausame, * Burgos 30. Aug. 1334, † Montiel (Prov. Ciudad Real) 22. (?) März 1369, König (seit 1350). - Sohn Alfons' XI.; mußte den Thronanspruch seines Halbbru-

ders Heinrich von Trastámara abwehren; 1366 vertrieben, setzte sich P. 1367 mit dem Sieg bei Najera (Prov. Logroño) nochmals durch, wurde aber nach seiner Niederlage bei Montiel von Heinrich ermordet. Seit dem 16. Jh. sah man ihn wegen seiner Härte gegenüber dem Adel als gerechten König, wobei die Dichtung z. T. seine Gewalttätigkeit, die ihm seinen Beinamen einbrachte, einbezog.
Mainz:

P. von Aspelt, * Aspelt (Luxemburg) oder Trier um 1240/50, † Mainz (?) 5. Juni 1320, Bischof von Basel (seit 1297), Erzbischof (seit 1306). - Sohn eines Ministerialen; stieg zum Kanzler Wenzels II. von Böhmen auf (1296); übte als Kurfürst von Mainz und Reichserzkanzler im Sinne einer antihabsburg. Politik bestimmenden Einfluß bei den Königswahlen 1308 (Heinrich VII.) und 1314 (Ludwig IV.) aus.
Montenegro:

P. II. Petrović Njegoš (Petar II.), * Njeguši 1. Nov. 1813, † Cetinje 19. Okt. 1851, Fürstbischof (seit 1830). - Festigte das Staatswesen durch den Aufbau einer Verwaltung, schuf einen Senat, ein Steuerwesen, die Anfänge des Schulwesens und konnte mit russ. Hilfe die Grenzen gegen das Osman. Reich und Österreich sichern. P. II. gilt als der bedeutendste serb. Dichter. In seinem Hauptwerk, dem Epos „Der Bergkranz" (1847), stellt er den Befreiungskampf der Montenegriner gegen die osman. Herrschaft dar.
Portugal:

P. II., * Lissabon 26. April 1648, † Alcántara 9. Dez. 1706, König (seit 1683). - Erreichte nach Ausgleich überseeischer Differenzen mit den Niederlanden 1668 die endgültige Anerkennung der Unabhängigkeit durch Spanien.
Rußland:

P. I., der Große (russ. Pjotr I. Alexejewitsch [russ. 'pjɔtr alʲk'sjejʲivʲitʃ]), * Moskau 9. Juni 1672, † Petersburg 8. Febr. 1725, Zar (seit 1682) und Kaiser (seit 1721). - Stand gemeinsam mit dem schwachsinnigen Halbbruder Iwan V. (* 1666, † 1696) 1682–89 unter der vormundschaftl. Reg. seiner Halbschwester Sophia (* 1657, † 1704), die er gewaltsam verdrängte. Seiner 1. Ehe (∞ 1698) entstammte der Thronfolger Alexei Petrowitsch. 1712 heiratete P. die spätere Kaiserin Katharina I. In 2 Türkenkriegen (1695–1700, 1710–11) gewann und verlor P. die Festung Asow (Zugang zum Schwarzen Meer); ein Feldzug gegen das pers. Reich 1722/23 brachte vorübergehend mehrere Prov. am Kasp. Meer in russ. Hand. Von einschneidender Bed. war der 2. Nord. Krieg (1700–21). Der Friede von Nystad gab Rußland anstelle Schwedens die überragende Stellung an der Ostsee (1703 Gründung von Petersburg) und begr. die russ. Großmachtposition. Die Entscheidung für die innere „Europäisierung" war zwar histor. längst angelegt, wurzelte aber auch biograph. in der nahen Berührung des jungen Zaren mit der Moskauer Ausländervorstadt und festigte sich 1697/98 auf einer inkognito unternommenen Reise u. a. in die Niederlande und nach England. Die ohne einheitl. Plan durchgeführten Reformen (u. a. Abschaffung der Barttracht, Einführung des Julian. Kalenders und der Schule als spezialisierter Bildungsinstitution) griffen ins tägl. Leben v. a. des Adels ein, verschärften aber auch die bäuerl. Leibeigenschaft. Kern der Reformen war der Aufbau eines stehenden Heeres, die Einrichtung einer modernen Flotte, der Umbau der zivilen Verwaltung (Einführung der Gouv. als regionale Zwischeninstanzen, des Senats und der Kollegien als zentrale Oberbehörden) und der Kirchenverfassung (1721 Ersetzung des Patriarchats durch den Hl. Synod) sowie das Dienstadel- bzw. Rangtabellengesetz von 1722.
📖 *Vallotton, H.: P. der Große. Rußlands Aufstieg zur Großmacht. Dt. Übers. Mchn. 1978. - Wittram, R.: P. I., Czar u. Kaiser. Gött. 1964. 2 Bde. - Wittram, R.: P. der Große. Der Eintritt Rußlands in die Neuzeit. Bln. u. a. 1954.*

P. III. (russ. Pjotr III. Fjodorowitsch [russ. 'pjɔtr 'fjɔdərɐvʲitʃ]), als Hzg. von Holstein-Gottorf (seit 1739) Karl P. Ulrich, * Kiel 21. Febr. 1728, † Schloß Ropscha bei Petersburg 18. Juli 1762, Kaiser (1762). - Sohn von Hzg. Karl Friedrich von Holstein-Gottorf und Anna Petrowna, der Tochter Peters I., d. Gr.; 1742 als Thronfolger nach Rußland gerufen, seit 1745 ∞ mit Sophie Auguste von Anhalt-Zerbst, der späteren Katharina II. In seine Reg.zeit (5. Jan. bis 9. Juli) fallen der Friedensschluß mit Friedrich II., d. Gr., von Preußen, Aufhebung der Dienstpflicht des Adels, Abschaffung der geheimen Kanzlei und der Folter, staatl. Einzug der Klostergüter, Toleranzgesetz für Altgläubige; am 9. Juli gestürzt, starb unter ungeklärten Umständen.
Serbien:

P. I. Karađorđević [serbokroat. kara,dʑɔːr-dʑɛvitɕ] (Petar I.), * Belgrad 11. Juli 1844, † ebd. 26. Aug. 1921, König (seit 1903, seit 1918 König der Serben, Kroaten und Slowenen). - 1858–1903 im Exil; seine Thronbesteigung leitete die Machtergreifung der russophilen Radikalen Volkspartei ein, deren Gründer, N. Pašić, ab 1904 fast ununterbrochen Min.-präs., die tatsächl. polit. Macht ausübte.

Peter von Ailly [frz. a'ji] (Pierre d'Ailly, Petrus von Alliaco), * Compiègne 1352, † Avignon 9. Aug. 1420, frz. Kardinal. - 1389–95 Kanzler der Univ. Paris, 1389 Beichtvater Karls VI., 1395 Bischof von Le Puy, ab 1397 Bischof von Cambrai, ab 1411 Kardinal. - Setzte sich in Verhandlungen zur Beilegung des Abendländ. Schismas für Papst (bzw. Gegenpapst) Benedikt XIII. ein. Seine theolog. Werke sind ausführl. wörtl. Auszüge aus den Spätscholastikern wichtige Quellen für die Theologie des Spät-MA.

Peterborough [engl. 'piːtəbərə], engl.

Stadt am Nene, Gft. Cambridge, 115400 E. Anglikan. Bischofssitz; techn. College; Museum, Kunstgalerie. Bed. Ind.standort mit Bau von Motoren, Dampfturbinen, Kompressoren, Maschinen u. a.; Ziegelind. - Im damaligen Dorf **Medehamstede** wurde um 654 die Benediktinerabtei P. errichtet, 870 von den Dänen zerstört, um 970 erneuert, eine der berühmtesten Abteien der angelsächs. Zeit; 1539 aufgehoben. P., das von der Abtei den Namen übernahm, erhielt im 12. Jh. Stadtrecht; seit 1541 City. - Kathedrale (geweiht 1238) in spätnorman. Stil, Pfarrkirche Saint John im Perpendicular style; Torhaus Knight's Gateway (1302); Guildhall (17. Jh.).

P., kanad. Stadt an den Wasserfällen des Otonabee River, 60000 E. Kath. Bischofssitz; Univ. (gegr. 1963); Herstellung von elektr. Apparaturen, Maschinen- und Motorenbau, Textil-, Papier-, Nahrungsmittelind. - 1825 gegr.; seit 1850 Town, seit 1905 City.

Peter-I.-Gebirge, nw. Ausläufer des Pamir in der Tadschik. SSR, UdSSR, im Pik Moskwa 6785 m hoch.

Peterhof (lat. Curia Sancti Petri), auf dem rechten Ufer des Wolchow gelegenes Hansekontor in Nowgorod; dt. Niederlassung für 1205/07 sicher bezeugt; 1494 Aufhebung durch den Großfürsten Iwan III.

Peter-I.-Insel, Insel im S-Pazifik, vor der Küste der Westantarktis, 249 km², 1220 m hoch. - 1821 entdeckt und nach Peter I., d. Gr., ben.; seit 1931/33 norweg. Hoheitsgebiet.

Petermann, August, * Bleicherode 18. April 1822, † Gotha 25. Sept. 1878 (Selbstmord), dt. Geograph und Kartograph. - Seit 1845 in Großbrit. tätig, seit 1854 bei J. Perthes in Gotha. Zahlr. kartograph. Arbeiten; begr. 1855 die später nach ihm benannte Zeitschrift „Petermanns Geograph. Mitteilungen".

Petermännchen (Großes P., Trachinus draco) meist 20–30 cm langer Drachenfisch im Küstenbereich des Mittelmeers und des europ. Atlantiks. Der schlanke Körper ist überwiegend braun mit bläul. Netzaderung und unterseits hell. Die Stachelstrahlen der ersten Rückenflosse und der Kiemendeckeldorn sind mit Giftdrüsen verbunden, die ein starkes Blut- und Nervengift absondern. Da sich das P. tagsüber im Sand vergräbt, bildet es eine Gefahr für Badende.

◆ (Kleines P., Zwerg-P., Viperqueise, Trachinus vipera) dem Großen P. ähnl., ebenfalls sehr giftig, jedoch höchstens 20 cm groß; von braungelber Farbe und ohne Kiemendeckeldorn; an den Küsten des Mittelmeers und der Nordsee verbreitet.

Peters, Carl, * Neuhaus (Landkr. Hagenow) 27. Sept. 1856, † Woltorf (= Peine) 10. Sept. 1918, dt. Kolonialpolitiker. - 1884 Begr. der Gesellschaft für dt. Kolonisation und Mitbegr. des Allg. Dt. Verbandes, einer Vorläuferorganisation des Alldt. Verbandes. P. unter-

nahm 1884 eine Expedition nach O-Afrika, wo er durch Verträge das Kerngebiet des späteren Dt.-Ostafrika erwarb und schon 1885 kaiserl. Schutz für sie erlangte. 1887 kamen weitere Gebiete hinzu, 1889/90 konnte er mit Uganda einen Schutzvertrag abschließen. 1891 Reichskommissar, kehrte aber 1892 nach Deutschland zurück; 1897 wegen der gegen ihn erhobenen Vorwürfe der unwürdigen Behandlung der Eingeborenen entlassen.

Peters, C. F. ↑ Verlage (Übersicht).

Petersberg, hess. Großgemeinde nö. an Fulda anschließend, 12800 E. - Kirche der ehem. Benediktiner-Propstei (9./10., 12., 15. Jh.) mit barocker Ausstattung; in der Krypta (9. und 12. Jh.) karoling. (?) Wandmalereien, Steinsarkophag der hl. Lioba (um 836), roman. Weihwasserbecken (um 1170).

Petersberger Abkommen (22. Nov. 1949), nach dem Hotel auf dem Petersberg bei Königswinter, dem Sitz der Hohen Kommissare, ben. Abkommen zw. der Bundesreg. und den westl. Besatzungsmächten; erste Etappe in der Revision des Besatzungsstatuts, regelte u. a. den teilweisen oder vollständigen Demontagestopp, betraf die Gesetzgebung über die Kartellentflechtung, die Genehmigung eines Marshallplanabkommens, die Aufnahme in die Internat. Ruhrbehörde, die Übereinstimmung im Hinblick auf einen Beitritt zum Europarat sowie die Wiederaufnahme von Handels- und Konsularbeziehungen mit den westl. Ländern.

Petersburg, früherer dt. Name für ↑ Leningrad.

Petersburger Vertrag, brit.-russ. Vertrag, am 31. Aug. 1907 in Petersburg geschlossen, der die Aufteilung Persiens in Interessensphären, die Anerkennung des brit. Protektorats in Afghanistan und die Neutralisierung Tibets zugunsten Chinas festlegte.

Petersen, Carl, * Hamburg 31. Jan. 1868, † ebd. 6. Nov. 1933, dt. Politiker. - Mgl. der Bürgerschaft (ab 1899), des Senats von Hamburg (ab 1918); Mitbegr. der DDP 1918, deren Vors. 1919–24; 1920–24 MdR; Erster Bürgermeister von Hamburg 1924–30 und 1931–33.

P., Johann Wilhelm, * Osnabrück 1. Juni 1649, † Thymer bei Zerbst 31. Jan. 1727, dt. luth. Theologe. - 1676 Prof. der Poesie in Rostock, 1678 Superintendent und Hofprediger in Eutin, 1688 in Lüneburg. Seine chiliast. Gedanken legte er in zahlr. Schriften nieder, die insbes. im Pietismus große Verbreitung fanden; 1692 amtsenthoben.

P., Peter, * Großenwiehe (Kreis Schleswig-Flensburg) 26. Juni 1884, † Jena 21. März 1952, dt. Pädagoge und Schulreformer. - Leitete 1920–23 die Lichtwarkoberschule in Hamburg; war 1924–50 Prof. in Jena und Leiter der Jenaer „Erziehungswiss. Anstalt", an der er die „pädagog. Tatsachenforschung" und sein schulpädagog. Reformmodell für die Volksschule, den *Jena-Plan*, entwickelte. Mit

seiner Betonung der Lebensgemeinschafts-
schule und der Gruppenpädagogik (P. faßte
jeweils 2 oder 3 Jahrgänge zus.) Wegbereiter
der Gesamtschule. - *Werke:* Allg. Erziehungswiss. (3 Bde., 1924–54), Eine freie allg. Volksschule nach den Grundsätzen neuer Erziehung (Der Jena-Plan) (2 Bde., 1930).

P., Wolfgang, *Emden 14. März 1941, dt.
Filmregisseur. - Drehte die Filme „Smog"
(1973), „Das Boot" (1981), „Die unendliche
Geschichte" (1983/84), „Geliebter Feind"
(1985).

Petersfels, 1927–31 (Nachuntersuchun-
gen seit 1974) ausgegrabene Höhle bei Engen
(Bad.-Württ.) mit Fundschichten bes. des
↑Magdalénien, die neben Jaspis- und
Hornsteinabschlägen, knöchernen Geschoßspitzen, Harpunen, Lochstäben u.a. jungpaläolith. Kunstwerken enthielten: Gravierun-
gen von Ren und Wildpferd und bes. aus
Gagat geschnitzte, stark stilisierte Frauensta-
tuetten; ebenso zahlr. Schmuckgegenstände.

Petersfisch [nach dem Apostel Petrus],
svw. ↑Heringskönig.

Petershagen, Stadt an der Weser, NRW,
45 m ü.d.M., 23 400 E. Baustoff- und Möbelind., Fremdenverkehr. - Siedlung 784 erstmals
erwähnt; die ab 1305 errichtete Burg P. diente
häufig als Residenz der Bischöfe von Minden;
planmäßige Anlage einer gleichnamigen Neustadt, die um 1363 wohl gleichzeitig mit der
Altstadt Stadtrecht erhielt. - Ehem. Schloß
(v.a. 1544–47) im Stil der Weserrenaissance.

Petersilie [griech.-lat.] (Garten-P., Petroselinum crispum), durch Kultur weit verbreiteter zwei- bis mehrjähriger Doldenblütler mit rübenförmiger, schlanker Wurzel und
dunkelgrünen, glänzenden, zwei- bis dreifach
gefiederten Blättern. Die P. bildet im zweiten
Anbaujahr einen bis 120 cm hohen, verzweigten Stengel mit zusammengesetzten, vielstrah-
ligen Dolden, gelbgrünen bis rötl. Blütenblät-
tern (nicht zu verwechseln mit der giftigen
↑Hundspetersilie) und zweiteiligen, etwas zu-
sammengedrückten, graubraunen Früchten. -
Die P. wird wegen ihres Gehaltes an äther.
Öl (v.a. in der Wurzel und in den Früchten)
und wegen ihres hohen Vitamin-C-Gehaltes
als Heil- und Gewürzpflanze verwendet. Man
unterscheidet die glattblättrige *Blatt-P.*
(Schnitt-P., Kraut-P.), die bes. häufig angebaute *Krausblättrige P.* (Krause, Moos-
krause) und die *Wurzel-P.* (P.wurzel; die fleischige Wurzelrübe wird als Gemüse gegess-
sen).

Petersilienöl (Oleum Petroselini), farbloses bis gelblichgrünes äther. Öl mit balsam-
artigem Geruch, das aus den Früchten der
Petersilie gewonnen wird; Hauptbestandteil
ist das schwach petersilienartig riechende
Apiol (Petersilienkampfer); es enthält außerdem Apiin, Myristizin und Phenole. P. wird
in der Medizin als Diuretikum und Aborti-
vum verwendet.

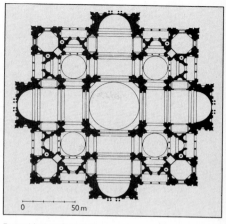

Peterskirche. Grundriß
von Bramante (1506)

Peterskirche (San Pietro in Vaticano),
in der Vatikanstadt gelegene Grabkirche des
Apostels Petrus, Hauptkirche des Papstes. -
An der Stelle eines frühchristl. Friedhofes,
auf dem das Grab des Apostels Petrus vermutet wurde, ließ Kaiser Konstantin I., d. Gr.,
nach 324 die erste große P. errichten, eine
Basilika mit im Westen gelegenem Querhaus
und Chor und höher gelegener, halbrunder
Apsis (über dem Apostelgrab); vor dem Eingang der Kirche lag ein Atrium. Unter Papst
Nikolaus V. Erneuerungsarbeiten (1452–55
begann B. Rossellino ein neues Querhaus mit
Chor). 1502 beschloß Papst Julius II. den vollständigen Neubau; Grundsteinlegung am 18.
April 1506. Bramantes Urplan zeigte einen
Zentralbau in Form eines griech. Kreuzes
mit Zentralkuppel und 4 Ecktürmen. Aus
Gründen der Tradition und der Liturgie wurde jedoch bald die Anlage eines Langhauses
bevorzugt. B. Peruzzi war 1506–14 neben
Bramante Bauleiter, nach Bramantes Tod
1514–20 Raffael, dann wieder Peruzzi (bis
1536) sowie Antonio da Sangallo d.J. (bis
1546). 1546 wurde Michelangelo Bauleiter;
sein Werk ist die Vollendung der Westteile
des Zentralbaus und der Entwurf der Riesen-
kuppel in Anlehnung an die Florentiner
Domkuppel Brunelleschis. 1564–73 war Vi-
gnola Bauleiter, ihm folgte bis 1603 Giacomo
della Porta. Papst Paul V. beschloß endgültig
die Zufügung des Langhauses, das C. Maderno in Anlehnung an die von Michelangelo
verwendeten Maße und Gliederungsformen
1607 ff. ausführen. Schlußweihe am 18. Nov.
1626. Von Maderno stammen auch die (abgewandelte) Fassade (vollendet 1612) und die
Benediktionsloggia. Seit 1629 war G. L. Ber-

nini Bauleiter, 1656–66 vollendete er die Anlage der P. durch Errichtung des perspektiv. wichtigen Vorplatzes mit Kolonnaden. Im Innern der P. errichtete Bernini 1624–33 unter der Kuppel den hohen Altarbaldachin. Zur Ausstattung der P. gehören v. a.: die Cathedra Petri (der angebl. Bischofsstuhl des Apostels Petrus), zahlr. Grabdenkmäler sowie Michelangelos Pieta. - ↑ auch Abb. Bd. 10, S. 352. ⊞ *dell'Arco, M. F.: Petersdom u. Vatikan.* Freib. *1983.* - *Wolff-Metternich, F. Graf: Die Erbauung der P. zu Rom im 16. Jh.* Wien *1972.*

Peterson, Erik [ˈpeːtərzɔn], * Hamburg 7. Juni 1890, † ebd. 26. Okt. 1960, dt. kath. Theologe. - 1924 Prof. für N. T. und alte Kirchengeschichte in Bonn; konvertierte 1930 zur kath. Kirche; ab 1945 Prof. für altchristl. Literatur und Religionsgeschichte an päpstl. Hochschulen in Rom. Entwickelte in seinen Werken eine in sich geschlossene Geschichtstheologie, wobei er sich um den Nachweis einer eigenständigen Entwicklung des Christentums unabhängig von seiner jüd., hellenist. bzw. röm. Umwelt bemühte.

P., Oscar [Emmanuel] [engl. ˈpiːtəsn], * Montreal 15. Aug. 1925, kanad. Jazzmusiker (Pianist). - Arbeitet überwiegend als Solist und im Trio *(O.-P.-Trio)*, u. a. mit den Bassisten Ray Brown. Stilist. v. a. durch N. Cole und A. Tatum beeinflußt, gehört P. zu den großen Klaviervirtuosen des Jazz.

Peterspfennig (Denarius, Census Sancti Petri), im MA (bis zum 15./16. Jh.) in verschiedenen Ländern, v. a. England, Irland, Polen, Schweden, Norwegen, zugunsten des Papstes erhobene Steuer; von der Kurie auch als Zeichen päpstl. [Lehns]oberhoheit interpretiert. Heute bez. P. für die freiwilligen Gaben der Gläubigen aus allen Ländern zugunsten des Papstes.

Peterswaldau ↑ Langenbielau.

Peter und Paul, in der kath. Kirche Fest der Apostel Petrus und Paulus am 29. Juni.

Peterwagen [nach dem für Hamburger Streifenwagen im Funkverkehr festgelegten Namen Peter], umgangssprachl. Bez. für einen Funkstreifenwagen der Polizei.

Peterwardein ↑ Novi Sad.

Pétion, Anne Alexandre [frz. peˈtjõ], eigtl. A. A. Sabès, * Port-au-Prince 2. April 1770, † ebd. 21. März 1818, Präsident von Haiti. - Neben H. Christophe führend in der Revolte gegen J. J. Dessaline; 1807 zum Präs. der Mulattenrepublik im S Haitis gewählt; erließ 1816 eine fortschrittl. Verfassung.

Petipa, Marius [frz. pətiˈpa], * Marseille 11. März 1818, † Gursuf 14. Juli 1910, frz. Tänzer und Choreograph. - Gilt als Begründer des klass. russ. Balletts. Seine bedeutendsten Choreographien „Dornröschen" (1890), „Aschenbrödel" (1893) und „Schwanensee" (1895) gehören bis heute zum Grundbestand des klass. Ballettrepertoires.

Petit, Roland [frz. pəˈti], * Villemomble 13. Jan. 1924, frz. Tänzer und Choreograph. - Schüler von S. Lifar, leitete ab 1948 die Ballets de Paris und wurde 1970 Ballettdirektor in Marseille. Verbindet klass. Ballett mit modernem Ausdruckstanz und Show, u. a. „Carmen" (1949), „Cyrano de Bergerac" (1959), „Notre-Dame-de-Paris" (1965), „La revue" (1970), „Nana" (1976).

Petit [pəˈtiː; frz. „klein"] ↑ Schriftgrad.

Petition [zu lat. petitio „das Verlangen"] (Bittschrift, Eingabe), schriftl. Gesuch an das Staatsoberhaupt, die Behörden oder die Volksvertretung (↑ Petitionsrecht). Histor. Vorläufer ist das Recht der Stände, dem Landesherrn Beschwerden vorzutragen.

Petition of Right [engl. pɪˈtɪʃən əv ˈraɪt], 1628 von Sir E. Coke formulierte und von Karl I. angenommene Bittschrift des Parlaments, in der der König aufgefordert wurde, u. a. folgende Rechte zu bestätigen: keine zusätzl. Besteuerungen ohne Zustimmung des Parlaments, keine Verhaftungen ohne Angabe des Grundes, Garantie für ein ordentl. Gerichtsverfahren. Die P. of R. erlangte keine Gesetzeskraft.

Petitionsrecht, verfassungsmäßig garantierte Berechtigung, sich außerhalb normaler Rechtsmittel und Gerichtsverfahren bzw. auch nach deren Abschluß ohne Furcht vor Repressalien schriftl. mit Bitten und Beschwerden an die zuständigen Organe, insbes. an das Parlament, wenden zu können. Das P. kann als **Einzelpetition** oder als **Kollektiv**- oder **Massenpetition** ausgeübt werden. Mit der Kollektivpetition versuchen meist Verbände oder Initiativgruppen, bestimmte Vorhaben des Gesetzgebers zu beeinflussen oder zu initiieren. Nach heute gültigem Recht werden an den Bundestag gerichtete Petitionen an den **Petitionsausschuß** oder den zuständigen Fachausschuß überwiesen; der Ausschuß hat dem Bundestag monatl. einen Bericht zu erstatten, der mit einem Beschlußvorschlag über die Art der Erledigung (meist Weiterleitung an die B.-Reg.) endet. - In *Österreich* besteht eine ähnl. Regelung.

Petit mal [frz. pətiˈmal „kleines Übel"] ↑ Epilepsie.

Petitpierre, Max [frz. pətiˈpjɛːr], * Neuenburg 26. Febr. 1899, schweizer. Jurist und freisinniger Politiker. - 1926–31 und 1938–44 Prof. für internat. Privatrecht in Neuenburg; 1942–44 Mgl. des Ständerats; 1944–61 Bundesrat (Polit. Departement); 1950, 1955 und 1960 Bundespräs., 1961–74 Mgl. des Komitees des Internat. Roten Kreuzes.

Petit-point-Stickerei [frz. pətiˈpwɛ̃, eigtl. „kleiner Stich"] (Wiener Arbeit), sehr feine Nadelarbeit, die mit der kleinsten Form des Gobelinstichs (Perlstich) ausgeführt wird. Angewandt v. a. für Blumenmuster auf Etuis.

Petljura, Simon Wassiljewitsch [russ.

pi'tljura], *Poltawa 17. Mai 1879, † Paris 25. Mai 1926 (ermordet), ukrain. Politiker. - Früh Anhänger der ukrain. Nat.bewegung; wurde im Mai 1917 Vors. des Allukrain. Armeekomitees, dann Kriegsmin., im Nov. 1918 Oberster Ataman des Heeres, im Febr. 1919 Vors. des ententefreundl. Direktoriums der Ukrain. VR; floh nach Eroberung der Ukraine durch die Rote Armee nach Warschau, 1921 auf sowjet. Drängen ausgewiesen.

Petőfi, Sándor (Alexander) [ungar. 'pɛtøːfi], eigtl. S. Petrovics, * Kiskőrös 1. Jan. 1823, ✗ bei Sighişoara 31. Juli 1849, ungar. Dichter. - Größter ungar. Lyriker. Seit 1844 Hilfsredakteur. Gründete 1846 in Pest die jakobin. „Gesellschaft der Zehn", aus der die Führer der Revolution hervorgingen. Im März 1848 führte er mit patriot. Versen und Artikeln die revolutionäre Pester Jugend an. 1849 war er Adjutant des poln. Generals Bem; fiel im ungar. Freiheitskrieg. P., in dessen kurzer Schaffenszeit die ungar. Dichtung europ. Rang erreichte, verfaßte zunächst volksliedhafte Lyrik; dann größere, dem poet. Realismus verpflichtete Gedichte, in denen er Land und Leute der ungar. Tiefebene schilderte, sowie Stimmungslyrik. Zur ep. Dichtung gehören das Epos „Der Held János" (1845) und der Roman „Der Strick des Henkers" (1846).

Petőfi-Kreis [ungar. 'pɛtøːfi; nach S. Petőfi], Gruppe ungar. Schriftsteller, die durch freiheitl. Forderungen den ungar. Aufstand im Herbst 1956 mit vorbereiteten.

PETP, Abk. für: Polyethylenglykolterephthalat (↑ Polyäthylenglykolterephthalat).

petr..., Petr... ↑ petro..., Petro...

Petra, weibl. Vorname, weibl. Form von ↑ Peter.

Petra (arab. Batra ['batra]), Ruinenstätte im südl. Jordanien, 30 km wnw. von Maan, 850 m ü. d. M., in der schwer zugängl. Schlucht des oberen Wadi Musa. P. war die Hauptstadt des Reiches der Nabatäer wohl seit 169 v. Chr., wurde 106 n. Chr. röm., im 3. Jh. Munizipium und im 4. Jh. Bischofssitz. Die Stadt verfiel nach Verlegung der Handelswege durch die Sassaniden und wurde 1812 von J. L. Burckhardt wiederentdeckt (Ausgrabungen 1929, 1935–37, 1954, seit 1958). Zeugen nabatäischer Kunst sind v. a. der gut erhaltene Felsentempel Kasr und Felsgräber mit z. T. prunkvollen Fassaden, eine eigenständige Umformung hellenist.-röm. Architekturelemente; bed. das sog. Schatzhaus des Pharao (Chasna, vermutl. 1. Hälfte des 2. Jh. n. Chr.) und das sog. Urnengrab (vermutl. 2./3. Jh. n. Chr.); Reste zweier Kreuzfahrerburgen. Opferhöhle (1. Jh. v. Chr.; bis in christl. Zeit benutzt).

PETRA, Kurzbez. für die **P**ositron-**E**lektron-**T**andem-**R**ingbeschleuniger-**A**nlage am ↑ Deutschen Elektronen-Synchrotron.

Petrarca, Francesco, * Arezzo 20. Juli 1304, † Arquà (= Arquà Petrarca) 18. Juli 1374, italien. Humanist und Dichter. - Gilt als Begründer des Humanismus und größter Lyriker Italiens. Sohn eines Florentiner Notars, der aus polit. Gründen aus Florenz verbannt war und seit 1311 mit seiner Familie in Avignon lebte. Trat 1326 in den geistl. Stand. 1330–47 im Dienst des Kardinals Colonna; wurde 1341 in Rom zum Dichter (poeta laureatus) gekrönt. 1353–61 im Dienst der Visconti in Mailand; lebte ab 1362 in Venedig, später in Arquà. Erforschte v. a. antike Handschriften; wies als erster auf den Unterschied zw. ma. und klass. Latein hin; verfaßte eine umfangreiche Briefliteratur, die er selbst zus.-stellte, u. a. in den 24 Büchern der „Epistolae familiares" (entstanden 1364) und in den 17 Büchern der „Epistolae seniles" (entstanden 1361). Aufschluß über seine Persönlichkeit geben insbes. die in Versen verfaßten „Epistolae metricae" (entstanden 1331–61) sowie die Bekenntnisschrift „De contemptu mundi" (entstanden 1342–43), in der er seine ambivalente Haltung zw. Weltlichkeit und Askese in Form eines fiktiven Gespräches thematisiert. Klösterl. Leben preisen die myst.-asket. Schriften „De otio religiosorum" (entstanden 1347) und „De vita solitaria" (entstanden 1346–56). Das von ma. Geist erfüllte Trostbüchlein „De remediis utriusque fortunae" (entstanden 1354) verbindet christl. Gläubigkeit mit stoischen (Cicero und Seneca) Gedanken. Hauptthema seiner Gedichtesammlung „Il canzoniere" („Liederbuch"; hg. 1470, dt. 1818/19 u. d. T. „Italien. Gedichte") ist seine Liebe zu „Laura", einer verheirateten Frau, die er am 6. April 1327 zum ersten Mal getroffen hatte und die für ihn das weltl. Schönheitsideal der Frau in der beginnenden Renaissance verkörperte; die letzte Fassung der „Canzoniere" enthält 317 Sonette, 29 Kanzonen, 9 Sestinen, 7 Balladen u. 4 Madrigale, literar. Formen, die für die italien. Lyrik kanon. und für die europ. Liebeslyrik vorbildl. wurden (Petrarkismus).

📖 Keßler, E.: P. u. die Gesch. Mchn. 1978. - Buck, A.: P. Darmst. 1976. - P. 1304–1374. Hg. v. F. Schalk. Ffm. 1975.

Petrarcameister, dt. Zeichner für den Holzschnitt, in Augsburg tätig im 1. Viertel des 16. Jh. - Die Benennung bezieht sich auf die 261 Zeichnungen für die Holzschnittillustrationen zu Petrarcas „Trostspiegel" (1519/20; 1532 gedruckt). Neben bed. Einzelholzschnitten stammen von ihm, entstanden zw. 1514–22, Hunderte von Blättern für Buchillustrationen des „Trostspiegel", „Celestina" sowie die „Gebetbuchblätter".

Petrarkismus, Stilrichtung der europ. Liebeslyrik vom 14. bis zum 17./18. Jh.; so benannt, da sie der Dichtung F. Petrarcas charakterist. Motive, Form- und Stilelemente entlehnt; entwickelte eine feste Schematik durch stereotype Formulierungen, Antithetik

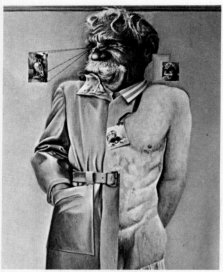

Wolfgang Petrick, Der alte
Kamerad (1973). Privatbesitz

und Hyperbolik, Metaphorik, feststehende
Themen und Motive (Sehnsucht und Liebes-
schmerz des im Dienst um die verzaubernde,
unnahbare, tyrann. Frau sich verzehrenden
Mannes), zielte auf eine formal-ästhet. Virtuo-
sität ab, in der äußerer Wohllaut oft mehr
galt als gedankl. Tiefe. Hauptvertreter waren
u. a. P. Bembo, J. de Montemayor, die Dichter
der Pléiade, T. Wyatt, E. Spenser, M. Opitz,
P. Fleming.

Petraschewski, Michail Wassiljewitsch
[russ. pitra'ʃɛfskij], * Petersburg 13. Nov.
1821, † Belskoje (Region Krasnojarsk) 19.
Dez. 1866, russ. Revolutionär. - Jurist; sammelte ab 1844 einen Diskussionskreis um sich
(Petraschewzen), der Pläne für einen Bauern-
aufstand und eine Geheimgesellschaft ausar-
beitete; 1849 wurde P. verhaftet und nach
Sibirien deportiert.

Petrassi, Goffredo, * Zagarolo (Prov.
Rom) 16. Juli 1904, italien. Komponist. - Seine
Kompositionen (u. a. Konzerte, Kammermusik, Chorwerke, Opern, Ballette, Filmmusiken), zunächst beeinflußt von A. Casella und
I. Strawinski, später serielle Techniken einbe-
ziehend, sind v. a. durch Kantabilität und
klangl. Durchsichtigkeit gekennzeichnet.

petre..., Petre... ↑petro..., Petro...
Petrefakten [griech./lat.], veraltete Bez.
für Versteinerungen.

Petrescu, Camil [rumän. pe'tresku],
* Bukarest 21. April 1894, † ebd. 14. Mai 1957,
rumän. Schriftsteller. - Einer der führenden

modernen rumän. Dichter; beeinflußt von
Proust, Husserl und Bergson; Verf. kulturkrit.
und philosoph. Essays, bühnenwirksamer
Dramen („Danton", 1931) und Lyrik sowie
psycholog. Romane, z. B. „Das Prokrustesbett" (1933), „Ein Mensch unter Menschen"
(1953–57).

Petressa ↑Calais.

Petri, Laurentius, eigtl. Lars Petersson,
* Örebro 1499, † Uppsala 26. Okt. 1573,
schwed. Reformator. - Bruder von Olaus P.;
1531 erster luth. Erzbischof Schwedens. Hg.
der ersten schwed. Bibelübersetzung (1541/42)
und des ersten schwed. Gesangbuchs (1567).
Verfasser der 1572 angenommenen Kirchenverfassung.

P., Olaus (Olavus), eigtl. Olof Petersson,
* Örebro 6. Jan. 1493 (?), † Stockholm 19.
April 1552, schwed. Reformator. - Schüler Luthers. Vertrat als Diakon in Schweden die
Lehren der Reformation, die er auch in Streit-
schriften darlegte und im Reichstag verfocht.
1531 Kanzler Gustav Wasas; 1540 wegen
Hochverrats zum Tode verurteilt, aber begnadigt. Dann Pfarrer in Stockholm. Er übersetzte einen Teil des N. T., die anderen Teile ließ
er übersetzen. Das Erscheinungsjahr der
Übersetzung (1526) bezeichnet den Beginn
der neuschwed. Epoche.

petri..., Petri... ↑petro..., Petro...
Petrick, Wolfgang, * Berlin 12. Jan. 1939,
dt. Maler und Graphiker. - Gehört zu den
Berliner „krit. Realisten". Die Bilder von P.
zeichnet eine im Figürlichen verfremdete, teilweise sozial engagierte Thematik aus.

Petrie, Sir (seit 1923) William Matthew
Flinders [engl. 'piːtrɪ], * Charlton (= London) 3. Juni 1853, † Jerusalem 28. Juli 1942,
brit. Archäologe. - Führte seit 1884 zahlr.
Ausgrabungen in Ägypten und Palästina
durch und begr. wiss. Grabungsmethoden für
dieses Gebiet. Bed. Funde zur ägypt. Vorgeschichte, deren Chronologie er entwickelte.

Petrified Forest National Park [engl.
'petrɪfaɪd 'fɔrɪst 'næʃənəl 'paːk], Natursch.-
gebiet auf dem Colorado Plateau im nö. Arizona, USA, enthält die größten bekannten
Vorkommen versteinerter Bäume aus der
Trias, indian. Felszeichnungen und Ruinen
einer 600 Jahre alten indian. Siedlung.

Petri Heil, Anglergruß nach dem Namen
des Apostels Petrus, des Schutzpatrons der
Fischer; **Petrijünger,** umgangssprachl. für:
Sportangler.

Petrini, Antonio, * Trient 1624 oder 1625,
† Würzburg 8. April 1701, italien. Baumeister. - Seit 1651 fürstbischöfl. Hofbaumeister
in Würzburg, auch in Mainz tätig, baute P.
in schweren, strengen Formen, in denen Elemente des oberitalien. Barock und der dt.
Renaissance verschmolzen. - **Werke:** Stift
Haug in Würzburg (1670–91), Sankt Stephan
in Bamberg (1677 ff.), Festungsbauten in
Würzburg, Nordflügel des Juliusspitals in

Würzburg (1699 ff.; nach den Zerstörungen von 1945 wiederhergestellt), Schloß Seehof bei Bamberg (1687–95).

Petri-Schale [nach dem dt. Bakteriologen J. R. Petri, * 1852, † 1921], flache Glasschale mit [übergreifender] Deckschale; wird v. a. für Bakterienkulturen auf Nährböden verwendet.

Petri Stuhlfeier (Thronfest des Apostels Petrus), in der kath. Kirche Fest zum Gedächtnis des Amtsantritts des Petrus in Rom, urspr. am 18. Jan. und 22. Febr., seit 1960 nur am 22. Febr. begangen.

petro..., Petro..., petri..., Petri..., petre..., Petre..., petr..., Petr... [zu griech. pétra „Stein"], Bestimmungswort von Zusammensetzungen mit der Bed. „stein..., Stein...".

Petrochemie, die Wissenschaft von der chem. Zusammensetzung der Gesteine, Teilbereich der ↑ Geochemie.
◆ (Petrolchemie) Bez. für die Gesamtheit der chem. Prozesse und techn. Verfahren zur Herstellung und Weiterverarbeitung organ. Grundstoffe *(Petrochemikalien)* aus Erdöl und Erdgas.

Petrodollars, Bez. für die im Besitz erdölexportierender Staaten befindl. US-Dollars, die auf den internat. Finanzmärkten angelegt werden.

Petrodworez [russ. pɪtrɐdva'rjɛts] (bis 1944 Petergof), sowjet. Stadt am Finn. Meerbusen, dem Leningrader Stadtsowjet unterstellt, RSFSR, 74 000 E. - Peter I. ließ 1715–28 in P. seine Sommerresidenz errichten. Das barocke Schloß, als zweigeschossiger, pilastergegliederter Bau errichtet, wurde von B. F. Rastrelli 1746–55 umgebaut, Wasserspiele u. a. entstanden. Im Park liegt u. a. das kleine Schloß Marly (1714), das Schloß Monplaisir (1714–23, Seitenflügel um 1750 von B. F. Rastrelli angefügt), das Wasserspiel „Die Pyramide" sowie das Engl. Palais (G. Quarenghi; 1781–89, Dreiflügelbau im Stil Palladios). F. Schinkel erbaute 1832 die kleine neugot. Alexander-Newski-Kirche. - Schloß und Park wurden nach dem 2. Weltkrieg wiederhergestellt.

Petroglyphen, vorgeschichtl. Felszeichnungen bzw. -ritzungen (↑ Felsbilder).

Petrograd, 1914–24 Name von ↑ Leningrad.

Petrographie (Gesteinskunde), Lehre von der Zusammensetzung der Gesteine, ihrer Bildung, Umwandlung und ihrer Vorkommen.

Petrokrepost [russ. pɪtra'krjɛpəstj], sowjet. Stadt am Ladogasee, RSFSR, 10 000 E. Newa-Werft; Anlegeplatz. - 1323 als Festung **Oreschek** (Name bis 1611) erbaut; wechselte zw. Russen und Schweden (1611–1702 schwed. **Nöteborg**) häufig den Besitzer; 1702 von Peter I. erobert und in **Schlisselburg** umbenannt (bis 1944); diente vom 18. Jh. bis

1917 als Gefängnis für polit. Häftlinge, dann zum Museum umgestaltet.

petrol..., Petrol... [griech.-lat.], Bestimmungswort von Zusammensetzungen mit der Bed. „Erdöl..., Erdgas...".

Petroläther, beim Fraktionieren von Benzin erhaltene, aus niedermolekularen, meist aliphat. Kohlenwasserstoffen bestehende Flüssigkeit, die als Extraktions- und Lösungsmittel dient.

Petrolchemie ↑ Petrochemie.

Petroleum [...le-ʊm; griech.-lat., eigtl. „Steinöl"], ältere Bez. für ↑ Erdöl.
◆ die bei der Erdöldestillation zw. 180 und 250 °C übergehende Kohlenwasserstofffraktion, die früher v. a. zu Beleuchtungszwecken benutzt wurde; heute als Treibstoff verwendet (Kerosin).

Petroleumharze [...le-ʊm], aus Petroleum durch Kracken und anschließende katalyt. Polymerisation gewonnene, als Bindemittel für Preßmassen, Beschichtungen und Asphaltbeläge verwendete Kohlenwasserstoffharze.

Petroleumlampe [...le-ʊm], Beleuchtungsvorrichtung, bei der die leuchtende Flamme von brennendem Petroleum ausgenutzt wird. Das von einem Baumwolldocht aus einem Vorratsgefäß „hochgesaugte" Petroleum verbrennt nach dem Verdampfen am oberen Dochtrand in einem Brenner, wobei ein darübergestülpter Glaszylinder durch Kaminwirkung für ausreichende Luftzufuhr sorgt.

Petrolkoks, beim therm. Kracken von Erdöl zurückbleibender Rückstand, der v. a. zur Herstellung von Elektroden und Elektrographit verwendet wird.

Petrologie, Bereich der Petrographie, befaßt sich mit den chem.-physikal. Bedingungen der Gesteinsbildung.

Petronius, Gajus [Titus?] (gen. P. Arbiter), † 66 n. Chr., röm. Schriftsteller. - Wohl ident. mit dem von Tacitus erwähnten „arbiter elegantiae" („Schiedsrichter des feinen Geschmacks") am Hofe Neros, der sich im Zusammenhang mit der Pison. Verschwörung das Leben nahm. Verf. des satir.-parodist. Schelmenromans aus dem griech. Süditalien „Satiricon" (auch „Saturae"), einer Mischung von Prosa und Versen, darin „Cena Trimalchionis" („Gastmahl des Trimalchio").

Petropawlowsk, Hauptstadt des sowjet. Geb. Nordkasachstan in der Kasach. SSR, im südl. Westsibir. Tiefland, 222 000 E. PH; Motoren- und Schwermaschinenbau, Isolatorenfabrik, Nahrungsmittel-, Leder- und Baustoffind.; Verkehrsknotenpunkt an der Transsib. - 1752 als Festung gegr., seit 1807 Stadt.

Petropawlowsk-Kamtschatski, Hauptstadt des sowjet. Geb. Kamtschatka, RSFSR, an der Awatschabucht, 241 000 E. PH, Seefahrtschule; vulkanolog. Inst. der

Akad. der Wiss. der UdSSR, Inst. für Fischereiwirtschaft und Ozeanographie; Museum, Theater; Bodenempfangsstation für Fernmeldesatelliten; Reparaturwerft, Fischverarbeitung, Baustoffind. Hafen, ⚓. - 1740 gegr.; ab Ende des 18. Jh. Verwaltungszentrum von Kamtschatka; als Stützpunkt für die russ. Fernostflotte wichtiger strateg. Punkt beim Ausbruch der fernöstl. Kämpfe des Krimkrieges (1854).

Petroşanisenke [rumän. petro'ʃanj], Becken in den westl. Südkarpaten, Rumänien, fast 50 km lang, durchschnittl. 5 km breit; größte Kohlenvorkommen des Landes.

Petrosawodsk, Hauptstadt der Karel. ASSR innerhalb des RSFSR, am W-Ufer des Onegasees. 251 000 E. Univ. (gegr. 1940), PH, Zweigstelle der Akad. der Wiss. der UdSSR, Kunstmuseum; Maschinenbau, Hausbau-, Möbelkombinat, fischverarbeitende u. a. Ind., ⚓. - 1703 gegr., seit 1777 Stadt.

Petroselinum [griech.], Gatt. der Doldenblütler mit vier Arten in M-Europa und im Mittelmeergebiet, z. B. ↑ Petersilie.

Petrossjan, Tigran Wartanowitsch [russ. pıtra'sjan], * Tiflis 17. Juni 1929, † Moskau 13. Aug. 1984, sowjet. Schachspieler. - Internat. Großmeister seit 1952; Schachweltmeister 1963–69.

Petrus. Bronzestatue von Arnolfo di Cambio (1300). Rom, Peterskirche

Petrovaradin [serbokroat. pɛtrɔva,radiːn] ↑ Novi Sad.

Petrow [russ. pı'trɔf], Iwan Iwanowitsch, eigtl. Hans Krause, * Irkutsk 29. Febr. 1920, russ. Sänger (Baß) dt. Abkunft. - 1943–70 Mgl. des Moskauer Bolschoi-Theaters; feierte v. a. Erfolge als Titelheld in Mussorgskis Oper „Boris Godunow".

P., Jewgeni Petrowitsch, eigtl. J. P. Katajew, * Odessa 13. Dez. 1903, ⚔ bei Sewastopol 2. Juli 1942, russ.-sowjet. Schriftsteller. - Bruder von W. P. Katajew; Zusammenarbeit mit Ilja Ilf an humorist. und satir. Romanen, u. a. „Zwölf Stühle" (1928), „Ein Millionär in Sowjetrußland" (1921, 1946 u. d. T. „Das goldene Kalb").

Petrucci, Ottaviano [italien. pe'truttʃi], * Fossombrone (Prov. Pesaro e Urbino) 18. Juni 1466, † Venedig 7. Mai 1539, italien. Musikverleger und Drucker. - Erfand den Mensuralnotendruck mit bewegl. Metalltypen und war der erste bed. Musikverleger.

Petrus (aram. Kepha, eigtl. Simon [gräzisiert aus aram. Symeon]), hl., † Rom (?) zw. 63 und 67 (?), Apostel. - Gehörte zu den zwölf Aposteln, die Jesus z. Z. seines Wirkens als engsten Kreis um sich versammelt hatte. Von Beruf Fischer, stammte aus Bethsaida; z. Z. seiner Berufung lebte er als verheirateter Mann in Kapernaum. Wann er den aram. Namen Kepha (griech. pétros „Fels") erhielt, ist nicht sicher festzustellen; die Namensgebung bringt v. a. die Bed. des P. für die nachösterl. Gemeinde in Jerusalem zum Ausdruck. In allen neutestamentl. Apostelkatalogen wird P. an erster Stelle genannt. Die Führung der Gemeinden in Jerusalem hatte er vermutl. bis zum Apostelkonzil (↑ Aposteldekret) inne, er war wahrscheinl. auch der Initiator der Mission und gilt als Vertreter eines gemäßigten Judenchristentums. Über seine Tätigkeit und sein Lebensende sind kaum Hinweise und gesicherte Quellen überliefert. Möglicherweise starb er als Märtyrer in Rom (unter Nero?). Seine überragende Bed. erhielt P. v. a. durch das auf ihn zurückgeführte P.amt des Papstes in der kath. Kirche, die die Sukzession des Bischofsamtes auf die (umstrittene) Authentizität des Wortes Matth. 16, 17–19 gründet. - P. und Paulus werden in der kath. Kirche als „Apostelfürsten", mit deutl. Vorrang des P., verehrt. - Hauptfest: 29. Juni.

In der *bildenden Kunst* hat sich schon auf Sarkophagen des 4. Jh. ein charakterist. Typ herausgebildet: eine kräftige, gedrungene Gestalt, runder Kopf mit Lockenkranz und kurzem Bart. Attribute sind Buch und/oder Schlüssel, auch Kreuzstab. Zahlr. Darstellungen von Szenen aus dem Leben Petri: Fresken in der Brancaccikapelle von Santa Maria del Carmine in Florenz von Masaccio und Masolino (1425–28), „Der wunderbare Fischzug" vom Petrusaltar K. Witz' (1444, Genf,

Musée d'Art et d'Histoire). Seine Befreiung aus dem Gefängnis malte u. a. Raffael in den vatikan. Stanzen (Stanza d'Eliodoro, 1512), „Petri Verleugnung" Rembrandt (1660; Amsterdam, Rijksmuseum).

📖 *Pesch, R.: Simon - P. Stg. 1984. - Steinwede, D.: P. Düss. 1982. - P. u. Papst. Hg. v. A. Brandenburg u. H. J. Urban. Münster (Westf.) 1977. - Guarducci, M.: P. Sein Tod - Sein Grab. Dt. Übers. Regensburg 1976. - Brown, R. E., u. a.: Der P. der Bibel. Stg. 1976.*

Petrus von Kiew, hl. (P. von Moskau), † Moskau 1326, russ. Metropolit. - Vom Patriarchen von Konstantinopel 1308 zum Metropoliten des russ. Reiches berufen. P. verlegte seine Residenz nach Moskau. Dadurch förderte er das Streben der Moskauer Fürsten nach Vorherrschaft und trug wesentl. zur Entwicklung Moskaus zum polit. Zentrum Rußlands bei.

Petrus von Zittau (P. von Königsaal), * um 1275, † 1339 (?), dt. Chronist. - Ab 1316 (wohl bis 1338) Abt des Zisterzienserklosters Königsaal (tschech. Zbraslav). Seine Chronik gibt eine Darstellung der ausgehenden Přemyslidenzeit und der Anfänge des Hauses Luxemburg in Böhmen (1253–1338).

Petrus Abaelardus [abɛ...] ↑Abälard, Peter.

Petrusakten, apokryphe Erzählungen über den Apostel Petrus, die etwa um 200 in Kleinasien entstanden und von den Paulus- und Johannesakten abhängig sind.

Petrusamt, Bez. für das Amt und den Primat des Papstes.

Petrusapokalypse, apokryphe Apokalypse, die in der ersten Hälfte des 2. Jh. v. a. in Ägypten große Bed. besaß. Der Text hatte starke Auswirkungen auf die eschatolog. Tradition der alten Kirche.

Petrus Aureoli (Pierre d'Auriole), * Gourdon (Lot) zw. 1275 und 1280, † Avignon oder Aix-en-Provence 1322, frz. Philosoph und Theologe. - Franziskaner; 1321 Erzbischof von Aix-en-Provence. Entwickelte gegen den herrschenden Begriffsrealismus eine Erkenntnistheorie, nach der die Begriffe nicht in der Natur bestehende Unterschiede, sondern die Ergebnisse geistiger Unterscheidungsleistungen sind. Damit verschwindet die Frage nach einem Individuationsprinzip (↑Individuation): Dadurch, daß etwas existiert, ist es ein einzelnes. In der Wahrnehmung des einzelnen, in der Erfahrung, hat die Wiss. ihren Ursprung.

Petrusbriefe, dem Apostel Petrus zugeschriebene Briefe im neutestamentl. Kanon, zu den ↑Katholischen Briefen gerechnet. Der *1. Petrusbrief* (Ende des 1. Jh.) besteht im wesentl. aus einer Mahnrede an die Gemeinden in Kleinasien; vermutl. von einem unbekannten Verfasser. Der *2. Petrusbrief* (1. Hälfte des 2. Jh.) setzt sich insbes. mit den aufkommenden Zweifeln an der Wiederkunft Christi auseinander; der Verfasser ist unbekannt.

Petrus Canisius ↑Canisius, Petrus, hl.

Petrus Chrysologus, hl., * Forum Cornelii bei Imola um 380, † ebd. 3. Dez. 450, italien. Kirchenlehrer. - Um 431/32 oder 440 Erzbischof von Ravenna; sichere Zeugnisse über sein Leben fehlen; gilt seit 1729 als Kirchenlehrer. - Fest: 30. Juli.

Petrus Claver, hl., * Verdú (Prov. Lérida) 1580, † Cartagena (Kolumbien) 8. Sept. 1654, span. Jesuit. - Kam 1610 nach Kolumbien; war in Cartagena, einem Zentrum des Sklavenhandels, 40 Jahre lang seelsorger. und karitativ unter den Negersklaven tätig; 1896 von Papst Leo XIII. zum Patron der Negermission ernannt.

Petrus Damiani, hl., * Ravenna 1007, † Faenza 23. Febr. 1072, italien. Kardinal und Kirchenlehrer. - Nach Lehrtätigkeit in Ravenna 1035 Benediktiner und Einsiedler in Fonte Avellana, 1043 Prior. Vertreter strengster Askese; versuchte, die zahlr. unter Einwirkung des oriental. Mönchtums entstandenen Eremitenkongregationen durch geregelte Gebets- und Bußübungen und Bindung an Klöster zu organisieren; bed. italien. Verfechter kirchl. Reformen. Gegen seinen Willen 1057 zum Kardinal erhoben. Dante versetzte P. D. ins Paradies; seit 1828 gilt P. D. als Kirchenlehrer. - Fest: 21. Februar.

Petrus de Vinea (P. de Vineis), * Capua um 1190, † San Miniato bei Pisa im April 1249 (Selbstmord), Großhofrichter (seit 1225) und Leiter der Kanzlei Kaiser Friedrichs II. - 1247 „Protonotar des kaiserl. Hofes" und „Logothet des Kgr. Sizilien"; gewann beherrschenden Einfluß auf die kaiserl. Politik. Er war wesentl. beteiligt an der Organisation des sizilian. Beamtenstaats und an der Abfassung kaiserl. Briefe und Manifeste; glänzender Stilist. Wohl wegen Unterschlagungen eingekerkert und geblendet.

Petrusgrab, die angebl. Grabstätte des Apostels Petrus, die unter der Confessio der Peterskirche verehrt wird. Auf Grund der lückenhaften Quellenlage ist die Echtheit des P. bis heute umstritten.

Petrus Hispanus ↑Johannes XXI., Papst.

Petruslied, ältestes dt. Kirchenlied; vermutl. von einem Geistlichen verfaßt, um 900 in eine Freisinger Handschrift eingetragen. Das P. ist in strengem Rhythmus geschrieben, zeigt reine Reime und besteht aus drei Strophen mit je zwei Versen sowie dem Refrain „Kyrie eleison"; es ist ein Bittgesang an Petrus, vermutl. bei Wallfahrten u. a. gesungen.

Petrus Lombardus, * Novara-Lumellogno (Lombardei) um 1095, † Paris 21. oder 22. Juli 1160, italien. scholast. Theologe. - Kam um 1133 durch Vermittlung Bernhards von Clairvaux nach Paris, bedeutendster Schüler von Peter Abälard, ab 1159 Bischof von Paris. Sein Hauptwerk, die „Sentenzen"

Petrus Martyr

(„Sententiarum libri IV", Erstdruck um 1471) - daher der Beiname Magister sententiarum - wurde das dogmat. Handbuch der folgenden Jh. Es ordnet den theolog. Lehrstoff in der seitdem übl. Reihenfolge: Gotteslehre; Schöpfungslehre; Lehre von der Erlösung; Sakramentenlehre (Festlegung von sieben Sakramenten) und Eschatologie. Bis ins 16. Jh. in Gebrauch, formte es bis dahin das theolog. Denken.

Petrus Martyr, hl. (Petrus von Verona), * Verona um 1205, † Farga bei Mailand 6. April 1252 (ermordet), italien. Dominikaner. - Gehörte zu den erfolgreichsten Predigern Oberitaliens im Dienste der Bekehrung von Häretikern, aber auch der antistauf. päpstl. Agitation. Als Inquisitor in Como und Mailand wurde er auf Betreiben von Katharern und Ghibellinen ermordet.

Petrus Martyr Anglerius, eigtl. Pietro Martire d'Anghiera, * Arona 2. Febr. 1457, † Granada im Okt. 1526, italien. Historiograph in span. Diensten. - Seit 1487 am span. Hof; 1501 als Diplomat in Kairo, vor 1520 zum Chronisten für Amerika bestellt, verfaßte mit „De orbe novo decades VIII" (1516) ein vielbenutztes Werk über Entdeckung und Eroberung der „Neuen Welt" bis 1525.

Petrus Nolascus, hl., * im Languedoc (oder Barcelona?) um 1182, † Barcelona 1249 oder 1256, span. Ordensstifter. - Gründete zus. mit Raimund von Peñafort den Orden der † Mercedarier, den er bis 1249 leitete.

Petrus Venerabilis, hl., * Montboissier (Auvergne) um 1092, † Cluny 25. Dez. 1156, frz. Benediktiner. - Seit 1122 Abt von Cluny, trat durch Bestrebungen zur Reformierung und wirtsch. Sanierung des Klosters hervor, dem er durch die Generalkapitel von 1132 und 1146 neue Statuten gab. Auf seine Veranlassung entstand eine lat. Übersetzung des Korans, die er in Traktaten gegen die Muslime benutzte.

Petsalis, Thanasis, eigtl. Athanasios P.-Diomidis, * Athen 11. Sept. 1904, neugriech. Schriftsteller. - Setzte sich anfangs mit der bürgerl. Gesellschaft auseinander, wandte sich in späteren, breit angelegten Romanen Themen aus der nat. griech. Vergangenheit zu.

Petsamo † Petschenga.

Petsch, Robert, * Berlin 4. Juni 1875, † Hamburg 10. Sept. 1945, dt. Literarhistoriker. - 1907 Prof. in Heidelberg, 1911 in Liverpool, 1914 in Posen, ab 1919 in Hamburg. Beeinflußte mit seinen richtungsweisenden Arbeiten die Diskussion über poetolog. Grundstrukturen und Bedingungen verschiedener literar. Grundgattungen.

Petschaft [tschech.] † Siegel.

Petschenegen, nomad. Turkvolk, im 9. Jh. von den Flüssen Wolga und Ural, das die Magyaren nach W abdrängte und im 10. Jh. im südruss. Steppengebiet ansässig war; überschritten Mitte des 11. Jh. die Do-

nau, belagerten 1090/91 Konstantinopel und wurden 1091 von den mit den Byzantinern verbündeten Kumanen vernichtend geschlagen; 1122 endgültig vernichtet.

Petschenga [russ. 'pjetʃɪngɐ] (finn. Petsamo), sowjet. Ort am Ende der 17 km langen, schmalen *P.bucht* der Barentssee, RSFSR, etwa 4 000 E. Eisfreier Hafen, Bahnanschluß an die Murmanbahn; bed. Nickelmagnetkieslagerstätten. - 1920 wurde das Gebiet um P. an Finnland abgetreten; 1939 von sowjet. Truppen erobert, 1940 wieder finn., 1944 endgültig sowjet.; die Skoltlappen aus dem Gebiet um P. wurden am Inarisee angesiedelt.

Petschora [russ. pɪ'tʃɔrɐ], Fluß im europ. Teil der UdSSR, entspringt im Nördl. Ural, mündet in die P.bucht der Barentssee, 1 809 km lang. Geplant ist ein Kanal zw. P. und Wolga zur Wasserstandsregulierung der Wolga.

Petschora-Kohlenbecken [russ. pɪ-'tʃɔrɐ], nach dem Donbass bedeutendstes Steinkohlenvorkommen im europ. Teil der UdSSR zw. dem Polarural und den Tschernyschowbergen.

Pettenkofer, Max [Josef] von (seit 1883), * Lichtenheim bei Neuburg a. d. Donau 3. Dez. 1818, † München 10. Febr. 1901 (Selbstmord), dt. Hygieniker. - Ab 1865 erster dt. Prof. für Hygiene in München, wo auf sein Betreiben 1879 das erste dt. hygien. Institut eröffnet wurde; 1890–99 Präs. der Bayer. Akademie der Wissenschaften. - Begründer der experimentellen Hygiene; Arbeiten u. a. zur Stoffwechselphysiologie und Epidemologie; betonte die Abhängigkeit der Seuchenentstehung von der Beschaffenheit der menschl. Umgebung (bes. von Bodenverunreinigungen und Grundwasserstand).

Petticoat ['pɛtɪkoːt; engl. 'pɛtɪkoʊt], gestreifter, auch mit Volants voluminös gearbeiteter Halbunterrock (Mitte der 1950er bis Anfang der 1960er Jahre).

Pettiford, Oscar [Collins] [engl. 'pɛtɪfəd], * Okmulgee (Okla.) 30. Sept. 1922, † Kopenhagen 8. Sept. 1960, amerikan. Jazzmusiker (Bassist, Cellist, Komponist). - Trat seit Anfang der 1940er Jahre in verschiedenen Swing- und Bebopgruppen hervor. Anknüpfend an die Spielweise J. Blantons vermittelte P. dem Baßspiel im Modern Jazz entscheidende Impulse.

Petting [engl.-amerikan. „das Liebkosen"], erot.-sexuelle [bis zum Orgasmus betriebene] Stimulierung, bei der (im Unterschied zum † Necking) die Genitalien zwar gereizt werden, der eigentl. Geschlechtsverkehr jedoch unterbleibt.

Petty, Sir (seit 1662) William [engl. 'pɛtɪ], * Ramsey 26. Mai 1623, † London 16. Dez. 1687, brit. Nationalökonom. - P. gilt als der erste entscheidende Verfechter einer streng mathemat.-statist. ökonom. Analyse, die er polit. Arithmetik nannte.

Petunie (Petunia) [indian.], Gatt. der Nachtschattengewächse mit rd. 25 Arten in S-Brasilien und Argentinien; meist klebrig-weichbehaarte Kräuter mit trichter- oder tellerförmigen, großen Blüten. Die durch Züchtung geschaffenen, mit violetten, roten, rosafarbenen und weißen, auch gestreiften oder gefleckten Blüten ausgestatteten **Gartenpetunien** gehören zu den beliebtesten Beet- und Balkonpflanzen.

Pétursson [isländ. 'pjɛːtʏrsən], Hallgrímur, * Hólar 1614, † Ferstikla 27. Okt. 1674, isländ. Dichter. - Bauer und Fischer, ab 1644 Pfarrer. Bedeutendster geistl. Dichter Islands (Psalmen, Hymnen).

P., Hannes [Pálmi], * Sauðárkrókur 14. Dez. 1931, isländ. Schriftsteller. - Bed. Vertreter der modernen Literatur in Island (Gedichte, Erzählungen und literaturwiss. Werke).

Petzold, Alfons, * Wien 24. Sept. 1882, † Kitzbühel 26. Jan. 1923, östr. Dichter. - Arbeitersohn; der autobiograph. Roman „Das rauhe Leben" (1920) ist ein erschütternder Bericht seines Lebenskampfes; gilt als Wegbereiter der östr. sozialist. Literatur; in seinen Gedichten (u. a. „Trotz alledem!", 1920; „Der stählerne Schrei", 1916) von Heine und den Dichtern des Vormärz beeinflußt; später religiöse und verklärende Tendenz („Sevarinde", R., 1923).

Petzolt, Hans, * 1551, † Nürnberg 19. März 1633, dt. Goldschmied. - Tätig in Nürnberg; bereitete mit seinen Arbeiten die Wende von der Renaissance zum Barock vor; kennzeichnend die Wiederaufnahme got. Stilmittel (Buckelpokale).

Petzval, Joseph ['pɛtsval], * Szepesbéla (= Spišská Belá, Ostslowak. Gebiet) 6. Jan. 1807, † Wien 17. Sept. 1891, östr. Ingenieur und Mathematiker. - Prof. in Wien; konstruierte 1840 das erste auf mathemat. Berechnungen beruhende, aus getrennten Linsengruppen bestehende Kameraobjektiv (*P.-Objektiv*) und stellte die Bedingungen für Anastigmatismus u. ebenes Bildfeld bei Linsensystemen auf.

peu à peu [frz. pøa'pø], nach und nach, allmählich.

Peuckert, Will-Erich, * Töppendorf (Schlesien) 11. Mai 1895, † Darmstadt 25. Okt. 1969, dt. Volkskundler und Schriftsteller. - 1946–60 Prof. in Göttingen; befaßte sich mit hervorragenden Persönlichkeiten der Geistesgeschichte des 16. und 17. Jh. sowie mit Problemen der Magie und der Erzählforschung; Hg. zahlr. Sagensammlungen.

Peuerbach (Purbach, Peurbach), Georg von, * Peuerbach 30. Mai 1423, † Wien 8. April 1461, östr. Gelehrter. - Lehrte in Wien Mathematik, Astronomie und Philosophie. Seine Übersetzung des „Almagest" von Ptolemäus wurde von Regiomontanus fortgeführt. Mit z. T. selbstgefertigten astronom. Instrumenten führte P. Sternbeobachtungen durch.

Antoine Pevsner, Kinetische Konstruktion (1953). Mannheim, Kunsthalle

Peugeot-Gruppe [frz. pø'ʒo], frz. Unternehmensgruppe zur Produktion von und zum Handel mit Automobilen, Zweirädern, Stahl, Werkzeugen und Kunststoffen; entstanden aus einer 1810 gegr. Stahlgießerei. Die Gruppe umfaßt neben der Marke Peugeot selbst auch die Marken Citroën und Simca (seit 1979: Talbot).

Peuplierungspolitik [pø...; zu frz. peuple „Volk" (von lat. populus)] ↑ Merkantilismus.

Peutinger, Konrad, * Augsburg 15. Okt. 1465, † ebd. 28. Dez. 1547, dt. Humanist. - Seit 1490 in den Diensten der Stadt Augsburg, ab 1497 als Stadtschreiber. Bis 1534 war er führend in den polit. Geschäften der Stadt und im Auftrag des Rats des Schwäb. Städtebunds tätig (1530 erschien auf dem Augsburger Reichstag seine frühkapitalist. Rechtfertigungsschrift zugunsten der oberdt. Handelsgesellschaften); daneben humanist. Studien, die für die Geschichtsschreibung von Bed. waren. In seinem Besitz befand sich die **Peutingersche Tafel,** eine im 12. Jh. entstandene Kopie einer röm. Straßenkarte, die die Welt von den Brit. Inseln bis China abbildet. - Abb. S. 32.

Pevsner, Antoine [frz. pɛv'snɛːr], * Orel 18. Jan. 1886, † Paris 12. April 1962, frz. Bildhauer und Maler russ. Herkunft. - 1911 und 1913 in Paris, wo er mit Kubismus und Futurismus bekannt wurde. 1917–23 in der Sowjetunion, 1920 Mitunterzeichner des von seinem Bruder N. Gabo verfaßten „Realist. Manifests", 1923 in Berlin erste dreidimensionale Konstruktion, ließ sich in Paris nieder. P. konstruktivist. Plastik zeigt eine maler.

Pevsner

Bearbeitung der Metallkörper (Bronze und Kupfer) und ist als dynam. Definition räuml. Gegebenheiten zu verstehen. - Abb. auch Bd. 12, S. 124.

P., Sir (seit 1969) Nikolaus ['--], * Leipzig 30. Jan. 1902, † London 18. Aug. 1983, dt.-engl. Kunsthistoriker. - Emigrierte 1934, u. a. 1949-55 Prof. in Cambridge, seit 1968 in Oxford. - *Werke:* Wegbereiter moderner Formgebung (1936), Europ. Architektur von den Anfängen bis zur Gegenwart (1943), Architektur und Design. Von der Romantik zur Sachlichkeit (1968), Der Beginn der modernen Architektur und des Design (1968), Lexikon der Weltarchitektur (Hg. 1971).

Peymann, Claus, * Bremen 7. Juni 1937, dt. Theaterregisseur. - Nach seiner Tätigkeit am Frankfurter Theater am Turm und an der Schaubühne am Halleschen Ufer in Berlin war P. 1972-79 Schauspieldirektor in Stuttgart, 1979-86 in Bochum, seit 1986 Leiter des Wiener Burgtheaters. Bekannt wurde er v. a. als Regisseur von Stücken P. Handkes und T. Bernhards (Uraufführungen).

Peynet, Raymond [frz. pε'nε], * Paris 16. Nov. 1908, frz. Zeichner. - Schöpfer eines naiven Liebespaares, dem sich die Welt zu einem Traum verwandelt; rd. 20 heiter-iron. Folgen.

Peyotekulte [pe'jo:tə...], Bez. für Kulte, in deren Mittelpunkt der sakramentale Gemeinschaftsgenuß des Peyotl stand, der Trancezustände bewirkt. Der Genuß des Peyotl geht auf altamerikan. Bräuche zurück und hat sich seit Ende des 19. Jh. unter den Indianern N-Amerikas weit verbreitet. Der religiösen Wertung des Peyotl liegt die Vorstellung zugrunde, er entstehe aus den Fußspuren einer Gottheit in Hirschgestalt. Unter dem Namen **Native American Church** erlangten die P. mit einer Anhängerschaft, zu der jetzt auch Nichtindianer zählen, offizielle Anerkennung.

Peyotl ['pejotl; aztek.] (Pellote, Mescal-Buttons), getrockneter, in Scheiben geschnittener, oberird. Teil der mex. Kakteenart Lophophora williamsii; enthält Meskalin und andere Alkaloide.

Peyrefitte [frz. pεr'fit], Alain, * Najac (Aveyron) 26. Aug. 1925, frz. Politiker (UDR). - Seit 1962 mehrfach Min.: für überseeische Flüchtlinge, 1962-66 für Information, 1966 für wiss. Forschung und Atomenergie, 1967/68 für Unterricht, 1973/74 für Verwaltungsreform, 1974 für Unterricht und Umwelt, 1977-81 für Justiz. Mgl. der Académie française (seit 1977).

P., Roger, * Castres 17. Aug. 1907, frz. Schriftsteller. - War 1930-40 und 1943-45 im diplomat. Dienst; Gegenstand seiner bekanntesten Romane, die z. T. Skandalerfolge hatten, sind [umstrittene] Enthüllungen u. a. aus der Welt des Vatikans („Die Schlüssel von Sankt Peter", 1955), der Diplomatie („Diplomaten", 1951), der frz. Gesellschaft („Paris ist eine Hure", 1970), der Freimaurer („Die Söhne des Lichts", 1961). - *Weitere Werke:* Manouche (1972), Herzbube (1979), Voltaire (1985).

Konrad Peutinger. Peutingersche Tafel. Verkleinerter Ausschnitt, Mittelitalien darstellend; das Gebirge im oberen Teil ist der Apennin.
Wien, Österreichische Nationalbibliothek

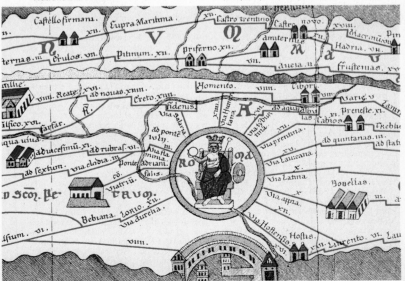

pf, Abk. für italien.: poco forte („etwas stark", ↑forte) oder più forte („stärker", ↑più).
pF, Einheitszeichen für Pikofarad (↑Farad).
Pf, Abk. für: ↑Pfennig.
Pfadfinder, internat., organisator. zusammengefaßte Bewegung der Jugend, von R. S. S. Baden-Powell 1907 gegr. *(Boy-Scouts)*; danach Gründungen in zahlr. anderen Ländern (1909 in Deutschland); 1920 erstes Welttreffen („Jamboree") in London mit Gründung der **Weltkonferenz der Pfadfinder,** in der rd. 14 Mill. Mgl. aus 112 Ländern zusammengeschlossen sind (Sitz des Weltbüros in Genf), im **Weltbund der Pfadfinderinnen** (Sitz London) daneben rd. 7,7 Mill. Mgl. aus 104 Staaten. In einigen Ländern bestehen auch außerhalb der Weltkonferenz Verbände, die sich auf die Idee des P.tums und auf Baden-Powell berufen. In der *BR Deutschland* schied der **Bund Deutscher Pfadfinder** (gegr. 1948) aus der Weltkonferenz aus, der sich 1971/72 eine polit. Zielsetzung gab. Die übrigen Verbände der BR Deutschland sind im **Ring deutscher Pfadfinderverbände** zusammengeschlossen: die 1929 gegr. **Deutsche Pfadfinderschaft St. Georg** (kath.), der **Verband Christlicher Pfadfinderinnen und Pfadfinder** (ev.; 1975 gegr. als Zusammenschluß der 1919 gegr. Christl. P.schaft Deutschlands mit dem Ring dt. P.innenbünde) sowie seit 1973 der **Bund der Pfadfinderinnen und Pfadfinder** (interkonfessionell), der sich 1971/72 vom Bund Dt. P. abtrennte, sowie die **Pfadfinderinnen St. Georg** (gegr. 1929).
Österreich: **Pfadfinder und Pfadfinderinnen Österreichs,** gegr. 1946; **Österreichischer Pfadfinderbund,** gegr. 1912 (nicht Mgl. der Weltkonferenz); *Schweiz:* **Schweizerischer Pfadfinderbund,** gegr. 1913; **Bund der Schweizerischen Pfadfinderinnen,** gegr. 1919.
Nach Altersgruppen gegliedert sind die P. in Wölflinge (7–11 Jahre), Jung-P. (11–14), P. (Scouts) (14–17), Rovers (17–20). Ziel war urspr. v. a. Erziehung zu Tüchtigkeit, Pflichterfüllung, Hilfsbereitschaft und internat. Verständigung; heute steht krit. Engagement für eine humane und friedl. Welt im Vordergrund. P.gesetz als Lebensregel sittl. Forderungen und P.versprechen als persönl. Verpflichtung sind heute umstritten.
Pfaff, Christoph Matthäus, * Stuttgart 25. (24.?) Dez. 1686, † Gießen 19. Nov. 1760, dt. ev. Theologe. - 1717 Prof. in Tübingen, 1756 Prof., Kanzler und Generalsuperintendent in Gießen. P. gehört zu den bed. Theologen des 18. Jh., deren Verdienste v. a. in dem Versuch der Überwindung der innerevangel. Ggs. beruhen. Im Kirchenrecht begründete er das Kollegialsystem.
Pfaffe [zu mittelgriech.-mittellat. papas „niedriger Geistlicher"], svw. Geistlicher; seit der Reformationszeit nur noch in verächtl. Sinne gebraucht.

Pfaffe Konrad ↑Konrad, Pfaffe.
Pfaffe Lamprecht ↑Lamprecht, Pfaffe.
Pfaffenhofen a. d. Ilm, Krst. an der Ilm, Bay., 16 700 E. Mittelpunkt der Hallertau; Hopfenaufbereitung und -handel, Kindernährmittelwerk, Metallverarbeitung, pharmazeut. Werk, Brauereien. - Mitte des 12. Jh. erstmals bezeugt; erhielt 1197 Marktrecht; um 1200 neu angelegt; seit 1438 Stadt. - Spätgot. Pfarrkirche Sankt Johannes Baptist (15. Jh.).
P. a. d. I., Landkr. in Bayern.
Pfaffenhütchen ↑Spindelstrauch.
Pfäffikon, Bez.hauptort im schweizer. Kt. Zürich, am N-Ufer des Pfäffiker Sees, 544 m ü. d. M., 8 300 E. Metallverarbeitung. - Spätgot. Kirche (1487) mit barockem Langhaus (1752).
Pfahlbaunest ↑Nest.
Pfahlbauten, auf eingerammte Pfähle gestellte und damit frei über dem Untergrund stehende Wohn- und Speicherbauten; errichtet zum Schutz vor feindl. Menschen, Tieren und Bodenfeuchtigkeit, u. U. auch vor Überschwemmungen. P. können im Wasser (an Fluß- oder Seeufern und Meeresküsten) oder auf dem Land stehen. Sie sind v. a. in SO-Asien und Ozeanien weit verbreitet, kommen u. a. auch im trop. Afrika, in S- und Zentralamerika vor. Vorratsbauten auf Pfählen sind auch aus Europa (Wallis, Norwegen) bekannt.
Vorgeschichte: Seit 1853/54 wurden in den Uferzonen der Schweizer Seen Siedlungsfunde des Neolithikums und der Urnenfelderzeit entdeckt und als Überreste von P. gedeutet. Da auch Gegenstände aus organ. Material (Holzgeräte, Textilien) erhalten waren, ließ sich ein Kulturbild jener Periode entwerfen. Exaktere Ausgrabungsbefunde ließen jedoch Zweifel aufkommen. Seit den 1940er Jahren spricht man deshalb nur noch von Uferrandsiedlungen mit i. d. R. ebenerdig angelegten Häusern, die Pfähle dienten wohl nur der Sicherung des Untergrundes. Daneben gab es wahrscheinl. verschiedentl. Gebäude und kleinere Siedlungen v. a. der Urnenfelderzeit, die wegen des Hochwassers durch Pfähle vom Boden abgehoben waren.
Pfahlbohrwurm, svw. ↑Schiffsbohrwurm.
Pfahlbürger (Ausbürger), um 1200 auftauchende Bez. für Leute, die das Bürgerrecht einer Stadt erlangten, aber nicht innerhalb der Mauern wohnten, sondern vor und hinter den das Außenwerk bildenden Pfählen.
Pfahler, Gerhard, * Freudenstadt 12. Aug. 1897, † Tübingen 20. Febr. 1976, dt. Psychologe u. Pädagoge. - Prof. u. a. in Tübingen. Stellte eine (umstrittene) erbcharakterolog. Typenlehre auf durch Kombination solcher Grundfunktionen, die die Voraussetzung aller Erfahrung sind. Später entwickelte er einen eigenen Ansatz zur Tiefenpsychologie. - *Hauptwerke:* System der Typen-Lehren

Pfahlgründung

(1929), Der Mensch und seine Vergangenheit (1950), Der Mensch und sein Lebenswerkzeug (1954).

Pfahlgründung ↑Grundbau.

Pfahlmuschel, svw. ↑Miesmuschel.

Pfalz, Gebiet in Rhld.-Pf., BR Deutschland, bildet den zentralen und südl. Teil des Reg.-Bez. Rheinhessen-Pfalz. Die P. umfaßt den Pfälzer Wald, das Nordpfälzer Bergland als Teil des Saar-Nahe-Berglandes, den Westrich, das Pfälzer Gebrüch und einen Teil des nördl. Oberrhein. Tieflandes. Letzteres wird zus. mit dem anschließenden Anstieg der Haardt als *Vorder-P.* bezeichnet.

Geschichte: Ausgehend von der **Pfalzgrafschaft Lothringen** am Niederrhein verlagerte sich der Machtbereich der Pfalzgrafen aus dem Hause der Ezzonen im Laufe des 11./12. Jh. in die Eifel-, Mosel- und Neckarraum, zunächst mit Alzey, schließl. mit Heidelberg als Zentrum. 1214 wurde die **Pfalzgrafschaft bei Rhein** von Kaiser Friedrich II. den Wittelsbachern verliehen. Durch den Hausvertrag von Pavia (1329) wurde die P. mit der „oberen P." (im alten Nordgau) von Bayern getrennt. Die Goldene Bulle (1356) sprach die Kurstimme der P. (**Kurpfalz**) zu. Der territoriale Ausbau und die innere Konsolidierung der P. erreichten unter Ruprecht III. (1398–1410, seit 1400 als Ruprecht Röm. König) ihren Höhepunkt. Nach seinem Tod gründeten seine Söhne 4 Linien: Kur- und Rheinpfalz (1559 erloschen), Oberpfalz (1448 ausgestorben), Zweibrücken-Simmern, Mosbach (1499 erloschen). Aus der Linie Simmern

entstand die mittlere Kurlinie, der 1685 die Linie P.-Neuburg (junge Kurlinie), mit Kurfürst Karl Theodor, dem Erben P.-Neuburgs, 1742 die Linie P.-Sulzbach (seit 1777 auch in München als Erbe der bayer. Wittelsbacher) und 1799 die Linie P.-Zweibrücken-Birkenfeld folgte. Die 1410 entstandenen 4 Teil-Ft. wurden bis 1799 mehrfach wieder aufgeteilt und teils nur vereinigt. Das pfälz. Gebiet am Rhein bildete kein geschlossenes Territorium, doch waren die P.grafen in diesem Bereich die vorherrschende polit. Macht. Durch Kurfürst Friedrich I. (1452–75) wurde die pfälz. Vormachtstellung am Oberrhein begr. Das 16. Jh. ist gekennzeichnet durch den mehrfachen Konfessionswechsel (ref. und luth.). Mit dem Wechsel der Linien beim Reg.antritt Friedrichs III. (1559) wurde die P. zu einem Zentrum des aktiven ref. Protestantismus. Verbündet mit anderen ref. Reichsständen, dem hugenott. Frankr. und den Generalstaaten, schlug der Kurfürst jenen Weg ein, der unter Friedrich IV. zur Gründung der prot. Union, unter Friedrich V. in der Schlacht am Weißen Berge zum Zusammenbruch der pfälz. Hoffnungen auf einen dauernden Platz innerhalb der europ. Mächtekonstellation führte. Der „Winterkönig" verlor Land und Kur an Bayern, sein Sohn Karl Ludwig erhielt durch den Westfäl. Frieden die P. zurück, dazu eine neugeschaffene, 8. Kurwürde. Karl Ludwigs Aufbauwerk wurde beeinträchtigt durch die frz. Eroberungskriege und die Reunionspolitik Ludwigs XIV. Mit Karl II. erlosch die mittlere Kurlinie; die Erbansprü-

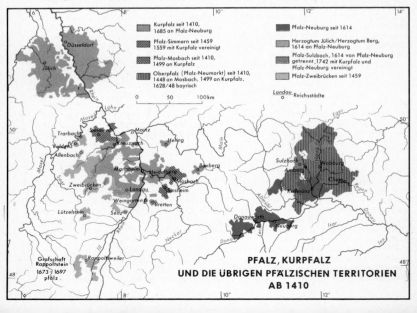

Kurpfalz seit 1410, 1685 an Pfalz-Neuburg

Pfalz-Simmern seit 1459 1559 mit Kurpfalz vereinigt

Pfalz-Mosbach seit 1410, 1499 an Kurpfalz

Oberpfalz (Pfalz-Neumarkt) seit 1410, 1448 an Mosbach, 1499 an Kurpfalz, 1628/48 bayrisch

Pfalz-Neuburg seit 1614

Herzogtum Jülich/Herzogtum Berg, 1614 an Pfalz-Neuburg

Pfalz-Sulzbach, 1614 von Pfalz-Neuburg getrennt, 1742 mit Kurpfalz und Pfalz-Neuburg vereinigt

Pfalz-Zweibrücken seit 1459

Landau Reichsstädte

0 50 100 km

Düsseldorf · Jülich · Rhein · Lahn · Mosel · Trarbach · Sponheim · Kreuznach · Mainz · Herbg · Main · Veldenz · Allenbach · Mannheim · Heidelberg · Boxberg · Eger · Sulzbach · Wolberg · Amberg · Chaam · Regen · Mosel · Zweibrücken · Landau · Mosbach · Sinsheim · Kallmünz · Donau · Lützelstein · Weingarten · Seltz · Bretten · Neckar · Altmühl · Danauwörth · Neuberg · Lech · Isar · Donau · Inn · Grafschaft Rappoltstein 1673 † 1697 pfälz. · Rappoltsweiler

**PFALZ, KURPFALZ
UND DIE ÜBRIGEN PFÄLZISCHEN TERRITORIEN
AB 1410**

48

che, die Ludwig XIV. erhob, führten zum
↑Pfälzischen Erbfolgekrieg. Der Reg.antritt
der kath. Linie P.-Neuburg bescherte der P.
eine Art nachgeholter Gegenreformation. Im
Span. Erbfolgekrieg standen die pfälz. Wittelsbacher wieder entschieden auf kaiserl. Seite. Der Versuch Kurfürst Johann Wilhelms,
hierbei die Oberpfalz von Bayern zurückzuge-
winnen, hatte nur vorübergehenden Erfolg.
Sein Nachfolger Karl Philipp machte dem
jahrhundertealten Ggs. zu den bayer. Wittelsbachern ein Ende (Hausunion von 1724). Der
Anfall der bayer. Krone verbreitete insgesamt die territoriale Machtgrundlage, ließ
aber die P. zum Nebenland absinken. Durch
die Friedensschlüsse von Campoformio und
Lunéville (1801) wurden die linksrhein. Gebiete der P. an Frankr. abgetreten, der rechtsrhein. Teil gelangte im Reichsdeputationshauptschluß an Baden, Leiningen, Nassau
und Hessen-Darmstadt. Bei der polit. Neugliederung der linksrhein. Gebiete des Dt.
Bundes wurde 1816 aus ehem. pfälz. Gebieten
und dem ehem. Besitz verschiedener geistl.
und weltl. Reichsstände der Bayer. Rheinkreis
gebildet, seit 1838 Rheinpfalz gen. und (mit
geringen Ausnahmen) seit 1946 Teil von
Rheinland-Pfalz.
📖 *Hesse, W.:* Hier Wittelsbach - hier P. Die
*Gesch. der pfälz. Wittelsbacher von 1214–1803.
Landau 1986. - Haas, R.: Die P. am Rhein.
Mhm. ³1974. - Häusser, L.: Gesch. der rhein. P.
nach ihren polit., kirchl. u. literar. Verhältnissen. ²1856. Nachdr. Speyer 1978. 2 Bde.*

Pfalz [vulgärlat.] (Palatium), ma., auf
Königsgut angelegter Gebäudekomplex unterschiedl. Struktur; Grundelemente sind die
Palastbauten (einschließl. der Kapelle) zur
Aufnahme des Königs und seines Gefolges
und der Wirtschaftshof. Struktur und Topogra-
phie wurden von den verschiedenen Funktionen bestimmt: Aufenthalt des reisenden Herrschers in der **Kaiserpfalz** bzw. im Königshof,
Abhaltung von Hoftagen unter Beisitz des
Pfalzgrafen, Grenzschutz, in stauf. Zeit Ver-
waltungsmittelpunkt von Reichsland. *Karoling. Pfalzen:* Aachen, Ingelheim; *otton. Pfalzen:* Werla (an der Oker nahe Hornburg),
Pöhlde (Landkr. Osterode); *sal.-stauf. Pfalzen:* Goslar, Hagenau, Gelnhausen.

Pfalz-Birkenfeld, mit dem zweibrück.
Anteil der Gft. Sponheim begr., ehem. Ft.
1569–1671, dann vereinigt mit *Pfalz-Bisch-
weiler,* zu dem seit 1673 auch die Gft. Rappoltstein gehörte. Aus dieser Linie (seit dem Anfall
Zweibrückens 1731 *Pfalz-Zweibrücken-Bir-
kenfeld)* stammten die bayer. Könige seit
1799.

Pfälzer Gebrüch, vermoorte Senke zw.
dem Pfälzer Wald und dem Westrich im S
sowie dem Saar-Nahe-Bergland im N, in
Rheinland-Pfalz und im Saarland.

Pfälzer Wald, Mittelgebirge in Rhld.-Pf.,
zw. Zaberner Senke im S und Nordpfälzer

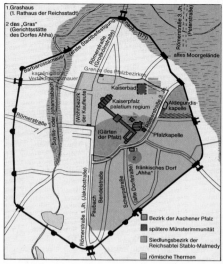

Pfalz. Plan der karolingischen
Pfalz in Aachen

Bergland im N, steigt mit markanter Stufe
(Haardt) im O aus dem Oberrhein. Tiefland
auf, im W Übergang zum Westrich, in der
Kalmit 673 m ü.d.M. Der P. W. ist weitgehend von Mischwald bedeckt (größte geschlossene Waldfläche der BR Deutschland).

Pfalzgraf (Comes palatinus, Comes pala-
tii, Palatin), in fränk. Zeit Beisitzer oder in
Stellvertretung des Königs Vors. im Königs-
gericht, zugleich Urkundsperson. Ihm waren
Notare unterstellt zur Ausfertigung der Ge-
richtsurkunden. Für weniger wichtige Rechts-
fälle bildete sich das **Pfalzgrafengericht** aus.
Die P. kontrollierten die Hzg. und verwalteten
verstreute Reichsgutkomplexe. Jedoch
erlangte nur der lothring. P. (später: **Pfalzgraf
bei Rhein**) eine bes. Bed.: er wurde Kurfürst,
Erztruchseß, Reichsvikar bei Thronvakanz
(zus. mit dem Hzg. von Sachsen), der Theorie
nach Richter über den König. Die Amtsberei-
che der P. waren die **Pfalzgrafschaften**; sie
gingen im allg. in den (herzogl.) Territorien
auf.

pfälzische Phase ↑Faltungsphasen
(Übersicht).

Pfälzischer Erbfolgekrieg (Pfälz.
Krieg, Orléanscher Krieg), der 3. Eroberungs-
krieg Ludwigs XIV. von Frankr. (1688–97),
entstand, als der pfälz. Kurfürst Karl (* 1651,
† 1685) kinderlos starb und der frz. König
für dessen Schwester, Hzgn. Elisabeth Char-
lotte von Orléans Erbansprüche erhob. Dagegen bildeten sich 1686 die Augsburger Allianz,
1689 die Wiener Große Allianz. Die frz. Trup-

35

pen verwüsteten 1689 die Pfalz und angrenzende Gebiete, wurden aber 1693 zurückgedrängt. In den Niederlanden mußte die Allianz 1690–93 schwere Niederlagen hinnehmen, während die engl.-niederl. Flotte 1692 in der Seeschlacht von La Hogue einen Sieg errang. In den Friedensschlüssen von Turin (1696) und Rijswijk (1697) gab Frankr. Lothringen und die rechtsrhein. Gebiete heraus und verzichtete auf die Pfalz.

Pfalz-Neuburg, histor. Territorium, Ft.; ab 1569 Besitz der Linie P.-N. der Zweibrükker Hzg.; 1614 um Pfalz-Sulzbach verkleinert. Die Hzg. von P.-N. erhielten nach Beendigung des Jülich-Kleveschen Erbfolgestreits (1614) Berg und Jülich (Residenz in Düsseldorf) und folgten 1685 als junge Kurlinie in der Pfalz.

Pfalz-Simmern-Zweibrücken, ehem. Hzgt., neben der Kurpfalz bedeutendstes der 1410 begr. pfälz. Teil-Ft., um Simmern, Zweibrücken, Veldenz und Teile der Gft. Sponheim gebildet, mehrfach geteilt. Der älteren Linie des Kleeburger Zweiges der Zweibrükker Hzg. entstammten die Könige von Schweden Karl X., Karl XI. und Karl XII.

Pfalz-Sulzbach, durch Teilung von Pfalz-Neuburg 1614 entstandenes pfälz. Ft. in der Oberpfalz. Karl Theodor von P.-S. erbte 1742 mit Pfalz-Neuburg auch die Kurpfalz, 1777 Bayern.

Pfand, eine Sache [oder ein Recht], an der ein ↑Pfandrecht besteht.

Pfandbrief, festverzinsliche Schuldverschreibung der Realkreditinstitute auf der Grundlage der von ihnen erworbenen ↑Hypotheken. P. werden an der Börse gehandelt. Wegen der verhältnismäßig stabilen Kurse sind sie bevorzugte Anlagepapiere, die zu den mündelsicheren Papieren gehören.

Pfandentstrickung (Pfandbruch, Arrestbruch, Verstrickungsbruch), das Zerstören, Beschädigen, Unbrauchbarmachen, Wegnehmen einer Sache, die gepfändet oder sonst dienstl. in Beschlag genommen ist, durch den Schuldner oder einen Dritten; wird nach § 136 I StGB mit Freiheitsstrafe bis zu einem Jahr oder Geldstrafe bestraft.

Pfänder, Gipfel in Vorarlberg, Österreich, 1 064 m ü. d. M., Straßentunnel zur Umgehung von Bregenz (6,7 km lang).

Pfandindossament ↑Indossament.

Pfandleiher, gewerbsmäßiger Geber von verzinsl. Darlehen gegen Verpfändung von Sachen. Die Tätigkeit bedarf der Erlaubnis, die zu versagen ist, wenn Gründe gegen die erforderl. Zuverlässigkeit des Antragstellers sprechen oder die für den Geschäftsbetrieb erforderl. Mittel oder entsprechende Sicherheiten nicht nachgewiesen sind. Neben den von P. betriebenen **Leihhäusern** bestehen auch öffentl.-rechtl. Pfandleihanstalten.

Pfandrecht, das dingl. Recht, mit dem eine bewegl. (für die Grundpfandrechte gelten bes. Vorschriften) Sache oder ein Recht

(Pfand) zur Sicherung einer Forderung belastet ist. Man unterscheidet *Vertrags-P. (Faust-P.), gesetzl. P.* und *Pfändungs-P.;* ersteres wird durch Pfandvertrag zw. Verpfänder und Pfandgläubiger bestellt, das zweite entsteht kraft Gesetzes, letzteres entsteht durch Pfändung im Wege der Zwangsvollstreckung.

In *Österreich* setzt der Erwerb eines P. einen Rechtsgrund (Vertrag, letzwillige Verfügung, richterl. Verfügung, Gesetz) und eine rechtswirksame Erwerbungsart voraus (z. B. Übergabe bei einer bewegl. Sache [Faustpfand]). In der *Schweiz* gelten für das P. ähnl. Bestimmungen wie im dt. Recht.

Pfandschein, die Bescheinigung über das beim Pfandkredit vom Darlehensempfänger gegebene Pfand.

Pfändung, die grundsätzlich dem Staat vorbehaltene Beschlagnahme eines Gegenstandes zwecks Sicherung oder Befriedigung eines Gläubigers (§§ 803 ff. ZPO). Sie ist ↑Zwangsvollstreckung in das bewegl. Vermögen wegen einer Geldforderung, d. h., daß deren Voraussetzungen vorliegen müssen. Folge der P. ist das P.pfandrecht und die Verstrickung. Bei bewegl. Sachen geschieht die P. durch Inbesitznahme der Sachen durch den Gerichtsvollzieher (i. d. R. durch Anlegen von Pfandsiegeln, sog. Kuckuck, § 808 ZPO), bei Forderungen und anderen Rechten durch **Pfändungsbeschluß** (§§ 829, 857 ZPO), der dem Drittschuldner (= Schuldner des Vollstreckungsschuldners) verbietet, an den Schuldner zu zahlen (Arrestatorium) und den Schuldner gebietet, sich jeder Verfügung über das Recht zu enthalten (Inhibitorium). Im Wege der **Anschlußpfändung** kann eine bereits gepfändete Sache nochmals gegen den gleichen Schuldner gepfändet werden, allerdings für eine andere Forderung. Sicherungsmittel oder Beweisunterlagen einer Forderung werden der Forderungspfändung nachfolgend im Wege der **Hilfspfändung** gepfändet. Ist z. B. ein Sparguthaben gepfändet, so erfolgt die P. des Sparbuchs im Wege der Hilfspfändung.

Die Verwertung der Sachen erfolgt durch öffentl. Versteigerung (§ 814 ZPO), bei der Forderungen besteht gemäß §§ 811, 850 ff. ZPO sie dem Gläubiger entweder zur Entziehung oder an Zahlungs Statt überwiesen werden (§ 835 ZPO). Für bestimmte Sachen und Forderungen besteht gemäß §§ 811, 850 ff ZPO ein **Pfändungsverbot.** Zur Vermeidung einer **Kahlpfändung** (die P. aller dem Schuldner gehörenden, pfändbaren Gegenstände) und zur Existenzsicherung des Schuldners sind bestimmte Teile des Arbeitseinkommens (↑Lohnpfändung) sowie die in §§ 811 ff. ZPO aufgeführten Gegenstände, die für Haushalt, Arbeit und Beruf. Gebrauch unentbehrl. sind (Küchengeräte, Fachbücher) unpfändbar. Bestimmte Ansprüche sind nach §§ 850 b ff. ZPO nur bedingt pfändbar, z. B. solche auf Lei-

stung der Sozial- und Arbeitslosenversicherung.
Im *östr.* und *schweizer. Recht* gilt Entsprechendes.

Pfanne [zu vulgärlat. panna (wohl von griech. patánē „Schüssel")], flaches Gefäß aus [mit Email oder Kunststoff, meist Teflon, beschichtetem] Stahl oder Leichtmetall, mit Stiel oder Henkeln, zum Braten oder Backen.
◆ Kurzbez. für Gelenkpfanne (↑ Gelenk).
◆ Bez. für eine flache, geschlossene Hohlform der Erdoberfläche mit rundl. Grundriß, z. B. Salzpfanne in Trockengebieten (nach Niederschlägen oft mit Wasser gefüllt).
◆ ↑ Dachziegel.
◆ in der *Hüttentechnik* Bez. für ein Gefäß zum Transport von flüssigem Metall und Schlacke.

Pfannengelenk, svw. Nußgelenk (↑ Gelenk).

Pfarramt, im ev. Kirchenrecht das Amt des ↑ Pfarrers, gebunden an ein Gebiet oder einen Personenstand; das P. ist Kirchenbehörde und öffentl. Behörde ohne staatl. Mitwirkung.

Pfarrausschuß (Pfarrerausschuß), in einigen dt. ev. Landeskirchen gewähltes Vertretungsorgan der Pfarrerschaft, das im allg. an allen die rechtl. und sozialen Belange der Pfarrerschaft betreffenden Regelungen der Kirchenleitung Mitspracherecht besitzt.

Pfarrbezirk (Kirchensprengel, Kirchspiel), in den christl. Kirchen territorial begrenztes Gebiet einer Pfarrei bzw. Gemeinde.

Pfarr̲e̲i (Parochie), in der *kath.* Kirche der unterste kirchenrechtl. selbständige, ordentl., vollberechtigte Teilverband eines Bistums. Die P. wird durch kanon. Errichtung eines Pfarramtes seitens des Diözesanbischofs i. d. R. auf territorialer Grundlage gebildet, doch gibt es auch **Personalpfarreien,** in denen der Pfarrer für einen Personenkreis wirkt, der nicht ident. ist mit der lokalen Gemeinde. Die P. wird von einem ↑ Pfarrer in Unterordnung unter den Diözesanbischof im Zusammenwirken mit dem Pfarrgemeinderat geleitet. In den *ev.* Kirchen der territorial und konfessionell begrenzte Bezirk der ↑ Gemeinde.

Pfarrer (lat. Parochus), wirkl., ordentl. Inhaber eines Pfarramts. - In der *kath.* Kirche leitet der P. die ↑ Pfarrei kraft seiner Priesterweihe und seiner Beauftragung durch den Diözesanbischof mit eigenberechtigter ordentl. Pfarrgewalt, jedoch in Unterordnung unter den Bischof und in Zusammenwirken mit dem Pfarrgemeinderat. Die Verleihung des Pfarramts erfolgt i. d. R. durch freie Verleihung seitens des Diözesanbischofs. Eignungsvoraussetzungen sind philosoph.-theolog. Studium, Priesterweihe und Pfarrexamen. Der grundsätzl. auf Lebenszeit Ernannte erlangt die Befugnis zur Ausübung des Amts erst mit der Einweisung in das Pfarramt (Inve-

stitur). Jedoch ist seit 1966 die Unversetzbarkeit des P. beseitigt. Amtspflicht des P. ist in erster Linie die Ausübung der Seelsorge (Wortverkündigung in Predigt und Katechese, Gottesdienst, Sakramentenverwaltung, Krankenseelsorge, Armenfürsorge), dazu obliegt ihm die Führung der Pfarrbücher. Das Amtseinkommen bezieht der P. grundsätzl. aus dem Pfarrbenefizium. Da die Erträgnisse der Pfarrbenefizien in den dt. Diözesen nicht ausreichen, erhält der P. sein Gehalt aus Kirchensteuermitteln und Staatszuschüssen. - In den *ev.* Kirchen ist der P. personaler Amtsträger, dem die pastorale Versorgung eines territorial und konfessionell begrenzten Bezirks (Gemeinde, „Parochie") übertragen ist. Seine Hauptaufgabe ist die Wahrnehmung seiner geistl. Funktionen (Wortverkündigung und Sakramentenverwaltung) und aller daraus abgeleiteten geistl. und verwaltungstechn. Aufgaben, die er mit dem kollegialen Gemeindeorgan teilt. Der P.beruf ist nach beamtenrechtl. Gesichtspunkten (entsprechende Besoldung und Versorgung) durch P.dienstgesetz der Landeskirchen geregelt, unterliegt deren Dienstaufsicht (Visitationsordnung) und wird durch eine bestimmte Ausbildung (Studium der Theologie und kirchl.-prakt. Ausbildung) erlangt. Die Übernahme in den kirchl. Dienst erfolgt durch Ordination und Einführung in die Gemeinde. - Der Titel „P." wird in beiden Konfessionen auch als Leiter einer Personalpfarrei verliehen. - ↑ auch Seelsorge.
📖 *Riess, R.: P. werden? Gött. 1985. - Josutis, M.: Der P. ist anders. Mchn. ²1983. - Lange, E.: Predigen als Beruf. Mchn. 1982. - Steck, W.: Der P. zw. Beruf u. Wiss. Mchn. 1974.*

Pfarrerin (Pastorin), in ev. Landeskirchen Trägerin eines Pfarramts. Die P. ist männl. Pfarrern rechtl. (bis auf das nicht in allen Landeskirchen erzwungene Ausscheiden aus dem Amt bei Heirat) gleichgestellt.

Pfarrernotbund, von M. Niemöller 1933 organisierter Bund von Pfarrerbruderschaften, die sich zum Widerstand gegen die Dt. Christen zusammenschlossen (↑ Bekennende Kirche).

Pfarrgehilfin, nicht geschützte Bez. für eine Hilfskraft des Pfarrers, die im Ggs. zur Gemeindehelferin und Vikarin nicht spezif. ausgebildet ist.

Pfarrgemeinderat, in der *kath.* Kirche das im Anschluß an das 2. Vatikan. Konzil geschaffene Organ der Pfarrei zur Ermöglichung verantwortl. Mitarbeit der Gemeindeangehörigen an der Verwirklichung des Auftrags der Kirche. Die Aufgabe des P. besteht v. a. darin, den Pfarrer in seinem Amt zu unterstützen. - In den *ev.* Kirchen ↑ Gemeindekirchenrat.

Pfarrhelfer, in der kath. Kirche Seelsorgehelfer; in den ev. Landeskirchen nicht einheitl. verwendete Berufsbez. für nicht voll aus-

Pfarrkirche

gebildete Theologen, die das geistl. Amt versehen.

Pfarrkirche, die einer Pfarrei eigene Kirche.

Pfarrkirchen, Krst. an der Rott, Bay., 380 m ü. d. M., 9 700 E. Verwaltungssitz des Landkr. Rottal-Inn; Heimatmuseum; Schuhfabrik, Radiatoren-, Transformatorenwerk; Pferderennbahn. - Im letzten Viertel des 9. Jh. erstmals, 1257 als Markt gen.; erhielt 1863 Stadtrecht. - Spätgot. Stadtpfarrkirche (um 1500); Altes Rathaus (um 1500 und 18. Jh.); gut erhaltene Stadtbefestigung (16. Jh.); barocke Wallfahrtskirche auf dem Gartlberg.

Pfarrkonvent ↑ Konvent.

Pfarrvikar, in der *kath.* Kirche Bez. für Priester mit Funktionen eines Pfarrers: 1. Leiter einer ständigen Pfarrvikarie, d. h. eines aus einer oder mehreren Pfarreien gebildeten pfarrähnl. Teilverbands eines Bistums. Der P. wird je nach Diözese auch **Pfarrkurat** oder **Pfarrektor** genannt. 2. P. mit Pfarrrechten: Priester, die, ohne wirkl. Inhaber eines Pfarramtes zu sein, volle Pfarrgewalt besitzen. 3. Vikare ohne Pfarrechte: Priester, die einem Pfarrer zur Hilfe beigegeben sind (Vikar, Kooperator, Expositus). - In einigen *ev.* Landeskirchen übl. Amtsbez. für die über eine Sonderausbildung erworbene Berechtigung zur Ausübung einer pfarramtl. Tätigkeit.

Pfau, Ludwig, * Heilbronn 25. Aug. 1821, † Stuttgart 12. April 1894, dt. Lyriker und Kritiker. - Gründete 1848 den „Eulenspiegel", die erste dt. polit.-karikaturist. Zeitschrift; mußte nach der 1848er Revolution emigrieren (Schweiz, Frankr.); kehrte 1865 nach Stuttgart zurück.

Pfau ↑ Sternbilder (Übersicht).

Pfauen [zu lat. pavo „Pfau"] (Pavo), Gatt. sehr großer Hühnervögel (Fam. Fasanenartige) mit zwei Arten, v. a. in Wäldern und dschungelartigen Landschaften S-Asiens und der Sundainseln; ♂♂ mit verlängerten, starkschäftigen, von großen, schillernden Augenflecken gezierten Oberschwanzdecken, die bei der Balz zu einem „Rad" aufgerichtet werden; ♀♀ unscheinbar gefärbt. Am bekanntesten ist der **Blaue Pfau** (Pavo cristatus) in Indien (einschließl. Ceylon), in Europa häufig in zoolog. Gärten.

Pfauenauge, Bez. für verschiedene Schmetterlingsarten mit auffallenden Augenflecken auf den Flügeln; z. B. Tagpfauenauge, Abendpfauenauge, Nachtpfauenauge.

Pfauenaugenbarsch (Pfauenaugen-Sonnenbarsch, Centrarchus macropterus), bis etwa 15 cm langer Knochenfisch (Fam. Sonnenbarsche) im östl. N-Amerika; Körper seitl. stark abgeflacht, relativ hoch; grünl. bis braun, Seiten heller, mit Silberglanz und dunkler Querbänderung; an der Basis des Rückenflossenendes ein schwarzer, orangerot geränderter Fleck; Kalt- und Warmwasseraquarienfisch.

Pfauenblume ↑ Tigerblume.

Pfauenfederfisch, svw. Meerjunker (↑ Lippfische).

Pfauenkaiserfisch ↑ Kaiserfische.

Pfauenspinner, svw. ↑ Augenspinner.

Pfauenthron, im Auftrag des Mogulherrschers Schah Dschahan (1628–58) in Delhi hergestellter, reich verzierter (Pfauen aus Gold, Perlen, Edelsteinen) Thron; ging Ende des 18. Jh. verloren. Der heute in Teheran befindl. P. (urspr. „Sonnenthron") stammt vom Ende des 18. Jh. und ist nach einer der Lieblingsfrauen (namens „Pfau") von Fath Ali Schah benannt.

Pfaufasanen (Argusianinae), Unterfam. bis pfauengroßer Hühnervögel (Fam. Fasanenartige) mit acht Arten, v. a. in feuchten Wäldern SO-Asiens und der Sundainseln; das meist graue bis braune Gefieder ist von zahlr. buntschillernden Augenflecken geziert. Dadurch und durch die Fähigkeit der ♂♂, zur Fortpflanzungszeit ein „Rad" zu schlagen, stellen die P. ein Bindeglied zw. Fasanen und Pfauen dar. - Zu den P. gehören die *Eigentl. P.* (*Spiegelpfauen*, Polyplectron; mit dem 60 (♀) bis 70 (♂) cm langen **Grauen Pfaufasan** [Polyplectron bicalcaratum]), der **Perlenpfau** (*Rheinartfasan,* Rheinartia ocellata; mit bis 1,7 m langem Schwanz) und der ↑ Argusfasan.

Pfautaube ↑ Strukturtauben.

Pfeffer, J[ay] Alan [engl. pfɛfə], * New York 26. Juni 1907, amerikan. Germanist, erarbeitete das Grunddeutsch. - *Werke:* Basic (spoken) German series (6 Bde., 1962–74), Probleme der deskriptiven Grammatik (1982). **P.,** Wilhelm, * Grebenstein 9. März 1845, † Leipzig 31. Jan. 1920, dt. Botaniker. - Prof. in Bonn, Basel Tübingen und Leipzig. Arbeiten zur Pflanzenphysiologie, bes. über Tropismus, Pflanzenatmung und Photosynthese. Grundlegende Untersuchungen über den osmot. Druck (↑ Osmose).

Pfeffer [griech.-lat., zu Sanskrit pippalī „Beere, Pfefferkorn"] (Piper), Gatt. der P.gewächse mit rd. 700 Arten in den Tropen; verholzende Kletterpflanzen oder Sträucher mit wechselständigen, ellipt. bis herzförmigen Blättern, unscheinbaren Blüten und kleinen Steinfrüchten; zahlr., auch buntblättrige Zierpflanzen sowie viele Gewürzpflanzen. Die wirtschaftl. bedeutsamste Art ist der an der Malabarküste heim. **Pfefferstrauch** (Echter P., Piper nigrum); ausdauernde, an Stangen und Spalieren gezogene Kletterpflanze mit wechselständigen, häutig-ledrigen, oberseits dunkelgrünen Blättern. Die Früchte sind fast runde, einsamige, zunächst grüne, reif dann gelbe bis rote Steinfrüchte. Der P. liefert das wichtigste Welthandelsgewürz, den **schwarzen Pfeffer,** der aus den ganzen, unreif geernteten, ungeschälten Früchten besteht. Der **weiße Pfeffer** dagegen wird aus den reifen, durch Fermentation von der äußeren Schale befreiten Früchten gewonnen. Beide Sorten kommen ganz oder gemahlen in den Handel. Der brennende Geschmack des P. wird durch das Alkaloid Piperin bewirkt, der aromat. Geruch durch ein äther. Öl.

Geschichte: P. kam in der Antike durch Karawanen in den Mittelmeerraum, wo er von Griechen und Römern als Gewürz geschätzt wurde. Im MA war P. ein wichtiger Handelsartikel, der auch bei Tribut- und Steuerzahlungen Verwendung fand und den Reichtum der Städte Genua, Venedig und vieler - bes. auch arab.- Kaufleute begründete (,,P.säk-ke"). Hauptsächl. wegen des P. suchte man den Seeweg nach Indien.

◆ Bez. für scharf schmeckende Gewürze aus Früchten und Samen des Pfefferstrauchs.

Pfefferfresser (Tukane, Rhamphastidae), Fam. etwa 30-60 cm langer, meist prächtig bunter Spechtvögel mit rd. 40 Arten in trop. Wäldern M- und S-Amerikas; baumbewohnende Höhlenbrüter, die mit ihrem mächtigen, leuchtenden Schnabel kleine Wirbeltiere packen und Früchte zerquetschen.- Zu den P. gehören u. a. die *Eigentl. P.* (Rhamphastos; mit schwarzer Oberseite und häufig bunter Unterseite). In diese letzte Gruppe wird der **Riesentukan** (Rhamphastos toco) als größte P.art gestellt.

Pfeffergewächse (Piperaceae), Pflanzenfam. mit 1 400 Arten in 10-12 Gatt. in den Wäldern der Tropen, v. a. im trop. Amerika; aufrechte oder schlingende Kräuter oder Sträucher mit meist wechselständigen, oft dickfleischigen Blättern und sehr kleinen, meist in dichten Ähren stehenden Blüten; der scharfe Geschmack kommt durch den Gehalt an Piperin in den Ölzellen zustande; viele Zier- und Nutzpflanzen, v. a. aus den Gatt. ↑ Pfeffer und ↑ Pfefferkraut.

Pfefferkorn, Johannes, * Nürnberg (?) 1469, † Köln 1522 oder 1523, dt. Schriftsteller.- Aus jüd. Familie; Metzger; konvertierte um 1504. Veröffentlichte eine Reihe antijüd. Schriften, in denen er die Vernichtung des außerbibl. jüd. Schrifttums, das Verbot des Wuchers, Predigten gegen Juden und deren Ausweisung aus den dt. Städten forderte. Erwirkte 1509 ein kaiserl. Privileg zur Vernichtung außerbibl. jüd. Schrifttums; heftige Kontroverse mit J. Reuchlin und den Humanisten.

Pfefferkraut, svw. ↑ Gemeiner Beifuß.

◆ (Zwergpfeffer, Peperomia) Gatt. der Pfeffergewächse mit rd. 600 Arten, v. a. in den Tropenwäldern Amerikas; z. T. Epiphyten; Stauden mit meist fleischig verdickten Blättern und zwittrigen Blüten.

Pfefferkuchen, svw. ↑ Lebkuchen.

Pfefferküste, Name der westafrikan. Küste zw. Monrovia und Harper, Liberia. Früher wurde hier Guineapfeffer gewonnen.

Pfefferling, svw. ↑ Pfifferling.

Pfefferminze (Echte P., Hausminze, Mentha piperita), aus einer Kreuzung zw. der Grünen Minze und der Wasserminze hervorgegangener Bastard der Gatt. ↑ Minze; bis 80 cm hohe Staude mit fast völlig kahlen, glänzenden, oft rot überlaufenen Stengeln und gestielten Blättern sowie rötlichlilafarbenen, in 3-7 cm langen, kopfigen Scheinähren sitzenden Blüten. Die Blätter und auch der Stengel enthalten viel äther. Öl (↑ Pfefferminzöl). Die P. wird in zahlreichen Kultursorten weltweit angebaut.- Seit etwa 1780 wird die P. in Deutschland kultiviert und gilt als bewährtes Volksheilmittel. Verwendet wird Pfefferminztee zur Behandlung von Erkrankungen der Atemwege und der Verdauungsorgane.

Pfefferminzöl (Oleum Menthae piperitae), äther. Öl, das aus den Blättern der Pfefferminze durch Wasserdampfdestillation gewonnen wird; es enthält v. a. Menthol, ferner weitere Terpenalkohole, Menthon und andere Terpenverbindungen. P. hat einen erfrischenden Geruch und Geschmack; es wird als Aromastoff für Genußmittel, Mundpflegemittel, Arzneimittel usw. verwendet.; als feinstes Öl gilt das engl. P. (sog. *Mitchamöl*).

Pfeffermuscheln (Scrobulariidae), Fam. der Muscheln mit zwei Arten, v. a. auf schlammigen Meeresböden der europ. Küsten: 1. **Gemeine Pfeffermuschel** (Scrobularia plana): mit flachen, weißl., bis 5 cm langen Schalen; 2. **Kleine Pfeffermuschel** (Abra alba): Schalen dünn, irisierend; kaum 2 cm lang; Charakterart der Nordseeweichböden.

Pfeffernüsse, Weihnachtsgebäck in Form von kleinen, runden Lebkuchen, die mit einer weißen Zuckerglasur überzogen sind.

Pfeffersche Zelle [nach W. Pfeffer] ↑ Osmometer.

Pfefferstrauch ↑ Pfeffer.

◆ (Pfefferbaum, Mastixstrauch, Schinus) Gatt. der Anakardiengewächse mit rd. 30 Arten von Mexiko bis Chile; Sträucher oder kleine Bäume mit meist unpaarig gefiederten Blättern und kleinen, in Rispen oder Scheintrauben angeordneten, zweihäusigen Blüten. Die Rinde enthält Gerbstoffe und Harze. Die bekannteste Art ist der **Peruan. Pfefferstrauch** (Schinus molle) mit 12-20 cm langen, gefiederten, pfefferartig duftenden Blättern; die gelblichweißen Blüten stehen in bis 5 cm langen Rispen.

Pfeffer und Salz, Musterbez. für Kammgarnstoffe in vierbindigem Doppelköper aus grauen und weißen Fäden.

Pfeife [zu lat. pipare „piepen"], i. e. S. eine kleine, hoch und scharf klingende Flöte.- I. w. S. ist P. die instrumentenkundl. Bez. für eine Schallquelle, bei der eine in einem röhrenförmigen Gehäuse (*Pfeifenrohr*) eingeschlossene Luftsäule zu Eigenschwingungen angeregt wird. Nach Art der Schallerregung unterscheidet man zwei Formen: ↑ Labialpfeifen (Lippenpfeifen) und ↑ Lingualpfeifen (Zungenpfeifen). Im akust. Sinne ist auch das Horn oder die Trompete eine Zun-

Pfeifenblume

gen-P., bei der die Lippen des Bläsers als Gegenschlag-(Polster-)Zungen wirken. - Das Pfeifenwerk der ↑Orgel besteht ebenfalls aus Labial- und Lingualpfeifen.

◆ (Glasmacher-P.) langes Blasrohr, mit dem man einen Klumpen flüssigen Glases dem Glasofen entnimmt und unter ständigem Drehen durch Blasen zu einem Hohlglaskörper formt.

◆ in der *Textiltechnik* svw. ↑Bobine.

◆ Gerät zum Tabakrauchen (↑Tabakspfeife).

Pfeifenblume, svw. ↑Osterluzei.

Pfeifenfische (Flötenmäuler, Fistulariidae), Fam. extrem langgestreckter, bis 1,5 m langer Knochenfische mit nur wenigen Arten in Flußunterläufen und an den Küsten des trop. Amerika, Australiens sowie von O-Afrika bis Japan; Körper unbeschuppt; lange Röhrenschnauze mit kleiner Mundöffnung; Schwanzflosse trägt peitschenartigen, bis halbmeterlangen Fortsatz. Am bekanntesten ist die an amerikan. Küsten vorkommende Art **Tabakspfeife** (Fistularia tabaccaria) mit rotbrauner Oberseite, silbrigweißer Unterseite und mit Längsreihen großer, blauer Flecken.

Pfeifengras (Molinia), Gatt. der Süßgräser mit fünf Arten und zahlr. Varietäten auf der Nordhalbkugel. In Deutschland kommt das **Blaue Pfeifengras** (Molinia coerulea) auf wechselfeuchten, meist nährstoffarmen, sauren Böden vor: 15–90 cm hohe Staude mit nur 3–6 mm breiten, weichen, blaugrünen Blättern und an der Halmbasis zusammengedrängten Knoten. Die Ährchen stehen in einer schieferblauen Rispe.

Pfeifenstrauch (Philadelphus), Gatt. der Steinbrechgewächse mit rd. 70 Arten von S-Europa bis zum Kaukasus, in O-Asien und v. a. in N-Amerika; strauchige, überwiegend sommergrüne Arten, deren Gartenformen und Bastarde als Ziersträucher verwendet werden. Bekannt ist der bis zu 3 m hohe **Blasse Pfeifenstrauch** (*Falscher Jasmin*, Philadelphus coronarius) aus S-Europa mit bis zu 3 cm großen Blüten.

Pfeifer, seit dem MA Bez. für die Spieler von [Holz]blasinstrumenten, später allgemeiner für Instrumentalisten außerhalb des Hofdienstes, die sich, um sich von den rechtlos Fahrenden zu scheiden, zunftähnl. zusammenschlossen und einem (vielfach von der Obrigkeit bestimmten) *P.könig* (auch *Spielgraf*) unterstellten. Die ↑Stadtpfeifer waren Instrumentalisten im Dienst der Städte.

Pfeiffer, Franz, * Bettlach bei Solothurn 27. Febr. 1815, † Wien 29. Mai 1868, schweizer. Germanist. - Ab 1857 Prof. in Wien. Hg. zahlr. Werke der altdt. Literatur, der Zeitschrift „Germania" (1856 ff.) und der Textreihe „Dt. Klassiker des MA". Method. Gegner K. Lachmanns; identifizierte den Nibelungenlieddichter mit dem Minnesänger Kürenberg.

P., Richard, * Zduny (Woiwodschaft Posen) 27. März 1858, † Bad Landeck i. Schl. 15. Sept. 1945, dt. Bakteriologe. - Schüler und Mitarbeiter von Robert Koch; Prof. in Berlin, Königsberg (Pr) und Breslau; entdeckte 1892 den nach ihm benannten Influenzabazillus.

Pfeiffrösche (Leptodactylinae), Unterfam. der Südfrösche an und in Gewässern des trop. und subtrop. Amerika sowie Australiens; legen ihre Eier z. T. außerhalb des Wassers ab, oft in Schlammnestern. Viele P. geben schrille Pfeiftöne von sich.

Pfeifgänse (Baumenten, Dendrocygna), Gatt. etwa entengroßer, langhalsiger, hochbeiniger Gänse mit acht Arten, v. a. an Süßgewässern der Tropen und Subtropen; nachtaktive, vorwiegend braune, schwarze und weiße Vögel, die helle Pfeiflaute ertönen lassen.

Pfeifhasen (Pikas, Ochotonidae), Fam. der ↑Hasenartigen mit rd. 15 Arten in Asien, eine Art auch im westl. N-Amerika; Körper gedrungen, etwa 12–25 cm lang; Schwanz stummelförmig, äußerl. nicht sichtbar; Fell dicht, überwiegend rotbraun bis grau; Ohren kurz abgerundet. - Die P. sind gesellige, in Erdbauen lebende Steppen- und Gebirgsbewohner. Sie verständigen sich untereinander durch schrille Pfiffe.

Pfeil ↑Sternbilder (Übersicht).

Pfeil [zu lat. pilum „Wurfspieß"], Geschoß für Bogen, Armbrust oder Blasrohr; seltener mit der Hand geschleudert (Wurf-P.). In der einfachsten Form ein zugespitzter, dünner Stab, ist der P. fast überall zur zusammengesetzten Waffe aus Schaft und Spitze entwickelt worden. Die ein- oder mehrfache, auch mit Widerhaken versehene, z. T. vergiftete Spitze besteht aus Holz, Knochen, Stein oder Metall und wird an den Schaft gebunden oder geklebt.

Pfeildiagramm, in der Mengenlehre Bez. für ein Diagramm, durch das eine Relation *R* zw. zwei Mengen veranschaulicht wird: Man verbindet die gemäß *R* miteinander verknüpften [als Punkte dargestellten] Elemente der beiden Mengen durch Pfeile. Entsprechend verfährt man, wenn *R* Elemente innerhalb einer Menge verknüpft; steht dabei ein Element in Relation zu sich selbst, so erhält es einen in sich zurücklaufenden Pfeil bzw. eine Schleife.

Pfeiler [zu lat. pila „Pfeiler"], in der *Architektur* Bez. für eine Stütze. Je nach Stellung unterscheidet man Frei-P., Wand-P. (Pilaster) und Eck-P., auch in doppelter Anordnung. In der Gotik wurde neben dem Rund-P., der im Ggs. zur Säule keine Verjüngung aufweist, der Bündel-P. aus einem oft runden Kern mit vorgelegten Diensten entwickelt. Der Strebe-P. dient zur Aufnahme des Gewölbeschubs. Als Brücken-P. bezeichnet man die Stützkörper der mittleren Auflager einer Brücke.

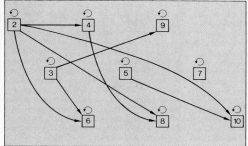
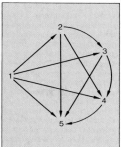

Pfeildiagramm. Darstellung der Relationen „ist Teiler von" für die Menge
M = {2, 3, 4, 5, 6, 7, 8, 9, 10} (links) und „ist kleiner als" in der Menge M = {1, 2, 3, 4, 5}

Pfeilgifte, pflanzl. (seltener tier.) Gifte, mit denen verschiedene Naturvölker die Geschoßspitzen ihrer Pfeile und Speere präparieren, um Tiere oder Menschen zu betäuben oder zu töten. P. wirken bei parentaler Aufnahme meist lähmend bzw. krampferregend im Bereich der Skelettmuskeln und des Herzmuskels, das Fleisch der Beutetiere wird durch die Giftstoffe aber nicht ungenießbar. Bekannte pflanzl. P. sind z. B. ↑ Kurare und ↑ Uabayo. Tier. P. werden z. B. aus den Larven der Pfeilgiftkäfer sowie aus Spinnen, Skorpionen und Schlangen gewonnen.

Pfeilgiftkäfer, Bez. für einige südafrikan. Arten der Flohkäfer, aus deren 7–10 mm langen Larven (zus. mit Bestandteilen gewisser Pflanzen) die Buschmänner W- und SW-Afrikas ein tödl. wirkendes Pfeilgift herstellen.

Pfeilhechte (Barrakudas, Meerhechte, Sphyraenidae), Fam. bis 3 m langer, hechtförmiger Knochenfische mit 18 Arten in trop. Meeren; Kopf auffallend lang, mit zugespitzter Schnauze, vorstehendem Unterkiefer und großen Zähnen. Zu den P. gehören der **Mittelmeer-Barrakuda** (Europ. Pfeilhecht, Sphyraena sphyraena; im östl. Atlantik und Mittelmeer; bis 1 m lang; Oberseite bleigrau bis olivbraun, Unterseite silberweiß) und der bis 2 m lange **Pikuda** (Sphyraena picuda; mit grünlichbleigrauem Rücken und silberweißer Unterseite; im westl. Atlantik).

Pfeilhöhe, in der Bautechnik der größte Abstand eines Bogens von der Bogensehne.

Pfeilkalmar ↑ Kalmare.

Pfeilkraut (Sagittaria), Gatt. der Froschlöffelgewächse mit rd. 30 Arten, v. a. im trop. und gemäßigten Amerika; meist Sumpf- und Wasserpflanzen. In Deutschland ist das **Gewöhnl. Pfeilkraut** (Sagittaria sagittifolia) in stehendem, seichtem Wasser verbreitet: mit pfeilförmigen, grundständigen Blättern, in tiefem Wasser auch mit bis 2,50 m langen Unterwasserblättern; die weißen, am Grunde braunroten Blüten stehen in dreizähligen Quirlen. Einige Arten werden als Aquarienpflanzen verwendet.

Pfeilkresse (Herzkresse, Cardaria), weltweit verbreitete Gatt. der Kreuzblütler. In Deutschland ist nur die Art **Cardaria draba** in Schuttunkrautgesellschaften anzutreffen: 20 bis 250 cm hohe, grau behaarte Stauden. Die weißen Blüten stehen in dichten Scheindolden.

Pfeilkreuzler, Sammelbez. für verschiedene faschist. Gruppierungen in Ungarn in den 1930er und 1940er Jahren; F. Szálasi vereinigte im Okt. 1937 drei kleinere faschist. Parteien mit der 1935 von ihm gegr. rechtsradikalen „Partei des nat. Willens" (*„Hungaristenbewegung"*) zur Ungar. Nationalsozialist. Partei (**Pfeilkreuzlerpartei**); vertraten nationalist. und antisemit. Positionen und forderten agrar. und soziale Reformen; gelangten im Okt. 1944 mit Hilfe der dt. Besatzung an die Macht, übten bis April 1945 blutigen Terror aus.

Pfeilnaht ↑ Schädelnähte.

Pfeilnatter ↑ Zornnattern.

Pfeilotter (Causus rhombeatus), relativ schlanke, etwa 60–90 cm lange giftige Otter (↑ Vipern) in Afrika, südl. der Sahara; graubraun bis graugrün, mit dunkelbraunen, oft weißl. eingefaßten rhomb. Rückenflecken und kennzeichnender pfeilförmiger Binde am Hinterkopf.

Pfeilschnäbel (Stachelaale, Pfeilaale, Mastacembelidae), Fam. aalförmiger, etwa 10–90 cm langer Knochenfische mit rd. 50 Arten in Afrika und Asien; Flossen bilden oft einen durchgehenden Saum; vor der Rückenflosse eine Reihe freistehender Stacheln; Kopf mit lang ausgezogener, pfeilspitzenartiger Schnauze und rüsselartiger Verlängerung der Nasenöffnungen.

Pfeilschwanzkrebse (Pfeilschwänze, Schwertschwänze, Xiphosura), seit dem Kambrium bekannte, heute nur noch mit fünf Arten vertretene Ordnung ausschließl. meerbe-

Pfeilwürmer

wohnender Gliederfüßer (Unterstamm Fühlerlose); Gesamtlänge bis etwa 60 cm, die Hälfte der Länge entfällt auf den Schwanzstachel; Körper von zweigeteiltem, flachem, schaufelartigem Panzer bedeckt; stellenweise sehr häufige Grundbewohner der Küstengewässer N-Amerikas (↑Limulus) und SO-Asiens (Gattungsgruppe **Molukkenkrebse**).

Pfeilwürmer (Borstenkiefer, Gleichflosser, Chaetognatha), Stamm wurmförmiger, etwa 0,5–10 cm langer wirbelloser Tiere (Stammgruppe Deuterostomier) mit rd. 50 meerbewohnenden Arten; Körper glasartig durchscheinend, in drei Abschnitte (Kopf, Rumpf, Schwanz) gegliedert; mit einem oder zwei Paar waagerechten Seitenflossen am Rumpf und einer paarigen Gruppe langer Greifhaken am Kopf; in großen Massen im Plankton. Die bekannteste Gatt. ist *Sagitta* (mit nur wenigen Arten, darunter zwei Arten in der Nord- und Ostsee).

Pfeilwurz (Arrowroot, Maranta arundinacea), wirtschaftl. wichtigste Art der Gatt. Maranta, heute in den Tropen allg. angebaut; 1–3 m hohe Staude mit verzweigtem Stengel, lanzettl.-eiförmigen, langscheidigen Blättern und weißen Blüten. Die 25–45 cm langen, dickfleischigen Wurzelstöcke liefern die feine **Marantastärke**, die u. a. für Kinder- und Diätkost Verwendung findet.

Pfemfert, Franz, * Lötzen 20. Nov. 1879, † Mexiko 26. Mai 1954, dt. Schriftsteller und Publizist. - Hg. und Verleger der Zeitschrift „Die Aktion" (1911–32), gedacht als Sprachrohr der Oppositionsliteratur gegen NS, Militarismus und Spießertum; Schlüsselfigur im frühen Expressionismus. Versuchte auch in den von ihm hg. Anthologien, u. a. „Die Aktionslyrik" (1916–22), „Polit. Aktions-Bibliothek" (13 Bde., 1907–30) und „Der rote Hahn" (60 Bde., 1918–25) die Verbindung von fortschrittl. Politik und moderner Kunst. Emigrierte 1933 in die Tschechoslowakei, 1936 nach Frankr., 1941 nach Mexiko.

Pfennig (älter Pfenning, Abk. Pf., Münzname unklarer Grundbed.; bezeichnete seit dem 8. Jh. n. Chr. als Übersetzung von lat. denarius den Denar; Groß- und Fernhandelsmünzen aus gutem Silber und mit hoher Kaufkraft, im Wirkungsbereich der karoling. Münzordnung einzig ausgeprägter Münzwert, 9.–13. Jh. allenfalls durch Teilwertmünzen ergänzt, höhere Werte (Pfund, Schilling, später Mark) blieben bloße Rechnungsmünzen. Spätestens seit dem 11. Jh. standen zahllose verschiedene landschaftl. P.werte nebeneinander (z. B. Friesacher P., Heller, Rappen); nach ständiger Abwertung und entsprechendem Kaufkraftschwund seit dem 13. Jh. durch Ausprägung höherer Wertstufen ergänzt (Groschen, Gulden, Mark, Taler). „P." blieb seitdem lange doppeldeutig als Bez. 1. einer bestimmten niedrigen Wertstufe unter den Scheidemünzen, aus schlechtem Silber, seit dem 16.–Anfang 19. Jh. allmähl. überall durch Kupfer ersetzt; 2. für „Geldstück" allg.; erst die Reichsmünzreform ab 1871 schuf den reichseinheitl. P. = $^1/_{100}$ Mark. Heute ist P. die Untereinheit der Mark der DDR, Dt. P. die der Dt. Mark der BR Deutschland.

Pfennigkraut, (Täschelkraut, Hellerkraut, Thlaspi), Gatt. der Kreuzblütler mit rd. 60 weltweit verbreiteten Arten, v. a. auf der Nordhalbkugel; niedrige Stauden mit meist rosettigen Grundblättern und weißen oder rosafarbenen, in Trauben stehenden Blüten; Schötchen rund oder herzförmig, oft geflügelt. Die wichtigste einheim. Art ist das ↑Ackerpfennigkraut.

◆ (Lysimachia nummularia) niederliegende, weit kriechende einheim. Art der Gatt. Gilbweiderich; mit gegenständigen, kreisrunden, an eine Münze erinnernden, in einer Ebene ausgebreiteten Blättern und goldgelben Blüten; wächst teilweise untergetaucht an Ufersäumen, Wassergräben, auf feuchten Wiesen, Weide- und Waldböden.

Pferch [zu mittellat. parricus „Gehege"], meist transportable Eingatterung für eine größere Anzahl von Tieren (z. B. Schafe), vornehml. für die Nacht.

Pferd ↑Pferde.

◆ *Turngerät* für Sprung- und Schwungübungen. Für Schwungübungen im Männerturnen wird das **Seitpferd** (auch **Pauschenpferd**) benutzt (1,60 bis 1,63 m lang, in der Höhe von 1,10 bis 1,70 m verstellbar, 35 cm breit [nach unten auf 28 cm verjüngt]; die 12 cm hohen Pauschen sind in der Mitte angebracht); ohne Pauschen wird das Seit-P. von Frauen im P.sprung benutzt (Höhe 1,10 m). Der P.sprung der Männer wird auf dem längsgestellten P. (**Langpferd**) ausgetragen (Höhe 1,35 m).

Pferd. Form und Maße des Turngeräts

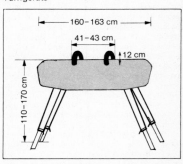

◆ (Perd, Peerd, Paarden) an den Rahen von Segelschiffsmasten angebrachtes Stahlseil, das den Seeleuten (als Fuß- oder Hand-P.) beim Segelsetzen und -reffen an der Rah Halt gibt.

Pferde [zu mittellat. paraveredus „Postpferd"] (Einhufer, Equidae), weltweit verbreitete Fam. großer Unpaarhufer mit sechs rezenten (in der einzigen Gatt. Equus zusammengefaßten) Arten in Savannen und Steppen; hochbeinige, schnellaufende, grasfressende Säugetiere, bei denen alle Zehen (mit Ausnahme der stark verlängerten, in einem ↑Huf endenden Mittelzehe) zurückgebildet sind. Von der zweiten und vierten Zehe sind nur winzige Reste (↑Griffelbeine) erhalten geblieben. Ein weiteres Kennzeichen der P. ist das typ. Pflanzenfressergebiß mit hochkronigen Backenzähnen und (auf der Kaufläche) harten Schmelzfalten (als hervorragende Anpassung an harte, silicatreiche Nahrung). Die Eckzähne der P. sind verkümmert, sie fehlen bei den ♀♀ meist völlig. P. leben in kleinen Gruppen bis zu sehr umfangreichen Herden. Die heute noch lebenden P. (im engeren Sinne) haben nur eine einzige wildlebende Art (↑Prschewalskipferd), aus der das ↑Hauspferd (mit seinen Rassen) gezüchtet wurde. Im weiteren Sinne gehören zu den P. ↑Zebras, ↑Esel und ↑Halbesel.

Die P. haben sich vor rd. 60 Mill. Jahren aus einer etwa fuchsgroßen Stammform (↑Eohippus) in Amerika entwickelt. Sie waren zunächst waldbewohnende Laubfresser und wurden später Grasfresser in offenen Landschaften. Vor rd. 2,5 Mill. Jahren (Ende des Pliozäns) gelangte ein Seitenzweig nach Asien, wohingegen in Amerika alle P. nach der Eiszeit auf unerklärl. Weise ausstarben. In prähistor. Zeit waren sie noch Zeitgenossen der Indianer. Von der Alten Welt kamen die P. dann mit den span. Seefahrern wieder nach Amerika.

Geschichte: Die Domestikation des vorher nur gejagten Wildpferds setzte in N- und W-Europa im 4. Jahrtausend v. Chr. ein. Spätneolith. Domestikationszentren befanden sich im S Sibiriens, im Altai- und Sajangebirge sowie in Z-Asien. Um die Mitte des 2. vorchristl. Jt. sind P. als Last-, Reit- und Opfertiere in Indien und China bekannt. Aus dieser Zeit stammen auch die ersten Reiterbilder (Ritzzeichnungen auf Knochen) und Steigbügeldarstellungen (Reliefs der Stupa in Sanchi). Aus dem Zweistromland stammt die älteste erhaltene schriftl. Urkunde über die Existenz von P. (um 2000 v. Chr.). Nach Ägypten kamen die P. im 17. Jh. v. Chr. Der Weg des P. nach Griechenland ist ungeklärt. Während die P. im griech. Verteidigungswesen nur eine untergeordnete Rolle spielten, waren sie in der Mythologie Lieblingstiere der Götter. - Ebenso wie bei den Griechen waren auch die röm. Truppen zunächst nicht mit Streit-P. ausgerüstet. Nach dem 1. Pun. Krieg und nach der Niederlage der Römer gegen die Parther begann der Aufbau schlagkräftiger Kavallerien. - Kelten und Germanen besaßen Reiterheere. - Unter arab. Einfluß breitete

sich seit der Karolingerzeit die Hochzucht verschiedener Rassen, bes. der schweren Turnier-P., aus. Die Reitkunst hat sich seit der Mitte des 16. Jh. am Vorbild der neapolitan. Schule orientiert; später setzte sich die Tradition der Span. Hofreitschule durch. - Abb. S. 44.

📖 *Hdb. P. Zucht, Haltung ... Red. P. Thein. Mchn.* [2]*1986. - Isenbart, H. H./Bührer, E. M.: Das Königreich des Pferdes. Mchn.* [2]*1985. - Hertsch, B.: Anatomie des Pferdes. Warendorf 1983. - Blendinger, W.: Psychologie u. Verhaltensweise des Pferdes. Bln.* [4]*1980. - Goodall, D. M.: P. der Welt. Bln.* [5]*1980. - Löwe, H./ Meyer, H.: P.zucht und P.fütterung. Stg. 1979. - Dent, A.: Das Pferd. Fünftausend Jahre seiner Gesch. Dt. Übers. Bln. 1975. - Zeuner, F. E.: Gesch. der Haustiere. Mchn. u. a. 1967.*

Pferdeantilope ↑Pferdeböcke.

Pferdebahn, Bez. für schmalspurige Schienenbahn mit von Pferden gezogenen Fahrzeugen; früher zur Beförderung von Gütern u. a. (insbes. als Gruben- und Feldbahn) sowie von Personen.

Pferdeböcke (Laufantilopen, Hippotraginae), Unterfam. großer, kräftiger Antilopen in Afrika; beide Geschlechter mit langen, spießartigen oder nach hinten gebogenen Hörnern; in meist kleinen Herden in offenem Gelände. Zu den P. gehören u. a.: Oryxantilope (↑Spießbock); **Pferdeantilope** (Hippotragus equinus), bis über 2,5 m lang, etwa 1,25–1,6 m schulterhoch; grau- bis rötlichbraun, mit schwarzweißer Gesichtsmaske und weißem Bauch; Nackenmähne schwärzl. ausgebildet. **Rappenantilope** (Hippotragus niger), rd. 1,5 m schulterhoch; rötl. und dunkelbraun (♀) bis schwarz (♂), mit weißer Gesichtszeichnung.

Pferdebohne (Ackerbohne, Feldbohne, Futterbohne, Große Bohne, Dicke Bohne, Saubohne, Puffbohne, Marschbohne, Vicia faba), in zahlr. Sorten angebaute Wickenart; mit paarig gefiederten, rankenlosen Blättern, großen, weißen, in Büscheln angeordneten Blüten und abgeflachten, bis 20 mm langen, 15 mm breiten und 5–8 mm dicken, braunen, schwarzen, grüngefleckten oder weißen, eiweißreichen, reif schwer verdaul. Samen. - Die P. ist eine der ältesten Kulturpflanzen des Mittelmeergebietes. Ihre Samen werden heute überwiegend als Viehfutter verwendet; unreif werden sie (auch die ganz jungen Hülsen) verschiedentl. als Gemüse gegessen.

Pferdebohnenkäfer ↑Bohnenkäfer.

Pferdebremse (Tabanus sudeticus), mit bis 25 mm Länge die größte mitteleurop. Fliegenart (Fam. Bremsen) mit großen, kupferfarbenen Augen und schwarzbraunem, weißl. gezeichnetem Hinterleib; lebt bes. an feuchten Orten; ♀♀ sind lästige Blutsauger, v. a. an Pferden und Rindern, können ↑Tularämie übertragen.

Pferdedroschke ↑Droschke.

Pferdeegel (Unechter P., Haemopis san-

Pferdeheilkunde

guisuga), etwa 10 cm langer, in langsam fließenden und stehenden Gewässern sehr verbreiteter Blutegel; meist grünlich- bis bräunlichschwarz, bisweilen seitl. mit orangefarbenem bis gelbl. paarigem Längsband; kein Blutsauger.

◆ (Echter P., Roßegel, Limnatis nilotica) 8–10 cm langer Kieferegel in Quellen und Pfützen südeurop. und nordafrikan. Mittelmeerländer; Blutsauger.

Pferdeheilkunde (Hippiatrie), die Wiss. von den Krankheiten des Hauspferds (↑ Pferdekrankheiten), ihrer Diagnose und Therapie.

Pferdekopfnebel, ein Dunkelnebel, der sich in der Form eines Pferdekopfes von hell erleuchteten Nebelpartien um den Stern ζ (Zeta) im Sternbild Orion abhebt.

Pferdekrankheiten, wichtige P. sind:

Pferde (Stammbaum). Die in ein Feld mit Laubblättern beziehungsweise Grasbüscheln gestellten Tiere sind laubfressende beziehungsweise grasfressende Pferde gewesen; die neben die Tiere gestellten Gliedmaßenskelette zeigen die Entwicklung von der dreizehigen zur unpaarzehigen Extremität

↑ Botulismus, ↑ Fohlenlähme, Hufkrebs (↑ Huf), ↑ Kolik, ↑ Mauke. Leicht mit der Mauke zu verwechseln sind die durch Viren hervorgerufenen Pferdepocken, eine pustulöse Hautentzündung, v. a. in der Fesselgelenkbeuge. Meldepflichtig sind: ↑ Beschälseuche, ↑ Räude, ↑ Rotz, ansteckende Blutarmut, ↑ Borna-Krankheit, ↑ Druse, ↑ Pferdestaupe, ↑ Milzbrand, seuchenhaftes ↑ Verwerfen.

Pferdemagenbremsfliege (Pferdemagenbiesfliege, Pferdemagenfliege, Pferdemagenbremse, Große Magenbremse, Gast[e]rophilus intestinalis), fast weltweit verschleppte, urspr. paläarkt., 12–14 mm große, bräunlichgelbe Fliege (Fam. Magendasseln); mit starker Behaarung und trüben, braunfleckigen Flügeln; ♀♀ legen im Fluge an Haaren von Pferden und Eseln (v. a. in der Brust- und Vorderbeinregion) ihre Eier ab. Die schlüpfenden Larven werden mit der Zunge beim Lecken aufgenommen und siedeln sich später zum Blutsaugen an der Magenwand an. Nach etwa acht Monaten verlassen die bis 2 cm langen Maden mit dem Kot den Wirt und verpuppen sich an der Erde. Die parasit. Maden können auch am Menschen auftreten und minieren dann in der Oberhaut oder im Auge.

Pferdepocken ↑ Pferdekrankheiten.

Pferde (Stammbaum)

Pferdeschwamm (Hippospongia communis), im Durchmesser bis 90 cm erreichender Schwamm, v. a. im Mittelmeer; mit zahlr. eingelagerten Fremdkörpern; Verwendung als „Industrieschwamm".

Pferdesport, Sammelbez. für alle Sportarten mit Pferden ([volkstüml.] Reiterspiele, reglementierte Spiele zu Pferde wie Polo, Pushball, organisierte Wettkämpfe des ↑ Reitsports).

Pferdespringer ↑ Springmäuse.

Pferdestärke, Einheitenzeichen PS, Einheit der Leistung; heute durch Watt bzw. Kilowatt (W bzw. kW) ersetzt. 1 PS wird aufgebracht, wenn die Masse 75 kg in 1 s mit konstanter Geschwindigkeit 1 m hoch gehoben wird: $1 \text{ PS} = 75 \text{ kpm/s} = 736 \text{ Watt (W)} = 0{,}736 \text{ Kilowatt (kW)}$.

Pferdestaupe (Influenza, Pferdegrippe, Pferderotlaufseuche), meist drei bis fünf Tage dauernde, gutartige Viruserkrankung beim Pferd; mit Fieber, Entzündung der Schleimhäute, Lichtempfindlichkeit und Husten sowie Schwellungen der Augenpartien und des Kehlkopfs.

Pferdeumritt, prozessionsartiges Umreiten von Objekten (Marktbrunnen, Gemarkung, Altar, Kapelle usw.), denen eine bes. Bed. zukommt (erster Beleg für eine Inbesitznahme durch Umreiten in einer Urkunde Chlodwigs 496).

Pferdmenges, Robert, * München-Gladbach (= Mönchengladbach) 27. März 1880, † Köln 28. Sept. 1962, dt. Bankier und Politiker. - 1929–53 Teilhaber des Bankhauses Salomon Oppenheim jr.; legte 1933 einen Teil seiner Ämter nieder, 1944 Berufsverbot; nach dem Krieg MdL in NRW und MdB (ab 1949), als Mitbegr. der CDU einflußreicher Finanz- und Wirtschaftsberater seines Freundes K. Adenauer.

Pfette (Dachpfette), parallel zum Dachfirst verlaufender Balken im Dachstuhl zur Unterstützung der Sparren.

Pfettendach ↑ Dach.

Pfifferling [zu ↑ Pfeffer, nach dem pfefferähnl. Geschmack] (Echter P., Eierschwamm, Gelbschwämmchen, Goldschwämmchen, Rehling, Pfefferling, Cantharellus cibarius), häufiger Leistenpilz der Laub- und Nadelwälder; erscheint Juli bis Ende Sept.; Hut 3–8 cm breit, oft trichterförmig vertieft, mit unregelmäßigem Rand, an der Unterseite mit herablaufenden, schmalen, lamellenartigen, gegabelten Leisten; Farbe blaß- bis eidottergelb; Stiel blasser; Fleisch weißlich; wertvoller Speisepilz. Er wird gelegentl. mit dem im Nadelwald häufigen **Falschen Pfifferling** (Orangegelber Gabelblättling, Hygrophoropsis aurantiaca), einem Trichterling, verwechselt: Hut dünnfleischig und orangerot bis lederfarben; mit schmalen, gegabelten, herablaufenden Lamellen; Stiel gleichfarben; wenig schmackhaft und zäh.

Pfingstbewegung, zusammenfassende Bez. einer größeren Anzahl von heute z. T. weltweit verbreiteten, dogmat. nicht einheitl. religiösen Gruppen. Gemeinsam ist ihnen (nach Apg. 2) der Ausgangspunkt von einer realen Gegenwart des „Geistes" und der Anspruch auf den Besitz der urchristl. Gnadengaben, der Charismata. Vor Rechtfertigung und eth. Haltung sehen sie die höchste Stufe des christl. Lebens in einem häufig von Konvulsionen begleiteten Geistempfang, einer Geisttaufe, die mit Zungenreden, Prophetie und Krankenheilungen verbunden ist. - Die P. begann in Kreisen der nordamerikan. Heiligungsbewegung (etwa 1870) und verbreitete sich rasch in den USA und Europa. In Deutschland sind seit 1957 neue Formen der Verkündigung und des Gemeinschaftslebens in sog. „Glaubenshäusern" entwickelt worden. Die Bewohner, die Besitz und Beruf aufgeben, leben nach strengen Hausregeln, zu denen u. a. ein ununterbrochen zu verrichtendes „Kettengebet" gehört. - Da die P. keine Kirchenaustritte verlangt, beruhen statist. Angaben auf Schätzungen. Vermutet wird eine Anhängerschaft von 15–35 Mill. (in der BR Deutschland [1977] rd. 100 000 Anhänger). Gemeinsame Weltkonferenzen finden seit 1947 alle drei Jahre statt.

Pfingsten [zu griech. pentekostḗ (hēméra) „fünfzigster" (Tag, d. h. nach Ostern)], im A. T. und im Judentum Erntedank- und Wochenfest, in den christl. Kirchen der festl. begangene Schlußtag des 50tägigen Osterzeit, der inhaltl. verschiedene Ausprägungen des Ostergeschehens aufzeigen kann: So gilt P. in den Kirchen des Westens als Fest der Herabsendung des Hl. Geistes und der Gründung der Kirche; in den Ostkirchen ist P. das Hochfest der Trinität sowie der Geistsendung. - Als christl. Fest wird P. erstmals um 130 genannt und wird im 4. Jh. zu einem zweiten Tauftermin neben Ostern und mit Vigil und Oktav (1969 weggefallen) versehen. *Brauchtum:* Flurumgänge mit der Eucharistie und Spenden des Wettersegens im Schwäb. sowie burschenschaftl. Umritte im Rheinland und Reiterspiele gehören in den Umkreis der Frühjahrsbräuche. Neben Laubmasken und Grünverkleidung spielt das Wasser im Pfingstbrauch eine bes. Rolle (bes. Heil- und Segenskraft). In vielen Orten sind Brunnenfeste übl.; die Brunnen werden geschmückt, aber auch Häuser, Ställe, Fahrzeuge werden mit grünen Zweigen (Maien) und Blumen verziert. Die Mehrzahl der brauchtüml. Begehungen stehen nicht mit dem christl. Festinhalt in Zusammenhang, sondern hängen mit alten Fruchtbarkeitskulten zusammen.

Pfingstnelke ↑ Nelke.

Pfingstrose (Päonie, Paeonia), einzige Gatt. der Pfingstrosengewächse (Paeoniaceae) mit mehr als 30 Arten in Europa, Asien und N-Amerika; ausdauernde Pflanzen mit krautigen oder verholzenden Stengeln, zusammengesetzten Blättern und großen, weißen, gelben, rosafarbenen oder roten Blüten. Die P. gehört zu den beliebtesten Zierpflanzen. Die wichtigsten Arten mit zahlr. Zuchtformen sind die krautige **Edelpäonie** (Chin. P., Paeonia lactiflora) mit mehr als 3 000 Gartenformen (v. a. als Schnittblumen), die **Strauchpfingstrose** (Paeonia suffruticosa) sowie die bis 60 cm hohe **Echte Pfingstrose** (Bauern-P., Bauernrose, Gichtrose, Klatschrose, Paeonia officinalis) mit doppelt dreizähligen, tief eingeschnittenen Blättern und bis zu 10 cm großen roten, oft gefüllten Blüten.

Pfinzgau, Gäulandschaft beiderseits der oberen und mittleren Pfinz, Bad.-Württ.

Pfinztal, Gem. östl. von Karlsruhe, Bad.-Württ., 132–206 m ü. d. M. 14 800 E. Inst. für Chemie der Treib- und Explosionsstoffe, Baustoffind. - Entstand 1974 durch Zusammenschluß der Orte Berghausen, Söllingen, Wöschbach und Kleinsteinbach (erste Erwähnung der Orte: 771 als Barchusen, 1085 Söllingen, 1281 als Wesebach und 1328 als Niedern-Steinbach).

Pfirsich [zu lat. persicum (malum) „persischer" (Apfel)] ↑ Pfirsichbaum.

Pfirsichbaum (Prunus persica), in vielen Ländern der Erde (u. a. in S-Europa, Kalifornien, S-Amerika) angepflanztes Rosengewächs; bis 8 m hoher Baum oder baumartiger Strauch mit breit-lanzettl., 8–15 cm langen, lang zugespitzten Blättern und rosafarbenen oder roten, 2–3,5 cm breiten Blüten, die meist vor den Blättern erscheinen. Die eßbaren, kugeligen, seidig behaarten Steinfrüchte, die **Pfirsiche,** haben eine deutl. hervortretende Bauchnaht und einen dickschaligen Kern. Eine glattschalige Varietät sind die **Nektarinen.** Das Öl der Samen wird für kosmet. Präparate und als Salbengrundlage verwendet.
Geschichte: Der P. ist wahrscheinl. in Z-China heim., wo er schon im 3. Jt. v. Chr. in mehreren Sorten kultiviert wurde. Um 200 v. Chr. ist er in Vorderasien nachweisbar. Von den Persern lernten ihn zunächst die Römer kennen, die ihn „pers. Pflaume" nannten und ihn im 1. Jh. n. Chr. im ganzen Röm. Reich, auch nördl. der Alpen und in Gallien, verbreiteten.

Pfirsichblättrige Glockenblume ↑ Glockenblume.

Pfister, Albrecht, * um 1410, † Bamberg um 1465, dt. Inkunabeldrucker. - Druckte 1461–64 in Bamberg mit dem Typenmaterial der 36zeiligen Bibel neun überwiegend deutschsprachige Ausgaben, u. a. den „Ackermann aus Böhmen" und zwei dt. „Armenbibeln", und stattete sie als erster mit Holzschnitten aus.

P., Oskar, * Wiedikon (= Zürich) 23. Febr. 1873, † Zürich 6. Aug. 1956, schweizer. ev. Theologe und Psychologe. - Seit 1902 Pfarrer in Zürich; suchte als erster Theologe die Psychoanalyse S. Freuds für die pädagog. („Pädanalyse") und seelsorgerl. Praxis („analyt. Seelsorge") und für die systemat. und histor. Disziplinen der Theologie fruchtbar zu machen; schrieb u. a. „Das Christentum und die Angst" (1944).

Pfitzner, Hans [Erich], * Moskau 5. Mai 1869, † Salzburg 22. Mai 1949, dt. Komponist. - 1897–1907 Kompositionslehrer am Sternschen Konservatorium in Berlin, daneben ab 1903 Kapellmeister am Theater des Westens, 1908–18 Städt. Musikdirektor in Straßburg und Direktor des Konservatoriums sowie 1910–16 Operndirektor; lehrte 1920–29 an der Berliner Akademie der Künste, 1930–34 an der Akademie der Tonkunst in München. Sein Werk ist in Kompositionsart und Gehalt Ausklang der dt. Romantik. Hauptwerk ist die musikal. Legende „Palestrina" (1917; Text von P.), in deren Musik die Erfahrung des polyphonen Klanges des 16. Jh. eingeschmolzen ist.
Werke: *Opern:* Der arme Heinrich (1895), Die Rose vom Liebesgarten (1901), Das Christ-Elflein (1906, Neufassung 1917), Das Herz (1931). - *Chorwerke:* Von dt. Seele op. 28 (1921, nach Eichendorff), Das dunkle Reich op. 38 (1929), Kantate nach Goethes „Urworte orphisch" (Fragment; ergänzt von R. Rehan, 1952). - Über 100 *Lieder.* - *Orchesterwerke:* Sinfonie cis-Moll op. 36 a (1932, nach dem Streichquartett op. 36), Kleine Sinfonie op. 44 (1939), Sinfonie C-Dur op. 46 (1940); ein Klavier-, ein Violin-, zwei Cellokonzerte. - *Kammermusik:* Drei Streichquartette op. 13 (1903), op. 36 (1925), op. 50 (1942); Klaviertrio op. 8 (1896), Klavierquintett op. 23 (1908), Klaviersextett op. 55 (1945).

Pflanzen [zu lat. planta „Setzling"], formenreiche Organismengruppe, die gemeinsam mit den Tieren und dem Menschen die Biosphäre besiedelt, in weiten Gebieten der Erde das Landschaftsbild prägt und seit dem Präkambrium nachweisbar ist. Dem Menschen, der P. schon frühzeitig in Kultur nahm (↑ Kulturpflanzen), liefern sie Nahrungs-, Futter- und Heilmittel sowie als Nutz- und Industrie-P. Rohstoffe für Kleidung, Behausung und Werkzeuge. Die Abgrenzung der P. gegenüber den Tieren ist im Bereich der ↑ Flagellaten schwierig und erst auf höherer Organisationsstufe auf Grund der Ernährungsweise und des Zellbaus möglich. P. sind im allg. autotroph, d. h. sie bauen mit Hilfe des Sonnenlichts (↑ Photosynthese) ihre organ. Körpersubstanz aus unbelebtem, anorgan. Material auf. Damit schaffen die P. die Existenzvoraussetzungen für die heterotrophen Tiere, für einige heterotrophe P. und den Menschen, die alle ihre Körpersubstanz nur aus organ. letztl. von P. aufgebautem Material bilden können. - Die äußere Form der P. ist der autotrophen Lebensweise durch Ausbildung großer äußerer Oberflächen (Blätter, verzweigte Sproß- und Wurzelsysteme) zur Auf-

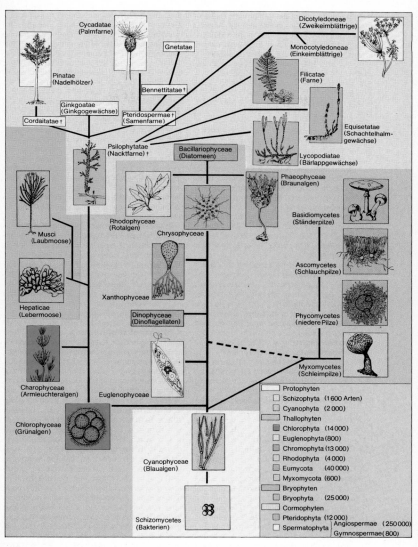

Pflanzen. Stammbaum des Pflanzenreichs

nahme von Energie und Nährstoffen am Standort angepaßt. Es fehlen die zur aktiven Nahrungssuche durch Ortsveränderung notwendigen Bewegungs- und Koordinationssysteme, wie sie die Tiere haben.

Die urspr. P.gruppen sind z. T. einzellig (Bakterien, Flagellaten, niedere Algen), bilden lockere Zellkolonien (verschiedene Grünalgen) oder besitzen einen einfachen, fädigen oder gelappten Vegetationskörper (Thallus). Bei den Laubmoosen andeutungsweise beginnend, tritt, fortschreitend über die Farne zu den Samenpflanzen, eine Gliederung des

Pflanzenarzt

Vegetationskörpers zu einem Kormus (↑ Kormophyten) ein. Unterschiede in Zahl, Anordnung und Größe sowie Metamorphosen der Grundorgane verursachen die Formenmannigfaltigkeit der P., die sich mit ihren rd. 360 000 Arten zu einem System von Gruppen abgestufter Organisationshöhe ordnen lassen, das als Abbild der stammesgeschichtl. Entwicklung gilt.
Grundbaustein der inneren Organisation der P. ist die ↑ Zelle. - Die Fortpflanzung und Vermehrung der P. erfolgt auf geschlechtl. Wege durch Vereinigung von Geschlechtszellen oder auf ungeschlechtl. Wege durch Sporen. Bei vielen P. tritt zusätzl. eine vegetative Vermehrung durch Zellverbände auf, die sich von der Mutterpflanze ablösen (↑ Brutkörper, ↑ Ausläufer). - Auf Außenreize reagieren P. durch verschiedene Organbewegungen (↑ Tropismus, ↑ Nastie); freibewegl. Formen zeigen ortsverändernde ↑ Taxien.
📖 *Frohne, D./Jensen, U.: Systematik des P.reiches. Stg.* [3]*1985. - Grohmann, G.: Die Pflanze. Stg.* [3-6]*1981. 2Bde. - Kelle, A./Sturm, H.: P. leicht bestimmt. Bonn 1978. - Das Krüger Lex. der P. Ffm. 1978.*

Pflanzenarzt (Phytomediziner), Beruf mit Hochschulstudium; baut auf dem Abschluß als Diplomforstwirt, -agraringenieur, -gärtner, -agrarbiologe oder -biologe auf. Tätig an staatl. und industriellen Einrichtungen für Forschung und Entwicklung sowie Beratung über Schadursachen an Pflanzen und deren Bekämpfung.

Pflanzendecke, svw. ↑ Vegetation.

Pflanzendunen, svw. ↑ Kapok.

Pflanzenfarbstoffe, aus Pflanzen gewonnene, techn. verwertbare ↑ Farbstoffe.
◆ Farbstoffe (↑ Pigmente), die die Färbung der Pflanzen bewirken.

Pflanzenfasern, Sammelbez. für die (v. a. als Textilrohstoffe verwendeten) Fasern pflanzl. Herkunft; sie werden nach den Pflanzenteilen unterschieden in Blattfasern, Fruchtfasern und Stengelfasern. Chem. bestehen P. überwiegend aus Zellulose.

Pflanzenfette (pflanzl. Fette) ↑ Fette.

Pflanzenformation ↑ Formation.

Pflanzenfresser (Phytophagen), zusammenfassende Bez. für Tiere, die sich von Pflanzen bzw. bestimmten Pflanzenteilen ernähren, z. B. hauptsächl. von Kräutern (**Herbivoren;** viele Huftiere, Hasen), Früchten (**Fruktivoren;** Flederhunde, viele Affenarten), Pilzen (**Myzetophagen;** verschiedene Käfer und Schnecken), Algen (**Algenfresser;** Wasserschnecken, Saugschnecken), Flechten (**Flechtenfresser,** Lichenophagen; Flechtenspinnerraupen). Von abgestorbenen Pflanzenteilen leben z. B. die **Holzfresser** (**Xylophagen;** Bockkäferlarven, Termiten).

Pflanzengeographie, svw. ↑ Geobotanik.

Pflanzengesellschaft (Pflanzengemeinschaft, Phytozönose), Bez. für eine Gruppe von Pflanzen verschiedener Arten, die Standorte mit gleichen oder ähnl. ökolog. Ansprüchen besiedeln, die gleiche Vegetationsgeschichte aufweisen und stets eine mehr oder weniger gleiche, durch Wettbewerb und Auslese entstandene Vergesellschaftung darstellen. P. geben der Landschaft ihr Gepräge (z. B. die P. des Laub- und Nadelwaldes, des Hochmoors und der Steppe), sind gute Standortanzeiger und können als Grundlage wirtschaftl. Nutzung und Planung dienen. Sie sind zeitl. stabil, solange nicht durch Klimaänderungen, geolog. Vorgänge, menschl. Eingriffe, Einflüsse von Gesellschaftsgliedern selbst (z. B. Rohhumusbildung) oder durch Zuwanderung neuer Arten neue Wettbewerbsbedingungen und dadurch Änderungen in der Artenzusammensetzung verursacht werden.

Pflanzenheilkunde, (Phytotherapie) die Lehre von der Anwendung von ↑ Heilpflanzen.
◆ svw. ↑ Phytomedizin.

Pflanzenhormone (Phytohormone), von den höheren Pflanzen selbst synthetisierte Stoffe, die wie Hormone wirken. P. steuern physiolog. Reaktionen, wie z. B. Wachstum, Blührhythmus, Zellteilung und Samenreifung. Sie werden bei jungen Pflanzen z. B. in den Keimblättern, bei älteren Pflanzen z. B. in den Laubblättern gebildet und von dort im Leitgewebe zu ihren Wirkungsorten transportiert. Bekannte Gruppen von P. sind ↑ Auxine, ↑ Gibberelline und ↑ Zytokinine.

Pflanzenkrankheiten, abnorme Lebenserscheinungen der Pflanzen. - **Nichtparasitäre Pflanzenkrankheiten** werden durch abiot. Faktoren wie Überschuß oder Mangel an Wasser und Nährstoffen, Frost, Hitze, Luftverunreinigungen, Bodenvergiftungen u. ä hervorgerufen. *Wassermangel* verursacht Zwergwuchs, mangelhafte oder ausbleibende Körnerentwicklung, Frühreife des Obstes, frühen Blattfall oder vorzeitiges Verdorren der Blätter, zu frühes Abwerfen von Blüten und Früchten, Holzigwerden sonst fleischiger Wurzeln. *Wasserüberschuß* bewirkt z. B. das Vergilben der Nadeln von Nadelbäumen von der Spitze her (Gelbspitzigkeit), die Lohkrankheit bei Obstbäumen, wobei die äußeren Borkenschichten schwarz werden und als trockenes Pulver abfallen; das Entstehen von ↑ Wasserreisern, die Kindelbildung bei der Kartoffel, wobei durch erneutes Wachstum rundl. Auswüchse entstehen. Durch *Stickstoffmangel* bekommen die Blätter weiße Flecken oder Streifen. *Eisen- oder Kaliummangel* führt zum Gelbwerden der Blätter. *Calciummangel* bewirkt Wachstumsstopp, Schlaffheit der Blätter und unzureichende Samenbildung. *Sauerstoffmangel* (durch zu tiefes Einpflanzen, Asphaltieren von Straßen, Bildung fester Krusten an der Oberfläche von verschlammten Böden) führt zur Einstellung der Wurzeltätigkeit und zu Fäulniserscheinungen. Ein *Nährstoffüberschuß* durch übermäßige Düngung führt zur Bildung von Geilstellen, an denen die Pflanzen einen gedrungenen Wuchs und oft glasige, leicht brüchige Blätter haben. - *Kälteschäden* werden durch niedrige Temperaturen, die zwar nicht den Gefrierpunkt, jedoch die untere Verträglichkeitsgrenze der Pflanzen unterschreiten, verursacht; sie äußern sich in einer starken Verminderung der Assimilationstätigkeit der Blätter und einer verringerten Aufnahmetätigkeit der Wurzeln. Bei zu großer Kälte treten ↑ Frostschäden auf. - Zu große *Hitze* (zu starke Besonnung) bewirkt z. B. das Vertrocknen (Verbrennen) von Blättern und den Rindenbrand an Bäumen mit dünner Rinde (v. a. Fichte, Buche). - *Ungenügende Beleuchtung* zeigt sich u. a. in Überverlängerung der Stengelteile (Etiolement) und Verkleinerung der Blattflächen. - Durch *Luftverunreinigungen* (v. a. Rauchgase) treten Verfärbungen und Verätzungen an Blättern und jungen Trieben auf.

Die **parasitären Pflanzenkrankheiten** werden durch tier. Schädlinge oder Viren, Bakterien, Pilze hervorgerufen (↑ auch Forstschädlinge, ↑ Gallen, ↑ Gartenschädlinge). Häufig treten Wucherungen an den befallenen Pflanzenteilen auf oder die Entwicklungshemmung führt zur Verkümmerung der Organe. Durch Abtötung der angegriffenen Zellen entstehen örtl. begrenzte Blattflecke oder es kommt zur völligen Auflösung ganzer Gewebe, z. B. von Brandpilzen (↑ Flugbrand) in Fruchtknoten von Getreidearten. - In vielen Fällen entwickeln sich Dauermyzelien (Sklerotien) in Früchten, die dadurch zum Absterben gebracht werden, wie durch den ↑ Mutterkornpilz, dessen Sklerotien den Fruchtknoten durchwuchern. - Bei einigen P. sind die Erreger noch unbekannt, andere erwiesen sich als physiolog. Reaktionen auf Umweltfaktoren. - ↑ auch Virosen.

Das Auftreten einer Reihe von gefährl. P. bzw. Pflanzenschädlingen ist den zuständigen Stellen des Pflanzenschutzes anzuzeigen. **Meldepflichtige Pflanzenkrankheiten** in der BR Deutschland sind das Auftreten (und Verdacht) von Kartoffelkrebs, von Kartoffelnematoden, der San-José-Schildlaus, der Reblaus, des Blauschimmels (Tabak), des Feuerbrands (Obst) und der Scharkakrankheit (Pflaume).

📖 *Börner, H.: P. Pflanzenschutz. Stg. ⁵1983. - Schönbeck, F.: P. Stg. 1979. - Sorauer, P.: Hdb. der P. Hg. v. O. Appel u. a. Bln. ²⁻⁷1949–69. 6 Bde.*

Pflanzenkrebs, durch mehrere parasitäre Pilze verursachte Wucherungen, v. a. an höheren Pflanzen (mit z. T. hoher Verbreitungsgefahr), die zum Zerfall des Gewebes und zum Absterben der Pflanzen führen. Gefürchtet ist der durch Wundinfektion mit dem Schlauchpilz Nectria galligena an Obstgehöl-

zen auftretende **Obstbaumkrebs**. Das Rindengewebe an jungen Trieben trocknet ein bzw. es bilden sich kugelige, zerklüftete offene oder geschlossene Auftreibungen an älteren Zweigen und Ästen. Die unterbrochene Wasserzufuhr verursacht eine fortschreitende Spitzendürre und führt schließl. zur völligen Vernichtung des Baumes.

Pflanzenläuse (Sternorrhyncha), mit mehr als 7 500 Arten weltweit verbreitete Gruppe bis 8 mm langer Insekten (Ordnung Gleichflügler), die (im Ggs. zu den Zikaden) nur ein- bis zweigliedrige Tarsen und lange Fühler besitzen. Zu den P. gehören Blattläuse, Schildläuse, Mottenschildläuse und Blattflöhe.

Pflanzenphysiologie ↑ Botanik.

Pflanzenreich, Begriff der botan. Systematik, der die Gesamtheit der pflanzl. Organismen umfaßt.

Pflanzensauger, svw. ↑ Gleichflügler.

Pflanzenschutz, zusammenfassende Bez. für alle Maßnahmen zum Schutz der Nutzpflanzen (v. a. Kulturpflanzen) und ihrer Ernteerzeugnisse vor nicht tolerierbaren Schäden und Verlusten, die von Schädlingen, Krankheitserregern und Konkurrenten (v. a. Unkräuter und Ungräser) verursacht werden. Hierzu dienen Vorbeugemaßnahmen und direkte Bekämpfungsmaßnahmen. - Der **integrierte Pflanzenschutz** vereinigt die Methoden biolog. und chem. ↑ Schädlingsbekämpfung; chem. P.mittel werden nur so weit eingesetzt, als die Förderung von Feinden der Schädlinge und der natürl. Abwehrkräfte der Pflanzen nicht ausreicht, um eine tolerierbare Schadschwelle einzuhalten.
◆ im Rahmen des Naturschutzes der Schutz ganzer Pflanzengesellschaften und bestimmter Wildpflanzen vor ihrer Ausrottung (↑ geschützte Pflanzen).

Pflanzenschutzamt, Landesbehörde mit Bezirks- oder Außenstellen bzw. mit einer Abteilung Pflanzenschutz bei der unteren Behörde. Aufgaben der P. sind Aufklärung und Beratung der Anbauer sowie Registrierung und Berichterstattung über Schädlinge, Pflanzenkrankheiten und Unkräuter.

Pflanzenschutzmittel, die im Pflanzenschutz verwendeten chem. ↑ Schädlingsbekämpfungsmittel.

Pflanzensoziologie ↑ Geobotanik.

Pflanzensystematik ↑ Taxonomie, ↑ Systematik.

Pflanzenwespen (Symphyta), mit rd. 7 000 Arten weltweit verbreitete Unterordnung bis 4 cm langer Insekten (Ordnung Hautflügler), bei denen der Hinterleib im Ggs. zu den Taillenwespen breit am Thorax ansetzt; Mundwerkzeuge kauend-leckend; ♀♀ mit sägeartigem Legebohrer zum Ablegen der Eier in pflanzl. Gewebe; Larven raupenförmig, Pflanzenfresser. Wichtigste Vertreter: Blattwespen, Keulhornblattwespen, Ge-

Pflanzenzüchtung

spinstblattwespen, Holzwespen, Halmwespen.

Pflanzenzüchtung (Pflanzenzucht), die Schaffung neuer Kulturpflanzensorten, die den bes. Standortverhältnissen oder den veränderten Anbaumethoden und Ansprüchen des Menschen angepaßt sind. Durch Kreuzung oder durch Erzeugung von Mutationen treten neue Erbmerkmale auf, so daß Formen mit neuen Eigenschaften entstehen. Ziel der P. ist es, v. a. ertragreichere, gegen schädigende Einflüsse beständigere, auch form- und farbschönere Sorten zu erhalten. Die Züchtung einer neuen Kulturpflanzensorte dauert etwa 10–18 Jahre.

pflanzliche Gerbung ↑ Lederherstellung.

Pflanzmaschine, landwirtsch. Maschine, die Jungpflanzen in die Erde setzt, andrückt und z. T. auch angießt.

Pflanzschnitt ↑ Obstbaumschnitt.

Pflanzstockbau, einfache Form des Akkerbaus, bei der das Pflanzgut mit Hilfe eines *Pflanzstocks* (zugespitzter oder abgeschrägter, bis 2 m langer Holzknüppel) in den Boden eingebracht wird. P. wird heute v. a. von Naturvölkern in den Tropen ausgeübt und ist meist mit Brandrodung verbunden.

Pflaster [mittellat., zu griech. émplastron „das Aufgeschmierte"], fester Straßen- oder Bodenbelag aus einzelnen, aneinandergesetzten Natur- oder Kunststeinen, z. T. auch aus anderem Material (z. B. Holz, Hochofenschlacke). *Naturstein-P.* wird v. a. aus Basalt, Diorit, Gabbro, Granit, Granitporphyr, Melaphyr und Quarzporphyr hergestellt, *Klinker-P.* aus bis zur Sintergrenze gebrannten Straßenbauklinkern; für Gehwege, Parkplätze u. a. wird der *Betonpflasterstein* bevorzugt, der in unterschiedl. Formen hergestellt wird: rund, quadrat. oder rechteckig, zunehmend in Form sog. *Verbundpflastersteine* (z. B. sog. „Knochensteine").

◆ (Emplastrum) allg. Bez. für das als Verbandsmaterial verwendete **Heftpflaster**. Es besteht aus Rohgummi, das auf Textilgewebe aufgestrichen wird. Während Heft-P. nur mechan. Zwecken dient, wurden P. früher als Arzneimittelträger verwendet; sie bestanden aus Mischungen von Harzen, Fetten und Wachsen mit Bleisalzen höherer Fettsäuren (in Stangen oder Tafeln, die beim Erwärmen bzw. nach dem Auflegen auf die Haut weich und haftfähig wurden). - Zur Versorgung kleinerer Wunden wird ein mit einer antisept. imprägnierten Auflagefläche versehenes selbstklebendes P. benutzt.

Pflasterepithel ↑ Epithel.

Pflaume ↑ Pflaumenbaum.

Pflaumenbaum (Prunus domestica), wahrscheinl. in Vorderasien aus einer Kreuzung von Schlehdorn und Kirschpflaume entstandener Bastard mit zahlr. kultivierten und verwilderten Sorten; 3–10 m hoher Baum mit ellipt., 5–10 cm langen, feinkerbig gesägten Blättern und grünlich-weißen Blüten; die Früchte (**Pflaumen**) sind kugelige oder eiförmige, süße, saftige Steinfrüchte, die roh, gekocht oder getrocknet gegessen, zu Mus verarbeitet oder für alkohol. Getränke verwendet werden. Die zahlr. Formen können in folgende Unterarten eingeteilt werden: **Haferpflaume** (Haferschlehe, Krieche, Kriechenpflaume, Prunus domestica ssp. insititia), 3–7 m hoher Strauch oder Baum mit zuweilen dornigen Zweigen, Früchte kugelig, gelblichgrün oder blauschwarz, süß; **Mirabelle** (Prunus domestica ssp. syriaca), mit runden, hellgelben oder hellgrünen, saftigen, süßen Früchten; **Reneklode** (Reineclaude, Rundpflaume, Prunus domestica ssp. italica), mit grünl., kugeligen, süßen Früchten; **Zwetsche** (Zwetschge, Prunus domestica ssp. domestica), Früchte *(Zwetschen, Zwetschgen, Pflaumen)* längl.-eiförmig, dunkelblau, mit leicht abwischbarem Wachsüberzug; Fruchtfleisch gelbl., süß schmeckend.

Geschichte: Die Pflaume war als Kulturform in M-Europa schon in prähistor. Zeit bekannt, Griechen und Römer verbreiteten in der Antike den Anbau des P. und verwendeten die Frucht als Obst und das Harz als Arzneimittel. Die Kräuterbücher des 16./17. Jh. berichten über zahlr. Sorten.

Pflaumenbohrer (Pflaumenstecher, Rhynchites cupreus), in Eurasien verbreiteter, 3,5–8 mm langer, dunkel kupferfarbener Rüsselkäfer, der an Früchten, Blüten, Knospen und Blättern v. a. von Pflaumen-, Kirsch- und Apfelbäumen frißt; Larven entwickeln sich in den vom ♀ zur Eiablage angebohrten Früchten; Verpuppung und Überwinterung im Boden.

Pflaumenmaden ↑ Pflaumenwickler.

Pflaumenwickler (Grapholitha funebrana), in Europa, S-Rußland und N-Afrika verbreiteter, 15 mm spannender Kleinschmetterling (Fam. Wickler) mit braungrauen, dunkel gezeichneten Vorderflügeln; Raupen (**Pflaumenmaden**) karminrot, bis 15 mm lang, können schädl. werden durch Fraß v. a. in Pflaumen, Mirabellen und Aprikosen.

Pflegekennzeichen, zum großen Teil internat. einheitl. festgelegte Zeichen, die Erzeugnissen aus textilen Rohstoffen auf kleinen Etiketten beigefügt werden und Hinweise für die sachgerechte Pflege der Textilien geben. Die Symbole Waschbottich und Bügeleisen geben Auskunft über die optimalen Wasch- und Bügeltemperaturen, das Dreieck über die Eignung zum Chloren, der Kreis mit einem Buchstaben über die für die chem. Reinigung geeigneten organ. Lösungsmittel.

Pflegekind, nach dem Jugendwohlfahrtsgesetz (JWG) ein Kind unter 16 Jahren, das sich dauernd oder nur für einen Teil des Tages (jedoch regelmäßig) außerhalb des Elternhauses in Familienpflege befindet. Die

Aufnahme eines P. bedarf der - u. U. widerrufbaren - Erlaubnis des Jugendamtes, dem insgesamt die Aufsicht über das P. obliegt. Nähere Regelungen bezüglich des P.verhältnisses sind landesrechtlich getroffen worden.

Pflegeleichtausrüstung, Verfahren der Textilveredelung, durch die sich Stoffe mit bes. guten Trage- und Pflegeeigenschaften (z. B. Knitterarmut, Formbeständigkeit, schnelles Trocknen, Bügelfreiheit) herstellen lassen; Kennzeichen *„wash and wear"* (knitterfrei), *„minicare"* (knitterfrei), *„rapid iron"* (bügelarm) oder *„no iron"* (bügelfrei). **Knitterfreiausrüstung** bei Textilien aus wenig formbeständigen Zellulosefasern (z. B. Baum-, Zellwolle) wird durch Einlagerung von Kunstharzen bewirkt, die die Zellulosefasern vernetzen. Durch **Antifilzausrüstung** werden oberflächl. Schuppen der Wolle abgebaut oder maskiert. Verfahren zur **Bügelfreiausrüstung** beruhen darauf, daß Disulfidbrücken der Wollfasermoleküle durch Chemikalien gespalten und beim anschließenden Dämpfen und Pressen neu stabilisiert werden. Bei Synthesefasern sind von Bed.: das **Thermofixieren** (Beseitigung intermolekularer Spannungen und dadurch erzielte Formstabilität) und die **Antipilling-Ausrüstung** (Imprägnierung mit Substanzen, die auf der Faser einen Film bilden, wodurch die Bildung von Faserkügelchen bzw. Pills verhindert wird).

Pflegschaft, ein i. d. R. durch das Vormundschaftsgericht begründetes Fürsorgeverhältnis einer Person **(Pfleger)** für eine andere **(Pflegling)** zur Wahrnehmung einzelner bes. Angelegenheiten *(Personalpflegschaft);* Ausnahmsweise durch die Fürsorge für ein Sammelvermögen, d. h. für einen Inbegriff von Rechtsgegenständen *(Sachpflegschaft).*

Im Unterschied zur Vormundschaft läßt die P. grundsätzl. die Geschäftsfähigkeit des Pfleglings unberührt und berechtigt deshalb den Pfleger nur innerhalb bestimmter Grenzen zum Handeln. Die Voraussetzungen für die Anordnung einer P. und ihre Beendigung sind je nach P.fall verschieden. Die **Ersatzpflegschaft** ist anzuordnen, wenn die Angelegenheiten eines Mündels dringend der Fürsorge bedürfen, der Bestellung eines Vormunds aber Hindernisse entgegenstehen; die **Ergänzungspflegschaft** setzt voraus, daß die Eltern oder die Vormund eines Minderjährigen oder Entmündigten an der Besorgung bestimmter Angelegenheiten für ihn rechtl. oder tatsächl. gehindert sind; eine **Gebrechlichkeitspflegschaft** wird angeordnet für volljährige, nicht entmündigte Personen, die daher wegen körperl. oder geistiger Gebrechen einzelne ihrer Angelegenheiten oder einen bestimmten Kreis von diesen nicht besorgen können; die **Abwesenheitspflegschaft** ist vorgesehen für fürsorgebedürftige Vermögensangelegenheiten von abwesenden Volljährigen, deren Aufenthalt unbekannt ist oder die an

der Rückkehr und der Besorgung der Angelegenheiten gehindert sind; ein ungeborenes Kind (Leibesfrucht) erhält einen Pfleger zur Wahrung seiner künftigen Rechte, soweit diese der Fürsorge bedürfen; für unbekannte Beteiligte wird bei einer Angelegenheit ein Pfleger bestellt, soweit eine Fürsorge erforderl. ist, insbes. für einen Nacherben, der testamentar. eingesetzt, aber noch nicht erzeugt ist oder erst durch ein künftiges Ereignis bestimmt wird; einen **Nachlaßpfleger** kann das Nachlaßgericht im Rahmen seiner Pflicht zur Sicherung des Nachlasses bis zur Annahme der Erbschaft durch den Erben einsetzen. Die **Amtspflegschaft** tritt von Gesetzes wegen im Zeitpunkt der Geburt eines nichtehel. Kindes ein und wird vom Jugendamt wahrgenommen (↑ Amtsvormundschaft). - Auf die P. finden grundsätzlich die Vorschriften über die Vormundschaft Anwendung.

Pflicht, moralphilosoph. unterschiedl. verwendeter Begriff in bezug auf Aufgaben, die sich aus einer bestimmten Position (z. B. Beruf) in einer Gruppe oder Gesellschaft auf Grund des Normensystems dieser Gruppe oder Gesellschaft ergeben, und zur Beurteilung einer Handlung nach einem moral. Begründungsprinzip; seit Kant ein zentraler Begriff der Ethik als „die objektive Notwendigkeit einer Handlung aus Verbindlichkeit" (↑ auch kategorischer Imperativ). Die Bestimmungen der P. vor Kant bleiben undeutl., weil ohne Formulierung eines prakt. Begründungsprinzips.

◆ in verschiedenen Sportarten, u. a. Kunstturnen, Eis- und Rollkunstlauf (P.laufen) und Wasserspringen, vorgeschriebene Übungen, im Ggs. zur Kür.

Pflichteindruck, svw. ↑ Impressum.

Pflichtenkollision, die nicht rechtswidrige Verletzung einer Rechtspflicht durch eine Handlung, wenn diese Handlung das einzige Mittel war, um eine andere, höherrangige Rechtspflicht zu erfüllen, und wenn der Handelnde sich auf Grund einer Abwägung der Pflichten entschieden hat.

Pflichtexemplare (Pflichtstücke), in der BR Deutschland von Gesetzen bzw. von Verordnungen und z. T. auch auf Grund freiwilliger Verpflichtung prinzipiell kostenfrei an öffentl. Bibliotheken oder andere Sammlungen von den Verlegern bzw. von den Druckern abzuliefernde Druckwerke; z. T. nur Anbietungspflicht zum Selbstkostenpreis. Nach dem Gesetz vom 31. 3. 1969 sind in der BR Deutschland P. an die Dt. Bibliothek abzuliefern. Die Mgl. des Börsenvereins des Dt. Buchhandels e. V. haben sich freiwillig verpflichtet, P. abzuliefern.

Pflichtfeuerwehr ↑ Feuerwehr.

Pflichtteil, derjenige Teil seines Vermögens (i. d. R. $^1/_2$ des Wertes des gesetzl. Erbteils), hinsichtlich dessen der Erblasser seine ehel. und nichtehel. Abkömmlinge, seine El-

Pflichtversicherung

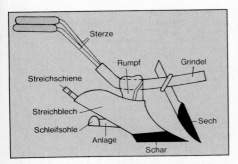

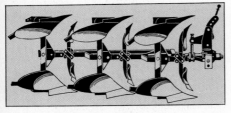

Pflug. Scharpflug mit seinen wichtigsten Teilen (oben); Kehrpflug (Volldrehpflug; unten)

tern und seinen Ehegatten trotz der grundsätzl. Testierfreiheit nicht durch Testament von der Erbfolge ausschließen kann, es sei denn, die P.berechtigten haben sich schwerer, schuldhafter Verfehlungen gegen den Erblasser schuldig gemacht. In diesem Fall kann der Erblasser auch den P. entziehen *(P.entziehung)*. Gemäß §§ 2303 ff. BGB erhält der P.berechtigte mit dem Tode des Erblassers nur einen Geldanspruch gegen den Nachlaß, dessen Höhe sich danach richtet, ob der P.berechtigte überhaupt von der Erbfolge ausgeschlossen ist, er Vermächtnisnehmer oder Erbe zu einem geringeren Teil als der Hälfte des gesetzl. Erbteils ist. Lebten die Ehegatten im gesetzl. Güterstand der ↑Zugewinngemeinschaft, so erhält der überlebende Ehegatte, der Erbe ist oder dem sonst etwas zugewendet worden ist, als P. die Hälfte zu $^1/_4$ der Erbschaft erhöhten gesetzl. Erbteils *(sog. großer Pflichtteil)*. Ist dem Ehegatten nichts zugewendet worden, so behält er den Anspruch auf den Zugewinn nach Ehegüterrecht und hat daneben einen P.anspruch in Höhe von $^1/_2$ des gesetzl. Erbteils *(sog. kleiner Pflichtteil)*. Letzteres gilt auch, wenn der Ehegatte das ihm Zugewendete ausschlägt. Der P.anspruch richtet sich grundsätzlich gegen den (die) testamentarisch eingesetzten Erben. Als Nachlaßverbindlichkeiten verjähren P.ansprüche in 3 Jahren ab Kenntnis des P.berechtigten von Erbfall und Testament.

Pflichtversicherung, in der *Privatversicherung* die auf gesetzl. Vorschriften beruhenden Haftpflichtversicherungen; als *Sozialversicherung* gesetzl. vorgeschriebene Krankenversicherung, Unfallversicherung, Arbeitslosenversicherung und Rentenversicherung.

Pflichtverteidiger (Offizialverteidiger) ↑Verteidiger.

Pflimlin, Pierre [frz. pflim'lɛ̃], * Roubaix 5. Febr. 1907, frz. Politiker. - 1945/46 Abg. der MRP in beiden Konstituanten, danach bis 1967 in der Nat.versammlung; in der 4. Republik fast ununterbrochen Min.; 1959–67 im Europ. Parlament und in der Beratenden Versammlung des Europarats (deren Präs. 1963–66) führender Verfechter der europ. Integration; 1956–59 Präs. der MRP; 1958 zum Min.präs. ernannt, ebnete de Gaulle den Weg, der ihn dann zum Staatsmin. berief (Juni 1958–Jan. 1959); 1959–83 Bürgermeister von Straßburg; 1962 nochmals kurze Zeit Staatsmin.; seit 1979 erneut Mgl. des Europ. Parlaments, 1984–87 dessen Präsident.

Pflug, Gerät zum Wenden und Lockern des Ackerbodens. Nach dem Verwendungszweck unterscheidet man **Saatpflüge** (Bearbeitungstiefe 20–35 cm), **Schälpflüge** (bis 15 cm) und **Spezialpflüge** (z. B. Häufelpflüge), nach der Ausbildung der Wende- bzw. Lockervorrichtung Schar-, Scheiben-, Kreisel- und Spatenpflüge. Die verbreitetste Form ist der **Scharpflug.** Je nach Anzahl der P.körper (Schare) spricht man von **Einschar-** oder **Mehrscharpflügen.** Der einfachste (von Zugtieren gezogene) **Gespannpflug** ist der **Schwingpflug.** Ihm ähnl. ist der **Stelzpflug** bzw. **Stelzradpflug,** bei dem die Unterstützung des Grindels (Rahmen) durch eine Stelze (mit Kufe) oder ein Rad eine gleichbleibende Arbeitstiefe ermöglicht. Der **Karrenpflug** läßt sich durch Änderung des Auflagepunktes des Grindels auf einem Radgestell auf unterschiedl. Arbeitstiefen einstellen, beim **Rahmenpflug** wird dies durch verstellbare Räder erreicht. - Pflüge, die die Furche nur nach einer Seite wenden können, bezeichnet man als **Beetpflüge.** Kann die Furche je nach Bedarf nach der einen oder der anderen Seite gewendet werden, so spricht man von **Kehrpflügen.** - Der **Scheibenpflug** besitzt als Arbeitswerkzeug gewölbte, drehbare Scheiben, die die Erde über einen Abstreifer zur Seite werfen. **Kreiselpflüge** stellen eine Kombination von Schar-P. und Bodenfräse dar. Beim **Spatenpflug** werden in mehreren Reihen angeordnete Spatenblätter durch ein Getriebe nacheinander in den Boden gestoßen und während des Heraushebens gewendet.

Geschichte: Der P. erscheint [auf bildl. Darstellungen] erstmals um 3000 v. Chr., in Europa in der Bronze- und der älteren Eisenzeit. Die Römer kannten einen leichten, radlosen **Hakenpflug.** Um Christi Geburt wurde bereits der **Räderpflug** entwickelt. Im MA war der schwere Beet-P. mit Radvordergestell weit verbreitet. Die Dampfmaschine ermöglichte den Einsatz schwerer, an Drahtseilen über den Acker gezogener Mehrscharpflüge. Der vor der Entwicklung der modernen Schlepperhydraulik ausschließl. verwendete **Anhängepflug** wurde in den letzten Jahren durch den **Anbaupflug** verdrängt, der über ein Dreipunktgestänge mit dem Schlepper verbunden ist.

Pflugscharbein (Vomer), pflugscharähnl. Knochen, der den hinteren Teil der Nasenscheidewand bildet.

Pfordten, Ludwig Frhr. (seit 1854) von der, * Ried im Innkreis 11. Sept. 1811, † München 18. Aug. 1880, dt. Jurist und Politiker. - März 1848 bis Febr. 1849 Außen- und Kultusmin. in Sachsen; ab April 1849 Außenmin. in München, ab Dez. 1849 auch bayr. Min.-präs. (bis 1859 und 1864–66); einer der Hauptvertreter der Triaspolitik.

Pforr, Franz, * Frankfurt am Main 5. April 1788, † Albano Laziale 16. Juni 1812, dt. Maler. - Neffe von J. H. Tischbein, Mgl. der † Nazarener. P. gilt als Begründer der romant. dt. Malerei, wobei er auf die altdt. Malerei zurückgriff. Seine Werke kennzeichnen Umrißzeichnung und flächenhaftes Kolorit.

Pfortader [zu lat. porta „Tür"] (Vena portae), kurze, starke Vene, die durch Vereinigung der oberen Eingeweidevene und der Milzvene entsteht und nährstoffhaltiges Blut aus den Verdauungsorganen zur Leber leitet.

Pforte [zu lat. porta „Tür"], svw. † Hohe Pforte.

Pforzheim, Stadt am N-Rand des Schwarzwaldes, Bad.-Württ., 240–608 m ü. d. M., 104 100 E. Verwaltungssitz des Enzkreises und des Regionalverbandes Nordschwarzwald; Fachhochschulen für Wirtschaft und Gestaltung, Goldschmiedeschule, Heimat- und Schmuckmuseum, Theater. Wichtigste Ind.zweige sind die Schmuckwaren- sowie feinmechan. und opt. Ind. - 1067 erstmals erwähnt; entstand an der Stelle der röm. Siedlung Portus. Die heutige Stadt entwickelte sich aus 2 Siedlungen, der Altenstadt (Stadtrecht 1195) und der Neustadt (zw. 1219/27 gegr.). 1535–65 Residenz der Markgrafen von Baden-Durlach. 1689 von den Franzosen unter Mélac zerstört. Die Schmuckind. entwickelte sich seit 1767. 1945 durch Brandbombenangriffe bis zu 80 % zerstört. - Bed. die ev. got. Schloß- und Stiftskirche (13./14. Jh.), die ev. Altenstädter Pfarrkirche (nach 1945 z. T. neu erbaut) und die moderne ev. Matthäuskirche (1953).

Pfriem, svw. † Ahle.

Pfriemengras, svw. † Federgras.

Pfriemenmücken (Phryneidae), seit dem Jura bekannte, heute mit rd. 70 Arten weltweit verbreitete Fam. etwa 5–10 mm langer, nicht blutsaugender Mücken mit kurzem

Franz Pforr, Rudolf von Habsburg und der Priester (1810). Frankfurt am Main, Städel

Rüssel und oft gefleckten Flügeln; Larven aalartig dünn, entwickeln sich in faulender organ. Substanz oder unter Rinde.

Pfriemenschwänze (Oxyuren, Oxyuroidea), Ordnung etwa 2–150 mm langer, spulwurmförmiger Fadenwürmer mit rd. 140 parasit. lebenden Arten in Gliederfüßern, landlebenden Wirbeltieren und im Menschen. Hierher gehört z. B. der † Madenwurm.

Pfronten, Gem. am N-Fuß der Allgäuer Voralpen, Bayern, 6 900 E. Luftkurort. - Barocke Pfarrkirche (17. Jh.); Burgruine Falkenstein (1646 zerstört).

Pfropfbastard, svw. Pfropfchimäre († Chimäre).

Pfropfreben, auf reblausresistenter (wurzellausresistenter) Unterlage (†Amerikanerreben) herangezogene (aufgepfropfte) Reben (Edelreis von der maigallenlausresistenten Europäerrebe); bei Neuanpflanzungen in geschlossenen Weinbaugebieten in der BR Deutschland verbindl. vorgeschrieben.

Pfropfung (Pfropfen) [zu lat. propago „der weitergepflanzte Zweig"], Veredelungsverfahren, v. a. für Zierpflanzen- und

Pfropfung. 1 einfaches Rindenpfropfen, 2 Geißfußveredelung

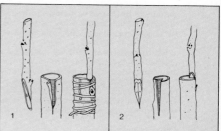

Pfründe

Obstgehölze, wobei ein kronenbildendes Edelreis (↑ Veredelung) mit einer geeigneten wurzelbildenden Unterlage an der Wundstelle zum Anwachsen vereinigt wird. Hierzu wird das untere Ende des Edelreises entweder (ein- oder beidseitig abgeschrägt) hinter die (gelöste) Rinde des Unterlagenkopfs (*Rindenpfropfen, Pelzen*: Ende April) oder (keilförmig zugeschnitten) in eine keilförmige Aussparung des Unterlagenkopfs eingepaßt (*Geißfußveredelung, Triangulation, Aufpfropfen*; bei jungen Bäumen im Nachwinter).

Pfründe [zu spätlat. praebenda „vom Staat zu zahlende Beihilfe"], im kath. Kirchenrecht svw. ↑ Benefizium.

Pfullendorf, Stadt im nw. Oberschwaben, Bad.-Württ., 635 m ü. d. M., 10 300 E. Küchenmuseum; u. a. Küchenmöbel- und Textilind.; Garnison. - Um 1147 erstmals erwähnt; Friedrich II. ließ P., das vor 1180 an die Staufer gefallen war, um 1220 ummauern und verlieh ihm Stadtrecht. Seit dem Untergang der Staufer Reichsstadt, 1803 badisch. - Got. Stadtpfarrkirche (14. und 15. Jh., später barockisiert); Rathaus mit Wappenscheiben von 1524/25; Fachwerkhäuser, u. a. Schoberhaus (1314); Oberes Tor (1505).

Pfullingen, Stadt am Austritt der Echaz aus der Schwäb. Alb, Bad.-Württ., 426 m ü. d. M., 15 900 E. Textil- und Maschinenfabriken, Holz- sowie Leder- und Kunststoffind. - 1699 Stadtrecht. - Spätgot. ev. Pfarrkirche (1463 ff.), frühgot. ehem. Klosterkirche (13. Jh.); ehem. Jagdschloß (1563 ff.); Festsaalbau „Pfullinger Hallen" (1904/05) mit Jugendstilmalereien.

Pfund [zu lat. pondus „Gewicht"], zunächst Bez. für das röm. P. (Libra); alte *Gewichtsbez.*, im Wert landschaftl. stark schwankend (heute Bez. für ein Gewicht von 500 g), teils außerdem nach Gewerben verschieden (Krämer-, Schiffs-P. usw.); Unterteilung gewöhnl. in 16 Unzen bzw. 32 Lot. Das röm. P. blieb im frühen MA insofern Grundlage des *Münzgewichtssystems*, als jeweils eine bestimmte Anzahl gleichwertiger Münzen den gleichen Anteil eines P. Edelmetall enthalten sollte; in der karoling. Münzordnung durch das sog. Karlspfund als Sollgewicht von 240 Pfennigen in Silber ersetzt. Mit fortschreitender Münzverschlechterung Trennung von *„Gewichts-P."* und *„Zähl-P."*, das später z. T. wieder durch eine Münze (*Münz-P.*) ersetzt wurde, bes. in England, dessen P. Sterling, 1489 als Goldmünze (Sovereign) geprägt, bis 1971 nach der karoling. Münzordnung unterteilt war.

Pfundner, erste größere Silbermünze oberhalb der Groschen für Deutschland und die Alpenländer, geprägt 1482 in Tirol.

Pfund-Serie, die von dem Physiker A. H. Pfund (* 1879, † 1949) 1924 entdeckte fünfte im fernen Infrarotbereich liegende Spektralserie im Atomspektrum des Wasserstoffs, die bei Übergängen der Wasserstoffatome von höheren Zuständen zum Energieniveau mit der Hauptquantenzahl $n = 5$ emittiert wird.

Pfungstadt, hess. Stadt, 100 m ü. d. M., 23 300 E. Pendlerwohngemeinde von Darmstadt. U. a. Maschinenbau, Elektro-, chem., Textil- und Papierind., Brauerei. - 785 erstmals erwähnt, 1886 Stadtrecht. - Barocke ev. Pfarrkirche (1746-48), Rathaus (1614), Hofanlagen mit Mühlen (17./18. Jh.).

Pfyffer von Altishofen, Kasimir ['pfi:fər], * Rom 10. Okt. 1794, † Luzern 11. Nov. 1875, schweizer. Jurist und liberaler Politiker. - Mgl. der Gesetzgebungskommission nach dem Sonderbundskrieg (1847); Förderer der Bundesreform, Befürworter der Repräsentativdemokratie; 1854 Präs. des Nat.rats; mehrfach Präs. des Bundesgerichts; Arbeiten zur Geschichte Luzerns.

pH, svw. ↑ pH-Wert.

Phäaken (Phaiaken), in der griech. Mythologie ein auf der Insel Scheria beheimatetes Volk, das sich v. a. auf die Seefahrt versteht. Sein König Alkinoos bewirtet den schiffbrüchigen Odysseus und läßt ihn, reich beschenkt, nach Ithaka bringen.

Phädrus (Phaedrus), † um 50 n. Chr., röm. Fabeldichter. - Klassiker der Fabeldichtung aus Makedonien; kam als Sklave nach Rom; verfaßte [unvollständig erhaltene] Bücher mit Tierfabeln, Anekdoten und Schwänken.

Phaedra ['fɛːdra] (Phädra), griech. Sagengestalt; Tochter des Minos, Schwester der Ariadne, zweite Gemahlin des Theseus; entbrennt in leidenschaftl. Liebe zu ihrem Stiefsohn Hippolytos, der sie verschmäht, worauf sich P. erhängt. Bedeutendste literar. Bearbeitung der Neuzeit von J. Racine (1677, dt. 1805 von Schiller).

Phaenomenon (Phänomen) [fɛ...; griech. „das Erscheinende, das Einleuchtende"], der in der Sinnlichkeit gegebene bzw. der Wahrnehmung zugängl. Gegenstand im Ggs. zu dem allein dem Verstand gegebenen bzw. dem Denken zugängl. Gegenstand; Grundbegriff der Ideenlehre Platons.

Phaethon, Gestalt der griech. Mythologie, Sohn des Helios; kann das von seinem Vater geliehene Gespann nicht zügeln; wird von einem Blitz des Zeus erschlagen. Seine Schwestern, die **Heliaden,** beweinen ihn und werden in Pappeln verwandelt; ihre Tränen verwandeln sich in Bernstein.

Phaeton [nach Phaethon] (Tourenwagen), offener, mehrsitziger Pkw mit aufsteckbaren Seitenteilen, Scheren- oder Klappverdeck.

Phagen [zu griech. phageĩn „essen"], svw. ↑ Bakteriophagen.

Phagodeterrents [engl. fægoʊdiˈtɛrənts; griech./lat.], in der Schädlingsbekämpfung Stoffe, die bei Schädlingen den Biß, den Einstich oder die Eiablage am Substrat oder dessen Verzehr hemmen, ohne den Schädling zu vertreiben.

Phagostimulants [engl. fægoʊ-'stɪmjʊlənts; griech./lat.], in der Schädlingsbekämpfung Stoffe, die den Biß (z. B. bei der Anwendung von Giftködern), den Einstich oder die Eiablage eines Schädlings am Substrat aktivieren.

Phagozyten [griech.], svw. ↑ Freßzellen.

Phagozytose [griech.], die Aufnahme partikulärer Substanzen, auch lebender Zellen (z. B. Bakterien), in den Zelleib von Einzellern (z. B. bei Amöben, Geißeltierchen u. a.; zu deren Ernährung) oder in bes. Zellen (↑ Freßzellen) von Mehrzellern. Bei der P. stülpt sich die Plasmamembran des Zellkörpers mit dem aufzunehmenden Partikel ein; anschließend wird diese Einstülpung als Nahrungsvakuole (P.vesikel, **Phagosom**) nach innen abgeschnürt und ihr Inhalt enzymat. abgebaut (verdaut).

Phaistos, minoische Ruinenstätte im südl. M-Kreta, auf einem Hügel 70 m über dem W-Rand der Mesara. Schon im Neolithikum besiedelt. Nach frühminoischen Vorstufen wurde um 1800 v. Chr. ein großer Palast, nach Erdbeben um 1500 eine zweite bed. Palastanlage errichtet. Dieser mittelminoische Palast, der dem Schema von Knossos folgt, ist um einen N–S gerichteten Hof (22 × 46 m) angeordnet. In einem Teil des älteren Palastes wurde der ↑ Diskos von Phaistos gefunden. Auch Funde u. a. aus myken. Zeit. - Abb. Bd. 14, S. 287.

Phalaborwa, Ort in NO-Transvaal, Republik Südafrika, nahe dem Krüger-Nationalpark, 7 500 E, zuzügl. 12 000 E im Nachbarort *Namkgale,* der zu Lebowa gehört; bed. Kupfererztagebau (u. a. mit Titan- und Uranvorkommen); Kupferhütte.

Phalaenopsis [...lɛ...; griech.] (Malaienblume), Gatt. der Orchideen mit rd. 70 Arten in Indien und N-Australien; epiphyt. Pflanzen mit sehr kurzen, beblätterten Stämmchen, fleischigen, zweizeiligen Blättern und traubigen oder rispigen Blütenständen. Viele der farbenprächtigen Hybriden werden kultiviert.

Phalangen [griech.], die einzelnen bewegl., auf die Mittelhand- bzw. Mittelfußknochen folgenden Finger- bzw. Zehenknochen der höheren Wirbeltiere (einschließl. Mensch).

Phalange-Partei (Falange-P.), 1936 gegr. rechtsgerichtete libanes. Partei mit christl. Übergewicht; z. Z. 7 Abg. in der Abg.-kammer, bildet einen Block mit der Nat.-Liberalen Partei.

Phalanx [griech.], antike Kampfformation; als Front Schwerbewaffneter (Hopliten) durch Tiefe (Normalteife 8 Mann) wirkend und an der Flanke durch Leichtbewaffnete oder Reiterei geschützt; auch Bez. für eine Einheit von etwa 1 500 Mann. Formation bes.

griech. Bürgerheere, durch Philipp II. von Makedonien zu beachtl. Stoßkraft gebracht.

Phalaris, Tyrann von Akragas (= Agrigent) etwa 570–555. - Histor. Hintergrund der von ihm berichteten Grausamkeit ist vielleicht sein Verhältnis zur Aristokratie; soll seine Gegner in einem ehernen Stier verbrannt haben.

Phalaris [griech.], svw. ↑ Glanzgras.

phallische Phase [griech.], von S. Freud stammende Bez. für die sog. 3. prägenitale Stufe der Libidoentwicklung (↑ Libido), in der das Kind als einziges genitales Organ das männl. Glied kennt und so den Unterschied der Geschlechter im Ggs. zw. phallisch und kastriert sieht (↑ Kastrationskomplex).

Phalloidin [griech.], neben Amanitin Hauptgiftstoff des Grünen Knollenblätterpilzes; hoch tox., cycl. Polypeptid, das auch durch Erhitzen nicht zerstört wird. - ↑ auch Giftpilze.

Phallometrie [griech.], sexualpsycholog., mit ausdrückl. Zustimmung des Betroffenen rechtl. zulässige Untersuchungsmethode zur Beurteilung der sexuellen Orientierung eines Sexualtäters, der Rückfallprognose und insbes. der therapeut. Möglichkeiten für ihn. Da die spezif. Effektivität, Einengung und Richtung eines Sexualaffekts beim männl. Probanden durch die Erektion des Penis sichtbar wird, werden dem Probanden Texte, Bilder oder Filme unterschiedl. sexuellen Inhalts dargeboten und seine sexuelle Reaktion darauf mit Hilfe eines Meßwertaufnehmers (*Erektometer, Phallograph*) festgestellt.

Phalloplastik [griech.], plastisch-chirurg. Neu- bzw. Nachbildung des männl. Glieds aus Haut- und Schleimhautteilen; durchgeführt z. B. beim Mann nach verstümmelnden Verletzungen oder bei chromosomal-weibl. Individuen zur äußerl. Geschlechtsumwandlung; i. w. S. auch die operative Korrektur von angeborenen Entwicklungsstörungen des Penis.

Phallus [griech.], Gatt. der ↑ Rutenpilze.

Phallus [zu griech. phallós mit gleicher Bed.], bes. bei Insekten svw. ↑ Penis.
◆ das männl. [erigierte] Geschlechtsorgan, das in der *Religionsgeschichte* als Inbegriff von Zeugungskraft und Fruchtbarkeit in Darstellungen seit der Steinzeit nachweisbar ist; dient als Fetisch und Amulett. Kult. Bed. hatte er bes. in den Dionysosfeiern und beim röm. Fruchtbarkeitsfest (Liberalia) erlangt. Als Attribut von Gottheiten ist der P. u. a. mit dem ind. Gott Schiwa verbunden (↑ Linga), mit Hermes, dem späthellenist. Priapos und mit dem german. Freyr. - Abb. S. 56.

Phallusia [griech.], Gatt. der Manteltiere (Klasse Seescheiden) mit einigen Arten im Atlantik und Mittelmeer, darunter als größte Art die **Knorpelseescheide** (P. mammillata): bis 15 cm lang; mit dickem, milchig weißem, knorpeligem Mantel; kommt häufig an Stei-

Pham Văn Dông

Phallus. Silen mit Pferdehufen und Phallus (6. Jh. v. Chr.). Athen, Nationalmuseum

nen des Mittelmeers vor (bis 180 m Meerestiefe).

Pham Văn Dông [vietnames. fam va̱in don], * 1. März 1906, vietnames. Politiker. - Lernte früh Ho Chi Minh kennen; beteiligte sich an revolutionären Aktivitäten, 1929–36 in frz. Haft; 1941 an der Gründung der Vietminh beteiligt; 1945 zum Finanzmin. der Demokrat. Republik Vietnam berufen; 1954 Leiter der Vietminh-Delegation auf der Genfer Indochinakonferenz; 1955–76 Min.präs. von N-Vietnam, 1954–61 auch Außenmin.; seit 1976 Min.präs. der Sozialist. Republik Vietnam.

Phän [griech.], ein einzelnes, deutl. in Erscheinung tretendes ↑Merkmal eines Lebewesens.

Phanarioten (Fanarioten), die Bewohner meist griech. Herkunft des Stadtteils Phanar (Konstantinopel bzw. Istanbul). Die Oberschicht der P. entstammte dem byzantin. Adel und erreichte seit dem 16. Jh. wichtige Ämter bei der Hohen Pforte (z. B. als Landesfürsten in der Moldau 1711–1821 und der Walachei 1716–1821). Zu Beginn (1821) des griech. Freiheitskampfes verloren die P. ihren Einfluß und übersiedelten 1923 zum großen Teil nach Griechenland.

Phanerogamen [griech.], svw. ↑Samenpflanzen.

Phanerophyten [griech.] (Luftpflanzen), Holzgewächse, deren Triebe und Er-

neuerungsknospen (teils mit, teils ohne Knospenschutz) für die nächste Wachstumsperiode über dem Erdboden liegen. Man unterscheidet: **Makrophanerophyten:** mit Knospen, die in mehr als 2 m Höhe liegen; hierzu gehören die Bäume, Baumgräser (Bambus) und die Schopfbäume (Palmen); **Nanophanerophyten:** alle strauchartigen Pflanzen, bei denen die Knospen etwa 0,25–2 m hoch über dem Erdboden liegen.

Phänogenese [griech.], die Ausdifferenzierung der erbl. Merkmale (des Phänotyps) eines Individuums im Verlauf seiner Entwicklung durch die Wechselwirkung von Erbanlage und Umwelt.

Phänokopie [griech./lat.], die Änderung eines äußeren Merkmals bei einem Individuum, die das Vorhandensein einer Mutation vortäuscht, jedoch nicht erbl. ist und allein durch die Auswirkung bestimmter Umweltfaktoren hervorgerufen wird.

Phänologie [griech.], die Lehre vom Einfluß der Witterung und des Klimas auf den jahreszeitl. Entwicklungsgang der Pflanzen und Tiere. Beobachtet wird z. B. das jahreszeitl. Belauben, Aufblühen, Früchtereifen, Laubabfallen bei Pflanzen oder Vogelzug- und Winterschlaftermine bei Tieren sowie Entwicklungszyklen, z. B. bei Schadinsekten. - Der *phänolog. Beobachtungsdienst* mit rd. 2 500 über das Gebiet der BR Deutschland verteilten Stationen liefert als Zweig des Dt. Wetterdienstes wichtige Unterlagen zur meteorolog. Beratung der Landwirtschaft.

Phänomen [zu griech. phainómenon „das Erscheinende"], in der *Philosophie* svw. ↑Phaenomenon.

◆ außergewöhnl. Ereignis, Vorkommnis; Mensch mit außergewöhnl. Fähigkeiten.

phänomenal [griech.], 1. sich den Sinnen darbietend; 2. außergewöhnlich, erstaunlich.

Phänomenalismus [griech.], erkenntnistheoret., v. a. den neuzeitl. Empirismus kennzeichnende Position, nach der Gegenstand menschl. Erkenntnis nicht die „realen" Dinge der Außenwelt (wie im Realismus), sondern deren durch die Wahrnehmung als „Sinnesdaten" vermittelten bewußtseinsimmanenten Erscheinungen, die **Phänomene,** sind: „Esse is percipi" („Sein ist Wahrgenommenwerden" [G. Berkeley]). In der Sprache des log. Empirismus bedeutet dies, daß alle „Dingaussagen" (D-Aussagen) in Aussagen über Sinnesdaten oder Phänomene (P-Aussagen) übersetzbar sind. Die [ungelöste] Schwierigkeit hierbei ist jedoch, wie theoret. Begriffe in der P-Sprache zu repräsentieren sind.

Phänomenologie [griech.], allg. die Lehre von den „Erscheinungen", den „Phänomenen". - In der *Philosophie* 1. i. w. S. Bez. für Theorie der Erscheinungen, die die Trennung der Wahrheit vom Schein ermöglicht und dadurch v. a. alles empir. Wissen fundiert,

also eine den empir. Wiss. notwendig voraus-
gehende Kategorienlehre; 2. i.e.S. die von
E. ↑Husserl begr. Philosophie, deren größte
Bed. auf der Ausarbeitung der sog. *phänomenolog. Methode* beruht. Durch eine Folge immer radikalerer „Reduktionsschritte" gelangt
man zu gültigen Aussagen: zu den „Phänomenen" durch die *phänomenolog. Reduktion* (Ent-
haltung gegenüber einer naiven Gegenstand-
setzung der Welt [↑auch Epoche]), das Bewußtsein erweist sich als „Bewußtsein von ...".
Der Stoff (*Noema*) dieses Vorgangs (*Noese*)
ist der am Bewußtsein aufweisbare, in ihm
erscheinende und durch die Noese erst aufgebaute Gegenstand, das Reich der Phänomene,
vom Bezug auf Welt befreiter Erlebnisse. In
einem weiteren Schritt, der *eidet. Reduktion*,
wird das „Eidos", die bildhafte Vorstellung
ausgeklammert, um schließl. mittels der *tran-
szendentalen Reduktion* (Ausklammerung des
Übersinnlichen) Welt und „Sinn" des Bewußtseins konstituierende Funktion zu untersuchen. Hierbei erschließt sich die *transzendentale Subjektivität*, das transzendentale Ich. -
Die P. ist also eine transzendentale Philosophie, die den Anspruch erhebt, als einzige
nicht-positive Wiss. die Grundlagenkrisen der
exakten Wiss. zu lösen und den empir.
Wiss. ihre eigtl. Begründung zu verschaffen. -
Die P. wirkte stark auf die Psychologie, Psychopathologie, Kunst- und Literaturwiss. sowie die Theologie.
📖 *Aguirre, A. F.: Die P. Husserls im Licht ihrer
gegenwärtigen Interpretation u. Kritik. Darmst.
1982. - Funke, G.: P. - Metaphysik oder Methode? Bonn* ³*1979. - Landgrebe, L.: Der Weg der
P. Das Problem einer urspr. Erfahrung. Gütersloh 1978.*

phänomenologische Ethik ↑Ethik.
phänomenologische Theorie, in der
Physik die *theoret.* Beschreibung eines physikal. Sachverhaltes (Phänomens) im makroskop. Rahmen, ohne eine auf atomaren (mikroskop.) Vorstellungen basierende Erklärung vorzunehmen.
Phänomotiv [griech./lat.], von W. Stern
eingeführte Bez. für das Motiv, das ein Individuum als in seinem Bewußtsein erscheinend
oder vorfindbar angibt und mit dem es seine
Handlungen begründet und rechtfertigt. Den
Gegenbegriff bildet das **Genomotiv** („erzeu-
gendes" Motiv), das oft den tatsächl. Grund
für eine Handlung darstellt, meist aber nicht
bewußt wird.
Phänotyp [griech.] (Phänotypus, Erscheinungsbild), in der *Genetik* die Gesamtheit aller äußeren und inneren Strukturen
und Funktionen, d.h. aller Merkmale eines
Lebewesens, als das Ergebnis aus dem Zusammenwirken von ↑Genotyp und Umwelt. Der
P. ist durch wechselnde Außeneinflüsse stetigen Veränderungen unterworfen.
**phänotypische Geschlechtsbe-
stimmung** ↑Geschlechtsbestimmung.

Phantasie [zu griech. phantasía „Erscheinung, Einbildungskraft"], Einbildungskraft; bei Aristoteles Bez. für das Vermögen,
sich Bilder der Wirklichkeit, derer sich das
Denken bedient, anschaul. vorzustellen. In
der Psychologie wird mit P. sowohl die abgewandelte Erinnerung von früher Wahrge-
nommenem als auch die Assoziation früherer
Wahrnehmungsbestandteile zu neuen Gebil-
den sowie die Neuproduktion vorgestellter
Inhalte bezeichnet. P. ist um so realitätsge-
bundener, je mehr sie sich an materiellen Gegebenheiten orientiert. Sie wird zur **Phantastik** (bzw. zu autist. Denken), je unkontrollier-
ter sie sich Einbildungen hingibt. P. als spezif.
menschl. Fähigkeit ist bei allen Wahrnehmungen, Handlungen und Plänen beteiligt.
V. a. produktives Denken und Kreativität
sind ohne P. nicht denkbar.
phantasieren [griech.], in Fieberträu-
men irre reden.
◆ frei über eine Melodie bzw. über ein Thema
musizieren (improvisieren; ↑Improvisation;
↑Fantasie).
Phantasma [griech.], Sinnestäuschung
(„Trugbild"); auch Bez. für ein Produkt der
Phantasie.
Phantasmagorie [griech.], Trug- oder
Wahngebilde; Zauber; phantast. Szenerie auf
der Bühne.
Phantast [griech.], Träumer, Schwärmer; Mensch mit überspannten Ideen und
dem Unvermögen, zw. Wirklichkeit und Ein-
bildung zu unterscheiden.
Phantastik [griech.] ↑Phantasie.
phantastisch, 1. nur in der Phantasie
bestehend; 2. unglaublich, unwirklich; großartig.
Phantom (Phantom II), Name eines von
der McDonnell Douglas Corp. in unterschiedl. Versionen entwickelten Mehrzweck-
Kampfflugzeuges; bei der Luftwaffe der Bundeswehr sind seit 1974 die Versionen F-4F
(als Jagdflugzeug und -bomber) und RF-4E
(als Aufklärungsflugzeug) im Dienst; erreichen eine Höchstgeschwindigkeit von 2,4
bzw. 2,3 Mach.
Phantom [griech.-frz.], Trugbild, Sinnestäuschung, „Geistererscheinung".
◆ in der *Human-* und der *Veterinärmedizin*
Bez. für einen nachgebildeten Körperteil von
Mensch oder Tier, der z. B. zu Unterrichts-
zwecken verwendet wird, bei Rindern und
Pferden auch zur Samengewinnung (künstl.
Scheide) auf Besamungsstationen.
Phantombild, ein von der Polizei zur
Ermittlung eines unbekannten Täters auf
Grund von Zeugenaussagen angefertigtes
Bild, das die visuelle Identifizierung eines Tat-
verdächtigen ermöglichen soll. Wenn keiner-
lei Anhaltspunkte hinsichtl. des Täters vorlie-
gen (z. B. bei Ersttätern), gibt es zur Erstellung
von P. 4 Erkenntnismethoden: 1. die mit Hilfe
eines Photomontagegeräts (Bildmischer) her-

Phantomerlebnis

Phantombild. Die Teile des Gesichts in den verschiedensten Variationen und bestimmte Merkmale, die den Gesichtsausdruck bestimmen, sind einzeln auf durchsichtigen Folien abgebildet, die nach Zeugenaussagen übereinandergelegt werden, bis das so entstandene Bild mit den Beobachtungen der Zeugen möglichst genau übereinstimmt

gestellte **Photomontage**; 2. die von einem Beamten gezeichnete **Phantomzeichnung**; 3. das Übereinanderlegen durchsichtiger Folien mit Kopfumrissen, Haartrachten, Mund und Augensegmenten („**identi-kit**"); 4. das Zusammensetzen eines Gesichtes durch Aneinanderlegen von 5 oder 6 aus mehreren 1 000 Gesichtsphotos entnommenen Photostreifen (Querstreifen), die in die Merkmale Haar, Stirn, Wangen etc. unterteilt sind („**photo-fit**"). Gibt es Anhaltspunkte für einen bestimmten Tatverdächtigen und hat die Polizei von diesem ein Photo, so wird das P. mittels der sog. **Merkmalmethode** erstellt, wobei auf das alte Photo so lange mögl. Veränderungen

kopiert werden, bis ein der Beschreibung entsprechendes Bild entstanden ist bzw. das denkbare jetzige Aussehen des Gesuchten als richtig erscheint.

Phantomerlebnis, subjektive Wahrnehmung einer amputierten (nicht mehr vorhandenen) Gliedmaße als körperhaft (**Amputationstäuschung**); eine bestimmte Lage der Gliedmaße im Augenblick des Verlustes kann dabei jahrelang als unverändert empfunden werden.

Phantomphoto ↑Photomontage.

Phantomschmerz, Schmerzempfindung in einer amputierten, nicht mehr vorhandenen Gliedmaße (**Phantomglied**).

Pharao (altägypt. Per-o [„großes Haus"]), Bez. des Königspalastes und seines Herrn, des ägypt. Königs.

Pharao (Faro) [frz.], Kartenglücksspiel, gespielt zw. fünf Spielern mit zweimal 52 frz. Karten unter Verwendung von Spielmarken.

Pharaoameise (Monomorium pharaonis), im trop. Asien beheimatete, heute weltweit verschleppte, bis 2,5 mm lange Ameise (Fam. Knotenameisen) mit bernsteingelben Arbeiterinnen und bräunlichgelben bis schwarzbraunen Geschlechtstieren; legt ihre königinnenreichen Nester gern in beheizte Gebäude, wo die Tiere durch Zerstörung von Nahrungsmitteln und Holzbalken lästig bzw. schädl. werden können. Die P. kann (durch Stiche) zum Überträger gefährl. Krankheiten werden (z. B. Milzbrand, Typhus, Tuberkulose).

Pharisäer [hebr., eigtl. „Abgesonderte"], religiös-polit. Gruppierung des Judentums, die in der 2. Hälfte des 2. Jh. v. Chr. aus der Richtung der „Frommen" (↑Chassidim) hervorgegangen ist. Als gelehrte Laien standen sie in Ggs. zur priesterl.-aristokrat. Oberschicht der Sadduzäer; traten für die Verbindlichkeit auch der mündl. Überlieferung ein und förderten einen vom Opferkult des Tempels unabhängigen lokalen Gottesdienst. Politisch - v. a. im Verhältnis zu den Römern - zeigten die P. eine gewisse Kompromißbereitschaft, sofern die Sphäre des innerjüd. religiösen Lebens unangetastet blieb. In vieler Hinsicht den Lehren Jesu und des Urchristentums nahestehend, werden die P. im N. T. vielfach angegriffen. Die Selbstgerechtigkeit (P.tum, **Pharisäismus**), die in Anlehnung hieran mit dem Begriff des P. verknüpft wird, kann indes der Gruppe als solcher nicht nachgesagt werden.

pharmako..., Pharmako... [zu griech. phármakon „Heilkraut, Heilmittel"], Bestimmungswort von Zusammensetzungen mit der Bed. „Arzneimittel ...".

Pharmakogenetik, Lehre von den mögl. Einwirkungen der Arzneimittel auf Erbänderungen oder die Ausprägung von Erbanlagen bzw. die Untersuchung der Auswirkung von Erbeinflüssen auf den Ablauf von Arzneimittelreaktionen.

Pharmakologie, die Lehre von Art, Aufbau und Wirkung chem. Substanzen (i. e. S. der Arzneimittel) auf den Organismus. **Pharmakotherapie** nennt man die Anwendung von Arzneimitteln sowie auch die wiss. Untersuchung ihrer Wirkungsweise auf den kranken Organismus.

Pharmakon [griech.], svw. ↑ Arzneimittel.

Pharmakopöe [griech.], svw. ↑ Arzneibuch.

Pharmakotherapie ↑ Pharmakologie.

Pharmazeut [griech.], Arzneimittelkundiger; Voraussetzung ist das Studium der ↑ Pharmazie.

Pharmazeutik [griech.], svw. ↑ Pharmazie.

pharmazeutische Industrie, Zweig der chem. Ind., der die Produktion von Arzneimitteln (einschließl. veterinärpharmazeut. Produkte) zum Gegenstand hat.

Pharmazie (Pharmazeutik) [zu griech. pharmakeía „Gebrauch von Heilmitteln, Giftmischerei; Arznei"], Arzneimittelkunde; die dem Beruf des Apothekers zugrundeliegende Wiss. von den Arzneimitteln, bes. im Hinblick auf ihre Herkunft bzw. Herstellung und Prüfung.

Pharnabazos, * um 450/445, † nach 373, pers. Satrap von Daskyleion. - Unterstützte ab 413 Sparta im Peloponnes. Krieg und schloß 409 den Waffenstillstand mit Alkibiades, den er 404 ermorden ließ; errang 394 den Sieg bei Knidos über die spartan. Flotte; kämpfte 388–386 und 373 erfolglos in Ägypten.

Pharsalos (lat. Pharsalus), antike Stadt in S-Thessalien, das heutige Farsala, Griechenland. Berühmt durch die entscheidende Niederlage des Gnaeus Pompejus Magnus gegen Cäsar (9. Aug. 48 v. Chr.). Erhalten sind Teile der in byzantin. Zeit erneuerten Stadtmauer.

Pharus (Pharos) ↑ Alexandria.

pharyngal [griech.], Rachenlaut, in der Phonetik von Lauten gesagt, die am Pharynx (Rachen) artikuliert werden; nicht immer deutl. von den Laryngalen unterschieden.

Pharynx [griech.] (Schlund, Rachen), bei den *Wirbeltieren* der aus dem Kiemendarm, hervorgehende, mit Gleitspeichel produzierender Schleimhaut ausgekleidete, durch bes. Schluckmuskeln muskulöse Abschnitt des Darmtrakts. Der P. beginnt bei den Säugetieren (einschließl. Mensch) hinter dem weichen Gaumen und nimmt den Bereich zw. Nasenhöhle, Mundhöhle und Speiseröhre ein. Über den P. werden die Nahrung von der Mundhöhle zur Speiseröhre und die Atemluft von der Nase zum Kehlkopf geleitet, wobei sich beide Wege kreuzen. Man kann drei Abschnitte unterscheiden: den oberen, mit Flimmerepithel ausgekleideten **Nasenrachenraum** (Epipharynx), den mittleren hinter der Mundhöhle liegenden **Mundrachen** (Mesopharynx) und den hinter dem Kehlkopf liegenden **Kehlkopfrachen** (Hypopharynx). Beim Menschen liegen im P.bereich die Rachenmandel, die paarige Gaumenmandel und die Zungenmandel. Bei den wirbellosen Tieren wird der vorderste Teil des Vorderdarms zw. Mundöffnung bzw. Mundraum und Speiseröhre als P. bezeichnet.

Phase [frz., zu griech. phásis „Erscheinung, Aufgang eines Gestirns"], allg. Abschnitt einer Entwicklung oder eines Zeitablaufs.

◆ (Licht-P.) in der *Astronomie* die veränderl. Lichtgestalt, unter der der Mond, aber auch die Planeten Merkur und Venus erscheinen. Der P.wechsel wird durch die sich ändernde Stellung Sonne–Gestirn–Erde hervorgerufen.

◆ in der *Schwingungs-* und *Wellenlehre* eine Größe, die den Schwingungszustand einer Schwingung zu jedem Zeitpunkt, den einer Welle zu jedem Zeitpunkt und an jedem Ort festlegt. Bei einer harmon. Schwingung, die durch $y = A \sin(\omega t + \varphi)$ beschrieben wird (y Elongation, A Amplitude, ω Kreisfrequenz, t Zeit), bezeichnet man $\omega t + \varphi$ als P. oder **Phasenwinkel.** Die Größe φ gibt die P. zum Zeitpunkt $t = 0$ an. Sie wird als **Phasenkonstante** bezeichnet.

◆ in der *Thermodynamik* allg. eine makroskop. Stoffmenge von homogenem physikal. und chem. Aufbau im thermodynam. Gleichgewicht mit seiner Umgebung, insbes. ein in einem heterogenen thermodynam. System bestehender homogener Bereich eines bestimmten Aggregatzustandes, der durch eindeutige Grenzflächen von den anderen Bestandteilen getrennt ist, z. B. der Dampf eines Stoffes (als seine gasförmige P.), der mit der gleichzeitig

Phasenumkehr. 1 Öl-in-Wasser-Emulsion; 2 Zusammensetzung der Öltröpfchen, Bildung eines Emulgatorfilms um das Wasser; 3 Zusammenfließen des Öls, Bildung von kugelförmigen Wassertröpfchen

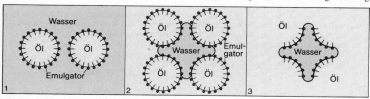

Phasenanschnittsteuerung

existierenden flüssigen oder festen P. des Stoffes im therm. Gleichgewicht ist.
◆ in der *Elektrotechnik* die unter Spannung stehenden Zuleitungen des elektr. Netzes bzw. die Spannung selbst. Den Nulleiter bezeichnet man als die **Nullphase.**
◆ in der *Mathematik* Bez. für den Polarwinkel in einem Polarkoordinatensystem.
◆ in der *Anthropologie* Ordnungsbegriff zur Einteilung des ontogenet. Lebensablaufs im Hinblick darauf, daß sich die körperl. und seel.-geistige Entwicklung in einer Aufeinanderfolge verschiedener P. oder Stufen, die zwar nicht vollkommen gleicher, doch stets ähnl. und nicht umkehrbarer Reihenfolge bei allen Individuen auftreten, vollzieht.

Phasenanschnittsteuerung, Methode zur kontinuierl. Regelung der „Effektivwerte einer Wechselspannung durch „Anschneiden" der entsprechenden Spannungskurven (des zeitl. Spannungsverlaufs). Durch Verschieben der Phasenlage der Steuerimpulse von Thyristoren bzw. Triacs wird ein Teil jeder Halbperiode der zu steuernden Spannung blockiert, der Effektivwert entsprechend verkleinert. Anwendung z. B. bei Helligkeitsreglern (Dimmern) und bei der elektron. Drehzahlregelung.

Phasengeschwindigkeit (Ausbreitungsgeschwindigkeit), die Geschwindigkeit, mit der sich der Schwingungszustand (die Phase) einer Welle ausbreitet. Sie ist gleich dem Produkt aus Frequenz v und Wellenlänge λ. Bei Frequenzabhängigkeit der P. (Dispersion) unterscheidet sie sich von der Gruppengeschwindigkeit.

Phasengesetz, svw. ↑ Gibbssche Phasenregel.

Phasenkonstante ↑ Phase (Schwingungs- und Wellenlehre).

Phasenkontrastmikroskop ↑ Mikroskop.

Phasenregel ↑ Gibbssche Phasenregel.

Phasensprung (Phasenverschiebung), die plötzl. Änderung der Phase einer Schwingung oder Welle. Ein P. der Größe π bzw. 180° (**Phasenumkehr**) tritt auf, wenn bei einer erzwungenen Schwingung die Frequenz der Erregerschwingung die Eigenfrequenz des zum Schwingen erregten Systems überschreitet oder wenn eine Welle an einem dichteren Medium reflektiert wird.

Phasenübergang, svw. ↑ Phasenumwandlung.

Phasenumkehr ↑ Phasensprung.
◆ Änderung des Typs einer Emulsion, wobei die ursprünglich innere (geschlossene) Phase, die in Tropfenform in der äußeren Phase vorhanden ist, zur äußeren und die ursprünglich äußere Phase, die zusammenhängend die innere geschlossen hat, zur inneren wird. Bei der P. werden die durch Emulgatoren belegten Hüllen der inneren Phase aufgebrochen, so daß diese sich vereinigen und die äußere

einschließen kann. Die P. kann bewirkt werden durch mechan. Behandlung (Rühren, Schlagen), durch Temperaturänderungen, durch Zugabe von Elektrolyten oder entsprechenden Emulgatoren. Ein Beispiel für die P. ist die Umwandlung von Rahm (Öl-in-Wasser-Emulsion) in Butter (Wasser-in-Öl-Emulsion). - Abb. S. 59.

Phasenumwandlung (Phasenübergang), Übergang eines Stoffes von einer thermodynam. ↑ Phase in eine andere, wobei sich alle oder nur gewisse physikal. Eigenschaften (z. B. Dichte, Brechungsindex, elektr. Leitfähigkeit) sprunghaft ändern. Zu den P. zählen z. B. alle Änderungen des ↑ Aggregatzustandes.

Phasenverschiebung (Phasendifferenz) die Differenz der Phasen zweier Wellen oder Schwingungen gleicher Frequenz, z. B. der Phase einer Wechselspannung und der des dazugehörigen Wechselstroms; Angabe der P. im Bogen- oder Winkelmaß (**Phasenwinkel**). - ↑ auch Phasensprung.

Phasenwinkel ↑ Phase, ↑ Phasenverschiebung.

Phaseolus [griech.-lat.], svw. ↑ Bohne.

Phasianidae [griech.], svw. ↑ Fasanenartige.

Phasianinae [griech.], svw. ↑ Fasanen.

Phasin [griech.], giftiger Eiweißbestandteil der Bohnen; bewirkt Zusammenballung der Blutkörperchen, ruft Übelkeit und Brechreiz hervor; wird durch Kochen, nicht aber durch Trocknen zerstört.

PHB-Ester, Bez. für den Äthyl- und Propylester der p-Hydroxybenzoesäure und deren Natriumverbindungen, die in der BR Deutschland als Konservierungsmittel zugelassen sind.

Pheidias ↑ Phidias.

Pheidon, Tyrann von Argos wohl um die Mitte des 7. Jh. v. Chr. - P. wird die Einführung des Silbermünzgeldes und von Maßen und Gewichten zugeschrieben.

Phellem [griech.], svw. ↑ Kork.

Phenacetin [griech./lat.] (p-Äthoxyacetanilid), $CH_3-CO-NH-C_6H_4-O-C_2H_5$, leichtes schmerzstillendes und fiebersenkendes Mittel; in höheren Dosen giftig; in zahlr. Kombinationspräparaten enthalten.

Phenakit [griech.], trigonal-rhomboedr., glasig glänzendes, farbloses, durchsichtiges Mineral, chem. $Be_2[SiO_4]$. Vorkommen v. a. auf hydrothermalen und pneumatolyt. Lagerstätten; Mohshärte 7,5; Dichte 3,0 g/cm³.

Phenanthren [Kw.], $C_{14}H_{10}$; tricycl., aromat., aus Teer isolierbarer oder synthet. Kohlenwasserstoff, der zur Synthese von Arzneimitteln und Farbstoffen verwendet wird. Chem. Strukturformel:

Phenazin [griech.], $C_{12}H_8N_2$; tricycl., heterocycl., in hellgelben Nadeln kristallisierende aromat. Verbindung; Grundgerüst der Azinfarbstoffe.

Phenol [griech./arab.] (Hydroxybenzol, Carbol[säure], Karbol[säure]), C_6H_5OH; Benzolderivat mit einer Hydroxylgruppe; farblose (in Gegenwart von Metallspuren rötl.), kristalline Substanz mit charakterist. Geruch; Schmelzpunkt 40,9 °C, Siedepunkt 181,7 °C, lösl. in Wasser, sehr gut lösl. in den meisten organ. Lösungsmitteln. Wasserspuren setzen den Schmelzpunkt herab: P. mit über 6 % Wassergehalt ist bei Zimmertemperatur flüssig. P. ist eine schwache Säure und bildet unter Einwirkung von Alkalien Salze (**Phenolate**). P. kann aus Erdöl oder durch therm. Zersetzung von Kohle gewonnen bzw. synthet. nach verschiedenen Verfahren hergestellt werden, z. B. durch das Cumol-Phenol-Verfahren (↑Cumol) oder durch katalyt. Wasserdampfhydrolyse von Chlorbenzol (Raschig-Verfahren). P. ist ein wichtiger Ausgangsstoff v. a. zur Herstellung von Phenolharzen, Caprolactam, Adipinsäure und Pikrinsäure. Analog zu P. werden Benzolderivate mit mehreren Hydroxylgruppen (z. B. Brenzcatechin, Resorcin, Hydrochinon, Pyrogallol) bzw. mehreren Ringen als **Phenole** bezeichnet.

Phenolharze (Phenoplaste), durch Kondensation von Phenolen mit Aldehyden (v. a. Formaldehyd) entstehende Kunstharze. Unter dem Einfluß saurer Katalysatoren entstehen sog. **Novolake**, in organ. Lösungsmitteln lösl., schmelzbare Produkte, die nur durch Zugabe aldehydabgebender Substanzen (z. B. Paraformaldehyd) aushärten und u. a. als Imprägnierungsmittel verwendet werden. Bas. Katalysatoren führen über die Stufen der zähflüssigen *Resole* und festen *Resitole* zu den vollständig vernetzten, unlösl. und unschmelzbaren *Resiten*. Diese Härtung kann durch Erhitzen oder kalt durch Katalysatorzusatz erfolgen. Warmhärtende P. werden als Gießharze, Schicht- und Schaumstoffe, kalthärtende zu Klebstoffen, Vergußmassen u. a. verarbeitet.

Phenoloxidasen (Phenolasen, Tyrosinasen), metallhaltige Enzyme, die Tyrosin zu Dopa und zu Diphenol umwandeln; letzteres wird durch Laccase zu Melaninen weiter abgebaut. P. sind im Pflanzenreich weit verbreitet. Sie bewirken das Nachdunkeln von Schnittflächen bei Pflanzenteilen und Früchten. Bei Tieren sind sie an der Melaninbildung und Härtung der Kutikula beteiligt.

Phenolphthalein, als Indikator verwendeter Triphenylmethanfarbstoff; P.lösungen sind im sauren und neutralen Bereich farblos und schlagen bei pH-Werten zw. 8,3 und 10 nach Rot um.

Phenyl- [griech.], Bez. der chem. Nomenklatur für die Gruppe $-C_6H_5$.

Phenylacetaldehyd, $C_6H_5-CH_2-CHO$, farblose, flüssige Verbindung mit hyazinthenartigem Geruch; verwendet als Riechstoff.

Phenylalanin, Abk. Phe, ↑Aminosäuren.

Phenyläthanole (Phenyläthylalkohole), zwei strukturisomere Phenylderivate des Äthanols: das 1-(oder α-)Phenyläthanol, $CH_3-CHOH-C_6H_5$, und das 2-(oder β-)Phenyläthanol, $C_6H_5-CH_2-CH_2OH$. Das rosenartig riechende 2-Phenyläthanol kommt in mehreren äther. Ölen vor; das synthet. hergestellte Produkt wird als Riechstoff verwendet.

Phenyläthylamine, zwei strukturisomere Phenylderivate des Äthylamins: 1- (oder α-)P., $CH_3-CH(NH_2)-C_6H_5$, und 2- (oder β-)P., $C_6H_5-CH_2-CH_2-NH_2$. Die Struktur des 2-P. liegt zahlr. physiolog. wichtigen Verbindungen zugrunde (z. B. Adrenalin, Meskalin).

Phenylen- [griech.], Bez. der chem. Nomenklatur; kennzeichnend für die zweiwertige Gruppe $-C_6H_4-$.

Phenylendiamine (Diaminobenzole), Derivate des Benzols mit zwei Aminogruppen im Molekül. Die drei isomeren P. (o-, m-, p-P.) werden zur Herstellung von Farbstoffen, das p-P. auch als Entwickler in der Photographie verwendet.

Phenylessigsäure (α-Tolylsäure), $C_6H_5-CH_2-COOH$; farblose, kristalline Verbindung mit starkem Honiggeruch; kommt in äther. Ölen vor und wird als Riechstoff (P.ester) verwendet. Die chlorierten Derivate sind wirksame Herbizide.

Phenylhydrazin, $C_6H_5-NH-NH_2$, kristalline, sich an der Luft dunkel färbende Substanz, die zum Nachweis und zur Identifizierung oxogruppenhaltiger Verbindungen dient. - ↑auch Osazone.

Phenylhydrazone, organ. Verbindungen der allg. Formel $RR'C = N-NH-C_6H_5$, die aus Phenylhydrazin und oxogruppenhaltigen Verbindungen, z. B. Aldehyden, Ketonen und Ketosäuren, durch Kondensation (unter Wasserabspaltung) entstehen. P. haben meist genau bestimmte Schmelzpunkte und werden daher zur Identifizierung von schlecht kristallisierenden Verbindungen hergestellt.

Phenylthiocarbamid ↑PTC.

Phenylthioharnstoff ↑PTC.

Pherä (Pherai, Pherae), antike Stadt (= Welestinon) in Thessalien, mit dem Hafen Pagasai; bei Homer Sitz des Admetos. Ausgegraben sind Teile der Stadtmauer und mehrere Tempel (etwa 7.–4. Jh.).

Pheromone [zu griech. phérein „tragen" und ↑Hormone], svw. ↑Ektohormone.

Phet Buri (Phetchaburi), thailänd. Stadt 100 km sw. von Bangkok, 34 600 E. Verwaltungssitz des Verw.-Geb. P. B.; Marktort, Bahnstation. - Kloster Wat Yai Suwannaram

(17. Jh.) mit bed. Wandmalereien.

Phi [griech.], 21. Buchstabe des klass. griech. Alphabets mit dem Lautwert [pʰ], später [f]: Φ, φ.

Phiale [griech.], altgriech. flache [Opfer]-schale ohne Fuß und Henkel.

Phidias (Pheidias), athen. Bildhauer des 5. Jh. - Tätig etwa 460–430, nach Prozeß (um 432/431) wegen angebl. Veruntreuung am Material der Statue der Athena Parthenos wohl im Gefängnis gestorben. - Nach antikem wie modernem Urteil war P. neben Polyklet der größte Meister der Hochklassik. Schöpfer der beiden berühmtesten, nur durch Marmorkopien, Gemmen und Münzen überlieferten Kultbilder der Antike: der ↑ Athena Parthenos im Parthenon in Athen (438 v. Chr. geweiht) und der unmittelbar danach geschaffenen 12 m hohen Sitzstatue des Zeus in Olympia, beide in Goldelfenbeintechnik (↑ chryselephantin). Vermutl. hatte P. die Gesamtplanung des plast. Schmucks des Parthenons. An Werken des P. werden weiter genannt: für die Akropolis von Athen die Athena Promachos (447–438 v. Chr., verkleinerte Repli-

Phidias, Verwundete Amazone
(antike Kopie; Original um 440 v. Chr.).
Rom, Kapitolinisches Museum

ken) und die sog. Athena Lemnia (um 450 v. Chr.; Kopie in Dresden, Staatl. Kunstsammlungen) sowie der Apollon Parnopios (vielleicht im sog. Kasseler Apoll in Kopie überliefert; Kassel, Staatl. Kunstsammlungen); für Ephesus verwundete Amazone (wohl um 440 v. Chr.; wahrsch. die Amazone Mattei, in Kopie erhalten, Kapitolinisches Museum in Rom).

📖 *Mallwitz, A./Schiering, W.: Die Werkstatt des Pheidias in Olympia. Bln. 1964.*

Phil [engl. fɪl], engl. männl. Vorname, Kurzform von Philip (↑ Philipp).

...phil [zu griech. phílos „Freund"], Nachsilbe von zusammengesetzten Adjektiven mit der Bed. „eine Vorliebe habend für".

phil..., Phil... ↑philo..., Philo...

Philä ['fiːlɛ] (arab. Gasirat Fila), ehem. Nilinsel oberhalb von Assuan, zw. dem alten Assuanstaudamm und dem neuen Assuanhochdamm, seit 70 Jahren überschwemmt. - P. war in altägypt. Zeit heilige Stätte mit zahlr. Tempeln, bes. der Isis, aus ptolemäischer und röm. Zeit; die Tempel wurden 1973 ff. abgebaut und auf der höher gelegenen Insel Agilkia wieder aufgebaut.

Philadelphia (Philadelpheia), Name antiker Städte, ↑ Alaşehir, ↑ Amman.

Philadelphia [engl. fɪlə'dɛlfiə], Stadt am Delaware River, Pennsylvania, USA, 1,69 Mill. E, Metropolitan Area 3,7 Mill. E. Sitz eines kath. Erzbischofs, eines anglikan. und methodist. Bischofs; 4 Univ. (gegr. 1740, 1851, 1884, 1891), theolog. Seminare, Colleges, Kunsthochschule. Sitz wiss. Vereinigungen; Bibliotheken, Museen. Eines der führenden Wirtschafts- und Kulturzentren der USA im Zentrum der Verstädterungszone an der Atlantikküste zw. Boston und Washington. Wichtigste Ind.zweige sind Erdölverarbeitung und Elektromaschinenbau neben Textil-, metallverarbeitender und chem. Ind. sowie Druckereigewerbe. Der Hafen hat Zugang zum Atlantik. Die Münze von P. ist die älteste der USA (seit 1793). Knotenpunkt für Schienen-, Straßen- und Luftverkehr (u. a. internat. ✈; Brücken über den Delaware River, U-Bahn).

Geschichte: 1683 von W. Penn als Hauptstadt seiner Quäkerkolonie Pennsylvania gegr.; zw. 1620/40 hatten hier schon niederl. und schwed. Niederlassungen bestanden. Erhielt 1701 das Recht einer City, entwickelte sich im 18. Jh. zur zweitgrößten Stadt des Brit. Reiches. Als geistiges Zentrum der amerikan. Kolonien polit. führend im Nordamerikan. Unabhängigkeitskrieg; 1774 tagte hier der 1., von allen brit. Kolonien beschickte Kontinentalkongreß; der 2. Kontinentalkongreß (1775–78) verabschiedete am 4. Juli 1776 in der Independence Hall die Unabhängigkeitserklärung der Kolonien. Sept. 1777–Juni 1778 von brit. Truppen besetzt. Am 17. Sept. 1787 verabschiedete in P. der Kongreß die Verfas-

sung der USA. War bis 1799 Hauptstadt des Staates Pennsylvania, 1790–1800 Bundeshauptstadt der USA.
Bauten: Zahlr. Gebäude im Kolonialstil, u. a. Independence Hall mit der Freiheitsglocke, Congress Hall (in der der Kongreß 1790–1800 tagte), Old City Hall. Älteste Kirche ist die Gloria Dei Church (errichtet 1700). Am SW-Rand von P. liegt das histor. Fort Mifflin.
Philadelphia-Gemeinde, von C. Röckle (* 1883, † 1966) 1942 begr., nach Apk. 3, 7–13 ben. religiöse „Bewegung" zur Sammlung von Christen verschiedener Konfession zur „Gesinnungserneuerung", wobei ein Bruch mit der jeweiligen Kirche oder Gemeinschaft nicht notwendig vollzogen werden muß; wegen z. T. vollzogener Erwachsenentaufe anfängl. erhebl. Spannungen zu den ev. Landeskirchen; Ausbreitung vorwiegend im SW Deutschlands; seit 1946 finden jährl. in Leonberg *Philadelphia-Konferenzen* statt.
Philander von Sittewald, Pseudonym des dt. Satirikers J. M. ↑Moscherosch.
Philanthrop [griech.], Menschenfreund; im 18. Jh. gemeinnützig handelnder Anhänger des Philanthropismus.
Philanthropin [griech.], eine von J. B. ↑Basedow 1774 mit Hilfe einer weltweiten Spendenaktion in Dessau errichtete, wirkungsgeschichtl. bed. Erziehungsanstalt (bis 1893). Zahlr. ähnl. Einrichtungen; Bestand hatte nur das 1784 von C. G. ↑Salzmann gegr. P. Schnepfenthal (Landkr. Gotha).
Philanthropismus (Philanthropinismus) [griech.], pädagog. Reformbewegung des späten 18. Jh., die ihren Ausgang nahm von J. B. Basedows pädagog. Intentionen, die er in seinem Philanthropin zu verwirklichen suchte, und deren Vorstellungen teils in J.-J. Rousseaus „Émile" (1762), teils in der dt. Philosophie der Aufklärung begründet sind. Die Philanthropen traten für eine Erziehung ein, die die freie Entfaltung der natürl. Kräfte des Kindes, bes. die Ausbildung seiner Vernunft fördern sollte. In Ggs. zu Rousseau wird die Ausbildung zu berufl., wie überhaupt für den einzelnen und die Gesellschaft nützl. Tätigkeiten befürwortet; Sachunterricht („Realien"), moderne Sprachen, Leibesübung, Sexualerziehung, Werkunterricht u. a. gehören zum Fächerkanon. Menschen- und Bürgerbildung sollen vereinigt werden. Zugleich wurde eine allg. Reform des Schulwesens angestrebt, zu der auch die Ausbildung einer rein staatl. Schulaufsicht wie einer pädagog. fundierten staatl. Lehrerausbildung gehören sollten. Bed. Vertreter: E. C. Trapp, H. Campe, C. G. Salzmann, J. C. F. GutsMuths, P. Villaume.
Philatelie [frz., zu griech. phílos „Freund" und atéleia „Gebührenfreiheit" (weil die Marke den Empfänger davon befreite, den Boten zu bezahlen)] (Briefmarkenkunde), Bez. für das systemat. Sammeln von Brief-

marken und die wiss. Beschäftigung mit ihnen sowie anderen postal. Belegen und Dokumenten. Je nach der Art des Sammelns wird häufig zw. *Sammlern* und *Philatelisten* unterschieden; während sich die ersteren darauf beschränken, Katalog- oder Motivsammlungen anzulegen, sich als Generalsammler für alle neu erscheinenden Postwertzeichen oder als Spezialsammler für die Postwertzeichen einzelner Länder oder als Motivsammler bestimmter Bildmotive oder als Stempelsammler zu betätigen, beschäftigen sich die Philatelisten z. B. auch mit Typen, Varianten, Fehldrucken, Stempelformen oder mit der Postgeschichte eines Landes.
📖 *Häger, U.: Großes Lex. der P.* Gütersloh u. a. 1973. - ↑auch Briefmarken.
Philby, Harry St. John Bridger [engl. ˈfɪlbɪ], * Saint John's (Sri Lanka) 3. April 1885, † Beirut 30. Sept. 1960, brit. Offizier und Arabienreisender. - Ab 1915 als polit. Beauftragter in Irak und Arabien tätig; durchquerte 1917/18 Arabien; dann Forschungsreisen in Irak und Transjordanien (1920) sowie im südl. Nadschd; wurde nach Übertritt zum Islam Berater König Ibn Sauds von Saudi-Arabien; zahlr. Veröffentlichungen über seine Reisen.
Philemon, frommer Greis einer von Ovid ausgestalteten phryg. Volkssage, der als einziger zus. mit seiner Gemahlin **Baucis** die unerkannt umherwandernden Götter Zeus und Hermes bewirtet, die als Dank deren Hütte in einen prächtigen Tempel verwandeln und den beiden Alten einen Wunsch freistellen: Beide bitten, als Hüter des Tempels ihr Leben gemeinsam beschließen zu dürfen. Hochbetagt werden sie in Bäume verwandelt: P. in eine Eiche, Baucis in eine Linde.
Philemon, * Syrakus zw. 365 und 360, † 264 oder 263, griech. Komödiendichter. - Erwarb 307/06 das athen. Bürgerrecht; bed. Vertreter der neuen Komödie neben Menander. Vollendete dramat. Technik; seine Stücke zeichnen sich durch Spannung und überraschenden Handlungsablauf aus; von seinen 90 Stücken sind nur 3 in der lat. Nachdichtung des Plautus erhalten.
P., hl., Christ des 1. Jh. in Kolossai (Phrygien). - Adressat des „Philemonbriefes". Nach der Legende später Bischof von Kolossai und Märtyrer.
Philemonbrief, Abk. Philem., Phm, einziger der erhaltenen Paulusbriefe im N. T., der nicht an eine Gemeinde gerichtet ist. Er ist ein Begleitschreiben des entlaufenen Sklaven Onesimos, den Paulus dem Philemon zurückschickt. Der Brief enthält eine wichtige Stellungnahme des Paulus zur Sklaverei. Er wurde wahrscheinl. während der röm. Gefangenschaft des Paulus (58–60) abgefaßt.
Philharmonie, Bez. für Vereinigung von Musikern, Orchester, Konzertgesellschaft und Konzertgebäude (Konzertsaal).
Philhellenen, i. w. S. Bez. für Verehrer

der klass. antiken Kultur, i. e. S. für die Anhänger der polit. und literar. Bewegung des **Philhellenismus** in der 1. Hälfte des 19. Jh., die am griech. Freiheitskampf gegen die osman. Unterdrückung (1821–29) begeisterten Anteil nahmen. Die polit. Begeisterung führte zu Freiwilligenaufgeboten und Griechenvereinen, es entstanden Kunstwerke (E. Delacroix) und v. a. eine Fülle literar. Beiträge, v. a. von Lord Byron, F. R. de Chateaubriand, A. de Lamartine, P. J. de Béranger, V. Hugo, A. von Chamisso, W. F. Waiblinger und W. Müller. Literarhistor. bedeutsam wurde der Philhellenismus im Vormärz.

Philidor, François André [frz. fili'dɔːr], eigtl. F. A. Danican, * Dreux 7. Sept. 1726, † London 31. Aug. 1795, frz. Komponist und Schachmeister. - Seinerzeit sowohl als Komponist wie als Schachmeister berühmt (nach ihm ist die P.-Verteidigung benannt); einer der Hauptvertreter der Opera comique, u. a. „Le diable à quatre" (1756), „Le sorcier" (1764), „Tom Jones" (1765); daneben das weltl. Oratorium „Carmen saeculare" (1779; nach Horaz) sowie Kirchen- und Kammermusik. Seine Schrift „L'analyze des échecs" (1749) wurde in viele Sprachen übersetzt.

Philip, Prinz von Großbrit. und Nordirland (seit 1957) [engl. 'filɪp], * auf Korfu 10. Juni 1921, Herzog von Edinburgh (seit 1947). - Sohn des Prinzen Andreas von Griechenland und der Prinzessin Alice von Battenberg; wurde 1947 brit. Staatsbürger unter dem Namen *Mountbatten;* seit 1947 ∞ mit der späteren brit. Königin Elisabeth II.

Philipe, Gérard [frz. fi'lip], * Cannes 4. Dez. 1922, † Paris 25. Nov. 1959, frz. Schauspieler. - Der künstler. Durchbruch am Theater gelang ihm 1945 mit der Titelrolle in „Caligula" (A. Camus). Internat. bekannt wurde P. v. a. durch die Filme „Fanfan, der Husar" (1951), „Die Schönen der Nacht" (1952) sowie „Rot und Schwarz" (1954), „Liebling der Frauen" (1954) und „Gefährl. Liebschaften" (1959). An Jean Vilars Théâtre National Populaire in Paris glänzte er in klass. Rollen (Prinz von Homburg, Richard II., Cid). - Abb. Bd. 13, S. 203.

Philip Morris Inc. [engl. 'fɪlɪp 'mɔrɪs ɪn'kɔːpəreɪtɪd], amerikan. Unternehmen zur Herstellung und zum Vertrieb von Zigaretten und Bier, gegr. 1919, Sitz New York.

Philipp, männl. Vorname griech. Ursprungs; eigtl. „Pferdefreund" (zu griech. phílos „Freund" und híppos „Pferd").

Philipp, Name von Herrschern:
Hl. Röm. Reich:
P. von Schwaben, * 1177 (?), † Bamberg 21. Juni 1208 (ermordet), Röm. König (seit 1198). - Jüngster Sohn Kaiser Friedrichs I. Barbarossa, Bruder Kaiser Heinrichs VI.; 1195 mit dem Hzgt. Tuszien und den Mathild. Gütern, 1196 mit dem Hzgt. Schwaben belehnt; seit 1197 ∞ mit der byzantin. Prinzessin

Irene. Sein Versuch, nach dem Tod Heinrichs VI. (1197) seinem Neffen Friedrich (II.) als Reichsverweser die Krone zu erhalten, scheiterte. Um der antistauf. Opposition zuvorzukommen, ließ er sich am 8. März 1198 zum König wählen. In den Auseinandersetzungen mit seinem Gegenspieler Otto IV. von Braunschweig errang P. seit 1204 entscheidende Erfolge. Kurz vor dem Friedensschluß mit dem Papst wurde er von dem bayr. Pfalzgrafen Otto von Wittelsbach ermordet.

Burgund:
P. II., der Kühne, * Pontoise 17. Jan. 1342, † Halle (Brabant) 27. April 1404, Herzog (seit 1363). - Sohn des frz. Königs Johann II., des Guten; mit dem Hzgt. Burgund als Apanage ausgestattet; schuf durch zielstrebige Territorialpolitik und seine Heirat mit Margarete von Flandern 1369 (1384 Erwerb von Flandern, Rethel, Nevers, Artois, der Franche-Comté, 1390 Kauf der Gft. Charollais) die Grundlage für einen starken Staat zw. Frankr. und dem Hl. Röm. Reich.
P. III., der Gute, * Dijon 31. Juli 1396, † Brügge 15. Juni 1467, Herzog (seit 1419). - Erkannte im Vertrag von Troyes (1420) Heinrich V. von England als frz. Thronfolger an und erhielt das Bündnis auch nach dessen Tod (1422) aufrecht; schloß aber 1435 mit Karl VII. den Frieden von Arras, der ihm bed. Gebietserwerbungen und für seine Person die Entbindung von allen Lehnspflichten einbrachte. Seine erfolgreiche Territorialpolitik (Erwerb von Namur, Hennegau, Holland, Brabant, Limburg, Luxemburg) verhalf Burgund zu europ. Geltung.

Frankreich:
P. II., August, * Paris 21. Aug. 1165, † Mantes (Yvelines) 14. Juli 1223, König (seit 1180). - Vergrößerte, gestützt auf ein Bündnis mit den Staufern (seit 1187), die Krondomäne auf Kosten der mächtigen Vasallen und durch bed. Erfolge v. a. gegen Flandern (Erwerb von Amiens, Artois, Vermandois, Valois) und das Haus Plantagenet. Ließ 1202 König Johann I. ohne Land wegen Verletzung seiner Vasallenpflichten seine frz. Lehen entziehen und konnte in den folgenden Jahren den größten Teil des angevin. Festlandbesitzes erobern; festigte durch straffe Verwaltung der Krondomäne (Ausbau der königl. Gerichtsbarkeit, Einsetzung von † Baillis) die Machtgrundlage der kapeting. Monarchie entscheidend.
P. IV., der Schöne, * Fontainebleau 1268, † ebd. 29. Nov. 1314, König (seit 1285). - Seit 1284 ∞ mit Johanna I. von Navarra († um 1305), Erbin der Champagne; bereitete die Vereinigung des Kgr. mit der frz. Krone und den Anfall der Gft. an die Krondomäne vor, die P. auch in Auseinandersetzungen mit Flandern trotz der schweren Niederlage von Kortrijk (11. Juli 1302) und auf Kosten des Hl. Röm. Reiches erweiterte. Im Konflikt mit dem Papsttum wegen der Besteuerung des

Klerus setzte sich P. gegen Bonifatius VIII. durch und konnte durch die Verlegung der päpstl. Residenz nach Avignon 1309 entscheidenden Einfluß auf das Papsttum ausüben (v. a. Aufhebung des finanzkräftigen Templerordens 1312).

Hessen:

P. I., der Großmütige, * Marburg 13. Nov. 1504, † Kassel 31. März 1567, Landgraf (seit 1509). - Beteiligte sich 1522/23 an der Niederwerfung Franz von Sickingens und unterdrückte während des Bauernkriegs 1524/25 die Aufstände in den geistl. Gebieten Fulda und Hersfeld sowie - gemeinsam mit seinem Schwiegervater, Hzg. Georg dem Bärtigen von Sachsen - die thüring. Aufstandsbewegung unter Führung T. Müntzers, verhielt sich aber im allg. human gegen die besiegten Bauern. Seit 1524 persönl. Anhänger Luthers, führte er die Reformation in Hessen 1526 ein und gründete 1527 in Marburg die erste ev. Universität. Als polit. Führer der Evangelischen trat er neben dem Kurfürsten von Sachsen hervor: 1526 Gründung des Gotha-Torgauer Bündnisses, 1529 Unterzeichnung der Protestation von Speyer und Marburger Religionsgespräche, 1531 Gründung des Schmalkald. Bundes, 1534 Rückführung des luth. Hzg. Ulrich von Württemberg. 1546 geächtet und 1547–52 vom Kaiser in Haft gehalten († auch Schmalkaldischer Krieg).

Kastilien:

P. I., der Schöne, * Brügge 22. Juli 1478, † Burgos 25. Sept. 1506, Hzg. von Burgund (seit 1482), König (1504/06). - Sohn Kaiser Maximilians I. und Marias von Burgund; seit 1496 ∞ mit Johanna der Wahnsinnigen von Kastilien; beanspruchte nach dem Tode Isabellas I. (1504) die kastil. Krone als das Erbe Johannas; ihr Königtum wurde am 12. Juli 1506 von den kastil. Cortes anerkannt.

Makedonien:

P. II., * um 382, † Aigai 336 (ermordet), König (seit 359, Königstitel wohl 357). - Vater Alexanders d. Gr.; baute zielstrebig die makedon. Machtposition gegenüber Illyrern, Thrakern und Griechen († griechische Geschichte) aus. Gründete nach dem Sieg über Athen und Theben bei Chaironeia (338) den Korinth. Bund unter seiner Vorherrschaft; wurde bei der Hochzeit seiner Tochter ermordet. - Unter dem 1977 freigelegten Königsgräbern von Werjina (Makedonien) wird sein Grab vermutet.

P. V., * 238, † Amphipolis 179, König (seit 221). - Sohn Demetrios' II.; seine Hegemonialpolitik bedeutete den Beginn der röm. Einmischung in der östl. Mittelmeerwelt; schloß 215 ein Bündnis mit Hannibal; verlor in den 2 Makedon. Kriegen († Makedonien) neben Territorien auch seinen Einfluß in Griechenland. Den von ihm vorbereiteten Entscheidungskampf mit Rom verlor sein Sohn Perseus.

Orléans:

P. I., Hzg., † Orléans, Philippe I. Hzg.

Spanien:

P. II., * Valladolid 21. Mai 1527, † El Escorial bei Madrid 13. Sept. 1598, König (seit 1556). - Sohn Kaiser Karls V.; 1543 ∞ mit der Infantin Maria von Portugal († 1545; Sohn: Don Carlos). 1554 ∞ mit Maria I. Tudor, Königin von England (tⓜ 1553–58); ging nach den Abdankungen seines Vaters (1556) erst 1558 nach Spanien. Im Krieg mit Papst Paul IV. und mit Frankr. (1557–59) wurde der Papst durch den Hzg. von Alba bald zum Frieden genötigt, während Frankr. erst nach 2 schweren Niederlagen (Saint-Quentin 1557, Gravelines 1558) 1559 den Frieden von † Cateau-Cambrésis schloß. Auf Grund des Friedensvertrages heiratete P. 1559 Isabella († 1568), Tochter Heinrichs II. von Frankr. Er verlegte 1561 seine Residenz nach Madrid und begann 1563 den Bau der monumentalen Klosteranlage El Escorial. - Sein Versuch, das Eindringen der Reformation zu verhindern, führte in den Niederlanden zur Aufstandsbewegung (Achtzigjähriger Krieg 1568–1648). Es gelang, die südl. Hälfte des Landes in span. Besitz zu behaupten. Im Kampf gegen die Osmanen errang Don Juan d'Austria, der Halbbruder von P., 1571 bei Lepanto einen glanzvollen Sieg. 1580 sicherte sich P. nach dem Erlöschen der Dyn. Avis als nächster Erbe den Besitz Portugals, scheiterte aber bei dem Versuch, der Einmischung Englands in den Niederlanden und der Bedrohung der span. Seewege durch die Entsendung der † Armada (1588) ein Ende zu setzen. Ein neuer Krieg mit Frankr. (1594–98) endete ohne greifbare Ergebnisse (Friede von Vervins). - P. sah ebenso wie sein Vater nicht rechtzeitig den grundsätzl. Wandel der Welt- und Lebensverhältnisse, der mit der Reformation, dem Streben nach nat. Staatenbildung und der Umwandlung des Wirtschaftslebens eingesetzt hatte. In Spanien selbst konnte er zwar die Macht der Stände zurückdrängen, aber weder den vollen königl. Absolutismus noch einen Einheitsstaat begründen.

Das histor. Urteil über P. ist in den deutschsprachigen Ländern durch Goethe („Egmont") und Schiller („Don Carlos", „Geschichte des Abfalls der Niederlande") zu seinen Ungunsten beeinflußt worden.

Ⓦ Grierson, E.: P. II. König zweier Welten. Dt. Übers. Ffm. 1978. - Ferdinandy, M. de: P. II. Größe u. Niedergang der span. Weltmacht. Wsb. 1977.

P. V. von Bourbon, * Versailles 19. Dez. 1683, † Madrid 9. Juli 1746, Hzg. von Anjou, König (seit 1700). - Enkel Ludwigs XIV. von Frankr.; testamentar. von Karl II. zum Nachfolger in Spanien bestimmt. Im Span. Erbfolgekrieg wurde sein Anspruch gegen den späteren Kaiser Karl VI. durchgesetzt. Seine Herrschaft wurde polit. weitgehend bestimmt durch seine

Philippe

Gemahlinnen Maria Luise von Savoyen (*1688, †1714) und Elisabeth (Farnese). Elisabeths dynast. Ziele wurden v. a. durch Teilnahme am Poln. Thronfolgekrieg (1733–35) und am Östr. Erbfolgekrieg (1740–48) an der Seite Frankr. erreicht (Sekundogenituren in Parma-Piacenza und Neapel-Sizilien).

Philippe de Commynes [frz. filipdə-kɔ'min]↑Commynes, Philippe van den Clyte, Seigneur de.

Philippe de Vitry [frz. filipdəvi'tri], *Vitry oder Paris (?) 31. Okt. 1291, †Meaux oder Paris (?) 9. Juni 1361, frz. Geistlicher, Musiktheoretiker und Komponist. - Befreundet mit Petrarca; 1351 zum Bischof von Meaux ernannt. Als Komponist von Motetten ist er neben Guillaume de Machault der Hauptmeister der ↑Ars nova.

Philippe Égalité [frz. filipegali'te] ↑Orléans, Louis Philippe II. Joseph, Hzg. von.

Philipperbrief, Abk. Phil., einer der Paulusbriefe im N. T.; er enthält einen Bericht über die persönl. Situation des Paulus, Mahnungen an die Gemeinde in Philippi und an zentraler Stelle einen Christushymnus (2, 6–11); wurde vermutl. in der Gefangenschaft in Ephesus (oder in Rom?) geschrieben.

Philippi, nw. des heutigen Kawala, Makedonien, gelegene antike Stadt; urspr. Krenides oder Daton gen., durch Philipp II. von Makedonien 356 v. Chr. in P. umben.; im Herbst 42 v. Chr. siegte in der Doppelschlacht bei P. Marcus Antonius zus. mit Oktavian über die Cäsarmörder M. J. Brutus und G. Cassius Longinus. 50/51 gründete Paulus in P. eine christl. Gemeinde; 1212–1411 lat. Erzbistum. - Gut erhaltene Stadtmauer, Akropolis, röm. Forum und röm. Theater, 2 Basiliken aus dem 5. und 6. Jh. n. Chr.

Philippika [griech.], Reden des Demosthenes gegen König Philipp II. von Makedonien. Danach benannte Cicero seine 14 Reden gegen Marcus Antonius „Philippicae". - Heute allg. svw. Strafrede[n], Kampfrede[n].

Philippinen

(amtl.: Republika ñg Pilipinas, span. República de Filipinas, engl. Republic of the Philippines), Republik in Südostasien, zw. 4° 23′ und 21° 25′ n. Br. sowie 116° 55′ und 126° 36′ ö. L. **Staatsgebiet:** Umfaßt eine Gruppe von 7100 Inseln und Eilanden (davon 20 % bewohnt) im westl. Pazifik in einem Meeresgebiet von 1,3 Mill. km². Die Reg. erhebt außerdem Anspruch auf die Spratlyinseln. **Fläche:** 300 000 km². **Bevölkerung:** 54,4 Mill. E (1985), 181,3 E/km². **Hauptstadt:** Manila. **Verwaltungsgliederung:** 73 Prov. **Amtssprachen:** Tagalog, Engl. und Spanisch. **Nationalfeiertag:** 4. Juli. **Währung:** Philippin. Peso (P) = 100 Centavos (c). **Internat. Mitgliedschaften:** UN, ASEAN, ASPAC, Colombo-Plan, GATT. **Zeitzone:** Chin. Küstenzeit, d. i. MEZ +7 Std.

Landesnatur: Die P., nordöstlichste Inselgruppe des Malaiischen Archipels, haben eine Längserstreckung von 1850 km und eine maximale Breite von 1060 km. Von der gesamten Landfläche entfallen 94 % auf die 11 größten Inseln, allein 67 % auf Luzon und Mindanao. Die P. sind Teil der Inselbögen, die den Pazifik umspannen, gekennzeichnet durch häufige Erdbeben und tätige Vulkane. Mit Ausnahme von Masbate, Samar, Leyte und Bohol, die mehr Hochplateaucharakter besitzen, werden die meisten Inseln überwiegend von Gebirgsketten (durchschnittl. 1000–2400 m ü. d. M.) eingenommen (rd. 65 % der Gesamtoberfläche); überragt werden die Gebirge von noch tätigen Vulkanen wie z. B. Mount Apo (2954 m) auf Mindanao und Mount Pulog (2928 m) auf Luzon. Am Fuß der Gebirgsländer, die z. T. Becken oder breite Talungen umschließen, breiten sich vielfach Hügelländer aus, an den Küsten z. T. Ebenen. Ein Teil der Inseln wird von Korallenriffen gesäumt.

Klima: Es herrscht trop. Regenklima mit sommerl. SW- und winterl. NO-Strömungen. Nördl. von Mindanao berühren die Zugbahnen von Taifunen die Inselgruppe. Am stärksten beregnet sind die O-Küsten (bis über 3500 mm/Jahr). Die im Lee gelegenen Tieflandsgebiete, bes. auf Luzon, erhalten weniger als 1500 mm Niederschlag/Jahr. Die Temperaturunterschiede zw. N. und S sind unwesentlich.

Vegetation: 17 % der Gesamtfläche werden heute von Sekundärwald und Grasland eingenommen. Trop. Regenwald war urspr. v. a. an den W-Küsten verbreitet. In den regenärmeren Teilen wurde er von halbimmergrünen und laubabwerfenden Monsunwäldern abgelöst. Oberhalb der Monsunwälder folgen Eichenmischwälder, darüber Kiefern- und Nebelwälder; an den Küsten Mangroven.

Tierwelt: Ähnl. starken Veränderungen wie die Flora war auch die Tierwelt unterworfen. Die Wildbestände sind stark dezimiert und auf wenige, kaum bewohnte bergige Geb. beschränkt.

Bevölkerung: Sie setzt sich aus mehreren ethn. Gruppen zus.: 40 % Jungmalaien, 30 % Indonesier und Polynesier, 10 % Altmalaien und Negritos, 10 % Chinesen, 5 % Inder sowie Europäer, Amerikaner und Araber. Gesprochen werden neben den Amtssprachen etwa 105 einheim. Sprachen und Dialekte, darunter 11 Schriftsprachen. 85 % der Gesamtbev. sind Katholiken, rd. 4 % Aglipayaner (Angehörige der Unabhängigen Philippin. Kirche), etwa 3 % Protestanten, rd. 4,3 % Muslime (im S). Die Bev. konzentriert sich auf Cebu (über 300 E/km²) sowie auf Teile von Luzon (im Geb. um die Manilabucht über 1500 E/km²), Panay, Leyte und Negros. Es besteht Schulpflicht von 7–13 Jahren, rd. 80 % der Kinder nehmen am Unterricht teil. P. hat mehr als 40

Philippinen

Univ. (z. T. kirchl. Privatuniversitäten).
Wirtschaft: Etwa 30 % der Gesamtfläche der Inseln werden landw. genutzt. Hauptnahrungsmittel ist Reis, im Reisanbau wurde 1977 erstmals ein Überschuß erzielt. Daneben werden Mais, Süßkartoffeln, Maniok. Gemüse u. a. angebaut. Führende Exportkulturen sind Zuckerrohr und Kokospalmen. Die P. sind der größte Kopraerzeuger der Erde. Von Bed. sind außerdem Kaffee, Ananas, Bananen, Mangos, Tabak, Kautschuk, Manilahanf, Sisal, Ramie und Kapok. Die Viehzucht wird entwickelt; z. Z. müssen noch rd. 90 % der Milchprodukte eingeführt werden. Wasserbüffel dienen als Arbeitstiere. Der aus span. Zeit in den Grundzügen erhaltene Großgrundbesitz mit seinen Pachtverhältnissen kennzeichnet die Agrarstruktur: etwa 55 % aller landw. Betriebe werden von Pächtern bewirtschaftet. Agrarreformen scheiterten bisher zum größten Teil am Einfluß der Großgrundbesitzer. Da die P. zu den waldreichen Ländern der Erde gehören, spielt die Forstwirtschaft eine wichtige Rolle; die Gewinnung von Edel- und Bauhölzern wird von in- und ausländ. Firmen betrieben. Außerdem werden Kopal, Chinarinde, Rotang, Gerbrinde gewonnen sowie Aroma- und Heilpflanzen gesammelt. Die Fischwirtschaft wird mit Hilfe der UN ausgebaut. Wichtigste Bodenschätze sind Eisenerze, Chrom, Kohle, Kupfer und Nickel, daneben Gold, Silber, Quecksilber, Asbest, Gips, Marmor, Salz u. a. Erdgas- und Erdölvorkommen wurden in der Sulusee nw. von Palawan erbohrt. Die Ind. veredelt v. a. Erze und verarbeitet land- und forstwirtsch. Rohstoffe. Mehrere Betriebe wurden verstaatlicht, die Privatwirtschaft soll jedoch weiterhin eine wichtige Rolle spielen. Für exportorientierte Auslandsfirmen wurde auf der Halbinsel Bataan (Manilabucht) eine Freihandelszone geschaffen. Neben der Nahrungs- und Genußmittelind. hat sich v. a. die Textil- und Bekleidungsind. zu einem bed. Exportzweig entwickelt; außerdem bestehen Anlagen zur Erzkonzentratgewinnung, Stahlwerke, chem. und Zementind., Kfz.montage, Elektro-, Reifen-, Glas- und Papierind., Sperrholzfabriken sowie 5 Erdölraffinerien.
Außenhandel: Ausgeführt werden Zucker, Kupfererze und -konzentrate, Holz, Kopra, Kokosnußöl, Gold, Bananen, Ananaskonserven, Manilahanf, Rohtabak, Korbmacherwaren u. a., eingeführt elektr. und nichtelektr. Maschinen, Erdöl, Kfz., Eisen und Stahl, Kunststoffe und -harze, Arzneimittel, Textilfasern, Molkereiprodukte u. a. Wichtige Partner sind USA, Japan, die EG-Länder (bei denen die BR Deutschland an 1. Stelle steht), Singapur, Hongkong, Australien, Malaysia.
Verkehr: Das Eisenbahnnetz auf Luzon ist über 740 km, das von Panay 117 km lang. Das Straßennetz hat eine Länge von über 157 000 km; gut ausgebaut bisher nur auf Luzon. Brücken oder Fähren verbinden die einzelnen Inseln miteinander. Große Bed. hat die Küstenschiffahrt. Wichtigster Überseehafen ist Manila, über den der größte Teil des Außenhandels abgewickelt wird. Auch der Luftverkehr spielt eine große Rolle; 2 internat. ✈ (auf Mactan gegenüber von Cebu und in Manila).
Geschichte: Die P. waren in der Steinzeit das Durchzugs- und Siedlungsgebiet festländ. Völkerstämme. Von muslim. Missionaren zum Islam bekehrt, gründeten einheim. Fürsten auf den Suluinseln und auf Mindanao islam. Sultanate, deren kulturelles Erbe bis in die Gegenwart spürbar ist. Dank ihrer straffen polit. Organisation vermochten sie den ab 1521 eindringenden span. Konquistadoren heftigen Widerstand zu leisten. Nach mehreren vergebl. Versuchen, sich der P. zu bemächtigen, wurde auf Cebu die erste span. Dauerniederlassung gegr., von der aus die weitere Kolonisation des Archipels ihren Ausgang nahm. 1648 wurden die P. im Westfäl. Frieden Spanien zugesprochen. Eine bes. Rolle bei der Eroberung und kolonisator. Erschließung des Landes spielte der span. Klerus, der das Land zunächst kontrollieren konnte. Seiner oft rigorosen Missionstätigkeit war es zuzuschreiben, daß fast die gesamte einheim. Bevölkerung zum Christentum bekehrt wurde; auch förderte er Bildung und Wiss. (Gründung von Schulen und Univ.). Ende 16. Jh. wurden die P. der direkten Kontrolle des span. Königs unterstellt. Mißstände, verursacht v. a. durch das hemmungslose Profitstreben weniger Privilegierter auf Kosten der Eingeborenen, waren die Ursache zahlr. blutiger Bauernaufstände, die in die Revolution 1896–98 und die Proklamation der Republik P. mündete. Beim Ausbruch des Span.-Amerikan. Krieges (1898) unterstützten die Filipinos die USA, die ihrerseits die staatl. Unabhängigkeit als Gegenleistung versprachen. Der Vertrag von Paris (1898) setzte der span. Herrschaft im Pazif. Ozean ein Ende. Die P. gingen in den Besitz der USA über. Deren Souveränitätsansprüche, die den zu Beginn des Kriegs gegebenen Versprechungen zuwiderliefen, hatten einen mehrjährigen Guerillakrieg zur Folge. 1902 wurden die Wahlen zu einem einheim. Parlament abgehalten, in dem die 1907 gegr. Partido Nacionalista unter M. L. Quezón y Molina (* 1878, † 1944) und S. Osmeña (* 1878, † 1961) die philippin. Interessen verfocht. 1935 erhielten die P. den Status eines Commonwealth zuerkannt mit der Maßgabe, daß 1946 die endgültige Überführung der Republik in die staatl. Unabhängigkeit erfolgen sollte. Nach Ausbruch des Pazifikkriegs im 2. Weltkrieg am 7. Dez. 1941 und der Besetzung der P. durch die Japaner eroberten die USA (General MacArthur) von Okt. 1944–Mai 1945 das Land zurück. Absprachegemäß übertragen

67

Philippinen

Philippinen. Übersicht

die USA am 4. Juli 1946 ihre Souveränitäts-rechte der Republik der P., sicherten sich jedoch durch das Abkommen vom 14. März 1947 das Recht, für die Dauer von 99 Jahren auf philippin. Hoheitsgebiet Militärstützpunkte zu errichten. Das Ende 1950 geschlossene philippin.-amerikan. Wirtschaftsabkommen überließ den USA die uneingeschränkte Kontrolle über den gesamten Handelsverkehr nach innen und außen, über die Währungspolitik sowie die Güterproduktion und den Aufbau neuer Ind.zweige. Mißreg., Korruption, Partisanentätigkeit der kommunist. orientierten Hukbalahap brachten den Staat nahezu an den Rand des Ruins. Erst Präs. D. Macapagal (1961–65) versuchte, die Korruption in Staat und Wirtschaft wirksam zu bekämpfen. Durch Aufhebung der seit 1944 bestehenden Devisenzwangswirtschaft wurde der freie Handelsverkehr mit dem Ausland wiederhergestellt und die Stagnation der einheim. Wirtschaft überwunden. Unter Präs. F. E. Marcos (Nationalist. Partei; seit 1965, 1973 auf unbestimmte Zeit wiedergewählt) wurde die „Philippinisierung" des Landes vorangetrieben. Protestaktionen von Studenten forderten weitergehende Reformen zum Abbau der sozialen Ungerechtigkeit und die Zurückdrängung des übermäßigen Einflusses der Amerikaner, deren vertragl. zugestandene Sonderrechte die Reg. allmähl. zu beschneiden suchte. Nach inneren Unruhen verhängte Präs. Marcos 1972 das Kriegsrecht und setzte eine Verfassung durch, die ein parlamentar. Reg.system vorsah, jedoch auf Grund des weiterhin gel-

tenden Kriegsrechts weitgehend außer Kraft blieb und schließl. 1976 durch Verfassungsänderungen in ein Präsidialsystem umgewandelt wurde. Trotz der in Angriff genommenen Reformen herrschte in weiten Teilen der Bev. Unzufriedenheit, und die muslim. Rebellen („Moro-Rebellen") führten im S des Landes ihren Guerillakampf weiter.

Nach einer ersten umfassenden Reg.umbildung im Juli 1979 und einer Amnestie für über 2 650 polit. Gefangene im Dez. 1980 hob Marcos das Kriegsrecht am 17. Jan. 1981 auf, nachdem er sich zuvor die Möglichkeit der Handhabung eines weitgehenden Ausnahmerechts für den Fall „ernster Notlagen und Bedrohungen" gesichert hatte. Nach Verfassungsänderungen wurde Marcos bei den Präsidentschaftswahlen im Juni 1981 wiedergewählt. Die Opposition gegen sein Regime hielt jedoch weiterhin an. Eine Sonderkommission, die den Mord an dem Oppositionsführer B. Aquino untersuchte, machte das Militär für die Tat verantwortlich und verwarf die Regierungsversion, Aquino sei von einem Kriminellen ermordet worden. Die innenpolit. Spannungen verschärften sich weiter, und in Corazón Aquino, der Witwe des ermordeten Oppositionspolitikers, erwuchs Präs. Marcos eine ernstzunehmende polit. Gegnerin. Die anhaltenden Proteste und Demonstrationen gegen sein Regime, die nach der Verkündung der Freisprüche für sämtl. Angeklagten im Aquino-Prozeß im Dez. noch zunahmen, veranlaßten Marcos, für den 7. Febr. 1986 vorgezogene Wahlen anzuberaumen; für diese Präsidentschaftswahlen stellte die Opposition als einzige Kandidatin C. Aquino auf. Der Wahlvorgang wurde von zahlr. ausländ. Beobachtern überwacht, die nach den Wahlen offen von einem Wahlbetrug durch Marcos-Anhänger sprachen. Frau Aquino proklamierte sich am 8. Febr. zur Siegerin der Wahl, die offizielle Wahlkommission nannte Marcos als Gewinner. Trotz offensichtlicher Wahlmanipulationen, die sich auch bei einer Überprüfung des Wahlergebnisses durch das Parlament zeigten, proklamierte das Parlament Marcos zum Präsidenten. Daraufhin lief die von Frau Aquino angekündigte Kampagne des zivilen Ungehorsams an, die Präs. Marcos die wirtsch. Basis entziehen sollte, um ihn zum Rücktritt zu zwingen. Am 22. Febr. 1986 besetzten Verteidigungsmin. J. P. Enrile und der stellv. Stabschef F. Ramos mit ihnen ergebenen Einheiten das Verteidigungsministerium und erklärten, daß sie Marcos wegen des massiven Wahlbetrugs nicht länger unterstützen könnten. Am 24. Febr. verhängte Marcos den Ausnahmezustand und ordnete eine Ausgangssperre an. Diese blieb jedoch weitgehend unbeachtet, nachdem sich immer mehr Truppen mit den Rebellen solidarisch erklärten. Am 25. Febr. legten sowohl Marcos als auch C. Aquino in getrennten Zeremonien den Amtseid als

Staatsoberhaupt des Landes ab. Nachdem die USA jedoch Marcos jegl. Unterstützung verweigerte und ihm zum Rücktritt aufforderte, um einen Bürgerkrieg zu vermeiden, verließen Marcos und seine Familie an Bord einer amerikan. Militärmaschine das Land. Frau Aquino wurde daraufhin von den meisten Staaten diplomat. als Staatsoberhaupt anerkannt. In ihrem Kabinett übernahm Vizepräs. Laurel die Ämter des Min.präs. und des Außenministers, J. P. Enrile blieb Verteidigungsmin. (im Nov. 1986 nach einem von ihm gelenkten Putschversuch abgelöst); General Ramos wurde Generalstabschef. - Eine der ersten Maßnahmen der neuen Reg. war die Freilassung von polit. Häftlingen. Die Freilassung von vier Kommunistenführern im März diente dazu, den Weg für Friedensgespräche mit der maoist. Guerillabewegung NPA freizumachen, deren Überfälle immer wieder Menschenleben fordern. Im März setzte die Präs. eine Übergangsverfassung in Kraft; die Nat.versammlung wurde aufgelöst. Das als „Freiheitsverfassung" bezeichnete vorläufige Grundgesetz gab die Vollmacht, bis zur Verabschiedung einer neuen, in einer Volksabstimmung gebilligten Verfassung auf dem Verordnungsweg zu regieren. Eine im Mai eingesetzte Verfassungskommission legte im Okt. 1986 einen Verfassungsentwurf vor, der am 2. Febr. 1987 in einer Volksabstimmung angenommen wurde.

Politisches System: Nach der Verfassung, die am 15. Okt. 1986 von der Verfassungskommission vorgelegt und am 2. Febr. 1987 in einem Referendum angenommen wurde, sind die P. ein demokrat. und republikan. Staat, in dem alle Gewalt vom Volk ausgeht. Bestimmte Fragen, wie z. B. die Stationierung von Atomwaffen und die Überlassung von Militärstützpunkten, sind einem Referendum zu unterziehen. *Staatsoberhaupt* und oberster Inhaber der *Exekutivgewalt* ist der Präs. (seit März 1986 C. Aquino). Er wird für eine einmalige Amtszeit von sechs Jahren von Volk in direkten und geheimen Wahlen gemeinsam mit dem Vizepräs. gewählt. Er ist oberster Befehlshaber der Streitkräfte, ernennt und entläßt die Min. und kann, für 60 Tage beschränkt, den Notstand ausrufen bzw. das Kriegsrecht verhängen. Der Kongreß hat das Recht diese Maßnahmen innerhalb von zwei Tagen aufzuheben. Die *Legislative* liegt beim Kongreß, der aus dem Senat und dem Repräsentantenhaus besteht. Der 24köpfige Senat wird für 6 Jahre gewählt, kein Senator darf mehr als zweimal gewählt werden. Die höchstens 250 Mitglieder des Repräsentantenhauses werden auf Grund von Parteilisten in den Städten und Prov. für drei Jahre gewählt. Für alle gewählten Organe gilt, daß ihre Amtszeit an dem auf die Wahl folgenden 30. Juni beginnt. Die ersten Wahlen nach der neuen Verfassung sind für Mai 1987 vorgesehen. Vor der Vertreibung von Präs.

F. Marcos waren die wichtigsten *Parteien* die von I. Marcos beherrschte Kilusan Bagong Lipunan, in der Lakas Ny Baya-Laban hatte sich die Opposition zusammengeschlossen. Die wichtigsten *Gewerkschafts*verbände sind die Philippine Congress of Trade Unions (PHILCONTU) mit 34 angeschlossenen Verbänden und 1,2 Mill. Mgl., die Katipunang Manggagawang Pilipino (KMP-TUCP), die 27 Verbände mit rd. 1,25 Mill. Mgl. repräsentiert, und die Federation of Free Workers (FFW) mit rd. 400 000 Mgl. - *Verwaltungs*mäßig sind die P. in 73 Prov. mit eigenen Legislativ- und Exekutivorganen an der Spitze gegliedert. Für Muslim Mindanao und Cordilleras sind Autonomiestatute vorgesehen. Das *Recht* beruht auf span. und angloamerikan. Recht sowie auf Stammesrecht. An der Spitze des Gerichtswesens stehen der Appellationsgerichtshof und der als Verfassungsgericht fungierende Oberste Gerichtshof. Die *Streitkräfte* haben eine Gesamtstärke von 114 800 Mann (Heer 70 000, Marine 28 000, Luftwaffe 16 800. Daneben existieren paramilitär. Kräfte von 110 000 Mann.

📖 *The Philippines after Marcos. Hg. v. R. J. May u. F. Nemenzo. London u. Sydney 1985. - Bronger, D.: Die Industrie der P. Hamb. 1979. - Wernstedt, F. L./Spencer, J. E.: The Philippine island world. Berkeley (Calif) Neuaufl. 1978. - Cruikshank, B., u. a.: Philippine studies. Hg. v. D. V. Hart. Detroit (Mich.) 1978. - Constantino, R.: A history of the Philippines. New York 1976. - Burley, T. M.: The Philippines: an economic and social geography. London 1973.*

Philippinengraben, Tiefseegraben in der Philippinensee, erstreckt sich von der SO-Spitze der Insel Luzon über rd. 1 800 km entlang der O-Küsten von Samar und Mindanao bis zu den Talaudinseln; bis 10 540 m u. d. M.

Philippinensee, Nebenmeer des Pazifischen Ozeans, zwischen Philippinen und Marianen.

Philipp Neri, hl., ↑ Neri, Filippo.

Philippovich von Philippsberg, Eugen Frhr. von [...povɪtʃ], * Wien 15. März 1858, † ebd. 4. Juni 1917, östr. Nationalökonom. - Prof. in Freiburg und Wien; vertrat eine aus Theorie und Empirie bestehende polit. Ökonomie; verbreitete als einer der ersten die Grenznutzentheorie.

Philippsburg, Stadt 15 km nw. von Bruchsal, Bad.-Württ., 100 m ü. d. M., 10 400 E. Kernkraftwerk. - 784 erstmals (als *Udenheim*) gen.; 1338 Stadtrecht; 1371–1723 Residenz der Bischöfe von Speyer; nach 1615 und v. a. 1644–76 Ausbau der Festung (nach 1799 geschleift); seit 1623 P. gen. - Barocke Pfarrkirche (18. Jh.).

Philippson, Alfred [...zɔn], * Bonn 1. Jan. 1864, † ebd. 28. März 1953, dt. Geograph. - Prof. in Bern, Halle/Saale und Bonn. Arbeiten zur Geologie und Geomorphologie sowie zur Landeskunde Griechenlands und Kleinasiens.

Philippus, hl., Apostel des 1. Jh., wahrscheinl. aus Bethsaida stammend; nach der Legende Märtyrer.

Philippus Arabs (Marcus Julius Philippus), * Schahba (im Hauran) um 204, ✗ bei Verona im Sept. 249, röm. Kaiser (seit 244). - Sohn eines Scheichs; 243/244 Prätorianerpräfekt und wohl an der Ermordung Gordians III. beteiligt. Nach Friedensschluß mit Persien (244) hatte P. A. wiederholt mit Germanen an der unteren Donau und mit Usurpatoren zu kämpfen; fiel im Kampf gegen Decius in der Schlacht bei Verona.

Philippusevangelium, nach dem Apostel Philippus ben. apokryphe neutestamentl. Schrift gnost. Inhalts, fragmentar. in Zitaten erhalten; eine kopt. Version wurde in Nag Hammadi gefunden.

Philips-Konzern, niederl. Elektrokonzern, gegr. 1891. Der Konzern arbeitet in 60 Ländern, v. a. in den Bereichen Lichtanlagen, Unterhaltungselektronik, Elektrogeräte, Fernmelde- und Verteidigungssysteme, Apparatebau, chem.-pharmazeut. Produkte, Glaserzeugung.

Philister, an der Mittelmeerküste S-Palästinas wohnhaftes Volk im 2./1. Jt. v. Chr.; unbekannter Herkunft. Um 1200 v. Chr. mit der Wanderung der sog. Seevölker wohl vom ägäischen Raum her - nach dem A. T. (Amos 9, 7) aus Kaphtor, d. h. Kreta - an die Grenzen Ägyptens gelangt, wurden die P. durch Ramses III. zurückgeschlagen und danach als ägypt. Militärkolonisten in der Küstenebene Palästinas angesiedelt. Ihre Städte Gasa, Ashdod, Askalon (= Ashqelon), Ekron und Gath bildeten einen Fünfstädtebund (Pentapolis). Nach dem Rückgang der ägypt. Macht drangen die P. nach O in das Bergland Palästinas gegen die dort siedelnden Stämme des Volkes Israel vor. Nur kurzfristig von den Israeliten unter David unterworfen (2. Sam. 5, 17 ff.), bewahrten die P. ihre Selbständigkeit in dauernden Grenzkämpfen, v. a. gegen das Nordreich Israel, bis zur Unterwerfung durch die Assyrer (Ende des 8. Jh. v. Chr.).

Philistos, ✗ 356 v. Chr., griech. Politiker und Geschichtsschreiber aus Syrakus. - Seine fragmentar. erhaltene Geschichte Siziliens in 11 (oder 13) Büchern reichte bis 362, galt als Nachahmung des Werkes des Thukydides und war Vorlage für Ephoros von Kyme.

philiströs, spießbürgerlich, engstirnig; wie ein **Philister** (Kleinbürger) handelnd.

Phillips, Sir Thomas [engl. ˈfɪlɪps], * Manchester 2. Juli 1792, † Cheltenham 6. Febr. 1872, brit. Bibliophile. - Trug über 60 000 alte Handschriften zusammen, u. a. erwarb er die lat. Handschriften des niederl. Sammlers J. Meerman (heute Dt. Staatsbibliothek in Berlin [Ost]).

Phillipsit [nach dem brit. Mineralogen W. Phillips, * 1775, † 1828] (Kalkharmotom), monoklines, glasig glänzendes, meist farbloses Mineral, chemische Zusammensetzung $KCa[Al_3Si_5O_{16}] \cdot 6H_2O$; tritt in Basalthohlräumen auf und wird durch therm. Zersetzung von Feldspäten gebildet; Mohshärte 4,5; Dichte 2,2 g/cm³.

Phillpotts, Eden [engl. ˈfɪlpɔts], * Mount Abu (Indien) 4. Nov. 1862, † Broad Clyst bei Exeter 29. Dez. 1960, engl. Schriftsteller. - Kriminal- und Gesellschaftsromane, Heimatromane mit hervorragenden Landschaftsschilderungen der Dartmoor-Gegend, Essays und Kinderbücher, ferner lyr. und dramat. Werke.

Phillumenie [zu ↑ philo... und lat. lumen „Licht"], Bez. für das Sammeln von Zündholzschachteln bzw. deren Etiketten; **Phillumenist,** Sammler von Zündholzschachteln.

Philo von Alexandria ↑ Philon von Alexandria.

philo..., Philo..., phil..., Phil... [zu griech. phílos „Freund"], Bestimmungswort von Zusammensetzungen mit der Bed. „Verehrer, Liebhaber; [Vor]liebe, Verehrung".

Philodendron [griech.] (Baumfreund, Baumlieb), Gatt. der Aronstabgewächse mit über 200 Arten im trop. Amerika; strauchige, baumartige oder kletternde Pflanzen, meist mit Luftwurzeln; Blätter oft groß, sehr verschiedenartig, ungeteilt, gelappt oder fiederschnittig; Blütenstände end- oder achselständig, mit dicker, weißer, roter oder gelber Blütenscheide; zahlr. Arten als beliebte Blattpflanzen.

◆ oft gebrauchte Bez. für das ↑ Fensterblatt.

Philo Judaeus ↑ Philon von Alexandria.

Philologe [zu griech. ↑ philo... und lógos „Rede, Wort"], Sprach- und Literaturwissenschaftler und -lehrer.

Philologie, Wiss. von der Erforschung von Texten, von der Behandlung von Kulturen auf Grund ihrer sprachl. Eigenheiten und ihrer mündl. oder schriftl. überlieferten Texte. Als wesentl. Bestandteil zahlr. moderner Einzelwissenschaften, z. B. der Archäologie, der Geschichte, der Theologie, umfaßt P. **klassische Philologie** (Altphilologie) als Wiss. von den alten Sprachen (Griech., Latein) und **Neuphilologie,** umfassende Bez. für die Literatur- und Sprachwiss., die sich mit den neuzeitl. europ. Sprachen und Literaturen (und ihren überseeischen Zweigen) beschäftigen.

Aufgaben und Methoden: Grundlage der sprachl. und literar. Interpretation ist die Herstellung eines einwandfreien Textes; entweder *selektiv,* indem man aus einer Reihe von in Handschriften oder Drucken überlieferten Zeugnissen eines Einzeltextes je nach der Qualität der überliefernden Quellen eines der mehrere charakterist. erscheinende aussucht, oder *textkrit.,* indem mehrere oder alle verfügbaren Quellen für eine Textausgabe herangezogen und die verschiedenen Fassungen eines Textes verglichen sowie Textversionen aus späteren Überlieferungen hinzugezogen werden. Die Deutung von Texten kann auf der lautl., der morpholog.-syntakt. und der semant. Ebene vorgenommen werden; sie muß versuchen, die Ergebnisse der Einzelanalysen der 3 Ebenen zueinander in Beziehung zu setzen. Diese deskriptive Strukturdeutung wird zwingend von einer allg. histor.-polit., literaturtheoret.-poetolog. und literaturgeschichtl. Einordnung des Textes begleitet.

Geschichte: Die klass. P. erlebte ihre erste Blüte im 3./2. Jh. an der alexandrin. Bibliothek. Die von dort beeinflußten latein. Philologen (u. a. A. Gellius und M. T. Varro) konzentrierten sich v. a. auf grammat. Fragen. Im Humanismus schufen u. a. Erasmus von Rotterdam und J. J. Scaliger bed. Editionen. Die P. im modernen Sinn bildete sich im Zusammenhang mit der Klassik, dem Neuhumanismus und der Romantik in Deutschland heraus. Rückbesinnung auf antike und nat. (bes. ma.) Traditionen und die Entwicklung einer sprachwiss. Systematik förderten die methodolog.-inhaltl. Evolution der P. ebenso wie der Historismus und der Positivismus. Textkritik, Grammatik und Interpretation erhielten damit eine neue Grundlage, wie die klass. Studien u. a. von A. Böckh und K. O. Müller, F. G. Welcker, K. Lachmann und U. von Wilamowitz-Moellendorff genauso beweisen wie die ersten wiss. Grammatiken und Wörterbücher der modernen Fremdsprachen und die zahlr. Literaturgeschichten, die v. a. seit dem 19. Jh. entstanden sind. Dabei gingen die philolog. Wiss. bis weit ins 20. Jh. hinein überwiegend histor. vor und förderten die Kenntnis über spezielle Epochen (Hellenismus, Spätantike, MA, Renaissance usw.) und Einzelgebiete (Inschriften und vulgäre Latinität, Fragmente, Religion, Medizin, Philosophie u. a.). Erst allmähl. emanzipierten sich die Neuphilologen von den Vorstellungen der klass. P. und bezogen in immer stärkerem Maße synchron. Verfahrensweisen ein. Die intensive Berücksichtigung moderner und zeitgenöss. Autoren im Rahmen neuphilolog. Analysen spiegelt dieses veränderte Selbstverständnis ebenfalls wider. Gegenwärtig kennzeichnen Überlegungen zur Kultur- oder Landeskunde und zur Fachdidaktik neben dem herkömml. Tätigkeiten den Reflexionsstand der Philologien. ⨅ *Pfeiffer, R.: Die Klass. P. von Petrarca bis Mommsen. Dt. Übers. Mchn. 1982. - Pfeiffer, R.: Gesch. der Klass. P. Dt. Übers. Mchn.* [²]*1978. - Gadamer, H.-G.: Wahrheit u. Methode. Grundzüge einer philosophischen Hermeneutik. Tüb.* [⁴]*1975.*

Philomelion ↑ Akşehir.

Philon von Alexandria (Philo, lateinisch Philo Judaeus), * Alexandria 15/10 v. Chr., † ebd. um 45/50 n. Chr., jüd.-hellenist. Theologe und Religionsphilosoph. - Aus einer begüterten jüd. Familie mit polit. Einfluß. Seine (größtenteils erhaltenen) Schriften sind überwiegend theolog. Inhalts: Auf dem Gebiet der Exegese schrieb er mehrere meist allegor. deutende Kommentare zum Pentateuch, in der systemat. Theologie befaßte er sich mit der Schöpfungsgeschichte, der mosaischen Gesetzgebung und den Vätergeschichten, in den apologet. Schriften finden sich zahlr. Anspielungen auf die polit. Situation der Juden in Alexandria. Für die religionsgeschichtl. Forschung ist er v. a. als Quelle bedeutsam. Bei den christl. Theologen fand er großen Anklang in seinem Anliegen, religiös-theolog. Themen in der Sprache der Philosophie zu behandeln.

Philon von Byblos (Herennius Philo), * um 64, † 141, phönik. Geschichtsschreiber und Grammatiker. - Verfasser u. a. einer phönik. Geschichte in griech. Sprache, nach eigenen Angaben eine Übersetzung des Werkes des Phönikers Sanchuniathon, der vor dem Trojan. Krieg gelebt haben soll.

Philon von Byzanz (Philo), griech. Mechaniker des 3. Jh. v. Chr. - Verfasser eines Werks in neun Büchern über die Mechanik.

Philopömen (Philopoimen), * Megalopolis (Arkadien) um 252, † Messene 183, Stratege (erstmals 208) des Achäischen Bundes. - Versuchte die Macht des Bundes auf die ganze Peloponnes auszudehnen (Eroberung von Sparta 192) und Selbständigkeit gegenüber Rom zu wahren. Auf einem Unternehmen gegen Messene gefangengenommen und vergiftet.

Philosemitismus, geistige Bewegung bzw. Haltung, die gegenüber Juden und ihrer Religion Verständnis und Wertschätzung aufbringt und judenfeindl. Äußerungen (Antisemitismus) zurückweist. Nach dem 2. Weltkrieg wurde die Bez. P. abwertend verwendet für eine gegenüber dem Judentum und dem Staat Israel unkrit. Einstellung, die häufig auf Schuldgefühlen basiert.

Philosophia prima [griech./lat. „erste Philosophie"] ↑ Philosophie.

Philosophie [zu griech. ↑ philo... und sophía „Weisheit"], der Versuch, eine Wesensbestimmung der P. anzugeben, stößt auf erhebl. Schwierigkeiten, da die P. im Unterschied zu den Fachwiss. keinen ihr eigentüml. eingeschränkten Gegenstandsbereich hat, über dessen Definition ihre Bestimmung laufen könnte, und da sie kein Lehrbuchwissen im strengen Sinn ausgebildet hat, das allg. als philosoph. Wissen gelten könnte. Jedoch kann ein allg. akzeptiertes Kennzeichen der P. angegeben werden, daß sie sich näml. als *voraussetzungslos* begreift hinsichtl. der method. vorgetragenen Absicht, auch dort nach Gründen zu fragen, wo sich das alltägl., aber auch das wiss. Bewußtsein mit fakt. allg. akzeptierten Überzeugungen zufriedengibt: Es gilt in der P. der Grundsatz, daß nichts, was für gemeinsame Orientierungsbemühun-

Philosophie

gen relevant ist, einem begründungsorientierten und in diesem Sinne philosoph. Diskurs entzogen werden kann und soll. Der Versuch, über diesen Grundsatz eine Wesensbestimmung der P. zu geben, fällt notwendig höchst allg. aus - wesentl. Differenzen eher überspielend als systemat. klärend -, z. B. wenn P. als Bewußtsein des Nichtwissens (Sokrates) oder als Wiss. der Vernunft (Hegel) bezeichnet wird.

Zweifellos gibt es in der P. auch ein Lehrbuchwissen im Sinne eines positiven Wissens, wie es die sog. exakten Wiss. charakterisiert, z. B. in Teilen der Logik, der Erkenntnistheorie, der Sprachphilosophie. Jedoch würde es die philosoph. Reflexion ohne ersichtl. Grund unnötig einschränken, P. so als die Gesamtheit philosoph. Sätze aufzufassen und von dieser womögl. auch noch zu verlangen, daß sie ein „System philosoph. Erkenntnisse" (Kant) darstelle. Umgekehrt wäre es zu kurz gegriffen, wollte man, wie Wittgenstein, sagen, die P. sei keine Lehre, sondern eine Tätigkeit und ihr Resultat seien keine philosoph. Sätze, sondern das Klarwerden von Sätzen („Tractatus"). Tatsächl. läßt sich die philosoph. Reflexion als eine ihrem Wesen nach begründungsorientierte Tätigkeit auffassen, deren Ergebnisse auch formuliert werden können; allerdings können diese Formulierungen selbst wieder Anlaß zu weiterer philosoph. Reflexion sein. Dies kennzeichnet die bes. Rolle der P. gegenüber den Fachwiss., indem sie sich auch vordergründig nicht mit einem Lehrbuchwissen als Zusammenfassung festgelegter Sätze zufrieden geben kann. Diese bes. Rolle läßt es weder angezeigt sein, P. mit Wiss. zu identifizieren bzw. sich gegenüber einer durch philosoph. Kritik in method. Dingen gereinigten Wiss. überflüssig zu machen (entsprechend dem Reduktionsprogramm der log. Empirismus), noch zwingt sie dazu, P. gänzl. außerhalb der Fachwiss., etwa nur noch in Form von ↑ Ontologie, anzusiedeln. Die bes. Rolle philosoph. Reflexion besteht in einer *Begründungen sowohl allg. als auch wiss.-spezif. ausarbeitenden Orientierung*, was durchaus den Fall einschließen kann, daß P. als eine Wiss. von den „Prinzipien des Seienden als solchen" (Aristoteles, ↑ Metaphysik) auftritt.

„P." (griech. philosophía) bedeutet urspr. im griech. Sprachgebrauch wörtl. „Streben nach Weisheit", wobei der Wortbestandteil „sophía" urspr. allg. ein auf Sachverstand beruhendes Können (= Sichauskennen) bezeichnet und erst allmähl. auf „theoret. Wissen" eingeschränkt wird. Der Ausdruck „P." (fälschl. Pythagoras zugeschrieben) ist Platon Ursprungs; im Unterschied zu Gott, der weise sei, komme dem Menschen nur das Streben nach Weisheit zu. Die griech. Wörter „philosophía" und „epistḗmē", die häufig mit „P." bzw. „Wiss." übersetzt werden, werden syn-

onym verwendet, ebenso der Ausdruck **Philosophia prima** („erste P."), die unter den „theoret." Disziplinen hinsichtl. der ihr als Aufgabe zugeordneten Ausarbeitung von Begründungszusammenhängen eine bes. Rolle spielt und wirkungsgeschichtl. die Genese der Metaphysik als sog. philosoph. Kerndisziplin bestimmt. Die Ausarbeitung *rationaler Orientierungen in theoret. Form* bildet somit den Ausgangspunkt einer Bemühung, in der philosoph. und wiss. Aufgaben noch ungeschieden beieinander liegen.

Bis in die Neuzeit hinein ändert sich an dieser prinzipiellen Verknüpfung einer philosoph. und einer wiss. Bemühung um rationale Orientierung wenig, darin wesentl. unterschieden von den außereurop. Entwicklungen der P. (z. B. der chin. und der ind. Philosophie). Die ma. philosoph. Kontroversen z. B. zw. den Positionen von ↑ Realismus und ↑ Nominalismus, ↑ Rationalismus und ↑ Empirismus, die sich teils über die Entstehung der neuzeitl. Naturwiss. fortsetzen, teils wesentl. neue Anstöße durch eben diesen Wandel erfahren, betreffen zwar allg. Teile der Theoriebildung, wie sie für den Begriff der P. konstitutiv bleiben, doch werden ihre Kontroversen stets wiss.-relevant geführt und greifen in den method. Aufbau. Theorien selbst ein. Insofern läßt sich die im strengen Sinn als Wiss.-theorie konzipierte Erkenntnistheorie Kants ebenso wie die themat. weitgehend parallele erkenntnistheoret. Reflexion z. B. bei Locke, Hume, Descartes und Leibniz über alle inhaltl. und method. Unterschiede hinweg als durch die gleichen Intentionen geführt ansehen, die urspr. die griech. Idee einer rationalen Orientierung durch Theorie bestimmt haben. Umgekehrt tritt bis ins 19. Jh. in den Titeln zumal naturwiss. Werke (u. a. bei R. Boyle, I. Newton, C. von Linné, E. Darwin, J. Lamarck) der Ausdruck „P." auf. Daraus läßt sich entnehmen, daß sich die Fachwiss. selbst in ihrer Theoriebildung durchaus noch als „philosoph." verstanden.

Die Verselbständigung der P. gegenüber der Rationalität der Fachwiss., die im 19. Jh. voll zum Tragen kommt, ist eine Folge der sich ungeachtet mancher terminolog. Kontinuität anbahnenden Verselbständigung der Fachwissenschaften. Zudem spielt die über die (zweite) ↑ Aufklärung vermittelte Abneigung gegenüber einer spekulativen Erweiterung des Vernunftgebrauchs, als die die P. trotz Kants Metaphysikkritik erscheint. Nach einer Phase des Systemdenkens (dt. Idealismus), in der es nicht nur nicht gelingt, die sich anbahnende Verselbständigung der Wiss. im philosoph. Geist rückgängig zu machen, sondern die selbst wegen ihres spekulativen Charakters von den Wiss. als Argument für ihre Verselbständigung genutzt wird, zeigen sich extreme Reaktionen philosoph. Selbstverständnisses, die bis weit ins 20. Jh. hineinreichen: z. B.

in Form eines völligen Rückzugs der P. aus den Wiss. (↑ Existenzphilosophie) oder im Ggs. dazu in Form einer völligen Beschränkung der P. auf reine Wiss.logik (R. Carnap) bzw. eine Analyse der Wiss.sprache.
Das Interesse der P. an der Wiss., das sie aus einer gemeinsamen Vergangenheit bewahrt hat, macht sich gegenwärtig allg. in Form eines wiss.theoret. Bewußtseins (↑ Wissenschaftstheorie) geltend. Entsprechend spielen, ausgehend von G. Frege und wesentl. beeinflußt von der ↑ analytischen Philosophie, im modernen P.verständnis ↑ Logik, ↑ Sprachphilosophie und Wiss.theorie i. e. S. als Theorie allg. und wiss.spezif. Begründungszusammenhänge eine dominante Rolle. Generell stehen das Problem normativer Fundamente der Wiss. sowie das Problem der Begründbarkeit von Normen im Vordergrund (log. Empirismus, ↑ kritischer Rationalismus, ↑ kritische Theorie, konstruktive Wiss.theorie), ferner eine grundlagenorientierte Theorie der Wiss. (z. B. als Metamathematik, Protophysik, Hermeneutik, Ideologiekritik). Die ↑ praktische Philosophie befaßt sich zunehmend mit Begründungsfragen der Sozialwiss. oder mit den method. Normen der Wiss.praxis (z. B. ↑ Ethik, Gesellschaftstheorie, ↑ Rechtsphilosophie). Fachrichtungen wie etwa ↑ Religionsphilosophie, philosoph. ↑ Anthropologie und ↑ Ästhetik treten gegenwärtig in ihrer Bed. zurück.

📖 *Jaspers, K.: Einf. in die P. Mchn.* ²⁴*1985. - Philosoph. Wörterb. Hg. v. G. Klaus u. a. Bln.* ¹³*1985. - Kosing, A.: Wörterb. der P. Bln. 1985. - Landmann, M.: Was ist P.? Bonn* ⁴*1985. - Orthbrandt, E.: Gesch. der großen Philosophen u. des philosoph. Denkens. Neuaufl. Hanau 1985. - Schülerduden. Die P. Hg. v. der Redaktion P. des Bibliograph. Inst. Mhm. 1985. - Heidegger, M.: Was ist das - die P.? Pfullingen* ⁸*1984. - Hirschberger, J.: Gesch. der P. Freib.* ¹²⁻¹³*1984. 2 Bde. - Schulz, Walter: P. in der veränderten Welt. Pfullingen* ⁵*1984. - Aster, E. v.: Gesch. der P. Stg.* ¹⁷*1980. - Windelband, W.: Lehrb. der Gesch. der P. Tüb.* ¹⁷*1980. - Glockner, H.: Einf. in das Philosophieren. Bonn* ²*1979. - Lauth, R.: Theorie des philosoph. Arguments. Bln.* ⁶*1976. - Austeda, F.: Lex. der P. Wien 1979. - Stegmüller, W.: Hauptströmungen der Gegenwarts-P.* ⁶⁻⁷*1978–85. 3 Bde. - Wozu P.? Hg. v. H. Lübbe. Bln. 1978. - Gigon, O.: Die antike P. als Maßstab u. Realität. Zürich 1977. - Kibéd, A. V. v.: Geschichtl. Einf. in die Grundbegriffe der P. Der Ursprung der europ. P. Mchn. 1977. - Wohlgenannt, R.: Der P.begriff. Wien 1979. - Horkheimer, M.: Die gesellschaftl. Funktion der P. Ffm. 1974. - Janich, P., u. a.: Wissenschaftstheorie als Wissenschaftskritik. Ffm. 1974. - Kambartel, F.: Was ist u. soll P.? Konstanz 1968.*

philosophischer Materialismus ↑ Materialismus.

philosophisch-theologische Hochschulen ↑ kirchliche Hochschulen.

Philotas, † am Hamun-i-Helmand 330 v. Chr., Freund und Feldherr Alexanders d. Gr. - Führer der makedon. Reiterei; machte sich durch oppositionelle Äußerungen zur Persienpolitik Alexanders seit 331 verdächtig; der Verschwörung beschuldigt und hingerichtet.

Philoxenos von Eretria ↑ Alexandermosaik.

Phimose [zu griech. phímōsis „Verengung"], angeborene (auch durch Geschlechtskrankheiten oder ↑ Balanitis erworbene) Verengung der Vorhaut des Penis derart, daß sie sich nicht über die Eichel zurückstreifen läßt. Eine operative Korrektur sollte frühestmöglich erfolgen.

Phintias, att. Töpfer und Vasenmaler des 6. Jh. - Nachweisbar 525–510; stilist. dem ↑ Euthymides und ↑ Euphronios verwandter bed. Vertreter des att.-rotfigurigen Stils.

Phiole [griech.-lat.], von den Alchimisten verwendetes bauchiges Glasgefäß mit langem Hals.

Phi-Phänomen, von M. Wertheimer eingeführte Bez. für Vorgänge bei der Wahrnehmung einer Scheinbewegung. Eine Senkrechte und eine Waagrechte z. B. werden im Abstand von 0,02 s nicht mehr sukzessiv, sondern simultan als rechter Winkel gesehen.

Phitsanulok [Thai phisanu'lo:ɡ], thailänd. Stadt 350 km nördl. von Bangkok, 73 200 E. Verwaltungssitz des Verw.-Geb. P.; Marktort an der Bahnlinie nach Chiang Mai. ⚒. - Ummauerte Altstadt, 1955 durch Brand stark zerstört; im Tempel Wat Phra Si Ratana Mahathat berühmte Buddha-Statue (15. Jh.).

Phiz [engl. fiz], Pseud. des engl. Zeichners und Illustrators Hablot Knight ↑ Browne.

Phlebitis [griech.], svw. ↑ Venenentzündung.

Phlebogramm [griech.], Röntgenbild von mit Kontrastmittel gefüllten Venen.

Phlebotomus (Phlebotomen) [griech.], in den Tropen und Subtropen verbreitete Gatt. der Mücken (Fam. ↑ Sandmücken) mit rd. 100 2–4 mm großen, gelben Arten; saugen v. a. gegen Abend und nachts an Wirbeltieren und Menschen Blut, wobei sie Krankheiten (wie ↑ Kala-Azar) übertragen können.

Phlegma [griech.], Charakteristikum eines ↑ Phlegmatikers; im übertragenen Sinn svw. [geistige] Trägheit, Schwerfälligkeit, Langsamkeit; auch svw. Gleichgültigkeit bzw. Teilnahmslosigkeit oder „Dickfelligkeit".
◆ das beim Destillieren einer alkoholhaltigen Flüssigkeit zurückbleibende Wasser.
◆ ↑ Phlogistontheorie.

Phlegmatiker [griech.], der unter den Temperamentstypen als ruhig und behäbig charakterisierte Mensch (Ggs. ↑ Choleriker). Nach der ma., in der antiken ↑ Humoralpathologie sowie bei Galen vorbereiteten Lehre von den vier Temperamenten herrscht bei

P. unter den Körpersäften der „Schleim" vor. Dem P. schrieb man aus diesem Grund einen fleischigen, dicken Körper und eine weiße Hautfarbe zu.

Phlegmone [griech.] ↑ Entzündung.

Phlegräische Felder, vulkan. Hügellandschaft in Italien, westl. von Neapel, mit dem Averner See und der Solfatara, einem Krater, dem mit Schwefelwasserstoff und Kohlensäure angereicherter Wasserdampf entweicht; Obst-, Wein- und Gemüsebau.

Phlobaphene [griech.], bei Oxidation von Gerbstoffen auftretende, meist rötlichbraune, wasserunlösl., fäulnishemmende Pigmente in den Wänden toter pflanzl. Zellen (z. B. von Rindengewebe, Kernholz, Samenschalen); bedingen auch die Herbstfärbung der Laubblätter.

Phloem [griech.] (Bastteil, Siebteil), dem Transport gelöster organ. Stoffe von den Bildungs- und Speicherungsorten zu denen des Verbrauchs dienender Teil des ↑ Leitbündels bei den Gefäßpflanzen.

Phlogistontheorie [zu griech. phlogistós „verbrannt"], im 17. Jh. entwickelte Theorie zur Erklärung der Brennbarkeit chem. Stoffe. Auf der Grundlage der alchimist. „Prinzipien" Schwefel, Quecksilber und Sal entwickelte J. J. Becher 1667 erste Vorstellungen über die Existenz einer „brennl. Erde" als Bestandteil aller brennbaren metall. Körper. Diese Vorstellungen wurden ab 1697 von G. E. Stahl zu einer Lehre ausgebaut, nach der alle brennbaren Substanzen das **Phlogiston**, ein stoffliches, brennbares „Prinzip" enthalten, das bei Verbrennung entweicht; die Brennbarkeit der Metalle deutete er dahingehend, daß sie aus Phlogiston und einem Metallkalk (**Phlegma**), der beim Verbrennen zurückbleibt, bestehen. 1774–83 entwickelte demgegenüber A. L. Lavoisier die **Oxidationstheorie**, die besagt, daß beim Verbrennen eines Stoffes keine Substanz abgegeben, sondern Sauerstoff aufgenommen wird.

Phloroglucin [griech.] (1,3,5-Trihydroxybenzol), dreiwertiges Phenol; kristalline, farblose Substanz, die zur Herstellung von Farbstoffen und zum Nachweis von Holzsubstanz (Lignin), Pentosen und überschüssiger Salzsäure im Magensaft dient.

Phlox [griech.] (Flammenblume), Gatt. der Sperrkrautgewächse mit rd. 60 Arten in N-Amerika; ausdauernde, selten einjährige Kräuter mit ganzrandigen Blättern, einzelnen, in rispigen, doldentraubigen oder straußartigen Blütenständen stehenden Blüten und fünfteiliger, tellerförmiger Krone mit schmalem Schlund und dünner Röhre, die oft flammend gefärbt ist. Bekannte Zierpflanzen sind die Sorten des **Einjahresphloxes** (Phlox drummondii; mit urspr. roten, bei Kultursorten jedoch in vielen Pastelltönen gefärbten Blüten) und die zahlr. Sorten des **Staudenphloxes** (Phlox paniculata), über 1 m hoch, Blüten in Dolden; die wertvollste Art ist der **Polsterphlox** (Moosphlox, Phlox subulata), eine 5–10 cm hohe, flaumig behaarte, rasenartig wachsende Pflanze.

Phnom Penh [pnɔm'pɛn], Hauptstadt von Kambodscha, am Mekong, 10 m ü. d. M., 1975 Zwangsräumung, heute rd. 500 000 E. P. P. ist das kulturelle Zentrum des Landes; Univ. (gegr. 1960), TU, landw. Hochschule, buddhist. Hochschule, Kunstakademie, Nationalmuseum; Handelsfunktion, Ind.standort, Hafen am Mekong; internat. ✈.

Geschichte: Wurde 1434 Residenz der Khmerkönige anstelle von Angkor, Anfang des 16. Jh. aufgegeben, erst 1867 wieder Hauptstadt des nun unter frz. Herrschaft stehenden Landes. Erstreckt sich in über 10 km Länge (N–S) und nur 5 km Breite auf den Uferdämmen, die später durch Deiche verstärkt wurden. Wuchs bis 1942 v. a. durch Bev.zuzug aus dem Ausland; die Bev. bestand nur zu rd. 50 % aus Khmer, im übrigen aus Chinesen, Vietnamesen, Malaien sowie Europäern, Indern und Lao. Seit 1940 erfolgte eine starke Zuwanderung vom Lande und damit ein rascher Einwohneranstieg, der den Anteil der Khmer auf $^2/_3$ anwachsen ließ; durch den kambodschan. Bürgerkrieg stark betroffen.

Bauten: Auf einem Hügel liegt der Tempelbezirk (15. Jh.), im Mittelpunkt eine Pagode; am Fluß Tonle Sap der Königspalast (20. Jh.).

...phob zu griech. phóbos „Furcht"], Nachsilbe in Zusammensetzungen mit der Bed. „fürchtend".

Phöbe [griech., nach der Titanin Phoibe], der von den 15 Monden Saturns am weitesten entfernt stehende Mond; Entfernung 12 930 000 km, Umlaufzeit 550,44 Tage.

Phobie [zu griech. phóbos „Furcht"], Form der Neurose mit unangemessener Furcht vor spezif. Situationen oder Objekten. Entsprechend dem furchtauslösenden Reiz spricht man von Agoraphobie (↑ Platzangst), ↑ Klaustrophobie usw. Die Psychoanalyse sieht die P. als durch Verdrängung libidinöser Phantasie entstanden, die sich sekundär an neutrale, entlastende Gegenstände heftet. Bei der Behandlung von P. haben sich verhaltenstherapeut. Desensibilisierungstechniken als am erfolgreichsten (bes. bei umschriebenen Furchtreizen) erwiesen. Furcht im sozialen Leben läßt sich in der Regel durch Selbstbehauptungstraining und Rollenspiel bzw. Gruppentherapie deutl. mindern.

phobisch, auf Phobie bezogen, mit Phobie einhergehend.

Phobos, bei den Griechen Begriff und vergöttlichte Personifikation des „Grauens", einer der Söhne und Begleiter des ↑ Ares.

Phobos [griech., nach dem gleichnamigen Begleiter des Ares], der innere, größere der beiden Marsmonde (↑ Deimos); er befindet sich nur 6 000 km über der Oberfläche des

Planeten, Umlaufszeit 7 h 39 min 14 s. P. wurde 1971 mit Hilfe der Marssonde Mariner 9 näher erforscht: Größter Durchmesser 27 km, Masse $1,74 \cdot 10^{13}$ t, sehr unregelmäßige Form, zahlr. Krater.

Phocinae [griech.], svw. ↑ Seehunde.

Phoenicopteridae [fø...; griech.], svw. ↑ Flamingos.

Phoenix (Phönix) ↑ Sternbilder (Übersicht).

Phoenix [griech.], svw. ↑ Dattelpalme.

Phoenix [engl. 'fi:nɪks], Hauptstadt von Arizona, USA, am Salt River, 340 m ü. d. M., 866 700 E. Anglikan. und kath. Bischofssitz; mehrere Museen; u. a. Flugzeug- und elektron. Ind. Bed. Erholungsort (Pensionärsstadt **Sun City**). - Gegr. 1871; Hauptstadt von Arizona seit 1889. - State Capitol (1900).

Phoibos (Phöbus), ein Beiname des ↑ Apollon.

Phokäa (Phokaia), ion. Hafenstadt am Golf von İzmir, heute Foça; entwickelte im 8./7. Jh. reiche Handels- und Kolonisationstätigkeit im westl. Mittelmeer (die bedeutendste Kolonie war Massalia [= Marseille]). Frz. und türk. archäolog. Untersuchungen 1913, 1920 und 1953 erbrachten nur Kleinfunde und Reste eines Tempels. - Seit 1275 Besitz der Genuesen, 1307 durch die Katalan. Kompanie geplündert (Gründung von Neu-P.) und 1455 von den Osmanen besetzt; Ruinen der genues. Festung des 15. Jh.

Phokion, * um 402, † Athen 318, athen. Politiker und Feldherr. - Schüler Platons; 45mal Stratege (spätestens seit 365/364), trat für Ausgleich mit Makedonien ein; vermittelte 338 den Frieden mit Philipp II., 335 den Frieden mit Alexander d. Gr., 322 den Frieden mit Antipater; bei Wiederherstellung der Demokratie durch Polyperchon zum Tod durch den Giftbecher verurteilt.

Phokis, histor. Landschaft in M-Griechenland, zw. Lokris, Doris und Böotien. Der phok. Stammesbund war Mgl. der delph.-pyläischen Amphiktyonie, im 5./4. Jh. des Peloponnes. Bundes, nach 371 des Böot. Bundes; löste den dritten hl. Krieg (356–346) aus; bestand noch in röm. Zeit (Hauptort Daulia).

Phon [zu griech. phōnē „Laut, Ton"], Zeichen phon, Hinweiswort bei Angabe der Lautstärke Λ eines Schalls gemäß der Beziehung $\Lambda = 20 \lg p/p_0$, wobei p der gemessene und p_0 der Bezugsschalldruck ($p_0 = 20 \mu$Pa) ist. Die Messung von p geschieht durch subjektiven Hörvergleich mit einem Normalschall oder durch ein Meßgerät (die vom Gerät angezeigte Lautstärke wird dann mit dem Hinweiswort **DIN-Phon** versehen); p ist dabei der Schalldruck eines als gleich laut empfundenen Tones von 1 000 Hz; für $p = p_0$ ist $\Lambda = 0$ phon, für $p = 10 p_0$ ist $\Lambda = 20$ phon usw. Die P.zahl eines beliebigen Schalles ist also gleich der P.zahl eines als gleich laut empfundenem 1 000-Hz-Tones.

◆ in der *Sprachwissenschaft* ↑ Phonem.

phon..., Phon... ↑ phono..., Phono...

Phonation [griech.], Stimm- und Lautbildung; Art und Weise der Entstehung von Stimmlauten mit Hilfe der Artikulationsorgane.

Phonem [griech.], ein in der strukturellen Linguistik entwickelter Begriff für das lautl. Segment als kleinster bedeutungsunterscheidenden sprachl. Einheit. Die Realisierung eines P., also das tatsächl. gesprochene Segment, das phonet. identifizierbar ist, wird **Phon** genannt (zum Prinzip der Ermittlung von P. einer Sprache ↑ Phonologie). - Regelmäßig in Abhängigkeit von der lautl. Umgebung auftretende Varianten eines P. heißen Allophone oder kombinator. Varianten (z. B. ich- und ach-Laut [ç]:[x]), während unabhängig vom lautl. Kontext beobachtbare Varianten freie oder fakultative Varianten genannt werden (z. B. Zungen- und Zäpfchen-r im Deutschen).

Phonematik [griech.], svw. ↑ Phonologie.

Phonemik [griech.], svw. ↑ Phonologie.

Phonetik [zu griech. phōnē „Laut, Ton, Stimme"], wichtiges Teilgebiet der Sprachwiss., dessen Gegenstand das sprachl. verwendete Schallsignal ist. Während die P. lange ein auf beschränkte Untersuchungsmittel angewiesenes, primär physiolog. orientiertes prakt. Hilfsfach (Lautsystematik, Aussprachelehre, Transkriptionssysteme) gewesen ist, gewann sie bei der Theoriebildung der modernen Linguistik, dem Laut als linguist. Einheit mehr und mehr an Bed., so daß dort im prinzipiellen Ggs. zur traditionellen P. eine eigene, linguist. orientierte ↑ Phonologie entwickelt worden ist.

In der phonet. Forschung kann man folgende Hauptarbeitsrichtungen unterscheiden: 1. **Artikulator. Phonetik:** Von den *genetischen*, d. h. die Produktion der Sprachlaute konstituierenden drei Grundprozessen, der Luftstromerzeugung in den Lungen, der Stimmtonerzeugung (Phonation) im Kehlkopf und der ↑ Artikulation der einzelnen Laute im Ansatzrohr (beginnt oberhalb der Stimmbänder, umfaßt Rachen-, Mund- und Nasenraum), ist der letzte der wichtigste und war auch schon immer der Hauptgegenstand der Phonetik. In Verbindung mit den beiden anderen Vorgängen lassen sich die einzelnen Vokale und Konsonanten jeweils durch bestimmte artikulator. Parameter definieren (↑ Laut). - 2. **Akust. Phonetik:** Dieselben Produktionsprozesse können aber auch mit akust. Hilfe. *genem[at ji-schen*], d. h. auf die Schallwellen als Produkt dieser Prozesse bezogenen Parametern beschrieben werden. Das Ansatzrohr gilt dann als akust. Filter, das den Schall aus den vorangegangenen Prozessen resonator. in Vokale und Konsonanten umformt. Diese akust. Analyse mit Hilfe des Sonagramms leitete

phonetische Schrift

nach 1945 eine neue Epoche der Sprachlautanalyse ein. - 3. **Auditive Phonetik**: Die soweit analysierten Produktionsvorgänge und Produkte beim Sprecher können wiederum auditiv, d. h. auf ihre sprachl. bedingte Verarbeitung beim Hörer bezogen, untersucht werden. Hierzu gehören v. a. Versuche, artikulator. und akust. Daten mit Urteilen zu vergleichen, die durch Hörtests von Versuchspersonen gewonnen werden. - 4. **Statist. Phonetik**: Da es sich beim Untersuchungsgegenstand der P. nicht um standardisierte, sondern um natürl., gesprochene Sprache handelt, weichen die Meßwerte ident. Laute z. T. erhebl. voneinander ab, beeinflußt u. a. vom Kontext, der Intonation und der kommunikativen Situation. Die statist. P. liefert die statist. Basis, auf Grund der unterschiedl. Meßwerte ident. Klassen zugeordnet werden können. - 5. **Prakt. Phonetik**: Die bislang rein pragmat. gelösten Probleme der Aussprachenorm können auf Grund neuerer phonet. und linguist. Erkenntnisse erneut in Angriff genommen werden. Auch auf den Gebieten der Sprachheilkunde finden neuere Methoden und Begriffe der P. Anwendung.

Ⓓ *Wängler, H. H.: Grundriß einer P. des Deutschen.* Marburg ⁴1983. - *Tillmann, H. G./Mansell, P.: P. Lautsprachl. Zeichen, Sprachsignale u. lautsprachl. Kommunikationsprozeß.* Stg. 1980. - *Malmberg, B.: Einf. in die P. als Wiss.* Dt. Übers. Mchn. 1976. - *Mangold, M.: Aussprachewörterb.* Mhm. u. a. ²1974.

phonetische Schrift (phonet. Umschrift, phonet. Transkription) ↑ Lautschrift.

Phoniatrie [griech.], Stimm- und Sprachheilkunde, Teilgebiet der Hals-Nasen-Ohren-Heilkunde.

Phönikien (lat. Phoenicia; Phönizien), griech. Name (eigtl. „Purpurland") der seit dem Paläolithikum besiedelten histor. Landschaft an der syr.-libanes.-israel. Mittelmeerküste etwa zw. Al Ladhakijja im N und Akko im S. Der einheim. Name für P. war Kanaan. Die mindestens seit dem 2. Jt. v. Chr. hier wohnhafte kanaanäische Bev. mit semit. Sprache (**Phöniker, Phönizier**) unterhielt von den wichtigsten Städten Byblos, Tyrus, Sidon und dem heutigen Beirut aus regen Handel mit Zypern, Ägypten, in den Ägäisraum und ins Hinterland Syriens (Hauptexportgüter: Bauholz aus dem Libanon, Purpurstoffe, v. a. im 1. Jt. v. Chr. auch kunstgewerbl. Erzeugnisse). Trotz ägypt. Oberhoheit konnten die Städte bereits im 2. Jt. eine gewisse Selbständigkeit untereinander und gegen die anderen syr.-palästinens. Kleinstaaten wahren. Sie gingen aus dem Einbruch der sog. Seevölker um 1200 gestärkt hervor und dehnten, nun von Ägypten unabhängig, ihre Macht ab etwa 1100 durch Gründung von Handelsfaktoreien und Kolonien (bes. von Tyrus) im ganzen Mittelmeerraum, in Zypern (Kition), Sizilien (z. B. Panormos [= Palermo]), Malta, S-Spanien

(z. B. Gadir [= Cádiz]), Sardinien und N-Afrika (z. B. Hippo Regius [= Annaba], Karthago) aus, in wachsender Rivalität zu den nachfolgenden ion.-griech. Kolonien. Die phönik. Städte wurden im 9. Jh. den assyr. Königen tributpflichtig (völlige Unterwerfung von Sidon und Tyrus erst im 7. Jh.). Nach dem Ende des Assyrerreichs unterwarf der babylon. König Nebukadnezar II. 572 Tyrus nach 13 Jahre langer Belagerung. Während der Eroberung des pers. Achämenidenreichs durch Alexander d. Gr. wurde Tyrus 332 eingenommen. P. wurde 64/63 v. Chr. Teil der röm. Prov. Syria. - Die phönik. **Kultur** war geprägt von ihrer Rolle als Vermittler zw. den Kulturen Ägyptens und des altorientalen. Vorderasiens, die durch den phönik. Handel an den Küsten des Mittelmeers Verbreitung fanden, sowie der Kultur des Ägäisraumes. In der phönik. Kunst überwiegt ägypt. Einfluß. Die phönik. Schrift wurde zum Ausgangspunkt aller westl. Buchstabenschriften. Die **Religion** entsprach weitgehend der kanaanäischen Religion. Neben den großen Göttern Baal, El, Astarte gewannen allerdings die lokalen Stadtgötter (z. B. Melkart, Eschmun) an Bed., während der Kult anderer phönik. Götter wie Reschef, Schadrapa und Adonis v. a. durch die Kolonien unter hellenist. Einfluß weit verbreitet wurde.

Ⓓ *Spanuth, J.: Die Phönizier.* Osnabrück 1985. - *Moscati, S.: Die Phöniker. Von 1200 v. Chr. bis zum Untergang Karthagos.* Dt. Übers. Essen 1975.

Phönikisch (Phönizisch), zum kanaanäischen Zweig der semit. Sprachen gehörende, mit dem Hebr. und dem Moabitischen eng verwandte Sprache der Phöniker. Inschriften in ↑ phönikischer Schrift aus dem Mittelmeerraum sind aus dem 1. Jt. v. Chr. bekannt. In Phönikien wurde die Sprache allmähl. vom vordringenden Aram. überlagert, während sich die Sprache der Karthager (Punisch) im W. länger halten konnte.

phönikische Kunst (phönizische Kunst), die Kunst Phönikiens im 2./1. Jt. Die Baukunst (Tempel des syr. Grundtyps) ist charakterisiert durch die Verwendung sehr großer Bausteine. Die Erzeugnisse des ägypt. beeinflußten Kunsthandwerks, v. a. Textilien, Möbel und Elfenbeinschitzereien (Nimrud [Kalach], Arslan Taş), Glas- und Metallwaren, waren durch den Handel im ganzen Vorderen Orient und im Mittelmeerraum verbreitet. Dazu treten mesopotaam., zypr., ägäische und griech. Vorbilder. Die Fayence- und Glasurtechnik wurde in der p. K. verbessert, das ↑ Niello wohl hier erfunden.

phönikische Schrift (phönizische Schrift), etwa um 1200 v. Chr. entstandene Konsonantenschrift (keine Vokale), bestehend aus 22 Buchstaben, u. a. auf Steininschriften überliefert. Die p. S. ist die Grundlage der althebr., moabit. und samaritan.

Schrift. Auch die aram. Schrift, aus der sich die hebr. Quadratschrift und das arab. Alphabet entwickelt haben, geht auf die p. S. zurück.

Phonismen [griech.], Ton- oder Geräuschempfindungen bei Reizung anderer Sinnesorgane, v. a. bei opt. Reizung.

Phönix (Phoinix), Fabelwesen der Antike, dessen Lebensdauer 972 Menschenalter betrage; nach Herodot wurde er im ägypt. Heliopolis verehrt, wohin er alle 500 Jahre zurückkehre, um den Leichnam seines Vaters zu bestatten. Diese Schilderung läßt sich auf den ägypt. Sonnenvogel Benu beziehen, den man sich in adlerähnl. Gestalt und purpur- und goldfarbigem Gefieder vorstellte. Benu galt als die Verkörperung von Re und Osiris. Die spätere Legende, derzufolge er, wenn er sein Ende nahen fühle, sich selbst verbrenne und aus der Asche ein neuer P. entstehe, ist nicht ägypt. Ursprungs. Das Motiv der Selbstverbrennung wurde bereits von den Kirchenvätern und frühchristl. Dichtern auf Christus übertragen und mit dessen Tod und Auferstehung in Zusammenhang gebracht; in der Alten Kirche und im MA ein Christussymbol.

Phönix (Phoenix) [griech.] ↑Sternbilder (Übersicht).

Phönizien ↑Phönikien.

phono..., Phono..., phon..., Phon... [zu griech. phōnḗ „Laut, Ton"], Bestimmungswort von Zusammensetzungen mit der Bed. „Schall, Laut, Stimme, Ton".

Phonogeräte, Sammelbez. für Plattenspieler und Tonbandgeräte.

Phonognomik [griech.], Teilgebiet der Ausdrucks- und Charakterkunde, das von der

Phönikische Kunst. Schale aus dem Bernardini-Grab in Palestrina (7. Jh. v. Chr.). Rom, Museo Nazionale di Villa Giulia

Annahme ausgeht, daß die Stimme eines Menschen in Zusammenhang mit seinem Charakter steht und daß sich deshalb aus der Analyse der Sprechvorgänge Rückschlüsse auf den Charakteraufbau ziehen lassen.

Phonogramm, jede Aufzeichnung von Schallwellen (Sprache, Musik), z. B. auf Schallplatten oder Tonbändern.

Phonogrammarchiv, Sammlung phonograph. Aufnahmen (Schallplatte, Walze) außereurop. Musik und europ. Volksmusik zum Zwecke musikethnolog. Forschung. Das erste P. wurde 1899 in Wien gegr., ihm folgten weitere u. a. in Paris (1900) und Berlin (1902).

Phonograph, von T. A. ↑Edison 1877 erfundenes Gerät zur Aufzeichnung und Wiedergabe von Schallvorgängen. Der P. besteht aus einem Schalltrichter, dessen schmales Ende von einer Membran abgeschlossen wird, an der ein über eine rotierende Walze gleitender Schreibstift befestigt ist. Der aufzuzeichnende Schall regt die Membran zu Schwingungen an, deren Verlauf vom Schreibstift als Furche unterschiedl. Tiefe auf der Walze aufgezeichnet wird.

Phonolith [griech.] (Klingstein), grünlichgraues Ergußgestein, Hauptbestandteile Sanidin und Nephelin.

Phonologie (Phonemik, Phonematik), eine auf der theoret. Grundlage der strukturellen Linguistik entstandene sprachwiss. Disziplin, die zw. dem System einer [Einzel]sprache (↑Langue) und dem Sprechen einer Sprache (Parole) streng unterscheidet. Sie nimmt als lautl. Einheiten einer Sprache ↑Phoneme an, während sich die ↑Phonetik mit den Realisierungen der Phoneme im Sprechen befaßt. Die P. untersucht die Laute einer Sprache unter dem Gesichtspunkt, wie diese ihre Funktion, Wörter voneinander zu unterscheiden, erfüllen können. Zur **Phonemanalyse** wendet sie die Methoden der Oppositionspaarbildung (↑Opposition, ↑Minimalpaaranalyse) und der Distributionsanalyse (↑Distribution) an. Zwei Laute gelten nur dann als Phoneme einer Sprache, wenn sich ein Wortpaar finden läßt, dessen Glieder sich nur durch diesen lautl. Gegensatz in der Bedeutung unterscheiden; sie bilden dann eine phonolog. Opposition, z. B. die Phoneme /l/:/r/ in *leiten : reiten.*

Die erste systemat. Darstellung der P. stammt von N. S. Trubezkoi. Die Theorie und das Verfahren der P. wurden in Europa (u. a. durch die Prager Schule) und Amerika konsequent weiterentwickelt und bildeten die Grundlagen für die Entwicklung der strukturellen Linguistik in ihrer jeweiligen Ausprägung. Eine entscheidende Wende erfuhr die phonolog. Theorie u. a. durch R. Jakobson, der Phoneme in universelle, sowohl physiolog. als auch akust. belegbare distinktive (unterscheidende) Merkmale auflöste, deren Bündelungen die einzelnen Phoneme in den

Phonometrie

Sprachen der Erde darstellen sollten. Die generative Grammatik entwickelte, darauf basierend, phonolog. Regeln, die imstande sind, syntakt. und morpholog. Strukturen in eine korrekte phonet. Repräsentation überzuführen. Dadurch gelangte die P. zu einer neuen - nicht strukturellen - konzeptionellen Basis, die zur Aufgabe des Phonembegriffs führte. ⊞ *Heike, G.: P. Stg.* ²1980. - *Penzl, H.: Histor. P. des Dt. Bln. u. Mchn.* 1975.

Phonometrie [griech.], Teilgebiet der Akustik, das in ihre Arbeitsmethoden den [physikal.] Reiz und die Gehörempfindung mit einbezieht und messend erfaßt.

Phononen [griech.] (Schallquanten), die ↑Quanten der Schallschwingungen fester und flüssiger Stoffe sowie der gleichartigen, aber zum großen Teil wesentl. höherfrequenten und vorwiegend als Wärmebewegung der Gitterbausteine eines Kristalls auftretenden Gitterschwingungen. Sie verhalten sich wie Quasiteilchen.

Phonotaxis [griech.] ↑Taxie.

Phonothek [griech.], Sammlung von Tonträgern (Walzen, Schallplatten, Tonbänder, Tonfilme) mit Schallaufnahmen zum Zwecke der Dokumentation und Forschung. Die P. gingen aus den um 1900 entstandenen ↑Phonogrammarchiven hervor und nehmen heute ähnl. Aufgaben wie die Nationalbibliotheken auf dem Gebiet des Schrifttums wahr.

Phonotypistin [griech.], Schreibkraft, die auf Schreibmaschineschreiben vom Band spezialisiert ist.

Phoresie [zu griech. phórēsis „das Tragen"], Form der Nutznießung (Probiose) bei Tieren, bei der der Partner kurzfristig zum Transportmittel für eine Ortsveränderung (zum Aufsuchen neuer Nahrungsplätze, zur Artausbreitung) wird; dabei heftet sich das Tier aktiv oder passiv an seinen Partner an. P. kommt bei aas- oder kotbewohnenden Larven von Fadenwürmern und Milben und unter den Fischen beim Kopfsauger vor.

Phoridae [griech.], svw. ↑Buckelfliegen.

Phorminx [griech.], altgriech. ↑Leier, dem Namen nach seit Homer belegt. Auf Abb. seit dem 9. Jh. v. Chr. wird ihr Schallkörper meist sichel- oder annähernd halbkreisförmig dargestellt. Die drei bis fünf Saiten wurden mit oder ohne Plektron angerissen.

Phoronomie [griech.], die Untersuchung von Bewegungsabläufen bei bestimmten Tätigkeiten und des entsprechenden Energie- und Arbeitsaufwandes (↑Arbeitsstudien).

Phoropter [griech.], augenärztl. Untersuchungsgerät in Form einer Probierbrille (mit verstellbaren Prismen, Linsen, Filtern) zur Ermittlung der Brechkraft, der Akkommodationsbreite und der Achsenparallelität der Augen.

Phosgen [griech.] (Karbonylchlorid, Kohlenoxidchlorid), $COCl_2$, farbloses, äußerst giftiges Gas mit muffigem Geruch, das durch Umsetzen von Kohlenmonoxid mit Chlor an Holzkohle als Katalysator hergestellt und für zahlr. Synthesen verwendet wird; im 1. Weltkrieg als Kampfgas eingesetzt.

Phosgenit [griech.] (Bleihornerz), flächenreiche Kristalle bildendes, weiß bis gelblich durchscheinendes Mineral, chem. $Pb[Cl_2|CO_3]$, Mohshärte 2,5–3; Dichte 6 bis 6,3 g/cm³.

Phosphane [griech.], svw. ↑Phosphorwasserstoffe.

Phosphatasen [griech.] (Phosphoesterasen), zu den Esterasen gehörende, Phosphorsäureester (z. B. Nukleotide, Phosphatide) spaltende Enzyme. P. spielen u. a. im Nukleinsäure- und Phospholipidstoffwechsel aller Organismen eine große Rolle.

Phosphate [griech.], die Salze der Phosphorsäuren, insbes. die der Orthophosphorsäure, die als dreibasische Säure *primäre* ($Me^IH_2PO_4$), *sekundäre* ($Me_2^IHPO_4$) und *tertiäre P.* ($Me_3^IPO_4$) bilden kann. Beim Erhitzen gehen die primären und sekundären P. in *Meta-P.* (mit ringförmigen Molekülen) oder in hochmolekulare *Poly-P.* über (z. B. ↑Graham-Salz, ↑Kurrol-Salz); diese P. werden v. a. in Waschmitteln zur Wasserenthärtung verwendet. Die natürl., z. T. in großen Lagern vorkommenden P. werden v. a. zu Düngemitteln verarbeitet. Der größte Teil der techn. verwendeten P. gelangt mit dem Abwasser in natürl. Gewässer und verursacht deren schädl. Überdüngung (↑Eutrophierung).

◆ die Ester der Orthophosphorsäure; zahlr. Alkyl- und Arylester werden zur Herstellung von Schädlingsbekämpfungsmitteln (z. B. E 605), Weichmachern und Flotationsmitteln verwendet. Im Organismus sind organ. P. (z. B. ↑Adenosinphosphate und andere ↑Nukleotide, ↑Lezithine, ↑Kephaline und andere ↑Phospholipide) Zwischenprodukte sehr vieler Stoffwechselprozesse.

Phosphatide [griech.], svw. ↑Phospholipide.

Phosphatierung [griech.] (Phosphatrostschutz, Phosphatverfahren), Oberflächenbehandlung von Metallen mit Lösungen von Zink- oder Manganhydrogenphosphaten (Schichtdicke 1–40 μm) oder mit Phosphorsäure bzw. Alkalihydrogenphosphaten (Schichtdicke 0,1–1 μm); die Phosphatüberzüge dienen als Korrosionsschutz.

Phosphen [griech.], subjektiv wahrgenommene Lichterscheinung, die beim ↑Blitzsehen auftritt.

Phosphide [griech.], Verbindungen des Phosphors mit Metallen und Halbmetallen durch Erhitzen unter Luftabschluß. P. der Alkali- und Erdalkalimetalle zersetzen sich in Wasser unter Bildung von Phosphorwasserstoffen. P. der Übergangsmetalle besitzen große Härte sowie hohe Wärme- und elektr. Leitfähigkeit.

Phosphine [griech.], Derivate des Monophosphans (↑Phosphorwasserstoffe), bei dem die Wasserstoffatome durch Alkyl- oder Arylreste substituiert sind; sehr reaktionsfähige, sehr giftige, selbstentzündl. Substanzen.

Phosphite [griech.], die (primären und sekundären) Salze und Ester der phosphorigen Säure (↑Phosphorsäuren); die Aryl- und Alkylester sind Zwischenprodukte bei der Herstellung von Schädlingsbekämpfungsmitteln.

Phospholipasen (Phosphatidasen) [griech.], zu den Hydrolasen gehörende, Phosphatide spaltende Enzyme, die je nach Angriffspunkt am Phosphatidmolekül (C_1-, C_2- oder C_3-Atom des Glycerins) in *Phospholipase A, B* und *C* eingeteilt werden.

Phospholipide (Phospholipoide, Phosphatide) [griech.], in tier. und pflanzl. Zellen v. a. als Bestandteile biolog. Membranen vorkommende Lipoide. Bei den P. ist Phosphorsäure einerseits mit Glycerin (*Glycerin-P.*, z. B. Lezithin) oder Sphingosin *(Sphingolipide)* und andererseits mit Cholin, Kolamin, Serin oder Inosit verestert.

Phosphomutasen [griech./lat.] (Mutasen), zu den Isomerasen gezählte Enzyme, die Phosphatreste scheinbar intramolekular verschieben, tatsächl. aber diese Isomerisierung durch Übertragung eines Phosphatrestes von einem Kohlenhydratmolekül auf ein zweites bewirken und daher zu den Transferasen (Transphosphatasen) gehören. P. sind bei der alkohol. Gärung und der Glykolyse wirksame Enzyme.

Phosphoproteide [griech.], zusammengesetzte Eiweißstoffe, die neben der Proteinkomponente Phosphorsäurereste enthalten, z. B. das Kasein.

Phosphor [zu griech. phōsphóros „lichttragend" (nach seiner Leuchteigenschaft)], chem. Symbol P; nichtmetall. Element aus der V. Hauptgruppe des Periodensystems der chem. Elemente, Ordnungszahl 15, relative Atommasse 30,97376. P. tritt als weißer, roter und schwarzer P. in drei Modifikationen auf. **Weißer Phosphor** ist eine wachsartige, gelbl., giftige Masse mit charakterist. Geruch; Dichte 1,82 g/cm³, Schmelzpunkt 44,1 °C, Siedepunkt 280 °C. Er reagiert leicht mit Luftsauerstoff unter Erwärmung zu P.pentoxid; ein Teil der bei der Oxidation frei werdenden Energie wird als Licht abgegeben, worauf das Leuchten des Weißen P. im Dunkeln beruht. Da Weißer P. selbstentzündl. ist, wird er unter Wasser aufbewahrt. Am Licht wandelt sich Weißer P. sehr langsam, bei Erhitzen unter Luftabschluß rasch in Roten P. um. **Roter Phosphor** ist ein amorphes oder feinkristallines, ungiftiges Pulver (Dichte 2,2 g/cm³), das sich erst beim Erhitzen auf über 300 °C entzündet; er wird zur Herstellung von Zündhölzern verwendet. Der graue rhomb. Kriställchen bildende **Schwarze Phosphor** entsteht aus

Weißem P. unter hohem Druck und besitzt elektr. Leitfähigkeit. - In seinen Verbindungen tritt P. drei- und fünfwertig auf. In der Häufigkeit der chem. Elemente in der Erdkruste steht er an 12. Stelle. In der Natur kommt P. nur in Form von Phosphaten vor, aus denen er auch techn. durch Reduktion mit Kohle unter Zusatz von Quarzsand im Elektroofen gewonnen wird. - Der Weiße P. wurde zuerst 1669 von dem dt. Alchimisten H. Brand aus menschl. Harn gewonnen, aber erst 1742 von S. Marggraf als Element erkannt.

📖 *Corbridge, D. E. C.: The structural chemistry of phosphorus.* Amsterdam 1974. - *Themen zur Chemie des P.* Hg. v. E. Fluck u. K. Maas. Hdbg. 1973. - *Van Wazer, J. R.: Industrial chemistry and technology of phosphorus compounds.* New York 1968.

Phosphorchloride, Verbindungen des Phosphors mit Chlor: **Phosphordichlorid,** PCl_2, eine farblose, leicht zersetzl. Flüssigkeit, **Phosphortrichlorid,** PCl_3, eine farblose Flüssigkeit, und **Phosphorpentachlorid,** PCl_5, eine feste, weiße Masse; „rauchen" an feuchter Luft wegen Bildung von Salzsäurenebeln und werden in der organ. Chemie als Chlorierungsmittel verwendet.

Phosphore [griech. (↑Phosphor)], Bez. für Stoffe, die *phosphoreszieren,* d. h. nach nichttherm. Anregung (z. B. mit Licht- oder UV-Strahlen) ein gewisses Nachleuchten (↑Phosphoreszenz) zeigen. I. w. S. werden auch alle fluoreszierenden Stoffe als P. bezeichnet. Man unterscheidet die seltenen **Reinstoffphosphoren** (z. B. Erdalkaliwolframate, Carbazolverbindungen) von den **Fremdstoffphosphoren,** die erst durch Beimengung kleinster Mengen von Schwermetallen (sog. Phosphorogene) zum Grundmaterial phosphoreszenzfähig werden. P. werden v. a. bei der Herstellung von Leuchtschirmen sowie als Szintillatoren in der Meßtechnik verwendet. Das Element Phosphor gehört nicht zu den P., da es keine Phosphoreszenz, sondern ↑Chemilumineszenz aufweist.

Phosphoreszenz [griech. (zu ↑Phosphor)], der Anteil der ↑Lumineszenz, der im Ggs. zur ↑Fluoreszenz nicht sofort nach Beendigung der Anregung abklingt, sondern sich durch längeres Nachleuchten (von Bruchteilen einer Sekunde bis zu Monaten) auszeichnet. Die Abklingzeit ist stark temperaturabhängig (durch eine Temperaturerhöhung wird sie z. B. verkürzt). Stoffe, die P. zeigen, werden Phosphore genannt. Während bei der Fluoreszenz die Elektronen aus einem angeregten Zustand direkt wieder in den Grundzustand zurückspringen und somit die Lichtintensität nur von der spontanen Übergangswahrscheinlichkeit zw. den beiden Zuständen (Energieniveaus) abhängt, gelangen die Elektronen bei der P. nach der Anregung in bestimmte Speicherniveaus (Elektronenfallen, sog. Traps), die sich im Festkörper

Phosphorit

als langlebige (metastabile) Zustände einige Zehntel eV unterhalb des primär angeregten Niveaus befinden. Zur Entleerung der Speicherniveaus und damit zur Lichtemission muß die geringe Energiedifferenz bis zum primär angeregten Zustand wieder zugeführt werden. Das kann therm. erfolgen (Thermolumineszenz) und erklärt die Temperaturabhängigkeit. So kann Licht durch Abkühlung in Phosphoren „eingefroren" und später zu beliebiger Zeit durch Erwärmen wieder „ausgetrieben" werden. Auf der P. beruht u. a. die Wirkungsweise von Leuchtschirmen, bei denen zur Darstellung eines zusammenhängenden Bildes durch den Elektronenstrahl ein gewisses Nachleuchten erforderl. ist.

Phosphorit [griech.], bräunl. Sedimentgestein, chem. $Ca_5[(F, Cl, OH)](PO_4)_3]$, häufig mit anderen Mineralen, z. B. $CaCO_3$, vermischt; entsteht durch Verwitterung von Apatit oder durch Umwandlung von phosphathaltigen tier. Substanzen und von Guano (ergibt mit Korallenkalken sog. **Inselphosphate**); wichtiger Ausgangsstoff zur Phosphorgewinnung und Düngemittelherstellung. Vorkommen in Algerien, Tunesien, Marokko.

Phosphorogen [griech.], svw. ↑Aktivator.

Phosphoros (lat. Lucifer), antike Bez. für den Planeten Venus als Morgenstern im Unterschied zum Abendstern **Hesperos.**

Phosphoroxide, die Verbindungen des Phosphors mit Sauerstoff; die beiden wichtigsten P. sind das weiße, wachsähnl. oder kristalline, sehr giftige **Phosphortrioxid,** P_2O_3, und **Phosphorpentoxid,** P_2O_5, eine weiße, schneeartige, sehr hygroskop. Verbindung, die bei Zimmertemperatur langsam aus Phosphortrioxid entsteht bzw. durch Verbrennen von Weißem Phosphor erhalten wird. Phosphorpentoxid ist ein starkes Trockenmittel.

Phosphorsalz (Ammoniumnatriumhydrogenphosphat), $(NH_4)NaHPO_4 \cdot 4H_2O$, ein v. a. in der analyt. Chemie zur Herstellung der Phosphorsalzperle verwendetes Doppelsalz der Phosphorsäure; es bildet farblose, wasserlösl. Kristalle.

Phosphorsalzperle, ein Nachweis für Schwermetalle in der analyt. Chemie, wobei ein Tropfen geschmolzenes sog. Phosphorsalz in die zu untersuchende Substanz getaucht und durch entstehende Metallphosphate jeweils charakterist. gefärbt wird.

Phosphorsäuren, die von Phosphor abgeleiteten Sauerstoffsäuren. Neben der durch Umsetzen von Phosphortrioxid mit Wasser entstehenden kristallinen **phosphorigen Säure,** H_3PO_3, ist die [**Ortho**]**phosphorsäure,** H_3PO_4, wichtig; sie ist eine farblose, kristalline, in wäßriger Lösung schwach sauer reagierende Substanz, die in zahlr. physiolog. wichtigen Verbindungen (z. B. in der DNS) gebunden ist. Über 200 °C geht sie unter Wasserabspaltung in die **Diphosphorsäure** *(Pyrophos-*

phorsäure), $H_4P_2O_7$ über, die durch weitere Entwässerung in die hochmolekulare **Metaphosphorsäure** übergeht. Die **hypophosphorige Säure,** H_3PO_2, bildet farblose, in Wasser lösl. Kristalle; sie wirkt stark reduzierend.

Phosphorwasserstoffe (Phosphane), die Wasserstoffverbindungen des Phosphors, z. B. das knoblauchartig riechende, sehr giftige, gasförmige **Monophosphan** *(Phosphin),* PH_3, und das selbstentzündl., gasförmige **Diphosphan** *(Diphosphin),* P_2H_4, aus dem sich unter Lichteinfluß höhermolekulare, flüssige bis feste **Polyphosphane** bilden.

Phosphorylierung [griech.], die enzymat. Einführung eines Phosphorsäurerests in ein Substrat, das dadurch aktiviert wird. Als oxidative P. bezeichnet man die Speicherung der in der Atmungskette frei werdenden chem. Energie in Form von ATP. Bei der *nichtcycl.* und *cycl. Photophosphorylierung* in der Photosynthese wird die durch Elektronentransportvorgänge gewonnene Energie ebenfalls in Form von ATP gespeichert.

Photios, * Konstantinopel um 820, † in Armenien 891 (?), byzantin. Gelehrter und Patriarch von Konstantinopel (859–867 und 879–886). - Lehrer an der kaiserl. Univ. Konstantinopel, Leiter der kaiserl. Kanzlei; als Laie zum Patriarchen erhoben und innerhalb von 5 Tagen mit allen Weihen versehen; Papst Nikolaus I. sah darin einen Anlaß zur Erneuerung des päpstl. Führungsanspruches auch in der Ostkirche und erklärte P. für abgesetzt. P. faßte 867 in einer Enzyklika die dogmat. Streitpunkte mit Rom zus. und exkommunizierte Nikolaus I. (**Photianisches Schisma**), wurde kurz danach von Basileios I. Makedon gestürzt, der ihn mit Hilfe von Papst Hadrian II. auf dem Konzil von Konstantinopel 869/870 exkommunizierte. P. wurde 879 erneut Patriarch, setzte auf der Synode von Konstantinopel (879/880) die Enzyklika von 867 durch und wurde 886 durch seinen Schüler Kaiser Leon VI. amtsenthoben und exiliert. Er wird seit dem 10. Jh. in der Ostkirche als Heiliger verehrt.

Photismus [griech.], Licht- und/oder Farbempfindung bei Reizung anderer, unspezif. Sinnesorgane.

photo..., Photo... [zu griech. phõs (Genitiv: phõtós) „Licht"] (eindeutschend foto..., Foto...), Bestimmungswort für Zusammensetzungen mit der Bed. „Licht", „Lichtbild".

Photoautotrophie, autotrophe Ernährungsweise, bei der die Strahlungsenergie des Lichtes zum Aufbau organ. Substanz aus Kohlendioxid und Wasser verwendet wird.

Photobiologie, Arbeitsgebiet der Biologie, das sich mit der Untersuchung lichtabhängiger pflanzl. und tier. Lebensvorgänge (z. B. Photosynthese, Sehvorgänge) beschäftigt.

Photochemie, Teilgebiet der Chemie, das sich mit chem. Reaktionen befaßt, die durch Licht oder andere elektromagnet. Strahlung ausgelöst werden. Das Licht bleibt ohne photochem. Wirksamkeit, wenn die Photonen die Atome, Ionen oder Moleküle des bestrahlten Stoffes nur anregen, d. h. Fluoreszenz oder Phosphoreszenz bewirken. Durch Absorption von Photonen geeigneter Energie (wobei die Farbe des bestrahlten Stoffes eine Rolle spielt) werden Teilchen des Stoffes in positive oder negative Ionen bzw. in Radikale zerlegt oder Elektronen aus den Teilchen herausgelöst *(Primärreaktionen)*. Diese Teilchen können mit den übrigen Molekülen, Ionen oder Atomen der Substanz reagieren; diese *Sekundärreaktionen* laufen ohne weitere Lichteinstrahlung ab. Im Idealfall (ohne Berücksichtigung der Vielzahl mögl. Sekundärreaktionen) werden zur Umsetzung eines Mols einer Substanz $N_A = 6,023 \cdot 10^{23}$ Photonen benötigt (N_A Avogadro-Zahl); die dabei übertragene Energiemenge $E = N_A \cdot h \cdot v$ ist das **photochemische Äquivalent** (*h* Plancksches Wirkungsquantum, *v* Frequenz der Strahlung). Photochem. Prozesse spielen in der Natur (↑Photosynthese) und in der Technik (↑Photographie) eine große Rolle.

Photochemotherapie, die kombinierte Anwendung von langwelligem UV-Licht und einer photosensibilisierenden Substanz zur Behandlung von Hautkrankheiten (z. B. der Schuppenflechte).

Photochromie, die reversible Farbänderung von Farbstoffen im [Sonnen]licht.

Photodiode, spezielle Halbleiterdiode, die ihre elektr. Eigenschaften bei Belichtung der p-n-Übergangsschicht stark ändert. P. werden z. B. zu Lichtmeß- und Lichtsteuerungszwecken verwendet.

Photodissoziation (opt. Dissoziation), die ↑Dissoziation eines Moleküls, die durch die Absorption eines Lichtquants (Photon) ausgelöst wird.

Photoeffekt (lichtelektrischer Effekt, photoelektrischer Effekt), das Herauslösen von Elektronen aus dem Inneren eines Festkörpers durch seine Oberfläche hindurch *(äußerer P.)*, die Anhebung von Elektronen aus dem Valenz- ins Leitungsband im Inneren von Halbleitern *(innerer P.)* oder das Herauslösen von Elektronen aus freien Atomen *(atomarer P.)* durch Einstrahlung von Licht-, Röntgen- oder Gammastrahlen. Der **äußere Photoeffekt (Photoemission)** setzt bei Beginn der Einstrahlung prakt. trägheitslos ein. Die herausgelösten Elektronen (**Photoelektronen**) können durch ein elektr. Feld abgesaugt werden. Die Stärke des von ihnen dabei gebildeten sog. **Photostroms** ist der Intensität der absorbierten Strahlung proportional und folgt Intensitätsschwankungen fast trägheitslos. Beim **inneren** oder **Halbleiterphotoeffekt** führt die photoelektr. Anhebung von Elektronen in das Leitungsband eines Halb-

leiters (oder Nichtleiters), wo sie frei bewegl. sind, zur Erhöhung der elektr. Leitfähigkeit *(primäre Photoleitfähigkeit)*. Der **atomare Photoeffekt (Photoionisation)** tritt konkurrierend zur Elektronenstoßionisation bei Gasentladungen und in Zählrohren bei der Ladungsträgererzeugung auf. Dazu muß die Photonenenergie größer als die Ablösearbeit (Ionisierungsenergie) des Elektrons aus der betreffenden Atomschale sein. - ↑auch Kernphotoeffekt.

Photoelektrizität, die Gesamtheit der durch Lichteinwirkung in Materie hervorgerufenen elektr. Erscheinungen, insbes. der Photoeffekt.

Photoelektronen ↑Photoeffekt.

Photoelektronenvervielfacher ↑Photomultiplier.

Photoelektronik, Teilgebiet der Elektronik, das sich mit der Ausnutzung aller auf der Wechselwirkung von Licht und Elektronen beruhenden physikal. Effekte (v. a. des Photoeffektes) in Einrichtungen zur Informationsgewinnung, -übertragung, -verarbeitung und -speicherung befaßt, wobei aber im Ggs. zur ↑Optoelektronik die Steuerung und Modulation des informationsübertragenden Lichtes v. a. mit opt. Mitteln (z. B. Blenden, Polarisationsfiltern u. a.) erfolgt.

Photoelement (Sperrschichtphotozelle), ein den inneren Photoeffekt ausnutzendes photoelektron. Bauelement, in dem bei Belichtung zw. seinen beiden Elektroden eine elektr. Spannung *(Photospannung)* von einigen Zehntel Volt entsteht. Im Prinzip besteht ein P. aus einer als Elektrode und stabiler Träger dienenden Metallplatte, auf der eine dünne p-leitende Halbleiterschicht von etwa 50 bis 100 μm Dicke (aus Silicium, Selen, Kupfer(I)oxid, Bleisulfid) aufgebracht ist. Auf dieser wiederum ist eine weniger als 50 nm dicke lichtdurchlässige Metallschicht (z. B. aus Gold) aufgedampft. Zw. dieser n-leitenden metall. Deckelektrode und der Halbleiterschicht bildet sich eine p-n-Übergangsschicht, die Sperrschicht, aus. Bei Belichtung werden in der Sperrschicht infolge inneren Photoeffekts zusätzl. Ladungsträgerpaare freigesetzt. Die Stromstärke des Photostroms kann als

Photoelement. Schematischer Aufbau (T als Elektrode und stabiler Träger dienende Metallplatte, D Deckelektrode, H Halbleiterschicht)

Photoemission

Maß für die Intensität der einwirkenden Lichtstrahlung dienen (Anwendung im photoelektr. ↑ Belichtungsmesser).

Photoemission, svw. äußerer ↑ Photoeffekt.

Photoerzeugung (Photoproduktion), die Erzeugung von Elementarteilchen durch hochenerget. Photonen. Dabei wird die Energie E eines Photons (Gammaquants) jeweils in die Masse m eines oder mehrerer Teilchen und ihre kinet. Energie umgesetzt (↑ Materialisation). Ein wichtiger Prozeß der P. ist die Paarbildung.

photogen, zum Filmen oder Photographieren bes. geeignet (v. a. von Personen gesagt).

Photogrammetrie [griech.] ([Raum]-bildmessung), Verfahren, nach dem photograph. Meßbilder *(Photogramme)* hergestellt, gegebenenfalls geometr. oder strukturell umgebildet und graph. oder numer. ausgewertet werden. Je nach der Lage der Aufnahmeorte unterscheidet man zw. *Erdbildmessung (terrestr. P.)* und *Luftbildmessung (Aero-P.).* Die Erdbildmessung wird im geodät. Bereich heute nur noch in bes. Fällen eingesetzt, in nichtgeodät. Bereichen hat sie jedoch nach wie vor Bedeutung. Allg. vorherrschend ist die vom Flugzeug aus erfolgende Luftbildmessung. Die systemat. Aufnahme eines Gebietes erfolgt mit einer in ein Flugzeug eingebauten, mit Visier- und Winkelmeßeinrichtungen versehenen *Meßbildkamera* (Luftbildkammer), insbes. mit einer Reihenmeßkammer, die Serienaufnahmen bei automat. Bildauslösung und automat. Filmtransport gestattet. Hat das Flugzeug eine festgelegte Flughöhe erreicht, dann wird während des Geradeausfluges ein Gebietsstreifen so aufgenommen, daß aufeinanderfolgende Bilder sich im allg. zu 60 % oder mehr überdecken. Sind mehrere Bildstreifen zur Erfassung des Gebietes erforderl., wird meist eine Überdeckung zum Nachbarstreifen von etwa 30 % angestrebt. Der Luftbildaufnahme folgt die *Luftbildauswertung (Photointerpretation),* d. h. die Zuordnung photograph. Strukturen wie Tönungsflächen, Kontrastgebung u. a. zu realen Formen sowie Folgerungen aus dem Erkannten hinsichtl. übergeordneter Zusammenhänge (z. B. geolog. Aufbau oder Wirtschaftsstruktur) und schließl. die meßtechn. Auswertung. Die direkt am Luftbild vorgenommene *Einbildmessung* wird erleichtert, wenn das Luftbild zuvor durch Umbilden weitgehend „kartenähnlich" gemacht wurde (Beseitigung von Einflüssen des Aufnahmeobjektivs, der Erdkrümmung und von Verzerrungen, die bei Schrägaufnahmen entstehen). Bei der *Doppel-* oder *Zweibildmessung* werden jeweils zwei aufeinanderfolgende, sich zu 60 % überdeckende Luftbilder gleichzeitig nach stereoskop. Verfahren ausgewertet und verarbeitet. Der Flugweg zw. den beiden benachbarten Aufnahmeorten ist dabei die stereoskop. Basis dieser Stereoluftaufnahme. Jedes Paar von Meßbildern wird mit Hilfe eines stereoskop. arbeitenden Auswertegeräts gemessen *(Stereoluftbildauswertung).* Ziel der Auswertung ist einerseits das Herstellen von kartograph. Darstellungen einschließl. Höhenliniendarstellungen in den Maßstäben zw. 1 : 1 000 und 1 : 100 000, andererseits die Bestimmung der Koordinaten ausgewählter, meist vor dem Bildflug bes. gekennzeichneter Punkte. - Die P. wird auch in zahlr. nichtgeodät. Bereichen benutzt. Sonderverfahren dafür sind z. B. in der Architektur- und Kunstwerkvermessung entwickelt, wo sie die millimetergenaue Nachbildung von Werken der bildenden Kunst (*Photoplastiken, Photoskulpturen* u. a) gestatten, in der Ballistik, im forstl. Vermessungswesen, in der Röntgenmedizin, im Polizeiwesen (Unfall- und Tatortaufnahmen), im Ingenieurbauwesen usw. In der Mikrophotographie werden die photogrammetr. Verfahren z. T. unter der Bez. *Nahbildmessung* zusammengefaßt.

🕮 *Photogrammetr. Tb. Bearb. v. J. Albertz u. W. Kreiling. Dt. Übers. Karlsruhe* [3]*1980. - Schwidefsky, K./Ackermann, F.: P. Stg.* [7]*1976. - Rüger, W., u. a.: P.: Verfahren u. Geräte. Bln.* [3]*1973.*

Photographie, die Gesamtheit der Verfahren zur Herstellung von dauerhaften Abbildungen durch Einwirkung von Strahlung (insbes. sichtbares Licht, für Spezialzwecke auch Infrarot-, Ultraviolett-, Röntgen-, Elektronenstrahlen) auf Schichten, deren physikal. und/oder chem. Eigenschaften dabei verändert werden. Verwendet werden unterschiedl. lichtempfindl. Materialien, z. B. Diazoniumsalze für die Diazotypie, photopolymerisierbare Verbindungen für Photolacke und Photoleiter für die Elektrophotographie. Von größter Bed. sind jedoch die Silberhalogenide, v. a. wegen ihrer hohen Lichtempfindlichkeit und des großen Verstärkungseffektes bei der Entwicklung. Beim **Silberhalogenidverfahren** wird die auf einem Träger befindl. lichtempfindl. Schicht, die aus einer festen Suspension (fälschl. „Emulsion") von feinsten Silberhalogenidkörnern in einem Schutzkolloid (Gelatine) besteht, [in einer Kamera] belichtet, wobei [durch ein Objektiv] das Bild des Aufnahmegegenstands in der lichtempfindl. Schicht opt. abgebildet wird. Die einfallenden Lichtquanten spalten aus den Halogenidionen Elektronen ab, die Silberionen zu Silberatomen reduzieren können; wenn eine bestimmte Mindestanzahl von benachbarten Silberatomen erreicht ist, spricht man von einem *Entwicklungskeim,* an dem der ↑ Entwickler angreifen und den ganzen Kristall zu metallischem, schwarzem Silber reduzieren kann (Überführung des unsichtbaren, „latenten" Bildes in ein sichtbares Bild). Man erhält eine negative Abbildung, das *Negativ,* die an

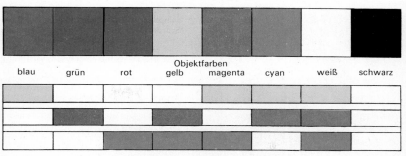

			Objektfarben				
blau	grün	rot	gelb	magenta	cyan	weiß	schwarz

Bildschichten des fertigen Negativfilms

fertiger Negativfilm in der Durchsicht: Farben komplementär zu den Objektfarben

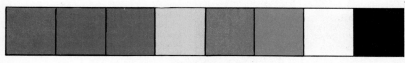

Objektfarben

Bildschichten des Films nach der ersten (Schwarzweiß-)Entwicklung

dasselbe nach der fertigen Verarbeitung: Farben an dem restlichen Bromsilber entwickelt. Silber herausgelöst; in der Durchsicht ergeben sich wieder die Objektfarben

den Stellen intensivster Belichtung die größte Schwärzung aufweist. Durch Herauslösen des unentwickelten (unbelichteten) Silberhalogenids *(Fixieren)* wird die Abbildung lichtunempfindl. und dauerhaft gemacht. Kopiert man das Negativ auf eine andere lichtempfindl. Schicht, erhält man eine positive Abbildung; das im *Positiv* sichtbare *Korn* (bei photograph. Schichten die körnige Grundstruktur, deren Feinheit durch die mittlere Größe der in die Gelatine eingebetteten Silberhalogenidkristalle bestimmt wird) ist die Abbildung der Lücken zw. den Kornanhäufungen des Negativs.

Photographie

Photographie. Von oben:
Joseph Nicéphore Niepce,
Blick aus dem Arbeitszimmer
in Chalon-sur-Saône (1826);
Lewis W. Hine, Die kleine
Waise Annie (1907/08)

Schwarzweißphotographie: Je nach Art des Trägers für die lichtempfindl. Schicht unterscheidet man photograph. Platten, Filme und Papiere. Glasplattenträger sind [bis auf spezielle Anwendungen] vom Film (Cellulosetriacetat, Polyethylenterephthalat) verdrängt worden. Platten und Filme weisen (sich in photograph. Bädern lösende) Lichthofschutzschichten auf; bei Kleinbildfilmen ist der Schichtträger zum Schutz vor Lichthöfen grau eingefärbt (sog. Graubasis). Papierträger sind mit einer Barytschicht (Bariumsulfat) oder neuerdings mit einer beidseitigen Polyethylenkaschierung versehen. *Photopapiere* werden in verschiedenen Härtegraden (entsprechend den Kontrastverhältnissen des Negativs), Untergrundanfärbungen (weiß, elfenbein, chamois) und Oberflächen (glänzend, d.h. hochglanzfest, oder durch Stärkezusatz matt) geliefert. *Aufnahmematerialien* werden nach ihrer Empfindlichkeit und Körnigkeit eingeteilt in: niedrig empfindl., extrem feinkörnige, steil arbeitende sog. Dokumentenfilme (ISO 12/12°), niedrig empfindl., feinkörnige Filme normaler Gradation (ISO 25/15° bis ISO 50/18°), mittelempfindl. Filme (ISO 64/19° bis ISO 125/22°), hochempfindl., sog. High-speed-Filme (ISO 200/24° bis ISO 400/27°), extrem hochempfindl., relativ grobkörnige Filme mit flacher Gradation (ISO 800/30° und mehr). Das *Silbersalzdiffusionsverfahren* bildet die Grundlage der modernen ↑ Sofortbildphotographie.

Farbphotographie: Sammelbegriff für photograph. Verfahren zur Herstellung von Abbildungen in [meist] natürl. Farben. Einen bestimmten Farbeindruck kann man auf verschiedene Weise erzeugen:

Das *additive Farbverfahren* beruht auf der Mischung der 3 Grundfarben Blau, Grün und Rot in verschiedenen Mengenverhältnissen. Grünes und rotes Licht addieren sich z.B. zu Gelb; Blau und Rot ergeben Purpur. Das *subtraktive Verfahren* beruht auf der Ausfilterung von Licht bestimmter Wellenlänge aus weißem Licht. Ein gelbes Filter z.B. absorbiert das blaue Licht einer weißen Lichtquelle und läßt Grün und Rot durch, die zus. Gelb ergeben. Die früher prakt. angewandten farbphotograph. Verfahren beruhten auf dem additiven Prinzip. Beim **Kornrasterverfahren** war die panchromat. lichtempfindl. Schicht mit einer Farbrasterschicht aus nebeneinanderliegenden winzigen blauen, roten und grümen Körnern bedeckt (Autochromplatte der Brüder Lumière 1907, Agfa-Farbrasterplatte, Agfacolor-Farbrasterfilm). Bei den **Linsenrasterverfahren** besaß der panchromat. Film auf der Rückseite eine Prägung von parallel angeordneten Zylinderlinsen, während das Objektiv der zugehörigen Kamera eine entsprechende Anzahl streifenförmig nebeneinander angeordneter Filter in den 3 Grundfarben aufwies. Heute werden wegen der besseren Lichtausbeute subtraktive Verfahren bevorzugt; hierfür verwendet man ein mehrschichtiges Material mit mehreren (unterschiedl. körnigen und empfindl.) blauempfindl. Oberschichten, einer Gelbfilterschicht, grünempfindl. Mittelschichten und rotempfindl. Unterschichten. Bei den Verfahren mit Farbstoffaufbau enthalten die Schichten jeweils diffusionsfest eingelagerte *Farbbildner* (auch *Farbbildner, Farbkomponenten*), die bei der Entwicklung mit einem Farbentwickler (p-Phenylendiaminderivate als Entwicklersubstanzen) einen Bildfarbstoff ergeben (*chromogene Entwicklung*). So wird z. B. in der rotempfindl. Schicht der komplementäre Blaugrünfarbstoff erzeugt (Agfacolor Ⓥ 1936, Kodacolor Ⓥ 1942). Man kann die Farbkuppler auch 3 getrennten Farbentwicklungsbädern zugeben (**Kodachrome-Umkehrverfahren** Ⓦ). Bei den Farbumkehrverfahren, die Diapositive ergeben, wird durch die Schwarzweiß-Erstentwicklung ein negatives Silberbild erzeugt. Nach Zweitbelichtung oder Verschleierung des restl. Silberhalogenids erfolgt die Zweitentwicklung mit einem Farbentwickler, so daß ein positives Farbbild resultiert. Beim **Silberfarbbleichverfahren**, einem Verfahren mit Farbstoffabbau, werden den Silberhalogenid-Emulsionsschichten lichtechte Azofarbstoffe einverleibt. Nach einer Schwarzweißentwicklung werden die Farbstoffe in einem Farbbleichbad selektiv an den Stellen mit Bildsilber zerstört (Cibachrome Ⓥ). Der **Dye-Transfer-Prozeß** ist ein von Kodak entwickeltes Kopierverfahren, nach dem von einem Negativ oder Diapositiv beliebig viele und lichtfeste Farbbilder hergestellt werden können. Bei *Farbpapieren* unterscheidet man solche, die nach dem Negativ-Positiv-Verfahren und andere, die im Dia-Direktverfahren verarbeitet werden.

Geschichte: Bei frühen Abbildungsversuchen mit lichtempfindl. Silbersalzen (z. B. J. H. Schulze 1727, J. N. Niepce 1816) gelang es noch nicht, beständige Bilder zu erhalten.

Konfektionierung von Stehbildfilmen für Amateur- und Berufsphotographie

Sorte	Bildformate (in mm)
Disc-Film	8 × 10,5
Kassettenfilm 110 (Pocket)	13 × 17
16-mm-Film	10 × 14
Kassettenfilm 126 (PAK)	28 × 28
Kleinbildfilm 135	18 × 24
	24 × 24
	24 × 36
Rollfilm 127	30 × 40
	40 × 40
	40 × 65
Rollfilm 120, 220 und 620	45 × 60
	60 × 60
	60 × 90
70-mm-Film (perforiert)	56 × 72
Planfilm	65 × 90
	bis
	300 × 400

1822 stellte Niepce unter Verwendung einer photopolymerisierbaren Asphaltschicht nach Auswaschen der unbelichteten Teile eine Kontaktkopie eines Kupferstiches her. 1826 gelang nach diesem Verfahren die erste befriedigende Kameraaufnahme. In der Folgezeit diente das Asphaltmuster als Ätzgrund für Kupfer- und Zinkplatten, von denen nach Einfärbung gedruckt wurde (*Heliographie*). 1835 entdeckte L. J. M. Daguerre, daß durch Jodbehandlung lichtempfindl. gemachte versilberte Kupferplatten mit Quecksilberdampf entwickelt werden können. Die Fixierung mit Natriumchloridlösung gelang 1837; dieses Verfahren (*Daguerreotypie*) wurde 1839 in Paris bekanntgegeben. Die Herstellung einer Vielzahl von Positivkopien von einem Negativ gelang W. H. F. Talbot ab 1839: Ein in der Kamera auf Silberjodidpapier erzeugtes latentes Bild wurde mit Gallussäure und Silbernitrat entwickelt u. mit Natriumthiosulfat fixiert. Das Papiernegativ wurde dann auf Silberchlorid- oder -bromidpapier kopiert (*Calotypie*, auch *Talbotypie; 1841* patentiert). Das Wort „P." wurde erstmalig von J. Mädler 1839 und etwa gleichzeitig von J. W. Herschel verwendet, der auch die Begriffe „Positiv" und „Negativ" einführte; im 17. Jh. Sprachraum wurde schon damals die Bez. „Lichtbild" üblich. F. S. Archer (* 1813, † 1857) stellte 1851 in London das „nasse *Kollodiumverfahren*" (*Jodsilber-Kollodium-Verfahren*) vor: Mit bromid- oder jodidhaltigem Kollodium (Zellulosenitratlösung) beschichtete Glasplatten wurden in Silbernitratlösung gebadet, noch naß belichtet und entwickelt. Dieses Verfahren wurde ab 1878 durch die Silberbromid-Gelatine-Trockenplatten abgelöst (1871 Erfindung von R. L. Maddox, * 1816, † 1902). Erst die Entdeckung der spektralen Sensibilisierung (1873) durch H. W. Vogel (* 1834, † 1898) ermöglichte eine „farbrichtige" Wiedergabe in der Schwarzweiß-P. sowie die Farb-P. H. Goodwin (* 1822, † 1900) gelang 1887 die Herstellung von Zellulosenitrat-Filmbänden (Grundlage der Rollfilm-Produktion).

Rechtliches: Künstler. Photographien sind urheberrechtl. geschützt, wenn sie persönl. geistige Schöpfungen („Lichtbildwerke") darstellen. Sonstige Photographien („Lichtbilder") genießen Leistungsschutz. In beiden

Häufige Formate photograph. Papiere (in cm)

7,4 × 10,5 (DIN A 7)	40,6 × 50,8
8,9 × 8,9	50,8 × 61
8,9 × 12,7	
10,5 × 14,8 (DIN A 6)	*Rollenware*
12,7 × 17,8	Breite: 3,5 cm
17,8 × 24	10,5
20,3 × 25,4	12,7
24 × 30,5	Länge: 10–50 m
30,5 × 40,6	

Photographie

Fällen dauert der Schutz 25 Jahre seit Erscheinen (↑ auch Bildnisschutz).
Photowirtschaft: 1985 betrug der Produktionswert der *photochem. Ind.* (Herstellung v. a. von Aufnahmematerial, photograph. Papieren, Entwicklern) in der BR Deutschland 1,87 Mrd. DM (Export 2,02; Import 2,08 Mrd. DM) und der *phototechn. Ind.* (Herstellung v. a. von photograph. Apparaten und Objek-

tiven, Projektoren, Belichtungsmesser) 1,53 Mrd. DM (Export 2,45; Import 2,46 Mrd. DM). Die Weltproduktion an photochem. und phototechn. Erzeugnissen wird für 1985 auf etwa 70 Mrd. DM geschätzt, wovon rd. 80% auf die USA, Japan und BR Deutschland entfallen.

Anwendungsgebiete: Auf dem Gebiet der **Amateurphotographie** gibt es Photographen mit künstler. Ambitionen und hochwertiger Ausrüstung, die die P. nicht berufsmäßig ausüben, und Gelegenheitsphotographen. Die **Berufsphotographie** als Ausbildungsberuf des Handwerks umfaßt die Bereiche Bildnis- und Sach-P., photograph. Tätigkeiten in Ind. und Technik, Forschung und Wiss., ohne daß sich eine Grenze zum Arbeitsbereich des freiberufl. tätigen Photographen mit Fachhochschulausbildung ziehen läßt, dessen Schwerpunkte Photodesign, Werbe- und Mode-P., Theater-P. und Bildjournalismus sind. **Wissenschaftliche Photographie**: Als *angewandte P.* Einsatz photograph. Verfahren v. a. in Wissenschaft, Technik und Medizin, z. B. Mikro-, Hochgeschwindigkeits-, Infrarot-P. (wiss. Aufnahmen im Dunkeln, Fälschungserkennung), Astro-P., Aufzeichnung mit Korpuskularstrahlung (Autoradiographie, Elektronenmikroskopie, Kernspuremulsionen), Röntgen-P., Holographie, Photogrammetrie. Die **Reproduktionsphotographie** umfaßt die Herstellung von Negativen und Positiven von flächigen Vorlagen zum Zwecke der Anfertigung von Druckplatten für die verschiedenen Druckverfahren (Verwendung von Reprokameras und -filmen); Halbtonvorlagen (z. B. Photographien) werden dabei oft in Rasternegative oder -diapositive überführt. Zur Herstellung der einzelnen Druckformen für den Mehrfarbendruck werden mehrere Farbauszüge des Originals hergestellt. Für die photomechan. Reproduktion verwendet man Photolackschichten, die bei Bestrahlung durch Polymerisation, Vernetzung, Depolymerisation oder Umlagerung ihre Löslichkeit in bestimmten Lösungsmitteln ändern. Man erhält z. B. Ätzschutzmasken zum Ätzen von Druckplatten oder Halbleiter-Schaltkreisen. Die ↑Elektrophotographie besitzt wachsende Bed. für die Bürokopie und die Herstellung von Offsetdruckvorlagen (↑ auch Kopierverfahren). Bei der **Unterwasserphotographie** befindet sich die Kamera in einem wasserdichten [druckfesten] Gehäuse, das die Kamerabedienung von außen gestattet. Man verwendet meist Kleinbildkameras mit lichtstarken Weitwinkelobjektiven, die die durch den hohen Brechungsindex des Wassers verursachte Bildwinkelverkleinerung mildern.
Künstlerische Photographie: Im photograph. Bild fanden die bildner. Bestrebungen der Kunst im späten Biedermeier (etwa 1846–48), die sichtbare Wirklichkeit so getreu wie mögl. abzubilden, ihre Erfüllung. Das Be-

Photographie. Schematische Darstellung des Ablaufs vom Belichten bis zur fertigen Photographie

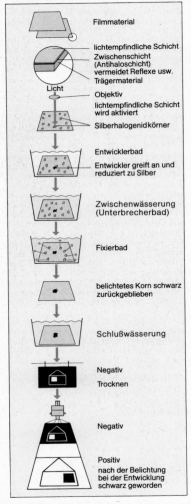

Filmmaterial

lichtempfindliche Schicht
Zwischenschicht (Antihaloschicht) vermeidet Reflexe usw.
Trägermaterial

Licht

Objektiv
lichtempfindliche Schicht wird aktiviert

Silberhalogenidkörner

Entwicklerbad

Entwickler greift an und reduziert zu Silber

Zwischenwässerung (Unterbrecherbad)

Fixierbad

belichtetes Korn schwarz zurückgeblieben

Schlußwässerung

Negativ
Trocknen

Negativ

Positiv
nach der Belichtung bei der Entwicklung schwarz geworden

mühen um die authent. Darstellung der Wirklichkeit spiegelte die rationalist. Weltsicht des Bürgertums. Ergiebiger als die Arbeiten der „Entdecker" N. Niepce, L. J. M. Daguerre und W. H. F. Talbot waren die photograph. Experimente des frz. Finanzbeamten H. Bayard (* 1801, † 1887); in seinen Aufnahmen vom Montmartre schwingt die latente Trauer über etwas unwiederbringbar Verlorenes mit. Trotz urspr. überlanger Belichtungszeiten erfreute sich die **Porträtphotographie** von Anbeginn an größter Beliebtheit; die individualist. Züge des Bürgertums erfuhren in den „lebensechten" Bildnissen eine prägnante Entsprechung. Danach kaum noch erreichte Gipfelleistungen stellen die Porträts von D. O. Hill (* 1802, † 1870) und R. Adamson (* 1821, † 1848) dar, die ihre Modelle in vollkommen natürl. Haltung ablichteten. Das steigende Selbstbewußtsein des bürgerl. Individuums bekunden ebenfalls die Bildnisse von J. M. Cameron (* 1815, † 1879) und Nadar. Im 20. Jh. wandelte sich die Porträtphotographie durch Einbezug einer soziolog. orientierten Sehweise grundlegend: Beispiele sind die sezierenden Porträtaufnahmen A. Sanders aus allen Gesellschaftsschichten der Weimarer Republik und die Farbporträts von G. Freund (* 1912). Bed. sind auch H. Erfurth, L. Strehlow, Y. Karsch. Im Vergleich zur Porträtphotographie spielte die **Landschaftsphotographie** zunächst eine untergeordnete Rolle. Bed. Vertreter einer maler.-impressionist. Richtung war H. Kühn. Bemerkenswert sind die nüchternen Aufnahmen der Amerikaner T. O'Sullivan (* 1840, † 1882), W. H. Jackson (* 1843, † 1942) und C. E. Watkins (* 1829, † 1916), der die Schönheit der Sierra Nevada so wirkungsvoll photographierte, daß man dieses Gebiet 1890 unter Naturschutz stellte; hierzu gehört auch A. Adams (* 1902, † 1984) mit seinen durchkomponierten Bildern. Durch den Entschluß des frz. Staates, die histor. Denkmäler photograph. aufzulisten, erhielt die **Architekturphotographie** frühzeitig einen starken Auftrieb; bedeutendster Vertreter ist E. Atget (* 1856, † 1927), der das Genre zur visionären Zeitanalyse steigerte, für Deutschland W. Hege (* 1893, † 1955). Eine Variante der Architekturphotographie bildet die **Industrie-** und **Sachphotographie**. K. Bloßfeld (* 1865, † 1932), A. Renger-Patzsch (* 1897, † 1966) und C. Sheeler (* 1883, † 1965) ordneten sich dem dokumentar. Anspruch der P. bis zur Ausschaltung sämtl. subjektiver Momente unter. Eine weitere Objektivierung ergab sich durch die vergleichende photograph. Methode von H. (* 1934) und B. (* 1931) Becher; sie verbanden Sanders stilist. Rigorismus mit Atgets Systematik und entwarfen anhand symptomat. techn. Bauten ein Stück Menschheitsgeschichte; von Bed. auch die Industriephotographien von R. Hallensleben (* 1898, † 1977). Der Sachphotographie,

Photographie. Von oben: John Heartfield, Normalisierung in Österreich: „Diese kleine Differenz werden wir auch noch aus der Welt schaffen" (1936); Bill Brandt, Perspective of Nudes (1958)

Photographie

Photographie. Otto Steinert, Industrieimpression (um 1950)

giert waren J. Riis und L. W. Hine (* 1874, † 1940). Die systemat. Erfassung eines ganzen Wirklichkeitskomplexes (des mittleren Westens der USA) realisierten (1935–1943) im Auftrag der Rooseveltschen „Farm Security Administration" (F.S.A.) insbes. W. Evans (* 1903, † 1975), B. Shahn, D. Lange, A. Rothstein. Ihre Arbeit berührte sich mit der **Photoreportage,** der illustrierenden Bilderserie. Ihre Blütezeit hatte sie (v. a. durch die Massenpresse) vom Ende der 1920er bis Mitte der 1950er Jahre; die bedeutendsten Bildreporter waren M. Munkacsi (* 1896, † 1963), E. Salomon, F. H. Man, A. Eisenstaedt, W. Weber (* 1902), M. Bourke-White (* 1904, † 1971), A. Kertész; zur Wirklichkeitsdiagnose verdichteten H. Cartier-Bresson, Weegee (eigtl. A. Felling), R. Frank (* 1937) und H. Pabel die Live-Photographie. In der **Kriegsphotographie** begegnen sich beide Sehweisen. Seit R. Fenton (* 1819, † 1869) den Krimkrieg und M. Brady (* 1823, † 1896) mit seinem Team den nordamerikan. Bürgerkrieg aufgezeichnet haben, sind Photographen auch engagierte Dokumentaristen des Krieges (v. a. des Span. Bürgerkrieges, des 2. Weltkrieges und des Vietnamkrieges), insbes. R. Capa, D. Seymour, W. Bischof.

Hatte früher die P. der Malerei die Verpflichtung zur Darstellung aktueller Wirklichkeit abgenommen, ist heute zunehmend das Fernsehen Medium aktueller Bildberichterstattung geworden. Als Alternative bietet sich den Photographen der Kunstbereich, in dem die wirklichkeitsorientierte P. allmähl. als legitime Kunstäußerung des techn. Zeitalters Anerkennung findet. Galten bislang ledigl. die **experimentelle Photographie,** das Photogramm und die Photomontage als ernsthafte Ausprägungen einer künstler. P., so lag das daran, daß die P. einerseits als mechan. Wirklichkeitsduplikat abqualifiziert wurde, und daß sich andererseits hpts. Künstler des photograph. Experiments bemächtigt hatten. Mit der **Photographik** als Form der künstler. P. werden z. B. durch Isohelie oder Pseudosolarisation oder direkte Abbildung von Objekten auf lichtempfindl. Material (kameralose P.) graph. Effekte bzw. Wirkungen erzielt, auf letztere Weise das **Photogramm:** bed. Werke schuf der Maler C. Schad (*Schadographie*); die gestalter. Vielfalt dieser Technik dokumentierte insbes. M. Ray (*Rayographie*); bed. auch R. Hausmann. Aus der kubist. Collage wurde die **Photomontage** als Kombination mehrerer Photographien zu einem Simultanbild entwickelt; entweder als Klebemontage (Reproduktion eines aus mehreren Photos bestehenden zusammengeklebten Bildes) oder als Lichtmontage (Vielfachbelichtungen, Einkopieren, partielles Abschwächen u. a.); bedeutendste Vertreter waren L. Moholy-Nagy, H. Beyer, G. Grosz, J. Heartfield; zeitgenöss. Vertreter einer provozierenden Bildaussage sind v. a. L. Krims (* 1943) und

in der sich die Dingwelt verselbständigt und einen autonomen Charakter annimmt, korrespondieren **Werbephotographie** und **Modephotographie.** In der Mode-P. vermischen sich Akt- und Sach-P. zu einem glitzernden Oberflächenreflex der sichtbaren gesellschaftl. Wirklichkeit. Photographen wie B. de Meyer (* 1868, † 1949), G. Hoyningen-Huene (* 1900, † 1968) und E. Steichen inszenierten mondäne „Traumwelten". In den kalten Modeaufnahmen von H. Newton (* 1920) verdinglicht sich der menschliche Körper zum schönen Requisit. Seine Photographien enthalten nichts mehr von der Unbefangenheit der Aktaufnahmen E. J. Bellocqs (um die Jahrhundertwende) und F. Eugenes (* 1856, † 1936), statt dessen knüpften sie an die Auffassungen des Sachphotographen E. Weston an; experimentelle Aktauffassungen haben B. Brandt (* 1905), R. Avedon (* 1923), K. Székessy. Die Entwicklung lichtempfindlichen Aufnahmematerials und handlicherer Kameras erschlossen der P. auch die dynam.-flüchtigen Aspekte der Wirklichkeit. Die **Live-Photographie** widmete sich dem Leben auf der Straße, am Arbeitsplatz, in der Freizeit. A. Stieglitz, zeitweise Verfechter einer prätentiösen, Formen der Malerei nachahmenden Kunst-P., fächerte das Spektrum auf. Sozialkrit. enga-

K. Staeck. Bedeutendster Ausdruck gestalterisch ambitionierten Photographierens war die von O. Steinert initiierte Strömung „subjektive P."; sie betonte die Hinwendung zur individuellen Bildaussage und den künstler. Aspekt der Photographie. Einflüsse der abstrakten Malerei verarbeiteten u. a. A. Siskind und H. Hajek-Halke, der Pop-art u. a. A. Feininger, R. Häusser (* 1924), L. Friedlander (* 1934). Auch bei Happening, Body-art, Konzeptkunst, Land-art, Spurensicherung und Prozeßkunst ist die Realisation künstler. Aktivitäten ausschließl. in der medialen Ideenvermittlung durch die P. gegeben. Eigenständiges Prinzip ist die **Photosequenz**, bei der durch Reihung der Bilder (im Unterschied zur Bildreportage oft nicht chronolog.) bestimmte Ideen, Vorgänge oder Zustände zum Ausdruck gebracht werden, u. a. von D. Michals (* 1932), F. M. Neusüss (* 1937), D. Oppenheim (* 1938).

Die **Photoästhetik** als Theorie über die ästhet. Wirkungen des photograph. Bildes behandelt Fragen, die sich im Zusammenhang mit der P. als visuellem Kommunikationsmittel stellen: z. B. die Eigenart gegenüber anderen Bildmedien, seiner Produktion, spezif. Wirkungsarten auf den Betrachter, Verwendungszusammenhänge, Relevanz für das Individuum und die Gesellschaft. Bes. Bed. wird dabei dem Kunstcharakter der P. beigemessen, der z. T. noch bestritten wird: „Der Photograph bringt kein neues Sein in die Welt, er macht das vorhandene Sein nur sichtbar. Der Künstler erschafft die Wirklichkeit, der Photograph sieht sie" (K. Pawek). Dagegen wird gehalten, daß die P. von Anfang an die Aufgabe hatte, neue Seh- und Vorstellungsbereiche zu ermöglichen, ästhet. Reize zu übermitteln, Probleme des einzelnen und der Gesellschaft aufzuzeigen und damit Wirklichkeit zu bewältigen.

📖 *Solf, K. D.: Fotografie. Grundll., Technik, Praxis.* Neuausgabe Ffm. 1986. - *Adams, A.: Das Positiv. Dt. Übers. Mchn. 1984.* - *Life - Die Kodak-Enzyklop. der kreativen Fotografie. Dt. Übers. Mchn. 1984 ff.* (bis 1986 19 Bde. erschienen). - *Freemann, M.: Photohdb. f. die Praxis.* Mchn. 1983. - *Adams, A.: Das Negativ. Dt. Übers. Mchn. 1982.* - *Silberphotographie und nichtkonventionelle Verfahren - Partner oder Konkurrenten?* Hg. v. der Dt. Gesellschaft für P. Köln 1982. - *Kisselbach, T./Windisch, H.: Neue Foto-Schule. Mchn. 1981.* - *Baier, W.: Quellendarstellungen zur Gesch. der Fotografie.* Mchn. [2]1980. - *Freund, G.: P. u. Gesellschaft. Dt. Übers. Rbk. 1979.* - *Haux, J. T., u. a.: Foto als Hobby. Bln. 1979.*

Photographik ↑ Photographie.

photographische Apparate (photographische Kameras), opt. Geräte zur Aufnahme photograph. Bilder nach dem Urbild der ↑ Camera obscura. Sie bestehen prinzipiell aus einem lichtdichten Gehäuse mit der ↑ Bild-

Photographie. Karin Székessy-Wunderlich, Gelber Stuhl, rote Maske und zwei Mädchen (1977)

bühne und der Transportvorrichtung für das lichtempfindl. Material, dem bilderzeugenden opt. System (↑ photographische Objektive), dem Verschluß zur Steuerung der Belichtungszeit und einer Visier- bzw. Bildbetrachtungseinrichtung (Sucher). Zusätzl. verfügen moderne Kleinbild- und Mittelformatkameras meist über ein Belichtungsmeß- und -regelungssystem.

Verschlußbauarten: Der **Zentralverschluß** (**Lamellenverschluß**) befindet sich meist innerhalb des Objektivs in der Nähe der Blendenebene oder als **Hinterlinsenverschluß** unmittelbar hinter dem Scheitel der Hinterlinse (diese Orte relativ enger Bündelung der Lichtstrahlen bedingen kleine Öffnungsdurchmesser); seine Verschlußsektoren, mehrere schwenkbare Stahllamellen, geben die Öffnung, durch ein Federwerk oder einen Elektromagneten betätigt, von der Mitte her beginnend frei und kehren nach Ablauf der Offenzeit in die Schließstellung zurück. Die Belichtungszeit setzt sich aus der eingestellten - bei langen Zeiten durch ein mechan. Hemmwerk gesteuerten - Offenzeit und jeweils der Hälfte der Öffnungs- und der Schließzeit zusammen; die Bewegungsumkehr läßt als kürzeste Belichtungszeit nur $\frac{1}{750}$ s zu, jedoch sind alle kurzen Zeiten mit dem Blitzlicht synchronisierbar, da das Projektionsbündel vollständig freigegeben wird. Der **Schlitzverschluß** läuft dicht vor dem Bildfenster ab; er besteht im wesentl. aus zwei „Vorhängen" (Lamellenpakete, Rollos aus Stoff oder elast. verbundenen Metallstreifen), von denen einer das Bildfeld zunächst abdeckt und es bei der

Belichtung horizontal oder vertikal ablaufend freigibt, während der andere in einstellbarem zeitl. Abstand folgt und das Bildfeld wieder abdeckt. Beide Vorhänge bilden einen „Schlitz" variabler Breite. Es sind kurze Belichtungszeiten von $^1/_{1000}$–$^1/_{4000}$ s möglich; da die Bildfläche aber streifenweise belichtet wird, ist eine Blitzsynchronisation nur mögl., wenn die Schlitzbreite gleich der entsprechenden Kantenlänge des Bildfensters (Volloffenzeit etwa $^1/_{60}$ bis $^1/_{125}$ s) oder die Brenndauer der Blitzlampe gleich der Gesamtablaufzeit ist.

Suchereinrichtungen: Die Bildeinstellung erfolgt nach zwei unterschiedl. Prinzipien; 1. Betrachten des reellen Bildes auf einer Mattscheibe, entweder am Bildort oder unter Zwischenschaltung eines Ablenkspiegels (Spiegelreflexprinzip) in einer zur Bildebene konjugierten Ebene. Der Spiegel kann sich im Strahlengang befinden und zur Aufnahme weggeklappt werden (einäugige Spiegelreflexkamera, Single Lens Camera, SL-Kamera); zur Bildbetrachtung kann auch ein separates opt. System verwendet werden (zweiäugige Spiegelreflexkamera). Die Einstellscheibe ist zur Erhöhung der Bildhelligkeit bei kleineren Formaten eine lichtsammelnde Fresnel-Linse oder eine mit einem äußerst feinen Prismenraster versehene Glasfläche (Erhöhung der Einstellgenauigkeit durch „springende Schärfe"); häufig kann sie z. B. gegen Fadenkreuz- oder Gitterteilungsscheiben ausgetauscht werden. Zur Scharfeinstellung des Bildes sind sog. Meßkeile (Schnittbildindikator) und/oder ein zentr. Mikrospaltbildfeld (↑ Entfernungsmesser) vorgesehen. Da das Spiegelreflexbild waagerecht oberhalb des Bildraums aufgefangen wird, zeigt es das Aufnahmeobjekt aufrecht, aber seitenverkehrt; zur Bildumkehrung dient im Sucherschacht bei Kleinbildkameras ein Pentadachkantprisma. 2. Direktes Betrachten des Motivs durch eine opt. Anordnung, die dem umgekehrten Galileischen bzw. Newtonschen Fernrohr entspricht (Newton-Sucher) und das Motiv schwach verkleinert zeigt, oder durch ein afokales System mit [über Leuchtrahmenmaske der] eingespiegelten Bildbegrenzungslinien (Leuchtrahmensucher, ↑ Albada-Sucher). Die Scharfeinstellung des Bildes muß über einen Entfernungsmesser erfolgen, der mit dem Sucher zum Meßsucher kombiniert sein kann.

Belichtungsautomatik: Neben der Programmautomatik, bei der Zeit und Blende nach Programm geregelt werden, unterscheidet man Blendenautomaten, bei denen die Belichtungszeit von Hand vorgewählt werden muß, während die Blende automat. einstellt, und Zeitautomaten, bei denen das Umgekehrte der Fall ist. Verschiedene Kameras lassen wahlweise alle Möglichkeiten zu. Die Leuchtdichte des Objekts wird bei Spiegelreflexkameras durch das Objektiv hindurch gemessen (Belichtungsinnenmessung, Through-the-lens- oder TTL-Messung), im Regelfall als ein über das ganze Bildfeld gemittelter Belichtungswert (Integralmessung), bei einigen Geräten auch [wahlweise] als Leuchtdichte einzelner begrenzter Objektdetails (Selektivmessung; für Aufnahmen bei extremen Kontrasten, z. B. Gegenlichtaufnahmen). Belichtungssysteme mit trägheitslos arbeitenden Silicium- oder Galliumarsenid-Phosphor-Meßzellen (Integralmessung) verzichten oft auf eine Zwischenspeicherung des Meßergebnisses, da Messung und Aufnahme gleichzeitig ablaufen können; um das Meßergebnis an die differenzierten Objekthelligkeiten in der Praxis anzupassen, messen Integralsysteme meist nach einem abgestuften Bewertungsprofil, bei dem z. B. die Bildmitte höher bewertet wird als die Randzonen.

Kameratypen: Großformatkameras, Balgenkameras auf opt. Bank oder mit Laufboden für die verstellbare und schwenkbare Objektivstandarte und mit verstellbarem und schwenkbarem Kamerarückteil (zum Aufrichten stürzender Linien u. ä., zur Schärfendehnung nach Scheimpflug); universelle Kameras für den Berufsphotographen, im Baukastensystem zusammensetzbar; Aufnahmeformat 9×12 cm ($4 \times 5''$) und größer, für Planfilm, Packfilm oder Platten, über Adapter auch für andere Materialien, insbes. Sofortbildfilm. Mittelformatkameras für den 62 mm breiten Rollfilm 120 bzw. 220 (12 Aufnahmen 6×6 cm bzw. 24 Aufnahmen 6×6 cm); Aufnahmeformate: 6×9 cm, 6×7 cm, 6×6 cm, 56×72 mm („Idealformat"), $4,5 \times 6$ cm; urspr. Balgenkameras, heute überwiegend starre Tubuskameras mit [zus. mit den Objektiven auswechselbarem] Zentral- oder Schlitzverschluß, hpts. ein- oder zweiäugige Spiegelreflexkameras. Kleinbildkameras, verbreitetster und hinsichtl. Objektivausstattung und Zubehör vielseitigster Typ p. A., Aufnahmeformat 24×36 mm, 24×24 mm, 18×24 mm („Halbformat"); Amateur- und Professional- (z. B. Reportage-)kameras für 35-mm-Kinefilm in Kleinbildpatrone 135, auch als Meterware; Sucher- oder einäugige Spiegelreflexkameras, mit Schlitzverschluß und Wechselobjektiven, vielfach mit ansetzbarem Elektromotor (Winder) für Filmtransport und Verschlußaufzug (2–6 Aufnahmen/s). Einfachkameras für das Kleinbildformat arbeiten mit Filmkassetten (Kassette 126, Aufnahmeformat 28×28 mm) zur Vereinfachung des Filmeinlegens und Vermeidung des Filmrückspulens. Kleinstbildkameras, Miniaturkameras mit den Aufnahmeformaten 8×11 mm und 12×17 mm (Aufnahmematerial 8- und 16-mm-Schmalfilm in speziellen Kassetten); außerordentl. populär sind die sog. „Pocketkameras" (Kassette 110, Aufnahmeformat 13×17 mm) geworden, die außer in Einfachausstattung auch mit Belichtungsautomatik *(Programmautomatik)*, eingebautem Elektronenblitz, Motor, Objektiven auf Wechselschlitten und Spiegelreflexsystem angeboten werden. Neuartige Kleinstbildkameras sind die *Disc-Kameras*, deren Aufnahmematerial (8 × 10,5 mm, 15 Bilder) sich auf einer kreisförmigen Kunststoffscheibe befindet und motorisch transportiert wird. Die große Schärfentiefe macht bei Kleinstbildapparaten eine Entfernungseinstellung überflüssig, die kurze Brennweite (12,5 mm) des Disc-Kameraobjektivs erlaubt dabei eine Lichtstärke von 1 : 2,8; Kleinbildkameras arbeiten zunehmend mit automat. Scharfeinstellung (*Autofokus*, ↑ Entfernungsmesser).

Spezialkameras: **Stereokameras** sind Tubuskameras mit zwei Objektiven und doppelter Bildbühne für die Stereophotographie; **Panoramakameras** besitzen ein während der Belichtung horizontal schwenkendes Weitwinkelobjektiv für Panoramaaufnahmen; **Superweitwinkelkameras**, Kameras mit kleinem Auflagenmaß für den Einsatz extrem kurzer Brennweiten (Superweitwinkelobjektive); **Luftbildkameras** mit auf Unendlich eingestelltem Fixfokusobjektiv für Luftbildaufnahmen, ähnl. Kameras für photogrammetr. Zwecke (**Meßbildkameras**); **Recorder**, fest installierte Kameras für Überwachungszwecke (z. B. Schirmbildaufnahmen); **Reproduktionskameras** für die Druckformenherstellung.

In der Entwicklung sind „Photoapparate ohne Film", Video-Aufzeichnungsgeräte für Standaufnahme. In Größe und Bedienung einer einäugigen Spiegelreflexkamera ähnl., wandelt die Videokamera das einfallende Licht in elektromagnet Impulse um. Die Aufnahmen werden auf scheibenförmigen Magnetspeichern gespeichert, die über einen bes. Adapter abgetastet und auf dem Fernsehgerät betrachtet werden können; über ein weiteres Gerät sollen von den elektron. aufgezeichneten Bildern auch Papierabzüge hergestellt werden können.

Geschichte: Die Camera obscura, deren Arbeitsprinzip schon Aristoteles kannte, begegnet als opt. Gerät zuerst bei ↑ Alhazen. Die Verwendung einer Sammellinse als Objektiv beschreibt Daniele Barbaro 1568. Die ersten Daguerreotypie- und Calotypieapparate behielten die Form der Camera obscura bei; zur Scharfeinstellung wurde entweder der Objektivtubus oder die hintere Hälfte des Kamerakastens verschoben. 1839 beschrieb Baron Séguier, ein Amateur, die Balgenkamera, die als zusammenklappbare Reisekamera bis ins 20. Jh. in Gebrauch war und die Urform der bis in die 60er Jahre beliebten zusammenklappbaren Rollfilmkameras darstellte. 1860 wurde T. Sutton die erste Spiegelreflexkamera patentiert (das Prinzip war schon G. B. ↑ Porta bekannt). Den Schlitzverschluß mit veränderl. Spalt konstruierte O. Anschütz (1888), den Zentralverschluß mit Lamellen A. Steinheil

(1888), V. Linhof (1892) und F. Deckel (1902). Als problemlose Kamera für Rollfilm war die 1888 von G. Eastman unter der Bez. „Kodak" auf den Markt gebrachte „Box" weltweit verbreitet. Ab 1913 entwickelte O. Barnack mit der „Leica", urspr. einem kinematograph. Testgerät, die erste Kleinbildkamera, die 1925 in Serie ging. Obwohl schon früh Miniaturkameras verwendet wurden (W. H. F. Talbot photographierte u. a. mit dem Aufnahmeformat 2 × 2″), begründete erst das „Leicaformat" 24 × 36 mm den Siegeszug der Kleinbildphotographie als universales photograph. System. Negativformat und die übrigen bildmäßigen Verhältnisse wurden erstmalig auf Grund wiss. Berechnungen festgelegt. Ausgehend vom Auflösungsvermögen des menschl. Auges (1–2 Bogenminuten) und des photograph. Materials (0,03 mm) ermittelte Barnack als zur Wiedergabe aller dem menschl. Auge erkennbaren Strukturen hinreichende Größe der Bildelemente 0,0007 mm² und als zur Abbildung dieser Elemente erforderl. Brennweite 50 mm (Standardbrennweite des Kleinbildformats). Durch die Auszählung feiner Druckraster fand Barnack heraus, daß ein Bild von zufriedenstellendem Detailreichtum sich aus einer Million solcher Bildelemente aufbauen müsse und damit etwa die doppelte Bildgröße (18 × 24 mm) des 35 mm breiten perforierten Edison-Films beanspruchte (heutiges Filmmaterial enthält auf der Kleinbildfläche über 10 Mill. Bildelemente, „Pixel"). - Abb. S. 92.

photographische Effekte, spezielle Erscheinungen bei photograph. Prozessen; man unterscheidet Belichtungseffekte und Entwicklungseffekte. Zu den *Belichtungseffekten* gehören: **Schwarzschild-Effekt:** Bei langen und bei sehr kurzen (Kurzzeiteffekt) Belichtungszeiten ist die Empfindlichkeit photograph. Materials geringer als bei mittleren (Abweichung vom Bunsen-Roscoeschen Reziprozitätsgesetz); **Weinland-Effekt:** Erhöhung der Empfindlichkeit durch kurzzeitige intensive Vorbelichtung; **Latensifikation:** Erhöhung der Empfindlichkeit durch gering intensive diffuse Nachbelichtung; **Herschel-Effekt:** Abbau des latenten Bildes durch diffuse Nachbelichtung mit Rot- oder Infrarotlicht; **Clayden-Effekt:** Bildumkehr bei diffuser Nachbelichtung einer Ultrakurzzeitaufnahme; **Albert-Effekt:** Bildumkehr bei diffuser Nachbelichtung einer photograph. Schicht, deren Oberflächenkeime durch Chromsäureeinwirkung entfernt wurden; **Becquerel-Effekt:** Sensibilisierung einer Schicht für längerwelliges Licht durch diffuse Vorbelichtung; **Solarisation:** Bildumkehr im Bereich der Maximalschwärzung (Maximaldichte) einer Schicht. Die Solarisation ist als eine Ermüdungserscheinung der Schicht bei höchsten Belichtungsintensitäten zu deuten; bei den übrigen Belichtungseffekten spielt die Ausbil-

photographische Effekte

dung von [normalerweise unwirksamen] Innenkeime und das Verhältnis der Zahl dieser Keime zu der der Oberflächenkeime, die Möglichkeit von Rekombinationen im Elementarprozeß u.ä. eine Rolle. Zu den *Entwicklungseffekten* zählen v.a. die *Nachbareffekte*: **Eberhard-Effekt (Kanteneffekt, Saumeffekt)**: Erhöhung der Kantenschwärzung an der Grenze zw. stark und schwach belichteten Partien infolge vermehrter Bildung entwicklungshemmender Entwicklungsprodukte; **Interimageeffekt (vertikaler Eberhard-Effekt)**: Beeinflussung übereinanderliegender Schichten bei Mehrschichtenfilmen im Sinne des Eberhard-Effekts ([Farb]kontraststeigerungen); **Kostinsky-Effekt**: Vergrößerung des Abstandes benachbarter belichteter Strukturen (Linien) durch diffundierende Entwick-

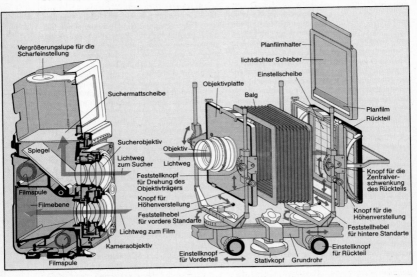

Photographische Apparate.
Phantomzeichnungen einer zweiäugigen Spiegelreflexkamera (links) und einer Mattscheibenkamera; unten: Phantombild einer einäugigen Automatik-Spiegelreflexkamera (24 × 36 mm) mit Motorwinder (wahlweise für selektiv- oder integrale Schwerpunktbelichtungsmessung, stufenlos umstellbare Verschlußzeiten)

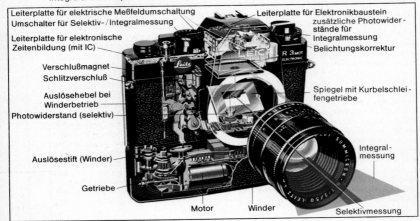

lungsprodukte; **Ross-Effekt (Gelatine-Effekt)**: auf der stärkeren Schrumpfungsneigung der Schichtgelatine in stark belichteten Partien beruhender Kanteneffekt. P. E. i. w. S. sind auch die in der experimentellen Photographie zu bildmäßigen Zwecken genutzten Schichteffekte: **Sabattier-Effekt (Pseudosolarisation)**: Durch diffuse Nachbelichtung einer bereits teilweise entwickelten Schicht entstehen Partien annähernd gleicher Schwärzung mit Kanteneffekten entlang der ursprüngl. Partiegrenzen (Äquidensitenlinien), bei Partien abweichender Deckung kann Bildumkehr eintreten; **Runzelkorn (Retikulation)**: grobkörnig zerrissene Bildstruktur durch absichtl. herbeigeführte Gelatineschrumpfung (Erwärmung und Abschrecken der Schicht); **Gouache-Effekt (Isohelie)**: Aufbau eines Bildes aus vereinfachten Farb- oder Graustufen über Teilbildauszüge, die zu einem gemeinsamen Positiv umkopiert werden; **Tontrennung**: bessere Tondifferenzierung im Lichter- und Schattenbereich einer Aufnahme durch Zusammenkopieren spezieller Auszugsnegative.

photographische Objektive, an photograph. Apparaten verwendete opt. Systeme, die zum Ausgleich der ↑Abbildungsfehler aus mehreren Elementen (Linsen und Linsengliedern) bestehen. Zweilinsige ↑Achromate finden sich an einfachen Kameras, jedoch auch als lange Brennweiten unverkürzter Schnittweite, sog. Fernbildlinsen, für Systemkameras. Da mit der Länge der Brennweite die chromat. Restfehler anwachsen, werden langbrennweitige p. O. ab 180 mm Brennweite auch als ↑Apochromate ausgeführt. P. O. mit mittleren und kurzen Brennweiten sind ↑Anastigmate. Die wichtigsten Objektivkonstruktionen sind: 1. das Cookesche bzw. Taylorsche **Triplet**, ein 1892 von H. D. Taylor errechneter Dreilinser (der den bis dahin erfolgreichen vierlinsigen Aplanaten von Steinheil verdrängte) als Objektiv mittlerer Brennweite; 2. das etwas lichtstärkere vierlinsige Triplet (**Triplet mit verkitteter Hinterlinse**, als „Tessar" von P. Rudolph 1902 entwickelt), dessen Abbildungsleistung auch von aufwendigeren Konstruktionen heute kaum übertroffen wird; 3. Objektive vom **Gauß-Typ**, d. h. durch symmetr. Verdoppelung des von C. F. Gauß angegebenen Fernrohrobjektivs geschaffene Doppelanastigmate (Doppel-Gauß-Varianten). Der Gauß-Typ 1. Art (innere Linsenglieder zerstreuend, äußere sammelnd) umfaßt Normalobjektive höchster Lichtstärke, die Doppel-Gauß-Variante 2. Art (innere Glieder sammelnd, äußere zerstreuend) Weitwinkel- und Superweitwinkelobjektive. Wichtig sind ferner Systeme mit veränderter Schnittweite, d. h. modifizierte Gauß- und Tripletkonstruktionen, bei denen die Brechkraft innerhalb des Systems so verteilt ist, daß die Bildschnittweite (Abstand zw. Hinterlinsenscheitel und Bildebene) im Verhältnis zur Brennweite

verkürzt (z. B. bei den sog. echten Teleobjektiven) oder verlängert (z. B. bei kurzen Brennweiten für einäugige Spiegelreflexkameras) wird. - Die Kenngrößen eines p. O. sind **Lichtstärke** (größtes einstellbares Öffnungsverhältnis) und **Bildwinkel** bzw. die auf die Bildformatdiagonale bezogene **Brennweite**; Lichtstärke und Brennweite finden sich an der Frontfassung des Objektivs eingraviert. Nach der Brennweite unterscheidet man: **Normalobjektive** (Brennweite entspricht der Formatdiagonale, der Bildwinkel annähernd dem Gesichtsfeldwinkel des deutl. Sehens; *Normalbrennweite*); **Tele-** oder **Fernobjektive** („lange Brennweiten" mit kleinen Bildwinkeln) und **Weitwinkelobjektive** (bei Bildwinkeln > 90° spricht man von Superweitwinkelobjektiven). Extreme Superweitwinkelobjektive mit einem Bildwinkel von 180°, sog. **Fischaugen**[objektive] **(Fish-eye)** bieten eine sphär. Perspektive, bei der alle nicht zur opt. Achse parallelen Geraden als Kurven abgebildet werden. Ein neuartiges **Panoramaobjektiv** (Bildwinkel nahe an 360°) bildet den kugelförmigen Raum um sich herum ab. Sondertypen sind Objektive mit veränderl. Brennweite (↑Zoomobjektive), Weitwinkelobjektive mit exzentr. verstellbarer opt. Achse zum Ausgleich stürzender Linien und Spiegelobjektive (superlange Brennweiten für Kleinbildkameras nach dem Cassegrain-Prinzip oder als Schiefspiegler, mit zusätzlichen Linsen zur Bildfeldebnung). Anamorphot. und Fischaugensysteme sind oft als Objektivvorsätze in Verbindung mit Normalobjektiven verwendbar, zur Verlängerung der Brennweite dienen ↑Konverter. Bei **Makroobjektiven** ist der Schneckengang, mit dem sich das Objektiv im Tubus zur Fokussierung verschieben läßt, so ausgelegt, daß er die unterschiedl. Bildweiten bis zur Makroeinstellung (Abbildungsmaßstab 1:1) ohne oder mit nur einem Zwischentubus überbrückt. - Für die opt. Leistungen moderner Objektive waren einerseits neue Glassorten erforderlich, die dem Grenzbereich zw. amorpher und kristalliner Struktur angehören und bisher nicht verwirklichte Brechzahlen und Abbesche Zahlen erreichen, andererseits werden heute asphär. Linsenflächen und ungleichförmige Linsenbewegung bei der Fokussierung (Floating elements, Floating focusing) in die Optikrechnung (heute durch Computer) einbezogen. Die den neuen metallsalzhaltigen Glassorten (mit Zusätzen von Schwefel und Fluor) anhaftenden Farbfehler werden durch eine geeignete Vergütung (Oberflächenentspiegelung) kompensiert; auch der Farbwiedergabecharakter älterer Objektive (die je nachdem, ob sie nur die längerwellige oder auch die kurzwellige Strahlung teilweise absorbierten, als **Kalt-** oder **Warmzeichner** bezeichnet wurden) wird heute durch die Vergütung neutral gestimmt. - Abb. S. 95.

Photogravüre

Photogravüre, svw. Heliogravüre (↑ Drucken).

Photokathode, dünne Elektrode in Photozellen, Photomultipliern und Bildwandlern, aus der bei Belichtung infolge äußeren Photoeffekts Elektronen austreten. Sie besteht meist aus einer Trägermetallschicht (Silber), einer Alkalimetalloxidschicht als Zwischenschicht und einem adsorbierten monoatomaren Alkalimetallfilm, der die Austrittsarbeit stark herabsetzt und damit die Zahl der Photoelektronen stark vergrößert.

Photokopie, unmittelbare photograph. Übertragung bes. von Urkunden auf lichtempfindl. Papier; allg. auch Bez. für eine nach verschiedenen ↑ Kopierverfahren angefertigte Kopie. - Im Urheberrecht entspricht die P. dem Lichtbild und genießt wie dieses Leistungsschutz.

Photoleitung, Eigenschaft bestimmter fester Stoffe (sog. *Photoleiter*), bei Einwirkung elektromagnet. Strahlung (v. a. bei Lichteinwirkung) den elektr. Strom besser zu leiten. Die P. beruht auf dem inneren ↑ Photoeffekt.

Photolithographie, Verfahren zur Übertragung ein- oder mehrfarbiger Bilder auf Druckplatten: Die photograph. hergestellten Filme werden auf eine mit lichtempfindl. Schicht versehene Stein- oder Metallplatte kopiert, die dann geätzt die Druckplatte ergibt. In abgewandelter Form wird die P. auch bei der Herstellung von miniaturisierten elektron. Schaltungen angewandt.

photomechanische Verfahren, allg. Bez. für die Reproduktionsverfahren, die bei denen Photographie und Ätztechnik eingesetzt werden.

Photometer, zur Photometrie verwendete Geräte. Bei den *visuellen* P. dient das Auge unmittelbar als Strahlungsempfänger. Die einfachste Form eines solchen P. ist das **Fettfleckphotometer** *(Bunsen-P.):* Ein Fettfleck auf einem weißen Blatt Papier wird prakt. unerkennbar, wenn auf beiden Seiten des Papiers die gleiche Beleuchtungsstärke herrscht (die dadurch z. B. in ihrer [relativen] Größe bestimmt werden kann). In vielen P. wird der **Lummer-Brodhun-Würfel** *(P.würfel)* verwendet, ein aus zwei Prismen zus.gesetzter Glaswürfel, bei dem die Kontaktfläche der Prismen das Licht z. T. hindurchläßt, z. T. jedoch total reflektiert. Auf diese Weise lassen sich zwei von verschiedenen Lichtquellen gelieferte Leuchtdichten unmittelbar nebeneinander vergleichen. Andere P.bauarten sind das **Pulfrichphotometer**, das mit zwei veränderbaren Blendenöffnungen arbeitet, und das **Flimmerphotometer** mit zwei in rascher Folge abwechselnd beleuchteten, aneinandergrenzenden Flächen. - Bei den *physikal.* P. dienen Photozellen, Photoelemente oder Photowiderstände bzw. Thermoelemente oder Bolometer, z. T. auch Photoplatten als Strahlungsempfänger.

Photometrie [griech.] (Lichtmessung), die Messung der für die Lichttechnik und das menschl. Sehen grundlegenden physikal. Größen (Lichtstärke, Leuchtdichte, Beleuchtungsstärke u. ä.; sog. photometr. Größen). Da diese Größen auf die speziellen Eigenschaften des menschl. Auges bezogen sind, muß das Auge direkt in den Meßprozeß einbezogen werden (z. B. Helligkeitsvergleich; subjektive P., visuelle P.), oder der Strahlungsempfänger muß der spektralen Empfindlichkeit des Auges angepaßt werden (objektive P., physikal. P.). Die *Astro-P.* (astronom. P.) befaßt sich mit der Bestimmung der ↑ Helligkeit von Gestirnen. - Photometr. Größen und Einheiten ↑ physikalische Größen und ihre Einheiten (Tabelle).

Photomontage [...ta:ʒə] ↑ Photographie.

Photomorphogenese, lichtgesteuerter pflanzl. Entwicklungsprozeß, der bestimmte Gestaltausprägungen *(Photomorphosen)* bewirkt.

Photomultiplier [...mʌltıplaıə] (Photoelektronenvervielfacher, [Sekundär]elektronenvervielfacher), elektron. Bauteil, mit dessen Hilfe der extrem schwache elektr. Strom, den die durch äußeren Photoeffekt (an einer Photokathode) ausgelösten Elektronen (Primärelektronen) darstellen, verstärkt werden kann. Durch elektr. Felder beschleunigt werden die Primärelektronen auf eine Prallelektrode (Dynode) geleitet, wo jedes Elektron bis zu 20 Sekundärelektronen „herausschlägt"; diese werden auf eine weitere Dynode gelenkt usw., so daß der Elektronenstrom lawinenartig anschwillt. Verwendung v. a. zum Nachweis sehr geringer Lichtintensitäten (bis zu einzelnen Photonen).

Photonastie, durch unterschiedl. Lichthelligkeit verursachte ↑ Nastie; bewirkt u. a. Öffnen und Schließen vieler Blüten.

Photonen [griech.] (Lichtquanten, Strahlungsquanten), die Quanten der elektromagnet. Strahlung, in denen sich die korpuskulare Natur einer elektromagnet. Welle äußert. Die P. in einer monochromat. elektromagnet. Welle mit der Frequenz v haben die Energie $W = h \cdot v$ (h Plancksches Wirkungsquantum); sie beträgt für Licht einige eV, für weiche Röntgenstrahlen 100–100 000 eV, für Gammastrahlen einige MeV und für Strahlen aus Teilchenbeschleunigern bis zu 20 GeV. Die P. bewegen sich im Vakuum stets mit Lichtgeschwindigkeit und haben wegen der Masse-Energie-Äquivalenz die Masse $m = h \cdot v / c^2$, ihre Ruhmasse ist jedoch Null. Ebenso besitzen sie keine elektr. Ladung und kein magnet. Moment, sie sind also in elektr. und magnet. Feldern nicht ablenkbar. Jede Wechselwirkung zw. elektromagnet. Strahlung und Materie erfolgt als Emission und Absorption von P., wobei ein Photon immer als Ganzes entsteht oder verschwindet und seine Energie von einem mikrophysikal. System aufgebracht oder ihm zugeführt wird. Die P. repräsentieren den korpuskularen Charakter der elektromagnet. Strahlung, der insbes. im wellenopt. nicht deutbaren Photoeffekt und Compton-Effekt hervortritt. Diese anschaul. im Ggs. zur Wellentheorie der elektromagnet. Strahlung stehende Eigenschaft tritt in der Quantentheorie als komplementäre Eigenschaft neben die Wellennatur (↑ Welle-Teilchen-Dualismus).

Photoneutronen, von Atomkernen infolge des ↑ Kernphotoeffektes emittierte Neutronen mit einem für jeden Kern charakterist. Energiespektrum.

Photooxidanzien, Bez. für eine Gruppe äußerst reaktionsfähiger Substanzen unterschiedl. Zusammensetzung, die sich aus in der Luft befindl. (ungesättigten) Kohlenwasserstoffen (entstanden durch unvollständige Verbrennungsvorgänge oder als natürl. Ausscheidungsprodukte von Pflanzen), Stickstoffdioxid (ebenfalls aus Verbrennungsvorgängen) und [Luft]sauerstoff unter dem Einfluß von kurzwelligem Licht bilden und rasch zu Kohlenwasserstoffen, Stickstoffmonoxid und Ozon zerfallen. P. kommen bes. im photochem. ↑ Smog vor, sie führen u. a. zu einer Erhöhung des Ozongehaltes in der Luft, der schädigend in die Photosynthese eingreift; als Schadstoffen wird ihnen steigende Bed. zugemessen.

Photooxidation, Sammelbez. für Oxidationsreaktionen, die durch Bestrahlung mit Licht oder höherfrequenter elektromagnet. Strahlung ausgelöst werden. I. e. S. die auf diese Weise bewirkte Einführung von Sauerstoff in organ. Moleküle *(Photooxygenierung).*

Photopapiere ↑ Photographie.

photophil, das Licht bevorzugend; von Tieren und Pflanzen[teilen] gesagt, die lichtarme Regionen meiden. - Ggs. photophob.

Photophoren, svw. ↑ Leuchtorgane.

Photophorese [griech.], die Erscheinung, daß extrem kleine, in einem Gas schwebende Teilchen sich unter Einwirkung einer intensiven Lichtstrahlung in Strahlungsrichtung *(positive P.)* oder entgegen der Strahlungsrichtung *(negative P.)* bewegen.

Photoplastik ↑ Photogrammetrie.

Photoprotonen, die analog zu den Photoneutronen bei einem ↑ Kernphotoeffekt aus einem Atomkern emittierten Protonen.

Photorealismus, in der *[künstler.] Photographie* die Tendenz, die Welt krit.-realist. zu erfassen.
◆ ↑ Neuer Realismus.

Photorezeptoren, lichtempfindl. Elemente der Netzhaut des Auges, die auf Licht bestimmter Wellenlänge ansprechen und zu opt. Wahrnehmungen führen; unterschieden werden *Zapfen,* die vorwiegend dem Tagessehen dienen, und *Stäbchen,* die das Dämmerungssehen ermöglichen.

Photographische Objektive.
1–3 Grundformen (1 Cookesches beziehungsweise Taylorsches Triplet, Doppel-Gauß-Varianten [2 Grundform 1. Art, 3 Grundform 2. Art]); 4–6 Weitwinkelobjektive (Fischauge [Bildwinkel 180°], 5 Superweitwinkelobjektiv Zeiss Hologon [Bildwinkel 110°]; 6 Superweitwinkelobjektiv Leitz Superangulon [Bildwinkel 92°]); 7 und 8 Teleobjektive (7 Leitz Apo-Telyt [Bildwinkel 14°], 8 Leitz Telyt [Bildwinkel 4,5°]); 9 Panoramaobjektiv (Zb Zwischenbild; E Bildebene)

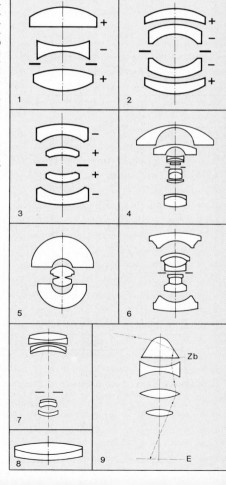

Photosatz

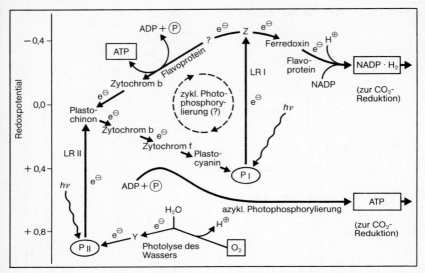

Photosynthese. Primärreaktionen

Photosensibilisierung, durch bestimmte chem. Stoffe (z. B. äther. Öle) bewirkte Steigerung der Licht- bzw. Strahlenempfindlichkeit der Haut.

Photospaltung, die durch ein energiereiches Photon ausgelöste Kernspaltung. Als P. wird auch der ↑Kernphotoeffekt bezeichnet.

Photosphäre, die etwa 400 km dicke Schicht an der Oberfläche der Sonne. Aus ihr wird der größte Teil des Sonnenlichts abgestrahlt. Als P. bezeichnet man auch die entsprechende Schicht eines anderen Sterns.

Photosynthese, i.w.S. Bez. für eine chem. Reaktion, die unter der Einwirkung von Licht oder anderer elektromagnet. Strahlung abläuft und zur Synthese einer chem. Verbindung führt. I. e. S. Bez. für die fundamentale Stoffwechselreaktion der grünen Pflanzen. Zur P. befähigt sind alle höheren Pflanzen, Farne, Moose, Rotalgen, Grünalgen, Braunalgen, Blaualgen und verschiedene Bakterienarten. Bei der P. wird Lichtenergie in chem. Energie umgewandelt, mit deren Hilfe das in der Luft und im Wasser vorhandene CO_2 organisch in Form von Glucose gebunden wird. Diese Überführung körperfremder, niedermolekularer Substanz in körpereigene, höhermolekulare nennt man ↑Assimilation. Die Bruttogleichung der P. lautet:

$$6\ CO_2\ +\ 6\ H_2O \xrightarrow{\text{Licht}} C_6H_{12}O_6\ +\ 6\ O_2.$$

Wie aus der Gleichung ersichtlich, werden CO_2 und Wasser mit Hilfe von Lichtenergie in Kohlenhydrat überführt. Dabei müssen folgende Vorgänge ablaufen: Wasser muß gespalten werden; diesen Vorgang nennt man *Photolyse*. Diese und der damit eng verknüpfte Elektronentransport zählen zu den *Primär-*

Photosynthese. Sekundärreaktionen

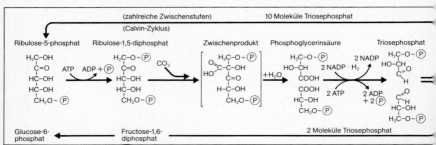

vorgängen der Photosynthese. CO_2 muß an einen organ. Akzeptor assimiliert werden und mit Hilfe des aus der Photolyse stammenden Wasserstoffs zu Kohlenhydrat reduziert werden *(Dunkelreaktion, Sekundärvorgänge)*.

Bei der **Lichtreaktion** werden in zwei miteinander gekoppelten Reaktionen (Lichtreaktion I = LR I und Lichtreaktion II = LR II) Energieäquivalente bereitgestellt, indem das im Pigmentsystem I (Photosystem I, P I, Absorptionsmaximum 700 nm) und im Pigmentsystem II (Photosystem II, P II, Absorptionsmaximum 680 nm) lokalisierte Chlorophyll a aktiviert (angeregt) wird.

Die Bedeutung der Aktivierung liegt darin, daß die Elektronen des Chlorophyll-a-Moleküls auf ein höheres Elektronenniveau gehoben werden (Chlorophyll aI, Chlorophyll aII) und dabei ein unterschiedlich hohes Redoxpotential erhalten. Die angeregten Elektronen werden von P I in einer *Elektronentransportkette* (Redoxsystem) unter Beteiligung von FRS („Ferredoxin-reduzierende-Substanz"), Ferredoxin und Flavoprotein auf $NADP^+$ übertragen. Das $NADP^+$ wird dabei unter Aufnahme von H^+ (aus dem Wasser) reduziert. In der LR II werden die angeregten Elektronen von einem weitere Elektronentransportkette auf Plastochinon (PQ) und über dieses auf *Zytochrom* b und f, dann auf Plastocyanin und endlich Chlorophyll aII übertragen. Dadurch erhält Chlorophyll a wieder sein ursprüngl. Redoxpotential. Chlorophyll aII ersetzt seine abgegebenen Elektronen auf bis jetzt unbekannte Weise aus der Photolyse des Wassers; diese vollzieht sich nach der Summengleichung:

$$2 H_2O \rightarrow 2 H^+ + 2 e^- + H_2O + 1/2 O_2.$$

Der Reaktionsablauf von Plastochinon zu Chlorophyll aI ergibt einen Energiegewinn. Dieser wird durch die Synthese von ATP (↑Adenosinphosphate) festgelegt (*azykl. Phosphorylierung*, nichtzykl. Photophosphorylierung; ↑auch Atmungskette).

Insgesamt laufen also in den Lichtreaktionen die von der Photolyse gelieferten Elektronen zum $NADP^+$, das mit Hilfe der 2e (Elektronen) und der $2 H^+$ zu $NADPH + H^+$ reduziert wird. Gleichzeitig wird ATP geliefert. Kehrt ein Elektron nach Durchlaufen nur einiger Redoxsysteme zu seinem ursprüngl. Elektronendonator zurück, so spricht man von *zykl. (Photo)phosphorylierung*. Diese Reaktion ist heute jedoch noch umstritten. Ein weiterer Weg zur Entstehung von ATP besteht nach der chemiosmotischen Hypothese darin, daß es durch H^+-Transport des Plastochinons zu einer Verschiebung der Wasserstoffionenkonzentration u. damit zur Ausbildung eines Membranpotentials kommt, was an bestimmten Stellen der Membran durch die Tätigkeit des Enzyms ATPase (unter Bildung von ATP) wieder ausgeglichen wird.

Die Endprodukte der Primärreaktion sind also gespeicherte Energie in Form von ATP und $NADPH + H^+$ (als Reduktionspotential), die nun in die Sekundärprozesse eingeschleust werden. Die *Sekundärreaktionen*, die auch im Dunkeln ablaufen und daher **Dunkelreaktionen** genannt werden, bestehen in einer Reihe chem. Umsetzungen. Sie laufen in einem als *Calvin-Zyklus* bezeichneten Kreisprozeß ab, bei dem das CO_2 zunächst an das aus Ribulose-5-phosphat und ATP entstandene Ribulose-1,5-diphosphat zu einer noch unbekannten C_6-Zwischenverbindung angelagert wird. Diese zerfällt in zwei Moleküle Phosphoglycerinsäure, die durch $NADPH + H^+$ und ATP zu 3-Phosphoglycerinaldehyd (Triosephosphat), die erste Kohlenhydratsubstanz, reduziert wird. Aus dem Triosephosphat entsteht einerseits (über Fructose-1,6-diphosphat, Fructose-6-phosphat und Glucose-6-phosphat) Glucose, andererseits bildet sich in komplizierten enzymat. Prozessen das Ribulose-5-phosphat zurück.

Wie die Summengleichung der P. zeigt, werden 6 Moleküle CO_2 assimiliert; für ihre Anlagerung sind daher 6 Moleküle Ribulose-1,5-diphosphat erforderlich, aus denen 12 Moleküle Triosephosphat entstehen. Von diesen werden 2 Moleküle für den Aufbau der Glucose verbraucht, während die restl. 10 Moleküle wieder in Ribulose-5-phosphat umgewandelt werden. Insgesamt werden für die Reduktion der 6 Moleküle CO_2 zu einem Molekül Fructose-6-phosphat 18 Moleküle ATP und 12 Moleküle $NADPH + H^+$ verbraucht.

Ⓠ *Buschmann, C./Grumbach, K.: Physiologie der P. Bln. 1985. - Lichtenthaler, H./Pfister, K.: Praktikum der P. Hdbg. 1978. - Hoffmann, Paul: P. Bln. 1975.*

Phototaxis [griech.] ↑Taxie.

Phototransistor, Kombination eines Photowiderstands und eines Transistors innerhalb eines geschichteten Halbleiterkristalls. Der Strom der in der lichtempfindl. [Emitter]zone bei Lichteinstrahlung durch inneren Photoeffekt freigesetzten Elektronen wird bei geeigneter Polung gleichzeitig verstärkt. P. werden als Strahlungsempfänger, als Schaltelemente u. a. verwendet.

phototrope Gläser [griech./dt.] ↑Brille.

phototroph, Licht als Energiequelle für Stoffwechselprozesse nutzend (auf grüne Pflanzen, Algen und einige Bakterien bezogen).

phototrophe Bakterien, im Wasser lebende, anaerobe und durch Bakteriochlorophyll a, b, c oder d gefärbte Bakterien; z. B. ↑Chlorobakterien.

Phototropismus ↑Tropismus.

Phototypie [griech.], ältere Bez. für photomechan. hergestellte Druckplatten.

Photoumwandlung, svw. ↑Kernphotoeffekt.

Photovoltaik

Photovoltaik, Teilgebiet der Elektronik bzw. Energietechnik, das sich mit der Ausnutzung der beim inneren ↑ Photoeffekt an Sperrschichten auftretenden photoelektr. Spannungen (Photo-EMK) zur Gewinnung elektr. Energie (insbes. durch Umwandlung von Sonnenenergie) befaßt. Die wichtigsten photovoltaischen Bauelemente sind die Photoelemente und die Sonnenzellen.

⌑ *P. Strom aus der Sonne.* Hg. v. F. Jäger. *Karlsruhe 1985.* - Starr, R.: *Photovoltaische Stromerzeugung. Düss. 1985.*

Photowiderstand, ein als variabler, von der Beleuchtungsstärke abhängiger elektr. Widerstand verwendetes elektron. Bauelement; besteht im wesentl. aus einer dünnen, auf einer isolierenden Unterlage aufgedampften photoleitenden Halbleiterschicht, z. B. aus Cadmiumsulfid (**Cadmiumsulfidzelle, CdS-Zelle**), Cadmiumselenid, Bleisulfid oder -selenid. An zwei gegenüberliegenden Stellen sind Elektroden angebracht und mit einer Spannungsquelle verbunden. Bei Lichteinfall werden durch den inneren Photoeffekt Elektronen in das Leitungsband des Halbleiters gehoben, so daß es zu einer erhebl. Vergrößerung der Leitfähigkeit kommt. Hochempfindl. P. werden z. B. zum Nachweis von Infrarotstrahlung geringer Intensität verwendet.

Photozelle (lichtelektr. Zelle), Vorrichtung zur Umwandlung von Licht[schwankungen] in elektr. Strom[schwankungen] durch Ausnutzung des äußeren ↑ Photoeffekts. In einem [evakuierten] Glaskolben sind eine Photokathode und ihr gegenüber eine Anode untergebracht und an eine Spannungsquelle angeschlossen. Fällt Licht auf die Photokathode, so werden aus ihr Photoelektronen ausgelöst und von der Anode „abgesaugt"; dadurch entsteht ein der Lichtintensität proportionaler Strom (**Photostrom**) im Außenkreis. Um die Empfindlichkeit der P. zu erhöhen, füllt man sie häufig mit einem Edelgas (Druck einige hundertstel bar); die Photoelektronen erzeugen dann durch Stoßionisation im Gasraum weitere Elektronen. - Anwendung von P. beim Tonfilm (zum Abtasten der Tonspur), beim Fernsehen, in Steuerungs-, Überwachungsanlagen u. a.

Phou Bia, höchster Berg in Laos, nnö. von Vientiane, 2817 m hoch.

Phraates, Name parth. Könige; bedeutend v. a.:

P. III., † 58 v. Chr. (ermordet), König (seit 70). - Suchte in den Mithridat. Kriegen seine Position durch ein Bündnis mit Rom zu stärken.

P. IV., † 2 v. Chr., König (seit 37). - Sandte die in der Schlacht bei Carrhae erbeuteten röm. Feldzeichen zurück (20 n. Chr.); erhielt das röm. Protektorat über Armenien; wurde von seiner Gattin Musa, einer von Augustus gesandten Sklavin, ermordet.

Phrase [zu griech. phrásis „das Sprechen"], in der antiken *Rhetorik* i. w. S. die sprachl.-stilist. Ausformulierung der in einem Text verwendeten Gedanken; i. e. S. eine einzelne Wortgruppe oder -wendung. Im 16. Jh. in der antiken Bed. ins Dt. übernommen, bekam P. später einen abwertenden Sinn *(P. dreschen, hohle Phrase).*

♦ in der *Linguistik* zusammengehöriger Teil eines Satzes, Satzglied. Die Analyse von Sätzen in P. ist die Grundlage der Phrasenstrukturgrammatik.

♦ in der *Musik* eine melod. Sinneinheit, die, analog zur Wortgruppe im Satz, mehrere Einzeltöne zusammenfaßt und organ. aufeinander bezieht. P. sind, im Ggs. zur ↑ Periode, von unterschiedl. Länge; sie können aus wenigen Tönen, aber auch aus mehreren verbundenen Motiven bestehen. - ↑ auch Phrasierung.

Phrasenstrukturgrammatik, eine Grammatik, die die Zusammensetzung und Gliederung von Sätzen beschreibt, indem sie angibt, aus welchen Phrasen ein Satz bestehen kann und in welcher hierarch. Ordnung die Phrasen und damit die Morpheme, aus denen sie sich zusammensetzen, zueinander stehen. Grundlage der P. ist die ↑ Konstituentenanalyse, die durch Ersetzungsregeln dargestellt und auf alle Sätze einer Sprache verallgemeinert wird. Ein Beispiel für eine solche Ersetzungsregel: NP → ART + N („eine Nominalphrase [NP] besteht aus einem Artikel [ART] und einem Substantiv [N]").

Phraseologie [griech.], i. e. S. svw. ↑ Idiomatik; i. w. S. die in einem Wörterbuch zu einem Stichwort gegebenen Beispiele (Beispielsätze, Zitate, idiomat. Ausdrücke).

Phraseonym [griech.], Sonderform des ↑ Pseudonyms, bei der statt der Verfasserangabe eine Redewendung steht: z. B. „von einer anonymen Dame" = Jane Austen.

Phrasierung [griech.], Gliederung einer Komposition nach (vorwiegend melod.) Sinneinheiten (↑ Phrasen). P. kann vom Komponisten nur unvollkommen bezeichnet werden (z. B. durch Bögen, Pausen, Betonungs- und andere Vortragszeichen). Sie ist oft bewußt mehrdeutig und mehrschichtig (Übereinanderlagerung unterschiedl. langer Phrasen) angelegt und bis zu einem gewissen Grade auf subjektive Deutung angewiesen. Das führt bei ein und derselben Komposition zu verschiedenen gleichberechtigten Auslegungen. Die theoret. Behandlung der P. hat H. Riemann (1884) im Blick auf die Instrumentalmusik der Wiener Klassik systemat. entwickelt. Seine Auffassung von der prinzipiellen Auftaktigkeit aller Phrasen ist jedoch stark umstritten. Von der P. ist die ↑ Artikulation zu unterscheiden; in der Praxis durchdringen sich jedoch beide.

Phratrie [griech.], in der griech. Antike eine zw. Geschlecht und Phyle einzuordnende

Gemeinschaft mit sakralen und sozialen (Aufnahme in die Bürgerschaft, Legitimation der Eheschließung) Funktionen.

Phrenitis [griech.], svw. ↑Zwerchfellentzündung.

Phrenokardie [griech.], svw. Herzneurose (↑Herzkrankheiten).

Phrenologie [griech.], von J. C. Spurzheim (* 1776, † 1832) eingeführte Bez. für eine von F. J. ↑Gall begründete Lehre („Kranioskopie"), nach der charakterl. und intellektuelle Dispositionen eines Menschen bereits an der Form seines Kopfes bzw. Schädels durch Rückschlüsse auf die darunterliegenden Rindenfelder des Großhirns zu erkennen seien; wiss. nicht haltbar.

Phrixos, Gestalt der griech. Mythologie. Sohn des Athamas und der Wolkengöttin Nephele, Vater des Argus. Durch das Ränkespiel seiner Stiefmutter Ino zum Opfertod bestimmt, flieht er mit seiner Schwester **Helle** auf einem fliegenden, goldwolligen Widder. Über den Dardanellen stürzt Helle ins Meer, das dort seither „Meer der Helle" (gr. Helléspontos) heißt. In Kolchis opfert P. den Widder; das „Goldene Vlies" (↑Argonauten) wird im Hain des Ares aufgehängt.

Phrygana [griech.] ↑Garigue.

Phryger ↑Phrygien.

Phrygien, histor. Landschaft im westl. Inneranatolien, Türkei. Die **Phryger**, nach antiken Berichten aus Makedonien und Thrakien eingewandert (um 1200/1100?), gründeten im 8. Jh. v. Chr. ein Großreich, das etwa von Kilikien im S sowie von Lydien im W begrenzt war, im O über den Halys hinüberreichte und um 695 von den Kimmeriern zerstört wurde; Ende des 7. Jh. lyd., Mitte des 6. Jh. pers., durch die Kelteninvasion (277–274) in einen östl. kelt. und einen westl. Teil, den Pergamon okkupierte und der 133 v. Chr. röm. (Prov. Asia) wurde, unter Diokletian dann in die Prov. Phrygia I und II geteilt. Die **phryg. Kunst** hat Eigenständigkeit und Bed. nur vom 8. bis 6. Jh.; Grabungen (Gordion) legten mächtige Stadtmauern, stattl. Wohnbauten mit geometr. Kieselmosaiken, tönerne bemalte Reliefs von Tempeln frei, auch vorzügl. kunsthandwerkl. Arbeiten, z. B. Bogenfibeln, Keramik, insbes. Siebkannen mit langem Ausguß, auch als Bronzegefäße. Großartig die Felsarchitektur (Tempel, Gräber), deren Fassaden mit geometr. Mustern überzogen sind.

Phrygisch, die als eigenständiger Zweig zu den indogerman. Sprachen gehörende Sprache der Phryger, die v. a. durch zwei Gruppen von Denkmälern bekannt ist: 1. über 125 meist sehr kurze sog. „altphryg." Inschriften des 8. bis 4. Jh. in einheim. phryg. Schrift, die Mitte des 8. Jh. wohl aus einem (west)griech. Alphabet entlehnt worden ist; 2. etwa 110 „neu- oder spätphryg." Inschriften etwa des 1. bis 4. Jh. in griech. Schrift; noch

für das 5. Jh. n. Chr. wird das P. als gesprochene Volkssprache bezeugt.

phrygische Mütze ↑Jakobinermütze.

phrygischer Kirchenton ↑Kirchentonarten (Übersicht).

Phthalate [pers.-griech.], die Salze und Ester der o-Phthalsäure. Techn. Bedeutung haben die hoch siedenden Ester (Siedepunkte von 160–300 °C); Verwendung als Weichmacher für Lackrohstoffe und Kunststoffe sowie als Geliermittel für Sprengstoffe.

Phthalsäure [pers.-griech./dt.] (o-Phthalsäure), eine der drei isomeren Benzoldicarbonsäuren; farblose, kristalline Substanz, die ein wichtiges Ausgangsprodukt zur Herstellung von Farbstoffen u. Kunstharzen ist. Die m-P. (**Isophthalsäure**) wird zur Herstellung von Alkydharzen, die p-P. (**Terephthalsäure**) zur Herstellung von Polyestern verwendet. Chem. Strukturformeln:

Phthalsäure   Isophthalsäure   Terephthalsäure

Phthise (Phthisis) [griech. „Schwindsucht"], allg. Verfall des Körpers oder einzelner Organe; i. e. S. Bez. für eine Form der Lungentuberkulose, die mit Einschmelzung und Schrumpfung des Lungengewebes verbunden ist; **Phthisis florida,** svw. ↑galoppierende Schwindsucht.

Phuket [Thai phuːˈkeːd], thailänd. Insel in der Andamanensee, 552 km²; Abbau und Verhüttung von Zinnerzen; Touristenzentrum.

Phul [fuːl] ↑Tiglatpileser III.

pH-Wert [pH, Abk. für: **p**otentia **h**ydrogenii „Stärke des Wasserstoffs"], in der Chemie und Biologie gebräuchl. Maßzahl für die in Lösungen enthaltene Konzentration an Wasserstoffionen, H^+-Ionen (bzw. Hydroniumionen, H_3O^+-Ionen), d. h. für den sauren oder basischen Charakter einer Lösung. Der pH-W. ist definiert als der negative dekad. Logarithmus der Wasserstoffionenkonzentration; er wurde 1909 durch den dän. Chemiker S. P. L. Sørensen eingeführt. Da in reinem Wasser die Konzentrationen der Wasserstoff- und Hydroxidionen, OH^--Ionen, gleich groß sind (je 10^{-7} Mol/l), liegt der negative Logarithmus der Wasserstoffionenkonzentration (der pH-Wert) des Wassers bei 7; Lösungen mit höherer Wasserstoffionenkonzentration haben einen niedrigeren pH-W. und werden als *sauer*, Lösungen mit niedrigerer Wasserstoffionenkonzentration haben einen höheren pH-W. und werden als *basisch* bezeichnet. Eine 0,01-n-Salzsäure enthält 0,01 g Wasserstoffionen pro Liter, hat also einen pH-W. von $-\log 0{,}01 = 2$. Allg. bezeichnet man Lösungen mit pH-W. kleiner als 3 als *stark sauer*, zw. 3 und 7 als *schwach sauer*, zw. 7 und 11 als *schwach basisch* und

Phykobiline

größer als 11 als *stark basisch*. pH-W. einiger Flüssigkeiten: 20 %ige Salzsäure −0,3, Magensalzsäure 0,9 bis 1,5, Handelsessig 3,1, Blutplasma 7,38 bis 7,43, Darmsaft 8,3, Seewasser 8,3, 50 %ige Kalilauge 14,5. Der pH-W. wird näherungsweise mit Indikatoren bestimmt; genauere Werte erhält man durch elektrometr. Bestimmungen. Hierbei taucht eine Meßelektrode (am gebräuchlichsten ist die *Glaselektrode*) in die zu untersuchende Lösung, wodurch sich an der Grenzfläche der Elektrode eine von der Hydroniumionenkonzentration der Lösung abhängige Galvani-Spannung einstellt. Als Maß für den pH-W. dient die Differenz, die sich zw. der Galvani-Spannung an der Meßelektrode und einer vorgegebenen Galvani-Spannung einer in eine Standardlösung tauchenden Bezugselektrode, z. B. die *Kalomelelektrode*, ergibt. Der pH-W. ist für den Ablauf vieler chem. und biochem. Vorgänge entscheidend; z. B. können ↑ Enzyme nur in bestimmten pH-Bereichen wirksam werden.

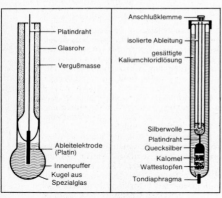

ph-Wert. Glaselektrode (links)
und Kalomelelektrode zur
Bestimmung des ph-Werts

Phykobiline (Phycobiline) [griech./lat.], Naturfarbstoffe, die bes. in Blaualgen (*Phykozyane;* blaugrün), in Rotalgen (*Phykoerythrine;* rotviolett) u. in einigen Flagellatengruppen verbreitet sind. Als Begleitfarbstoffe des Chlorophylls sind sie auf Grund ihrer Lichtabsorption im grünen Spektralbereich als Photosynthesepigmente bes. im Tiefenwasser geeignet. Auch das ↑ Phytochrom der Pflanzen ist ein Phykobilin.
Phykologie [griech.], Algenkunde.
Phycomycetes (Phygomyzeten) ↑ Algenpilze.
Phyle [griech.], Unterteilung der griech. Stämme und Staaten, mehrere ↑ Phratrien zusammenfassend. Im Zuge der Reformen des Kleisthenes wurde die Stamm-P. durch rein lokale P. mit polit. Funktion ersetzt (z. B. die Zusammensetzung der Magistrate, Heeresaufgebot).
phyletisch [griech.], die Abstammung betreffend.
Phyllis, Gestalt der griech. Sage; thrak. Königstochter; verliebt sich in Demophon, den Sohn des Theseus, der ihr die Ehe verspricht; da er nicht zurückkehrt, tötet sich P. und wird in einen Baum verwandelt.
Phyllit [zu griech. phýllon „Blatt"], schwach metamorpher Tonschiefer mit seidigem Glanz auf den Schieferungsflächen.
Phyllocactus [griech.], svw. ↑ Blattkaktus.
Phyllocladus [griech.] (Blatteibe), Gatt. der Steineibengewächse mit nur wenigen Arten in Neuseeland, Tasmanien, Neuguinea und auf den Philippinen; Bäume oder Sträucher, deren Langtriebe kleine Schuppenblätter tragen; in den Achseln der Langtriebe stehen blattähnl., breite Kurztriebe (Phyllokladien). Die bekannteste Art ist die **Farneibe** (Phyllocladus asplenifolius), ein immergrüner Baum, dessen Blüten sich zu fleischigen Beerenzapfen entwickeln.
Phyllodium [griech.] (Blattstielblatt), blattartig verbreiteter Blattstiel mit Assimilationsfunktion bei rückgebildeter Blattspreite; z. B. bei verschiedenen Akazienarten.
Phyllokaktus, svw. ↑ Blattkaktus.
Phyllokladium [griech.], ein ↑ Flachsproß bei Kurztrieben.
Phyllopoda [griech.], svw. ↑ Blattfußkrebse.
Phylogenie [griech.], svw. Stammesentwicklung (↑ Entwicklung [in der Biologie]).
Phylum [griech.] ↑ Stamm.
Phyma [griech.], knollige Geschwulst; knollige Verdickung bes. der Nase.
phys..., Phys... ↑ physio..., Physio...
Physalis [zu griech. physallís „Blase"], svw. ↑ Lampionblume.
physi..., Physi... ↑ physio..., Physio...
Physiatrie (Physiatrik) [griech.], svw. ↑ Physiotherapie.
Physik [zu griech. physikḗ (theōría) „Naturforschung"], diejenige Naturwiss., die sich mit der Erforschung aller experimentell und messend erfaßbaren sowie mathemat. beschreibbaren Erscheinungen und Vorgänge in der Natur befaßt und die insbes. sämtl. Erscheinungs- und Zustandsformen der Materie und alle dafür verantwortl., zw. den Materiebausteinen und -aggregaten bestehenden Kräfte und Wechselwirkungen erforscht. Die P. ist für alle anderen exakten Naturwiss. grundlegende Wiss., die auf der Basis experimenteller, durch Messungen präzisierter Erfahrungen zur Aufdeckung, mathemat. Formulierung und prakt.-techn. Anwendung der den Erscheinungen und Vorgängen zugrundeliegenden Naturgesetze führt. Ihre wesentl.

Im Bild beschriftet:
Anschlußklemme
Platindraht
Glasrohr
Vergußmasse
isolierte Ableitung
gesättigte Kaliumchloridlösung
Silberwolle
Platindraht
Quecksilber
Kalomel
Wattestopfen
Tondiaphragma
Ableitelektrode (Platin)
Innenpuffer
Kugel aus Spezialglas

Aufgabe besteht darin, die Fülle der in ihren Bereich fallenden Naturerscheinungen und -vorgänge (**physikal. Phänomene**) zu erfassen, zu ordnen, zu beschreiben und zu erklären, d. h. die Zusammenhänge zw. den verschiedenen durch Messung erfaßbaren physikal. Erscheinungen aufzudecken, die Gesetzmäßigkeiten aufzufinden, nach denen alle physikal. Vorgänge ablaufen, und damit die Möglichkeiten zu schaffen, aus beobachteten Verhältnissen (Zuständen) solche der Vergangenheit und der Zukunft quantitativ zu bestimmen. Die **physikal. Forschungsmethode** besteht darin, jeweils geeignete meßbare Größen auszuwählen und dann durch Versuche festzustellen, welche funktionellen Zusammenhänge zw. den Meßgrößen bestehen. Diese als **physikal. Gesetze** bezeichneten Beziehungen gelten dann zumindest innerhalb gewisser Teilgebiete der P., in denen die physikal. Erscheinungen und Vorgänge gleichartiger Ursache, Vermittlung und Auswirkung zusammengefaßt sind. Bei diesem Vorgehen ist die P. stets eine untrennbare Einheit von experimenteller Forschung und theoret. Durchdringung gewesen, auch wenn sich im Laufe der Zeit immer stärker eine Arbeitsteilung zw. Experimental- und theoret. P. herausgebildet hat: Die **Experimentalphysik** gewinnt durch exakte Beobachtung des Naturgeschehens und durch planmäßige, unter kontrollierten, übersichtl. und vereinfachten Bedingungen ausgeführte Versuche, die **physikal. Experimente**, und dabei angestellte Messungen Kenntnis über die qualitativen und quantitativen Zusammenhänge der verwendeten Meßgrößen. Die **theoret. Physik** faßt das experimentelle Material zusammen, abstrahiert aus ihm die funktionalen Beziehungen zw. den untersuchten Größen und formuliert diese Beziehungen [in mathemat. Form] als physikal. Gesetze. Eine wesentl. Rolle spielen in der theoret. P. Modellvorstellungen (**physikal. Modelle**), da zahlr. physikal. Objekte und Erscheinungen einerseits auch bei Zwischenschaltung genauester Meßgeräte nicht mit den Sinnen erfaßt werden können und andererseits nicht anschaul. vorstellbar sind. Um mit solchen Sachverhalten dennoch arbeiten zu können, schafft man sich ein anschaul. Bild oder Modell von ihnen (z. B. ein ↑ Atommodell von den Atomen). Die Gesamtheit der in den verschiedenen Bereichen der P. entwickelten Modelle und Theorien sowie der daraus resultierenden Erkenntnisse bezeichnet man als **physikal. Weltbild**. Die histor. Entwicklung der P. zeigt, daß dieses - durch immer neue Entdeckungen bedingt - in ständiger Umwandlung begriffen ist und immer nur ein dem jeweiligen Kenntnisstand angepaßtes Bild der tatsächl. Welt liefert.

Das Gesamtgebiet der P. wird nach verschiedenen histor. bzw. sachl. Gesichtspunkten in klass. und moderne P., Kontinuums- und Quanten-P. bzw. Makro- und Mikro-P. unterteilt, wobei sich diese Begriffe z. T. überdecken. Unter dem Begriff **klass. Physik** faßt man die bis zum Ende des 19. Jh. untersuchten Erscheinungen und Vorgänge aus dem Bereich der tägl. Erfahrung und der Technik zusammen, die anschaul. in Raum und Zeit beschreibbar sind und für die zu Beginn des 20. Jh. abgeschlossene Theoriengebäude vorlagen. Kennzeichnend für die klass. P. ist der Tatbestand, daß von einem Einfluß der Meßvorgänge (bzw. Meßgeräte) auf die Meßobjekte und damit auf die Meßresultate abgesehen werden kann. Teilbereiche der klass. P. sind nach herkömml., z. T. den Sinneswahrnehmungen angepaßter Einteilung: die *klass. Mechanik* als Lehre von der Bewegung materieller Körper und den dafür verantwortl. Kräften, die *Akustik* als Lehre vom Schall, die *Thermodynamik* als Lehre von den durch Wärmeenergie verursachten Erscheinungen, die *Elektrodynamik* als Lehre von der Elektrizität und vom Magnetismus sowie die *Optik* als Lehre vom Licht. Eine Vollendung der klass. P. ist die zu Beginn des 20. Jh. entwickelte und daher meist zur modernen P. gezählte *Relativitätstheorie*, die eine für bewegte Bezugssysteme und beliebige Geschwindigkeiten bis hin zur Lichtgeschwindigkeit gültige Erweiterung v. a. der Mechanik darstellt. Hierbei liefert die im Rahmen der speziellen *Relativitätstheorie* vorgenommene Umgestaltung der klass. zur relativist. Mechanik die Gesetzmäßigkeiten für das Verhalten schnell bewegter Teilchen, während die allg. Relativitästheorie eine Theorie der Raum-Zeit-Struktur und der Gravitation darstellt. Während die klass. P. durch Anschaulichkeit sowie Stetigkeit jedes Naturgeschehens gekennzeichnet ist und im allg. nur eine phänomenolog. Beschreibung der Materie und ihrer Eigenschaften liefert, umfaßt die sich seit Beginn des 20. Jh. entwickelnde **moderne Physik** v. a. die nicht mehr anschaul. in Raum und Zeit beschreibbaren und außerdem unstetig ablaufenden Naturerscheinungen und -vorgänge der Mikrophysik. Sie enthält die Bereiche der klass. P. als unter bestimmten Bedingungen gültige Grenzfälle und kann gegliedert werden in eine die Gesetze der Relativitätstheorie befolgende *relativist. P.* sowie in die *Quanten-P.* mit ihren nur durch die Quantentheorie beschreibbaren Erscheinungen und Vorgängen, die in mikrophysikal. Systemen auftreten. Der grundlegende Teilbereich der Quanten-P. und damit auch der modernen P. ist die *Atom-P.*, deren Untersuchungsobjekte i. e. S. nur die Atome, Elektronen und Ionen als die eigentl. atomaren Bausteine der Materie, i. w. S. auch die durch ihr Zusammenwirken entstehenden Moleküle und makroskop. Substanzmengen in Form kondensierter Materie (Flüssigkeiten und Festkörper) sind und die außerdem die Wechselwir-

physikalische Chemie

kung von Strahlung und Materie behandelt. Von der Atom-P. abgetrennt und zu einer eigenständigen Wiss. entwickelt hat sich die *Kern-P.*, die sich mit den Eigenschaften der Atomkerne und ihrer Bausteine den sie zusammenhaltenden Wechselwirkungen und ihren Veränderungen befaßt. Zur Erforschung der Erscheinungen und Vorgänge in subatomaren Bereichen hat sich die *Hochenergie-P.* als P. der Elementarteilchen und ihrer starken und schwachen Wechselwirkungen entwickelt. Wichtige Bereiche der modernen P. sind die sich mit den physikal. Eigenschaften von Flüssigkeiten und Festkörpern befassende *P. der kondensierten Materie* (z. B. *Festkörper-P.* und *Halbleiter-P.*) und die *Plasma-P.*, in der das Verhalten der Materie im sog. vierten Aggregatzustand (↑ Plasma) erforscht und an der experimentellen Verwirklichung der Kernfusion gearbeitet wird.

Die heutige physikal. Forschung gelangt in vielen Bereichen der modernen P. nur noch durch gut organisierte Gemeinschaftsarbeit von Vertretern der theoret. P. u. der Experimental-P., die z. T. mit großem techn. Aufwand betrieben werden muß, zu wesentl. neuen Erkenntnissen. Die Entwicklung der dazu verwendeten Hilfsmittel stellt eine wichtige Aufgabe der modernen P. dar. Es zeigt sich dabei, daß sowohl die dazu gemachten techn. Anstrengungen wie auch die gewonnenen Erkenntnisse der techn. Entwicklung wieder zugute kommen. Insbes. vermittelt dabei die *angewandte* bzw. *techn. P.* zw. P. und Technik. - Auch zw. P. und Philosophie bestehen enge Wechselbeziehungen, die (v. a. durch die Erkenntnisse der Relativitäts- und Quantentheorie) zu einer grundlegenden Vertiefung philosoph. Kategorien, wie Kausalität, Materie, Raum und Zeit, beigetragen haben.

📖 *Lüscher, E.: Piper Buch der modernen P. Mchn. 1987. - Gerthsen, C., u. a.: P. Ein Lehrb. zum Gebrauch neben Vorlesungen. Bln. u.a. [15] 1986. - Heywang, F., u. a.: P. für Techniker. Hamb. [18] 1986. - Höfling, O.: P. Lehrb. f. Unterricht u. Selbststudium. Bonn [14] 1985. - Jahr-reiss, H.: Einf. in die P. Köln [4] 1985. - Treitz, N.: Spiele mit P. Köln [2] 1985. - Böge, A.: P. Grundll., Versuche, Aufgaben, Lösungen. Wsb. [6] 1984. - Kuchling, H.: Tb. der P. Ffm. [6] 1984. - Haake, F.: Einf. in die P. Weinheim 1983. - Martienssen. W.: Einf. in die P. Wsb. [2-3] 1983 – 84. 4 Bde. - Weidner, R./Sells, R.: Elemente der modernen P. Wsb. 1982. Mittelstaedt, P.: Philosoph. Probleme der modernen P. Mhm u. a. [6] 1981. - Greiner, W., u. a.: Theoret. P. Zürich u. Ffm. [1-4] 1980–85. 9 Bde.*

physikalische Chemie ↑ Chemie.

physikalische Größen und ihre Einheiten ↑ Einheit, ↑ Größe, ↑ Übersicht S. 106 f.

physikalisches System, eine Gesamtheit von physikal. Objekten, z. B. Teilchen (Atome, Moleküle), Körper, Massen[punkte], Ströme und Ladungen, Stoffe usw., die in genau definierter Weise mit der übrigen Welt in Wechselbeziehung steht *(offenes System)* oder von ihr getrennt und unabhängig ist *(abgeschlossenes System)* und als einheitl. Ganzes behandelt und mit physikal. Methoden untersucht wird.

physikalische Therapie, medizin. Behandlungs- und Rehabilitationsverfahren unter Anwendung physikal. Faktoren; u. a. Elektrotherapie, Hydrotherapie, Bewegungstherapie (↑ Krankengymnastik), Balneo- und Klimatherapie.

Physikalisch-Technische Bundesanstalt, Abk. PTB, Bundesoberbehörde im Geschäftsbereich des Bundesmin. für Wirtschaft, Sitz Braunschweig, angeschlossen ist ein natur- und ingenieurwiss. Institut in Berlin (West). Die wichtigsten Aufgaben der PTB sind u. a. Forschungen und Entwicklungen auf allen Gebieten des Meßwesens, die gesetzl. vorgeschriebenen Prüfungen und Zulassungen von Meßgeräten zur Eichung, Bauartprüfung und Zulassung auf den Gebieten Sicherheitstechnik, Strahlenschutz u. a. sowie die Mitarbeit in nat. und internat. Organisationen und Gremien in Fragen des Meß- und Eichwesens. Vorgänger der PTB war die 1887 in [Berlin-] Charlottenburg gegr. **Physikal.-Techn. Reichsanstalt** (Abk. PTR).

Physikalismus [griech.], die wissenschaftstheoret. These des log. Empirismus,

Physikalische Größen und ihre Einheiten

Vorsätze und Vorsatzzeichen zur Bildung von dezimalen Vielfachen und Teilen von SI-Einheiten					
Faktor	Vorsatz	Vorsatz-zeichen	Faktor	Vorsatz	Vorsatz-zeichen
10^{18}	Exa	E	10^{-1}	Dezi	d
10^{15}	Peta	P	10^{-2}	Zenti	c
10^{12}	Tera	T	10^{-3}	Milli	m
10^{9}	Giga	G	10^{-6}	Mikro	μ
10^{6}	Mega	M	10^{-9}	Nano	n
10^{3}	Kilo	k	10^{-12}	Piko	p
10^{2}	Hekto	h	10^{-15}	Femto	f
10^{1}	Deka	da	10^{-18}	Atto	a

daß die Bed. nichtlog. Ausdrücke der Wissenschaftssprache sich mit den Mitteln der Physik ausdrücken lassen müsse.

Physikochemie [griech./arab.], svw. physikalische ↑Chemie.

Physikum [griech.] ↑Arzt (ärztl. Ausbildung).

Physikunterricht, die planmäßige Vermittlung physikal. Erfahrungen und Kenntnisse, d. h. der physikal. Gesetzmäßigkeiten bzw. Begriffssysteme, der physikal. Fragestellungen u. a. sowie der naturwiss. Methodik des Faches. P. wird heute in der Grundschule im Rahmen des Sachunterrichts erteilt sowie in der Haupt-, Realschule und am Gymnasium (in der Oberstufe als Wahlpflichtfach) als eigenes Fach unterrichtet. - P. fand erst seit der Mitte des 19. Jh. zunehmend Eingang in die weiterführenden Schulen (Ansätze seit dem 18. Jh.). Entscheidende Beiträge zur didakt. und method. Entwicklung des P. leistete Anfang des Jh. v. a. G. Kerschensteiner. Als Methode ist der exemplar. Unterricht heute unbestritten. Bemühungen gelten der auf neuesten entwicklungspsycholog. Erkenntnissen beruhenden Aufstellung von Lernzielen.

physio..., Physio..., physi..., Physi..., Phys..., Phys... [zu griech. phýsis „Natur"], Bestimmungswort von Zusammensetzungen mit der Bed. „Natur, Leben, Körper".

Physiognomie [griech.], die äußere Erscheinung, insbes. der Gesichtsausdruck eines Menschen (oder Tiers).

Physiognomik [griech.], Sammelbez. für die (unbewegte) Ausdruckserscheinung des menschl. (und tier.) Körpers, von dessen Form und Gestaltung auf innere Eigenschaften geschlossen wird.

◆ Spezialgebiet der ↑Charakterkunde, das sich mit der psychodiagnost. Deutung stat. äußerer Körperformen (insbes. Gesichtszüge) befaßt, im Unterschied zur Deutung des dynam. Ausdrucks bei der Mimik bzw. Pantomimik.

Physiokraten [griech.-frz.], Gruppe frz. Wirtschaftstheoretiker, die in der 2. Hälfte des 18. Jh. die erste nationalökonom. Schule bildete; ihr Begründer war F. ↑Quesnay. - Die P. entwarfen eine geschlossene Volkswirtschaftslehre, in der sie von der natürl. Harmonie der Wirtschaft ausgingen. Entsprechend sollte die bestehende (unvollkommene) Ordnung *(Ordre positif)* durch staatl. Gesetze der natürl. (vollkommenen) Ordnung *(Ordre naturel)* angenähert werden.

F. Quesnay entwickelte das Modell eines *Wirtschaftskreislaufs,* der sich durch eine Kette von Tauschakten zw. den sozialen Klassen vollzieht. Dabei wird der Begriff der sozialen Klasse allein vom ökonom. Standpunkt aus definiert und ist dem des Standes entgegengesetzt. Die einzige wirtsch. produktive Klasse

(Classe productive) bilden die in der Landwirtschaft Tätigen; die Klasse der Grundeigentümer erwirtschaftet zwar keine Güter, setzt aber die an sie abgeführten Grundrenten in Umlauf und vermehrt so den Reinertrag; sie soll dem Staat für polit. Aufgaben zur Verfügung stehen *(Classe disponible);* die unproduktive Klasse *(Classe stérile)* schließlich umfaßt alle außerhalb des agrar. Bereichs Tätigen. - Ziel der P., v. a. des Praktikers A. R. ↑Turgot, waren Wirtschafts- und Finanzreformen zur Erhöhung der Geldeinnahmen der Landwirte.

Außerhalb Frankr. wurden physiokrat. Ideen u. a. von Markgraf Karl Friedrich von Baden und Katharina II. von Rußland aufgegriffen. Der bedeutendste dt. Physiokrat war J. A. Schlettwein. Adam Smith, dessen klass. Nationalökonomie die physiokrat. Lehren ablöste, war selbst von den P. beeinflußt. Doch reichte der Einfluß der P., v. a. durch die Kreislauftheorie, über Adam Smith hinaus und spielte z. B. in der Marxschen „Kritik der polit. Ökonomie" eine erhebl. Rolle.

Physiologie, Teilgebiet der Biologie; die Wiss. und Lehre von den normalen, auch den krankheitsbedingten **(Pathophysiologie)** Lebensvorgängen und Lebensäußerungen der Pflanzen *(Pflanzen-P.),* der Tiere *(Tier-P.)* und speziell des Menschen *(Human-P.).* Die P. versucht mit physikal. und chem. Methoden die Reaktionen und die Abläufe von Lebensvorgängen (Wachstum, Entwicklung, Fortpflanzung u. a.) bei den Organismen bzw. ihren Zellen, Geweben und Organen aufzuklären.

physiologische Chemie, Grenzgebiet zw. Biochemie und Physiologie; die Lehre von der chem. Natur physiolog. Vorgänge.

physiologische Kochsalzlösung, 0,9 %ige Lösung von NaCl in Wasser; hat denselben osmot. Druck, der normalerweise im Blut herrscht. Sie meist verwendet, wenn man den Flüssigkeitsverlust nach starkem Blutungen schnell ausgleichen muß.

physiologische Psychologie, Disziplin der Psychologie, die sich mit den Funktionen des [zentralen] Nervensystems und der Sinnesorgane betreffenden physiolog. (physikal., chem., biolog., etholog.) Grundlagen der psych. Phänomene (insbes. der Bedürfnisse bzw. psych. Antriebe, der Wahrnehmungen, des Gedächtnisses und des Verhaltens) befaßt sowie mit experimentellen Methoden und metr. Verfahren Dependenzanalysen zw. physiolog. und psycholog. Variablen durchführt. Wichtige Teilgebiete der p. P. sind: Psychophysik, Neuropsychologie, Sinnespsychologie, Verhaltensphysiologie, Pharmakopsychologie bzw. Psychopharmakologie.

physiologischer Brennwert ↑Brennwert.

physiologische Uhr (biolog. Uhr, endo-

Physiologus

gene Rhythmik, Tageszeitsinn, Zeitgedächtnis), Bez. für einen rhythm. ablaufenden physiolog. Mechanismus, der bei den Menschen, allen Pflanzen und Tieren, auch bei Einzellern, vorhanden ist und nach dem die Stoffwechselprozesse, Wachstumsleistungen und Verhaltensweisen festgelegt werden. Die p. U. ist in der Zelle lokalisiert; die molekularen Vorgänge in ihrer Funktion sind noch nicht bekannt. Die Periodendauer der p. U. beträgt zieml. genau 24 Stunden. Bislang ist noch nicht bekannt, ob die Zeitgeber von inneren oder äußeren Faktoren gesteuert werden. - Neuere Untersuchungen zeigten, daß z. B. die Körpertemperatur regelmäßigen Schwankungen unterworfen ist. Verbringt eine Versuchsperson einige Wochen in einem abgeschirmten Bunker, so daß alle äußeren Faktoren ausgeschaltet sind, dann stellt sich ein natürl. rhythm. Auf und Ab ein, das nicht mehr genau an einen 24-Stunden-Tag gebunden ist. Alle bisher gemachten Beobachtungen lassen den Schluß zu, daß der tageszeitl. Rhythmus zunehmend an Bed. für unser Leben gewinnt. In der Pädagogik, bei Transatlantikflügen sowie im Berufsleben können die neueren wiss. Untersuchungen prakt. Konsequenzen haben. Die größte Bed. hat die p. U. jedoch für die Medizin. Aus Tierversuchen ist bekannt, daß Medikamente in einer bes. empfindl. Phase des inneren biolog. Rhythmus eine größere Wirkung zeigen als in einer anderen. Es ist näml. vorstellbar, daß bösartige Zellen in einer gewissen Entwicklungsphase sensibler auf Medikamente und Bestrahlungen reagieren als die gesunden Zellen. - Bei Vögeln ist ein Zusammenhang zw. der p. U. und der Sekretion von ↑Melatonin festgestellt worden.

Physiologus (Physiologos) [griech., eigtl. „Naturforscher"], ein vermutl. im 2. Jh. in Alexandria enstandenes Buch der Naturbeschreibungen, das im 4. Jh. aus dem Griech. ins Lat. übertragen wurde und im Ggs. zur antiken Überlieferung Tiere, Pflanzen und Steine in einen bestimmten Zusammenhang stellte: Nach einer Bibelstelle, in der das zu behandelnde Tier (Pflanze, Stein) erwähnt wird, folgt eine naturgeschichtl. Schilderung von dessen Eigenschaften, an die sich eine typolog. Deutung anschließt. Der P. wurde eine der verbreitetsten Schriften des MA und grundlegend für die Symbolsprache der christl. Natur- und Kunstvorstellungen. Die erste dt. Übersetzung entstand vermutl. um 1070 im Kloster Hirsau. In der darstellenden Kunst erschienen außer in den illustrierten P.handschriften auch an Portalen, Kapitellen, an Miserikordien der Chorgestühle, auf Glasfenstern usw. bestimmte Typen des P., v. a. Löwe, Einhorn, Pelikan und Phönix, als Symbole für Menschwerdung, Opfertod und Auferstehung Christi, die etwa im 14./15. Jh. z. T. zu marian. Symbolen wurden. Aus der Gruppe der späteren P.handschriften entwickelten sich auch die ↑Bestiarien.

Physiosklerose, natürl., mit dem Lebensalter fortschreitende Verhärtung der Blutgefäße.

Physiotherapie (Physiatrie), zusammenfassende Bez. für physikal. Therapie und Naturheilkunde.

Physis [griech. „Natur"], Begriff der griech. Philosophie, der i. d. R. dem der Natur der späteren philosoph. Tradition entspricht.

physisch, 1. in der Natur begründet, natürlich; 2. die körperl. Beschaffenheit betreffend, körperlich.

physische Geographie ↑Geographie.

Physoklisten (Physoclisti) [griech.], Bez. für Knochenfische mit geschlossener Schwimmblase (ohne Luftgang zum Darm); hierher gehören u. a. Dorschfische und Barschartige. - Ggs. ↑Physostomen.

Physostigmin [griech.] (Eserin), aus den Samen der Kalabarbohne gewonnenes giftiges Alkaloid, das eine ähnl. Wirkung auf den Organismus hat, wie sie durch Reizung des ↑Parasympathikus entsteht; Anwendung lokal zur Behandlung des grünen Stars.

Physostomen (Physostomi) [griech.], Bez. für (primitivere) Knochenfische, deren Schwimmblase durch einen Luftgang mit dem Darm in Verbindung steht; z. B. Welse, Heringe, Flösselhechte, Lungen- und Karpfenfische. - Ggs. ↑Physoklisten.

Phytin [griech.] ↑Inosite.

phyto..., Phyto... [zu griech. phytón „Gewächs"], Bestimmungswort von Zusammensetzungen mit der Bed. „Pflanze".

Physiologische Uhr. Änderung der täglichen Aktivitätszeit einer einem Umstimmungsversuch ausgesetzten Versuchsperson

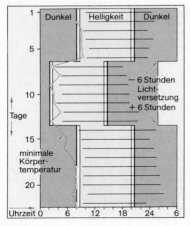

Phytochrom (Phytochromsystem), in Pflanzen vorkommendes Chromoproteid mit zwei Isomeren. Ein P. absorbiert Licht der Wellenlänge 660 nm (hellrot), ein anderes Licht der Wellenlänge 730 nm (dunkelrot). Letzteres leitet vermutl. indirekt über Stoffwechselreaktionen und dadurch ausgelöste Aktivierungen im genet. Material lichtabhängige Entwicklungsvorgänge ein, z. B. Samenkeimung und Keimlingsentwicklung, verschiedene Wachstumsprozesse und Blütenbildung.

Phytohämagglutinine [griech./lat.] (Phytoagglutinine, Lektine), Bez. für Pflanzenstoffe (vorwiegend Eiweißkörper), die agglutinierend auf rote Blutkörperchen wirken, ohne daß dies auf einen Antikörpergehalt zurückzuführen ist. Selektiv wirksame P. agglutinieren blutgruppenspezif. und werden deshalb bei der Blutgruppenbestimmung eingesetzt.

Phytohormone, svw. ↑Pflanzenhormone.

Phytolithe [griech.], aus pflanzl. Resten aufgebaute Sedimente; z. B. Kohle (Steinkohle aus Schachtelhalm- und Bärlappwäldern der Karbonzeit), verschiedene Kalkgesteine (Riffkalke aus Kalkalgen) und Kieselsedimente (Kieselgur aus Diatomeenschalen). - ↑auch Biolithe.

Phytologie, svw. ↑Botanik.

Phytomedizin (Pflanzenmedizin, Pflanzenheilkunde), die Wiss. von der kranken Pflanze; Anwendungsgebiete sind der Pflanzenschutz, die Schädlingsbekämpfung und der Vorratsschutz.

Phytophagen [griech.], svw. Pflanzenfresser.

Phytozönose [griech.] ↑Lebensgemeinschaft.

Pi [griech.], 17. Buchstabe des urspr., 16. des klass. griech. Alphabets mit dem Lautwert [p]: Π, π.
◆ (Ludolphsche Zahl) Bez. für die durch den griech. Buchstaben π symbolisierte transzendente Zahl, die das konstante Verhältnis des Kreisumfangs ($2\pi r$) zum Durchmesser ($2r$). angibt: π = 3,141 592 653 589 793 238 46... (unendliche, nichtperiod. Dezimalzahl).

Pia, weibl. Vorname (weibl. Form von ↑Pius).

Piacenza [italien. pia'tʃɛntsa], italien. Stadt in der Emilia-Romagna, 61 m ü. d. M., 107 000 E. Hauptstadt der Prov. P.; kath. Erzbischofssitz; kath. Fakultät der Univ. Mailand, Kunstakad., Museum, Theater. Bed. Handelsplatz an einem wichtigen Poübergang; Nahrungsmittel-, Textil-, chem. Ind., Maschinen- und Motorenbau. - Das antike **Placentia** wurde 218 v. Chr. als röm. Militärkolonie latinischen Rechts gegr.; in der Völkerwanderungszeit hart umkämpft; fiel im 6. Jh. an die Langobarden, kam nach verschiedenen Besitzwechseln 1512 an die Kirchen-

staat; 1545 mit Parma zum Hzgt. ↑Parma und Piacenza vereinigt. - Roman.-got. Dom (1122–1233) mit lombard. Fassade; Renaissancekirche San Sisto (1499–1511), ehem. Palazzo del Comune (1280 ff.) mit Bogengängen und Dekorationen aus Terrakotta, frühbarocker Palazzo Farnese (16. Jh.; unvollendet).

piacere [pia'tʃe:re], svw. ↑a piacere.

piacevole [pia'tʃe:vole; italien.], musikal. Vortragsbez.: gefällig, angenehm, lieblich.

Piaf, Édith [frz., pjaf], eigtl. É. Giovanna Gassion, * Paris 19. Dez. 1915, † ebd. 11. Okt. 1963, frz. Chansonsängerin. - Begann als Straßensängerin, feierte ab 1937 als „Spatz von Paris" mit z. T. selbstverfaßten Chansons überragende Erfolge in Kabaretts und Revuetheatern.

Piaffe [frz., eigtl. „Prahlerei"], Übung der ↑Hohen Schule.

Piaget, Jean [frz. pja'ʒɛ], * Neuenburg 9. Aug. 1896, † Genf 16. Sept. 1980, schweizer. Psychologe. - 1921–66 Prof. in Genf. Beschäftigte sich v. a. mit Zusammenhängen zw. der Sprache und dem Denken des Kindes, wobei er zeigte, wie das Kind seinen anfänglichen Egozentrismus überwindet, mit der frühkindlichen Entwicklung („Das Erwachen der Intelligenz beim Kinde", 1936; „Der Aufbau der Wirklichkeit beim Kinde", 1937; „Nachahmung, Spiel und Traum. Die Entwicklung der Sprechfunktion beim Kinde", 1945) und mit der Entwicklung des Kindes im Schulalter, in dem das Kind sein anschaul., prakt. Denken zugunsten eines konkret-operator. und eines formal-systemat. Denkens überwindet („Die Entwicklung des Zahlbegriffs beim Kinde", 1941; „Die Entwicklung der physikal. Mengenbegriffe beim Kinde", 1941; „Die Entwicklung der räuml. Denkens beim Kinde", 1948; „Die natürl. Geometrie des Kindes", 1948; „Gedächtnis und Intelligenz", 1968). Seine Theorie der geistigen Entwicklung ist von großer Bed. für die Erziehungswissenschaft.

piangendo [pian'dʒɛndo; italien.], musikal. Vortragsbez.: weinend, klagend.

Pianino [italien.] ↑Klavier.

piano [italien., zu lat. planus „flach, eben"], Abk. p, musikal. Vortragsbez.: leise, sanft, still (Ggs. ↑forte); **pianissimo,** Abk. pp, sehr leise; **pianissimo piano,** Abk. ppp, so leise wie möglich; **mezzopiano,** Abk. mp, halbleise; **fortepiano,** Abk. fp, laut und sofort wieder leise.

Pianoforte [italien.-frz.], Kurzform Piano, Tasteninstrument, dessen Saiten (im Unterschied zum ↑Cembalo) mit Hämmerchen angeschlagen werden und das infolgedessen mit verschiedenen Lautstärkegraden gespielt werden kann (↑Klavier).

Pianola [italien.], automat., pneumat. Klavier (↑mechanische Musikinstrumente).

Piaristen (Ordo clericorum regularium

physikalische Größen ...

PHYSIKALISCHE GRÖSSEN UND IHRE EINHEITEN IM INTERNATIONALEN EINHEITENSYSTEM (SI)

Größe (Formelzeichen)	Name (Einheitenzeichen)	SI-Einheit: Zusammenhang mit anderen SI-Einheiten
Aktivität (A)	Becquerel (Bq)	$1\,\text{Bq} = 1\,\text{s}^{-1}$
Arbeit (W)	Joule (J)	$1\,\text{J} = 1\,\text{Nm} = 1\,\text{Ws} = 1\,\text{m}^2 \cdot \text{kg} \cdot \text{s}^{-2}$
Belichtung (H_v)	Luxsekunde (lx s)	$1\,\text{lx s} = 1\,\text{m}^{-2} \cdot \text{s} \cdot \text{cd} \cdot \text{sr}$
Beleuchtungsstärke (E_v)	Lux (lx)	$1\,\text{lx} = 1\,\text{lm} \cdot \text{m}^{-2} = 1\,\text{cd} \cdot \text{sr} \cdot \text{m}^{-2}$
Beschleunigung (a)	Meter durch Sekundenquadrat (m/s²)	
Dichte (ρ)	Kilogramm durch Kubikmeter (kg/m³)	
Drehimpuls; Impulsmoment; Drall (L)	Kilogramm mal Quadratmeter durch Sekunde (kg · m²/s)	
Drehmoment; Kraftmoment (M)	Newtonmeter (N m)	$1\,\text{Nm} = 1\,\text{m}^2 \cdot \text{kg} \cdot \text{s}^{-2}$
Druck (p)	Pascal (Pa)	$1\,\text{Pa} = 1\,\text{N} \cdot \text{m}^{-2} = 1\,\text{m}^{-1} \cdot \text{kg} \cdot \text{s}^{-2}$
Energie (W)	Joule (J)	$1\,\text{J} = 1\,\text{Nm} = 1\,\text{Ws} = 1\,\text{m}^2 \cdot \text{kg} \cdot \text{s}^{-2}$
Energiedosis; Äquivalentdosis (D)	Gray (Gy)	$1\,\text{Gy} = 1\,\text{J} \cdot \text{kg}^{-1} = 1\,\text{m}^2 \cdot \text{s}^{-2}$
Energiedosisrate, -leistung; Äquivalentdosisrate, -leistung (D)	Gray durch Sekunde (Gy/s)	$1\,\text{Gy} \cdot \text{s}^{-1} = 1\,\text{m}^2 \cdot \text{s}^{-3}$
Feldstärke, elektr. (E)	Volt durch Meter (V/m)	$1\,\text{V} \cdot \text{m}^{-1} = 1\,\text{m} \cdot \text{kg} \cdot \text{s}^{-3} \cdot \text{A}^{-1}$
Feldstärke, magnet. (H)	Ampere durch Meter (A/m)	
Fläche (A)	Quadratmeter (m²)	$1\,\text{C} \cdot \text{m}^{-2} = 1\,\text{m}^{-2} \cdot \text{s} \cdot \text{A}$
Flußdichte, elektr.; Verschiebungsdichte (D)	Coulomb durch Quadratmeter (C/m²)	
Flußdichte, magnet.; Induktion (B)	Tesla (T)	$1\,\text{T} = 1\,\text{Vs} \cdot \text{m}^{-2} = 1\,\text{kg} \cdot \text{s}^{-2} \cdot \text{A}^{-1}$
Fluß, magnet.; Induktionsfluß (Φ)	Weber (Wb)	$1\,\text{Wb} = 1\,\text{Vs} = 1\,\text{m}^2 \cdot \text{kg} \cdot \text{s}^{-2} \cdot \text{A}^{-1}$
Frequenz (f, ν)	Hertz (Hz)	$1\,\text{Hz} = 1\,\text{s}^{-1}$
Geschwindigkeit (v)	Meter durch Sekunde (m/s)	
Gewichtskraft (G)	Newton (N)	$1\,\text{N} = 1\,\text{m} \cdot \text{kg} \cdot \text{s}^{-2}$
Impuls; Bewegungsgröße (p)	Newtonsekunde (N s)	$1\,\text{Ns} = 1\,\text{m} \cdot \text{kg} \cdot \text{s}^{-1}$
Induktivität (L)	Henry (H)	$1\,\text{H} = 1\,\text{Vs} \cdot \text{A}^{-1} = 1\,\text{m}^2 \cdot \text{kg} \cdot \text{s}^{-2} \cdot \text{A}^{-2}$
Ionendosis (J)	Coulomb durch Kilogramm (C/kg)	$1\,\text{C} \cdot \text{kg}^{-1} = 1\,\text{As} \cdot \text{kg}^{-1}$
Ionendosisrate, -leistung (j)	Ampere durch Kilogramm (A/kg)	
Kapazität, elektr. (C)	Farad (F)	$1\,\text{F} = 1\,\text{C} \cdot \text{V}^{-1} = 1\,\text{As} \cdot \text{V}^{-1} = 1\,\text{m}^{-2} \cdot \text{kg}^{-1} \cdot \text{s}^4 \cdot \text{A}^2$
		$1\,\text{N} = 1\,\text{m} \cdot \text{kg} \cdot \text{s}^{-2}$

Kreisfrequenz (ω)	reziproke Sekunde (s^{-1})	
*Ladung, elektr. (Q)	Coulomb (C)	$1\,\text{C} = 1\,\text{As}$
*Länge (l)	Meter (m)	
Leistung (P)	Watt (W)	$1\,\text{W} = 1\,\text{J} \cdot \text{s}^{-1} = 1\,\text{N} \cdot \text{m} \cdot \text{s}^{-1} = 1\,\text{m}^2 \cdot \text{kg} \cdot \text{s}^{-3}$
Leitfähigkeit, elektr. ($\gamma; \sigma, \kappa$)	Siemens durch Meter (S/m)	$1\,\text{S} \cdot \text{m}^{-1} = 1\,\text{A} \cdot \text{V}^{-1} \cdot \text{m}^{-1} = 1\,\text{m}^{-3} \cdot \text{kg}^{-1} \cdot \text{s}^3 \cdot \text{A}^2$
Leitwert, elektr. (G)	Siemens (S)	$1\,\text{S} = 1\,\text{A} \cdot \text{V}^{-1} = 1\,\text{m}^{-2} \cdot \text{kg}^{-1} \cdot \text{s}^3 \cdot \text{A}^2$
*Lichtstärke (I_v)	Candela (cd)	
Leuchtdichte (L_v)	Candela durch Quadratmeter (cd/m^2)	
Lichtmenge (Q_v)	Lumensekunde (lm s)	$1\,\text{lm s} = 1\,\text{s} \cdot \text{cd} \cdot \text{sr}$
Lichtstrom (Φ_v)	Lumen (lm)	$1\,\text{lm} = 1\,\text{cd} \cdot \text{sr}$
*Masse (m)	Kilogramm (kg)	
Oberflächenspannung (σ, γ)	Joule durch Quadratmeter (J/m^2)	$1\,\text{J} \cdot \text{m}^{-2} = 1\,\text{N} \cdot \text{m}^{-1} = 1\,\text{kg} \cdot \text{s}^{-2}$
Permeabilität (μ)	Henry durch Meter (H/m)	$1\,\text{H} \cdot \text{m}^{-1} = 1\,\text{m} \cdot \text{kg} \cdot \text{s}^{-2} \cdot \text{A}^{-2}$
Schallintensität (J)	Watt durch Quadratmeter (W/m^2)	$1\,\text{W} \cdot \text{m}^{-2} = 1\,\text{kg} \cdot \text{s}^{-3}$
Spannung, elektr.; Potential-differenz, elektr. (U)	Volt (V)	$1\,\text{V} = 1\,\text{W} \cdot \text{A}^{-1} = 1\,\text{J} \cdot \text{s}^{-1} \cdot \text{A}^{-1} = 1\,\text{m}^2 \cdot \text{kg} \cdot \text{s}^{-3} \cdot \text{A}^{-1}$
*Stoffmenge (n)	Mol (mol)	
*Stromstärke, elektrische (I)	Ampere (A)	
*Temperatur, thermodynam. (T, Θ)	Kelvin (K)	
Trägheitsmoment (J)	Kilogramm mal Quadratmeter (kg · m^2)	
Viskosität, dynam. (η)	Pascalsekunde (Pa · s)	
Viskosität, kinemat. (v)	Quadratmeter durch Sekunde (m^2/s)	
Volumen (V)	Kubikmeter (m^3)	
Wärmekapazität (C); Entropie (S)	Joule durch Kelvin (J/K)	$1\,\text{J} \cdot \text{K}^{-1} = 1\,\text{W} \cdot \text{s} \cdot \text{K}^{-1} = 1\,\text{m}^2 \cdot \text{kg} \cdot \text{s}^{-2} \cdot \text{K}^{-1}$
Wärmekapazität, spezif. (c)	Joule durch Kilogramm und Kelvin (J/(kg · K))	$1\,\text{J} \cdot \text{kg}^{-1} \cdot \text{K}^{-1} = 1\,\text{m}^2 \cdot \text{s}^{-2} \cdot \text{K}^{-1}$
Wärmeleitfähigkeit (λ)	Watt durch Meter und Kelvin (W/(m · K))	$1\,\text{W} \cdot \text{m}^{-1} \cdot \text{K}^{-1} = 1\,\text{m} \cdot \text{kg} \cdot \text{s}^{-3} \cdot \text{K}^{-1}$
Wärmemenge (Q)	Joule (J)	$1\,\text{J} = 1\,\text{N m} = 1\,\text{Ws} = 1\,\text{m}^2 \cdot \text{kg} \cdot \text{s}^{-2}$
Wärmestrom (Φ)	Watt (W)	$1\,\text{W} = 1\,\text{J} \cdot \text{s}^{-1} = 1\,\text{m}^2 \cdot \text{kg} \cdot \text{s}^{-3}$
Wichte (γ)	Newton durch Kubikmeter (N/m^3)	$1\,\text{N} \cdot \text{m}^{-3} = 1\,\text{m}^{-2} \cdot \text{kg} \cdot \text{s}^{-2}$
Widerstand, elektr. (R)	Ohm (Ω)	$1\,\Omega = 1\,\text{V} \cdot \text{A}^{-1} = 1\,\text{m}^2 \cdot \text{kg} \cdot \text{s}^{-3} \cdot \text{A}^{-2}$
Winkel, ebener ($\alpha, \beta, \gamma, ...$)	Radiant (rad)	
Winkel, räuml. (Ω)	Steradiant (sr)	
Winkelbeschleunigung (α)	Radiant durch Sekundenquadrat (rad/s^2)	
Winkelgeschwindigkeit (ω)	Radiant durch Sekunde (rad/s)	
*Zeit (t)	Sekunde (s)	

*Basisgrößen des Internationalen Einheitensystems (SI).

Piassave

pauperum matris Dei scholarum piarum, Abk. SP), kath. Orden zur Erziehung und Unterrichtung der Jugend, von Joseph von Calasanza gegr. und 1621 anerkannt; 1978 rd. 1800 Mitglieder.

Piassave (Piassava) [Tupí-portugies.], Bez. für mehrere Pflanzenfasern, die aus den Gefäßbündeln der Blattscheide und des Blattstiels verschiedener Palmenarten gewonnen werden. P.fasern sind kräftig, biegsam, meist dunkel gefärbt und eignen sich v. a. zur Herstellung von Bürsten, Besen und Matten. Wirtschaftl. bedeutend ist v. a. die *afrikan. P. (Raphia-P.)* aus Arten der Raphiapalme.

Piasten, poln. und schles. Herrschergeschlecht. Der ausgedehnte und wohlorganisierte Staat der P. wird erst auf Grund seiner Expansion nach W unter Hzg. Mieszko I. († 992) histor. greifbar. Mieszkos Sohn Boleslaw I. Chrobry (* 966, † 1025) festigte in enger Freundschaft mit Kaiser Otto III. die Vormachtstellung Polens unter den westslaw. Fürstentümern. Durch die Reichsteilung 1138 unter die Söhne Boleslaws III. Krzywousty (* 1085, † 1138) entstanden in Schlesien (bis 1675), Großpolen (bis 1296) und Kleinpolen (bis 1279), schließl. durch Teilungen der kleinpoln. Linie in Masowien (bis 1526) und Kujawien (bis 1370/89) eigenständige piast. Linien. Wladislaw I. Lokietek (* 1260, † 1333) aus der kujaw. Linie erneuerte 1320 die poln. Königswürde; sein Sohn Kasimir III., d. Gr., (* 1310, † 1370), war der letzte Piast auf dem poln. Königsthron.

Piaster (frz. Piastre, italien. Piastra) [eigtl. „Metallplatte", letztl. zu griech.-lat. emplastrum „Pflaster"], europ. Bez. 1. für den span.-mex. Peso als Handelsmünze bes. im Vorderen Orient, in Afrika und O-Asien; 2. für Nachahmungen des Peso durch andere Staaten; bes. bekannt die seit 1687 ausgeprägten silbernen Talermünzen des Osman. Reiches (türk. Kuruş; 1 Kuruş zu 40 Para); ins heutige türk. Münzsystem übernommen (Kuruş), dort zur geringwertigen Kleinmünze aus Messing und zum niedrigsten Geldwert abgesunken. - Der P. galt und gilt noch in einigen arab. Nachfolgestaaten des Osman. Reiches; bes. in Ägypten (= $^1/_{100}$ Ägypt. Pfund).

Piatigorsky, Gregor [piati'gɔrski, engl. pjɑːtɪˈɡɔːskɪ], * Jekaterinoslaw (= Dnepropetrowsk) 17. April 1903, † Los Angeles 6. Aug. 1976, amerikan. Violoncellist russ. Herkunft. - Spielte im Duo und Trio u. a. mit S. W. Rachmaninow, N. Milstein, A. Rubinstein und J. Haifetz und brachte eine Reihe zeitgenöss. Cellokonzerte zur Uraufführung.

Piatra Neamţ [rumän. 'pjatra 'nɛamts], Stadt in O-Rumänien, 390 m ü. d. M., 99 200 E. Verwaltungssitz des Verw.-Geb. Neamţ. - In der Nähe Reste zweier dak. Befestigungsanlagen aus dem 1. Jh. v. Chr./1. Jh. n. Chr.: *Bîtca Doamnei* und *Cozla.* - Ende des 14. Jh. erstmals erwähnt, erlebte zur Zeit Ste-

phans d. Gr. raschen wirtsch. Aufschwung.

Piauí [brasilian. pja'ụi], Bundesstaat in NO-Brasilien, 250 934 km², 2,43 Mill. E (1985), Hauptstadt Teresina. P. liegt auf der NO-Abdachung des Brasilian. Berglandes. Anbau von Gemüse sowie Baumwolle, Zuckerrohr, Bananen und Tabak; extensive Viehhaltung im Sertão sowie Sammelwirtschaft, an der Küste trop. Regenwald. Die Entwicklung der Ind. wird durch die unzureichende Verkehrserschließung gehemmt. - Das Gebiet von P. wurde erst im 17./18. Jh. erschlossen; 1718 Kapitanat, nach 1822 selbständige Provinz.

Piave, Francesco Maria, * Murano (= Venedig) 18. Mai 1810, † Mailand 5. März 1876, italien. Librettodichter. - 1844–62 bevorzugter Librettist G. Verdis (u. a. „Rigoletto", „La Traviata", Entwurf für „Die Macht des Schicksals").

Piazza, italien. Bez. für [Markt]platz; **Piazzetta,** kleine Piazza.

Piazza Armerina, italien. Stadt im Innern Siziliens, 697 m ü. d. M., 21 300 E. Kath. Bischofssitz; Schwefelgewinnung. - Im 11. Jh. gegr. barocker Dom (17. Jh.) mit got. Kampanile (15. Jh.); roman. Kirche (1096). - 5 km südl. Reste einer kaiserl. Jagdvilla (um 300 n. Chr.) mit Mosaikböden (u. a. Jagd-, Badeszenen, mytholog. Themen).

Piazzetta, Giovanni Battista, * Venedig 13. Febr. 1682, † ebd. 29. April 1754, italien. Maler und Zeichner. - Beeinflußt von seinem Lehrer G. M. Crespi; dramat. Bildgestaltung; Vorherrschen warmer Brauntöne; Kopfstudien (Kohlezeichnungen).

PIB, Abk. für ↑ Polyisobutylen.

Pibgorn [engl.], altes, in Wales beheimatetes Rohrblattinstrument, bestehend aus einer Röhre aus Holz oder Knochen mit sechs Grifflöchern und einem Daumenloch. An dem einen Ende der Röhre ist ein Anblastrichter, am anderen Ende ein Schallstück, beide aus Tierhorn, angebracht.

Pibroch ['piːbrɔx, engl. 'piːbrɔk; zu gäl. piobaireachd „Pfeifenmelodie"], in den (schott.) Highlands ein Musikstück für Sackpfeife.

Pic [frz. pik], frz. svw. Bergspitze.

Pica [engl.], Bez. für eine Schreibmaschinenschrift mit 2,6 mm Schrifthöhe und 10 Anschlägen pro Zoll (2,6 cm).

Picabia, Francis [frz. pika'bja], * Paris 22. Jan. 1879, † ebd. 30. Nov. 1953, frz. Maler span.-frz. Abkunft. - Malte 1912/13 kubist.-futurist. beeinflußte Kompositionen (u. a. „Udnie", 1913; Paris, Musée National d'Art Moderne); dadaist. Aktivitäten 1913–17 in New York, dann in Zürich, 1920/21 in Paris; später figurative Malerei.

Picador [span., zu picar „stechen"] ↑ Stierkampf.

Picard [frz. pi'kaːr], Émile, * Paris 24. Juli 1856, † ebd. 11. Dez. 1941, frz. Mathematiker. - Prof. in Paris; Mgl. der Académie française. Bed. Vertreter der modernen Analysis; Arbeiten insbes. zur Theorie der Differentialgleichungen sowie zur Funktionentheorie.

P., Jean, * La Flèche (Sarthe) 21. Juli 1620, † Paris 12. Juli 1682, frz. Astronom und Geodät. - Führte zahlr. astronom. Beobachtungen durch; entwickelte verschiedene Winkelmeßinstrumente und führte damit Erdvermessungen aus.

P., Louis Benoît, * Paris 29. Juli 1769, † ebd. 31. Dez. 1828, frz. Dramatiker. - Mgl. der Académie française; hatte großen Erfolg als Librettist der kom. Oper „Die Herrnhuterinnen" (1792; Musik von F. Devienne). Sein bestes Drama ist „Die frz. Kleinstädter" (1801).

P., Max, * Schopfheim 5. Juni 1888, † Sorengo bei Lugano 3. Okt. 1965, schweizer. Schriftsteller und Philosoph. - Urspüngl. Arzt; leistete konservativ-religiöse Beiträge zur Kunsttheorie, Kulturphilosophie und Kulturkritik. - *Werke:* Der letzte Mensch (1921), Die Flucht vor Gott (1934), Hitler in uns selbst (1946), Zerstörte und unzerstörbare Welt (1951), Die Atomisierung der modernen Kunst (1953), Die Atomisierung der Person (1958).

Picardie [pikar'di:], histor. Prov. und Region in N-Frankreich, 19 399 km², 1,76 Mill. E (1984), Regionshauptstadt Amiens. Die P. liegt zw. dem Pariser Raum und der hochindustrialisierten Region Nord, Kernraum ist ein hügeliges, verkarstetes Plateau, im N und S durch Artois und Pays de Bray begrenzt. - Im MA in viele Herrschaften zersplittert (wichtigste Gft. Vermandois und Ponthieu), seit 1185 der frz. Krondomäne angeschlossen. Ponthieu war 1279–1360/69 engl., 1435 und 1465/67 kamen Teile der P. an Burgund. Nach 1477 (1482 endgültig frz.) gewann Ludwig XI. von Frankr. die ganze P. zurück. In beiden Weltkriegen Schauplatz heftiger Kampfhandlungen.

Picasso, Pablo [span. pi'kaso], eigtl. Pablo Ruiz y P., * Málaga 25. Okt. 1881, † Mougins (Alpes-Maritimes) 16. April 1973, span. Maler, Graphiker und Bildhauer. - P. begann sehr früh zu malen und wurde bereits mit 16 Jahren an der Kunstakad. in Madrid zugelassen. Ende des 1890er Jahre fand P. in Barcelona Anschluß an die literar. und künstler. Avantgarde, die ihm die Kenntnis der europ. Kunstszene vermittelte; er unternahm mehrere Parisreisen. 1901–04 („blaue Periode") verarbeitete er in seinen Bildern menschl. Elends Einflüsse v. a. von Toulouse-Lautrec, Daumier und Gauguin („Das Leben", 1903; Cleveland, Museum of Art). Der Übergang zur weniger einheitl. „rosa Periode" erfolgte 1905 nach der Übersiedlung nach Paris (1904). Im Mittelpunkt stehen zunächst Motive aus der Welt des Zirkus („Akrobat mit Kugel", 1905; Moskau, Puschkin-Museum), dann Akte und

Pablo Picasso (1952). Die Brötchen im Vordergrund werden „Picassos" genannt

Porträts. Die Auseinandersetzung mit iber. Plastik, mit der Kunst der Naturvölker und mit Cézanne (1907) ließ die Beschäftigung mit Formproblemen an die Stelle psycholog. Thematik treten. Dies spiegelt sich in revolutionärer Weise in „Les Demoiselles d'Avignon" (1907; New York, Museum of Modern Art). Wie G. Braque beschäftigt P. in der Folgezeit das Problem, alles Gegenständliche auf eine organisierte Struktur einfacher geometr. Formen zurückzuführen. Diesem analyt. Kubismus folgt ab 1912 der synthet. Kubismus, der bedeutungsfreie Form- u. Farbelemente und eingeklebte Materialien (Collage) verwendet („Stilleben mit Flechtstuhl", 1912; Nachlaß bzw. P.-Museum Paris). Die Aufgabe einer bis 1915 verfolgten Stilentwicklung, die nun einsetzende Gleichzeitigkeit verschiedener, sich widersprechender (naturalist., geometr.) Stilrichtungen sind oft als Zeichen künstler. Unbeständigkeit und als Verlust an Zeitbezug verstanden worden. Das Wesen seines Schaffens ab etwa 1920 liegt nicht mehr in log. Weiterentwicklung, sondern in intellektueller Verarbeitung und Kombination vorhandener Themen und Formen. Nachhaltige Impulse erhielt P. in seinem Kontakt zu den Surrealisten, an deren Ausstellung er sich nach 1925 beteiligte. Die hier eröffnete Möglichkeit zur Verschlüsselung und myth. Überhöhung psych. Erfahrungen erweiterte die Ausdruckskraft in P. Werk („Minotauromachie"; Radierung, 1935), Höhepunkt dieser Entwicklung ist das für den span. Pavillon der Weltausstellung 1937 geschaffene Werk „Guernica" (New York, Museum of Modern Art), entstanden aus Erschütte-

Piccard

rung über die Zerstörung der bask. Stadt durch die Legion Condor. Mit wenigen Ausnahmen („Friedenstaube", 1949; Plakat) nahm P. weniger im Werk als insbes. in aktivem Handeln (Beitritt zur Kommunist. Partei

Pablo Picasso. Oben: Das Leben (1903). Cleveland, Museum of Art; unten: Les Demoiselles d'Avignon (1907). New York, Museum of Modern Art

Frankreichs 1944) zum polit. Geschehen Stellung. Nach dem 2. Weltkrieg zog sich P. nach S-Frankr. zurück; intensives Experimentieren mit anderen Techniken (v. a. graph. [Lithographie, Linolschnitt], ab 1947 in Vallauris Keramik). Erst spät bekannt wurde sein ebenfalls bed. plast. Schaffen. Sein kubist. „Frauenkopf" (1909), seine Konstruktionen, Materialbilder, durchbrochenen Figuren und Assemblagen erweisen sich als Schlüsselwerke für die Plastik des 20. Jahrhunderts. In den letzten 25 Jahren seines Lebens variierte P. in seiner Malerei und Graphik in Reihen, Serien und Metamorphosen histor. Vorbilder (Delacroix, Velázquez, Manet) und Motive der eigenen Bildwelt in unerschöpfl. Wandlungsfähigkeit. Obwohl seine künstler. Wandlungsfähigkeit oft als Inkonsequenz mißverstanden und kritisiert wurde, gilt P. als ein Wegbereiter und einer der wichtigsten Repräsentanten der modernen Malerei des 20. Jahrhunderts. - Abb. auch Bd. 12, S. 248, S. 277 und Bd. 13, S. 182.

📖 Betz, G.: P. P. Stg. 1985. - Berger, J.: Glanz u. Elend des Malers P. P. Dt. Übers. Rbk. 15.–16. Tsd. 1982. - Wiegand, W.: P. P. Rbk. 36.–40. Tsd. 1981. - Gilot, F./Lake, C.: Leben mit P. Dt. Übers. Mchn. 1980. - O'Brian, P.: P. P. Eine Biogr. Dt. Übers. Hamb. 1978. - Gallwitz, K.: P. Laureatus. Sein maler. Werk seit 1945. Luzern u. Ffm. 1977.

Piccard [frz. pi'ka:r], Auguste, * Lutry 28. Jan. 1884, † Lausanne 25. März 1962, schweizer. Physiker. - Zwillingsbruder von Jean P.; Prof. an der ETH Zürich, danach am Polytechn. Inst. in Brüssel; führte 1931/32 die ersten Stratosphärenflüge mit einem Ballon durch (maximale Höhe 16 203 m) und unternahm ab 1947 Tiefseetauchversuche, u. a. mit dem von ihm konstruierten ↑Bathyscaph „Trieste"; schrieb u. a. „Zwischen Himmel und Erde" (1946), „Über den Wolken" (1954).

P., Jacques, * Brüssel 28. Juli 1922, schweizer. Tiefseeforscher. - Sohn von Auguste P.; tauchte zus. mit D. Walsh mit dem ↑Bathyscaph „Trieste" bis auf 10 916 m.

P., Jean, * Lutry 28. Jan. 1884, † Minneapolis 28. Jan. 1963, schweizer.-amerikan. Physiker. - Zwillingsbruder von Auguste P.; Prof. u. a. in Lausanne, und Minneapolis; erreichte 1934 mit einem Ballon eine Höhe von fast 17 500 m.

Piccoli, Michel [frz. piko'li], * Paris 27. Dez. 1925, frz. Schauspieler. - Seit Ende der 1940er Jahre Bühnenengagements; seit 1949 auch beim Film; wurde bekannt als Darsteller soigniert-dekadenter Typen, bes. in den Filmen „Tagebuch einer Kammerzofe" (1963), „Belle de jour – Schöne des Tages" (1967), „Das Mädchen und der Kommissar" (1973), „Das große Fressen" (1973), „Trio Infernal" (1974), „Lautlose Angst" (1978), „Die Puritanerin" (1986).

Piccolo ↑Pikkolo.

Piccolomini, Adelsgeschlecht aus Siena, 1464 im Mannesstamm erloschen. Bed. v. a.: **P.,** Alessandro, *Siena 13. Juni 1508, † ebd. 12. März 1578, Schriftsteller. - Ab 1540 Lehrer für Moralphilosophie in Padua; bemühte sich um die Popularisierung von Philosophie und Wiss. des Humanismus. **P.,** Enea Silvio † Pius II., Papst. **P.** (P.-Pieri), Ottavio, Hzg. von Amalfi (seit 1639), Reichsfürst (seit 1650), *Florenz 11. Nov. 1599 (?), † Wien 11. (10.?) Aug. 1656, Heerführer. - 1627 Kapitän der Leibgarde Wallensteins; 1634 Feldmarschall; erhielt für seine Mitwirkung an der Verschwörung gegen Wallenstein aus dessen Gütern die mähr. Herrschaft Nachod. Bis 1648 abwechselnd in span. und kaiserl. Diensten; führte 1649 in Nürnberg als kaiserl. Prinzipalkommissar die Verhandlungen mit Schweden zur Durchführung des Westfäl. Friedens.

Piccolo Teatro della Città di Milano [italien. 'pikkolo te'a:tro 'della tʃit'taddi mi'la:no „Kleines Theater der Stadt Mailand"], 1947 von P. Grassi (Verwaltungsdirektor) und G. Strehler (künstler. Leiter) gegr., 1968–72 von Grassi allein, seitdem von Strehler allein geführt. Anknüpfung an die Commedia dell'arte, Inszenierungen von großer Spielfreude.

Picea [lat.] † Fichte.

Pichelsteiner, Eintopfgericht aus Rind-, Schweine- und Hammelfleisch, Kohl, Karotten, Kartoffeln u. a.

Pichincha [span. pi'tʃintʃa], Prov. im nördl. Z-Ecuador, 16 587 km², 1,38 Mill. E (1982), Hauptstadt Quito. P. erstreckt sich von der Ostkordillere der Anden bis in das Küstentiefland; Bev. und Wirtschaft sind im Becken von Quito konzentriert.

Picht, Georg, *Straßburg 9. Juli 1913, † Hinterzarten 7. Aug. 1982, dt. Pädagoge und Religionsphilosoph. - Seit 1965 Prof. in Heidelberg; Leiter der Forschungsstelle der Ev. Studiengemeinschaft ebd. (seit 1958). Mit seiner Kritik am dt. Bildungswesen einer der Wegbereiter der Bildungsreformen („Die dt. Bildungskatastrophe", 1964).

Picht-Axenfeld, Edith, *Freiburg im Breisgau 1. Jan. 1914, dt. Pianistin und Cembalistin. - Schülerin von R. Serkin; ∞ mit G. Picht; v. a. geschätzte Bach-Interpretin; seit 1947 lehrt sie an der Musikhochschule in Freiburg im Breisgau.

Piciformes [lat.], svw. † Spechtvögel.

Picinae [lat.], svw. † Spechte.

Pick, Lupu (Lupu-Pick), *Jassy 2. Jan. 1886, † Berlin 7. März 1931, dt. Regisseur und Schauspieler rumän. Herkunft. - Mit C. Mayer einer der wichtigsten Vertreter des expressionist. Kammerspielfilms, v. a. durch „Scherben" (1921), „Sylvester" (1923). Sein erster Tonfilm war „Gassenhauer" (1931).

Pickel, Konrad, dt. Humanist, † Celtis, Konrad.

Pickel, svw. Spitzhacke († Hacken).

Pickel, kleine, rundl. oder spitze, meist durch Entzündung der Haarfollikel bedingte Hautefflorescenz; volkstümlich auch für † Akne.

Pickelhering (engl. Pickleharring „Pökelhering"), bizarr-groteske Gestalt eines dummen und überhebl. Menschen in den Stücken der engl. Komödianten, die im 17. Jh. in Deutschland auftraten (Wanderbühnen).

Pickett, Wilson [engl. 'pɪkət], *Prattfield (Ala.) 18. März 1941, amerikan. Soulmusiker (Gesang). - Begann als Gospelsänger; seit 1959 Mgl. der Rhythm-and-Blues-Band „The Falcons", mit der er 1962 seinen ersten Hit hatte; danach eine hitreiche Solokarriere; singt einen aggressiven, harten Soul, mit dem er längere Zeit den Stil der Soulmusik prägte.

Pickford, Mary [engl. 'pɪkfəd], eigtl. Gladys M. Smith, *Toronto 8. April 1893, † Santa Monica (Calif.) 29. Mai 1979, amerikan. Schauspielerin und Filmproduzentin. - Zunächst am Broadway; seit 1909 beim Film, wo sie mit kindl.-naiven Rollen, z. B. „Kiki" (1931), zu einem der ersten Stars und zum Publikumsliebling des amerikan. Stummfilms wurde. Mit D. Fairbanks (∞ 1925–35), C. Chaplin und D. W. Griffith gründete sie 1919 die Filmgesellschaft United Artists Corporation Inc.; 1945 gründete sie die Pickford Productions Inc.

Picknick [engl.-frz.], gemeinsame Mahlzeit im Freien.

Pickup [pɪk''ap, engl. 'pɪkʌp „aufnehmen"], engl. Bez. für Tonabnehmer. ◆ Lastkraftwagen mit absetzbarer Wohnkabine.

Pick-up-Reaktion [pɪk''ap, engl. 'pɪkʌp], eine Kernreaktion, bei der das energiereiche stoßende Teilchen (z. B. ein Proton) aus dem getroffenen Atomkern ein Nukleon (z. B. ein Neutron) herauslöst und zus. mit diesem unter Bildung eines † gebundenen Zustandes (z. B. als Deuteron) weiterfliegt.

Pico [portugies. 'piku] † Azoren.

Pico... † Piko...

Pico della Mirandola, Giovanni, *Mirandola (Prov. Modena) 24. Febr. 1463, † in oder bei Florenz 17. Nov. 1494, italien. Humanist und Philosoph. - Mgl. der Platon. Akad. in Florenz. Veröffentlichte 900 Thesen zu philosoph. und theolog. Fragen, zu deren Diskussion er 1486 alle Gelehrten Europas nach Rom einlud; ein Einspruch gegen die Beanstandung von 13 dieser Thesen wegen angebl. spiritualist.-adogmat. Tendenz durch Innozenz VIII. führte zur Verurteilung aller Thesen; 1493 Aufhebung aller kirchl. Sanktionen. - Einer der bedeutendsten Vertreter der Renaissancephilosophie; versuchte eine harmonisierende Synthese von Platonismus, Aristotelismus, orph. und kabbalist. Denkelementen. Schrieb gegen die Astrologie die „Disputationes adversus astrologiam divinatri-

Picornaviren

cem" (hg. 1496). Vertrat kosmolog. im wesentl. einen christl. Platonismus. Unter dem Einfluß G. Savonarolas verstärkte sich das religiöse Element seines synkretist. Denkens.

Picornaviren [Kw.], kleine RNS-Viren mit ikosaedr. Kapsid (Durchmesser 20–30 nm) und einsträngiger RNS. Zu den P. gehören die (humanen) ↑ Enteroviren mit den Coxsackie-Viren und Poliomyelitisviren (↑ Kinderlähmung) sowie die Rhinoviren.

Picos de Europa [span. ˈpikɔz ðe eu̯ˈropa], verkarsteter Gebirgsstock im Kantabr. Gebirge, Spanien, im Torre de Cerredo 2 648 m hoch.

Picotit [nach dem frz. Naturforscher P. Picot de la Peyrouse, * 1744, † 1818] (Chromspinell), zu den Spinellen zählendes Mineral, chem. (Fe,Mg)(Al,Cr,Fe)$_2$O$_4$.

Pictet, Adolphe [frz. pikˈtɛ], * Genf 11. Sept. 1799, † ebd. 20. Dez. 1875, schweizer. Sprachwissenschaftler. - Ab 1841 Prof. in Genf; einer der Begründer der linguist. Paläontologie. In seinem Hauptwerk „Les origines indoeuropéennes ou les Aryas primitifs" (2 Bde., 1859–63) versuchte er, die Kultur der Indogermanen aus dem Wortschatz zu erschließen; als einer der ersten zeigte P. den indogerman. Charakter der kelt. Sprachen auf.

Pictor [lat.] ↑ Sternbilder (Übersicht).

Pictorius, Gottfried Laurenz, † 1725, dän. Baumeister. - Sohn des Münsteraner Architekten Peter P. d. Ä. (* 1626, † 1684); arbeitete für den Fürstbischof von Münster; vom niederl. Klassizismus ausgehend, entwickelte P. den westfäl. Barockstil; unter P. Baubeginn von Schloß ↑ Nordkirchen.

Pidgin-English [ˈpɪdʒɪn ˈɪŋlɪʃ; engl., nach der chin. Aussprache des engl. Wortes business „Geschäft"] (Pidgin-Englisch, Pidgin), eine in O-Asien, v. a. in China verbreitete Behelfssprache, die sich seit dem 17. Jh. als Verkehrs- und Handelssprache entwickelt hat. Die Grundelemente sind ein sehr reduzierter engl. Grundwortschatz und chin. Lautung, Wortbildung und Syntax. Das „Neumelanesisch" genannte P.-E. in Papua-Neuguinea soll dort Nationalsprache werden.

Pidginsprachen [ˈpɪdʒɪn], allg. Bez. für Behelfssprachen. Im afrikan. Raum sind P., die eine europ. Sprache als Grundlage haben, und P., die auf einheim. Sprachen basieren, zu unterscheiden.

Pidurutalagala, mit 2 524 m höchster Berg auf Ceylon.

Pie [paɪ; engl.], in der angloamerikan. Küche verwendete Pastete, meist als Schüsselpastete, mit unterschiedl. Füllungen.

Pieck, Wilhelm, * Guben 3. Jan. 1876, † Berlin 7. Sept. 1960, dt. Politiker. - Seit 1895 Mgl. der SPD, im 1. Weltkrieg Mgl. der Spartakusgruppe und 1919 Mitbegr. der KPD, deren Führungsgremien (Zentrale, ZK) er bis 1946 angehörte; 1921–28 und 1932/33 MdL

in Preußen, 1928–33 MdR, 1930–32 Vertreter der KPD bei der Kominterm; lebte ab 1933 im Exil, zuerst in Paris, dann in der UdSSR; ab 1935 Vors. der KPD; 1943 Mitbegr. des „Nat.komitees Freies Deutschland"; 1946–54 mit O. Grotewohl Vors. der SED; hatte als Präs. der DDR seit 1949 nur geringen polit. Einfluß.

Piedestal [pi-edɛsˈtaːl; italien.-frz.], Sokkel, sockelartiger Ständer (für Vasen u. ä.).

Piedmontfläche [engl. ˈpiːdmənt], am Fuß eines Gebirges ausgebildete, mit deutl. Hangknick gegen dieses abgesetzte, leicht nach außen abfallende Verebnungsfläche.

Piedras Negras [span. ˈpjeðraz ˈneɡras], Ruinenstadt der Maya in NW-Guatemala, 150 km wnw. von Flores; besiedelt etwa 435–830; teilweise 1931–38 ausgegraben.

Piek [zu engl. peak „Spitze"], 1. unterster Raum im Vor- oder Achterschiff; 2. Spitze einer Gaffel oder eines Gaffelsegels.

Piel, Harry, * Düsseldorf 12. Juli 1892, † München 27. März 1963, dt. Filmschauspieler, Regisseur und Produzent. - Seit 1914 beim Film, wo er als Konkurrenz zum amerikan. „Thriller" den „Sensationsfilm" im dt. Kino einführte, u. a. „Der Mann ohne Nerven" (1924), „Menschen, Tiere, Sensationen" (1938).

Pielektronen (π-Elektronen), Elektronen in den Molekülen von aromat. und ungesättigten organ. Verbindungen, die paarweise für die Bildung der Doppel- und Mehrfachbindungen (sog. π-Bindungen) verantwortl. sind. Im Ggs. dazu stehen die sog. **Sigmaelektronen** (σ-Elektronen), die die Einfachbindungen hervorrufen.

Piemont [pi-e...], norditalien. Großlandschaft (Region; 25 399 km^2, 4,412 Mill. E) in der westl. Poebene, und den Westalpen, Hauptstadt Turin. P. hat Anteil an den höchsten Gebirgsmassiven Europas (u. a. Montblancgruppe). In der dünnbesiedelten Gebirgslandschaft mit zahlr. Pässen und Wintersportorte entstanden; in den Hügelländern und Ebenen Ackerbau, u. a. Weinbau und Viehzucht. Wichtigster Ind.standort ist Turin.

Geschichte: Name seit 1240 erstmals belegt; kam erst unter Kaiser Augustus zum Röm. Reich. Teile waren zeitweilig im Besitz der Ostgoten, Byzantiner, Langobarden und Franken; seit Ende des 9. Jh. durch Einfälle der Ungarn und Sarazenen verwüstet; kam Mitte des 11. Jh. an die Grafen (ab 1416 Herzöge) von Savoyen; 1713 erhielt P.-Savoyen das Kgr. Sizilien, das es 1720 gegen Sardinien austauschen mußte. 1801–14 gehörte P. zu Frankr.; bei der Einigung Italiens war Sardinien-P. der Kern des neuen Staates.

Piemontit [pi-e...; nach der italien. Landschaft Piemont] (Manganepidot), monoklines, glasig glänzendes, schwarzes bis rotes Mineral; Ca$_2$(Mn,Fe)(Al,Mn)$_2$[O|OH|SiO$_4$|Si$_2$O$_7$] mit etwa 15 % Mn$_2$O$_3$-Gehalt; Mohshärte 6,5; Dichte 3,4 g/cm³. P. wird in vielen Manganerzlagerstätten gefunden.

Piene, Otto, * Laasphe 18. April 1928, dt. Maler und Lichtkünstler. - Mitbegr. der Künstlergruppe „Zero". Seit 1964 in den USA. Im Mittelpunkt steht das Licht; mit den Mitteln der Malerei: „Sonnenbilder", „Rauch- und Feuerbilder", mit den Mitteln der Projektion: „Lichtballette" (am nächtl. Himmel).

pieno [italien., zu lat. plenus „voll"], musikal. Vortragsbez.: voll, vollstimmig.

Pieper, Josef, * Elte (= Rheine) 4. Mai 1904, dt. Philosoph. - Seit 1946 Prof. in Münster; setzt sich in zahlr. Veröffentlichungen von thomist. Positionen aus insbes. mit Grundfragen der Ethik auseinander.

Pieper [niederdt.], fast weltweit verbreitete, aus zwei Gatt. *(Anthus* und *Macronyx)* bestehende Gruppe etwa buchfinkengroßer Stelzen; meist graubraun, stets dunkel gefleckt oder gestreift, etwas zierlicher und kleiner als die eigentl. Stelzen, Schwanz kürzer. - P. steigen meist zur Brutzeit zu Balzflügen empor, um während des fallschirmartigen Niedergleitens zum Sitzplatz ihren artspezif. Gesang zu beginnen. - Zu den P. gehören in M-Europa Baumpieper, Brachpieper, Wiesenpieper und Wasserpieper.

Piephacke, bes. beim Pferd auftretende Geschwulst oberhalb des Sprunggelenks.

Pier, Matthias, * Nackenheim (Landkr. Mainz-Bingen) 22. Juli 1882, † Heidelberg 12. Sept. 1965, dt. Physikochemiker. - Prof. in Heidelberg; widmete sich bes. der techn. Nutzbarmachung der Kohlehydrierung († Bergius-Pier-Verfahren) und der Hydrierung von Ölen und Teer durch katalyt. Hochdruckverfahren, die auch zu einer großtechn. Methanolsynthese führten.

Pier [engl.], ins Wasser reichende Anlegeanlage für Boote und Schiffe.

Pierce, Franklin [engl. pɪəs], * Hillsboro (N. H.) 23. Nov. 1804, † Concord (N. H.) 8. Okt. 1869, 14. Präs. der USA (1853–57). - 1833–37 Abg. im Repräsentantenhaus, 1837–42 Senator; stieg im Mexikan. Krieg zum Brigadegeneral auf; 1852 zum Präs. gewählt. Seine expansionist. Bestrebungen richteten sich auf Kuba, M-Amerika, Japan und Mexiko (1854 Gadsden-Kaufvertrag über größere Gebiete Mexikos).

Pieria [neugriech. pjɛˈria] (Pierien), antike makedon. Landschaft zw. Haliakmon (= Aliakmon), Olymp (deshalb gilt P. in der griech. Mythologie als Heimat der Musen) und Thermaischem Golf.

Piero [italien. ˈpjɛːro], italien. Form des männl. Vornamens Peter.

Piero della Francesca [italien. ˈpjɛːro ˈdella franˈtʃeska] (P. dei Franceschi), * Sansepolcro bei Arezzo zw. 1410/20, † ebd. 12. Okt. 1492, italien. Maler. - Ein Hauptvertreter der italien. Frührenaissance. Zw. 1453/65 ent-

stand der 10 Bilder umfassende Freskenzyklus (Legende des Hl. Kreuzes) im Chor von San Francesco in Arezzo. Für den Herzog Federigo da Montefeltro schuf er u. a. eine „Geißelung Christi" (zw. 1455/65; Urbino, Palazzo Ducale), ein Doppelbildnis des Herzogs und seiner Gemahlin (Florenz, Uffizien) sowie die „Pala de Montefeltro" (Madonna mit Heiligen und dem Stifterbildnis des Herzogs; Mailand, Brera); auch mathemat.-kunsttheoret. Schriften. Charakterist. für seine strenge geometr.-monumentale Kunst sind die sorgsame Gestaltung der Gegenstände, die Nutzbarmachung der Gesetze von Proportion und Perspektive beim Aufbau des Bildes, die subtile Eigenwertigkeit der Farbe und ihre Verbindung mit dem Licht zu einer unwirkl. Atmosphäre.

Piero di Cosimo [italien. ˈpjɛːro di ˈkɔːzimo], eigtl. Piero di Lorenzo, * Florenz 1461 oder 1462, † ebd. 1521, italien. Maler. - Verarbeitete italien. und niederl. Einflüsse zu einem fast schon manierist. Stil mit grotesken und bizarren Elementen. - *Werke:* Szenen aus der Urgeschichte der Menschheit (z. T. New York, Metropolitan Museum, z. T. Oxford, Ashmolean Museum), Tod der Prokris (um 1510; London, National Gallery), Simonetta Vespucci (vor 1520; Chantilly, Musée Condé).

Pierre [frz. pjɛːr], frz. Form des männl. Vornamens Peter.

Pierre, Abbé [frz. pjɛːr], eigtl. Henri Pierre Grouès, * Lyon 5. Aug. 1912, frz. kath. Theo-

Piero della Francesca, Schildknappen (Ausschnitt; um 1460). Arezzo, San Francesco

Pierre

loge. - 1930 Kapuziner; seit 1938 als Weltpriester Vikar in Grenoble; ab 1942 Mgl. der frz. Widerstandsbewegung; 1945–51 unabhängiger Abgeordneter der Nationalversammlung; begr. 1949 mit der Emmaus-Bewegung eine Bruderschaft als Sozialwerk für Arme und Obdachlose.

Pierre [engl. pɪə], Hauptstadt des amerikan. Bundesstaates South Dakota, am Missouri, 12 000 E. - Gegr. 1880; seit 1889 Hauptstadt.

Pierrot [piɛˈroː, frz. pjɛˈro], frz. Komödienfigur in weißer Maske und weitem, weißem Kostüm; im 17. Jh. aus einer Dienerfigur der Commedia dell'arte entwickelt.

Pieta [pi-eˈta; italien., zu lat. pietas „Frömmigkeit"] (Pietà, Vesperbild), in Plastik sowie auch Malerei Darstellung der trauernden Maria mit dem Leichnam Jesu auf dem Schoß, ein seit dem 14. Jh. als Andachtsbild aus der Beweinungsszene herausgelöstes Motiv.

Pietät [pi-e...; lat.], Frömmigkeit, Ehrfurcht, Achtung (bes. gegenüber Toten); Rücksichtnahme.

Pieter, niederdt. Form des männl. Vornamens Peter.

Pietermaritzburg [afrikaans piːtərmaˈrɑtsbœrx], Hauptstadt von Natal, Republik Südafrika, 676 m ü. d. M., 179 000 E. Sitz eines anglikan. Bischofs; Fakultäten der Univ. von Natal, techn. College, Lehrerseminar; landw. Forschungsinst.; Museen, botan. Garten. U. a. Motorenmontage, Herstellung von Textilien, Kabeln, Aluminiumwaren, Kosmetika, Nahrungsmitteln. 🜨. - 1838 von Voortrekkern aus dem Kapland gegr., nach den Führern Pieter Retief und Gerhardus Maritz benannt, seit 1854 Stadt.

Pietismus [pi-e...; zu lat. pietas „Frömmigkeit"], die gegen Ende des 17. Jh. entstandene, bis ins 18. Jh. wirksame religiöse Bewegung des dt. Protestantismus, die aus einem sich in der Praxis christl. Lebens und Handelns bewährenden Glauben eine auf Vollkommenheit hin orientierte individualist.-subjektive Frömmigkeit entwickelte und so eine Erneuerung der Kirche als „neue Reformation" zum Ziel hatte; im Mittelpunkt steht nicht mehr die Rechtfertigung, sondern die Wiedergeburt (Bekehrung) jedes einzelnen Menschen: Die Sünde wird als „Natur", als altes Sein, weniger als Schuld des Menschen denn als über den Menschen herrschende Macht, die Gnade entsprechend ebenfalls als „Natur", als neues Sein gesehen und erfahren. Die Wiedergeburt aus dem alten Sein durch Gnade wird als Umkehr, als radikale Wende des Lebens des einzelnen im Sinn der urchristl. Metanoia verstanden. Das Verhältnis des Wiedergeborenen zu Gott wird als unmittelbare Gotteskindschaft bestimmt. Mit anderen Wiedergeborenen findet er in Konventikeln („collegia pietatis"), der typ. Gemein-

schaftsform des P., zusammen. - Einfluß auf den P. haben neben dem frühen Luther der myst., teils auch separatist. Spiritualismus, das Täufertum, die Mystik und der engl. Kalvinismus und Puritanismus, v. a. mit seiner ständigen, kasuist.-rationalen Gewissensforschung und seiner reichen Erbauungsliteratur. - Ausgangspunkt und zugleich richtungweisend für den P. ist die Schrift P. J. Speners, „Pia Desideria" (1675). Neben Spener und A. H. Francke (↑ auch Franckesche Stiftungen) ist Zinzendorf einer der Exponenten des luth. P., der mit der Gründung der Herrnhuter Brüdergemeine eine eigene Form des P. schuf. Von gewisser Eigenständigkeit erweist sich der *schwäb.* P., für den ein spekulativer Biblizismus kennzeichnend ist. - Der P. prägte die innerkirchl. und theolog. wie auch die geistesgeschichtl., gesellschaftl., polit. und pädagog. Entwicklung wesentl. mit und findet seine Fortsetzung in den Erweckungsbewegungen.

📖 *Schmidt, Martin:* P. Stg. ³1983. - *Scharfe, M.: Die Religion des Volkes. Kleine Kultur- u. Sozialgesch. des P.* Gütersloh 1980.

pietoso [pi-e...; italien.], musikal. Vortragsbez.: teilnehmend, mitleidsvoll.

Pietro [italien. 'pjɛtro], italien. Form des männl. Vornamens Peter.

Pietroasa [rumän. pje'troasa] (Petrossa), rumän. Dorf (= Pietroasele, Verw.-Geb. Buzău), Fundort (1837) eines german. Goldschatzes, der vielleicht dem Westgotenführer Athanarich zuzuschreiben ist (12 Stücke heute im Geschichtsmuseum in Bukarest).

Pietro da Cortona [italien. 'pjɛtro dakkor'toːna], eigtl. Pietro Berrettini da Cortona, * Cortona 1. Nov. 1596, † Rom 16. Mai 1669, italien. Maler und Baumeister. - Begründete in der Malerei den hochbarocken Stil; als Baumeister bed. Vertreter der von Borromini begründeten antiklassizist. Richtung.

Pietro Martire d'Anghiara [italien. 'pjɛtro 'martire daŋ'gjɛːra], span. Historiograph, ↑ Petrus Martyr Anglerius.

Pieyre de Mandiargues, André [frz. pjɛrdəmɑ̃'djarg], * Paris 14. März 1909, frz. Schriftsteller. - Ist in seiner Lyrik wie in seinen phantast.-absurden Romanen (u. a. „Das Motorrad", 1963) und Erzählungen (u. a. „Schwelende Glut", 1959; „Sous la lame", 1976; „Devil des Roses", 1983), deren Hauptthemen Eros und Tod sind, vom Surrealismus und von der dt. Romantik beeinflußt.

Piezoelektrizität [pi-e...; zu griech. piézein „drücken"], die Gesamtheit der Erscheinungen, die mit dem 1880 von P. J. und P. Curie entdeckten **piezoelektrischen Effekt** in Zusammenhang stehen, d. h. mit dem Auftreten elektr. Ladungen an den Oberflächen von Kristallen infolge einer Deformation. So führt z. B. eine Druckeinwirkung auf Quarz-, Turmalin-, Seignettesalz- oder Zinkblendekristalle an der Kristalloberfläche zum Auftreten von Ladungen, deren Größe von der Stärke der einwirkenden Kraft abhängt. Diese Tatsache ermöglicht die Ausnutzung des piezoelektr. Effekts zur Druckmessung. In der Technik wird v. a. die Umkehrung des piezoelektr. Effekts, die Änderung der äußeren Abmessungen eines Körpers (Verlängerung bzw. Verkürzung) beim Anlegen eines elektr. Feldes, ausgenutzt (Elektrostriktion). Bei einem Quarzkristall läßt sich z. B. durch Anlegen eines hochfrequenten elektr. Wechselfeldes bestimmter Frequenz erreichen, daß dieser Eigenschwingungen mit einer relativ großen Amplitude ausführt. Die hohe Frequenzkonstanz dieser Resonanzschwingungen kann zur Steuerung von Hochfrequenzsendern und Quarzuhren verwendet werden.

Piffero [italien.], kleine italien. Diskantschalmei, die von den Pifferari (Hirten aus Kalabrien und den Abruzzen) geblasen wird.

Pigage, Nicolas de [frz. pi'gaːʒ], * Lunéville 2. Aug. 1723, † Mannheim 30. Juli 1796, frz. Baumeister. - Seit 1749 in kurpfälz. Diensten; schuf das klassizist. Schloß Benrath (= Düsseldorf; 1755–73), Bauten im Schwetzinger Schloßpark (Rokokotheater 1725), das Karlstor in Heidelberg (1773–81) sowie den Ostflügel des Mannheimer Schlosses.

Pigalle, Jean-Baptiste [frz. pi'gal], * Paris 26. Jan. 1714, † ebd. 21. Aug. 1785, frz. Bildhauer. - Bekannt machte ihn sein graziöser „Merkur" (mehrere Fassungen); steigerte sich zum barocken Pathos (Grabmal des Marschalls Moritz von Sachsen, 1753–77, Straßburg, Thomaskirche); im Grunde war P. jedoch ein schonungsloser Realist (Bronzebüste Diderots, 1777; Paris, Louvre).

Pigmentbakterien (Farbstoffbildner), Bakterien der Gatt. Sarcina, Micrococcus, Mycobacterium, Nocardia, Korynebakterien und Myxobakterien, die eine genet. fixierte Fähigkeit zur Farbstoffbildung (v. a. Karotinoide) besitzen und Pigmente im Zellkörper einlagern *(chromophore P.)* oder in das Medium abgeben *(chromopare Pigmentbakterien).*

Pigmente [zu lat. pigmentum „Farbe, Färbstoff"], in der *Biologie* i. w. S. Sammelbez. für alle in Pflanze, Tier und Mensch auftretenden farbgebenden Substanzen, i. e. S. für die in bestimmten Zellen (Zellbestandteilen) abgelagerten Farbkörperchen.

An der Färbung der *Pflanzen* sind ↑ Chlorophyll und ↑ Karotinoide beteiligt. Diesen entsprechen bei Blau- und Rotalgen die Phykoerythrine und Phykocyane (↑ Phykobiline). Die zweite Gruppe der Farbstoffe sind die in Zellsaft gelösten ↑ Anthozyane und ↑ Flavone. Die dritte Gruppe bilden die in den Wänden toter Zellen eingelagerten ↑ Phlobaphene. An der Färbung der Haut, Haare, Schuppen, Federn oder Chitinpanzer der *Tiere* sind des. ↑ Melanine, ↑ Karotinoide, ↑ Guanin und ↑ Gallenfarbstoffe beteiligt. Die P. sind in Geweben abgelagert, in der Körperflüssigkeit gelöst oder in bes. Pigmentzellen (↑ Chromatophoren) konzentriert. Zusätzl. Farbeffekte (Struktur- bzw. Interferenzfarben) entstehen durch Interferenzerscheinungen, z. B. an den Schuppen von Schmetterlingsflügeln; zus. mit den Pigmentfarben entstehen so oft prächtige Farberscheinungen (*Schillerschuppen).* Kalkskelette und -schalen enthalten z. T. anorgan. P. (Mineralfarben; z. B. bei Schwämmen, Korallen, Schnecken, Muscheln, Stachelhäutern). Die funktional wichtigsten P. der Tiere sind die ↑ Atmungspigmente.

Beim *Menschen* sind die Melanine maßgebend für die Hautfarbe.

◆ in der *Technik* Bez. für bunte oder unbunte Farbmittel, die im Ggs. zu den ↑ Farbstoffen keine echten Lösungen bilden und zur Massenfärbung von Papier, Gummi, Seife u. a. oder in Form von Dispersionen in Bindemitteln (z. B. Leinöl, Kalkmilch, Wasserglas, Kunstharze) zum oberflächl. Anfärben von Holz und Metallen sowie zum Bedrucken von Geweben und Papier verwendet werden. Es werden anorgan. und organ. P. unterschieden. Salze der Elemente Antimon, Barium, Blei, Cadmium, Chrom, Eisen, Kobalt, Mangan, Molybdän und Zink sind wichtige, meist künstl. hergestellte *anorg.* P. (hierzu gehört auch das ↑ Ultramarin und die schwarzen P. Graphit und Ruß). Eine Sonderstellung nehmen die ↑ Bronzefarben ein. Die (unkorrekt) auch als *Pigmentfarbstoffe* bezeichneten *organ.* P. sind künstl. hergestellte Farblacke aus Azo- oder Anthrachinonfarbstoffen, Küpenfarbstoffe und Metallkomplexe der Phthalocyaninfarbstoffe; ein natürl. organ. P. ist die ↑ Sepia.

Pigmentfleck, umschriebene Verfärbung der Haut durch örtl. Vermehrung des Hautpigments.

Pigmentophagen [lat./griech.], mit Blutpigmenten beladene Phagozyten; P. treten z. B. bei Malaria als Malariaphagozyten auf, die nach der medikamentösen Vernichtung der Parasiten eine sichere Diagnose erlauben.

Pigou, Arthur Cecil [engl. 'pɪɡoʊ], * Ryde 18. Nov. 1877, † Cambridge 7. März 1959, brit. Nationalökonom. - 1902–43 Prof. in Cambridge. Seine größten Leistungen liegen in seiner Formulierung der Wohlfahrtstheorie sowie in seinen Untersuchungen zur Gleichgewichtsanalyse, wonach - entgegen der Keynesschen Auffassung - bei Unterbeschäftigung die Geldeinkommen sinkt, daher die Preise fallen, diese Deflation wiederum die Konsumgüternachfrage steigert und aus der Depressionsphase hinausführt (P.-Effekt).

Pijper, Willem [niederl. 'pɛjpər], * Zeist 8. Sept. 1894, † Leidschendam 18. März 1947, niederl. Komponist. - Lehrte ab 1925 am Konservatorium in Amsterdam und ab 1930 am Konservatorium in Rotterdam. P., der als führender niederl. Komponist seiner Zeit

gilt, entwickelte nach 1930 eine auf bestimmten Skalen basierende sog. „peritonale" Technik. Kompositionen, u.a. Oper „Halewijn" (1933), drei Bühnenmusiken, drei Sinfonien u.a.
Pijut [hebr.], zw. dem 3. und 17.Jh. v.a. im Orient entstandene jüd. religiöse Dichtung. Dient als synagogale Dichtung insbes. der Ausschmückung und Anreicherung der Gebete und religiösen Zeremonien.
Pik, russ. svw. Bergspitze.
Pik (Pique) [frz., eigtl. „Spieß, Lanze" (nach dem stilisierten Spieß auf der Spielkarte)], neben Kreuz die andere schwarze Farbe in der frz. Spielkarte; entspricht dem dt. Grün.
pikant [frz., zu piquer „stechen"], 1. den Geschmack reizend, gut gewürzt; 2. prikkelnd, reizvoll; 3. zweideutig; **Pikanterie,** eigenartiger Reiz; pikante Geschichte.
Pikarden [frz.], Anhänger einer um 1400 im N Frankr. entstandenen christl. Bewegung, die Heiligenverehrung, Sakramente und die organisierte Kirche ablehnten und von den kirchl. Behörden verfolgt wurden; in Frankr. bis ins 16., in Böhmen bis ins 19.Jh. nachweisbar.
pikaresker Roman (pikarischer Roman, Pikareske) [zu span. pícaro „Schelm, Gauner"] ↑ Schelmenroman.
Pikardisch, nordfrz. Mundart, gesprochen in den ehem. Provinzen Artois und Picardie sowie im belg. Hennegau. Das P. war seit Mitte des 12.Jh. bedeutendster Literaturdialekt neben dem Französischen; bis dieses um die Mitte des 14.Jh. die Oberhand gewann. In pikard. geprägter Schriftsprache sind zahlr. bed. altfrz. Werke überliefert, u.a. Heldenepen und Artusepen.
Pikas [tungus.], svw. ↑ Pfeifhasen.
Pikazismus [lat.], abnormes Verlangen nach ungenießbaren Stoffen (bei Schwangeren und Hysterikern).
Pike [frz.], Stoßwaffe mit langem, hölzernem Schaft und Eisenspitze, Waffe der **Pikeniere,** die im Gefecht den geschlossenen Kern der Schlachthaufen bildeten und deshalb eiserne Rüstungen trugen; seit Mitte des 15.Jh. zunehmend anstelle der Hellebarde Hauptwaffe des Fußvolks bis zur Einführung des Bajonetts Mitte des 17.Jahrhunderts.
Pikeniere [frz.] ↑ Pike.
Pikett [frz.] (Piquet, Rummelspiel, Feldwache), Kartenspiel zw. 2 bis 4 Spielern mit 32 dt. oder frz. Karten *(P.karten).* Entweder wird bis zu 100 Punkten gespielt, oder es werden 4 Spiele zu einer Partie vereinigt.
◆ im schweizer. Sprachgebrauch 1. einsatzbereite Mannschaft im Heer und bei der Feuerwehr, 2. Bereitschaft.
pikieren [frz.], junge Pflanzen auspflanzen, verziehen.
pikiert [zu frz. piquer, eigtl. „stechen"], gekränkt, beleidigt.
Pikkolo (Piccolo) [italien. „klein"], Zusatzbez. für den Vertreter von Instrumenten-

familien, der die höchste Tonlage hat, z.B.
Violino piccolo, kleine Geige.
Pikkoloflöte, Querflöte mit der höchsten Tonlage (tiefster Ton z.B. d^2), in C, Des oder Es.
Piko... (Pico...) [span.], Vorsatz vor physikal. Einheiten, Vorsatzzeichen p; bezeichnet das 10^{-12}fache (den billionsten Teil) der betreffenden Einheit; z.B. 1 pF (Picofarad) = 10^{-12} F (Farad).
Pikör (Piqueur) [frz.], Aufseher der Hundemeute bei der Parforcejagd.
Pikrate [zu griech. pikrós „bitter"], die Salze der ↑ Pikrinsäure; meist gelbe, schlag- und funkenempfindl. Substanzen; das Bleipikrat wird als Initialsprengstoff verwendet.
◆ Molekülverbindungen der Pikrinsäure mit aromat. Kohlenwasserstoffen; eignen sich wegen ihrer charakterist. Farben und genau bestimmbaren Schmelzpunkte zur Identifizierung aromat. Kohlenwasserstoffe.
Pikrinsäure [zu griech. pikrós „bitter"] (2,4,6-Trinitrophenol), aus Phenol durch Nitrieren hergestellte, gelbe, kristalline, wenig wasserlösl., stark saure Verbindung, die früher zum Färben von Seide, Wolle und Leder verwendet wurde. Da P. gegen Stoß, Schlag und Reibung empfindl. ist, wurde sie früher auch als Sprengstoff benutzt. Chem. Strukturformel:

Pikromyzin [griech.], zu den Makroliden zählendes, gegen grampositive Bakterien und Mykobakterien wirksames Antibiotikum.
Pikten (lat. Picti), seit dem 3./4.Jh. n.Chr. röm. Name („die Bemalten") für die nördl. des Antoninuswalles (zw. Firth of Forth und Firth of Clyde) wohnenden Stämme der Briten, bes. die Dikalidonen, Vekturionen und Maiaten. Nach dem Abzug der Römer unternahmen die P. vergebl. Vorstöße nach S; bildeten seit dem 7.Jh. ein eigenes Kgr.; um 846 von Kenneth I. McAlpin (um 834–858) unterworfen und einem schott. Großreich eingegliedert.
Piktogramm [lat./griech.], Bildsymbol; formelhaftes graph., Sprechern aller Sprachen verständl. Symbol, z.T. in der Bedeutung internat. festgelegt. P. werden zunehmend z.B. auf Flughäfen und Bahnhöfen, bei olymp. Spielen u.a. eingesetzt. - Abb. S. 118.
Piktographie [lat./griech.], svw. ↑ Bilderschrift.
Pikuda [span.] ↑ Pfeilhechte.
Piła [poln. 'piɣa] ↑ Schneidemühl.
Pilaf, svw. ↑ Pilaw.
Pilarczyk, Helga [...tʃyk], *Schöningen 12. März 1925, dt. Sängerin (Sopran). - 1954–67 Mitglied der Hamburger Staatsoper, seit-

her Gast an vielen bed. Opernhäusern und bei Festspielen; Spezialistin für moderne Musik (A. Berg, A. Schönberg u. a.).

Pilaster [italien.-frz., zu lat. pila „Pfeiler"], flach aus der Wand heraustretender Wandpfeiler zur Wandgliederung, der meist wie eine Säule unterteilt ist (röm. Baukunst, Renaissance und Barock).

Pilâtre de Rozier, Jean-François [frz. pilɑtrədro'zje], * Metz 30. März 1754, † Wimereux (Pas-de-Calais) 15. Juni 1785, frz. Physiker. - Stieg 1783 mit einer Montgolfiere auf und unternahm zus. mit F. L. Marquis d'Arlandes die erste Luftreise der Geschichte (12 km, von Paris bis Butte-aux-Cailles; Flughöhe bis über 1 000 m, Flugdauer etwa 25 Minuten).

Pilatus (Pontius P.), † Rom 39 n. Chr., röm. Statthalter (Prokurator oder Präfekt) von Judäa (26–36). - Nach außerbibl. Überlieferung grausam und hart, verursachte P. wegen seiner judenfeindl. Amtsführung mehrfach Unruhen. Er verurteilte Jesus zum Kreuzestod und wird von den Evangelien als Zeuge von dessen Unschuld herausgestellt. Wegen eines Überfalls auf Samaritaner abgesetzt und nach Rom geschickt; soll Selbstmord begangen haben.

Pilatus, Bergstock am W-Rand des Vierwaldstätter Sees (Schweiz), bis 2 129 m hoch. Die Hotelsiedlung P.-Kulm (2 067 m ü. d. M.) ist von Alpnach-Stad aus seit 1889 durch die steilste Zahnradbahn der Erde erschlossen.

Pilaw (Pilau, Pilaf) [pers.-türk.], oriental. Eintopfgericht aus Reis, [Hammel]fleisch und Gewürzen. Auch eine bes. Art der Reiszubereitung mit Fleischbrühe.

Pilbara [engl. pıl'bɑːrə], Halbwüstengebiet im nw. Westaustralien, vom markanten Gebirgszug der etwa 300 km langen, bis 1 236 m hohen **Hamersley Range** durchzogen. Wichtigstes Eisenerzrevier Australiens.

Pilcomayo, Río [span. 'rrio pilko'majo], rechter Nebenfluß des Paraguay, entspringt sö. des Poopósees (Bolivien), bildet die Grenze zw. Paraguay und Argentinien, mündet bei Asunción, 2 500 km lang.

Pile [engl. paıl; eigtl. „Haufen"], engl. Bez. für Kernreaktor.

Pileolus [lat.], svw. ↑ Kalotte.

Pileta, Cueva de la [span. 'kμeβa ðəla pi'leta], 1,5 km lange Höhle 9 km sw. von Ronda, Spanien; berühmte jungpaläolith. Malereien.

Pilger (veraltet auch Pilgrim) [zu lat. peregrinus „Fremder"], weit verbreitete Erscheinung des aus religiösen Motiven zeitweise oder dauernd heimatlos Wandernden. Häufigste Form der P.schaft ist die Wallfahrt zu einer hl. Stätte, an der sowohl Befreiung von ird. Übeln als auch religiöse Erleuchtung und Heiligung gesucht wird.

Pilgermuschel ↑ Kammuscheln.

Pilgerväter (Pilgrim Fathers), engl. Kongregationalisten, die zur freien Religionsausübung zuerst in die Niederlande, 1620 schließl. auf der „Mayflower" nach Amerika auswanderten; gründeten Plymouth, das zur Keimzelle Neuenglands wurde.

Pilgram, Anton, * Brünn um 1460, † Wien 1515, dt. Bildhauer und Baumeister. - Nach Tätigkeit in Südwestdeutschland leitete P. 1511–15 die Bauhütte von Sankt Stephan in Wien und schuf u. a. 1514/15 die Kanzel (mit Selbstbildnis).

Pilgrim (Piligrim), † Passau 21. Mai 991, Bischof von Passau (seit 971). - Bemühte sich in Rivalität mit Salzburg um die Missionierung der Ungarn. Sein Versuch, mit Hilfe der *Lorcher Fälschungen* seine Kirche als Rechtsnachfolgerin des spätantiken Bistums Lorch (Lauriacum) zu erweisen und als Metropolitansitz einer donauländ. Kirchenprov. (Ungarn, Mähren) durchzusetzen, scheiterte.

Pilgrim, svw. ↑ Pilger.

Pilgrim Fathers [engl. 'pılgrım 'faːðəz] ↑ Pilgerväter.

Pili [lat.] (Fimbrien), fädige Proteinanhänge an der Oberfläche gramnegativer Bakterien, bes. bei ↑ Enterobakterien. Man unterscheidet mehrere Arten: Die *I-Pili* (3–10 nm dick) und die noch dickeren *V-Pili* (25–30 nm) sind meist kurz, treten in großer Zahl auf (oft viele Hundert an einer Zelle) und dienen anscheinend dazu, die Bakterien aneinander oder an Substratoberflächen zu verankern. Die *F-Pili (Geschlechtspili)* zur DNS-Übertragung werden in geringer Anzahl (1–3) ausschließl. von solchen Zellen gebildet, die den *F-Faktor* (Sexfaktor; ein zusätzl. DNS-Molekül) tragen.

Pilipino ↑ Tagalog.

Pillau (offiziell Seestadt Pillau; russ. Baltisk), Stadt in Ostpreußen, UdSSR▾, 20000 E. Vorhafen von Königsberg (Pr), Flottenstützpunkt, Seebad; Bahnendstation. - Entwickelte sich im 14. Jh., erhielt 1725 Stadtrecht. - Barock sind das Rathaus (1745), das Oberfischamt (1726; Fassade verändert; Rokokoeinrichtung) und die Pfarrkirche in Alt-P. (1674/75).

Pillauer Seetief ↑ Frisches Haff.

Pille [zu lat. pilula „kleiner Ball, Kügelchen"] (Pilula), feste, meist kugelförmige Arzneizubereitung von 0,1 bis 0,25 g Gewicht, meist zur peroralen Einnahme.
◆ (Antibaby-P.) volkstüml. Bez. für hormonale Ovulationshemmer (↑ Empfängnisverhütung).

Pillendreher, svw. ↑ Pillenkäfer.
◆ (Skarabäen, Scarabaeus) v. a. in S-Rußland und im Mittelmeerraum, in Deutschland in klimat. begünstigten Gegenden verbreitete Gatt. etwa 2–4 cm großer, schwarzer, breit und rund. flach gebaute Kotkäfer mit kräftigen Grabbeinen. P. verfertigen aus Huftierkot entweder Futterpillen für die eigene Ernährung oder Brutpillen (für die Ernährung der

Pillenkäfer

Larven). Die rd. 2–3 cm großen Brutpillen werden oft bis mehrere Meter weit rückwärts mit Hilfe der Hinterextremitäten fortgerollt, dann eingegraben und damit vor Austrocknung geschützt. - Die bekannteste Art ist der **Heilige Pillendreher** (Hl. Skarabäus, Scarabaeus sacer), der im alten Ägypten als Bringer der Wiedergeburt und des Glücks als heilig verehrt wurde.

Pillenkäfer (Pillendreher, Byrrhidae), weltweit verbreitete Käferfam. mit rd. 750 (in Deutschland 28) 1–15 mm langen Arten von eiförmig gewölbter Körpergestalt. - Die P. stellen sich bei Störungen tot und legen Fühler und Beine in passende Vertiefungen so eng an den Körper, daß die Käfer Pillen ähneln. Sie leben meist an feuchten Orten, auf nassen Wiesen und in Wäldern.

Pillenknick, Rückgang der Geburten durch die Anwendung der Antibabypille (in bezug auf die statist. Darstellung).

Pillenwespen (Eumenes), weltweit verbreitete, rd. 100 (in Deutschland 8) Arten umfassende Gatt. schwarzgelb gezeichneter Lehmwespen, die aus feuchtem Lehm urnenbis pillenförmige Brutzellen an Steinen, Mauern und Holzwänden bauen. Diese Zellen enthalten ein an einem Spinnfaden aufgehängtes Ei sowie mehrere gelähmte Schmetterlingsraupen als künftiges Larvenfutter.

Pillersdorf (Pillerstorff), Franz Xaver Frhr. von, * Brünn 1. März 1786, † Wien 22. Febr. 1862, östr. Staatsmann. - Gegner des Systems Metternich; ab 20. März 1848 Innenmin., vom 4. Mai bis 8. Juni 1848 auch Min.-präs.; verkündete am 25. April eine Verfassung für die nichtungar. Länder, die wesentl. liberal-konstitutionelle Forderungen erfüllte,

jedoch nach der Erhebung vom 15. Mai zurückgezogen werden mußte.

Pillieren (Kandieren), das Formen zu gleichmäßigen und gleich großen Pillen; in Landw. und Gartenbau pilliert man Samen mit Hilfe einer Hüllmasse, die auch Nähr- und Schutzstoffe enthält.

Pillings [engl.], Bez. für kleine Knötchen aus verschlungenen Faserenden, die (v. a. bei Synthesefasern) auf der Oberfläche von Webwaren und Strickwaren durch Scheuern entstehen.

Pillnitz, südöstl. Stadtteil von Dresden mit bed. Schloßanlage an der Elbe: Berg- und Wasserpalais (1723 bzw. 1720/21) von M. D. Pöppelmann. Neues Palais (1818–26). Große Gartenanlagen u. a. mit Chin. Pavillon (1804). Weinbergkirche (1723–27, von Pöppelmann).

Pillnitzer Konvention, von Kaiser Leopold II., dem preuß. König Friedrich Wilhelm II. und dem späteren frz. König Karl X. am 27. Aug. 1791 im Schloß von Pillnitz (= Dresden) abgegebene Erklärung, in der die Fürsten ihre Solidarität mit der frz. Monarchie bekundeten, ein militär. Eingreifen aber von anderen europ. Mächten abhängig machten.

Pilnjak, Boris Andrejewitsch [russ. pilj'njak], eigtl. B. A. Wogau, * Moschaisk 11. Okt. 1894, † 1937 (hingerichtet?), russ.-sowjet. Schriftsteller. - Wurde durch seinen vom Imagismus beeinflußten episodenhaften Bürgerkriegsroman „Das nackte Jahr" (1922) zu einem der bed. Vertreter der Sowjetliteratur, die er durch literar. Experimente und lyr.-ornamentale Sprachführung bereicherte. Seit Ende der 1920er Jahre heftig kritisiert. - *Weitere Werke:* Maschinen und Wölfe (R., 1925), Die Wolga fällt ins Kasp. Meer (R., 1930).

Pilokarpin [griech.], aus den Blättern bestimmter Rautengewächse gewonnenes Alkaloid mit starker parasympathomimet. Wirkung (u. a. Pupillenverengung, Steigerung der Tränen-, Speichel- und Schweißsekretion), das zur Behandlung des primären grünen Stars verwendet wird.

Pilon, Germain [frz. pi'lõ], * Paris 1537(?), † ebd. 3. Febr. 1590, frz. Bildhauer. - Wichtigster Vertreter der frz. Plastik zw. Manierismus und Barock; auch bed. Medailleur. - *Werke:* Grabmonument für Heinrich II. und Katharina von Medici in der ehem. Abteikirche Saint-Denis (1563–71), für René de Birague (Beterfigur 1584/85; Paris, Louvre), Schmerzensmadonna (1583–86; Paris, Saint-Paul-Saint Louis; Terrakottamodell im Louvre).

Pilos (Pylos), griech. Hafenstadt an der SW-Küste der Peloponnes, 2 100 E. Beanspruchte in der Antike (**Pylos, Koryphasion**), das homer. Pylos zu sein; am N-Hang die sog. Nestorhöhle mit schon neolith. Kult; Teile der Stadtmauer erhalten. Seit der fränk., im 13. Jh. venezian. Besetzung **Navarino** gen.

Piktogramm. Oben (von links):
Information, Rauchverbot;
unten (von links): Zollkontrolle,
Geldwechsel

1500–1686 und 1715–1827 osman., 1828–33 frz. besetzt, dann zu Griechenland. - Der Sieg einer frz.-brit. Flotte über die Seestreitkräfte Ibrahims bei Navarino (20. Okt. 1827) entschied den griech. Unabhängigkeitskrieg.

Pilose (Pilosis) [griech.-lat.], übermäßiger Haarwuchs.

Pilot [italien.-frz., eigtl. „Steuermann"], Flugzeugführer; nach der Verordnung über Luftfahrtpersonal (LuftPersV) vom 9. 1. 1976 unterscheidet man: Privatflugzeugführer, Berufsflugzeugführer 2. und 1. Klasse, Verkehrsflugzeugführer, ferner Hubschrauber-, Motorsegler- und Segelflugzeugführer.
◆ Rennfahrer (Automobjl-, Motorradsport).
◆ veraltet für: Lotse, Steuermann.

Pilotfisch, svw. Lotsenfisch (↑ Stachelmakrelen).

Pilot plant [engl. 'paɪlət 'plɑːnt], Versuchsanlage in der chem. Ind., in der Laborversuche in den halbtechn. Maßstab übertragen und vor Aufnahme der Großproduktion getestet werden.

Pilotstudie (Leitstudie, Explorationsstudie, engl. pilot study), in den empir. arbeitenden Sozialwiss. eine Voruntersuchung zum Herausarbeiten der für ein Forschungsvorhaben wichtigen Faktoren, Variablen sowie der ersten Hypothesen über mögl. Kausalzusammenhänge und der anzuwendenden Untersuchungsmethoden.

Pilottonverfahren, in der Film- und Fernsehtechnik ein Verfahren zur bildsynchronen Tonaufnahme auf unperforiertem Magnettonband, bei dem gleichzeitig ein sog. *Pilotton* aufgezeichnet wird, den ein mit der Bildkamera gekoppelter Pilottongeber erzeugt.
◆ Verfahren zur Übertragung stereophoner Sendungen im ↑ Hörfunk.

Pilotwale, svw. Grindwale (↑ Delphine).

Piloty, Karl von (seit 1860), * München 1. Okt. 1826, † Ambach (= Holzhausen a. Starnberger See) 21. Juli 1886, dt. Maler. - Bedeutendster Vertreter der dt. Historienmalerei; sein u. a. an P. Delaroche geschulter kolorist. Malstil war schulemachend (u. a. Lehrer von Lenbach); sein größter Erfolg war „Seni an der Leiche Wallensteins" (1855; München, Bayer. Staatsgemäldesammlungen).

Pilsen (tschech. Plzeň), Hauptstadt des Westböhm. Geb., ČSSR, im **Pilsener Becken,** einer Senke im Pilsener Hügelland, 322 m ü. d. M., 175 200 E. Hochschule für Maschinenbau, Konservatorium; mehrere Museen, Westböhm. Galerie, Planetarium. Standort des größten Maschinenbauunternehmens der ČSSR (Škoda-Werke), keram., Papierind., Ziegelei, Brauereien. - Bereits im 10. Jh. Handelsplatz, von König Wenzel II. (1278–1305) als befestigte Stadt angelegt; zahlr. Brände Anfang des 16. Jh. und Verwüstung im Dreißigjährigen Krieg; 1633/34 Hauptquartier Wallensteins, der hier seine Offiziere zur Unterzeichnung einer bes. Treueerklärung (P. Revers) bewog. - Spätgot. Sankt-Bartholomäus-Kirche (14./15. Jh.); got. Franziskanerkirche (14. Jh.) mit barockisiertem ehem. Kloster; Renaissancerathaus (16. Jh.); zahlreiche Bürgerhäuser aus Gotik, Renaissance und Barock.

Pilsner Bier (Pilsener Bier) ↑ Bier.

Pilsudski, Józef Klemens [poln. piu'sutski], * Zulowo (= Sulowo bei Wilna) 5. Dez. 1867, † Warschau 12. Mai 1935, poln. Politiker, Marschall von Polen (seit 1920). - Von Jugend auf mit der sozialist. Bewegung verbunden, stellte aber den Kampf für die Unabhängigkeit Polens vor die soziale Revolution. Seit 1893 führend in der Poln. Sozialist. Partei (PPS) tätig. Kämpfte gegen Rußland 1900/01 vom östr. Galizien aus und leitete die Befreiungsorganisation der „Schützen" (Strzelec). Stellte sich im Interesse einer Eigenstaatlichkeit Polens auf die Seite der Mittelmächte, befehligte im 1. Weltkrieg 1914–16 auf östr. Seite die 1. Brigade der Poln. Legion. Wurde nach Proklamation des Kgr. Polen durch die Mittelmächte Mgl. des Staatsrats, im Nov. 1918 „Staatschef" mit den obersten Militär- und Staatsgewalt. Vom ersten Parlament am 20. Febr. 1919 im Amt bestätigt, verfolgte P. den Plan, die alte poln.-litauische Föderation wiederherzustellen und einen Pufferraum gegen Sowjetrußland zu schaffen. Ein Vorstoß der poln. Truppen nach Kiew brach schließl. zusammen, nur durch sein strateg. Geschick („Wunder an der Weichsel") konnte eine Katastrophe verhindert werden; im Friedensvertrag von Riga (18. März 1921) wurde die poln. O-Grenze beträchtl. vorgeschoben. 1922 zog P. sich vom polit. Leben zurück, schied 1923 auch als Chef des Generalstabs aus. 1926 führte er mit Hilfe seiner Anhänger im Militär einen Staatsstreich durch und errichtete ein autoritäres Regime; war 1926–28 und Aug.–Dez. 1930 Premiermin. und übte als Verteidigungsmin. und Generalinspekteur der Streitkräfte (1926–35) die tatsächl. Staatsführung aus. Unter formaler Aufrechterhaltung des parlamentar. Systems scheute P. nicht vor Verfassungsbrüchen und der Verfolgung seiner polit. Gegner zurück. Im April 1935 wurde die autoritäre „April-Verfassung" in seinem Geiste fertiggestellt. Außenpolit. suchte P. Polen durch den Nichtangriffsvertrag mit der UdSSR 1932 und den Dt.-Poln. Nichtangriffspakt 1934 abzusichern.

Piltdownmensch [engl. 'pɪltdaʊn] (Eoanthropus dawsoni), Bez. für einen 1910–15 in Piltdown (Sussex) gemachten „Schädelfund", der zunächst als frühmenschlich gedeutet wurde, sich aber 1955 bei einer Fluoranalyse als raffinierte Fälschung erwies.

Pilum (Mrz. Pila) [lat.], antikes Wurfgeschoß, etwa 2 m lang (1,40 m langer Schaft aus Holz mit darin befestigter Metallspitze);

wurde bei der Einführung der Manipulartaktik Hauptwaffe in der röm. Armee.

Pilus (Mrz. Pili) [lat. „Haar"], svw. Haar (↑ Haare).

Pilze [zu griech.-lat. boletus „Pilz (Champignon)"] (Mycophyta), Abteilung des Pflanzenreichs mit rd. 100 000 bis heute bekannten Arten. Alle Pilze sind blattgrünfreie, folglich heterotroph oder saprophyt. lebende Lagerpflanzen. Ihre das Substrat durchziehenden Zellfäden heißen Hyphen. Diese Hyphen bilden oft ein dichtes Geflecht, das Myzel. Die Zellwände der P. bestehen aus Chitin, nur bei wenigen Arten (z. B. bei den Schleim-P.) kommt Zellulose vor. Als Reservestoffe speichern P. Glykogen und Fett. Die ungeschlechtl. Vermehrung erfolgt durch verschiedene Sporenarten (Endosporen, Konidien). Bei der geschlechtl. Fortpflanzung verschmelzen Gameten (es kommt Iso-, Aniso- und Oogamie [↑ Befruchtung] vor), außerdem gibt es Gametangiogamie (ganze Gametangien kopulieren) und Somatogamie (zwei vegetative Zellen kopulieren miteinander). Einige Pilze vermehren sich auch durch Zerfall des Myzels in einzelne Zellen. - Die Abteilung der P. gliedert sich in 6 Klassen. Die bekanntesten sind ↑ Schlauchpilze, ↑ Ständerpilze und ↑ Schleimpilze. Die Wiss., die sich mit der Erforschung der P. befaßt, ist die Mykologie. Zu den *Echten Pilzen* (dazu zählen Algen-P., Joch-P., Chytridiales, Schlauch- und Ständer-P.) gehören etwa 99% aller Arten. Die bekanntesten Echten P. bilden charakterist. Fruchtkörper. Unter ihnen gibt es zahlr. eßbare Arten. Geschätzt sind sie wegen ihrer Geschmacks- und Aromastoffe (z. B. Champignon, Stein-P., Trüffel). Ihr Nährwert ist gering, ihr Vitamin- und Mineralstoffgehalt entspricht etwa dem anderer pflanzl. Nahrungsmittel. Einige Arten (z. B. Champignon) werden heute in großem Umfang gezüchtet. - Unter den Echten P. gibt es viele Arten, die mit dem Wurzelsystem verschiedener Waldbäume in Symbiose (↑ Mykorrhiza) leben. Große wirtschaftl. Schäden entstehen durch Rost- und Brand-P., die jedes Jahr einen erhebl. Teil der Weltgetreideernte vernichten. Auch die Erreger von Pflanzenkrankheiten in Wein- und Obstkulturen (z. B. ↑ Mehltaupilze) verursachen große Schäden. - Die Hefe-P. (↑ Hefen) sind zur Wein- und Bierbereitung, im Bäckereigewerbe und bei der Käsebereitung wichtig. Andere Schlauch-P. werden industriell gezüchtet und v. a. zur Gewinnung von Antibiotika und Enzymen verwendet. Zu den P. gehören auch die ↑ Deuteromyzeten. Die meisten Arten dieser Gruppe gehören vermutl. zu den Schlauch-P., nur wenige dagegen zu den Ständer-P. In tier. und im pflanzl. Organismus können sie ↑ Mykosen hervorrufen. - Abb. S. 122.

⌬ *Hdb. für Pilzfreunde.* Begr. v. E. Michael. Hg. v. H. Kreisel. Stg. ²⁻⁵ 1983–86. 5 Bde. - *Myko-*

log. Wörterb. 3 200 Begriffe in 8 Sprachen. Hg. v. K. Berger. Stg. 1980. - Haas, G./Gossner, G.: *P. Mitteleuropas: Speise- u. Giftpilze.* Stg. ¹⁴ 1978.

Pilzgifte, svw. ↑ Mykotoxine.

Pilzgrind, svw. ↑ Erbgrind.

Pilzkäfer (Erotylidae), mit rd. 2 300 Arten weltweit verbreitete Fam. etwa 1–30 mm langer Käfer, die v. a. in den Tropen charakterist. Warnfärbungen tragen und scharf riechende, ätzende Wehrsekrete produzieren. P. entwikkeln sich meist in Baumschwämmen, in morschem, schimmeligem Holz und unter verpilzter Rinde. In Deutschland kommen fünfzehn 3–7 mm große Arten vor.

Pilzkorallen (Fungia), Gatt. einzeln lebender ↑ Steinkorallen, bei denen der becherförmige Mutterpolyp an seiner Mundscheibe wiederholt große, scheibenförmige Einzelpolypen (Durchmesser bis 25 cm, jedoch meist deutl. kleiner) abschnürt.

Pilzkunde, svw. Mykologie.

Pilzmücken (Fungivoridae), v. a. paläarkt. verbreitete Mückenfam. mit rd. 2 000 zarten, durchschnittl. 5 mm langen, meist an schattigen, feuchten Orten lebenden, nicht stechenden Arten. Die Larven entwickeln sich in Pilzen (bes. Hutpilzen).

Pilzvergiftung (Myzetismus), Vergiftung durch den Genuß von Giftpilzen (landläufig auch von verdorbenen Speisepilzen im Sinne einer Lebensmittelvergiftung). Die Symptome einer P. sind entweder akuter Magen-Darm-Katarrh (etwa 2 Std. nach dem Pilzgenuß) oder Zeichen des akuten Leberversagens (12–36 Std. nach dem Verzehr; ↑ Leberkoma), ferner Schwindel, Benommenheit, Atemlähmung (↑ auch Giftpilze [Übersicht]). - *Hilfeleistung* (die angegebene Reihenfolge ist einzuhalten): 1. Brechmittel (ein bis zwei Gläser starke lauwarme Kochsalzlösung, kein Apomorphin) eingeben; 2. Kohletabletten und Glaubersalz verabreichen; 3. rohe Milch, rohes Ei (mit Wasser verdünnt) einflößen.

Pilzwurzel, svw. ↑ Mykorrhiza.

Pimelinsäure [griech./dt.] (1,5-Pentandicarbonsäure), gesättigte Dicarbonsäure; bildet farblose, wenig wasserlösl. Kristalle. P. tritt als Oxidationsprodukt von Fetten auf und wird (künstl. hergestellt) zur Herstellung von Polyamiden verwendet.

Piment [roman., zu lat. pigmentum „Farbe, Kräutersaft"] (Nelkenpfeffer, engl. Gewürz, Neugewürz), vor der Reife gepflückte und getrocknete Beeren des Pimentbaumes, die als Gewürz ähnl. wie getrocknete Pfefferkörner verwendet werden. - ↑ auch Gewürze (Übersicht).

Pimentbaum (Nelkenpfefferbaum, Pimenta dioica), zur den Myrtengewächsen gehörender, bis 10 m hoher, immergrüner Baum in W-Indien und in Z-Amerika; mit großen, oval-lanzenförmigen, oberseits leuchtend grünen Blättern und zahlr. in achselständigen Rispen stehenden, kleinen, weißen Blüten. Die kugeligen Früchte liefern Piment und das in der Gewürz-, Likör-, Kosmetik- und Seifenind. verwendete Pimentöl.

Pimeson (π-Meson), svw. ↑ Pion.

Pimpernuß (Klappernuß, Staphylea), Gatt. der zweikeimblättrigen Pflanzenfam.

Pimpernußgewächse (Staphyleaceae; 50 Arten in 7 Gatt.) mit zwölf Arten in der nördl. gemäßigten Zone; sommergrüne Sträucher oder kleine Bäume mit gegenständigen, gefiederten Blättern, weißen oder rötl. Blüten und blasig aufgetriebenen, häutigen Kapselfrüchten mit zwei bis drei erbsengroßen, glatten, glänzenden, beim Schütteln der Frucht klappernden („pimpernden") Samen; z. T. als Ziersträucher gepflanzt.

Pimpinella [lat.-italien.] ↑ Bibernelle.

Pinaceae [lat.], svw. ↑ Kieferngewächse.

Pinakoid [griech.], eine offene Kristallform mit zwei gleichwertigen Parallelflächen (↑ Kristallsysteme und Kristallklassen, Übersicht).

Pinakothek [zu griech. pinakothḗkē „Aufbewahrungsort von Weihgeschenktafeln"], Gemäldesammlung.

Pinang (Penang), Gliedstaat Malaysias, umfaßt die der W-Küste der Halbinsel Malakka vorgelagerte Insel P. und die auf dem gegenüberliegenden Festland gelegene Province Wellesley, zus. 1033 km², 911 600 E (1980), Hauptstadt George Town. Auf der bis rd. 900 m hohen *Insel P.* befinden sich an der W- und O-Küste größere Schwemmlandebenen. Nur im N blieb der urspr. trop. Regenwald erhalten. Angebaut werden Reis, Kautschukbäume, Kokos- und Betelnußpalmen, Gemüse, Obst, Muskatnuß, Nelken, Maniok, Süßkartoffeln u. a.; Geflügel- und Schweinehaltung, Fischerei; Fremdenverkehr. In dem auf dem Festland gelegenen Teil entstanden in den an der Mündung des Prai gelegenen Städten Butterworth und Prai wichtige Ind.betriebe. - Das Gebiet wurde 1826 mit Malakka und Singapur zu den Straits Settlements (ab 1867 Kronkolonie) zusammengeschlossen, 1948 Teil des Malaiischen Bundes und 1963 Teil Malaysias.

Pinar del Río, Prov.hauptstadt in Kuba, im karib. Tiefland, 95 000 E. Kath. Bischofssitz. Tabakbau, Kupfererzabbau, Eisenbahnverbindung mit Havanna. - Gegr. 1775.

Pinasse [lat.-roman., eigtl. „Boot aus Fichtenholz"] ↑ Boot.

Pinay, Antoine [frz. pi'nɛ], * Saint-Symphorien-sur-Coise (Rhône) 30. Dez. 1891, frz. Politiker (Centre National des Indépendents et du Paysans). - Wurde 1929 Bürgermeister von Saint-Chamond; Abg. (Unabhängiger) 1936-38; Senator 1938-40; unterstützte 1940 Pétain, gehörte dem Conseil national 1941 an; 1946 Mgl. der 2. Konstituante, 1946-58 Abg. der Nat.versammlung; 1956-58 Frak-

tionsvors.; 1950/51 und 1952 Min. für öffentl. Arbeiten; Min.präs. und Finanzmin. März–Dez. 1952; Außenmin. 1955/56; unterstützte die Berufung de Gaulles 1958; Finanzmin. (1958), Finanz- und Wirtschaftsmin. (1959/60), führte den Nouveau Franc ein; 1973/74 „Médiateur" (eine Art Ombudsmann).

pincé [pɛ̃'se:; frz.], 1. bei Streichinstrumenten svw. ↑ pizzicato; 2. in der Klaviermusik des 18. Jh. svw. ↑ Mordent.

Pincenez [pɛ̃s'ne:; frz., eigtl. „Zwicknase"], svw. ↑ Kneifer.

Pinch [engl. pɪntʃ] ↑ Pincheffekt.

Pincheffekt [engl. pɪntʃ „zusammendrücken, pressen"] (Schnüreffekt), die Kontraktion eines stromführenden Plasmas (z. B. des hochionisierten Entladungskanals einer Gasentladung hoher Stromdichte) zu einem sehr dünnen, sehr heißen und stark komprimierten Plasmaschlauch oder -faden (**Pinch**) infolge Wechselwirkung des Plasmastroms mit dem von ihm erzeugten Magnetfeld. Der P. ist eine der am ausführlichsten untersuchten Möglichkeiten, ein Plasma mit Eigenschaften zu erzeugen, bei denen eine steuerbare ↑ Kernfusion mögl. ist.

Pincherle [italien. 'piŋkerle], Alberto, italien. Schriftsteller, ↑ Moravia, Alberto.

P., Salvatore, * Triest 11. März 1853, † Bologna 10. Juli 1936, italien. Mathematiker. - Prof. in Palermo und Bologna. Gründer und erster Präs. der italien. Mathematikerunion; neben V. Volterra einer der Begründer der Funktionalanalysis.

Pincus, Gregory [engl. 'pɪŋkəs], * Woodbine (N. J.) 9. April 1903, † Boston 22. Aug. 1967, amerikan. Physiologe. - Prof. in Boston; befaßte sich v. a. mit der Schwangerschaftsphysiologie. P. wies nach, daß während einer Schwangerschaft das Hormon Progesteron in wesentl. höherer Konzentration als üblicherweise auftritt und daß dadurch eine erneute Ovulation verhindert wird. Aus dieser Erkenntnis entwickelte P. mit seinen Mitarbeitern die sog. Antibabypille (hormonale ↑ Empfängnisverhütung).

Pindar (Pindaros), * Kynoskephalai bei Theben 522 oder 518, † Argos nach 446, griech. Lyriker. - Aus Thebaner Adelsgeschlecht; galt im Altertum als unerreichbarer Meister des erhabenen Stils; Vertreter der alten Adelsethik; pries in seinen Epinikien die Sieger im sportl. Wettkampf, denen er so Unsterblichkeit zu verleihen suchte; verwandte die dor. Kunstsprache der Chorlyrik; von den 17 Büchern seiner Dichtung (davon 11 religiösen Inhalts, darunter Päane, Dithyramben und Hymnen) sind nur noch 4 Bücher Epinikien (nach den vier Hauptfesten in „Olympien", „Pythien", „Nemeen" und „Isthmien" aufgeteilt), bestehend aus 44 Oden (fast vollständig erhalten).

pindarische Ode, Bez. für diejenige

Pindaristen

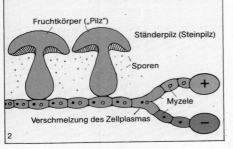

Verschmelzung des Zellplasmas

⊕ = weibliche Sporen
⊖ = männliche Sporen

Sporen

Fruchtkörper ("Pilz")

Schlauchpilz (Morchel)

Myzele

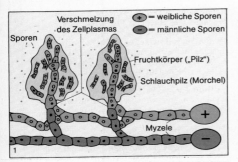

Fruchtkörper ("Pilz")

Ständerpilz (Steinpilz)

Sporen

Myzele

Verschmelzung des Zellplasmas

Pilze. Entwicklungsgänge bei Schlauchpilzen (Morchel; 1) und Ständerpilzen (Steinpilz; 2)

Form des altgriech. Chorliedes, die aus 2 gleich gebauten Strophen und einer metr. abweichenden dritten Strophe besteht. Von Horaz bis zum 19. Jh. wurden die Thematik, v. a. die pathet. Feierlichkeit, nachgeahmt (F. Hölderlin), aber auch die authent. dreigliedrige Struktur, z. B. von den italien. Pindaristen und der frz. Pléiade.

Pindaristen, Bez. für diejenigen italien. Dichter des 16. und 17. Jh.s, die sich bemühten, die griech. antiken Lyriker, insbes. Pindar, aber auch Anakreon u. a., metr. getreu nachzubilden.

Pinder, Wilhelm, * Kassel 25. Juni 1878, † Berlin 13. Mai 1947, dt. Kunsthistoriker. - Prof. u. a. in Leipzig, München und Berlin (1936). Erforscher und Interpret der dt. Kunst, insbes. der dt. Plastik; u. a. „Das Problem der Generation in der Kunstgeschichte Europas" (1927), „Der Bamberger Dom und seine Bildwerke" (1927), „Vom Wesen und Werden dt. Formen" (4 Bde., 1937–51).

Pindos, Gebirge in Griechenland, sö. Fortsetzung der Dinariden, etwa 250 km lang, bis 2637 m hoch; Wasserscheide zw. Ion. und Ägäischem Meer. Die natürl. Waldgrenze liegt um 1850 m, die Siedlungsgrenze bei etwa 1400 m ü. d. M.

Pindowapalme [indian./dt.] (Piakavapalme, Attalea), Gatt. der Palmen mit rd. 40 Arten, v. a. in Brasilien; hohe oder auch stammlose Bäume mit breiten, regelmäßig gefiederten Blättern. Wichtige Art: **Motacupalme** (Attalea princeps), deren Blätter als Viehfutter und zum Dachdecken Verwendung finden.

Pinealapparat, svw. ↑ Pinealorgane.

Pinealdrüse [lat./dt.], svw. ↑ Zirbeldrüse.

Pinealorgane [lat./dt.] (Pinealapparat, Scheitelorgane, Medianorgane), unpaare Anhänge des Zwischenhirndachs der Wirbeltiere, bestehend aus dem *Parietalorgan* bzw. (z. B. bei Reptilien) dem lichtempfindl., unter dem Scheitelloch liegenden *Parietalauge (Scheitelauge, Medianauge)* und dem dahinterliegenden *Pinealorgan* i. e. S., aus dem die Zirbeldrüse hervorgeht.

Pineapple [engl. ˈpaɪnæpl] ↑ Ananas.

Pineau, Christian [frz. piˈno], * Chaumont 14. Okt. 1904, frz. Politiker. - Im 2. Weltkrieg in der Résistance; 1943–45 im KZ Buchenwald inhaftiert; 1945/46 Mgl. beider Konstituanten, 1946–58 Abg. der Nat.versammlung (SFIO); mehrfach Min. in verschiedenen Ressorts; 1956–58 Außenmin.; später in der Wirtschaft tätig.

Pinel, Philippe [frz. piˈnɛl], * Saint-André (Tarn) 20. April 1745, † Paris 26. Okt. 1826, frz. Arzt. - Leiter berühmter Pariser Heilanstalten, zuerst des „Hôpital de Bicêtre", ab 1795 des „Hôpital de la Salpêtrière". 1795 Prof. für Hygiene, 1798–1822 für Pathologie und innere Medizin an der Pariser „École de médecine". In Anlehnung an C. von Linné und T. Sydenham versuchte P., ein natürl. System der Krankheiten, v. a. nach anatom. Gesichtspunkten, zu entwickeln. In der Psychiatrie beschrieb er Ursachen und Symptome der Geisteskrankheiten, die er in Manie, Melancholie, Demenz und Idiotie einteilte. Bed. wie seine theoret. Arbeit ist seine grundlegende Reform der prakt. Psychiatrie. Die Ideen der Aufklärung und der Frz. Revolution führten P. zu einem völlig neuartigen Umgang („traitement moral") mit dem Geisteskranken, den er als grundsätzl. heilbar ansah.

Werke: Philosophische Nosographie oder Anwendung der analyt. Methode auf die Heilkunst (2 Bde., 1798), Philosoph.-medizin. Abhandlung über Geistesverirrungen oder Manie (1801).

Pinene [zu lat. pinus „Fichte"], Bez. für drei isomere, ungesättigte, bicycl. Terpenkohlenwasserstoffe (α-, β- und δ-Pinen). Von den α- und β-Pinen kommen in äther. Ölen aus Nadelhölzern vor. P. werden als Lösungsmittel und für Synthesen verwendet.

Pinero, Sir (seit 1909) Arthur Wing [engl. pɪˈnɪəroʊ], * London 24. Mai 1855, † ebd. 23. Nov. 1934, engl. Dramatiker portugies. Abstammung. - Schauspieler; wurde mit büh-

nenwirksamen Lustspielen und Gesellschafts-
stücken nach dem Vorbild Ibsens zum Wegbereiter des neueren engl. Dramas.

Pinge (Binge), durch den Einsturz alter
Grubenbaue entstandene trichterförmige
Vertiefung an der Erdoberfläche.

Pinget, Robert [frz. pɛ̃'ʒɛ], * Genf 19. Juli
1919, frz. Schriftsteller schweizer. Herkunft. -
Anwalt; seit 1946 in Paris; Vertreter des Nouveau roman; seine im kleinbürgerl.-ländl. Milieu spielenden Romane kennzeichnen Elemente des Kriminalromans sowie eine Mischung von Tragik und makabrem Humor,
z. B. „Augenblicke der Wahrheit" (1965), „Le
harnais" (1984); auch Dramatiker in der
Nachfolge S. Becketts.

Pingo [eskimoisch], in Dauerfrostgebie-
ten meist vergesellschaftet auftretende Hügel
von bis zu 50 m Höhe und bis zu 200 m Durchmesser mit mächtigem, unter erhebl. hydro-
stat. Druck stehendem Eiskern, bei dessen Ab-
schmelzen eine kraterähnl. Hohlform zurückbleibt.

Pingpong [engl. (lautmalend)], scherz-
hafte, mitunter auch abwertende Bez. für
Tischtennis.

Pinguine (Spheniscidae), seit dem Eozän
bekannte Fam. bis 1,2 m hoher, flugunfähiger
Meeresvögel mit fast 20 Arten um die Antarktis und entlang den kalten Meeresströmun-
gen; vorwiegend Fische, Weichtiere und
Krebse fressende, vorzügl. dem Wasserleben
angepaßte Tiere mit schwerem, spindelförmi-
gem Körper, kurzen, zu Flossen umgewandelten Flügeln und schuppenförmigen Federn.
P. können unter Wasser sehen, sie haben
Schwimmhäute an den Füßen der weit hinten
eingelenkten Beine (fast senkrechter Körper-
stand) und (als Wärmeschutz) ein dickes Un-
terhautfettpolster. Sie brüten meist in großen
Kolonien auf Inseln, nur der Kaiser-P. auf
dem ewigen Eis. Das Gelege der kleineren
Arten (z. B. des ↑Adeliepinguins) besteht aus
zwei Eiern, das der großen Arten aus einem
Ei. Bes. bekannte Arten sind: **Kaiserpinguin**
(Aptenodytes forsteri), mit 1,2 m Höhe größter lebender, oberseits blaugrauer, unterseits
weißer P. in der Antarktis; das ♂ brütet,
das ♀ übernimmt die Jungenaufzucht; **Kö-
nigspinguin** (Aptenodytes patagonica), etwa
1 m groß, orangegelbe Hals- und Kopfseiten-
partie; auf den Inseln um die Südspitze S-
Amerikas.

Pinheiro [pɪn'jeːro; brasilian. pi'neɪru;
portugies.] (Brasilian. Schmucktanne, Arau-
caria brasiliensis), bis 50 m hohe, kiefernähnl.
Araukarie im südl. Brasilien, wo dieser Baum
große Wälder bildet; Äste fast waagrecht, mit
kurzen, an den Enden der Äste gehäuften
Zweigen; Nadeln 3-5 cm lang, abstehend.
Die kugeligen Zapfen haben einen Durchmesser von etwa 20 cm und enthalten rd. 800
nährstoffreiche Samen, die von der einheim.
Bev. gegessen werden.

Pinheiro Chagas, Manuel [portugies.
pi'neɪru 'ʃaɣɐʃ], * Lissabon 13. Nov. 1842,
† ebd. 8. April 1895, portugies. Schriftsteller. -
Zeitweilig Marinemin.; trat mit ep. Gedichten, Romanen und Dramen hervor; löste mit
seinem „Poema da mocidade" (1865) den Beginn des portugies. Realismus aus.

Pinie [lat.] ↑ Kiefer.

Pinin Farina, Giovanni Battista, eigtl.
G. B. Farina, gen. Pinin, * Turin 2. Nov. 1893,
† Lausanne 3. April 1966, italien. Automobil-
designer. - Entwarf zahlr. Karosserieformen
für in- und ausländ. Firmen, darunter 1955
die sog. Trapezform; gründete 1930 die „Car-
rozzeria P. F."-Werke in Turin. - Abb. S.
124.

Pink (Pinke) [niederdt.], alte Bez. für Last-
schiffe, auch für Fischerboote.

Pink [engl.], helles, blasses Rot, intensives
Rosa.

Pinkel, norddt. Grützwurst.

Pinkerton, Allan [engl. 'pɪŋkətən],
* Glasgow 25. Aug. 1819, † Chicago 1. Juli
1884, amerikan. Kriminalist schott. Her-
kunft. - Begr. 1850 in Chicago ein privates
Detektivbüro, das Weltruhm erlangte; seine
Methoden bei der Niederschlagung von
Streiks und seine skrupellose Werkspionage
führten zu [polit.] Angriffen.

Pinkfarben, in der keram. Industrie verwendete Pigmente aus Zinnoxid, in dessen
Kristallgitter Fremdatome (Chrom, Vana-
dium) eingebaut sind.

Pink Floyd [engl. flɔɪd], brit. Rockmusik-
gruppe, 1965 gegr., bestehend aus dem Lead-
gitarristen und Sänger S. Barrett (* 1946), dem
Keyboardspieler und Sänger R. Wright
(* 1945), dem Baßgitarristen und Sänger R.
Waters (* 1944), dem Schlagzeuger N. Mason
(* 1945). Barretts Stelle übernahm 1968 D.
Gilmoure (* 1944). Die P. P. förderten als
Experimentatoren innerhalb der Rockmusik
die Entwicklung der ↑ Live-Elektronik; 1979
Produktion der Platte „The Wall", auch als
Bühnenshow. Die Gruppe, die 60 Mill. Platten
verkaufte, löste sich 1986 auf.

Pinnae [lat.], svw. ↑ Flossen.

Pinne [niederdt.], Hebelarm zur Betätigung des Ruders, früher durch Seilwinden,
heute auf Booten als Handgriff.
◆ Stift zur Lagerung der Kompaßnadel.
◆ keilförmige Seite des Hammers.

Pinneberg, Krst. im nw. Vorortbereich
von Hamburg, Schl.-H., 10 m ü. d. M.,
35 300 E. U. a. Motorenwerk, elektrotechn.
Ind., Kaugummiherstellung; Mittelpunkt des
größten Baumschulen- und Rosenzuchtgeb.
der Erde. - In Verbindung mit einer Burg
der Schauenburger Grafen von Holstein (bis
1640) 1351 erstmals gen.; nach der Verlegung
der Burg (1472) an ihren heutigen Platz 1600
als Beamtensiedlung bezeugt; 1875 Stadtrecht.

P., Landkr. in Schleswig-Holstein.

Pinnipedia

Pinnipedia [lat.], svw. ↑ Robben.

Pinnulae [lat.], in dichter Reihe stehende Seitenabzweigungen der Arme der ↑ Haarsterne, die den Armen ein federförmiges Aussehen verleihen. An der Oberseite der P. befinden sich kurze Tentakel und eine Wimperrinne, die der Nahrungsgewinnung dienen; P. an der Basis der Arme besitzen Tastsinnesrezeptoren.

Pinochet Ugarte, Augusto [span. pino'tʃɛt u'ɣarte], * Valparaíso 25. Nov. 1915, chilen. General und Politiker. - Seit 1969 Stabschef beim Oberbefehlshaber des Heeres, wurde im Aug. 1973 Oberbefehlshaber der Streitkräfte; leitete im Sept. 1973 den Militärputsch, bei dem die gewählte Reg. unter Präs. S. Allende Gossens gestürzt wurde; 1973/74 Chef der Militärjunta, seit 1974 Präsident.

Pinole [lat.-italien.], Teil der ↑ Drehbank.

Pinot [frz. pi'no], svw. ↑ Burgunderreben.

Pinozytose [griech.], die Aufnahme von gelösten Substanzen in das Zellinnere durch Einstülpen kleinerer Bereiche der Zellmembran und Abschnüren dieser Einstülpungen als Pinozytosevesikel.

Pinsel [zu lat. peniculus „Schwänzchen", Bürste, Pinsel"], ein zum Auftragen von flüssigen, pastösen oder pulverigen Substanzen bzw. zum Säubern (Abstauben) verwendetes, im wesentl. aus einem an einem Stiel befestigten Haar- oder Borstenbüschel bestehendes Handwerkszeug. Für *Miniatur-P.* werden meist Fischotter- oder Zobelhaare, für *Haar-* oder *Maler-P.* Menschen-, Marder-, Ziegen- oder Biberhaare, für *Lackierer-* und *Vergolder-P.* sowie *Rasier-P.* Ziegen- oder Dachshaare, für *Tusch-P.* Eichhörnchen- oder Iltishaare verwendet, während P. zum großflächigen Anstreichen u.a. aus Schweineborsten oder Chemiefasern hergestellt werden. Beim *Kluppen-P.* werden gebündelte Haare an den Enden mit einem Faden oder Draht umwickelt oder in Pech, Kitt, Leim u.a. getaucht, diese „Besteckung" wird in eine Höhlung im Holzgriff geklebt. Beim *Ring-P.* werden die Haare oder Borsten in einen Blechring gesteckt, von innen her durch einen Keil fest an den Ring gedrückt und eingeklebt; beide P.arten können außerdem mit einem „Vorband" versehen, d.h. mit fester Schnur umwickelt sein. Bes. breite Pinsel mit rechteckiger Grundfläche zum Abwaschen von altem Anstrichen, zum Kleister- und großflächigen Farbauftrag heißen Bürsten oder Quaste.

Pinseläffchen (Seidenäffchen, Callithrix), Gatt. zierl. Affen (Unterfam. ↑ Marmosetten) mit mehreren Arten in S-Amerika; Körper bis 30 cm lang, Schwanzlänge bis etwa 40 cm; Fell dicht und seidig, Gesicht fast unbehaart, an den Ohren meist lange, abwärts gekrümmte Haarbüschel. Zu den P. gehören u.a. **Weißpinseläffchen** (Callithrix jacchus, im östl. S-Amerika, graubraun, mit weißen Haarbüscheln an den Ohren) und **Schwarzpinseläffchen** (Callithrix penicillata, in SO-Brasilien, rötlich-grau, Ohren mit schwarzen Haarbüscheln).

Pinselkäfer (Trichiinae), Unterfam. der Blatthornkäfer (Fam. Skarabäiden) in Eurasien, N-Afrika u. N-Amerika; mit sechs einheim., 1-3 cm langen, meist stark behaarten Arten; Imagines besuchen Blüten oder lecken Baumsäfte; Larven leben in zerfallendem Holz.

Pinselschimmel (Penicillium), Gatt. der Schlauchpilze mit mehr als 200 weltweit verbreiteten, meist saprophyt. lebenden Arten. Charakterist. sind die meist grünen, pinselartig aus dem Konidienträger wachsenden Konidien. Wichtigste Vertreter der Gatt. P. sind *Penicillium notatum* und *Penicillium chrysogenum,* die die Antibiotika der Penicillingruppe liefern. *Penicillium roquefortii* und *Penicillium camemberti* sind für die Herstellung bestimmter Käsesorten nötig.

Pinselschwanzbeutler (Phascogale), Gatt. bis 22 cm langer, vorwiegend grauer bis brauner ↑ Beutelmäuse mit drei Arten in Australien und auf Neuguinea; Schwanz etwa körperlang, hintere Hälfte buschig behaart; Schnauze lang und zugespitzt; flinke, nachtaktive Baumbewohner; ernähren sich v.a. von kleinen Wirbeltieren.

Pinselschwanzkänguruh ↑ Felskänguruhs.

Pinselzungenpapageien (Pinselzüngler, Trichoglossini), Gattungsgruppe der Pa-

Giovanni Battista Pinin Farina.
Von ihm entworfene Karosserie
für den „Cisitalia" von 1947

pageien (Fam. ↑ Loris), bei denen (im Unterschied zu allen übrigen Papageien) in Anpassung an ihre Nahrung (Blütennektar, weiche Früchte) die Zunge vorn pinselartig aufgefasert ist (*Pinselzunge*). - Zu den P. gehören z. B. die Glanzloris.

Pinsk, sowjet. Stadt an der Mündung der Pina in den Pripjet, Weißruss. SSR, 93 000 E. Heimatmuseum. U. a. Schiffbau und -reparatur, Holz- und Nahrungsmittelind.; Hafen. - Erstmals 1097 als bed. Stadt des Kiewer Reichs erwähnt; im 12. und 13. Jh. Hauptstadt, des Ft. P.; Anfang des 14. Jh. von Litauen erobert, nach 1569 beim Kgr. Polen-Litauen. 1706 von Schweden durch Brand zerstört; 1793 Rußland angeschlossen; 1920 von Polen erobert; seit 1939 in der Weißruss. SSR.

Pinsker, Leon, eigtl. Jehuda Löb P., * Tomaszów Mazowiecki (?) 1821, † Odessa 1891, russ. Zionist. - Arzt; forderte seit den Judenpogromen von 1881 eine territoriale Lösung der Judenfrage; leitete das Odessaer Komitee des Palästinakolonisationsvereins, das rund 25 000 Juden ins Hl. Land brachte. Seine Schrift „Autoemanzipation" (1882), ein Aufruf zu nat. Einheit der Juden, wurde grundlegend für den späteren Zionismus.

Pint [engl. paint; zu lat. pingere „malen" (des Eichstrichs)], Einheitenzeichen pt, in Großbrit. und in den USA verwendete Volumeneinheit. Für Großbrit. gilt 1 pt = 0,568 dm^3, für die USA 1 liq pt (liquid pint) = 0,473 dm^3, 1 dry pt = 0,551 dm^3.

Pinta [span.] (Carate), trop., durch Spirochäten hervorgerufene Hautkrankheit mit charakterist. rötl., juckenden Flecken auf der Haut. Behandlung mit Antibiotika.

Pinter, Harold [engl. 'pɪntə], * London 10. Okt. 1930, engl. Dramatiker. - Urspr. Schauspieler, dann freier Schriftsteller und Theaterregisseur; bedeutendster zeitgenöss. engl. Dramatiker; zeigt den Menschen in einer sinnentleerten Welt voller geheimnisvollunheiml. Bedrohungen, wie er mit Angst, Existenznöten, Einsamkeit und Ziellosigkeit kämpft und vergebl. nach zwischenmenschl. Kontakten sucht. Auch Kurzgeschichten, Gedichte, Filmdrehbücher und Fernsehspiele. *Werke:* Der Hausmeister (1960), Der Liebhaber (1963), Teegesellschaft (1964), Schweigen (1969), Alte Zeiten (1971), Niemandsland (1975), Betrogen (1978), Turtle Diary (1984), Sweet Bird of Youth (1985).

Pinthus, Kurt, * Erfurt 29. April 1886, † Marbach am Neckar 11. Juli 1975, dt. Schriftsteller. - Theater-, Film- und Literaturkritiker; veröffentlichte als erster von jungen Dichtern verfaßte Filmmanuskripte („Das Kinobuch", 1914); publizist. Vertreter des literar. Expressionismus und Hg. der Anthologie „Menschheitsdämmerung" (1920); emigrierte 1937 in die USA.

Pinto, Fernão Mendes, portugies. Schriftsteller, ↑ Mendes Pinto, Fernão.

Pinto [span.], von Amerika ausgehende Bez. für bestimmte Farbvarianten vieler Hauspferderassen (seit 1963 als eigene Rasse anerkannt). Man unterscheidet: Schwarzschecken (*Piebald*) und Braun- oder Fuchsschecken (*Skewbald*). Die Farbmerkmale sind dominant bei *Tobianos* (weiße Grundfarbe, dunkle Flecken; v. a. in N-Amerika und Europa), rezessiv dagegen bei *Overos* (dunkle Grundfarbe, weiße Flecke; v. a. in S-Amerika und Asien).

Pinto Balsemão, Francisco [portugies. 'pintu balzə'mɐ̃u], * Lissabon 1. Sept. 1937, portugies. Politiker. - Seit 1969 Parlamentsabg.; 1974 Mitbegr. der Demokrat. Volkspartei (heute Sozialdemokrat. Partei [PSD]); Jan.–Dez. 1980 Beigeordneter Min. beim Min.präs.; nach dem Tod Sá Carneiros Anfang Dez. 1980 wurde er am 9. Jan. 1981 als neuer Min.präs. vereidigt, erklärte im Dez. 1982 seinen Rücktritt; Parteivors. 1980–83.

Pinto da Costa, Manuel [portugies. 'pintu ðɐ 'koʃtɐ], * auf São Tomé 1938, Politiker in São Tomé und Príncipe. - Gründete 1972 die Befreiungsbewegung Movimento de Libertação de São Tomé e Príncipe; wurde mit der Unabhängigkeit der Inseln im Juli 1975 Staatspräs. (zeitweilig zugleich verschiedene Min.posten); übernahm 1978 zusätzl. die Funktion des Ministerpräsidenten.

Pin-up-Girl [pɪn'ʔapgə:rl, engl. 'pɪnʌp-'gə:l; engl.-amerikan., eigtl. „Anheftmädchen"], aus Illustrierten u. ä. ausgeschnittenes und an die Wand geheftetes Photo einer erotisch anziehenden (oft nackten) jungen Frau.

Pinus [lat.] ↑ Kiefer.

pinxit [lat. „hat es gemalt"], Abk. p. (pinx.), der Signatur des Malers auf Gemälden oder Stichen hinzugefügt.

Pinzette [zu frz. pincette, eigtl. „kleine Zange"], kleines zangenartiges Instrument zum Ergreifen und Festhalten kleiner Körper, deren federnde Arme vorne je nach Verwendungszweck glatt, flach gerieft (anatom. P.), gezähnt (chirurg. P.), spitz, gerade oder gebogen sind.

Pinzettfische, v. a. Bez. für Knochenfische der Gatt. *Chelmon* und *Forcipiger* (Unterfam. Gauklerfische), bei denen die kleine, endständige Mundöffnung am Ende einer deutlich bis sehr stark röhrenartig verlängerten Schnauze liegt, die der Futtersuche dient. Am bekanntesten (Meeresaquarienfisch) ist der **Gestreifte Pinzettfisch** (Pinzettfisch, Chelmon rostratus) an den Küsten SO-Asiens; 10 bis 20 cm lang, silberweiß, mit leuchtend orangefarbenen, schwarz gesäumten Querstreifen und schwarzem Augenfleck am Grunde der hinteren Rückenflosse.

Pinzgau, westl. Landesteil des östr. Bundeslandes Salzburg, umfaßt die Talschaft der Salzach bis Lend und die der Saalach bis zum Steinpaß mit dem Zeller See.

pinzieren [frz.], krautige Pflanzentriebe

entfernen; z. B. bei Tomaten zur Förderung des generativen Wachstums und bei Gehölzen zur Anregung der Blütenknospenbildung nahe den Hauptästen.

Piombino [italien. pjom'bi:no], italien. Stadt in der Toskana, auf einer ehem. Insel des Toskan. Archipels, 19 m ü. d. M., 39 100 E. Bed. Zentrum der italien. Schwerind., Werften; Hafen. - Seit dem 12. Jh. bezeugt; gehörte im MA zu Pisa. 1399 mit Elba in den Händen der Familie Appiano vereinigt, 1594 eigenes Ft.; kam nach häufigen Besitzwechseln 1801 zunächst an Frankr., 1815 an das Groß-Hzgt. Toskana. Der nw. Teil der Gem. P. ist die ehem. etrusk. Hafenstadt **Populonia** (Pupluna); Eisenverhüttung und Eisenausfuhr seit dem 5. Jh. v. Chr. Etrusk. Museum, Reste einer Nekropole und der Stadtmauern.

Piombo, Sebastiano del [italien. 'pjombo], italien. Maler, ↑Sebastiano del Piombo.

Pion ['pi:ɔn, pi'o:n; gebildet aus **Pi**meson] (Pimeson, π-Meson), physikal. Symbol π; instabiles, entweder elektr. positiv (π⁺) oder negativ (π⁻) geladenes oder elektr. neutrales (π⁰) Elementarteilchen aus der Gruppe der ↑Mesonen. Die eine positive bzw. negative Elementarladung tragenden geladenen P. besitzen eine Ruhmasse von 273,2 Elektronenmassen, das neutrale P. eine solche von 264,4 Elektronenmassen, entsprechend einer Ruhenergie von 139,58 MeV bzw. 134,96 MeV. Die geladenen P. zerfallen nach einer Lebensdauer von $2,60 \cdot 10^{-8}$ s fast ausschließl. in ein Myon und ein Neutrino, das π⁰ mit der sehr viel kürzeren Lebensdauer von $0,89 \cdot 10^{-16}$ s zu 99 % in zwei Gammaquanten und zu etwa 1 % in ein Gammaquant und ein Elektron-Positron-Paar. - Die bereits 1935 von H. Jukawa zur Deutung der kurzen Reichweite der Kernkräfte theoret. geforderten P. wurden 1947 in der Höhenstrahlung entdeckt.

Pioneer [engl. paɪə'nɪə „Pionier"], Name einer Serie unbemannter amerikan. Raumsonden zur Erforschung des interplanetaren Raums und der Sonne. *P. 5* gelangte bis zur Venusbahn. Nachdem die am 2. März 1972 gestartete Raumsonde *P. 10* im Dez. 1973 am Jupiter vorbeigeflogen war, überquerte sie am 11. Juni 1979 die Bahn des Planeten Uranus, im Juni 1983 die Bahn des Neptun. - *P. 11* (gestartet am 6. April 1973) hatte Jupiter im Dez. 1974 passiert und erreichte am 1. Sept. 1979 den Planeten Saturn, dem sie sich bis auf 21 400 km näherte. Dabei übermittelte sie sowohl von Saturn selbst als auch von seinen Monden eine Vielzahl neuer Erkenntnisse.

Pionier [frz., eigtl. „Fußsoldat" (zu lat. pes „Fuß")], allg. svw. Wegbereiter, Vorkämpfer, beim Militär Soldat der Pioniertruppen.

Pioniere, in der Bundeswehr zu den Kampfunterstützungstruppen zählende Truppengattung; sollen v. a. die Bewegungen der eigenen Kräfte fördern (z. B. Gangbarmachen von Gelände; Brückenbau; Aufrechterhaltung von Verkehrsverbindungen), die der feindl. Truppen hemmen (z. B. Errichten von Sperren; Zerstörung von Gelände, Brücken, Verkehrsverbindungen); nach Einsatz und Aufgabe werden unterschieden: Panzerpioniere, leichte P., schwere P., Spezialpioniere. Zunächst Teil des Ingenieurwesens, entstanden als einheitl. Waffengattung im 19. Jh., in Preußen 1809 durch Zusammenlegung der bestehenden Mineur-, Sappeur- und Pontonniereinheiten.

Pionierorganisation „Ernst Thälmann" ↑Freie Deutsche Jugend.

Pionierpflanzen, Bez. für diejenigen Pflanzen, die als erste einen vegetationslosen Boden besiedeln. Dazu gehören z. B. Flechten, die Felsflächen und neu entstandene Erdhänge besiedeln.
◆ Bez. für Kulturpflanzen, die minderwertige Böden für anspruchsvolle Pflanzen bewohnbar machen; z. B. Lupine, Steinklee und Esparsette.

Pioniersiedlung, Kolonisationssiedlung als erster Stützpunkt der Landerschließung.

Piontek, Heinz, * Kreuzburg O. S. (Oberschlesien) 15. Nov. 1925, dt. Schriftsteller. - Gelangte von bilderreicher Naturlyrik („Die Furt", 1952) in präziser, gedrängter Sprache zu Themen aus der modernen technisierten Welt; behandelt in seinen Romanen (u. a. „Die mittleren Jahre", 1967; „Dichterleben", 1976) und Erzählungen (z. B. „Kastanien aus dem Feuer", 1963) v. a. existentielle Probleme. Auch Essays, Hörspiele und Übersetzungen. Georg-Büchner-Preis 1976. - *Weitere Werke:* Männer, die Gedichte machen (Essays, 1970), Tot oder lebendig (Ged., 1971), Helle Tage anderswo. Reisebilder (1973), Leben mit Wörtern (Essays und Skizzen, 1975), Eh der Wind umsprang (Ged., 1985).

Piovene, Guido, * Vicenza 27. Juli 1907, † London 12. Nov. 1974, italien. Schriftsteller. - Verfasser realist., psycholog. vertiefter Romane (u. a. „Mitleid unerwünscht", 1946; „Kalte Sterne", 1969) und Novellen.

Pipa (chin. P'i-p'a), chin. Laute mit leicht bauchigem Schallkörper, kurzem Hals, vier Saiten, Querriegel, langen, seitenständigen Wirbeln und zwölf Bünden. Der Wirbelkasten ist oft etwas abgewinkelt. Die P. wird meist mit einem hölzernen Plektron gespielt, wobei die Saiten gegen die Bünde schlagen. Als *Biwa* kam die P. nach Japan.

Pipalbaum [Hindi/dt.] (Pepulbaum, Aschwatthabaum), bei uns meist **Bobaum** gen. Feige (Ficus religiosa). Unter einem P. saß Buddha während seiner Erleuchtung.

Pipe [engl. paɪp, eigtl. „Pfeife"], svw. ↑Durchschlagsröhre.

Pipeline [engl. 'paɪplaɪn „Rohrleitung"], eine über größere Strecken verlegte Rohrleitung zum Transport einer Flüssigkeit (insbes. Erdöl [Ölleitung] oder Erdölprodukte), eines Gases (v. a. Erdgas) oder feinkörniger Feststoffe (Zement, Kohle, Erze, Baggergut), die mit Wasser vermischt sind. Je nach klimat. und geograph. Verhältnissen werden die Rohre ober- oder unterirdisch verlegt (auch auf dem Meeresboden). In bestimmten Abständen in die P. eingebaute Pumpstationen sorgen für den zur Beförderung des Gutes notwendigen Druck; in kalten Gegenden enthalten Erdöl-P. auch Aufwärmvorrichtungen für das Erdöl.

Piper [griech.-lat.] ↑ Pfeffer.

Piperaceae [griech.-lat.], svw. ↑ Pfeffergewächse.

Piperazin [griech.-lat.] (Hexahydropyrazin), $C_4H_{10}N_2$, farblose, kristalline Substanz, die zur Herstellung zahlr. Arzneimittel sowie in Form einiger Salze als Wurmmittel in der Veterinärmedizin verwendet wird.

Piper & Co. Verlag, R. ↑ Verlage (Übersicht).

Piperidin [griech.-lat.] (Hexahydropyridin), $C_5H_{11}N$, farblose, ammoniakartig riechende, durch Hydrieren von ↑ Pyridin hergestellte Flüssigkeit, die als Zwischenprodukt organ. Synthesen auftritt. In der Natur ist P. der Baustein zahlr. Alkaloide.

Piperin [griech.-lat.] (1-Piperoylpiperidin), Hauptalkaloid und Geschmacksträger des Pfeffers; farblose bis gelbl., kristalline, brennend scharf schmeckende Substanz.

Pipette [frz., eigtl. „Pfeifchen"], eine bes. Form des Stechhebers (↑ Heber), die v. a. in Laboratorien zum Entnehmen geringer Mengen [ungiftiger, nichtätzender] Flüssigkeiten verwendet wird; meist eine dünne Glasröhre mit sich verengender Spitze und einer bauchigen oder zylindr. Erweiterung in der Mitte, mit einer Eichmarke oder mit volumenunterteilender Graduierung.

Pipinsburg ↑ Osterode am Harz.

Pippau [slaw.-niederdt.] (Feste, Crepis), Gatt. der Korbblütler mit rd. 200 Arten auf der Nordhalbkugel sowie im trop. Afrika; ausdauernde oder einjährige Kräuter mit grund- oder wechselständigen Blättern und Blütenköpfchen aus gelben oder roten, selten weißen Zungenblüten. In Deutschland kommen rd. 20 Arten vor, u. a. häufig auf feuchten Wiesen und in Flachlandmooren der *Sumpfpippau* (Crepis paludosa) sowie auf Fettwiesen der *Wiesenpippau* (Crepis biennis).

Pippin (Pipin) [prɪˈpiːn, ˈpɪpiːn], Name von Herrschern:

Aquitanien:

P. I., * um 803 (?), † 13. Dez. 838, König (seit 817). - Sohn Ludwigs I., des Frommen; führte den Königstitel in Aquitanien als einem Unterkgr.; behauptete sich in den inneren Wirren, die das Fränk. Reich seit 830 erschütterten.

P. II., * um 823 (?), † nach 864, König (838–

848). - Von einer Adelspartei in Aquitanien zum Nachfolger seines Vaters, P. I., erhoben; wurde im Vertrag von Verdun (843) nicht berücksichtigt, verlor (848) die Herrschaft an Karl II., den Kahlen, und starb in Haft.

Fränk. Reich:

P. I., der Ältere (P. von Landen), * um 580, † um 640, Hausmeier von Austrien. - Wurde Hausmeier und Berater Dagoberts I. und Sigiberts III. (633/634–656) für Austrien; durch die Ehe seiner Tochter Begga mit Ansegisel, dem Sohn Arnulfs von Metz, ist er Ahnherr der Karolinger.

P. II., der Mittlere (P. von Heristal), * um 640, † 16. Dez. 714, fränk. Hausmeier. - Enkel Pippins I.; begr. die fakt. Herrschaft der Karolinger im Fränk. Reich. Ohne eigtl. Amt nahm er die Aufgaben der Zentralverwaltung wahr; seine Nachfolgeregelung (Enkel Theudoald als Hausmeier) konnte gegen seinen Friedelsohn (↑ Friedelehe) K. Martell nicht durchgesetzt werden.

P. III., der Jüngere (lat. Pippinus Minor; fälschl. übersetzt als P. der Kleine oder P. der Kurze), * 714 oder 715, † Saint-Denis 24. Sept. 768, König (seit 751). - Sohn Karl Martells; erhielt 741 als Hausmeier Neustrien, Burgund und die Provence und übte zus. mit seinem Bruder Karlmann (durch den 743 eingesetzten merowing. Schattenkönig Childerich III. formell legitimiert) die Herrschaft aus. Durch den Verzicht Karlmanns (747) fiel ihm dessen Reichsteil (Austrien, Thüringen, Alemannien) zu, so daß er auf gesicherter Machtgrundlage die endgültige Beseitigung der Merowingerdyn. wagen konnte. 751 ließ sich P. in Soissons zum König wählen; die erstmals durchgeführte Salbung diente ihm als Legitimation im christl. Sinne. Gegen die langobard. Expansionspolitik unterstützte er Papst Stephan II. auf 2 Feldzügen (754/756), deren Ergebnis die Begründung des ↑ Kirchenstaates war. Vor seinem Tode teilte P. das Reich unter seine Söhne Karlmann und Karl d. Gr. auf.

📖 *Mohr, W.: Fränk. Kirche u. Papsttum zw. Karlmann u. P. Saarbrücken 1966. - Mohr, W.: Studien zur Charakteristik des karoling. Königtums im 8. Jh. Saarlouis 1955.*

Pippin, Horace [engl. ˈpɪpɪn], * West Chester (Pa.) 1888, † ebd. 6. Juli 1946, amerikan. naiver Maler. - Schildert seine Kriegserlebnisse in Frankr. sowie Szenen aus dem Leben der amerikan. Neger.

Pippinsche Schenkung, als Wiedereinsetzung in alte Rechte verstandene Schenkung bestimmter von den Langobarden unter Aistulf besetzter, vorher röm.-byzantin. Gebiete an den Papst durch Pippin III., d. J., die die Grundlage des ↑ Kirchenstaates schuf. Der territoriale Umfang der Schenkung ist nicht genau zu bestimmen; nach der Einigung zw. Karl d. Gr. und Papst Hadrian I. (781/787) umfaßte der Kirchenstaat v. a.

den Dukat von Rom, das Exarchat Ravenna, die Pentapolis und das südl. Tuszien.

Pips [lat.] † Geflügelkrankheiten.

Pique [piːk; frz.], frz. Spielkarte, † Pik.

Piran, jugoslaw. Stadt auf einer Halbinsel am Golf von Triest, 6 000 E. Navigationsschule; Museum, Kunstgalerie, Aquarium; Schiffswerft; Hafen. - Seit dem MA wichtiger Stützpunkt für die Beherrschung Istriens und der nördl. Adria (10. Jh.–1209 Sitz dt. Grafen, fiel dann an den Patriarchen von Aquileja), Spät-MA bis 1797 venezian.; ab 1797 bei Österreich, 1919–47 zu Italien. - Die Altstadt steigt amphitheatral. vom Hafen an und wird auf der Landseite durch zahlr. aus dem 15. Jh. stammende, zinnengekrönte Befestigungstürme geschützt (um 1317–1637).

Pirañas [piˈranjas; indian.-span.], svw. † Pirayas.

Pirandello, Luigi, * Agrigent 28. Juni 1867, † Rom 10. Dez. 1936, italien. Dichter. - Einer der bedeutendsten italien. Dramatiker und Erzähler des 20. Jh., der dem lange von fremden Einflüssen beherrschten italien. Theater neue Impulse gab; wegweisend für das moderne antiillusionist. Theater. Grundthema seines Werkes ist das unentwirrbare Beziehungsgeflecht zw. Schein und Sein, Wahn und Wirklichkeit, dem der Mensch als ein isoliertes Individuum gegenübersteht, dazu bestimmt, sich selbst zu betrügen; dieser Auffassung entspricht das Spiel im Spiel in „Sechs Personen suchen einen Autor" (Dr., 1921), die Darstellung des Wahnsinns in „Heinrich der Vierte" (Dr., 1922), ebenso wie das Schicksal des Helden in „Mattia Pascal" (R., 1904) oder das Phänomen der Persönlichkeitsspaltung in „Einer, Keiner, Hunderttausend" (R., 1926, „Pirandellismus"). Um die gleiche Problematik kreisen auch seine rd. 240 realist. Novellen. Erhielt 1934 den Nobelpreis für Literatur.

Piranesi, Giovanni Battista (Giambattista), * Mogliano Veneto 4. Okt. 1720, † Rom 9. Nov. 1778, italien. Kupferstecher. - Ausgebildet als Architekt. Ließ sich 1745 in Rom nieder, eröffnete eine Druckerwerkstatt und publizierte in rascher Folge seine an der Antike orientierten Architekturphantasien: „Carceri" (1745 ff., spätere Fassung 1760 ff.), „Vedute di Roma" (ab 1748), „Archi trionfali" (1748), „Antichità romane" (4 Bde., 1756), „Della magnificenza ed architettura de' Romani" (1761), „Campus Martius" (1761/62). Außerdem „Vasi, candelabri, cippi, sarcofagi, tripodi ..." (1768 ff.). Baute auch eine Kirche.

Piranhas [piˈranjas; indian.-portugies.], svw. † Pirayas.

Piranhas, Rio [brasilian. ˈrriu piˈrɐɲas] † Açu, Rio.

Pirat [griech.-italien.], svw. Seeräuber.

Pirat [griech.-italien.], weitverbreitete Segeljolle (nat. Einheitsklasse) in Knickspant-

bauweise für zwei Mann Besatzung; Länge 5 m, Breite 1,62 m, Tiefgang 0,85 m (mit Schwert); Segelfläche 10 m²; Klassenkennzeichen: rotes Beil im Segel.

Piratenküste, veraltete Bez. für das Geb. am Pers. Golf auf der Arab. Halbinsel östl. der Halbinsel Katar.

Piratensender, privat betriebene Rundfunk- oder Fernsehsender, die von außerhalb des Staatsgebiets, meist von hoher See aus, auf Schiffen oder künstl. Inseln eingerichtet, Programme aussenden. Die um 1958 in nordeurop. Gewässern auftauchenden P. wollten sich dem staatl. Rundfunkmonopol entziehen, um kommerzielle, durch Werbung finanzierte Sendungen zu produzieren. Ein am 22. Jan. 1965 von den Staaten des Europarates abgeschlossenes Abkommen, zu dem die einzelnen Staaten Ausführungsgesetze erlassen haben, beseitigte weitgehend die rechtl. Schwierigkeiten der Bekämpfung der Piratensender. Sie wurden, z. T. erst in den 70er Jahren, meist durch Polizeiaktionen der Küstenstaaten zum Schweigen gebracht.

Piraterie [griech.-italien.-frz.] (Seeräuberei), auf hoher See durch die Besatzung oder die Fahrgäste eines privaten Schiffes oder Luftschiffes zu privaten Zwecken an einem anderen Schiff begangene rechtswidrige Gewalttaten. Da im staatsfreien Raum der hohen See ein Staat prinzipiell Zugriff nur auf Schiffe eigener Flagge hat, bildete sich der gewohnheitsrechtl. Grundsatz heraus, daß alle Staaten zur Bekämpfung der P. ermächtigt sind. Jeder Staat darf durch seine Kriegsschiffe auf hoher See ein der P. verdächtiges Schiff aufbringen, die Personen an Bord des Schiffes festnehmen und vor Gericht stellen sowie Vermögenswerte beschlagnahmen.

Piräus, griech. Hafenstadt am Saron. Golf, 196 400 E. Industriefachhochschule, Kadettenschule; archäolog. Museum, Marinemuseum; Theater. Teil der Agglomeration Groß-Athen, wichtigster Hafen des Landes; Ind- und Handelszentrum. - 493/492 von Themistokles an der Stelle von Phaleron als Hafenstadt Athens ausgebaut, nach den Perserkriegen stark befestigt und ab 460 durch die „langen Mauern" (mehrfach erneuert) mit Athen verbunden; wurde im Zuge der att. Seemachtpolitik zentraler Warenumschlagplatz der griech. Welt; nach Eroberung durch Sulla (86 v. Chr.) bis 1835 bedeutungslos. - Reste zweier antiker Theater, der Stadtmauer und zahlr. Schiffshäuser.

Pirayas [indian.] (Pirañas, Piranhas, Karibenfische, Sägesalmler, Serrasalminae), aus † Salmlern nahestehende Unterfam. der Knochenfische in S-Amerika; Körper hochrückig, seitl. stark abgeflacht, die kielartige Bauchkante sägeartig gekerbt; Schuppen klein, größtenteils mit starkem Silberglanz; Schwarmfische mit ungewöhnl. scharfen Zähnen; überwiegend Fischfresser, greifen aber gelegentl. auch andere Wirbeltiere im Wasser an. Die Gefährlichkeit der P. für den Menschen ist sehr umstritten und keineswegs erwiesen.

Pirchan, Emil, * Brünn 27. Mai 1884, † Wien 2. Dez. 1957, östr. Bühnenbildner. - In den 20er Jahren führender expressionist. Bühnenbildner Berlins, tätig am Staatl. Schauspielhaus für L. Jessner („Wilhelm Tell", 1919; „Othello", 1921) und an der Staatsoper (1921–32). Danach in Prag und Wien. Schrieb u. a. „2000 Jahre Bühnenbild" (1949), „Kostümkunde" (1952).

Pirckheimer (Pirkheimer), Charitas, * Eichstätt 21. März 1467, † Nürnberg 19. Aug. 1532, dt. Klarisse. - Schwester von Willibald P.; wurde 1503 Äbtissin des Nürnberger Klarissenklosters; verteidigte ihr Kloster gegen die Reformationsversuche der Stadt Nürnberg.

P., Willibald, * Eichstätt 5. Dez. 1470, † Nürnberg 22. Dez. 1530, dt. Humanist. - 1496–1501 und 1506–23 Ratsherr in Nürnberg; Freund Reuchlins und Dürers. Hg. und Übersetzer (in lat. Sprache) antiker [v. a. griech.] Schriftsteller; verfaßte lat. Satiren und eine Geschichte des Schwaben- oder Schweizerkrieges Maximilians I. von 1499 („Historia belli Suitensis"). Wandte sich nach anfängl. Interesse an der Reformation wieder von Luther ab.

Pire, Dominique Georges, bekannt als Pater P. [frz. pi:r], * Dinant 10. Febr. 1910, † Löwen 30. Jan. 1969, belg. Dominikaner. - Prof. für Moraltheologie an der Ordenshochschule La Sarte in Huy (Belgien); seit 1958 führend in der Hilfe für heimatlose Ausländer („Europadörfer"). 1958 Friedensnobelpreis.

Pirenne, Henri [frz. pi'rɛn], * Verviers 23. Dez. 1862, † Uccle 24. Okt. 1935, belg. Historiker. - 1886–1930 Prof. in Gent; bahnbrechende Arbeiten zur Wirtschafts- und Sozialgeschichte sowie zur belg. Geschichte; wies erstmals auf die Bed. des islam. Einbruchs in die Mittelmeerwelt für die europ. Geschichte hin; schrieb u. a. „Geschichte Belgiens" (7 Bde., 1900–32), „Sozial- und Wirtschaftsgeschichte Europas im MA" (1933), „Mahomet und Karl d. Gr." (hg. 1937).

Pirin, Gebirge in SW-Bulgarien, zw. Mesta und Struma, bis 2915 m hoch.

Pirkheimer ↑ Pirckheimer.

Pirmasens [...zɛns], Stadt am W-Rand des Pfälzer Waldes, Rhld.-Pf., 260–440 m ü. d. M., 46800 E. Verwaltungssitz des Landkr. P.; Dt. Schuhfachschule, Europ. Bildungsforum des Schuhhandels, Prüf- und Forschungsinst. für die Schuhherstellung; Schuh- und Heimatmuseum. P. ist das wichtigste Zentrum der dt. Schuhind. mit Internat. Messe für Schuhfabrikation und Lederwoche. - Entstand als Gründung des Klosters Hornbach bei Zweibrücken; 820 erstmals erwähnt; durch die Landgrafen von Hessen-

Darmstadt zur Residenz (1741–90) und Garnison ausgebaut; erhielt 1763 Stadtrecht. - Die durch Barock- und Rokokobauten des 18. Jh. geprägte Stadt wurde 1945 weitgehend zerstört; wiederaufgebaut wurden das Rathaus, die Untere und Obere Pfarrkirche.

P., Landkr. in Rheinland-Pfalz.

Pirmin, hl., latinisiert Pirminius, † Hornbach 3. Nov. 753, fränk. Klosterbischof westgot.-aquitan. oder span. Herkunft. - Gründete 724 das Kloster Reichenau, um die Mitte des 8. Jh. das Kloster Murbach u. a. Klöster (nach der Benediktregel). Seine Klostergründungen sollten gegenüber Bischöfen und Stiftern selbständig sein und einen engen Zusammenschluß bilden.

Pirna, Krst. im Bez. Dresden, DDR, an der Elbe, 117 m ü. d. M., 47100 E. Museum; Kunstseiden-, Zellstoffwerk, elektrotechn. u. a. Ind. - Entstand um 1200 im Schutz einer Burg; 1233 erstmals erwähnt, erhielt Mitte des 13. Jh. Stadtrecht. - Spätgot. Stadtkirche (16. Jh.), ehem. Dominikanerklosterkirche (14. Jh.), spätgot. Kapitelsaalgebäude (15. Jh.); urspr. spätgot. Rathaus (umgebaut); Bürgerhäuser aus Spätgotik und Renaissance.

P., Landkr. im Bez. Dresden, DDR.

Piroge [karib.], offenes, mit aufgesetzten Bordplanken; verbreitet u. a. bei den Kariben, Feuerländern, Ainu und Maori.

Pirogge [russ.], gefüllte Pasteten (Hefeteigtaschen), oft als Beilage zu Suppen.

Pirol (Golddrossel, Oriolus oriolus), etwa amselgroßer Singvogel, v. a. in dichtbelaubten Baumkronen von Parkanlagen, Au- und Laubwäldern Eurasiens (bis zum Jenissei) der gemäßigten und südl. Regionen; ♂ leuchtend gelb mit schwarzen Flügeln und Schwanzfedern sowie rötl. Schnabel und Augen; ♀ unscheinbar grünl. oder grau; melod. Flötenruf. - Der P. kehrt nach M-Europa erst gegen Ende des Frühjahrs zurück („Pfingstvogel"); er verläßt Deutschland schon wieder im Aug. und überwintert in O- und S-Afrika.

Pirot [serbokroat. ˌpirɔt], jugoslaw. Ort an der Nišava, 376 m ü. d. M., 29000 E. Kelimweberei. - Im 4. Jh. als röm. Heerlager erstmals gen.; besaß auf Grund seiner verkehrsgünstigen Lage strateg. Bed.; 1689 durch Brand fast völlig zerstört. - Oriental. Stadtbild.

Pirouette [piru'ɛtə; frz.], Übung der ↑ Hohen Schule.
◆ Standwirbel um die eigene Körperachse (im Eiskunstlauf, Rollschuhlauf, Ballett), wird auf einem oder beiden Beinen ausgeführt.
◆ (senkrechte Rolle, Schraube) Kunstflugfigur, senkrechter Aufwärtsflug mit Drehung um die Längsachse.

Pir Panjal Range ['pɪə pən'dʒɑːl 'rɛɪndʒ], Gebirgskette des Vorderhimalaja in Kaschmir, bis 4743 m hoch.

Pirsch [zu altfrz. berser „jagen"] ↑ Jagdarten.

Pirus

Pirus [lat.] ↑ Birnbaum.

Pisa ['pi:za, italien. 'pi:sa], italien. Stadt in der Toskana, am unteren Arno, 4 m ü. d. M., 104 200 E. Hauptstadt der Prov. P.; kath. Erzbischofssitz; Univ. (gegr. 1343), PH, Kunstakad., Museen. U. a. Glas-, Textil-, chem., pharmazeut., kosmet., keram. Ind.; Hafen (durch Kanal mit Livorno verbunden), Fremdenverkehr.

Geschichte: In der Antike **Pisae**, im 5. Jh. v. Chr. etrusk., im 3./2. Jh. röm. Stützpunkt, 89 v. Chr. röm. Munizipium, im 4. Jh. als Bischofssitz bezeugt; wurde als Handelsstadt (mit voller kommunaler Freiheit im 12. Jh.) zum Konkurrenten von Genua und Venedig. Mit der Niederlage gegen Genua (1284) und der Versandung des Hafens begann der wirtsch. und polit. Abstieg der Stadt, die in der Folgezeit ihre Besitzungen verlor; gehörte nach mehreren Besitzwechseln 1406–1861 zu Florenz, dann zu Italien; im 2. Weltkrieg fast zur Hälfte zerstört, doch vollständig wieder aufgebaut.

Bauten: Roman. Dom (1063 ff.) mit Marmorfassade, im Innern Kanzel Giovanni Pisanos (1302–11). Der Kampanile (1174 ff.; sog. Schiefer Turm von P.) steht auf nachgebendem Untergrund (derzeitige Neigung 1 : 10); Baptisterium (1152 ff.) mit Kanzel von Nicola Pisano (1260). Die Fresken des Camposanto (1278–83) von T. Gaddi, F. Traini und B. Gozzoli zeigen noch immer Kriegs- und Wasserschäden. Der Domplatz liegt außerhalb des Altstadtzentrums, das von Bauten Vasaris geprägt wird (u. a. Santo Stefano dei Cavalieri, 1569). Von den berühmten Geschlechtertürmen und der Befestigung ist kaum etwas erhalten.

Pisa, Konzile von, *1. Konzil* von 1409 (25. März bis 7. Aug.), berufen zur Beilegung des ↑ Abendländischen Schismas; die Konzilsväter setzten die Päpste Gregor XII. und Benedikt XIII. ab und wählten am 26. Juni den Erzbischof von Mailand als Alexander V. zum Papst, der die Beschlüsse des Konzils bestätigte. - *2. Konzil* (Nov. 1511 bis 21. April 1512), bereits am 11. Dez. nach Mailand verlegt, wo es am 21. April 1512 Papst Julius II. (erfolglos) absetzte.

Pisan, Christine de [frz. pi'zã] ↑ Christine de Pisan.

Pisanello, eigtl. Antonio Pisano, * Pisa oder Verona vor dem 22. Nov. 1395, † Rom (?) vermutl. im Okt. 1455, italien. Maler, Zeichner und Medailleur. - Vollendete Fresken des Gentile da Fabriano in Venedig und Rom (zerstört). Erhaltene Fresken befinden sich in Verona, in San Fermo Maggiore (1424–26) und in Sant' Anastasia (nach 1433 bis 1438) sowie in Mantua im Palazzo Ducale (1447 und 1455) im höf. „Weichen Stil". Von feinem plast. Empfinden seine Medaillen und von außerordentl. Schärfe der Wirklichkeitserfassung sein Zeichenwerk.

Pisang [malai.], svw. ↑ Bananenstaude.

Pisani, Vittore, * Rom 23. Febr. 1899, italien. Indogermanist. - Prof. in Florenz, Cagliari und Mailand; neben Arbeiten zum Sanskrit v. a. Studien zur Sprachgeschichte des Griech. und Lat.; bes. Schwerpunkte sind Etymologie und Wortkunde, Religionsgeschichte sowie Fragen der indogerman. Sprachgeographie und der Sprachsoziologie.

Pisano, Andrea, * Pontedera bei Pisa zw. 1290 und 1295, † Orvieto zw. 26. Aug. 1348 und 19. Juli 1349, italien. Bildhauer. - Wahr-

Giovanni Pisano, Mirjam (um 1285–96). Siena, Dommuseum

Nicola Pisano, Das Jüngste Gericht (Detail; 1266–68). Marmorrelief an der Kanzel im Dom zu Siena

scheinl. war P. bis 1330 als Goldschmied tätig, 1330–33 schuf er in Florenz die bronzene Südtür des Baptisteriums (20 Felder mit der Darstellung der Geschichte Johannes' des Täufers; thronende Tugenden). Seine Vorbilder waren offenbar die frz. Gotik und Giotto. 1334 ff. folgten sechseckige Marmorreliefs an der Sockelzone des Kampanile des Florentiner Doms (Originale im Dommuseum), dessen Bauleitung er nach Giottos Tod übernahm.

P., Giovanni, * Pisa zw. 1245 und 1250, † Siena 1320 (?), italien. Bildhauer und Baumeister. - Sohn von Nicola P.; Schüler und zunächst Mitarbeiter seines Vaters; 1270–75 vermutl. in Frankr.; 1284–96 gestaltete er als Dombaumeister die Sieneser Domfassade in farbigem Stein. 1298–1302 schuf er die Kanzel für Sant'Andrea in Pistoia, in den Reliefs eine Dramatisierung seel. Ausdrucks, die in der Kunst neu ist; noch gesteigert an der Kanzel des Doms in Pisa (1302–11). Bed. sind auch seine Marienfiguren (Arenakapelle in Padua, um 1305/06; Dom von Prato).

P., Leonardo, italien. Mathematiker, ↑ Fibonacci, Leonardo.

P., Nicola (Niccolò), * um 1225, † zw. 1278 und 1284, italien. Bildhauer. - Stammte vermutl. aus Apulien, wo er im Umkreis des stauf. Hofes lernte. Der neue körperhafte Reliefstil der Kanzel des Baptisteriums von Pisa (1260 vollendet) rührt unmittelbar von spätantiken Sarkophagreliefs her. Die unter Mitarbeit seines Sohnes Giovanni und seines Schülers Arnolfo di Cambio geschaffene Kanzel im Dom von Siena (1266–68) weist stärker got. Züge auf; die Reliefs sind figurenreicher, die Gebärden erregter.

P., Nino, * um 1315, † vor dem 8. Dez. 1368, italien. Bildhauer und Baumeister. - Sohn von

Andrea P.; Schüler seines Vaters und ab 1349 dessen Nachfolger als Dombaumeister in Orvieto. Schuf anmutige Madonnenfiguren im Geiste der frz. Gotik (u. a. in Florenz und in Venedig).

Piscator, Erwin, * Ulm (Greifenstein, Lahn-Dill-Kreis) 17. Dez. 1893, † Starnberg 30. März 1966, dt. Regisseur. - Verstärkt durch das Kriegserlebnis engagierte sich P. für neue Formen und Ziele des Theaters (polit. Demonstration, Dokumentarstil); Gründung des Proletar. Theaters in Berlin (1920/21); Mitdirektor des Centraltheaters ebd. (1922/23); Oberregisseur der Berliner Volksbühne (1924–27). Nach zeitweilige Eröffnung eines eigenen Hauses. Arbeitete in der UdSSR 1931–36, dann in Paris und seit 1939 in den USA. Nach seiner unfreiwilligen Rückkehr in die BR Deutschland Gastspielregisseur (Wiederbelebung des Dokumentartheaters: R. Hochhuth, H. Kipphardt und P. Weiss), 1962–66 Schriften zur Theatertheorie; Leiter der Freien Volksbühne in Berlin 1962–66.

P., Johannes, eigtl. Johann Fischer, * Straßburg 27. März 1546, † Herborn 26. Juli 1625, dt. ref. Theologe. - 1571 Prof. in Straßburg, als Anhänger des Kalvinismus 1573 ausgewiesen; 1584 Rektor der neugegr. Univ. Herborn; bekannt durch seine Kommentare und Bibelübersetzungen („P.-Bibel", 1597–1603).

Pisces [lat.] (Fische) ↑ Sternbilder (Übersicht).

Pisces [lat.], svw. ↑ Fische.

Pisciden [lat.], ein Meteorstrom mit dem scheinbaren Radianten im Sternbild Pisces. Der Sternschnuppenfall tritt in der Zeit zw. 16. Aug. und 8. Okt. auf.

Piscis Austrinus [lat.] (Südlicher Fisch) ↑ Sternbilder (Übersicht).

Písek [tschech. 'pi:sɛk], Stadt im Südböhm. Gebiet, ČSSR, 378 m ü. d. M., 29 100 E. Stadtmuseum; elektrotechn., Strickwaren- u. a. Ind., Instrumentenbau. - Ent-

Pisa. Dom mit Kampanile
(sogenannter schiefer
Turm von Pisa)

Pisides

stand um 1240, erhielt Ende des 13. Jh. Stadtrecht. - Hirschbrücke (vermutl. 13. Jh.), Reste der Stadtbefestigung (13.–16. Jh.); erhaltener got. Palas der ehem. königl. Burg (13.–15. Jh.); barocke Wenzelskirche (17. Jh.), spätbarockes Altes Rathaus (18. Jahrhundert).

Pisides, byzantin. Dichter, ↑ Georgios Pisides.

Pisidien, histor. Gebiet im W-Taurus, südl. von Burdur und Isparta, Türkei; schließt sich landeinwärts (nach N) an Pamphylien an. Die im wesentl. bäuerl. Pisider hielten sich unter der Oberhoheit der Perser (seit Mitte des 6. Jh. v. Chr.) und später hellenist. Machthaber relativ unabhängig; seit etwa 100 v. Chr. unter röm. Herrschaft.

Pisidium [lat.], svw. ↑ Erbsenmuscheln.

Pisistratus ↑ Peisistratos.

Piso, bedeutendste Fam. des röm. plebej. Geschlechts der Calpurnier; bed. sind v. a.: **P.,** Gajus Calpurnius, † 19. April 65 n. Chr. (Selbstmord), Konsul. - 65 Mittelpunkt der nach ihm ben. Pisonischen Verschwörung gegen ↑ Nero.

P., Lucius Calpurnius P. Frugi, Geschichtsschreiber und Konsul (133 v. Chr.). - Verfaßte 7 Bücher „Annales" von den Anfängen Roms bis auf seine Zeit und erließ als Volkstribun 149 v. Chr. das erste Gesetz gegen Erpressung der Provinzialen, das zur Einführung des ersten ständigen Gerichtshofes führte; Gegner des Tiberius Sempronius Gracchus.

Pissarew, Dmitri Iwanowitsch, * Snamenskoje (Gebiet Lipezk) 14. Okt. 1840, † Dubulti (= Jūrmala) 16. Juli 1868, russ. Literaturkritiker und Philosoph. - Entfaltete eine revolutionär-demokrat. Kulturkritik; Vertreter einer an N. G. Tschernyschewski orientierten, antiidealist., antiästhet. und utilitarist. Literaturkritik. Begründete seinen als Leitvorstellung bis heute wirksamen radikalen Realismus mit der These, Literatur sei nur wertvoll, wenn sie die soziale Wirklichkeit spiegele.

Pissarro, Camille, * auf Saint Thomas (Antillen) 10. Juli 1830, † Paris 12. Nov. 1903, frz. Maler und Graphiker. - P. ist der älteste Vertreter des Impressionismus und zeigt starken Einfluß durch C. Corot und G. Courbet, nach seiner Londonreise 1870/71 durch W. Turner und J. Constable; charakterist. Landschaften 1874–86 mit unruhigeren Farben und Pinselstrichen („Die Brücke", 1875; Mannheim, Kunsthalle); dann Aufnahme pointillist. Elemente; zahlr. Radierungen und Lithographien.

Pissemski, Alexei Feofilaktowitsch, * Ramenje (Gebiet Kostroma) 23. März 1821, † Moskau 2. Febr. 1881, russ. Schriftsteller. - Schrieb zeit- und sozialkrit., pessimist.-satir. Romane aus der Welt der russ. Bauern, des Landadels und der Beamten („Tausend Seelen", 1858; „Im Strudel", 1871) sowie das erste russ. Bauerndrama („Das bittere Los", 1860).

Pissoir [frz. pɪˈswar], öffentliche Toilette für Männer.

Pistakistrauch [pers.-griech.-lat./dt.] (Pistacia lentiscus), Pistazienart im Mittelmeergebiet; 2 bis 4 m hoher Strauch mit leicht gekrümmten, nach unten hängenden Zweigen. Die immergrünen Blätter sind wechselständig, gefiedert und haben einen rötl. Blattstiel. Die rötl. Blüten sind zweihäusig und stehen in Trauben. Die zuerst dunkelrote Steinfrucht wird bei der Reife schwarz. Rinde und Blätter enthalten Tannin und werden deshalb als Gerbmittel verwendet. Der P. ist wesentl. Bestandteil der mediterranen Macchie.

Pistazie [pers.-griech.-lat.] (Pistacia), Gatt. der Anakardiengewächse mit rd. 20 Arten, v. a. im Mittelmeergebiet sowie in W- und O-Asien und im südl. N-Amerika; Bäume oder Sträucher mit meist gefiederten Blättern und Blüten in zusammengesetzten Rispen. Mehrere Arten werden als Nutzpflanzen verwendet.

◆ (Echte P., Alepponuß, Pistakinuß, Grüne Mandel, Pistacia vera) im gesamten Mittelmeergebiet kultivierter, bis 10 m hoher Baum. Die mandelförmigen Steinfrüchte enthalten im Steinkern je einen grünl., ölhaltigen, aromat. schmeckenden Samen (**Pistazien**), die gesalzen gegessen oder als würzende Zutat (Wurst, Eiscreme) verwendet werden.

Pistazit [nach der pistaziengrünen Farbe], svw. ↑ Epidot.

Piste [frz., zu italien. pista „gestampfter Weg, Fährte, Spur"], Verkehrsweg ohne feste Fahrbahndecke.

◆ [abgesteckte] Skirennstrecke (bei alpinen Wettbewerben), Rodelbahn, Rennstrecke bei Motor- und Radsportwettbewerben.

◆ Start-und-Lande-Bahn auf Flughäfen und Flugplätzen.

◆ Einfassung der Zirkusmanege.

Pistill [lat.] ↑ Mörser.

Pistillum [lat.] ↑ Stempel.

Pistoia, italien. Stadt in der nördl. Toskana, 71 m ü. d. M., 91 300 E. Hauptstadt der Prov. P.; kath. Bischofssitz; metallverarbeitende, Textil-, Schuh-, Nahrungsmittel-, Holz- und chem. Ind.; Mittelpunkt einer Gartenbaulandschaft. - In der Römerzeit **Pistoria** (**Pistoriae, Pistorium**), wo 62 v.Chr. Catilina geschlagen wurde; im 5. Jh. als Bischofssitz bezeugt; in langobard. Zeit wichtiges Militär- und Verwaltungszentrum; seit 1115 freie Kommune; verlor seine im 13. Jh. führende Stellung im Bankwesen nach Inbesitznahme durch Florenz (1329). - Dom (v. a. 12. Jh.) mit Silberaltar des hl. Jakobus, roman. Kirche San Giovanni Fuorcivitas (12.–14. Jh.); Renaissancekirche Madonna dell'Umiltà (1494–1567); got. Palazzo Communale (1294 ff.).

Pistole, außerhalb Spaniens aufgekommene, bisher nicht befriedigend gedeutete Bez. für die Dublone, eine span. Goldmünze; später auf zahlr. Nachahmungen übertragen, u. a. auf den Friedrichsdor.

Pistole [zu tschech. pištala, eigtl. „Pfeife, Rohr"], fast ausschließl. einläufige Faustfeuerwaffe. Als verkürzte Arkebuse entstand nach 1500 das sog. Hand- oder Faustrohr. Die ersten P. waren Vorderlader, zunächst i. d. R. mit Radschloß, später mit Steinschloß. Um 1830 wurde das Perkussionsschloß übernommen, ab 1845 die erste brauchbare Hinterlader-P. gebaut, 1854 die erste Mehrlade-P. in den USA patentiert. Die heutigen mehrschüssigen **Selbstladepistolen** (erste brauchbare Typen ab 1896) haben im Unterschied zum ↑Revolver ein Patronenlager (Magazin für 6–10 Patronen) im Griff sowie entweder einen feststehenden Lauf mit Federverschluß (das beim Schuß zurückgleitende Verschlußstück wird durch eine Feder wieder nach vorn geführt) oder einen bewegl. Lauf, der mit dem Verschluß zurückgleitet. - Abb. S. 134.

Pistolenkrebs ↑Garnelen.

Pistolenschießen ↑Schießsport.

Pistoletto, Michelangelo, * Biella 25. Juni 1933, italien. Objektkünstler. - Bei seinen Papiercollagen auf Edelstahl mit lebensgroßen Szenen wird der Betrachter, indem er sich spiegelt, Teil der Darstellung; auch Happeningkünstler.

Piston, Walter [engl. ˈpɪstən], * Rockland (Maine) 20. Jan. 1894, † Belmont (Mass.) 12. Nov. 1976, amerikan. Komponist. - Lehrte 1926–59 (1944 Prof.) an der Harvard University (Schüler u. a. L. Bernstein); komponierte u. a. acht Sinfonien, Konzerte, Kammermusik, Ballett „The incredible flutist" (1938) in einem neoklassizist. Stil, oft mit harten, vom Jazz herkommenden Klangwirkungen.

Piston [pɪsˈtõ; frz.], frz. Bez. für das Pumpenventil an Blechblasinstrumenten; auch Kurzbez. für das ↑Kornett (frz. cornet à pistons).

◆ bei Perkussionswaffen Bez. für den (das Zündloch enthaltenden) Zündstift, auf den das Zündhütchen aufgesetzt wurde.

Pistoria ↑Pistoia.

Pistorius, Johannes, d. Ä., gen. Niddanus, * um 1500, † Nidda 1583, dt. ev. Theologe. - Vater von Johannes P. d. J.; trug entscheidend zur Einführung der Reformation in Hessen bei.

P., Johannes, d. J., * Nidda 14. Febr. 1546, † Freiburg im Breisgau 18. Juli 1608, dt. Theologe und Historiker. - Konvertierte 1588 zum Katholizismus; 1591–94 Generalvikar in Konstanz, anschließend östr. und bayr., danach kaiserl. Rat in Freiburg; ab 1601 Beichtvater Kaiser Rudolfs II.; verfaßte zahlr. Polemiken gegen Luther und den Protestantismus.

Pistoxenos-Maler, att. Schalenmaler des rotfigurigen Stils, 5. Jh. v. Chr. - Etwa 480–460 tätig für die Töpfer Pistoxenos und Euphronios; v. a. Schalen mit großfigurigstrengen Kompositionen auf weißem Grund.

Pisum [lat.], svw. ↑Erbse.

Pitaval, François Gayot de, * Lyon 1673, † ebd. 1743, frz. Jurist. - Hg. einer Sammlung denkwürdiger Kriminalfälle („Causes célèbres et intéressantes", 20 Bde., 1734–43); später Bez. für nach diesem Muster angelegte Sammlungen von Strafrechtsfällen und Kriminalgeschichten.

Pitcairn [engl. ˈpɪtkɛən], bis 335 m hohe Vulkaninsel im südl. Pazifik, 4,6 km², 67 E, Hauptort Adamstown; bildet mit den bewohnten Inseln **Henderson** (31 km²), **Ducie** (6,5 km²) und **Oeno** (5,2 km²) die brit. Kolonie P.; Anbau von Kartoffeln, Taro, Süßkartoffeln, Gemüse, Ananas und Zitrusfrüchten; u. a. Herstellung von Holzschnitzereien und Körben. Die Geldwirtschaft basiert auf dem Verkauf von Briefmarken. - 1767 entdeckt, seit 1838 brit. Kolonie; 1856 wurde die Bev. auf geäußerten Wunsch wegen drohender Übervölkerung nach Norfolk Island übersiedelt, ein Teil kehrte zw. 1859/64 jedoch wieder nach P. zurück.

Pitcairnie [pɪtˈkɛrniə; nach dem engl. Botaniker W. Pitcairn, † 1791] (Pitcairnia), Gatt. der Ananasgewächse mit über 250 Arten in M- und S-Amerika, eine Art in W-Afrika (Guinea); stammlose Rosettenpflanzen im Boden oder an Fels und Geröll, selten Epiphyten; mit starren und stachelig gesägten, schmalen, lineal- oder schwertförmigen Blättern; Blüten in lockeren oder dicht walzenförmigen Blütenständen; z. T. Zimmerpflanzen.

Pitcher [ˈpɪtʃər; engl.], engl. Bez. für Werfer im ↑Baseball.

Pitchpine [ˈpɪtʃpaɪn; engl.] (Parkettkiefer, Pechkiefer), harzreiches Kernholz verschiedener, v. a. zentralamerikan. Kiefernarten. - ↑auch Hölzer (Übersicht).

Pitești [rumän. piˈteʃti], rumän. Stadt am Argeș, 146 800 E; Verwaltungssitz des Verw.-Geb. Argeș; pädagog. Inst., Schule für Volkskunst, Theater, Museum; Automobilwerk, Textil-, petrochem. u. a. Ind. - Im 14. Jh. erstmals erwähnt; war bereits 1481 Stadt. - Fürstenkirche (erbaut 1656); Dreifaltigkeitskirche (17. Jahrhundert).

Pithecanthropus [griech.-lat. „Affenmensch"] (Homo erectus, Javamensch) ↑Mensch.

Pithecoidea [griech.], svw. ↑Affen.

Pithom, hebr. Name der altägypt. Stadt Per-Atum, heute Tall Al Maschuta im äußersten O des Wadi Tumilat. In der Bibel (2. Mos. 1, 11) als Vorratsstadt erwähnt, wo die Israeliten Fronarbeit leisten mußten.

Pithos [griech.], bis mannshohes antikes Vorratsgefäß aus Ton, unten spitz zulaufend.

Pitoëff, Georges [frz. pitoˈɛf], eigtl. Georgi Pitojew, * Tiflis 4. Sept. 1884, † Genf 17. Sept. 1939, frz. Schauspieler und Regisseur russ. Herkunft. - 1915 Übersiedlung von Moskau nach Genf, Aufstellung einer Schauspielertruppe. Leitete 1934–39 das Théâtre des Mathurins (bed. Inszenierungen von Tschechow, Anouilh, Cocteau und Shaw).

Piton des Neiges [frz. pitõde'nɛːʒ], mit 3069 m höchster Berg der Insel Réunion.

Pitot-Rohr [pi'toː; nach dem frz. Physiker H. Pitot, * 1695, † 1771], eine Strömungssonde zur Messung des Drucks im vorderen Staupunkt eines umströmten Körpers (**Pitot-Druck**); in seiner einfachsten prakt. Ausführung eine rechtwinklig gebogene Röhre, deren einer Schenkel der Strömung entgegengerichtet ist und an dessen anderem Ende ein Manometer angeschlossen ist.

pitoyabel [frz.], erbärmlich, bemitleidenswert.

Pitt, William, d. Ä., Earl of Chatham (seit 1766), * London 15. Nov. 1708, † Hayes (= London) 11. Mai 1778, brit. Politiker. - Als Mgl. des Unterhauses (ab 1735) einer der rhetor. wirkungsvollsten Gegner Sir R. Walpoles und der auf die Interessen Hannovers hin orientierten Politik Georgs II.; 1746–55 Kriegszahlmeister; leitete 1756/57 und 1757–61 als „Staatssekretär für den Süden" die Politik. Im Siebenjährigen Krieg konnte P. als Bundesgenosse Preußens die frz. Vormacht zur See und in den Kolonien brechen und die Basis für Großbrit. Weltmachtstellung legen. Nach dem Reg.antritt Georgs III. (1760) mußte P. zurücktreten (5. Okt. 1761); 1766–68 erneut leitender Min., ohne jedoch seine vorherige Machtstellung zu erreichen.

P., William, d.J., *Hayes (= London) 28. Mai 1759, † Putney (= London) 23. Jan. 1806, brit. Politiker. - Sohn von William P. d.Ä.; wurde 1781 Mgl. des Unterhauses, 1782 Schatzkanzler und im Dez. 1783 zum Premiermin. ernannt. Rhetor. Geschick und polit. Sachverstand verhalfen ihm schließl. zur Führung der Tories. Der durch den verlorenen Nordamerikan. Unabhängigkeitskrieg gefährdeten wirtsch. Lage Großbrit. suchte P. durch umfassende Zoll- und Finanzreformen und Förderung des Handels zu begegnen. Er trug dazu bei, daß der Premiermin. der verantwortl. Leiter der Politik wurde und die eigtl. polit. Entscheidungsbefugnis von der Krone an das Kabinett überging. 1800 erreichte er die Union von Großbrit. und Irland, mit der er das ir. Problem polit. zu lösen versuchte; scheiterte mit dem Versuch einer Katholikenemanzipation, trat deshalb am 3. Febr. 1801 zurück, wurde aber im Mai 1804 erneut berufen.

📖 *Reilly, R.: W. P. the Younger. London 1979.*

Pittakos, *etwa 650, † etwa 580, Tyrann und Aisymnet in Mytilene. - Führte nach gemeinsamer Reg. mit dem Tyrannen Myrsilos nach dessen Tod ein antiaristokrat. Regiment als Aisymnet (↑ Aisymneten; um 598 bis um 590), legte nach Beendigung der inneren Kämpfe freiwillig sein Amt nieder; einer der Sieben Weisen.

Pittas [drawid.] (Prachtdrosseln, Pittidae), Fam. 15–28 cm langer, farbenprächtiger, gedrungener Sperlingsvögel (Unterordnung ↑ Schreivögel) mit 24 Arten in Wäldern der Alten Welt; vorwiegend Insekten, Würmer und Schnecken fressende, relativ langbeinige Bodenvögel mit kräftigem Drosselschnabel, großem Kopf, kurzen Flügeln und kurzem Schwanz; bauen große, kugelförmige Nester am Boden (z. T. auch auf Sträuchern und Bäumen) mit seitl. Flugloch; Zugvögel.

Pittermann, Bruno, * Wien 3. Sept. 1905, † ebd. 19. Sept. 1983, östr. Politiker (SPÖ). - 1945–71 Mgl. des Nationalrats; 1957–67 Vors. der SPÖ; als Vizekanzler (1957–66) seit 1959 mit den Angelegenheiten der verstaatlichten Unternehmen betraut; 1966–71 Vors. der SPÖ-Parlamentsfraktion; 1964–76 Vors. der Sozialist. Internationale.

Pitti, Palazzo, Palast am linken Ufer des Arno in Florenz; älteste Teile 1457–66, der heutige Mittelteil des Frontbaus wurde von etwa 1560 bis um 1566 von B. Ammannati als Residenz der Hzg. von Toskana ausgebaut; im 17., 18. und 19.Jh. mehrfach erweitert; 1864–71 Residenz des Königs von Italien. Gartenanlage (Boboli-Garten) 1550ff.; im P. P. befinden sich berühmte Gemälde- und Kunstsammlungen.

pittoresk [lat.-italien.-frz.], malerisch [schön].

Pittsburgh [engl. 'pɪtsbəːg], Stadt am Ohio, Pennsylvania, etwa 230 m ü. d. M., 3,7 Mill. E (Metropolitan Area). Sitz eines kath., anglikan. und methodist. Bischofs; 3 Univ. (gegr. 1787, 1878 und 1900), Colleges, Konservatorium; Planetarium; Museen, Symphonieorchester; Zoo. P. ist eines der bedeutendsten Ind.zentren in den USA, dessen Entwicklung v. a. auf nahen Kohlen- und Eisenerzvor-

Browning-FN-Pistole. 1 Korn,
2 9-mm-Patrone im Lauf,
3 Schlagbolzen, 4 Kimme,
5 Hammer, 6 Rückholfeder,
7 Federführung,
8 Abzug, 9 Magazingehäuse,
10 Zubringer,
11 Zubringerfeder

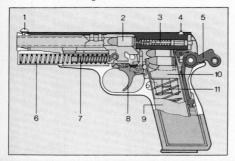

kommen sowie dem Ausbau von Eisenbahn und Flußschiffahrt beruht. Endpunkt der Schiffahrt auf dem Ohio. - 1759 gegr. als **Fort Pitt** (nach William Pitt d. Ä.) an der strateg. bed. Stelle des von Franzosen errichteten, 1758 von den Briten zerstörten Fort Duquesne; längere Zeit Streitobjekt zw. Pennsylvania und Virginia, seit 1780 zu Pennsylvania.

Pittura metafisica (metaphys. Malerei), durch mag. Gegenwärtigkeit der [vereinzelten] Dinge charakterisierter Stil G. de ↑ Chiricos sowie C. Carràs. Die P. m. entstand in Gegenposition zum Futurismus, insbes. zu dessen Betonung der Funktionalität der Dinge und simultaner (gleichzeitiger) Wiedergabe zeitl. aufeinanderfolgender Eindrücke.

Pityriasis [griech.], Sammelbez. für Hautkrankheiten bzw. Hautveränderungen, die durch kleienförmige Schuppen gekennzeichnet sind. - *P. rosea* (**Gibert-Krankheit, Schuppenröschen**), deren Ursache unbekannt ist, kommt nach dem Tragen ladenneuer Wäsche vor. Die Erkrankung geht mit schuppenden, runden bis ovalen, rosafarbenen Erythemen (v. a. am Rumpf) einher, die sich von der Mitte her aufhellen und in einigen Wochen spontan abheilen. - Bei der *P. versicolor* (**Kleien[pilz]flechte**), einer Hautpilzerkrankung, treten v. a. am Rumpf gelblichbraune bis leicht rötl., kleienförmig schuppende Hautflecke auf, die sich zu landkartenartigen Flächen vereinigen können.

Pityusen [pity'u:zən] ↑ Balearen.

più [pi'u:; italien.], svw. mehr; in der Musik z. B. *p. forte*: stärker, *p. allegro*: schneller. - Ggs. ↑ meno.

Piura [span. 'pjura], Hauptstadt des peruan. Dep. P., in der Küstenebene, 61 m ü. d. M., 186 400 E. Kath. Erzbischofssitz; TU und Univ.; Handelszentrum eines Bewässerungsfeldbaugebiets. - Als erste span. Stadt in Peru 1532 unter dem Namen San Miguel de P. nahe dem heutigen Ort gegr., 1534 und 1585 verlegt; 1912 durch Erdbeben großenteils zerstört.

P., Dep. in NW-Peru, 36 403 km², 1,126 Mill. E (1981), Hauptstadt Piura. Erstreckt sich von der Küstenebene im S bis in die Anden im N und O. Bewässerungsfeldbau, Rinderzucht; Erdölförderung. An der Küste Fischfang und -verarbeitung. - Das Dep. besteht seit 1861.

Pius, männl. Vorname lat. Ursprungs, eigtl. „der Fromme".

Pius, Name von Päpsten:

P. II., *Corsignano (= Pienza) bei Siena 18. Okt. 1405, † Ancona 15. Aug. 1464, vorher Enea Silvio Piccolomini, Papst (seit 18. Aug. 1458). - Seit 1432 im Dienst des Konzils von Basel, Sekretär Felix' V.; trat erst, nachdem ihn Kaiser Friedrich III. 1442 zum Sekretär der kaiserl. Kanzlei bestellt hatte, zu Eugen IV. über; am Abschluß des Wiener Konkordats (1448) beteiligt; 1456 Kardinal. Nach

dem Fall Konstantinopels 1453 wirkte er im Auftrag Nikolaus' V. für einen Kreuzzug gegen die Osmanen, worin P. auch als Papst seine Hauptaufgabe sah. P. ist einer der bedeutendsten Humanisten seiner Zeit: Dichter, Geschichtsschreiber, Verfasser bed. Briefe, Reiseschilderungen und Memoiren, Geograph und Ethnograph.

P. V., hl., * Bosco Marengo (Prov. Alessandria) 17. Jan. 1504, † Rom 1. Mai 1572, vorher Michele Ghislieri, Papst (seit 7. Jan. 1566). - Dominikaner von streng mönch.-asket. Gesinnung; 1557 Kardinal, 1558 Großinquisitor. Betrachtete die Kirchenreform auf der Grundlage des Konzils von Trient als seine Hauptaufgabe; publizierte 1566 den „Catechismus Romanus", 1570 das „Missale Romanum". Polit. geriet P. in Schwierigkeiten mit Philipp II. von Spanien und mit England, brachte aber ein Bündnis mit Spanien und Venedig zustande, das den Seesieg über die Osmanen bei Lepanto 1571 ermöglichte.

P. VI., * Cesena 25. Dez. 1717, † Valence (Drôme) 29. Aug. 1799, vorher Giovanni Angelo Braschi, Papst (seit 15. Febr. 1775). - P. kämpfte gegen jansenist., gallikan. und febronian. Strömungen, versuchte 1782 Kaiser Joseph II. zur Änderung seiner Kirchenpolitik zu bewegen und verurteilte die ↑ Emser Punktation von 1786. Durch den Ausbruch der Frz. Revolution (1789) und durch das Vordringen Bonapartes in Italien verlor P. 1797 im Frieden von Tolentino große Teile des Kirchenstaates und wurde nach dessen Besetzung (1798) als Gefangener der Franzosen nach Oberitalien, dann nach Valence gebracht.

P. VII., * Cesena 14. Aug. 1742, † Rom 20. Aug. 1823, vorher Luigi Barnaba Chiaramonti, Papst (seit 14. März 1800). - Benediktiner, 1785 Kardinal; nach dem Tod Pius' VI. in Venedig unter östr. Schutz gewählt; ging im Juli 1800 nach Rom. Unterstützt von E. M. ↑ Consalvi reorganisierte er den teilweise restituierten Kirchenstaat, schloß 1801 das Konkordat mit Frankr. ab und wirkte 1804 in Paris an der Kaiserkrönung Napoleons I. mit. Trotzdem wurde der Kirchenstaat 1809 mit Frankr. vereinigt und P. gefangengesetzt. Erst 1814 konnte er nach Rom zurückkehren, bemüht um die Neuordnung im 1815 wiederhergestellten Kirchenstaat und um kirchl. Neuorganisation in den durch die Revolutionsepoche erschütterten Ländern.

P. IX., * Sinigaglia (Prov. Ancona) 13. Mai 1792, † Rom 7. Febr. 1878, vorher Graf Giovanni Maria Mastai-Ferretti, Papst (seit 16. Juni 1846). - 1840 Kardinal. Die wirtsch. Krise des Kirchenstaates und die polit. Unfähigkeit des Papstes zwangen diesen, im Nov. 1848 vor einem Aufstand nach Gaeta zu fliehen; in Rom wurde die Republik ausgerufen. Unterstützt von europ. Mächten kehrte P. mit Hilfe frz. Truppen im April 1850 wieder

Pius X.

nach Rom zurück und stellte das reaktionäre
Polizeiregiment wieder her. Der italien. Mini-
ster C. B. Graf von Cavour konnte die allg.
Erbitterung leicht für seine nat. Einigung nutzen, so daß P. mit frz. Hilfe nur noch Rom
mit Umgebung halten konnte, bis der Dt.-Frz.
Krieg die italien. Besetzung Roms (20. Sept.
1870) und damit das Ende des Kirchenstaates
brachte. Innerkirchl. war die Regierung gekennzeichnet durch weiteren Ausbau der
Hierarchie, zunehmende Zentralisierung und
durch eine schroffe Abwehr aller modernen
Ideen (Verurteilung der bürgerl. Freiheiten
im ↑Syllabus 1864). Die kirchenpolit. und innerkirchl. Spannungen erreichten ihren
Höhepunkt anläßl. des 1. Vatikan. Konzils
1869/70, das den Primat und die Unfehlbarkeit des Papstes definierte.
Ⅲ *Konzil u. Papst. Hg. v. G. Schwaiger. Paderborn 1975. - Faraoni, V.: Der Papst der Immacu-
lata. Leben u. Werk P. 'IX. Dt. Übers. Stein
am Rhein 1973.*
P. X., hl., * Riese (= Riese Pio X, Prov.
Treviso) 2. Juni 1835, † Rom 20. Aug. 1914,
vorher Giuseppe Sarto, Papst (seit 4. Aug.
1903). - Bäuerl. Herkunft; 1893 Patriarch von
Venedig und Kardinal. P. konzentrierte seine
Regierung auf kirchl. Probleme: religiöse Erneuerung bei Klerus und Volk, Reinheit der
Lehre, v. a. durch Abwehr des wirkl. oder
vermeintl. ↑Modernismus; scharfe innerkirchl. Zentralisation und Ablehnung demokrat. Ideen in der Politik zugunsten paterna-
list.-autoritärer Lösungen; Neukodifizierung
des Kirchenrechts. Seine ablehnende Haltung
gegenüber jedem als Gefahr empfundenen
Fortschritt führte zu großer Behinderung
wiss.-theolog. Arbeit; ähnl. unglückl. erwies
sich die Kirchenpolitik: Maßnahmen gegen
christl. Demokraten; Spannungen mit
Deutschland, Spanien, Portugal, v. a. mit
Frankr., wo es 1905 zur Trennung von Kirche
und Staat kam.
Ⅲ *Aufbruch ins 20. Jh. Zum Streit um Reform-
katholizismus u. Modernismus. Hg. v. G.
Schwaiger. Gött. 1976. - Maron, G.: Die röm.-
kath. Kirche v. 1870–1970. Gött. 1972.*
P. XI., * Desio (Prov. Mailand) 31. Mai 1857,
† Rom 10. Febr. 1939, vorher Achille Ratti,
Papst (seit 6. Febr. 1922). - Präfekt der Ambro-
siana in Mailand und der Vatikan. Bibliothek; 1919/20 Nuntius in Polen; 1921 Erzbischof von Mailand und Kardinal. Nach dem
1. Weltkrieg bemühte sich P. um „christl. Frieden" und neue kirchl. Konsolidierung; deshalb Abschluß von Konkordaten mit Lett-
land (1922), Bayern (1924), Polen (1925), Rumänien, Litauen, Italien, Preußen (1929), Baden (1932), Österreich (1933) und dem Dt.
Reich (1933). Kirchenpolit. bes. bedeutsam
waren die Lösung der ↑Römischen Frage
durch die ↑Lateranverträge 1929 und das
↑Reichskonkordat. Während sich mit dem
italien. ↑Faschismus seit 1929 ein Modus vi-

vendi einspielte, kam es zw. der kath. Kirche
und der nat.-soz. Reg. bald nach dem Konkordat zu wachsenden Spannungen und zahlr.
kirchl. Protesten, 1937 in der Enzyklika „Mit
brennender Sorge" zur scharfen Anpranger-
ung des NS. P. förderte die Kath. Aktion,
die kath. Weltmission, Kunst und Wiss., verhielt sich aber zur ökumen. Bewegung ablehnend.
Ⅲ *Raem, H. A.: P. XI. u. der Nationalsozialis-
mus. Paderborn 1979. - Kath. Kirche im Dritten
Reich. Hg. v. D. Albrecht. Mainz 1976. - Volk,
L.: Das Reichskonkordat vom 20. Juli 1933.
Mainz 1972.*
P. XII., * Rom 2. März 1876, † Castel Gan-
dolfo 9. Okt. 1958, vorher Eugenio Pacelli,
Papst (seit 2. März 1939). - Ab 1901 im Staats-
sekretariat; 1917 Titularerzbischof und Nuntius in München, 1920–29 in Berlin, 1929 Kardinal, ab 1930 Kardinalstaatssekretär Papst
Pius' XI. P. war im 2. Weltkrieg auf polit.
Neutralität und die Wahrung von Chancen
zur Friedensvermittlung bedacht und um
humanitäre Hilfe bemüht, wenn er auch zu
den Judenverfolgungen seine Mahnungen
und Verurteilungen allg. hielt. Die Kirchenre-
gierung führte er streng zentralist. und autoritär. P. äußerte sich in Reden und Enzykliken
autoritativ zu polit., sozialen, eth. und kirchl.
Fragen der Zeit; die Marienverehrung förderte er durch das Dogma der Himmelfahrt Marias 1950. In der kath. Weltmission führte
er zielstrebig das Programm seiner Vorgänger
fort; durch Ausbildung einheim. Priester und
Bischöfe sowie durch Errichtung nat. kirchl.
Hierarchien förderte er in Asien und Afrika
die beginnende Emanzipation von europ.
Vorherrschaft. In fast zwanzigjähriger Alleinherrschaft hat P. Kirche und Kirchenpolitik
auf einen strikten Kurs festgelegt, der die kath.
Kirche aber auch in die Teilung der Welt
in Ost und West hineinzog: Sie identifizierte
sich zum Schaden ihres universalen Auftrags
mit der westl. Welt. Sein Bild wurde nach
seinem Tod v. a. durch den Vorwurf verdun-
kelt, er habe sich zu bereitwillig mit faschist.
Systemen arrangiert und zu den Judenverfolgungen des NS geschwiegen. Popularisiert
wurde dieser Vorwurf v. a. durch das Theater-
stück „Der Stellvertreter. Ein christl. Trauerspiel" von R. Hochhuth (1963).
Ⅲ *Deschner, K.: Die Politik der Päpste im Zeitalter der Weltkriege. Köln 1983. - Konopatzki, I.-
L.: Eugenio Pacelli. Salzburg u. Mchn. 1974. -
Schneider, Burkhart: P. XII. Gött. u. a. 1968. -
Falconi, C.: Das Schweigen des Papstes. Dt.
Übers. Mchn. 1966. - Friedländer, S.: P. XII. u.
das Dritte Reich. Dt. Übers. Rbk. 1965.*

Piva [italien.], italien. Bez. für ↑Sackpfeife.
◆ in der *Tanzkunst:* 1. schnellste Schrittfolge
der Tänze des 15. Jh.; 2. schnellster ternischen
italien. Tänze des frühen 16. Jh. im $^{12}/_8$-Takt,
meist als Abschluß in der Folge Pavane–Sal-
tarello–Piva.

Plakat. Oben (von links): Alfons Mucha, Imprimerie Cassan Fils (1897); Jules Chéret, La Diaphane, Poudre de Riz (1890); unten (von links): Thomas Theodor Heine, Züst-Automobil-Ausstellung (1907); Brot für die Welt (1971)

Pivot

Pivot [pi'vo:; frz.], Drehzapfen, Schwenkachse oder -punkt des Geschützrohrs auf der Lafette.

Piwitt, Hermann Peter, * Hamburg 28. Jan. 1935, dt. Schriftsteller. - Erzähler, Essayist, Rundfunkautor und Literaturkritiker. Seine Erzählungen („Herdenreiche Landschaften", 1965) und Romane („Rothschilds", 1972; „Die Gärten im März", 1979; „Der Granatapfel", 1986) sind sublime Analysen der spätbürgerl. Gesellschaft.

Piz [ladin. pits], ladin. svw. Bergspitze.

Pizarro [pi'θarɔ], Francisco, * Trujillo (Prov. Cáceres) um 1475, † Ciudad de los Reyes (= Lima) 26. Juni 1541 (ermordet), span. Konquistador. - Teilnehmer an Expeditionen A. de Ojedas (1509/10) und V. Núñez de Balboas (1513); erkundete zw. 1524/1527 Peru und ließ sich am 26. Juli 1529 in Toledo von Kaiser Karl V. zum Statthalter und Generalkapitän des zu erobernden Peru ernennen. Am 13. Mai 1531 landete er gemeinsam mit seinen 3 Brüdern bzw. Halbbrüdern bei Tumbes. Der Gefangennahme und Hinrichtung des Inka Atahualpa in Cajamarca 1532/33 folgte der Einzug in die Inkahauptstadt Cuzco (15. Nov. 1533). Bei Kämpfen der Konquistadoren untereinander um Cuzco besiegte Hernando P. (* 1504 [?], † 1578 [?]) D. de Almagro und ließ ihn hinrichten. P. wurde von Anhängern Almagros ermordet.

P., Gonzalo, * Trujillo (Prov. Cáceres) 1502 oder 1511/13, † im Tal von Jaquijaguana (Peru) 10. April 1548 (hingerichtet), span. Konquistador. - Bruder von Francisco P.; 1538 zum Statthalter in Quito ernannt; tötete den ersten Vizekönig in Peru, Blasco Núñez Vela (* um 1490, † 1546), wurde von dem neuen kaiserl. Vertreter 1548 geschlagen und hingerichtet.

Pizunda [russ. pi'tsundʒ], sowjet. Seebad an der O-Küste des Schwarzen Meeres, Abchas. ASSR, 7700 E. Seit 1952 werden systemat. Ausgrabungen der großen antiken Stadt Pityus unternommen, von der Türme, Wohnhäuser, Handwerksstätten und ein Tempelbau mit Mosaikfußboden freigelegt wurden.

pizz., Abk. für: ↑ pizzicato.

Pizza [italien.], dünnes Hefegebäck, mit Tomaten, Käse, Wurst oder Schinken, Sardellen, Peperoni, Knoblauch u. a. Zutaten belegt und heiß serviert; oft in einer **Pizzeria.**

Pizzetti, Ildebrando, * Parma 20. Sept. 1880, † Rom 13. Febr. 1968, italien. Komponist. - 1936–58 Prof. in Rom; v. a. Bühnenwerke, u. a. „Fedra" (1915, nach D'Annunzio), „Mord im Dom" (1958, nach T. S. Eliot), „Clitennestra" (1965), daneben Orchester-, Kammermusik, Chorwerke und Lieder in einem an die altitalien. Tradition anknüpfenden Stil.

pizzicato [italien. „gezupft"] (pincé), Abk. pizz., in der Musik Spielanweisung für Streichinstrumente, die Saiten mit den Fingern zu zupfen; aufgehoben durch ↑ coll'arco.

Pizzo Rotondo, mit 3192 m höchster Gipfel der Gotthardgruppe (Schweiz).

Pjandsch ↑ Amudarja.

Pjöngjang [pjɔŋ'jaŋ], Hauptstadt der Demokrat. VR Korea, am unteren Taedong, 1,3 Mill. E (städt. Agglomeration). Stadtprov. und Verwaltungssitz einer Prov.; kulturelles Zentrum Nord-Koreas: mehrere wiss. Akad., Univ. (gegr. 1946), polytechn., Ingenieur-, medizin., Kunstschule, Schule für Schauspiel und Film, Konservatorium; 5 Museen, Zentrum der Metallind., u. a. Flugzeugind.; wichtigster Verkehrsknotenpunkt Nord-Koreas; Binnenschiffsverkehr; ⚓. **Geschichte:** Im 2. Jh. v. Chr. Hauptstadt eines unabhängigen Staates im nördl. Korea, 108 v. Chr. von den Chinesen unterworfen, die 313 von den korean. Koguryodyn. vertrieben wurden; seit 427 deren Hauptstadt; nach Anschluß an das Kgr. Silla im S Koreas 668 nur noch regionales Verwaltungszentrum des NW, 1270–90 Stützpunkt der Mongolen; 1910–45, unter jap. Herrschaft, Verwaltungszentrum der Prov. Pyongan-namdo; ab 1948 Hauptstadt der Demokrat. VR Korea. **Bauten:** Trotz Zerstörungen (1950–53) bewahrt die von einer Mauer umgebene Stadt noch einen alten buddhist. Tempel; Ausgrabungen am linken Ufer des Taedong förderten aus einer Nekropole der Hanzeit reiche Funde.

Pjotr [russ. pjɔtr], russ. Form des männl. Vornamens Peter.

P.-K.-Le-Roux-Damm [Afrikaans pe:kə:lə'ru], Staudamm im mittleren Oranje, Teil des ↑ Orange River Project.

Pkw (PKW), Abk. für: **P**ersonen**k**raft**w**agen (↑ Kraftwagen).

pK-Wert [Analogiebildung zu pH-Wert], in der Chemie gebräuchl. Maßzahl für den negativen dekad. Logarithmus der Gleichgewichtskonstante K_c (↑ Massenwirkungsgesetz) einer chem. Reaktion: $pK = -\log K_c$.

pl., Pl., Abk. für: ↑ **P**lural.

PL 1 (PL/1), Abk. für engl. Programming Language 1, eine problemorientierte Programmiersprache (↑ Datenverarbeitung), die unter Verwendung von Elementen der Programmiersprachen ALGOL, COBOL und FORTRAN entwickelt wurde.

Placebo [lat. „ich werde gefallen"] (Scheinarznei, Leerpräparat, Falsumpräparat, Blindpräparat), dem Originalarzneimittel (**Verumpräparat**) nachgebildetes und diesem zum Verwechseln ähnl. Mittel (mit gleichem Geschmack), das jedoch keinen Wirkstoff enthält. - **Placeboeffekt** nennt man den psych. (von der Art der Erkrankung, der Persönlichkeit des Patienten und der die Verabreichung begleitenden Suggestion beeinflußten) wirkstoffunabhängigen Effekt eines Arzneimittels. P. werden u. a. zur **Placebotherapie** (Befriedigung des Verlangens nach einer überflüssigen Arzneitherapie unter Ausnutzung des P.effekts) verwendet. Sie sind ferner Voraussetzung für einen ↑ Blindversuch.

Placenta ↑ Plazenta.

Placentalia [griech.-lat.], svw. ↑ Plazentatiere.

Placentia ↑ Piacenza.

plädieren [lat.-frz.], 1. ein Plädoyer halten; 2. für etwas eintreten; etwas befürworten.

Plädoyer [plɛdoa'je:; frz., zu lat. placitum „geäußerte Willensmeinung"], der Vortrag eines Parteivertreters vor Gericht, in dem er den Prozeßstoff von seinem Standpunkt aus zusammenfassend würdigt; Bestandteil der mündl. Verhandlung.

Plafond [pla'fõ:; frz., gebildet aus: plat fond „platter Boden"], flache Decke eines Raums.
◆ 1. oberer Grenzbetrag bei der Kreditgewährung; 2. in der Steuerlehre der obere Grenzwert der Einkommensteuer bei der Steuerprogression.

plagal [griech.], in der Musiklehre seit dem 9. Jh. Bez. für den „abgeleiteten" 2., 4., 6. und 8. Kirchenton (↑ Kirchentonarten); Ggs. ↑ authentisch. - In der Harmonielehre die ↑ Kadenz mit der Klangfolge Subdominante–Tonika.

Plaggen [niederdt.], rechteckige 4–6 cm starke Ausschnitte des durchwurzelten Oberbodens mit seiner bodenbedeckenden Vegetation (z. B. Gras, Heidekraut, Waldbodenvegetation). In der Forstwirtschaft werden P. zur Erleichterung der nachfolgenden Pflanzung herausgehauen und später wieder eingesetzt.

Plagiat [frz., zu lat. plagium „Menschendiebstahl"], widerrechtl. Übernahme und Verbreitung von fremdem geistigem Eigentum. Der P.vorwurf wird in allen Sparten der Kunst und Wiss. erhoben, wenn ein Verf. Werke, Werkteile, Motive eines anderen Autors sich aneignet, in wiss. Werken Passagen aus fremden Arbeiten ohne Zitatkennzeichnung und Quellenangabe übernimmt oder fälschl. das Recht der Priorität eines Gedankens für sich beansprucht. - Sind schon in der Antike P.vorwürfe erhoben worden, so galt doch eine zitierende Übernahme meist eher als Ehrung für den Zitierten. Erst mit dem Eigentumsbegriff des 18. und 19. Jh. beginnt das P. ein rechtsfähiger Tatbestand zu werden. In der Literatur sind P.prozesse selten. In der bildenden Kunst sind P. vielfach ↑ Fälschungen gleichzusetzen.

Plagieder [griech.], svw. Pentagonikositetraeder (↑ Ikositetraeder).

plagiogeotrop [griech.], sich schräg zur Richtung der Schwerkraft orientierend; auf pflanzl. Organe bezogen.

Plagioklas [griech.] ↑ Feldspäte.

plagiotrop [griech.], waagrecht oder schräg wachsend; Eigenschaft der Wuchsrichtung pflanzl. Organe (v. a. Erdsprosse) unter dem Einfluß der Erdschwerkraft. - ↑ auch Tropismus.

Plagne, La [frz. la'plaɲ], Wintersportzentrum im N der frz. Alpen, Dep. Savoie, 1 970 m ü. d. M., Skibetrieb bis 2 430 m.

Plaid [ple:t; engl. plɛɪd; schott.-engl.], Reisedecke (für die Knie), eigtl. als Kilt getragene wollene Decke mit Tartanmusterung, auch um die Schultern getragen.

Plaidter Typus, nach Funden in einer neolith. befestigten Siedlung bei Plaidt (bei Andernach) ben. keram. Sonderentwicklung im westl. Verbreitungsgebiet der ausgehenden bandkeram. Kultur, die durch eine bes. Kammstrichverzierung gekennzeichnet ist.

Plain-chant [frz. plɛ̃'ʃã], frz. Bez. für: Cantus planus (↑ Cantus).

Plaisanterie [plɛ...; lat.-frz. „Scherz, Spott"], Satzbez. in Suiten des 17. und 18. Jahrhunderts.

Plakapong [Thai] (Barramundi, Lates calcarifer), bis mehrere Meter langer, maximal 260 kg Gewicht erreichender ↑ Glasbarsch im Ind. Ozean (vom Pers. Golf bis N-Australien), der zum Laichen in die Flüsse aufsteigt; Speisefisch.

Plakat [niederl., zu frz. placard „öffentl. Anschlag" (von plaquer „verkleiden, überziehen")], öffentl. Anschlag behördl., polit., kulturellen oder wirtsch. Charakters; angebracht an Mauern, Hauswänden, Zäunen, Anschlagtafeln oder -säulen (Litfaßsäulen) mit dem Zweck, die Aufmerksamkeit einer möglichst breiten Öffentlichkeit zu erregen. P. müssen daher ihrer Form nach auffällig, aus der Entfernung erkennbar und ihrem Inhalt nach schnell erfaßbar sein. - Das P. entwickelte sich seit der 2. Hälfte des 15. Jh. als Anzeigen, Flugblättern und Handzetteln. Nur zögernd setzte ihre Illustration ein. Die P.produktion des 16. bis 18. Jh. wurde hauptsächl. vom Schausteller-P. bestritten. Produktwerbung kannte eigtl. erst das 19. Jh., das Bild-P. wurde eines ihrer wesentl. Mittel. Mit der Lithographie bot sich die Möglichkeit für das P. in großem Format und in hoher Auflage. Die P.kunst erlebte in den 1890er Jahren in Frankr. ihren ersten Höhepunkt. Als Vater des modernen, pointierten Bild-P. gilt J. Chéret, fast gleichzeitig traten T. A. Steinlen und v. a. H. de Toulouse-Lautrec hervor, um die Jahrhundertwende kamen die Jugendstilkünstler E. Grosset und A. Mucha dazu. Typ. Mittel waren die Verschränkung von Bild und Schrift, die Neigung zum expressiven Ausschnitt, die Betonung von Linie und Fläche (Anregungen aus dem jap. Farbholzschnitt). In Großbrit. sind D. Hardy und A. V. Beardsley zu nennen, auf dem europ. Festland eroberte sich das Jugendstil-P. die einzelnen Länder; in München vertrat es T. T. Heine, in Berlin P. Scheurich. Die Reduzierung auf wenige Bildelemente entwickelte in Paris L. Cappiello in seinen wegweisenden heiteren Einfällen weiter. Während und nach dem 1. Weltkrieg griff v. a. in Deutschland der Ex-

Plakette

pressionismus auf die P.kunst über (M. Pechstein, César Klein, W. Jaeckel), entwickelte er polit. Formen des P. (K. Kollwitz). Kubismus (den in Frankr. bes. der vielseitige Cassandre aufgriff) und Konstruktivismus gewährleisteten einen klaren Aufbau des P., wobei zu den strengen geometr. Formen auch die Schrift entscheidend hinzutrat. In Deutschland trieben Künstler vom Bauhaus diese Entwicklung voran (L. Moholy-Nagy, O. Schlemmer, H. Bayer). J. Heartfield bezog in seine polit. P. die Photomontage ein; zu den Pionieren des Photo-P. gehörte auch J. Tschichold mit seinen Filmplakaten für den Münchner Phoebus-Palast. In der UdSSR entstanden in der revolutionären Phase 1919–22 wichtige didakt.-polit. P., u. a. von W. W. Majakowski. Die künstler. Entwicklung des P. wurde durch den Faschismus in Europa unterbrochen, der seinerseits die monumentalen Bildformen eines P. der Massensuggestion weiter beförderte. Nach 1945 knüpfte man zunächst beim konstruktivist. P. der 1920er Jahre wieder an. Bes. die schweizer. P.kunst machte sich einen Namen. Im Bereich des kulturellen P. sind neben Polen (H. Tomaszewski) und die ČSSR zu nennen. Eine eigene Geschichte hatte das Filmplakat. In den 60er Jahren kamen das amerikan. Pop-Poster und die Poster der Hippie-Bewegung nach Europa, gefolgt von der Nostalgiewelle. Das **Poster** ist meist kein Werbe-P., sondern hat dekorativen Charakter. Weitere P.formen entstanden u. a. mit P., die für Ideen (z. B. für den Frieden, für Hilfsaktionen) oder Verhaltensformen (z. B. Verkehrsverhalten an Autobahnen), in sozialist. Staaten bes. auch für staatsbürgerl. Verhalten (Mitarbeit, Aufbau) werben. - Tafel S. 137.

📖 *Weill, A.: Plakatkunst international.* Bln. 1985. - *Barnicoat, J.: Das Poster. Dt. Übers. Mchn. 1972.* - *Schindler, H.: Monografie des P. Entwicklung, Stil, Design. Mchn. 1972.* - *Müller-Brockmann, J./Müller-Brockmann, S.: Gesch. des P. Dt. Übers. Zürich 1971.* - *Sailer, A.: Das P. Gesch., Stil u. gezielter Einsatz eines unentbehrl. Werbemittels. Mchn. ³1971.*

Plakette [zu frz. plaquette „kleine Platte"], kleine eckige, runde oder ovale Platte mit Reliefdarstellung. In der Geschichte der bildenden Kunst Blütezeit als kleine selbständige Kunstwerke aus Metall (Bronze) im 16.–18. Jh., u. a. Folgen von P. Flötner. Die Bez. P. ist erst Ende des 19. Jh. anzusetzen. Maschinell und billig produziert wird der sog. ↑Button.

Plakoidschuppe [griech./dt.], charakterist. schuppen- bis zahnartige Hautbildung der Haie und Rochen. Die P. gliedert sich in eine knöcherne rhomb. Basalplatte und einen dieser Platte aufsitzenden, nach hinten gerichteten knöchernen „Zahn". Die P. ist mit Dentin überzogen, der Zahn selbst meist zusätzl. mit einer Außenschicht aus zahn-

schmelzähnl. Durodentin. Im Innern des Zahns befindet sich eine mit Bindegewebe und Blutgefäßen versehene Pulpa.

plan [lat.], flach, eben, platt.

Plan [frz.], Karte im großen Maßstab, auf der Bestehendes geometr. genau fixiert (Lage-P.) und/oder zu Entwickelndes aufgezeigt wird (Bebauungs-P., Flächennutzungsplan).

Planarien [lat.] (Tricladida), mit vielen Arten weltweit verbreitete Unterordnung etwa 0,2–60 cm langer Strudelwürmer, an deren Vorderende oft durch eine halsartige Einschnürung ein Kopf abgesetzt ist. Je nach ihrem Vorkommen unterscheidet man: 1. *Süßwasser-P.* (Paludicola) in fließenden und stehenden Süßgewässern; sie lassen sich wegen ihrer sehr unterschiedl. Temperatur- und Wassergüteansprüche als Leitformen zur Gewässerzonierung heranziehen; 2. *Meeres-P.* (Maricola); 3. *Land-P.* (Terricola), v. a. im Humus und unter Blättern der trop. Regenwälder.

Planbindung, Einbandart für Broschüren, Hefte u. ä. unter Verwendung von Plastikoder Metallringen und -spiralen, die ein vollständiges Flachliegen bzw. Umwenden der Seiten erlauben.

Planchon, Roger [frz. plaˈʃõ], *Saint-Chamond (Loire) 12. Sept. 1931, frz. Schauspieler und Regisseur. - Seit 1957 Leiter und

Planetarium. Das Zeiss-Projektionsplanetarium Modell IV kann die tägliche Himmelsdrehung von 24 Stunden in einer beliebigen Zeit zwischen 36 Minuten und 30 Sekunden reproduzieren

Begründer des Théâtre de la Cité in Ville-urbanne (Vorort von Lyon); seine Klassikerinszenierungen (Marlowe, Tartuffe, Shakespeare u. a.) sind sowohl von Brecht als auch von der Elisabethan. Dramatik beeinflußt; schrieb auch eigene Stücke.

Planck, Max, * Kiel 23. April 1858, † Göttingen 4. Okt. 1947, dt. Physiker. - 1885–89 Prof. in Kiel, danach in Berlin; 1912–38 einer der 4 Sekretäre der Preuß. Akad. der Wiss.; 1930–37 und 1945/46 Präs. der Kaiser Wilhelm-Gesellschaft zur Förderung der Wiss.; P. war einer der bedeutendsten Physiker des 19./20. Jh., der insbes. auch durch seine Gesinnung und sein geradliniges, unbeirrbares Handeln eine hervorragende Stellung unter den dt. Physikern einnahm; als Begründer der ↑ Quantentheorie zählt er zu den Mitbegr. der modernen Physik. Von Arbeiten zur Thermodynamik ausgehend, leitete er 1900 das heute nach ihm ben. ↑ Plancksche Strahlungsgesetz her, bei dessen Begründung er die Wärmestrahlung in einem Hohlraum als ein System von linearen Oszillatoren behandelte. Entscheidend war dabei seine Hypothese, daß die Energiewerte der Oszillatoren nicht mehr kontinuierl. seien, sondern nur diskrete, zu ihrer Frequenz v proportionale Werte $W = hv$ annehmen können, wobei h eine später nach ihm als ↑ Plancksches Wirkungsquantum bezeichnete Naturkonstante ist. Die volle Tragweite dieser revolutionierenden Annahme einer Existenz von Energiequanten erkannte er erst später; sie ist aber bereits 1905 von A. Einstein zur Lichtquantenhypothese verallgemeinert worden. 1918 erhielt P. den Nobelpreis für Physik.

Plancksches Strahlungsgesetz, das von M. Planck 1900 aufgestellte Gesetz für die Abhängigkeit des spektralen Emissionsvermögens K_v eines ↑ Schwarzen Strahlers von der absoluten Temperatur T:

$$K_v = \frac{h \cdot v^3}{c^2 \cdot [\exp(hv/kT) - 1]}$$

(v Frequenz einer Partialwelle der Hohlraumstrahlung, h Plancksches Wirkungsquantum, c Lichtgeschwindigkeit, k Boltzmann-Konstante). Das P. S. läßt sich nicht aus der klass. Physik herleiten, sondern erfordert die Annahme quantenhafter Emission und Absorption elektromagnet. Strahlungsenergie durch den Schwarzen Strahler in Energiequanten der Größe hv. Diese Annahme gab den Anstoß zur Entwicklung der Quantentheorie.

Plancksches Wirkungsquantum (Plancksche Konstante, Elementarquantum), Zeichen h, die von M. Planck bei der Aufstellung des nach ihm ben. Strahlungsgesetzes eingeführte Konstante $h = 6,625 \cdot 10^{-34}$ J · s, die die Dimension einer Wirkung besitzt; sie ist gleichzeitig der Proportionalitätsfaktor in der Beziehung $W = hv$ zw. der Frequenz v einer elektromagnet. Welle und der Energie

W der in ihr enthaltenen Energiequanten (↑ Photonen); für die häufig auftretende Größe $h/2\pi = 1,054 \cdot 10^{-34}$ J · s verwendet man das Formelzeichen $\hbar$.

Plandrehbank ↑ Drehbank.

Planet, Name zweier dt. Forschungsschiffe: 1. das Forschungs- und Vermessungsschiff der früheren dt. Reichsmarine (800 BRT, im Dienst 1905–14); 2. das 1967 in Dienst gestellte Forschungsschiff der ozeanograph. Forschungsanstalt der Bundeswehr (1950 t Wasserverdrängung).

Planet ↑ Planeten.

planetarische Nebel (Ringnebel), in der Astronomie ring-, kreis- oder scheibenförmige kleine Nebelflecken, in deren Zentrum oft ein schwacher Stern, der Zentralstern, gefunden wird; gegenwärtig sind etwa 1500 p. N. bekannt. Die allem Anschein nach vom Zentralstern ausgehenden gasförmigen Hüllen zeigen spektroskop. eine Expansionsgeschwindigkeit von 10 bis 50 km/s, sie haben Durchmesser um 10 bis 20 astronom. Einheiten. Die stärksten Linien im Spektrum sind die in Emission auftretenden sog. verbotenen Linien des zweifach ionisierten Sauerstoffs, die nur in opt. sehr dünnen Gasen hoher Anregung auftreten können. Die Anregungsenergie liefert die Strahlung der Zentralsterne, deren Temperaturen um 80 000 bis 100 000 K liegen dürften.

planetarisches Luftdruck- und Windsystem ↑ Atmosphäre.

Planetarium [griech.], eine Einrichtung zur Veranschaulichung der scheinbaren Bewegungen der Planeten sowie der Sonne, des Mondes und des Fixsternhimmels, wie sie von der Erde aus am Himmel beobachtet werden. Beim modernen *Projektions-P.* werden die Gestirne als Lichtbilder an die Innenwand einer halbkugelförmigen Kuppel projiziert; die Kuppel stellt für den Betrachter im Innern das Himmelsgewölbe dar; die Bewegung der einzelnen Himmelskörper wird durch mechan. Bewegung der Projektoren mittels Motoren und Getrieben erzielt. Ein derartiges P. ermöglicht die Darstellung des ganzen Sternhimmels, wie er von einem beliebigen Erdort aus zu beliebiger Tages- und Jahreszeit, auch in Vergangenheit und Zukunft, zu sehen ist, und läßt die zeitl. Änderungen im Zeitraffertempo erleben. Hauptteil des Vorführgerätes ist ein hantelförmiger Körper, der die meisten für Projektionen und Bewegungen notwendigen Teile enthält. Bei einem Zeiss-P. werden etwa 8900 Sterne (mehr als das bloße Auge sieht), dazu einige Sternhaufen, Nebel und die Milchstraße sowie die verschiedenen Sternbilder projiziert; die Sterne sind als feine, je nach Helligkeit verschieden große Löcher in Kupferfolien gestanzt oder in chrombeschichteten Glasplatten angebracht. Sonne, Mond und Planeten werden vergrößert projiziert, um charakterist. Eigen-

Planeten

schaften, z. B. den Saturnring, erkennen zu lassen.

Geschichte: Das erste (mechan.) P. wurde um 220 v. Chr. von Archimedes konstruiert und gebaut. Im Spät-MA wurden mechan. Planetarien in Verbindung mit großen astronom. Uhren errichtet. Alle Modelle eines mechan. P. blieben indes unbefriedigend, bis in den 1920er Jahren von W. Bauersfeld die Konstruktion des Projektions-P. (erste Fertigstellung eines solchen *Zeiss-P.* 1923) ein völlig neuer Weg beschritten wurde.

Planeten [zu griech. plános „irrend, umherschweifend"] (Wandelsterne), nicht aus sich selbst, sondern nur im reflektierten Licht der Sonne (bzw. eines anderen Sterns) leuchtende Himmelskörper, die das sie beleuchtende Zentralgestirn auf kreis- oder ellipsenförmigen Bahnen umlaufen. P. sind bisher nur in unserem Sonnensystem bekannt, doch muß aus den Bewegungen einzelner Sterne geschlossen werden, daß auch sie P. besitzen. Von den neun „großen" P. des Sonnensystems sind fünf mit bloßem Auge zu sehen: Merkur, Venus, Mars, Jupiter und Saturn (nach wachsender Entfernung von der Sonne geordnet; die gleichfalls zu den großen P. zählende Erde ist zw. Venus und Mars einzuordnen). Drei weitere P. wurden erst nach der Erfindung des Fernrohrs entdeckt: Uranus, Neptun und Pluto. Nach einem 10. P. („Transpluto") wurde zeitweilig gesucht, bisher jedoch ohne Erfolg. Die Bewegungen der P. auf ihren Bahnen um die Sonne werden in guter Näherung durch die ↑Keplerschen Gesetze beschrie-

ben. - Die P. erscheinen im Fernrohr als mehr oder weniger ausgedehnte Scheibchen, im Ggs. zu den stets punktförmigen Fixsternen; daher ist ihre Szintillation (Flimmern) geringer als die der Fixsterne, sie leuchten in einem „ruhigeren" Licht. Ihre Helligkeiten sind auf Grund unterschiedl. Entfernung, Größe und Albedo (Rückstrahlungsvermögen) sehr verschieden; zusätzl. treten entsprechend der Stellung eines Planeten relativ zur Sonne und zur Erde beträchtl. Helligkeitsschwankungen auf. - Eine gebräuchl. Einteilung unterscheidet zw. *inneren P.*, das sind Merkur bis einschl. Mars, getrennt durch die ↑Planetoiden von den *äußeren P.* Jupiter bis Pluto. Ferner wird auf Grund des Aufbaus der P. von *terrestr.* bzw. *erdähnl. P.* (Merkur, Venus, Erde, Mars [und Pluto]) bzw. *iovian.* bzw. *jupiterähnl. P.* gesprochen; die erste Gruppe hat eine etwa doppelt so hohe mittlere Dichte wie die „Riesen-P." (Jupiter, Saturn, Uranus und Neptun).

Geschichte: Die fünf mit dem bloßem Auge sichtbaren P. waren schon im Altertum bekannt. Die Erde selbst wurde endgültig erst durch N. Kopernikus in die Reihe der P. eingeordnet. Nach Erfindung des Fernrohrs wurden 1609/10 von S. Marius und G. Galilei erstmals Monde bei einem Planeten entdeckt (die vier größten Monde des Jupiter). 1781 fand W. Herschel den P. Uranus, ab 1800 wurden die ersten Planetoiden entdeckt. Aus Unregelmäßigkeiten der Uranusbewegung hatte F. W. Bessel auf das Vorhandensein eines noch unbekannten P. jenseits des Uranus geschlossen. U. Le Verrier bestimmte daraus

PLANETEN (Übersicht)

	Merkur ☿	Venus ♀	Erde ♂
kleinster Abstand von der Sonne (in Mill. km)	46	107,5	147
größter Abstand von der Sonne (in Mill. km)	70	108,9	152
kleinster Abstand von der Erde (in Mill. km)	80	38,3	–
größter Abstand von der Erde (in Mill. km)	220	260,9	–
mittlere Umlaufsgeschwindigkeit (in km/s)	47,9	35,0	29,8
siderische Umlaufzeit (in Jahren)	0,24085	0,61521	1,00004
Bahnneigung gegen die Ekliptik	7,004°	3,394°	0,000°
numerische Exzentrizität der Bahn	0,206	0,007	0,017
Äquatordurchmesser (in km)	4878	12104	12756,28
Durchmesser (in Erddurchmessern)	0,383	0,950	1,000
Abplattung	0	0	$1:298,257$
Masse (in kg)	$3,302 \cdot 10^{23}$	$4,869 \cdot 10^{24}$	$5,974 \cdot 10^{24}$
Masse (in Erdmassen)	0,0553	0,8150	1,000
mittlere Dichte (in g/cm³)	5,43	5,24	5,515
Entweichgeschwindigkeit (in km/s)	4,25	10,4	11,2
Fallbeschleunigung (in cm/s²)	370	887	978
siderische Rotationsperiode	58,65 d	243,0 d	24 h 56 min 4,099
Neigung des Äquators gegen die Bahnebene	≈ 2°	≈ 3°	23° 27′
Albedo	0,06–0,10	0,75	–
größte scheinbare visuelle Helligkeit	–0,2	–4,08	–
Anzahl der Monde	0	0	1

Die in Klammern angegebenen Werte sind nicht hinreichend gesichert.

die Position dieses P., und nach dieser Angabe fand J. G. Galle 1846 den Neptun. Ähnl. verlief die Entdeckungsgeschichte des Pluto (1930 von C. W. Tombaugh entdeckt). - Völlig neue Möglichkeiten wurden der P.forschung durch die Raumfahrt eröffnet. Raumsonden zum Merkur (ab 1973/74), zur Venus (erstmals erfolgreich 1967), zum Mars (ab 1964), zum Jupiter (ab 1972) und zum Saturn (ab 1979) lieferten und liefern ständig eine Vielzahl neuer Erkenntnisse.

⊞ *Atreya, S. K.: Atmospheres and ionospheres of the outer planets. Bln. u. a. 1986. - Köhler, H. W.: Die P. Wsb. 1983. - Gondolatsch, F., u. a.: Astronomie. Bd. 1: Die Sonne u. ihre P. Stg. [3]1981. - Guest, J., u. a.: P.-Geologie. Dt. Übers. Freib. 1981. - Stanek, B.: P.-Lex. Bern u. Stg. 1979. - Sandner, W.: P. - Geschwister der Erde. Whm. 1971.*

Planetengetriebe (Umlauf[räder]getriebe), Getriebe, bei denen sich mindestens

Planeten. Maßstabsgetreue Darstellung der Entfernung der Planeten zur Sonne (in Millionen km)

ein Rad (Planetenrad) außer um seine eigene Achse auch noch mit dieser Achse um ein anderes Rad (Sonnenrad) herumdreht und mit diesem und einem äußeren Hohlrad im Eingriff steht. Werden 2 der 3 Glieder angetrieben bzw. festgehalten, führt das dritte Glied eine zwangsläufige Bewegung mit einer bestimmten Übersetzung aus. Verwendung

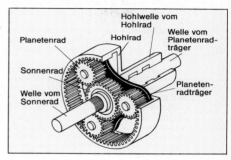

Planetengetriebe

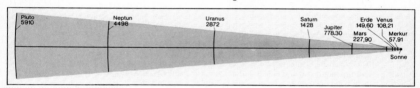

/lars ♂	Jupiter ♃	Saturn ♄	Uranus ♅	Neptun ♆	Pluto ♇
*06,7	740	1 343	2 735	4 456	4 425
'49,2	815	1 509	3 005	4 537	7 375
'5,5	588	1 193	2 590	4 304	4 275
,00	967	1 658	3 160	4 689	7 525
'4,1	13,1	9,6	6,8	5,4	4,7
,88089	11,869	29,628	86,04	165,49	251,86
,850°	1,304°	2,489°	0,773°	1,772°	17,141°
',093	0,048	0,056	0,046	0,009	0,252
794,4	142 796	120 000	52 400	48 600	(3 000)
,532	10,97	9,07	4,15	3,81	(0,24)
: 191	1 : 15,5	1 : 9,2	(1 : 30)	(1 : 38)	–
,419 · 10^{23}	1,8988 · 10^{27}	5,684 · 10^{26}	8,69 · 10^{25}	1,028 · 10^{26}	(10^{22})
',1074	317,826	95,145	14,54	17,204	(0,0017)
,93	1,33	0,70	1,58	1,71	(0,7)
,02	57,6	33,4	(20,6)	(23,7)	–
71	2 321	928	838	1 154	–
4 h 37 min 22,66 s	9 h 55 min 29,7 s	10 h 14 min	15 h 36 min	18 h 12 min	6,39 d
3° 59'	3° 4'	26° 44'	98°	29°	(> 50°)
,15-0,35	0,41	0,41	0,45	0,54	0,16
- 1,94	-2,4	+0,8	+5,8	+ 7,6	+ 14,7
	16	21 (23?)	15	3	1
	+ Ringsystem	+ Ringsystem	+ Ringsystem		

Planetensystem

bes. in ↑automatischen Getrieben, Dreigangschaltungen für Fahrräder, Flaschenzügen.

Planetensystem, die Gesamtheit der Planeten, einschl. der kosm. Kleinkörper im interplanetaren (zw. den Planeten gelegenen) Raum wie Planetoiden, Kometen, Meteorite und interplanetare Materie. Wird die Sonne mit einbezogen, so spricht man meist vom Sonnensystem. Die Gesamtmasse der P. beträgt 448,0 Erdmassen $= 2,678 \cdot 10^{30}$ g $\approx$ $^1/_{743}$ Sonnenmasse.

Planetentafeln, Tabellenwerke, in denen die ↑Ephemeriden der Planeten (auch die von Sonne und Mond) für bestimmte Zeiträume angegeben sind.

Planetenuhr, früher zu astrolog. Zwecken konstruierte Spezialuhr, die jeweils den eine Stunde regierenden Planeten (einschl. Sonne und Mond) anzeigt.

Planetoiden [griech.] (Asteroiden, kleine Planeten), planetenähnl. Kleinkörper (Durchmesser bis zu 750 km) auf ellipt. Bahn um die Sonne. Die P.bahnen liegen vorwiegend zw. Mars- und der Jupiterbahn. Einige P. kommen auch der Erde sehr nahe (z. B. Hermes auf etwa doppelte Mondentfernung). - Der erste Planetoid Ceres wurde 1800/01 von G. Piazzi entdeckt, mit gesicherten Bahnen sind z. Z. mehr als 2 100 P. numeriert.

Planettiefe, tiefste Stelle des Ind. Ozeans im Sundagraben (7 455 m u. d. M.), des Bougainvillegrabens (9 140 m u. d. M.) sowie die 1912 vom dt. Forschungsschiff „Planet" im Philippinengraben mit 9 787 m u. d. M. als tiefste damals bekannte Stelle der Erdoberfläche ausgelotete Meerestiefe.

Planfeststellung, die im Rahmen der staatl. Fachplanung vorzunehmende Prüfung, rechtl. Gestaltung und Durchführung eines konkreten [Bau]vorhabens; die P. muß auch dem Interessenausgleich der von der Planverwirklichung Betroffenen dienen. Das zur P. führende Verfahren ist in verschiedene Abschnitte aufgegliedert. Durch die P. soll eine einheitl. Entscheidung über die Rechte der von dem Planungsvorhaben Betroffenen erreicht werden. Mit der P. treten auch unmittelbare Rechtsfolgen ein, z. B. Nutzungseinschränkungen für Anliegergrundstücke. Um Interessen und Rechte der Betroffenen zu berücksichtigen, sind die öffentl. Auslegung der Planungsentwürfe und eine ausreichende Einwendungsfrist zwingend vorgeschrieben. Der P.beschluß kann von den durch den Beschluß Betroffenen vor den Verwaltungsgerichten angefochten werden.

Planfilm (Blattfilm), aus einzelnen Filmblättern, die in Kassetten eingelegt werden, bestehendes photograph. Aufnahmematerial für Großformatkameras.

Planflächen, in der Optik Bez. für ebene [brechende oder reflektierende] Begrenzungsflächen bei Linsen, Prismen oder Spiegeln.

planieren [frz., zu lat. planus „eben"], im *Erdbau* (z. B. Straßenbau, Fahrbahnbau) [Boden]flächen mit Hilfe von Planiergeräten (Planierpflug, Planierraupe) einebnen.

Planierraupe, mit einem hydraul. hebund senkbaren Planierschild (gewölbte Stahlplatte) ausgerüstetes Fahrzeug zum Planieren von [Boden]flächen.

Planification [...tsi'o:n; frz. planifika-'sjõ] (Planifikation), Bez. für eine zuerst 1946 in Frankr. eingeführte gesamtwirtsch. Rahmenplanung, mit der die zukünftige nat. Wirtschaftsentwicklung in Form von Zielsetzungen für die einzelnen Wirtschaftsbereiche systemat. erfaßt wird, ohne, im Ggs. zur Planwirtschaft, die Prinzipien der Privateigentums, der Marktwirtschaft und der Unternehmerinitiative anzutasten.

Planigraphie [lat./griech.], svw. Schichtbildtechnik (↑Röntgenuntersuchung).

Planimeter [lat./griech.], Gerät zur mechan. Ausmessung krummlinig begrenzter ebener Flächen. Die gebräuchlichste Form ist das **Polarplanimeter:** Durch Umfahren der Fläche (längs der Umrandungslinie) mit einem am freien Ende des sog. Fahrarms befestigten Fahrstift bzw. einer Fahrlupe mit Markierung wird eine Meßrolle so bewegt, daß an einer Skala der Zahlenwert des Flächeninhalts abgelesen werden kann.

Planimetrie [lat./griech.] (ebene Geometrie), Teilgebiet der Geometrie, das sich mit den ebenen geometr. Figuren befaßt, speziell mit der Messung und Berechnung ihrer Flächeninhalte.

Planinc, Milka [serbokroat. 'planic], * Drniš (Kroatien) 21. Nov. 1924, jugoslaw. Politikerin. - Seit 1944 Mgl. der KP Jugoslawiens; seit 1971 Vors. des ZK des Bundes der Kommunisten in Kroatien; 1982/83 Ministerpräsidentin.

Planisphäre [lat./griech.], stereograph. Polarprojektion des Sternenhimmels („Himmelskugel") auf eine Ebene.
◆ Karte, die die Erdoberfläche in zusammenhängender Form, meist flächentreu darstellt.

plankonkav, auf der einen Seite eben (plan), auf der anderen Seite nach innen gekrümmt (von Linsen gesagt).

plankonvex, auf der einen Seite eben (plan), auf der anderen Seite nach außen gekrümmt (von Linsen gesagt).

Plankostenrechnung (Soll-Kostenrechnung) ↑Kostenrechnung.

Plankton [griech. „das Umherschweifende"], Gesamtheit der im Wasser schwebenden tier. und pflanzl. Lebewesen (**Planktonten, Plankter**), die keine oder nur eine geringe Eigenbewegung haben, so daß Ortsveränderungen (insbes. in horizontaler Richtung) ausschließl. oder ganz überwiegend durch Wasserströmungen erfolgen. In der Vertikalrichtung führen jedoch auch viele Planktonten ausgeprägte, von der Lichtintensität, der

Temperatur und den chem. Gegebenheiten (z. B. O₂-Gehalt) abhängige, tages- und jahresrhythm., aktive Ortsbewegungen (Vertikalwanderungen) durch. - Kennzeichnend für P.organismen sind Sonderbildungen, die das Schweben im Wasser erleichtern, indem sie die Absinkgeschwindigkeit verringern, z. B. lange Körperfortsätze, Ölkugeln oder Gasblasen im Körper. Zum P. zählen neben überwiegend einzelligen Algen v. a. viele Hohltiere (bes. Quallen), Kleinkrebse, Räder- und Manteltiere, Flügelschnecken sowie die Larvenstadien z. B. von Schwämmen, Schnurwürmern, Weichtieren, Ringelwürmern, Moostierchen, Stachelhäutern und Höheren Krebsen. - Pflanzl. P.lebewesen werden insgesamt als *Phytoplankton,* tier. als *Zooplankton* bezeichnet. Daneben unterscheidet man *Meeres-P.* (Halo-P.) und *Süßwasser-P.* (Limno-P.). Das P. ist eine außerordentl. wichtige Grundnahrung bes. für Fische und für Bartenwale. - ↑ auch Krill.

Planokulturen, zusammenfassende Bez. für die spätpaläoindian. Kulturen in N-Amerika (etwa 8000–4000), vorwiegend in den Prärien; Bisonjagd mit feinretuschierten, nichtkannelierten Projektilspitzen; verstärkte Sammeltätigkeit.

Plansichter, eine zum Trennen von feinkörnigem Gut eingesetzte Siebmaschine.

Planspiel, Lehrverfahren, bei dem am Modell einer (vereinfachten) wirtsch., gesellschaftl. oder militär. („Kriegsspiel", meist mit 2 gegeneinander spielenden Übungsparteien) Situation den Lernenden Handlungsentscheidungen abverlangt werden, deren Auswirkungen dann überprüft werden.

Planstelle, im Haushaltsplan ausgewiesene Stelle für einen Beamten, Richter oder Berufssoldaten. P. dürfen nur für [Dauer]aufgaben eingerichtet werden, zu deren Wahrnehmung die Begründung eines öffentl.-rechtl. Dienstverhältnisses (z. B. Beamten-, Richterverhältnis) zulässig ist.

Plantage [plan'ta:ʒə; frz., zu lat. plantare „pflanzen"], landw. Großbetrieb v. a. in den Tropen und Subtropen, der auf den Anbau von mehrjährigen Nutzpflanzen oder Dauerkulturen zur Erzeugung von hochwertigen Produkten für den Weltmarkt spezialisiert ist.

Plantagenet [engl. plæn'tædʒɪnt] (Anjou-P.), urspr. Beiname des Grafen Gottfried (Geoffroi) V. von Anjou (* 1113, † 1151), abgeleitet von dessen Helmzier, einem Ginsterbusch (lat. Planta genista). Sein Sohn Heinrich bestieg als Heinrich II. 1154 den engl. Thron und begründete das engl. Königshaus P., das mit seinen Nebenlinien Lancaster und York bis 1485 regierte; erlosch im Mannesstamm 1499.

Plantain [engl. 'plæntɪn; span.-engl.] ↑ Bananenstaude.

Planté, Gaston [frz. plɑ̃'te], * Orthez (Pyrénées-Atlantiques) 22. April 1834, † Bellevue

bei Paris 21. Mai 1889, frz. Physiker. - Prof. in Paris; erfand 1859 den elektr. Akkumulator (Bleiplatten in verdünnter Schwefelsäure).

plantigrad [lat.], auf den Sohlen gehend; von Tieren *(Sohlengänger, Plantigrada)* gesagt, die bei der Fortbewegung die ganze [Fuß]sohle auf dem Boden aufsetzen; z. B. Insektenfresser, Herrentiere (einschließlich Mensch), Nagetiere, Bären.

Plantin, Christophe [frz. plã'tɛ̃], * Saint-Avertin bei Tours um 1520, † Antwerpen 1. Juli 1589, frz. Buchdrucker und Verleger. - Eröffnete 1555 in Antwerpen eine Druckerei und Verlagsbuchhandlung. Zu seinen rund 1 600 typograph. wertvollen Drucken (v. a. wiss. Werke) zählt eine achtbändige Bibelausgabe in 5 Sprachen (1569–72); 1585 übertrug er die Leitung des Betriebs J. ↑ Moretus.

Planula [lat.] (Planulalarve), die aus einer Blastula durch Entodermbildung entstehende länglich-ovale, bewimperte, urdarm- und mundlose Larvenform der Nesseltiere, die frei umherschwimmt oder sofort zu Boden sinkt und dort umherkriecht. Aus der P. entsteht entweder (nach dem Sichfestsetzen) ein Polyp oder eine Actinulalarve (↑ Actinula).

Planum [lat.], in der *Anatomie* und *Morphologie:* Ebene, Fläche an anatom. Strukturen, v. a. anatom. Bezugsebene (gedachte, durch verschiedene Teile des Körpers gehende Schnittebene) oder flache Oberfläche (z. B. eines Knochens).
◆ in der *Medizin:* Durchtrittsebene, größter Querschnitt des kindl. Kopfes beim Passieren der Geburtswege.

Planung, Vorbereitung zukünftigen Handelns auf der Grundlage von Informationsgewinnung und -verarbeitung über Entwicklung und gegenwärtigen Zustand des P.objekts. Von bes. Bed. ist die Planung im Unternehmen, z. B. als Personalplanung, Finanzplanung usw. Neben dieser Unterscheidung nach dem Sachgegenstand kann P. auch nach der zeitl. Reichweite in kurz-, mittel- und langfristige, nach der Rangfolge in Primär-, Sekundär-, Tertiär-P., nach dem Konkretisierungsgrad in Rahmen- (Global-) und Detail-P. unterschieden werden.

Darüber hinaus erstreckt sich P. zunehmend auch auf andere (übergeordnete) Bereiche, insbesondere die Infrastruktur (z. B. Verkehrs-P.), Raumordnung (z. B. Regional-P.), Bildungswesen. - Unterliegt das Wirtschaftsgeschehen der P. einer zentralen Behörde, wird von ↑ Planwirtschaft gesprochen.

Planungsrechnung, svw. ↑ Optimierung.

Planungswertausgleich, Ausgleich für die Werterhöhung eines in einem Sanierungsgebiet gelegenen Grundstücks. Der Ausgleichsbetrag entspricht der durch die Sanierung bedingten Erhöhung des Bodenwertes und ist zur Finanzierung der Sanierung an die Gemeinde zu zahlen.

Planwirtschaft

politische Führung	allgemeine Zielvorgabe	Genehmigung des Plans
zentrale Planbehörde	Entwurf des vorläufigen Volks-wirtschaftsplans, Aufschlüsselung in Einzelpläne	Aufstellung des endgültigen Volkswirtschafts-plans, Koordinierung
Fach-ministerien	Detaillierung der Einzelpläne für die Betriebe	Gegenvorschläge, Zusammen-fassung der Einzelpläne, Koordinierung
Betriebe und Betriebs-zusammen-schlüsse	Planung auf Betriebsebene Gegenvorschläge	

Planwirtschaft.
Schema des Planungsprozesses
auf verschiedenen
Planungsebenen
und Entscheidungsebenen

Planwirtschaft, Bez. für ein Wirtschaftssystem, in dem eine zentrale Planbehörde Volkswirtschaftspläne aufstellt, ihre Durchführung anordnet und ihre Erfüllung kontrolliert. Dabei ist die Bez. P. insofern irreführend, als jedes Wirtschaften mit Planung verbunden ist, unter P. aber näher eine *Zentral-P.* (von W. Eucken *Zentralverwaltungswirtschaft* genannt) verstanden wird. Wiewohl eine solche zentrale Planung und Lenkung der Volkswirtschaft nicht notwendig mit einem sozialist. System verknüpft ist (↑ Staatskapitalismus), werden i. d. R. doch nur die sozialist. Staaten (d. h. in erster Linie die COMECON-Mgl.) unter den Begriff P. subsumiert. In diesen P. erfolgt die Planung auf der Grundlage von *Perspektivplänen*, die langfristige, oft stark polit. motivierte Zielsetzungen festlegen. Die Konkretisierung der Perspektivpläne erfolgt zunächst in Mehrjahresplänen, wobei der Planungszeitraum inzwischen für die meisten sozialist. Länder 5 Jahre beträgt, und schließlich in einzelnen Jahresplänen. Methoden und Wege der Planerstellung, v. a. aber Gegenstand und Instrumente der Planung wurden verschiedentlich in ökonom. Reformen z. T. erheblich geändert. Bei Unterschieden zw. den Ländern mit P. im Detail läßt sich als gemeinsame Hauptrichtung dieser Reformen eine Abkehr von detaillierten und mengenmäßigen Vorgaben durch den Plan zugunsten größerer Handlungsfreiheit der einzelnen Betriebe bei einer Steuerung durch ökonom. Daten (z. B. Höhe der Gewinnabführung, Produktionsfondsabgabe), die sog. ökonom. Hebel feststellen.

Teilweise wurden diese Reformen als Einbeziehung von der Marktwirtschaft eigenen Regelungsmechanismen in die P. interpretiert; dem entspricht die Theorie, daß die P. als Idealtyp ebenso wenig in der Realität rein vorkomme wie das gegensätzl. Modell der ↑ Marktwirtschaft, in der Wirklichkeit vielmehr nur verschieden strukturierte Mischformen auftreten.

〚〛 *Modernisierung der P. Hg. v. A. Drexler u. a. Gött. 1985. - Nienhaus, V.: Kontroversen um Markt u. Plan. Darmst. 1984. - BR Deutschland - DDR. Die Wirtschaftssysteme. Hg. v. H. Hamel. Mchn.* [4]*1983. - Merl, S.: Der Agrarmarkt u. die Neue Ökonom. Politik. Wsb. 1981. - Hensel, K. P.: Einf. in die Theorie der Zentralverwaltungswirtschaft. Stg.* [3]*1979. - Dobias, P.: Theorie u. Praxis der P. Paderborn 1977.*

Plappert, Münze, ↑ Blaffert.

Plaque [frz. plak „Fleck"], in der *Medizin* ein umschriebener, flacher oder etwas erhöhter Haut- oder Schleimhautfleck. - **Plaques muqueuses** nennt man die grauweißen, zu oberfläch. Abschürfung neigenden Papeln auf der [Mund]schleimhaut im zweiten Stadium der Syphilis.

◆ ↑ Zahnkaries.

Pläsier [frz.; zu lat. placere „gefallen"], Vergnügen, Spaß; Unterhaltung.

Plasma [griech. „Geformtes, Gebildetes"] (Protoplasma), die lebende Substanz in den Zellen von Mensch, Tier und Pflanze. Das P. schließt die plasmat. Grundsubstanz, das *Hyaloplasma*, und alle Zellorganellen ein. Häufig wird das Kern-P. des Zellkerns vom übrigen, als *Zytoplasma* (Zell-P.) bezeichneten P. unterschieden.

◆ (Blut-P.) die zellfreie Blutflüssigkeit (↑ Blut).

◆ Varietät des Jaspis.

◆ elektr. leitendes, im allg. sehr heißes Gemisch aus weitgehend frei beweglich. negativen und positiven Ladungsträgern (v. a. Elektronen und positive Ionen) sowie elektr. neutralen Atomen und Molekülen, die sich - ähnl. wie die Atome und Moleküle eines Gases - in ständiger ungeordneter Wärmebewegung befinden (bei einem *vollionisierten P.* sind keine oder nur vernachlässigbar wenige Neutralteilchen im P. enthalten); außerdem enthält ein P. in jedem Augenblick sehr viele Photonen. Zw. diesen P.teilchen erfolgen fortwährend mikrophysikal. Prozesse (z. B. Anregung, Ionisation, Strahlungsemission, Dissoziation, Rekombination). Das P. erscheint nach außen als elektr. neutral, sofern gleich viele positive und negative Ladungsträger vorhanden sind (*quasineutrales P.*). Wegen der freien Beweglichkeit seiner Ladungsträger besitzt es eine relativ große elektr. Leitfähigkeit, die mit zunehmender Temperatur infolge Zunahme der Zahl der Ladungsträger und ihrer Beweglichkeit rasch anwächst. In einem P. sind daher die Eigenschaften eines Gases mit denen elektr. leitfähiger Materie kombiniert.

Man kann jede Materie, indem man ihren atomaren Bestandteilen hinreichend viel Energie zuführt, in den *P.zustand* als den sog. vierten *Aggregatzustand* der Materie überführen; Materie im P.zustand sind z. B. ionisierte Flammengase, das Gas in mehr oder weniger großen Gebieten des Entladungsraumes einer Gasentladung, die bei Wasserstoffbombenexplosionen auftretenden und in Kernfusionsexperimenten erzeugten Plasmen, die Ionosphäre, große Teile der interstellaren Materie sowie die Materie in Sternatmosphären und im Sterninneren.

Plasmabrenner, Gerät zum Schmelzen, Verdampfen oder Verspritzen insbes. von schwer schmelzbaren Stoffen sowie zum Schweißen und Schneiden von metall. bzw. nichtmetall. Werkstoffen, dessen Arbeitsweise auf der Erzeugung eines sehr heißen Plasmastrahls beruht. Beim **direkten Plasmabrenner** brennt der Lichtbogen zw. der Wolframkathode und dem als Anode geschalteten, elektr. leitenden Werkstück (metall. Werkstoff), wobei das Lichtbogenplasma durch eine wassergekühlte Düse eingeschnürt wird; hiermit ist bes. ein Brennschneiden von hochlegierten Stählen und NE-Metallen sowie ein *Plasmaschweißen* möglich. Beim **indirekten Plasmabrenner** brennt der Lichtbogen in einem Druckgefäß zw. einer stabförmigen Wolframkathode und einer Ringanode aus Kupfer, durch die das Gas strömt und dabei stark aufgeheizt wird. Bei einem **Hochfrequenz-Plasmabrenner** wird das strömende Gas durch Anlegen eines hochfrequenten elektromagnet. Feldes (Frequenzen von etwa 20 MHz) ionisiert und die durch Wiedervereinigung der Ladungsträger freiwerdende Wärme zum Schmelzen der [in den Gasstrahl eingebrachten pulverförmigen] Stoffe verwendet.

Plasmachemie, moderne Forschungsrichtung der Chemie, die sich mit unter Plasmabedingungen ablaufenden chem. Reaktionen (z. B. Bildung von Acetylen aus Methan bei hohen Temperaturen oder die Synthese von Stickoxiden aus Luft im Lichtbogen) beschäftigt.

Plasmaersatz (Plasmaexpander), künstl. Lösungen zum vorübergehenden Flüssigkeitsersatz bei größeren Blutverlusten. Die neueren P.flüssigkeiten enthalten hochmolekulare Zucker (Dextran) oder abgewandelte Gelatine (früher auch Polyvinylpyrrolidon, PVP) mit Salzzusätzen. Sie haben im allg. den gleichen osmot. und kolloidosmot. Druck

wie die Blutflüssigkeit. P.flüssigkeiten können nur das fehlende Blutvolumen auffüllen, die spezif. Transportfunktionen des Blutes für Sauerstoff und Kohlendioxid jedoch ledigl. zu einem geringen Teil mit übernehmen.

Plasmakonserve ↑ Blutkonserve.

Plasmalemma, die Zellmembran bei Pflanzen (↑ Zelle).

Plasmamembran, svw. Zellmembran (↑ Zelle).

Plasmaphysik, modernes Teilgebiet der Physik, dessen Aufgabe die experimentelle und theoret. Untersuchung der physikal. Eigenschaften der Materie in ihrem vierten Aggregatzustand, dem sog. *Plasmazustand der Materie* (↑ Plasma), sowie die Auffindung, Formulierung und Deutung der für diesen Zustand gültigen Gesetzmäßigkeiten ist. In der **theoret. Plasmaphysik** wird versucht, die mechan., therm., elektromagnet. und opt. Eigenschaften des Plasmazustandes auf Grundlage der klass. (unter Umständen der relativist.) Mechanik und Hydrodynamik, der Elektrodynamik und Thermodynamik (bzw. statist. Mechanik) sowie der Quanten[feld]theorie theoret. zu deuten. Die Nichtgleichgewichtsvorgänge, insbes. die Transporterscheinungen im Plasma, und die Plasmaschwingungen werden dabei von der *Plasmadynamik* behandelt. Die **experimentelle Plasmaphysik** befaßt sich einerseits mit der Erzeugung von Plasmen, ihrer Aufheizung auf hohe Temperaturen und dem Studium ihrer Wechselwirkungen mit elektromagnet. Feldern; andererseits ist ihr die Aufgabe gestellt, die verschiedenen Eigenschaften und Kenngrößen eines Plasmas zu bestimmen *(Plasmadiagnostik)*. In den letzten Jahren hat die P. einen ganz entscheidenden Aufschwung erlebt durch die Bemühungen um eine kontrollierte thermonukleare Fusion (↑ Kernfusion).

Plasmaschweißen ↑ Schweißverfahren, ↑ Plasmabrenner.

Plasmaschwingungen, in Plasmen sowie in Metallen [und Halbleitern] auftretende kollektive Schwingungen sämtl. Ladungsträger, die sich den therm. Bewegungen dieser Teilchen überlagern. Sie entstehen, wenn an irgendeiner Stelle durch Verschiebung von Ladungsträgern ein elektr. Feld entsteht, das auf die Ladungsträger eine zur jeweiligen Verschiebung proportionale Rückstellkraft ausübt und sie zurücktreibt; dabei werden sie so beschleunigt, daß sie stets etwas über die Gleichgewichtslage hinausschießen und schließl. anfangen, um ihre Gleichgewichtslage zu schwingen, wobei diese Schwingungen mit einer für die jeweilige Ladungsträgersorte charakterist. sog. *Plasmafrequenz* erfolgen; wegen der großen Reichweite der zw. den geladenen Teilchen wirkenden Coulomb-Kräfte übertragen sich diese lokalen, zeitlich period. Ladungsverschiebungen dann auf das ganze System. Die sich ausbildenden kohä-

Plasmaspritzen

renten P. werden, einerseits durch die therm. Bewegung und die Stöße der Teilchen gedämpft, andererseits können sie sich als Folge der therm. Bewegung (bzw. des Druckes) auch als Wellen *(Plasmawellen)* im Plasma ausbreiten.

Plasmaspritzen, Spritzverfahren, bei dem das aufzutragende Material (insbes. hochschmelzende metall. oder keram. Stoffe) pulverförmig in den Plasmastrahl eines Plasmabrenners eingebracht, von diesem erhitzt und erschmolzen sowie dann mit hoher Geschwindigkeit auf die mit einem schützenden Überzug zu versehende Oberfläche aufgespritzt wird.

Plasmawellen ↑ Plasmaschwingungen.

Plasmazellen, bei einigen Infektionskrankheiten auftretende Zellen des Knochenmarks, die aus Lymphozyten bzw. Retikulumzellen unter dem funktionellen Reiz von Antigenen hervorgehen. Die P. sind an der Bildung der Bluteiweißkörper, bes. der Gammaglobuline, beteiligt und daher bei der Synthese der antigenspezif. Antikörper wichtig.

Plasmazustand ↑ Plasma.

Plasmid [griech.], extrachromosomales genet. Element bei Bakterien: ein kleines, ringförmiges DNS-Stück. P. tragen oft wichtige Gene, u. a. Resistenzfaktoren gegen Antibiotika und Sulfonamide.

Plasmodesmen [griech.], plasmat. Verbindungen zw. benachbarten Pflanzenzellen durch die Zellwand hindurch; dienen wahrscheinl. als Transportbahnen und Reizleitungssystem. Ähnl. Plasmabrücken über außerplasmat. Bezirke hinweg werden als **Ektodesmen** bezeichnet.

Plasmodium [griech.], Gatt. der Sporentierchen mit verschiedenen Arten, darunter die Erreger der ↑ Malaria.

◆ durch aufeinanderfolgende Vielteilung des Kerns ohne nachfolgende Zellteilung entstandener vielkerniger Plasmakörper; z. B. der (bis mehrere Millionen Zellkerne enthaltende) Vegetationskörper der Myxomyzeten (↑ Schleimpilze).

Plasmoid [griech.], ein von der Umgebung isoliertes (ringförmiges) Plasma, das infolge innerer, durch Strömungen der Ladungsträger hervorgerufener Magnetfelder als eigenständige Einheit existiert.

Plasmolyse [griech.], Erscheinung bei vakuolisierten Pflanzenzellen, die auf Osmose beruht: Durch eine höher als die Vakuolenflüssigkeit konzentrierte Außenlösung wird der Vakuole über die semipermeablen Membranen der Zelle (Tonoplast und Plasmalemma) Wasser entzogen, so daß die Vakuolen schrumpfen und sich der Protoplast von der Zellwand abhebt.

Plasmon [griech.], Bez. für die Gesamtheit aller außerhalb der Chromosomen lokalisierten Erbfaktoren der Zelle, im Unterschied zum ↑ Karyotyp.

Plasmopara [griech./lat.], Gatt. der Falschen Mehltaupilze mit dem Falschen ↑ Rebenmehltau als bekanntester Art.

Plasmozytom [griech.] (Kahler-Krankheit, Plasmazytom), monoklonale (von einem einzelnen Zellklon ausgehende) Vermehrung und tumorartige Wucherung von Plasmazellen, meist im Bereich des Knochenmarks; mit Bildung von Paraproteinen, Hyperglobulinämie und Paraproteinurie. Die wuchernden Plasmazellen zerstören die Knochensubstanz (klin. mit Knochenschmerzen, Knochenerweichung, auch Spontanfrakturen einhergehend). Die Verdrängung des blutbildenden Knochenmarks führt zu Anämie und Leukopenie, außerdem werden patholog. Eiweißkörper in der Niere abgelagert (**Paramyloidose**).

Plassenburg ↑ Kulmbach.

Plaste [griech.], svw. ↑ Kunststoffe.

Plasten [griech.], mit Ausnahme des Zellkerns Zellorganellen, die nur durch Teilung aus ihresgleichen (sui generis) hervorgehen können, also ↑ Plastiden und ↑ Mitochondrien.

Plastiden [griech.], Zellorganellen der Pflanzen mit Ausnahme der Pilze, Blaualgen und Bakterien. Die P. sind von 2 biolog. Membranen umgeben; sie vermehren sich (wie die ↑ Mitochondrien) durch Teilung und besitzen innerhalb der Zelle eine gewisse genet. Selbständigkeit, da sie eine eigene DNS haben. Man unterscheidet folgende P.typen: **Proplastiden** sind kleine P. in noch nicht ausdifferenzierten (meristemat.) Zellen mit charakterist. Einschlüssen wie Stärke und Lipidtröpfchen. Die Pro-P. sind die Vorstufen für alle übrigen P.typen. **Chloroplasten** bestehen aus der farblosen Grundsubstanz *(Stroma)*, in die lichtmikroskop. sichtbare Strukturen mit hoher Chlorophyllkonzentration *(Grana)* eingelagert sind. In ihnen läuft die Photosynthese ab. - In den Samenpflanzen sind die Chloroplasten zieml. einheitl. ellipsoidförmig (Länge rd. 5 µm), bei Algen treten auch andere Formen auf. Bis über 100 Chloroplasten können in einer Zelle vorhanden sein. **Leukoplasten** finden sich in Zellen, die auch bei Belichtung keine Chloroplasten ausbilden; ein dieses entsprechendes Membransystem fehlt. Sie bilden in Parenchymzellen von Speicherorganen bzw. -geweben aus Zucker Stärke; sie heißen dann auch Amyloplasten. **Chromoplasten** sind durch Karotinoide gelb bis rot gefärbt; sie haben kein Chlorophyll. - Die Farbpigmente tragenden P. wie Chloro- und Chromoplasten werden auch **Chromatophoren** genannt.

Plastifikator [griech./lat.], svw. ↑ Weichmacher.

Plastik [griech., zu plássein „aus weicher Masse bilden, formen"], die Gesamtheit wie die einzelnen Werke der Bildhauerkunst.

◆ operative Formung, Wiederherstellung von Organen und Gewebsteilen (bei Mißbildungen, nach Verletzungen oder Erkrankungen)

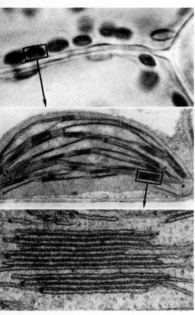

Plastiden. Oben:
Lichtmikroskopische Aufnahme
von Chloroplasten in Pflanzenzellen.
Vergrößerung 1 800 : 1. – Mitte:
Elektronenmikroskopische
Aufnahme eines Chloroplasten
im Zytoplasma einer Pflanzenzelle
mit Grana. Vergrößerung
20 000 : 1. – Unten:
Elektronenmikroskopische Aufnahme
eines einzelnen Granums, bestehend
aus gestapelten Membranen
(Thylakoiden). Vergrößerung 140 000 : 1

durch eine plast. Operation, oft auch durch
eine Transplantation (↑ plastische Chirurgie).
◆ allgemeinsprachl. Bez. für Kunststoff.

Plastikbombe, ein aus Plastikspreng-
stoffen (↑ Sprengstoffe) bestehender Spreng-
körper.

Plastilin [griech.], Modelliermasse aus
wachsartigen Substanzen (Bienenwachs, Mi-
neralwachs, Salze der Ölsäure), in die fein-
pulverige Füllstoffe (z. B. Gips) sowie zur
Farbgebung Pigmente eingearbeitet sind.

Plastination [griech./lat.], Konservie-
rungsverfahren, hpts. für medizin. Präparate;
die mit einer Kunststofflösung durchtränkten
Gewebe werden gehärtet.

plastisch, die Plastik betreffend; modell-
ierfähig, knet-, formbar (↑ Plastizität); räuml.,
körperhaft wirkend; anschaulich.

plastische Chirurgie, Teilgebiet der
Chirurgie, das die [Wieder]herstellung der
organ. Funktionen bei angeborenen oder ver-
letzungsbedingten Körperschäden oder die
Beseitigung von Verunstaltungen mittels
plast. Operationen zum Ziel hat. Die p. C.
gliedert sich in die drei Teilbereiche konstruktive und rekonstruktive p. C. und anaplast.
Chirurgie. Die **konstruktive plast. Chirurgie**
befaßt sich mit der operativen Neubildung
nichtvorhandener Körperteile. Behandelt
werden v. a. angeborene Defekte wie z. B. eine
fehlende Ohrmuschel, eine nicht vorhandene
Afteröffnung oder ein nicht angelegter Penis.
Eine große Bed. hat die konstruktive p. C.
auch für die Konstruktion von Fingern und
Zehen bei Fehlbildungen der Gliedmaßen
(Dysmelie). Im Rahmen der Unfallchirurgie
kommt der **rekonstruktiven plast. Chirurgie**
eine zentrale Rolle zu. Die steigende Anzahl
verunglückter Personen hat zu verbesserten
und neuen Operationstechniken geführt. Das
gilt insbes. für die Mikrochirurgie, denn erst
sie ermöglichte es, durchtrennte Blutgefäße
und Nerven erfolgreich zu nähen. Abgetrennte Finger und Hände bzw. Zehen und Füße,
abgerissene Nasenspitzen und Ohrläppchen
werden heute in den meisten Fällen erfolgreich angenäht (replantiert). Die **anaplast.
Chirurgie** befaßt sich mit der Defektdeckung
durch freie Verpflanzung (Transplantation)
von Haut und Weichteilgewebe. Bei größeren
Verletzungen mit freiliegenden Gelenken,
Knochen und Sehnen wird im allg. eine ge-
stielte Hautplastik notwendig. Dabei bleiben
zunächst eine oder mehrere Hautbrücken erhalten. Ausgeführt wird sie als sog. Fernpla-
stik, bei der Stiellappen gebildet werden, deren Stiele nach dem Einwachsen des Lappens
durchtrennt werden. Ein Teilgebiet der
anaplast. Chirurgie ist die **kosmetische**
(ästhet.) **Chirurgie.** Im Ggs. zu den anderen
Bereichen werden in der kosmet. Chirurgie
Operationen an funktionstüchtigen Organen
vorgenommen. Dadurch soll das äußere Erscheinungsbild eines Menschen positiv verbessert oder - wie in der Terrorismus- und
Unterweltszene - verändert werden. - Häufig
ausgeführte plast. Operationen sind die *Brust-
plastik* zur Formkorrektur über- bzw. unter-
entwickelter oder erschlaffter weibl. Brüste
und die *Mammoplastik* zur Straffung der natürl. Brustform bei Hängebrust. Bei unterent-
wickelten Brüsten werden zur Vergrößerung
Siliconprothesen operativ eingesetzt. - Eine
wesentl. Aufgabe bekam die kosmet. Chirurgie durch die Rekonstruktion der weibl. Brust
nach Amputation bei Brustkrebs. Die Angst,
mit dem Defekt vor den Blicken der anderen
nicht bestehen zu können, treibt viele Frauen
in eine verhängnisvolle Isolation. Um dies
zu verhindern, muß bereits vor der Operation
die Nachsorge mit der Patientin diskutiert
werden. Hieraus ergibt sich eine hohe eth.

plastisches Sehen

Verpflichtung der kosmet. Chirurgie.
📖 *Plast. u. wiederherstellende Maßnahmen bei Unfallverletzungen. Hg. v. K. H. Jungbluth u. U. Mommsen. Bln. 1984. - Jost, G.: Atlas der ästhet. plast. Chirurgie. Dt. Übersetzung Stg. 1977.*

plastisches Sehen, svw. räuml. ↑Sehen.

Plastisole [griech./lat.], aus Dispersionen von Kunststoffen (v. a. Polyvinylchlorid) in Weichmachern und Stabilisatoren bestehende Pasten zum Beschichten von Metallen; P. härten beim Erwärmen aus.

Plastizität [griech.], allg.: Bildhaftigkeit, Anschaulichkeit; Körperhaftigkeit; Formbarkeit.
◆ die Eigenschaft fester Körper, bei Einwirkung äußerer Kräfte Verformungen zu zeigen (sog. *plast. Verformungen*), die nach Aufhören der Einwirkung - anders als beim elast. Deformationen - nur z. T. vom Material selbst rückgängig gemacht werden (häufig werden nur die nach Zurückgehen der elast. Deformationen verbleibenden Formänderungen als plast. Verformungen bezeichnet).

Plastoponik [griech./lat.], Kulturverfahren zur Wiederbegrünung und Wiedergewinnung unfruchtbarer Böden mit Hilfe von Nährsalze und Spurenelemente tragenden Schaumstoffen.

Plastron [griech.], ventraler, abgeplatteter Teil des Schildkrötenpanzers; besteht aus mehreren hintereinander gelegenen Plattenpaaren und einer unpaaren medianen Platte (Entop).

Plata, La, Hauptstadt der argentin. Prov. Buenos Aires, nahe dem Río de la Plata, 455 000 E. Kath. Erzbischofssitz; staatl. Univ. mit angeschlossenem astronom. Observatorium, kath. Univ.; jurist. Univ.; Museen, Zoo; Pferderennbahn; Mühlen, Gefrierfleisch-, Textil- und Zementfabriken, Erdölraffinerie. - Bed. Hafen am Río de la Plata. - 1882 als Hauptstadt der Prov. Buenos Aires gegr. und mit planmäßigem Grundriß angelegt; hieß 1952-55 Eva Perón.

Plata, Río de la [span. 'rrio ðe la 'plata], gemeinsamer Mündungstrichter von Paraná und Uruguay an der südamerikan. Atlantikküste zw. Uruguay und Argentinien; bed. Wasserstraße; wichtigste Häfen sind Buenos Aires, Montevideo und La Plata.

Platää (Plataiai; lat. Plataeae), griech. Stadt in Böotien, südl. von Theben; wegen stetiger Rivalität zu Theben seit dem späten 6. Jh. v. Chr. mit Athen verbunden, 427 durch Theben und Sparta, 374 erneut durch Theben zerstört. Die **Schlacht bei Platää** 479 v. Chr. bedeutete das Ende der Perserkriege für das griech. Mutterland.

Platane (Platanus) [griech.], einzige Gatt. der *Platanengewächse* (Platanaceae) mit 6-7 rezenten Arten, verbreitet von N-Amerika bis Mexiko, in SO-Europa sowie in Asien bis Indien und zum Himalaja; 30-40 m hohe,

sommergrüne Bäume mit in Platten sich ablösender Borke, wechselständigen, ahornähnl. Blättern und unscheinbaren, einhäusigen Blüten in kugeligen Köpfchen. Die Früchte hängen einzeln oder zu mehreren an einem langen Stiel herab. - Als Park- und Alleebäume werden in Mitteleuropa neben der **Amerikan. Platane** (Platanus occidentalis, v. a. meist kleinschuppiger Borke und dreilappigen Blättern) v. a. die **Morgenländ. Platane** (Platanus orientalis, mit großschuppig sich ablösender Borke und 5-7lappigen Blättern) sowie am häufigsten die Kreuzung beider Arten, die auch im Großstadtklima gedeihende **Ahornblättrige Platane** (Platanus hybrida, mit drei- bis fünflappigen Blättern und großflächig sich ablösender Rinde), kultiviert. - Das Holz der P. findet als Werkholz und zur Papierherstellung Verwendung, Rinde und Blätter für Adstringentien.

Plateau [pla'to:; frz.], Hochebene, Tafelland.
◆ in der Lernpsychologie Bez. für vorübergehendes Ausbleiben des Lernzuwachses trotz fortgesetzten Übens; ein P. zeigt sich bes. beim Erwerb komplexer Fähigkeiten (z. B. Spracherwerb). Nach der P.bildung folgt in der Lernkurve häufig ein um so steilerer Anstieg, der auf unbemerkt ablaufende Prozesse während der P.phase hindeutet.

Plateaujura [pla'to:] ↑Jura.

Plateauphase [pla'to:] ↑Orgasmus.

Plateausprachen [pla'to:], eine der vier Untergruppen der Benue-Kongo-Sprachen innerhalb der Niger-Kongo-Sprachen. Die P. werden v. a. auf dem Bautschiplateau in Nigeria und westl. davon gesprochen.

Platen, August Graf von, eigtl. P.-Hallermünde, *Ansbach 24. Okt. 1796, †Syrakus 5. Dez. 1835, dt. Dichter. - Aus verarmter Adelsfamilie; 1814-18 bayr. Offizier (quittierte den Dienst aus Abscheu vor dem Militär); ab 1826 ständig in Italien; mit frühen Selbstzweifeln, der Faszination des Ästhetischen (Dichtung als Welt der Reinheit) blieb er trotz bürgerl.-liberaler Gesinnung isoliert. Haß gegen Tyrannei, Solidarität mit Freiheitsbewegungen und Polemiken kennzeichnen bei P. die kulturkrit. Züge. Als Lyriker (Ode, Romanze, Ghasel) brachten ihm die strengen Versmaße und der Wohlklang im sprachl. Ausdruck den Vorwurf des preziösen, kalten, anachronist. Klassizisten (Fehde mit H. Heine) ein. Mit seiner beschreibenden Lyrik bereitete P. das Dinggedicht vor. Die „Sonette aus Venedig" (1825) machten ihn zum Dichter der untergehenden, mit Trauer und Klage erfüllten Lagunenstadt. Populär blieb die Ballade „Das Grab im Busento". Verfaßte auch Verskomödien gegen Romantik und Schicksalsdrama.

Plater, Thomas ↑Platter, Thomas.

plateresker Stil [zu span. plateresco „silberschmiedeartig"], span. Dekorationsstil des 15./16. Jh.: eine Aufrasterung der Fassade in kleinteilige Schmuckelemente, die vom Mudejarstil der span. Spätgotik und von Formen der italien. Frührenaissance abgeleitet sind. Frühe Beispiele: Colegio de Santa Cruz (1487–91) und Colegio de San Gregorio (1488–96) in Valladolid. Aus dem 16. Jh. stammen Hauptwerke des p. S. wie das Portal am Hospital de los Reyos (1501–11) und der Kreuzgang (1521 ff.) der Kathedrale in Santiago de Compostela oder die W-Fassade der Univ. von Salamanca (1515–33). Auch bed. Goldschmiedearbeiten (Custodia in der Kathedrale von Santiago de Compostela, von A. de Arfé, 1545 vollendet).

Platerspiel (Platerpfeife) [zu mittelhochdt. blätere „Blase"], Blasinstrument mit Windmagazin aus einer Tierblase und Spielröhre (auch doppelt) in gerader oder gebogener Form und mit einfachem oder doppeltem Rohrblatt; in Europa vom MA bis Anfang des 17. Jh. belegt.

Platforming [engl. ˈplæt.fɔːmɪŋ; Kw. aus engl.: platinum reforming process] ↑ Erdöl.

Plath, Sylvia [engl. plæθ], * Boston 27. Okt. 1932, † London 11. Febr. 1963 (Selbstmord), amerikan. Schriftstellerin. - Ab 1959 in Großbrit.; ∞ mit Ted Hughes. Ihre bekenntnishafte Lyrik („Ariel", hg. 1965) in bilderreicher Sprache und kühner Formgebung thematisiert Liebe und Tod. - *Weitere Werke:* Die Glasglocke (R., 1963), Briefe nach Hause 1959–1963 (hg. 1978).

Plathelminthes [griech.], svw. ↑ Plattwürmer.

Platin [zu span. platina, eigtl. „Silberkörnchen"], chem. Symbol Pt; Übergangsmetall aus der VIII. Nebengruppe des Periodensystems der chem. Elemente, Ordnungszahl 78, mittlere Atommasse 195,09, Dichte 21,45 g/cm^3, Schmelzpunkt 1772 °C, Siedepunkt 3827 ± 100 °C. P. ist ein silbergrau glänzendes Edelmetall und der Hauptvertreter der Platinmetalle; es besitzt Ähnlichkeit v. a. mit dem im Periodensystem über ihm stehenden Palladium. P. ist nur in Königswasser und geschmolzenen Alkaliperoxiden löslich. In seinen meist farbigen Verbindungen tritt P. ein- bis vier- und sechswertig auf; es bildet zahlr. Koordinationsverbindungen (technisch wichtig ist die Hexachloroplatinsäure $H_2[PtCl_6] \cdot 6H_2O$ und ihre Ammonium- und Kaliumsalze). P. steht an 76. Stelle der Häufigkeit der chem. Elemente. Es kommt meist gediegen (zus. mit den übrigen P.metallen) vor. Bed. P.vorkommen gibt es in der UdSSR, in Südafrika, Kanada, Kolumbien, Australien und in den USA. Zur Gewinnung werden die P.metalle aus den Erzen durch Flotation angereichert oder man geht von dem bei der Reinigung von Nickel anfallenden Anodenschlamm aus. Aus diesem Konzentrat werden die unedlen Begleitmetalle entfernt und das Gemisch der P.metalle zerlegt (z. B. durch

Entfernen von Ruthenium und Osmium als Tetroxide und Kristallisation der übrigen Metalle als Komplexsalze), wobei sehr reines P. anfällt. P. wird (z. T. in Legierungen) zur Herstellung von Schmuck, für medizin. und chem. Geräte, für elektr. Schaltkontakte verwendet. Große Bed. hat P. als Katalysator, wobei feinverteiltes P. auf Asbest **(Platinasbest),** als schwarzes Pulver **(Platinmohr),** als poröse Masse **(Platinschwamm)** oder kolloidal verteilt **(Platinsol)** auf Grund seiner hohen Absorptionsfähigkeit für Wasserstoff für Hydrierungen verwendet wird.

Platine [frz., zu griech. platýs „platt, breit"], in *Hüttentechnik* und *Metallverarbeitung* Bez. für ein geschmiedetes oder vorgewalztes [flaches] Formteil aus Blech (Halbzeug), das durch Umformen weiterverarbeitet wird.

◆ in der *Feinmechanik* und *Elektronik* Bez. für eine Montageplatte zur Halterung der einzelnen Bauelemente.

◆ in der *Webtechnik* ↑ Jacquardmaschine.

◆ in der *Strick-* und *Wirktechnik* Bez. für ein dünnes Stahlplättchen, das zw. den Nadeln der Strick- und Wirkmaschinen zur Formung der Schlingen bzw. Maschen angeordnet ist.

Platinfuchs, blaugraue bis lavendelfarben melierte Farbvariante des Silberfuchses.

Platinit [span. († Platin)], eine aus 40 bis 50 % Nickel und 50 bis 60 % Eisen (wenig Mangan und Silicium) bestehende Legierung, die sich als Platinersatz für elektr. Kontakte und für Einschmelzdrähte eignet.

Platinmetalle, Bez. für die chem. nahe verwandten, in der Natur meist gemeinsam vorkommenden Edelmetalle der VIII. Nebengruppe des Periodensystems der chem. Elemente: Ruthenium, Rhodium, Palladium, Osmium, Iridium und Platin.

Platitüde [frz.], nichtssagende, abgedroschene Redewendung.

Platon (Plato), eigtl. Aristokles, * Athen (oder Ägina) 428 oder 427, † Athen 348/347, griech. Philosoph. - Sohn des Ariston und der Periktione; mütterlicherseits aus reicher und vornehmer Familie Athens. Nach dem Tod des Sokrates (399), dessen Schüler P. 8 Jahre lang war und dessen Prozeß er erlebte, hielt er sich eine Zeitlang bei dem Eleaten Euklid in Megara auf. Auf Reisen nach Unteritalien und Sizilien lernte er die Denkweise der Pythagoreer kennen. Die Platon. ↑ Akademie wurde um 385 gegründet. - Die (mit Sicherheit echten) *Schriften* des P. werden heute folgendermaßen eingeteilt: 1. „Sokrat." Schriften mit vorwiegend eth. Thematik und aporet. Grundtendenz (v. a. „Euthyphron", „Politeia" 1, „Apologia", „Kriton"); 2. Kritik der sophist. Rhetorik („Gorgias", „Menon", „Euthydemos", „Kratylos"); 3. vorwiegend systemat. Erörterungen über Erkenntnistheorie, Metaphysik, Ethik und Politik, zugleich Aus-

Platon

bildung der Ideenlehre („Symposion", „Phaidon", „Politeia" 2–10, „Phaidros"); 4. Weiterführung der Ideenlehre, Naturphilosophie und Gesetzgebung („Theaitetos", „Sophistes", „Timaios", „Kritias", „Nomoi"). - P. hat seine Lehre nicht in systemat. Abhandlungen, sondern in Dialogen, und nicht für Philosophen, sondern für Laien geschrieben. Die von ihm zahlr. verwendeten Mythen dienen der Veranschaulichung und Erläuterung. P. gewinnt seine Problemstellungen und Argumente i. d. R. aus der krit. Auseinandersetzung mit der Philosophie-, Wiss.- und Zeitgeschichte. -

Platon. Römische Marmorkopie
(um 365 v. Chr.)

Grundzüge seiner Lehre: Die auf den Bereich der Individualethik eingeschränkte (also unpolit.) Frage des Sokrates nach dem Guten und der Gerechtigkeit stellte P. in den umfassenden Kontext des polit.-sozialen Handelns, woraus sich unmittelbar die Auseinandersetzung mit den Sophisten und der Rhetorik, aber auch mit den Politikern und mit Fragen der Erziehung ergab. Um den eth. Relativismus der Sophisten durch eine gesicherte Argumentationstheorie zu überwinden, entwirft er eine allg. Theorie des Wissens, die in der Ideenlehre ihren Höhepunkt findet. Der Auflösung der eth., gesellschaftl. und polit. Traditionen und Normen will P. durch sein Konzept der „Kunst der Gesprächsführung" (↑ Dialektik) entgegenwirken, das v. a. dem krit. Zweck dient, die Ansichten der Sophisten und Politiker über das richtige Handeln als ungesicherte bloße Meinung (griech. dóxa) zu entlarven. Da alle empir. Gegenstände und Vorgänge wandelbar sind, postuliert P. unwandelbare Ideen, um die Möglichkeit gesicherten, beständigen Wissens darzutun. Die Ideen der *Ethik* transzendieren die empir. Realität der Gesellschaft. Eine Sonderstellung im Ideenkosmos nimmt die Idee des Guten ein: Sie hat die Funktion (als Meta-Idee), die Brauchbarkeit der anderen Ideen in Theorie und Praxis zu gewährleisten, den Mißbrauch von Wissen und Fähigkeiten zu ver-

hindern und die richtige Ziel-Mittel-Relation für konkrete Einzelfälle zu bestimmen. - Den *Staat* interpretiert P. als Großindividuum, dessen Mgl. analog zu den Seelenfunktionen in drei Klassen gegliedert werden, denen jeweils eine spezif. Tugend zugeordnet ist: erkennender Seelenteil (Einsicht) - Herrscherstand; mutiger Seelenteil (Tapferkeit) - Kriegerstand; begehrender Seelenteil (Maßhalten)- Erwerbsstand. Die Gerechtigkeit (dikaiosýnē) als vierte Kardinaltugend umgreift alle Stände und koordiniert ihre Tugenden. Im Ggs. zum bisherigen Bildungsprogramm sieht P. in der Philosophie die höchste Wiss., die er deshalb an das Ende einer differenzierten Ausbildung verlegt. Damit richtet sich seine Kritik am herrschenden Wissenschaftsverständnis gegen die Bindung an Wahrnehmbares und hypothet. Grundannahmen, an deren Stelle er die nichthypothet. Wahrheit, die Philosophie, setzt. - Als Prinzip des Handelns sieht P. die *Seele*, die durch den Antagonismus von Neigung und Vernunft bestimmt ist; Selbstzucht und philosoph. Bildung lassen die Vernunft siegen. Zur gerechten Honorierung des Guten und Vergeltung des Bösen postuliert P. ein Totengericht im Jenseits. Als Lebensprinzip ist die Seele unsterblich. Die Erkenntnis der aus der Wahrnehmung nicht zu gewinnenden Ideen und theoret. Zusammenhänge setzt ein Stadium der Präexistenz der Seele voraus, in dem sie die Ideen „schaute". Lernen ist für P. also „Wiedererinnerung" (Anamnesis).

Seine *Ontologie* beruht auf der Annahme, daß den Erkenntnisvermögen unterschiedl. Gegenstandsbereiche entsprechen: dem Denken die Welt der Ideen oder Formen (unkörperl., unwandelbar, ewig, wahrhaft, an sich seiend, Ur- und Vorbild der Sinnendinge); der Wahrnehmung die Sinnenwelt (körperl., wandelbar, vergängl., nicht an sich, sondern nur durch Partizipation an den Ideen seiend, Abbild und Nachahmung der Idee). Nur in bezug auf die Ideen ist also gesichertes Wissen mögl., im Bereich der Sinnendinge gibt es nur „Meinung". P. verbindet die bei Parmenides noch streng getrennten Seinsbereiche durch die Teilhaberelation, auf der Erkenntnisebene Wissen und Nichtwissen durch die Konzeption der „richtigen Meinung". - Im Unterschied zu Sokrates befaßt sich P. eingehend mit Problemen der Naturphilosophie und führt neben der Materialursache den Zweck (Finalursache) und die Ideen (Formalursache) als weitere Ursachen ein. Ausführl. erörtert er Fragen der *Kosmologie:* Der Demiurg gestaltet die Welt als Abbild einer vollkommenen Idee; sie ist daher die beste aller mögl. Welten, ein unvergängl., beseeltes, vernunftbegabtes Lebewesen. - Jede zu rechtfertigende Gottesvorstellung muß nach P. vom Ideal eines eth. vollkommenen, unveränderl. und selbstgenügsamen Gottes ausgehen.

📖 *Jaspers, K.: Plato. Mchn.* ³*1985. - Wieland, W.: P. u. die Formen des Wissens. Gött. 1982. - Findlay, J. N.: Plato u. der Platonismus. Dt. Übers. Königstein im Taunus 1981. - Krüger, G.: Eros u. Mythos bei Plato. Ffm. 1978. - Gadamer, H. G.: Die Idee des Guten zw. Plato u. Aristoteles. Hdbg. 1978. - Fleischer, M.: Hermeneut. Anthropologie. P. Aristoteles. Bln. 1976. - Telle, H.: Formen der Beweisführung in den platon. Frühdialogen. Bonn 1975. - Graeser, A.: Platons Ideenlehre. Bern 1975. - Guzzoni, G.: Vom Wesensursprung der Philosophie Platons. Bonn 1975.*

Platoniker [griech.], i. e. S. die Mgl. der Platon. ↑Akademie; i. w. S. Sammelbez. für die Vertreter des Platonismus, darüber hinaus auch des Neuplatonismus.

Platonische Akademie, 1. die von Platon in Athen gegr. ↑Akademie. 2. Am Renaissancehof Cosimos I. de' Medici 1459 begr. Gelehrtenkreis zur Erneuerung der Philosophie Platons; Mittelpunkt des italien. Humanismus; bestand bis 1522; mit bed. Nachwirkung.

platonische Körper (regelmäßige Körper, regelmäßige Polyeder), konvexe ↑Polyeder (Vielflächner), die von regelmäßigen, untereinander kongruenten Vielecken begrenzt werden u. in deren Ecken jeweils gleich viele Kanten zusammenstoßen. Es gibt fünf p. K.: das regelmäßige Tetraeder, Hexaeder (Würfel), Oktaeder, Pentagondodekaeder und Ikosaeder, deren Oberfläche (O) und Volumen (V) bei einer Kantenlänge a wie folgt zu berechnen sind:

	O	V
Tetraeder	$a^2 \sqrt{3}$	$(a^3/12) \sqrt{2}$
Hexaeder	$6\,a^2$	a^3
Oktaeder	$2a^2 \sqrt{3}$	$(a^3/3) \sqrt{2}$
Pentagon-dodekaeder	$3a^2 \sqrt{25 + 10 \sqrt{5}}$	$(a^3/4)(15 + 7 \sqrt{5})$
Ikosaeder	$5a^2 \sqrt{3}$	$(5/12)\,a^3\,(3 + \sqrt{5})$

platonische Liebe, metaphys. in der Philosophie Platons der auf Vermittlung zw. Geistigem und Sinnlichem angelegte, die philosoph. Erkenntnis und die Schau der Ideen erstrebende Eros; allg. die die sexuelle Sinnlichkeit ausschließende, auf geistig-psych. Kommunikation basierende Liebe.

platonisches Jahr (Großes Jahr, Weltjahr), die Dauer eines Umlaufes des Frühlingspunktes in der Ekliptik auf Grund der Präzession. Ein p. J. hat eine Länge von rund 25 800 Jahren.

Platonismus [griech.], Nachwirkung der Lehre Platons; i. e. S. die Philosophie der ↑Akademie Platons (↑auch Neuplatonismus). - Der P. außerhalb der Schultradition ist außerordentl. vielfältig und oft nicht genau zu bestimmen. Das frühe Christentum übernahm den P. einerseits als Bestandteil der hellenist. Bildung, andererseits in der Entwicklung der eigenen Theologie. Um 1270 gab es in Paris neben dem Aristotelismus eine starke, an Augustinus anschließende Tradition des Platonismus. V. a. bei naturwiss. interessierten Denkern (R. Grosseteste, R. Bacon, Witelo und der „Schule von Chartres") fand der P. Anklang. Albertus Magnus, Ulrich von Straßburg u. a. hielten die Tradition des P. bis zur spekulativen Mystik des 14. Jh. (Meister Eckhart) aufrecht. G. Pico della Mirandola und G. Bruno standen dem P. nahe, ebenso Nikolaus von Kues, Descartes, Leibniz, Spinoza, Malebranche (der „christl. Platon"), Hegel, Husserl und Whitehead.
📖 *P. u. Christentum. Hg. v. H. D. Blume u. F. Mann. Münster 1983. - Der Mittelplatonismus. Hg. v. C. Zintzen. Darmst. 1981.*

Platonow, Andrei Platonowitsch [russ. pla'tɔnəf], * Woronesch 1. Sept. 1899, † Moskau 5. Jan. 1951, russ.-sowjet. Schriftsteller. - Schrieb Gedichte und v. a. psycholog. motivierte, irrational verfremdete Erzählungen, die in der UdSSR lange Zeit nicht veröffentlicht wurden. Dt. erschienen u. a. „Die Kutschervorstadt" (En., 1968), „In der schönen und grimmigen Welt" (En., 1969), „Unterwegs nach Tschevengur" (R., 1973).

Plattdeutsch [von niederl. plat „flach, (übertragen:) gemeinverständlich, vertraut"], Bez. für die niederdt. Mundarten im Unterschied zum Ober- und Mitteldeutschen. - ↑auch deutsche Mundarten, ↑Niederdeutsch.

Platte, Rudolf, * Hörde (= Dortmund) 12. Febr. 1904, † Berlin 18. Dez. 1984, dt. Schauspieler. - Einer der bekanntesten dt. Filmkomiker; auch schwierige Charakterrollen (z. B. „Der Hauptmann von Köpenick"), v. a. am Theater und im Fernsehen.

Platte [über mittellat. plat(t)a zu griech. platýs „eben"], in der *techn. Mechanik* und *Elastizitätstheorie* Bez. für ein dünnes, ebenes und durch äußere Kräfte nur senkrecht zu seiner Mittelebene beanspruchtes Bauelement (im Ggs. zur ebenfalls dünnen und ebenen *Scheibe,* bei der die Wirkungslinien der einwirkenden Kräfte in der Mittelebene selbst liegen).

Platonische Körper

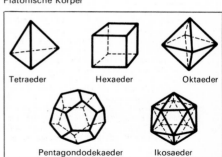

Tetraeder Hexaeder Oktaeder

Pentagondodekaeder Ikosaeder

Plattenepithel

◆ svw. ↑ Schallplatte.

◆ svw. photographische Platte (↑ Photographie).

◆ Gebiet mit ebener Landoberfläche.

Plattenepithel ↑ Epithel.

Plattenkalk, dünnplattig geschichteter Kalkstein.

Plattensee (ungar. Balaton), größter See Mitteleuropas, in W-Ungarn, 78 km lang bis 15 km breit (Einschnürung durch die Halbinsel von Tihany bis auf 1,5 km), durchschnittl. 3 m, maximal 11 m tief, Wasserspiegel durchschnittl. 106 m ü. d. M.; Fremdenverkehr. Bed. Wein- und Obstbau an den Ufern; Großkelterei und Weinmuseum im Weinbaugebiet Badacsony; auch Fischerei; teilweise Naturschutzgebiet.

Plattenspieler, Abspielgerät für Schallplatten, mit dem die auf diesen gespeicherten Schallaufzeichnungen in Wechselspannungen umgewandelt werden, die dann mittels Verstärker und Lautsprecher hörbar gemacht werden. Der P. besteht aus dem von einem Elektromotor angetriebenen Laufwerk, das den Plattenteller antreibt, und dem über dem Plattenteller schwenkbaren bzw. neuerdings auch tangential geführten Tonarm mit einem elektr. ↑ Tonabnehmer; dieser tastet mit seiner Abtastnadel die Rillen der auf dem Plattenteller liegenden Schallplatte ab.

Das **Laufwerk** versetzt meist über ein System von Gummireibrädern oder einen Antriebsriemen den Plattenteller und damit die Schallplatte möglichst geräuschlos und erschütterungsfrei in gleichmäßige Umdrehungen von vorgeschriebener Geschwindigkeit (heute meist 45 und 33$\frac{1}{3}$ U/min). Seit einigen Jahren ist mit elektron. Drehzahlregelung des Motors auch der direkte Antrieb des Plattentellers durch die Motorachse möglich. Außerdem gibt es Plattenspieler mit Linearantrieb (unter dem Plattenteller sind in einem Bogen Elektromagnete angeordnet, die den Plattenteller in Drehung versetzen). - Hochwertige Laufwerke haben meist einen schweren, ausgewuchteten **Plattenteller**, dessen Schwungmasse Antriebsschwankungen ausgleicht; insbesondere werden für Hi-Fi-Wiedergabe an das Laufwerk hohe Anforderungen an Gleichlauf und Rumpelfreiheit gestellt (unter *Rumpeln* versteht man alle von störenden mechan. Vibrationen herrührenden, vom Tonabnehmersystem umgewandelten und sodann die Wiedergabe beeinträchtigenden Geräusche). Aufgabe des möglichst leicht, aber dennoch weitgehend verwindungssteif gebauten und statisch ausbalancierten **Tonarms** ist es, den Tonabnehmer so über die Platte zu führen, daß an der Abtastnadel möglichst keine anderen Kräfte wirksam werden als die Auslenkkräfte der Schallrille. Die Abtastverzerrungen (durch den sog. Spurfehlwinkel), die auf die Unterschiedlichkeit der Führung beim Schneiden der Schallrillen (radiale Führung des Schneidstichels) und bei der Tonabnahme (Kreisbogenführung der Abtastnadel um das außerhalb des Plattentellers befindliche Tonarmlager) beruhen, werden durch eine genau berechnete Abwinkelung (Kröpfung) des Tonarms verringert. Hierdurch wird jedoch der Tonarm beim Abspielen stets etwas nach innen gezogen (sog. *Skating*); die dadurch auftretende, die Abtastnadel stärker an die (bei Stereoplatten für den linken Kanal zuständige) Innenflanke der Rolle drückende *Skatingkraft* wird durch eine sog. **Antiskatingvorrichtung** neutralisiert. Damit das Tonabnehmersystem der Führung der Schallrille ungehindert folgen kann, muß die Tonarmlagerreibung möglichst gering sein, was durch Präzisionskugellager oder Edelsteinlager erreicht wird. Durch geringes Gewicht des Tonarms und eine möglichst große Nadelnachgiebigkeit kann dann außerdem die Auflagekraft der Abtastnadel sehr klein gehalten werden (heute meist nur wenige Millinewton). Winkelfehler und Skating werden bei dem tangential über die Schallplatte geführten Tonabnehmer verhindert, da sich die Abtastnadel bei diesem System nicht gegenüber der Schallrille verdreht, sondern den stets gleichen Winkel aufweist. - *Digital-P.* arbeiten nach dem selben Prinzip wie Bildplattenspieler (↑ Videoplatte). - Aufsetzen und Abheben des Tonarms erfolgen bei vielen Plattenspielern selbsttätig; ein *Tonarmlift* gestattet außerdem, die Abtastnadel an jeder beliebigen Stelle der Platte sanft aufzusetzen oder anzuheben. Das Abschalten erfolgt mechanisch oder auch optoelektronisch (der Tonarm muß dann keinen Druckpunkt überwinden).

Zur Geschichte ↑ Schallplatte.

📖 *Fellbaum, G./Loos, W.: Phonotechnik ohne Ballast. Aufbau, Arbeitsweise u. Wartung v. P. u. Cassettentonbandgeräten sowie Schallplatten u. Tonbandkassetten. Mchn. 1978.*

Plattentektonik, Weiterentwicklung der Theorie der ↑ Kontinentalverschiebung, aufgestellt in den 1960er Jahren auf Grund umfangreicher Echolotvermessungen der Ozeane. Danach ist die Lithosphäre in 6 große und zahlr. kleinere Platten aufgeteilt, deren Grenzen i. d. R. durch Erdbebenzonen markiert sind. Die Verschiebung der Platten und die damit verbundene Entstehung der Ozeane gehen auf die Vorgänge an den mittelozean. Rücken zurück. Hier bewegen sich die Platten voneinander weg durch ständiges Aufdringen von basalt. Lava aus der Zentralspalte der Rücken; der dadurch andauernd neu gebildete Ozeanboden breitet sich zu beiden Seiten aus. Nachgewiesen wurde diese Ausdehnung durch die den mittelozean. Schwellen parallel verlaufenden Streifen mit unterschiedl. Magnetisierung, die durch mehrmaliges Umpolen des Magnetfeldes der Erde verursacht sind, sowie durch Alters- und Mächtigkeitsuntersuchungen der Sedimente des Ozeanbo-

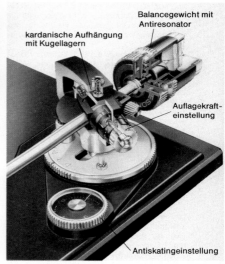

kardanische Aufhängung
mit Kugellagern

Balancegewicht mit
Antiresonator

Auflagekraft-
einstellung

Antiskatingeinstellung

Plattenspieler. Querschnitt durch
den Antrieb (links; die Motorachse
ist gleichzeitig Plattentellerachse)
und durch Tonarmaufhängung und
Balancegewicht (rechts) eines
quarzgeregelten Hi-Fi-Plattenspielers
(rechts; die Auflagekraft wird durch
eine um die horizontale Achse an-
greifende Feder [vorn] erzeugt)

dens. Die Sedimentuntersuchungen wurden
durch Tiefbohrungen des amerikan. For-
schungsschiffes „Glomar Challenger" seit
1968 ermöglicht. Mit der P. lassen sich zahlr.
tekton. Vorgänge erklären: treffen z. B. eine
ozean. Platte und eine kontinenttragende zus.,
so taucht die ozean. Platte mit einem Winkel
von etwa 45° in die Asthenosphäre ab. Je

Plattentektonik. Schemazeichnung
der sechs Großplatten und einiger
kleiner Platten

nach Entfernung der abtauchenden Platte
vom Kontinent bilden sich dabei Inselbögen
(z. B. am W-Rand des Pazifiks) oder Küsten-
kordilleren (z. B. O-Rand des Pazifiks). An
der Abtauchstelle bilden sich Tiefseegräben
aus, die von Vulkanketten begleitet werden.
Kollidieren zwei kontinenttragende Platten,
so entstehen Faltengebirge (z. B. Himalaja).
Bewegen sich zwei Platten dicht aneinander
vorbei, kommt es durch ruckartige Bewegung

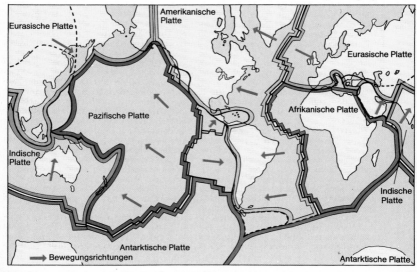

Amerikanische
Platte

Eurasische Platte

Eurasische Platte

Pazifische Platte

Afrikanische Platte

Indische
Platte

Indische
Platte

Antarktische Platte

→ Bewegungsrichtungen

Antarktische Platte

zu häufigen Erdbeben (z. B. San-Andreas-Fault in Kalifornien). Als Energiequelle für all diese Bewegungsabläufe werden in sich geschlossene Wärmeströmungen angenommen.

📖 *Frisch, W./Loeschke, J.: P. Darmst. 1986. - Ozeane u. Kontinente. Einf. v. P. Giese. Hdbg. 1983. - Meißner, R./Vetter, U.: Großräumige Bewegungsvorgänge auf der Erde. Paderborn; Mchn. 1977.*

Platter (Plater), Thomas, * Grächen (Wallis) 10. Febr. 1499, † Basel 26. Jan. 1582, schweizer. Humanist. - Ziegenhirt, Seilergeselle und fahrender Schüler; Korrektor in einer Basler Druckerei; Prof. für Hebräisch, später für Griechisch. Gründete 1535 eine eigene Druckerei und Buchhandlung. Seine „Lebensbeschreibung" (hg. 1840) ist eine der bedeutendsten Autobiographien des 16. Jh.

Platterbse (Lathyrus), Gatt. der Schmetterlingsblütler mit mehr als 150 Arten in der nördl. gemäßigten Zone und in den Subtropen sowie in trop. Gebirgen; ein- oder mehrjährige Kräuter mit paarig gefiederten Blättern, oft mit Blattstielranken. In Deutschland kommen rd. 15 Arten vor, u.a.: **Frühlingsplatterbse** (Frühlingswicke, Lathyrus vernus), im April und Mai blühende, bis 40 cm hohe Staude mit rotvioletten, vierbis sechsblütigen Blütentrauben und rankenlosen Blättern; **Saatplatterbse** (Dt. Kicher, Lathyrus sativus), einjährige, nur kultiviert bekannte Pflanze mit bis 1 m hohem Stengel, Blüten bläul., rötl., oder weiß, meist einzeln, Hülsen kahl mit kantigen Samen (eßbar); **Waldplatterbse** (Lathyrus sylvestris), ausdauernde Pflanze mit 1−2 m langen liegenden oder kletternden Stengeln und blaßroten Blüten, in Gebüschen und Laubwäldern; **Wiesenplatterbse** (Lathyrus pratensis), 30−100 cm hohe Staude auf Wiesen, Blüten gelb; **Wohlriechende Platterbse** (Lathyrus odoratus), in S-Italien heim. einjährige, 1−2 m hohe Kletterpflanze mit duftenden, verschiedenfarbigen Blüten.

Platte River [engl. 'plæt 'rɪvə], rechter Nebenfluß des Missouri, in Nebraska, USA, entsteht durch Zusammenfluß des North P. R. und des South P. R., durchfließt die Great Plains, mündet etwa 20 km südl. von Omaha, 500 km lang.

Plattfische (Pleuronectiformes), Ordnung wenige Zentimeter bis mehrere Meter langer Knochenfische mit rd. 600 Arten, v. a. in flachen Meeresgewässern, wenige Arten in größerer Meerestiefe, einige im Süßwasser; Körper seitl. stark abgeplattet, asymmetr.; beide Augen und Nasenlöcher auf der pigmentierten (je nach Art rechten oder linken), dem Licht (nach oben) zugekehrten Körperseite. Auf der helleren Körperseite liegen die P. am Grund oder graben sich in diesen ein; beim Schwimmen ist diese Seite nach unten gerichtet. Manche Arten können sich durch Farbwechsel täuschend dem Aussehen des Bodengrunds anpassen. Die Jugendstadien sind bilateral-symmetr. (also wie andere Fische gestaltet) und freischwimmend; nach der Umwandlung sind sie Bodenbewohner. - P. sind z. T. wichtige Speisefische, z. B. Scholle, Heilbutt, Steinbutt, Seezunge und Flunder.

Plattform [frz.], allg. svw. flacher, erhöhter Platz oder Bereich.

◆ dem *polit. Sprachgebrauch* der USA entstammende Bez. für ein bes. lockeres [Wahl]-programm, in dem meist nur für eine bestimmte Dauer (z. B. Wahlperiode) konkrete polit. Ziele einer Partei, eines Parteienbundes bzw. sonstiger polit.-sozialer Gruppen und Vereinigungen zusammengestellt sind.

Plattformpartei ↑Partei.
Plattfuß ↑Fußdeformitäten.
Plattgattheck, svw. ↑Spiegelheck.
Plattieren ↑Oberflächenbehandlung.

◆ in der *Textiltechnik* bei der Herstellung von Wirk- und Strickwaren die Verarbeitung von zwei Garnen unterschiedl. Qualität (z. B. Wolle und Baumwolle), wobei man die Fäden so übereinanderlegt und zu Maschen formt, daß das bessere Material die obere Schicht bildet.

Plattkäfer (Schmalkäfer, Cucujidae), weltweit verbreitete Käferfam. mit rd. 1 300 2−3 mm langen Arten, davon rund 50 Arten in M-Europa; Körper schmal und abgeplattet, mit großem Kopf und gerippten Flügeldecken. Viele P. leben unter Baumrinden von zerfallendem pflanzl. Material oder jagen andere Rindeninsekten. Manche Arten sind Vorratsschädlinge, z. B. der braune **Getreideplattkäfer** (Oryzaephilus surinamensis).

Plattling, Stadt nahe der Mündung der Isar in die Donau, Bay., 320 m ü. d. M., 10 500 E. U. a. Zuckerraffinerie. - 868 erstmals erwähnt; 1320 Markt; 1379 wegen der häufigen Hochwasser auf das höhere linke Isarufer verlegt; seit 1888 Stadtrecht. - Roman. Kirche (13. Jh.) mit spätgot. Chor.

Plattmuscheln (Tellmuscheln, Tellinidae), Fam. z. T. prächtig gefärbter Muscheln im Pazifik und Atlantik. Die Schalen der **Pazif. Plattmuschel** (Macoma nasuta) wurden von Indianern als Geld benutzt. In der Nord- und Ostsee ist die **Balt. Plattmuschel** (Rote Bohne, Macoma baltica), eine bis 2,5 cm große, rundl., bräunl. Muschel, Charakterart der Gezeitenzone.

Plattschwänze (Laticauda), Gatt. etwa 1−1,5 m langer, giftiger, überwiegend im Ind. Ozean verbreiteter, eierlegender ↑Seeschlangen; meist auffallend gefärbt, z. B. beim **Gewöhnl. Plattschwanz** (Laticauda laticaudata; schwarz und himmelblau geringelt).

Plattstich (Flachstich), v. a. bei vorgezeichneten Formen verwendeter Stickereistich, der meist motivdeckend gearbeitet wird; durch Veränderung der Fadenlage kann eine plast. Wirkung erzielt werden.

Plattwanzen (Hauswanzen, Cimicidae), weltweit verbreitete Fam. der ↑Landwanzen mit rd. 20 an Säugetieren und Vögeln blutsaugenden Arten (auch die Larven sind Blutsauger); Körper sehr flach, oval; Vorderflügel zu kleinen Schüppchen reduziert, Hinterflügel fehlend. Die bekannteste Gatt. ist Cimex, zu der u. a. die Bettwanzen gehören mit der weltweit verschleppten **Gemeinen Bettwanze** (Cimex lectularius) und der in S-Asien und Afrika verbreiteten **Trop. Bettwanze** (Cimex rotundatus). Weiterhin gehört zu dieser Gatt. die an Tauben und Hühnern schmarotzende **Taubenwanze** (Cimex columbarius). Die für den Menschen sehr lästige Gemeine Bettwanze saugt auch an anderen Warmblütern, so daß sie häufig auch in Taubennestern, bei Hausgeflügel und in Kaninchenställen vorkommt. Sie ist erwachsen 5–8 mm lang und gelbl. bis rotbraun. Der Rüssel liegt in Ruhe zurückgeschlagen zw. den Vorderbeinbasen. An der Basis der Hinterbeine münden Stinkdrüsen, von denen der typ. Wanzengeruch ausgeht. Die ♀♀ haben eine bes. Begattungstasche *(Ribaga-Organ)* seitl. am vierten Hinterleibsring. Die Gemeine Bettwanze sucht ihre Opfer nur nachts, über ihren Geruchs- und Temperatursinn geleitet, auf. Tagsüber verharrt sie in einem Versteck. Erwachsen nimmt sie wöchentl. etwa einmal Blut auf und wird über ein Jahr alt. Bei Nahrungsmangel kann sie bis über ein halbes Jahr hungern.

Plattwürmer (Plathelminthes), Tierstamm mit über 12 000 Arten von etwa 0,5 mm bis über 15 m Länge; die Leibeshöhle ist von Parenchym erfüllt („parenchymatöse Würmer"); Blutgefäßsystem und bes. Atmungsorgane sind nicht entwickelt; der Darm endet blind (ein After fehlt). Im Ggs. zu der im übrigen einfachen Organisation zeigen die Geschlechtsorgane der fast stets zwittrigen P. einen hochentwickelten Bau: Der Eierstock ist meist in einen ausschließl. dotterlose Eizellen bildenden Abschnitt und in einen solchen getrennt, der nur Dotterzellen bildet. Mit Ausnahme der primitiven P., bei denen der Dotter in der Eizelle selbst enthalten ist, haben alle übrigen P. zusammengesetzte Eier. - Die P. leben teils im Meer, teils im Süßwasser, selten an Land. Sie sind freilebend (fast alle ↑Strudelwürmer) oder parasit. (alle ↑Saugwürmer und ↑Bandwürmer).

Platy [griech.] (Spiegelkärpfling, Xiphophorus maculatus), bis 4 cm (♂) bzw. 6 cm (♀) langer, meist hochrückiger ↑Lebendgebärender Zahnkarpfen in Süßgewässern Mexikos und Guatemalas; Färbung durch Zuchten (Warmwasseraquarienfisch) sehr variabel; Stammform oberseits olivbraun, an den Seiten bläulich schimmernd.

Platz [über frz. place (von lat. platea „Straße") zu griech. plateĩa (hodós) „breiter (Weg)"], freie, unbebaute Fläche in einem bebauten Bereich, z. T. durch Brunnen, Plastiken, Blumen und/oder Grünanlagen architekton. gegliedert, gewachsen oder als Gesamtanlage konzipiert. Im 20. Jh. ging der durch die umschließende Bebauung geprägte P. in seiner urspr. gemeinschaftsbildenden Funktion weitgehend verloren (Entwertung zum Verkehrsknotenpunkt).

◆ im Pferdesport der Einlauf eines Pferdes unter den ersten 5; die *P.wette* ist im Ggs. zur Siegerwette (Wette auf den 1. P.) eine Wette, bei der gewonnen wird, wenn ein Pferd *plaziert* ist.

◆ (Platzziffer) im Eis- und Rollkunstlauf sowie im Turniertanz Form der Notenwertung.

Platzangst (Agoraphobie), zwanghafte, von Schwindel- und Schwächegefühl begleitete Angst, allein über freie Plätze oder Straßen zu gehen.

Platzverweis, svw. ↑Feldverweis.

Platzwunde, durch umschriebene stumpfe Gewalteinwirkung entstandene Weichteilwunde.

Plauen, E. O., eigtl. Erich Ohser, * Untergettengrün (= Gettengrün, Landkr. Oelsnitz) 18. März 1903, † Berlin 6. April 1944 (Selbstmord in nat.-soz. Haft), dt. Zeichner und Karikaturist. - Bekannt u. a. durch die Bildgeschichten „Vater und Sohn" (1933 ff. in der „Berliner Illustrirten Zeitung"); auch Buchillustrationen.

Plauen, Krst. in einer Talweitung der Weißen Elster, Bez. Karl-Marx-Stadt, DDR, 330–500 m ü. d. M., 77 700 E. Stadttheater; Textilind., Maschinenbau. - 1122 als **Plawe** erstmals erwähnt; entwickelte sich vermutl. aus einer Slawensiedlung und bei einer 1224 bezeugten Burg; 1230–40 Gründung der Neusiedlungsstadt. - Ein Teil der Altstadt wurde 1944/45 zerstört; wiederhergestellt u. a. die spätgot. Stadtkirche Sankt Johannis und die barocke Gottesackerkirche.

P., Landkr. im Bez. Karl-Marx-Stadt, DDR.

Plauer See, See auf der Mecklenburg. Seenplatte, DDR, 62 m ü. d. M., 39 km², 15 km lang; von der oberen Elde durchflossen.

plausibel [frz., zu lat. plaudere „Beifall klatschen"], einleuchtend, verständlich, begreiflich.

Plautus, Titus Maccius, * Sarsina (Umbrien) um 250, † Rom um 184, röm. Komödiendichter. - Aus einfachen Verhältnissen; P. ist der erste röm. Schriftsteller, von dem vollständige Werke erhalten blieben: die 21 Komödien, die von den Philologen des 1. Jh. v. Chr. allg. für echt gehalten wurden. P. gehört daher (neben Terenz und Cato) zu den wichtigsten Repräsentanten der Vorklassik. Er bearbeitete Stücke der „neuen Komödie", d. h. des zeitgenöss. griech. Theaterrepertoires, für die röm. Bühne; die Skala reicht von der Mythentravestie bis zur niederen Farce, von der turbulenten Verwechslungskomödie bis zum Charakterstück und zum ruhigen oder sentimentalen Lustspiel.

Playback

Als Übersetzer hat P. v. a. durch Sprache und Vers zur Entwicklung der röm. Literatur beigetragen. Im 16. Jh. begannen die plautin. Stoffe ihren Siegeszug auf den europ. Bühnen (Ariosto, Shakespeare, Molière, Holberg, Kleist u. a.).

Playback [engl. 'plɛɪbæk „zurückspielen"], Bez. für verschiedene Trickverfahren bei der Herstellung und Reproduktion von Tonbandmusik, Gesang oder Instrumentalmusik. Beispiele: Zwei Instrumente werden getrennt auf Tonband aufgenommen und die Bandspuren nachträgl. gemischt; ein Sänger täuscht Singen vor, während im Lautsprecher eine früher eingespielte Aufnahme erklingt; ein Solist spielt zu einem auf Tonband aufgenommenen Orchesterpart.

Playboy [engl. 'plɛɪbɔɪ], amerikan. Herrenmagazin, erscheint monatl. in Chicago; gegr. 1953; amerikan., dt., frz., italien., span. und jap. Ausgabe.

Playboy [engl. 'plɛɪbɔɪ], meist jüngerer Mann, dem seine wirtschaftl. Unabhängigkeit erlaubt, allein seinem Vergnügen zu leben. Die Partnerin des P. wird **Playgirl** oder **Playmate** genannt.

Play-off [engl. 'plɛɪɔf], Austragungssystem in Meisterschaftsendrunden (z. B. Basketball, Eishockey). Sieger der **Play-off-Runde** ist die Mannschaft, die als erste die notwendige Anzahl von Siegen erreicht.

Plazenta [griech.-lat. „breiter, flacher Kuchen"] (Placenta, Mutterkuchen), blutgefäßreiches Gewebe als Verbindung zw. dem Embryo (bzw. der sich ausbildenden Nabelschnur) und dem Mutterorganismus bei den ↑Plazentatieren (einschließl. Mensch). Die P. dient der Versorgung des Embryos mit Nährstoffen, dem Abtransport von Schlackenstoffen aus dem embryonalen Stoffwechsel zur Mutter hin und dem Gasaustausch. Außerdem kommen vom mütterl. Organismus Vitamine und Immunstoffe. Dieser Stoffaustausch erfolgt über den fetalen Blutkreislauf. Das Herz des Embryos pumpt venöses (sauerstoffarmes) Blut durch die Nabelarterie zur Plazenta. Das dort aufgefrischte Blut wird nur zum kleinen Teil durch die noch untätigen Lungen gepumpt. Der größere Anteil gelangt direkt in den Körperkreislauf. Die Ernährung des Embryos über P. ermöglicht eine oft weit fortschreitende Entwicklung innerhalb der schützenden Gebärmutter, d. h. im mütterl. Organismus. - Die P. setzt sich aus einem embryonalen Anteil (Fruchtkuchen, Placenta fetalis) und einem mütterl. Anteil (Mutterkuchen i. e. S., Placenta materna) zusammen. Ersterer geht aus Divertikeln der Embryonalhüllen, v. a. des Chorions in Verbindung mit der Allantois hervor. Der mütterl. Anteil entsteht aus Umbildungen der Gebärmutterschleimhaut. Die Oberfläche des Chorions (äußerste Embryonalhülle) tritt dabei durch fingerartige Fortsätze, die Zotten, mit dem

mütterl. Gewebe in sehr enge Verbindung. Die **menschl. Plazenta** wiegt am Ende der Schwangerschaft etwa 500 g. Sie ist diskusförmig mit einem Durchmesser von etwa 15–20 cm und einer Dicke von 1,5–3,5 cm. Auf 1 cm^2 P. befinden sich mehr als 100 Zotten. Alle Zotten haben zus. eine Oberfläche von rd. 7 m^2, was dem 5fachen der Hautoberfläche eines erwachsenen Menschen entspricht. Neben der Nährfunktion übernimmt die P. etwa ab dem 4. Schwangerschaftsmonat die Produktion von Hormonen (Follikel-, Gelbkörperhormon, gonadotropes Hormon), die schwangerschaftserhaltend wirken. Sie regeln u. a. das Gebärmutterwachstum, die Milchbildungsbereitschaft der Milchdrüsen und gegen Ende der Schwangerschaft mittelbar die Auslösung der Wehen. - Nach der Geburt wird durch Wehen die P. als ↑Nachgeburt ausgestoßen.

◆ in der Botanik: auf dem Fruchtblatt liegendes Bildungsgewebe, aus dem die ↑Samenanlage hervorgeht.

Plazentatiere (Plazentalier, Höhere Säugetiere, Eutheria, Monodelphia, Placentalia), seit dem Tertiär bekannte, heute mit über 4 000 Arten weltweit verbreitete Unterklasse der Säugetiere, bei denen die Embryonen in der Gebärmutter des mütterl. Körpers über eine Plazenta ernährt werden. Die Jungen werden in mehr oder minder weit entwickeltem Zustand geboren. Das Urogenitalsystem und der Darm münden stets getrennt voneinander. Das Gehirn erfährt eine drast. Steigerung seiner Leistungsfähigkeit; die Fähigkeit zur Regulation der Körpertemperatur ist sehr ausgeprägt. - Drei der 17 Ordnungen der P. haben sich an das Leben im Wasser angepaßt (Wale, Seekühe, Robben), eine andere Ordnung (Flattertiere) hat vollkommene Flugfähigkeit entwickelt. - Zu den P. zählen alle Säugetiere (einschließl. Mensch), mit Ausnahme der ↑Kloakentiere und ↑Beuteltiere.

Plazentophagie [griech.-lat./griech.], svw. ↑Eihautfressen.

Plazet [zu lat. placet „es gefällt"], allg. Bestätigung, Erlaubnis, Zustimmung.

◆ (Exequatur) aus dem System des Staatskirchentums stammendes staatl. Recht, alle kirchl. Erlasse vor ihrer Bekanntmachung und Durchführung zu prüfen bzw. ihre Publikation und Ausführung, schließl. auch die Rechtswirksamkeit an die vorherige staatl. Genehmigung zu binden. - Das P. ist von der kath. Kirche verurteilt worden; in Deutschland wurde das P. 1919 rechtl. beseitigt.

plazieren (placieren) [frz.], [etwas] an einen bestimmten Platz bringen, stellen; (Kapitalien) unterbringen, anlegen.

◆ im *Sport*: beim Fechten einen Treffer anbringen; bei Ballspielen einen gutgezielten Schuß, Schlag oder Wurf abgeben.

Plebejer (lat. plebeii), im antiken Rom

Angehörige der großen Masse der Bürger, die neben den privilegierten Patriziern standen (Plebs). Die P. waren zwar rechtl. gleichgestellt, aber polit. vom öffentl. Leben ausgeschlossen; sie bildeten einen eigenen Staat im Staate mit bes. Beamten, v. a. den Volkstribunen („tribuni plebis"). Die Entstehung des Standes ist ungeklärt; wahrscheinl. handelte es sich um Angehörige des bäuerl. Mittelstandes, Handwerker, aus den patriz. Sippen Ausgestoßene und um Unterworfene. Z. T. bildeten die P. wie die Patrizier eigene Geschlechter und verschmolzen mit diesen zur Nobilität. Der Begriff P. schränkte sich dadurch auf das arme Volk in Rom ein.

Plebiszit [zu lat. plebiscitum (von Plebs [↑Plebejer] und scitum „Beschluß")], im antiken Rom Beschluß der Plebejer, seit dem 3. Jh. v. Chr. in zunehmendem Maße Weg der Gesetzgebung. - In der modernen Staatslehre ist das P. eine Form der staatl. Willensbildung durch unmittelbare Abstimmung der Stimmbürger über bestimmte Fragen. Es ist ein Element der direkten (plebiszitären) Demokratie im Ggs. zur repräsentativen Demokratie und kennzeichnet als direktes Handeln des Volkes die Demokratie, kann aber in Diktaturen durch Demagogie und Propaganda mißbraucht werden (z. B. in den P. im Dt. Reich nach 1933). - ↑Volksabstimmung.

Plebs [lat.], im alten Rom: ↑Plebejer; heute: niederes Volk, Pöbel.

Plechanow, Georgi Walentinowitsch [russ. plɪ'xanɐf], * Gudalowka (Gebiet Lipezk) 11. Dez. 1856, † Terijoki (= Selenogorsk) 30. Mai 1918, russ. Revolutionär. - Zunächst Anhänger der ↑Narodniki; emigrierte 1880 in die Schweiz und gründete 1883 in Genf die erste marxist. Gruppe „Oswoboschdenije truda" („Befreiung der Arbeit"). 1889 russ. Delegierter der 2. Internationale und bis 1904 Mgl. ihrer Exekutive; lernte 1895 Lenin kennen und konnte auf ihn großen Einfluß ausüben (Zeitschrift „Iskra", gegr. 1900). Nach der Spaltung der Sozialdemokrat. Arbeiterpartei Rußlands (1903 in London) unterstützte P. die Menschewiki. Anfang 1917 kehrte er nach Rußland zurück und trat für die Politik der Provisor. Reg. gegen Lenins Kurs einer revolutionären Machtergreifung ein.

Plegie [griech.], motor. ↑Lähmung eines Muskels, einer Extremität oder eines größeren Körperabschnitts.

Pléiade [ple'ja:də, frz. ple'jad], nach der Pleias ben. bedeutendste frz. Dichterschule der frz. Renaissance um P. de Ronsard und J. Du Bellay; gemeinsam war den jeweils 7 Mgl. die Bewunderung antiker und italien. Literatur, deren Gattungen und Formen normative Muster für die eigene Produktion darstellten. Durch Bereicherung (z. B. Gebrauch altfrz. Wörter oder Neologismen) sollte das Frz. zu einem dem klass. Griech. und Latein

ebenbürtigen sprachl. System ausgebaut und dadurch „literaturfähig" gemacht werden.

Pleias, nach den Plejaden ben. Gruppe von 7 trag. Dichtern, die im 3. Jh. v. Chr. am Hofe des Ptolemaios II. Philadelphos in Alexandria gewirkt haben sollen (vermutl. Homer von Byzanz, Sositheos, Lykophron, Alexander Ätolus, Sosiphanes, Philikos und Dionysiades).

Pleinairmalerei [plɛ'nɛːr; frz./dt.], svw. ↑Freilichtmalerei.

Pleiotropie [griech.] (Polyphänie), gleichzeitiges Inerscheinungtreten von Veränderungen bei mehreren voneinander verschiedenen äußeren Merkmalen durch die Mutation nur eines einzigen Gens. Einem solchen Gen bzw. dessen Genprodukten (d. h. den jeweils gebildeten Enzymen) ist demnach ein ganzes (die verschiedenen betroffenen Merkmale umfassendes) Wirkungsfeld zuzuordnen.

pleiozyklische Pflanzen [griech./dt.] (plurienne Pflanzen), Pflanzen, die nur einmal, und zwar am Ende ihres mehrjährigen Wachstums, blühen und dann absterben; z. B. die Arten der Agave (nach 10–100 Jahren).

Pleiße, rechter Nebenfluß der Weißen Elster, entspringt sw. von Zwickau, mündet in Leipzig, 90 km lang.

Pleistozän [griech.] (Diluvium), die ältere Abteilung des Quartärs. - ↑Geologie, Formationstabelle.

Pleite [hebr.-jidd.], ugs. svw. Bankrott; übertragen: Reinfall.

p-Leitung [p, Abk. für: positiv], die Elektrizitätsleitung durch positive Ladungsträger, speziell die ↑Defektleitung.

Plejade (Puschkinsche P.) [nach der Pleias], Bez. für einen heterogenen Kreis meist aristokrat. russ. Dichter um A. S. Puschkin sowie generell für alle russ. Poeten seiner Generation.

Plejaden, in der griech. Mythologie die sieben Töchter des Atlas und der Okeanide Pleione: Alkyone, Asterope, Elektra, Kelaino, Maia, Merope und Taygete. Die jungfräul. P., auf der Flucht vor den Nachstellungen des Jägers Orion, werden von Zeus - zus. mit Orion - als Siebengestirn an den Himmel versetzt.

Plejaden [griech., nach den gleichnamigen Gestalten der griech. Mythologie], offener Sternhaufen im Sternbild Taurus, von dessen rund 120 Haufenmitgliedern sechs bis neun Sterne mit bloßem Auge als *Siebengestirn* sichtbar sind.

Plektenchym [griech.], svw. Scheingewebe (↑Gewebe).

Plektron [griech.] (lat. Plectrum), Stäbchen oder Plättchen (aus Holz, Elfenbein, Metall u. ä.) zum Anreißen oder Schlagen der Saiten von Zupfinstrumenten.

Plenar... [zu lat. plenus „voll"], Bestimmungswort von Zusammensetzungen mit der Bed. „voll, gesamt".

Plenterhieb

Plenterhieb (Femelhieb) ↑ Hiebsarten.

Plenterwald (Femelwald), Form des durch ↑ Femelbetrieb entstandenen, vorzugsweise reich gemischten Hochwaldes (mit ungleichaltrigen Bäumen), dessen Kronendach ständig neu aufgelockert (aufgeblendet) wird; ökologisch günstig, jedoch nur an guten Standorten möglich.

Plenum [zu lat. plenum (consilium) „vollzählige (Versammlung)"], Bez. für Vollversammlung, insbes. für die Vollversammlung der Mgl. einer Volksvertretung. Dem P. steht bei der Gesetzgebung grundsätzl. die Entscheidungsbefugnis zu, während die Ausschüsse mit deren Vorbereitung betraut sind. Das P. tagt regelmäßig öffentl., die Ausschüsse beraten dagegen in nichtöffentl. Sitzungen.

Plenzdorf, Ulrich, * Berlin 26. Okt. 1934, dt. Schriftsteller. - Seit 1964 Szenarist und Filmdramaturg bei der DEFA; sein an Goethes Roman „Die Leiden des jungen Werthers" anknüpfendes, z. T. im Jargon geschriebenes Bühnenstück „Die neuen Leiden des jungen W." (1973) bewirkte eine breite Diskussion über Lebensgefühl und Selbstverwirklichung von Jugendlichen in der DDR. Weiteres Stück: „Buridans Esel" (Uraufführung 1976). P. verfaßte auch die Filmerzählungen „Die Legende von Paul und Paula" (1974) sowie „Ein fliehendes Pferd" (1986), ferner „Legende vom Glück ohne Ende (R., 1979) und „Kein runter, kein fern" (En., 1984).

pleo..., Pleo... [griech.], Bestimmungswort von Zusammensetzungen mit der Bed. „mehr..., mehrfach".

Pleochroismus [griech.], Bez. für eine an optisch anisotropen (d. h. doppelbrechenden) Kristallen auftretende Erscheinung: die zu einer Vielfarbigkeit des Kristalls führende Abhängigkeit der Absorption von Lichtwellen verschiedener Wellenlänge von der Strahlen- und Schwingungsrichtung. Bei opt. einachsigen Kristallen vollzieht sich ein Farbwechsel zw. zwei Farben (sog. *Dichroismus*), z. B. beim Rubin zw. Gelbrot und Blaurot.

pleomorph [griech.], verschiedengestaltig, mehrgestaltig; von Bakterien mit variabler Zellform gesagt.

Pleonasmus [griech.-lat., eigtl. „Überfluß, Übermaß"], meist überflüssiger Zusatz zu einem Wort oder einer Redewendung; kann ein Stilmittel zur nachdrückl. Betonung (mit *meinen eigenen* Augen) sein oder ein Stilfehler sein *(neu renoviert)*.

Pleopoden [griech.], Extremitäten am Hinterleib (Pleon) der Höheren Krebse; urspr. Spaltfüße, die dann für verschiedene Funktionen, wie Schwimmen, Atmen (durch Kiemenausbildung), Brutpflege oder Begattung, umgestaltet wurden; das letzte P.paar sind die Uropoden. - ↑ auch Pereiopoden.

Plerem [griech.], svw. ↑ Morphem.

Plerom [griech.], der im Wurzelspitzenbereich höherer Pflanzen sich ausdifferenzierende Gewebestrang, aus dem der Zentralzylinder hervorgeht.

Plerozerkus [griech.] (Dithydridium), Larvenform (↑ Finne) der Bandwürmer; mit verdicktem, kompaktem Hinterende, in das das Vorderende (Skolex) eingestülpt ist.

Plesiosaurier (Plesiosauria) [griech.], ausgestorbene, nur aus der Jura- und Kreidezeit bekannte Unterordnung bis 14 m langer Reptilien (Ordnung Sauropterygier), die küstennahe Meeresregionen bewohnten; räuber. lebende Tiere mit sehr langem Hals und kräftigen Ruderflossen.

Pleskau (russ. Pskow), sowjet. Geb.hauptstadt im W der RSFSR, an der Welikaja, 52 m ü. d. M., 189 000 E., PH, Museen; Theater; Radio-, Elektromaschinenbau, metallverarbeitende u. a. Ind.; Fischkombinat. - Eine der ältesten Städte Rußlands (903 erstmals erwähnt); gehörte zunächst zur Republik Nowgorod, konstituierte sich 1348 als Republik; 1510 dem Moskauer Staat angeschlossen; galt im 16./17.Jh. (bis zur Gründung von Petersburg) als bedeutendstes Zentrum im Handel mit W-Europa; 1776 Gouvernementshauptstadt; Ende des 18.Jh. und Anfang des 19.Jh. grundlegend umgebaut. - Die „Pleskauer Bauschule" reicht vom 14.-17.Jh.: Wassili-Weliki-Kirche auf der Höhe (1413), Nikolaikirche (1536), Pogankinipalast (um 1620), Dreifaltigkeitskathedrale (Neubau 1682-99) im Kreml (12.-16.Jh.). Charakterist. ist die Einkuppelkirche (Kuppel über Stützbogen), Glockenwände, die Ornamentik. Ältere Bauten zeigen byzantin. Einfluß (Kathedrale des Miroschklosters, 1156 vollendet; Fresken um die Mitte des 12.Jh.) oder den des Nowgoroder Stils (Kathedrale Johannes des Täufers des Johannesklosters, um 1240).

Pleskauer See ↑ Peipussee.

Plessen, Elisabeth, * Neustadt (Holstein) 15. März 1944, dt. Schriftstellerin. - Begann als Mithg. von K. Manns „Meine ungeschriebenen Memoiren" (1974). Der autobiograph. Roman „Mitteilung an den Adel" (1976) ist eine literar. Auseinandersetzung der adeligen Gutsbesitzerstochter mit ihrem patriarchal. Vater. - *Weitere Werke:* Kohlhaas (R., 1979), Stella polare (R., 1984).

Plessner, Helmuth, * Wiesbaden 4. Sept. 1892, † Göttingen 12. Juni 1985, dt. Philosoph. - Emigrierte 1933 in die Niederlande; seit 1951 Prof. für Soziologie in Göttingen. Mitbegr. der modernen philosoph. Anthropologie. Der zentrale Begriff seiner Anthropologie ist die Positionalität des Menschen: Während die Tiere in der Distanz zu ihrem Körper, nicht aber zu ihrem Bewußtsein eine zentrale Position haben, ist für den Menschen der Position der Exzentrität charakteristisch. - *Werke:* Die wiss. Idee (1913), Die Einheit der Sinne (1923), „Die Stufen des Organischen ..." (1928), Philosoph. Anthropologie ... (1970).

Plettenberg, Stadt im Sauerland, NRW, 210–600 m ü. d. M., 27 500 E. Kleineisenind., Walzwerke, Gesenkschmieden, Werkzeugherstellung u. a. - In der 2. Hälfte des 11. Jh. erstmals genannt; erhielt 1397 Stadtrecht. - Ev. spätroman. Christuskirche (13. Jh.) mit spätgot. Chor; hoch über dem Lennetal Ruine Schwarzenberg; auf dem Sundern westl. vom Ortsteil Ohle eine fast 7 ha umschließende Ringwallanlage aus karoling. Zeit.

Pleuelstange (Pleuel, Schubstange, Treibstange), bei einem Geradschubkurbeltrieb das Verbindungsglied zw. der sich drehenden Kurbelwelle und dem geradegeführten Teil (z. B. dem Kolben einer Kolbenmaschine).

Pleuger, svw. ↑Aktivruder.

Pleura [griech.], svw. ↑Brustfell; *P. costalis,* svw. ↑Rippenfell; **pleural,** zum Brustfell gehörend.

Pleuraerguß (Brustfellerguß, Hydrothorax), Flüssigkeitsansammlung im Brustfellraum bei Erkrankungen (meist Entzündungen, auch Verletzungen) des Brustfells, außerdem auch aus zirkulator. Gründen oder bei Störungen des Salz-Wasser-Haushalts.

Pleurahöhle (Brustfellhöhle, Cavum pleurae), Spaltraum, mit einer serösen Flüssigkeit als Gleitmittel erfüllter Raum zw. den beiden Wänden des ↑Brustfells.

Pleurapunktion, Anstechen und Ablassen einer krankhafterweise zw. Rippen- und Lungenfell angesammelten Flüssigkeit; z. B. bei Entzündungen oder Stauungsergüssen.

Pleuritis [griech.], svw. ↑Rippenfellentzündung.

pleurodonte Zähne [griech./dt.], ↑haplodonte Zähne vieler Eidechsen und Schlangen, die seitl. der Innenfläche der Kieferknochen ansitzen.

Pleurodynie [griech.], Brustschmerzen als Anzeichen einer Reizung oder Entzündung des Brustfells.

Pleuronectidae [griech.], svw. ↑Schollen.

Pleuronectiformes [griech./lat.], svw. ↑Plattfische.

Pleuston [griech. „Schwimmendes"], die Gesamtheit der an der Wasseroberfläche treibenden Organismen, v. a. höhere Pflanzen, deren Sprosse z. T. über das Wasser hinausragen und deren Wurzeln ins Wasser tauchen (z. B. Wasserlinse, Wasserfarne, Wasserhyazinthe).

Pleven, René, *Rennes 13. April 1901, frz. Politiker. - Schloß sich 1940 de Gaulle an; seit 1941 im Frz. Nationalkomitee, seit 1943 Mgl. des Frz. Komitees der Nat. Befreiung; Mitbegr. und 1946–53 Vors. der Union Démocratique et Socialiste de la Résistance; 1945–73 Abg., Juli 1951–Febr. 1951 und Aug. 1951–Jan. 1952 Min.präs.; legte 1950 den Plan über die Aufstellung einer gemeinsamen europ. Armee vor, in die Kontin-

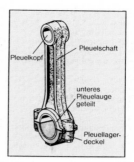

Pleuelstange

gente der BR Deutschland eingegliedert werden sollten (**Plevenplan**); im Mai 1958 letzter Außenmin. der 4. Republik; 1969–73 Justizminister.

Plewen, bulgar. Stadt im Donauhügelland, 105 m ü. d. M., 135 900 E. Verwaltungssitz des Verw.-Geb. P.; orth. Metropolitensitz; Weinbauschule; Museen; petrochem. Kombinat, Zementwerk und Turbinenbau; Weinkellereien. - Im 1./2. Jh. in röm. Besitz, vom 10. bis 12. Jh. wichtige Handelsstadt; seit der Eroberung durch die Ungarn (1266) als P. bekannt; Ende des 14. Jh. von den Osmanen erobert.

Plexiglas ® [zu lat. plexus „geflochten"] (Acrylglas), Handelsname für einen aus Polymethacrylsäureestern bestehenden, glasartig durchsichtigen Kunststoff.

plexodonte Zähne [lat./griech./dt.], im Unterschied zu den ↑haplodonten Zähnen die kompliziert aufgebauten Zähne v. a. der Säugetiere.

Plexus [lat.], netzartige Vereinigung bzw. Verzweigung (Geflecht) von Gefäßen (*Ader-, Lymphgeflecht*) oder Nerven (*Nervengeflecht*). - ↑auch Eingeweidegeflecht.

Pleydenwurff, Hans, *Bamberg um 1420, □ Nürnberg 9. Jan. 1472, dt. Maler. - Hauptvertreter der Nürnberger Malerei vor Dürer. Einfachheit der Komposition, Schlichtheit der Gebärde und ein harter, linearer Stil setzen niederl. Einfluß um, insbes. im „Löwenstein-Diptychon" (um 1456; Flügel in Basel, Kunstmuseum, und Nürnberg, German. Nationalmuseum). - *Weitere Werke:* Hl. Michael vom Hofer Altar (1465; München, Alte Pinakothek), Kreuzigung (um 1470; ebd.).

Pleyel, Ignaz (Ignace), *Ruppersthal (Niederösterreich) 18. Juni 1757, †bei Paris 14. Nov. 1831, östr. Komponist. - 1783 Kapellmeister am Straßburger Münster, ging 1792 nach London, 1795 nach Paris und eröffnete eine Musikalienhandlung, 1807 eine Klavierfabrik, die unter seinem Sohn *Camille P.* (*1788, †1855) Weltgeltung erlangte. Komponierte u. a. über 60 Sinfonien, mehr als 60 Streichquartette, Quintette, Konzerte, Klaviermusik, Opern, Ballette.

Plicht [niederdt.] ↑ Cockpit.

Plié [pli'e:; frz. „gebeugt"], im Ballett Kniebeuge mit seitwärts ausgestellten Füßen und Knien.

Plievier, Theodor [plivi'e:], Pseud. (bis 1933) Plivier, * Berlin 12. Febr. 1892, † Avegno bei Locarno 12. März 1955, dt. Schriftsteller. - 1933–45 im Exil, zuletzt in der UdSSR. Seine Tatsachenromane aus dokumentar. Material und Selbsterlebtem zeigen ein starkes sozialkrit. Engagement; konsequente Ablehnung jegl. Art von Autorität kennzeichnet „Des Kaisers Kulis" (R., 1929) über den Seekrieg 1914–18. Vertreter einer sozialist. neuen Sachlichkeit, v. a. mit der Romantrilogie über Hitlers Rußlandfeldzug („Stalingrad", 1945; „Moskau", 1952; „Berlin", 1954).

Plinius der Ältere (Gajus P. Secundus), * Novum Comum (= Como) 23 oder 24, † Stabiae (= Castellammare di Stabia) 24. Aug. 79, röm. Historiker und Schriftsteller. - Aus begüterter Ritterfamilie; Offizier und kaiserl. Beamter, zuletzt Kommandant der Flotte in Misenum; kam beim Vesuvausbruch ums Leben. Schrieb u. a. 2 große Geschichtswerke; erhalten ist nur die 37 Bücher umfassende „Naturalis historia", die bis zum 18. Jh. als Wissensquelle diente.

Plinius der Jüngere (Gajus P. Caecilius Secundus), * Novum Comum (= Como) 61 oder 62, † um 113, röm. Politiker und Schriftsteller. - Wurde von seinem Onkel Plinius d. Ä. adoptiert; 111/112 oder 112/113 Statthalter von Bithynien. Von P. sind u. a. 9 Bücher Privatbriefe sowie ein 10. Buch Korrespondenz mit Trajan erhalten, die seinen literar. Ruhm begründeten; von bes. dokumentar. Wert sind die beiden Briefe an Tacitus über den Vesuvausbruch des Jahres 79 und die Korrespondenz mit Trajan über die Behandlung der Christen.

Plinsen [slaw.], Eierkuchen mit Füllung (z. B. Quark); auch Bez. für die russ. ↑ Blini.

Plinthe [griech.], Platte, auf der die Basis von Säule, Statue oder Pfeiler ruht.

Pliohippus [griech.], ausgestorbene, nur aus dem Pliozän N-Amerikas bekannte Gatt. etwa zebragroßer Pferdevorfahren, die als unmittelbare Stammform der heutigen Pferde angesehen wird; Tiere mit funktionell einzehigen Beinen, die bei einigen Arten noch vollständige Seitenzehen besaßen; Backenzähne im Muster etwa denen der heutigen Pferde entsprechend.

Pliopithecus [griech.], Gatt. ausgestorbener Menschenartiger im Miozän Eurasiens und Afrikas; mit flachem, menschenaffenartigem Gesicht, fünfhöckerigen Zähnen, freischwingenden Armen und halbaufrechter Körperhaltung; werden vielfach als Vorläufer der Gibbons angesehen.

Pliozän [griech.], jüngste Abteilung des Tertiärs. - ↑ Geologie, Formationstabelle.

Pliska, bulgar. Dorf (früher Aboba) und Ruinenstätte (mit Museum) der ersten Hauptstadt des 1. Bulgar. Reiches, 24 km nö. von Schumen, Bulgarien; innerhalb eines Erdwalles und zweier Mauerringe gelegen; Ausgrabungen 1899/1900 und seit 1900 legten u. a. Reste des Kleinen Palastes der innersten Stadt sowie des Großen Palastes und der Hofbasilika der inneren Stadt frei.

Plissee [frz., zu lat. plica „Falte"], Bez. für ein Gewebe mit schmalen Falten, die durch Einlegen (*Plissieren;* heute meist mit Hilfe bes. Maschinen) und Fixieren (Pressen, Aufbringen einer Kunstharzausrüstung, Steppen) erzeugt werden. Beim *Web-P.* werden die Falten durch eine spezielle Webtechnik eingearbeitet.

Plissezkaja, Maija [russ. pli'sjɛtskɐjɐ], * Moskau 20. Nov. 1925, sowjet. Tänzerin. - 1945 Ballerina, nach 1962 Primaballerina assoluta am Bolschoi-Theater; überragende Technik und darsteller. Ausdrucksfähigkeit in Rollen des klass. und modernen Balletts und im Film („Anna Karenina", 1968). Übernahm 1983 die Leitung des Opernballetts in Rom, 1987 des span. Nationalballetts in Madrid.

Plitvicer Seen ['plɪtvɪtsər], Seenkette am NO-Fuß der Kleinen Kapela (Jugoslawien); 16 Seen reihen sich auf 7,2 km Länge treppenförmig untereinander; Nationalpark.

plizident [lat.], faltenzähnig; von Backenzähnen gesagt, bei denen die Wände der Zahnkrone stark gefaltet sind, z. B. bei vielen Nagern, Elefanten, Wiederkäuern, Pferden.

PL-Kiodan, eine der neuen Religionen Japans, deren zweisprachiger Name sich aus der Abk. von engl. „Perfect Liberty" („vollkommene Freiheit") und jap. „Kiodan" („religiöse Bruderschaft") zusammensetzt. Der PL-K. wurde 1931 begr., 1937 behördl. aufgelöst und 1946 erneut ins Leben gerufen; er besitzt über 1 Mill. Anhänger. Der zentrale Satz seiner Lehre ist: „Leben ist Kunst", wobei Kunst in einem umfassenden, den eth. Bereich und die Forderung des Weltfriedens einschließendem Sinn verstanden wird.

PLO, Abk. für: Palestine Liberation Organization (↑ palästinensische Befreiungsbewegungen).

Plochingen, Stadt an der Mündung der Fils in den Neckar, Bad.-Württ., 276 m ü. d. M., 12 400 E. Keram., elektrotechn. und Kunststoffind.; Hafen. - Entstand aus einem alemann. Dorf (im Früh-MA, 1146 erwähnt; bereits im 14. Jh. wichtiger Marktort; 1848 Stadtrecht. - Spätgot. ev. Stadtkirche; Fachwerkhäuser.

Płock [poln. pu̯ɔtsk], poln. Stadt an der Weichsel, 70 m ü. d. M., 112 400 E. Hauptstadt des Verw.-Geb. P.; kath. Bischofssitz; Museen. U. a. petrochem. Ind., Zuckerfabrik. - Seit 1075 Sitz der masow. Bischöfe; 1273 Culmer Recht; kam 1495 an das Kgr. Polen, 1793 an Preußen, 1815 an Kongreßpolen. - Roman. Kathedrale (12. Jh.); Adels- und Uhrturm (13. und 14. Jahrhundert).

Plöckenpaß ↑ Alpenpässe (Übersicht).

Plockwurst, Rohwurst aus Rind- und Schweinefleisch und Speck.

Ploetz, Karl [plɒts], * Berlin 8. Juli 1819, † Görlitz 6. Febr. 1881, dt. Schulbuchautor. - 1842–60 Gymnasiallehrer in Berlin, verfaßte weitverbreitete Werke für den Französischunterricht, daneben histor. Nachschlagewerke, die bis heute (neu bearbeitet) in dem von seinem Sohn begr. *A. G. Ploetz Verlag KG* (heute zum Verlag Herder) erscheinen.

Ploidiegrad [plo-i...; griech./dt.], die Anzahl der (vollständigen) Chromosomensätze einer Zelle.

Ploieşti [rumän. plo'jeʃtj], rumän. Stadt in der Walachei, 227 700 E. Verwaltungssitz des Verw.-Geb. Prahova; Schule für Volkskunst; Theater; Museen. Mittelpunkt des wichtigsten Erdölgeb. Rumäniens. - 1503 erstmals als Dorf erwähnt; nach schweren Zerstörungen im 2. Weltkrieg nach 1948 zur modernen Ind.stadt ausgebaut.

Plombe [frz., zu lat. plumbum „Blei"], fachsprachl. veraltete Bez. für: Zahnfüllung, erhärtende Masse, mit der eine Zahnkavität ausgefüllt wird.
◆ Metallsiegel zum Verschließen von Behältern und Räumen.

Plombières-les-Bains [frz. plõbjɛrle'bɛ̃], frz. Heilbad am SW-Rand der Vogesen, Dep. Vosges, 450 m ü. d. M., 2 300 E. 27 schon in röm. Zeit bekannte Heilquellen.

Plön, Krst. in der Holstein. Schweiz, Schl.-H., 25 m ü. d. M., 10 700 E. Max-Planck-Inst. für Limnologie; Luftkurort. - Bei einer ehem. slaw. Burg 1156 Gründung einer dt. Kaufmannssiedlung in planmäßiger Anlage, erhielt 1236 lüb. Stadtrecht; 1290–1390 Residenz einer Linie des Grafenhauses, 1636–1761 der Herzöge von Schleswig-Holstein-Sonderburg-Plön. - Schloß (17. Jh.), barockes ehem. Lusthaus (1896 erweitert); ehem. Marstall (1745/46); ehem. klassizist. Rathaus (1816–18); ehem. Witwenpalais (18./19. Jh.).

P., Landkr. in Schleswig-Holstein.

Plosiv [lat.] ↑ Verschlußlaut.

Plot [engl. plɒt], poetolog. Bez. für die Handlung in Novelle, Drama, Kriminalroman; im Unterschied zum vergleichbaren allgemeineren Begriff Fabel jedoch primär auf kausale und log. Verknüpfung der Handlung und Charaktere bezogen.

Plotin, * um 205, † bei Minturnae (Kampanien) 270, griech. Philosoph. - Schüler des Ammonios Sakkas; gründete 244 in Rom eine platon. Philosophenschule, die er 25 Jahre lang leitete. Begründer des ↑ Neuplatonismus. Dank seinem Schüler Porphyrios stehen die Vollständigkeit, Echtheit und Chronolo-

gie seiner Schriften zweifelsfrei fest. - Das Kernstück seiner Philosophie ist die Ontologie mit der von ihm erstmals in dieser Form ausgearbeiteten Hypostasenlehre. Das „Eine" („hén"), die 1. Hypostase, ist jenseits allen Seins und Denkens, unkörperl., völlig eigenschaftslos und zugleich die Ursache alles Seienden (das Gute, das Göttliche). Durch „Ausstrahlung" oder Emanation geht aus ihm die 2. Hypostase des Nus (= Vernunft, Geist), der Ort der Ideen, hervor. Die 3. Hypostase, die Weltseele, regiert die Welt im ganzen und in ihren Teilen. Es folgen die unvollkommenen Hypostasen: die Körperwelt und die Materie (das Böse). - Nur durch Loslösung von der sinnl. Welt („Katharsis") kann der Mensch zur Vollendung gelangen, die in dem überrationalen Einswerden mit dem Ur-Einen besteht. - P. beeinflußte über den Neuplatonismus hinaus nachhaltig die europ. Geistesgeschichte.

📖 *Schubert, V.: P. Einf. in sein Philosophieren. Freib. 1973. - Roloff, D.: P. Bln. u. New York 1970.*

Plotter [engl.], in der Datenverarbeitung ein elektromechan. arbeitendes Ausgabegerät zum Zeichnen von Kurven.

Plötze [slaw.] (Rotauge, Rutilus rutilus), etwa 25–40 cm langer, gestreckter Karpfenfisch, v. a. in Süßgewässern großer Teile des nördl. und gemäßigten Eurasien, z. T. auch in Brackgewässern und in der Ostsee; Körper silberglänzend, mit dunklem Rücken, rotem Augenring und rötl. Flossen; häufiger Schwarmfisch. - Abb. S. 164.

Plötzensee, Strafanstalt in Berlin[-Charlottenburg], in deren Waschhaus im Dritten Reich über 2 000 polit. Gefangene (auch ein Teil der Widerstandskämpfer des 20. Juli 1944) hingerichtet wurden.

Plowdiw, bulgar. Stadt an der Maritza, 160 m ü. d. M., 367 200 E. Verwaltungssitz des Verw.-Geb. P.; orth. Metropolotensitz, Universität, PH, Hochschulen, Forschungsinstitute, Kunstgalerie, Museen und Theater; neben Sofia größte und wichtigste Stadt Bulgariens; bed. Handelsplatz mit jährl. Messe; chem., Textil-, Nahrungsmittel- und Tabakind.; Verkehrsknotenpunkt. - Als **Pulpudeva** wichtiger Ort des Thrakerreiches; 342/341 v. Chr. von König Philipp II. von Makedonien erobert, befestigt und in **Philippopolis** umbenannt; 46 n. Chr. von den Römern erobert, unter Mark Aurel (neuer Name: **Philippopolis Trimontium**) neu befestigt; 250 von den Goten erobert, unter Justinian I. neu befestigt; im MA abwechselnd unter bulgar. (820 erstmals von Bulgaren erobert) und byzantin. Herrschaft; 1364 von den Osmanen besetzt; seit 1878 Hauptstadt Ostrumeliens, mit dem es 1885 an Bulgarien fiel. - Erhalten sind aus thrak. Zeit ein Kuppelgrab (4. Jh. v. Chr.), röm. Ruinen eines Aquädukts und eines Stadions; 2 große Moscheen; Bürgerhäuser.

Plücker, Julius, * Elberfeld (= Wuppertal) 16. Juli 1801, † Bonn 22. Mai 1868, dt. Physiker und Mathematiker. - Prof. in Bonn, Halle/Saale und Berlin; untersuchte Gas- und Glimmentladungen, wobei er insbes. die Spektren verdünnter Gase beobachtete und die Fluoreszenzwirkung sowie die magnet. Ablenkbarkeit der Kathodenstrahlen nachwies. In der Mathematik leistete P. wichtige Beiträge zur Theorie der algebraischen Kurven und zur analyt. Geometrie.

Pluderhose, in der 2. Hälfte des 16. Jh. getragene Hose, bei der der Stoff der Futterhose durch die in Streifen geschlitzte Oberhose herausquoll („pluderte"); bes. als Landsknechtstracht.

Pluhar, Erika, * Wien 28. Febr. 1939, östr. Schauspielerin. - 1970–73 ∞ mit A. Heller; seit 1959 Mgl. des Wiener Burgtheaters; auch in zahlr. Film- und Fernsehrollen subtile Darstellerin unterschiedlichster Frauencharaktere; seit 1974 Chansonsängerin, z. T. mit eigenen Texten.

Pluhař, Zdeněk [tschech. pluharʃ], * Brünn 16. Mai 1913, tschech. Schriftsteller. - *Werke:* Wenn du mich verläßt ... (R., 1957); Der neunte Tod (R., 1977).

Plumbaginaceae [lat.], svw. ↑Bleiwurzgewächse.

Plumbate [zu lat. plumbum „Blei"], komplexe Bleiverbindungen, bei denen ein Bleiatom als Zentralatom und Sauerstoffatome als Liganden der Anionen auftreten. Nach der Oxidationsstufe des Bleis werden Plumbate(II) mit den Anionen $[PbO_2]^{2-}$ (früher **Plumbite**) und Plumbate(IV) mit den Anionen $[PbO_4]^{4-}$ und $[PbO_3]^{2-}$ unterschieden.

Plumbikon (Plumbicon) [lat.], eine zu den ↑Bildspeicherröhren zählende Fernsehaufnahmeröhre mit einer lichtempfindl. Schicht aus Bleimonoxid.

Plumbite [lat.] ↑Plumbate.

Plumbum [lat.], svw. ↑Blei.

Plumeau [ply'mo:; lat.-frz.], svw. Federdeckbett; v. a. Bez. für ein halblanges Federbett, das über einer [Stepp]decke verwendet wird.

Plumpudding [engl. 'plʌm'pʊdɪŋ; zu

Plötze

engl. plum „Rosine"], schwerer engl. Pudding aus Nierenfett, Mehl und Weißbrot, Mandeln, Rosinen, Zucker, Eiern, Gewürzen, Sherry o. ä., der im Wasserbad gegart und warm (auch flambiert) gegessen wird (v. a. zu Weihnachten: **Christmas pudding**).

Plünderung, die rechtswidrige Wegnahme privater oder öffentl. Sachen unter Ausnutzung einer durch krieger. Handlungen, Landfriedensbruch oder Katastrophenfälle hervorgerufenen Störung der öffentl. Ordnung und des öffentl. Friedens. Völkerrechtl. wird die P. durch die Haager Landkriegsordnung untersagt. Die Wegnahme kann jedoch als Ausübung des Beuterechts oder als Requisition erlaubt sein.

Plunket, Oliver [engl. 'plʌŋkɪt], sel., * Loughcrew (Meath) 1629, † London 11. Juli 1681, ir. Erzbischof. - 1669 Erzbischof von Armagh und Primas von Irland, 1679 unter dem Vorwand der Teilnahme an einer angebl. Jesuitenverschwörung in Dublin gefangengesetzt und nach willkürl. geführtem Prozeß in London gehängt und geviertelt.

Plural [zu lat. pluralis „mehrere betreffend"] (Pluralis, Mehrzahl; Abk. Pl., Plur.), in der Sprachwiss. der Numerus zur Bez. des mehrfachen Vorhandenseins des betreffenden Wesens oder Dinges (Ggs. Singular) bei den flektierbaren Wortarten. Ein Substantiv, das ausschließl. im P. gebräuchl. ist, heißt **Pluraletantum** (z. B. Leute, Ferien).

Pluralis majestatis [lat. „Plural der Majestät"] (P. majestaticus, P. dignitatis), Bez. für die Verwendung der 1. Person Plural statt der 1. Person Singular zur [Selbst]bez. regierender Herrscher („*Wir*, Wilhelm, von Gottes Gnaden dt. Kaiser").

Pluralis modestiae [lat. „Plural der Bescheidenheit"] (Autorenplural), Bez. für die Verwendung des Plurals statt des Singulars für die eigene Person („wie *wir* früher gezeigt haben"), um die eigene Person zurücktreten zu lassen.

Pluralismus [zu lat. plures „mehrere"], allg. Begriff zur Kennzeichnung bestimmter Diskussions- und Entscheidungsprozesse und der sie regelnden Institutionen; für eine Beratungssituation, wenn 1. kein Argument „von vornherein" (durch institutionelle Anlage der Beratungssituation, durch wirksame Herrschaft usw.) aus der Diskussion ausgeschaltet ist *(Argumente-P.)*, wobei offensichtlich die Vernunftmäßigkeit einer Beratungssituation auf Grund der Verpflichtung zur Unvoreingenommenheit ihre argumenteplural. Organisation einschließt; 2. die Zusammensetzung des Teilnehmerkreises die Vertretung aller von den Beratungsergebnissen erwartbar berührten Interessen sichert *(Interessen-P.)*. Für eine pluralist. ausgerichtete Wissenschaftstheorie plädiert v. a. der krit. Rationalismus. Dabei werden i. d. R. Rechtfertigungen, die für eine pluralist. Vertretung von

Argumenten bzw. Interessen einsichtig sind, ledigl. auf einen sog. *Methoden-* oder *Theorien-P.* übertragen, für die kennzeichnend ist, daß in einer wiss. Diskussionssituation method. (insbes. wiss.sprachl.) Normen und theoret. Annahmen beliebig ohne weitere Begründung in Konkurrenz verwendet werden dürfen.

In den *Sozialwiss.* bezeichnet P. die Struktur moderner, funktional differenzierter Gesellschaften, in denen eine Vielzahl polit., wirtsch., religiöser, ethn. und anderer untereinander in Konkurrenz stehender Interessengruppen, Organisationen und Mgl. sozialer Teilbereiche um polit. und gesellschaftl. Einfluß ringen. P. als polit. Kampfbegriff wird gegen den Omnipotenz- und Souveränitätsanspruch des Staates und die strikte Gegenüberstellung von Staat und Gesellschaft gestellt, mit der These, daß zw. Staat und Individuen eine Vielzahl unterschiedlichster Gruppen agieren, die ihre inneren Verhältnisse selbständig regeln, im Rahmen bestimmter gesetzl. Vorschriften, aber ohne staatl. Schiedsspruch ihre Konflikte untereinander austragen (z. B. Tarifhoheit der Arbeitgeberverbände und der Gewerkschaften) und auch ihre Kampfweise selbst bestimmen.

Der polit. Begriff P. wurde zuerst 1915 von H. Laski verwendet, der den Staat als Verband unter Verbänden bezeichnete, der von seinen Angehörigen nicht mehr Loyalität verlangen dürfe als andere Verbände auch und diese durch Leistungen zu legitimieren habe. Damit lehnte er eine Souveränität des Staates und seinen mit dem Gewaltmonopol durchsetzbaren Gehorsamsanspruch ab und sah den Staat ledigl. als Etappe zur eigenen Aufhebung auf dem Weg zur klassenlosen Gesellschaft an. E. Fraenkel, der nach 1945 den Begriff „Neo-P." prägte, beschrieb den „pluralist. Rechtsstaat" als Gegentyp zur „totalitären Diktatur" und formte damit maßgebl. das Selbstverständnis westl. Massendemokratien, insbes. der BR Deutschland. Im Ggs. zu Laski bestritt Fraenkel nicht den Souveränitätsanspruch des Staates, der für die Einhaltung der rechtsstaatl. Verfahrensweisen und die Garantie der sozialen und polit. Grundrechte zu sorgen habe. Bes. unter dem Einfluß der neuen Linken ist das weitgehend normative Konzept des Neo-P. kritisiert worden, da es als Rechtfertigungsideologie bestehender Zustände benutzt werde, der etablierte P. der großen Verbände ein relativ starres Machtsystem darstelle, das status-quo-orientiert sei, Reformen erschwere und Chancengleichheit nicht gewährleiste, weil nicht alle Interessen gleiche Durchsetzungschancen hätten und wichtige Interessengruppen unberücksichtigt blieben, da sie nicht oder nur schwer organisierbar sind (Verbraucher, Kranke, Alte).

📖 *Topitsch, E./Vogel, H. J.: P. u. Toleranz.* Köln 1983. - *Häberle, P.: Die Verfassung des P.* Königstein/Ts. 1980. - *Steffani, W.: Pluralist. Demokratie.* Leverkusen 1980.

Pluralität [lat.], Mehrheit; Mannigfaltigkeit (der Meinungen u. ä.).

Pluralwahlrecht, Wahlrecht, bei dem einem Teil der Wähler eine oder mehrere zusätzl. Stimmen zugebilligt werden, um diese Wählergruppe zu bevorzugen. I. d. R. wird die Stimmenzahl ungleich, z. B. nach Einkommen oder Steuerkraft verteilt. Das P., das vor 1918 in einigen dt. Ländern und z. B. zeitweilig auch in Belgien Gültigkeit hatte, wirkte meist zugunsten konservativer oder bürgerl. Parteien und zu Lasten der Arbeiterschaft. Vom P. sind zu unterscheiden das ↑ Klassenwahlsystem und neuere **Mehrstimmenwahlrechte,** in denen alle Wähler zwei oder mehrere Stimmen haben.

pluriẹnn [lat.], svw. ↑ mehrjährig.

pluripotẹnt [lat.], viele Potenzen, viele Entwicklungsmöglichkeiten in sich bergend; z. B. von der Neuralleiste gesagt, aus der während der Embryonalentwicklung die verschiedenartigsten Zellen bzw. Gewebe hervorgehen.

plus [lat. „mehr"], zuzüglich, und; das *Pluszeichen* + steht als Symbol für die Verknüpfung zweier Zahlen a und b zu ihrer Summe $a + b$.

Plüsch [zu frz. peluche mit gleicher Bed.], Kettsamt (↑ Samt) mit einer Florhöhe von 4 mm und mehr.
◆ Strick- oder Wirkware mit kleinen Schleifen auf der Rückseite des Gestrickes bzw. Gewirkes; verwendet für Bademäntel u. ä.

Plusquamperfekt [zu lat. plusquamperfectum „mehr als vollendet"] (vollendete Vergangenheit, Vorvergangenheit, 3. Vergangenheit), Zeitform beim Verb, die ein vor einem anderen in der Vergangenheit vollendetes Verbalgeschehen ausdrückt; verwendet wird es ausschließl. zur Herstellung einer zeitl. Beziehung zw. zwei Handlungen (z. B. „kaum *war* er *eingeschlafen,* da klingelte das Telefon").

Plutarch (Mestrius Plutarchus), * Chaironeia um 46, † um 125, griech. philosoph. Schriftsteller. - Aus angesehener Familie; beeinflußt von der Akademie, von Stoa und Peripatos. - Sein etwa zur Hälfte erhaltenes Werk umfaßt rhetor., literarhistor., naturwiss., theolog. (bzw. religionsphilosoph.), biograph., philosoph. und von hohem sittl. Ernst getragene popularphilosoph.-eth. („Moralia") Schriften. Bes. bekannt sind die „Bíoi parállēloi", in denen in 23 Beispielen je ein berühmter Grieche und Römer gegenübergestellt und in ihrem Wert als Vorbilder sittl. Lebensführung abgewogen werden.

Pluto [griech.], der sonnenfernste der bekannten Planeten unseres Sonnensystems, dessen derzeit (1979–1999) durchlaufener Bahnteil jedoch innerhalb der Bahn des Neptun liegt; 1930 von C. W. Tombaugh entdeckt,

Plutokratie

nachdem der Ort aus Störungen in den Bahnen von Uranus und Neptun vorausberechnet worden war. Die stark ellipt. Bahn des P. legt die Vermutung nahe, daß es sich um einen ehem. Neptunmond handeln könne. 1978 konnte auch die Existenz eines P.mondes („Charon") nachgewiesen werden (Durchmesser rd. 1 000 km, Kreisbahnradius rd. 20 000 km). - ↑auch Planeten.

Plutokratie [griech., zu plútos „Reichtum" und kratein „herrschen"], Bez. für ein polit.-soziales System, in dem die wesentl. Entscheidungsprozesse von oligarch. Gruppen bestimmt werden, deren Einfluß vorwiegend auf ihrem Besitz, speziell auf mobilem Kapital beruht; kann institutionalisiert sein (z. B. in einem Klassenwahlsystem) oder indirekt durch die Abhängigkeit polit. Entscheidungsträger von Pressure-groups ausgeübt werden.

Pluton (Pluto), Gestalt der griech. Mythologie. Gott des Reichtums, der aus dem Nährboden für die Pflanzen und aus den Bodenschätzen für den Menschen entsteht; deshalb als unter der Erde wirkend gedacht und schließlich mit dem Gott der Unterwelt, Hades, identifiziert (bei den Römern mit Dispater).

Plutone [griech., nach Pluton], Bez. für große Tiefengesteinskörper innerhalb der Erdkruste.

Plutonismus [griech., nach Pluton], zusammenfassende Bez. für die Entstehung, Veränderung, Wanderung und Platznahme natürl. Gesteinsschmelzen innerhalb der Erdkruste. Der Aufstieg der Schmelze wird begünstigt durch tekton. Vorgänge wie Druckzunahme, Druckentlastung, Aufreißen von Förderspalten. Das wasserhaltige Magma erstarrt infolge Druckabnahme meist innerhalb der obersten 2 bis 3 km Krustentiefe. Bei langsamer Abkühlung kann die Schmelze i. d. R. voll auskristallisieren. Im Ggs. zu den Ergußsteinen überwiegen bei den Tiefengesteinen die Granite und Granodiorite.

◆ überholte geolog. Lehre, nach der alle Gesteine magmat. Ursprungs sind. - ↑auch Geologie.

Plutonium [griech., nach dem Planeten Pluto], chem. Symbol Pu; radioaktives, metall. Element aus der Reihe der Actinoide des Periodensystems der chem. Elemente, Ordnungszahl 94, Dichte 19,84 g/cm³, Schmelzpunkt 641 °C, Siedepunkt 3 232 °C; unedles, silberweißes Schwermetall, das in der Natur nur in sehr geringen Mengen in Uranerzen vorkommt und meist künstl. in Kernreaktoren hergestellt wird. An Isotopen sind Pu 232 bis Pu 246 bekannt; das wichtigste P.isotop ist Pu 239, ein Alphastrahler mit der Halbwertszeit von 24 360 Jahren, der in schnellen Brutreaktoren in größeren Mengen aus dem Uranisotop U 238 erhalten wird. Wegen der guten Spaltbarkeit seiner Atom-

kerne durch langsame Neutronen ist Pu 239 ein Kernbrennstoff und neben dem Uranisotop U 235 der meistverwendete Sprengsatz von Kernwaffen (P.bombe). Aus dem stabilen, gelbgrünen P.dioxid PuO₂ können (zus. mit Uran- und Thoriumdioxid) Brennelemente für Kernreaktoren hergestellt werden. Auf Grund der von der Alphastrahlung herrührenden, außerordentl. starken Radiotoxizität kann P. nur in sog. heißen Laboratorien bzw. Zellen unter Schutzgasatmosphäre oder im Vakuum gehandhabt werden. Nach Einatmen von P.staub oder Eindringen in Wunden wird P. in der Lunge, der Leber und in den Knochen abgelagert sowie an Proteine des Blutplasmas gebunden; schon die Einwirkung weniger Millionstel g P. führt zu tödl. Strahlungsschäden. - Als erstes P.isotop wurde 1940/41 Pu 238 von G. T. Seaborg, J. W. Kennedy und C. A. Wahl durch Deuteronenbeschuß des Uranisotops U 238 als Betazerfallsprodukt des dabei entstehenden Neptuniumisotops Np 239 erhalten. Am 9. Aug. 1945 wurde die erste in den USA hergestellte P.bombe auf Nagasaki abgeworfen.

🕮 *Taube, M.:* P., *a general survey.* Weinheim 1974. - *Cleveland, J. M.: The chemistry of p.* New York u. a. 1970. - P. *handbook. A guide to the technology.* Hg. v. O. J. Wick. *New York u. a.* 1966. *2 Bde.*

Plutoniumbombe, Atomwaffe, deren Wirkung auf der Spaltung von Plutoniumkernen beruht (↑ABC-Waffen).

Pluvial [lat.] (Pluvialzeit), den pleistozänen Eiszeiten der gemäßigten und höheren Breiten entsprechender, relativ niederschlagsreicher Zeitabschnitt in den heutigen subtrop. Trockengebieten und im Mittelmeerraum.

Pluviale [zu mittellat. (pallium) pluviale „Regenmantel"] (Rauchmantel, Chormantel), aus der ↑Cappa entstanden, seit dem 10. Jh. zu den liturg. Gewändern gerechnet; heute offener, ärmelloser Mantel bei verschiedenen Gottesdiensten.

Pluviometer [lat./griech.], svw. ↑Niederschlagsmesser.

Pluviôse [frz. ply'vjo:z „Regenmonat"], 5. Monat des Jahres (20., 21. oder 22. Januar bis 18., 19. oder 20. Februar) im frz. Revolutionskalender.

Plymouth [engl. 'plɪməθ], engl. Stadt an der S-Küste der Halbinsel Cornwall, 243 900 E. TH, Institut für Meeresumweltforschung; Museen, Kunstgalerie; Zoo; Fernsehsender; Kriegs- und Handelshafen; metallverarbeitende, chem., pharmazeut., kosmet. u. a. Ind. - 1086 als **Sudtone** erstmals gen.; erhielt 1311 Stadtrecht; kam als erste engl. Stadt durch Parlamentsbeschluß an die Krone (1439). Im Sept. 1620 brachen die Pilgerväter mit der „Mayflower" von P. aus nach Amerika auf. 1690 Bau des Kriegshafens, bei dem der Stadtteil P. Dock (1928 in **Devonport** umbenannt) entstand. Seit 1929 City; schwere

Zerstörungen im 2. Weltkrieg; ab 1947 Wiederaufbau. - Kirche Saint Andrew (15. Jh.), Royal Citadel ist eine der besterhaltenen Festungsbauten des 17. Jahrhunderts.

P., Hauptstadt der Antilleninsel Montserrat, 3 200 E. Exporthafen, Tomatenkonservenfabrik.

P., Stadt in SO-Massachusetts, USA, 36 000 E. Pilgrim Hall Museum; Fischereihafen; Textilind., Metallverarbeitung, Schiff- und Bootsbau. - Älteste Stadt in Neuengland, 1620 gegr. Hauptort der Kolonie P. bis zu deren Verschmelzung mit der Kolonie der Massachusetts Bay (1691). - Am P. Rock landeten die Pilgerväter mit der „Mayflower". Nachbildung der „Mayflower" im Hafen.

Plymouth-Brüder [engl. ˈplɪməθ] ↑ Darbysten.

Plzeň [tschech. ˈplzɛnj] ↑ Pilsen.

Pm, chem. Symbol für ↑ Promethium.

p. m., Abk.:
◆ für lat. **per mille, pro mille** (↑ Promille).
◆ für lat. ↑ **post meridiem.**
◆ für lat. ↑ **post mortem.**
◆ für lat. ↑ **pro memoria.**

P. M., Abk. für lat.: ↑ Pontifex Maximus.

PMR-Spektroskopie [engl. ˈpiː-ɛmˈɑː, Abk. für engl. **proton magnetic resonance** „magnet. Protonenresonanz"] ↑ NMR-Spektroskopie.

Pneu, v. a. östr. und schweizer. Kurzbezeichnung für aus Gummi hergestellter Luftreifen an Fahrzeugrädern.
◆ im medizin. Fachjargon übl. Kurzbez. für ↑ Pneumothorax.

Pneuma [griech. „Hauch, Wind, Atem"] (lat. spiritus), im griech. Denken eine stets materiell gedachte Lebenskraft, die Atem und Puls reguliert. Erst Philon von Alexandria vollzog eine Spiritualisierung. - Die Gnosis unterscheidet im allg. ein rein geistiges P. sowohl von der grobstoffl. „hýlē" oder „sárx" („Materie", „Fleisch") als auch von der Seele („psyché"), die sowohl der geistigen als auch der materiellen Welt zugerechnet wird. - In der Septuaginta ist P. die häufigste Wiedergabe des hebr. Begriffs „ruach" („Wind"), der sowohl die bewegte Luft als auch den Geist Gottes bezeichnen kann. Eine rein geistige Auffassung vertritt das N. T.: Die Taufe wird als Vermittlung dieses geistigen P. angesehen, und das Pfingstwunder gilt als Ausgießung des Hl. Geistes („pneûma hágion"). Für Paulus sind die Lebensäußerungen der Kirche durch das P. bewirkt.

Pneumarthrose [griech.], in der Medizin Bez. für: 1. Anwesenheit von Luft in einem Gelenk, z. B. als Folge einer Verletzung; 2. Füllung des Gelenkinneren mit künstl. eingeblasener Luft (als Kontrastmittel bei Röntgenuntersuchungen).

Pneumatik [griech.], Teilgebiet der Technik, das sich mit der Anwendung von Druck- und Saugluft befaßt. Der Einsatz

pneumat. Einrichtungen (oft kurz P. genannt) erfolgt für Antriebsaufgaben, für Steuerung und/oder Regelung, aber auch zur Durchführung log. Schaltfunktionen. Pneumat. Anlagen besitzen nur wenige Bausteine, aus denen eine Vielzahl von Kombinationen mögl. ist. Pneumat. Bauelemente sind z. B. *Drucklufterzeuger* (Verdichter), *Druckluftspeicher, Druckregler* und *Druckwächter* (in Abhängigkeit von einstellbaren Schaltdrücken arbeitendes Schaltgerät), Druckbegrenzungsventile und *Druckminderventile, Wegeventile* zur Steuerung (benannt nach der Anzahl der Wege und der Schaltstellungen, z. B. als 4/3-Wegeventil mit vier Wegen und drei Schaltstellungen), *Regelventile* (bei Druckverhältnissen über 1 : 1 als *Druckübersetzer* bezeichnet), *Zylinder* (als Arbeitsgeräte mit Kolben oder Membran), *Absperrhähne, Drehschieberventile, Rückschlagventile* u. a. Grundsätzl. sind die übl. Wegeventile für den Aufbau digitaler log. Schaltungen (↑ Logikelemente) geeignet; wegen ihrer relativ großen Bauweise werden sie jedoch durch die digital arbeitenden **Fluidics** ersetzt. Diese Strömungsschalter für gasförmige und flüssige Medien, die ohne bewegl. Teile mit geringem Druck arbeiten, besitzen Schaltzeiten bis unter 1 ms und lassen sich auf Grund ihrer geringen Größe zu integrierten Schaltungen zusammenfassen.

Pneumatiker [griech.], im N. T. allg. Bez. die Christen als Träger einer „Geistgabe" (↑ Charisma).
◆ Ärzteschule des Altertums, gegr. im 1. Jh. v. Chr. von Athenaios von Attaleia, einem Schüler des Poseidonios. Die P. schlossen sich in ihrer Physiologie und Krankheitslehre eng an die Philosophie der Stoa an. Im ↑ Pneuma sahen sie das lebenserhaltende Prinzip.

Pneumatisation [griech.], die Ausbildung von lufthaltigen Zellen oder Hohlräumen in Geweben, v. a. in Knochen (z. B. die Bildung der Paukenhöhle und der Nasennebenhöhlen in den Schädelknochen).

pneumatisch, geistig; auf das ↑ Pneuma bezogen.
◆ mit Luft (oder einem anderen Gas) gefüllt, mit Luftdruck betrieben, auf Luft oder Atmung bezogen.

Pneumatolyse [griech.], bei der Erstarrung von ↑ Plutonen Bez. für die Phase, in der Gase entweichen, die das Nebengestein sowie bereits erstarrte Gesteinsschmelze umwandeln, wobei Lagerstätten entstehen können (v. a. Zinnstein, Topas und Turmalin).

Pneumatophor [griech.], aus einer umgewandelten Meduse entstandene, als Schwebeeinrichtung dienende, flaschenförmige Bildung am oberen Ende des Stocks mancher Staatsquallen; besteht aus einem gaserfüllten Behälter und einer darunterliegenden ektodermalen Gasdrüse. Die Gasfüllung des P. kann variiert werden und ermöglicht so ein Auf- und Absteigen des Staatsquallenstocks.

Pneumatose [griech.], die (vermehrte) Anwesenheit von Luft oder Gasen in Körperhöhlen, Organen und Geweben unter krankhaften Bedingungen; z. B. bei Lungenemphysem.

Pneumektomie (Pneumonektomie) [griech.], operative Entfernung eines Lungenflügels, u. a. bei bösartigen Tumoren oder ausgedehnten Eiterungen, früher auch bei Tuberkulose.

Pneumographie (Pneumoradiographie) [griech.], die Verwendung bes. von Luft oder Sauerstoff als Kontrastmittel für die röntgenolog. Darstellung von Körperhöhlen bzw. Organen, die an Körperhöhlen grenzen.

Pneumokokken [griech.], Bakterien der Art Streptococcus pneumoniae (früher Diplococcus pneumoniae, Diplococcus lanceolatus; ↑Diplokokken). Die P. gehören zu den Milchsäurebakterien und weisen zahlr. Stämme bzw. Typen auf. Die P.stämme mit den relativ dicken Kapseln aus Polysacchariden sind pathogen (krankheitserzeugend). Ihre Einteilung erfolgt auf Grund der verschiedenen in den Kapseln lokalisierten Antigene. - P. finden sich bei 40–70 % der Erwachsenen symptomlos im Nasen-Rachen-Raum. Sie können oder, oft im Gefolge einer Virusinfektion, gefährlich pathogen werden: Lungen-, Mittelohrentzündung, Meningitis, Sepsis. Bekämpfung durch Antibiotika.

Pneumokoniose [griech.], svw. ↑Staublunge.

Pneumolyse [griech.], operative Ablösung von (meist entzündlichen) Verwachsungen zw. Lunge und Rippenfell.

Pneumonie [griech.], svw. ↑Lungenentzündung.

Pneumoperikard [griech.], Ansammlung von Luft (Verletzungsfolge) oder Gas im Herzbeutel.

Pneumothorax [griech.] (Kurzbez. Pneu; Gasbrust, Luftbrust), Ansammlung von Luft (oder Gas) im Pleuraraum, z. B. nach Verletzungen im Bereich des Brustkorbs, nach Platzen von Lungenbläschen und Durchbruch des Lungenfells; auch therapeut. zur Ruhigstellung von tuberkulös-kavernösen Lungenprozessen angelegt, wobei der Luft in den Pleuraraum eingeblasen wird und die Lunge sich je nach dem eingefüllten Volumen verkleinert (kollabiert, *Lungenkollaps*). - Beim *offenen* P. besteht im Ggs. zum *geschlossenen* P. eine Verbindung zw. dem Pleuraraum und der äußeren Luft bzw. den Lufträumen der Lunge.

PNF, Abk. für: ↑Partito Nazionale Fascista.

Po, größter Fluß Italiens, entspringt in den Cott. Alpen, erreicht südl. von Revello das W-Ende der ↑Poebene, umfließt das Hügelland des Monteferrato, strömt ab Valenza in windungsreichem, oft durch Inseln geteiltem Lauf nach O, von Deichbauten begleitet.

Infolge des geringen Gefälles setzen sich die mitgeführten Sande und Schwebstoffe im eigenen Bett ab, so daß der mittlere Flußspiegel auf der Höhe von Ferrara mehrere Meter über dem durchschnittl. Umland liegt. Der Po mündet in einem Delta in das Adriat. Meer, 652 km lang, schiffbar ab der Einmündung des Tessins.

Po, chem. Symbol für ↑Polonium.

Pobedonoszew, Konstantin Petrowitsch [russ. pɐbɪdɐ'nɔstsəf], * Moskau 2. Juni 1827, † Petersburg 23. März 1907, russ. Politiker. - Jurist; seit 1868 Senator, seit 1872 Mgl. des Staatsrats; übte als Rechtslehrer der späteren Kaiser Alexander III. und Nikolaus II. und Anhänger der unbeschränkten Autokratie bestimmenden Einfluß auf sie und die russ. Politik der Reaktion aus.

Poblet, Zisterzienserkloster in NO-Spanien, nw. von Valls, Prov. Tarragona, 1149 gegr., 1835 aufgehoben, seit 1940 wiederbesiedelt; von dreifacher Ummauerung umgeben; roman.-got. Kirche in strengem Zisterzienserbaustil mit barocker Fassade (um 1670), Grablege der aragon. Könige; got. sind Kreuzgang (13./14. Jh.), Palacio Real (14. Jh.), Kapitelsaal, Bibliothek; außerdem barocke Klostergebäude.

Pocci, Franz Graf von ['pɔtʃi], * München 7. März 1807, † ebd. 7. Mai 1876, dt. Jugendschriftsteller, Illustrator und Musiker. - Seit 1830 am bayr. Hof; schrieb Singspiele (mit eigener Musik), Bühnenstücke, Lieder, Puppenspiele und Kindergeschichten; verdankt seinen Ruhm v. a. seinen selbstillustrierten Kinderbüchern und Puppenkomödien für das Kasperltheater.

Pochette [pɔ'ʃɛtə, frz.] (Taschen-, Tanzmeistergeige), im 16. bis 18. Jh. eine kleine Geige, die die Tanzmeister beim Unterricht verwendeten und in der Rocktasche stecken konnten; v. a. bei älteren P. gingen Schallkörper und Hals in der Art des ↑Rebec ineinander über.

pochieren [pɔ'ʃiːrən, frz., zu poche „Tasche"], Speisen in siedender Flüssigkeit garziehen lassen, z. B. verlorene Eier.

Pochkäfer, svw. ↑Klopfkäfer.

Pöchlarn, niederöstr. Stadt an der Donau, 213 m ü. d. M., 3 600 E. Geburtshaus von O. Kokoschka mit Dokumentationsausstellung. - Geht auf röm. Ursprung zurück; das „Bechelaren" des „Nibelungenliedes"; 1267 als „Stat" gen. - Got. Pfarrkirche (1389–1429, z. T. barockisiert); spätgot. Johanneskapelle (15. Jh.); Schloß (urspr. 16. Jh., umgebaut).

Pocken [niederdt.] (Blattern, Variola), durch ↑Pockenviren hervorgerufene, in Form von Pandemien und Epidemien auftretende, auch bei Verdacht schon anzeige- und isolierpflichtige, schwere, hochansteckende Infektionskrankheit. Die P.erkrankung macht sich 10–14 Tage nach der Ansteckung bemerkbar. Bei Ungeimpften treten dann Fieber, Kreuzschmerzen und Erbrechen auf. In der Haut entwickeln sich aus blaßroten, jukkenden Flecken oder Knötchen eingedellte Bläschen mit dunkelrotem Saum. Die ersten Bläschen treten auf den Rachenmandeln oder im Hals auf. Sie zerfallen sehr schnell, so daß Ansteckungsfähigkeit bereits besteht, bevor noch Bläschen an der Haut des Erkrankten sichtbar werden. An den sichtbaren Körperstellen treten die Bläschen zuerst im Bereich von Stirn, Stirnhaargrenze, Ohren und Handrücken auf. Später platzen die P.bläschen und bedecken sich mit braungelben Krusten, die abfallen und die sog. P.narben hinterlassen. Für Nichtgeimpfte ist eine P.infektion fast immer eine tödl. Erkrankung. Geimpfte, deren Impfschutz schon weitgehend erloschen ist, erkranken wesentl. weniger schwer (mit Abgeschlagenheit und Fieber wie bei der Grippe; der Bläschenausschlag ist gering und die Erkrankung nach 12–14 Tagen wieder abgeklungen). Spezif. Behandlungsmaßnahmen gegen P. gibt es nicht. - P.kranke und alle Kontaktpersonen sind verpflichtet, sich den gesetzl. Quarantänemaßnahmen zu unterwerfen.

Geschichte: In China und Indien waren die P. nachweisl. schon um 1 000 v. Chr. verbreitet. Auch kannte man dort bereits primitive Formen der Impfung (z. B. Einbringen von P.schorf in die Nase). In Europa sind P.epidemien seit dem 6. Jh. bekannt. Die erste medizin. Beschreibung der P. gab der pers. Arzt Rhazes (um 900). Europ. Ärzte übernahmen Anfang des 18. Jh. in Konstantinopel die dort übl. Methode der Schutzimpfung mit der Lymphe eines P.kranken (Variolation). Den eigtl. Impfschutz ermöglichte 1796 E. Jenner durch die Entdeckung, daß auch Kuhpockenlymphe (Vakzination) als Impfstoff gegen die „echten" P. immunisiert. Dies führte zur Gründung von Impfanstalten und zu staatl. Zwangsmaßnahmen, zuerst nur in Seuchenzeiten und beim Heer, später allg. (Impfpflicht erstmals in Hessen und in Bayern 1807, Impfgesetz für das Dt. Reich 1874). Das seit Mai 1976 für die BR Deutschland gültige Gesetz über die P.impfung hebt die allg. Impfpflicht auf, da P. nur noch in Äthiopien auftreten. Nach erfolgter Erstimpfung ist eine Wiederholungsimpfung jedoch weiterhin Pflicht. - Am 26. Okt. 1979 erklärte die Weltgesundheitsorganisation die P. für ausgerottet.

📖 *Herrlich, A.: Die P. Erreger, Epidemiologie u.klin.Bild. Stg. ²1967. - Gins, H. A.: Krankheit wider den Tod. Schicksal der P.schutzimpfung. Stg. 1963.*

Pockendiphtherie ↑ Geflügelkrankheiten.

Pockenschildläuse (Pockenläuse, Asterolecaniidae), Fam. etwa 1–3 mm großer, an Pflanzen saugender Schildläuse, v. a. in wärmeren Ländern. In Deutschland kommt v. a. die **Eichenpockenschildlaus** (Asterolecanium

variolosum) vor: bis 2 mm groß, gelbgrün bis braun; ruft durch Saugen an jungen Eichenästen Rindenwucherungen hervor.

Pockenseuche, Viruserkrankung von Rindern, Schafen (hier anzeigepflichtig) und Schweinen; mit gelbroten Knötchen auf haarlosen oder wenig behaarten Hautstellen, später (8–14 Tage) größere Pusteln, die eintrocknen.

Pockenviren, quaderförmige Viren von komplexem Bau. Nach den Antigenen unterscheidet man: die Erreger der menschl. Pocken, der Kuhpocken, Mäusepocken, der Affen- und Kaninchenpocken sowie der Vogelpocken (Geflügelpocken), ferner Tumorviren wie *Myxoma* (Erreger der Myxomatose) und *Fibroma*. - Das **Vakziniavirus,** ein im Labor gezüchteter Virusstamm, wird für die Schutzimpfung gegen Pocken angewendet, da es eine geringe Pathogenität für den Menschen besitzt.

Pocket book [engl. ˈpɔkɪt ˈbʊk] ↑ Taschenbuch.

Pocketkamera ↑ photographische Apparate.

Pocking, Stadt im Landkr. Passau, Bay., 323 m ü. d. M., 11 000 E. Ferrosiliciumwerk, holzverarbeitende Ind., Käserei; Mittelpunkt der Rottaler Pferde- und Fleckviehzucht.

poco [italien.], svw. ein wenig, etwas; in der Musik z. B. *p. forte,* ein wenig lauter; *p. allegro,* etwas schneller; *p. a p.,* nach und nach, allmählich.

Podagra [griech.] ↑ Gicht.

Podatus (Pes) [lat.], ma. Notenzeichen, ↑ Neumen.

Podestà (italien. podestà) [italien., zu lat. potestas „Herrschaft"], in den nord- und mittelitalien. Städten seit Mitte 12. Jh. auf Lebenszeit bzw. für eine zeitl. befristete Amtszeit gewählter Amtsträger meist auswärtiger Herkunft für Verwaltung, Rechtsprechung und Heerwesen. - 1815–1918 die Bürgermeister in italienischsprachigen östr. Städten; 1926–45 die ernannten Bürgermeister italien. Städte.

Podgorny, Nikolai Wiktorowitsch [russ. padˈgɔrnɨj], * Karlowka (Gebiet Poltawa) 18. Febr. 1903, † Moskau 11. Jan. 1983, sowjet. Politiker. - Seit 1930 Mgl. der KPdSU; seit 1956 Mgl. des ZK, 1960–77 des Politbüros der KPdSU; 1963–66 einer der Sekretäre des ZK; 1965–77 Vors. des Präsidiums des Obersten Sowjets (Staatsoberhaupt); konnte mit A. N. Kossygin und M. A. Suslow den zeitweiligen Kurs L. I. Breschnews auf Abschaffung der kollektiven Führung abblocken.

Podhale [poln. pɔtˈxalɛ], vom oberen Dunajec durchflossenes Becken zw. der Hohen Tatra (im S) und den Beskiden (im N), Polen, bewohnt von den zu den ↑ Goralen gehörenden **Podhalen.**

Podiebrad, Georg v. P. und Kunstatt [ˈpɔdiɛbrat] ↑ Georg von Podiebrad und Kunstatt.

Podiumtempel

Podiumtempel ↑ Tempel.

Podogramm (Pedogramm) [griech.], graph. Darstellung bzw. Aufzeichnung der Spur des nackten Fußes beim Gehen.

Podolien, histor. Landschaft zw. dem Oberlauf des Südl. Bug und dem Dnjestr, im Bereich der Wolyn.-Podol. Platte, UdSSR (Ukrain. SSR). - Stand nach dem Zerfall des Kiewer Reiches zunächst unter tatar. Oberhoheit; im O bemächtigten sich in der 2. Hälfte des 14. Jh. lit. Fürsten der Herrschaft; 1430 kam der W-Teil an Polen, 1569 auch der O-Teil; 1672–99 fast ganz beim Osman. Reich. Bei den Poln. Teilungen fiel das Gebiet um Tarnopol 1772 an Österreich, der Hauptteil 1793 an Rußland.

Podolsk [russ. pa'doljsk], sowjet. Stadt 15 km südl. des Stadtrandes von Moskau, RSFSR, 207 000 E. Lenin-Museum; Schwermaschinenbau, Nähmaschinen-, Zementwerk. - Bis 1764 im Besitz des Moskauer Danilow-Klosters. - Nahebei das ehem. Gut **Dubrowitschi** der Fürsten Golizyn mit großem Herrenhaus (18. Jh.) und barocker Kathedrale (1690–1704).

Podravina, der zu Jugoslawien gehörende Teil der Drauniederung zw. Ormož und Draumündung.

Pods [russ.], runde oder ovale, flache, abflußlose Hohlformen in den südruss. Steppengebieten.

Podsol [russ.] (Bleicherde), ein Bodentyp des feuchtgemäßigten Klimabereichs, ↑ Bodenkunde.

Poe, Edgar Allan [engl. pou], * Boston 19. Jan. 1809, † Baltimore 7. Okt. 1849, amerikan. Schriftsteller. - Als Kritiker, Literaturtheoretiker, Lyriker und Erzähler einer der bedeutendsten Vorbereiter der von der Romantik ausgehenden Literatur des 19. Jahrhunderts. Sohn eines Schauspielerehepaars; ab 1811 Waise; von dem Kaufmann J. Allan in Richmond (Va.) erzogen, der ihn wegen seiner exzentr. Neigungen 1826 verstieß; danach bis 1831 Militärdienst; 1836 Heirat; lebte meist in ärml. Verhältnissen. Verfaßte melod. stimmungsvolle Versdichtungen wie „Tamerlane" (1827) und dunkle, rätselhafte Gedichte wie „Der Rabe" (1845) mit starker Wirkung auf die frz. Symbolisten. Meister und theoret. Begründer der Kurzgeschichte; seine Kriminalerzählungen, z. B. „Der Doppelmord in der Rue Morgue" (1841) und „Der entwendete Brief" (1844), wirkten nachhaltig auf die Weiterentwicklung der Kriminalliteratur. Hervorragendes Beispiel der phantast. Schauererzählung ist „Der Untergang des Hauses Usher" (1839), Beispiele der Abenteuererzählung sind „Der Goldkäfer" (1843), „Die denkwürdigen Erlebnisse des Arthur Gordon Pym" (1838).

Poebene, Tiefebene in N-Italien, von den Alpen und dem nördl. Apennin umgeben, im O an das Adriat. Meer grenzend, in ihrer gesamten Länge (über 400 km) vom Po durchflossen, größte Breite mit 150 km im O. Die eingedeichten größeren Flüsse erhöhen ständig ihr Bett durch die Ablagerung mitgeführter Schwebstoffe. Das mittlere Flußniveau liegt z. T. mehrere Meter über der anschließenden Ebene, die bei Dammbrüchen nach herbstl. Starkregen oder nach der Schneeschmelze wiederholt Überschwemmungskatastrophen ausgesetzt war. Intensiv landw. genutzt: Mischkulturen mit Getreide, Gemüse-, Obst- und Weingärten; Erdölvorkommen; Wirtschaftszentren sind Mailand und Turin.

Poel [pø:l], Ostseeinsel in der nö. Wismarbucht, DDR, 37 km², bis 24 m hoch, im N und W mit einer bis 12 m hohen Kliffküste. Mit dem Festland durch Damm und Brücke verbunden; Fremdenverkehr.

Poelzig, Hans ['pœltsɪç], * Berlin 30. April 1869, † ebd. 14. Juni 1936, dt. Architekt. - Seit 1900 als Lehrer an der Akad. in Breslau, Dresden und ab 1920 in Berlin tätig. P., der zu den Hauptvertretern der expressionist. Architektur in Deutschland zählt, suchte in seinem Werk stets die Synthese zw. Zweck- und Kunstform. Die Anordnung kub. Elemente (Chem. Fabrik Luban bei Posen, 1911/12) war ebenso epochemachend wie die Verwendung stalaktitenartiger Gebilde (Istanbul, Haus der Freundschaft, 1916), die in ihren konstruktionsbedingten Formgebungen seiner Auffassung der Bauaufgabe entsprachen. Seine bedeutendste Leistung ist der Umbau des Großen Schauspielhauses in Berlin (1918/19) für M. Reinhardt. - *Weitere Werke:* Verwaltungsgebäude der IG Farben in Frankfurt am Main (1928–31), Haus des Rundfunks in Berlin (1929/30).

Hans Poelzig, Großes Schauspielhaus in Berlin (Umbau 1918/19)

Poem [griech.], (längeres) Gedicht (oft abwertend gebraucht).

Poeschel, Carl Ernst ['pœʃəl], * Leipzig 2. Sept. 1874, † Scheidegg bei Lindau (Bodensee) 19. Mai 1944, dt. Buchdrucker und Verleger. - Leitete in Leipzig die väterl. Buchdruckkerei P. & Trepte, begr. 1902 den C. E. P. Verlag (= J. B. Metzlersche Verlagsbuchhandlung), übernahm 1905–06 mit A. Kippenberg den Insel-Verlag, 1907 Mitbegr. der Janus-Presse, 1909 des Tempel-Verlags (Klassikerausgaben); bed. Verdienste um die Buchkultur in Deutschland.

Poesie [po-e'zi:; zu griech. poíēsis, eigtl. „das Machen"], Bez. für ↑Dichtung, bes. für Versdichtung im Ggs. zur Prosa.

Poésie pure [frz. poezi'py:r „reine Poesie"] (autonome Dichtung), im Unterschied zur Littérature engagée die Dichtung, die sich autonom, als Selbstzweck, in tendenz- und ideologiefreiem Raum entfaltet, die sich weder den Gesetzen der Logik noch der Realität unterwirft; programmat. gefordert und verwirklicht von den Vertretern des ↑L'art pour l'art. Als P. p. gelten z. T. auch die Dichtungen R. M. Rilkes, S. Georges, G. Benns, E. Pounds sowie die Experimente des italien. Hermetismus und der konkreten Poesie.

Poet [griech.-lat.], Dichter (heute meist mit spött. Unterton).

Poeta laureatus [lat. „lorbeergekrönter Dichter"] ↑Dichterkrönung.

Poetik [griech.], Lehre von der Dichtkunst als normative prakt. Anweisung zum „richtigen" Dichten, als Dichtungstheorie und -kritik. - Am Anfang der europ. P. stand die fragmentar. Schrift „Perì poiētikḗs" des Aristoteles, die sich v. a. mit den Gatt. Tragödie, Komödie und Epos befaßte und zus. mit der „Ars poetica" des Horaz für die weitere Entwicklung von großer Bed. war. Wurde Dichtkunst in der Spätantike, gestützt auf einen normativen Regelkanon, erlernbare Kunstfertigkeit, so konnte sie im MA ledigl. im Rahmen der Rhetorik betrieben werden. Im Mittelpunkt der Renaissance-P. standen normatives Regelsystem und Rhetorik. Ende des 16. Jh. bildete sich in Italien die Manierismus heraus. Die Kontroverse zw. klassizist. und manierist. P. spaltete im 17. Jh. die italien. Dichtung und Poesie. Ähnl. verlief im 16. Jh. die Entwicklung in Frankreich. Im 17. Jh. wurde die klassizist. frz. P. ausgebaut: Dichtung soll sich allein an Vernunft, Wahrscheinlichkeit und Angemessenheit orientieren. Vorbildl. für die dt. Barock-P. des 17. Jh. wurde M. Opitz mit seinem in der klassizist. Tradition stehenden „Buch von der dt. Poeterey" (1624). Klassizist. geprägt war auch die span. P. des 17. Jh., während die engl. P. im 16. und 17. Jh. (v. a. auf Grund der Shakespeareschen Dramen) einen zw. klassizist. Regelkanon und der These von der Einmaligkeit eines Kunstwerkes vermittelnden Standpunkt

bezog. In der Aufklärung wurden, ausgehend von Frankr., „bon goût" („Geschmack") und „bel esprit" („Scharfsinn") zu Maßstäben der Poetik. In der Folge entbrannte ein Literaturstreit darüber, ob Gefühl oder Vernunft zum Geschmacksurteil befähigten; Kontrahenten waren J. Gottsched („Versuch einer krit. Dichtkunst vor die Deutschen", 1780), der letzte große Vertreter einer normativen, klassizist. P. auf der einen sowie J. J. Bodmer und J. J. Breitinger auf der anderen Seite, die die schöpfer. Einbildungskraft und das Wunderbare betonten. G. E. Lessing relativierte, u. a. in der „Hamburg. Dramaturgie" (1767–69), das klassizist. Aristoteles-Verständnis. Im Sturm und Drang gründete das Dichtungsverständnis nicht mehr in Vernunft, sondern in „Empfindung, Begeisterung und Inspiration" (J. G. Herder, H. W. von Gerstenberg); P. wurde vorwiegend praxisorientierter Essay. Wieder um Fragen der Gattungstheorie bemühte sich die P. der Klassik (Schiller und Goethe), die Epik, Lyrik und Dramatik zum Kernpunkt ihrer Betrachtung machte. Romantik und Symbolismus vertraten die von den Manieristen im 16. Jh. eingeleitete Trennung von Sprache und Gegenstand (F. von Schlegel, Novalis, Verlaine). Im Zentrum poetolog. Betrachtungen und Diskussionen des 20. Jh. stehen vorwiegend Literaturtheorien und die Frage nach den Funktionen von ↑Literatur.
⑫ Texte zur Gesch. der P. in Deutschland. Ausgewählt v. H. G. Rötzer. Darmst. 1982. - Jauß, H. R.: Ästhet. Erfahrung u. literar. Hermeneutik. Ffm. 1982. - Kloepfer, R.: P. u. Linguistik. Mchn. 1975. - Fuhrmann, M.: Einf. in die antike Dichtungstheorie. Darmst. 1973. - Dichtungstheorien der Aufklärung. Hg. v. H. Boetius. Tüb. 1971.

Pogatsche (Pogatscherl), östr. Bez. für kleine, flache, süße Eierkuchen.

Poggendorff, Johann Christian, * Hamburg 29. Dez. 1796, † Berlin 24. Jan. 1877, dt. Physiker. - Prof. in Berlin; Arbeiten bes. zur Elektrizitätslehre, zum Magnetismus und zur Geschichte der Physik. P. war ab 1824 Hg. der „Annalen der Physik und Chemie". 1863 begründete er das „Biograph.-Literar. Handwörterbuch der exakten Naturwissenschaften".

Poggendorff-Täuschung [nach J. C. Poggendorff] ↑optische Täuschungen.

Poggio Braccolini, Gian Francesco [italien. 'pɔddʒo brattʃo'li:ni], * Terranuova (= Terranuova Braccolini) 11. Febr. 1380, † Florenz 30. Okt. 1459, italien. Humanist. - Ab 1453 Kanzler von Florenz; entdeckte wertvolle Handschriften röm. Autoren; einer der besten Vertreter humanist. Briefliteratur; schrieb vielgelesene moral. Traktate sowie „Schwänke und Schnurren" (1471); verfaßte auch eine Geschichte von Florenz in 8 Büchern (1453 ff.).

Pogodin, Michail Petrowitsch [russ. pa-'gɔdin], * Moskau 23. Nov. 1800, † ebd. 20. Dez. 1875, russ. Historiker und Publizist. - Trat mit umfangreichen Arbeiten zur russ. Geschichte und als Hg. altruss. Geschichtsquellen hervor; beeinflußte als Publizist wesentl. die Bewegung der Slawophilen; bed. Verfechter des Panslawismus.

Pogrom [russ.], 1. im zarist. Rußland Bez. für eine mit Plünderungen und Mord verbundene Judenverfolgung, meist initiiert von staatl. Stellen; 2. im 20. Jh. allg. Bez. für eine Ausschreitung gegen Mgl. nat., religiöser oder rass. Minderheiten.

Pogwitsch, Ottilie Freiin von, Gattin von August von ↑ Goethe.

Poher, Alain [frz. pɔ'ɛːr], * Ablon-sur-Seine (Val-de-Marne) 17. April 1909, frz. Politiker. - 1946–48 und seit 1952 Mgl. des Senats (MRP); 1966–69 Präs. des Europ. Parlaments; als Präs. des Senats (seit 1968), den er entgegen de Gaulles Plänen in seiner Funktion zu erhalten suchte, April–Juni 1969 und April–Mai 1974 amtierender Staatspräsident.

Pohjanmaa [finn. 'pohjɑmmɑ:] (schwed. Österbotten), histor. Prov. im nw. Finnland, umfaßt das Küstenland am Bottn. Meerbusen; grenzt im SO und O an die Finn. Seenplatte.

Pohl, Gerhart, * Trachenberg bei Breslau 9. Juli 1902, † Berlin (West) 15. Aug. 1966, dt. Schriftsteller. - 1923–30 Hg. der kulturpolit. Zeitschrift „Die neue Bücherschau"; während des NS „innere Emigration", zeitweise Schreibverbot; ab 1953 Vizepräs. der Dt. Akademie für Sprache und Dichtung; schrieb Erzählungen, Dramen, Hörspiele sowie sozial- und kulturkrit. Essays.

P., Robert, * Hamburg 10. Aug. 1884, † Göttingen 5. Juni 1976, dt. Physiker. - Prof. in Göttingen. Seine Hauptarbeitsgebiete waren die Physik der Röntgenstrahlen und die Festkörperphysik. Weite Verbreitung fanden seine Lehrbücher der Experimentalphysik.

Pöhl, Otto, * Hannover 1. Dez. 1929, dt. Nationalökonom. - Journalist; ab 1972 Staatssekretär im Bundesfinanzministerium; wurde 1977 Vizepräs., 1980 Präs. der Dt. Bundesbank.

poietisch [pɔy'eːtɪʃ; griech.], bildend, das Schaffen betreffend.

poikilotherm [griech.] (wechselwarm, kaltblütig, heterotherm), die Körpertemperatur nicht konstant haltend; gesagt von den sog. ↑ Kaltblütlern. - Ggs. ↑ homöotherm.

Poilu [poa'ly:; frz. „Behaarter"], Spitzname für den frz. Soldaten (seit dem 1. Weltkrieg).

Poincaré [frz. pwɛ̃ka're], [Jules] Henri, * Nancy 29. April 1854, † Paris 17. Juli 1912, frz. Mathematiker. - Prof. in Caen und Paris; führender Mathematiker um 1900, der bahnbrechende Arbeiten auf den verschiedensten Gebieten der Mathematik und theoret. Phy-

sik lieferte. P. ist einer der Begründer der modernen Topologie. Unter seinen Beiträgen zur Funktionentheorie ragt die Entdeckung der automorphen Funktionen heraus. Daneben befaßte sich P. mit der Thermodynamik und der Theorie der Wärmeleitung und schrieb Abhandlungen zur Hydromechanik und Elastizitätstheorie, zur Theorie der Elektrizität und der Optik. Er gilt als einer der Vorläufer A. Einsteins in der (speziellen) Relativitätstheorie.

P., Raymond, * Bar-le-Duc 20. Aug. 1860, † Paris 15. Okt. 1934, frz. Politiker. - Jurist; 1887–1903 Abg., 1893, 1895 Unterrichts-, 1894 und 1906 Finanzmin.; verfolgte außenpolit. das Ziel einer Revision der territorialen Entscheidung von 1870/71; 1903–13 und ab 1920 Senator. Als Min.präs. und Außenmin. 1912/13 stärkte P. die brit.-frz. und die frz.-russ. Beziehungen. Als Präs. der Republik 1913–20 wurde er im 1. Weltkrieg zum Symbol der nat. Einheit und des militär. Durchhaltewillens; forderte als Vors. der Reparationskommission (Febr.–Mai 1920) die restlose Erfüllung des Versailler Vertrags durch das Dt. Reich und provozierte 1922 den Rücktritt A. Briands; als dessen Nachfolger Min.-präs. und Außenmin. 1922–24, steuerte P. den Kurs einer konzessionslosen Durchführung des Versailler Vertrags, mußte aber wegen zunehmender außenpolit. Isolierung Frankr. nach der Ruhrbesetzung 1923 eine Neuregelung der Reparationsfrage zugestehen. 1926–1929 erneut Min.präs. (bis 1928 zugleich Finanzmin.), stabilisierte P. den Franc und stellte sich der Außenpolitik Briands nicht mehr offen in den Weg.

Point [engl. pɔɪnt], engl. svw. Kap.

Point [po'ɛ̃; lat.-frz.], Stich (bei Kartenspielen), Auge (bei Würfelspielen).

Pointe [po'ɛ̃t; lat.-frz. „Spitze"], geistreicher, überraschender [Schluß]effekt; „springender Punkt" einer Angelegenheit.

Pointe-à-Pitre [frz. pwɛ̃ta'pitr], Stadt auf Guadeloupe, im SW von Grande-Terre, 13 900 E. Universität; Museum; bed. Hafen, Obstkonservenfabrik, Zuckerraffinerie, Rumdestillerien, Zigarettenherstellung, Fremdenverkehr; ✈. - Entwickelte sich v. a. seit dem 19. Jh. zum Wirtschaftszentrum von Guadeloupe; mehrmals durch Naturkatastrophen stark zerstört (1843, 1871, 1928, 1963).

Pointe-Noire [frz. pwɛ̃t'nwa:r], Hafenstadt am Atlantik, Kongo, 185 100 E. Regionshauptstadt, kath. Bischofssitz; Lehrerseminar; Museum; Zoo; u. a. Werft, holzverarbeitende, Nahrungsmittel- und chem. Ind.; Erdölraffinerie; Seehafen; Eisenbahnlinie nach Brazzaville; internat. ✈. - Nahm nach 1939 (Fertigstellung des Hafens, Bau der Eisenbahn) raschen Aufschwung; 1950–58 Hauptstadt des frz. Kongo.

Pointer [engl.] (Engl. Vorstehhund), aus England stammende Haushundrasse; kräftiger, kurzhaariger, etwa 65 cm schulterhoher Jagdhund mit breitstirnigem, gestrecktem Kopf und schmalen, an den Enden abgerundeten Hängeohren; die lange Rute wird in Form eines Pumpenschwengels getragen; Fell dicht, glatt anliegend, glänzend, weiß mit schwarzen, braunen, orangefarbenen oder gelben Platten oder Tupfen und einfarbig in den genannten Farben.

pointiert [poɛ̃...; lat.-frz.], betont, zugespitzt (sagen).

Pointillismus [poɛ̃ti'jɪsmʊs; zu frz. pointiller „mit Punkten darstellen"] ↑ Impressionismus.

Poisson, Denis [frz. pwa'sɔ̃], * Pithiviers (Loiret) 21. Juni 1781, † Paris 25. April 1840, frz. Mathematiker und Physiker. - Prof. in Paris, ab 1837 für den Mathematikunterricht an allen höheren Lehranstalten Frankr. verantwortlich. Bed. Arbeiten u. a. über Analysis, Wahrscheinlichkeitsrechnung, Kapillarität und Wärmeleitung.

Poisson-Effekt [frz. pwa'sɔ̃; nach D. Poisson], die Ablenkung eines rotierenden, umströmten Körpers infolge unterschiedl. Reibungskräfte vor und hinter dem Körper.

Poisson-Gleichung [frz. pwa'sɔ̃; nach D. Poisson] ↑ Adiabate.

Poitier, Sidney [engl. 'pwa:ti:eɪ], * Miami 20. Febr. 1927, amerikan. Schauspieler. - Zunächst am American Negro Theatre, seit 1950 beim Film, wo er seine typ. Rolle des kultivierten Schwarzen spielte, an dem sich Rassenvorurteile demaskieren sollen, u. a. in den Filmen „Saat der Gewalt" (1955), „Lilien auf dem Felde" (1963), für den er als 1. schwarzer Darsteller den Oscar erhielt, „Flucht in Ketten" (1958), „Porgy and Bess" (1959), „Der Weg der Verdammten" (1972), „Zwei wahnsinnig starke Typen" (1980).

Poitiers, Diane de [frz. pwa'tje] ↑ Diane de Poitiers.

Poitiers [frz. pwa'tje], frz. Stadt im Poitou, 116 m ü. d. M., 79 400 E. Hauptstadt der Region Poitou-Charentes und des Dep. Vienne; kath. Bischofssitz; Univ. (gegr. 1431), Handelshochschule; Museen. Metallverarbeitende, elektrotechn., chem., Holz-, Textil-, Leder- und Nahrungsmittelind. - Vermutl. als **Limonum** Hauptort der kelt. Piktonen, von denen es im 3. Jh. seinen Namen ableitete; wurde im 4. Jh. Bischofssitz; erhielt um 1175 Stadtrecht; seit Ende des 8. Jh. Hauptort der Gft. Poitou, im Spät-MA auch des Hzgt. Aquitanien; 1423–36 Residenz der frz. Thronfolgers; wurde 1542 Hauptstadt der Prov. Poitou (bis 1790), 1790 des Dep. Vienne. - Got. Kathedrale Saint-Pierre (1166 ff.) mit Glasmalereien; frühchristl. Baptisterium Saint-Jean (4. Jh., im 6./7. und 10. Jh. verändert); 3 bed. roman. Kirchen: Notre-Dame-la-Grande (12. Jh.), Saint-Hilaire-le-Grand (11./12. Jh.), Sainte-Radegonde (11.–13. Jh.).

Poitou [frz. pwa'tu], histor. Geb. in W-Frankr., zw. Bretagne und Zentralmassiv, gehört zu den Regionen Poitou-Charentes und Pays de la Loire. In der vorröm. Antike das Gebiet der kelt. Piktonen; wurde im 8. Jh. Gft. (Hauptort seit Ende 8. Jh. Poitiers); die Grafen waren seit 827/828 auch Herzöge von Aquitanien; kam Mitte des 12. Jh. in die direkte Einflußzone der engl. Monarchie; 1224 vom frz. König Ludwig VIII. eingezogen, ab 1225 Apanage der Königssöhne; kam 1416 endgültig zur frz. Krondomäne; die Prov. P. wurde 1542 konstituiert.

Poitou-Charentes [frz. pwatuʃa'rã:t], Region in W-Frankr., umfaßt die Dep. Deux-Sèvres, Vienne, Charente und Charente-Maritime, 25 810 km², 1,58 Mill. E (1984), Regionshauptstadt Poitiers.

Pokal [italien., letztl. zu griech. baúkalis „enghalsiges Gefäß"], ein Trink- bzw. Ziergefäß aus Gold, Silber, Zinn oder (seit der 2. Hälfte des 15. Jh.) Glas, seit dem 16. Jh. auch, seit dem 17. Jh. immer ein Deckelbecher. Die Form leitet sich vom ↑ Kelch ab. - Abb. Bd. 8, S. 236.

Pökeln [niederdt.] ↑ Konservierung.

Poker [amerikan.], internat. Kartenglücksspiel amerikan. Herkunft zw. mindestens 4 Spielern mit 52 frz. Karten, in der Öffentlichkeit verboten. Jeder Spieler erhält 5 Karten, der Rest wird verdeckt als Talon aufgelegt. Ein Spieler sagt P. an (setzt eine bestimmte Summe ein); die anderen geben auf oder steigern; am Schluß werden die Karten aufgedeckt. Über Gewinn oder Verlust entscheiden Kartenkombinationen, über deren Besitz man die Mitspieler zu bluffen versuchte. Bei gleichartigen Kombinationen entscheidet die ranghöchste Karte, bei Ranggleichheit deren Farbe.

Pokerface [engl. poʊkəˈfeɪs „Pokergesicht"], 1. Bez. für einen Menschen, dessen Gesicht keine Gefühle verrät; 2. unbewegter Gesichtsausdruck.

Pol [griech.], allg. svw. Drehpunkt, Mittelpunkt, Zielpunkt.

◆ derjenige Punkt auf der Oberfläche einer Kugel, durch den ein in bestimmter Weise ausgezeichneter Durchmesser (z. B. die Drehachse) die Kugeloberfläche durchstößt. Die Durchstoßpunkte der Drehachse der Erde auf der Erdoberfläche bezeichnet man als **geograph.** **Pol** (*Nord-P.* und *Süd-P.*), die Durchstoßpunkte der [verlängert gedachten] Erdachse durch das Himmelsgewölbe als **Himmelspol,** wobei der Nord-P. des Himmels dem Nord-P. der Erde gegenüberliegt, die Durchstoßpunkte der geomagnet. Achse durch die Erdoberfläche als **geomagnet. Pol** (Magnetpol).

◆ in der *Mathematik* ein Punkt, der eine ausgezeichnete Lage besitzt (z. B. der P. einer ↑ Polaren) oder eine Bez. Bed. hat (z. B. der P. einer analyt. Funktion $f(z)$, d. h. die Stelle, an der $f(z)$ einen unendl. großen Funktionswert annimmt).

Polaben

◆ svw. Magnetpol († Magnet).

◆ Bez. für die beiden Anschlußklemmen (Anschlußpunkte) einer Spannungs- oder Stromquelle, auch von sonstigen elektr. Bau- und Schaltelementen, insbes. bei Verwendung von Gleichstrom (Plus- und Minuspol).

Polaben, Teilstamm der † Obotriten.

Polabisch, Sammelbez. für die ratzeburg.-lüneburg. Sprachreste des Elb- und Ostseeslawischen, das zur lech. Untergruppe des Westslaw. gerechnet wird; als Drawänopolabisch im Lüchowsch-Lüneburgischen bis ins 18. Jh. von den slaw. Drawänen gesprochen und in Wörterlisten und Textfragmenten dt. Aufzeichner erhalten.

Polacca [italien.] † Polonaise.

Poláček, Karel [tschech. 'pola:tʃɛk], * Rychnov nad Kněžnou (Ostböhm. Gebiet) 22. März 1892, † KZ Auschwitz 19. Okt. 1944, tschech. Schriftsteller. - Schilderte in humorist. Romanen (u. a. „Das Haus in der Vorstadt", 1928) satir. die Umwelt und den Charakter des tschech. Spießertums.

Polack, Jan, * vermutl. Krakau um 1435, † München 1519, dt. Maler. - Spätgot., spannungserfüllte Fresken (zum größten Teil zerstört; zw. 1485 und 1512 in München gemalt), Flügel des Weihenstephaner Hochaltars (1483–85; v. a. München, Alte Pinakothek), Peter- und Pauls-Altar (um 1490; München, Bayer. Nationalmuseum und Sankt Peter), Hochaltar und zwei Seitenaltäre der Schloßkapelle Blutenburg (1491; München).

Polanica Zdrój [poln. pɔla'nitsa 'zdruj] † Bad Altheide.

Roman Polanski (1977)

Polanski, Roman (poln. Polański [poln. pɔ'lajski]), * Paris 18. Aug. 1933, poln. Filmregisseur und Schauspieler. - Bis 1954 in Frankr.; drehte von Surrealismus und dem absurden Theater beeinflußte Filme wie „Das Messer im Wasser" (1961), „Ekel" (1965), „Wenn Katelbach kommt" (1966), „Rosemaries Baby" (1967), „Tanz der Vampire" (1966), „Macbeth" (1971), „Chinatown" (1974), „Tess" (1979), „Piraten" (1986).

Polanyi, John Charles [engl. pɔ'lænji], * Berlin 23. Jan. 1929, amerikan. Chemiker dt. Herkunft. - Seit 1962 Prof. für Chemie an der Univ. von Toronto; entwickelte zur Aufklärung der chem. Reaktionsdynamik die Methode der infraroten Chemilumineszenz; erhielt dafür zus. mit D. R. Herschbach und Y. T. Lee den Nobelpreis für Chemie 1986.

polar [griech.], die Pole betreffend.

Polarachse † Koordinaten.

Polardiagramm, von O. Lilienthal eingeführte graph. Darstellung des Zusammenhangs zw. Auftrieb und Widerstand eines Flugzeug[tragflügel]s (bzw. zw. Auftriebs- und Widerstandsbeiwert eines bestimmten Profils) bei verschiedenen Anstellwinkeln. Die zu einem vorgegebenen Anstellwinkel gehörenden Wertepaare (Punkte) werden miteinander verbunden und ergeben die **Polare.**

Polare [griech.], die Verbindungsgerade der Berührungspunkte zweier Tangenten an einen Kegelschnitt (z. B. einen Kreis). Der Tangentenschnittpunkt heißt der *Pol.*

◆ † Polardiagramm.

Polarfront † Polarfronttheorie.

◆ in der *Ozeanographie* die durch Konvergenz hervorgerufene Grenze zw. dem subpolaren und subtrop. Wasser der Ozeane. An ihr steigt nährstoffreiches Wasser auf (starke Planktonentwicklung, Fischreichtum). Sie stellt auch im allg. die äquatoriale Grenze des polaren Meereises dar.

Polarfronttheorie, von V. Bjerknes entwickelte Theorie, nach der die Tiefdruckgebiete der mittleren Breiten an der Grenzfläche zw. polarer Kaltluft und gemäßigter oder subtrop. Warmluft (**Polarfront**) entstehen. Aus einer wellenförmigen Deformation der Polarfront entwickeln sich Wirbel (Zyklonen) mit asymmetr. Temperaturverteilung und einem gut ausgebildeten Warmluftsektor, der später von der nachfolgenden Kaltluft immer weiter eingeengt wird, bis die Warmluft vom Boden abgehoben wird († Okklusion). Am Ende des Prozesses steht eine vollständige Verwirbelung der Luftmassen; anschließend stellt sich an der Polarfront langsam wieder eine zonale Strömung mit der ostwestl. Bewegung der Kaltluft und westöstl. Bewegung der Warmluft ein.

Polarfuchs (Eisfuchs, Alopex lagopus), zirkumpolar verbreiteter, 45–70 cm körperlanger Fuchs mit kleinen, abgerundeten Ohren; zwei Farbvarianten: † Blaufuchs und Weißfuchs (rein weiß).

Polargrenze, durch klimat. Faktoren bestimmter Grenzsaum, in dem polwärts die Verbreitung von bestimmten Pflanzen, Tieren, von Besiedlung u. a. endet.

Polarhund (Eskimohund, Grönlandhund), vermutl. aus Sibirien stammende, heute vorwiegend in Kanada gezüchtete, sehr anspruchslose und ausdauernde Rasse der Nordlandhunde; großer (51–64 cm schulterhoher), hochläufiger, kräftiger Hund mit keilförmigem Kopf, Stehohren und über dem Rücken eingerollter Rute; Fell dicht behaart, in vielen Farben; Schlittenhund (Tagesleistung bis zu 160 km), der auch als Jagdhund verwendet wird.

Polarimeter [griech.], Gerät zur Messung der Drehung der Polarisationsebene von Licht durch opt. aktive Substanzen. Die einfachste Anordnung besteht aus zwei ↑Polarisatoren: dem der Lichtquelle zugewandten, fest eingebauten Polarisator und dem um die Strahlachse drehbar angeordneten, dem Beobachter zugewandten Analysator. Zw. beide wird nach Einstellung auf minimale Helligkeit (gekreuzte Polarisatoren) die drehende Substanz eingebracht, deren Drehwinkel durch erneute Einstellung auf minimale Helligkeit am Analysator als Winkeldifferenz abzulesen ist. Das P. wird v. a. zur Bestimmung der Konzentration von Lösungen opt. aktiver Stoffe benutzt (z. B. bei der ↑Saccharimetrie).

Polaris [griech.], svw. ↑Polarstern.

Polaris [nach dem Polarstern], zweistufige amerikan. Feststoffrakete, die als militär. Mittelstreckenrakete mit nuklearer Sprengladung von getauchten Unterseebooten (Polaris-U-Boote) gestartet werden kann.

Polarisation [griech.], allg. das deutl. Hervortreten von Gegensätzen, die Herausbildung einer Gegensätzlichkeit.

◆ in der *Physik* Bez. für verschiedene physikal. Erscheinungen bzw. Zustände physikal. Objekte und Systeme, die durch gegensätzl. (polare) Eigenschaften oder Quantitäten gekennzeichnet sind und durch äußere Einwirkungen (Kräfte bzw. Felder) hervorgerufen werden.

Polarisation von Materie: Allg. das Vorliegen der Materie eines Körpers in einem Zustand (bzw. die Ausbildung dieses Zustandes), bei dem der Körper an zwei entgegengesetzten Enden der Menge nach gleiche, der Art nach entgegengesetzte Eigenschaften (z. B. elektr. Ladungen entgegengesetzten Vorzeichens) besitzt. Meist wird unter einer derartigen P. das Vorhandensein oder die Erzeugung eines makroskop. elektr. oder magnet. Dipolmomentes verstanden. Folgende Fälle werden unterschieden: 1. Die *dielektr. P.*, die Erzeugung und Ausrichtung elektr. Dipole in einem Stoff durch ein äußeres elektr. Feld. 2. Die *parelektr. P.*, die Verstärkung und Ausrichtung permanent vorhandener atomarer elektr. Dipole in einem Stoff durch ein äußeres elektr. Feld. 3. Die *elektrochem. P. (elektrolyt. P., galvan. P., Reaktions-P.)*, das Auftreten bzw. die Ausbildung einer Polarisationsspannung zw. den Elektroden bei der Elektrolyse oder in elektrochem. Elementen.

Polarisation von Wellen: Die definierte Zeitabhängigkeit der Richtung des Schwingungsvektors U einer Transversalwelle, insbes. einer elektromagnet. Welle (bei Lichtwel-

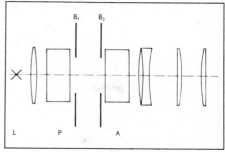

Polarimeter (schematisch).
L Lichtquelle, P Polarisator,
A Analysator, B$_1$ Gesichtsfeldblende,
B$_2$ Aperturblende

len als *opt. P.* oder *P. des Lichtes* bezeichnet). Liegt U stets in einer Ebene, so spricht man von *linearer P.*; beschreibt die Spitze von U bei Projektion auf eine raumfeste Ebene senkrecht zur Fortpflanzungsrichtung im Laufe der Zeit einen Kreis bzw. eine Ellipse, so liegt *zirkulare* bzw. *ellipt. P.* vor.

Polarisation von Teilchen: Die Ausrichtung bzw. das Ausgerichtetsein der Spins in einem Strahl von Elementarteilchen, Atomkernen oder Atomen bzw. Molekülen. Die P. von [Elementar]teilchen kann u. a. durch starke Magnetfelder oder durch Einstrahlung polarisierten Lichtes (↑optisches Pumpen) hervorgerufen werden.

Polarisationsebene ↑optische Aktivität.

Polarisationsfilter, ein photograph. Aufnahmefilter (↑Filter) zur Ausschaltung polarisierten Lichts, bes. zur Auslöschung störender Reflexe auf spiegelnden Oberflächen.

Polarisationsgerät, Gerät zur Untersuchung von Substanzen mit Hilfe von polarisiertem Licht; es besteht im wesentl. aus dem **Polarisator** zur Erzeugung linear polarisierten Lichtes und dem **Analysator** zum Nachweis polarisierten Lichtes. Wichtige P. sind das ↑Polarimeter und das Polarisationsmikroskop (↑Mikroskop).

Polarisationsmikroskop ↑Mikroskop.

Polarisationsrichtung, die Schwingungsrichtung des Lichtvektors einer linear polarisierten [Licht]welle.

Polarisationswinkel, svw. Brewsterscher Winkel (↑Brewstersches Gesetz).

Polarisator [griech.], Vorrichtung zur Polarisation von elektromagnet. Wellen, d. h. zur Erzeugung eines linear, zirkular oder ellipt. polarisierten Strahls aus natürl., unpolarisiert einfallender Strahlung. Als P. für Licht wird meist ein **Polarisationsprisma** (z. B. ein

Polarisierung

Nicolsches Prisma) benutzt: Das einfallende unpolarisierte Licht wird durch Doppelbrechung in zwei senkrecht zueinander linear polarisierte Strahlen aufgespalten, die sich im Kristall in verschiedener Richtung fortpflanzen. In **Polarisationsfiltern** wird die Eigenschaft mancher Kristalle ausgenutzt, einen

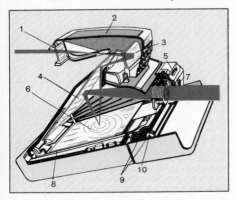

Polaroid-Land-Verfahren.
SX-70-Kamera (1 vergrößernder Sucher, 2 zusammenlegbarer Sucher, 3 Hohlspiegel, 4 Aufnahmespiegel, 5 Belichtungskorrekturknopf [Hell-Dunkel-Kontrolle], 6 Fresnel-Spiegel, 7 Silicium-Photozelle, 8 Filmpack für zehn Aufnahmen, 9 Entwicklungsrollen, 10 vierlinsiges Objektiv)

Polaroid-Land-Verfahren.
Schematischer Querschnitt durch ein SX-70-Filmblatt

von zwei senkrecht zueinander linear polarisierten Strahlen stark zu absorbieren. Ellipt. und zirkulare Polarisation erhält man durch Reflexion an den Grenzflächen planparalleler Platten oder beim senkrechten Lichtdurchgang durch doppelbrechende Platten bestimmter Dicke.

Polarisierung [griech.], Prozeß der Herausbildung zweier sich diametral gegenüberstehender Kräfte (Pole), in *Gesellschaft* und *Politik* die Aufspaltung einer zunächst breit differenzierten, pluralist. Meinungs-, Gruppen-, berufl. Qualifikations- oder Interessenvielfalt in 2 sich gegenüberstehende Lager, z. B. Elite und Masse, herrschende und beherrschte Klassen, reaktionäre und revolutionäre polit. Kräfte.

Polarität [griech.], allg. das Verhältnis von (paarweisen) Polen zueinander, die einander bedingen und gegensätzl. Natur sind.
◆ in der *Biologie* das Vorhandensein zweier *Pole* (die sich an den Enden einer Längsachse gegenüberstehenden unterschiedl. Bezirke eines biolog. Objekts) bei einer molekularen Struktur, einer Zelle, einem Organ oder bei einem Organismus (z. B. vorderer und hinterer Körperpol, Sproß- und Wurzelpol). Die P. ist oft auch entscheidend für Wachstumsbzw. Entwicklungsvorgänge, die Richtung einer Fortbewegung, auch für die Reizaufnahme und Reizbeantwortung bzw. das Verhalten eines Organismus.
◆ in *Physik* und *Chemie* das durch Trennung von elektr. Ladungsträgern entgegengesetzten Ladungsvorzeichens bzw. durch Ausrichtung von Dipolen bewirkte gegensätzl. Verhalten von Materieteilen, z. B. die entgegengesetzte P. der beiden Pole einer Spannungsquelle.

Polarklima, Klima der Polkappen mit langem, sehr kaltem Winter und nebelreichem, kaltem Sommer.

Polarkoordinaten ↑ Koordinaten.

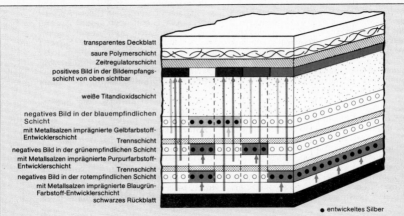

transparentes Deckblatt
saure Polymerschicht
Zeitregulatorschicht
positives Bild in der Bildempfangsschicht von oben sichtbar

weiße Titandioxidschicht

negatives Bild in der blauempfindlichen Schicht
mit Metallsalzen imprägnierte Gelbfarbstoff-Entwicklerschicht
Trennschicht
negatives Bild in der grünempfindlichen Schicht
mit Metallsalzen imprägnierte Purpurfarbstoff-Entwicklerschicht
Trennschicht
negatives Bild in der rotempfindlichen Schicht
mit Metallsalzen imprägnierte Blaugrün-Farbstoff-Entwicklerschicht
schwarzes Rückblatt

● entwickeltes Silber

Polarkreise, die von beiden Erdpolen um 23° 30′ entfernten Parallelkreise (nördl. und südl. Polarkreis bei 66° 30′ n. Br. bzw. s. Br.), bis zu denen das Phänomen von Polarnacht bzw. Polartag auftritt. Die P. trennen die Polarzonen von den gemäßigten Zonen.

Polarlicht, nächtlich zu beobachtende Leuchterscheinung in den polaren Gebieten der Nord- (**Nordlicht**) und Südhalbkugel (**Südlicht**). P. entsteht, wenn die Atome der hohen Erdatmosphäre (meist in 100 km Höhe) durch von der Sonne ausgehende Korpuskularstrahlung (bes. nach starker Sonnenfleckentätigkeit) zum Leuchten angeregt werden. Ihr Auftreten in Polnähe wird durch die Ablenkung der Korpuskularstrahlung im erdmagnet. Feld auf dessen Pole hin verursacht.

Polarluchs ↑ Luchse.

Polarluft, kalte, dem Polargebiet entstammende Luftmasse. - ↑ auch Polarfronttheorie.

Polarmeere, Bez. für die Meeresgebiete im Bereich der Arktis und Antarktis.

Polarmöwe ↑ Möwen.

Polarnacht, die Zeit, in der die Sonne länger als 24 Stunden unter dem Horizont bleibt (zutreffend für Orte, deren geograph. Breite dem Betrage nach größer als 66° 30′ ist). Die Dauer der P. wächst mit der geograph. Breite und beträgt an den Polen nahezu $1/2$ Jahr; während auf der einen Erdhalbkugel P. herrscht, ist auf der anderen **Polartag,** d. h. die Zeit, in der die Sonne länger als 24 Stunden über dem Horizont bleibt.

Polarographie [griech.], von J. Heyrovský um 1925 entwickeltes qualitatives und quantitatives elektrochem. Analysenverfahren für gelöste Metallionen auf Grund ihrer Zersetzungsspannungen, der zur Abscheidung der Stoffe mindestens notwendigen Spannungen. Die an die Metallionen abgegebene Strommenge als Funktion der Spannung *(Polarogramm)* wird im *Polarographen* registriert.

Polaroid-Land-Verfahren Ⓦ [griech.-engl.; nach E. Land] (Land-Verfahren), nach dem Silbersalzdiffusionsprinzip arbeitende photograph. Sofortbildverfahren. **Schwarzweißverfahren:** Das Aufnahmematerial besteht aus einer Kombination von Negativblatt oder -filmstreifen, silberkeimhaltigem Übertragungspapier[streifen] und einer Kapsel mit dickflüssigem Fixierentwickler. Nach der Belichtung werden Negativ und Positiv durch Stahlwalzen zusammengepreßt und der Fixierentwickler gleichmäßig zw. ihnen verteilt. Alles nicht zum Aufbau des Negativs dienende Silberhalogenid wird vom Fixierentwickler gelöst, diffundiert zum Übertragungspapier und wird an dessen Silberkeimen ebenfalls entwickelt. Dies ergibt das positive Bild. Bei den **Colorprozessen** unterscheidet man Zweiblattverfahren (Negativ und Positiv auf getrennten Trägern) und Einblattverfah-

ren (Negativ und Positiv auf demselben Träger). Bei dem von E. Land und H. G. Rogers entwickelten *Polacolorverfahren,* einem Zweiblattverfahren, werden die farbempfindl. Silberhalogenidschichten des Negativs beim Zusammenquetschen mit dem Positiv durch die Entwickleraktivierungspaste entwickelt. Die entwickelten Silberkörner halten komplementärfarbige Farbstoffmoleküle fest, die aus den jeweils benachbarten Farbstoff-Entwickler-Schichten stammen. So entsteht das negative Bild. Die nicht festgehaltenen Farbstoffmoleküle können frei diffundieren und gelangen in die Farbempfängerschicht des Positivs, wo sie das positive Bild aufbauen. Beim „abfallfreien" Einblattverfahren *Polaroid SX-70* und dem *Polaroid-Image-System* verbleiben Negativ, Positiv und Entwicklungschemikalien in der Bildeinheit. Die zuunterst liegenden Negativschichten werden durch die zunächst völlig transparenten Positivschichten hindurch belichtet. Die Entwicklungschemikalien enthalten eine lichtundurchlässige Substanz, die sich zunächst als Deckschicht zw. Negativ und Positiv ausbreitet und das Negativ während der Entwicklung vor Licht schützt, dann aber völlig transparent wird, sowie Titandioxid, das den weißen Positivhintergrund abgibt. Der freigesetzten Farbstoffmoleküle diffundieren in die Positivempfängerschicht. Das Bild wird durch eine saure Polymerdeckschicht neutralisiert und damit stabilisiert.

Transparente Sofortbildmaterialien arbeiten mit additivem Rasterverfahren. Der *Polavision-Schmalfilm* (Super-8-Format) ist ein Schwarzweißfilm, der auf dem Träger einen äußerst feinen Linienraster (Linienbreite 5,6 μm, d. h. 1770 Linien/cm) in den additiven Grundfarben Blau, Grün, Rot trägt. Der Film wird durch den Träger hindurch belichtet, dann im Abspielgerät (Player) rückgespult und umkehrentwickelt. - Das Polaroid-35-mm-Autoprocess-System zur Herstellung von Sofortbilddias arbeitet auf ähnl. Weise; hier beträgt die Linienbreite 8 μm (1182 Linien/cm). Nach der Belichtung wird der Film in einem „Autoprocessor" zus. mit einem Trennfilm entwickelt, der beim Rückspulen den Diafilm von den Negativschichten und den nicht verbrauchten Entwicklungschemikalien befreit. - Neuere Polaroid-Land-Kameras für Amateure arbeiten mit einem speziellen Ultraschall-Autofokussystem.

📖 Olshaker, M.: The Polaroid story. Edwin Land and the Polaroid experience. Briarcliff Manor 1983.

Polarroute (Polroute), Bez. für eine Flugroute über das Nordpolargebiet; kürzester Weg von Europa zur Westküste N-Amerikas bzw. über Alaska und Japan nach Ostasien.

Polarstern ([Stella] Polaris, Nordstern), der Stern α im Sternbild Ursa Minor (Kleiner Bär, Kleiner Wagen); visueller und spektroskop. Doppelstern. Seine Auszeichnung ver-

Polartag

dankt er der Tatsache, daß er als relativ heller Stern in der Nähe (nicht ganz 1° entfernt) vom nördl. Himmelspol (d. h. in Fortsetzung der Erdachse) steht; er gilt deshalb als Richtungsweiser der Himmelsrichtung Nord.

Polartag ↑Polarnacht.
Polarwolf ↑Wolf.

Polbewegung (Pol[höhen]schwankung), eine Wanderung des Durchstoßpunktes der Rotationsachse der Erde (d. h. des Erdpols) auf der Erdoberfläche; entsprechend variiert die Lage des Äquators und damit die Grundebene astronom. Koordinatensysteme.

Polder [niederl.], in den Niederlanden und in Ostfriesland Bez. für Koog, ↑Groden.

Pol der Unzugänglichkeit, Bez. für den am relativ schwersten zugängl. Punkt der Antarktis, in der Ostantarktis.

Poldihärte ↑Härteprüfverfahren.

Pole, Reginald [engl. po:l, pu:l], * Stourton Castle (Staffordshire) 3. März 1500, † London 17. Nov. 1558, engl. Kardinal. - Erwirkte für seinen Vetter Heinrich VIII. ein günstiges Ehescheidungsurteil der Sorbonne. Wurde 1536 Kardinal, war für Papst Paul III. als Vermittler tätig bei Franz I. und Karl V. Seine Wahl zum Papst 1549 wurde durch Carafa verhindert (Anklage wegen Ketzerei). Nach der Thronbesteigung Marias I., der Katholischen, 1553 von Papst Julius II. zum päpstl. Legaten ernannt, 1556 nach der Amtsenthebung T. Cranmers Erzbischof von Canterbury; verfuhr bei der Restauration des Katholizismus in England äußerst hart mit Protestanten.

Poleiminze [lat./dt.] ↑Minze.

Polemarch [griech.], mit der Leitung des Militärwesens und mit dem Heereskommando beauftragte Beamte in den antiken griech. Stadtstaaten.

Polemik [frz., zu griech. pólemos „Krieg"], 1. scharfe, oft bis zur persönl. Anfeindung geführte Auseinandersetzung in Literatur, Kunst, Ethik, Religion, Philosophie, Politik usw.; 2. unsachl. Angriff, scharfe Kritik; **polemisch,** streitbar; scharf und unsachl. (von krit. Äußerungen); **polemisieren,** 1. gegen eine andere wiss. oder literar. Meinung kämpfen; 2. unsachl. und unfaire Kritik üben.

Polemonium [griech.], svw. ↑Sperrkraut.

Polen

(amtl.: Polska Rzeczpospolita Ludowa), VR im östl. Mitteleuropa, zw. 49° und 54° 50′ n. Br. sowie 14° 07′ und 24° 08′ ö. L. **Staatsgebiet:** P. grenzt im O an die Sowjetunion, im S an die Tschechoslowakei, im W an die DDR, im N an die Ostsee. **Fläche:** 312 683 km². **Bevölkerung:** 37,1 Mill. E (1984), 118,5 E/km². **Hauptstadt:** Warschau. **Verwaltungsgliederung:** 49 Woiwodschaften. **Amtssprache:** Pol-

nisch. **Nationalfeiertag:** 22. Juli. **Währung:** Zloty (Zl) = 100 Groszy (Gr, gr). **Internationale Mitgliedschaften:** UN, Warschauer Pakt, COMECON, GATT. **Zeitzone:** MEZ (mit Sommerzeit).

Landesnatur: Den größten Teil des Landes nimmt die flachgewellte Poln. Tiefebene ein (östl. Fortsetzung des Norddt. Tieflandes). Sie erstreckt sich südl. der von Nehrungen, Haffs und Strandseen geprägten Ostseeküste und gliedert sich in das Jungmoränengebiet des Balt. Landrückens mit den Seegebieten Pommerns und Masurens sowie in das südl. angrenzende, von Urstromtälern, denen die Flüsse z. T. folgen, durchzogene Altmoränengebiet. Östl. der oberen Oder liegt das von der oberen Weichsel durchflossene Kleinpoln. Berg- und Hügelland. Den sw. Teil von P. nehmen die Sudeten ein (mit Riesengebirge und Glatzer Bergland). Im S hat P. Anteil an den Karpaten, die in der Hohen Tatra Hochgebirgscharakter haben (in der Meeraugspitze 2 499 m hoch).

Klima: P. besitzt ein Übergangsklima, das von SW nach NO zunehmend kontinentaler wird. Obwohl Westwinde vorherrschen, kommt es oft zu Einbrüchen kontinentaler Luftmassen. Die Niederschlagsmengen betragen 500–600 mm/Jahr, die Gebirge erhalten 1 000–2 000 mm/Jahr. Die Zahl der Schneetage erhöht sich von 30 im W auf 70 im NO und übersteigt 100 in den Gebirgen.

Vegetation: 27 % des Landes sind bewaldet; in den Tieflandgebieten wachsen v. a. Kiefern, auf Hochflächen und in den Gebirgen Tannen und Buchen, in größeren Höhen Fichten. Die Trockengebiete der Poln. Tiefebene sind dagegen waldarm. In 14 Nationalparks und 643 Schutzgebieten stehen zahlr. Pflanzen unter Naturschutz, z. T. bestehen noch urwüchsige Waldbestände. In Torfmooren und stellenweise auch im Gebirge blieben Relikte der Tundrenflora aus den Zwischeneiszeiten erhalten (Zwergbirke, Lappländ. Weide, Silberwurz).

Tierwelt: In den Wäldern des NO kommen Elche vor, in Masuren auch Biber. In den Nationalparks konnten sich Prschewalskipferde und Wisente halten, der Bestand der letzteren hat sich innerhalb von 18 Jahren verdreifacht. Braunbären und Gemsen gibt es v. a. in der Hohen Tatra.

Bevölkerung: Durch die Nachkriegsereignisse hat sich die Zusammensetzung der Bev. stark geändert. Heute leben neben der überwiegend poln. Bev. kleinere Minderheiten im Lande (Ukrainer, Weißrussen, Deutsche, Slowaken, Zigeuner u. a.). Über 88 % sind Katholiken. Es besteht 10jährige Schulpflicht; die nat. Minderheiten werden in der jeweiligen Muttersprache unterrichtet. P. verfügt über 91 Hochschulen, 10 davon haben Univ.rang, u. a. die 1364 gegr. Univ. in Krakau.

Polen

Wirtschaft: Die Landw. spielt eine bed. Rolle. Hauptproduzenten sind die privaten Bauern, die etwa 72 % der landw. Nutzfläche bewirtschaften. Angebaut werden v. a. Roggen und andere Getreide, Kartoffeln, Zuckerrüben, Raps- und Leinsamen, Gemüse, Hopfen, Hanf und Obst. Gehalten werden Rinder, Schweine, Schafe, Pferde, Ziegen und Geflügel. Holz- und Jagdwirtschaft sind wichtige Wirtschaftsfaktoren. Poln. Fischereifahrzeuge fischen in der Ostsee und v. a. im Nordatlantik. An Bodenschätzen gibt es Stein- und Braunkohle, Eisen-, Kupfer-, Blei- und Zinkerze, Schwefel, Salz, Erdöl und Erdgas, wobei v. a. der Abbau von Kohle und Schwefel von großer wirtsch. Bed. ist. Die Ind. wurde nach dem 2. Weltkrieg stark ausgebaut, bes. die Schwerind., gefolgt von Maschinenbau, Schiffbau, Elektro-, chem., Textil- und Nahrungsmittelindustrie. Der Fremdenverkehr ist noch wenig entwickelt.

Außenhandel: Ausgeführt werden Steinkohle, Maschinen, Schiffe, Bekleidung, Fleisch und Fleischwaren, Walzwerkerzeugnisse, Stickstoffdüngemittel, Kfz., Schwefel u. a., eingeführt Fertigwaren, Erdöl und Erdölprodukte, Stahlröhren, Metalle, Baumwolle u. a. Wichtigste Partner sind die UdSSR, die EG-Länder (bei denen die BR Deutschland an 1. Stelle steht), die DDR, ČSSR, USA, Schweiz u. a.

Verkehr: P. hat große Bed. als Transitland im W–O-Güterverkehr. Das Schienennetz hat eine Länge von 27 070 km, das Straßennetz von rund 254 000 km, davon rund

Polen. Wirtschaftskarte

Polen

152 000 km mit fester Decke. Wichtigste Binnenwasserstraße ist die Oder, die über den Gleiwitzkanal mit dem oberschles. Ind.revier verbunden ist sowie Anschlüsse an den Mittellandkanal und das sowjet. Binnenwasserstraßennetz hat. Wichtigste Seehäfen sind Swinemünde, Danzig und Gdingen. Die staatl. Luftverkehrsgesellschaft LOT bedient den In- und Auslandsdienst; internat. ✕ in Warschau.

Geschichte: Zur Vorgeschichte ↑Europa. Der frühe Piastenstaat (10. Jh. bis 1138): An der mittleren Warthe um Posen und Gnesen, dem Siedlungsgebiet der Polanen, dem „älteren" Groß-P. (Polonia Maior), konnten im 10. Jh. die Gebiete einiger früherer slaw. Stammesverbände in straffer, auch militär. effektiver Organisation zusammengefaßt und auch Kujawien (Goplanen) sowie das mittlere Weichselgebiet (Masowien) in diese Herrschaft einbezogen werden. Erster histor. Herrscher P. war Mieszko I. Er trat 966 zum Christentum nach lat. Ritus über und baute die organisator. Grundlagen einer ma. Monarchie auf. Die zeitweilig von den böhm. Przemysliden abhängigen schles. Stämme und das „jüngere" Klein-P. (Polonia Minor) an der oberen Weichsel wurden um 990 der poln. Herrschaft unterstellt. Das neue Staatswesen wurde Ende des 10./Anfang des 11. Jh. von ausländ. Chronisten erstmals „P." genannt. Mieszkos Sohn Boleslaw I. Chrobry versuchte, Böhmen und P. in seiner Hand zu vereinigen. In langwierigen, bis 1018 dauernden Kämpfen gegen Kaiser Heinrich II. und die Przemysliden konnte er die Lausitz, Teile von Mähren und der Slowakei sowie Schlesien und Pommern für eine Krone angliedern. 1025 wurde die Königswürde erworben. Perioden heftigster krieger. Auseinandersetzungen, aber auch enger Kooperation bestimmten im folgenden das Verhältnis zum benachbarten Hl. Röm. Reich. Kasimir I. Odnowiciel verlegte den Sitz der Monarchie in das kleinpoln. Krakau. Er und seine Nachfolger mußten die Herrschaft gegen ausländ. Intervention (Böhmen, das Hl. Röm. Reich, das Kiewer Reich), aber auch gegen separatist. Tendenzen im Innern verteidigen und dabei einer zahlenmäßig geringen Gruppe von Magnaten ein immer größeres Mitspracherecht einräumen.

Die Zeit der Teil-Ft. (1138–1320): Um den bei fast jedem Thronwechsel auftretenden Erbstreitigkeiten zu begegnen, praktizierte Boleslaw III. Krzywousty eine Senioratserbordnung, nach der den jüngeren Söhnen einzelne Prov. zugeteilt wurden. Dem ältesten der Brüder, dem Senior, stand außer seinem Erbteil die Seniorialprov. mit Krakau, Gnesen und Pommern zu; er sollte als ältester Fürst über die Außen- und Kirchenpolitik entscheiden. Schon in der 1. Generation bewährte sich die neue Ordnung nicht. Die Dezentrali-

sierungstendenzen führten zur Vertiefung der Teilung des Landes in Teil-Hzgt.; Pommern schied 1181 endgültig aus der losen Abhängigkeit aus, während Schlesien ab 1163 eine Sonderentwicklung nahm und seine Fürsten sich Ende des 13. und Anfang des 14. Jh. der böhm. Lehnshoheit unterstellten. Der Einfall der Tataren 1241 unterbrach vorübergehend den kulturellen Aufschwung. Einheit der Kirche und des Glaubens sowie das lebendige Bewußtsein der gemeinsamen Vergangenheit verhüteten eine völlige Auflösung des poln. Staates. Das Zusammengehörigkeitsgefühl fand in dem aufkommenden Begriff der poln. Nationalität („gens polonica") seinen Ausdruck. Bereits im 12. Jh. setzte eine intensive Kolonisierung aus dem Gebiet des Hl. Röm. Reiches ein, als Fürsten und kirchl. Institutionen versuchten, neue Siedler für ihre Güter heranzuziehen. Die überwiegend dt. Neusiedler prägten v. a. das Bild der Städte. Die ländl. dt. Ostsiedlung erfaßte v. a. Schlesien und die westl. Teile Groß- und Klein-P., nicht aber Masowien. Seit dem 12. Jh. wurden Raubüberfälle der Pruzzen (Preußen), Jadwiger und Litauer aus dem N und O des Landes für die einzelnen Teilfürsten zu einem unlösbaren Problem. Herzog Konrad I. von Masowien rief zur Abwehr der Pruzzen 1225 den Dt. Orden nach Polen. Die systemat. Unterwerfung der Pruzzen wurde 1283 abgeschlossen; der Orden weitete seine weltl. Herrschaft 1308 über das von P. beanspruchte Pomerellen aus. Die Auseinandersetzung mit dem Dt. Orden und das Erstarken der Bürgerschaft in den großen Handelsstädten und des Adels beeinflußten im 14. und 15. Jh. wesentl. den Ablauf der poln. Geschichte.

Die Piasten (1320–70): Der Aufstieg der Nachbarmächte Böhmen, Litauen und Galitsch-Wladimir sowie das Vordringen der Askanier längs der Warthe und Netze lösten Ende des 13. Jh. in Groß-P. Versuche zur Wiedererlangung der staatl. Einheit aus. Dem Herzog von Kujawien, Wladislaw I. Lokietek, gelang es nach schweren inneren Auseinandersetzungen, Groß- und Klein-P. mit seiner Prov. zu vereinigen und sich 1320 in Krakau zum König krönen zu lassen. Bes. unter seinem Nachfolger Kasimir III., d. Gr., konnte der Staat innerl. konsolidiert und durch geschickte Bündnis- und Heiratspolitik auch außenpolit. abgesichert werden. Der Konflikt mit dem Dt. Orden über Pomerellen wurde 1343 im Vertrag von Kalisz beigelegt, der Anspruch auf die unter böhm. Lehnshoheit stehenden schles. Ft. 1335 aufgegeben. Dafür gelang zw. 1349/66 die Eingliederung des konfessional orth., ethn. ukrain. (ruthen.) Ft. Galitsch-Wladimir (Rotreußen) mit Lemberg sowie die Anerkennung der Lehnshoheit durch Masowien. Die Macht der Magnaten konnte nicht gebrochen werden, doch nahm der Einfluß des Bürgertums und des mittleren und

niederen Adels (Schlachta) stetig zu.
Das Haus Anjou (1370–86) und die
Jagellonen (1386–1572): Ludwig I.,
d. Gr., Kasimirs Neffe, konnte sich die Zustimmung des poln. Adels zur Nachfolge für
sich und seine Tochter Hedwig (Jadwiga) nur
durch eine großzügige Privilegienerteilung
erkaufen. In den Unionen von Krewo und
Krakau 1385/86 wurde festgelegt, daß sich
der bisher heidn. Großfürst Jagello von Litau-
en taufen lassen und die Erbin Hedwig zur
Frau nehmen würde. Als König Wladislaw
II. vereinigte er das multinat. und mehrkon-
fessionelle Doppelreich P.-Litauen in Personalunion, die 1569 in Lublin in eine Realunion
umgewandelt wurde. Obschon in Litauen bis
1440 unter dem König und Großfürsten die
Fürsten eine eigene Interessenpolitik verfolgten, bedeutete die Union einen beträchtl.
Machtzuwachs. P.-Litauen stieg nicht zuletzt
in der krieger. Auseinandersetzung mit dem
Dt. Orden (1409–11, 1419–22, 1431–38) im
15. Jh. zur polit. und militär. Führungsmacht
in Osteuropa auf. Der Orden verlor die Vorherrschaft an der Ostsee; die Säkularisierung
des Ordensstaates 1525 und die Lehnserklä-
rung Preußens beendete die von hier ausgehende Bedrohung endgültig. Der Anschluß
Kurlands und Livlands 1561 festigte die
Machtposition P. an der Ostsee. Litauen dagegen, das 1449 seine größte Ausdehnung
nach O erreichte, fand sich zw. 1486 und
1522 in 4 Abwehrkriege gegen das nach W
expandierende Groß-Ft. Moskau verstrickt
und mußte etal. Gebiete verzichten. Erst
nach der Union von Lublin 1569 nahm sich
die „Krone" P. stärker als bisher der Grenz-
verteidigung im SO an. Die Schlachta, die
sich immer stärker in die Führung der Reg.ge-
schäfte einzuschalten begann, konnte ihre privilegierte Stellung Ende des 15. und Anfang
des 16. Jh. weiter ausbauen. Im Reichstag
(Sejm) war das Bürgertum nicht vertreten;
die Bauern gerieten in zunehmende Abhängigkeit von adligen Grundherren, die bald
zur totalen Erbuntertänigkeit führte. Im
16. Jh. erlebte P. sein „Goldenes Zeitalter".
Ab 1471 kontrollierten die Jagellonen den
böhm., ab 1490 auch den ungar. Thron (bis
1526). Unter Sigismund I., dem Alten, und
seinem Sohn Sigismund II. August erlebte P.
eine Blüte von Literatur, Wiss. und Kunst,
die eine rasche Ausbreitung humanist. Gedankenguts und der Reformation begünstigte.
Das Wahlkönigtum (1572–1795): Das
Aussterben der Jagellonen im Mannesstamm
und die Bedrohung aus dem O machten 1569
die poln.-lit. Realunion von Lublin notwendig. 1572 wurde P. eine Wahlmonarchie, d. h.
prakt. eine Adelsrepublik mit einem weitgehend entmachteten König an der Spitze, bei
dessen Wahl zunehmend ausländ. Mächte
einzugreifen versuchten. Unter den 3 Herrschern aus dem schwed. Hause Wasa setzte

ein steter Verfall ein. Obschon P. 1610–12
Moskau besetzt hielt und 1618 weit im NO
ausgriff, überforderten die dynast. Kämpfe
gegen Schweden (1601–60), gegen die Kosa-
ken und gegen Brandenburg die poln. Kräfte.
In den Friedensschlüssen von Oliva (1660)
und Andrussowo (1667) verlor P. Livland,
die Ukraine bis zum Dnjepr mit Kiew und
Smolensk und mußte die Unabhängigkeit
Preußens anerkennen. Im Innern lähmte die
schrankenlose Freiheit der Magnaten und des
Adels das Staatsleben. Auch unter den beiden
Sachsenkönigen August II., dem Starken, und
August III. konnten die längst überfälligen
Reformen wegen der Intervention der Nachbarmächte, v. a. Rußlands und Preußens,
nicht durchgeführt werden. Interne Auseinandersetzungen der Adelsfaktionen, die 1706
und 1733 zur Wahl von Stanislaus I. Leszczyński führten, lösten eine weitgehende Läh-
mung des öffentl. Lebens aus. Als 1764 auf
russ. Druck Stanislaus II. August (Poniatowski) zum letzten König gewählt wurde, bestand die Chance von durchgreifenden Reformen für Staat und Gesellschaft. Allein die
seit dem 17. Jh. in P. zunehmend gepflegte
religiöse Intoleranz bot den Nachbarn die
Möglichkeit, die zerstrittenen Adelsparteien
in einen Bürgerkrieg (Konföderation von Bar,
1768) zu verstricken und mit der 1. Poln.
Teilung (1772) P. fast 30 % seines Gebiets
und 35 % seiner Einwohnerschaft zu nehmen.
Mit der Nat. Erziehungskommission (1773)
und dem Immerwährenden Rat (1775) erhielt
P. moderne Zentralbehörden. Das 1788 eingeleitete Reformwerk fand in der Verfassung
vom 3. Mai 1791, der ersten geschriebenen
Verfassung Europas, einen Abschluß. Die unter russ. Einfluß 1792 gebildete Adelsopposi-
tion bot aber Rußland und Preußen 1793
die Möglichkeit, P. in der 2. Teilung zu einem
nicht mehr lebensfähigen Reststaat zu reduzieren. Der 1794 von T. A. B. Kościuszko
geführte Aufstand lieferte den drei Teilungsmächten den Vorwand, in der 3. Poln. Teilung
die poln. Eigenstaatlichkeit 1795 zu liquidie-
ren.
Unter der Herrschaft der Teilungs-
mächte (1795–1918): Auf die Errichtung
eines Hzgt. Warschau aus preuß. Teilungsge-
bieten (1807) durch Napoleon I., 1809 um die
östr. Gebiete aus der 3. Teilung vergrößert,
folgte auf dem Wiener Kongreß 1815 eine
erneute Teilung. Das um Posen und Krakau
verkleinerte Hzgt. Warschau wurde als Kgr.
P. (Kongreß-P.) in Personalunion mit Rußland vereinigt. Der dem preuß. Groß-Hzgt.
Posen zugestandene Sonderstatus wurde
nicht realisiert. Krakau wurde Freie Stadt
(bis 1846); die Österreich zugesprochenen Gebiete wurden 1849 als Kronland Galizien
reorganisiert. Alle Versuche zur Vereinigung
der Teilungsgebiete und zur Wiederherstellung des Nationalstaates wurden seit dem

Polen

Novemberaufstand 1830/31 scharf verfolgt, und weitere Aufstandsversuche in Galizien (1846) und Posen (1848) blutig niedergeschlagen. Im Januaraufstand 1863 wurde letztmals der (erfolglose) Versuch unternommen, aus eigener Kraft die Wiedergewinnung der Selbständigkeit zu erkämpfen. Kongreß-P. sah

sich einer heftigen Russifizierungspolitik ausgesetzt. Die jetzt schon weitgehend vom Bürgertum getragene öffentl. Meinung setzte künftig auf „organ. Arbeit" zur Gewinnung einer gesunden Wirtschaftsbasis. Unter der Abkehr von Aufstandsplänen wurde in den „stillen Jahren" eine „Dreiloyalität", d. h. die

POLEN, STAATSOBERHÄUPTER

Piasten

Mieszko I.	um 960–992
Boleslaw I. Chrobry („der Tapfere")	
(König 1025)	992–1025
Mieszko II. Lambert	1025–1034
Kasimir I. Odnowiciel („der Erneuerer")	1034/39–1058
Boleslaw II. Szczodry („der Freigebige") oder Śmiały („der Kühne") (König ab 1076)	1058–1079
Wladislaw I. Herman	1079–1102
Zbigniew und Boleslaw III. Krzywousty („Schiefmund")	1102–1107
Boleslaw III. Krzywousty	1102/07–1138

Regierende Fürsten von Krakau (Senioren) während der Zeit der Teilfürstentümer

Wladislaw II. Wygnaniec („der Vertriebene")	1138–1146
Boleslaw IV. Kędzierzawy („Kraushaar")	1146–1173
Mieszko III. Stary („der Alte")	1173–1177
Kasimir II. Sprawiedliwy („der Gerechte")	1177–1194
Mieszko III. Stary	1194–1202
Wladislaw Laskonogi („Steifbein")	1202
Leszek Biały („der Weiße")	1202–1210
Mieszko Plątonogi („Schlenkerbein")	1210–1211
Leszek Biały	1211–1227
Wladislaw Laskonogi	1227–1229
Konrad I. Mazowiecki	1229–1232
Heinrich I. Brodaty („der Bärtige")	1232–1238
Heinrich Pobożny („der Fromme")	1238–1241
Konrad I. Mazowiecki	1241–1243
Boleslaw V. Wstydliwy („der Keusche")	1243–1279
Leszek Czarny („der Schwarze")	1279–1288
Heinrich Probus	1288–1290
Przemyslaw II. (1295/96 poln. König)	1290–1291
Wenzel II. von Böhmen (aus der Dyn. der Przemysliden, ab 1300 poln. König)	1291–1305
Wenzel III. von Böhmen	1305–1306

Vereinigtes Kgr. Polen

Wladislaw I. Łokietek („Ellenlang") (König ab 1320)	1306–1333
Kasimir III. Wielki („d. Gr.")	1333–1370

Anjou

Ludwig I., d. Gr.	1370–1382
Hedwig (Jadwiga)	1382–1386/99

Jagellonen

Wladislaw II. (Jagello)	1386–1434
Wladislaw III.	1434–1444
Kasimir IV. Andreas	1447–1492
Johann I. Albrecht	1492–1501
Alexander	1501–1506
Sigismund I., der Alte oder d. Gr.	1506–1548
Sigismund II. August (August I.)	1548–1572

Wahlkönige

Heinrich III. (von Frankr.)	1573–1574
Stephan IV. Báthory	1575–1586
Sigismund III. Wasa	1587–1632
Wladislaw IV. (Wasa)	1632–1648
Johann II. Kasimir	1648–1668
Michael Wiśniowiecki	1669–1673
Johann III. Sobieski	1674–1696
August II., der Starke	1697–1706
Stanislaus I. Leszczyński	1704/06–1709
August II., der Starke	1709–1733
Stanislaus I. Leszczyński	1733–1736
August III.	1733–1763
Stanislaus II. August (Poniatowski)	1764–1795

Republik Polen, Präs.

J. K. Piłsudski („Staatschef")	1918–1922
G. Narutowicz	1922
S. Wojciechowski	1922–1926
I. Mościcki	1926–1939
W. Raczkiewicz (im Exil)	1939–1947
A. Zaleski (im Exil)	1947
B. Bierut	1947–1952

VR Polen, Vors. des Staatsrates

A. Zawadski	1952–1964
E. Ochab	1964–1968
M. Spychalski	1968–1970
J. Cyrankiewicz	1970–1972
H. Jabłoński	seit 1972

Loyalität gegenüber allen 3 Teilungsmächten, praktiziert. Dabei konnte das Polentum bes. im östr. Galizien Erfolge verzeichnen. Der hier auch weiterhin führende poln. Adel konnte sogar versuchen, die Ukrainer zurückzudrängen. Die Univ. von Krakau und Lemberg sowie eine Akademie der Wiss. wirkten auch auf die anderen Teilungsgebiete im nat. Sinne. Im Dt. Reich dagegen mußten sich die Polen während des Kulturkampfes und bes. seit der nach 1886 aktiv betriebenen Germanisierungspolitik gegenüber dem Deutschtum behaupten. Im russ. Teil entwickelte sich ein kräftiges Bürgertum und in einigen industriellen Zentren auch eine klassenbewußte Arbeiterschaft. Ihre polit. Organisation erfolgte 1887 mit der Gründung der nationaldemokrat. „Liga Polska" und 1893 der Poln. Sozialist. Arbeiterpartei (PPS), von der sich später die linksradikale, internationalist. „Sozialdemokratie des Kgr. P. und Litauen" (R. Luxemburg) abspaltete. Der Ausbruch des 1. Weltkriegs belebte die Hoffnung der Polen auf Wiederherstellung der Eigenstaatlichkeit. Die Proklamation eines poln. Staates ohne Territorialabgrenzung durch die Mittelmächte am 5. Nov. 1916 erfüllte jedoch nicht die Erwartungen der Patrioten. Nach der Anerkennung des Poln. Nationalkomitees (20. Sept. 1917) wurde vom amerikan. Präs. W. Wilson die Bildung eines unabhängigen poln. Staates mit einem Zugang zur See gefordert (8. Jan. 1918). Im Zusammenbruch der Mittelmächte rief im Okt.

1918 der Regentschaftsrat ein unabhängiges P. aus; jedoch gewann P. erst am 11. Nov. 1918 als wiedererstandene Republik feste Konturen.

Der Kampf um das Staatsterritorium (1918–21): P. fand eine äußerst schwierige Ausgangslage vor. Nach Kongreß-P. und Galizien konnten im Jan. 1919 die großpoln. Gebiete um Posen, Mai–Juli 1919 der NO einschließl. Wilna sowie Ostgalizien einbezogen werden. Im Vertrag von Versailles erhielt P. den größten Teil der Prov. Posen und Westpreußen (Poln. Korridor); eine Abstimmung sollte über die Zugehörigkeit Oberschlesiens, Masurens und eines Teils von Westpreußen entscheiden; Danzig wurde Freie Stadt. Dt. Abstimmungserfolge führten für Masuren und Marienburg-Marienwerder zum Verbleib beim Dt. Reich, für Oberschlesien zur Teilung durch die Alliierte Botschafterkonferenz, so daß der kleinere, aber wirtsch. wertvollere O-Teil an P. fiel. Im Streit um das Hzgt. Teschen und um die Grenze in der Hohen Tatra gegenüber der Tschechoslowakei entschieden die Botschafterkonferenzen 1920 (Olsa-Grenze) und 1924. Die poln. O-Grenze wurde nach Militäraktionen festgelegt. Die Pariser Friedenskonferenz hatte am 8. Dez. 1919 eine Demarkationslinie (die später so gen. Curzon-Linie) gegenüber der jungen Sowjetmacht gezogen. P. löste durch einen Vorstoß seiner Truppen bis nach Kiew den poln.-sowjet. Krieg aus, der die Rote Ar-

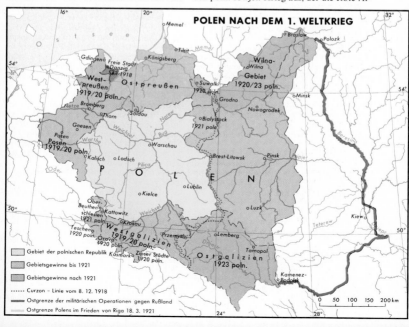

POLEN NACH DEM 1. WELTKRIEG

Gebiet der polnischen Republik

Gebietsgewinne bis 1921

Gebietsgewinne nach 1921

····· Curzon – Linie vom 8. 12. 1918

Ostgrenze der militärischen Operationen gegen Rußland

Ostgrenze Polens im Frieden von Riga 18. 3. 1921

Polen

mee im Juli an die Weichsel vor Warschau und Thorn brachte. Durch das „Wunder an der Weichsel" (16. Aug. 1920), der von Piłsudski genial geführten Gegenoffensive, konnten die sowjet. Truppen weit nach O zurückgeworfen werden. Im Frieden von Riga (18. März 1921) wurde schließl. eine Grenze gezogen, die mehr als 200 km weiter östl. als die Curzon-Linie verlief. Am 9. Okt. 1920 hatte P. zudem die Litauen zugesprochene Stadt Wilna besetzt. Mit Ausnahme von Rumänien hatte P. mit allen Nachbarstaaten bei der Festlegung seiner Grenzen schwere Konflikte riskiert, die auch weiterhin die polit. Beziehungen der Nachkriegszeit belasten sollten.

Die demokrat.-parlamentar. Republik (1921–26): Die Konsolidierung im Innern wurde mit der Annahme der Verfassung am 17. März 1921 formal beendet. Die polit. Zersplitterung - es existierten 59 polit. Parteien und Verbände - verhinderte stabile Koalitionsregierungen. Das im Krieg beträchtl. verwüstete Land war wirtsch. rückständig. Schwierigkeiten ergaben sich bei der Vereinheitlichung der in der Teilungszeit entstandenen unterschiedl. Wirtschafts-, Bildungs-, Justiz-, Verwaltungs- und Verkehrssysteme. Die Einbeziehung der starken Minderheiten (31 % der Gesamtbev., davon 13,8 % Ukrainer, 8,2 % Juden, 3,2 % Weißruthenen, 2,3 % Deutsche) wurde durch nationalist. Auswüchse erschwert. Bescheidene Wirtschaftserfolge, so die Stabilisierung der Währung, konnten die polit., sozialen und nat. Spannungen nicht neutralisieren. Außenpolit. wurde P. durch die Bündnisverträge mit Frankr. (19. Febr. 1921) und Rumänien (3. März 1921) in das frz. Allianzsystem einbezogen. Die restriktive Politik gegenüber der dt. Minderheit und der polit. Antagonismus gegenüber dem Sowjetsystem schlossen eine Kooperation mit den beiden größten Nachbarn aus. Die Weigerung der Weimarer Republik, die in Versailles gezogene dt. O-Grenze anzuerkennen (Ost-Locarno), sowie ein „Zollkrieg" um die oberschles. Kohle belasteten die poln.-dt. Beziehungen.

Die Ära Piłsudski (1926–35): Eine Wirtschaftskrise 1924/25, häufige Reg.wechsel, wachsende außenpolit. Bedrohung und Korruptionsskandale bauten das öffentl. Ansehen von Parlament und Reg. so weit ab, daß Piłsudski am 12. Mai 1926 einen fast unblutig verlaufenden Staatsstreich wagen konnte. Unter formaler Beibehaltung von Verfassung und Parlament errichtete der Marschall ein ausschließl. auf ihn bezogenes, stark autoritäres System und trat fakt. an die Spitze des Staates. Die demokrat. Parteien wurden verdrängt, die Minderheiten, bes. die Ukrainer in Ostgalizien, durch terrorist. „Pazifizierungen" eingeschüchtert. Nach den Neuwahlen von 1930 verfügte Piłsudski über die absolute

Mehrheit im Parlament; ein Ermächtigungsgesetz (März 1933) erleichterte die Ausarbeitung einer autoritären Präsidialverfassung (25. April 1935). Die Weltwirtschaftskrise belastete die innenpolit. und wirtsch. Entwicklung schwer; die von der illegalen KP ausgeschlachtete Unzufriedenheit nahm zu. Der außenpolit. Absicherung galten ein Nichtangriffsvertrag mit der Sowjetunion (25. Juli 1932) und mit dem Dt. Reich (26. Jan. 1934; ↑ auch Deutsch-Polnischer Nichtangriffspakt 1934). Außenmin. J. Beck verfolgte die Politik einer stärkeren Lösung von Frankr. und des Aufstiegs von P. zur ostmitteleurop. Führungsmacht im Rahmen eines Dritten Europa von der Ostsee bis zur Adria.

Die Nachfolger Piłsudkis (1935–39): Nach dem Tod Piłsudskis (12. Mai 1935) wurden die Militärs unter Marschall E. Rydz-Śmigły staatsbestimmend; militär. Pressionen gehörten fortab zum außenpolit. Instrumentarium. Seit 1936 kam es zu einem staatl. Interventionismus mit längerfristigen Wirtschaftsplänen und Industrialisierungsansätzen. Bauernstreiks im Sommer 1937 wiesen auf die ungelösten Probleme im Agrarsektor hin. Die Verschärfung der Minderheitenpolitik, die auch gegenüber der dt. Volksgruppe beibehalten wurde, engte die Manövrierfähigkeit der poln. Außenpolitik ein. Im Fahrwasser Hitlers wurden durch Ultimaten Litauen im März 1938 zur Grenzanerkennung und die Tschechoslowakei im Okt. 1938 zur Abtretung des Olsagebietes gezwungen. Als das Dt. Reich seit Okt. 1938 und verstärkt seit März 1939 auf eine Angliederung der Freien Stadt Danzig und die Errichtung exterritorialer Verkehrswege durch den Poln. Korridor drängte, sah sich P. wieder zu einer engeren Anlehnung an die Westmächte genötigt. Die Kündigung des Dt.-Poln. Nichtangriffspakts durch Hitler (28. April 1939) hoffte P. durch die brit. Garantieerklärung (31. März 1939) und das poln.-brit. Beistandsabkommen (25. Aug. 1939) auszubalancieren zu können. Doch im Dt.-Sowjet. Nichtangriffspakt vom 23. Aug. 1939 war in einer Geheimklausel u. a. Einvernehmen über die Aufteilung P. erzielt worden. Am 1. Sept. 1939 wurde der dt. Angriff auf P. ausgelöst.

2. Weltkrieg: Das poln. Heer konnte sich nicht gegen die dt. Wehrmacht und die seit dem 17. Sept. 1939 einrückende Rote Armee behaupten. Entsprechend einer dt.-sowjet. Vereinbarung vom 28. Sept. 1939 wurde P. am Bug aufgeteilt; das dt. Gebiet umfaßte damit mit Ausnahme des Bezirks Białystok fast den gesamten geschlossenen poln. Siedlungsraum. Die v.a. von Ukrainern und Weißruthenen bewohnten östl. Gebiete (200 280 km² mit 13,5 Mill. E, darunter 3,5 Mill. Polen) wurden der Ukrain. SSR und der Weißruss. SSR eingegliedert. Die Einführung des sowjet. gesellschaftspolit. Systems und die gezielte Ansiedlung von Russen und Ukrainern führten zu einer Verdrängung der Polen aus Stellung und Besitz; 1940/41 wurden weit über 1 Mill. Polen nach Zentralasien und Sibirien zwangsdeportiert. West-P. (90 000 km² mit 10 Mill. E) wurde dem Dt. Reich eingegliedert, der Rest am 26. Okt. 1939 als Dt. Generalgouvernement P. (98 000 km² mit über 10 Mill. E) organisiert, dem am 1. Aug. 1941 Galizien angegliedert wurde. Unter Verschärfung der bereits seit Sept. 1939 gezielt durchgeführten nat.-soz. Terrormaßnahmen, bes. gegen die poln. Intelligenz und die kath. Geistlichkeit, nahmen bald Zwangsverpflichtungen nach Deutschland, Deportationen und die Ausrottung - anfangs der jüd., später auch der übrigen poln. Bev. - in den KZ immer größere Ausmaße an. Zw. 1939/45 kamen 6,03 Mill. Polen, unter ihnen rd. 3 Mill. Juden, ums Leben, davon jedoch nur 644 000 Menschen bei Kriegshandlungen (ein Fünftel der poln. Bev. von 1939).

In Paris wurde am 30. Sept. 1939 unter General W. Sikorski eine Exilreg. gebildet, die sich vornehml. der Aufstellung einer Exilarmee widmete. Die von den Alliierten als kriegführende Bundesgenosse anerkannte, nach der frz. Niederlage von London aus operierende Exilreg. schloß auf brit. Drängen am 30. Juli 1941 ein Bündnis mit der Sowjetunion ab, das die Aufstellung einer poln. Armee aus Kriegsgefangenen unter General W. Anders

ermöglichte (80 000 Soldaten). Die Entdeckung der Massengräber poln. Offiziere bei Katyn im April 1943 führte zum Bruch der Exilreg. mit der Sowjetunion. Der Tod Sikorskis nach einem mysteriösen Flugzeugabsturz in Gibraltar (4. Juli 1943) brachte den aussöhnungsbereiteren Bauernpolitiker S. Mikołajczyk an die Spitze der Exilreg. (14. Juli 1943), der infolge brit. Drucks auf einen bedingten Ausgleich mit der Sowjetunion hinarbeitete, aber auch nach der von Churchill in Teheran vorgeschlagenen Entschädigung P. mit den dt. Gebieten östl. der Oder die Curzon-Linie als poln.-sowjet. Grenze nicht anzuerkennen gewillt war. Nach seinem Rücktritt (28. Nov. 1944) lehnte die neue Exilreg. unter T. Arciszewski nicht nur Abtretungen und Kompensationen ab, sondern stellte sich auch gegen eine kommunist. Reg.beteiligung im befreiten Polen. Im Juli 1945 wurde der Exilreg. die Anerkennung der Alliierten entzogen. Im sowjet. Exil konnten sich poln. Kommunisten erst seit der Gründung des Verbands poln. Patrioten am 10. Juni 1943 stärker durchsetzen. Mit den ab 1943 rekrutierten Einheiten unter General Z. Berling beteiligten sie sich an der Seite der Roten Armee an der militär. Befreiung Polens. Bereits im Sept. 1939 waren im belagerten Warschau erste Widerstandsorganisationen entstanden, die sich im Febr. 1942 in einer der Londoner Exilreg. unterstellten „Armee im Lande" (AK) eine militär.

POLEN IN UND NACH DEM 2. WELTKRIEG

Polen

Organisation schufen. Kommunist. Widerstandsgruppen wurden in der „Volksarmee" (AL) zusammengefaßt. Der kommunist. geführte Landesnationalrat unter B. Bierut bildete am 21. Juli 1944 das Lubliner Komitee, die erste, von der Sowjetunion getragene Nachkriegsreg. auf poln. Boden. Um ihr den polit. Führungsanspruch der Londoner Exilreg. entgegensetzen zu können, entfesselte die AK am 1. Aug. 1944 den Warschauer Aufstand, mußte aber wegen des Ausbleibens alliierter Hilfe am 2. Okt. 1944 kapitulieren. Das Lubliner Komitee konnte in den von der Roten Armee freigekämpften poln. Gebieten die Reg.gewalt übernehmen und bis Mai 1945 auch die Freie Stadt Danzig und die dt. Gebiete östl. von Oder und Görlitzer Neiße ihrer Verwaltung unterstellen.

Die stalinist. Phase (1944–56): Die Zwangsaussiedlung der nicht zuvor evakuierten oder geflohenen dt. Bev. setzte in weiten Gebieten schon vor der Potsdamer Konferenz ein und erreichte den Höhepunkt 1945/46. Im Vertrag mit der Sowjetunion vom 16. Aug. 1945 wurde die O-Grenze weitgehend entlang der Curzon-Linie festgelegt. Ein Grenzkonflikt mit der Tschechoslowakei konnte erst nach der Intervention Moskaus beigelegt werden. Bereits 1945–47 kehrten rd. 2,2 Mill. Repatrianten und 1,5 Mill. Polen aus den an die Sowjetunion gefallenen Ostgebieten in ihr Mutterland zurück; im Rahmen eines Bev.austauschs verließen mehr als 0,5 Mill. Ukrainer und Weißruthenen das neue poln. Staatsgebiet. Nach der Gründung der oppositionellen Poln. Bauernpartei (PSL) im Aug. 1945 bestanden bis Ende 1945 in P. 8 Parteien und polit. Splittergruppen. Unter dem Einfluß der dominierenden kommunist. Poln. Arbeiterpartei (PPR) unter Generalsekretär Gomułka wurden mit Ausnahme der PSL alle relevanten Gruppen in einem „Demokrat. Block" zusammengefaßt, der bei der Wahl zum Parlament (19. Jan. 1947) mit fragwürdigen Methoden eindeutige Mehrheiten erzielte. Mit der Annahme der „Kleinen Verfassung" (19. Febr. 1947) setzte der offene Umbau zur Volksdemokratie ein, auch wenn sich Gomułka und eine Gruppe von Nationalkommunisten bemühten, unter Berücksichtigung der nat. Traditionen und Voraussetzungen einen „eigenen Weg zum Sozialismus" einzuschlagen. Nach der im Sept. 1947 erfolgten Gründung des Kominform und dem Ausschluß Jugoslawiens aus dem „sozialist. Lager" (Juni 1948) wurden die Nationalkommunisten als „Rechtsabweichler" gebrandmarkt und verhaftet. Am 21. Dez. 1948 fusionierten nach Säuberungen PPR und PPS zur Vereinigten Poln. Arbeiterpartei (PZPR), deren Führung Bierut übernahm. Die PSL wurde nach dem Zusammenschluß mit Splittergruppen 1949 in die Vereinigte Bauernpartei (ZSL) überführt. Die unbed. Partei der Arbeit (SP) ging in der Demokrat. Partei (SD) auf. In der 1950 entstandenen Front der Nat. Einheit arbeiten unter der Suprematspartei PZPR auch die ZSL als Vertreterin der bäuerl. Interessen und die SD als Repräsentantin des Bürgertums polit. und parlamentar. zusammen.

Nachdem bereits 1945 eine Bodenreform und die Verstaatlichung der Ind., der Banken und des Verkehrswesens vorgenommen worden waren, wurde 1947 der Übergang zur zentralen Planwirtschaft vollzogen. 1949 wurden in Landw. und Kleingewerbe Zwangskollektivierungen und Enteignungsmaßnahmen eingeleitet. Die Umgestaltung von Verwaltung, Wirtschaft und Kultur unter kommunist. Vorzeichen ging mit einer zunehmend verschärften Reglementierung, bald offenen Verfolgung der kath. Kirche einher. Der Staatssicherheitsapparat wurde stark ausgebaut. Die volksdemokrat. Verfassung vom 22. Juli 1952 fixierte den erreichten polit. Zustand. Die nach 1949 forcierte Industrialisierung brachte unter großem Konsumverzicht der Bev. eine völlige Umgestaltung der Wirtschaftsstruktur, ein ständiger Kaufkraftschwund verstärkte die Unzufriedenheit mit der wirtsch. und polit. Entwicklung. Nach der Annäherung an die DDR, die im Görlitzer Vertrag (6. Juli 1950) die Oder-Neiße-Linie anerkannte, wuchs in P. das Gefühl, mit sowjet. Unterstützung in einigermaßen gesicherten Grenzen zu leben. Der Tod Stalins (5. März 1953) brachte in P. zunächst keine Erschütterungen. Durch die Einbeziehung der BR Deutschland in die NATO wurde der Abschluß des Warschauer Paktes (14. Mai 1955) und die engere vertragl. Bindung an die Sowjetunion als absolute Notwendigkeit erachtet. Der XX. Parteitag der KPdSU und der Tod Bieruts (12. März 1956) verstärkten den von Intellektuellen getragenen, von den unzufriedenen Arbeitermassen aufgenommenen Gärungsprozeß. Die Unzufriedenheit der Bev. erreichte im Juni 1956 im Posener Aufstand einen Höhepunkt, bei dem auch starke antisowjet. Tendenzen manifestierten. Im Interesse einer Konsolidierung ihrer W-Flanke sah sich die sowjet. Führung genötigt, auf dem Höhepunkt des „Poln. Oktobers" am 19. Okt. 1956 der Rückberufung Gomułkas an die Spitze der PZPR zuzustimmen.

Die Ära Gomułka (1956–70): Gomułka ließ keinen Zweifel daran aufkommen, daß er die Einbettung von P. im „sozialist. Lager" nicht in Frage stellen werde. Personelle Veränderungen gingen mit der Verurteilung führender Staatssicherheitsfunktionäre einher, ohne daß der Staatssicherheitsapparat völlig entmachtet worden wäre. Mit der Wiedereinführung der bäuerl. Privatwirtschaft wurde ihre Aufrechterhaltung versprochen. Die Fortsetzung der Industrialisierung sollte ohne Disproportionen und unter verstärkter Belieferung des Konsumgütersektors vor sich gehen. Die Begrenzung der sowjet. Stationierungstruppen und die Entlassung der Sowjetberater wirkten sich ebenso positiv aus wie die Normalisierung der Beziehungen zur kath. Kirche. Die sich Anfang der 1960er Jahre zuspitzende weltpolit. Konfrontation und die sich eskalierende Auseinandersetzung zwischen der Sowjetunion und der VR China zwangen Gomułka zu stärkerer Rücksichtnahme gegenüber der Sowjetunion. Er hatte sich zudem der starken nat.kommunist. Opposition um Innenmin. M. Moczar zu erwehren, der nach 1967 den latenten Antisemitismus schürte und die Verbitterung der Arbeiterschaft gegen die angeblich zionist. infizierten Intellektuellen lenkte. Die seit 1964 erhobene Forderung nach mehr geistiger Freiheit und staatl. Provokationen lösten im März 1968 Studentenunruhen aus, die die Partei- und Staatsführung schwer erschütterten. Allein die vorbehaltlose poln. Beteiligung an der militär. Intervention in der ČSSR im Aug. 1968 sicherte Gomułka die Unterstützung der sowjet. Reg. bei der Zurückdrängung seiner Gegner im Innern und für die Verhandlungen, die am 7. Dez. 1970 zur Unterzeichnung des Dt.-Poln. Vertrages führten.

Unter Gierek: Mit der Absicherung der territorialen Integrität waren die seit Ende der 1960er Jahre vermehrt auftretenden sozialen und wirtsch. Spannungen nicht beseitigt, zumal die poln. Führung wenig unternahm, um den Lebensstandard der Bev. grundlegend zu verbessern. Im Dez. 1970 kam es zu Streiks und blutig niedergeschlagenen Arbeiteraufständen in den Küstenstädten, die am 19. Dez. 1970 zur Entlassung Gomułkas und seiner Vertrauten und zur Machtübernahme durch E. Gierek führten. Gierek und Reg.chef P. Jaroszewicz gelang in kurzer Zeit die polit. und wirtsch. Konsolidierung. Bis 1973 war ein „poln. Wirtschaftswunder" zu verzeichnen, mit 10 % Steigerungsraten im Jahresdurchschnitt bei der Ind.produktion und im Privateinkommen. Auch wenn dieser Aufschwung im Rahmen der weltweiten Rezession und der kräftig gestiegenen Rohstoffpreise deutl. abgebremst wurde, hat das am Machbaren orientierte Sanierungsprogramm breiten Rückhalt in der Bev. gefunden. Die Ankündigung von (lange hinausgeschobenen) drast. Preiserhöhungen bei Lebensmitteln im Juni 1976 stieß jedoch auf Widerstand bei der Bevölkerung. Die harten Urteile gegen die Anführer der Proteste gaben zur Bildung des „Komitees zur Verteidigung der Arbeiter" Anlaß, das, im Okt. 1977 in „Komitee zur gesellschaftl. Selbstverteidigung" umbenannt, für die Amnestierung der Verurteilten (erfolgt am 22. Juli 1977) und allg. für freie Wahlen, ein Mehrparteiensystem, Gewerkschaften als legale Tarifpartner der Reg., offene Diskussion aller Probleme des Landes und Abschaf-

fung der Zensur eintrat.
Außenpolit. bedeutsam waren die dt.-poln. Vereinbarungen, die im März 1976 in Kraft traten: Die BR Deutschland verpflichtete sich zu einer pauschalen Abgeltung von Rentenansprüchen in Höhe von 1,3 Mrd. DM, die poln. Reg. verpflichtete sich, während eines Zeitraums von vier Jahren 120000–125000 (und danach weiteren) Personen dt. Volkszugehörigkeit die Ausreise aus P. zu ermöglichen. Der Versuch, im Okt. 1977 durch ein neues Rentengesetz die privaten Bauern (rd. 80 % der Anbaufläche sind bäuerl. Kleinbesitz) stärker in die staatl. Wirtschaft zu integrieren, schuf weiteren Unfrieden und verbesserte die schwierige Versorgungslage nicht. Obschon die Löhne seit 1977 unverändert blieben und 1978 eine Steigerung der Lebenshaltungskosten um 8,5 % (1977: 5,2 %) hingenommen werden mußte, wuchs das Mißverhältnis zw. Kaufkraft und Warenangebot. Die hohe Auslandsverschuldung stieg weiter an. Der für 1981 angestrebte Ausgleich der Zahlungsbilanz muß erneut hinausgeschoben werden. Die Wirtschaftsprobleme bedingten mehrere umfassende Reg.umbildungen (u. a. im Dez. 1976, Dez. 1977, Febr. 1979). - Der Besuch von Papst Johannes Paul II. in seiner poln. Heimat (2.–10. Juni 1979) wurde zu einem polit. Höhepunkt.

Spektakuläres Ereignis des 8. Kongresses der PZPR im Febr. 1980, der im Zeichen fortschreitender Ernüchterung über die Fähigkeit zur Bewältigung der massiven Wirtschaftsprobleme des Landes stand, war der Rücktritt von Min.präs. Jaroszewicz von einer Kandidatur zu den höheren Parteiämtern wie von seinem Staatsamt. Nachfolger als Min.präs. wurde E. Babiuch, der in seiner Reg.erklärung die bestehenden Schwierigkeiten, Unzulänglichkeiten und Mißstände im Staats- und Wirtschaftsapparat unterstrich und drast. Sparmaßnahmen ankündigte (Abbau der Subventionierung vieler Verbraucherpreise, die jährl. etwa 40 % des Staatsbudgets fordern).
Anfang Juli 1980 kam es in verschiedenen Betrieben zu Arbeitsniederlegungen aus Protest gegen die von der Reg. beschlossenen Fleischpreiserhöhungen; diese Kette von Streiks weitete sich aus und erreichte Mitte Aug. ihren Höhepunkt mit Streiks in Warschau, Danzig und Łódź (am 19. Aug. wurde an der gesamten Ostseeküste gestreikt), wobei die Arbeiter in Danzig die Werften besetzt hatten. Anfangs auf Lohnerhöhungen und soziale Verbesserungen ausgerichtet, reichten die Forderungen der Arbeiter nun auch weit in den polit. Bereich (v. a. Zulassung freier Gewerkschaften). Nach zähen Verhandlungen zw. der Reg. und den von den Arbeitern gebildeten überbetriebl. Streikkomitees (MKS; das Danziger MKS wurde von L. Wałęsa geleitet) kam es zu Vereinbarungen, die das Recht zur Gründung „neuer unabhängiger und sich

Polen

selbst verwaltender Gewerkschaften" sowie das Streikrecht und z. T. weitere polit. Regelungen (z. B. Zensur, Meinungsfreiheit, Wiederherstellung der Rechte polit. Verfolgter) enthielten. Die Streiks wurden daraufhin zw. dem 30. Aug. und dem 3. Sept. 1980 fast überall beendet. In der Zwischenzeit war E. Babiuch durch J. Pińkowski als Min.präs. abgelöst worden (24. Aug. 1980) und hatte es erste Veränderungen im Politbüro des ZK der PZPR gegeben; in der Sitzung des ZK am 5./6. Sept. wurde E. Gierek durch S. Kania als 1. Sekretär der Partei ersetzt.

Während die Sowjetunion und in bes. Maße die DDR sowie die ČSSR, aber auch Rumänien, die Entwicklung in P. in wachsender Schärfe kritisierten (die DDR erschwerte den Grenzübertritt von und nach P.), vollzog sich in P. selbst die Auseinandersetzung um die rechtl. Registrierung der stark kath. geprägten und von den Bischöfen unterstützten neuen Gewerkschaften, insbes. der von Wałęsa geführten „Solidarität" (am 17. Sept. 1980 als Dachverband der freien Gewerkschaften in Danzig gegr.), die schließl. am 10. Nov. mit der Entscheidung des Obersten Gerichtshofes in der Statutenfrage eine formal rechtl. Abschluß fand. Die Registrierung einer „Bauerngewerkschaft" wurde erst im Mai 1981 endgültig zugelassen („Land-Solidarität"). Vor dem Hintergrund wiederholter Streikandrohungen und durchgeführter Streiks, mit denen die freien Gewerkschaften die mit der Reg. abgeschlossenen Vereinbarungen durchsetzten, fand am 9. Febr. eine Plenarsitzung des ZK der PZPR statt, auf der die Ablösung von Min.präs. Pińkowski durch Armeegeneral W. Jaruzelski (Amtsantritt 11. Febr.) beschlossen wurde; darüber hinaus kam es zu weiteren personellen Veränderungen im ZK. Der Parteitag der PZPR im Juli 1981 zeigte, daß die gesellschaftl. Erneuerungsbewegung auch in die Partei hineinwirkte. Ein neues Parteistatut legte Grundsätze für die innerparteil. Demokratisierung fest. Erstmals wurde der Erste Sekretär des ZK der PZPR vom Parteitag in geheimer Wahl bestimmt; der Parteitag bestätigte S. Kania in seinem Amt. Bei den Wahlen zum ZK und zum Politbüro erfolgten wesentl. Verschiebungen in der personellen Zusammensetzung zugunsten der Befürworter eines Reformkurses. Der erste Kongreß der Gewerkschaft „Solidarität" fand im Sept./Okt. 1981 statt. L. Wałęsa wurde zum Vors. gewählt. Mit ihrem Aufruf an die Arbeiter in den Staaten des Warschauer Pakts, mit dem sie die Gründung freier Gewerkschaften dort unterstützte, erntete „Solidarität" aggressive Attacken aus den kommunist. Nachbarstaaten Polens. Am 1. Okt. 1981 trat das Gesetz über die Selbstverwaltung der Arbeitnehmer in Kraft. Das 4. ZK-Plenum der PZPR ersetzte am 18. Okt. S. Kania als Ersten Sekretär durch General W. Jaruzelski.

Während der Herbstmonate häuften sich - v. a. auf lokaler Ebene - die Streiks, ausgelöst u. a. durch die katastrophale Versorgungslage. Die wirtsch. Situation Polens spitzte sich, auch bedingt durch die äußerst hohe Auslandsverschuldung, mehr und mehr zu. In den westl. Staaten wurde seit Beginn der veränderten innenpolit. Entwicklung Polens ein militär. Eingreifen der Sowjetunion nicht ausgeschlossen, das die Krise in den Ost-West-Beziehungen weiter verschärft hätte. Doch kam es nicht zu einer direkten sowjet. Intervention. Vielmehr wurde am 13. Dez. 1981 über P. das Kriegsrecht verhängt. Ein „Militärrat der Nat. Rettung", dem unter dem Vorsitz General W. Jaruzelskis Generale und Offiziere der poln. Armee angehören, übernahm die oberste Verantwortung für das Land. Auf allen Ebenen der staatl. Verwaltung und in Wirtschaftseinheiten wurden Militärkommissare eingesetzt. Streiks wurden verboten, die Tätigkeit der Gewerkschaften und anderer gesellschaftl. Organisationen untersagt. Tausende von „Solidaritäts"-Mgl. und Regimekritikern wurden interniert, Demonstrationsverbot und eine nächtl. Ausgangssperre verhängt. Anfängl. Widerstand in den Betrieben wurde gewaltsam unterdrückt. Jaruzelski, der nunmehr eine auch in kommunist. Staaten einzigartige Machtfülle in seiner Person vereinigte, erklärte, trotz des Kriegsrechts blieben die sozialist. Erneuerung und die Wirtschaftsreform als polit. Ziele bestehen. Im Verlauf des Sommers 1982 kam es zu einer Lockerung des Kriegsrechts, zahlr. Internierte wurden entlassen. Der Sejm beschloß im Okt. 1982 ein Gewerkschaftsgesetz, durch das die bisherigen Gewerkschaften aufgelöst wurden; an ihre Stelle sollen eng mit Staat und Partei verbundene Gewerkschaften treten. Das Kriegsrecht wurde zum Jahresbeginn 1983 ausgesetzt (Juni 1983 endgültig aufgehoben), fast alle Internierten freigelassen. Eine Verfassungsänderung beseitigte die von der „Solidarität" erkämpften Freiheiten und übernahm z. T. die Bestimmungen des Kriegsrechts in die Verfassung. Aus der außenpolit. Isolation bemühte sich die poln. Führung durch eine Generalamnestie herauszukommen. Im Nov. 1985 wählte der Sejm General Jaruzelski zum neuen Staatsoberhaupt. Im Febr. 1987 beschloß die Reg. der USA die Aufhebung der Handelsschranken.

Politisches System: Nach der Verfassung vom 11. Juli 1952 (zuletzt geändert am 21. Juli 1983) ist P. ein „sozialist. Staat". Souverän ist das „werktätige Volk in Stadt und Land", die ungeteilte Staatsgewalt übt es indirekt über Vertreter im Sejm und in Volksräten aus. Die exekutiven und judikativen Organe sind Hilfsorgane der Volksvertretungen. Das marxist.-leninist. Poln. Vereinigte Arbeiter-Partei (PZPR) ist die „leitende polit. Kraft der Gesellschaft".

Nat. Volksvertretung und eigtl. Organ der *Legislative* (bestimmte legislative Funktionen werden z. T. auch vom Staatsrat wahrgenommen) ist der Sejm, dessen 460 Mgl. alle 4 Jahre gewählt werden. Die Bürger haben das aktive Wahlrecht mit 18 Jahren, das passive Wahlrecht zum Sejm mit 21 Jahren, zu den Volksräten mit 18 Jahren. Die Wahlen finden auf Grund einheitl. Kandidatenlisten statt, die von der Front der Nat. Einheit vorgeschlagen werden. Die Zahl der Kandidaten muß die Zahl der auf den Wahlkreis entfallenden Mandate überschreiten, so daß die Wähler eine beschränkte Auswahlmöglichkeit haben. V. a. der der PZPR die absolute Mehrheit der Mandate sichernde Verteilungsschlüssel verleiht den Wahlen einen weitgehend akklamator. Charakter. Der Sejm verabschiedet Gesetze, beruft und entläßt den Ministerrat (Reg.), kontrolliert Reg. und Verwaltung auf allen Ebenen, beschließt den mehrjährigen Wirtschaftsplan und den Staatshaushalt und kann Untersuchungsausschüsse bilden. Er tritt mindestens zweimal im Jahr zusammen. Abg. derselben Partei oder polit. Gruppe sind in einem Abg.klub zusammengeschlossen. Parlamentspräs. ist der Sejmmarschall. Der Sejm wählt aus seiner Mitte das kollektive *Staatsoberhaupt*, den Staatsrat, der aus dem Vors. (seit 1985 W. Jaruzelski), dessen 4 Stellvertretern, dem Sekretär und 11 weiteren Mgl. besteht. Über die übl. Aufgaben des Staatsoberhauptes hinaus erläßt der Staatsrat zw. den Sessionen des Sejm Dekrete mit Gesetzeskraft, beschließt über den Kriegszustand, wenn der Sejm nicht tagt, beruft die Sessionen des Sejm ein, legt Gesetze verbindl. aus und ratifiziert internat. Verträge. Oberstes Organ der *Exekutive* ist der Min.rat, der Vors. und seine Stellvertreter bilden dessen Präsidium. Der Min.rat sorgt für die Ausführung der Gesetze, er hat das Recht der Gesetzesinitiative, entwirft den Staatshaushalt und den mehrjährigen Wirtschaftsplan. Er ist dem Sejm und zw. dessen Sitzungsperioden dem Staatsrat verantwortlich.

Parteien und *Vereinigungen:* P. hat ein Mehrparteiensystem, das nicht auf Wettbewerb ausgerichtet ist und von der PZPR beherrscht wird. Daneben gibt es die Vereinigte Bauernpartei (ZSL) und die Demokrat. Partei (SD). Außerdem gibt es 3 christl. gesellschaftl. Vereinigungen. Führende polit. Kraft ist die PZPR. Ihre zentralen Organe sind der alle 4 Jahre zusammentretende Parteikongreß, das von diesem gewählte Zentralkomitee (ZK) sowie das aus dessen Mitte hervorgehende Politbüro und Sekretariat mit dem Ersten Sekretär (seit 1981 W. Jaruzelski) an der Spitze Die Führungsrolle der PZPR wird von der ZSl und der SD anerkannt, diese beiden Parteien sind daher keine Oppositionsparteien; ebensowenig sind sie Koalitionsparteien, da die Reg.politik nicht das Ergebnis von Kom-

promissen ist. Die führende Rolle der PZPR und das sozialist. System werden auch von den christl. Vereinigungen grundsätzl. nicht in Frage gestellt. Zu den Wirtschaftsvereinigungen zählen die 23 Branchengewerkschaften (mit rd. 13,4 Mill. Mgl. [1978]). Vom Sept. 1980–Okt. 1982 bestand der Dachverband der freien Gewerkschaften „Solidarität" unter der Führung von L. Wałęsa mit rd. 10 Mill. Mgl., ferner die Genossenschaftsverbände, der Verband der Bauernselbsthilfe und die Vereinigung des Privathandels. Das Gewerkschaftsgesetz vom Okt. 1982 sieht die Neugründung von Berufsgruppen-Gewerkschaften vor.

Verwaltung: P. weist seit 1975 eine 2stufige territoriale Gliederung auf: 49 Woiwodschaften (darunter 3 städt.), außerdem Städte sowie Stadtbezirke in Großstädten und Gemeinden. Vertretungsorgane sind die Volksräte, deren Mgl. von den Bürgern gewählt werden. Unter der Aufsicht des Sejm nehmen die Volksräte wirtsch., gesellschaftl. und kulturelle Aufgaben wahr. An der Spitze der regionalen bzw. lokalen Verwaltungen stehen die Woiwoden und Stadtpräs., die Stadtvorsteher, Stadtbezirksleiter und Gemeindevorsteher.

Gerichtswesen: Es gibt einen Obersten Gerichtshof, Woiwodschaftsgerichte und Bezirksgerichte. Das Oberste Gericht übt die Aufsicht über dieRechtsprechung der nachgeordneten Gerichte aus; die Woiwodschaftsgerichte sind in allen Zivil- und Strafsachen Gerichte 1. und 2. Instanz. Eine Verfassungs- und Verwaltungsgerichtsbarkeit gibt es nicht. Unter dem Kriegsrecht sind Militärgerichte für polit. Straftaten zuständig.

Die *Streitkräfte* sind rd. 319 000 Mann stark (Heer 210 000, Luftwaffe 90 000, Marine 19 000). Die paramilitär. Truppen sind 218 000 Mann stark. Es besteht allg. Wehrpflicht; die Dienstzeit beträgt für Heer und Luftwaffe 2, für die Marine 3 Jahre.

📕 *Eckart, K.: P. Regionale u. strukturelle Entwicklungsprobleme eines sozialist. Landes.* Paderborn 1983. - *Roos, H.: Gesch. der Poln. Nation 1918–1981.* Stg. [4]1983. - *Koenen, G./ Koenen, K./Kuhn, H.: Freiheit, Unabhängigkeit u. Brot. Zur Gesch. u. den Kampfzielen der Arbeiterbewegung in P.* Ffm. 1982. - *Maikowski, R.: P. Schicksalsweg.* Freib. 1982. - *Die Staats- u. Verwaltungsordnung der VR P. Hg. v. S. Lammich.* Dt. Übers. Bln. [2]1982. - *P. Symptome u. Ursachen der poln. Krise. Hg. v. W. Brus, F. Feher, A. Michnik.* Bln. 1981. - *Der Freiheitskampf der Polen. Gesch., Dokumentation, Analyse. Hg. v. F. Grube u. G. Richter.* Hamb. 1981. - *Buchhofer, E.: P. Raumstrukturen – Raumprobleme.* Ffm. u. a.; Aarau u. a. 1981. - *Wagner, H.: Die Doppelgesellschaft. Systemwandel in Polen.* Berlin 1981. - *Hegenbarth, S.: Kooperationsformen in der poln. Landw.* Bln. 1977. - *Lesczycki, S./Lijewski, T.: P. Land, Volk, Wirtschaft in Stichworten.* Wien 1977. - *Die Staatsordnung der Volksrepublik P. Hg.*

Polesine

v. H. Roggemann. Bln. 1974. - *Hoensch, J. K.: Sozialverfassung u. polit. Reform. P. im vorrevolutionären Zeitalter. Köln u. Wien 1973.* - *Böhning, P.: Die nationalpoln. Bewegung in Westpreußen 1815–1871. Marburg 1973.* - *Tomala, M.: P. nach 1945. Stg. u. a. 1973.* - *Tepicht, J.: Marxisme et agriculture: le paysan polomais. Paris 1973.* - *Kostrowicki, J./Szczesny, R.: Polish agriculture. Budapest 1972.* - *Knoll, P. W.: The rise of the Polish monarchy; Piast Poland in East Central Europe, 1320–1370. Chicago (Ill.) 1972.* - *Broszat, M.: Zweihundert Jahre dt. P.politik. Ffm. ²1972.* - *Gelberg, L.: Die Entstehung der Volksrepublik P.: die völkerrechtl. Probleme. Dt. Übers. Ffm. 1972.*

Polesine, italien. Landschaft in der östl. Poebene zw. der unteren Etsch im N und dem Reno im S, im W bis Ferrara reichend.

Polesje [russ. pa'ljesjɛ] (poln. Polesie; früher dt. auch Pripjetsümpfe), Wald- und Sumpfgebiet am Pripjet und seinen Nebenflüssen, zw. dem Dnjepr im O, dem Weichselnebenfluß Wieprz im W, dem Westruss. Landrücken im N, der Wolyn.-Podol. Platte und der Dnjeprplatte im S, UdSSR und randl. in Polen, rd. 270 000 km².

Polewoi, Boris Nikolajewitsch [russ. pʌlɪ'vɔj], eigtl. B. N. Kampow, * Moskau 17. März 1908, † ebd. 12. Juli 1981, russ.-sowjet. Schriftsteller. - Journalist; Frontberichterstatter; Hauptwerk ist „Der wahre Mensch" (R., 1946), das in der Figur eines Kriegshelden die Standhaftigkeit der sowjet. Bev. während des 2. Weltkrieges verherrlicht. P. schrieb ferner dokumentar. Kriegsskizzen, Erzählungen und Reiseberichte.

Polgar, Alfred, * Wien 17. Okt. 1873 (nicht 1875), † Zürich 24. April 1955, östr. Schriftsteller und Kritiker. - Ab 1925 Theaterkritiker für „Weltbühne" und „Tagebuch" in Berlin. 1933 Rückkehr nach Österreich, 1938 Emigration über die Schweiz und Frankr. in die USA; lebte nach 1945 meist in Europa. In seinen Theaterkritiken stellte P. als gesellschaftskrit. Moralist [oft in iron. Distanz] die bürgerl. Moral in Frage. Als Satiriker, Zeitkritiker und Skeptizist gilt er als Meister der Kleinprosa bes. in „Bewegung ist alles" (Novellen und Skizzen, 1909), „An den Rand geschrieben" (Essays, 1926), „Schwarz auf Weiß" (Essays, 1929), „Begegnung im Zwielicht" (En., 1951), „Standpunkte" (Skizzen, 1953).

Polhöhe, der Winkelabstand des Himmelspols vom Horizont eines Beobachtungsortes; die P. ist gleich der geograph. Breite dieses Ortes.

Poliakoff, Serge [frz. pɔlja'kɔf], * Moskau 8. Jan. 1906, † Paris 12. Okt. 1969, frz. Maler und Graphiker russ. Herkunft. - P. verzahnt unterschiedl. Farbflächen, 1949–51 gab er Linie und Umrißzeichnung auf, in den 60er Jahren die Zentrierung auf eine Bildmitte.

Police [po'li:sə; frz., letztl. zu griech. apó-

deixis „Nachweis"], vom Versicherer unterzeichnete Beweisurkunde über den Abschluß eines Versicherungsvertrages.

Polidoro da Caravaggio [italien. poli'dɔːro dakkara'vaddʒo] (auch P. Caldara, *Caravaggio (Prov. Bergamo) um 1500, † Messina 1543, italien. Maler. - Seine Fresken in San Silvestro al Quirinale in Rom (1527) waren von bahnbrechender Bedeutung für die ideale Landschaftsmalerei des Barock; seine Fassadenmalereien sind zerstört.

Polier [unter dem Einfluß von „polieren" aus Parlier(er) (zu frz. parler), eigtl. „Sprecher"], Bauführer; trägt Verantwortung für die sachgemäße Baudurchführung.

Polieren [lat.-frz.] ↑ Oberflächenbehandlung.

Poliermittel, feinkörnige bis pulverige Substanzen, die als solche oder in Form von Aufschlämmungen, Pasten oder gepreßten Massen zum Polieren von Metallen, Holz, Glas, Kunststoffen u. a. verwendet werden, z. B. Bimsmehl, Kreide, Kieselgur, Caput mortuum, Cerdioxid, Zinndioxid, Diamantstaub; sie werden je nach der Härte des zu polierenden Stoffes ausgewählt. Für spezielle Zwecke stehen auch chem. P. (meist saure oder alkal. Ätzmittel) zur Verfügung.
◆ ↑ Politur.

Polignac [frz. pɔli'ɲak], frz. Adelsgeschlecht, aus der Landschaft Velay (Haute-Loire); erhielt 1780 den Hzg.titel. Bed. v. a.: **P.,** Jules Auguste Armand Marie, Fürst von (seit 1820), * Versailles 14. Mai 1780, † Paris 29. März 1847, frz. Politiker. - Beteiligte sich an dem geplanten Anschlag G. Cadoudals gegen Napoléon Bonaparte; 1823–29 Botschafter in London; ab 1829 Außenmin. und Min.präs.; betrieb die Eroberung Algeriens und plante die Annexion Belgiens. Die von ihm am 25. Juli 1830 unterzeichneten Juliordonnanzen führten zum Ausbruch der Julirevolution. P. wurde zu lebenslängl. Haft verurteilt, 1836 begnadigt und lebte danach in Großbritannien.

Poliklinik [zu griech. pólis „Stadt"], an ein Krankenhaus oder eine Klinik angeschlossene Einrichtung (Abteilung) zur ambulanten Untersuchung und Krankenbehandlung.

Polio, Kurzbez. für Poliomyelitis (↑ Kinderlähmung).

Poliomyelitis [griech.], svw. ↑ Kinderlähmung.

Poliomyelitisvirus (Poliovirus), ausschließl. für die Herrentiere pathogene ↑ Enteroviren; Durchmesser 20 nm; Erreger der ↑ Kinderlähmung; die drei durch Antigene unterschiedenen Typen (Poliotyp I, II und III) hinterlassen eine lebenslängl. typenspezif. postinfektiöse Immunität.

Poliose [griech.], svw. ↑ Canities.

Poliovirus, svw. ↑ Poliomyelitisvirus.

Polis (Ptolis; Mrz. Poleis) [griech.], Bez.

für den griech. Stadtstaat, nach myken. Zeugnissen Bez. für die Burg und die damit verbundene Siedlung. In archaischer Zeit wurde P. zum Terminus für das Siedlung und umliegendes Territorium umfassende Gemeinwesen. Die P. verstand sich als Gemeinschaft der Einwohner („polĩtai"), für die es feste soziale und ethn. Zugehörigkeitskriterien gab (Abgrenzung z. B. gegen Sklaven und Fremde). Kennzeichen waren: Selbstverwaltung mit festgelegten polit. Rechten und Pflichten für den Einzelnen, Tendenz zur Gleichheit der Rechte und Pflichten aller Bürger im Innern (Demokratie). Nur in wenigen Staaten (z. B. Athen) wurde dies verwirklicht. - In hellenist. Zeit vollzog sich die Eingliederung der Poleis in den Territorialstaat unter mehr oder weniger starker Wahrung ihres Eigenlebens; sie blieben jedoch stets Zentren des kulturellen und geistigen Lebens.

Politbüro [russ.], Kw. für Polit. Büro, oberstes polit. Führungsorgan kommunist. Parteien, geschaffen nach dem Vorbild der KPdSU (seit 1917; zeitweilig auch „Präsidium" gen.); trifft alle grundsätzl. polit. und organisator. sowie die wesentl. personellen Entscheidungen der Partei, des Staates, der Wirtschaft, Kultur usw.; tagt i. d. R. wöchentl., umfaßt zw. 11 und 23 Mgl. und Stellvertreter („Kandidaten") und wird vom Generalsekretär bzw. 1. Sekretär geleitet.

Politesse [frz.], Höflichkeit, Artigkeit.

Politesse [Kw. aus *Poliz*ei und Hos*tess*], [von einer Gemeinde] angestellte Hilfspolizistin für bestimmte Aufgabenbereiche (z. B. Überwachung des ruhenden Verkehrs).

political science [engl. pə'lıtıkəl 'saıəns], svw. polit. Wiss. (↑ Politik).

Politik [frz., zu griech. politikế (téchnē) „Kunst der Staatsverwaltung"], auf die Durchsetzung bestimmter Ziele und Zwecke insbes. im staatl., für alle Mgl. der Gesellschaft verbindl. Bereich und auf die Gestaltung des öffentl. Lebens gerichtetes Verhalten und rationales Handeln von Individuen, Gruppen, Organisationen, Parteien, Klassen, Parlamenten und Regierungen. P. wird meist sowohl von den materiellen und ideellen Interessen ihrer Träger oder den von ihnen Repräsentierten als auch von bestimmten Normen und Wertvorstellungen über die bestehende gesellschaftl. Ordnung geprägt. Sie ist gleichzeitig als der Prozeß zu verstehen, in dem eine Gesellschaft die für ihre Fortexistenz und innere Organisation notwendigen Entscheidungen trifft, wobei diese Entscheidungen bei begrenzten Ressourcen zw. interessenbestimmten Alternativen gefällt werden müssen. Aus dieser Interessenbestimmtheit ergibt sich der Kampfcharakter der Politik. Ihre Legitimation findet P. in demokrat. Systemen letztl. in der Zustimmung [der Mehrheit] der Betroffenen und in totalitären Systemen wird sie aus der herrschenden Ideologie abgeleitet. Im modernen Staat stehen alle gesellschaftl. Bereiche der Gestaltung und Einflußnahme durch die P. offen. Entsprechend unterscheidet man nach dem *Gegenstand* bzw. *Bereich* des polit. Handelns z. B. Außen-, Innen-, Justiz-, Wirtschafts-, Bildungs-, Sozial- und Gesundheits-P., nach der jeweiligen *Ebene*, auf der das polit. Handeln geschieht, unterscheidet man z. B. Bundes-, Reichs-, Landes- und Kommunal-P., nach dem *Handlungs*- und *Interessenträger* z. B. Partei-, Arbeitgeber-, Gewerkschafts-, Kirchen- und Verbands-P., nach den *Grundsätzen* des polit. Handelns z. B. zw. Macht-, Interessen-, Hegemonial-, Friedens-, Realpolitik. P. vollzieht sich entweder im Rahmen von durch Satzungen und Konventionen festgelegten Normen (z. B. Statute, Gesetze, Verfassungen, Völkerrecht) oder versucht bewußt, das jeweilige polit. System zu sprengen und durch ein anderes zu ersetzen.

Begriffsgeschichte: Für Antike und MA (etwa bei Platon, Aristoteles, Thomas von Aquin) wurde P. nur normativ im Sinne einer Lehre von der rechten Ordnung des Gemeinschaftslebens verstanden. Der Mensch war Gemeinschaftswesen (Zõon politikón) und konnte nur im polit. Verband zur Erfüllung seines wahren Wesens und zur Verwirklichung eines tugendhaften Lebens gelangen. Gegen diese vom Ziel der P. her denkende Auffassung definierte N. Machiavelli P. als Kunstlehre für den Fürsten, die Macht im Staate zu erobern, zu mehren und zu erhalten bzw. die Stellung des Staates unter den Staaten zu verbessern; P. wurde zur Machttechnik. Von hier aus entwickelte sich die Lehre von der Staatsräson, nach der Machtgewinn eigtl. Ziel und Hauptinhalt der P. bildet. M. Webers Position, der P. als „Streben nach Machtanteil oder nach Beeinflussung der Machtverteilung" definierte, wurde durch C. Schmitt radikalisiert, der das Freund-Feind-Verhältnis zur zentralen Kategorie des Polit. deklarierte. Mit der Entstehung eines Weltstaates oder Weltreiches endet für Schmitt die Notwendigkeit von P. Auch im marxist. P.verständnis gibt es ein Ende aller P., da diese notwendig mit den Klassen und dem Staat entsteht. Mit dem Sieg des Proletariats hört der Klassenkampf auf, es bleibt schließl. nur die Verwaltung von Sachen. In der modernen polit. Wiss. wird P. als „Kampf um die rechte Ordnung" (O. H. von der Gablentz) verstanden und versucht, v. a. Elemente der polit. Kultur, der Wertvorstellungen und des Konsensus in einer Gesellschaft als tragende Kategorie der P. zusätzl. zu erfassen, ohne damit den Kampfcharakter der P. als Prozeß polit. Entscheidungen zw. Interessengegensätzen leugnen zu wollen.

Die **politische Wissenschaft (Politologie, Politikwissenschaft)** ist eine Teildisziplin der Sozialwiss. mit den Hauptforschungsgebieten

Politika

polit. Theorie und Ideengeschichte, Lehre vom polit. System, Systemvergleiche, internat. Beziehungen. Die polit. Wiss. bedient sich der Methoden von Soziologie, Philosophie sowie Geschichts- und Rechtswissenschaft. Sie wurde vom MA bis ins 19. Jh. in der Tradition einer aristotel. Tugendlehre gelehrt, stand im 19. Jh. v. a. im Dienst monarch.-autoritärer Reg. und entwickelte sich um die Jh.wende in den USA als **political science** zur empir. Analyse polit. Institutionen und Verhaltensweisen.

Die **politische Soziologie,** von polit. Wiss., Staatslehre und polit. Ökonomie nicht eindeutig abgrenzbar, befaßt sich mit den gesellschaftl. Voraussetzungen und Folgen des polit., insbes. staatl. Handelns. Sie versteht sich heute einschränkend überwiegend als *Demokratieforschung;* als solche analysiert sie den Einfluß sozialer Schichtungsverhältnisse auf die polit. Willensbildung, die berufl.-arbeitsorganisator. Bindungen der Gesellschafts-Mgl. hinsichtl. ihrer Teilhabe am polit. Prozeß, die innere Organisationsstruktur und polit. Rolle von Verbänden, Gewerkschaften und Parteien, die Konsequenzen wirtsch. und kultureller Machtkomplexe - wie Wirtschafts- und Pressekonzentration - auf das polit. Herrschaftssystem und eine funktionsfähige öffentl. Meinung sowie in Abgrenzung zu den Verfassungsnormen die tatsächl. Beziehungen zw. Reg., Staatsbürokratie, Parlamenten und Rechtssystem.

Die **politische Psychologie** befaßt sich als Teilgebiet der angewandten Psychologie v. a. mit Untersuchungen der sozialen und individualpsycholog. Aspekte polit. Prozesse, mit psychoanalyt. Deutungen von Politikerbiographien und Typologien, mit Untersuchungen zur polit. Sozialisation, mit Effektivitätsprüfungen von Techniken polit. Beeinflussung und mit Wahlprognosen.

Die **politischen Zeitschriften** bieten i. d. R. im Zusammenhang mit anderen Stoffgebieten (Literatur, Geschichte) Berichterstattung und Kommentar zu allen oder mehreren Teilbereichen der P. (überschneiden sich z. T. inhaltl. mit der Parteipresse, polit. Wochenzeitungen, polit. Magazinen, oft auch den literar. Zeitschriften). Entstanden in der Folge der Freiheitsbewegung der Frz. Revolution (u. a. „Rhein. Merkur") und bereiteten die dt. Revolution 1848 vor. Blütezeit nach der Konstituierung des Dt. Reichs 1871: u. a. „Die Gegenwart" (1872–1931), „Dt. Rundschau" (1874–1964), „Die Neue Zeit" (1883–1923), „Die Neue Rundschau" (1890 ff.), „Die Zukunft" (1892–1922), „Die Fackel" (1899–1936), „Süddt. Monatshefte" (1904–36), „Die Tat" (1909–39), „Die Weltbühne" (1905/18 ff.), „Das Tage-Buch" (1920–40), „Nat.-soz. Monatshefte" (1930–44). Nach 1933 lebte ein Teil der p. Z. in der Emigration fort, teils gab es Neugründungen im Exil (↑ auch Exillitera-

tur). Ab 1945 spielten u. a. eine wichtige Rolle „Der Ruf" (1946–49), „Die Wandlung" (1945–49), „Die Gegenwart" (1945–58), „Dokumente" (1945 ff.), „Frankfurter Hefte" (1946 ff.), „Der Monat" (1948–71). Neugründungen konnten sich erst im Verlauf der 1960er Jahre konsolidieren: „Das Argument" (1959 ff.), „Kursbuch" (1965 ff.), „Kürbiskern" (1965 ff.).

📖 *Pipers Wörterbuch zur Politik.* Hg. v. D. Nohlen. *Auf 6 Bde.* berechnet, bis 1986 *5 Bde.* erschienen. Mchn. *1983 ff.* - Behrens, H.: *Polit. Entscheidungsprozesse.* Opladen 1980. - *Hdwb. Internat. P.* Hg. v. W. Woyke. Opladen [2] *1980.* - Massing, P./Stanslowski, V.: *Polit. Ideen in der Bundesrepublik.* Opladen 1980. - Rohe, K.: *P. Begriffe u. Wirklichkeiten.* Stg. 1978. - Röhrich, W.: *P. als Wiss.* Mchn. 1978. - Beyme, K. v.: *Ökonomie u. P. im Sozialismus.* Mchn. 1977.

Politika [serbokroat. „Politik"], jugoslaw. Tageszeitung, ↑ Zeitungen (Übersicht).

Politiken [dän. polit'tiɡən „Politik"], dän. Tageszeitung, ↑ Zeitungen (Übersicht).

Politiker [griech.], allg. Bez. für Personen, die, meist als Mgl. einer Partei, polit. Ämter oder Mandate hauptberufl. oder ehrenamtl. wahrnehmen.

◆ (frz. les Politiques) eine in Frankr. während der Hugenottenkriege sich konstituierende Gruppe von Katholiken und Protestanten, die v. a. mit ihrer Forderung nach religiöser Toleranz versuchte, die in konfessionellen Bürgerkriegen gipfelnden Glaubensstreitigkeiten der 2. Hälfte des 16. Jh. beizulegen. Die P. waren Wegbereiter u. a. für die Thronbesteigung des Hugenotten Heinrich IV.

Politikwissenschaft, svw. polit. Wiss. (↑ Politik).

politische Bildung, sie ist als Erziehungsvorgang Teil der polit. Sozialisation durch gezielte Unterrichts- und Veranstaltungsangebote verschiedener gesellschaftl. Institutionen wie Schule, Jugendverbände, Gewerkschaften, polit. Parteien, Volkshochschulen und Massenmedien. In der p. B. sollen durch bes. Maßnahmen, auf der Grundlage einer wiss. pädagog. Theorie und ihrer Didaktik sowie der Sozialwiss. und der Politikwiss. die polit. Mündigkeit der Staatsbürger, ihr Wissen über polit. Institutionen und Vorgänge, ihre Kritikfähigkeit und Handlungsbereitschaft gebildet und gefördert werden. Zum einen ist p. B. ein Unterrichtsfach in der Schule unter verschiedenen, sich ständig ändernden Bez. wie Staatsbürger-, Sozial- oder Gemeinschaftskunde, Gesellschaftslehre usw. Zum zweiten prägt p. B. als Unterrichtsprinzip den Unterricht in anderen Schulfächern (Deutsch, Erdkunde, Religion u. a.) mit. Zum dritten finden im Bereich der außerschul. Jugendbildung und der Erwachsenenbildung bes. Kurse, Seminare u. ä. statt, die auf die Vermittlung und Erweiterung polit. Wissens und der Bereitschaft zum polit. Urteilen und

Handeln gerichtet sind. Inhalte und Methoden der p. B. sind dabei von der jeweiligen Gesellschafts- und Staatsform und den vorherrschenden wirtsch. Interessen sowie Wert- und Normenvorstellungen abhängig.
Geschichte: Wird p. B. seit 1871 als Staatsbürgerkunde im Geschichtsunterricht behandelt, so taucht sie als eigenständiger Lehrbereich erstmals in der Weimarer Republik auf. Nach dem 2. Weltkrieg wird p. B. ein Teil des Reedukationsprogrammes der westl. Besatzungsmächte. P. B. erhält eine betont polit.-pädagog. Zielsetzung als „Demokratieunterricht". Entsprechend wurden seit Beginn der 50er Jahre auch die Politikwiss. an den Hochschulen der BR Deutschland wieder als selbständige Wiss. etabliert. Auf Bundes- und Landesebene wurden bes. Institutionen und Organisationen (Heimvolkshochschulen, polit. Stiftungen, Bundes- und Landeszentralen für p. B. u. a.) geschaffen. P. B. war zunächst im wesentl. System-, Institutionen- und Verhaltenslehre, die das gegebene gesellschaftspolit. Ordnungssystem als anderen grundsätzlich überlegen darstellte (beispielsweise im Vergleich von BR Deutschland und DDR oder USA und UdSSR) und zur Gemeinschaft und mitbürgerl. Partnerschaft in einem harmon. Ordnungsmodell von Staat und Gesellschaft erziehen wollte. Seit Beginn der 60er Jahre ist, bes. angesichts ungelöster gesellschaftl. Probleme, sich häufender Krisenerscheinungen und internat. Spannungen und Auseinandersetzungen, der Konflikt zur zentralen Kategorie der p. B. geworden. Dabei sollen polit., wirtsch. und soziale Gegensätze, Widersprüche und Konflikte in gesellschaftl., staatl. und zwischenstaatl. Bereichen als zwangsläufig erkannt werden. Der einzelne soll befähigt werden, verantwortungsbewußt seine eigenen und die Interessen anderer zu erkennen, zu artikulieren und bei ihrer Durchsetzung Konflikte mit anderen friedlich auszutragen (Friedenserziehung). Dieses „Konfliktmodell" ist nicht selten mißverstanden worden, sein Sinn ist die Erziehung zur Urteils- und Kritikfähigkeit, zur Verantwortung und polit. Engagement, d. h. zur polit. Beteiligung im Rahmen der Demokratie.
📖 *Massing, P./Skuhr, W.: Polit. Bildung in Deutschland. Bln. 1986. - Meyers Kleines Lexikon Politik. Hg. v. den Fachredaktionen des Bibliograph. Inst. Mhm. u. a. 1986. - Sussmann, R.: Außerschul. polit. Bildung: Langfristige Wirkungen. Leverkusen 1985. - Stöger, P.: Bewußtseinspädagogik u. Erwachsenenbildung. Ffm. 1982.*

politische Ethik ↑ Ethik.

politische Gefangene, i. e. S. Männer und Frauen, die (tatsächl. oder angebl.) oppositionelle polit. Auffassungen vertreten, diese allein oder organisiert, mit friedl. Mitteln oder unter Anwendung von Gewalt durchzusetzen versucht haben und deshalb inhaftiert wurden; i. w. S. auch Personen, die auf Grund von Rasse, Religionszugehörigkeit oder als Angehörige einer nat. Minderheit verfolgt werden. Nach Schätzungen der Gefangenenhilfsorganisation Amnesty International gibt es rd. 500 000 p. G. in mindestens 60 Ländern, darunter etwa 70 000 in Indonesien, 50 000 in Indien und jeweils mehrere Tausend in der UdSSR und in der DDR, in Chile, Brasilien, Argentinien, Marokko und Irak. Unbekannt ist ihre Zahl in China, Albanien, Vietnam und Nord-Korea. In zahlr. Staaten, u. a. in Chile, Brasilien, Uruguay, Paraguay, Marokko, Iran und Irak, werden p. G. gefoltert, in der UdSSR z. T. in Nervenheilanstalten eingewiesen.

politische Geographie, Zweig der Anthropogeographie, der sich mit den Wechselbeziehungen zw. den geograph. und den polit. Verhältnissen befaßt.

politische Ökonomie, zuerst von A. de Montchrétien benutzter Begriff, der bei ihm die Wirtschaftslehre des absolutist. Staatshaushalts bezeichnet. Die p. Ö. ist die öffentl. Erweiterung der privaten Haushaltungswiss., bzw. die Ausdehnung ihrer Klugheitsregeln auf den Staatshaushalt. Im Sinne des *Merkantilismus* ist dieser Haushalt auf Expansion orientiert: dem Ziel einer Machtvermehrung des Staates dient die Vermehrung des Nationalreichtums als Mittel zum Zweck. Die so verstandene p. Ö. thematisiert nicht nur die Verwaltung des öffentl. Vermögens bzw. seine Erhebung und Verwendung, sondern auch die volkswirtschaftl. Voraussetzungen dazu, also die Maßnahmen, die erforderlich sind, Nationalreichtum, Bev., Steuern und Außenhandelsüberschuß zu vermehren. - P. Ö. im Sinne der *Physiokraten* bzw. der *Klassik* wendet sich von diesem instrumentellen Paradigma ab und begreift den Bereich ökonom. Handelns als ein selbst regulierendes und perfektionierendes System. Quesnays „natürl. Ordnung" (↑ auch Physiokraten) und A.! Smith's „unsichtbare Hand" sind Metaphern dafür, daß sich die ökonom. Anstrengungen der Individuen unbewußt und ohne geplante staatl. Regelung automatisch zu einem sinnvollen Ganzen ordnen, das allen Beteiligten zum Vorteil gereicht. Die p. Ö. ist daher im Extremfall einer Naturwiss. vom ökonom. Handeln anzunähern, die die harmon. Struktur des unbehelligten Wirtschaftens enthüllt und dem Staat empfiehlt, wie er ohne großen Schaden anrichten die Steuern erheben und außenwirtschaftl. Rahmenbedingungen setzen kann. Darüber hinaus gibt die p. Ö. an, an welchen Stellen eine staatl. Intervention nötig ist.
Die *Kritik der p. Ö.* von *Marx* geht von dem Paradigma der Klassik aus, daß in der kapitalist. Gesellschaft der Bereich ökonom. Handelns eine eigene synthetisierende Macht entfaltet und dergestalt ein strukturiertes Ganzes

politische Partei

bildet. Die Kritik besteht zum einen darin, daß dieser Automatismus als eine entfremdete, verkehrte Welt denunziert wird, in der der Zusammenhang der Produktewelt den Individuen mit eigenem Anspruch entgegentritt und diese ihrer potentiellen Autonomie beraubt (↑ auch Entfremdung). Darüber hinaus wird in der krisenhaften Tendenz des Kapitalismus ein Indiz dafür gesehen, daß die scheinbare Harmonie der marktwirtschaftl. Ordnung auf Grund immanenter Mängel ihrem Untergang entgegentreibt. Die Kritik der p. Ö. versteht sich daher als die Wiss. von der Auflösung der bürgerlich-kapitalist. Gesellschaft. Im neomarxist. Wortgebrauch wird häufig der Begriff der Kritik der p. Ö. mit dem der p. Ö. selbst verwechselt, so daß hier von der p. Ö. einzelner Wirtschaftsbereiche die Rede sein kann, ohne daß mehr klar ist, ob damit ökonom. Beschreibung oder kategoriale Kritik gemeint ist.

P. Ö. des Sozialismus bedeutet im sowjetmarxist. Wortgebrauch die Lehre vom Wirtschaften in den sozialist. Ländern. Sie geht von der Vorstellung aus, es gäbe ein objektives, quasi-naturgesetzl. System von Regeln, deren Anwendung ein reibungsloses Funktionieren der Wirtschaft erlaubt. Im Ggs. zur Klassik wird also die sozialist. Wirtschaft nicht als ein selbstreguliertes System verstanden, sondern sie ist auf die korrekte „Anwendung" der p. Ö. des Sozialismus angewiesen.

Die *Neue p. Ö.* ist eine politolog. Theorie, die von der Gleichförmigkeit ökonom. und polit. Entscheidungsfindungen ausgeht. In dem Begriff sind eine Reihe unterscheidbarer Ansätze zusammengefaßt, deren Gemeinsamkeit in der Parallelität und Übertragbarkeit ökonom. und polit. Ansätze besteht.

📖 *Wörterb. zur p. Ö.* Hg. v. G. v. Eynern. Opladen ²1977. - *Gesch. der p. Ö.* Hg. v. H. C. Recktenwald. Stg. 1971.

politische Partei ↑ Partei.

politische Polizei, Bez. für bes. Polizeiorgane (z. T. auch *Geheimpolizei* gen.), deren Aufgabenfeld die polit. Strafsachen sind; bildete sich in der absolutist. Monarchie aus, spielte eine bed. Rolle in der Frz. Revolution und in der Napoleon. Ära, wurde systemat. von Metternich und im zarist. Rußland (Ochrana) ausgebaut und hat in allen modernen Einparteienstaaten und totalitären Systemen eine wesentl. Funktion als Instrument der Herrschaftssicherung (z. B. GPU, Geheime Staatspolizei, Staatssicherheitsdienst), unter Anwendung rechtswidriger Willkür bis zu systemat. Terror. - In der BR Deutschland gibt es keine p. P. im eigtl. (histor.) Sinne. Den Verfassungsschutzämtern des Bundes und der Länder stehen polizeil. Befugnisse nicht zu; die präventive und repressive Bekämpfung verfassungsfeindl. Bestrebungen obliegt den ordentl. Polizeibehörden. Bei den Behörden der Kriminalpolizei

sind z. T. bes. Kommissariate oder Abteilungen zur Aufklärung und Verfolgung von Staatsschutzdelikten gebildet worden.

politischer Katholizismus, im 19. Jh. entstandenes, meist polem. benutztes Schlagwort zur Bez. aller Bestrebungen der kath. Kirche ihrer engagierten Anhänger, spezif. kath. und/oder allg. christl. Grundsätze in Staat und Gesellschaft zur Geltung zu bringen und die kirchl. Interessen gegen die Jh.tendenzen zu Säkularisierung, Laizismus und Nationalisierung (↑ auch Ultramontanismus) zu sichern. Mit der parteipolit. Ausformung des p. K. ging eine (vorwiegend takt.) Annäherung an demokrat. Formen der Politik einher. Sie führte zur innerkath. Reaktion des religiösen Katholizismus und wurde in ihrer Grundlage indirekt beschnitten durch den Versuch der Kurie, mit Hilfe der Kath. Aktion zu einer Entpolitisierung des Katholizismus zu gelangen, die traditionelle Stellung der Kirche im parlamantar. oder autoritären Staat durch völkerrechtl. Verträge zu sichern. Seit dem 2. Vatikan. Konzil ist die Rolle des p. K. in seinen traditionellen Formen stark in den Hintergrund getreten.

politischer Protestantismus, Bez. für die Kräfte und Tendenzen, die seit dem 19. Jh. prot. Gedankengut über den Raum der Kirche hinaus im polit. und kulturellen Bereich zu verwirklichen trachten (ohne die klar definierte Soziallehre und die organisierte Trägerschaft des polit. Katholizismus). Für den von E. Troeltsch ausgehenden „Neuprotestantismus" war der christl. Glaube Bestandteil der allg. Kultur, der mit Individualismus, Liberalismus und Rationalismus eine „Kultursynthese" bildete. Dieser (als Kulturprotestantismus kritisierte) p. P. identifizierte sich in Deutschland mit dem monarch. verfaßten Nationalstaat, verhinderte damit ein Bündnis zw. p. P. und Demokratie, wie es sich in den kalvinist. Traditionen der USA bildete, und verlor im 1. Weltkrieg seine Bedeutung. Die Erfahrung des NS hat auch den dt. Protestantismus zu einer Neubestimmung seines Verhältnisses zu Politik und Demokratie geführt (↑ auch Bekennende Kirche, ↑ dialektische Theologie). Im Verständnis des p. P. kann es keine ausschließl. christl. Politik und christl. Partei, nur Politik aus christl. Verantwortung geben.

politische Schulung, Ausbildung für bestimmte polit. Aufgaben, Ämter oder Funktionen; von der polit. Bildung durch direkte Zweckgerichtetheit unterschieden.

politisches Mandat ↑ Mandat.

politisches Nachtgebet, urspr. in Köln vom ökumen. Arbeitskreis „Polit. N." um Dorothee Sölle u. a., später auch in anderen Städten praktizierter Modellversuch, Gottesdienste durch „Diskussion und Aktion" zu polit. und gesellschaftl. Themen zu gestalten.

politisches System, in der traditionellen Institutionenlehre Bez. für die Gesamtheit der Institutionen, die am polit. Entscheidungsprozeß beteiligt sind bzw. beteiligt sein können; i. d. R. das aus Reg., Parlament, Verwaltung und Gerichten bestehende *Regierungssystem,* die *Bürgerschaft* und der dazwischenliegenden und vermittelnde Bereich der *Öffentlichkeit,* der Parteien, Verbände und Massenmedien umfaßt. In der neueren polit. Wiss. Bez. für das in einem differenzierten gesellschaftl. Gesamtsystem neben den kulturellen, ökonom. und rechtl. Subsystemen zu unterscheidende polit. *Entscheidungssystem,* durch das die Verteilung von Gütern und Werten autoritativ und mit Geltung für die gesamte Gesellschaft geregelt und mit Sanktionsgewalt durchgesetzt wird.

politisches Testament, seit dem 16. Jh. übl. Vermächtnis eines Fürsten oder Staatsmanns an seinen Nachfolger; enthält seit dem 17. Jh. neben Ausführungen über einzelne Problemkreise die Darstellung der polit. Anschauungen und Regierungsgrundsätze des Verfassers.

politische Theologie, im weiteren (undifferenzierten) Sinn jede Theologie, insofern sie entweder gewollt oder ungewollt zur Legitimation gesellschaftl. und polit. [Herrschafts]strukturen eingesetzt wird. So ist z. B. die röm. Staatsreligion ebenso p. T. wie die Theorie des „Gottesstaats" bei Augustinus, die ma. Zweischwerterlehre, Luthers Zweireichelehre, die Vorstellungen der Dt. Christen oder eine päpstl. Enzyklika zur Frage der Geburtenregelung. - Im engeren Sinne entwickelte sich p. T. zu Beginn der 2. Hälfte des 20. Jh. als Diskussion um eine Reihe von theolog. Ansätzen, die sich als Versuche verstehen, die eschatolog. Inhalte des christl. Glaubens als krit. Korrektiv innerhalb gesamtgesellschaftl. Entwicklung zu interpretieren und dadurch zur Überwindung des als unzureichend angesehenen Status quo anzutreten. Unter dem Eindruck der polit. und sozialen Strukturprobleme in den Ländern der Dritten Welt und ihrem Wohlstandsgefälle zu den Industrienationen verbanden sich zudem radikaleth. Ansätze zu einer **Theologie der Revolution,** die in einer revolutionären Veränderung der Welt ein Zeichen des Handelns Gottes und in revolutionärer Betätigung die Erfüllung eines bibl.-eth. Auftrags sieht. - P. T. und Theologie der Revolution sind in beiden christl. Kirchen nicht unumstritten.

📖 *Moltmann J.: P. T. - Polit. Ethik. Mainz 1984. - Beneyto, J. M.: P. T. als polit. Theorie. Bln. 1983. - Sölle, D.: P. T. Neuaufl. Stg. 1982. - Seifarth, A.: Der Gott der p. T. Köln 1978. - Baumotte, M.: Theologie als polit. Aufklärung. Gütersloh 1973. - Rendtorff, T./Tödt, H. E.: Theologie der Revolution. Analysen u. Materialien. Ffm. ³1969.*

politische Verdächtigung, unter Strafe stehende Form der Denunziation. Mit Geld- oder Freiheitsstrafe bis zu 5 (in bes. schweren Fällen bis zu 10) Jahren wird bestraft, wer einen anderen z. B. durch eine Verdächtigung oder Anzeige (Behörden der BR Deutschland scheiden als Empfänger aus) in die Gefahr bringt, aus polit. Gründen verfolgt und hierbei wirtschaftl. oder körperl. oder seel. geschädigt bzw. der Freiheit beraubt zu werden.

politische Wissenschaft ↑ Politik.

politische Zeitschriften ↑ Politik.

Politisierung [griech.], Bez. für eine Bewußtseins- und Verhaltensänderung bei Individuen oder Gruppen (und das entsprechende Einwirken auf diese), die sich der gegenseitigen Abhängigkeit aller gesellschaftl. Bereiche (z. B. Staat, Wirtschaft, Privatsphäre) bewußt werden und daraufhin ihr polit. Verhalten verändern und meist auch intensivieren.

Politologe [griech.], Wissenschaftler, der ein Hochschulstudium der polit. Wiss. absolviert hat.

Politologie [griech.], svw. polit. Wiss. (↑ Politik).

Politur [lat.], durch Polieren hervorgebrachte Glätte; Glanz.
◆ Mittel zum Glänzendmachen; aus Gemischen v. a. von Harzen, Fetten, Wachsen und Lösungsmitteln, z. T. auch Reinigungsmitteln bestehende Zubereitungen, die auf Holz, Metalle, Kunststoffe (Lacke) aufgetragen werden und [nach Abdunsten des Lösungsmittels] einen dünnen, schützenden, glanzgebenden Überzug hinterlassen (z. B. verwendet als Auto-, Fußboden-, Möbelpolituren usw.).

Politzer, Adam, * Albertirsa (Ungarn) 1. Okt. 1835, † Wien 10. Aug. 1920, östr. Ohrenarzt. - Prof. in Wien; nach ihm ist die Ohrluftdusche zur Behandlung des Tubenkatarrhs *(„Politzern")* benannt.

Polizei [zu mittelhochdt. polizi „Aufrechterhaltung der öffentl. Sicherheit" (von griech. politeía „Staatsverwaltung")], im *materiellen Sinn* die gesamte Tätigkeit von Verwaltungsbehörden und Vollzugsorganen (z. B. Bau- und Gewerbeaufsicht, uniformierte P.) zur Abwehr von Gefahren für die öffentl. Sicherheit und Ordnung sowie zur Beseitigung bereits eingetretener Störungen; im *institutionellen Sinn* nur die im Vollzugsdienst tätigen Dienstkräfte, d. h. die im Außendienst verwendeten uniformierten P.kräfte und die Kriminal-P.; in übertragenen Sinn auch das P.gebäude.

Geschichte: Im 15.-17. Jh. bezeichnete der Begriff P. einen Zustand guter Ordnung des Gemeinwesens und umfaßte weite Bereiche der Rechtsordnung (z. B. Regelungen des Wirtschaftsverkehrs, Vorschriften gegen den Luxus). Im absoluten Fürstenstaat des 18. Jh. wurde die P.gewalt (ius politiae) zum wichtigsten Bestandteil der Staatsgewalt. Sie umfaßte

Polizei

sowohl die gesetzgebende als auch die vollziehende Gewalt. Dieses P.system, in dem der P.begriff fast die gesamte Staatstätigkeit umfaßte, wird als ↑ Polizeistaat bezeichnet. Beeinflußt von den staatstheoret. Auffassungen der Aufklärungsphilosophie wurde der P.begriff eingeengt. P. war nunmehr die mit Zwang ausgestattete Staatstätigkeit der inneren Verwaltung, d. h. der Verwaltungs-P. (z. B. Bau- und Berg-P., sog. P.behördensystem) und der Vollzugs-P., zur Aufrechterhaltung der öf-

Polizei. Vereinfachte Darstellung des Informations- und Auskunftssystems für die gesamte Polizei in der Bundesrepublik Deutschland (INPOL)

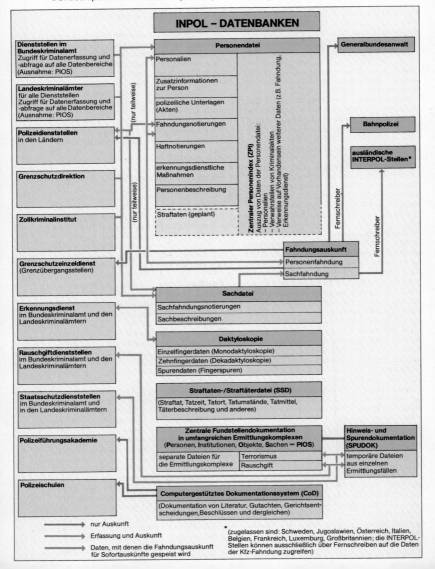

fentl. Ruhe, Sicherheit und Ordnung sowie zur Gefahrenabwehr. Dieser P.begriff fand Eingang in das Preuß. Allg. Landrecht von 1794. Gegen Ende des 19. Jh. erfolgt als Folge der liberalen Rechtsstaatsauffassung die endgültige Beschränkung der P.gewalt auf die Gefahrenabwehr, die bis auf die nat.-soz. Zeit bis heute beibehalten worden ist. Der auf die Gefahrenabwehr gerichtete P.begriff wurde im NS zugunsten einer Praxis, die der eines Polizeistaates entsprach, aufgegeben, was 1945 zu einer von den Besatzungsmächten verfügten Entpolizeilichung führte, indem P. und innere Verwaltung institutionell und funktionell getrennt wurden. Insbes. in den Ländern der früheren amerikan. und brit. Zone gilt der teilweise gesetzl. verankerte institutionelle P.begriff, mit der Folge, daß die Aufgaben der früheren Verwaltungs-P. im Rahmen der sich aus dem materiellen P.begriff ergebenden Schranken nunmehr sog. Ordnungs- bzw. Sicherheitsbehörden (z. B. Bauaufsicht) obliegen.

Polizeirecht: Das P.recht umfaßt als Teil des Verwaltungsrechts alle Vorschriften über Aufgaben und Befugnisse (materielles P.recht, P.aufgabenrecht) sowie über die Organisation der P. (formelles P.recht). Nach dem materiellen P.begriff erfaßt das P.recht alle Normen, die der Gefahrenabwehr dienen, nach dem institutionellen P.begriff ist P.recht nur das Recht bezügl. der Institutionen der P.organisation (P.behörden und Organe der Schutz-, Bereitschafts- und Kriminal-P.), sog. Polizeiorganisationsrecht. Die der Gefahrenabwehr dienenden Rechtsnormen werden in Abgrenzung zum institutionellen P.recht als Ordnungsrecht (Sicherheitsrecht) bezeichnet und von Ordnungsbehörden (Sicherheitsbehörden) ausgeführt. In Bayern und NRW ist die Trennung von P.- und Ordnungsrecht konsequent dadurch durchgeführt worden, daß die Eingriffsbefugnisse der P. und Ordnungsbehörden in verschiedenen Gesetzen geregelt werden, also keine gemeinsame gesetzl. Grundlage für sie besteht. Die Regelung des P.- und Ordnungsrechts fällt grundsätzl. in die Gesetzgebungskompetenz der Länder (Art. 70 GG), jedoch ist das *Ordnungsrecht* überwiegend durch den Bund geregelt, da er nach Art. 73 ff. GG die ausschließl. bzw. konkurrierende Gesetzgebungskompetenz hinsichtl. fachspezif. Ordnungsaufgaben hat (z. B. Gewerbe-, Wirtschafts-, Gesundheitsrecht). Die **Polizeiorganisation**, d. h. der Aufbau der Vollzugspolizei (uniformierte P.) ist überwiegend in P.gesetzen (P.organisationsgesetzen oder P.verwaltungsgesetzen) der Länder geregelt. Danach ist die allg. Vollzugs-P. für den gesamten polizeil. Vollzugsdienst zuständig, soweit dieser nicht Sonderpolizeibehörden (z. B. Wasserschutz-P., in Bayern: Grenz-P.) vorbehalten ist. Daneben gibt es noch die Kriminal-P. (oft

organisator. verbunden mit der allg. Vollzugs-P.), die Bereitschafts-P., die Landeskriminalämter als zentrale Dienststellen für kriminalpolizeil. Aufgaben und die P.schulen. Der Bund hat nur ausnahmsweise das Recht, eigene P.behörden zu errichten und deren Organisation zu regeln, wie z. B. beim Bundesgrenzschutz, Bundeskriminalamt und bei der Bundesbahn.

Um bundesweit die Fahndung der P. zu effektivieren ist beim Bundeskriminalamt ein elektron. *Informationssystem* der westdt. P. *(Inpol)* errichtet worden, das ursprüngl. als Fahndungsdatei das früher gebräuchl. Fahndungsbuch ersetzen sollte, heute u. a. auch eine Haft-, Ermittlungs- und Straftäterdatei enthält.

Wegen der ausschließl. Kompetenz der Länder auf dem Gebiet des P.- und Ordnungsrechts ist dessen inhaltl. Ausgestaltung in den einzelnen Bundesländern zwar durch allen Landesgesetzen gemeinsame Grundsätze verbunden, jedoch bestehen in Einzelheiten Unterschiede. Wegen der zunehmenden Zusammenarbeit zw. den P. der Länder und des Bundes bzw. zw. Bund und Ländern wird eine Rechtsvereinheitlichung durch inhaltl. Angleichung der P.gesetze des Bundes und der Länder angestrebt.

Aufgaben und **Befugnisse** der P. und der Ordnungsbehörden sind in allen Bundesländern durch eine Generalklausel normiert, die den Tätigkeitsbereich der P. und Ordnungsbehörden allg. umschreibt. Danach haben P. und Ordnungsbehörden die Aufgabe, von der Allgemeinheit oder dem einzelnen Gefahren abzuwehren, durch die die öffentl. Sicherheit und Ordnung bedroht wird. Öffentl. Sicherheit meint die Unverletzlichkeit der Gesamtheit bestehender Rechtsnormen sowie der Einrichtungen und Veranstaltungen des Staates; öffentl. Ordnung ist die Gesamtheit der ungeschriebenen Regeln für das Verhalten des einzelnen in der Öffentlichkeit, deren Beachtung nach der jeweils herrschenden Anschauung unerläßl. Voraussetzung eines geordneten Zusammenlebens ist. Zum Schutz privater Rechte (Forderungen, Eigentum, Gesundheit) können P. und Ordnungsbehörden nur dann einschreiten, wenn gerichtl. Hilfe nicht rechtzeitig zu erlangen ist und die Gefahr besteht, daß die Verwirklichung des Rechts vereitelt oder wesentl. erschwert wird, und wenn der Berechtigte es beantragt, weil sie denn die privaten Rechte sind auch nach öffentl. Recht (z. B. auf Grund von Strafgesetzen) geschützt.

Das Verhältnis von P. und Ordnungsbehörden ist so geregelt, daß die P. (Vollzugspolizeibehörden) im Bereich der Gefahrenabwehr nur für die ihr ausdrückl. zugewiesenen Aufgaben oder in Eilfällen, die unaufschiebbare Maßnahmen erfordern, zuständig ist. Die P. hat insbes. den Ordnungsbehörden auf deren

Polizeihunde

Ersuchen Vollzugshilfe bei der Durchsetzung der von diesen angeordneten Maßnahmen zu leisten sowie die ihr durch Bundesrecht übertragenen Aufgaben auf dem Gebiet des Straßenverkehrsrechts, bei der Ermittlung von Ordnungswidrigkeiten und bei der Verfolgung von Strafsachen (als Hilfsbeamte der Staatsanwaltschaft) wahrzunehmen. Zur Erfüllung ihrer Gefahrenabwehraufgabe kann die P. und Ordnungsverwaltung Rechtsverordnungen und Verwaltungsakte erlassen, soweit sie dazu durch Gesetz ermächtigt ist. Wichtigstes Handlungsinstrument in der für das polizeil. Handeln typ. Form der *Polizeiverfügung* (ein an eine bestimmte Person oder einen bestimmten Personenkreis gerichtetes Verbot oder Gebot) ist der Verwaltungsakt. Dieser kann auch eine polizeil. Erlaubnis zum Inhalt haben, mittels der ein zum Zwecke präventiver Kontrolle erlassenes vorläufiges Verbot (im Einzelfall) aufgehoben wird. Bes. polizeil. Befugnisse (Standardmaßnahmen), die wegen des damit verbundenen Eingriffs in Grundrechte in den meisten Bundesländern speziell geregelt wurden, sind u. a. Eingriffe in die persönl. Freiheit (Identitätsfeststellung, zwangsweise Vorführung, polizeil. Gewahrsam), Eingriffe in die körperl. Unversehrtheit (erkennungsdienstl. Maßnahmen) und Eingriffe in das Eigentum (Beschlagnahme). Zur Durchsetzung ihrer Verfügungen können die P. und Ordnungsbehörden Zwangsmittel anwenden, näml. das Zwangsgeld, die Ersatzvornahme und den unmittelbaren Zwang (u. U. Haft). Ob und wie die P. und Ordnungsverwaltung bei der präventiven Gefahrenabwehr vorgeht, ist in deren pflichtgemäßes Ermessen gestellt (Opportunitätsprinzip). Polizeil. Maßnahmen müssen jedoch immer vom ↑Verhältnismäßigkeitsgrundsatz getragen sein, d. h. von mehreren geeigneten Maßnahmen zur Gefahrenabwehr ist diejenige zu wählen, die den geringsten Schaden herbeiführt.

Träger: Polizeil. Einrichtungen werden vom Staat (Bund oder Länder), ausnahmsweise auch von den Gemeinden getragen. Nach dem 2. Weltkrieg wurden polizeil. Angelegenheiten im Zuge einer Dezentralisierung zumeist von Kommunalbehörden wahrgenommen. Bezügl. des Ordnungsrechts ist diese Kommunalisierung nach kaum mehr als Anfang 1970 einsetzenden Funktionalreform weitgehend erhalten geblieben. Die Gemeinden nehmen i. d. R. die ordnungsrechtl. Aufgaben als unterste staatl. Behörden wahr (Auftragsangelegenheiten, Pflichtaufgaben nach Weisung). Die Aufgaben der Vollzugs-P. werden wegen der größeren Effektivität i. d. R. von staatl. P.behörden wahrgenommen, d. h. Vollzugs-P. ist generell staatl. Polizei. Eine kommunale P. (Gemeinde-P.) gibt es nur ausnahmsweise in einigen Bundesländern zur Wahrnehmung bestimmter, eng begrenzter Aufgaben.

Auf internat. Ebene besteht die ↑Interpol.
In *Österreich* bezeichnet P. die staatl. Hoheitsmacht, die auf Abwehr von Gefahren für die öffentl. Sicherheit und Ordnung bedacht ist. Soweit sich die entsprechenden Rechtsnormen in der Gefahrenabwehr erschöpfen, also keiner bestimmten Verwaltungsmaterie zuzuordnen sind, spricht man von der allg. *Sicherheitspolizei.* Von ihr wird die *Verwaltungs-P.* unterschieden, die den Normen zugeordnet werden, die der Gefahrenabwehr in Verbindung mit speziellen Verwaltungsmaterien dienen (z. B.: Bau-, Gewerbe-P.). Die die P. betreffenden Gesetzgebungs- und Verwaltungskompetenzen sind auf Bund, Länder und Gemeinden verteilt, liegen jedoch schwerpunktmäßig beim Bund. Die Bundespolizeibehörden gliedern sich in 14 Bundespolizeidirektionen bzw. Bundespolizeikommissariate, die im Rahmen ihrer Zuständigkeit die unterste staatl. Sicherheitsverwaltung besorgen. Hilfsorgane der Bundespolizeibehörden sind die ↑Bundespolizei und soweit diese nicht besteht, die ↑Bundesgendarmerie. Daneben gibt es keine Vollzugs-P. der Länder.
In der *Schweiz* bezeichnet man als P. diejenige Verwaltungstätigkeit, die nötigenfalls unter Anwendung von Zwang die öffentl. Sicherheit und Ordnung im Innern des Staates zu wahren hat. Man unterscheidet auch hier zw. Sicherheits-P., deren Aufgabe die Sicherheit des Staates und des Bürgers im allgemeinen ist, und Verwaltungs-P., deren Aufgabe die Gefahrenabwehr für bestimmte Verwaltungsbereiche ist (Bau-P., Gewerbe-P. usw.). Die Gesetzgebungs- und Verwaltungskompetenz auf polizeil. Gebiet sind auf Bund, Kantone und Gemeinden verteilt. Die allg. Sicherheits-P. ist primär Aufgabe der Kantone. Der Bund ist zur Wahrung der inneren Sicherheit und Ordnung berufen, soweit die Kantone dazu nicht in der Lage sind. Zur Wahrnehmung der sicherheitspolizeil. Aufgaben gibt es die Bundes-, Kantons- und Gemeinde-P., in gewissen Fällen eine Anstalts-P. (z. B. Bahn-P.).
📖 *Harnischmacher, R./Semarak, A.: Dt. P.geschichte.* Stg. 1986. - *Götz, V.: Allg. P.- u. Ordnungsrecht.* Gött. ⁸1985. - *Polizeil. Eingriff u. Grundrechte.* Hg. v. M. Schreiber. Stg. 1982. - *Rasch, E.: P. u. P.organisation.* Stg. ²1980.

Polizeihunde (Dienstgebrauchshunde, Diensthunde), im Dienst von Polizei, Bahnpolizei, Bundesgrenzschutz, Bundeswehr und Zollbehörden stehende, in Diensthundeschulen ausgebildete Hunde. Zugelassen sind in der BR Deutschland folgende Rassen: Dt. Schäferhund, Dobermann, Boxer, Riesenschnauzer, Rottweiler, Airedaleterrier und der ungar. Hovawart.

polizeiliche Anordnungen, die zur Gefahrenabwehr auf dem Gebiet der öffentl. Sicherheit oder Ordnung erlassenen Rechtssätze (sog. Polizeiverordnungen) oder Verwaltungsakte (Polizeiverfügungen).

polizeiliches Führungszeugnis
↑Führungszeugnis.

Polizeischulen, Ausbildungsstätten für die Dienstkräfte der Polizei in fachl. Hinsicht und zur demokrat.-staatsbürgerl. Erziehung. P. bestehen in allen Bundesländern. Außerdem führt das Bundeskriminalamt für die Polizei Fortbildungsveranstaltungen auf kriminalpolizeil. Spezialgebieten durch. In Lübeck besteht die Grenzschutzschule des Bundesgrenzschutzes.

Polizeistaat, Bez. für den das polit., wirtsch. und soziale Leben durch repressive Kontrollmaßnahmen reglementierenden Staat im Ggs. zum Rechts- und Verfassungsstaat. Die Reg. übt die Staatsgewalt ohne jegliche Bindung an Verfassung oder institutionalisierte Kontrolle aus und greift zur „Förderung der Wohlfahrt" (Wohlfahrtspflege), d. h. zur sittl. Erziehung der „Untertanen" in deren persönl. Freiheit und Privatsphäre ein, gewöhnl. durch willkürl. Machtausübung seitens der Polizei, v. a. der Geheimpolizei, deren Maßnahmen an die Stelle des regulären Verwaltungs- und Gerichtsapparates treten. Der P. entstand in Verbindung mit dem Verwaltungsstaat des Absolutismus als Resultat wirtsch., sozial- und militärpolit. Maßnahmen mit dem Ziel, die Staatsverwaltung zu rationalisieren, zu zentralisieren, hierarch. zu organisieren und zu disziplinieren. Polizeistaatl. geprägt waren z. B. der preuß. Staat des 18. Jh., das Josephin. Österreich, das Napoleon. Frankr., das zarist. Rußland und die Restauration im 19. Jh.; im 20. Jh. wurden unter dem NS und unter dem Stalinismus extreme Varianten des P. ausgeformt und praktiziert.

Polizeistunde ↑Sperrzeit.

Poliziano, Angelo [italien. polit'tsja:no], eigtl. Angiolo Ambrogini, * Montepulciano 14. Juli 1454, † Florenz 29. Sept. 1494, italien. Humanist und Dichter. - Kanzler Lorenzos de' Medici; ab 1480 Prof. für griech. und röm. Literatur an der Univ. Florenz. Führender klass. Philologe und Kritiker Italiens im 15. Jh.; sein Schauspiel „Orpheus" (entstanden wahrscheinl. 1480, gedruckt 1494) ist das erste weltl. Drama der italien. Literatur.

Polje [russ. „Feld"], meist langgestrecktes, geschlossenes Becken in Karstgebieten, wenige bis zu mehreren hundert km² groß. Typ. ist der ebene, randl. scharf abgesetzte P.boden, der oft mit fruchtbarem Bodenmaterial (Terra rossa) überdeckt ist.

Polk, James Knox [engl. poʊk], * bei Little Sugar Creek (Mecklenburg County, N. C.) 2. (?) Nov. 1795, † Nashville 15. Juni 1849, 11. Präs. der USA (1845–49). - 1835–39 Speaker des Repräsentantenhauses, 1839–41 Gouverneur von Tennessee, 1844 zum Präs. gewählt. P. konnte sein expansionist. Programm weitgehend erfüllen: Festlegung der N-Grenze der USA bzw. Oregons auf den 49. Breiten-

grad, Gewinn von Texas im Mexikan. Krieg (1846–48). Innenpolit. reformierte P. das Bundesfinanzwesen.

Polka [tschech., eigtl. „Polin"], ein um 1830 in Böhmen aufgekommener Paartanz im lebhaften ²/₄-Takt, neben dem Walzer einer der beliebtesten Gesellschaftstänze des 19. Jh. Die P. bildete mehrere Abarten heraus, u. a. die *Kreuz-P.* und die *P.-Mazurka* (im ³/₄-Takt). Durch B. Smetana wurde sie zum tschech. Nationaltanz.

Poll [engl. pool, eigtl. „Kopf(zahl)"], Bez. der Markt- und Meinungsforschung für: 1. Wahl, Abstimmung; 2. Umfrage, Stichprobenerhebung; 3. Wähler- bzw. Befragtenliste.

Pollack [engl. 'pɔlæk], Ben, * Chicago 22. Juni 1903, † Palm Springs 7. Juni 1971 (Selbstmord), amerikan. Jazzmusiker (Schlagzeuger). - Gründete 1925 ein eigenes Orchester, in dem zahlr. prominente Musiker des ↑Chicagostils und des ↑Swing (u. a. B. Goodman, G. Miller, J. Teagarden) mitwirkten.

P., Sydney, * Lafayette (Ind.) 1. Juli 1934, amerikan. Filmregisseur. - Kennzeichnend für seine [gesellschaftskrit.] Filme ist der langsam-verhaltene Rhythmus der Kameraeinstellungen, u. a. in „Dieses Mädchen ist für alle" (1965), „Nur Pferden gibt man den Gnadenschuß" (1969), „Jeremiah Johnson" (1971), „Cherie Bitter" (1972), „Die drei Tage des Condor" (1975), „Die Sensationsreporterin" (1981), „Tootsie" (1982), „Jenseits von Afrika" (1985).

Pollack [engl.] ↑Dorsche.

Pollaiuolo, Antonio del [italien. pollaj-'ɥɔ:lo, polla'jɔ:lo], eigtl. Antonio Benci, * Florenz 17. Jan. 1432, † Rom 4. Febr. 1498, italien. Bildhauer und Maler. - Oft zus. mit seinem Bruder Piero (* 1443, † 1496) tätig. Begann als Goldschmied (Silberkreuz, 1457–59, Florenz, Museo dell' Opera del Duomo). Beeinflußt von Donatello und Verocchio. Seine Grabmäler der Päpste Sixtus IV. (1489–93) und Innozenz VIII. (1494–98) in Rom wurden bedeutungsvoll für die Entwicklung des Monumentalgrabmals. In der Malerei wie in

Antonio Pollaiuolo, Schlacht der nackten Männer (um 1475). Berlin-Dahlem

pollakanthe Pflanzen

der Plastik zeigen seine Figuren heftige, kompliziert verschränkte Bewegungen und klare Umrisse. Stilist. folgenreich wirkte P. Kupferstich „Kampf der nackten Männer". - *Weitere Werke*: Tafelbilder: Tobias und der Engel (Turin, Pinacoteca Nazionale), Hl. Sebastian (1475; London, National Gallery), Bronzegruppe: Herkules und Antäus (um 1475; Florenz, Bargello).

pollakanthe Pflanzen [griech./dt.], Bez. für ausdauernde Pflanzen (v. a. Bäume), die mehrmals blühen. Diese Gewächse benötigen lange Zeit, bis sie zum erstenmal Blüten tragen. Dann wiederholt sich die Blütenbildung viele Jahre.

Pollen [lat. „Mehlstaub, Staub"] (Blütenstaub), Gesamtheit der Pollenkörner (↑ Pollenkorn) einer Blüte.

Pollenanalyse, Methode der Paläobotanik zur Bestimmung der Flora der erdgeschichtl. jüngeren Vegetationsperioden aus Pollenkörnern. Die Widerstandsfähigkeit des Pollenkorns gegen äußere Einflüsse und seine für jede Pflanzenart bzw. -gatt. charakterist. Form erlauben nach Jahrtausenden noch Rückschlüsse z. B. auf die Geschichte der Kulturpflanzen, indirekt auch auf das Klima.

Pollenblumen, Pflanzen mit meist großen, staubblattreichen Blüten, die den besuchenden Insekten nur Pollen, jedoch keinen Nektar bieten (z. B. Rose, Mohn).

Pollenforschung, svw. ↑ Palynologie.

Pollenkorn, ungeschlechtl., durch Meiose aus Pollenmutterzellen in den Pollensäcken der Staubblätter entstehende haploide ♂ Fortpflanzungszelle (Mikrospore) der Samenpflanzen. Im P. entwickelt sich bei der Reifung der ♂ Mikrogametophyt, bestehend aus einer vegetativen und einer darin eingeschlossenen generativen Zelle, die sich vor oder nach der Blütenbestäubung in zwei Spermazellen teilt. Nach Übertragung auf die Narbe bzw. auf die nackte Samenanlage der Nacktsamer) treibt die innere Wand, die Intine, zum Pollenschlauch aus; dieser dringt in die ↑ Samenanlage ein, wo die Befruchtung stattfindet.

Pollensäcke (Lokulamente), Teile der Staubblätter, in denen die Pollenkörner gebildet werden.

Pollenschlauch, Zellschlauch, der bei Samenpflanzen nach der Bestäubung auf der Narbe einer Blüte aus der inneren Wand des Pollenkorns auskeimt, chemotaktisch (meist) durch den Griffel hindurch zur Samenanlage wächst und durch die Entlassung der beiden Spermazellen des Pollenkorns in den Eiapparat des Embryosacks die Befruchtung einleitet.

Poller [niederdt.], starker Haltekörper auf Schiffen und Kaimauern, um den die Trossen zum Festmachen von Schiffen gelegt werden.

Pollination [lat.], svw. ↑ Blütenbestäubung.

Pollini, Maurizio, * Mailand 5. Jan. 1942, italien. Pianist. - Gewann 1960 den Warschauer Chopin-Wettbewerb, unternimmt seit Anfang der 70er Jahre weltweite Tourneen, auf denen er als vielseitiger Interpret (Beethoven, Chopin, Schumann, Strawinski, Prokofjew, Schönberg, Stockhausen, Nono u. a.) gefeiert wird. Seit 1978 auch Konzert- und Operndirigent.

Pollinium [lat.] (Pollenkörbchen), zusammenhängende Pollenmasse einer Staubbeutelhälfte (Theka) bei verschiedenen Blütenpflanzen, das geschlossen von blütenbesuchenden Insekten verschleppt wird (z. B. bei der Schwalbenwurz und bei Orchideen).

Pollinose [lat.], durch den Kontakt mit Blütenpollen hervorgerufene allerg. Krankheit, z. B. der ↑ Heuschnupfen.

Pollock, Jackson [engl. 'pɔlək], * Cody (Wyo.) 28. Jan. 1912, † East Hampton (N. Y.) 11. Aug. 1956, amerikan. Maler. - Begründer und ein Hauptvertreter des amerikan. Action painting (↑ abstrakter Expressionismus). Er verwendete häufig eine Tropfmethode („Drippingmethode") statt des Pinsels, wobei die Leinwand auf dem Boden liegt.

Pollution [zu spätlat. pollutio „Besudelung"], unwillkürl. ↑ Ejakulation [im Schlaf]; meist in der Pubertät oder im Zusammenhang mit Träumen; zuweilen auch bei funktionellen Genitalstörungen im Rahmen einer konstitutionellen Nervosität.

Pollux, lat. Name des Polydeukes, eines der ↑ Dioskuren.

Polnisch, zur westl. Gruppe der slaw. Sprachen gehörende Sprache der Polen mit rd. 33,5 Mill. Sprechern. Die Sprache ist in Personen- und Ortsnamen sowie Glossen seit dem 12. Jh. überliefert und entwickelte seit dem 15./16. Jh. zu einer ausgeprägten Schriftsprache mit bed. Literatur. Nach einer Periode des Sprachverfalls im 17./18. Jh. wurde die bewußte Pflege in der zweiten Hälfte des 18. Jh. wieder aufgenommen; die Dichter der poln. Romantik prägten am Ende der 1. Hälfte des 19. Jh. die poln. Literatursprache. - Das phonolog. System der heutigen poln. Schriftsprache zeigt neben oralen Vokalen auch die nasalen Vokale (ą, ę); bei den Konsonanten fällt u. a. das Vorkommen nichtpalataler und entsprechender palataler Konsonanten (z. B. [s] und [ɕ] und eine dreifache Gliederung der Zischlaute bzw. Affrikaten auf, die durch Buchstabenverbindungen oder diakrit. Zeichen (s-ś-sz; z-ź-ż, rz; c-ć-cz; dz-dź-dż) gekennzeichnet werden; ł ist unsilb.; der Akzent liegt [fast] immer auf der vorletzten Silbe. - Die Morphologie zeigt großen Formenreichtum im Bereich der Nominalflexion (sieben Fälle, Belebtheitskategorie u. a.) sowie ein kompliziertes Verbalaspektsystem, das für nahezu jedes Verb eine imperfektive und perfektive Form verlangt. - Die poln. Dialekte (Großpoln., Kleinpoln., Masowisch,

Polnische Kunst. Links (von oben):
Kollegiatskirche in Tum bei Łeczyca
(12. Jh.); Der heilige Adalbert von Prag
predigt den heidnischen Preußen.
Relief am rechten Flügel der Gnesener
Bronzetür (um 1170); Maria mit Kind
zwischen dem Apostel Andreas und der
heiligen Barbara (um 1510). Posen,
Muzeum Narodowe; rechts (von oben):
Piotr Michałowski, Seńko (1845—55).
Krakau, Muzeum Narodowe; Tadeusz
Kantor, Urgent (1965). Privatbesitz

polnische Frage

Schlesisch [Sprache der altpoln. Schlesier]) werden u. a. nach der Aussprache von cz, sz, dż, ż als c, s, dz, z („Masurieren" genannt) und der Stimmtonassimilation am Wortende unterschieden.

📖 *Chodera, J., u. a.: Hdwb. P.-Dt.; Dt.-P. Bln. u. a. ²1977. 2 Bde. - Laskowski, R.: Poln. Gramm. Dt. Übers. Lpz. 1972.*

polnische Frage, Bez. für die Probleme, die die Versuche einer Wiedererrichtung poln. Eigenstaatlichkeit nach der Liquidierung der Adelsrepublik durch die Poln. Teilungen (1772–95) mit sich brachten und die erst in der Folge der Wiedererrichtung eines poln. Staates durch die Mittelmächte im Verlauf des 1. Weltkrieges (Nov. 1916) gelöst wurde. - ↑ auch Polen (Geschichte).

polnische Kunst, die ma. **Baukunst** in Polen setzte zu Ende des 9. Jh. ein (Rundkapellen auf dem Krakauer Burgberg [Wawel]), in das 12. Jh. gehört die roman. Stiftskirche von Tum bei Łeczyca. Seit Mitte des 13. Jh. verbreiteten die Zisterzienser die got. Baukunst. Eigenständig poln. Bautypen entwickelten sich mit den Domen in Krakau (1320–64) und Gnesen (1342 ff.) sowie der zweischiffigen Kollegiatskirche in Wiślica (um 1350 ff.) Das Material war meist Backstein, in der Tatra und den Karpaten wurden vom 14.–18. Jh. hölzerne Kirchen mit geschnitzter Ornamentik gebaut. Im N entstanden im 14. und 15. Jh. zahlr. Deutschordensburgen, die Städte erhielten Befestigungen und Rathäuser mit mächtigen Türmen, Krakau eine Univ. (Collegium Maius, 1492–97). König Sigismund I. berief seit Beginn des 16. Jh. italien. Renaissancebaumeister nach Polen: Das Wawelschloß in Krakau wurde 1502–35 von Meister Francesco (†1516) und B. Berecci umgebaut, der auch die Sigismund-Kapelle am Dom errichtete (1519–33). Den neuen Stil übernahmen die adligen Bauherren, u. a. Anlage von Zamość. In die bürgerl. Architektur drangen Renaissanceelemente insbes. als vorgeblendetes Dekorationssystem ein („poln. Attika"). Die barocke Baukunst war zunächst röm. geprägt (Jesuitenkirchen, u. a. St. Peter und Paul in Krakau, 1596–1619), der Niederländer Tylman van Gameren baute hochbarock oder im palladian. Stil (u. a. Palais Krasiński, 1680–95, Warschau), reizvolle Rokokokirchen entstanden seit Mitte des 18. Jh., und Ende des 18. Jh. herrschte der elegante „Stanislaus-August-Klassizismus" (Umbau des königl. Schlosses und des Schloß Łazienki in Warschau durch D. Merlini). - Frühe Beispiele poln. **Plastik** sind die Gnesener Bronzetür und die Reliefsäulen von Strzelno (beides um 1170). Im 14. und 15. Jh. entstanden die Königsgräber des Krakauer Doms. Das Grabmal König Kasimirs IV. (1492) ist eine Arbeit von Veit Stoß, der mit dem Marienaltar für die Marienkirche (1477–89) in Krakau auch sein Hauptwerk hinterließ. Im

17. Jh. gewann A. Schlüter mit seinem Frühwerk prägende Bedeutung. - Die got. **Malerei** in Polen ist durch rivalisierende Einflüsse v. a. aus Böhmen und dem östl.-byzantin. Bereich bestimmt. Im 16. Jh. wurden mehrere Nürnberger Maler (H. von Kulmbach, H. Dürer) in Krakau tätig, gleichzeitig machte sich auch eine Lokaltradition geltend. Neben der am Ende des 16. Jh. ins Land gebrachten italien. Renaissancemalerei behauptete sich (bis zum Ende des 18. Jh.) ein sog. sarmat. Stil mit oriental. Zügen. J.-P. Norblin (*1745, †1830) markierte den Übergang vom Rokoko zum Realismus des 19. Jh., dessen Hauptfiguren der Romantiker P. Michałowski, der nat. bestimmte Historienmaler J. Matejko und der Landschaftsmaler M. und A. Gierymski wurden. Symbolisten wie J. Malczewski leiteten zur Moderne über, die einen aus russ. Anregungen entwickelten Konstruktivismus als bedeutendste poln. Eigenleistung hervorbrachte (W. Strzemiński [*1893, †1952], H. Berlewi [*1894, †1967], K. Kobro [*1898, †1951]). Experimentelle Offenheit kennzeichnet auch die p. K. nach dem 2. Weltkrieg, z. B. im Werk des Malers und Theaterkünstlers T. Kantor (*1915) oder auch in der Plakatkunst. - Tafel S. 201.

📖 *Stadtbilder. Restaurierung u. Denkmalpflege in Polen. Hg. v. H. Rieseberg. Bln. 1985. - Aus der Kunst des poln. Volkes. Hg. v. W. Fleckhaus. Ffm. 1979. - Kunst in Polen von der Gotik bis heute. Ausstellungskatalog Kunsthaus Zürich 1974.*

polnische Literatur, wurde fast bis ins 20. Jh. vorherrschend vom Adel getragen und weist - durch das wechselvolle polit. Schicksal Polens bedingt - vorwiegend nat. und patriot. Züge auf.

Von den Anfängen bis zum 15. Jh.: Die Christianisierung (966), die Polen im Ggs. zum östl. slaw. Nachbarn dem westl. Kulturbereich erschloß, führte im 11. und 12. Jh. bereits zu latein. hymnograph. (Heiligenviten, Gebete) und annalist. Literatur, im 13. und 14. Jh. u. a. durch die didakt.-moral. „Chronica Polonorum" fortgeführt wurde und im 15. Jh. in der „Historia polonica" (entstanden 1455–80, hg. 1711) ihren ersten Höhepunkt fand. Bed. sind im 15. Jh. auch die polit.-krit. Schriften. Die ältesten Denkmäler in poln. Sprache sind Bibelübersetzungen und für die Sprachentwicklung bed. Predigten, das Marienlied „Bogurodzica" („Gottesgebärerin"), das ab dem 15. Jh. zu einer 1. Nationalhymne wurde sowie Übersetzungen ma. weltl. Erzählguts.

Humanismus und Renaissance (1500–1620): In dem mächtig aufstrebenden poln. Adelsstaat und unter dem Einfluß von Renaissance und Humanismus bildete die 2. Hälfte des 16. Jh. das „Goldene Zeitalter", in dem das gesamte poln. Kulturleben europäisiert wurde, bes. verstärkt durch Reformation und Ge-

genreformation. Auf das noch in den ersten 4 Jahrzehnten des 16. Jh. vorherrschende lat. Schrifttum folgte v. a. mit J. Kochanowski ein Höhepunkt slawischsprachiger humanist. Dichtung. Polit.-didakt. Prosa schrieben A. F. Modrzewski (* 1503, † 1572) und der orator.-kämpfer. Jesuit P. Skarga (* 1536, † 1612) mit seinen prophet. warnenden Reichstagsreden.
Barock (1620–1764): Langsamer Verfall von Staat und Gesellschaft, zahlr. Kriege, Wirren und Umwälzungen und ein allg. Niedergang kennzeichneten diese Epoche. Herausragende Vertreter des 17. Jh. sind W. Potocki (* 1621, † 1696) mit histor. Epik, allegor. Romanen, Epigrammen, didakt. Schriften und Übersetzungen, J. C. Pasek (* um 1636, † 1701) mit die Welt des untergehenden Adels beschreibenden Memoiren und W. Kochowski als patriot. Psalmendichter sowie der Piaristenpater S. H. Konarski.
Aufklärung (1764–95): Die Regierungszeit von Stanislaus II. August war trotz des staatl.-polit. Zusammenbruchs (Teilungen 1772, 1793, 1795) eine Zeit der geistigen Erneuerung und der literar.-polit. Aufklärung, die in die drängenden Fragen nach Staatsbürgertum und Nationalbegriff mit den Mitteln der krit. Satire, der didakt. Fabel, der Komödie und mit Poemen eingriff und gerade in ihrer engagierten Literatur die nat. Werte für eine erfolgreiche Überdauerung der Fremdherrschaft schuf. Bedeutendste Vertreter dieser Epoche waren der Fürstbischof I. Krasicki, der Dichter und Historiker A. S. Naruszewicz (* 1733, † 1796), der Dramatiker W. Bogusławski sowie die polit. Reformer H. Kołłataj und S. Staszic.
Klassizismus und Empfindsamkeit (1795–1822): Nach dem Verlust der staatl. Unabhängigkeit (1795) gingen wesentl. Impulse von den 1797 in Norditalien gegr. „Poln. Legionen" aus, v. a. von J. Wybicki (* 1747, † 1822), dessen „Noch ist Polen nicht verloren" zur poln. Nationalhymne wurde. Im „Kongreßpolen" bildeten die konservative „Warschauer Klassizisten" A. Feliński (* 1771, † 1820), J. U. Niemcewicz und K. Kósmian (* 1771, † 1856) den Übergang zur großen poln. Romantik, der insbes. K. Brodziński (* 1791, † 1835) entscheidende Anstöße gab.
Romantik (1822–63): Die neuen ästhet. Forderungen sowie patriot.-sozialen Zielsetzungen wurden insbes. in den Werken von A. Mickiewicz, J. Słowacki, Z. Krasiński und C. K. Norwid formuliert; ihren Höhepunkt erreichte die romant. Dichtung nach dem Scheitern des Novemberaufstandes von 1831 in der Emigration. Nach 1831 entstanden (neben der großen Emigrationsdichtung) in Polen selbst insbes. A. Fredros bühnenwirksame Komödien und die zahlr. histor. Romane von J. I. Kraszewski (* 1812, † 1887).
Positivismus (etwa 1863 bis etwa 1900): Füh-

render Theoretiker des vornehml. sozial und prakt. ausgerichteten poln. Positivismus war A. Swietochowski. Zu den bedeutendsten Vertretern dieser Zeit gehörten die Erzähler B. Prus, E. Orzeszkowa, H. Sienkiewicz.
Modernismus und „Junges Polen" (etwa 1890–1918): Seit etwa 1890 regte sich zunehmend Kritik an den literar. und ästhet. Normen des Positivismus, der einschließl. seiner sozialen und patriot. Züge immer entschiedener als utilitarist. abgelehnt wurde. Vorbild dieser von gesellschaftl. Veränderungen mitbedingten und vom frz. Symbolismus beeinflußten jungpoln. Bewegung wurde der Romantiker J. Słowacki; Ziele waren vollkommene schöpfer. Freiheit und ein ästhet., eklekt. Züge aufweisender Modernismus. Bed. Vertreter waren u. a. die Lyriker K. Tetmajer-Przerwa, J. Kasprowicz, L. Staff, der Dramatiker S. Wyspiański. Noch in der positivist. Romantradition standen S. Żeromski und W. S. Reymont.
Zwischen den Weltkriegen (1918–39): In den städt. Zentren entstanden zahlr. Zeitschriften, in denen Lyriker, Erzähler und Kritiker publizierten; In der Lyrik gewann die gemäßigte Neuerergruppe der „Skamandristen" (gen. nach der Monatsschrift „Skamander"; 1920–28 und 1935–39) um J. Tuwim und A. Słonimski bes. Bed.; gegen sie wandte sich eine avantgardist. Strömung um T. Peiper, die futurist., expressionist. und surrealisierende Elemente aufnahm. Überragende Begabung der poln. Dramatik war S. I. Witkiewicz; die erzählende Literatur wurde insbes. von J. Kaden-Bandrowski, Z. Nałkowska, M. Dąbrowska, B. Schulz und der nachexpressionist. W. Gombrowicz bestimmt.
Nach 1945: Die 1. Phase der Nachkriegsliteratur (bis 1949) war durch ideolog. Auseinandersetzungen zw. marxist., kath. und liberalen Richtungen gekennzeichnet; Kriegs-, KZ- und Nachkriegsthemen behandelten v. a. Z. Nałkowska, J. Andrzejewski, A. Rudnicki und L. Kruczkowski. Hatte die Verordnung des sozialist. Realismus als offizielle Kunstdoktrin seit dem Stettiner Schriftstellerkongreß (1949) zu formaler und inhaltl. Verarmung der p. L. geführt, machte sich jedoch Mitte der 1950er Jahre ein Umbruch bemerkbar mit heftiger Kritik an der offiziellen Kulturpolitik; in ihren Werken zum Ausdruck gebracht v. a. von A. Wazyk, M. Dabrowska, K. Brandys, J. Iwaszkiewicz und W. Odojewski. Weitere bed. Dramatiker und Erzähler dieser Generation sind T. Różewicz, W. Gombrowicz, L. Kołakowski, S. Mrożek, M. Hłasko und S. Lem. Daneben stehen als Vertreter der jüngeren Schriftstellergeneration mit Kurzprosa bzw. Lyrik A. Brycht (* 1935), S. Grochowiak (* 1934, † 1976), M. Nowakowski (* 1935), J. Ratajczak (* 1932), Z. Herbert (auch Hörspiele). Nach einer polit. Krise 1968–70, die zu Schreibverboten und Emigra-

polnische Musik

tion v. a. jüd. Intellektueller führte und einer stufenweisen Rücknahme früherer, bes. seit 1956 gewährter Freiheiten während der 2. Hälfte der 1970er Jahre, besteht heute eine weitgehend offene Gesamtlage, insbes. in der Lyrik, die zu den überlieferten Verfahren des Symbolismus und Expressionismus auch das Sprachexperiment benutzt.

🕮 *Dedecius, K.: Zur Lit. u. Kultur Polens. Ffm. 1981. - Maciag, W.: Die poln. Gegenwartslit. 1939–1976. Dt. Übers. Mchn. 1979. - Langer, D.: Grundzüge der p. L.gesch. Darmst. 1975. - Kunstmann, H.: Moderne poln. Dramatik (1918–1939). Köln u. Graz 1965. - Hartmann, K.: Das poln. Theater nach dem Zweiten Weltkrieg. Marburg 1964.*

polnische Musik, mit der Christianisierung Polens im 10. Jh. kam der Gregorian. Gesang ins Land. Dem liturg.-geistl. Bereich gehört auch die erste bekannte Komposition p. M. an, der Gesang „Bogurodzica" aus dem 14. Jh. Der Volksgesang des MA (teilweise heute noch lebendig) ist nur durch literar. Quellen zu belegen. Die Gründung der Univ. in Krakau (1364), der damaligen Hauptstadt, gewann wesentl. Bedeutung für die Ausbildung der poln. Kunstmusik und ihre Orientierung an den musikal. Zentren Europas in jener Zeit. Die ersten Belege von Mehrstimmigkeit aus dem 13./14. Jh. (Organum, zweistimmige Motetten) zeigen die Bindung an die Kunst des Westens. Das gilt auch in der 1. Hälfte des 15. Jh. für die Werke des Nikolaus von Radom (dreistimmige, italien. beeinflußte Werke). Eine eigene Bedeutung muß der poln. Orgelmusik beigemessen werden (erste Nachweise des Instruments im 12. Jh.), für die die Tabulatur des Johannes von Lublin aus der 1. Hälfte des 16. Jh. die wichtigste Quelle darstellt. Sie enthält auch Werke von Nikolaus von Krakau, der mit über 40 überlieferten Kompositionen (mehrstimmige Messen, Motetten und Tänze) unter den frühen Vertretern p. M. bes. hervortritt. Neben ihm sind v. a. zu nennen: Wacław Szamotulczyk (* um 1520, † um 1560), M. Leopolita (* um 1530, † 1589?), beide Vertreter des zeitgenöss. polyphonen Stils, sowie M. Gomółka (* um 1535, † nach 1591; erhalten nur die homophon gesetzten 150 Psalmen in poln. Sprache). Im neuen venezian. und konzertierenden Stil sind die „Offertoria" und „Communiones" von M. Zieleński (* um 1550, † 1615), dem Organisten des Erzbischofs von Gnesen, geschrieben. Zentrum der Musikpflege blieb die 1596 von Krakau nach Warschau verlegte Hofkapelle, daneben traten die Höfe der weltl. und geistl. Magnaten. Die Bindung an die Werke italien., z. T. in Polen wirkender Komponisten blieb wesentl., v. a. für die Oper. Unter den Schöpfern von Instrumentalmusik treten bes. A. Jarzębski (* vor 1590, † 1648?) und M. Mielczewski († 1651) hervor. In der 1. Hälfte des 18. Jh. ging der italien. Einfluß zugunsten

des Wiener zurück (um 1740 erste poln. Sinfonien von J. Szczurowski [* um 1720]), und nationalpoln. Tendenzen kamen vermehrt zum Zuge (1765 Gründung des Nationaltheaters in Warschau, 1778 erste poln. Oper „Nędza uszczęśliwiona" [= Glück im Unglück] von M. Kamieński [* 1734, † 1821]). Verstärkt wurden sie auch durch J. Elsner (* 1769, † 1854), der den Übergang von der Klassik zur Romantik vermittelte, in der K. Kurpiński (* 1785, † 1857), I. F. Dobrzyński (* 1807, † 1867), S. Moniuszko und W. Zeleński (* 1837, † 1921) nat. Bed. erlangten, während F. Chopin die Impulse der nat. p. M. mit den charakterist. Neuerungen der europ. Romantik zu einem eigenen Stil verschmolz. Von den Komponisten, die z. T. Einflüsse der poln. Tradition, der dt. Musik des ausgehenden 19. Jh., der frz. Impressionisten oder neuester Tendenzen aufnahmen und weiterführten, wurden u. a. auch internat. bekannt: K. Szymanowski, C. Marek (* 1891), A. Tansman, R. Palester (* 1907), M. Spisak (* 1914, † 1965), W. Lutosławski, A. Panufnik (* 1914), K. Serocki, T. Baird und K. Penderecki.

🕮 *Polish music. Hg. v. S. Jarociński. Warschau 1965. - Lissa, Z.: Zehn Jahre Volkspolen. Probleme der Musikkultur. Warschau 1955. - Jachimecki, Z.: Die p. M. in ihrer Entwicklung. Warschau 1950.*

Polnische Nachtigall, svw. ↑Sprosser.

Polnischer Korridor, Bez. für den Gebietsstreifen zw. Pommern und der Weichsel bzw. der W-Grenze der Freien Stadt Danzig, den das Dt. Reich im Versailler Vertrag 1919 an Polen abtreten mußte, um Polen einen Zugang zur Ostsee zu schaffen; umfaßte den größten Teil der ehem. Prov. Westpreußen sowie Teile der pommerschen Kreise Lauenburg, Bütow und Stolp und trennte die Freie Stadt Danzig sowie Ostpreußen vom Dt. Reich. Polen mußte den ungehinderten Bahn-, Schiffs-, Post-, Telefon- und Telegrafenverkehr durch den P. K. sicherstellen. Hitlers seit Okt. 1938 an Polen in z. T. ultimativer Form gestellte Forderungen nach Rückgliederung Danzigs an das Dt. Reich und Bau einer exterritorialen Straßen- und Eisenbahnverbindung durch den P. K. (gegen formelle Grenzgarantie und 25jährigen Nichtangriffsvertrag) waren ein wesentl. Faktor für den Ausbruch der 2. Weltkrieges.

Polnisches Komitee der Nationalen Befreiung, 1944 in Chełm gegr. Komitee, das als **Lubliner Komitee** die Reg.geschäfte in den von der Roten Armee befreiten poln. Gebieten westl. der Curzon-Linie aufnahm; 1945 in die poln. Provisor. Reg. übergeleitet.

Polnische Sozialistische Partei (Polska Partia Socjalityczna [Abk. PPS]), 1892 in Paris gegr. Partei, ab 1893 unter Führung von J. Piłsudski illegal in Polen tätig; unterstützte mehrheitl. im 2. Weltkrieg die Londoner Exilreg.; 1948 zwangsweise mit der kommunist. Poln. Arbeiterpartei in die Vereinigte Poln. Arbeiterpartei übergeführt.

Polnische Teilungen (1772–95) ↑ Polen (Geschichte).

Polo, Marco, * Venedig (?) 1254, † ebd. 8. Jan. 1324, venezian. Reisender. - Begleitete 1271–75 seinen Vater und Onkel auf deren Reise nach Zentralasien und N-China an den Hof des Mongolenherrschers Khubilai, der ihn 1275–92 zu verschiedenen Missionen verwendete. 1292–95 kehrte P. über Sumatra, Vorderindien, Trapezunt und Konstantinopel nach Venedig zurück. Als genues. Gefangener (1298/99) diktierte P. einem Mitgefangenen den Bericht über seine Reisen (1477 erstmals ins Dt. übersetzt).

Polo [engl., eigtl. „Ball"] (Pferdepolo), Treibballspiel: 2 Mannschaften (je 4 Reiter) spielen auf einem Spielfeld (270 × 180 m) mit 2 Toren (2 Stangen im Abstand von 7 m, ohne Querlatte). Der Hartball aus gepreßtem Bambusholz (130 g, Durchmesser 8–10 cm) wird mit der Breitseite eines hammerartigen Schlägers (1,10 m lang, aus Weidenholz oder Bambus) geschlagen. Die Schlagarten sind *Pull* (zum Pferd), *Out* (vom Pferd weg) und *Drive* (längs des Pferdes). Ziel ist es, möglichst viele Tore zu erzielen. Gespielt wird in 4, höchstens 8 Abschnitten *(Chukkers)* zu je 7¹/₂ Minuten mit Pausen von 5 Minuten nach dem 2. und 4. Spielabschnitt. - Kanupolo ↑ Kanusport, Radpolo ↑ Radsport.

Polo [span.], andalus. (südspan.) Volkstanz und Tanzlied in gemäßigtem ³/₈-Takt, mit ständigen Synkopierungen und schnellen Koloraturen auf Silben wie „ay" und „olé".

Polohemd, kurzärmeliges Hemd aus Trikot mit offenem Kragen.

Polonaise [polo'nɛːzə; frz., eigtl. „polnischer Tanz"] (italien. Polacca), ruhiger, paarweiser Schreittanz poln. Herkunft, überwiegend in geradem Takt, seit dem 16. Jh. auch als Gesellschaftstanz gepflegt. Die P. hat Eröffnungsfunktion und ist heute als Umzug meist zu Beginn von Tanzveranstaltungen beliebt (marschmäßige Musik). Als Instrumentalstück zunächst in geradem Takt, später mit anschließendem Nachtanz, der sich im frühen 18. Jh. zur eigentl. P. im Dreiertakt verselbständigt (charakterist. Rhythmus ♩♫♩♩, Schlußformel häufig ♫♩♩). Sehr beliebt war die P. im europ. Barock und in der Salonmusik des 19. Jahrhunderts.

Polonium [nach Polonia, der nlat. Bez. für Polen, der Heimat von M. Curie], chem. Symbol Po, radioaktives, metall. Element aus der VI. Hauptgruppe des Periodensystems der chem. Elemente, Ordnungszahl 84. An Isotopen sind Po 192 bis Po 218 bekannt; Po 209 besitzt mit 102 Jahren die längste Halbwertszeit. Einige P.isotope sind Glieder radioaktiver Zerfallsreihen, weshalb P. in sehr geringen Mengen in Uranmineralen enthalten ist. P. wird durch Neutronenbeschuß des Wis-

Pferdepolo. Der Spieler in der Mitte versucht, durch einen Out-Schlag den Ball abzugeben

mutisotops Bi 209 in Grammengen hergestellt; es ist ein silberweißes, in zwei Modifikationen unterschiedl. Dichte auftretendes Metall, das in seinen farbigen Verbindungen zwei-, vier- und sechswertig vorliegt; auf Grund der Radioaktivität leuchten die Verbindungen im Dunkeln hellblau. In Form des Isotops Po 210 wird P. als Energiequelle von in Raumfahrzeugen verwendeten Isotopenbatterien genutzt. - P. wurde 1898 von P. und M. Curie entdeckt.

Polonnaruwa, moderner Name für Pulatthinagara, alte Hauptstadt Ceylons; der künstl. See bei P. entstand 368 n. Chr.; im 8./9. Jh. war P. zeitweise Regierungssitz, im 11.–13. Jh. Hauptstadt. Erhalten sind u. a. Reste der Paläste von Parakkamabahu I. (1153–86) und Nissankamalla (1187–96), Tempel, ein „Felskloster" (Gal Wihara) mit einem monumentalen Buddha. 1388 aufgegeben.

Polowzer (in W-Europa meist Kumanen, Komanen), turksprachiges Nomadenvolk, westl. Zweig der Kiptschaken, im 11./12. Jh. in den südruss. Steppengebieten, 1240 von den Mongolen unterworfen. Ein Teil der P. setzte sich in Ungarn fest.

Polozk [russ. 'polɛtsk], sowjet. Stadt an der Düna, Weißruss. SSR, 72 000 E. Gießerei, Kunststoffwaren-, Glasfaserfabrik, Holz-, Baustoff- und Nahrungsmittelind. – 862 erstmals erwähnt, eine der ältesten Städte Rußlands; 12. bis Mitte 13. Jh. Hauptstadt des Ft. P., später durch die lit. Großfürsten erobert. 1563–79 russ.; 1667 Polen angeschlossen; nach der 1. Poln. Teilung Rußland angegliedert; 1777–96 Verwaltungszentrum des Generalgouvernements P. – Sophienkathedrale (1044–66; umgestaltet), Erlöserkathedrale (1128–56; stark verändert).

Pol Pot, * in der Prov. Kompong-Thom 19. Mai 1928, kambodschan. Politiker. - Wurde 1946 Mgl. der indochin. sowie der kambodschan. KP; seit 1960 Mgl. des ZK der kambodschan. KP, seit 1972 deren amtierender

Polreagenzpapier

Generalsekretär; wurde 1976 Min.präs.; Anfang 1979 mit vietnames. Unterstützung gestürzt, beansprucht jedoch weiterhin, gestützt auf Guerillaverbände der Roten Khmer, die Reg.gewalt in Kambodscha; 1979 wegen Völkermordes und anderer Verbrechen in Abwesenheit zum Tode verurteilt.

Polreagenzpapier, mit Kochsalz und Phenolphthalein imprägniertes Reagenzpapier zum Feststellen der Polung einer Gleichstromquelle. Wird das feuchte Papier mit beiden Polen berührt, entsteht am Minuspol durch Elektrolyse Natronlauge, die zur Rotfärbung des Phenolphthaleins führt.

Polschuh, an den Polkern eines Elektromagneten angesetztes Eisenstück, dessen Form den gewünschten Verlauf der austretenden magnet. Kraftlinien bewirkt.

Polska Agencja Prasowa [poln. 'polska a'gɛntsja pra'sɔva] ↑Nachrichtenagenturen (Übersicht).

Polstärke, magnet. Größe, die die Stärke eines Magnetpols und damit die von ihm auf einen anderen Magnetpol (bzw. die auf ihn von einem äußeren Magnetfeld) ausgeübte Kraft festlegt.

Polsterpflanzen, Gruppe immergrüner, krautiger oder holziger Pflanzen mit charakterist., an extreme klimat. Bedingungen angepaßter Wuchsform *(Polsterwuchs):* flache oder halbkugelige, am Boden angepreßte, feste Polster aus kurzer Hauptachse und zahlr. radial angeordneten, gestauchten, reich verzweigten Seitentrieben. P. sind verbreitet in polnahen Tundragebieten (Island, Spitzbergen, subantarkt. Inseln), in Schutt- und Felsfluren der alpinen und nivalen Stufe der Hochgebirge (z. B. Mannsschild-, Steinbrechund Leimkrautarten in den Alpen, Azorellaarten in den Anden) sowie in Trockenvegetationsformationen des Mittelmeergebiets (Wolfsmilcharten) und in Wüsten. Im Gartenbau werden P. zum Bepflanzen von Trockenmauern und Steingärten sowie als Rasenersatz verwendet.

Polstrahlen (Asteren), mit Beginn einer Zellteilung (Prophase) auftretendes System von Kernspindelfasern (Mikrotubuli), das von den Zellpolen ausgeht. Aus den P. entsteht in der späten Prophase die ↑Kernspindel.

Poltawa [pɔl'ta:va, russ. pal'tavɐ], sowjet. Geb.hauptstadt in der Dnjeprniederung, Ukrain. SSR, 302000 E. 4 Hochschulen, Gravimetr. Observatorium der Akad. der Wiss. der Ukrain. SSR; 6 Museen, 2 Theater, Philharmonie, Maschinenbau, elektrotechn., Baumwoll- u. a. Ind. - 1174 erstmals erwähnt; 1658 durch das poln. Heer, Ende des 17.Jh. durch Krimtataren zerstört; ab Anfang 18.Jh. Festung und wichtiger strateg. Punkt. - Im 2. Nord. Krieg brachte Peter I. 1709 dem schwed. Heer unter Karl XII. bei P. eine vernichtende Niederlage bei.

Polterabend ↑Hochzeit.

Polwanderung, im Unterschied zur period. Polbewegung die Ortsverlagerung der Rotationsachse der Erde relativ zur Erdoberfläche innerhalb geolog. Zeiträume. Die P. wird aus geolog., paläogeograph. und paläoklimatolog. Befunden sowie v. a. aus dem Paläomagnetismus gefolgert.

poly..., Poly... [griech.], Bestimmungswort von Zusammensetzungen mit der Bed. „mehr, viel".

Polyacrylate (Polyacrylharze), svw. ↑Acrylate.

Polyacrylnitril, Abk. PAN, durch Polymerisation von Acrylnitril hergestellter hochmolekularer Stoff mit der allg. Formel $[-CH_2-CH(CN)-]_n$. Aus P. werden v. a. Chemiefasern *(P.fasern)* hergestellt. Sonstige Verwendung ↑Kunststoffe (Wichtige Kunststoffgruppen). - ↑auch Fasern (Übersicht).

Polyacrylsäure, durch Polymerisation von ↑Acrylsäure hergestellter hochmolekularer Stoff mit der allg. Formel $[-CH_2-CH(COOH)-]_n$. P. u. ihre Salze werden zur Herstellung von Appreturen für Textilien, ihre Ester zur Herstellung von ↑Acrylharzen verwendet.

Polyaddition, eine der drei grundlegenden Reaktionen zur Herstellung makromolekularer Stoffe (Chemiefasern, Kunststoffe). Voraussetzung ist das Vorhandensein von mindestens zwei reaktionsfähigen (funktionellen) Gruppen in den Molekülen der Monomeren (z. B. Cyano- oder Hydroxylgruppen), wobei Wasserstoffionen (Protonen) von den funktionellen Gruppen der einen Verbindung an die Doppelbindungen der anderen Verbindung wandern. Durch P. hergestellte Kunststoffe sind z. B. die ↑Polyurethane.

Polyamide, durch Polykondensation von Diaminen (z. B. Hexamethylendiamin) und Dicarbonsäuren (z. B. Adipinsäure) oder durch Polykondensation von ω-Aminocarbonsäuren bzw. den aus ihnen entstehenden Lactamen (z. B. Caprolactam) hergestellte makromolekulare Stoffe; allg. Formel $[-NH-R-NH-CO-R'-CO-]_n$ bzw. $[-NH-R-CO-]_n$ (R, R' aliphat. Reste). P. werden durch Ziffern gekennzeichnet, die die Anzahl der Kohlenstoffatome der Monomeren angeben (z. B. Polyamid 6,6). Zur Verwendung ↑Kunststoffe (Wichtige Kunststoffgruppen).

Polyandrie [griech.], svw. Vielmännerei, ↑Ehe (Völkerkunde).

Polyantharosen [griech./dt.] ↑Rose.

Polyarthritis, an mehreren Gelenken gleichzeitig auftretende Gelenkentzündung.

Polyäther, durch Polymerisation sauerstoffhaltiger Ringverbindungen hergestellte hochmolekulare Stoffe mit der allg. Formel $HO[-(CR_2)_m-O-]_nH$ (R Wasserstoff oder organ. Rest). Wichtige P. sind z. B. ↑Polyformaldehyd, Polytetrahydrofuran und ↑Penton.

Polyester

Polyäthylen, Abk. PE (von engl. poly-ethylene), durch Polymerisation von ↑ Äthylen hergestellter Kunststoff mit der allg. Formel $[-CH_2-CH_2-]_n$. P. wird nach mehreren techn. Verfahren hergestellt: das aus stark verzweigten Molekülen bestehende, elast. und biegsame *Hochdruck-P.* wird durch das *Hochdruckverfahren* im Rührautoklaven oder in röhrenförmigen Reaktoren bei 200 °C und 1 000–2 000 bar in Gegenwart von Sauerstoff und organ. Radikalbildnern erhalten. *Niederdruck-P.* mit kristalliner Struktur und linearen Molekülen wird beim *Niederdruckverfahren* durch Polymerisation des Äthylens im Rührkessel unter Luft- und Feuchtigkeitsausschluß in Gegenwart von ↑ Ziegler-Natta-Katalysatoren erhalten. Linear gebautes P. liefern auch das mit Chrom(VI)oxid-Aluminiumsilicat-Katalysatoren arbeitende *Phillips-Verfahren* und das Molybdänoxid-Katalysatoren verwendende *Standard-Oil-Verfahren.* Zur Verwendung ↑ Kunststoffe (Wichtige Kunststoffgruppen).

Polyäthylenglykole ↑ Polyäther.

Polyäthylenglykolterephthalat, Abk. PETP, durch Umsetzen von Terephthalsäuredimethylester mit Äthylenglykol hergestellter thermoplast. Kunststoff (Polyester); dient zur Herstellung von Fasern, Folien u. a.

Polyäthylenpolysulfide, svw. ↑ Thioplaste.

Polybius, * Megalopolis (Arkadien) um 200, † um 120, griech. Geschichtsschreiber. - Sohn des Strategen Lykortas, stand seinem Vater in polit. und militär. Funktionen im Achäischen Bund zur Seite. Nach der Niederlage der Griechen bei Pydna (168) als Geisel in Rom, wurde dort Freund und militär. Berater von Scipio Aemilianus Africanus d. J. im 3. Pun. Krieg. P. schrieb u. a. die erste Universalgeschichte (40 Bücher, die Zeit von 264 bis 144 v. Chr. umfassend, bis auf die Bücher 1–5 nur in Fragmenten erhalten), in der er den Aufstieg Roms zur Weltmacht auf Roms gemischte Verfassung, die die bestmögliche sei, zurückführt.

Polycarbonate, durch Polykondensation von Phenolen mit Phosgen hergestellte Kunststoffe mit der allg. Formel $[-R-CR'_2-R-O-CO-O-]_n$ (R zweiwertiger, meist aromat., R' einwertiger, meist aliphat. organ. Rest). Zur Verwendung ↑ Kunststoffe (Wichtige Kunststoffgruppen).

Polycarbonsäuren, organische Säuren, die zwei oder mehrere Carboxylgruppen (−COOH) im Molekül enthalten, z. B. ↑ Zitronensäure.

polychlorierte Biphenyle ↑ PCB.

Polychorie [griech.] ↑ Allochorie.

polychrom [...'kro:m; griech.], vielfarbig, bunt.

polychromatische Strahlung [...kro...], elektromagnet. Strahlung eines größeren Wellenlängenbereichs.

Polychromie [griech.], Vielfarbigkeit; in Malerei, Plastik, Kunsthandwerk und Baukunst angewendete farbige Gestaltung. Sie findet sich abgesehen vom 18./19. Jh. in Europa und z. T. im 20. Jh. in allen Epochen und Kulturbereichen, z. B. in den ägypt. Pyramiden (Grabkammern), den minoischen Palästen, den griech. Tempeln. In der Architektur des MA und der Renaissance wird die P. nicht durchgängig angewandt, aber es gibt auch hier bed. Beispiele. Auch die islam. Kunst liebt die P. (Innenräume, Kuppeln). Die Plastik wurde im Altertum wie im MA bis zum Ende der Barockzeit bunt gefaßt. Erst im Klassizismus setzte sich der Einfarbigkeit der Plastik endgültig durch, bis ins 20. Jh. im Jugendstil und v. a. nach dem 2. Weltkrieg die Buntfarbigkeit wieder Bahn brach.

polycyclische aromatische Kohlenwasserstoffe, Abk. PAK, aus mehreren kondensierten Benzolringen bestehende, bei der Pyrolyse organ. Verbindungen entstehende, durch Licht aktivierte, z. T. stark krebserregende Substanzen; z. B. ↑ Benzpyren.

Polydeukes, einer der ↑ Dioskuren.

Polydoros, einer der drei Schöpfer der ↑ Laokoongruppe.

Polyeder [griech.] (Ebenflächner, Vielflächner), von endlich vielen ebenen Flächen begrenzter Körper (z. B. Würfel, Quader, Pyramide). Ein P. ist *konvex,* wenn die Neigungswinkel benachbarter Begrenzungsflächen im Inneren des Körpers gemessen, sämtl. kleiner als 180° sind; für konvexe P. gilt der ↑ Eulersche Polyedersatz. Ein P., das von lauter kongruenten, regelmäßigen Flächen begrenzt wird, bezeichnet man als *regelmäßiges P.;* es gibt nur fünf regelmäßige P., die ↑ platonischen Körper.

Polyembryonie [griech.], die Bildung mehrerer Embryonen: 1. bei Pflanzen entweder aus einer oder aus mehreren befruchteten Eizellen pro Samenanlage oder auch aus soz. Zellen der Samenanlage durch Ausbildung von ↑ Adventivembryonen; 2. bei Tieren, auch beim Menschen, durch Teilung der Embryoanlage, woraus eineiige Mehrlinge hervorgehen.

Polyene [griech.], zusammenfassende Bez. für sehr reaktionsfähige organ. Verbindungen mit mehreren (kumulierten oder konjugierten) Doppelbindungen.

Polyester, durch Polymerisation mehrbas. Säuren mit mehrwertigen Alkoholen hergestellte hochmolekulare Stoffe mit der allg. Formel $[-O-R-O-OC-R'-CO-]_n$ (R,R' zweiwertige aliphat. oder aromat. organ. Reste). P. werden meist bei Temperaturen oberhalb 120° durch Zugabe organ. Lösungsmittel (z. B. Benzol, Toluol), die mit dem zu entfernenden Wasser azeotrope Gemische bilden, hergestellt. P. mit Molekülmassen zw. 1 000 und 5 000 werden als Weichmacher so-

Polyformaldehyd

wie als Zwischenprodukte zur Herstellung von P. mit vernetzten Molekülen und von Polyurethanen verwendet. P. mit linearen Molekülen werden zu reißfesten, gegen Chemikalien beständigen **Polyesterfasern** (z. B. Diolen, Trevira) verarbeitet. Sog. **Polyesterharze** dienen zur Herstellung von Kunststoffteilen und Lacken (↑ Alkydharze).

Polyformaldehyd [...form-al...] (Polyoxymethylen), durch Polymerisation von Formaldehyd unter katalyt. Einfluß von Aminen, Oxiden, metallorgan. Verbindungen u. a. hergestellter, im Ggs. zu ↑ Paraformaldehyd hochmolekularer Stoff. P. ist ein thermoplast., harter Kunststoff, der v. a. zur Herstellung von Maschinenteilen verwendet wird.

Polygala [griech.], svw. ↑ Kreuzblume.

polygam [griech.], sich mit mehreren Individuen des anderen Geschlechts paarend (↑ Polygamie).
◆ (bei Pflanzen) svw. ↑ polyözisch.

Polygamie [griech.], svw. Vielehe, ↑ Ehe (Völkerkunde).
◆ tier. Fortpflanzungssystem, bei dem im Ggs. zur ↑ Monogamie die Paarung eines ♂ mit mehreren ♀♀ (*Polygynie*; z. B. bei vielen Hühnervögeln, den meisten Robben, beim Rothirsch) oder, seltener, eines ♀ mit mehreren ♂♂ (*Polyandrie*; z. B. bei der Honigbiene) erfolgt.
◆ die Tatsache, daß manche Pflanzenarten (*polygame Pflanzen*) Zwitterblüten neben rein ♀ oder ♂ Blüten aufweisen; z. B. Weißer Germer, Feldthymian, Esche.

Polygen (multiples Gen), Gen, das für eine hohe Syntheseleistung in vielfacher Anzahl im Genom vorkommt.

Polygenese, Hypothese, nach der die Entstehung desselben neuen Tier- oder Pflanzentyps an verschiedenen Orten oder zu verschiedener Zeit mehrfach stattfinden könne.

Polygenie [griech.], die Erscheinung, daß an der Ausbildung eines Merkmals eines Phänotypus mehrere Gene beteiligt sind.

Polyglobulie (Hyperglobulie) [griech./lat.], Vermehrung der roten Blutkörperchen im Blut mit entsprechender Zunahme des Hämoglobinwertes; u. a. bei Sauerstoffmangel (↑ Höhenadaptation).

polyglott [griech.], mehr-, vielsprachig.

Polyglotten [griech.], Bez. für mehrsprachige Bibelausgaben, die neben dem Urtext mehrere Übersetzungen enthalten. Die älteste ist die *Complutenser Polyglotte* (1514–17).

Polygnotos von Thasos, griech. Maler und Bildhauer des 5. Jh. v. Chr. aus Thasos. - Tätig etwa 480–440; athenischer Bürger; seine klass. Werke sind nur aus Beschreibungen bekannt, bes. durch Pausanias (Gemälde in der Lesche [= Versammlungshaus] der Knidier in Delphi, um 450 v. Chr.).

Polygon [griech.], svw. ↑ Vieleck.

Polygonum [griech.], svw. ↑ Knöterich.

Polygonzug, ein System von Strecken $\overline{P_1 P_2}$, $\overline{P_2 P_3}$, ..., $\overline{P_{n-1} P_n}$ in einem euklid. Raum, das n Punkte P_1, P_2, ..., P_n des Raumes verbindet. Fallen die Punkte P_1 und P_n zusammen, so spricht man von einem *geschlossenen P.*; liegen alle Punkte in einer Ebene, so liegt ein *ebener P.*, andernfalls ein *windschiefer P.* vor. Geschlossene, ebene Polygonzüge bezeichnet man als Polygone (↑ Vieleck).

Polygram, 1972 gegr. Holdinggesellschaft für einen der größten Konzerne der phonograph. Ind., der die **Polydor International GmbH** (Sitz Hamburg) als Muttergesellschaft für die Gesellschaften der früheren Dt. Grammophon Gesellschaft mbH und die **Phonogram International b. v.** (Sitz Baarn, Niederlande) umfaßt. An der P. sind die Siemens AG und die N. V. Philips Gloeilampenfabrieken mit je 50 % beteiligt.

Polygraph, Gerät zur gleichzeitigen Registrierung mehrerer meßbarer Vorgänge und Erscheinungen, z. B. beim ↑ Lügendetektor.

Polygynie [griech.], Vielweiberei, ↑ Ehe (Völkerkunde).

Polyhistor [griech. „vielwissend"], in vielen Gebieten bewanderter Gelehrter.

Polyhymnia, die ↑ Muse der Hymnendichtung.

Polyisobutylen, Abk. PIB, durch Polymerisation von Isobutylen hergestellter hochmolekularer Stoff mit der allg. Formel $[-CH_2-C(CH_3)_2-]_n$. Je nach Polymerisationsgrad bildet P. viskose Flüssigkeiten, teigige, klebrige Massen oder feste, kautschukartige Substanzen. Zur Verwendung ↑ Kunststoffe (Wichtige Kunststoffgruppen).

Polygonzug. Ebener, einfacher, nicht geschlossener (a), ebener nicht einfacher, nicht geschlossener (b), ebener, einfacher, geschlossener (c) und ebener, nicht einfacher, geschlossener Polygonzug (d)

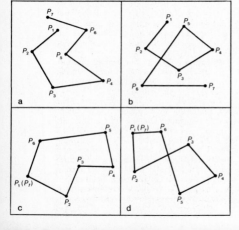

Polyisopren (1,4-Polyisopren), in der Natur in Form von Guttapercha, Balata und Naturkautschuk vorkommendes oder als Synthesekautschuk verwendetes Polymerisat von ↑ Isopren.

polykarp (polykarpisch) [griech.], viele Früchte aufweisend; gesagt von Pflanzen, aus deren Blüten mehrere bis viele Früchte entstehen.

Polykarp von Smyrna, hl., *um 70/80, † Smyrna (= İzmir) 155/156 oder 167/168, Bischof von Smyrna. - Stand in Verbindung mit Ignatius von Antiochia. Der Bericht über sein Martyrium ist ein wichtiges Zeugnis für den frühchristl. Märtyrerkult.

Polyklet von Argos, griech. Bildhauer des 5. Jh. v. Chr. - Neben Phidias der bedeutendste Bildhauer nicht nur der griech. Hochklassik, sondern der gesamten Antike; tätig etwa 450–410. Seine Schule blühte bis ins mittlere 4. Jh. v. Chr.; seine Lehrschrift über den Kanon war grundlegend für alle späteren Proportionslehren. P. wendete den Kontrapost (Stand- und Spielbein) an und gab der ganzen Figur deshalb eine S-förmige, rhythmisierte Kurve. Charakterist. für P. sind die ungemein prägnant gefaßten Einzelformen, die sich zu übergreifenden Einheiten fügen. - *Werke* (Bronzeplastiken): ↑ Doryphoros, Amazone (um 430 v. Chr.; Kopie in Rom, Thermenmuseum), Herakles (Kopie ebd.), ↑ Diadumenos.

Polykondensation, eine der drei Reaktionen zur Herstellung von Makromolekülen (Kunststoffen, z. B. ↑ Polyamiden). - ↑ auch Kondensation.

Polykrates, † Magnesia am Mäander 522 v. Chr., Tyrann von Samos (seit 538). - Erlangte die Herrschaft über zahlr. Ägäisinseln und kleinasiat. Küstenstädte und förderte Wiss. und Kunst. Nach einer Flottenrebellion und der Belagerung von Samos durch Spartaner und Korinther (524) wurde P. durch den Satrapen Oroites nach Magnesia gelockt und hingerichtet.

Polykrotie [griech.], Mehrgipfligkeit der Pulswelle *(polykroter Puls)*.

Polylemma ↑ Dilemma.

polylezithale Eier [griech./dt.] ↑ Ei.

Polymastigina (Polymastiginen) [griech.], Ordnung fast ausschließl. parasitisch, kommensalisch oder symbiontisch im Darm von Gliederfüßern und Wirbeltieren lebender ↑ Flagellaten; mit vier bis sehr vielen (bis mehrere Hundert) Geißeln und einem bis zahlr. Zellkernen. Nur wenige Arten sind pathogen.

Polymedes, mutmaßl. Name eines griech. Bildhauers von Argos. - Schuf um 600 v. Chr. die erhaltene Marmorgruppe von Kleobis und Biton in Delphi (heute Museum) - am Sockel Rest der Signatur ...medes -, ein Hauptwerk der hocharchaischen Plastik.

Polymelie [griech.], Bildung überzähliger Glieder; Doppelmißbildung, bei der der eine Paarling, von dem nur Arme oder Beine

Links: Polyklet von Argos,
Verwundete Amazone. Marmorkopie
nach einem Bronzeoriginal.
Rom, Kapitolinisches Museum;
rechts: Polymedes, Kleobis
und Biton. Delphi, Museum

Polymerasen

ausgebildet sind, an der Halswirbelsäule, am Rücken, am Leib, am seitl. Brustkorb, am Gesäß oder an der Schädeldecke des Hauptorganismus (Autositen) haftet.

Polymerasen [griech.], die Aneinanderreihung von Nukleotiden zu Nukleinsäuren bewirkende, d. h. an der Replikation der DNS und RNS beteiligte Enzyme.

Polymere [zu griech. méros „Anteil"], natürl. oder (durch Polymerisation, Polyaddition oder Polykondensation entstehende) synthet., aus zahlr. ↑ Monomeren aufgebaute Verbindungen mit einer Molekülmasse über 1 000. Bei den synthet. P. werden aus nur einer Monomerkomponente bestehende *Homo-P.* und aus zwei oder mehreren Monomerkomponenten gebildete *Misch-P. (Co-P.), Pfropf-P.*, die an einer einheitl. Polymerkette andersartige Monomere als Seitenketten enthalten und *Block-P.* (längere Ketten des einen Polymeren wechseln mit Ketten des anderen Polymeren) unterschieden. Nach dem strukturellen Aufbau der Makromoleküle synthet. P. unterscheidet man *atakt.* (organ. Reste liegen regellos links oder rechts der Kohlenstoffkette), *syndiotakt.* (organ. Reste liegen in regelmäßiger Abfolge links und rechts der Kohlenstoffkette) und *isotakt. P.* (alle organ. Reste sind nach einer Seite ausgerichtet.

Polymerholz, Bez. für Holz-Kunststoff-Verbundwerkstoffe, die durch Tränken des Holzes mit polymerisationsfähigen Monomeren (z. B. Methylmethacrylat, Styrol) und anschließendes Polymerisieren (u. a. durch Erwärmen oder Bestrahlen) oder durch Oberflächenimprägnierung mit Kunststoffen (unter Druck) hergestellt werden.

Polymerie [griech.], in der Chemie das Vorliegen von Makromolekülen (Polymeren), die aus vielen (gleich- oder verschiedenartigen) miteinander verbundenen Moleküleinheiten bestehen und als Vielfache dieser Moleküleinheiten anzusehen sind.

Polymerisat [griech.] ↑ Polymerisation.

Polymerisation [griech.], die wichtigste der drei Reaktionen zur Herstellung von Makromolekülen durch Zusammenschluß ungesättigter Monomeren (v. a. Alkenen) oder von Monomeren mit instabilen Ringsystemen (z. B. Epoxide, Lactame), wobei (im Ggs. zur Polykondensation) keine niedermolekularen Reaktionsprodukte abgespalten werden. Die P. ungesättigter Verbindungen wird durch Aktivierung der Doppelbindung eines Monomerenmoleküls ausgelöst, d. h. durch Aufspaltung des Pielektronenpaars in zwei Einzelelektronen *(radikal.* oder *Radikalketten-P.)* oder durch Verschiebung des Elektronenpaars *(ion.* oder *Ionenketten-P.*, die in *anion.* und *kation. P.* unterteilt wird):

$$\dot{C}H_2 - \dot{C}HR \leftarrow CH_2 = CHR \rightarrow \overset{\ominus}{C}H_2 - \overset{\oplus}{C}HR$$

Die Produkte einer P. (**Polymerisate**) bestehen aus einem Gemisch von Polymeren, die sich in ihrem Polymerisationsgrad unterscheiden. Die *radikal. P.* wird durch Verbindungen (Initiatoren) ausgelöst, die beim Belichten oder Erwärmen in Radikale zerfallen (v. a. Peroxide, Peroxosulfate, Azoverbindungen). Es folgt die Addition eines Monomermoleküls an ein Radikal und danach in einer Kettenreaktion die Anlagerung weiterer Monomermoleküle. Der Kettenabbruch kann durch Reaktion zweier Radikalketten, durch Reaktion mit einem Initiatorradikal, durch Disproportionierung (eine von zwei Ketten erhält eine Doppelbindung) oder meist gezielt durch sog. *Regler* erfolgen. Die *kation. P.* wird v. a. durch Lewis-Säuren (z. B. Bor- oder Aluminiumfluorid) eingeleitet, die mit Wasser oder Alkoholen Komplexe bilden:

$$BF_3 + HO - R \rightarrow [BF_3OR]^{\ominus}H^{\oplus}$$
$$[BF_3OR]^{\ominus}H^{\oplus} + H_2C = CHR \rightarrow$$
$$\rightarrow H_3C - C^{\oplus}HR + [BF_3OR]^{\ominus}$$

Der Kettenabbruch geschieht durch Entfernen des Katalysators oder durch Zugabe ionenneutralisierender Verbindungen. Als Initiatoren für die *anion. P.* wirken z. B. Alkalien, Alkalimetalle, Metallalkyle und -amide:

$$Me \text{ Alkyl} + CH_2 = CHR \rightarrow$$
$$\rightarrow \text{Alkyl} - CH_2 - CHR^{\ominus} + Me^{\oplus}$$

Durch Zugabe von Säuren oder Wasser wird das Kettenwachstum beendet. Bei der *koordinativen P.* unsymmetr. Alkene mit Hilfe von ↑ Ziegler-Natta-Katalysatoren werden die Monomeren stereospezif. (in isotakt. oder syndiotakt. Anordnung; ↑ Polymere) verknüpft. Die dabei entstehenden Produkte besitzen einen höheren Kristallisationsgrad. Durch diese Methode sowie durch P. verschiedener Monomeren (sog. *Co-* oder *Mischpolymerisate, Copolymerisate*) lassen sich die Eigenschaften der Polymerisate in weiten Grenzen variieren.

⚏ *Henrici-Olivé, G./Olivé, S.: P.* Weinheim 1976. - Polymer handbook. Hg. v. J. Brandrup u. E. H. Immergut. New York ²1975. - Allen, P. E./Patrick, C. R.: Kinetics and mechanisms of polymerization reactions. New York 1974. - Advances in polymer science. Hg. v. H.-J. Cantow u. a. Bln. u. a. 1958ff. Bis 1986: 64 Bde.

Polymerisationsgrad, die durchschnittl. Anzahl der Monomeren in einer polymeren Verbindung. Er ergibt sich aus dem Quotienten aus der (durchschnittl.) Molekülmasse der polymeren Verbindung und der Molekülmasse der monomeren Verbindung.

Polymestor, Gestalt der griech. Mythologie, König der Thraker, von Hekabe getötet, weil er ihren Sohn Polydoros ermordet hatte.

Polymethacrylate (Polymethacrylsäureester), durch Polymerisation von Estern der Methacrylsäure hergestellte hochmolekulare Substanzen. P. sind glasartige, harte Kunststoffe. Mischpolymerisate mit Styrol oder Acrylnitril werden zur Herstellung von Lacken und Klebstoffen, wasserlösl. Mischpolymerisate (z. B. mit Methylacrylsäure) als Appretur, Verdickungs- und Emulgiermittel verwendet. - ↑ auch Kunststoffe (Wichtige Kunststoffgruppen).

Polymethinfarbstoffe [griech./dt.], Farbstoffe, deren Moleküle aus Ketten von Methingruppen mit (an den Enden der Ketten stehenden) gleich- oder verschiedenartigen auxochromen (farbverstärkenden) Gruppen bestehen. Die kation. P. mit stickstoffhaltigen Heterocyclen als auxochrome Gruppen werden v. a. als Sensibilisatoren in der Photographie verwendet.

Polymetrie [griech.], Verwendung verschiedener Versmaße in einer Dichtung, z. B. in antiken und ma. Strophen oder im ↑ Leich.

Polymetrik, in der Musik das gleichzeitige Nebeneinander unterschiedl. metr. Bildungen, entweder noch gebunden an einen gemeinsamen Takt (so schon in der Wiener Klassik) oder als gleichzeitige Geltung verschiedener Taktarten (so v. a. in der Musik des 20. Jh.).

Polymorphie [zu griech. polýmorphos „vielgestaltig"], (Polymorphismus) Bez. für die Möglichkeit einzelner Stoffe, in mehreren Modifikationen, d. h. in verschiedenen Kristallformen aufzutreten, z. B. Kohlenstoff als Diamant und als Graphit, Titandioxid als Rutil, Anatas (beide tetragonal) und Brookit (rhomb.). Die Eigenschaft, in zwei bzw. drei kristallinen Modifikationen aufzutreten, bezeichnet man als *Di-* bzw. *Trimorphie*. Die P. von chem. Elementen wird auch als ↑ Allotropie bezeichnet.

◆ in der Sprachwiss. die Darstellung einer grammat. Kategorie durch mehrere unterschiedl. Formen; z. B. wird im Deutschen die Kategorie „Plural" am Substantiv u. a. durch die Formen *-n* (Ziege-n), *-en* (Frau-en), *-er* (Rind-er), Umlaut (Müt-ter), Umlaut + *-er* (Büch-er) ausgedrückt.

Polymorphismus [griech.], (Polymorphie, Heteromorphie) das regelmäßige Vorkommen unterschiedlich gestalteter Individuen (auch verschieden ausgebildeter einzelner Organe) innerhalb derselben Art, v. a. als ↑ Dimorphismus, bei sozialen Insekten und Tierstöcken als *sozialer P.* (↑ Kaste).

◆ (Chromosomen-P.) durch Chromosomenmutationen bedingtes Vorkommen von zwei oder mehr strukturell unterschiedl. alternativen Formen bei einem Chromosom in den Zellen der Individuen einer Population; führt zu phänotyp. Unterschieden bei den Individuen des Verbreitungsgebiets.

Polyneikes, Gestalt der griech. Mythologie. Sohn des Ödipus und der Iokaste, einer der ↑ Sieben gegen Theben.

Polyneside, Menschenrasse in Polynesien und Mikronesien. Charakterist. Merkmale der P. sind: hoher und kräftiger Wuchs, mäßig breites, leicht eckiges Gesicht, mäßig breite Nase, große Lidspalte, dunkelbraune Augen, schwarzes und welliges Haar, lichtbraune Haut.

Polynesien, zusammenfassende Bez. für die Inseln im zentralen Pazifik, auf denen urspr. Polynesier lebten.

Polynesier, die einheim. Bev. Polynesiens. Die urspr. Wirtschaft beruht auf dem Fang von Meerestieren, dem Anbau von Taro, Jams, Bataten, Zuckerrohr, Bananen und der Nutzung von Kokospalmen, Brotfrucht- und Schraubenbäumen; Schweine- und Hundehaltung; hochentwickelter Schiffbau. - Die P. wanderten zw. 500 v. Chr. und 300 n. Chr. nach Polynesien ein.

polynesische Sprachen, Untergruppe der austronesischen Sprachen; zu ihnen gehören u. a. das Samoanische und das Tonganische.

Polyneuropathie (Neuropathie), Sammelbez. für u. a. durch tox. Allgemeinschädigungen (z. B. bei Diabetes, Arteriosklerose, Alkoholismus, Blei-, Thallium-, Arsenvergiftung) des Organismus bedingte neurolog. Erkrankungen mit Schwerpunkt im Bereich des peripheren Nervensystems, die mit motor., sensiblen und/oder vegetativen Funktionsausfällen einhergehen.

Polynom [griech.], in der Elementarmathematik Bez. für einen mehrgliedrigen mathemat. Ausdruck, dessen einzelne Glieder nur durch Addition u./oder Subtraktion verknüpft sind: *Binom* $(a + b)$ bzw. $(a - b)$, *Trinom* $(a \pm b \pm c)$ usw. In der höheren Mathematik bezeichnet man einen Ausdruck der Form

$$P(x) = a_0 + a_1 x + a_2 x^2 + ... + a_n x^n,$$

mit $a_n \neq 0$ als P. vom Grade n in einer Unbestimmten (x). Es hat genau n Nullstellen α_1, α_2, α_3, ..., α_n und läßt sich in der Gestalt

$$P(x) = a_n(x - \alpha_1)(x - \alpha_2) ... (x - \alpha_n)$$

darstellen. Ein P. vom Grade 1 in n Unbestimmten $(x_1, x_2, ..., x_n)$, das die Form

$$P(x_1, x_2, ..., x_n) = a_1 x_1 + a_2 x_2 + ... + a_n x_n$$

besitzt, bezeichnet man als *Linearform*.

polyözisch [griech.] (polygam), mehrhäusig; gesagt von Pflanzenarten, die sowohl zwittrige als auch eingeschlechtige Individuen hervorbringen (z. B. Esche, Silberwurz, Thymian).

Polypen [zu griech. polýpous „vielfüßig"], mit Ausnahme der Staatsquallen festsitzende Habitusform der Nesseltiere, die sich (im Ggs. zu Quallen i. d. R. durch (ungeschlechtl.) Knospung und Teilung fortpflanzt und dadurch oft große Stöcke bildet (z. B. Korallen); Körper schlauchförmig, mit Fußscheibe am Untergrund festgeheftet; die gegenüberliegende Mundscheibe fast stets von Tentakeln umgeben. P. können nach ein bis mehreren Generationen Medusen abschnüren oder als alleinige Habitusform auftreten.

◆ Bez. für ↑ Kraken.

◆ ↑ Nasenpolypen.

Polypeptide

Polypeptide ↑ Peptide.

polyphag [griech.] (multivor), sich von vielen unterschiedl. Pflanzen- bzw. Tierarten ernährend. - ↑ auch Allesfresser.

Polyphaga [griech.], weltweit verbreitete Unterordnung der Käfer, deren erste drei Bauchringe deutl. voneinander getrennt sind (im Unterschied zu den ↑ Adephaga); umfaßt die Hauptmasse aller Käfer.

Polyphem, in der griech. Mythologie ein menschenfressender, einäugiger Riese aus dem Geschlecht der Zyklopen, Sohn des Poseidon und der Nymphe Thoosa, in dessen Gewalt Odysseus und 12 seiner Gefährten auf der Heimfahrt geraten. P. hat sie in seiner Höhle eingeschlossen und bereits 4 von ihnen verspeist, als es Odysseus gelingt, ihn trunken zu machen und mit einem glühenden Pfahl seines Stirnauges zu berauben. Als P. am nächsten Morgen seine Schafe aus der Höhle ins Freie läßt, können Odysseus und die überlebenden Gefährten, unter den Bäuchen der stärksten Tiere festgebunden, entkommen.

Polyphenyläthylen, svw. ↑ Polystyrol.

Polyphonie [zu griech. polyphōnía „Vielstimmigkeit"], mehrstimmige Kompositionsweise, die im Ggs. zur ↑ Homophonie durch weitgehende Selbständigkeit und linear-kontrapunkt. Verlauf der Stimmen gekennzeichnet ist. Der melod. Eigenwert der Stimmen (unterschiedl. lange, sich überschneidende Phrasen, eigene Zäsurenbildung usw.) hat dabei den Vorrang vor der harmon. Bindung, die in tonaler Musik jedoch durchgängig erhalten bleibt. Polyphonie in diesem Sinne ist am reinsten ausgeprägt in den Vokalwerken der franko-fläm. Schule mit dem Höhepunkt im 16. Jh. bei Orlando di Lasso und Palestrina. Auch nach 1600 blieb das Ideal der P. neben und innerhalb der vom Generalbaß beherrschten Setzweise erhalten und trat in den Werken J. S. Bachs noch einmal in Vollendung hervor. Als ↑ Kontrapunkt ist die P. bis heute wesentl. Bestandteil der musikal. Satzlehre.

Polyphosphate ↑ Phosphate.

polyphotisch [griech.], svw. ↑ euphotisch.

polyphyletisch [griech.], verschiedenartigen Ursprungs, mehrstämmig, von mehreren Stammformen ausgehend; von Tier- oder Pflanzengruppen gesagt, die sich stammesgeschichtl. von mehreren nicht näher miteinander verwandten Ausgangsformen herleiten lassen.

Polyplacophora [griech.], svw. ↑ Käferschnecken.

polyploid [griech.], mehr als zwei Chromosomensätze (↑ diploid) enthaltend; von Zellen mit drei *(triploid)*, vier *(tetraploid)* und mehr Chromosomensätzen oder von Lebewesen mit solchen Körperzellen gesagt.

Polyploidie [...plo-i...; griech.], das Vorhandensein von mehr als zwei ganzen Chromosomensätzen in (↑ polyploiden) Zellen bzw. Lebewesen durch verschiedene Ursachen (z. B. ↑ Endomitose). P. führt zur Vergrößerung der Zellen bzw. des ganzen Organismus und ist daher v. a. für die Pflanzenzüchtung von großer Bedeutung.

Polypol [griech.], Marktform, bei der auf der Angebots- oder Nachfrageseite eines Marktes jeweils viele kleine Anbieter bzw. Nachfrager miteinander in Konkurrenz stehen. Ein P. auf der Nachfrageseite wird auch als *Polypson* bezeichnet. Ein zweiseitiges P. auf dem vollkommenen Markt bei unbeschränktem Zugang ist die ideale Marktform der freien Verkehrswirtschaft.

Polypropylen, Abk. PP, durch Polymerisation von Propen (Propylen) hergestellte hochmolekulare Substanz mit der allg. Formel $[-CH_2-CH(CH_3)-]_n$. Wichtig ist v. a. das mit Ziegler-Natta-Katalysatoren erhaltene, bes. harte P.; zur Verwendung ↑ Kunststoffe (Wichtige Kunststoffgruppen).

Polypropylenglykole ↑ Polyäther.

Polyptychon [griech.], Gemälde (Altarwerk), das aus mehr als drei Tafeln besteht.

Polyrhythmik, in Anlehnung an Polyphonie gebildete Bez. für das gleichzeitige Erklingen unterschiedl. Rhythmen. P. ist in außereurop. Musik und im Jazz ebenso vertreten wie bes. in der Musik des 20. Jh. (z. B. I. Strawinski, A. N. Tscherepnin). - ↑ auch Polymetrik.

Polysaccharide (Vielfachzucker, Glykane), Sammelbez. für hochmolekulare ↑ Kohlenhydrate (Saccharide), die aus zahlr. glykosid. miteinander verbundenen Monosacchariden aufgebaut sind.

Polysaprobionten (Polysaprobien) [griech.], Organismen, die in der am stärksten verschmutzten (polysaproben) Zone der Gewässer leben (z. B. der Gemeine Schlammröhrenwurm, eine Tubifexart).

Polysäuren, i. e. S. Sammelbez. für Säuren, die sich aus mehreren Molekülen einer organ. Säuren unter Wasserabspaltung zusammensetzen. *Isopolysäuren* sind aus einer einzigen Säure, *Heteropolysäuren* aus verschiedenen Säuren (meist Metall- und Nichtmetallsäure) aufgebaut. I. w. S. sind P. säuregruppenhaltige polymere organ. Verbindungen (z. B. Polyacrylsäure, Nukleinsäuren).

Polysemie [griech.], Mehr- oder Vieldeutigkeit von Wörtern. P. wird dann angenommen, wenn bei gleicher Lautung unterschiedl., aber miteinander verbundene Bedeutungen vorliegen, z. B. *Pferd* (Tier, Turngerät, Schachfigur). Die Entscheidung, ob im Einzelfall P. oder Homonymie (↑ Homonyme) vorliegt, ist oft schwer zu treffen. Polyseme (oder polysemant.) Einheiten werden beim Sprachgebrauch meist monosemiert, d. h. durch den Kontext eindeutig verwendet.

Polysklerose, heute übl. Bez. für ↑ multiple Sklerose.

Polyurethane

Polysomen [griech.] ↑ Ribosomen.

Polyspermie [griech.], das Eindringen von mehreren Spermien (bei 2 Spermien spricht man von **Dispermie**) in die Eizelle. Patholog. P. kommt vor z. B. nach Schädigung der Eizelle und führt zum Absterben der Zygote oder zur Entstehung abnormer Embryonen. Physiolog. P. kommt regelmäßig vor bei manchen Insekten, bei Amphibien, Reptilien und Vögeln, wobei jedoch die in das Ei eingedrungenen überzähligen Kerne zugrundegehen, so daß eine normale Befruchtung und Entwicklung gewährleistet ist.

Polystyrol (Polyphenyläthylen, Polyvinylbenzol), Abk. PS, durch radikal. Polymerisation von ↑ Styrol hergestellter Kunststoff mit der allg. Formel $[-CH_2-CH(C_6H_5)-]_n$. Durch Mischpolymerisation mit Acrylnitril und/oder Butadien entsteht schlagfestes P. Durch Einrühren von Luft in das noch flüssige P., durch Verdampfen im Kunststoff gelöster flüchtiger Substanzen bzw. unter Druck gelöster Gase erhält man geschäumtes P.; zur Verwendung ↑ Kunststoffe (Wichtige Kunststoffgruppen).

Polysulfide ↑ Sulfide.

Polysulfidkautschuk, svw. ↑ Thioplaste.

Polysyndeton [griech. „vielfach Verbundenes"], Verknüpfung mehrerer Wörter, Wortgruppen oder Sätze durch dieselbe Konjunktion, z. B. „und es wallet und siedet und brauset und zischt" (Schiller, „Der Taucher"). - Ggs. ↑ Asyndeton.

Polytechnikum, bis 1889 Bez. für die späteren techn. Hochschulen bzw. (heute) techn. Universitäten; in der Folge noch Bez. für gehobene techn. Lehranstalten (Ingenieurschulen).

polytechnische Bildung, als Unterrichtsprinzip verpflichtender Bestandteil der allgemeinbildenden Schulen - d. h. v. a. der 8- bis 10klassigen Einheitsschulen - in fast allen sozialist. Staaten. Außer prakt. techn. Elementarerziehung werden Kenntnisse über das Wirtschaftssystem und gesellschaftspolit. Vorstellungen vermittelt. Der Unterricht soll mit den polit.-ökonom., wiss.-techn. und technolog. Grundlagen der sozialist. Produktion vertraut machen. Eine Verbindung der Schule mit der Produktion gehörte seit 1917 (Lenin, N. K. Krupskaja) zum Grundbestand marxist.-leninist. Ideologie. Die verschiedenen Versuche einer solchen Integration wurden seit 1964 von allen sozialist. Ländern zurückgenommen. In der DDR findet p. B. heute ähnl. wie in anderen sozialist. Staaten v. a. in der 10klassigen *allgemeinbildenden polytechn. Oberschule* in Form von Werkunterricht, Schulgartenunterricht, techn. Zeichnen und EsP (= Einführung in die sozialist. Produktion) statt, außerdem in Lehrwerkstätten der Betriebe. In der *Erweiterten Oberschule* (EOS), d. h. der 11. und 12. Klasse, findet

der Fachunterricht z. T. Ergänzung in Betrieben und Institutionen.

polytechnischer Unterricht, zusammenfassende Bez. der Unterrichtsfächer der 10klassigen Oberschule der DDR, unter denen der prakt. Arbeitsunterricht nur ein Teilaspekt ist neben der Einführung in das sozialist. Wirtschafts- und Gesellschaftssystem.

Polytetrafluoräthylen, Abk. PTFE, durch radikal. Polymerisation von Tetrafluoräthylen hergestellter, gegen hohe Temperaturen und Chemikalien sehr beständiger Kunststoff mit der allgemeinen Formel $[-CF_2-CF_2-]_n$. P. kann nur durch eine spezielle Preß- und Sintertechnik verarbeitet werden; zur Verwendung ↑ Kunststoffe (Wichtige Kunststoffgruppen).

Polytheismus, im Ggs. zum ↑ Monotheismus der Glaube an eine Vielzahl von männl. und weibl. gedachten Numina, deren Gemeinschaft, ihr Pantheon, in Zahl und Bed. Schwankungen unterworfen ist: Durch Aufnahme von Gottheiten eroberter Gebiete sowie durch Hypostasierung göttl. Qualitäten wird die Anzahl der Gottheiten vergrößert. Eine Ordnung erhält das polytheist. Pantheon durch Göttergenealogien und familiäre Gliederungen nach Analogie der jeweiligen soziokulturellen menschl. Verhältnisse. Häufig korrespondiert einem obersten Himmelsherrn, der als Schöpfer und väterl. Weltenherrscher gilt, eine mütterl. Erdgöttin, die Geburten und Vegetation schützt. Für die menschl. Moral besitzt der Glaube an einen allwissenden Gott, der Hüter des Rechts ist, vorrangige Bedeutung.

Polytonalität, das gleichzeitige Erklingen mehrerer, meistens zweier (Bitonalität) Tonarten in einem musikal. Werk. P. ist ein häufig gebrauchtes Kompositionsprinzip in der Musik des 20. Jh.

Polytrichie [griech.], svw. ↑ Hypertrichose.

Polyurethane, Abk. PUR, durch Polyaddition polyfunktioneller Isocyanate und Alkohole hergestellte hochmolekulare Stoffe mit der allg. Formel $[-O-R-O-CO-NH-R'-NH-CO-]_n$ ($-O-CO-NH-$: *Urethangruppe*; R, R': zweiwertige aliphat. oder aromat. Reste). Bei der Umsetzung niedermolekularer Dialkohole und Diisocyanate erhält man P. mit linearen Molekülen; diese P. werden zu Fasern, Borsten und Lacken verarbeitet. Durch Umsetzen linearer, wenig verzweigter, mehrwertiger Alkohole mit aromat. Diisocyanaten entstehen elastomere Produkte, die u. a. zur Herstellung elast. Fäden (z. B. Lycra ⓦ) dienen. Weitere Produkte sind z. B. die P.schaumstoffe, die durch Zugabe von Wasser oder Carbonsäuren zum Reaktionsgemisch entstehen, wobei sich durch Reaktion mit den Isocyanatgruppen Kohlendioxid bildet. - ↑ auch Kunststoffe (Wichtige Kunststoffgruppen).

213

Polyurie

Polyurie [griech.], krankhaft vermehrte Urinausscheidung; z. B. bei Diabetes mellitus und Diabetes insipidus.

Polyvinylacetat, durch Polymerisation von Vinylacetat hergestellter Kunststoff mit der allg. Formel $[-CH_2-CH(OOC-CH_3)-]_n$. P. wird als Bindemittel für Anstrichfarben, zur Herstellung von Klebstoffen, zum Beschichten von Papier und (bei niedrigem Polymerisationsgrad) als Grundmasse für Kaugummi verwendet.

Polyvinylchlorid, Abk. PVC, durch radikal. Polymerisation von ↑Vinylchlorid hergestellter thermoplast. Kunststoff mit der allg. Formel $[-CH_2-CHCl-]_n$. P. ist eine harte, spröde Substanz; bei Zusatz größerer Mengen (bis 50 %) Weichmacher (u. a. Phthalate, Phosphate) erhält man weichgummiähnl. Produkte. Durch Zugabe von Stabilisatoren wird die Abspaltung von Chlorwasserstoff bei höheren Temperaturen verhindert. Für Spezialzwecke werden Mischpolymerisate mit Vinylacetat, Acrylnitril und Acrylsäureestern hergestellt. P. ist einer der wichtigsten Kunststoffe; seine Verwendung ist aber problemat., da beim Verbrennen von P.abfällen große Mengen Chlorwasserstoff entstehen und in die Atmosphäre gelangen können; zur Verwendung ↑Kunststoffe (Wichtige Kunststoffgruppen).

Polyvinylpyrrolidon, durch Polymerisation von N-Vinylpyrrolidon hergestellter, in Wasser und zahlr. organ. Lösungsmitteln lösl. Kunststoff, der als Schutzkolloid und Dispergiermittel für techn. Zwecke sowie als Verdickungsmittel in kosmet. und pharmazeut. Präparaten Verwendung findet.

Polyzentrismus [griech.], allgemein Bez. für ein System mit vielen Zentren.

◆ von P. Togliatti 1956 in den polit. Sprachgebrauch eingeführter Begriff, um das nach dem Bruch Titos mit Stalin 1948 und den Entstalinisierung in der Sowjetunion 1956 neu entstandene Organisationsverhältnis im internat. ↑Kommunismus zu charakterisieren. Die These vom P. geht aus von einer zwangsläufigen Differenzierung im Kommunismus durch die Ausdehnung sozialist. Staaten und Parteien, die sowohl unterschiedl. Strategien als auch Autonomie der einzelnen Parteien und Staaten erfordere.

◆ Bez. für ein städteplaner. Konzept, das mehrere Zentren vorsieht.

polyzyklisch, svw. ↑mehrjährig.

Polyzythämie [griech.] (Polycythaemia rubra vera, Vaquez-Osler-Krankheit), Wucherung v. a. des die roten Blutzellen bildenden Knochenmarkgewebes mit Erhöhung der Erythrozytenzahl auf 6–9 Millionen pro Kubikmillimeter Blut (mit entsprechender Zunahme der Hämatokrit- und Hämoglobinwerte) bei normalem Plasmavolumen. Die Symptome der P. sind: Kopfschmerzen, Schwindel und Ohrensausen, Haut- und Schleimhautrötung, Hautjucken, Milz-, Leber- und Herzvergrößerung, manchmal auch Bluthochdruck. Die Ursache der P. ist ungeklärt. Sie tritt bes. häufig bei Männern ab dem 40. Lebensjahr auf.

Polzeniusz-Krauss-Verfahren

[...niŭs; nach den dt. Chemikern F. Polzeniusz und C. Krauss, 20. Jh.], Verfahren zur Herstellung von Kalkstickstoff durch Umsetzen von Calciumcarbid mit Stickstoff bei 800 °C (unter Zugabe von die stark exotherme Reaktion hemmendem Calciumfluorid) in Kanalöfen.

Pomade [italien.-frz., zu italien. pomo „Apfel"], kosmet. Präparat mit salbenartiger bis fester Konsistenz, das zur Festigung der Frisur verwendet wird.

Pomaken, Bez. für die vom 16. bis 18. Jh. zum Islam bekehrten Bulgaren.

Pombal, Sebastião José de Carvalho e Melo, Graf von Oeiras (seit 1759), Marquês de (seit 1770), *Soure (Distrikt Coimbra) 13. Mai 1699, †Pombal (Distrikt Leiria) 8. Mai oder 5. Aug. 1782, portugies. Staatsmann. - Gesandter in London und Wien; 1750 zum Außenmin., 1756 zum ersten Min. berufen; führte im Finanz-, Heer-, Rechts-, Erziehungs- und Polizeiwesen umfassende Reformen durch, die unter Maria I. (1777–1816) weitgehend aufgehoben wurden; einer der bed. Vertreter des aufgeklärten Absolutismus.

Pombo, Rafael, *Bogotá 7. Nov. 1833, †ebd. 5. Mai 1912, kolumbian. Dichter. - Bedeutendster kolumbian. Romantiker; schrieb Liebes- und Naturgedichte mit eleg., z. T. pessimist. Grundhaltung.

Pomeranze [italien., zu pomo „Apfel" und arancia „bittere Apfelsine"] (Bigarade, Bitterorange, Citrus aurantium ssp. amara), wildwachsende Unterart der Gatt. Citrus (↑Zitruspflanzen) am S-Abfall des Himalaja, angebaut in Indien und im Mittelmeergebiet; kleiner Baum mit längl.-ovalen, schwach gekerbten Blättern und weißen, stark duftenden Blüten. Die kugelförmigen, orangefarbenen Früchte (**Pomeranzen**) haben saures Fruchtfleisch und eine bitter schmeckende Fruchtschale. Sie werden zur Herstellung von Marmelade und Likör verwendet. Aus den Schalen der unreifen Früchte wird durch Pressen **Pomeranzenöl** (Orangenöl) gewonnen (wichtig in der Parfüm- und Genußmittelind.).

Pomerellen, eiszeitl. überprägte seenreiche Landschaft an der unteren Weichsel mit ausgedehnten Nadelwäldern; Fremdenverkehr u. a. in **Kaschubien,** dem nördl. Teil von Pomerellen.

Geschichte: In dem urspr. von Ostgermanen bewohnten Gebiet ließ sich während der Völkerwanderung die westslaw. Stamm der Pomeranen (Pomoranen) nieder. Seit dem 11. Jh. gehörte P. zu Polen. Ende des 12. Jh. bildete sich ein eigenes, auch den NO des späteren Pommern umfassendes Hzgt. P. mit dem

Hauptort Danzig unter der Herrschaft der Samboriden (bis 1294) aus. In den folgenden Auseinandersetzungen zw. Polen, Brandenburg und dem Dt. Orden setzte letzterer sich 1308 durch und besetzte das Land. 1466 konnte Polen seinen Besitztitel durchsetzen und die Woiwodschaft P. mit Marienburg, Ermland und Culmer Land zum „königl. Preußen" zusammenfassen. P. fiel 1772 mit Ausnahme Danzigs an Preußen; bildete bis 1918 den Hauptteil der Prov. Westpreußen; danach als Woiwodschaft P. bis 1939 im wesentl. ident. mit dem Poln. Korridor.

Pomesanien, altpreuß. Landschaft zw. Nogat, Sorge, Drewenz, Weichsel und Drausensee, urspr. slawisch, im 6. und 8. Jh. von Pruzzen besiedelt, zw. 1233/36 vom Dt. Orden erobert. Das 1243 begr. Bistum umfaßte etwa die alten Pruzzengaue P. und Pogesanien sowie das Marienburger Werder; sein zum Hzgt. Preußen gehörender Teil wurde 1525 luth.; die kath. gebliebenen Teile fielen an das Bistum Culm, 1821 an das Bistum Ermland.

Pommer, Erich (Eric), * Hildesheim 20. Juli 1889, † Los Angeles-Hollywood 8. Mai 1966, dt.-amerikan. Filmproduzent. - Zählt zu den wichtigsten Produzenten des frühen dt. Films; während seiner Emigration 1933 in Frankr., Großbrit. und in den USA; gründete 1950 in der BR Deutschland die Intercontinental Film GmbH; kehrte 1955 in die USA zurück.

Pommer, svw. ↑Bomhart.

Pommern (poln. Pomorze), histor. Land-

Pompeji. Wandmalerei im sogenannten Ixionzimmer des Hauses der Vettier in Pompeji (70–79)

schaft beiderseits der Odermündung, Polen und DDR; gegliedert in Hinter-P. östl. der Oder sowie Vor-P. westl. der Oder.

Geschichte: Das urspr. von german. Stämmen bewohnte P. war etwa seit dem 7. Jh. links und rechts der unteren Oder von slaw. Völkerschaften besiedelt. In Kämpfen mit Deutschen, Dänen und Polen entstanden im 12. Jh.

Pompeji. Plan vor der Zerstörung (79 n. Chr.)

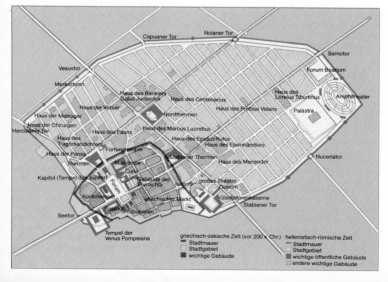

Pommersch

und in der ersten Hälfte des 13. Jh. 2 Territorien: das vom Gollenberg (östl. von Köslin) bis zur Weichsel reichende slaw. Hzgt. der Samboriden mit Sitz in Danzig (das spätere Pomerellen), westl. davon das über die Oder bis Demmin und Wolgast und an die Uckermark ausgedehnte Herrschaftsgebiet des slaw. Fürstenhauses der Greifen, deren Stammburg Stettin war. Die Christianisierung und die nachfolgende Gründung von 45 Klöstern und Stiften seit der 2. Hälfte des 12. Jh. zog dt. Siedler nach sich. Mit der Anerkennung Herzog Bogislaws I. als Reichsfürst und Herzog der Slawen durch Kaiser Friedrich I. Barbarossa (1181) war die seit etwa 1000 von Polen immer wieder erneuerte Oberherrschaft über P. endgültig beendet. Kaiser Karl IV. erkannte 1348 die noch umstrittene Reichsunmittelbarkeit von P. an. Nach zahlr. Teilungen im Greifenhaus vereinigte Bogislaw X. (* 1454, † 1523), bedeutendster der pommerschen Herzöge, 1478 ganz P. in seiner Hand und erhielt 1521 den kaiserl. Lehnsbrief. Nach dem Erlöschen des Greifenhauses (1637) konnte Brandenburg im Westfäl. Frieden (1648) nur den östl. der Oder gelegenen Teil P. (später als **Hinterpommern** bezeichnet) erwerben, während das spätere **Vorpommern** mit Stettin und den Inseln Usedom, Wollin und Rügen sowie ein schmaler Landstreifen östl. der Oder an Schweden fiel. Im 1. Nord. Krieg gewann Brandenburg-Preußen Lauenburg i. Pom. und Bütow, nach dem Niederl.-Frz. Krieg die schwed. Gebiete östl. der Oder, im 2. Nord. Krieg schließl. Vorpommern bis zur Peene. 1815 vereinigte Preußen nach dem Erwerb des restl. Schwed.-Vorpommern alle pommerschen Länder zur preuß. Prov. P.; 1945 wurde Vorpommern dem Land Mecklenburg zugeschlagen; Hinterpommern, Stettin und Swinemünde kamen unter poln. Verwaltung.

📖 *Diedrich, W.: Pommernlexikon. Für alle, die P. lieben. Mhm. 1987. - Eggert, O.: Gesch. Pommerns. Hamb. ⁴1965.*

Pommersch, niederdt. Mundart, ↑deutsche Mundarten.

Pommersche Bucht, der Odermündung vorgelagerte Bucht der Ostsee nördl. der Inseln Usedom und Wollin, DDR und Polen▾.

pommersche Tracht ↑Volkstrachten.

Pommersfelden, Gemeinde 7 km nördl. von Höchstadt a. d. Aisch, 2 200 E. Das bed. Barockschloß der Grafen Schönborn-Wiesentheid (Schloß Weißenstein), erbaut für den Mainzer Erzbischof Lothar Franz von Schönborn, ist im wesentl. ein Werk J. Dientzenhofers (1711–16); das Treppenhaus entstand nach Plänen von J. L. von Hildebrandt.

Pommes frites [pɔmˈfrit(s); frz.], etwa 1 cm dicke Kartoffelstifte mit quadrat. Querschnitt, die in heißem Fett schwimmend ausgebacken werden.

Pomodoro, Arnaldo, * Morciano di Romagna (Prov. Forlì) 23. Juni 1926, italien. Bildhauer. - Strenge Metallplastiken, teilweise in monumentalen Formaten innerhalb architekton. Komplexe entwickelt; häufig sind eingefräste Strukturen integriert.

Pomologie [lat./griech.] (Obstkunde), die Lehre von den Obstsorten und vom Obstbau; **Pomologe,** Obst- und Obstbaufachmann.

Pomp [frz., letztl. zu griech. pompé „Geleit, Festzug"], übertriebener Prunk; aufwendige Ausstattung; **pompös,** prächtig, prunkvoll.

Pompadour, Jeanne Antoinette Poisson, Dame Le Normant d'Étioles, Marquise de (seit 1745) [frz. pɔpaˈduːr], * Paris 29. Dez. 1721, † Versailles 15. April 1764. - Bürgerl. Herkunft; seit 1744 Mätresse Ludwigs XV.; ihr polit. Einfluß wurde häufig überschätzt (z. B. beim Abschluß des östr.-frz. Bündnisses 1756/57); förderte Literatur, Wiss. und Kunst und bestimmte wesentl. die Bautätigkeit des Königs; im Volk wegen ihrer Verschwendung und der ihr angelasteten Mißerfolge im Siebenjährigen Krieg unbeliebt.

Jeanne Antoinette Poisson, Dame Le Normant d'Étioles, Marquise de Pompadour

Pompadour [ˈpɔmpaduːr, frz. pɔpaˈduːr; nach der Marquise de Pompadour] (Ridicule), im 18. Jh. in Mode gekommener Beutel aus Stoff, durch ein Band zusammengezogen.

Pompadourfische [ˈpɔmpaduːr; nach der Marquise de Pompadour], svw. ↑Diskusfische.

Pompeji, italien. Stadt in Kampanien, am S-Fuß des Vesuv, 12 m ü. d. M., 23 100 E. Kath. Bischofssitz; Wallfahrts- und Badeort. **Geschichte:** Im Altertum von Oskern, Etruskern und Samniten bewohnt; unterlag im 4. und 5. Jh. v. Chr. auch griech. Einfluß; mußte sich 290 v. Chr. dem röm. Bündnissystem anschließen; erhielt 80 v. Chr. eine Veteranenkolonie (**Colonia Veneria Cornelia Pompeiano-**

rum); am 5. Febr. 62 (oder 63) n. Chr. durch ein Erdbeben fast völlig zerstört und - noch bevor der Wiederaufbau beendet war - am 24. Aug. 79 durch einen Vesuvausbruch verschüttet. - Systemat. Ausgrabungen seit 1860 legten die besterhaltene Stadt des Altertums frei. Sie hatte 79 etwa 20 000 E, ebenso viele Plätze hatte auch das Amphitheater (80 v. Chr.). Im SW liegt der älteste Teil mit Tempeln, Markthallen, Gerichtsgebäude, Basilika und Thermen um das Forum; sö. davon liegt das Forum triangulare u. a. mit einem dor. Tempel des 6. Jh. v. Chr. und großem Theater. Wohl nach 425 v. Chr. (Eroberung durch die Samniten) entstanden ausgedehnte Wohnquartiere v. a. im N und O.: ein rechtwinkliges Netz von Hauptstraßen und Quergassen, alle gepflastert und mit Gehsteigen versehen. Die Häuser zeigen den Typus des altitalischen Atriumhauses. Reiche Wanddekoration (Fresken, Stuck), Bodenmosaiken und Ausstattung v. a. der Peristyle und Gärten. In röm. Zeit, bes. ab 62 n. Chr., wurden die Häuser vielfach aufgestockt und kleine Gewerbebetriebe, Läden, Schenken eingebaut. Die kunsthistor. wichtigsten Häuser sind die Casa del Fauno (Fundort des ↑Alexandermosaiks), das Vettierhaus (Wandmalereien) und die Casa del Menandro. Außerhalb der Stadttore u. a. die Villa dei Misteri mit Fresken (um 50 v. Chr.) und die Villa di Diomede, luxuriöse Terrassenvillen. - Abb. S. 215.

📖 *Etienne, R.: P. Ditzingen* ²*1982. - Corti, E. C.: Untergang u. Auferstehung v. P. u. Herculaneum. Mchn. 1981. - Grant, M.: P. - Herculaneum. Untergang u. Auferstehung. Dt. Übers. Bergisch Gladbach 1978. - Kraus, T./Matt, L. v.: Lebendiges P. Köln 1973.*

Pompejus, Name eines altröm. plebej. Geschlechts, das im 2. Jh. v. Chr. hervortrat. Bed. Vertreter:

P., Gnaeus P. Magnus (seit 61), * 29. Sept. 106, † in Ägypten 28. Sept. 48, Feldherr und Politiker. - Kämpfte seit 83 mit Lucius Cornelius Sulla zur Wiederherstellung des Senatsregimes gegen die Anhänger des Lucius Cornelius Cinna in Sizilien und Afrika, worauf er, ohne ein Staatsamt bekleidet zu haben, als Imperator den Triumph (79) bewilligt erhielt. 71 schlug er die Reste des Sklavenheeres des Spartakus und erzwang für 70 das Konsulat. 67 wurde ihm durch Volksbeschluß das außerordentl. Kommando gegen die Seeräuber, 66 gegen Mithridates VI. Eupator übertragen, nach dessen Niederlage er die Prov. Bithynien-Pontus u. Syrien einrichtete. Nach erneutem Triumph (61) verband sich P. wegen der verweigerten Landanweisungen zur Versorgung seiner Veteranen (60) mit Cäsar und Marcus Licinius Crassus Dives zum sog. 1. Triumvirat, näherte sich aber nach seinem 2. Konsulat (55) und dem Tod seiner Gattin Julia (54) erneut dem Senat. 52 alleiniger Konsul, 49 Oberbefehlshaber gegen Cäsar, dem

er am 9. Aug. 48 bei Pharsalos unterlag; in Ägypten auf der Flucht ermordet.

P., Sextus P. Magnus, * um 70, † Milet 35, Flottenkommandant. - Sohn des Gnaeus P. Magnus; kämpfte seit 43 gegen Oktavian, Antonius und Lepidus von Sizilien aus zur See und gefährdete die Versorgung Roms; 36 in den Seeschlachten von Mylai und Naulochos geschlagen und auf der Flucht getötet.

Pompidou, Georges [frz. põpi'du], * Montboudif (Cantal) 5. Juli 1911, † Paris 2. April 1974, frz. Politiker. - Gymnasiallehrer; 1944 von de Gaulle in seinen persönl. Stab berufen; zw. 1946/54 in verschiedenen Staatsämtern tätig; Generaldirektor der Rothschild-Bank; 1959-62 Mgl. des Verfassungsrats; 1961/62 maßgebl. am Zustandekommen des Abkommens von Évian-les-Bains über die Zukunft Algeriens beteiligt; 1962 zum Premiermin. ernannt, nach den Maiunruhen 1968 abgelöst; 1969 zum Staatspräs. gewählt, suchte er gaullist. Kontinuität mit neuen Akzenten in der Innen- wie Außenpolitik zu verbinden (Regionalisierung, Erweiterung der EG, Verbesserung des Verhältnisses zu den USA).

Pompon [põ'põː, põm'põː; frz.], aus Textilfäden gearbeitetes Bällchen.

Pomponius Laetus, eigtl. Pomponio Leto, * Diano (= Teggiano, Prov. Salerno) 1428, † Rom 1497, italien. Humanist. - Schüler L. Vallas; bed. Archäologe und Kunstsammler; versammelte um sich einen Humanistenkreis, die *Accademia Romana* bzw. *Accademia Pomponiana.*

pomposo [italien.], musikal. Vortragsbez.: feierlich, prächtig.

Ponce [span. 'pɔnse]. Stadt in Puerto Rico, in der Küstenebene, 189 000 E. Kath. Bischofssitz; Univ. (gegr. 1948); Kunstmuseum; Handelszentrum für Zucker.

Ponce de León, Juan [span. 'pɔnθe ðe le'ɔn], * Santervas de Campos (?) 1460 (?), † auf Kuba im Juni 1521, span. Konquistador. - Eroberte 1509 Puerto Rico und entdeckte am 27. März 1513 Florida.

Poncelet, Jean Victor [frz. põ'slɛ], * Metz 1. Juli 1788, † Paris 22. Dez. 1867, frz. Ingenieuroffizier, Mathematiker und Mechaniker. - Prof. in Paris; General, bis 1850 Kommandant der École polytechnique; Arbeiten u. a. zur Mechanik, Hydraulik und projektiven Geometrie.

Ponchielli, Amilcare [italien. poŋ'kjɛlli], * Paderno Cremonese (= Paderno Ponchielli) 31. Aug. 1834, † Mailand 16. Jan. 1886, italien. Komponist. - Lehrer von G. Puccini und P. Mascagni; trat v. a. als Opernkomponist hervor, u. a. „La Gioconda" (1876; darin der „Tanz der Stunden").

Poncho ['pɔntʃo; indian.-span.], von den Indianern M- und S-Amerikas traditionell getragene Oberbekleidung: eine rechteckige Decke mit längs gerichtetem Kopfschlitz.

Pond

Pond [zu lat. pondus „Gewicht"], Einheitenzeichen p, der 1 000. Teil der [früheren] Krafteinheit ↑ Kilopond.

Ponderabilien [lat.], kalkulierbare, wägbare Dinge bzw. Einflüsse. - Ggs. ↑ Imponderabilien.

Ponderation [lat.], in der Bildhauerkunst die ausgewogene Verteilung des Körpergewichts, die infolge der Verlagerung von Stand- und Spielbein einer Statue notwendig wird; wird bes. durch das Mittel des ↑ Kontraposts erreicht.

Pondicherry [pɔndɪ'tʃɛrɪ], Hauptstadt des ind. Unionsterritoriums P., an der Koromandelküste, 162 700 E. Kath. Erzbischofssitz; Colleges; Nahrungsmittel- und Textilind., Heimgewerbe; Hafen.

P., ind. Unionsterritorium an der Koromandelküste, 480 km², 604 500 E (1981), Hauptstadt Pondicherry. Anbau von Reis, daneben von Zuckerrohr, Erdnüssen und Gewürzen. - Die ehem. frz. Kolonien kamen 1954 an Indien; 1956 zu einem Territorium zusammengefaßt; seit 1962 Unionsterritorium.

Pongau, Talschaft der mittleren Salzach einschließl. der rechten Nebentäler sowie das südl. anschließende Einzugsgebiet der oberen Enns; zentrale Orte sind Sankt Johann im P., Badgastein, Bischofshofen und Radstadt; bed. Fremdenverkehr.

Ponge, Francis [frz. põːʒ], * Montpellier 27. März 1899, frz. Schriftsteller. - Beschreibt in skizzenhaften Prosastücken („Im Namen der Dinge", 1942; „Die Seife", 1967; „La table", 1983) Aussehen und Funktion einfacher Dinge mit größter Genauigkeit, um dem nach der Flucht ins Irreale verlangenden Menschen Vertrauen zu sich selbst und zur Umwelt zu vermitteln.

Pongé [põ'ʒe; frz.], svw. ↑ Japanseide.

Pongidae, svw. ↑ Menschenaffen.

Pongs, Hermann, * Odenkirchen (= Mönchengladbach) 23. März 1889, † Gerlingen 3. März 1979, dt. Literarhistoriker. - Prof. in Groningen, Stuttgart, ab 1942 in Göttingen. Widmete sich v. a. der Symbolforschung sowie komparatist. und themengeschichtl. Studien. Großen Erfolg hatte sein „Kleines Lexikon der Weltliteratur" (1954, Neudruck 1976).

Poniatowski, im 17. und 18. Jh. einflußreiche poln. Magnatenfam.; eine fürstl. Nebenlinie besteht noch heute in Frankr.; bed. Vertreter:

P., Józef Fürst, * Wien 7. Mai 1763, † bei Leipzig 19. Okt. 1813, poln. Kriegsminister und frz. Marschall (1813). - Seit 1789 als poln. Generalmajor bei dem Aufbau eines stehenden Heeres verantwortl.; 1794 Teilnehmer am Kościuszko-Aufstand, zog sich nach dessen Niederwerfung und der 3. poln. Teilung ins Privatleben zurück. Nach dem Einmarsch der Napoleon. Armee ab Dez. 1806 Oberbefehlshaber der poln. Armee, ab Jan. 1807

Kriegsmin. im Hzgt. Warschau; an der Schlacht bei Lützen und an der Völkerschlacht bei Leipzig beteiligt; ertrank als Kommandeur der Nachhut in der Elster; noch heute in Polen populäre Heldengestalt.

P., Michel Casimir Fürst, * Paris 16. Mai 1922, frz. Politiker. - Seit 1967 Abg. für die Unabhängigen Republikaner, 1967–70 deren Generalsekretär, 1975 deren Präs.; 1973/74 Min. für Gesundheit und soziale Sicherheit; 1974–77 Staatsmin. und Innenmin.; fungierte 1977 als persönl. Gesandter des frz. Präs.; seit 1979 Mgl. des Europ. Parlaments.

P., Stanisław Graf, * in Litauen 15. Sept. 1676, † Ryki bei Dęblin 3. Aug. 1762, Offizier und Politiker. - Vater des letzten poln. Königs Stanislaus II. August; begleitete nach der Schlacht von Poltawa (1709) Karl XII. von Schweden als dessen Adjutant ins Exil. Im Interregnum von 1733 war P. Parteigänger von Stanislaus I. Leszczyński, ab 1738 von August III.; verfaßte die Reformbroschüre „Briefe eines Landmannes an seinen Freund" (1744).

Pönitent [lat.], der Büßende, der Beichtende.

Pönitentiarie (Sacra paenitentiaria) [lat.], rechtsprechendes Organ der röm. Kurie, zuständig für die dem Papst vorbehaltenen (reservierten) Fälle von Absolution sowie die Bewilligung von Dispensen.

Ponnelle, Jean-Pierre [frz. pɔ'nɛl], * Paris 19. Febr. 1932, frz. Bühnen- und Kostümbildner und Regisseur. - Arbeitet als freier, an keine Bühne gebundener Künstler, für Oper, Schauspiel und Ballett an allen großen Bühnen, vorwiegend im dt. B. Sprachraum, jedoch auch im Ausland, z. B. an der Metropolitan Opera New York; daneben führt er bei Festspielen Regie. Opernaufführungen richtet er für den Film ein, so „Orfeo" (1980), „Die Krönung der Poppäa" (1981).

Pons, Jean Louis [frz. põːs], * Peyre (Dauphiné) 24. Dez. 1761, † Florenz 14. Okt. 1831, frz. Astronom. - Entdeckte 37 Kometen, darunter 1818 den Enckeschen Kometen.

Pons Aelii ['ɛli-i] ↑ Newcastle upon Tyne.

Ponsard, François [frz. põ'saːr], * Vienne (Isère) 1. Juni 1814, † Paris 7. Juli 1867, frz. Dramatiker. - Schrieb u. a. das realist. Trauerspiel „Lucretia" (1843) als bewußten Protest gegen den übersteigert romant. Stil Hugos und Dumas' d. Ä.; 1855 Mgl. der Académie française.

Pons Drusi ↑ Bozen.

Pont-à-Mousson [frz. põtamu'sõ], frz. Stadt an der Mosel, Dep. Meurthe-et-Moselle, 180 m ü. d. M., 14 900 E. Eisenerzindustrie. - Seit dem 10. Jh. belegt, Stadtrecht 1372. - Spätgot. Kirche Saint-Martin (15. Jh.); Wohnhäuser aus Renaissance und Barock.

Pontano, Giovanni (Gioviano), latinisiert Pontanus, * Cerreto di Spoleto (Prov. Perugia) 7. Mai 1426, † Neapel Sept. 1503, italien.

Dichter und Humanist. - 1466–69 Lehrer der Rhetorik in Perugia; leitete seit 1471 die nach ihm ben. *Accademia Pontaniana* in Neapel; verfaßte v. a. lat. Traktate und Dialoge moralphilosoph. und naturwissenschaftl. Inhalts.

Pont-Aven, Schule von [frz. pɔ̃ta'vã], Gruppe von Künstlern (P. Gauguin, É. Bernard u. a.), die ab 1886 mit Unterbrechungen einige Jahre in P.-A. in der Bretagne (Dep. Finistère) und im benachbarten Le Pouldu arbeitete. Beeinflußt von Volkskunst und japan. Farbholzschnitt, entwickelten sie eine nichtillusionist. Darstellungsweise, bei der Umrißlinien und Farbflächen die elementaren Ausdrucksträger sind.

Pont du Gard [frz. pɔ̃dy'ga:r], röm. Aquädukt, ↑ Gard.

Ponte, Lorenzo da, italien. Schriftsteller, ↑ Da Ponte, Lorenzo.

Pontederiengewächse (Pontederiaceae) [nach dem italien. Botaniker G. Pontedera, * 1688, † 1757], Fam. der Einkeimblättrigen mit rd. 30 Arten in 7 Gatt. in den Tropen und Subtropen; ausdauernde Kräuter mit rosettig angeordneten Blättern und kurzlebigen Blüten in verschiedenen Blütenständen. P. kommen meist in Sümpfen oder schwimmend vor; viele Teich- und Aquarienpflanzen; eine bekannte Gatt. ist die ↑ Wasserhyazinthe.

Ponte Molle ↑ Milvische Brücke.

Pontevedra [span. pɔ̃'teˈβeðra], span. Hafenstadt in Galicien, 20 m ü. d. M., 67 000 E. Verwaltungssitz der Prov. P.; Fischerei; u. a. Gießereien, Maschinenbau. - Geht auf eine röm. Siedlung zurück; erhielt 1169 Stadtrechte. - Kirche Santa María la Mayor (16. Jh.) in platereskem Stil.

Ponthieu [frz. pɔ̃'tjø], ehem. frz. Gft. in der Picardie, Dep. Somme, Hauptort Abbeville; gehörte im 13. Jh. zu Kastilien, im 14. Jh. zu England, im 15. Jh. zu Burgund, fiel 1477 an die frz. Krone.

Ponti, Carlo, * Mailand 11. Dez. 1913, italien. Filmproduzent. - Zunächst Rechtsanwalt; gründete 1950 mit D. de Laurentiis eine Produktionsfirma, die u. a. „La Strada" (1954) und „Krieg und Frieden" (1956) herstellte; seit 1956 selbständiger Produzent v. a. von Filmen mit seiner Frau Sophia Loren; 1979 in Rom wegen Steuerbetrugs zu 4 Jahren Haft und 10 Mrd. Lire Geldbuße verurteilt.

P., Gio, eigtl. Giovanni P., * Mailand 18. Nov. 1891, † ebd. 16. Sept. 1979, italien. Architekt und Industriedesigner. - Entwürfe für Schiffseinrichtungen („Andrea Doria"), Kostüme und Theaterdekorationen, Beleuchtungskörper, Möbel (u. a. Rohrstuhl von 1951) und Porzellan. Als Architekt schuf er das mathemat. Institut der Univ. Rom, ein Werk des ↑ internationalen Stils, und das Pirellihaus in Mailand (1955–58) mit sich nach oben verjüngenden Pfeilern auf bootsförmigem Grundriß (die Skelettbetonkonstruktion von P. L. Nervi liegt hinter

↑ Curtain-walls verborgen).

Pontiac [engl. 'pɔntiæk], * in Ohio um 1720, † Cahokia bei Saint Louis 1769, Häuptling der Ottawa. - Hauptorganisator des Indianerkriegs (1763–66), der sich gegen die Landnahme durch die Weißen im Westen N-Amerikas richtete; vermutl. von einem bestochenen Indianer ermordet.

Pontianak, indones. Hafenstadt auf Borneo, am Südchin. Meer, 304 800 E. Verwaltungssitz der Prov. West-Borneo; kath. Erzbischofssitz; 2 Univ. (beide 1963 gegr.), Handelszentrum.

Pontianus, hl., † auf Sardinien 235 (?), Papst (230–235). - Verzichtete 235 auf sein Pontifikat; der Tag seines Verzichtes (28. Sept. 235) ist das erste gesicherte Datum der Papstgeschichte.

Ponticello [pɔnti'tʃɛlo; lat.-italien.], der ↑ Steg bei Saiteninstrumenten; *sul ponticello,* Anweisung für Streicher, den Bogen nahe am Steg aufzusetzen (zur Erzeugung eines harten Tons).

Pontifex maximus [lat. eigtl. „größter Brückenbauer"], sakraler Titel, den in altröm. Zeit der Vorsteher des Priesterkollegiums trug; die röm. Kaiser (seit Augustus) behielten ihn bis zu Gratian bei; in die päpstl. Titulatur erstmals von Papst Leo I. aufgenommen (Abk. P. M.).

Pontifikalamt [lat./dt.] ↑ Hochamt.

Pontifikale [lat.], in der kath. Kirche das liturg. Buch für die bischöfl. Amtshandlungen, das 1596 als „Pontificale Romanum" verpflichtend wurde; wird seit 1968 revidiert.

Pontifikalien [lat.], 1. die dem Bischof zukommenden Insignien (z. B. Mitra und Stab); 2. Handlungen, bei denen nach den liturg. Vorschriften der Bischof Mitra und Stab benutzt.

Pontifikat [lat.], Amtsdauer eines Papstes oder Bischofs.

Pontigny [frz. pɔ̃ti'ɲi], frz. Gemeinde im Dep. Yonne, 727 E. Ehem. Zisterzienserabtei (gegr. 1114, aufgehoben 1792) mit bed. Kirche in frühgot. Stil (um 1150 ff.; Chorgestühl und Kanzel aus dem 17. Jahrhundert).

Pontinische Inseln, italien. Inselgruppe westl. von Neapel, Hauptort Ponza.

Pontinische Sümpfe (italien. Agro Pontino), italien. Küstenlandschaft sö. von Rom, reicht als Teil der Maremmen bis Terracina. Im Altertum von den Volskern besiedelt und agrar. genutzt, von den Etruskern trockengelegt, versumpfte erneut im 5./4. Jh., lange Zeit wegen Malariagefahr gemieden; ab 1928 gelang die oft gescheiterte Trockenlegung. Nach umfassender Bodenreform gehören die P. S. zu den wichtigsten Agrarlandschaften M-Italiens.

pontische Pflanzen (pontisch-pannon. Pflanzen), Pflanzen des pontisch-zentralasiat. Florengebiets des ↑ holarktischen Florenreichs, deren Hauptverbreitung sich über die

Pontischer Kaukasus

Wiesen und Federgrassteppen vom Ungar. Tiefland bis nach Mittelasien erstreckt (verschiedene Federgras-, Schwingel- und Seggenarten).

Pontischer Kaukasus ↑ Kaukasus.

Pontisches Gebirge, nördl. Randgebirgssystem Anatoliens, von der südl. Küstenebene des Schwarzen Meeres bis 3 937 m aufsteigend. Der N-Hang erhält hohe Niederschlagsmengen, daher üppige Vegetation; Waldgrenze bei 2 000–2 300 m ü. d. M., darüber als Sommerweide dienende Grasländer. Die trockenere S-Abdachung ist nur dünn besiedelt; z. T. Steppenvegetation.

Pontisches Reich ↑ Pontus.

Pontius Pilatus ↑ Pilatus.

Pontivy [frz. põti'vi], frz. Stadt in der Bretagne, Dep. Morbihan, 12 700 E. Gemüsekonserven-, Möbelind. - Wurde 1663 Hauptort des Hzgt. Rohan; ab 1805 Bau der Neustadt nach regelmäßigem Plan; hieß 1805–14 und 1848–71 **Napoléonville.** - Schloß der Familie Rohan, spätgot. Kirche (beide 15. Jh.).

Ponto, Erich, * Lübeck 14. Dez. 1884, † Stuttgart 4. Febr. 1957, dt. Schauspieler. - Engagements in Passau und Düsseldorf, 1914–47 in Dresden (1945/46 als Intendant); 1947–57 war er am Stuttgarter Staatstheater, 1950–53 gleichzeitig in Göttingen. Der künstler. Durchbruch gelang P. 1928 als Peachum in Brechts „Dreigroschenoper"; spielte auch in vielen Filmen.

Pontoise [frz. põ'twa:z] ↑ Cergy-Pontoise.

Pontok [Afrikaans], bienenkorbartige Rundhütte der Herero, Hottentotten und Südostbantu.

Ponton [põ'tõ:; frz. „Brückenschiff", zu lat. pons „Brücke"], meist kastenförmiger, schwimmfähiger Hohlkörper; offene P., die zugleich als Wasserfahrzeuge dienen können, werden z. B. beim Bau von Behelfsbrücken (**Pontonbrücken**; die Fahrbahn wird von P. getragen) verwendet, geschlossene P. u. a. als Anleger für Fährschiffe.

Pontoppidan, Henrik [dän. pɔn'tɔbidan], * Fredericia 24. Juli 1857, † Kopenhagen 21. Aug. 1943, dän. Schriftsteller. - Bed. Vertreter des Naturalismus in Dänemark; einfühlsamer Menschendarsteller und zeit- und kulturkrit. Schilderer Dänemarks zu Beginn des 20. Jh., v. a. in Erzählungen und Romanen wie „Das gelobte Land" (1891–95), „Hans im Glück" (1898–1904), „Totenreich" (1912–16). Erhielt 1917 den Nobelpreis (zus. mit K. A. Gjellerup).

Pontormo, Iacopo da, eigtl. I. Carrucci, * Pontormo (= Empoli) 24. Mai 1494, □ Florenz 2. Jan. 1557, italien. Maler. - Schuf Hauptwerke des italien. Manierismus, eine sensible, komplizierte, innere und tief pessimist. Kunst; scharf abgesetzte helle klare Farben; elegante Figuren. - *Werke:* Passionszyklus im Kreuzgang der Certosa di Galuzzo,

Florenz (1522–25, angeregt von Dürer-Stichen), Altarbild (Kreuzabnahme Christi) und Fresken in der Kirche S. Felicità in Florenz (1525–28). - Abb. Bd. 14, S. 8.

Pontos, bei den Griechen Begriff und vergöttlichte Personifikation des Meeres; Vater u. a. des Nereus.

Pontresina, Sommer- und Winterkurort, im Oberengadin, Kt. Graubünden, 1 803 m ü. d. M., 1 700 E. - 1139 Ersterwähnung als **ad pontem Serasinam** („Sarazenenbrücke"); bis 1538 Bestandteil der Talschaft Oberengadin. - Roman. Begräbniskirche Santa Maria (vermutl. um 1200); barocke prot. Pfarrkirche (17. Jahrhundert).

Pontus (Pont. Kappadokien), histor. Landschaft an der kleinasiat. Küste des Schwarzen Meeres, östl. an Bithynien angrenzend. Nach griech. Kolonisation gründete Mithridates I. 301 das **Pontische Reich,** das seine größte Ausdehnung unter Mithridates VI. Eupator (120–63) gewann, der es 107 mit dem Bosporan. Reich in Personalunion verband, aber dem Gnaeus Pompejus Magnus († 48 v. Chr.) unterlag, worauf der westl. Teil von P. mit der röm. Prov. Bithynien vereinigt wurde. 48/47 unter Pharnakes II. und 40 v. Chr. bis 64 n. Chr. als Kgr. restituiert; danach zunächst mit Galatien, dann wieder mit Bithynien zur Prov. vereinigt.

Pontus Euxinus (Pontos Euxeinos), antiker griech. Name des Schwarzen Meeres („gastl. Meer"; euphemist. Bez. statt des urspr. griech. Namens Pontos Axeinos, „ungastl. Meer").

Pontuskonferenz, Zusammenkunft von Vertretern der europ. Großmächte und des Osman. Reiches in London (Febr./März 1871) zur Beratung der internat. Bestimmungen über die Neutralisierung des Schwarzen Meeres (**Pontusklausel**). Durch den auf der P. geschlossenen Vertrag wurde das Aufenthaltsverbot für Kriegsschiffe aufgehoben, die Dardanellendurchfahrt für russ. Kriegsschiffe jedoch weiterhin von osman. Erlaubnis abhängig gemacht.

Ponty, Jean-Luc [põ'ti], * Avranches (Normandie) 29. Sept. 1942, frz. Jazzmusiker (Violinist). - Seit 1972 Mgl. der Gruppe Mothers of Invention, trat 1976 mit einer eigenen Gruppe hervor; trug wesentl. zu einer Synthese von Jazz, Rock und Folksong bei.

Pony ['poni; engl.], in die Stirn gekämmtes, gleichmäßig geschnittenes Haar; zuerst in den 80er Jahren des 19. Jh. zur Knotenfrisur getragen.

Ponys ['pɔni:s; engl.], Rasse relativ kleiner Hauspferde (Schulterhöhe bis 148 cm). P. sind durchweg robust, genügsam, arbeitswillig und im allg. gutartig, in den Farben häufig mausgrau bis graugelb, mit Aalstrich. Die Untergliederung ist wenig einheitlich. Man unterscheidet vielfach: 1. Eigentl. P. *(Zwergpferde)*, bis 117 cm hoch; z. B. **Shetlandpony**

(anspruchslose, tief und gedrungen gebaute P. mit glattem, langem Haar in allen Farben) und *Skirospony;* 2. P. im erweiterten Sinne sind *Kleinpferde* (120–134 cm hoch); z. B. *Exmoorpony,* **Islandpony** (kräftige, genügsame P. mit rauhem Fell in verschiedenen Farbschlägen; ausdauernd, mit sehr gutem Seh- und Orientierungsvermögen) und *Welsh-Mountain-Pony* sowie die als *Mittelpferde* bezeichneten, 135–148 cm hohen Rassen, wie z. B. *Fjordpferd, Haflinger* und *Koniks.*

Pool [engl. pu:l], in der Wirtschaft allg. ein Zusammenschluß zur gemeinsamen Interessenverfolgung, insbes. von Unternehmen zu einem Kartell, bei dem die Gewinne zentral erfaßt und nach einem Schlüssel verteilt werden sowie von Aktionären als Zusammenfassung ihrer Beteiligungen, um größeren Einfluß auf die Unternehmenspolitik der betreffenden AG geltend machen zu können.

Poolbillard [engl. ˈpuːlbɪʎart], andere Bez. für Snooker Pool (↑Billard).

Poole [engl. puːl], engl. Stadt unmittelbar westl. von Bournemouth, Gft. Dorset, 118 900 E. Materialprüfungsanstalt der Admiralität; Schiffahrtsmuseum; Seebad, Segelsportzentrum, Hafen. - Erhielt 1248 Stadtrecht. - Zahlr. ma. Häuser sowie Bauten des 18. Jh. prägen das Stadtbild (u. a. Old Town House, Woolhouse, Guildhall).

Poona [ˈpuːnə], ind. Stadt, ↑Pune.

Poop [engl. puːp] (Hütte), hinterer Aufbau (Achterdecks-P.) oberhalb des Hauptdecks von Schiffen, der die Seetüchtigkeit erhöht und meist zur Unterbringung der Besatzung dient.

Poopósee [span. pooˈpo], Salzsee im Altiplano, mit rd. 2 800 km² zweitgrößter See Boliviens, 3 694 m ü. d. M., bis 3 m tief.

pop..., Pop... [engl.-amerikan.], in Zusammensetzungen auftretendes Bestimmungswort mit der Bed. „von der Pop-art beeinflußt".

Popanz, 1. bedrohl. Erscheinung, Schreckgestalt; 2. willenloses Geschöpf, unselbständiger Mensch.

Pop-art [engl. ˈpɔpɑːt], Richtung der modernen Kunst, die in den 1950er Jahren in den USA und in England unabhängig voneinander entstanden ist und sich in den 1960er Jahren auch auf dem europ. Kontinent ausbreitete. - Die Bez. P.-a. ist wahrscheinl. vom engl. „pop" („Stoß, Knall") abgeleitet, wird aber seit den 1960er Jahren v. a. im Sinne einer Verkürzung von „popular art" („populäre Kunst") verstanden. Die P.-a. bringt in Reaktion auf die abstrakte Kunst und in Ablehnung aller Tradition die Gegenstände des modernen, von Ware und Werbung geprägten Alltags in lauter Farbigkeit plakativ zur Darstellung. In den USA hat die P.-a. ihre Wurzeln im Neo-Dadaismus; R. Rauschenberg fügte seit 1955 Objekte der Konsumproduktion in seine gemalten Bilder ein (Combine

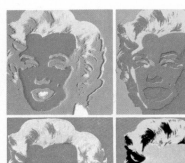

Pop-art. Oben: Andy Warhol, Marilyn Monroe (1967). Hamburg, Kunsthalle; Tom Wesselmann, Bathtub Collage No. 3 (1963). Privatbesitz

paintings); entscheidenden Einfluß hatte auch J. Johns mit seinen Wachsbildern, die die amerikan. Flagge imitieren (einzeln oder mehrmals hintereinandergesetzt). A. Warhol, R. Lichtenstein, C. Oldenburg, G. Segal, J. Rosenquist, T. Wesselmann, R. Indiana u. a. führende Künstler der 60er Jahre entnahmen ihre Themen der Welt der Reklame, der Supermärkte, den Comics, dem Starkult und der anonymen Stadtkultur, wobei die Banalität der Objekte durch die grelle Schärfe der Darstellung, die Übergröße, die Lösung aus dem Zusammenhang und die Wiederholung überdeutlich oder auch verfremdet wird. Täuschung und Verfremdung kommt bei der Pla-

Popayán

stik in ihrem Spiel mit dem Material eine große Rolle zu. - In England entwickelte sich die P.-a. aus der Independent Group, in der bereits 1952 durch E. Paolozzi die Trivialwelt des Konsums als kunstfähig erklärt wurde. R. Hamilton (seit 1956), P. Blake, D. Hockney, A. Jones, R. B. Kitaj, P. Philips, J. Tilson bedienen sich v. a. der Collage und Assemblage, durch die eine realitätsbezogene Unmittelbarkeit ins Kunstwerk eingebracht wird. - In der BR Deutschland stehen der P.-a. u. a. W. Gaul, K. Klapheck, W. Vostell nahe. - Die Übergänge der P.-a. zum neuen Realismus sind fließend (E. Kienholz, D. Hanson).

🕮 *Pop. Kunst u. Kultur der Jugend. Rbk. 1978. - Pierre, J.: DuMont's kleines Lex. der P.-a. Dt. Übers. Köln 1978. - Hahn-Woernle, B.: P.-A. Mchn. 1974. - Hermand, J.: Pop internat. Eine krit. Analyse. Ffm. 1971.*

Popayán [span. popaˈjan], Hauptstadt des Dep. Cauca in SW-Kolumbien, 1 760 m ü. d. M., 156 500 E. Kath. Erzbischofssitz; Univ. (gegr. 1827), Museen; Handelszentrum eines Kaffeeanbaugebiets; Eisenbahnendpunkt. - Gegr. 1536. - Barocke Kirchen.

Popcorn [engl. 'pɔpkɔːn; eigtl. „Knallkorn"], geröstete Maiskörner einer bes. wasserhaltigen Maissorte (Puffmais).

Pope, Alexander [engl. poʊp], * London 21. Mai 1688, † Twickenham (= London) 30. Mai 1744, engl. Dichter. - Sohn eines Tuchhändlers; bedeutendster Vertreter des Klassizismus; sein Hauptwerk, das kom.-heroische Epos „Der Lockenraub" (1714), ist die bedeutendste dichter. Leistung des engl. Rokoko. Hervorragende Werke der Aufklärung sind die didakt.-philosoph. Dichtungen „Versuch über die Kritik" (1713), in der eine klassizist. Poetik entwickelt wird, und das philosoph. Lehrgedicht „Versuch vom Menschen" (1733/34), eine deist. Theodizee. Übersetzte „Ilias" (1715-20) und „Odyssee" (1725/26). Höhepunkt seiner Literatursatire ist das Versepos „Die Dunciade" (1728), gekennzeichnet durch Witz und sprachl. Klarheit.

Pope [russ.], Bez. und Titel des orth. Weltgeistlichen; heute meist abwertend.

Popeline [frz.], ripsartiges, leinwandbindiges Gewebe mit sehr feinen Querrippen, die durch Verwendung von feinen Kettfäden und dickeren Schußfäden entstehen; hergestellt v. a. aus Baumwolle, auch aus Wolle, Seide und Chemiefasern.

Popitz, Johannes, * Leipzig 2. Dez. 1884, † Berlin-Plötzensee 2. Febr. 1945 (hingerichtet), dt. Jurist und Politiker. - 1919 ins Reichsfinanzministerium berufen, Staatssekretär 1925-29; Reichsmin. ohne Geschäftsbereich Nov. 1932-Jan. 1933, zugleich kommissar. Leiter des preuß. Finanzministeriums bis April 1933, dann preuß. Finanzmin. bis Juli 1944; entwickelte sich zum Gegner des NS-Staates; seine Stellung in der dt. Widerstands-

bewegung blieb wegen konspirativer Kontakte zu Himmler umstritten; nach dem 20. Juli 1944 verhaftet und zum Tode verurteilt.

Popliteratur, an Pop-art angelehnte Bez. für eine Richtung der modernen Literatur, bei der zu unterscheiden ist zw. einer populären Unterhaltungsliteratur (auch Kommerzpop), wie sie verschiedene Zeitschriften anbieten, und einer P., die mit provokanter Exzentrik, Monomanie, Obszönität, Unsinnigkeit und Primitivität ebenso gegen eine derartige Unterhaltungsliteratur gerichtet ist wie gegen eine Elitekunst und gegen etablierte ästhet. Normen. P. begreift sich als Un-Kunst, als Gegen-Kunst (T. Wolfe, „Das bonbonfarbene tangerinrotgespritzte Stromlinienbaby", 1965) und arbeitet mehr oder weniger rigoros mit Elementen, Techniken und Mustern trivialer Literaturgenres, des Krimis, des Western, der Science-Fiction-Literatur, der Comic strips, der Reklametexte, von Film und Fernsehen, wie allg. mit fast allen Objekten des Massenkonsums. Bed. Vertreter in der BR Deutschland: P. O. Chotjewitz, H. von Cramer, R. D. Brinkmann, F. Kriwet.

Popmusik, i. w. S. im angloamerikan. Bereich (heute v. a. durch die Massenmedien) verbreitete, volkstüml. Musik (von engl. popular music „populäre Musik") mit einem Schwerpunkt in der kommerziellen Song- bzw. Schlagermusik („popular tunes"), die aber auch folklorenahe Formen wie z. B. Country and western sowie breite Bereiche des Jazz einbegreift. - I. e. S. - ausgehend von der Bed. des engl. Wortes „pop" („Stoß, Knall") - bezeichnet P. seit den 1960er Jahren eine neuartige, sich gegen die herkömml. P. abgrenzende und v. a. im deutschsprachigen Raum jugendspezif. Populärmusik. Ihr Kern war die auf den amerikan. Rock 'n' Roll zurückgreifende brit. Beatmusik, die auf Grund der internat. Vermarktung durch die internat. Musikindustrie mit Gruppen wie „Beatles" und „Rolling Stones" verhältnismäßig lange wirkte. In ihr drückte sich ein gegen die Kultur und polit. Ordnung der modernen Wohlstands- und Leistungsgesellschaft gerichteter Protest aus, der mehr musikal. als etwa polit. „alternativ" war. Sie wird heute zur Rockmusik gerechnet. Seit Mitte der 1960er Jahre wurde der Begriff enger gefaßt, in Anlehnung an ähnl. Erscheinungen in der bildenden Kunst (Pop-art) und in der Kultur (Design, Kleidung, Literatur) als Teil einer neuartigen, durch Massenmedien vermittelten Kultur. P. dieser Art, etwa von den amerikan. Gruppen „Mothers of Invention", „Fugs" oder brit. wie „Beatles", „Yes", verfremdete Material aus Populär- und Kunstmusik. Gleichzeitig wurde der Begriff P. ausgedehnt auf alle Musik, auch Volks- und Kunstmusik, soweit sie kommerziell verwertbar war. Zu diesem Zweck wird eine gegebene Musik bearbeitet bzw. arrangiert, u. a. mit mod. Sounds, durchgehendem Beat und

Synkopierungen, Reizdissonanzen, Baßanhebung und anderen elektroakust. Manipulationen behandelt. Für solche Ansätze einer Vermischung bislang getrennter Musizierbereiche, der entsprechende Bestrebungen in der avantgardist. Kunstmusik entgegenkommen, hat sich seit Anfang der 1970er Jahre die Sammelbezeichnung Rockmusik (↑Rock) weitgehend durchgesetzt.

CD *Rupprecht, S. P.: P. - von der Musikrevolution zum Jugendkonsum. Hdbg. 1984. - Das große RTL Lex. der P. Sonderausg. Köln 1982. - Wölfer, J.: Die Rock- u. P. Mchn. 1980. - Kuhnke, K., u. a.: Gesch. der Pop-Musik 1. Lilienthal ²1977. - Borris, S.: P. - Kunst aus Provokation. Wsb. 1977. - Enzyclopedia of Pop, Rock, and Soul. London 1975.*

Popocatépetl [span. popoka'tepɛtl], Vulkan in Z-Mexiko, mit 5452 m zweithöchster Berg des Landes, 70 km sö. der Stadt Mexiko; heute nur noch Fumarolen- und Solfatarentätigkeit.

Popol Vuh ['pɔpɔl 'vʊx; indian. „Buch des Rates"], hl. Buch der Quiché-Indianer in Guatemala. Erste Aufzeichnung in lat. Schrift und Quiché-Maya zw. 1554 und 1558 durch einen anonymen indian. Autor. Es enthält kosmogon. Vorstellungen und bis ins 10. Jh. zurückgehende histor. Traditionen der Quiché-Maya mit folgenden Themen: 1. die Schöpfung; 2. die Zeit der Dämonen und Helden; 3. die Zeit der Urväter; 4. die Zeit der Könige. Das P. V. gilt als bedeutendstes Relikt der altamerikan. Literatur der Indianer und ist eine wichtige Quelle für Ethnologie und Geschichte der Hochlandmaya.

Popović [serbokroat. ˌpɔpɔvitɕ], Jovan Sterija, * Vršac 1. Jan. 1806, † ebd. 26. Febr. 1856, serb. Schriftsteller. - Am Aufbau des Schulwesens und an der kulturellen Erneuerung Serbiens beteiligt; schrieb v. a. Charakter- und Sittenkomödien.

P., Koča, * Belgrad 14. März 1908, jugoslaw. General und Politiker. - Seit 1933 Mgl. der jugoslaw. KP; Teilnahme am Span. Bürgerkrieg und am Partisanenkampf in Jugoslawien; 1945–53 Generalstabschef, 1953–65 Außenmin., 1966/67 stellv. Staatspräs., 1971/72 Mgl. des Präsidiums.

Popovici, Titus [rumän. 'popovitʃ], * Oradea 16. Mai 1930, rumän. Schriftsteller. - Publizist, Drehbuch- und Romanautor; verfaßte u. a. „Der Fremdling" (R., 1955) und „Der große Durst" (R., 1958), der die Bodenreform in Rumänien nach 1945 schildert.

Popow [russ. pa'pɔf], Alexandr Serafimowitsch, russ.-sowjet. Schriftsteller, ↑ Serafimowitsch, Alexandr Serafimowitsch.

P., Alexandr Stepanowitsch, * Turjinskije Rudniki (= Krasnoturjinsk) 16. März 1859, † Petersburg 13. Jan. 1906, russ. Physiker. - Prof. in Petersburg; untersuchte die Ausbreitung, Polarisation, Reflexion und Brechung der elektromagnet. Wellen.

P., Oleg, * Wyrubowo (Geb. Moskau) 31. Juli 1930, sowjetruss. Clown. - Ausbildung als Artist (Seiltänzer und Jongleur); seit 1955 internat. bekannter Clown am Moskauer Staatszirkus.

Popp, Lucia, * Záhorská Ves (Westslowak. Gebiet) 12. Nov. 1939, östr. Sängerin (Koloratursopran). - 1963 Engagement an der Wiener Staatsoper, wo sie große Erfolge feierte; später kam sie auch an das Kölner Opernhaus; Gastspiele u. a. an der Metropolitan Opera.

Poppberg, mit 657 m höchste Erhebung der Fränk. Alb.

Pöppelmann, Matthäus Daniel, * Herford 3. (?) Mai 1662, † Dresden 17. Jan. 1736, dt. Baumeister. - August II., der Starke, ermöglichte ihm 1710 und 1715 Studienreisen. Seine gewaltigen Schloßbauentwürfe für Dresden (um 1705 ff.) und Warschau wurden nicht ausgeführt. P. lieferte Pläne für Brückenbauten, errichtete Kirchen (Weinbergkirche in Dresden-Pillnitz, 1723–27), Paläste (Taschenberg-Palais in Dresden, 1707–11, Erweiterung des Holländ. [Jap.] Palais, ebd., ab 1727; beide 1945 ausgebrannt und wiederhergestellt), zahlr. Bürgerhäuser in Dresden (fast alle zerstört). In Dresden-Pillnitz erbaute er das Wasser- und das Bergpalais im Stil der Chinamode (ab 1720) und entwarf den Gartenplan. Sein Hauptwerk ist der Dresdner Zwinger, Teil der projektierten Schloßanlagen (1711–28): eine Festplatzanlage mit zweigeschossigen Pavillons, die durch niedrige Galerien mit stark akzentuierten Torbauten verbunden sind. Der plast. Schmuck von B. Permoser bildet mit der Architektur eine Einheit (nach Kriegszerstörung bis 1964 wiederhergestellt). - Abb. Bd. 5, S. 329.

CD *Heckmann, H.: M. D. P. Mchn. 1972.*

Popper, Sir (seit 1964) Karl [Raimund], * Wien 28. Juli 1902, brit. Philosoph und Wissenschaftslogiker östr. Herkunft. - Seit 1949 Prof. für Logik und Wissenschaftstheorie in London. Begründer des krit. Rationalismus; gegen zentrale Positionen des Neopositivismus stellte P. eine auf der Festsetzung methodolog. Regeln nach Zweckmäßigkeitserwägungen beruhende deduktivistische Theorie der Erfahrung, v. a. in der Auseinandersetzung mit dem Wiener Kreis. Unter Verzicht auf die Entscheidbarkeit der Wahrheit schlug P. eine deduktive Methodik die auf der Asymmetrie zw. Verifizierbarkeit und Falsifizierbarkeit basierenden Nachprüfung gegensförmiger Aussagen vor. Danach soll ein allg. Satz als falsifiziert aus dem System vorläufig bestätigter wiss. Sätze gestrichen werden, wenn ihm ein Beobachtungssatz bes. Art widerspricht. - Moralphilosoph. kritisiert P. den naturalist. Determinismus des „Historizismus". Die zukünftige gesellschaftl. Entwicklung sei nicht durch Gesetze erklärbar und voraussagbar, da sie entscheidend durch den

Popper

Umfang des nicht voraussagbaren wiss. Wissens beeinflußt werde.

Werke: Logik der Forschung (1935), Das Elend des Historizismus (1957), Objektive Erkenntnis. Ein evolutionärer Entwurf (1972), Die beiden Grundprobleme der Erkenntnistheorie (1979), Auf der Suche nach einer besseren Welt (1984).

Popper [zu engl. pop „volkstümlich"], Judendliche, die auf manierierte Weise gepflegtes Äußeres zur Schau stellen, gesellschaftlich angepaßtes Verhalten demonstrieren und sich bewußt von Punkern abheben wollen.

Poppo von Stablo, hl., * Deinze (Ostflandern) 978, † Marchiennes (Nord) 25. Jan. 1048, lothring. Benediktiner. - Mönch in Reims, 1008 in Saint-Vannes, mit dessen Abt Richard er in den lothring. Klöstern die kluniazens. Reform einzuführen suchte; von Kaiser Heinrich II. zum Abt von Stablo (= Stavelot) und Malmedy erhoben und mit der Reformierung reichsunmittelbarer Abteien beauftragt.

Popponen ↑Babenberger.

populär [frz., zu lat. populus „Volk"], 1. gemeinverständlich, volkstümlich; 2. beliebt, allgemein bekannt; **Popularität,** Beliebtheit, Volkstümlichkeit; **popularisieren,** gemeinverständl. darstellen, verbreiten.

Popularen ↑Optimaten.

Popularklage [lat./dt.], Klage, die von jedem, der im Interesse vorgibt, ohne Behauptung einer konkreten Beeinträchtigung seiner Rechte erhoben werden kann; im dt. Recht außer im Patentverfahren und in der Verfassungsgerichtsbarkeit einiger Länder unzulässig.

Popularphilosophie [lat./griech.], allg. Bez. für Versuche, philosoph. Lehren von prakt. Relevanz einem breiten Publikum in vereinfachter Form darzustellen.

Population [lat.], wenig gebräuchl. Bez. für Bevölkerung.

◆ die Gesamtheit der in einem bestimmten Gebiet vorkommenden Individuen einer *Tier-* oder *Pflanzenart* (bzw. auch verschiedener am gleichen Ort vorkommender Arten *[Mischpopulation]*). Als Kriterium wird selten gefordert, daß die Angehörigen einer P. sich uneingeschränkt untereinander fortpflanzen und daher die P. einen gemeinsamen Genpool besitzt *(Mendelpopulation)*.

◆ Gruppe von *Sternen,* die bezügl. des Alters, der Zusammensetzung ihrer Materie, der Bewegungsverhältnisse sowie ihrer räuml. Verteilung im Sternsystem Ähnlichkeiten aufweisen.

◆ in der *Statistik* gelegentl. Bez. für statist. Masse, Grundgesamtheit, Gesamtheit u. a.

Populationsdichte, svw. Individuendichte (↑Abundanz).

Populismus [zu lat. populus „Volk"] (frz. populisme), 1929 begründete frz. literar. Richtung, mit dem Ziel, v. a. im Roman das Leben des einfachen Volkes in natürl., realist. Stil, ohne idealisierende oder polem. Verzerrungen *für* das einfache Volk zu schildern. Hauptvertreter: A. Thérive, E. Dabit, L. Lemonnier, J. Prévost, H. Poulaille.

◆ in der Politik Bez. für polit. Strömungen, deren Führer eine „volksnahe" Politik zu betreiben vorgeben, die programmat. i. d. R. unscharf und unverbindl., zw. sozialem Fortschritt und rückwärts gerichteter Utopie einzuordnen ist; Formen zeitgenöss. P. sind u. a. Peronismus, Poujadismus; auch die etwa von J. R. Chirac, von M. H. Thatcher und von F. J. Strauß vertretenen polit. Positionen weisen populist. Züge auf.

Populorum progressio [lat. „Fortschritt der Völker"], Anfangsworte der Sozialenzyklika Papst Pauls VI. vom 26. März 1967, die auf Grund einer Analyse des ständig für die „Dritte Welt" ungünstiger werdenden Entwicklungsgefälles die Ausweitung der von den Industrieländern zunächst nur wirtsch. orientierten Entwicklungspolitik fordert; sie betont u. a. die Sozialverpflichtung des Privateigentums und bezeichnet den sozialen und wirtsch. Fortschritt als eine Voraussetzung für den Weltfrieden.

Populus [lat.], svw. ↑Pappel.

Poquelin, Jean-Baptiste [frz. pɔ'klɛ̃], frz. Komödiendichter und Schauspieler, ↑Molière.

Pordenone, eigtl. Giovanni Antonio de' Sacchis, * Pordenone 1483 (?), ▢ Ferrara 14. Jan. 1539, italien. Maler. - Beginn im Stil der Hochrenaissance; entwickelte einen raumgreifenden Kompositionsstil mit schon manierist. Elementen (Verkürzungen, Draperien). Von ihm stammen u. a. Freskenzyklen im Dom bei Treviso (1517–20) und im Dom von Cremona (1520/21).

Pordenone, italien. Stadt in Friaul-Julisch-Venetien, 24 m ü. d. M., 51 100 E. Hauptstadt der Prov. P.; Gemäldegalerie; Baumwollwebereien, Maschinenbau und keram. Ind. - In der Römerzeit **Portus Naonis,** erstmals 452 n. Chr. erwähnt; ab Mitte des 16. Jh. bei Venedig, teilte dessen Geschichte. - Dom (im 13./14. Jh. erbaut, im 15. und 16. Jh. erweitert, im 18. und 19. Jh. umgestaltet).

Pore (Porus, Mrz. Pori) [griech.-lat.], kleines Loch, feine Öffnung, z. B. in der tier. und menschl. Haut (v. a. als Ausmündung der Schweißdrüsen), im Außenskelett und in den Schalen und Gehäusen von Tieren, in Kapselfrüchten (P.kapsel), in der Kern- und Zellmembran.

Poreč [serbokroat. ˌpɔrɛtʃ], jugoslaw. Seebad an der W-Küste Istriens, 4000 E. Kath. Bischofssitz; Marktort und Fischereihafen. - Entstand an der Stelle einer illyr. Siedlung; in röm. Zeit **Colonia Julia Parentium;** ab 1861 Hauptstadt Istriens; gehörte bis 1947 zu Italien, danach zu Jugoslawien. - Reste eines röm. Tempels; frühbyzantin. Basilika.

Porenkapsel ↑ Kapselfrucht.
Porenpilze, svw. ↑ Porlinge.
Porenschwämme, svw. ↑ Porlinge.
Pori (schwed. Björneborg), Stadt in SW-Finnland, 78 900 E. Holz- und Textilind., Buntmetallhütte, zwei Häfen. - 1558 gegr., 1564 Stadtrecht. - Neugot. Backsteinkirche (1863); Rathaus (1841, von J. C. L. Engel), Iunnelius-Rosenlew-Palais (1895).
Poriales [griech.] ↑ Porlinge.
Porifera [griech./lat.], svw. ↑ Schwämme.
Porigkeit, das Vorhandensein von Poren, der Porenanteil.
Porlinge (Löcherpilze, Porenschwämme, Porenpilze), systemat. uneinheitl. Sammelgruppe von saprophyt. und parasit. Pilzen, deren Fruchtkörper oft zäh, lederartig und konsolenförmig sind. Die sporenbildende Fruchtschicht auf der Unterseite überzieht runde oder vieleckige Röhrchen oder Waben. Die P. gehören z. T. zur Fam. *Polyporaceae* (bekannte Vertreter: Schuppiger Porling, Winterporling), z. T. zu verschiedenen Fam. der Ordnung *Poriales* (Aphyllophorales). Bekannte Gatt. bzw. Arten der Poriales sind Eichhase, Fomes, Feuerschwamm, und die Trameten. - Die bodenbewohnenden, weichfleischigen *Saft*-P. (Scutiger) sind, zus. mit dem Vielhütern, als einzige P. eßbar. - Viele P. zählen zu den Baumparasiten.
Pornographie [griech., eigtl. „Hurenbeschreibung" (von pórnē „Hure")], sprachl. und/oder bildl. (einschl. film.) Darstellung sexueller Handlungen unter einseitiger Betonung des genitalen Bereichs; in diesem Sinne erst im letzten Viertel des 19.Jh. verwendet; urspr. Bez. für die Darstellung der Prostitution und Literatur zur Prostituiertenfrage (N. Restif de La Bretonne: „Der Pornograph" [1769]). Im Ggs. zur erot. Kunst und Literatur (↑ auch erotische Literatur), die v. a. eine andeutende, metaphor., die Phantasie des Betrachters bzw. Lesers anregende Darstellung kennt, konzentriert sich P. im heutigen Sinne allein auf die prägnante, unmißverständl., im Bild-/Textzusammenhang unmotivierte Darstellung des Sexuellen, und auf die Kombination unterschiedl. Partner und Sexualpraktiken, so daß Hetero-, Homo-, Bisexualität, Sodomie, Inzest, Voyeurismus, Exhibitionismus sowie auf Gewalttätigkeit basierende Perversionen als Varianten auftreten. Als Begründer dieser pornograph. Kombinatorik gilt de Sade. Wichtigste Formen sind heute die **pornograph. Literatur, pornograph. Photographie, pornograph. Comics** und der **pornograph. Film.** Bei photograph. und film. Darstellung wird meist zw. **weicher** und **harter Pornographie** unterschieden, wobei bei letzterer der Geschlechtsakt nicht vorgetäuscht, sondern tatsächl. ausgeführt wird. Da Prinzipien erot. Kunst und der P. oft vermischt werden, ist eine klare Grenzziehung schwierig. Ein wichtiger Aspekt der P., deren Urhe-

ber meist anonym bleiben, ist deren ökonom. Verwertung; zu diesem Zweck haben sich zahlr. Ladenketten und Versandfirmen etabliert, die u. a. pornograph. Bücher, Zeitschriften, Schmalfilme und Videokassetten vertreiben. Strafbar ist der Vertrieb harter P. nur, wenn sie Gewalttätigkeiten, den sexuellen Mißbrauch von Kindern oder sexuelle Handlungen von Menschen mit Tieren zum Gegenstand hat.

📖 *Seeg, H.: Wirkungen der P. Stg. 1985. - Die Frauen - P. u. Erotik. Hg. v. M. F. Hans u. G. Lapouge. Dt. Übers. Neuwied 1979. - Gorsen, P. Sexualästhetik. Zür bürgerl. Rezeption v. Obszönität u. P. Rbk.* [4] *1977. - Mertner, E./Mainusch, H.: Pornotopia. Das Obszöne u. die P. in der literar. Landschaft. Königstein/Ts.* [2] *1971. - Guha, A.-A.: Sexualität u. P. Ffm.* [4] *1975.*

Pornolalie [griech.], abartige Neigung, zur Steigerung der sexuellen Lust (oder anstelle sexueller Handlungen) Wörter und Sätze obszönen bzw. pornograph. Inhalts auszusprechen, insbes. fremde Personen anonym telefon. entsprechend zu belästigen.
Porogamie [griech.], pflanzl. Befruchtungsweise bei Blütenpflanzen: der Pollenschlauch dringt direkt durch die Mikropyle in die ↑ Samenanlage ein.
Poromere [griech.] (poromere Werkstoffe), feinporöse, luftdurchlässige Kunststoffprodukte, die sich als Lederaustauschstoffe eignen.
Porosität [griech.], Durchlässigkeit; Vorhandensein von Poren.
Porpezit [nach dem Fundort Porpez in Brasilien], eine natürl. vorkommende Gold-Palladium-Legierung.
Porphinfarbstoffe [griech. (zu ↑ Porphyr)], Naturfarbstoffe, zu denen die Farbkomponenten des Hämoglobins und bestimmter Enzyme (z. B. Zytochrome, Peroxidasen), des Chlorophylls und Vitamins B_{12} (mit komplexgebundenen Metallen) sowie die metallfreien, als Stoffwechselprodukte des Blutfarbstoffs und als Körperfarbstoffe von Tieren vorkommenden **Porphyrine** gehören. Allen liegt das aus vier, durch vier Methingruppen miteinander verbundenen Pyrrolringen bestehende **Porphin** (Porphyrin) zugrunde.
Porphyr [zu griech. porphýreos „purpurfarben"], Sammelbez. für alle Gesteine mit **porphyrischem Gefüge** (große Kristalle als Einsprenglinge in feinkörniger oder glasiger Grundmasse) sowie Bez. für Ergußgestein, die dem Hornblende und Kalifeldspat die Einsprenglinge bilden.
Porphyra [griech.], Gatt. der Rotalgen mit rd. 25 marinen Arten; *P. tenera* und andere Arten liefern *Meerlattich (Amanori)*, der in Japan im Meer kultiviert wird und als Nahrungsmittel geschätzt ist.
Porphyrine [griech.] ↑ Porphinfarbstoffe.
Porphyrinurie [griech.] (Porphyrie, Hä-

Porphyrios

matoporphyrie), angeborene oder erworbene Stoffwechselstörung im blutbildenden System oder in der Leber mit vermehrter Ausscheidung von Vorstufen und Endprodukten des Porphyrinstoffwechsels in Urin und Stuhl. Im Vordergrund des Krankheitsbildes der verschiedenen P.formen stehen Magen-Darm-Störungen, Erkrankungen des Nervensystems, der Haut (gesteigerte Photosensibilität) und der Leber.

Porphyrios von Tyros, eigtl. Malkos oder Malchos, *Tyros (= Sur, Libanon) um 234, †Rom um 304, griech. Philosoph. - Schüler Plotins in Rom, dessen Werke er (mit einem Abriß der Lehre und einer Biographie) überlieferte. In seinen 15 Büchern „Gegen die Christen" bekämpfte P. v. a. die christl. Lehre von der Schöpfung und der Gottheit Christi; indem er das Heil der Einzelseele als Zweck des Philosophierens ansah, verschaffte er dem Neuplatonismus Eingang ins Christentum.

porphyrisches Gefüge ↑Porphyr.

Porphyrit [griech.], dem Andesit entsprechendes altes Ergußgestein.

Porréctus [lat.], ma. Notenzeichen, ↑Neumen.

Porree [lat.-frz.] (Breitlauch, Winterlauch, Küchenlauch, Allium porrum), wahrscheinl. aus Südeuropa stammende, in Kultur meist einjährige Art des ↑Lauchs; Zwiebeln wenig ausgeprägt, äußere dickere Zwiebelblätter in lange, längsgestreifte Laubblätter übergehend, unten einen abgerundeten, verdickten Scheinstamm bildend; Blüten weiß bis hellrosa, in Scheindolden auf einem bis 180 cm hohen Schaft. Der P. wird in vielen Kultursorten angebaut. Die Sorten des *Sommer-P.* werden meist nur als Gewürz, die des *Winter-P.* als Gemüse verwendet.

Porrentruy [frz. pɔrã'trɥi] (dt. Pruntrut), Hauptort des Bez. P. im schweizer. Kt. Jura, 427 m ü. d. M., 7 000 E. Textil-, Uhren-, Schuh- und metallverarbeitende Ind. - Das 1283 privilegierte P. wurde anstelle des ref. gewordenen Basel Residenz des dortigen Bischofs (bis 1792); kam 1793 an Frankr., 1815 an Bern. - Ehem. Schloß der Fürstbischöfe von Basel (1529–1792) mit mächtigem Bergfried (13. Jh.); roman.-got. Pfarrkirche (11., 13./14. Jh.); ehem. Jesuitenkirche (1678–80 erneuert; heute Aula) Rathaus (1761–63) und Hôtel de Ville (1766–69). Die Porte de France (1563) ist ein Rest der Stadtbefestigung.

Porretaner (Gilbertiner) ↑Gilbert de la Porrée.

Porretanus, Gilbertus ↑Gilbert de la Porrée.

Porridge ['pɔrɪtʃ, engl. 'pɔrɪdʒ], dicker Haferbrei, der mit Milch, Sahne oder Sirup und/oder Zucker zum Frühstück gegessen wird.

Porro-Prismensystem [nach dem italien. Optiker I. Porro, *1801, †1875], Prismenanordnung zur Aufrichtung der von ei-

nem astronom. Fernrohrsystem erzeugten kopfstehenden Bilder (Bildumkehr).

Porsangerfjord [norweg. pɔr'saŋɔr-fjuːr], längster Fjord N-Norwegens, 120 km lang, 10–20 km breit.

Porsche AG, Dr. Ing. h. c. F., dt. Unternehmen der Kfz.-Industrie, Sitz Stuttgart-Zuffenhausen, gegründet 1931. - **Ferdinand Porsche** (*1875, †1951), der Gründer des Unternehmens, war hauptsächl. Konstrukteur von Automobilen und Kfz.-Teilen (Inhaber von 1 230, darunter 260 dt. Patenten); 1923–29 war er bei der Daimler-Motoren-AG in Untertürkheim, 1929/30 bei den Steyr-Werken AG in Österreich. 1934 war Baubeginn für die Prototypen des späteren Volkswagens. Daneben konstruierte er Rennwagen, später auch Panzerfahrzeuge. 1939 wurde er als „Betriebsführer" der Volkswagenwerke GmbH eingesetzt. Nach der Neugründung 1949 wurde der Schwerpunkt auf die Konstruktion und den Bau sportl. Serienfahrzeuge gelegt.

Ferdinand Porsches Volkswagen-Prototyp (1937)

Porsenna, etrusk. König von Clusium (= Chiusi) angebl. um 500 v. Chr. (vielleicht jedoch um 550 v. Chr.). - Nach annalist. Überlieferung wollte P. um 500 die Tarquinier nach Rom zurückführen, verzichtete aber wegen des Edelmutes der Römer darauf (Sagen von Horatius Cocles [↑Horatius] und Gajus Mucius Cordus).

Porst (Ledum), Gatt. der Heidekrautgewächse mit fünf Arten in Eurasien und N-Amerika; immergrüne Sträucher mit unterseits filzigen oder drüsigen, stark aromat. Blättern, deren Rand sich bei Lufttrockenheit einrollt und so die Verdunstung einschränkt;

Blüten klein, weiß bis rötlich, mit fünfteiliger Krone.

Porta, Constanzo, *Cremona um 1529, † Padua 19. Mai 1601, italien. Komponist. - Franziskaner; Kirchenkapellmeister in Padua (1565 und ab 1589), Ravenna (1567 und ab 1580), Loreto (1574); Lehrer u. a. von L. Viadana, komponierte vier- bis sechsstimmige Messen, vier- bis achtstimmige Motetten, Psalmen und Madrigale.

P., Giacomo Della ↑Della Porta, Giacomo.

P., Giambattista Della ↑Della Porta, Giambattista.

P., Guglielmo Della ↑Della Porta, Guglielmo.

Porta [lat. „Türe"], in der Anatomie die Stelle der Einmündung bzw. des Eintretens v. a. von Gefäßen in ein Organ.

Portable [engl. 'pɔːtəbl „tragbar" (von lat. portare „tragen")], tragbares Fernsehgerät [mit Tragegriff und Teleskopantenne].

Portal, Michel, *Bayonne 27. Nov. 1935, frz. Jazzmusiker (Klarinettist, Saxophonist, Ensembleleiter). - Trat sowohl als Mgl. verschiedener Ensembles der europ. Avantgarde (u. a. K. Stockhausen, V. Globokar) wie auch als Jazzmusiker hervor. Seine Gruppe „M. P.-Unit" bildet eine der wichtigsten Formationen des europ. Free Jazz.

Portal [zu lat. porta „Türe, Tor"], monumental gestalteter Eingang eines Gebäudes, mit waagerechtem oberen Abschluß oder als Rundbogen-P., oft von Säulen oder Pilastern gerahmt. Eigenständige, reiche P.anlagen sind die röm. Triumphbogen. P. wurden auch zu eigenen Torbauten (↑Pylon, ↑Propyläen) ausgestaltet. Das europ. Kirchen-P. erhielt in der Zeit des roman. Stils seine für Jahrhunderte verbindl. Form durch die Einziehung eines Türsturzes, über dem so ein Bogenfeld (Tympanon) entstand. Sehr breite P. unterteilt ein mittlerer Stützpfeiler; Sturz, Tympanon und Türpfeiler erhalten schon in roman. Zeit Reliefschmuck, dann erhielten auch die ↑Gewände und Archivolten Säulenund/oder Figurenschmuck. In der Gotik erhielten die P. Spitzbogenformen und wurden darüber hinaus von Wimpergen oder von Baldachinen überhöht. Renaissance und Barock griffen auf antike P.formen zurück und bereicherten sie durch Atlanten, Karyatiden, Dreiecks- oder Segmentgiebel auf verschiedenen Stützen. Im 19. Jh. wurden histor. P.formen nachgebaut, im 20. Jh. haben P. keine architekton. Funktion mehr.

Portalegre [portugies. purtɐ'lɛɣrɐ], portugies. Stadt nahe der span. Grenze, 11000 E. Kath. Bischofssitz; Bildteppichweberei, Nahrungsmittel- und keram. Ind. - 1259 gegr., 1549 Bischofssitz; seit 1835 Hauptstadt des Distrikts. - Kathedrale (16. Jh.); mehrere Paläste (17./18. Jahrhundert).

Portalkran ↑Krane.

Portamento [italien., zu ergänzen: di vo-

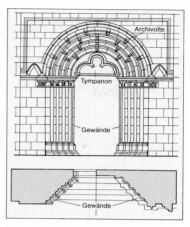

Portal. Aufriß und Grundriß

ce „das Tragen" (des Tons, der Stimme)] (portar la voce), das gleitende Übergehen von einem Ton zu einem anderen, v. a. im Gesang sowie auf Streich- und Blasinstrumenten.

Porta Nigra [lat. „schwarzes Tor"], Name des Nordtores des röm. Trier, aus grauem Sandstein im letzten Viertel des 2. Jh. n. Chr. erbaut; diente seit dem 11. Jh. als Stiftskirche; Einbauten 1803 entfernt; 1966–73 restauriert.

Port Arthur ↑Lüta.

Portativ [lat.-frz., zu lat. portare „tra-

Porta Nigra

portato

gen"], kleine tragbare Orgel, deren Klaviatur mit der rechten Hand gespielt wird, während die linke den Balg bedient. Das P. enthält 6–28 Labialpfeifen, die meist in zwei Reihen der Größe nach angeordnet sind. Im Abendland als Ensembleinstrument seit dem 12. Jh. nachweisbar, seit dem 16./17. Jh. vom Positiv abgelöst.

portato [italien.], musikal. Vortragsbez.: getragen, breit, aber ohne Bindung; notiert ♪♪♪ oder ♪♪♪.

Port-au-Prince [frz. pɔrto'prɛ̃:s], Hauptstadt und Haupthafen von Haiti, am SO-Arm des Golfs von Gonaïves, 684 300 E. Verwaltungssitz eines Dep.; kath. Erzbischofssitz; Univ. (gegr. 1944), Polytechnikum, Konservatorium, ethnolog. Inst., frz. und amerikan. Kulturinst.; Nationalmuseum, Musée du Peuple Haïtien, Nationalbibliothek; Wirtschaftszentrum des Landes, mit allen wesentl. Ind.betrieben; Hafen; internat. ✈. - Gegr. 1749 durch die Franzosen, Hauptstadt der damaligen Kolonie seit 1770.

Porta Westfalica, Stadt beiderseits der Weser, an deren Austritt aus dem Weserbergland, NRW, 33 600 E. Verwaltungssitz in Hausberge. U. a. Möbelind., Maschinenbau, Metallverarbeitung, Herstellung von Fertighäusern, Kunststoffartikeln, Unterrichtsmitteln; Abbau von Eisenerz, Kalkstein, Sand und Kies; Luftkurort. - P. W. wurde 1973 durch die Vereinigung von 15 Gem. gebildet. - **Hausberge** verdankt seinen Namen der ehem. Burg (1723 abgebrochen) der Herren vom Berge (Hus tom Berge); Burg und Flecken kamen 1398 an das Stift Minden; 1720 erhielt Hausberge Stadtrecht. In **Barkhausen** roman. Margaretenkapelle auf dem Wittekindsberg (frühes 13. Jh.). In **Eisbergen** roman. ev. Pfarrkirche (1662 erweitert). In **Holtrup** spätgot. ev. Pfarrkirche (1517).

P. W., (Westfälische Pforte) Durchbruchstal der Weser durch den N-Rand des Weserberglandes südl. von Minden.

Port Bell [engl. 'pɔ:t 'bɛl] ↑ Kampala.

Port Blair [engl. 'pɔ:t 'blɛə], Hauptstadt des ind. Unionsterritoriums Andaman and Nicobar Islands, Hafen an der SO-Küste der Insel Südandaman, 49 600 E. Fischereiersuchsstation; Sägewerk. - 1789 gegr.; 1858–1945 Verwaltungssitz einer brit. Strafsiedlung; 1942–45 jap. besetzt.

Portechaise [pɔrt'ʃɛ:zə; frz.], Tragsessel, Sänfte.

Portées [pɔr'te:; frz.], Bez. für mit Geheimzeichen versehene („gezinkte") Spielkarten für Falschspielerei.

Portefeuille [pɔrt'fø:j; frz.], veraltet für Brieftasche, Aktenmappe.

◆ Bez. für den Geschäftsbereich eines Ministers.

◆ im *Buchwesen* svw. ↑ Portfolio.

Port Elizabeth [engl. 'pɔ:t ɪ'lɪzəbəθ],

Hafenstadt an der Alagoabucht, Republik Südafrika, 492 100 E. Kath. Bischofssitz; Universität (gegr. 1964), Technikum, Inst. für Woll- und Textilforschung; P.-E.-Museum mit Ozeanarium, Schlangenpark und Tropenhaus; Oper; Kfz.-Montage, Motoren- und Maschinenbau, Gießereien, Herstellung von Kabeln, Reifen, Möbeln, Konserven u. a.; Wollhandelsplatz mit Wollbörse; Seebad. - Gegr. 1820 von brit. Siedlern.

Portemonnaie [pɔrtmɔ'nɛ:, ...'ne:; frz.], Geldbeutel.

Portemonnaiebaum [pɔrtmɔ'nɛ, ...'ne:] ↑ Afzelia.

Porten, Henny, * Magdeburg 7. Jan. 1890, † Berlin 15. Okt. 1960, dt. Filmschauspielerin. - Seit 1910 eine der gefeiertsten Heroinen des dt. Stummfilms; agierte meist in der Rolle der verfolgten Unschuld, z. B. in den Filmen „Kohlhiesels Töchter" (1920, Remake 1930), „Hintertreppe" (1921), „24 Stunden im Leben einer Frau" (1931). Gründete 1921 mit C. Froelich eine eigene Filmproduktion.

Portepee [frz.], aus dem Faustriemen am Korb des Degens entstandenes, besonderes Abzeichen der Offiziere und höheren Unteroffiziere; versilberte oder vergoldete, oft geschlossene Degenquaste. **Portepeeunteroffiziere** hießen früher die Feldwebel und Wachtmeister; für die Bundeswehr ↑ Unteroffizier.

Porter [engl. 'pɔ:tə], Cole, * Peru (Ind.) 9. Juni 1891, † Santa Monica (Calif.) 15. Okt. 1964, amerikan. Komponist. - Neben R. Rodgers der bedeutendste amerikan. Musicalkomponist. Seine Songs, zu denen er die Texte selbst verfaßte, gehören zum festen Bestand der Unterhaltungsmusik. Musicals, u. a. „Kiss me Kate" (1948); Filmmusiken, u. a. zu „High society" (1956). Viele seiner Songs wurden in das Jazzrepertoire aufgenommen.

P., George, * Stainforth bei Leeds 6. Dez. 1920, brit. Chemiker. - Prof. in Sheffield, seit 1966 Prof. und Direktor der Royal Institution in London; Arbeiten zur Photochemie und über freie Radikale. P. entwickelte gemeinsam mit R. Norrish spektroskop. Untersuchungsverfahren für schnellablaufende chem. und biochem. Reaktionen. Nobelpreis für Chemie 1967 (mit R. Norrish und G. Eigen).

P., Katherine Anne, * Indian Creek (Tex.) 15. Mai 1890, † Silver Spring (Md.) 18. Sept. 1980, amerikan. Schriftstellerin. - Schauplatz ihrer psycholog. angelegten Kurzgeschichten ist meist das texan.-mex. Grenzgebiet; ihr Roman „Das Narrenschiff" (1962) erregte Aufsehen als Auseinandersetzung mit dem dt. Chauvinismus.

P., Rodney Robert, * Ashton-under-Lyne 8. Okt. 1917, † Winchester (Hampshire) 7. Sept. 1985, brit. Biochemiker. - Prof. in Oxford; befaßte sich bes. mit der Strukturanalyse der an der Immunabwehr beteiligten Antikörper. Unabhängig von G. M. Edelman, mit dem zus. er 1972 den Nobelpreis für Physiologie oder Medizin erhielt, wies P. nach, daß das Molekül eines Antikörpers aus zwei Kettenpaaren aufgebaut ist.

P., William Sydney, amerikan. Schriftsteller, ↑Henry, O.

Porter ['pɔrtər; Kurzbez. für engl. porter's beer, eigtl. „Lastträgerbier"], dunkles, obergäriges Bier mit starkem Hopfenzusatz.

Portfolio [italien.] (Portefeuille), Bildband (mit Photographien).

Port-Gentil [frz. pɔrʒãˈti], Hafenstadt auf der westlichsten Insel des Ogowedeltas, Gabun, 123 300 E. Wirtschaftszentrum des Landes; Holzind., Erdölraffinerie, Zementfabrik u. a.; offene Reede, ✈. - 1885 gegr., Ausbau zur Stadt ab 1932.

Port-Grimaud [frz. pɔrgriˈmo], frz. Feriensiedlung im Stil einer Lagunenstadt an der Côte d'Azur, Dep. Var.

Port Harcourt [engl. 'pɔːt 'hɑːkət], Hafenstadt in Nigeria, im östl. Nigerdelta, 242 000 E. Hauptstadt des Bundesstaates Rivers; kath. Bischofssitz; zwei Univ.; Nahrungsmittelind., Lkw- und Fahrradmontage, Aluminiumwalzwerk; nahebei Erdölraffinerie. ✈. - Entstand ab 1916 als Verladehafen.

Portici [italien. 'pɔrtitʃi], italien. Stadt am Golf von Neapel, Kampanien, 29 m ü. d. M., 78 900 E. Landwirtschaftsfakultät der Univ. Neapel; Fremdenverkehr. - 728 erstmals erwähnt. - Palazzo Reale (18. Jh.), Pfarrkirche Santa Maria della Natività (1642 ff.).

Portikus [lat.], Säulenhalle als Vorbau an der Haupteingangsseite eines Gebäudes; ausgebildet in der antiken Baukunst, häufig seit der Renaissance.

Portile de Fier [rumän. 'portsile de 'fjer] ↑Eisernes Tor.

Portimão [portugies. purti'mɐ̃ʊ̯], portugies. Stadt an der S-Küste der Algarve, 18 000 E. Fischereihafen, Bootsbau. Zu P. gehört der Badeort **Praia da Rocha**.

Portiokappe [lat./dt.] ↑Empfängnisverhütung.

Portiunkula (Santa Maria degli Angeli), bei Assisi gelegene Lieblingskirche des hl. Franz von Assisi, seit dem 16./17. Jh. mit einer dreischiffigen Basilika umschlossen. Mit der Kapelle ist seit dem 13. Jh. der **Portiunkulaablaß** verbunden, der als vollkommener Ablaß gewonnen werden kann; 1952 allen Dom- und Pfarrkirchen als Recht zugestanden.

Port Jackson [engl. 'pɔːt 'dʒæksn], weit verzweigte, von der Harbour Bridge überspannte Bucht, an deren S-Küste die Hafenanlagen von Sydney (Australien) liegen.

Port Kembla [engl. 'pɔːt 'kɛmblə] ↑Wollongong.

Portland [engl. 'pɔːtlənd], größte Stadt in Maine, USA, Hafen am Atlantik, 61 600 E. Sitz eines kath. und eines anglikan. Bischofs; Univ. (gegr. 1878), Observatorium; histor. und naturhistor. Museum; Nahrungsmittel- u. a. Ind., Verlage. - Entstand um 1623 als

Teil von Falmouth, 1786 selbständig als Town; 1820–31 Hauptstadt von Maine; seit 1832 City.

P., Stadt am Willamette River, Oregon, USA, 366 400 E. Sitz eines kath. Erzbischofs und eines anglikan. Bischofs; 2 Univ. (gegr. 1901 bzw. 1955), Colleges; Kunstmuseum; Symphonie- und Kammerorchester, Theater; Zoo; Hafen; bedeutendstes Handelszentrum zw. San Francisco und Seattle. - 1845 an der Stelle eines Indianerdorfes gegr.; seit 1851 City.

Portland, Isle of [engl. 'aɪl əv 'pɔːtlənd], Halbinsel an der engl. Kanalküste, 6,4 km lang, bis fast 3 km breit, bis 149 m ü. d. M.; Leuchtturm und Vogelwarte.

Portlandzement [nach der Isle of Portland] ↑Zement.

Port Louis [frz. pɔr'lwi, engl. 'pɔːt 'loɪs], Hauptstadt von Mauritius, an der NW-Küste der Insel, 133 900 E. Kath. Bischofssitz; Forschungsinst., Bibliotheken, Archive; naturhistor. Museum; Zuckerfabrik, Brauerei, Glas-, Düngemittel-, Zigarettenfabrik; Freihandelszone mit Ansiedlung ausländ. Betriebe; Haupthafen des Landes.

Portmann, Adolf, * Basel 27. Mai 1897, † ebd. 28. Juni 1982, schweizer. Biologe. - Prof. in Basel; Arbeiten u. a. zur vergleichenden Morphologie, zur allg. Biologie und zur Entwicklungsgeschichte. In seinen anthropolog. Studien befaßte sich P. speziell mit der Sonderstellung des Menschen. Er schrieb u. a. „Neue Wege der Biologie" (1960), „Zoologie aus vier Jahrzehnten" (1967), „Entläßt die Natur den Menschen?" (1970), „An den Grenzen des Wissens" (1974).

Port Moresby [engl. 'pɔːt 'mɔːzbɪ], Hauptstadt von Papua-Neuguinea, an der O-Küste des Papuagolfes, 144 000 E. Sitz eines kath. Erzbischofs und eines anglikan. Bischofs; Univ. (gegr. 1965); bed. Handelszentrum und Hafen; internat. ✈.

Pörtner, Paul, * Elberfeld (= Wuppertal) 25. Jan. 1925, † München 16. Nov. 1984, dt. Schriftsteller. - Schrieb v. a. Theaterstücke, die das Publikum zum Mitspielen, die Schauspieler zum Improvisieren auffordern („Scherenschnitt", 1964), hintergründig-humorvolle Prosa („Einkreisung eines dicken Mannes", En. 1968; „Ermittlung in eigener Sache", R., 1974), Hörspiele und Essays.

P., Rudolf, * Bad Oeynhausen 30. April 1912, dt. Sachbuchautor. - Verf. spannend-informativer Sachbücher, v. a. über die röm.-german. Zeit in Deutschland, u. a. „Mit dem Fahrstuhl in die Römerzeit" (1959), „Die Erben Roms" (1964), „Die Wikinger-Saga" (1971), „Operation Heiliges Grab" (1977), „Schatzinsel der Forscher und Erfinder" (1986).

Port Nicholson [engl. 'pɔːt 'nɪkəlsn], Bucht im S der Nordinsel Neuseelands, an deren SW-Küste die Hafenanlagen von Wellington liegen.

Porto

Porto ['pɔrto, portugies. 'portu], portugies. Stadt am Douro, 5 km oberhalb seiner Mündung in den Atlantik, 327400 E. Kath. Bischofssitz; Univ. (gegr. 1911), Kunstakad.; Museen, Theater, Oper; wirtsch. Zentrum N-Portugals mit Fluß- und Vorhafen; Erdölraffinerie, Metall-, chem., Textil-, Leder-, Gummi-, keram., Tabak-, Nahrungs- und Genußmittelind.; zweistöckige Straßenbrücke sowie Eisenbahnbrücke über den Douro, internat. . - Seit dem 1. Jh. v. Chr. in röm. Besitz (**Portus Cale**); 540 von den Westgoten erobert; wurde um 572 Bischofssitz; kam 716 unter arab. Herrschaft (bis 997); wurde im 11. Jh. Hauptstadt der Gft. Portugal; im 14. Jh. befestigt; 1580–1640 unter span. Herrschaft. - Zahlr. Kirchen, u. a. die Kathedrale (12./13. und 17./18. Jh.), São Martinho de Cedofeita (12. Jh.), Santa Clara (1416; z. T. im 16. Jh. erneuert), São Pedro dos Clérigos (18. Jh.) mit 75 m hohem Turm, dem Wahrzeichen der Stadt; bischöfl. Palast (erneuert 1772); Börse (19. Jahrhundert).

Porto [lat.-italien. „das Tragen, Transport(kosten)"], Gebühr für die Beförderung von Postsendungen aller Art.

Pôrto Alegre [brasilian. 'portu a'lεgri], Hauptstadt des brasilian. Bundesstaates Rio Grande do Sul, 1,11 Mill. E. Erzbischofssitz; 2 Univ. (gegr. 1934 bzw. 1948), landw. Hochschule, Akad. der Geisteswiss.;

Portsmouth. Admiral Nelsons Flaggschiff „H. M. S. Victory"

histor. Museum; wichtigstes Ind.- und Handelszentrum S-Brasiliens; Eisenbahnendpunkt, Hafen, ✠. - Gegr. 1742 als **Pôrto dos Casais**; Hauptstadt des Bundesstaates seit 1807.

Porto Amélia ['portu ɐ'mεljɐ] ↑ Pemba.

Portoferraio, italien. Hafenstadt an der N-Küste der Insel Elba, 4 m ü. d. M., 11200 E. Wichtigster Erzausfuhr- und Passagierhafen von Elba; Seebad. - In der Römerzeit **Fabricia**; 1548 befestigt; seit 1751 Flottenstützpunkt; 1814/15 Aufenthaltsort Napoleons I.

Portofino, italien. Seebad am Ligur. Meer, 3 m ü. d. M., 728 E. Jachthafen.

Port of Spain [engl. 'pɔːt əv 'spεin], Hauptstadt und Haupthafen von Trinidad und Tobago, auf Trinidad, 55800 E. Sitz eines kath. Erzbischofs und eines anglikan. Bischofs; Polytechnikum, biolog. Inst.; Nationalarchiv, -museum, Kunstgalerie, botan. Garten, Zoo. Handelszentrum; im O der Stadt Ind.zentrum; internat. ✠. - Entstand im 18. Jh. an der Stelle des indian. Dorfes **Conquerabia**; seit 1774 Hauptstadt von Trinidad, 1958–62 der Westind. Föderation.

Porto-Novo [frz. pɔrtono'vo], Hauptstadt der VR Benin, am O-Rand der Lagune Lac Nokoué, 144000 E. Sitz des Präs. der Nationalversammlung und einiger Ministerien, Verwaltungssitz des Dep. Ouémé, kath. Bischofssitz; Nahrungsmittelind., Seifenfabrik; Lagunenfischerei und -schiffahrt. - Gegr. um die Wende zum 16. Jh., Zentrum des Adjareiches; 1688 Gründung der Dyn. von P.-N., deren Reich 1889 von Dahomey vernichtend geschlagen wurde. Seit 1894 Hauptstadt von Dahomey (seit 1. Dez. 1975 Benin).

Pôrto Velho [brasilian. 'portu 'vελu], Hauptstadt des brasilian. Bundesterritoriums Rondônia, am Rio Madeira, 134600 E. Handelsplatz v. a. für Exportwaren aus Bolivien.

Portoviejo [span. porto'βjεxo], Hauptstadt der ecuadorian. Prov. Manabí, im Küstentiefland, 36 m ü. d. M., 167100 E. Kath. Bischofssitz; TU; Handelszentrum eines Holzwirtschafts- und Agrargebietes. - Gegr. um 1535 nahe der Küste, im 17. Jh. an die heutige Stelle verlegt.

Porträt [...'trɛː; lat.-frz.], Brustbild, Gesichtsbild eines Menschen (↑ Bildnis, ↑ Photographie).

Port-Royal [frz. pɔrwa'jal], ehem. Zisterzienserinnenkloster bei Versailles, 1204 gegr.; ab 1635 wurde P.-R. unter der Äbtissin A. ↑ Arnauld ein Zentrum des frz. Jansenismus mit bewußt gegen die pädagog. Methoden der Jesuiten gerichteten Gründungen von Schulen. Nach der endgültigen kirchl. Verurteilung des Jansenismus (1705) wurde P.-R. 1709 aufgehoben.

Port Said ['pɔrt zaːt], ägypt. Hafenstadt am N-Ende des Suezkanals, 262800 E. Chem., Zigaretten- und Nahrungsmittelind.; Salzgewinnung; Hafen, ✠. - 1859 in regelmäßiger

Anlage gegr.; während der Sueskrise 1956 durch Luftangriffe z. T. zerstört.

Pörtschach am Wörthersee, östr. Fremdenverkehrsort am N-Ufer des Wörther Sees, in Kärnten, 446 m ü. d. M., 2 500 E. - Schloß (16. Jahrhundert).

Portsmouth [engl. 'pɔːtsməθ], Stadt an der engl. Kanalküste, Gft. Hampshire, 179 400 E. Sitz eines anglikan. und eines kath. Bischofs; polytechn. Hochschule, Forschungseinrichtungen der Marine; Dickens-Museum; in einem Trockendock liegt das Flaggschiff von Admiral Nelson, die „H.M.S. Victory"; Kriegshafen; Schiffbau und -reparaturen, Flugzeug-, Elektro- und Elektronikind. - 1194 gegr.; wurde bald Flottenstützpunkt und entwickelte sich nach dem Bau des Arsenals (1496) zum größten engl. Kriegshafen; City seit 1926; im 2. Weltkrieg schwer beschädigt. - Kirche Saint Thomas a Becket (1180); Southsea Castle (16. Jh.).
P., Stadt im sö. New Hampshire, USA, 26 200 E. Schiffbau, Hafen am Atlantik. - Entstand 1623 als **Strawberry,** umbenannt in P. 1653 bei der Verleihung des Rechts einer Town; Hauptstadt der Kolonien bis zum Nordamerikan. Unabhängigkeitskrieg.

Port Sudan, Prov.-Hauptstadt am Roten Meer, Republik Sudan, 207 000 E. Erdölraffinerie, einziger Hochseehafen des Landes.

Port Sunlight [engl. 'pɔːt 'sʌnlɑɪt] ↑ Bebington.

Port Talbot [engl. 'pɔːt 'tɔːlbət], Stadt am Bristolkanal, Wales, Gft. West Glamorgan, 47 300 E. Erzeinfuhrhafen; Eisen- und Stahlwerke; Kupfererzverhüttung. - Der 1873 gebaute Hafen wurde 1898 zum Kohlenexporthafen erweitert. Die Stadt P. T. wurde 1921 aus **Margam** (um ein 1147 gegr. Zisterzienserkloster entstanden) und **Aberavon** (im 13. Jh. als Marktort belegt) gebildet.

Portugal

(amtl.: República Portuguesa), Republik in Südwesteuropa, zw. 36° 58′ und 42° 10′ n. Br. sowie 6° 11′ und 9° 30′ w. L. **Staatsgebiet:** P. grenzt im N und O an Spanien, im W und S an den Atlantik. Zu P. gehören außerdem die Azoren und Madeira. Von den überseeischen Besitzungen verblieb nur Macau. **Fläche:** 92 389 km² (einschließl. Madeira und Azoren). **Bevölkerung:** 10,1 Mill. E (1985), 109,3 E/km². **Hauptstadt:** Lissabon. **Verwaltungsgliederung:** 18 Distr. und zwei Regionen. **Amtssprache:** Portugiesisch. **Nationalfeiertag:** 25. April. **Währung:** Escudo (Esc) = 100 Centavos (c, ctvs). **Internationale Mitgliedschaften:** UN, NATO, EG, EFTA, OECD, Europarat, GATT. **Zeitzone:** Westeurop. Zeit, d. i. MEZ – 1 Std. (mit Sommerzeit).

Landesnatur: P. liegt im W der Iber. Halbinsel, von der es etwa ¹/₆ umfaßt; es erstreckt sich über 550 km von N nach S bei einer Breite von etwa 150 km. Die Grenze zw. Nord- und Süd-P. liegt am südl. Rand des Portugies. Scheidegebirges, in dem mit 1 991 m ü. d. M. die höchste Erhebung des Landes liegt. Nord-P. setzt sich zus. aus dem Küstentiefland der Beira Litoral und Estremaduras, dem Portugies. Scheiderücken und dem Portugies. Scheidegebirge sowie dem nördl. und östl. angrenzenden Hoch-P., das aus Rumpfflächen in 400–800 m Höhe besteht, in die sich die Flüsse tief eingeschnitten haben. Süd-P. gliedert sich in die unter 400 m ü. d. M. gelegenen weitgespannten Rumpfflächen des Alentejo, die nach S in das bis 902 m hohe Algarv. Gebirge (Hochalgarve) überleiten, an das die Niederalgarve grenzt. Die Küste besitzt wenige natürl. Häfen. Das Land grenzt entweder in gradlinigen Steilküsten oder seichten Anschwemmungsküsten ans Meer. Die Azoren und die Insel Madeira sind vulkan. Ursprungs.
Klima: Von N nach S nimmt der mediterrane, von W nach O der kontinentale Einfluß zu. Der im Luv der Westwinde gelegene NW des Landes erhält Niederschläge von 1 500–3 000 mm/Jahr, der im Regenschatten gelegene O dagegen nur 500–1 000 mm. Die W-Küste ist im Sommer relativ kühl. Mit zunehmender Kontinentalität steigen die Temperaturen im Binnenland an. Klimat. bes. begünstigt sind Küstenabschnitte, die am Südfuß von Gebirgen liegen, wie z. B. die Niederalgarve und die portugies. Riviera westl. von Lissabon.
Vegetation: Kiefern, Eukalypten und Steineichen bilden dichte Bestände, im S finden sich große Korkeichenwälder. Nachfolgeformationen abgeholzter Wälder sind im atlant. N Stachelginster- und Glockenheiden, im mediterranen S v. a. Macchien und Gariguen mit Zistrosen, Rosmarin, Lavendel und Thymian.
Tierwelt: Die urspr. Fauna ist weitgehend vernichtet, abgesehen von kleineren Wildtieren, Vögeln und den für den mediterranen Bereich typ. Eidechsen. In einsamen Gebirgsgegenden des N kommen noch Wölfe vor.
Bevölkerung: Die heute ethn. sehr einheitl. Bev. entstand aus einer keltiber., später romanisierten Altschicht, die sich mit Germanen, Arabern und Berbern mischte. Rd. 98 % sind Katholiken. Der O und S des Landes sind dünn besiedelt. Die Landflucht richtet sich v. a. auf die Ballungsräume Lissabon und Porto. Die hohe Arbeitslosigkeit wurde noch verschärft durch über 600 000 Rückwanderer aus den ehem. afrikan. Überseeprovinzen. Auswanderer und Gastarbeiter gehen heute überwiegend nach Nord- und Südamerika, Frankr. und in die BR Deutschland. Es besteht allg. Schulpflicht von 7–14 Jahren. P. verfügt über 78 Hochschulen, davon 11 mit Universitätsrang.

Portugal

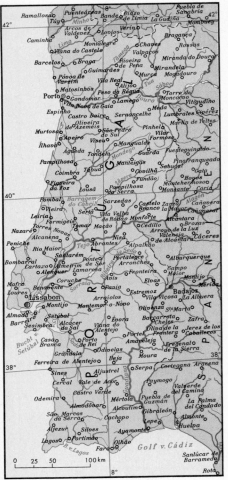

Portugal. Übersichtskarte

Wirtschaft: Die großen wirtsch. Probleme sind bedingt durch eine unzureichende Infrastruktur, die schmale Rohstoff- und Energiebasis, eine noch gering entwickelte Ind. und rückständige Landw.; etwa 40 % der landw. Nutzfläche sind mit Dauerkulturen (Wein, Fruchtbäume) oder mit Stein- und Korkeichen bestanden. Typ. ist ein hoher Anteil an mehrjährigen Brachen, die Rindern, Schweinen und Schafen als Weide dienen. Große Bed. hat der Weinbau. Die Landw. kann nur 60 % des Nahrungsmittelbedarfs

decken. Die Bodenreform, die im März 1975 begonnen wurde, beschränkt sich, nach heftigen Protesten v. a. nordportugies. Kleinbauern, auf die Gebiete des Großgrundbesitzes. Dieser herrschte v. a. in Süd-P. vor. Hier war der Prozentsatz unterbeschäftigter Landarbeiter bes. hoch. 28 % der Landesfläche sind von Wald bedeckt. Wichtige forstwirtsch. Produkte sind Kork und Harz. Eine große Rolle spielt die Seefischerei. Die Wirtschaftszone vor der portugies. Küste wurde 1977 auf 200 und die territorialen Gewässer auf 12 Seemeilen erweitert. An Bodenschätzen sind v. a. Wolfram- und Uranerze von Bedeutung. Wichtigster Ind.zweig ist die Textil- und Bekleidungsind., gefolgt von Nahrungsmittel- und Getränkeind. Petrochem. und Stahlind. sind im Ausbau begriffen. Der Fremdenverkehr ist ein wichtiger Wirtschaftsfaktor.

Außenhandel: Ausgeführt werden u. a. Bekleidung und Garne, Maschinen und Geräte, Wein, Korkwaren, Zellstoff, Schmucksteine und Perlen, Fisch- und Gemüsekonserven, eingeführt Rohöl, Getreide, Eisen und Stahl, Kfz., Maschinen und Geräte u. a. Wichtigste Partner sind die EG-Länder (bei denen die BR Deutschland an 1. Stelle steht), die ehem. Überseeprov., USA, Schweden.

Verkehr: Das Eisenbahnnetz hat eine Länge von rd. 3600 km, das Straßennetz von rd. 54700 km (einschließl. Azoren und Madeira). Die Küstenschiffahrt ist kombiniert mit der Flußschiffahrt, v. a. auf den Unterläufen von Douro, Tejo und Mondego. Wichtigster Hafen ist Lissabon. Die nat. Air Portugal bedient den In- und Auslandsflugdienst. Der internat. ✈ Lissabon wird von 17 ausländ. Gesellschaften angeflogen.

Geschichte: Zur Vorgeschichte ↑Europa. Altertum: Um die Mitte des 1. Jt. v. Chr. trat das Gebiet des heutigen P. mit dem mittelmeer. Kulturen in Kontakt. Die Römer trafen bei ihren Eroberungszügen 154 v. Chr. auf den Volksstamm der Lusitaner, der in dem größeren südl. Teil des heutigen P. siedelte und dessen erbitterter Widerstand erst nach 139 gebrochen werden konnte; die röm. Kolonisation wurde durch Augustus 26–19 v. Chr. abgeschlossen. Doch blieb das Gebiet der röm. Prov. Lusitania Randlandschaft im Röm. Reich.

German. und arab. Zeit, christl. Wiedereroberung und Unabhängigkeit: Die röm. Herrschaft wurde im 5. Jh. n. Chr. durch german. Reiche abgelöst: Kgr. der Sweben vom Kantabr. Gebirge bis zum Tejo, der S war Teil des span. Reiches der Westgoten, die 585 auch das sweb. Gebiet eroberten. Nach der Niederlage der Westgoten gegen die muslim. Berbertruppen (711) fiel auch das Gebiet des heutigen P. in den Besitz des arab. Emirats (später Kalifats) von Córdoba. Die arab. Herrschaft dauerte im N nur kurz, im S fast 500 Jahre. Im äußersten

STAATSOBERHÄUPTER

Könige

Haus Burgund

Alfons I., der Eroberer	1128–1185
	(König seit 1139)
Sancho I.	1185–1211
Alfons II.	1211–1223
Sancho II.	1223–1245
Alfons III.	1245–1279
Dionysius	1279–1325
Alfons IV.	1325–1357
Peter I.	1357–1367
Ferdinand I., der Schöne	1367–1383

Haus Avis

Johann I.	1385–1433
Eduard (Duarte)	1433–1438
Alfons V., der Afrikaner	1438–1481
Johann II.	1481–1495
Emanuel I. (Manuel I.)	1495–1521
Johann III.	1521–1557
Sebastian	1557–1578
Heinrich	1578–1580

span. Könige (Habsburger)

Philipp I. (II.)	1580–1598
Philipp II. (III.)	1598–1621
Philipp III. (IV.)	1621–1640

Haus Bragança

Johann IV.	1640–1656
Alfons VI.	1656–1667/83
Peter II.	1667/1683–1706
Johann V.	1706–1750
Joseph I.	1750–1777
Maria I.	1777–1816
Johann VI.	1816–1826
Peter IV.	1826–1828
Michael I. (Dom Miguel)	1828–1834
Maria II. da Glória (ab 1837 mit Ferdinand II.)	1834–1853
Peter V.	1853–1861
Ludwig I.	1861–1889
Karl I.	1889–1908
Emanuel II. (Manuel II.)	1908–1910

Präs. der Republik

1. Republik

J. T. F. Braga	1910–1911
M. de Arriaga	1911–1915
J. T. F. Braga	1915
B. L. Machado Guimarães	1915–1917
S. Pais	1917–1918
J. do Canto e Castro	1918–1919
A. J. de Almeida	1919–1923
M. T. Gomes	1923–1925
B. L. Machado Guimarães	1925–1926

2. Republik

A. Ó. de F. Carmona	1928–1951
F. H. C. Lopes	1951–1958
A. D. R. Tomás	1958–1974

3. Republik

A. S. R. de Spínola	1974
F. da C. Gomes	1974–1976
A. Ramalho Eanes	1976–1986
M. Soares	seit 1986

NW der Iber. Halbinsel widerstanden christl. Reiche (v. a. Asturien) der arab. Eroberung und gewannen ab 722 das Gebiet zw. Miño und Douro zurück., das nach der Festung Portu-Cale (= Porto) Terra Portucalensis, später auch Comitatus Portucalensis gen. wurde. Die eigtl. Reconquista begann in P. erst unter Ferdinand I., d. Gr., von Kastilien und León. Der Nachfolger, Alfons VI., der Tapfere, belehnte seinen Schwiegersohn Heinrich von Burgund (* um 1069, † 1112) mit der Gft. P., der schließl. eine weitgehende Unabhängigkeit von Kastilien und León erreichte. Sein Sohn Alfons-Heinrich setzte die Reconquista nach S fort, erkämpfte 1139 einen großen Sieg über die Mauren und nahm als Alfons I., der Eroberer, den Königstitel an. 100 Jahre später vollendete Alfons III. mit der Eroberung der Algarve die Befreiung von der maur. Herrschaft.

Aufstieg zur Weltmacht: Dionysius (Dom Dinis) legte 1297 mit Kastilien endgültig die portugies. Grenzen fest. Alfons IV. schlug im Bündnis mit Kastilien 1340 am Salado de Morón den letzten maur. Invasionsversuch zurück. Durch das Engagement Ferdinands I. in den kastil. Thronwirren kam es in 3 Kriegen zur Verwüstung von P.; ande-

rerseits wurde 1373 durch Vertrag das Bündnis mit England (von 1308) bekräftigt, das die Geschichte von P. für Jahrhunderte entscheidend mitbestimmte. Bei Ferdinands Tod (1383) machte der Mann seiner einzigen Tochter Beatrix, Johann I. von Kastilien, seine Ansprüche auf P. geltend und überschritt - vom portugies. Hochadel unterstützt - die Grenzen. Doch wurde 1385 der illegitime Sohn Peters I. von den Cortes als Johann I. zum König proklamiert (Begründer der Dyn. Avis). 1385 errang er mit engl. Unterstützung den entscheidenden Sieg gegen Kastilien. Das Bündnis mit England wurde 1386 bekräftigt. 1415 wurde durch die Eroberung des reichen marokkan. Handelsplatzes und Piratenstützpunktes Ceuta der Weg für afrikan. Küstenfahrten frei und damit der Grundstein für die außereurop. Expansion gelegt. Johanns jüngster Sohn, Heinrich der Seefahrer, baute eine Flotte auf, ließ die Berichte portugies. Seefahrer und arab. Informanten systemat. auswerten und veranlaßte auf dieser Grundlage regelmäßige Erkundungsfahrten in den Atlantik und entlang der afrikan. Küste. Zw. 1419/57 wurden Madeira, die Azoren und die Kapverd. Inseln entdeckt. Johann II. griff energ. gegen die Verschwörung des

Portugal

wiedererstarkten Adels durch und ließ Herzog Ferdinand II. von Bragança 1483 enthaupten. Planvoller noch als Heinrich der Seefahrer förderte er die Entdeckungsfahrten mit dem Ziel, den Seeweg nach Indien zu finden. In den Verträgen von Tordesillas (1494) und Zaragoza (1529) einigten sich P. und Kastilien auf die Aufteilung der Welt in eine portugies. und eine kastil. Interessensphäre. 1498 erreichte V. da Gama als erster Indien auf dem Seeweg. In rascher Folge errichteten die zu Vizekönigen in Indien ernannten F. de Almeida und A. de Albuquerque Handelsniederlassungen und besetzten strateg. wichtige Plätze. So kam der gewinnreiche Gewürzhandel unter portugies. Kontrolle. 1507 wurde die Insel Sokotra (am Ausgang des Roten Meeres) eingenommen. 1510 fiel Goa in Indien, 1511 Malakka, im gleichen Jahr folgte die Niederlassung auf den Molukken, den Gewürzinseln; 1597 gründeten Portugiesen in Macau die erste europ. Niederlassung in China. Den W und O Afrikas kontrollierte P. durch eine Anzahl von Stützpunkten (Luanda, Moçambique, Mombasa). 1500 hatte P. Á. Cabral Brasilien entdeckt, das 70 Jahre später durch die Zuckerrohrverarbeitung bedeutendste Besitzung in P. wurde. Doch mußte P. in der Folgezeit auf Grund der Konkurrenz von Spaniern, Niederländern, Engländern, Franzosen etl. Niederlassungen wieder aufgeben. Das Zeitalter der Entdeckungen war im Innern begleitet von einer künstler. und literar. Blütezeit. Dazu machten sich humanist. und reformator. Einflüsse bemerkbar, gegen die die Gegenreformation jedoch einen schnellen Sieg errang. Nachdem König Sebastian, der die Eroberungspläne seiner Vorfahren in Marokko wieder aufnahm, und Teile des portugies. Adels 1578 im Kampf gegen die Saaditen bei Ksar-Kebri gefallen waren, besetzte 1580 Philipp II. von Spanien, ein Enkel Emanuels I., ganz P.; 1581 riefen die Cortes ihn als Philipp I. zum König von P. aus.

Span. Interregnum und Zeit des Absolutismus : Auch in der Zeit der Personalunion mit Spanien blieb die portugies. Eigenständigkeit erhalten. Durch die Bindung an Spanien wurde P. jedoch auch in die span. Kriege hineingezogen. Die Folge war der Verlust der Molukken (1607), Malakkas (1641), Ceylons (1656). Nur der NO Brasiliens wurde nach niederl. Besetzung 1654 zurückgewonnen. Nach der erfolgreichen portugies. Revolte gegen Spanien vom Dez. 1640 wurde deren Führer, Johann II., Herzog von Bragança, als Johann IV. zum König gekrönt (Gründer der Dyn. Bragança). Er sicherte die erneute Unabhängigkeit u. a. durch Verträge mit Frankr., den Niederlanden und England. Die portugies. Armee mußte mit engl. und frz. Unterstützung bis 1668 kämpfen, ehe Spanien im Frieden von Lissabon die portugies. Unab-

hängigkeit anerkannte. Die Reg.zeit Johanns V. (🖂 1706–50) gilt als eine der glänzendsten in der portugies. Geschichte. Die aus Brasilien einströmenden riesigen Goldmengen erlaubten eine aufwendige Unabhängigkeits- und Neutralitätspolitik, die Forcierung des monarch. Absolutismus, die Förderung von Kunst, Literatur und Wiss., die Errichtung prächtiger Bauten. Unter Joseph I. (🖂 1750–77) erreichte der aufgeklärte Absolutismus in P. seinen Höhepunkt. In den Siebenjährigen Krieg wurde P. trotz der angestrebten Neutralitätspolitik hineingezogen; die span. Invasion konnte jedoch 1762 zurückgeschlagen werden. P. stieb während der Frz. Revolution und der Napoleon. Herrschaft im Bündnis mit Großbritannien. Nach der Weigerung, sich der Kontinentalsperre anzuschließen, besetzte ein frz. Heer im Okt. 1807 P.; der portugies. Hof flüchtete nach Brasilien; obwohl ein brit. Heer P. 1811 befreit hatte, kehrte er erst 1820 nach Europa zurück.

Konstitutionelle Monarchie (1822–1910) und parlamentar. Republik (1910–26): Am 1. Okt. 1822 beschwor Johann VI. die von den außerordentl. Cortes ausgearbeitete Verfassung. Sie garantierte bürgerl. Freiheiten und räumte den Cortes weitgehende Rechte gegenüber dem König ein. Bei Johanns Tod 1826 trat sein ältester Sohn Peter, seit 1822 als Peter I. Kaiser von Brasilien, das Erbrecht an seine älteste Tochter Maria II. da Glória ab und erließ eine neue, weniger demokrat. Verfassung, die dem König gegenüber dem Zweikammerparlament weitergehende Rechte einräumte und, nach Unterbrechungen, 1842–1910 in Kraft blieb. Auf Druck der Hl. Allianz mußte er 1827 seinen jüngeren Bruder Dom Miguel als Regent einsetzen, der sich an der Spitze einer reaktionären Konterrevolution 1828 als Michael I. zum König ausrufen ließ. 1831 verzichtete Peter auf den brasilian. Thron, besiegte Michael 1834 mit brit. Unterstützung, starb aber noch im selben Jahr. In der nun folgenden Reg.zeit von Maria II. da Glória ließen ständige innere Wirren das Land nicht zur Ruhe kommen. Die Niederschlagung des Volksaufstandes von 1846/47 mit brit. und span. Unterstützung und die Militärrevolte von 1851 leiteten die Zeit der sog. Regeneration ein. Die 3 Parteien, die konservative Regenerationspartei, die histor. Partei und die progressive Partei wechselten sich friedl. in der Reg.verantwortung ab. Der Kolonialbesitz in Afrika wurde ausgedehnt. Wirtsch. aber blieb P. ein rückständiges Agrarland und mußte 1892 sogar den Staatsbankrott anmelden. Republikaner und Sozialisten konnten sich seit den 1870er Jahren mit geringen Beschränkungen entfalten. Mit dem Erstarken der Republikaner zerfielen die traditionellen Parteien. Am 1. Febr. 1908 kamen König und Thronfolger bei ei-

234

nem Attentat ums Leben. Der 2. Sohn Karls I., Emanuel II., wurde durch die Ausrufung der Republik am 5. Okt. 1910 entthront. Der Zerfall der Republikaner in 3 rivalisierende Parteien, soziale Auseinandersetzungen, permanente Agitation auf den Straßen und in den Zeitungen ließen keine Stabilität der neuen Reg.form zu. Die Beteiligung am 1. Weltkrieg 1916 belastete das Land zusätzlich. Zw. 1911 und 1926 hatte P. 44 parlamentar. Regierungen. Die letzte wurde durch den Militäraufstand des Generals M. de Oliveira Gomes da Costa 1926 aus dem Amt vertrieben, das Parlament aufgelöst, die Verfassung aufgehoben.

Der autoritäre Staat (1926–74): 1928–51 war General A. Ó. de Fragoso Carmona Präsident. Er berief A. de Oliveira Salazar zum Finanzmin., der zur beherrschenden polit. Figur wurde (ab 1932 zum Min.präs.). Mit der Verfassung von 1933 wurde der ständ.-autoritäre „Neue Staat" („Estado Novo") verankert. Es gab Wahlen, doch war nur eine offizielle Partei, die Nat. Union (União Nacional), zugelassen. Die Opposition wurde von der gefürchteten Geheimpolizei PIDE unterdrückt. Wesentl. Element der neuen Ordnung bildete der berufsständ. Korporativismus, der 1933 in dem „Statut der nat. Arbeit" (mit dem Verbot von Streiks) festgeschrieben wurde. Außenpolit. hielt Salazar P. im 2. Weltkrieg neutral, in der Nachkriegszeit vollzog er den Beitritt zur NATO. Als letzte europ. Kolonialmacht bemühte sich P. unter Einsatz auch militär. Mittel um die Erhaltung seiner überseeischen Besitzungen.

Seit der Revolution von 1974: 1968 erkrankte Salazar schwer, sein Nachfolger wurde M.J.d.N.A. Caetano. Am 25. April 1974 stürzte die seit längerer Zeit bestehende Oppositionsgruppe „Bewegung der Streitkräfte" die bestehende Ordnung. Der ehem. stellv. Generalstabschef A.S.R. de Spínola trat an die Spitze der revolutionären Junta. Die Revolution verlief weitgehend unblutig. Exilpolitiker kehrten zurück. Spannungen zw. linken und rechten Gruppen unter den revolutionären Kräften brachten mehrfach Reg.umbildungen. Spínola trat am 30. Sept. 1974 zurück und floh nach einem Putschversuch im März 1975 ins Ausland. In den Wahlen zur Verfassunggebenden Versammlung vom April 1975 errangen die Sozialisten mit 37,9 % der Stimmen einen deutl. Sieg. Der prokommunist. Min.präs. General V. dos Santos Gonçalves mußte im Sept. 1975 zurücktreten; Nachfolger wurde Admiral J. B. Pinheiro de Azevedo. Ein von extrem linken Gruppen unternommener Putschversuch im Nov. 1975 wurde niedergeschlagen und führte zu einer Säuberung im Revolutionsrat und in hohen militär. Kommandostellen. Am 2. April 1976 verabschiedete die Verfassunggebende Versammlung die neue Verfassung. Innenpolit. steuer-

ten die neuen Reg. seit April 1974 einen sozialist. Kurs. Banken, Versicherungen und Großbetriebe wurden verstaatlicht, durch Enteignung von Großgrundbesitz eine Agrarreform in die Wege geleitet. Außenpolit. trat eine Normalisierung der Beziehungen zu den Staaten des Ostblocks und der Dritten Welt ein. Die Überseeprov. wurden zw. 1974 und 1976 in die Unabhängigkeit entlassen (1 auch portugiesische Kolonien). In den Wahlen von 1976 errang keine Partei die absolute Mehrheit. Die stärkste Partei, die Sozialisten, bildete eine Minderheits-Reg. unter Premiermin. M. Soares, die sich 1 1/2 Jahre an der Macht halten konnte, doch nicht sehr wirksam regierte. Nach dem Sturz der Koalitionsreg. im Juli 1978, die die Sozialisten im Jan. 1978 mit dem rechtsgerichteten Demokrat.-Sozialen Zentrum gebildet hatten, ernannte der 1976 vom Volk gewählte Staatspräs. A. Ramalho Eanes eine nicht parteigebundene Reg. unter A. Nobre da Costa, die schon im Sept. 1978 stürzte. Eine weitere parteilose, im Nov. 1978 gebildete Reg. unter C. A. Mota Pinto stieß bald auch auf Opposition der Parteien. Im Aug. 1979 wurde von Maria de Lurdes Pintassilgo ein Übergangskabinett bis zu den Parlamentswahlen im Dez. 1979 gebildet. Aus diesen vorgezogenen Wahlen ging das Wahlbündnis Demokrat. Allianz (Sozialdemokrat. Partei, Demokrat.-Soziales Zentrum, Monarchist. Volkspartei und Reformisten) als Sieger hervor. Am 3. Jan. 1980 wurde die neue Reg. unter dem Sozialdemokraten F. Sá Carneiro vereidigt. Im Zusammenhang mit der Ermächtigung der Reg. durch das Parlament, neben den verstaatlichten Banken und Versicherungen auch private zuzulassen, kam es im März 1980 zu einer Kraftprobe zw. Reg. und Revolutionsrat, der die Prüfung des Gesetzes auf seine Verfassungsmäßigkeit in Anspruch nahm und es im April als verfassungswidrig ablehnte; im Zuge der von der Reg. beschleunigten Rückgabe von enteignetem Großgrundbesitz im Alentejo kam es zu von der portugies. KP geführten Streiks der Landarbeiter. Während das vom Parlament verabschiedete Autonomiestatut für Madeira von der Verfassungskommission und Revolutionsrat im Aug. 1980 abgelehnt wurde, trat das Autonomiestatut für die Azoren in Kraft. Die verfassungsgemäß [trotz der Parlamentswahlen von 1979] notwendigen Neuwahlen vom Okt. 1980 bestätigten die Reg.koalition; die Demokrat. Allianz gewann mit insgesamt 134 Sitzen die absolute Mehrheit und bildete erneut die Reg. unter F. Sá Carneiro. Doch kurz darauf starb F. Sá Carneiro bei einem Flugzeugunglück (4. Dez. 1981). Ramalho Eanes wurde am 6. Dez. 1981 wiedergewählt. Der Nachfolger Sá Carneiros, F. Pinto Balsemão, führte in Zusammenarbeit mit den Sozialisten 1982 die Verfassungsreform durch und schaffte den Revolutionsrat ab. Anfeindungen von inner-

Portugal

halb und außerhalb der Allianz führten jedoch zum Rücktritt des Ministerpräsidenten. Die dadurch bedingten Neuwahlen vom 21. Juni 1983 gewannen die Sozialisten, und M. Soares bildete eine Koalition mit den Sozialdemokraten. Prioritäten seiner Regierung waren Reformen in Wirtschaft und Verwaltung, Hauptanliegen der Außenpolitik blieben der Eintritt in die EG (Beitrittsgesuch 28. März 1977), die Wiederverbesserung der Beziehungen zu den früheren Kolonien in Afrika und die Pflege des Verhältnisses zu Spanien.

Nachdem die Sozialdemokraten Anibal Cavacao Silva zum neuen Parteivors. gewählt hatten, kam es zu harten Auseinandersetzungen innerhalb der (labilen) Reg.koalition. Schließlich erklärten die Sozialdemokraten ihren Austritt aus der Regierung. Die Vermittlungsbemühungen von Staatspräs. Eanes scheiterten und Min.präs. Soares erklärte seinen Rücktritt. Ende Juni 1985 schrieb Staatspräs. Eanes Neuwahlen für Okt. 1985 aus. Als Sieger gingen die Sozialdemokraten hervor und Cavacao Silva führt seither ein Minderheitenkabinett. Die Anfang 1986 fälligen Präsidentschaftswahlen konnte im zweiten Wahlgang M. Soares für sich entscheiden; er trat sein neues Amt am 9. März 1986 an.

Nach langwierigen und zähen Verhandlungen konnte die Reg. im Juni 1985 die Verträge über die Aufnahme in die EG unterzeichnen. Gemeinsam mit Spanien wurde P. zum 1. Jan 1986 Mitglied der EG.

Politisches System: Nach der Verfassung vom 2. April 1976 ist P. eine souveräne Republik, die „sich für die Umwandlung in eine Gesellschaft ohne Klassen einsetzt"). Die Reg.form kann als eine Mischung aus parlamentar. und präsidentiellem System bezeichnet werden. *Staatsoberhaupt* ist der für 5 Jahre vom Volk gewählte Staatspräsident (seit 9. März 1986 Mario Soares), dessen Kompetenzen weit über die Repräsentation hinausgehen und dem eine zentrale Rolle im polit. Prozeß zukommt. Er ist zugleich Vors. des Revolutionsrates und Oberbefehlshaber der Streitkräfte; er ernennt den Premiermin. und auf dessen Vorschlag die Min., kann das Parlament auflösen und Neuwahlen anordnen. Er hat das Recht, Botschaften an das Parlament zu richten und kann damit das Verhalten der Parteien beeinflussen.

Mit der Revision der Verfassung im Jahre 1982 wurde der Revolutionsrat, der v.a. die Rolle eines Hüters der Verfassung hatte, abgeschafft. Seine Aufgaben und Kompetenzen gingen über auf den neugeschaffenen Staatsrat, dem der Staatspräs. vorsteht, auf den Staatspräs. selbst, den aus 13 Mgl. ebenfalls neugeschaffenen Verfassungsgerichtshof, die Reg., die Versammlung der Rep. und den nat. Verteidigungsrat.

Die *Regierung* bildet der Ministerrat unter Führung des Premiermin., der vom Staatspräsidenten unter Beachtung der Wahlergebnisse ernannt wird. Die übrigen Regierungsmitglieder werden auf Vorschlag des Premiermin. vom Staatspräs. ernannt. Der Premiermin. ist sowohl dem Staatspräs. als auch dem Parlament polit. verantwortl. Die Reg. muß zurücktreten, wenn das Reg.programm oder ein Vertrauensantrag im Parlament abgelehnt wurde. Die *Legislative* liegt beim Einkammerparlament, der Versammlung der Republik (Assembleia da República). Die Abg. (z. Z. 250) werden für 4 Jahre nach dem Verhältniswahlrecht gewählt. Die Auflösung des Parlaments durch den Staatspräs. ist nur mögl., wenn im Parlament dreimal das Programm einer Reg. abgelehnt wurde; das Parlament muß aufgelöst werden, wenn es dreimal innerhalb einer Legislaturperiode die Reg. durch Verweigerung des Vertrauensvotums bzw. Mißtrauensvotum stürzte.

Von den 10 *Parteien* sind nach den Wahlen im Okt. 1985 im Parlament fünf vertreten. In der 1979 gegr. Aliança Povo Unido (APU) sind das Movimento Democrático Português (MDP) und die Partido Comunista Português (PCP) zusammengeschlossen; die APU konnte 38 Sitze erringen. Die sich auf der Linie des Godesberger Programms der dt. Sozialdemokratie bewegende Partido Social Democrata

(PSD) errang 88 Sitze, der Partido Socialista (PS) fielen 57, der von Anhängern des ehem. Staatpräs. Ramalho de Eanes 1985 gegr. Partido Renovador Democrático (PRD) 45 und der christl.-demokrat. Partido do Centro Democrático Social (CDS) 22 Sitze zu.

Der *Gewerkschafts*verband Confederação Geral dos Trabalhadores Portugueses-Intersindical Nacional (CGTP-IN), 1970 gegr. und 1974 als Einheitsgewerkschaft reorganisiert, wird v. a. auf lokaler Ebene von der Kommunist. Partei gesteuert; er repräsentiert rd. 87 % der organisierten Arbeitnehmer. 1978 wurde die União Geral dos Trabalhadores Portugueses (UDTP) gegr. (rd. 940 000 Mgl.).

*Verwaltungs*mäßig ist das portugies. Staatsgebiet in 18 Distrikte und 2 autonome Regionen (Azoren und Madeira) unterteilt. Die autonomen Regionen besitzen jeweils direkt gewählte Regionalversammlungen und aus diesen gewählte Regionalreg. mit dem „Min. der Rep." an der Spitze.

Das portugies. *Gerichtswesen* ist dreistufig aufgebaut: Gerichtshöfe 1. Instanz, Gerichtshöfe 2. Instanz (Appellationsgerichtshöfe), Oberster Gerichtshof. Außerdem gibt es Militärgerichte und einen Rechnungshof.

Die *Streitkräfte* in Gesamtstärke von 73 000 Mann (Heer 45 800, Marine 13 900, Luftwaffe 13 300) dienen nicht nur der Landesverteidigung, sie sollen auch die verfassungsmäßige Ordnung garantieren; es besteht allg. Wehrpflicht (Dienstzeit 16–24 Monate). Neben den regulären Streitkräften gibt es rd. 32 000 Mann paramilitär. Kräfte.

[] *Thomashausen, A.: Verfassung u. Verfassungswirklichkeit im neuen P. Bln. 1981. - P. nach 1974: Regionale Strukturen und Prozesse. 2 Bde. Hg. v. P. Jüngst. Kassel 1981–82. - Weber, Peter: P. Räuml. Dimension u. Abhängigkeit. Darmst. 1980. - Allemann, F. R., u.a.: P. Ffm. u. Luzern 1979. - Freund, B.: P. Stg. 1979. - Mühll, U. v. der: Die Unterentwicklung Portugals. Von der Weltmacht zur Halbkolonie Englands. Ffm. u. New York 1978. - Gutbrod, K.: P. Wesen u. Irrwege. Stg. 1978. - Hermens, F. A./ Köppinger. P. H.: Von der Diktatur zur Demokratie: Das Beispiel Spaniens u. Portugals. Bln. 1976. - Bieber, H.: P. Hannover 1975. - Wiesflekker, O.: P. auf dem Wege zur Demokratie. Ffm. 1975. - Spinola, A. de: P. u. die Zukunft. Dt. Übers. Düss. 1974. - Siegesmund, L.: P.: in Europa u. Übersee. Nürnberg 1973. - Lautensach, H.: Iber. Halbinsel. Mchn. ²1969.*

Portugalöser (Portugaleser), Goldmünzen: 1. dt. Bez. des von Portugal 1499–1557 geprägten Português (39,9 g fast reines Gold), 2. dessen Nachahmung zu 10 Dukaten, bes. in Norddeutschland und Skandinavien.

Portugiesenteppiche, um die Mitte des 17. Jh. vermutl. in Persien hergestellte Teppiche mit Darstellungen von europ. Schiffen und Seefahrern.

Portugieser (Blauer Portugieser), ertrag-

reiche, frühreife, blaue Rebsorte, liefert einen milden, jedoch schnell alternden Rotwein, stellt rd. 50 % der Rotweinrebenfläche der BR Deutschland.

Portugiesisch, zu den roman. Sprachen gehörende Sprache in Portugal (einschließl. der Madeiragruppe und der Azoren) sowie in Brasilien; hervorgegangen aus dem nördl. der röm. Prov. Lusitania, in Galicien, gesprochenen Latein. Mit der Gründung des Kgr. Portugal (1139) erfolgte die polit. Abtrennung von Galicien; hierdurch und durch die Vermischung mit der in den eroberten Landesteilen gesprochenen roman. Sprache der Mozaraber wurde die eigenständige Entwicklung des P. eingeleitet. Das ↑Galicische entwickelte sich zu einem Sonderdialekt. Die portugies. Sprache ist unter den Sprachen der Iber. Halbinsel die konservativste; sie unterscheidet sich erhebl. vom Spanischen. Für das moderne P. ist der große Reichtum an Vokalen und Diphthongen charakterist., in der *Morphologie* die Bewahrung der lat. Plusquamperfektformen und des lat. Futurum exaktum und des lat. Perfekt. Im *Wortschatz* sind viele lat. Wörter bewahrt, die im Span. untergegangen sind; wie das Span. hat das Portugies. zahlr. Wörter aus dem Arab. entlehnt. Es finden sich auch Entlehnungen aus asiat. Sprachen.

Die Sprache *Brasiliens* steht dem Altportugies. des 16. Jh. (und damit dem Span.) näher als das moderne Portugiesisch. Dieses ist den Brasilianern bes. wegen der Aussprache schwer verständlich. Der Wortschatz ist stark mit Wörtern aus dem Tupí der indian. Eingeborenen durchsetzt. Vom portugies. Erbgut nahmen in Brasilien einige Wörter neue Bedeutungen an, z. B. *bóia*, brasilian. „Mahlzeit", portugies. „Boje"; oder das Brasilian. bewahrte veraltete Bedeutungen, z. B. *função*, brasilian. „Tanzfest", portugies. „Feuer".

[] *Dietrich, W.: Bibliographia da lingua portuguesa do Brasil. Tüb. 1980. - Langenscheidts Taschenwörterb. der portugies. u. dt. Sprache. Bearb. v. F. Irmen u. A. E. Beau. Mchn. u. Bln. ¹¹1980. 2 Tle in 1 Bd. - Camara, J. M., jr.: The Portuguese language. Engl. Übers. Chicago (Ill.) 1972. - Huber, J.: Altportugies. Elementarb. Hdbg. 1933.*

Portugiesische Auster ↑Austern.

Portugiesische Galeere (Span. Galeere, Seeblase, Physalia physalis), in allen warmen Meeren verbreitete Staatsqualle; treibt mit Hilfe einer bis 30 cm langen, silbern, blau und purpurn schimmernden Luftkammer an der Wasseroberfläche. An der Unterseite der Luftkammer sitzen bis mehrere Tausend Einzelindividuen mit (bis 50 m) langen Fangfäden, deren Nesselkapseln auch beim Menschen lebensgefährl. Verbrennungen hervorrufen können.

portugiesische Kolonien, die ehem. überseeischen Besitzungen Portugals. Die Besetzung afrikan. Plätze und Madeiras, der

portugiesische Kunst

Azoren sowie der Kapverd. Inseln ab Anfang des 15. Jh. war zunächst als Sicherung von Stützpunkten für weitere Entdeckungsfahrten und für den Handel gedacht, doch begann bald die Kolonisation; sie trat hier in den Hintergrund, als Ende des 15. Jh. der Weg nach Indien, dessen Erkundung die portugies. Herrscher planmäßig geleitet hatten, gefunden war (↑ auch Portugal [Geschichte]). Binnen 30 Jahren brachten die Portugiesen in O-Indien die wichtigsten Hafenplätze in ihre Gewalt und wurden so Herren des Gewürzhandels. 1535 gewannen sie von den Spaniern noch die Molukken, während ihnen in Amerika schon seit 1500 Brasilien gehörte. Nach dem Verlust zahlr. Plätze v. a. in Asien an die Niederlande bzw. an England seit Anfang des 17. Jh. besaß Portugal von seinem großen Kolonialreich schließl. nur noch Goa in Vorderindien, Macau und einen Teil der Insel Timor in O-Asien, Portugies.-Guinea, Angola, Moçambique und einzelne Inseln von Afrika sowie die Azoren u. Madeira. Brasilien erlangte 1822 friedl. seine Unabhängigkeit. In den 1870er Jahren begann Portugal eine neue, aktive Kolonialpolitik in Afrika: Die noch selbständigen Eingeborenenstämme von Angola und Moçambique wurden unterworfen, doch die Gründung eines geschlossenen Afrikareiches scheiterte am Widerstand von Großbrit., das Portugal durch Kriegsdrohung 1890 zum Zurückweichen zwang. Als letztes europ. Land suchte Portugal mit aller Entschiedenheit seine Kolonien zu halten, u. a. dadurch, daß sie 1951 als Überseeprov. zum integralen Bestandteil des Mutterlandes erklärt wurden. Im Dez. 1961 wurde *Portugies.-Indien* (Goa, Damão [Daman] und Diu) von Indien erobert. In Moçambique, Angola und Guinea erstarkten die Befreiungsbewegungen und verwickelten die portugies. Armee in aufwendige Guerillakämpfe. Nach der Revolution von 1974 in Portugal wurden die Überseeprov. in die Unabhängigkeit entlassen: 1974 Guinea-Bissau, 1975 Moçambique, die Kapverd. Inseln, São Tomé und Príncipe und Angola; in der Überseeprov. *Portugies.-Timor* wurde 1976 der Anschluß an Indonesien vollzogen; Macau wurde 1976 autonomes (chin.) Territorium unter portugies. Verwaltung.

▭ *Maxwell, K. R.: Conflicts and conspiracies, Brazil and P., 1750–1808.* London 1973. - *Hamann, G.: Der Eintritt der südl. Hemisphäre in die europ. Gesch.* Graz u. a. 1968. - *Hammond, R. J.: Portugal and Africa, 1815–1910.* Stanford (Calif.) 1966. - *Prestage, E.: Die portugies. Entdecker.* Dt. Übers. Mchn. 1963. - *Peres, D.: A history of the Portuguese discoveries.* Lissabon 1960.

portugiesische Kunst, trotz vielfacher Einwirkungen von Spanien sowie Italien und Frankr. nahm die p. K. seit der Römerzeit eine eigenständige Entwicklung, v. a. in Architektur und Baudekoration. Dies tritt bes. in den beiden wichtigsten kunsthistor. Perioden des Landes, in seiner Blütezeit in der 1. Hälfte des 16. Jh. (Zeitalter der Entdeckungen) und in der 1. Hälfte des 18. Jh. (Gold- und Diamantenfunde in Brasilien) hervor.

Baukunst: Wichtigste Fundorte der Römerzeit sind Conimbriga (zerstört 468) und der Tempel von Évora (2.–3. Jh.). Aus dem 7. und 10. Jh. sind bescheidene vorroman. Kirchenbauten erhalten (São Frutuoso bei Braga; Lourosa). Unter der 1. portugies. Dyn. aus dem Haus Burgund (1139–1383) Ausbildung der roman. Baukunst, v. a. kleine wehrhafte Kirchen mit schmalem, tiefem Sanktuarium. Die Kirchen stehen unter burgund. Einfluß (die Cedofeita in Porto) oder dem der Auvergne; bei mehreren Kirchen ist das Vorbild der Pilgerkirchen von Santiago de Compostela und Saint-Sernin in Toulouse deutlich, Kirchen mit Chorumgang und Kapellenkranz (Alte Kathedrale von Coimbra, 1160–70, Kathedrale von Lissabon). Burgen bezeugen die Sicherung des Landes (Guimarães, Bragança, Leiria, Almourol, Óbidos). Got. Elemente zeigten zuerst die Zisterzienserbauten (Alcobaça, 1178 ff.). Beim Bau des Klosters Santa Maria de Vitória (↑ Batalha) Ende des 14. bis Mitte des 16. Jh. erfolgte die künstler. Entwicklung von der Hochgotik zum voll ausgebildeten ↑ Emanuelstil, ein v. a. von Motiven der Seefahrerwelt geprägter Dekorationsstil (Portal der zu dem Kloster gehörenden „Unvollendeten Kapellen"). Hauptarchitekten des .manuel. Stils waren M. Boytac (15./16. Jh.), M. Fernandes (15./16. Jh.), D. Arruda († 1530/31) und F. de Arruda († 1547). Vielfach wurden bestehende Bauten erweitert und/oder geschmückt (Tomar, Fenster des Kapitelsaals). Den Höhepunkt bilden das Hieronymitenkloster in Lissabon mit seinem Kreuzgang sowie der Torre de Belém (↑ Lissabon). Auch platereske (J. de Castilho [* 1490, † 1551]) und Renaissanceformen wurden in Belém integriert. Reine Renaissancewerke sind u. a. der Große Kreuzgang des Klosters von Tomar sowie die Kirche Nossa Senhora da Conceição (ebd.). In der Barockzeit nimmt u. a. die Profanarchitektur europ. Rang ein: Kloster ↑ Mafra (Architekt Ludovici

Rechte Seite: Portugiesische Kunst. Links: Nuño Gonçalves, Der Erzbischof. Tafel des Vincenz-Altars (zwischen 1465 und 1467). Lissabon, Museu Nacional de Arte Antiga; rechts (von oben): Cotinelli Telmo und Leopoldo de Almeida, Denkmal der Entdeckungen in Lissabon-Belém (Detail; 1960); Maria Elena Vieira da Silva, Der unsichtbare Spaziergänger (1951). San Francisco, Museum of Art; unten: ehemaliges Zisterzienserkloster Alcobaça (1178 ff.)

portugiesische Literatur

[J. F. Ludwig]), Schloß Queluz bei Lissabon (1747–55), Univ.bibliothek von Coimbra (1717–28). 1784–1811 entstand die Wallfahrtskirche Bom Jesus do Monte bei Braga. Zu den portugies. Besonderheiten aus dem 16.–18. Jh. gehört die Auskleidung zahlr. Kirchen mit vergoldetem Schnitzwerk („talha dourada"), z. B. in Porto (Santa Clara) oder Lagos (São Antonio), oder mit ↑Azulejos, mit denen auch ältere Bauwerke verkleidet werden (Königl. Palast von Sintra). Wichtigste städtebaul. Leistung ist der Wiederaufbau von Lissabon nach dem Erdbeben von 1755 durch die Architekten des Marques de Pombal. Im 19. Jh. entstanden techn. Bauwerke wie die doppelstöckige Brücke (1881–85) in Porto über den Douro, im 20. Jh. die Hängebrücke über den Tejo (1966).

Skulptur: In der Gotik gelangte die Grabmalkunst zu hohen Leistungen (Alcobaça; Sarkophage für Pedro I. und Inês de Castro, um 1370; Batalha; Gründerkapelle). Der manuel. Schmuckstil griff von der Architektur auch auf Mobiliar und Goldschmiedekunst (G. ↑Vicente) über. Höhepunkte der Renaissanceplastik sind das Chorgestühl, die Kirchenväterkanzel (1552) und die Grabmäler in Santa Cruz in Coimbra. Zentrum der großen Holzaltäre und der figuralen Plastik der Barockzeit sind Coimbra, Lissabon und Évora. J. Machado de Castro (*1731, †1822) schuf Krippen, auch das Reiterstandbild von Joseph I. in Lissabon. Im 19. Jh. ist v. a. Soares dos Reis, im 20. Jh. sind F. Franco (*1885, †1955) und L. de Almeida (*1899) zu nennen.

Malerei: Die got. Tafelmalerei des 15. Jh. zeigt starke und auch eigenwillige Anlehnung an die fläm. Kunst (N. Gonçalves [2. Hälfte des 15. Jh.]; Vincenz-Altar, 1465–67, Lissabon, Nationalmuseum alter Kunst). Unter Manuel I. bildeten sich Künstlergemeinschaften („ofinicas") mit Zentren in Viseu (Hauptmeister Grão Vasco) und Lissabon (J. Afonso [*um 1475, †um 1540]). Der bedeutendste portugies. Maler des 16. Jh. war der Mönch Carlos, der bei Évora tätig war, beeinflußt von dem großen Altar des Flamen F. Henriques (†1518) für Évora. Die Barockmalerei wandte sich neben religiösen Themen v. a. dem Porträt zu (u. a. D. Vieira [†1678]), das auch im 18. und 19. Jh. gepflegt wurde (D. A. de ↑Sequeira, C. Bordalo de Pinheiro [*1856, †1926]). Moderne Richtungen vertreten u. a. A. Soares (*1894, †1979), C. Botelho (*1899, †1982) und M.-E. Vieira das Silva (*1908).

📖 *Strelocke, H.: Portugal. Köln 1982. - Smith, R. C.: The art of Portugal. New York 1968.*

portugiesische Literatur, ihre erste Blüte erlebte die p. L. mit der galic.-portugies. Minnelyrik (erhalten in 3 Liederhandschriften sind rd. 3 000 Gedichte von über 200 Dichtern [Bürgerlichen, Adligen, Königen]), daneben v. a. die Marienlieder König Alfons' X.

14./15. Jh.: Stolz auf die krieger. Leistungen (Maurenvertreibung, Eroberungskriege und erste Entdeckerfahrten) führten um die Mitte des 14. Jh. zur *Historiographie* in Prosa (Chroniken, Annalen der Adelsgeschlechter, Königschroniken). Die galic.-portugies. Troubadourlyrik wurde um 1450 durch höf. Gelegenheitsdichtung nach span. Vorbild abgelöst.

Renaissance (16. Jh. bis 1580): Die Zeit größter polit. Machtentfaltung unter Emanuel I. bis zur Niederlage von Ksar-el-Kebir (1578) und die Personalunion mit Spanien (1580–1640) war zugleich die Epoche höchster literar. Blüte. Entdeckungsfahrten, Gründung von Kolonien in Afrika und Indien und die Eroberung Brasiliens wurden als Fortsetzung der Glaubenskriege gegen die Mauren aufgefaßt; Strenggläubigkeit versperrte der Reformation den Weg u. hemmte zunächst das Eindringen von Humanismus und Renaissance, was sich v. a. im Drama (bes. bei G. Vicente) niederschlug. Die entscheidende Hinwendung zum Humanismus und zu italien. Vorbildern erfolgte um die Mitte des 16. Jh. durch F. de Sá de Miranda, den Verf. der ersten klass. Komödie, der als Lyriker v. a. Sonett und Kanzone in der Art Petrarcas in die Dichtung einführte, sowie durch A. Ferreira, den Vertreter der ersten klass. Tragödie. Neben Schäferromanen und ma. Ritterromanen bringen die Reisebeschreibungen über die portugies. Entdeckungsfahrten den Zeitgeist am treffendsten zum Ausdruck, u. a. F. Mendes Pinto. Literar. überhöht wurde das Sendungsbewußtsein der Portugiesen durch das histor. Epos „Die Lusiaden" (1572) des L. de Camões.

Barock (1580–1756): Durch die engen Beziehungen zu Spanien gefördert, setzte sich in allen Gatt. der Barockstil eines Góngora (und Marino) durch; bed. Lyriker waren R. Rodrigues Lobo und F. Manuel de Melo. Eine Blüte erlebte die religiöse moral.-didakt. Prosa.

Aufklärung, Klassizismus (1756–1825): Zur Bekämpfung des barocken Stils wurde 1756 die „Arcádia Lusitana" (oder „Arcádia Ulisiponense") als Sammelpunkt neoklassizist. Strömungen gegr., die sich an den frz. Aufklärern u. an engl. Philosophen orientierten (zahlr. didakt. Dichtungen). Mit seiner subjektiv-weltschmerzl. und patriot.-aufklär. Lyrik kündigte M. M. Barbosa du Bocage bereits die Romantik an.

Romantik (nach 1825): Hauptgatt. wurden histor. Roman und histor. Drama nach dem Vorbild von W. Scott und V. Hugo. Als der portugies. Balzac gilt C. Castelo Branco, dessen sentimentale Liebesromane noch heute Leser finden.

Realismus, Positivismus (1865–1900): Gegen den romant.-klassizist. Lyriker A. F. de Castilho (*1800, †1875) erhob sich die antiklerikale und antiromant. „Generation von Coimbra" mit den bedeutendsten Vertretern A. T. de Quental, J. M. Eça de Queirós. **Nach 1900:** Kennzeichnend ist die schnelle Ablösung der literar. Richtungen. Die Dekadenzdichtung der Jh.wende wurde von A. Nobre, der *Symbolismus* bes. von E. de Castro vertreten. Die Ausrufung der Republik (1910) und Portugals Eintritt in den 1. Weltkrieg begünstigten den neoromant. *Saudosismo*, einen auf die nat. Werte sich besinnenden messian. Symbolismus, v. a. in der pantheist. Lyrik von Teixeira de Pascoaes. Aus dem Saudosismo hervorgegangen sind der Lyriker F. A. Nogueira de Seabra Pessoa und der Romancier J. Régio (* 1901, † 1969), die zugleich zum lyr. *Modernismo* überleiteten. Als der bedeutendste Erzähler des 20. Jh. gilt der durch seine Heimatromane bekannte A. Ribeiro. Der sozialkrit. *Neorealismus* nach 1945 setzte sich [bes. in Opposition zur faschist. Diktatur] nur im Roman durch, u. a. bei A. A. Redol (* 1901, † 1969), S. P. Gomes (* 1909, † 1949), F. Namora (* 1908), L. Penedo (* 1916). Nach der Revolution von 1974 wurde v. a. die Lyrik neu belebt.

CU *Hess, R.: Die Anfänge der modernen Lyrik in Portugal (1865–1890). Mchn. 1978. - Franzbach, M.: Abriß der span. u. p. L.gesch. in Tabellen. Ffm. u. Bonn 1968. - Rossi, G. C.: Gesch. der p. L. Dt. Übers. Tüb. 1964.*

portugiesische Musik, im 12. Jh. traten neben der Musikübung am Hof und beim Volk v. a. die Klöster (u. a. Braga, Coimbra) als musikal. Zentren hervor. Von der bes. unter König Dionysius (* 1279, † 1325) blühenden Troubadourkunst sind keine Melodien bekannt. Die Polyphonie des 15./16. Jh. stand unter niederl. Einfluß. In den theatral. Werken seit Gil Vicente war der Musik breiter Raum gewährt. Einen Höhepunkt erreichte die p. M. an der Kathedrale von Évora, deren Kapellmeister M. Mendes (* um 1547, † 1605) mit eigenen Werken und über seine Schüler, v. a. D. Lobo (* 1565, † 1646) und F. de Magalhães († 1652), die Entwicklung bestimmte. Bedeutsam war daneben die Schule von Vila Viçosa; wichtigste Vertreter: König Johann IV. (* 1604, † 1656) und J. L. Rebelo (* 1610, † 1661). Mit seinen „Flores de música" (1620) veröffentlichte der Hoforganist M. R. Coelho (* um 1555, † nach 1633) die erste gedruckte portugies. Instrumentalmusik. Seit Beginn des 18. Jh. trat die italien. Oper in den Vordergrund. Wichtigster Repräsentant wurde F. A. de Almeida († 1755?), während der Kathedralorganist von Lissabon, J. A. C. de Seixas (* 1704, † 1742), mit bed. Musik für Tasteninstrumente hervortrat. Der italien. Richtung gehörten auch J. de Sousa Carvalho (* 1745, † 1798) und M. A. da Fonseca Portugal (* 1762, † 1830) an. Nat. Tendenzen wurden wirksam bei dem Lisztschüler J. Viana da Mota (* 1868, † 1948). Im 20. Jh. folgten der allgemeinen europ. Entwicklung u. a. L. de Freitas Branco (* 1890, † 1955), R. Coelho (* 1891), I. Cruz (* 1901) und F. Lopes Graça (* 1906). Neueste Techniken bis zur elektron. Musik vertreten A. L. Cassuto (* 1938) und J. R. Peixinho (* 1940).

Portugiesisches Scheidegebirge, Teil des Iber. Scheidegebirges in Portugal, Fortsetzung des Kastil. Scheidegebirges, erstreckt sich von der span. Grenze südl. des Douro bis südl. von Coimbra, durch das Tal des Zêzere in 2 parallele, hochartige Gebirgszüge geteilt, die durch weitere Längsbrüche untergliedert sind. Die höchste Erhebung liegt im NO in der *Serra da Estrêla* (1 991 m ü. d. M.). Nach SW setzt sich das P. S. im **Portugies. Scheiderücken** fort, der sich bis zum Kap Roca erstreckt. In der Serra da Estrêla sind die Jahresniederschläge bis über 2 000 mm, in den Randgebieten des P. S. 1 700–1 800 mm, in Binnentälern unter 1 000 mm. Die natürl. Vegetation ist infolge Holzeinschlag, Viehverbiß und Abspülung weitgehend niedriger Sekundärvegetation gewichen.

Portugiesisch-Guinea [gi'ne:a] ↑ portugiesische Kolonien.

Portugiesisch-Indien ↑ portugiesische Kolonien.

Portugiesisch-Timor ↑ portugiesische Kolonien.

Portuguesa [span. pɔrtu'yesa], Staat in W-Venezuela, 15 200 km², 425 000 E (1981). Hauptstadt Guanare. Der größte Teil von P. liegt in den Llanos (Weidewirtschaft und Feldbau); der NW wird von der Cordillera de Mérida und ihren Ausläufern eingenommen (überwiegend Wald, daneben Anbau von Kaffee, Mais u. a.).

Portulak [lat.] (Bürzelkraut, Portulaca), Gatt. der Portulakgewächse mit über 100 Arten in den trop. und subtrop. Gebieten der ganzen Erde; Kräuter mit wechsel- oder fast gegenständigen Blättern und endständigen, in Wickeln oder einzelnstehenden Blüten. Eine bekannte Art ist das **Portulakröschen** (Portulaca grandiflora) mit 2–4 cm großen, häufig roten Blüten; beliebte Sommerblume.

Portulakgewächse (Portulacaceae), Fam. der zweikeimblättrigen Pflanzen mit rd. 500 Arten in 19 Gatt., v. a. an der pazif. Küste Amerikas und in den Anden; meist einjährige oder auch ausdauernde Kräuter, selten Sträucher, mit spiralig angeordneten, schmalen, ungeteilten, teilweise sukkulenten Blättern und unscheinbaren Blüten in Blütenständen. Bekannte Gatt. sind Claytonie, Lewisie und Portulak.

Portunus, röm. Gott der Tür (lat. porta), des Privathauses und des [Tiber]hafens (lat. portus). Die **Portunalia,** sein Fest, wurden seit dem 6. Jh. v. Chr. am 17. Aug. begangen.

Portweine [nach der portugies. Stadt Porto], Misch- und Dessertweine aus 21 Rebsorten aus dem oberen Dourotal; rote P. wer-

PORZELLAN

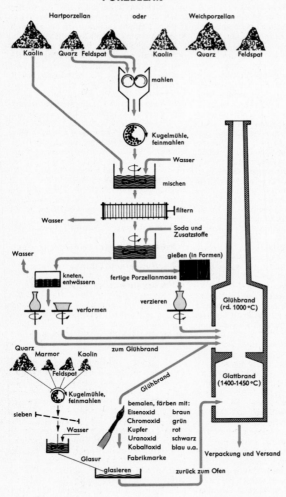

Hartporzellan   oder   Weichporzellan

Kaolin   Quarz Feldspat   Kaolin   Quarz   Feldspat

mahlen

Kugelmühle, feinmahlen

Wasser

mischen

filtern

Wasser

Soda und Zusatzstoffe

Wasser

gießen (in Formen)

kneten, entwässern

fertige Porzellanmasse

verformen   verzieren

Quarz   Marmor   Kaolin

Feldspat

Kugelmühle, feinmahlen

sieben

Wasser

zum Glühbrand

Glühbrand

Glühbrand (rd. 1000 °C)

Glattbrand (1400-1450 °C)

bemalen, färben mit:
Eisenoxid   braun
Chromoxid   grün
Kupfer   rot
Uranoxid   schwarz
Kobaltoxid   blau u.a.
Fabrikmarke

Verpackung und Versand

Glasur

glasieren   zurück zum Ofen

---

den mit zunehmendem Alter heller, weiße dunkeln nach.

Porus [griech.-lat.], svw. ↑Pore.

Porvoo [finn. 'pɔrvɔ:] (schwed. Borgå), finn. Stadt 50 km nö. von Helsinki, 16 500 E. Luth. Bischofssitz; Museen; Holzverarbeitung, Werft, Verlage. - 1346 gegr. (zweitälteste Stadt Finnlands). - Got. Dom (1414–18) mit Rokokoausstattung; guterhaltenes altes Stadtbild.

Porzana [italien.], svw. ↑Sumpfhühner.

Porzellan [italien., urspr. Name einer weißen Meeresschnecke, deren Gehäuse eine porzellanartige Oberfläche aufweist], aus Gemischen von Kaolin, Feldspat und Quarz durch Brennen hergestelltes feinkeram. Erzeugnis mit weißem, dichtem, in dünnen Schichten transparentem Scherben, das glasiert oder unglasiert zur Herstellung von Gebrauchsgegenständen, techn. Erzeugnissen und für künstler. Zwecke verwendet wird. Man unterscheidet das hochschmelzende, ge-

gen Temperaturschwankungen unempfindlichere **Hartporzellan** aus 50 % Kaolin, 25 % Feldspat und 25 % Quarz und das leichter schmelzbare, gegen Temperaturschwankungen empfindlichere **Weichporzellan** aus 25 % Kaolin, 45 % Quarz und 30 % Feldspat (durchschnittl. Werte; durch Ändern der Rohstoffanteile lassen sich die Eigenschaften des P. variieren). Zur Herstellung wird das Kaolin geschlämmt und gesiebt, Quarz und Feldspat in Naßtrommelmühlen auf Korngrößen unter 0,06 mm zerkleinert; danach werden die Rohstoffaufschlämmungen durchgemischt und über Filterpressen entwässert. Eine noch vergießbare P.masse (**Schlicker**) enthält 26−35 % Wasser und wird in Gipsformen eingegossen, wodurch eine beschränkte Trocknung eintritt. Zur Bereitung einer plast. verformbaren P.masse wird auf 20−30 % Wassergehalt entwässert (ungleichmäßige Wasserverteilung wird ausgeglichen) und mit einer Vakuumstrangpresse entlüftet. Die P.masse wird durch Eindrehen in Gipsformen (mit einer Stahlschablone, z. B. für Tassen) oder durch Überdrehen auf eine Gipsform (bei Flachware, z. B. Tellern) geformt. Vor dem Brennen (in Kammer-, Ring- oder Tunnelöfen) werden die Rohlinge getrocknet. Die Brennvorgänge unterscheiden sich nach der Art des P.: Weich-P. wird nur einmal auf 1 200−1 300 °C erhitzt. Hart-P. wird (im sog. *Glüh-* oder *Biskuitbrand*) auf 1 000 °C erhitzt, danach wird die aus Quarz, Marmor, Feldspat und Kaolin zusammengesetzte, fein gemahlene Glasur aufgetragen und im anschließenden sog. *Gar-* oder *Glattbrand* 1 380−1 450 °C 24 Stunden lang gebrannt, wobei die Glasur zu einer Glasschicht ausfließt. Unterglasdekore werden mit dem Garbrand eingebrannt; bei Aufglasurdekoren ist ein zusätzl. Dekorbrand nötig. Die reichhaltigste Farbpalette bieten die Aufglasurdekore (Muffelfarben), kräftige Farben zeigen die Inglasurfarben (ebenfalls mit zusätzl. Glasurbrand). Am haltbarsten sind die Unterglasurdekore, für die Scharffeuerfarben auf Metalloxidbasis (Kobaltoxid für Blau, Chromoxid für Grün), die auch bei hohen Temperaturen farbbeständig sind, verwendet werden. Das für künstler. Zwecke verwendete unglasierte **Biskuitporzellan** *(Statuen-P.* oder *Parian)* wird 24 Stunden bei 1 410−1 480 °C gebrannt. P. wird in großem Umfang zur Herstellung von Geschirr, bes. zusammengesetzte P. mit hoher mechan., therm. und chem. Beständigkeit zur Herstellung von Laborgeräten, Hochspannungsisolatoren u. a. verwendet.
Geschichte: In China wurde Kaolin (benannt nach dem chin. Fundort Kao-ling) vielleicht schon in vorchristl. Zeit, sicher aber seit dem 4. Jh. für Keramik verwendet, echtes P. wurde seit dem späten 13. Jh. hergestellt. Chin. P. wurde seit dem 16. Jh. auch in Europa bekannt und sehr beliebt, es wurde in China,

seit der Schließung Chinas im 17. Jh. auch in Japan, z. T. speziell für den Export und nach Mustern europ. Besteller gefertigt. Es

Porzellanmarken. Deutsche Marken:
1 Meißen (AR [Augustus Rex], Besitzermarke Augusts II. und III., 1723−63), 2 Meißen (Schwertermarke, 1725−63, 1813−1924 und gegenwärtig), 3 Fürstenberg (seit 1753), 4 Nymphenburg (Rautenschild, 1754−1810), 5 Nymphenburg (Hexagramm, 1763−65), 6 Frankenthal (Löwe mit PH [Paul Hannong], 1755−59), 7 Ludwigsburg (Krone mit dem Monogramm Herzog Karl Eugens von Württemberg, 1758−93), 8 Berlin (Zeptermarke seit 1763; in der vorliegenden Form seit 1870), 9 Berlin (Zepter mit KPM [Königliche Porzellan-Manufaktur], 1837−44), 10 Höchst (Rad mit Kurhut, 1765−74), 11 Rosenthal AG in Selb (seit 1879).
Ausländische Marken: 12 China (Marke aus der Zeit der Sungdynastie [960−1280]), 13 Japan (Aritaporzellan, 17. Jh.), 14 Chelsea (1755−58), 15 Derby (seit etwa 1784), 16 Tournai (1751−56), 17 Den Haag (1776−90), 18 Chantilly, 19 Sèvres (1760), 20 Sèvres (1793−1804), 21 Neapel, 22 Doccia, 23 Wien (Schild, 1770−1810), 24 Porzellanfabrik Augarten in Wien (seit 1922), 25 Kopenhagen (Königliche Manufaktur, um 1897)

Porzellanerde

fehlte nicht an europ. Nachahmungsversuchen (Medici-P.), doch mußten weißglasierte Fayencen und Majoliken (in zeitgenöss. Quellen auch P. gen.) noch lange das P.vertreten. Erst seit 1707 gelang J. F. ↑Böttger und E. W. von Tschirnhaus in Dresden die Erfindung des europ. Porzellans, die erste europ. Manufaktur wurde 1710 auf der Albrechtsburg in Meißen eingerichtet. Doch erst nach Böttgers Tod wurden die Weichen für eine umfangreiche Produktion gestellt. J. G. Höroldt entwikkelte Farben und Dekore der P.malerei, J. G. Kirchner und J. J. Kändler lösten sich von dem Vorbild der Goldschmiedekunst und modellierten dem Material entsprechende Geschirrformen und Figuren. Während der Frühzeit spielten auch die ↑Hausmaler eine bed. Rolle, die weißes P. von den Fabriken kauften und in eigenen Werkstätten dekorierten. Sie wurden aber zunehmend von den Manufakturen behindert, die selber nur bei farbig dekoriertem P. hohe Preise erzielen konnten. - Obwohl das Geheimnis der P.herstellung und die damit befaßten Personen streng bewacht wurden, gelang doch einigen Arbeitern die Flucht. Diese halfen bei der Gründung neuer Manufakturen, so daß Meißen seine Monopolstellung verlor. Schon 1717 wurde in Wien eine Manufaktur gegr., 1720 in Venedig, 1737 in Doccia und 1743 auf Capodimonte in Neapel; in Deutschland folgten 1746 Hoechst, 1747 Nymphenburg und Fürstenberg, 1751 Berlin, 1755 Frankenthal; in England begannen Chelsea 1747, Worcester 1750, die Manufaktur in Zürich wurde 1763 gegr., die in Kopenhagen 1766; die bedeutendste frz. Manufaktur Vincennes/Sèvres bestand zwar schon seit 1738, konnte jedoch erst seit den 1760er Jahren auch Hart-P. herstellen, das gleiche gilt für die 1744 gegr. russ. Manufaktur in St. Petersburg. Aus der Konkurrenz heraus entstanden die **Porzellanmarken** (in Meißen seit 1722), Zeichen in Unterglasurblau, gelegentl. auch Preßmarken, mit denen die einzelnen Manufakturen ihre Produkte kennzeichneten. Meist zeigen diese Marken Wappen oder Initialen der herrschenden Fürsten, denn i. d. R. waren diese die Besitzer der Manufakturen, die sie entweder selbst gegr. hatten oder von Privatunternehmen übernahmen, denen meist schnell das Anfangskapital ausging. Das 18. Jh. stellt den Höhepunkt europ. P. dar. Neben J. J. Kändler (Meißen) gelten F. A. Bustelli und J. P. Melchior (beide Nymphenburg) als die überragenden Schöpfer der P.plastik. Auch im Klassizismus, im Jugendstil und seit Mitte des 20. Jh. sind ausgezeichnete Porzellane entstanden. - P. fand, ausgehend von den führenden Gesellschaftsschichten, zunehmend auch als Eßgeschirr Verwendung und bei der Herstellung preiswerten Gebrauchsgeschirrs bildeten sich neue, noch heute gültige Tischsitten heraus.

📖 *Danckert. L.: Hdb. des europ. P. Mchn.* [5]*1984. Poche, E.: P.marken aus aller Welt. Hanau* [6]*1983. - Meister, P. W./Reger, H.: Europ. P. Mchn. 1980. - Newman, M.: Die dt. P.manufakturen im 18.Jh. Mchn. 1977. 2 Bde. - Lunsingh Scheurler, D. F.: Chinese export porcelain (Chine de commande). London 1974. - Schnorr v. Carolsfeld, L.: P. der europ. Fabriken. Bearb. v. E. Köllmann. Mchn.* [6]*1974. 2 Bde. - Weiss, G.: Ullstein P.buch. Eine Stilkunde u.Technikgesch. des P. mit Markenverz. Bln. u. a.* [3]*1973. - Jedding, H.: Europ. P. Bd. 1: Von den Anfängen bis 1800. Mchn. 1971.*

Porzellanerde, svw. ↑Kaolin.

Porzellanmarken ↑Porzellan.

Porzellanschnecken (Cypraeidae), Fam. der Schnecken (↑Vorderkiemer) mit zahlr. Arten in allen Meeren; Schale eiförmig, porzellanartig, nicht selten stark gemustert. Die P. leben vorwiegend auf Korallen, Schwämmen und Manteltieren. Zu den P. gehören u. a. Pantherschnecke, Tigerschnecke und Kaurischnecken.

Porzig, Walter, * Ronneburg bei Gera 30. März 1895, † Mainz 14. Okt. 1961, dt. Indogermanist. - Prof. in Bern, Jena, Straßburg, ab 1951 in Mainz; bed. Arbeiten zum Altindoar., Griech. und Lat. sowie über „Die Gliederung des indogerman. Sprachgebiets" (1954). Sein Hauptwerk ist „Das Wunder der Sprache" (1950).

Posadas [span. po'saðas], Hauptstadt der argentin. Prov. Misiones, am Alto Paraná, 143 900 E. Kath. Bischofssitz; Univ. (gegr. 1973); Sägewerke, Teefabriken; Eisenbahnendpunkt, Hafen. - 1872 als Handelsplatz angelegt; hieß früher **Trincheras de San José.**

Posadowsky-Wehner, Arthur Graf von [...'dofski], Frhr. von Postelwitz, * Glogau 3. Juni 1845, † Naumburg/Saale 23. Okt. 1932, dt. Politiker. - Ab 1893 Staatssekretär des Reichsschatzamts; setzte als Staatssekretär des Reichsamts des Innern (zugleich Stellvertreter des Reichskanzlers) und preuß. Staatsmin. 1897-1907 wichtige sozial- und wirtschaftspolit. Reformen durch; 1907-18 Mgl. des preuß. Herrenhauses; 1912-18 MdR, 1919/20 Mgl. der Nationalversammlung (DNVP); 1928-32 MdL in Preußen.

Posamenten [zu frz. passement „Borte"], textile Besatzartikel (z. B. Borten, Schnüre, Quasten, übersponnene Knöpfe).

Posaune [zu lat. bucina „Jagdhorn, Signalhorn"] (italien., frz., engl. Trombone), Blechblasinstrument mit Kesselmundstück, bestehend aus zwei ineinander verschiebbaren Teilen: 1. dem U-förmig gebogenen Hauptrohr mit Stürze, zwei geraden, parallel verlaufenden und durch Querstangen (Brükken) verbundenen Innenrohren (Innenzüge) und Mundstück; 2. dem gleichfalls U-förmig gebogenen Außenzug, der über die beiden Innenzüge gesteckt wird. Das Rohr der P. ist überwiegend zylindr. und erweitert sich

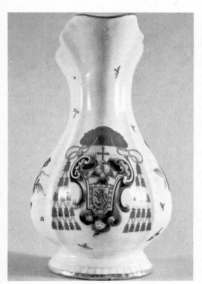

Porzellan. Oben (von links): Johann Joachim Kändler, Leuchter (Meißen; um 1750).
Mannheim, Städtisches Reiß-Museum; Johann Gottfried Schadow, Königin Luise
von Preußen (Berlin; um 1795—97). Mannheim, Städtisches Reiß-Museum;
unten (von links): Milchkännchen (Doccia; um 1760). Hamburg, Museum für Kunst
und Gewerbe; Timo Sarpaneva, Service „Suomi" (1976)

Posavina

erst zur Stürze hin; die Mensur ist eng. Der bewegl. Außenzug ermöglicht dem Spieler eine kontinuierl. Verlängerung der P. und damit eine gleitende Veränderung der Tonhöhe (↑ glissando, ↑ Portamento). Das Hinausschieben des Zuges ergibt eine Vertiefung um sechs Halbtöne (sechs „Positionen" des Zuges). Heute sind v. a. folgende P. in Gebrauch; *Tenor-P.* in B; *Tenorbaß-P.*, eine Tenor-P., deren Stimmung durch ein Quartventil auf F gesenkt werden kann; *Kontrabaß-P.* (Kurzbez. *Baßposaune*) in F, bei der die Stimmung durch Ventile auf Es, C und As gesenkt werden kann; *Ventil-P.* mit drei bis vier Spielventilen anstelle des Zuges in B und F. Seltener werden *Alt-* und *Diskant-P.* verwendet. – Die P. ist wahrscheinl. aus der Zugtrompete hervorgegangen; der U-förmige Zug wurde wohl zw. 1434 und 1470 in Burgund entwickelt. Im 16. Jh. entstanden fünf Stimmlagen der P. (vom Diskant bis zum Kontrabaß). Im Orchester ist seit dem Ende des 18. Jh. ein P.trio (auch Quartett) unterschiedl. Zusammensetzung üblich. Im Jazz war die P. zunächst Baßinstrument, wird jedoch seit Kid Ory und J. Teagarden meist für Gegenmelodien oder Soloimprovisationen verwendet (oft relativ weit mensuriert).
◆ in der Orgel ein Zungenregister im Pedal, meist im 16- oder 32-Fuß.

Posavina [serbokroat. ˌposaˈvina], Bez. für die Saveniederung zw. Zagreb und Belgrad. In der breiten Aue finden sich Altwässer, Sumpfland und ausgedehnte Auwälder; durch dieses kulturfeindl. Geb. verlief jahrhundertelang die Grenze zw. der Habsburger Monarchie und dem Osman. Reich (sog. *nasse Grenze*). Die höher gelegenen trockenen Terassen werden teils von Wald und Weideland, meist aber von Feldern eingenommen.

Poschiavo [italien. posˈkja:vo], Bez. hauptort im schweizer. Kt. Graubünden, im Puschlav, 1 014 m ü. d. M., 3 300 E. Fremdenverkehrsort am Fuße des Berninapasses. – Kam 602 an die Langobarden, 774 an die Karolinger, im 10. Jh. an den Bischof von Chur. – Spätgot. Stiftskirche San Vittore (1497–1503) mit roman. Glockenturm; Barockkirche Santa Maria Assunta (1708–11); Palazzo Mengotti (1665).

Pose [frz.], auf Wirkung bedachte Haltung; gekünstelte, unnatürl. Stellung.

Poseidon, griech. Gott des Meeres, dem bei den Römern *Neptun* entspricht. Sohn des Kronos und der Rhea, Bruder von Zeus, Hades, Hera, Demeter und Hestia, Gemahl der Amphitrite. Als nach dem Sturz des Kronos durch Zeus die Brüder die Welt unter sich aufteilen, erhält P. das Meer. Einem älteren, chthon. Wirkkreis des Gottes gehört die Funktion des „Erderschütterers" an, der mit seinem Dreizack Felsen spaltet und Erdbeben verursacht. In Sage und Kult erscheint der Gott bes. häufig mit dem Pferd verbunden.

Daneben galten auch Stier, Delphin und v. a. der Thunfisch als dem Gott hl. Tiere.

Poseidonia, griech. Name des antiken Paestum.

Poseidonios (latinisiert Posidonius), *Apameia (Syrien) 135 v. Chr., †Rom 51 v. Chr., griech. Philosoph. – P. modifiziert die Formel der Stoa, daß die Natur das schlechthin Gute sei und man daher „gemäß der Natur leben" müsse, indem er den Logos („Vernunft") von der Natur trennt und empfiehlt, „gemäß dem Logos" zu leben. Abwendung von der Individualethik zu einer Makro- und Mikrokosmos umfassenden Sympatheia-Lehre alles Seienden.

Posen (poln. Poznań), Hauptstadt des gleichnamigen poln. Verw.-Geb., an der mittleren Warthe, 85 m ü. d. M., 574 100 E. Kath. Erzbischofssitz; Univ. (gegr. 1919), TU und 5 weitere Hochschulen, Forschungsinstitut der Poln. Akad. der Wiss., Westinst. (für dt.-poln. Beziehungen); mehrere Museen, Theater; Zoo, botan. Garten. Zentrum der metallverarbeitenden Ind., Handelsplatz mit internat. Messe; Verkehrsknotenpunkt. – Im 10. Jh. entstanden; 1253 Magdeburger Stadtrecht; Stapelrecht 1394 verliehen; kam 1793 an Preußen; seit 1815 Hauptstadt des „Groß-Hzgt." (Prov.) P. sowie Sitz des Erzbistums Posen-Gnesen. – Nach den Zerstörungen des 2. Weltkriegs wurden die histor. Baudenkmäler wiederhergestellt, u. a. der Dom (14. Jh.), die barocke Franziskanerkirche (1668–1730), das Renaissancerathaus. Erhalten ist u. a. die Johanniskirche (12. und 16. Jahrhundert).

P., ehem. preuß. Prov. mit dem Namen **Großherzogtum Posen:** umfaßte die durch den Wiener Kongreß 1815 Preußen zugesprochenen, bereits zw. 1793 und 1807 von Preußen verwalteten Kerngebiete des histor. Großpolen (rd. 30 000 km² mit rd. 800 000 E). Nach der poln. Novemberrevolution 1830 wurden die geringen Selbstverwaltungskompetenzen fast vollständig abgebaut, das Gebiet wurde bis zur Inkorporation in das Dt. Reich 1871 durch dt. Beamte zentralist. verwaltet.

Posidonienschiefer [nach der Muschel Posidonia bronni], dunkle, dünnplattige Schiefertone des Lias in SW- und NW-Deutschland mit Olschieferhorizonten; reich an Fossilien bes. der ↑ Holzmaden.

Position [lat.], allg. svw. Lage, Standort, Stelle, Stellung.
◆ Standort z. B. eines Schiffes, eines Flugzeugs oder eines Gestirns.
◆ Stellung eines Angestellten in einem Unternehmen bzw. bei einer Behörde.
◆ im *Sport:* 1. Platz, den ein Spieler [auf Grund der Mannschaftsaufstellung] einnimmt; 2. Rang, den eine Mannschaft oder ein Spieler in einem Klassement einnimmt.
◆ im klass. *Ballett* die Stellung der Füße.
◆ (soziale P.) ↑ Rolle.
◆ in der *Sexologie* ↑ Koituspositionen.

Positionsastronomie, svw. ↑Astrometrie.

Positionslichter, in der Schiffahrt ↑Lichter.

Positionssystem, svw. ↑Stellenwertsystem.

positiv [zu lat. positivus „gesetzt, gegeben"], bejahend, zustimmend (Ggs. negativ); ein Ergebnis bringend; wirklich vorhanden, vorteilhaft, günstig.
◆ größer als Null (Zeichen: > 0).

Positiv [lat.], in der Sprachwiss. ↑Komparation.
◆ kleine Orgel mit nur einem Manual (kein Pedal) und nur wenigen Registern (i. d. R. nur ↑Labialpfeifen), meist wesentl. größer als das ↑Portativ.
◆ ↑Photographie.

positive Forderungsverletzung (sonstige Forderungsverletzung, positive Vertragsverletzung, Schlechterfüllung, Schutzpflichtverletzung), ein gesetzl. nicht geregelter, vielmehr auf Gewohnheitsrecht beruhender Fall der Leistungsstörungen. Die p. F. umfaßt begriffl. alle im Rahmen bestehender Schuldverhältnisse begangenen, vom Schuldner zu vertretenden Pflichtverletzungen, die weder Unmöglichkeit noch Verzug herbeiführen und deren Folgen auch nicht durch gesetzl. Gewährleistungsvorschriften geregelt werden. Dabei handelt es sich im wesentlichen um folgende Fälle: **Schlechtleistung** bzw. Schlechterfüllung durch den Schuldner (z. B. Rechtsanwalt erteilt unrichtige Rechtsbelehrung); Verletzung von **Neben[leistungs]-pflichten** (z. B. Leistungstreue-, Schutz-, Mitwirkungs- und Auskunftspflichten); Verletzung sog. **nachwirkender Treuepflichten** (solche, die auch nach Beendigung des Schuldverhältnisses fortbestehen). *Rechtsfolgen:* Bei einseitigen Schuldverhältnissen entsteht ein Schadenersatzanspruch; daneben besteht, je nach Art des jeweiligen Falles, der ursprüngl. Erfüllungsanspruch fort. Bei gegenseitigen Verträgen hat der Gläubiger die Möglichkeit, entweder vom Vertrag zurückzutreten oder Schadenersatz wegen Nichterfüllung zu verlangen; bei weniger schwerwiegenden Verstößen des Schuldners hat der Gläubiger einen bloßen Schadenersatzanspruch.

Positiventwickler, photograph. Entwickler für Photopapiere und Diapositive.

positive Philosophie ↑positivistische Schule.

positiver Held ↑sozialistischer Realismus.

positive Säule ↑Glimmentladung.

positives Recht, Bez. für das gesetzte Recht im Unterschied zum Naturrecht.

positive Vertragsverletzung, svw. ↑positive Forderungsverletzung.

Positivfilm, photograph. Film zur Herstellung von Diapositiven nach Negativen.

Positivismus [lat.], in *Philosophie* und *Sozialwissenschaften* (↑auch Soziologie) 1. Begriff für (antimetaphys.) Argumentationen und Standpunkte, die das rationale Fundament wiss. Theorien und institutioneller Orientierungen allein in Tatsachenbehauptungen (bzw. streng empir. Prüfungsverfahren), dem „Positiven", sehen; häufig auch für neuere Formen des Empirismus (log. Empirismus [↑analytische Philosophie], ↑Empiriokritizismus, ↑Neopositivismus), da in ihnen neben den analyt. wahren Sätzen nur durch Erfahrung gestützte Aussagen als intersubjektive Erkenntnisse gelten, wobei der log. Empirismus seine Metaphysikkritik zusätzl. darauf stützt, daß metaphys. Probleme weitgehend auf mangelnde Einsicht in den log. korrekten Gebrauch der Alltags- und Wissenschaftssprache zurückzuführen seien; 2. die Auffassung, Werturteile seien keiner rationalen oder wiss. Rechtfertigung zugängl. (↑Werturteilsstreit); gilt im gleichen Sinn auch für manche empirismuskrit. Positionen, wie z. B. für die des ↑kritischen Rationalismus, da bei ihnen die normative Relevanz der Wiss. im wesentl. auf techn.-rationale (zweckrationale) Argumente eingeschränkt wird.

📖 *Sommer, M.: Husserl. u. der frühe P. Ffm. 1985. - Kahl, J.: P. als Konservatismus. Köln 1976. - Wellmer, A.: Krit. Gesellschaftstheorie u. P. Ffm. 1973.*
◆ als Methode in der *Literaturwissenschaft,* ↑Literatur.

Positivismusstreit, die bislang letzte Phase des Methoden- und Werturteilsstreits in den Sozialwiss. zw. den Vertretern der krit. Theorie (v. a. J. Habermas) und des krit. Rationalismus (v. a. H. Albert). - ↑auch Soziologie, ↑auch Ideologie.
📖 *Adorno, T., u. a.: Der P. in der dt. Soziologie. Neuwied [11] 1984.*

positivistische Schule, die von A. Comte begr. Schule des Positivismus zum Aufbau der sog. **positiven Philosophie:** Unter Verzicht auf die metaphys. Suche nach Letztbegründungen wendet sich der Mensch der Entdeckung der gesetzmäßigen natürl. (positiven) Abläufe zu. Im sozialwiss. Bereich ist dies Aufgabe der Soziologie.

Positivretusche, Retuschearbeiten am fertigen photograph. Bild.

Positron [Kw. aus *positiv* und *Elektron*] (positives Elektron, Positon), physikal. Symbole e[+], β[+] oder ⊕; ein leichtes, positiv geladenes, stabiles Elementarteilchen aus der Gruppe der ↑Leptonen, das Antiteilchen des Elektrons; es hat also die gleiche Ruhmasse und den gleichen Spin wie das Elektron, ist aber Träger einer positiven Elementarladung. Das P. wurde 1932 von C. D. Anderson auf Nebelkammeraufnahmen der Höhenstrahlung entdeckt. P. entstehen u. a. beim positiven ↑Betazerfall, bei dem sich ein Proton des Ausgangskerns unter Aussendung eines Neutrinos und eines Protons in ein Neutron verwandelt (**Positronenzerfall**). Radioaktive Kerne, die ein solches Verhalten zeigen, werden als **Positronenstrahler** bezeichnet (z. B. ^{11}C, ^{15}O, ^{18}F und ^{22}Na).

Positronium [Kw.], der ↑ gebundene Zustand eines Positrons und eines Elektrons, der infolge ihrer anziehenden Coulomb-Wechselwirkung bei geringen Energien der beiden Teilchen eintreten kann (die Bindungsenergie beträgt 6,76 eV).

Possart, Ernst von (seit 1898), * Berlin 11. Mai 1841, † ebd. 8. April 1921, dt. Schauspieler und Regisseur. - Bes. seit 1864 am Münchner Hoftheater durch seinen auf Rhetorik aufgebauten Spielstil hervorgetreten (berühmteste Rollen: Richard III., Mephisto, Shylock und Jago). 1895–1905 Intendant des Hoftheaters; Gründung des Prinzregententheaters (Opernaufführungen, v. a. Wagner). Bühnenschriftsteller; Autobiographie.

Posse [eigtl. „Zierat, Scherzfigur" (zu frz. ouvrage à bosse „Bildhauerarbeit")], Bez. für die in der Tradition des Mimus, des Fastnachtsspiels und der Commedia dell' arte stehenden verschiedenen Formen des volkstüml. kom. Theaters in der neuzeitl. Literatur; kennzeichnend sind bes. das [oft improvisierte] einfache Handlungsgefüge, die vordergründige Situations- oder Charakterkomik und der Verzicht auf Belehrung; im Mittelpunkt steht meist die lustige Person in ihren verschiedensten histor. Ausprägungen. Im volkstüml. Rahmen entwickelte sich seit der 2. Hälfte des 18. Jh. die *Wiener Lokal-P.* mit „Hans Wurst", „Kasperl", „Thaddädl" und „Staberl" als lustigen Personen; Höhepunkt waren die P. J. Nestroys, der auch *Zauber-P.* schrieb, die durch das Eingreifen guter und böser Feen und Geister in menschl. Handlungen charakterisiert sind.

Possessiv [lat.] (Possessivum, Possessivpronomen, besitzanzeigendes Fürwort) ↑ Pronomen.

Pößneck, Krst. im Bezirk Gera, DDR, in der Orlasenke, 220 m ü. d. M., 18 000 E. Graph., Leder-, Textil-, Nahrungs- und Genußmittelind. - Bereits bei der ersten Erwähnung 1324 als Stadt bezeichnet. - Spätgot. Pfarrkirche (1390 ff.), Rathaus (1478–1531).
P., Landkr. im Bez. Gera, DDR.

Poßruck, Mittelgebirgsrücken in der südl. Steiermark und in N-Jugoslawien, Ausläufer der Zentralalpen, bis 1 052 m hoch.

Post, Herbert, * Mannheim 13. Jan. 1903, † Bayersoien (Landkr. Garmisch-Partenkirchen) 9. Juli 1978, dt. Schriftkünstler. - Schüler von R. Koch; entwickelte seine Druckschriften v. a. aus der Schreibschrift; u. a. „P.-Antiqua" (1932), „P.-Mediaeval" (1944–47), „Dynamik" (1952)
P., Pieter Jansz., ≈ Haarlem 1. Mai 1608, † Den Haag 2. Mai 1669, niederl. Baumeister. - Einer der Hauptmeister des niederl. Palladianismus; führte Entwürfe von J. van Kampen

aus (Mauritshuis) oder baute mit ihm in Zusammenarbeit (Schloß Huis ten Bosch, 1645 ff.; in den Haag oder selbständig: Stadtwaage in Leiden, 1658; Rathaus in Maastricht, 1650–64).

Post [zu italien. posta „Poststation" (von spätlat. posita statio)] ↑ Post- und Fernmeldewesen.

post..., Post... [lat.], Vorsilbe mit der Bed. „nach, hinter".

Postament [lat.-italien.], Unterbau, Sockel [einer Säule oder Statue].

Postanweisung, Anweisung an die Post, einen eingezahlten Geldbetrag dem Empfänger auszuzahlen.

Postaufträge, Aufträge an die Post, die die förml. Zustellung von Schriftstücken bzw. den Protest von Wechseln zum Gegenstand haben.

post Christum [natum] [lat.], Abk. p. Chr. [n.], veraltet für: nach Christi [Geburt], nach Christus.

Postcommunio [lat. „(Gebet) nach der Kommunion"], in der kath. Messe das Schlußgebet des Priesters nach der Kommunion.

Poster [engl.] ↑ Plakat.

poste restante [frz. postrəstãːtə, postˈrãt „bleibende Post"], frz. Bez. für postlagernd.

Posteriorität [lat.], das Zurückstehen im Amt, niedrigere Stellung.

Postfach, abschließbares Fach zur Abholung von gewöhnl. Postsendungen innerhalb von sieben Werktagen.

post festum [lat. „nach dem Fest"], 1. hinterher; 2. zu spät.

Postgeheimnis, Grundrecht aus Art. 10 GG, das neben dem Briefgeheimnis und Fernmeldegeheimnis den gesamten Postverkehr unabhängig von der Art der Sendung von deren Eingang bei der Post bis zu ihrer Ablieferung beim Empfänger gegen unbefugte Einblicke seitens der Post sowie postfremder staatl. Stellen schützt. Dem P. unterliegen neben dem Inhalt der Sendung auch die näheren Umstände des Postverkehrs, also wer wann, mit wem, wie oft, von wo und wohin in Verkehr steht. Wichtigste Einschränkungen des P., das wie Brief- und Fernmeldegeheimnis nur auf Grund eines Gesetzes beschränkt werden darf, sind §§ 99, 100 StPO, § 6 Zollgesetz und das Abhörgesetz.
Entsprechende rechtl. Bestimmungen gelten auch in *Österreich* und in der *Schweiz.*

Postgirodienst, Dienst der Dt. Bundespost, der die Inhaber eines Postgirokontos im ↑ Giroverkehr mit rd. 4,5 Mill. Postgirokonten bei den 13 Postgiroämtern in der BR Deutschland, vielen Mill. ausländ. Postgiroämtern sowie allen Kreditinstituten verbindet. Bargeld wird von einem Postgirokonto an allen Postämtern der Dt. Bundespost ausgezahlt (Einlösen eines Postbarschecks).

Postglossatoren, Bez. für die Rechtslehrer an der Univ. Bologna im 13./14. Jh., die unter Berücksichtigung der ↑ Glosse, des italian. Rechts und des Rechts der Kanonistik durch Abfassung von Kommentaren die Anwendung des röm. Rechts in der Praxis ermöglichten.

Posthorn, kleines rundes Blechblasinstrument mit weiter Stürze, ein Signalhorn, das seit dem 16. Jh. die Postillione bliesen und das heute das Wahrzeichen der Post ist. Das P. ist der Vorläufer des ↑ Kornetts.

Posthornschnecke (Planorbarius corneus), bis etwa 3 cm lange, braune Lungenschnecke, v. a. in stehenden, pflanzenreichen Süßgewässern Norddeutschlands; Gehäuse spiralig gewunden; wurde früher als „Purpurschnecke des Süßwassers" bezeichnet, weil sie bei stärkerer Belästigung einen roten Blutstropfen abgeben kann.

posthum ↑ postum.

posthypnotische Phänomene, Bez. für im Anschluß und als Folge einer ↑ Hypnose auftretende Erscheinungen, z. B. Ausführung von unter Hypnose erhaltenen Aufträgen (**posthypnot. Suggestion**) oder anweisungsgemäßes Sichnichterinnern an das unter Hypnose Geschehene (**posthypnot. Amnesie**).

Postille [zu lat. post illa (verba) „nach jenen (Worten)"], Bez. für die Auslegung eines Bibeltextes, die als Kommentar den jeweils abschnittweise aufgeführten Bibeltexten nachfolgte; sodann für die Erklärung bibl. Bücher überhaupt; auch für den auslegenden Teil einer Predigt oder für die ganze Predigt. P. wurden im Gottesdienst verlesen (Kirchen-P.) oder dienten der Erbauung (Haus-P.).

Postillion [lat.] ↑ Gelblinge.

Postkarte, in Art und Größe standardisierte offene Mitteilungskarte, die mit der Briefpost (zu geringerer Gebühr als ein Standardbrief) befördert und dem Empfänger zugestellt wird. Mit der P. darf eine Antwort-P. verbunden sein.

Postleitzahlen, postal. Leitangaben nach einem numer. Code zur eindeutigen Bez. von Gemeinden und zur rascheren (auch mechan.) Abwicklung der Postverteilung.

Postludium [mittellat. „Nachspiel"], in der ev. Kirchenmusik Bez. für das Orgelstück zum Beschluß des Gottesdienstes. Auch instrumentales Nachspiel. - ↑ Präludium.

post meridiem [lat.], Abk. p. m., nachmittags (in englischsprachigen Ländern bei Uhrzeitangaben).

Postmoderne, Begriff der Architekturtheorie, 1976 durch den amerikan. Architekturkritiker C. Jencks geprägt. P. bezeichnet die Bestrebungen, dem Funktionalismus und Rationalismus durch spieler. Umgang mit Bauformen und Stilmixturen zu entgehen (C. W. Moore, R. A. M. Stern).

postmortal [lat.], in der Medizin für: nach dem Tode (auftretend); z. B. von Organveränderungen.

post mortem [lat.], Abk. p. m., in der Medizin für: nach dem Tode.

postnatal, in der Medizin für: nach der Geburt bzw. Entbindung (auftretend).

postnumerando [lat.], nachträglich zahlbar. - Ggs. **praenumerando,** im voraus zahlbar.

Postojna [slowen. pɔs'toːjna] (Adelsberg), jugoslaw. Stadt 40 km sw. von Ljubljana, 550 m ü. d. M., 6 300 E. Inst. für Höhlenforschung; Fremdenverkehr wegen der ↑ Adelsberger Grotte.

post partum [lat.], in der Medizin für: nach der Geburt bzw. Entbindung.

Postposition, eine dem Nomen nachgestellte Präposition, z. B.: der Ehre *wegen*; um Gottes *willen.*

Postrecht, Gesamtheit der Rechtsnormen über das Postwesen. Entsprechend seiner histor. Entwicklung aus dem hoheitl. Postregal wird das P. nach dt. Rechtstradition Teil der in die Hand des Staates gelegten Daseinsvorsorge und deshalb als Teil des öffentl. Rechts angesehen. Die Posthoheit liegt ausschließl. beim Bund. Er erläßt das P. und führt es in bundeseigener Verwaltung durch die ↑ Deutsche Bundespost (DBP) aus. Das gleiche gilt für den Bereich des der Bundespost anvertrauten Post- und Fernmeldewesens.

Das materielle P. ist durch das Postgesetz (PostG) vom 28. 7. 1969 vereinheitlicht und neu geordnet worden. Es faßt die für alle Dienstzweige des Postwesens geltenden Rechtsgrundsätze zusammen. Die Rechtsbeziehungen zw. Post und Kunden regelt das PostG in den Grundzügen, die nähere rechtl. Ausgestaltung erfolgt durch Rechtsverordnungen (Benutzungsverordnungen) des Bundespostministers. Für Streitigkeiten auf dem Gebiete des Postwesens ist der Verwaltungsrechtsweg gegeben, für Haftungsansprüche der ordentl. Rechtsweg (§ 26 PostG).

In *Österreich* ist das P. in Gesetzgebung und Vollziehung Bundessache. Die grundsätzl. Regeln enthalten das BG über das Postwesen (Postgesetz) und die Postordnung (PO) von 1957 in der Fassung von 1976. Postmonopol und Haftung aus dem Postverkehr entsprechen der dt. Regelung. In der *Schweiz* sind v. a. das BG über die Organisation der Post-, Telefon- und Telegrafenbetriebe (PTT-Organisationsgesetz) von 1960 sowie das Postverkehrsgesetz von 1924 Bestandteile des Postrechts. Postmonopol und Haftung aus dem Postverkehr sind entsprechend der dt. und östr. Rechtslage geregelt. Die Benutzung der Post erfolgt nach öffentl.-rechtl. Grundsätzen.

Postscheckverkehr, nach östr. Vorbild (seit 1883) in Deutschland am 1. Jan. 1909 eingeführter bargeldloser und halbbarer Zahlungsverkehr (heute ↑ Postgirodienst).

Postsendungen, Oberbegriff für Briefsendungen und für Paketsendungen, die entweder als gewöhnl. Sendungen oder als nachzuweisende Sendungen (Einschreiben) aufgegeben werden können.

Postskript (Postskriptum) [zu lat. postscribere „hinzufügen"], Abk. PS, Nachschrift, Zusatz.

Postsparkasse, Einrichtung der Postanstalten zur Annahme und Verwaltung von Spargeldern. Die erste P. wurde durch Gesetz vom 17. 5. 1861 in Großbrit. errichtet. In Deutschland wurde das P.wesen erst 1939 nach östr. (seit 1862) Vorbild eingeführt.

Posttechnisches Zentralamt (PTZ), mittlere, dem Bundesministerium für das Post- und Fernmeldewesen nachgeordnete Bundesbehörde, Sitz: Darmstadt, mit zentralen Aufgaben (auch Forschung) auf den Gebieten des Postdienstes, des Auslandsdienstes, des Einkaufs, Maschinen- und Kraftfahrwesens.

Postulat [zu lat. postulatum „Forderung"], Begriff der *Wissenschaftstheorie* und *prakt. Philosophie.* In der antiken Disputationstechnik ein Satz, den einer der Gesprächspartner einer Erörterung zugrunde legt, ohne daß die anderen ihm beipflichten. Kant unterscheidet mathemat. P. als Ausdruck der „Synthesis", mit der Begriffe erzeugt werden, von „P. des empir. Denkens" als Modalitätsbestimmungen empir. Aussagen. Die „P. der prakt. Vernunft" (Freiheit des Willens, Unsterblichkeit der Seele, Existenz Gottes) lassen sich theoret. nicht beweisen, haben jedoch prakt. Geltung, da ohne sie sittl. Handeln nicht zu begründen sei.

◆ in der *Schweiz* Bez. für den parlamentar. Auftrag an den Bundesrat, zu prüfen, ob ein Gesetz- oder Beschlußentwurf vorzulegen oder eine Maßnahme zu treffen sei.

Postulationsfähigkeit [lat./dt.], die an bestimmte, gesetzl. vorgeschriebene Eigenschaften gebundene Fähigkeit, im Prozeß rechtserhebl. zu handeln. Sie ist Voraussetzung für die Verhandlungsfähigkeit vor Gericht. - ↑ auch Anwaltszwang.

postulieren [lat.], fordern, für unabdingbar, als gegeben hinstellen.

postum (posthum) [zu lat. postumus „nachgeboren"], nach jemandes Tod erfolgt, nach jemandes Tod erschienen; nach dem Tod des Vaters geboren.

Postumus, Marcus Cassianius Latinius, † bei Mogontiacum (= Mainz) 268 (ermordet), röm. Gegenkaiser (seit 259). - Heerführer des Kaisers Gallienus in Gallien; schuf ein Sonderreich (Gallien, Britannien, Teile Spaniens), das sich unter seinen Nachfolgern bis 273 hielt.

Post- und Fernmeldewesen, Zweig des Sektors Dienstleistungen, der Nachrichten-, Personen-, Güter- und Zahlungsverkehr sowie andere Verkehrsbereiche ganz oder teilweise umfassen kann; Kernbereiche des *Post-*

wesens sind der Brief- und der Paketdienst, Kernbereich des *Fernmeldewesens* ist der Fernsprechdienst. Das bes. Interesse, das die Allgemeinheit an einer funktionsfähigen Post- und Fernmeldeorganisation hat, hat in den meisten entwickelten Ländern dazu geführt, daß „die Post" ein staatl. Dienstleistungsunternehmen mit Monopolstellung, Annahmezwang, Tarif- und Betriebspflicht ist.

Geschichte: Nach dem Untergang des Röm. Reiches waren in Mitteleuropa geregelte Verkehrs- und Nachrichtenverbindungen nicht mehr vorhanden. Deshalb entwickelte sich seit dem 12. Jh. ein ausgedehntes Botenwesen. Die Familie Taxis, später das Haus Thurn und Taxis, übernahm in der Folgezeit die Trägerschaft des Nachrichtenwesens in weiten Teilen Deutschlands und Mitteleuropas. Franz von Taxis (* 1459, † 1517) richtete die erste durch Deutschland führende Postlinie von Innsbruck nach Mecheln ein. Kaiser Rudolf II. erklärte 1597 die Posten zu einem kaiserl. Regal. Nach dem Span. Erbfolgekrieg verlor das Haus Thurn und Taxis seine Posteinrichtungen in den span. Niederlanden und verlegte die Zentralverwaltung von Brüssel nach Frankfurt am Main, das nun Mittelpunkt des dt. Postnetzes wurde. In Österreich hatte der Staat die Post seit 1722 in Besitz. In der Schweiz spielte die von der Familie Fischer als Pachtunternehmen betriebene Berner Post die wichtigste Rolle und umfaßte eine große Zahl der Kantone. Mit der Abdankung Kaiser Franz' II. 1806 verlor die Thurn und Taxissche Post ihren Charakter als kaiserl. Reichspost und büßte den größten Teil ihres bisherigen Tätigkeitsgebiets ein. Dem Fürsten Karl Alexander von Thurn und Taxis (* 1770, † 1827) gelang es, noch einmal für kurze Zeit ein zusammenhängendes Postgebiet zu bilden. Nach dem Dt. Krieg von 1866 übernahm Preußen am 1. Juli 1867 gegen eine Entschädigung von 3 Mill. Talern die Thurn und Taxissche Postverwaltung.

Die Möglichkeit der Nachrichtenübermittlung durch Telegrafie wurde in größerem Maße seit dem 19. Jh. genutzt. In Preußen bestand von 1833 bis 1849 eine opt. Telegrafenlinie von Berlin nach Koblenz, die überwiegend militär. Zwecken diente. Nach Eröffnung der elektr. Telegrafenlinien von Berlin nach Frankfurt am Main und nach Köln 1848 kamen bald internat. Verträge über die Nutzung der Telegrafenlinien zustande. Auch der Postverkehr wurde mehr und mehr zw. den verschiedenen Verwaltungen geregelt. Erste Zusammenschlüsse in großem Rahmen waren der Dt.-Östr. Postverein (1850–66) und der Dt.-Östr. Telegraphenverein (1850–65). Der Norddt. Bund unterhielt als Verkehrsanstalt die Norddt. Bundespost, die bis zur Reichsgründung 1871 wirkte. Die dann entstandene Dt. Reichspost umfaßte auch Elsaß-Lothringen und Baden, während Bayern und Würt-

Post- und Fernmeldewesen. Links: Standbriefkasten der Reichspost (um 1900). Frankfurt am Main, Bundespostmuseum; rechts: Fernsprechvermittlungsschrank der ersten bayerischen „Umschaltstelle" Ludwigshafen am Rhein (1882). Nürnberg, Verkehrsmuseum

temberg ihre eigenen Postverwaltungen noch bis 1920 behielten. Post und Telegrafie bildeten zunächst selbständige Verwaltungen. Sie wurden 1876 zur Reichspost- u. Telegraphenverwaltung unter dem Generalpostmeister Heinrich von Stephan zusammengefaßt. Der Initiative Stephans sind viele Verbesserungen im Postdienst zu verdanken, wie etwa 1877 die Einführung des Fernsprechapparates und 1881 die Gründung des ersten europ. Fernsprechamtes in Berlin. Der gewaltige techn. Aufschwung im 20. Jh. beeinflußte die Entwicklung des P.- u. F. in starkem Maße. Hier seien nur einige Daten genannt: 1905 Kraftpostlinien zur Personenbeförderung, 1908 Wählfernsprechamt Hildesheim, 1909 Einführung des Postscheckdienstes, 1919 planmäßige Luftpostbeförderung, 1923 Rundfunk, Fernwahl in der Netzgruppe Weilheim, 1927 Überseesprechfunk, 1928 Umstellung des Landpostdienstes auf Kraftfahrzeuge, 1933 öffentl. Fernschreibdienst (Telex), 1935 Fernsehen, 1936 Fernsehsprechdienst, 1939 Aufnahme des Postsparkassendienstes. Der Zusammenbruch von 1945 bedeutete auch das vorläufige Ende des zentralen Post- und Fernmeldewesens. Nach der Normalisierung der Verhältnisse begannen in jeder der vier Besatzungszonen eigene Postverwaltungen zu arbeiten. 1946 wurde die Hauptverwaltung für P.-u. F. des amerikan. und brit. Besatzungsgebietes geschaffen, aus der 1947 die Hauptverwaltung für das P.- u. F. des Vereinigten Wirtschaftsgebietes hervorging. Diese Verwaltung ging am 1. April 1950 als Bundesministerium für das Post- und Fernmeldewesen in die Kompetenz des Bundes über (↑ Deutsche Bundespost).

Die innovator. Bestrebungen seit dieser Zeit führten zu folgenden Neuerungen im P.- u. F.: 1961 Postleitzahlsystem und Nachtluftpostnetz, 1964 Erdefunkstelle Raisting für die Fernmeldesatellitenübertragung, elektron. Datenverarbeitung im Postscheckdienst, 1965 Beginn der Datenübertragung im öffentl. Fernsprechnetz (Anfang der Datexdienste), 1966 erster Datexdienst mit 200 bit/s, 1979 Telefaxdienst, 1980 Telebriefdienst, 1981 Teletexdienst, 1983 Bildschirmtextdienst, Kabelanschluß für die Verteilung von Hörfunk- und Fernsehprogrammen, vollständige Einführung des Nahdienstes im Fernsprechnetz mit Zeittakt bei Ortsgesprächen sowie seit 1986 der Aufbau von ISDN-Netzen (↑ ISDN).

📖 *Eidenmüller, A.:* P.- u. F. Komm. Loseblattausg. Ffm. 1982. - *Klingebiel, F. J.:* Haushaltswesen der Dt. Bundespost. Neuwied 1982. - *Altmannsperger, H. J.:* Postrecht. Hdbg. 1980. - *Eilers, M.:* Ein Gang durch die Bonner Postgesch. Bonn 1977. - Quellen zur Gesch. des europ. Postwesens: 1501–1806. Bearb. v. M. Dallmeier. Kallmünz 1977–84. 3 Tle. - *Stephan, H. v., u. a.:* Gesch. der Post. Bln. u. a. 1928–79. 4 Bde.

postvakzinal [lat.], in der Medizin für:

Postwertzeichen

nach bzw. als Folge einer Impfung auftretend.

Postwertzeichen, von der Post ausgegebene Wertzeichen (↑ Briefmarken).

Postzwang, die histor., dem königl. Postregal des MA entsprechende, heute auch als Beförderungsvorbehalt bezeichnete Befugnis des Staates, die entgeltl. Beförderungen von Nachrichtensendungen bei der Post zu monopolisieren. Nach geltendem Recht besteht ein Postzwang als *Beförderungsvorbehalt* nur für die Beförderung von Sendungen mit schriftl. Mitteilungen; daher sind private Paketbeförderungsdienste zulässig.

Potala, ehem. Palastburg des Dalai Lama in Lhasa.

Potamogeton [griech.], svw. ↑ Laichkraut.

Potaufeu [potoˈføː; frz. „Topf auf dem Feuer"], Eintopf, von dem erst die Brühe mit [geröstetem] Weißbrot und dann Fleisch und Gemüse gegessen werden.

Potawatomi [engl. pɔtəˈwɔtəmɪ], Algonkin sprechender Indianerstamm in N-Michigan, später bis Illinois verbreitet.

Potchefstroom [Afrikaans ˈpɔtʃɛfstroːm], Stadt in SW-Transvaal, Republik Südafrika, 1 352 m ü. d. M., 57 500 E. Univ. für christl. höhere Erziehung; landw. Forschungsinst., Museum, Kunstdüngerfabrik, Malzfabriken, Holzverarbeitung, Gold- und Uranbergbau. - Älteste Stadt in Transvaal, 1838 gegr., vor 1845 und 1856–80 Hauptstadt.

Poteidaia (Potidäa), korinth. Kolonie auf der Halbinsel Palene (= Kassandra) der Chalkidike; Mgl. des Att.-Del. Seebundes, doch von korinth. Beamten regiert; der athen. Befehl zu deren Ausweisung war einer der Anlässe zum Peloponnes. Krieg; nach der Kapitulation vor den Athenern (430/429) Neubesiedlung durch athen. Kolonisten. 356 Eroberung durch Philipp II. von Makedonien; 316 Gründung der neuen Stadt **Kassandreia**; unter Augustus Colonia; nach 539 n. Chr. durch Slawen zerstört.

Potemkin ↑ Potjomkin.

Potemkinsche Dörfer ↑ Potjomkin, Grigori Alexandrowitsch Fürst.

Potempa-Prozeß, Prozeß in Beuthen O.S., in dem 5 SA-Männer auf Grund einer Verordnung der Reichsreg. Papen vom 9. Aug. 1932 wegen der brutalen Ermordung eines Kommunisten im oberschles. Dorf Potempa (1936 in Wüstenrode umbenannt, heute Potępa bei Gleiwitz) in der Nacht vom 9. auf den 10. Aug. 1932 zum Tode verurteilt wurden. Hitler, der sich öffentl. mit den Mördern solidarisiert hatte, verfügte nach der Machtergreifung die Freilassung der Verurteilten, die schon auf Empfehlung Papens zu lebenslängl. Zuchthausstrafe begnadigt worden waren.

potent [zu lat. potens „mächtig"], leistungsfähig; mächtig, einflußreich; zahlungskräftig, vermögend.

◆ fähig zum Geschlechtsverkehr (bes. vom Mann gesagt); zeugungsfähig.

Potentat [lat.], Machthaber, Herrscher.

Potentia coeundi [ko-e...; lat.] ↑ Potenz.

Potentia erigendi [lat.] ↑ Potenz.

Potentia generandi [lat.], svw. Zeugungsfähigkeit (↑ Potenz).

Potential [zu spätlat. potentialis „nach Vermögen, tätig wirkend"], allg. svw. Leistungsfähigkeit. In der *Physik* i. e. S. eine skalare, ortsabhängige physikal. Größe $V = V(r)$ zur Beschreibung eines wirbelfreien ↑ Feldes, aus der durch Gradientenbildung die Kraft bzw. Feldstärke $F = F(r)$ folgt, die in diesem Feld auf einen Probekörper wirkt: $F(r) = = grad\ V(r)$. Im Falle eines Kraftfeldes ist dann die P.differenz $V(r_2) - V(r_1) = A_{12}$ gleich der Arbeit, die die Kraft F an einem Probekörper leisten muß, um ihn längs eines beliebigen Weges von einem Raumpunkt P_1 zu einem Raumpunkt P_2 zu bringen. - Derartige P., die als Funktion der Ortskoordinaten bzw. des Ortsvektors r Feldgrößen sog. *P.felder* darstellen, werden mathemat. durch die *P.funktionen* beschrieben. Beispiele sind das elektr. P., dessen negativer Gradient die elektr. Feldstärke eines elektr. Feldes ergibt und dessen Differenz zw. zwei Raumpunkten die zw. diesen herrschende elektr. Spannung ist, sowie das sog. *Newtonsche Gravitations-P.* $V(r) = -\gamma m_1 m_2 / r$, das den Massen m_1 und m_2 zweier sich infolge ihrer Gravitation anziehender Körper und dem Kehrwert ihres Abstandes r proportional ist (γ Gravitationskonstante).

Formale Analogien in verschiedenen Bereichen der theoret. Physik führten dazu, den P.begriff in einem weiteren Sinne zu verwenden; man versteht heute allg. darunter jede skalare Funktion mehrerer Veränderlicher, deren partielle Ableitungen nach diesen unabhängigen Variablen zu Größen mit eigener physikal. Bedeutung führen. Ein Beispiel für ein derartiges P. ist das *Geschwindigkeits-P.,* dessen Gradient die Geschwindigkeitsverteilung einer Potentialströmung liefert.

Potentialdiagramm, die graph. Darstellung des Wechselwirkungspotentials $\varphi(r)$ zweier miteinander wechselwirkender Teilchen in einem ↑ gebundenen Zustand als Funktion ihres Abstandes r; auch die graph. Darstellung der potentiellen Energie V solcher Teilchen als Funktion des Abstandes von der Gleichgewichtslage im gebundenen Zustand. Die sich dabei ergebenden Kurven werden als **Potentialkurven** bezeichnet.

Potentialfläche, svw. ↑ Äquipotentialfläche.

Potentialgleichung, die Laplacesche Differentialgleichung

$$\Delta u = \frac{\partial^2 u}{\partial x^2} + \frac{\partial^2 u}{\partial y^2} + \frac{\partial^2 u}{\partial z^2} = 0,$$

die von den Potentialen wirbelfreier Felder

in quellfreien Raumbereichen erfüllt wird *(homogene P.)*; ihre Lösungen werden als **Potentialfunktionen** bezeichnet. Die Verallgemeinerung der P. auf Räume, die mit Quellen von Potentialen bzw. [Kraft]feldern erfüllt sind, ist die auch als *inhomogene P.* bezeichnete Poisson-Gleichung.

Potentialis [lat.], Modus (Aussageweise) des Verbs, der die Möglichkeit der Verwirklichung des Verbalgeschehens ausdrückt und damit das Gegenstück zum ↑ Irrealis darstellt.

Potentialströmung, eine bis auf isolierte Singularitäten wirbelfreie Strömung; ihr Geschwindigkeitsfeld v läßt sich gemäß $v =$ grad φ aus einem ↑ Potential φ, dem sog. *Strömungs-* oder *Geschwindigkeitspotential,* herleiten. Die prakt. Bedeutung der P. für die Aerodynamik beruht darauf, daß die Strömungen um ein Tragflächenprofil (abgesehen von den sehr dünnen ↑ Grenzschichten) in guter Näherung P. sind.

Potentialtheorie, Teilgebiet der mathemat. Physik, das sich mit der Berechnung von ↑ Potentialen vorgegebener Massen- oder Ladungsverteilungen durch Lösung der Poissonschen Differentialgleichung (Poisson-Gleichung, ↑ Adiabate) bzw. (im quellenfreien Raum) der ↑ Potentialgleichung befaßt. - Die ersten potentialtheoret. Untersuchungen stellte 1773 J. L. de Lagrange bei der Herleitung des Newtonschen Potentials der Gravitationsfeldes eines Massenkörpers an.

potentiell [lat.-frz.], möglich (im Unterschied zu wirklich), denkbar; der Anlage, der Möglichkeit nach.

potentielle Energie (Lageenergie), Formelzeichen W_{pot}, diejenige Energie, die ein Körper, Teilchen u. a. auf Grund seiner Lage in einem Kraftfeld oder auf Grund seiner Lage zu den mit ihm in Wechselwirkung befindl. Körpern oder Teilchen seiner Umgebung besitzt. P. E. haben z. B. ein hochgehobener Körper oder eine gespannte Feder.

potentielle Unsterblichkeit ↑ Tod.

Potentilla [lat.], svw. ↑ Fingerkraut.

Potentiometer [lat./griech.] (Spannungsteiler), ein elektr. Widerstand, zw. dessen beiden Anschlüssen sich ein weiterer [verschiebbarer] Anschluß (Schleifer) befindet. Bei Stromdurchfluß läßt sich durch Verschieben des Schleifers zw. ihm und einem der beiden Hauptanschlüsse jede Teilspannung (von Null bis zur Gesamtspannung an den Hauptanschlüssen) abgreifen. In der Elektronik (z. B. zur Lautstärkeregelung) werden v. a. über einen Drehkopf (**Drehpotentiometer**) oder einen Schieber (sog. **Flachbahnregler**) zu bedienende **Schichtpotentiometer** (mit schichtförmigem Widerstandmaterial) oder **Drahtpotentiometer** (mit spulen- oder wendelförmigem gewickeltem Widerstandsdraht) verwendet. **Trimmpotentiometer** (meist mit metallkeram. Widerstandsmaterial) sind nur mit einem Schraubenzieher einstellbar.

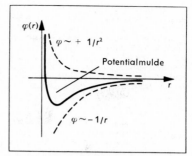

Potentialdiagramm des Wechselwirkungspotentials φ (r), das sich aus einem Abstoßungs- und einem Anziehungspotential (gestrichelte Kurven) zusammensetzt

Potentiometrie [lat./griech.], Verfahren der Maßanalyse, bei dem der Endpunkt einer Titration aus der Änderung des Potentials zw. zwei in die Elektrolytlösung eintauchenden Elektroden (einer Wasserstoff-, Glas- oder Metallelektrode als Indikatorelektrode und einer Kalomelelektrode als Bezugselektrode mit konstantem Potential) bestimmt wird.

Potenz [lat.], allg. svw. Fähigkeit, Leistungsvermögen.

◆ (Potentia) im *sexuellen Bereich* die Zeugungsfähigkeit *(Potentia generandi)* oder das Vermögen des Mannes, den Geschlechtsverkehr auszuüben *(Potentia coeundi;* insbes. die Fähigkeit zur Peniserektion: *Potentia erigendi).* Darüber hinaus gilt als P. auch die Fähigkeit, zum Orgasmus zu gelangen. - ↑ auch Sexualität, ↑ Impotenz.

◆ in der *Mathematik* i. e. S. Bez. für ein Produkt gleicher Faktoren. Ist a eine reelle, n eine natürl. Zahl, so ist die n-te P. von a (Zeichen: a^n, gelesen: a hoch n) als die Zahl

$$a^n = a \cdot a \cdot a \cdots a \ (n \text{ Faktoren})$$

definiert.

a ist die **Basis (Grundzahl),** n der **Exponent (Hochzahl)** der P. a^n (z. B. $3^2 = 3 \cdot 3 = 9$, $4^3 = 4 \cdot 4 \cdot 4 = 64$, $5^4 = 5 \cdot 5 \cdot 5 \cdot 5 = 625$). Man erweitert diesen P.begriff, indem man auch andere Zahlen als Exponenten zuläßt: Man setzt für $a \ne 0$

$$a^0 = 1 \text{ und } a^{-n} = 1/a^n,$$

für $a > 0$ und ganzzahlige n und m $(n > 0)$

$$a^{1/n} = \sqrt[n]{a}, \ a^{m/n} = \sqrt[n]{a^m} = (\sqrt[n]{a})^m.$$

Für das Rechnen mit P. gelten die *P.gesetze:*

$$a^x \cdot a^y = a^{x+y}, \ a^x \cdot b^x = (a \cdot b)^x$$

$$(a^x)^y = a^{xy}, \ \frac{a^x}{a^y} = a^{x-y}, \ \frac{a^x}{b^x} = \left(\frac{a}{b}\right)^x.$$

◆ in der *scholast. Terminologie* im Ggs. zu Akt svw. Möglichkeit. - ↑ auch Akt und Potenz.

Potenza

Potenza, Hauptstadt der süditalien. Region Basilicata, 85 km östl. von Salerno, 819 m ü. d. M., 66 500 E. Verwaltungssitz der Prov. P.; kath. Bischofssitz; pädagog. Seminar; archäolog. Museum. - In der Römerzeit **Potentia,** kam im 6. Jh. an das langobard. Hzgt. Benevent; Bischofssitz seit dem 5. Jh., mehrmals von Erdbeben zerstört (v. a. 1857); erlitt im 2. Weltkrieg starke Schäden. - Dom (18. Jh., mit Resten des Vorgängerbaus aus dem 12. Jh.), roman. Kirche San Michele (11. und 12. Jh.).

Potenzfunktion, die Funktion $f(x) = x^n$ (n ganzzahlig). Ist n positiv, so ist die Funktion *ganzrational,* hat n einen negativen Wert, so ist sie *gebrochenrational.*

potenzieren, ein Produkt aus gleichen Faktoren bilden, eine ↑Potenz berechnen.

Potenzmenge ↑Mengenlehre.

Potenzreihe, eine unendl. Reihe der Form

$$a_0 + a_1x + a_2x^2 + \ldots = \sum_{n=0}^{\infty} a_n x^n$$

bzw.

$$a_0 + a_1(x - x_0) + a_2(x - x_0)^2 + \ldots$$
$$= \sum_{n=0}^{\infty} a_n (x - x_0)^n.$$

Poterie [frz.], Töpferware, -werkstatt.

Potestas [lat. „Macht, Gewalt"], im antiken Rom die staatsrechtl. Amtsgewalt aller Beamten; Diktatoren, Konsul und Prätoren besaßen daneben das von der P. nicht scharf geschiedene ↑Imperium.

◆ in der ma. Staatsrechtslehre Bez. für Herrschaftsbefugnisse der Obrigkeit (z. B. Banngewalt).

◆ im Kirchenrecht svw. ↑Kirchengewalt.

Potestativbedingung [lat./dt.] ↑Bedingung.

Potetometer, svw. ↑Potometer.

Potgieter, Everhardus Johannes [niederl. ˈpɔtxiːtər], * Zwolle 27. Juni 1808, † Amsterdam 3. Febr. 1875, niederl. Dichter und Essayist. - Gründete 1837 die Monatsschrift „De Gids", die die krit. Richtung der neuen Bewegung in der niederl. Literatur vertrat, und leitete sie bis 1865; scharfsinniger Kritiker; in seinen Dichtungen (Lyrik und Prosa, u. a. „Jan, Jannetje en hun jongste Kind", 1842) nationalist. Sprachpurist.

Pothast, westfäl. Gericht: stark gepfeffertes Fleischragout, mit geriebenem Brot oder Zwieback gebunden.

Poti, sowjet. Stadt an der O-Küste des Schwarzen Meeres, Grusin. SSR, 54 000 E. Forschungsinst. für Tee und subtrop. Kulturen; Museum; Theater; Bau von Tragflügelbooten, Fischkombinat; Hafen, Eisenbahnendpunkt. - In griech. Quellen des 5./4. Jh. als **Phasis** erwähnt.

Potidäa ↑Poteidaia.

Potiphar (Vulgata Putiphar), nach 1. Mos. 37, 36 und 39, 1 ff. hebr. Name des ägypt. Kämmerers und Befehlshabers der pharaon. Leibwache, an den Joseph verkauft wurde, und dessen Frau vergebl. versuchte, Joseph zu verführen.

Potjomkin, Grigori Alexandrowitsch Fürst, Reichsfürst (1776), Fürst Tawritscheski (1783) [russ. paˈtjɔmkin], * Tschischowo (Gebiet Smolensk) 24. Sept. 1739, † bei Jassy 16. Okt. 1791, russ. Politiker und Feldmarschall (seit 1784). - Seit 1774 Günstling und engster polit. Berater Katharinas II., d. Gr.; annektierte 1783 die Krim und leitete den Aufbau der Schwarzmeerflotte. P. beeinflußte bes. durch zahlr. Stadtgründungen und die Stärkung der russ. Position am Schwarzen Meer die wirtsch. und außenpolit. Lage Rußlands wesentlich. - P. soll Katharina II. auf ihrer Krimreise 1787 mit Fassaden aufgebaute Dörfer vorgetäuscht haben, um den Wohlstand des Landes zu demonstrieren; danach steht die Redewendung **Potemkinsche Dörfer** sprichwörtl. für Trugbilder, Vorspiegelungen.

Potjomkin [russ. paˈtjɔmkin], nach G. A. Fürst Potjomkin ben. Panzerkreuzer der russ. Schwarzmeerflotte, dessen Mannschaft im Juni/Juli 1905 meuterte und das Schiff unter der roten Flagge in den Hafen des streikenden Odessa steuerte. Die Ereignisse verarbeitete S. [M.] Eisenstein in seinem Film „Panzerkreuzer Potemkin" (1925).

Potocki [poln. pɔˈtɔtski], poln. Magnatengeschlecht, aus dem zahlr. Hetmane, Politiker, Kleriker und Schriftsteller hervorgingen. Bed. Vertreter:

P., Alfred Graf, * Łańcut (Woiwodschaft Rzeszów) 29. Juli 1817, † Paris 18. Mai 1889, östr. Politiker. - 1867–70 Min. für Ackerbau im ↑Bürgerministerium, April 1870 bis Febr. 1871 Min.präs.; war in der Durchsetzung seiner föderalist. Politik erfolglos.

P., Ignacy Graf, * Podhajce 28. Febr. 1750, † Wien 30. Aug. 1809, Reformpolitiker. - Ab 1773 Mgl. der Nat. Erziehungskommission und Reformator der poln. Bildungswesens; führend an der Ausarbeitung der Verfassung vom 3. Mai 1791 und am Kościuszko-Aufstand 1794 beteiligt.

P., Jan Graf, * Pików (Ukraine) 8. März 1761, † Uładówka (Podolien) 2. Dez. 1815 (Selbstmord), Schriftsteller, Geschichts- und Altertumsforscher. - Verf. von Reiseberichten, histor. und archäolog. Werken in frz. Sprache sowie einen an „Tausendundeine Nacht" orientierten phantast.-roman. Rahmenerzählung „Die Handschrift von Saragossa" (entstanden 1803–15).

Potomac River [engl. pəˈtoumæk ˈrɪvə], nordamerikan. Fluß, entsteht (2 Quellflüsse) im Großen Appalachental; mündet in einem Ästuar in die Chesapeake Bay (Atlantik), 464 km lang; schiffbar bis Washington.

Potometer (Potetometer) [griech.], zur Feststellung (Grobmessung) der pflanzl. Transpiration benutztes wassergefülltes Gefäß, in dessen Hals der zu prüfende, frische Sproß luftdicht eingelassen wird. Die vom

Sproß aufgenommene Wassermenge wird der transpirierten Wassermenge gleichgesetzt und an einem horizontal angesetzten, mit Skala versehenen Kapillarröhrchen durch eine im Wasser wandernde Luftblase angezeigt.

Potoroïnae [austral.], svw. ↑ Rattenkänguruhs.

Potosí [span. poto'si], Hauptstadt des bolivian. Dep. P., in der Ostkordillere, 4 040 m ü. d. M., 103 200 E. Kath. Bischofssitz; Univ. (gegr. 1892); Handels- und Bergbauzentrum, Hüttenind., Bahnstation, an der Carretera Panamericana. - 1545 Entdeckung der Silbervorkommen des *Cerro Rico de P.* (4 829 m) durch die Spanier und Gründung der Stadt, 1547 zur Villa Imperial erhoben; Mitte des 17. Jh. etwa 200 000 E, damit größte Stadt Amerikas (v. a. Indianer); wurde 1776 Sitz einer Intendencia des Vize-Kgr. La Plata; erneuter Aufschwung mit Beginn des Zinnerzbergbaus. - Vom ehem. Reichtum zeugen zahlr. (z. T. verfallene) Kirchen, u. a. die Kathedrale (1809–36), San Lorenzo (17./18. Jh.), La Merced (17. Jh.), Santa Teresa (um 1700); Münze (1759 wiedererrichtet, jetzt Museum).

P., bolivian. Dep. an der Grenze gegen Argentinien und Chile, 118 218 km², 823 500 E (1982), Hauptstadt Potosí, erstreckt sich vom Altiplano bis in das Ostbolivian. Bergland.

Potpourri ['pʼtpuri; frz., eigtl. „Eintopf" (Lehnübers. von span. olla podrida, eigtl. „verfaulter Topf")] (Medley), ein aus einer Reihe von beliebten, frei miteinander verbundenen Melodien zusammengesetztes Musikstück. Seit dem beginnenden 19. Jh. eine bevorzugte Form der Unterhaltungsmusik. ↑ auch Quodlibet.

Potsdam, Hauptstadt des Bez. P., DDR, an der Havel, 35 m ü. d. M., 139 500 E. Verwaltungssitz des Landkr. P.; PH, Akad. für Staats- und Rechtswiss. der DDR, Hochschule für Film und Fernsehen, Astrophysikal. Observatorium, Sternwarte Babelsberg, Hauptwetterdienststelle; Filmstudio Babelsberg; Zentrales Staatsarchiv, Museen, Theater. Neben Kultur- und Verwaltungsfunktionen besitzt P. eine leistungsfähige Industrie. **Geschichte:** Schon 993 urkundl. als **Poztupimi** erwähnt; seit 1317 als Stadt bezeichnet; gewann ab 1661 bes. Bed. durch den Schloßbau und durch das **Edikt von Potsdam** (8. Nov. 1685), das den vertriebenen frz. Hugenotten v. a. Glaubensfreiheit und wirtsch. Hilfe gewährte. Die Stadt selbst wurde von Friedrich Wilhelm I. entwickelt (Erweiterungen 1722, 1733), um seine Garde einquartieren zu können; Friedrich II., d. Gr., beließ ihren Status als 2. Residenz und wichtigste Garnisonstadt Preußens. - Mit dem Festakt vom 21. März 1933 („**Tag von Potsdam**") in der Garnisonkirche, mit dem der am 5. März 1933 gewählte Reichstag konstituiert wurde, versuchte Hitler, das Anknüpfen an preuß. Traditionen zu dokumentieren.

Bauten: Der Wiederaufbau nach dem Kriege folgte einem neuen polit. und städtebaul. Plan, dem viele histor. Gebäude zum Opfer fielen, deren Ruinen abgetragen wurden, u. a. das Schloß von 1661 ff. und die Garnisonkirche (1721 ff.). - Rege Bautätigkeit unter Friedrich II., d. Gr.; Umbau des Schlosses, Neues Palais (1763–69), Schloß und Park Sanssouci (1745–47; von G. W. von Knobelsdorff nach einer Ideenskizze Friedrichs II., d. Gr. erbaut). Es entstanden weiter das Marmorpalais (1787–90; jetzt Dt. Armeemuseum), die Schlösser Glienicke (1826 ff.), Charlottenhof (1826–28), Babelsberg (1834 ff.), Villen, Kirchen und Parkanlagen durch Architekten wie K. F. Schinkel, L. Persius, J. Lenné, H. Fürst von Pückler-Muskau.

📖 *Holmsten, G.: P. Die Gesch. der Stadt, der Bürger u. Regenten. Bln.* ²*1980.*

P., Landkr. im Bez. Potsdam, DDR.

P., Bez. im Norddeutschen Tiefland, DDR, 12 568 km², 1,12 Mill. E (1985), Hauptstadt Potsdam.

Der Bez. hat von N nach S Anteil an folgenden Landschaftsräumen: südl. Mecklenburg. Seenplatte, nordbrandenburg. Platten- und Hügelland, Elbtalniederung, Luchland, mittelbrandenburg. Platten und Niederungen, ostbrandenburg. Heide- und Seengebiet sowie am Fläming. Wichtigster Fluß ist die Havel. Die rd. 320 Seen sind beliebte Erholungsgebiete. Der Bez. liegt im Übergangsbereich vom maritimen zum kontinentalen Klima. Die Sander- und Talsandflächen werden überwiegend von Kiefernwäldern eingenommen. Die Bev. konzentriert sich in den Räumen Potsdam, Brandenburg/Havel, in den Randgebieten Berlins und im Landkr. Rathenow und Luckenwalde, im Ggs. zu den 5 dünn besiedelten landw. orientierten Kreisen des nördl. Bezirkes. Große Bed. hat die Landw.; angebaut werden Roggen, Weizen, Hafer, Zuckerrüben, Kartoffeln, bei Werder/Havel Obstbau; in der großstadtnahen Randzone v. a. Gemüsebau, bei Beelitz Spargelanbau. In den weiten Niederungen nimmt die Rinderhaltung und Milchwirtschaft zu. Die Wälder nehmen 34 % der Wirtschaftsfläche ein. An Bodenschätzen gibt es nur Tone, Sande und Kiessande. Die Ind.standorte konzentrieren sich v. a. auf 3 Räume: 1. Im Geb. Brandenburg/Havel–Premnitz–Rathenow ist Brandenburg/Havel Standort eines Stahl- und Walzwerkes und des Fahrzeugbaus, Premnitz der chem., Rathenow der opt. Ind.; daneben Nahrungs- und Genußmittel-, Spielzeug- und Textilind.; 2. im nördl., westl. und südl. Randgebiete Berlins v. a. Schwer-, metallverarbeitende, elektrotechn., chem. Ind. und Fahrzeugbau; 3. im Raum Ludwigsfelde–Luckenwalde–Jüterbog Metallverarbeitung, Textil- und Möbelindustrie. Überregionale energiewirtsch. Bed. haben das Kernkraftwerk Rheinsberg/Mark und der Untergrundgas-

Potsdamer Abkommen

speicher bei Ketzin. Das Verkehrsnetz ist gut ausgebaut. Die Hauptverkehrsadern laufen radial auf Berlin zu, wo sie vom Autobahnring und Außenring der Eisenbahn aufgefangen werden. Der Güterbahnhof Seddin südl. von Potsdam ist Transitknotenpunkt für den N–S-Verkehr. Die Havel bildet eine wichtige Verbindung zw. Elbe und Oder sowie für den Gütertransport zw. Berlin (West) und der BR Deutschland. Bei Schönefeld liegt der Zentralflughafen der DDR.

Potsdamer Abkommen, die am 2. Aug. 1945 auf der **Potsdamer Konferenz** (17. Juli–2. Aug. 1945) von den Reg.chefs der USA (Truman), der Sowjetunion (Stalin) und Großbrit. (Churchill bzw. Attlee) zur Regelung der Nachkriegsprobleme gefaßten Beschlüsse, denen Frankr. am 7. Aug. 1945 mit Vorbehalten zustimmte; legte u. a. die polit. und wirtsch. Grundsätze für die Behandlung des besiegten Dt. Reiches fest: Der „dt. Militarismus und Nazismus" sollte „ausgerottet" und alle notwendigen Maßnahmen getroffen werden, „damit Deutschland niemals mehr seine Nachbarn oder die Erhaltung des Friedens in der ganzen Welt bedrohen" könne; dem dt. Volk sollte die Möglichkeit gegeben werden, „sich darauf vorzubereiten, sein Leben auf einer demokrat. und friedl. Grundlage von neuem wieder aufzubauen" und „zu gegebener Zeit seinen Platz unter den freien und friedl. Völkern der Welt einzunehmen". Das P. A. regelte die militär. Besetzung Deutschlands, die Entmilitarisierung, die Entnazifizierung, Verfolgung der Kriegsverbrecher, die Erneuerung des Erziehungs- und Gerichtswesens und bestimmte eine polit. und wirtsch. Dezentralisierung; die dt. Wirtschaft unterlag alliierter Kontrolle, wobei Deutschland als wirtsch. Einheit behandelt werden sollte; das dt. Auslandsvermögen wurde durch den Alliierten Kontrollrat übernommen, die dt. Kriegs- und Handelsflotte unter den Siegermächten aufgeteilt; Reparationszahlungen wurden festgelegt; vorbehaltl. einer endgültigen friedensvertragl. Regelung wurden die Stadt Königsberg (Pr) und das anliegende Gebiet unter die Verwaltung der Sowjetunion gestellt und die W- und N-Grenze Polens festgelegt (↑ Oder-Neiße-Linie); die Ausweisung Deutscher aus Polen, der Tschechoslowakei und Ungarn wurde geregelt; vereinbart, einen Rat der Außenmin. zu bilden. Das P. A. bestimmte die Deutschlandpolitik nach 1945 entscheidend, wurde aber infolge des Ost-West-Konflikts und der dt. Teilung bedeutungslos.

📖 *Meissner, B./Veiter, T.: Das P. A. u. die Deutschlandfrage. Teil II. Bonn 1986.* - *Mee, C. L.: Die Potsdamer Konferenz. Dt. Übers. Mchn. 1979.* - *Deuerlein, E.: Deklamation oder Ersatzfrieden? Die Konferenz v. Potsdam 1945. Stg. u. a. 1970.*

Pott, August Friedrich, * Nettelrede (= Bad Münder am Deister) 14. Nov. 1802, † Halle/Saale 5. Juli 1887, dt. Sprachwissenschaftler. - 1833 Prof. der dt. Sprachwiss. in Halle; mit seinem Hauptwerk „Etymolog. Forschungen auf dem Gebiete der Indo-German. Sprachen ..." (6 Bde., 1833–36) wurde er zum Begründer der modernen wiss. Etymologie.

Pottasche [niederl.], ältere Bez. für Kaliumcarbonat, K_2CO_3, eine farblose, kristalline Substanz, die früher durch Auslaugen von Pflanzenasche und anschließendes Eindampfen in Töpfen („Pötten") gewonnen und im Altertum und MA als Reinigungsmittel verwendet wurde.

Pottenstein, Stadt im Püttlachtal der Fränk. Schweiz, Bay., 359 m ü. d. M., 4900 E. Luftkurort; südl. von P. die *Teufelshöhle.* Über der Stadt die Burg (im Kern 12./13. Jh.); spätgot. kath. Pfarrkirche (13./14. Jh. und 15. Jh.).

Potter, Paulus [niederl. 'pɔtər], ≈ Enkhuizen 20. Nov. 1625, □ Amsterdam 17. Jan. 1654, niederl. Maler. - P. befreite das Tier aus der bloßen Staffagerolle; das Tierbild wurde durch P. zur eigenen Gattung: „Der junge Stier" (1647; Den Haag, Mauritshuis). **P.,** Philip (Alford) [engl. 'pɔtə], * auf Dominica (Kleine Antillen) 19. Aug. 1921, methodist. Theologe. - 1966–72 Direktor der Abteilung für Mission und Evangelisation im Ökumenischen Rat der Kirchen, 1972–84 dessen Generalsekretär; gilt als Verfechter einer unaufgebaren Komplementarität von christl. Glauben und gesellschaftspolit. Handeln.

Potteries, The [engl. ðə 'pɔtərız], größtes Töpfereigebiet der Erde in N der engl. Gft. Stafford. 75 % aller keram. Erzeugnisse Großbrit. und 90 % der Porzellanhaushaltswaren werden hier hergestellt.

Pottwale (Physeteridae), mit Ausnahme der Polarmeere weltweit verbreitete Fam. der ↑ Zahnwale; vorwiegend Tintenfischfresser, deren funktionsfähige Zähne nur im schmalen Unterkiefer sitzen, dem vorn der große Oberkopf überragt wird. Man unterscheidet zwei Arten: **Zwergpottwal** (Kogia breviceps), etwa 2,7–4 m lang, Körper schwarz mit hellerer Unterseite, Kopf kurz, abgestumpft. Unterkiefer verkürzt; **Pottwal** (Spermwal, Cachelot, Physeter catodon), etwa 11 (♀) bis knapp 20 m (♂) lang, schwärzl., mit riesigem, fast vierkantigem Kopf (rd. ⅓ der Gesamtlänge); Unterkiefer sehr schmal und lang. Der Pottwal lebt gesellig in einem polygamen Verband. Er taucht bis in 1000 m Tiefe. Neben ↑ Walrat liefert er auch ↑ Amber. Die Verständigung zw. den Herdentieren soll durch knarrende Laute erfolgen.

Potwar Plateau [engl. 'poʊtvɑ: 'plætoʊ], Landschaft in N-Pakistan, zw. den Siwalikketten des Himalaja im N und der Salt Range im S, im O vom Jhelum, im W vom Indus begrenzt, 370–580 m ü. d. M. Auf dem P. P. liegen die einzigen Erdölfelder Pakistans; städt. Zentren sind Rawalpindi und Islamabad.

Pougny, Jean [frz. pu'ɲi], russ. Iwan Albertowitsch Punji, † Puni, Iwan.

Pouillet, Claude Servais Mathias [frz. pu'jɛ], *Cusance (Doubs) 16. Febr. 1790, † Paris 13. Juni 1868, frz. Physiker. - Prof. in Paris; untersuchte die Elektrizitätsleitung und erfand zur Strommessung die Tangentenbussole und das Knallgascoulometer; bestimmte erstmals die Solarkonstante.

Poujadismus [puʒa...], kleinbürgerl. frz. Protestbewegung mit extremist., faschistoider Tendenz, die sich v. a. an Kleinhändler und -gewerbetreibende, Handwerker und Bauern wandte und sich gegen die Großind. wie gegen marxist. Parteien und die Gewerkschaften richtete; ben. nach P. Poujade (* 1920), der wegen der Strukturkrise von Kleinhandel und Gewerbe 1953 zum Steuerstreik aufrief und 1954 die Union de Défense des Commerçants et Artisans (UDCA) gründete, die 1956 52 Mandate bei der Wahl zur Nationalversammlung erhielt, seit 1962 aber dort nicht mehr vertreten ist.

Poulaille, Henry [frz. pu'lɑːj], *Paris 5. Dez. 1896, † Cachan 2. April 1980, frz. Schriftsteller. - Zuerst Anhänger des Populismus, gründete eine Schule proletar. ausgerichteter Schriftsteller. Schrieb realist. proletar. und Antikriegsromane, u. a. „Die Geburtsstunde des Friedens" (1926), „Das tägl. Brot" (1931).

Poularde [pu'lardə; lat.-frz.], junges, nicht geschlechtsreifes (♂ oder ♀) Masthuhn, dessen bes. zartes Fleisch durch entsprechende Haltung und Fütterung (bei hierdurch gleichzeitig hinausgezögerter Geschlechtsreife) erzielt wird.

Poulenc, Francis [frz. pu'lɛ̃ːk], *Paris 7. Jan. 1899, † ebd. 30. Jan. 1963, frz. Komponist und Pianist. - Mgl. der Gruppe der „Six" in Paris; komponierte in einem eigenständigen, neoklassizist. Stil vorwiegend vokal bestimmte Werke, u. a. Opern (auf Texte von Apollinaire, Bernanos, Cocteau), Ballette, Chorwerke, Orchester-, Kammer- und Klaviermusik, Film- und Bühnenmusiken.

Poulet [pu'lɛː; lat.-frz.], sehr junges (8–12 Wochen altes) Masthuhn oder -hähnchen im Gewicht bis zu 1 kg; im Gaststättengewerbe auch als *Portionshähnchen* bezeichnet.

Poulsen, Valdemar [dän. 'pɔulsən], *Kopenhagen 23. Nov. 1869, † New York 6. Aug. 1942, dän. Physiker und Ingenieur. - Erfand 1898 ein Verfahren, Töne auf einem magnetisierten Stahlband (*Telegraphon*) aufzuzeichnen und 1903 den nach ihm ben. P.-*Generator* (Lichtbogen in Verbindung mit einem Serienschwingkreis) zur Erzeugung ungedämpfter hochfrequenter elektromagnet. Schwingungen (*P.-Schwingungen*); außerdem bed. Beiträge zur Entwicklung des Tonfilms.

Pound, Ezra [engl. paʊnd], *Hailey (Idaho) 30. Okt. 1885, † Venedig 1. Nov. 1972, amerikan. Dichter. - Ging 1908 nach Europa; scharfer Kritiker der USA und der westl. Zivilisation; hielt aus Sympathie für die italien. faschist. Staatsführung im 2. Weltkrieg antiamerikan. Rundfunkreden; 1945 inhaftiert; bis 1958 in einer Nervenklinik, um einem Hochverratsprozeß zu entgehen. Lebte danach in Meran. Seine kosmopolit. Versdichtung wirkte insbes. auf die moderne angloamerikan. Dichtung. Begründer und zeitweilig führender Vertreter des † Imagismus, später des † Vortizismus. Hauptwerk ist die 1915–59 entstandene Reihe der „Cantos" (insges. 120; dt. Auswahl 1964 und 1975), darunter das preisgekrönte, v. a. aus polit. Gründen umstrittene Teilstück „Die Pisaner Gesänge" (1948, dt. 1969 u. d. T. „Pisaner Cantos"); diese nach der Struktur von Dantes „Göttl. Komödie" geplante ep. Dichtung in einer freirhythm. Mischsprache mit v. a. roman. und chin. Elementen stellt der entwerteten kommerziell-kapitalist. Welt die Kulturtraditionen der Antike, des Abendlandes und des alten China gegenüber.
Weitere Werke: Masken (Ged., 1909), Wie lesen (Essays, 1934).

Pound [engl. paʊnd; zu lat. pondus „Gewicht"], Einheitenzeichen lb, in Großbrit. und den USA verwendete Masseneinheit: 1 lb = 0,4536 kg.

Pour le mérite; rechts: Pour le mérite für Wissenschaften und Künste

Pour le mérite [frz. purləmə'rit „für das Verdienst"], 1740 von Friedrich II., d. Gr. von Preußen gestifteter Orden; verliehen an Militär- und Zivilpersonen in einer Klasse; 1810–1918 (letzte Verleihung) ausschließl. an Offiziere für Verdienst vor dem Feinde verliehen. - 1842 stiftete Friedrich Wilhelm IV. von Preußen als Friedensklasse den **Pour le mérite für Wissenschaften und Künste** als Auszeichnung für Personen, „die sich durch weitverbreitete Anerkennung ihrer Verdienste" in

Pourtalès

Wiss. und Künsten „einen ausgezeichneten Namen erworben haben"; 1922 mit neuen Statuten in eine „Freie Vereinigung von hervorragenden Gelehrten und Künstlern" umgewandelt. 1952 Zuwahl neuer Mgl. durch die 3 noch lebenden auf Anregung von T. Heuss, der die in Kontinuität neugefaßte Satzung und das Protektorat des jeweiligen Bundespräs. genehmigte. Die Zahl der Mgl. soll (ohne Alt-Mgl.) 30 stimmberechtigte, durch Zuwahl sich ergänzende dt. und höchstens 30 nicht stimmberechtigte ausländ. Persönlichkeiten betragen.

Pourtalès, Guy de [frz. purta'lɛs], * Genf 4. Aug. 1881, † Lausanne 12. Juni 1941, frz. Schriftsteller schweizer. Herkunft. - Verf. biograph. Romane über Chopin („Der blaue Klang", 1927), Ludwig II. von Bayern („König Hamlet", 1928), R. Wagner (1932), Berlioz („Phantast. Symphonie", 1939).

poussé [pu'se:; frz.], in der Musik Spielanweisung bei Streichinstrumenten für ↑Aufstrich.

Pousseur, Henri [frz. pu'sœ:r], * Malmédy 23. Juni 1929, belg. Komponist. - Sucht auf der Basis aleator. Prinzipien und in der Verbindung elektron. und herkömml. Instrumente neue Klangmöglichkeiten zu verwirklichen.

poussieren [pu...; zu frz. pousser „stoßen, drücken"], 1. flirten, mit jemandem ein Verhältnis haben; 2. jemandem schmeicheln; **Poussage,** Liebschaft; Geliebte.

Poussin, Nicolas [frz. pu'sɛ̃], * Villers-en-Vexin (Eure) 15. Juni 1594, † Rom 19. Nov. 1665, frz. Maler. - P. ging 1624 nach Rom, wo er mit kurzer Unterbrechung (1640–42 in Paris) bis zu seinem Tode blieb. Ausgehend von Raffael, Tizian, den Carracci und Domenichino sowie dem antiken Relief (Trajanssäule), basierend auf einer gründl. Kenntnis antiker Literatur und Kunst, gelangte er zu einem in Frankr. epochemachenden klassizist. Stil. Seine vorzugsweise der klass. Mythologie entnommenen Figuren sind in eine antik. Bühne oder eine arkad. Landschaft eingestellt, Bildgrund und Figuren werden jedoch durch ein warmes, flutendes Licht zu einer Bildeinheit verbunden und dichter. verklärt. Hauptwerke der ersten Romzeit sind „Das Reich der Flora" (1631; Dresden, Gemäldegalerie), „Landschaft mit dem hl. Matthäus" (1643/44; Berlin-Dahlem). Seit 1648 gewinnt die Darstellung der Landschaft an Bedeutung, die jetzt kleineren Figuren werden ihr untergeordnet. Seine Verbindung von idealer Landschaft, Historienmalerei und lyr.-versunkener Gestimmtheit machen ihn zum Begründer der „heroischen Landschaft"; Beispiele: „Landschaft mit Diogenes" (1648; Paris, Louvre), „Landschaft mit Orpheus und Eurydike" (1649–51; ebd.), „Landschaft mit Pyramus und Thisbe" (um 1650; Frankfurt am Main, Städel). In seinen Spätwerken gelangt er zu

äußerster kompositor. Klarheit und einer kühlen, zurückhaltenden Farbigkeit („Die Hirten von Arkadien", 1650–55, die Serie „Vier Jahreszeiten", 1660–64, alle Louvre). - Abb. S. 260.

Powell [engl. 'pouɛl, 'pauɛl], Anthony, * London 21. Dez. 1905, engl. Schriftsteller. - Hauptwerk ist ein Romanzyklus über das engl. Gesellschaftsleben von 1920 bis zur Gegenwart „A dance to the music of time" (12 Bde., 1951–75. Schrieb auch „O, how the wheels becomes it!" (1983), „The Fisher King" (1986).

P., Bud, gen. Earl P., * New York 27. Sept. 1924, † ebd. 2. Aug. 1966, amerikan. Jazzmusiker (Pianist, Komponist). - War Anfang der 40er Jahre maßgebl. an der Ausprägung des ↑Bebop beteiligt, als dessen bedeutendster Pianist er (neben T. Monk) gilt. Ab 1959 wirkte P. v. a. in Paris.

P., Cecil Frank, * Tonbridge (Kent) 5. Dez. 1903, † bei Bellano (Comer See) 9. Aug. 1969, brit. Physiker. - Prof. in Bristol; entdeckte 1947 zus. mit G. P. S. Occhialini u. a. auf Kernpurplatten, die längere Zeit in größeren Höhen der Höhenstrahlung ausgesetzt waren, Spuren des 1935 von H. Jukawa vorausgesagten geladenen Pionen und klärte ihren Zerfall auf; 1949 gelang ihm auch der Nachweis des positiven Kaons; Nobelpreis für Physik 1950.

Power, Lionel [engl. 'pauə] (Leonellus Anglicus), † Canterbury 5. Juni 1445, engl. Musiktheoretiker und Komponist. - Neben J. Dunstable einer der bedeutendsten engl. Komponisten (eine Messe, 22 Meßsätze, 14 Motetten) seiner Zeit.

Powerplay ['pauəplɛı; engl.-amerikan. „Kraftspiel"], im Eishockey gemeinsames, anhaltendes Anstürmen aller Feldspieler auf das gegner. Tor.

Powerslide ['pauəslaıd; engl., eigtl. „Kraftrutschen"], im Auto[renn]sport die Technik, den Wagen [mit unverminderter oder erhöhter Geschwindigkeit] seitl. in die Kurve rutschen zu lassen, um ihn geradeaus aus der Kurve fahren zu können.

Powys [engl. 'pouıs], Gft. in Z-Wales.

Poynings'-Law [engl. 'pɔınıŋzlɔ:], nach Sir E. Poynings (* 1459, † 1521) ben. Gesetz, das den Zusammentritt des ir. Parlaments und die ihm vorzulegenden Gesetzentwürfe von der vorherigen Zustimmung des engl. Königs abhängig machte; H. Grattan erreichte 1782 die Aufhebung des Poynings'-Law.

Poynting, John Henry [engl. 'pɔıntıŋ], * Monton bei Manchester 9. Sept. 1852, † Birmingham 30. März 1914, brit. Physiker. - Prof. in Birmingham; grundlegende Arbeiten zur Elektrodynamik; 1884 formulierte P. den Energieerhaltungssatz für das Strömen von Energie im elektromagnet. Feld *(Poyntingscher Satz)*. Weitere Arbeiten betrafen geophysikal. Phänomene und den Lichtdruck.

Požarevac [serbokroat. 'pɔʒarɛvats] (dt. Passarowitz), jugoslaw. Stadt 60 km sö. von Belgrad, Republik Serbien, auf der breiten Niederterrasse der Morava, 12 km sö. vor deren Mündung in die Donau, 89 m ü. d. M., 33 000 E. Sitz eines serb.-orthodoxen Bischofs; zentraler Marktort eines Agrargebietes mit Anbau von Getreide, Mais und Wein; Mühlen, Weinkellereien. - Im **Frieden von Passarowitz** am 21. Juli 1718 mußte das Osman. Reich das Temescher Banat sowie bis zum Frieden von Belgrad (1739) einen Grenzstreifen in N-Bosnien, N-Serbien mit Belgrad und die Kleine Walachei an Österreich abtreten, Venedig mußte die Peloponnes an das Osman. Reich abtreten.

Poznań [poln. 'pɔznajn] ↑ Posen.

Pozzo, Andrea, * Trient 30. Nov. 1642, † Wien 31. Aug. 1709, italien. Maler. - Sein Hauptwerk ist die Ausgestaltung (Fresken, Entwürfe für Altäre, Stuckarbeiten) von Sant' Ignazio in Rom (1684–94). Schrieb eine einflußreiche Schrift über die Perspektive.

Pozzuoli, italien. Stadt am Golf von Neapel, Kampanien, 28 m ü. d. M., 71 100 E. Kath. Bischofssitz; Handels-, Ind.- und Fremdenverkehrszentrum; Hafen, Fischmarkt; Kurort (chlorid- und sulfathaltige Thermen). - 531 oder 529/528 v. Chr. von Samiern gegr. (**Dikaiarcheia**), wurde 194 v. Chr. als **Puteoli** röm. Bürgerkolonie; war bis zum Ausbau Ostias wichtigster röm. Umschlagplatz für den Handel mit dem Orient und mit Ägypten. - Reste des Serapeions (röm. Markthalle); Amphitheater (1. Jh. n. Chr.) mit vollständig erhaltenen unterird. Räumen; roman. Dom (11. Jh.).

pp, Abk. für: pianissimo (↑ piano).

pp., Abk. für: ↑ per procura.

pp. ↑ et cetera.

ppa., Abk. für: ↑ per procura.

ppb ↑ Parts per million.

PP-Faktor ↑ Vitamine.

ppm, Abk. für: ↑ Parts per million.

Pr, chem. Symbol für ↑ Praseodym.

Pr (Pr), physikal. Zeichen für ↑ Prandtl-Zahl.

PR [engl. 'piː'aː], Abk. für: Public Relations (↑ Öffentlichkeitsarbeit).

prä..., Prä..., prae..., Prae..., pre..., Pre... [lat.], Vorsilbe mit der Bed. „vor, voran, voraus".

Präambel [lat.], allg. svw. Einleitung, feierl. Erklärung als Einleitung einer Urkunde. Im Recht proklamator. Vorspruch, der häufig internat. Verträgen, auch nat. Verfassungen, gelegentl. wichtigen Gesetzen vorangestellt wird und dazu dient, die histor.-polit. Bedeutung und Zielsetzung sowie die Motive für die getroffenen Regelungen darzulegen, zu bekräftigen oder zu erläutern. Die unmittelbaren Rechtswirkungen einer P. sind je nach der Ausgestaltung unterschiedlich. Von bes. Bed. in der BR Deutschland ist die P. zum ↑ Grundgesetz.

◆ in der Musik etwa svw. Praeambulum (↑ Präludium).

Präbende [zu lat. praebendum „das zu Gewährende"], svw. Pfründe (↑ Benefizium).

Präboreal ↑ Holozän (Übersicht).

Prachtbarsche (Pelmatochromis), Gatt. etwa 7–10 cm langer, prächtig bunt gefärbter Buntbarsche in stehenden und fließenden Süßgewässern (z. T. auch Brackgewässern) des trop. W-Afrika; z. T. aggressive, z. T. zieml. friedl. Fische, von denen einige Arten beliebte Warmwasseraquarienfische sind.

Prachtbienen (Goldbienen, Euglossini), Gattungsgruppe bis hummelgroßer, prachtvoll bunter Bienen in trop. Regenwäldern Südamerikas; nicht staatenbildende, z. T. hummelähnl. behaarte Insekten.

Prachtfinken (Astrilde, Estrildidae), Fam. bis meisengroßer Singvögel mit rd. 125 Arten, v. a. in Steppen, Savannen und lichten Wäldern Afrikas, Südostasiens und Australiens; gesellig, sich vorwiegend von Grassamen und Insekten (bes. Ameisen und Termiten) ernährende, meist prächtig bunt gefärbte Vögel, die aus Gräsern Kugelnester mit seitl. Einflugsloch (z. T. auch mit längerer Eingangsröhre) v. a. in Büschen und niedrigen Bäumen bauen; beliebte Stubenvögel. - Zu den P. gehören u. a. Amadinen, Goldbrüstchen, Muskatfink, Reisfink, Schönbürzel, Zebrafink und das bis 10 cm lange, oberseits bräunl., unterseits graue **Orangebäckchen** (Estrilda melpoda).

Prachtglanzstar ↑ Glanzstare.

Prachtkäfer (Buprestidae), mit fast 15 000 Arten weltweit verbreitete Fam. 0,3–8 cm langer, meist auffallend metall. schimmernder Käfer; Imagines sind Blütenbesucher oder fressen an Blättern, die Larven bohren in Stengeln sowie in Stämmen und Ästen. - In M-Europa kommen rd. 90 zw. 3 und 25 mm lange Arten vor, u. a. **Buchenprachtkäfer** (Grüner Prachtkäfer, Agrilus viridis), 6–9 mm groß, grün, blau oder kupferfarben schillernd; die Larve (Zickzackwurm) frißt bis 75 cm lange Gänge in den Bast bei Eiche, Erle, Espe, Buche, Birke und verursacht einseitiges oder vollständiges Absterben der Bäume.

Prachtkärpflinge (Aphyosemion), Gatt. etwa 4–12 cm langer Eierlegender Zahnkarpfen mit zahlr. Arten, v. a. in flachen, z. T. austrocknenden Süßgewässern (selten in Brackgewässern) des trop. W-Afrika; ♂♂ sehr bunt gefärbt, ♀♀ unscheinbar graubraun; beliebte Warmwasseraquarienfische.

Prachtkopfsteher ↑ Kopfsteher.

Prachtlein (Linum grandiflorum), nordafrikan. Leingewächs; einjährige, bis 40 cm hohe, verzweigte Pflanze mit graugrünen, wechselständigen, lanzenförmigen Blättern und roten oder violetten Blüten in Doldenrispen; Zierpflanze.

Prachtlibellen, svw. ↑ Seejungfern.

Prachtlilie ↑ Lilie.

Prachtnelke

Nicolas Poussin, Die Hirten von Arkadien (1650–55). Paris, Louvre

Prachtnelke ↑ Nelke.

Prachtspiere, svw. ↑ Astilbe.

Prachtstrauch (Brennender Busch, Embothrium), Gatt. der Proteusgewächse in den südl., außertrop. Anden. Die einzige Art **Embothrium coccineum** ist ein bis 10 m hoher immergrüner Baum mit wechselständigen, dunkelgrünen, glänzenden Blättern und roten, in Trauben stehenden Blüten; in Mitteleuropa sommerblühender Zierstrauch.

Prachtstück ↑ Wappenkunde.

Prachttaucher (Polartaucher, Gavia arctica), etwa 65 cm lange Vögel (Fam. ↑ Seetaucher) auf den Gewässern N-Eurasiens (in M-Europa bis Brandenburg und Westpreußen) und N-Kanadas; ♂ und ♀ im Brutkleid mit aschgrauem Oberkopf, schwarzer Kehle und schwarzer, weiß gefleckter Körperoberseite; an Hals- und Brustseiten schmale weiße Streifen; im Winter Oberseite grau und braun, Unterseite weiß.

Prädestination [zu lat. praedestinatio „Vorherbestimmung"], in der Religionsgeschichte eine aus dem Glauben an die absolute Souveränität Gottes resultierende Erwählung oder Verwerfung des Menschen, die ausschließl. dem persönl. Willen Gottes entspringt und vom menschl. Handeln unabhängig ist. Sie betrifft vornehml. das jenseitige Geschick des Menschen. Die P. wird unter den *nichtchristl. Religionen* am konsequentesten vom Islam vertreten. Obwohl im Koran nicht eindeutig bezeugt, hat sie sich in der islam. Orthodoxie durchgesetzt. - Im *N. T.* (bei Paulus und Johannes) erscheint P. als „Gleichgestaltetwerden nach dem Bilde des Sohnes (Gottes)" (Röm. 8, 29). In der Verknüpfung mit dem Christusgeschehen wird im Gnadenakt des Glaubens Gottes P. offenbar. Augustinus formuliert in radikalisierender Wiederaufnahme paulin. Gedankenguts die P. als universale und bedingungslose Gnade Gottes, wie sie im Menschen Jesus und seiner P. Ausdruck gefunden hat. Diese erste explizite, eth. und existentiell verankerte P.lehre wird in der ma. Scholastik gemildert, insofern zw. göttl. P. und Präszienz (Vorherwissen) unterschieden wird, wodurch der freie Wille des Menschen der göttl. Zielen integriert und die P. mit der unbedingten Freiheit und Gnade Gottes philosoph. und theolog. begr. wird. Mit der *Reformation* rückt die theolog. Bed. der P. wieder in den Vordergrund: Für Zwingli ist Gott Ursache allen Geschehens; er prädestiniert das Heil ohne Vermittlung durch Kirche und Sakrament. Luthers P.auffassung verbindet sich mit dem Rechtfertigungsgedanken, der die Spannung von Gerechtigkeit und Gnade reflektiert. In der Theologie Calvins nimmt die P. eine zentrale Stellung ein. Seine P.lehre (die ewige Erwählung, die allein in Christus erkennbar wird, steht der Bestimmung zum Unheil gegenüber) wurde später zum Ansatzpunkt eines Mißverständnisses, das den prakt. Lebenserfolg als Zeichen der Erwählung deuten wollte und z. T. zur religiösen Überhöhung kapitalist. Wirtschaftsformen führte (↑ auch Weber, Max). - Die moderne theolog. Kritik wendet sich gegen P.lehren, die von einem abstrakten Gottesbegriff her entwickelt sind und damit zu Erwählung oder Verwerfung als starren Prinzipien gelangen. 📖 *Ess, J. van: Zw. Hadith u. Theologie. Studien zum Entstehen prädestinatian. Überlieferung.*

Bln. 1975. - Adam, G.: Der Streit um die P. im ausgehenden 16. Jh. Neukirchen-Vluyn 1971. - Maier, Gerhard: Mensch u. freier Wille. Tüb. 1971.

prädestiniert [lat.], für etwas besonders geeignet.

Prädikabilien [lat.], in der Philosophie die fünf Prädikats- oder Allgemeinbegriffe: Gattung (Genus), Art (Spezies), Unterschied (Differenz), notwendige (Proprium) bzw. zufällige Eigenschaft (Akzidens); bei Kant die abgeleiteten Verstandesbegriffe.

Prädikat [lat., zu praedicare „ausrufen, aussagen"] (Satzaussage), in der *Grammatik* Bez. für denjenigen Teil eines Satzes, der eine Aussage über das Subjekt enthält; insofern ist das P. das Gegenstück zum Subjekt. In Sprachen, die die Kategorie Verbum kennen, erscheint das P. gewöhnl. in Gestalt eines *verbalen P.* (einfache oder zusammengesetzte Verbform, z. B. „Das Mädchen *kommt"; „Das* Mädchen *hätte kommen sollen")* oder eines *nominalen P.* († Kopula + Prädikativ). Das **Prädikativ** (Prädikativum) kann entweder *Prädikatsnomen* sein („Peter wird *Arzt")* oder *Prädikativsatz* („Nicht immer ist Wahrheit, *was in der Zeitung steht").*
◆ in der traditionellen *Logik* und *Philosophie* ein der Bestimmung von Gegenständen dienender sprachl. Ausdruck; heute wird häufig der Begriff † Prädikator benutzt.

Prädikatenkalkül, svw. Kalkül der † Quantorenlogik.

Prädikatenlogik, Bez. für die formale Logik der nicht nur mit Junktoren, sondern auch mit Quantoren log. zusammengesetzten Aussagen. In der P. erster Stufe treten Quantoren allein über Individuenbereichen auf. Bei P. höherer Stufen sind daneben auch Quantoren über Prädikatorenbereichen, also über Bereichen von Klassen oder Begriffen, zugelassen; eine P. höherer Stufe, auch *Typenlogik* genannt, ist stets mit einem System der Mengenlehre gleichwertig.

Prädikativ (Prädikativum) [lat.] † Prädikat.

Prädikator [lat.], Bez. für Eigenschafts- und Beziehungsbegriffe; grundlegender Baustein in der log. Analyse sprachl. Ausdrücke. P., auch Prädikate gen., dienen zur Unterscheidung (und damit Bestimmung) von Gegenständen, die in der elementaren Aussage vollzogen wird. P. werden in der Prädikation anhand von Beispielen und Gegenbeispielen eingeführt und gelten dann als *exemplar. bestimmt.* Werden in Regulationen mit Hilfe von P. regeln auch Abgrenzungen der P. untereinander festgehalten, so heißen sie *terminolog. bestimmt* oder *Termini.*

Prädikatorenregel, Abgrenzung und damit terminolog. Bestimmung zunächst nur exemplar. bestimmter † Prädikatoren untereinander durch geeignete Regulationen, z. B. Subsumption oder Hyponymie. Für die Nor-

mierung von Wiss.sprachen ist die P. ebenso unentbehrl. wie u. a. für die adäquate Beschreibung natürl. Sprachen.

Prädikatsnomen † Prädikat.

Prädikatswein, svw. Qualitätswein mit Prädikat (Kabinett, Spätlese, Auslese).

Prädiktion [lat.], Vorhersage, Voraussage durch wiss. Verallgemeinerung.

prädisponiert [lat.], vorausbestimmt; empfänglich, anfällig.

Prado, span. Nationalmuseum in Madrid, erbaut 1785 ff., 1819 Museum, seit 1868 Staatsmuseum. Gemäldesammlung span. Meister, auch mittel- und südeurop., bes. venezian. Malerei (Tizian, Tintoretto); außerdem Zeichnungen, Skulptur, Kunsthandwerk.

Prado Calvo, Pedro [span. 'praðo 'kalβo], * Santiago de Chile 8. Okt. 1886, † Viña del Mar 31. Jan. 1952, chilen. Schriftsteller. - Neben sprachl. perfekter, formal konventioneller Gedankenlyrik ist der lyr.-philosoph. Roman „Alsino" (1920), der den Ikarusmythos auf chilen. Verhältnisse überträgt, von Bedeutung.

prädominieren [lat.], vorherrschen, überwiegen.

Pradschapati [Sanskrit „Herr der Geschöpfe"], ind. Gott; seit der Zeit des „Rigweda" als Weltschöpfer verehrt.

prae..., Prae... † prä..., Prä...

Praeambula fidei [prɛ..., ...de-i; mittellat. „Voraussetzungen des Glaubens"], scholast. Bez. für die vor dem Glauben stattfindenden Erkenntnisse, die den Glauben herbeiführen bzw. ihn begründen sollen.

Praeambulum [prɛ...; mittellat. „Vorspiel", eigtl. „vorhergehend"], bes. im 15./16. Jh. in der Klavier- und Lautenmusik verwendete Bez. für † Präludium.

Praecucutenikultur [prɛkuku'tenj], an einigen Fundplätzen der Cucutenikultur unmittelbar vorangehende neolith. Kulturgruppe (etwa Ende des 4. Jt. v. Chr.) in der Moldau.

Praefectus [prɛ...] † Präfekt.

Praelatura nullius [prɛ...; mittellat.] (gefreite Prälatur), in der kath. Kirche Teilkirche mit diözesanähnl. Struktur, die keiner Diözese angehört (daher lat. „nullius" „niemandes", „frei" von fremder Leitung). Die P. n. wurde mit Rücksicht auf bestimmte geschichtl. Entwicklungen oder schwierige polit. Verhältnisse geschaffen, die die Errichtung einer Diözese nicht zuließen. Die P. n. wird von einem *Praelatus nullius* („gefreiter Prälat") geleitet.

Praelatura territorialis [prɛ...], seit 1983 Bez. für † Abbatia nullius.

Praemium Erasmianum (Praemium Erasmium) ['prɛ...; lat. „Erasmus-Preis"], von der 1958 gegr. Fondation Européenne de la Culture in Amsterdam verliehener Preis für bes. Verdienste um die europ. Kultur.

Praeneste [prɛ'nɛstɛ] † Palestrina.

Praetor ['prɛ...] † Prätor.

Praetorius [prɛ...], Franz, * Berlin 22. Dez. 1847, † Breslau 21. Jan. 1927, dt. Semitist. - Prof. in Berlin, Breslau und Halle/Saale; Verf. wichtiger Werke zur Äthiopistik sowie zur semit. Epigraphik und zur hebr. Grammatik.

P., Hieronymus, d. Ä., eigtl. H. Schul[t]z[e], * Hamburg 10. Aug. 1560, † ebd. 27. Jan. 1629, dt. Organist und Komponist. - Ab 1586 Organist an Sankt Jacobi in Hamburg; schuf Vokal- (v. a. Motetten) und Orgelkompositionen; seine Hauptwerke erschienen 1616–25 u. d. T. „Opus musicum novum et perfectum".

P., Michael, eigtl. M. Schultheiß, * Creuzburg bei Eisenach 15. Febr. 1571 oder 1572, † Wolfenbüttel 15. Febr. 1621, dt. Komponist und Musiktheoretiker. - Spätestens ab 1595 in herzogl. Dienst in Braunschweig, 1613–16 am Dresdner Hof. Mit Choral- und Kirchenliedbearbeitungen, Motetten, Psalmvertonungen (größtenteils doppel- und mehrchörig) einer der führenden Vertreter der ev. Kirchenmusik seiner Zeit, der dem ev. Norden den italien. konzertierenden Stil vermittelte. Sein „Syntagma musicum" (1615–19) unterrichtet umfassend über Aufführungspraxis, Instrumente, musikal. Formen und Terminologie der Zeit.

Präexistenz, das ewige Vorherdasein von Menschen oder religiösen Phänomenen vor deren zeitl. Erscheinungsform. Nach Platon und dem Neuplatonismus existiert die menschl. Seele im Reich der Ideen, bevor sie in die Verbindung mit einem Körper eintritt. Nach der Seelenwanderungslehre gehen die Seelen stets aufs neue in körperl. Gebilde ein. Bes. Bed. gewinnt die P. für die Christologie: Christus war als ewiger Logos und Sohn Gottes vor seiner ird. Erscheinung präexistent. Der schiit. Islam nimmt diese P. für den erwarteten letzten Imam an.

Präfation [zu lat. praefatio „Vorrede"], in den christl. Liturgien der Eingangsteil des eucharist. Hochgebetes bzw. des Abendmahlgottesdienstes und die Hauptgebete zu bed. Weihungen der kath. Kirche.

Präfekt (lat. praefectus) [lat. „Vorgesetzter"], allg. röm. Amtstitel des militär. und zivilen Dienstes: „praefectus praetorio" (↑ Prätorianergarde); der senator. „praefectus urbi", Stadt-P. Roms, hatte gerichtl. Befugnisse und mußte als Chef von 3 Polizeikohorten für Ruhe und Ordnung sorgen, er war direkt dem Kaiser unterstellt; der ritterl. „praefectus Aegypti" (ab 30 v. Chr.), Statthalter Ägyptens, war direkt dem Kaiser unterstellt; der ritterl. „praefectus annonae" (vielleicht schon in frühröm. Zeit, ständig ab 7 n. Chr.) für die Versorgung Roms mit Getreide und Lebensmitteln; der ritterl. „praefectus vigilum" (ab 6 n. Chr.), Kommandant der hauptstädt. Feuerwehr und von Teilen der Polizei.

◆ oberster Verwaltungsbeamter eines Dep. (in Frankr.) bzw. einer Prov. (in Italien).

Präfektur [lat.], in der spätröm. Kaiserzeit seit Diokletian und Konstantin I. übergeordneter Verwaltungsbezirk.

Präferenz [lat.-frz.], allg. svw. Vorrang, Vorzug; Vergünstigung. In der *Preistheorie* bestimmte Vorliebe, die sich im Verhalten der Marktteilnehmer zeigt. Zu den P. gehört z. B. die Vorliebe für eine bestimmte Verpakkung oder die individuelle Bevorzugung bestimmter Anbieter. Das Fehlen von P. ist eine der Voraussetzungen für einen vollkommenen ↑ Markt.

Präferenzsystem, handelspolit. Konzept, das im Gegensatz zum Prinzip der ↑ Meistbegünstigung auf einer Vorzugsbehandlung einzelner Handelspartner aufbaut.

Präferenzzoll, Vorzugszoll, der bestimmten Ländern aus wirtsch. oder polit. Gründen gewährt wird.

Präfix [lat.] (Vorsilbe), sprachl. Element, das vor ein Grundmorphem oder eine Morphemkonstruktion tritt, z. B. *be*fahren, *Miß*bildung, *un*fruchtbar.

Präfixbildung, Bildung eines Wortes mit Hilfe eines Präfixes; die P. nimmt in der dt. Wortbildung eine Mittelstellung zwischen ↑ Ableitung und ↑ Zusammensetzung ein. Man unterscheidet verbale P. (begrüßen, erfrischen), adjektiv. P. (unmoralisch, erzdumm) und substantiv. P. (Urahn, Erzfeind).

Präformationstheorie, bis zur Mitte des 18. Jh. herrschende Lehre über die Individualentwicklung der Organismen, nach der alle Lebewesen in den Geschlechtszellen bereits fertig vorgebildet (ineinandergeschachtelt) sind und sich nach der Befruchtung nur noch entfalten.

Prag (tschech. Praha), Hauptstadt der ČSSR, des tschech. Landesteiles und des Verw.-Geb. Mittelböhm. Gebiet, am Zusammenfluß von Moldau und Beraun, 187–380 m ü. d. M., 1,19 Mill. E. Sitz der Staatsreg. und der tschechoslowak. Nationalbehörden; kath. Erzbischofssitz; zahlr. Hoch- und Fachschulen, u. a. Karls-Univ. (gegr. 1348), Univ. des 17. Nov. (gegr. 1961), TH, Hochschule für polit. Studien, Kunstakad., Konservatorium; Sitz der Tschechoslowak. Akad. der Wiss., zahlr. Gesellschaften und Forschungsinst.; Sternwarte; zahlr. Bibliotheken und Museen, Nationalgalerie im Hradschin, 21 ständige Bühnen, u. a. Nationaltheater, Laterna Magica, Schwarzes Theater; jährl. Musikfest (Prager Frühling); Zoo, botan. Garten. Wichtige Handels- und Ind.stadt, u. a. Maschinenbau, Nahrungsmittelind., chem., Baustoff-, holzverarbeitende, Film- und Schallplattenind.; größter Verkehrssammelpunkt der ČSSR: in P. treffen 10 Hauptbahnen und 11 Staatsstraßen aufeinander; Hafen an der Moldau, U-Bahn; internat. ✈.

Geschichte: Bestand im 9. Jh. aus 40 befestigten Höfen; entwickelte sich als Siedlung zw.

Prägedruck

den beiden Burgen Wyschehrad und Hradschin. 973 wurde das Bistum P. gegründet. Durch intensive, auch dt. Besiedlung entstand die sog. Kleinseite, die 1257 Stadtrechte erhielt. P. erlebte durch Kaiser Karl IV., unter dem 1344 das Bistum zum Erzbistum erhoben wurde und der die Stadt 1346 als Residenz gewählt hatte, eine erste große kulturelle und wirtsch. Blüte. Mit dem Bau der Neustadt und der Gründung der Univ. (1348) wuchs die Bedeutung. Von P. gingen die Bewegung des J. Hus (ab 1419) und der Böhm. Aufstand (1618) aus. Unter Kaiser Joseph II. wurden 1784 die Magistrate der 4 Prager Städte (Altstadt, Kleinseite, Neustadt, Hradschin) vereinigt. Der um 1800 einsetzende Rückgang des dt. Bev.anteils führte 1861 erstmals zu einer tschech. Mehrheit im Stadtparlament. 1848 war P. das Zentrum der fehlgeschlagenen nationaltschech. Revolution, 1918 wurde es Hauptstadt der Tschechoslowakei. 1939 von dt. Truppen besetzt, im Mai 1945 durch sowjet. Truppen befreit. Im Aug. 1968 wurde dem sog. Prager Frühling durch den Einmarsch von Truppen des Warschauer Pakts (mit Ausnahme Rumäniens) ein gewaltsames Ende gesetzt. - Der **Friede von Prag** zw. Kursachsen und dem Kaiser im Dreißigjährigen Krieg (30. Mai 1635), dem sich viele prot. Reichsstände anschlossen, sah eine begrenzte Festschreibung des konfessionellen Status quo und den Verzicht auf Durchführung des Restitutionsedikts von 1629 vor. Im **Frieden von Prag** am 23. Aug. 1866 wurde der Dt. Krieg 1866 beendet.
Bauten: In beherrschender Lage auf dem Hradschin die Burg, deren älteste Grundmauern ins 9. und 10. Jh. reichen. Zum alten Palast gehören der spätgot. Wladislawsaal (1502 vollendet), der Ludwigsbau (1503–10) und der Alte Landtagssaal (1560–63; beide Renaissance). Im Zentrum der Burganlage der got. Sankt-Veits-Dom (1344 begonnen und 1353–85 von P. Parler vollendet; mit den 6 Grabmälern der Przemysliden und den 21 Bildnisbüsten von P. Parler), außerdem u. a. kleine roman. Georgsbasilika (Mitte des 12. Jahrhunderts). Außerhalb des Burgkomple-

Prag. Blick über Moldau und Karlsbrücke auf den Hradschin und Sankt-Veits-Dom

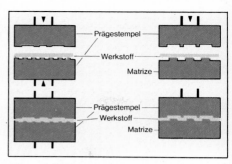

Prägen. Prinzip des Voll- (links) und des Hohlprägens

xes die Loretokirche mit Barockfassade, Lustschloß Belvedere (1536–58), Palais Schwarzenberg (1545–63), Černínpalais (1669 ff.). Unterhalb der Burg auf der Kleinseite die barocke Nikolauskirche (ehem. Jesuitenkirche, 1703 ff. von C. u. K. I. Dientzenhofer). Die 514 m lange Karlsbrücke (1357 ff.) mit ihren got. Brückentürmen verbindet die Kleinseite mit der Altstadt; hier stehen die got. Bethlehemskirche, Predigtkirche von Hus und Müntzer (1391 ff., 1786 zerstört, 1948–54 wiederhergestellt), die Sankt-Nikolaus-Kirche (1732–35 von K. I. Dientzenhofer), die got. Teynkirche (14.–15. Jh.), das Altstädter Rathaus (1338 ff.), Palais Kinský (1755–65, nach Plänen K. I. Dientzenhofers), Palais Clam-Gallas (1713), Karolinum (Sitz der 1. Univ.), der ma. Pulverturm und Befestigungen. In der Neustadt: Neustädter Rathaus (14.–16. Jh.), die got. Kirche Maria Schnee (1348–97; 1611 wiederhergestellt); das Nationaltheater (1883). Im alten Judenviertel die zweischiffige frühgot. Synagoge (1273, sog. Altneuschul) sowie der jüd. Friedhof.
📖 *Pross-Weerth, H.: P. u. die Tschechoslowakei. Olten u. Freib. ⁵1983. - Moorhouse, G.: P. Dt. Übers. Amsterdam 1980. - Fehr, G.: P. Gesch., Kunst u. Kultur der Stadt an der Moldau. Mchn. 1979. - Burian, J.: Der Veitsdom auf der Prager Burg. Bayreuth 1978.*

Prägedruck ↑ Drucken.
◆ Verfahren zur Oberflächengestaltung von

Prägen

Geweben mit Hilfe von Hitze und Druck auf dem Präge- oder Gaufrierkalander (↑ Kalander, Gaufrage).

Prägen, Verfahren der ↑ Kaltformung, bei dem metall. Werkstoffe durch Einwirkung von Druck verformt werden. Beim *Voll-P. (Massiv-P.)* wird die Formung durch einander gegenüberliegende Prägewerkzeuge (Prägestempel) erzielt, die entsprechende Vertiefungen (Negativformen) aufweisen. Beim *Hohl-P.* verwendet man Prägestempel und zugehörige Matrizen; dabei entsteht auf der einen Seite ein erhabenes Gepräge, auf der anderen eine entsprechende Vertiefung. Das P. dient bes. der Herstellung von Münzen. - Abb. S. 263.

◆ in *Buchbinderei* und *Papierverarbeitung* die Verformung von Papier, Pappe, Leder, Kunststoffen u. a. zur Erzeugung von Reliefdarstellungen.

prägenitale Phase, von S. Freud eingeführte Sammelbez. für die drei Entwicklungsstufen der kindl. Sexualität, die, entsprechend dem Vorherrschen bestimmter Lustquellen, orale, anale und phall. Phase genannt werden und der ↑ genitalen Phase vorausgehen. Durch Fixierung oder Regression auf diese frühen Perioden der psychosexuellen Entwicklung entstehen nach Freud die „prägenitalen Neurosen".

Prager Fenstersturz, Bez. für den Beginn des Böhm. Aufstandes: Am 23. Mai 1618 warfen Teilnehmer eines Protestantentages 2 kaiserl. Statthalter aus Protest gegen das Verbot der Versammlung aus dem Hradschin in den Burggraben.

Prager Frühling, Bez. für die in der ČSSR im Jan. 1968 einsetzenden Versuche, einen „Sozialismus mit menschl. Antlitz" aufzubauen. - ↑ auch Tschechoslowakei (Geschichte).

Prager Kompaktaten (Basler Kompaktaten) ↑ Basler Konzil.

Prager Manifest ↑ Sozialdemokratie.

Prager Schule (Cercle linguistique de Prague), 1926 gegründete Vereinigung von Linguisten, deren bekannteste ältere Vertreter R. Jakobson und N. S. Trubezkoi sind und die bis heute besteht. Die Sprache wird als funktionales System mit kommunikativem Zweck betrachtet und die Linguistik als strukturale und funktionale Wiss. angesehen. Hauptarbeitsgebiete sind: Phonologie, die Theorie der binären Opposition und die Lehre von der funktionalen Satzperspektive (Thema-Rhema-Gliederung). Die Verbindung von Linguistik mit Literaturwissenschaft und Stilistik und der histor. (diachron.) Aspekt werden miteinbezogen.

präglazial, voreiszeitlich.

Pragmatik [zu griech. pragmatikḗ (téchnē) „Kunst, (richtig) zu handeln"], allg. die Orientierung auf das Nützliche, Sinn für Tatsachen, Sachbezogenheit.

◆ Lehre vom sprachl. Handeln; die P. ist eine relativ junge sprachwiss. Disziplin; ihre theoret. Basis liegt in der ↑ Semiotik und in der sprachanalyt. Philosophie. Während die Syntax die formale Relation der sprachl. Zeichen zueinander und die Semantik die Beziehung zw. den Zeichen und den Gegenständen, auf die sie anwendbar sind, untersucht, behandelt die P. die Beziehung zw. Zeichen und Zeichenbenutzern. Sie untersucht, was psycholog., biolog. und soziolog. beim Auftreten von Zeichen geschieht, v. a. welche Interessen man mit dem Zeichengebrauch verfolgt und welche Wirkungen man erzielt. Die P. ist somit Teil einer allg. Handlungstheorie (↑ auch Sprechakt). Eine Sprache wird verstanden als die Gesamtheit der in einer Sprachgemeinschaft geltenden, deren Lebensform bestimmenden und histor. veränderbaren Regeln (Handlungsmuster), denen die Sprecher/Hörer meist unbewußt folgen, wenn sie Sprechakte vollziehen und verstehen.

pragmatische Geschichtsschreibung, die Darstellung geschichtl. Ereignisse in der Verknüpfung von Ursache und Wirkung v. a. im Hinblick auf die zukünftige Entwicklung.

Pragmatische Sanktion, Edikt oder Grundgesetz zur Regelung einer wichtigen Staatsangelegenheit. Bed. v. a.: 1. **Pragmatische Sanktion von Bourges:** Die am 7. Juli 1438 vom frz. König Karl VII. verkündeten Beschlüsse, die den päpstl. Einfluß auf die frz. Kirche zugunsten des Königtums stark einschränkten (Stellenbesetzung, Gerichtsbarkeit); Grundlage des Gallikanismus. 2. Das **habsburgische Hausgesetz** vom 19. April 1713, durch das Kaiser Karl VI. die habsburg. Länder für unteilbar und untrennbar erklärte und die Erbfolge für den Fall des Aussterbens des habsburg. Mannesstammes klärte. Zuerst sollten seine Töchter bzw. deren Nachkommen, dann die Töchter Josephs I. und schließl. alle anderen von Leopold I. abstammenden Habsburgerinnen erbberechtigt sein. 3. Das **Gesetz zur Regelung der span. Thronfolge** (1830): Bereits 1789 von den Cortes beschlossen, wurde aber erst 1830 von Ferdinand VII. verkündet, der die Nachfolge seiner Tochter Isabella II. sichern wollte. Die Nichtanerkennung der P. S. durch Ferdinands Bruder Don Carlos María Isidro de Borbón führte zu den Karlistenkriegen (1833–39, 1847–49 und 1872–76).

Pragmatismus [griech.], eine um 1870 von C. S. Peirce begr. und von W. James bekanntgemachte philosoph. Richtung, die durch Reflexion auf die kombiniert log.-mathemat. und experimentelle Methode der Naturwiss. einen Aufbau sicherer Erkenntnis vorschlägt. Kennzeichnend für den P. ist, daß der normative Charakter auch in den theoret. Disziplinen wie Logik und Mathematik betont und die deskriptiven Elemente der prakt.

Disziplinen wie Pädagogik und Soziologie untersucht werden. Die scharfe Trennung von Ontologie und Erkenntnistheorie ist aufgehoben. In der 2. Generation macht der konsequente Einsatz der mittlerweile fortentwickelten log. Hilfsmittel das Problem der Vermittlung von Empirismus und Rationalismus und die Verbindung von Tatsachen- und Werturteilen in P. einer Behandlung zugänglich. Damit ist eine pragmat. Wende der ↑ analytischen Philosophie mögl. geworden, die in der Form einer Auseinandersetzung mit europ. philosoph. Bewegungen (log. Empirismus, Phänomenologie, Existenzphilosophie) die 3. Generation von Pragmatisten bestimmt und für die gegenwärtige Diskussion von größter Bed. ist.

📖 *Arroyabe, E.: Peirce. Königstein im Taunus 1982. - James, W.: Der P. Dt. Übers. Hamb. 1977. - Scheler, M.: Erkenntnis u. Arbeit. Hg. v. M. S. Frings. Ffm. 1977.*

prägnant [frz., zu lat. praegnans, eigtl. „schwanger", „strotzend"], knapp und gehaltvoll, genau und treffend.

Prägnanz [lat.-frz.], allg. svw. Genauigkeit, Schärfe des Ausdrucks; das klare Hervortreten wesentl. Strukturen.

Nach der *Gestaltpsychologie* umfaßt P. die Qualitäten Sinnhaftigkeit, Vollständigkeit und relative Einfachheit. Experimentell läßt sich bes. im Bereich des Wahrnehmens, Sicherinnerns und Denkens die Bevorzugung bestimmter Muster (z. B. Parallele, rechter Winkel, Kreis) sowie unter bestimmten Bedingungen die Angleichung des Wahrgenommenen an diese Muster (Gesetz der P., *P.tendenz*) zeigen. P. in der verbalen oder bildl. Darstellung fördert Aufmerksamkeit und Behalten, was sich u. a. Pädagogik und Werbung zunutze machen. - *Überprägnante Attrappen* können bei manchen Tieren Instinktverhalten besser auslösen als natürl. Reize (z. B. übergroße und verstärkt gefärbte künstl. Eier, die von manchen Vögeln beim Brüten echten Eiern vorgezogen werden).

Prägung, in der Verhaltensforschung Bez. für eine sehr schnell sich vollziehende Fixierung eines Lebewesens bzw. einer seiner Instinktbewegungen auf einen Auslöser. Die P. ist dadurch gekennzeichnet, daß extrem rasch und nur während einer als *sensible Phase* bezeichneten Zeitdauer gelernt wird. Geht diese Phase vorüber, ohne daß der Lernvorgang ablaufen konnte, ist auch die P.bereitschaft vorüber. Das einmal Gelernte kann nicht vergessen werden; auch ein Umlernen ist nicht möglich. Bekanntes Beispiel ist die *Nachfolge-P.* bei Gänsen. Die frischgeschlüpften Küken laufen dem ersten bewegten Gegenstand, der Töne von sich gibt, nach. Nach kurzer Zeit wird das Nachlaufen an weitere Merkmale des Objekts geknüpft. - Das Phänomen P. wurde von K. Lorenz entdeckt und bes. von E. Hess erforscht.

Auch beim Menschen spielt wahrscheinl. die P. auf die Bezugsperson im Säuglingsalter eine wichtige Rolle für die Persönlichkeitsentwicklung.

◆ *psycholog.* Bez. für die Tatsache, daß bestimmte Einflüsse auf den Menschen (wie auch allg. auf Organismen) nachhaltig - gestaltend oder umgestaltend - wirksam sind (z. B. P. durch einen bestimmten Beruf oder durch eine bestimmte Erziehung).

prähistorisch, svw. vorgeschichtlich (↑ Vorgeschichte).

Prahm [slaw.-niederdt.], flachgehendes, meist kastenförmiges Wasserfahrzeug ohne eigenen Antrieb.

Praia [portugies. 'praje], Hauptstadt von Kap Verde, an der SO-Küste der Insel São Tiago, 49 600 E.

Praia da Rocha [portugies. 'praje ðe 'rɔʃe] ↑ Portimão.

Prairial [frz. prɛ'rjal „Wiesenmonat"], nach dem Kalender der Frz. Revolution der 9. Monat des Jahres (20. bzw. 21. Mai bis 18. bzw. 19. Juni).

Präjudiz [zu lat. praeiudicium „Vorentscheidung"], obergerichtl. [Vor]entscheidung einer Rechtsfrage, die sich in einem anderen Rechtsstreit erneut stellt. Anders als im angloamerikan. Rechtskreis, wo eine weitgehende rechtl. Bindung an Präjudizien besteht, ist im dt. Gerichte nur an das Gesetz gebunden, in dessen Auslegung aber grundsätzl. frei. Ausnahmen hiervon bilden die Entscheidungen des Bundesverfassungsgerichts über die Verfassungsmäßigkeit von Gesetzen, die ihrerseits Gesetzeskraft haben.

Präkambrium, der gesamte vor dem Kambrium liegende erdgeschichtl. Zeitraum.

Präkanzerose (Präneoplasie), möglicherweise bösartige Erkrankung, die im feingewebl. Bild meist eine krebsähnl. Wucherungstendenz mit Zell- und Kernatypien aufweist.

präkardial (präkordial), in der Medizin: vor dem Herzen (liegend), die Gegend vor dem Herzen (z. B. die Brustwand) betreffend.

Präkeramikum [lat.], Bez. für frühneolith. Fundschichten mit Belegen für Kultivierung von Pflanzen und Domestikation von Tieren, aber ohne Keramik. Da einige dieser Schichten mindestens gleichzeitig mit frühen Keramikvorkommen sein müssen, werden sie auch als **akeramisch** bezeichnet.

Präklusion [lat.], Ausschluß der Handlung einer Prozeßpartei, wenn sie innerhalb der für sie bestimmten Zeitgrenze nicht oder nicht wirksam vorgenommen worden ist. Der Prozeß wird, soweit nötig und mögl., ohne Rücksicht auf die betreffende Handlung fortgesetzt und beendigt.

präkolumbisch, die Zeit Amerikas vor der Entdeckung durch Europäer (C. Kolumbus) betreffend (gelegentl. fälschl. auch **präkolumbianisch**).

Präkordialschmerz [lat./dt.] (Präkardialgie), i. w. S. das Auftreten von Schmerzen in der herzseitigen Brustwand (die vom Herzen herrühren oder extrakardial bedingt sein können); i. e. S. Schmerzgefühl bei Angina pectoris.

Prakrit, Sammelbez. für die ind. Dialekte der mittleren Epoche, die um 500 v. Chr. das wed. Sanskrit ablösten und ihrerseits etwa seit dem 2. Jh. n. Chr. u. a. vom wiedererstarkenden klass. Sanskrit als Literatursprache abgelöst wird; als Kunstsprache im Drama auch später noch gebraucht. Zw. dem P. und den neuindoar. Sprachen steht das sog. Apabhramscha. - ↑ auch indische Sprachen.

Praktik [griech.], [Art der] Ausübung von etwas, Handhabung, Verfahren[sart]; (meist Mrz.) nicht ganz korrekter Kunstgriff, Kniff.

Praktiker [griech.], 1. Mann der prakt. Erfahrung (im Ggs. zum Theoretiker); 2. svw. praktischer Arzt, prakt. Tierarzt.

Praktikum [griech.-mittellat.], vor oder während der theoret. Ausbildung abzuleistende prakt. Tätigkeit. Praktika sind übl. beim Medizinstudium sowie während des Studiums an techn. Hochschulen und Univ., Fachhochschulen u. ä., in der Lehrerbildung (Schul- oder Sozial-P.) und als sog. Schüler-P. (Berufs-P., Betriebs-P., Sozial-P. u. a.), v. a. im 9. Hauptschuljahr.

praktisch, 1. auf die Praxis, die Wirklichkeit bezogen; angewandt; 2. zweckmäßig, gut zu handhaben; 3. geschickt; 4. so gut wie, in der Tat (umgangssprachlich).

praktische Philosophie, i. e. S. svw. Ethik oder Moralphilosophie, i. w. S. heute auch Begriff für die Grundlagen der Gesellschafts- und Staatswissenschaften. Als Folge der empirist. und szientist. Kritik an einem normativen Fundament der Kulturwiss. wurde seit der Mitte des 19. Jh. der Sinn des Begriffes p. P. zunehmend auf eine der Intention nach wertneutrale Analyse der moral. relevanten Sätze oder Sprechhandlungen reduziert. In der deutschsprachigen Philosophie und Gesellschaftstheorie erfuhr diese Entwicklung eine Umkehr zugunsten einer Rehabilitierung der p. P. als eines gemeinsamen Fundamentes der Sozialwiss., wobei es v. a. um die Reflexion der method. und institutionellen Bedingungen für einen rationalen Diskurs über inhaltl. Orientierungen der gesellschaftl. Institutionen geht.

praktische Psychologie, i. w. S. svw. angewandte Psychologie; i. e. S. auch Bez. für die Psychologie des alltägl. Lebens, des Umgangs mit Menschen, im Ggs. zur wiss. Psychologie in Forschung und Lehre.

praktischer Arzt (Praktiker), ältere Bez. für den Arzt für Allgemeinmedizin (↑ Facharzt).

praktische Theologie, Teilbereich der Theologie; in der *kath. Theologie* svw. ↑ Pasto-

raltheologie. - In der *ev. Theologie* wird die p. T. als Wiss. von der Aktualisierung der bibl. Botschaft in der heutigen Welt aufgefaßt; als ihr Begründer gilt Schleiermacher. Da Theologie und evangeliumsgemäßes Handeln in der Welt aufeinander bezogen sind, hat die p. T. eine krit. Funktion: Sie vermittelt der traditionellen Theologie eine method. reflektierte Erfassung der Wirklichkeit in Kirche und Gesellschaft und befragt sie auf die prakt. Relevanz ihrer Erkenntnisarbeit.

Prälat [zu mittellat. praelatus, eigtl. „der Vorgezogene"], im *kath.* Kirchenrecht i. e. S. Inhaber von ordentl. Jurisdiktion für den äußeren Bereich; z. B. Diözesanbischof und die anderen Ordinarien. Neben diesen wirkl. P. werden die Inhaber bestimmter hoher Ämter der röm. Kurie P. genannt. Meist ist P. aber Kurzbez. für jene Geistlichen, denen - ohne daß ihnen damit Jurisdiktion zuteil wurde - der Titel „Ehren-P. Seiner Heiligkeit" (päpstl. Ehrenkämmerer) verliehen wurde (meist Monsignore gen.). - In einigen *ev.* Landeskirchen geistl. Mgl. des landeskirchl. Verwaltungsorgans bzw. geistl. Amtsträger mit Leitungs- und Aufsichtsfunktionen in regional verbundenen Kirchenbezirken.

Prälatenhut, Standeszeichen geistl. Würdenträger; als herald. Rangzeichen über dem Wappenschild angebracht. Der Rang des Wappeninhabers kommt in der Anzahl der Quasten und der Farbe des P. zum Ausdruck.

Präliminarfrieden [lat./dt.] (Vorfrieden), im Völkerrecht bei Einstellung der Kampfhandlungen in [diplomat.] Vorverhandlungen (**Präliminarien**) erreichte und festgelegte vorläufige Vereinbarungen, die die wesentl. Bedingungen des späteren endgültigen Friedensvertrags bereits enthalten.

Pralinen [frz., nach dem frz. Marschall du Plessis-Praslin, dessen Koch sie erfunden haben soll], Süßwaren aus Schokolade bzw. mit einem Schokoladenüberzug und einer Füllung (Kern). *Creme-P.* sind mit einer sämigen Masse gefüllt, *Dessert-P.* haben einen Kern aus Frucht- oder Obstmark, Marzipan, Persipan, kandierten Früchten, Nüssen oder Mandeln, Spirituosen (insbes. Likör), Mokka und ähnl. Erzeugnissen.

Prallelektrode, svw. ↑ Dynode.

Prallhang ↑ Hang.

Prallmühle ↑ Mühle.

Pralltriller, musikal. Verzierung, die in einmaligem Wechsel zwischen der Hauptnote und oberer großer (oder kleiner) Sekunde besteht; Zeichen ⌣:

Prallwand, Vorrichtung zum Abscheiden fester bzw. schwerflüssiger Stoffe (z. B. Öle) aus Dämpfen und Flüssigkeiten (z. B. Abwässer); die festen bzw. schwerflüssigen Stoffe prallen bei Strömungsumlenkungen infolge ihrer Trägheit auf die Wände und sinken an ihnen zu Boden.

Präludium [lat. „Vorspiel"] (Praeludium,

Präambel, Praeambulum), instrumentales Einleitungsstück als Vorbereitung auf andere Instrumental- (Fuge, Suite) oder Vokalkompositionen (Lied, Choral, Motette, Madrigal, Oper). Das P. ist im 15. Jh. aus dem improvisator. Ausprobieren der Möglichkeiten eines Instruments (bes. Laute oder Tasteninstrumente) heraus entstanden und später auch als Bez. für Kompositionen zu mehreren Instrumenten belegt; in formal freier Anlage aus improvisator. Teilen zusammengesetzt und oft in Verbindung mit einer festen Form (z. B. P. und Fuge). Im Rückgriff auf J. S. Bach wurde das P. seit dem Beginn des 19. Jh. zu einer selbständigen Instrumentalkomposition (F. Chopin, F. Liszt, C. Debussy).

Prämaxillare [lat.], svw. Intermaxillarknochen (↑ Zwischenkieferknochen).

Prambanan, Ort auf Z-Java, Indonesien, 20 km onö. von Yogyakarta. Ruinen einer großen hinduist. Tempelanlage (9./10. Jh.). - Abb. Bd. 10, S. 224.

Prämedikation [lat.], die Gabe von Arzneimitteln zur Vorbereitung auf einen operativen Eingriff. Die P. dient u. a. der Beruhigung, der leichteren Einleitung der Narkose, eventuell auch zur Unterdrückung von Nebenwirkungen der Narkosemittel.

Prämie [lat.]. 1. staatl. Leistung im Rahmen des prämienbegünstigten Sparens; 2. derjenige Teil des Arbeitsentgelts, der für bes. Leistungen (Leistungs-P. bzw. -zulage) oder für Betriebstreue (Treue-P.) gezahlt wird; 3. vertragl. vereinbartes Entgelt (Beiträge) des Versicherungsnehmers für die Gewährung von Versicherungsschutz durch ein Versicherungsunternehmen.

prämienbegünstigtes Sparen ↑ Sparprämien.

Prämienlohnsysteme, Verfahren zur Ermittlung der Höhe eines Leistungslohns (↑ Lohn), bei denen entweder für das Überschreiten einer für eine bestimmte Zeiteinheit festgelegten Norm eine feste Prämie oder für das Unterschreiten der Vorgabezeit ein mit dem Umfang der Zeitersparnis steigender Zuschlag gezahlt wird. Die Verbindung eines P. mit Akkordlohn (↑ Akkordarbeit) stellt das **Differentiallohnsystem** dar, bei dem von einem Akkordlohn ausgegangen wird, der für eine „Normalleistung" festliegt; bei Unterschreitung der Vorgabezeit wird die gesamte Leistung mit einem höheren Akkordsatz vergütet und zusätzlich eine Prämie gezahlt, bei Überschreiten der Vorgabezeit entfällt nicht nur die Prämie, sondern es wird auch nur ein unter dem Normallohn liegender Akkordsatz vergütet.

prämieren (prämiieren) [lat.], mit einem Preis belohnen, auszeichnen.

Prämisse [lat.], Voraussetzung, Annahme; in der *Logik* die Aussage, aus der durch einen Schluß eine Aussage (die Konklusion) gewonnen wird.

Prämolaren, svw. Vorbackenzähne (↑ Zähne).

Prämonstratenser (offiziell lat. Candidus et Canonicus Ordo Praemonstratensis, Abk. OPraem), kath. Orden, zu den Regularkanonikern zählend, 1120 von Norbert von Xanten in Prémontré bei Laon gegr. - Der Orden entstand aus der ma. Klerikerreform des 11. und 12. Jh., die zu gemeinsamem Leben, Armut und Verbindung von zurückgezogener Beschaulichkeit mit Wanderapostolat führte. Grundlage des gemeinsamen Lebens war die Augustinusregel mit eigenen Statuten: zentral regierter Orden mit regionaler Einteilung (sog. Zirkarie); das einzelne Kloster ist aber selbständig. - In Deutschland wurde das Kloster Magdeburg wichtigstes Zentrum für die Ostsiedlung und Ostmission. In der Neuzeit wurden südd. und östr. Stifte zu Förderern der Barockkultur und -kunst. Die Säkularisation ließ den Orden fast untergehen. Eine neue Restauration setzte im 19. Jh. ein. - 1977 rd. 1280 Mitglieder. Neben den P. gibt es **Prämonstratenserinnen,** die urspr. in Doppelklöstern neben den Herrenkonventen lebten (1140 verboten), ein beschaul. Frauenorden, der nur noch wenige Klöster zählt.

prämortal [lat.], in der Medizin: vor dem Tode (auftretend), dem Tode vorausgehend.

Prana [Sanskrit „Atem"], ind. Bez. für den Atem als Lebenskraft; in den „Upanischaden" wird der allen anderen Lebenskräften überlegene P. zum Gegenstand philosoph. Spekulationen.

pränatal, in der Medizin: vor der Geburt, der Geburt vorausgehend (auf das Kind bezogen).

Prandtauer, Jakob, ≈ Stanz bei Landeck (Tirol) 16. Juli 1660, † Sankt Pölten 16. Sept. 1726, östr. Baumeister. - Sein Hauptwerk ist die barocke Baugruppe des Benediktinerstifts von ↑ Melk; baute außerdem in Sankt Pölten die Kirche des Karmelitinnenklosters (1706–12) und die Stiftskirche (Umbau; 1721/22), die Wallfahrtskirche auf dem Sonntagberg (bei Waidhofen an der Ybbs, 1706–17) und übernahm 1708 den Weiterbau des Stiftes Sankt Florian bei Linz.

Prandtl, Ludwig [...təl], * Freising 4. Febr. 1875, † Göttingen 15. Aug. 1953, dt. Physiker. - Prof. in Hannover und Göttingen; 1925–46 auch Direktor des dortigen Kaiser Wilhelm-Instituts für Strömungsforschung. P. gilt als Begründer der modernen Strömungslehre. Er entwickelte 1904 die Anfänge der Grenzschichttheorie und baute 1908 den ersten Windkanal in Deutschland. Seine Tragflügeltheorie hatte bed. Auswirkungen auf den Flugzeugbau.

Prandtl-Prisma [...təl; nach L. Prandtl], svw. ↑ Pentagonprisma.

Prandtl-Rohr (Prandtlsches Staurohr) [...təl; nach L. Prandtl], schlanke, zylindr.

Prandtl-Zahl

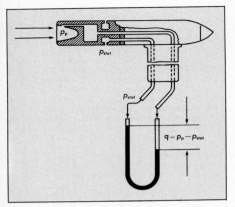

Prandtl-Rohr zur Messung des Staudrucks q als Differenz von Pitot-Druck p_p und statischem Druck p_{stat}

Strömungssonde zur Messung des Staudrucks in einer Strömung und damit der Strömungsgeschwindigkeit; Verwendung als Geschwindigkeitsmesser für Flugzeuge und Schiffe.

Prandtl-Zahl [...təl; nach L. Prandtl], physikal. Zeichen Pr, in der Strömungslehre bei Ähnlichkeitsbetrachtungen gebrauchte Kennzahl für die Wärmeübertragung in einer Strömung, und zwar das Verhältnis der in der Strömung durch Reibung erzeugten Wärmemenge zu der von ihr fortgeleiteten Wärmemenge.

Pranger [zu niederdt. prangen „drücken" (wegen der Halseisen)], der Ort, an dem der Verurteilte der Öffentlichkeit zur Verspottung und Demütigung zur Schau gestellt wurde; in Deutschland etwa seit 1400 allg. verbreitet. Grundformen: *Halseisen*, zum einmaligen Gebrauch aufgestellter Holzpfahl, *Schandbühne* und der auf Dauer in Form eines Holzpfahles oder einer Steinsäule errichtete *Schandpfahl*; im 19. Jh. abgeschafft.

Pranke, Tatze der Raubtiere.
◆ wm. Bez. für den unteren Teil des Laufs des Haarraubwildes (z. B. beim Dachs).

präödipale Phase, von S. Freud 1931 eingeführte Bez. für den vor der ödipalen Phase liegenden Abschnitt der psychosexuellen Entwicklung, in dem für beide Geschlechter die Anhänglichkeit des Kindes an die Mutter überwiegt.

Präparate [lat.], in der *Pharmazie* und *Chemie* nach bestimmten Verfahren hergestellte Substanzen von definierter Zusammensetzung.
◆ in der *Biologie* und *Medizin* aus Lebewesen hergestellte Demonstrationsobjekte für Forschung und Lehre. Sie werden als **Frischpräparate** in frisch präparierten, lebenden Zustand zur Untersuchung physiolog. Vorgänge und zur Beobachtung natürl. Strukturen verwendet. Vorbehandelte P. mit fixierten, eingebetteten, geschnittenen und gefärbten Objekten sind **Dauerpräparate.** - *Makroskop.* P. können ohne opt. Hilfsmittel betrachtet werden. Als *Total-P.* (Ganz-P.) zeigen sie das ganze Objekt. P. liegen als *Trocken-P.* (z. B. Herbarpflanzen, Insekten), als *Naß-P.* (in Konservierungsflüssigkeiten wie Alkohol, Formol) oder als *Einschluß-P.* (in glasartigen, fest werdenden Kunststoffen) vor. - *Mikroskop.* P. können wegen ihrer Feinheit nur mit dem Mikroskop untersucht werden (↑ auch mikroskopische Technik).

präparative Chemie [lat./arab.] ↑ Chemie.

Präparieren, das Anfertigen anatom. Präparate für Lehrzwecke durch Zerlegen des toten menschl., tier. oder pflanzl. Körpers mit anschließendem Haltbarmachen (Konservieren) der Teile bzw. Organe.

präpariertes Klavier, ein Klavier (meist ein Flügel), dessen Klang durch Holzstückchen, Filzstreifen, Schrauben und ähnl. Gegenstände an Saiten und Hammerköpfen verfremdet wird; bes. von J. ↑ Cage verwendet.

Präposition [lat.] (Verhältniswort), unflektierbare Wortart, die als Bindeglied zur Herstellung der syntakt. Beziehungen der Wörter zueinander - dient und dabei das räuml., zeitl. oder log. „Verhältnis" der einzelnen Glieder zueinander bezeichnet; die P. bestimmen den Kasus (sog. *Präpositionalkasus*) des abhängigen Substantivs, z. B. „während der Arbeitszeit", „mit dem Auto", „wegen des Geburtstags".

Präpositionalphrase, syntakt. Konstruktion, die aus der Verbindung einer Präposition mit einer Nominalphrase besteht, z. B. *nach einem Jahr; in Würzburg.*

Präraffaeliten [...fa-e...], Mitglieder einer 1848 von D. G. Rossetti, W. H. Hunt und J. E. Millais u. a. gegr. Künstlervereinigung; ihnen nahe standen u. a. F. M. Brown, E. C. Burne-Jones, J. Ruskin, W. Morris. Sie strebten eine Kunstreform im Geiste der Maler vor Raffael an. Die Malerei der P. ist symbolist. und betont in der Formgebung dekorative, flächige und lineare Elemente. Bed. Wirkung auf das engl. Kunsthandwerk (↑ Arts and Crafts Exhibition Society).

Prärie [frz., zu lat. pratum „Wiese"], das natürl. Grasland in N-Amerika zw. der Laubwaldzone des Zentralen Tieflandes im O und SO, den Dornstrauchsavannen im SW, den Rocky Mountains im W und dem borealen Nadelwald in N, untergliedert von O nach W in: 1. Hoch- oder Langgras-P. mit mannshohen Gräsern; 2. Übergangs-P. mit Lang- und Kurzgräsern und Halbsträuchern; 3. Kurzgrassteppe.

Präriehuhn (Tympanuchus cupido), etwa 48 cm langes, gebietsweise ausgerottetes Rauhfußhuhn in den Prärien des zentralen N-Amerika; vorwiegend auf braunem Grund hellgezeichnete Bodentiere, deren ♂♂ an jeder Halsseite einen gelbroten (bei der Balz aufblähbaren) Luftsack besitzen und beim Imponiergehabe (auf Massenbalzplätzen) zwei relativ lange Federbüschel am Hinterkopf aufstellen. Die ♀♀ legen in Bodennester 12–16 bräunl. Eier.

Präriehunde (Cynomys), seit dem Pleistozän N-Amerikas bekannte, heute nur noch mit zwei Arten vertretene Gatt. der Erdhörnchen, v. a. in den Prärien des westl. N-Amerika; Körperlänge knapp 30–35 cm, Schwanz etwa 3–10 cm lang, mit weißer oder schwarzer Spitze; übrige Färbung fahlbraun. - P. leben in großen Kolonien mit weitverzweigten unterird. Gangsystemen; können in Kulturland sehr schädl. werden; Winterschläfer.

Prärieindianer, die durch die Präriekultur geprägten nordamerikan. Indianerstämme.

Prärieklapperschlange   ↑ Klapperschlangen.

Präriewolf (Kojote, Coyote, Heulwolf, Canis latrans), in Prärien und Wäldern N- und M-Amerikas weit verbreitetes Raubtier (Fam. Hundeartige); Körperlänge etwa 80–95 cm; Schwanz 30–40 cm lang, buschig, wird beim Laufen auffallend nach unten getragen; Schnauze spitz; Fell oberseits überwiegend

bräunlich- bis rötlichgrau, unterseits weißl.; der höhlenbewohnende, überwiegend nachtaktive P. gibt kurze, hohe Heultöne von sich. Er ernährt sich überwiegend von Kleintieren.

Prärogative [lat.], allg. svw. Vorrecht, Privileg, Vorzug. Im *staatsrechtl. Sinn* die dem Monarchen zustehenden Vorrechte, die er unabhängig von der Mitwirkung einer Volksvertretung ausüben kann. In der konstitutionellen Monarchie sind dies v. a. Ernennung und Entlassung der Min., Einberufung, Eröffnung, Schließung und Auflösung der Kammern, Vorlagen an die Kammern, Sanktion und Publikation der Beschlüsse der Kammern sowie Begnadigungen.

Prasad, Rajendra, * Zeeradai (Bihar) 3. Dez. 1884, † Sadaguat Ashram bei Patna 28. Febr. 1963, ind. Politiker. - Seit 1917 Mitkämpfer M. K. Gandhis; mehrfach von den Briten inhaftiert; 1934, 1939 und 1947/48 Präs. des Indian National Congress; 1946–48 Min. für Ernährung und Landw.; 1946–50 Vors. der Verfassunggebenden Versammlung; 1950–62 Staatspräsident.

Präsapiensgruppe [lat./dt.], Bez. für eine Homininengruppe, die bereits vor den (klass.) Neandertalern existierte, jedoch noch weniger als diese spezialisiert war bzw. in einer Reihe von morpholog. Merkmalen den Jetztmenschen bereits etwas näher stand.

Prasem [griech.], ein lauchgrün gefärbter Quarz; früher u. a. zur Herstellung von Gemmen (↑Steinschneidekunst) verwendet.

Präsens [lat. „gegenwärtig"] (Gegenwart), Bez. für die Zeitform beim Verb, die ein gegenwärtig ablaufendes Geschehen ohne

Präraffaeliten. Sir John Everett Millais, Das Tal der Stille (1858). London, Tate Gallery

präsent

Rücksicht auf Beginn und Ende ausdrückt; genauer unterschieden werden u. a.: *aktuelles P.*, das vom tatsächl. Zeitpunkt der Äußerung ausgeht und nur diese aktuelle Gegenwart betrifft (*Ich schreibe* [jetzt gerade]); *generelles P.*, das ein allgemeingültiges Geschehen ohne irgendeinen Zeitbezug meint (*Er schreibt schön*); *histor. P.* (*P. historicum*), das ein vergangenes Geschehen gewissermaßen vergegenwärtigt und damit verlebendigt (in lebhafter Schilderung usw.); *zukünftiges P.*, das ein noch nicht begonnenes Geschehen darstellt (*Ich komme morgen*).

präsent [lat.], anwesend, gegenwärtig.

Präsent [lat.], Geschenk, kleine Aufmerksamkeit; **präsentabel**, ansehnlich, vorzeigbar; **präsentieren**, 1. überreichen; 2. vorweisen, vorzeigen; **Präsentation**, Vorlage; Vorstellung [vor der Öffentlichkeit].

Präsentieren [lat.-frz.], militär. Ehrenbezeugung mit dem Gewehr durch die Truppe bei Paradeaufstellung, durch Ehrenkompanien oder -züge, in der Bundeswehr nur durch das Wachbataillon beim Bundesministerium der Verteidigung; das Gewehr wird senkrecht oder schräg vor dem Körper gehalten (**Präsentiergriff**).

Präsenz [lat.], allg. svw. Anwesenheit, Gegenwart. Als psych. P. bezeichnet man den Zustand des Gegenwärtigseins von Wahrnehmungsinhalten im Bewußtsein. Den Zeitabschnitt, während dessen sich diese Inhalte im Kurzzeitgedächtnis befinden und der bewußtseinsmäßig als unmittelbare Gegenwart erlebt wird, bezeichnet man als *P.zeit* (Verweilzeit, Gedächtnisspanne, Gegenwartsdauer).

Praseodym [griech.], chem. Symbol Pr; metall. Element aus der Reihe der Lanthanoide des Periodensystems der chem. Elemente, Ordnungszahl 59, relative Atommasse 140,9 Schmelzpunkt 931 °C, Siedepunkt 3 512 °C. P. ist ein gelbl., in zwei Modifikationen mit unterschiedl. Dichte vorkommendes Metall; in seinen gelb- bis blaugrünen Verbindungen tritt es drei- seltener vierwertig auf. P. kommt nur in Form von Verbindungen und stets vergesellschaftet mit den übrigen Metallen der seltenen Erden vor; es wird nur als Bestandteil von Cermischmetall verwendet. Praseodymoxid Pr_2O_3 wird als Glas- und Emailfarbe verwendet.

Präservativ [lat.], Vorbeugungsmittel, Schutzmittel, Mittel zur Verhütung einer Schwangerschaft oder der Ansteckung mit Geschlechtskrankheiten (Kondom; ↑Empfängnisverhütung).

Präserven [lat.] ↑Konserve.

Präservesalze, Salzgemische (v. a. mit Natriumsulfit), die die rote Farbe im Hackfleisch erhalten, ohne seine Haltbarkeit zu erhöhen; ihre Verwendung ist in der BR Deutschland gesetzl. verboten.

Präses [lat.], kirchl. Würdenträger, oft

Leiter eines Vereins. - In den ev. Landeskirchen im Rheinland und von Westfalen der leitende personale Amtsträger.

Präsident [lat.-frz.], allg. Vorsitzender, Vorstand; im Bereich von *Politik* und *Gesellschaft* Repräsentant und Leiter von Parteien und Verbänden, Verwaltungsbehörden, Gerichten, parlamentar. Gremien u. a.; auch Titel des Staatsoberhaupts einer Republik (Staatspräsident, Bundespräsident).
◆ auf mindestens 4 Jahre gewählter hauptberufl. Leiter einer Hochschule, die sich für diese Form der Leitung entschieden hat (andere Möglichkeit: kollegiale Leitung mit einem hauptberufl. Mgl., kleinere Hochschulen [weniger als 15 000 Studenten]: Rektoratsverfassung).

Präsident Drouard [frz. dru'a:r] ↑Birnen (Übersicht).

Präsidentenanklage, Anklage gegen den Bundespräsidenten vor dem Bundesverfassungsgericht wegen vorsätzl. Verletzung der Verfassung oder eines Bundesgesetzes nach Art. 61 GG. Anklagebefugt sind der Bundestag oder der Bundesrat, wobei eine Mehrheit von zwei Dritteln der Mitglieder bzw. Stimmen erforderl. ist. Das Bundesverfassungsgericht kann auf Amtsverlust erkennen.

präsidial [lat.], den Präsidenten oder das Präsidium betreffend.

Präsidialrat, bei den Gerichten des Bundes und der Länder neben dem Richterrat bestehende bes. Richtervertretung, deren alleinige Aufgabe die Mitwirkung bei der Ernennung oder der Wahl von Richtern ist.

Präsidialsystem (präsidentielles Regierungssystem), Reg.system, in dem im Ggs. zum parlamentar. Reg.system ein strikter Dualismus zw. Exekutive (Reg.) und Legislative (Parlament) besteht. Der Präs. als Spitze der Exekutive, der i. d. R. vom Volk direkt gewählt wird, fungiert gleichzeitig als Staatsoberhaupt und Reg.chef; er ist vom Vertrauen des Parlaments unabhängig und kann von ihm nicht abgewählt werden; ebenso ist er aber selbst nicht befugt, das Parlament aufzulösen, um im Konfliktfall zw. Präs. und Parlament an das Wahlvolk appellieren zu können. Dem Präs. steht keine Gesetzesinitiative zu; er besitzt ledigl. ein suspensives Veto gegenüber Gesetzesinitiativen des Parlaments, das i. d. R. durch qualifizierte Mehrheiten wieder aufhebbar ist. Zw. dem Amt des Präs., eines Min. bzw. Staatssekretärs oder eines hohen Beamten besteht Inkompatibilität (Unvereinbarkeit) mit dem Abg.mandat. Das Kabinett hat keine verfassungsrechtl. Kompetenzen; seine Mgl. sind allein dem Präs. gegenüber verantwortl., werden allein von ihm ernannt bzw. entlassen und sind formell nur Helfer des Präsidenten.
Beispielhaft ausgeprägt ist das P. in den *USA* (↑USA [polit. System]), von denen es v. a.

in viele Staaten Südamerikas übernommen wurde, wo es sich jedoch häufig zu Präsidialdiktaturen entwickelte. Einzelne westeurop. Staaten haben Elemente des P. in ein parlamentar. Reg.system einzubauen versucht, so z. B. das *Dt. Reich* z. Z. der Weimarer Republik (↑ auch deutsche Geschichte) und die *5. Frz. Republik* (↑ auch Frankreich [polit. System]). - Der dt. Reichspräs. verfügte mit dem Recht, den Reichskanzler zu ernennen und zu entlassen, den Reichstag aufzulösen und den Ausnahmezustand zu verhängen, über so viel Macht, daß er in der Endphase der Weimarer Republik (1930–33) mit den Kanzlern Brüning, Papen und Schleicher ein System der **Präsidialkabinette** etablieren konnte, das häufig, aber ungenau, auch als P. bezeichnet wird.

Präsidium [lat.], allg. Vorsitz, Leitung (meist von mehreren Personen); auch gebraucht für das Amtsgebäude eines Präsidenten. - Im *Rechtswesen* ist P. das bei allen Gerichten bestehende, aus dem Präsidenten des Gerichts und gewählten Richtern bestehende weisungsfreie Selbstverwaltungsorgan, das die Richter den verschiedenen Spruchkörpern zuordnet, Vertretungen regelt, Ermittlungsrichter bestellt und die Geschäfte verteilt.

Prasinit [griech.], zur Gruppe der Grünschiefer gehörendes Gestein; hpts. aus Epidot, Chlorit, Feldspäten und Quarz.

Prasiolith [griech.], ein durch Brennen von Amethyst oder Zitrin erhaltener grüner Quarz; er ähnelt dem grünen Beryll oder dem Peridot.

Präskription [lat.], 1. Vorschrift, Verordnung; 2. (juristisch) Verjährung.

Praslin [frz. pra'lɛ̃], mit 39 km² zweitgrößte Insel der Seychellen.

Prassinos, Gisèle, * Istanbul 16. Febr. 1920, frz. Schriftstellerin griech. Abstammung. - Verfaßte als „Muse" der Surrealisten bereits mit 14 Jahren erste „automat. Texte". *Werke:* Die Abreise (R., 1959), Der Mann mit den Fragen (En., 1961), Mon coeur les écoute (Prosa, 1982).

prästabilierte Harmonie, von Leibniz 1696 eingeführte These zur Lösung des Leib-Seele-Problems, nach der sich Leib und Seele in empir. Wirkungszusammenhängen wie zwei Uhren verhalten, deren Übereinstimmung durch eine Art idealer Realisierung von Konstruktionsprinzipien im voraus festgesetzt („prästabiliert") ist. In der Monadologie von Leibniz führt diese Vorstellung zur These von der „besten aller mögl. Welten" und der Behauptung, daß jede Monade die Welt repräsentiert („spiegelt").

Präsumption (Präsumtion) [lat.], Voraussetzung, Vermutung, Annahme; **präsumtiv,** vermutlich, erwartungsgemäß.

Pratasinseln, Inselgruppe im Südchin. Meer, sö. von Hongkong; Guanovorkommen; meteorolog. Station.

Prätendent [frz., zu lat. praetendere „vorschützen"], jemand, der etwas beansprucht; v. a. Haupt einer ehemals herrschenden Dyn., das Ansprüche auf einen Thron geltend macht (Thronbewerber).

Prätendentenstreit, Streit zweier angebl. Gläubiger darüber, welchem von ihnen ein bestimmter Anspruch gegen einen Schuldner zusteht.

Prätention [lat.-frz.], Anspruch, Anmaßung; **prätentiös,** anspruchsvoll, anmaßend.

Prater, Donauaue im II. Bezirk der Stadt Wien. Weitläufige Parkanlage; am W-Rand der *Wurstlprater* (Vergnügungspark).

präter..., Präter... [lat.], Vorsilbe mit der Bed. „vorüber".

Präteritio (Präterition) [lat.], svw. ↑ Paralipse.

Präteritum [lat. „Vorübergegangenes, Vergangenes"], i. w. S. zusammenfassende Bez. für die verschiedenen Zeitformen der Vergangenheit beim Verb (Imperfekt, Perfekt und Plusquamperfekt). I. e. S. svw. ↑ Imperfekt. Das sog. **epische Präteritum** ist die vorherrschende Tempusform der erzählenden Gattungen, hat nicht die Funktion der Vergangenheitsbezeichnung, sondern drückt die fiktive Gegenwartssituation der Romanfigur aus, von der es berichtet. Symptom dafür ist die Möglichkeit, das ep. P. mit einem Zukunftsadverb zu verbinden: „Morgen ging das Schiff ab".

präterpropter [lat.], etwa, ungefähr.

Pratinas von Phleius, griech. Tragiker des 6./5. Jh. - Seine bedeutendste Leistung war die Erneuerung des Satyrspiels, das er in Athen einführte.

Prato, italien. Stadt in der Toskana, am Bisenzio, 61 m ü. d. M., 161700 E. Kath. Bischofssitz; Gemäldegalerie, Bibliothek; Handelszentrum; Textilind. - Entstand im 10. Jh.; wurde 1653 Stadt und Bischofssitz. - Dom, urspr. eine roman. Basilika (12. Jh.), im 13./14. Jh. got. umgebaut; Renaissancekirche Santa Maria delle Carceri (1484 ff.); Palazzo Pretorio (13. Jh.); Kastell Kaiser Friedrichs II. (13. Jh.).

Pratolini, Vasco, * Florenz 19. Okt. 1913, italien. Schriftsteller. - Verf. unpathet., oft autobiograph. gehaltener sozialkrit. Romane, die in lyr. Realismus meist das Schicksal eines einzelnen stellvertretend für eine ganze Gruppe (bes. aus dem Großstadtproletariat) schildern; u. a. „Metello, der Maurer" (1955), „Il mannello di Natascia" (1985).

Prätor [lat. praetor „der (dem Heer) Voranschreitende"], im antiken Rom der Oberbefehlshaber (*P. maximus*) des Königs, ein Amt, aus dem in der Zeit der Republik der Diktator hervorging. Seit 366 bzw. 362 v. Chr. waren die P. für die Rechtsprechung zuständig; seit 241 v. Chr. gab es 2 P., von denen der eine für Prozesse unter röm. Bürgern (*P. urbanus,* Stadt-P.), der andere für solche zw. röm. Bürgern und Fremden *(P. peregrinus)* zuständig war; seit 228/227 auch Provinzialstatthalter.

Prätorianergarde (lat. cohortes praetoriae), Bez. der von Augustus zum eigenen Schutz aufgestellten Truppe aus 9 (seit Trajan 10) Kohorten (Infanterie und Kavallerie). Seit 23 n. Chr. in Rom konzentriert, wurde die P. ein wichtiger polit. Faktor (z. B. bei der Ausrufung der Kaiser); 312 aufgelöst. Die P. unterstand dem **Prätorianerpräfekten**, dessen Amt im Lauf der Kaiserzeit mit zivilen Aufgaben (Gerichtsbarkeit) verbunden wurde.

Pratt, Edwin John [engl. præt], * Western Bay (Neufundland) 4. Febr. 1883, † Toronto 26. April 1964, kanad. Dichter. - Seine ep. und lyr. Gedichte sowie die Blankversdichtung „Brébeuf and his brethren" (1940), eine Chronik aus der Zeit der Indianerkämpfe, machten ihn zum bekanntesten zeitgenöss. Dichter Kanadas.

Prättigau, etwa 40 km langes rechtes Seitental des Alpenrheintales im schweizer. Kt. Graubünden mit dem Hauptfluß Landquart. Größte Gem. ist † Klosters. - In vorgeschichtl. und röm. Zeit nur schwach besiedelt; im 13. Jh. von Walsern bevölkert.

Prau [malai.-niederl.], Bez. für Segelboote unterschiedl. Bauart und Takelung im Malaiischen Archipel.

Praunheim, Rosa von, eigtl. Holger Mischwitzky, * Riga 25. Nov. 1942, dt. Filmregisseur. - Dreht seit 1968 Filme, in denen Realität parodiert und übersteigert, aggressiv, aber mit Humor vorgeführt wird, u. a. „Schwestern der Revolution" (1969), „Die Bettwurst" (1971), „Nicht der Homosexuelle ist pervers, sondern die Situation, in der er lebt" (1971), „Axel von Auersperg" (1974), „Armee der Liebenden oder Aufstand der Perversen" (1979), „Ein Virus kennt keine Moral" (1985).

Prävention [lat.], in der Medizin: vorbeugende Maßnahmen zur Verhütung oder Früherkennung von Krankheiten durch Ausschaltung schädl. Faktoren *(primäre P.)* oder durch die möglichst frühzeitige Behandlung einer Erkrankung *(sekundäre Prävention)*.

präventiv [lat.], vorbeugend, verhütend.

präventive Eugenik † Eugenik.

Präventivkrieg, i. e. S. ein Krieg, der dem sicher bevorstehenden Angriff eines Gegners zuvorkommen soll; i. w. S. Kriege, mit denen nur einem vermuteten gegner. Angriff oder einer erwarteten erhebl. Verschiebung der Machtverhältnisse zuungunsten des eigenen Staates begegnet werden soll.

Präventivmedizin (vorbeugende Medizin), ärztl. und gesundheitspolitische Maßnahmen zur Früherkennung von chron. Krankheiten oder bösartigen Tumoren, zur Verhütung einer drohenden Erkrankung sowie zur Verhütung der Verschlimmerung einer bestehenden Erkrankung. Der P. wird neben der kurativen (heilenden) Medizin zunehmend Bed. beigemessen. Sie wird bis zum Jahre 2000 in der BR Deutschland vermutl. 75 % der ärztl. Tätigkeit umfassen.

Prawda [russ. 'pravdɐ „Wahrheit"], sowjet. Zeitung, † Zeitungen (Übersicht).

Prawdinsk, russ. für † Friedland (Ostpr.).

Praxilla von Sikyon, griech. Lyrikerin des 5. Jh. v. Chr. - Aus ihrem Hymnus auf Adonis sind 3 Hexameter erhalten; ob sie Dithyramben erzählenden Inhalts geschrieben hat, steht nicht mit Sicherheit fest.

Praxis [griech., zu práttein „handeln"], 1. tätige Auseinandersetzung mit der Wirklichkeit; Erfahrung (im Gegensatz zur Theorie); 2. berufl. Tätigkeit, Berufserfahrung; 3. Handhabung, Verfahrensart; 4. Tätigkeitsbereich.

◆ Räumlichkeiten zur Ausübung des Berufs eines niedergelassenen Arztes, eines Rechtsanwalts u. ä.

Praxiteles, att. Bildhauer des 4. Jh. v. Chr. - Tätig um 370–320; neben Lysipp Vollender des spätklass. Manierismus; die Figuren seiner idealisiert schönen, ferngerückten Göttergestalten haben gelängte Proportionen, bereicherte Bewegung, Sensibilität der Oberfläche. Im Original erhalten: Musenreliefs, Basis einer Statuengruppe in Mantineia (um 325; Athen, Archäolog. Museum), (wahrscheinl. durch röm. Polierung überarbeiteter) Hermes mit dem Dionysosknaben (um 325 v. Chr.; Olympia, Archäolog. Museum). Von den mehr als 50 in antiken Quellen gen. Werken in röm. Kopien wiedererkannt: Einschenkender Satyr (370/60; Dresden, Staatl. Kunstsammlungen), Artemis Brauronia (Artemis von Gabii, 345/40; Paris, Louvre), jugendl. Apoll, der sog. „Sauroktonos" (um 340; Vatikan. Sammlungen); Aphrodite von Knidos (um 330 v. Chr.; ebd.). - Abb. Bd. 9, S. 294.

Präzedenzfall [lat./dt.], im Recht Bez. für einen Fall, dessen Beurteilung oder Entscheidung für einen zukünftigen gleichartigen Fall richtungsweisend ist. - † auch Präjudiz.

Präzeptor [lat.], im MA svw. Schulmeister, Hofmeister; im 19. Jh. häufig Bez. für Lehrer an höheren Schulen.

Präzession [zu lat. praecessio „das Vorangehen"], eine Form der Kreiselbewegung, bei der die Figurenachse des † Kreisels eine durch äußere Kräfte aufgezwungene Drehbewegung ausführt; i. e. S. die Drehbewegung der Erdachse, die ihr durch die Gravitationskräfte des Mondes und der Sonne *(Lunisolar-P.)* und in geringerem Maße durch die Wirkung der Planeten *(Planeten-P.)* aufgezwungen wird. Diese Kräfte versuchen, die gegen die Ekliptik geneigte Erdachse aufzurichten. Entsprechend dem Verhalten eines Kreisels bewegt sich die Erdachse auf einer Kegelfläche um den Pol der Ekliptik, wobei diese Kegelfläche in etwa 25 800 Jahren einmal umschrieben wird *(platon. Jahr)*. Durch Überlagerungen der Gravitationskräfte von

Mond und Sonne werden dieser Bewegung noch Schwankungen mit einer Periode von 19 Jahren aufgeprägt (langperiod. *Nutation*).

Präzipitat [lat.], aus der Alchimie stammende, noch gelegentl. gebrauchte Bez. für drei Quecksilberverbindungen: 1. *Rotes P.* (Quecksilber(II)-oxid), HgO; 2. *weißes schmelzbares P.* (Diamminquecksilber(II)-dichlorid), Hg(NH₃)₂Cl₂; 3. *weißes unschmelzbares P.* (Quecksilber(II)-amidchlorid), Hg(NH₂)Cl.

Präzipitation [lat.] (Immunpräzipitation), Ausfällung infolge einer ↑Antigen-Antikörper-Reaktion zw. einem kolloidalen Antigen *(Präzipitinogen)* und einem Antikörper *(Präzipitin)* im Blutserum oder ↑in vitro.

präzisieren [lat.-frz.], genauer beschreiben; knapp zusammenfassen; **präzis**, genau, klar; **Präzision**, Genauigkeit, Exaktheit, Feinheit.

Präzisionsmeßgerät, sehr genau anzeigendes [elektr.] Meßgerät, dessen höchstzulässiger Fehler 0,2 % vom Skalenendwert bei einer Temperatur von 20°C beträgt.

Pré, Jacqueline du [engl. dju'preɪ, frz. dy-'pre], *Oxford 26. Jan. 1945, brit. Violinistin. - Seit 1967 ∞ mit D. Barenboim; ihre Karriere wurde durch Krankheit beendet.

pre..., Pre... ↑prä..., Prä...

Prechtl, Michael Mathias, *Amberg 26. April 1926, dt. Maler und Graphiker. Entwickelt in Landschaften, Porträts u. a. einen z. T. iron., vieldeutigen Stil. Seine Arbeiten sind oft von polit. und sozialem Engagement getragen.

precipitando [italien. pretʃipi'tando], musikal. Vortragsbez.: plötzl. eilend, beschleunigend, vorstürzend.

Preda, Marin, *Siliştea-Gumeşti (Kreis Teleorman) 5. Aug. 1922, †Mogoşoaia (bei Bukarest) 16. Mai 1980, rumän. Schriftsteller. - Zeigt in dem psycholog. Dorfroman „Moromeţii" (1955-67, Bd. 1 dt. 1958 u. d. T. „Schatten über der Ebene") das Schicksal eines Kleinbauern vor und nach dem 2. Weltkrieg. - *Weitere Werke:* Aufbruch (Nov., 1952), Der große Einsame (R., 1972).

Predeal, Paß an der Grenze zw. Süd- und Ostkarpaten, Übergang von Kronstadt nach Sinaia, 1 040 m hoch. Auf dem Paß liegt der Ort P., der höchstgelegene Rumäniens (Kur- und Wintersportort).

Predella [italien.], Unterbau eines Flügelaltars mit Malerei oder Bildschnitzerei; diente z. T. als Reliquienbehälter.

Prediger (Koheleth, Qohelet, in der Septuaginta Ecclesiastes), Abk. Pred., Buch des A. T., das auf einen unbekannten Weisheitslehrer zurückgeht (nach 250 v. Chr.).

Predigerorden, svw. ↑Dominikaner.

Predigerseminare, Ausbildungsstätten der ev. Kirchen für Theologen zur Vorbereitung auf den Dienst in der Gemeinde.

Predigt [zu lat. praedicare „öffentl.

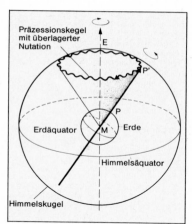

Präzession (mit überlagerter Nutation) der Erdachse *P'* um die Achse *E* der Ekliptik (*M* Mittelpunkt, *P* Pol der Erde)

bekanntmachen, laut verkündigen, bekennen, rühmen"], in den christl. Kirchen die an die Sprache und - überwiegend - an Bibeltexte gebundene Form der Verkündigung, im heutigen Sprachgebrauch in erster Linie die im Gottesdienst stattfindende Kanzelrede. Die theolog. Zielsetzung der P. besteht darin, in einer dem heutigen Menschen verständl. Sprache die bibl. Botschaft zu vermitteln, um damit die Hörer zu einer Bewußtseins- und Verhaltensänderung („Buße") zu veranlassen. In Entstehung und Vollzug ist die P. an bestimmte Menschen und Situationen gebunden und bringt bibl. Text, Hörersituation und Person des Predigers in eine Wechselwirkung. - *Geschichte der P.:* Im N. T. wird das Verb „euangelízesthai" (im klass. Griech. das Überbringen von guten Nachrichten [urspr. die eines militär. Siegs]) für die Weiterverbreitung der Botschaft von Jesus gebraucht. Im MA unterschied man v. a. zwei Arten der P.: 1. den **Sermo** in gehobener, oft kunstvoller lat. Rede als themat. P., anknüpfend an die Traditionen der antiken Rhetorik; 2. die einfachere, schmucklose, volkssprachl. **Homilie**, die in ihrer pädagog.-prakt. Zielsetzung an die Praxis der (v. a. griech.) Kirchenväter anschließt. - Bedeutsam sind die P. der Bettelorden im 13. Jh. mit ihrer volksnahen, oft derben Anschaulichkeit und lebendigen Rede (z. B. Berthold von Regensburg, vorgeprägt von Bernhard von Clairvaux [Kreuzzugs-P. mit Einfluß auf die ↑Kreuzzugsdichtung]) sowie die P. von J. Geiler von Kaysersberg, Luther und Abraham a Sancta Clara. Insgesamt ist die volkssprachl. P., je mehr sie sich vom

Predigtmärlein

lat. Vorbild löste, von großer Bed. für die Herausbildung der dt. Sprache und für die Entwicklung eines dt. Prosastils.

Predigtmärlein ↑ Exempel.

Předmostí [tschech. ˈprʃɛdmɔstjiː] (Předmost, Pschedmost), ab 1880 untersuchte paläolith. Freilandstation (eine der größten in M-Europa) bei Přerov, ČSSR; Skelettreste von über 1 000 Mammuten; Funde v. a. aus dem Gravettien: Klingen, Kratzer, Stichel, plast. Kleinfiguren, Grabgrube mit 20 Hokkerskeletten.

Prednison [Kw.] (1,2-Dehydrokortison), synthet. Steroidhormon (Glukokortikoid) mit entzündungshemmender und antiallerg. Wirkung. P. und das ähnl. gebaute Glukokortikoid *Prednisolon* haben eine stärkere Wirkung als das natürl. Hormon Hydrokortison.

Preetorius, Emil, * Mainz 21. Juni 1883, † München 27. Jan. 1973, dt. Illustrator und Bühnenbildner. - Seine Buchillustrationen und Buchschmuck kommen vom Jugendstil her; Anregungen auch vom jap. Holzschnitt. An den romant. Klassizismus anschließende Bühnenbilder, bes. seit 1923 für O. Falckenberg und H. Tietjens Wagner-Inszenierungen (1933–41).

Preetz, Stadt 13 km sö. von Kiel, Schl.-H., 34 m ü. d. M., 14 900 E; Nahrungsmittelind., Likörfabrik; Luftkurort. - In den auf slaw. Ursprung zurückgehenden Ort wurde 1226 ein mit reichem Grundbesitz ausgestattetes Benediktinerinnenkloster verlegt; als Mittelpunkt der Klosterherrschaft entwickelte sich P. bis 1442 zum Flecken; seit 1870 Stadt. - Spätbarocke Stadtkirche (18. Jh.), mit roman. Chor (um 1200–10), dreischiffige Backsteinbasilika des ehem. Benediktinerinnenklosters (14. Jh.).

Preference [prefeˈrãːs; lat.-frz.], Kartenspiel frz. Ursprungs zw. 3 Spielern mit 32 frz. oder dt. Karten. Gewinner ist, wer den Vorzug, die P., „seiner" Farbe beim Bieten durchsetzt und mindestens 6 Stiche macht.

Pregel, Fluß in Ostpreußen, UdSSR▾, entsteht unmittelbar westl. von Insterburg aus dem Zusammenfluß von Angerapp und Inster, mündet westl. von Königsberg (Pr) ins Frische Haff, 128 km lang.

Pregl, Fritz [...gəl], * Laibach 3. Sept. 1869, † Graz 13. Dez. 1930, östr. Chemiker. - Prof. in Innsbruck und Graz; entwickelte die quantitative Mikroanalyse organ. Verbindungen; 1923 Nobelpreis für Chemie.

Pregnan [lat.], $C_{21}H_{36}$, gesättigter Steroidkohlenwasserstoff, der das Grundgerüst der Gestagene und Kortikosteroide darstellt. Chem. Strukturformel:

Preil ↑ Neringa.

Preis [zu altfrz. pris von lat. pretium „Wert"], die pro Einheit eines bestimmten Wirtschaftsgutes geforderte bzw. gezahlte Geldmenge. Der P. drückt allg. das Austauschverhältnis zw. Wirtschaftsgütern aus, ist damit im Prinzip nicht an die Verwendung von Geldeinheiten gebunden.
◆ Auszeichnung, Belohnung (z. B. bei einem Wettbewerb).

Preis-Absatz-Funktion, die Nachfragefunktion aus der Sicht der Anbieter; sie gibt an, welche Mengen eines Gutes ein Anbieter bei verschiedenen Preisen absetzen kann oder abzusetzen erwartet. In diesem letzteren Fall einer mutmaßl. Absatzmenge spricht man von einer *konjekturalen* Preis-Absatz-Funktion.

Preisangaben, die Kenntlichmachung von Endverbraucherpreisen bei Waren und Dienstleistungen. Für Waren und Dienstleistungen, die regelmäßig angeboten werden oder für die öffentlich geworben wird, besteht eine **Preisauszeichnungspflicht,** d. h. die Preise müssen gut wahrnehmbar und unverwechselbar (bei Dienstleistungen z. B. durch Aushang) angegeben sein und auch sonstige Preisbestandteile enthalten.

Preisausschreiben, Art der ↑ Auslobung (§ 661 BGB). Beim P. begründet nicht schon die Leistung des Bewerbers den Anspruch auf die ausgesetzte Belohnung, sondern es entscheiden ein oder mehrere Preisrichter.

Preisauszeichnungspflicht ↑ Preisangaben.

Preisbildung, Bestimmung der Preise auf einem ↑ Markt. Die P. kann staatlich (z. B. Festsetzung von Höchstpreisen) oder privat erfolgen; die private P. ist weiter zu unterscheiden in gebundene P. (z. B. durch - meist rechtswidrige - Preiskartelle) und freie P., die organisiert (z. B. an der Börse) oder unorganisiert erfolgen kann. Die unorganisierte, freie private P. ist Hauptgegenstand der ↑ Preistheorie. Für die Art der P. ist die ↑ Marktform entscheidend (↑ auch Marktmechanismus).

Preisbindung, gesetzl. oder vertragl. Verpflichtung zur Einhaltung bestimmter Preise *(gebundener Preise)* beim Verkauf eines Gutes. Bei der vertragl. P. unterscheidet man: 1. *horizontale* P. zw. Angehörigen derselben Absatzstufe; 2. *vertikale* P. zw. Angehörigen verschiedener Absatzstufen. Die vertikale P. wird auch als *P. der zweiten Hand* bezeichnet und unterbindet den Preiswettbewerb zw. den Händlern. Verträge, die die vertikale P. zum Inhalt haben, sind nichtig, ausgenommen bei Verlagserzeugnissen.

Preis der Nationen (Nationenpreis), Mannschaftswettbewerb im Springreiten für Nationalmannschaften; sie bestehen aus 3 oder 4 Reitern (von denen die 3 besten gewertet werden). Sieger ist die Mannschaft mit der geringsten Gesamtfehlerpunktzahl (bei 2 Umläufen); vorgeschrieben sind 13–14 Hindernisse mit 16–20 Sprüngen auf einem Parcours von etwa 800 m Länge.

Preiselastizität ↑ Elastizität.

Preiselbeere (Grantl, Kronsbeere, Riffelbeere, Vaccinium vitis-idaea), Art der Gatt. ↑ Heidelbeere auf sauren Böden im nördl. Europa, in Sibirien und Japan sowie im arkt. N-Amerika; winterharter, immergrüner, kriechender, bis 10 cm hoher Strauch mit oberseits glänzend grünen, unterseits helleren, schwarz punktierten Blättern und kleinen, weißen oder rötl. Blüten in Trauben. Die Früchte (**Preiselbeeren**) sind etwa erbsengroß, rot und schmecken herb und säuerlich. Sie werden meist zu Kompott und Marmelade verarbeitet.

Preisempfehlung, unverbindl. Empfehlung (im Ggs. zur ↑ Preisbindung) des Herstellers oder Händlers an die Abnehmer seiner Waren, bei der Weiterveräußerung an Dritte bestimmte Preise zu fordern oder anzubieten oder bestimmte Arten der Preisfestsetzung anzuwenden. Die P. ist grundsätzl. unzulässig und stellt eine Ordnungswidrigkeit dar. Davon gelten zwei Ausnahmen: 1. für ausdrückl. P. von Vereinigungen kleiner oder mittlerer Unternehmen zur Förderung der Leistungsfähigkeit gegenüber Großbetrieben und zur Verbesserung der Wettbewerbsbedingungen; 2. für ausdrückl. P. eines Unternehmens für die Weiterveräußerung seiner Markenartikel, wenn diese mit gleichartigen Waren anderer Hersteller im Preiswettbewerb stehen und zu ihrer Durchsetzung kein Druck ausgeübt sowie die P. in der Erwartung ausgesprochen werden, daß sie den voraussichtl. geforderten Preisen entsprechen. Die *Kartellbehörde* übt in beiden Fällen eine erweiterte *Mißbrauchsaufsicht* aus. Ein Mißbrauch liegt insbes. dann vor, wenn die P. geeignet ist, die Waren zu verteuern, ihre Erzeugung oder ihren Absatz zu beschränken oder den Verbraucher über den mehrheitl. geforderten Preis zu täuschen (*Mondpreis*).

Preisgedicht, lyr. oder ep. Text als Lob von Personen (u. a. Gott oder Götter, Heilige, Fürsten), Städten und Ländern, Sachen (u. a. Wein, Natur, Jahreszeiten) und Idealen (u. a. Freundschaft, Freiheit); i.e.S. das **Preislied** als panegyr.-ep. Einzellied der german. Dichtung, das z. T. im Wechselgesang zweier Berufssänger an Fürstenhöfen vorgetragen wurde; die ma. Lyrik kennt den Fürstenpreis (z. B. Walther von der Vogelweide) und den Frauenpreis des Minnesangs.

Preisgleitklausel ↑ Wertsicherungsklauseln.

Preisindex, von der *amtl. Statistik* erstellte Indexzahl (P. nach E. Laspeyres [* 1834, † 1913]), die zum Ausdruck bringt, in welchem Ausmaß sich die Preisbewegungen bei den Waren und Dienstleistungen, die von den

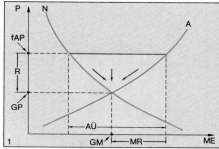

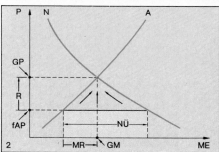

Preistheorie. Einfaches Modell freier Preisbildung vom Angebotsüberhang (1) beziehungsweise vom Nachfrageüberhang (2) zum Gleichgewicht: P Preis (DM je Mengeneinheit), fAP fiktiver Ausgangspreis, R Preisreaktion, GP Gleichgewichtspreis, GM Gleichgewichtsmenge, A Angebotskurve, N Nachfragekurve, MR Mengenreaktion, ME Mengeneinheiten, AÜ Angebotsüberhang, NÜ Nachfrageüberhang

privaten Haushaltungen für die Lebenshaltung in Anspruch genommen werden, auf die Haushaltungsausgaben ausgewählter Verbrauchergruppen auswirken (↑ Lebenshaltungskosten). Zu diesem Zweck arbeitet man mit einem bestimmten Verbrauchsschema, dem sog. **Warenkorb,** der einzelne Waren nach Art, Qualität und Menge festlegt sowie die persönl. Dienstleistungen und Nutzungen umfaßt. Weitere bedeutende Preisindizes sind die der Erzeugerpreise industrieller und landw. Produkte, der Ein- und Ausfuhrpreise sowie der Aktienindex.

Preislied ↑ Preisgedicht.

Preismechanismus, svw. ↑ Marktmechanismus.

Preisnotierung ↑ Devisen.

Preispolitik, 1. wichtiges Teilgebiet der betriebl. Absatzpolitik, das die autonome

Preisrecht

Preisfestsetzung sowie ihre Veränderungen auf der Grundlage von Kalkulationen, Marktforschung und allg. Geschäftspolitik umfaßt; 2. alle staatl. Maßnahmen zur Beeinflussung der Preise; dazu gehören Vorschriften zur Festsetzung von Preisen, Kontrolle des gesamten Preisniveaus, Überwachung einzelner Güterpreise; diese Form der P. ist in der Zentralverwaltungswirtschaft (Planwirtschaft) die Regel.

Preisrecht, Rechtsvorschriften, durch die oder auf Grund derer eine Festsetzung, Genehmigung oder Überwachung von Preisen erfolgt. Rechtsgrundlage ist in der BR Deutschland bis zum Inkrafttreten eines neuen Preisgesetzes das Übergangsgesetz über Preisbildung und Preisüberwachung (Preisgesetz) vom 10. April 1948. Nach § 2 dieses Gesetzes können die für die Preisbildung zuständigen Stellen Anordnungen und Verfügungen erlassen, durch die Preise, Mieten, Pachten, Gebühren und sonstige Entgelte für Güter und Leistungen jeder Art, ausgenommen Löhne, festgesetzt oder genehmigt werden, oder durch die der Preisstand aufrechterhalten werden soll. **Preisregelungen** gibt es heute noch im Energiebereich, für Mieten im sozialen Wohnungsbau, im Gesundheitsbereich, im Bereich des Güterfernverkehrs sowie für Bauleistungen bei öffentl. oder mit öffentl. Mitteln finanzierten Aufträgen.

Preiss, Wolfgang, * Nürnberg 27. Febr. 1910, dt. Schauspieler. - Bühnenschauspieler; seit 1942 beim Film; bekannt durch die Filme „Der 20. Juli" (1954), „Hunde. wollt ihr ewig leben" (1959), „Das letzte Geheimnis" (1960), „Die zum Teufel gehen" (1969).

Preisschleuderei, der Verkauf von Waren zum niedrigsten Preis mit dem Ziel, in ruinöser Konkurrenz Kunden zu gewinnen; stellt sittenwidriges Verhalten u. ↑unlauteren Wettbewerb dar.

Preistheorie, Teilgebiet der Wirtschaftstheorie, dessen Objekt die Analyse der ↑Preisbildung auf den Märkten (↑auch Marktformen) ist. Grundlegende Instrumente der P. sind die **Angebotsfunktion,** die darstellt, welche Mengen eines bestimmten Gutes die Anbieter in Abhängigkeit von dem Preis zu verkaufen bereit sind, und die **Nachfragefunktion,** die entsprechend angibt, welche Mengen die Nachfrager jeweils zu kaufen bereit sind. Aus Angebots- und Nachfragefunktionen ergibt sich durch den ↑Marktmechanismus oder die Angebots- und Nachfragepolitik der Marktteilnehmer der Gleichgewichtspreis, bei dem Angebot und Nachfrage übereinstimmen. - Abb. S. 275. - ↑auch Spinnwebtheorem.

Preistreiberei (Preisüberhöhung), das Fordern, Annehmen oder Vereinbaren von unangemessen hohen Entgelten für Gegenstände oder Leistungen des lebenswichtigen Bedarfs oder für das Vermieten oder Vermitteln von Wohnraum, wenn damit eine wirtsch.

Machtstellung oder Mangellage oder eine Wettbewerbsbeschränkung ausgenutzt wird.

prekär [frz., zu lat. precarius „bittend"], mißlich, schwierig, bedenklich, heikel.

Prellball, dem Faustball verwandtes Spiel zw. 2 aus je 4 Spielern bestehenden Mannschaften, bei dem es gilt, einen Lederhohlball so über eine 35–40 cm hohe Leine oder den *Prellbock* in die gegner. Spielhälfte zu prellen (d. h. der Ball darf in der eigenen Spielhälfte den Boden nur einmal berühren), daß der Gegner den Ball nicht den Regeln gemäß zurückschlagen kann.

Prellung, durch heftigen Stoß, Schlag hervorgerufene Verletzung mit Bluterguß.

Prelog, Vladimir, * Sarajevo 23. Juli 1906, schweizer. Chemiker jugoslaw. Herkunft. - Prof. für organ. Chemie in Zagreb, seit 1942 an der ETH in Zürich. Seine Arbeiten betreffen v. a. die Stereochemie organ. Verbindungen und den Zusammenhang zw. dem Verlauf organ.-chem. Reaktionen und der geometr. Form der beteiligten Moleküle. P. entdeckte die sog. transanularen Reaktionen. Gemeinsam mit R. S. Cahn und C. K. Ingold entwickelte er eine stereochem. Nomenklatur. Für seine stereochem. Arbeiten erhielt P. 1975 den Nobelpreis für Chemie.

Prélude [frz. pre'lyd], frz. Bez. für ↑Präludium. In der Musik des 19. Jh. (F. Chopin, C. Debussy, S. W. Rachmaninow) meist Bez. für ein vorspielartiges Charakterstück.

Premcand ['pre:mtʃant], eigtl. Dhanpat Rai, * Lamhi bei Benares (= Varanasi) 31. Juli 1880, † Benares (= Varanasi) 8. Okt. 1936, ind. Schriftsteller. - Verfaßte realist. sozialkrit. Romane und etwa 350 Kurzgeschichten (dt. Auswahl „Eine Handvoll Weizen", 1958; „Der sprechende Pflug", 1962).

Premiere [frz.], 1. Erst-, Uraufführung; 2. erste Aufführung einer Neuinszenierung.

Premierminister [prəm'je], in vielen Staaten Bez. für den Regierungschef.

Preminger, Otto, * Wien 5. Dez., 1906, † New York 23. April 1986, amerikan. Regisseur und Filmproduzent östr. Herkunft. - Schüler und Assistent von M. Reinhardt; 1928 vorübergehend Leiter des Theaters in der Josefstadt in Wien. Nach seiner Emigration 1934 am Broadway; 1941–51 Regisseur für die 20th Century Fox; zu seinen internat. erfolgreichen Filmen zählen die Literaturverfilmungen „Carmen Jones" (1954), „Der Mann mit dem goldenen Arm" (1955), „Bonjour tristesse" (1957), „Porgy and Bess" (1959), „Exodus" (1960), „Unternehmen Rosebud" (1975), „The human factor" (1980).

Premio Miguel de Cervantes [span. 'premio mi'ɣɛl de θɛr'βantes], span. Nationalpreis für Literatur, der seit 1976 jährlich an einen span. oder spanisch schreibenden lateinamerikan. Schriftsteller verliehen wird.

Premio Nadal [span. 'premjo na'ðal], 1944 gestifteter span. Literaturpreis, der jährl.

(v. a. an junge Schriftsteller) für den besten noch unveröffentlichten Roman in span. Sprache verliehen wird.

Premio Strega [italien. 'prɛːmjo 'streːga], 1947 begr. italien. Literaturpreis; wird jährl. für Werke der erzählenden Literatur vergeben.

Premio Viareggio [italien. 'prɛːmjo via-'reddʒo], 1929 gestifteter, seitdem jährl. (ausgenommen 1940–45) verliehener italien. Literaturpreis, urspr. (bis 1949) nur für erzählende Werke, heute auch für Lyrik, Dramen und Essays vergeben.

Premnitz, Stadt an der Havel, Bez. Potsdam, DDR, 11 700 E.

Přemysliden [prʃe...] ↑ Przemysliden.

Prensa, La [span. „Die Presse"], argentin. Tageszeitung, ↑ Zeitungen (Übersicht).

Prenzlau, Krst. am N-Ufer des Unteruekkersees, Bez. Neubrandenburg, DDR, 20–30 m ü. d. M., 23 700 E. Maschinenbau, Baustoff- und Nahrungsmittelind. - Entstand bei einer zw. 1107/28 errichteten Burg; erhielt 1234 Magdeburger Recht. - Nach Zerstörungen im 2. Weltkrieg wieder aufgebaut, u. a. die got. Marienkirche (14. Jh.) und die ehem. Dominikanerklosterkirche (geweiht 1343); Klosteranlagen nahezu vollständig erhalten. **P.,** Landkr. im Bez. Neubrandenburg, DDR.

Préobrajenska, Olga [frz. preɔbraʒɛn-'ska], russ. O. Preobraschenskaja, * Petersburg 21. Jan. 1870, † Saint-Mandé 27. Dez. 1962, russ.-frz. Tänzerin und Tanzpädagogin. - 1879–89 Schülerin der kaiserl. Ballettschule in Petersburg, dann Mgl. des Petersburger Marientheaters, ab 1900 Primaballerina; tanzte alle klass. Rollen, v. a. in den Balletten von M. Petipa; ließ sich 1923 in Paris nieder, wo sie als hervorragende Pädagogin bis 1960 wirkte.

prepared piano [engl. prɪ'pɛəd pɪ'ænoʊ], engl. Bez. für ↑ präpariertes Klavier.

Preprint [prɪ'prɪnt; engl.], Vorabdruck (einer wiss. Abhandlung).

Preradović, Paula [von] [prɛ'raːdɔvɪtʃ], * Wien 12. Okt. 1887, † ebd. 25. Mai 1951, östr. Dichterin. - Wurde während der Zeit des NS mit ihrem Mann E. Molden (* 1886, † 1953), dem Begründer der Zeitung „Die Presse", wegen Teilnahme an der Widerstandsbewegung verfolgt. Schrieb den Text der neuen östr. Bundeshymne.

P., Petar [serbokroat. 'prɛraːdovitɕ], * Grabovnica (Kroatien) 19. März 1818, † Fahrafeld (Niederösterreich) 18. Aug. 1872, kroat. Dichter. - Seit 1866 General in östr. Diensten; begann mit deutschsprachiger Lyrik unter starkem Einfluß der Romantik, verwendete jedoch bald das Kroat. und wurde zu einem der bedeutendsten Dichter des Illyrismus.

Přerov [tschech. 'prʃɛrɔf] ↑ Olmütz.

Prés, Josquin des [frz. de'prɛ] ↑ Josquin Desprez.

Presa, span. svw. Stauwehr.

Presbyopie [griech.], Alterssichtigkeit, altersbedingte Weitsichtigkeit infolge Elastizitätsverlusts der Linse.

Presbyter [zu griech. presbýteros „der Ältere, Gemeindeobere"], Titel der urchristl. Gemeinde- und Kultvorsteher; trat um 100 hinter dem Bischof zurück. In der *kath. Kirche* Bez. für ↑ Priester. In einigen *dt. ev. Landeskirchen* Bez. für die Mgl. des Gemeindekirchenrates.

Presbyterialverfassung [griech./dt.], dem ref. Kirchenverständnis entspringender Verfassungstyp, der Kirchenregiment und -zucht dem presbyterialen Kollegialorgan der Gemeinde übertrug.

Presbyterianer [zu ↑ Presbyter], i. w. S. Anhänger aller ref. Denominationen, deren kirchl. Ordnung auf der Presbyterialverfassung beruht und nur ein Amt, das des Presbyters, vorsieht. Damit unterscheidet sich der **Presbyterianismus** vom ↑ Kongregationalismus und vom episkopalist. und anglikan. Typ der Kirchenverfassung, der ein Bischofsamt kennt. I. e. S. bilden der P. jene ref. kirchl. Gemeinschaften, die, von Schottland ausgehend, die kalvinist. Kirchenverfassung verwirklichten. 1647 wurde in England die **Westminster-Confession** auf der Westminstersynode formuliert und damit die dogmat. Grundlage für alle presbyterian. Gruppierungen geschaffen. Die Auseinandersetzungen um ein zeitweilig praktiziertes Laienpatronat führten im 18. Jh. zu zahlr. Abspaltungen und freikirchl. Gemeinschaftsbildungen. Durch Einwanderung v. a. in brit. Herrschaftsgebiete und die damit verbundene Missionsarbeit entstanden auf der ganzen Welt presbyterian. Gemeinschaften, die seit 1875 im ↑ Reformierten Weltbund zusammengeschlossen sind.

Presbyterium [griech.], 1. in einigen *ev. Kirchen* svw. ↑ Gemeindekirchenrat; 2. in der *kath. Kirche* die Gesamtheit der Priester einer Diözese; 3. (Sanctuarium) in *kath. Kirchen* der Altarraum.

Prescott [engl. 'prɛskət], Hilda Frances Margaret, * Latchford (Cheshire) 22. Febr. 1896, † Charlbury (Oxfordshire) 5. Mai 1972, engl. Schriftstellerin. - Schrieb histor. Romane von großer sprachl. Eindringlichkeit, u. a. „Vom Staub geboren" (1932), „Der Mann auf dem Esel" (1952).

P., William Hickling, * Salem (Mass.) 4. Mai 1796, † Boston (Mass.) 28. Jan. 1859, amerikan. Historiker. - Begründete mit seinen, auf krit. Quellenstudium basierenden Werken zur span. Geschichte die amerikan. Geschichtsschreibung.

Prescott [engl. 'prɛskət], Stadt im westl. Arizona, USA, 1 650 m ü. d. M., 13 500 E. Zentrum eines Viehzuchtgebiets. - 1864 nahe Fort Whipple gegr.; bis 1867 Hauptstadt des Territoriums Arizona.

Prešeren, France [slowen. prɛ'ʃeːrən],

* Vrba bei Bled 3. Dez. 1800, † Kranj 8. Febr. 1849, slowen. Dichter. - Größter Lyriker der Slowenen und bedeutenster Dichter der Südslawen; Begründer der modernen slowen. Literatursprache; schrieb außer (noch klassizist. beeinflußter) Liebes- und Naturlyrik ein großes histor. Epos („Die Taufe an der Savica", 1836).

Presidente Hayes [span. 'ajes], Dep. in W-Paraguay, 72 907 km⁻, 43 800 E (1983), Hauptstadt Pozo Colorado. Der W des Dep. gehört zum Chaco boreal, der z. T. versumpfte O zum Paraguaytiefland; Rinder- und Pferdezucht, Anbau von Zuckerrohr, Baumwolle, Mais und Tabak. - 1944 gebildet, ben. nach dem amerikan. Präs. R. B. Hayes.

Preslaw [bulgar. prɛ'slaf], ostbulgar. Stadt 15 km sw. von Schumen. 12 000 E. - 3 km vom heutigen P. (Name seit etwa 1877/78) entfernt die seit 1897 ausgegrabenen Ruinen des alten P.; ab 893 Hauptstadt des 1. Bulgar. Reiches, 969 von Kiew, 971 und 1001 von Byzanz erobert; gehörte ab 1185 zum 2. Bulgar. Reich, 1388 von den Osmanen erobert; hieß vom 16.–19. Jh. **Eski-Istambul** („Alte Hauptstadt").

Presley, Elvis [engl. 'prɛslı], * Tupelo (Miss.) 8. Jan. 1935, † Memphis (Tenn.) 16. Aug. 1977, amerikan. Sänger und Gitarrist. - Löste als Rock-'n'-Roll-Sänger (und Filmstar) seit 1955 weltweite Begeisterung aus (bestimmt durch Können und Ausstrahlung) und wurde zu einem der erfolgreichsten amerikan. Showstars.

Elvis Presley (1965)

Prešov [slowak. 'prɛʃɔ̯u], Stadt 30 km nördl. von Košice, ČSSR, 257 m ü. d. M., 82 900 E. Kath. und uniert-ruthen. Bischofssitz; philosoph. und pädagog. Fakultät der Univ. Košice; Kunstgalerie; Kulturzentrum der ukrain. Minderheit in der ČSSR. Elektrotechn., Bekleidungs-, Leder- und Nahrungsmittelind. - Anfang des 13. Jh. von dt. Siedlern als Markt gegr.; seit Beginn des 14. Jh. königl.-ungar. Freistadt, gehörte als **Eperies** bis 1919 zu Ungarn. - Got. Pfarrkirche (1330–1505;

später umgestaltet); Bürgerhäuser der Renaissance.

Prespasee, drittgrößter See der Balkanhalbinsel (Jugoslawien, Griechenland, Albanien); 853 m ü. d. M., 285 km², bis 54 m tief.

pressant [frz.], eilig, dringend; **pressieren,** dringend sein, drängen.

Preßburg (slowak. Bratislava), Stadt in der ČSSR, Hauptstadt des slowak. Landesteiles und des Verw.-Geb. Westslowak. Gebiet, 60 km östl. von Wien, 417 100 E. Sitz des Slowakischen Nationalrates und des Slowak. Parlaments; Univ. (gegr. 1919), TH, Hochschule für Wirtschaftswiss.; Konservatorium, Kunstakad., theolog. Fakultät; Sitz der Slowak. Akad. der Wiss.; Slowak. Nationalmuseum, Slowak. Nationalgalerie, Kunstgalerie; Slowak. Nationaltheater und weitere Bühnen; Slowak. Philharmonie; Zoo. Günstige Verkehrslage am Schnittpunkt wichtiger N–S- und O–W-Verbindungen im östl. Mitteleuropa; eines der wichtigsten Ballungszentren der ČSSR. Petrochem. Ind., ferner Maschinenbau, Papier- und Baustoff- sowie Nahrungsmittelind; Flußhafen, ✈. - Vermutl. unter ungar. Herrschaft um 1000 neu gegr. und von bayr. Einwanderern besiedelt; Verleihung des Stadtrechtes 1217; 1405 zur königl.-ungar. Freistadt erhoben; 1526–1784 Haupt- und Krönungsstadt des habsburg. Ungarn; 1825–48 Tagungsort des ungar. Landtages; kam 1919 an die Tschechoslowakei, 1939–45 Hauptstadt der Slowak. Republik. - Der frz.-östr. **Friede von Preßburg** vom 26. Dez. 1805 beendete den 3. Koalitionskrieg. Österreich mußte Venetien, Istrien und Dalmatien an das Kgr. Italien, das restl. Vorderösterreich an Bayern, Baden und Württemberg abtreten, an Bayern außerdem Tirol, Vorarlberg sowie die Bistümer Brixen, Trient, Eichstätt und Passau, während Österreich von Ferdinand III. von Toskana (im Tausch gegen das bayr. Würzburg) das Kurfürstentum Salzburg erhielt. - Bis ins MA zurückreichendes Burgschloß (Hrad, 1811 ausgebrannt, wiederhergestellt); got. Sankt Martinsdom (14./15. Jh.), 1563–1830 Krönungskirche der ungar. Könige; Michaelertor (14. Jh.); Altes Rathaus (14. und 15./16. Jh.); zahlr. Kirchen und Paläste aus Barock und Rokoko.

Presse [mittellat.-frz.; letztl. zu lat. premere „drücken"], i. w. S. alle Produkte der Drucker-P., die in Schrift und/oder Bild Mitteilungen an ein Publikum machen: Flugblatt, Flugschrift, Plakat, Buch, Zeitung, Zeitschrift. Das Zeitalter der P. begann für den europ. Kulturkreis mit der Erfindung des Buchdrucks mit beweg. Metallettern durch J. Gutenberg in Mainz um 1450. Die Herstellung von Druckwerken mit der P. war schneller und v. a. auch billiger als die bis dahin gebräuchl. Vervielfältigungstechniken und schuf die Möglichkeit, Produkte der P. zu Massenmedien auszubauen. Durch weitere

Vervollkommnungen und Erfindungen bis ins 20. Jh. (↑ Drucken, ↑ auch Druckmaschinen), insbes. durch Einführung von Illustration und Mehrfarbendruck, wurde die P. zum universalen publizist. Mittel. I. e. S. ist P. Bez. für die Periodika Zeitung und Zeitschrift. Eine entscheidende Vorform der Zeitung bildeten die Meßrelationen vom letzten Drittel des 16. Jh. an. Erste überlieferte Jahrgänge der Wochenzeitungen „Aviso" (Wolfenbüttel) und „Relation" (Straßburg) stammen aus dem Jahr 1609. Erste überlieferte Tageszeitung sind die „Einkommenden Zeitungen" (Leipzig 1650). Ein erster Zeitschriftentyp waren die gelehrten Zeitschriften des 17. Jh. („Journal des Savants", 1665 in Paris gegr.; „Acta Eruditorum", 1682 in Leipzig gegr.), Wurzel der späteren Fachzeitschriften und der populärwiss. Zeitschriften. Etwa zur gleichen Zeit entstanden die histor.-polit. Blätter in Deutschland. Die P. als Mittel der Staatsräson und als Integrationsfaktor erwies sich als polit. und geistig unersetzbar; deshalb wurde das Drucken vom Staat gefördert, andererseits mußten jedoch v. a. die Zeitungen i. d. R. der Vorzensur vorgelegt werden, während Zeitschriften, auch Bücher, häufig zensurfrei blieben. Die Zeitungen hatten darüber hinaus bis ins 19. Jh. noch mit Spezialsteuern und anderen wirtsch. Hemmnissen zu kämpfen (z. B. Stempelsteuer für Papier, staatl. Anzeigenmonopol im Intelligenzblatt [sog. Intelligenzzwang]). Als Zeitschriftentyp der Aufklärung entstanden Anfang des 18. Jh. die moral. Wochenschriften - zunächst in Großbrit., dann auch in Deutschland (Blütezeit 1750–80) -, mit denen zugleich die Frauen-P. ins Leben trat und aus denen sich später einerseits spezielle Erziehungsblätter und literar. Zeitschriften, andererseits die Familienblätter entwickelten. Nachdem schon in anderen europ. Ländern Aufklärung und Frz. Revolution eine bed. polit. Publizistik hervorgebracht hatten, entwickelte sich auch in Deutschland während der Napoleon. Kriege und der sich anschließenden Befreiungskriege eine nat. und polit. votierende Tages-P., doch machten die Karlsbader Beschlüsse (1819) die Hoffnungen des aus den Fesseln des absolutist. Staates befreiten, Reform und freie Berichterstattung anstrebenden Bürgertums vorerst zunichte. Die Revolution von 1848 löste eine Flut von Neugründungen bei Zeitungen und Zeitschriften aus, und teils im Zusammenhang mit ihr bildeten sich bzw. profilierten sich Mitte des 19. Jh. die spezif. ‚Pressen", v. a. die Partei-P., die Gewerkschafts-P. und eine eigentl. ev. P.; die kath. P. nahm einen ersten für ihre spätere Bed. entscheidenden Aufschwung. Erst mit dem Reichspressegesetz (1874) im Dt. Reich wurde die Vorzensur abgeschafft. Dennoch gab es im Kulturkampf und auf Grund des Sozialistengesetzes neue Formen der P.unterdrük-

kung. Infolge der allmähl. verbreiteten Lesefähigkeit, die höhere Auflagen ermöglichte, nach Fortfall der Spezialsteuern, nach Aufhebung des Intelligenzzwangs und v. a. wegen der verbesserten Technik konnten die Periodika im letzten Drittel des 19. Jh. weit billiger als früher angeboten werden. So bildete sich in Verbindung mit der Weiterentwicklung der Nachrichtenübermittlung im 2. Drittel des 19. Jh. - zuerst in den USA, in Frankr. und Großbrit., seit den 1880er Jahren auch in

Presse.
a Kurbelpresse, b hydraulische Presse
(1 Preßtisch, 2 Preßzylinder,
3 Stempel, 4 Werkstück,
5 Druckausgleichsbehälter,
6 Druckflüssigkeit, 7 Druckkolben,
8 Hubkolben, 9 Kurbelwelle,
10 Treibriemen)

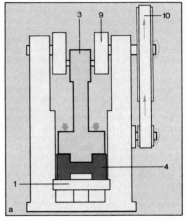

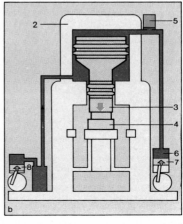

Presse

Deutschland - die Massenpresse aus. Die Massenauflage begünstigte die Entstehung von P.konzernen und mit diesen der Generalanzeiger, eines P.typs, der als Vorläufer der Gegenwart gilt. Nachdem in der Weimarer Reichsverfassung erstmals in Deutschland die P.freiheit verfassungsrechtl. garantiert worden war, wurde durch einen harten Konzentrationsprozeß, der im Dritten Reich unter massiver Mitwirkung von Staat und Partei im Zentralverlag der NSDAP Franz Eher Nachf. GmbH (bei sukzessivem Aufkauf fast der gesamten dt. P. und gleichzeitiger Unterdrückung jeder P.freiheit) kulminierte, die P. diskreditiert. Die Lizensierung der P. durch die Alliierten nach 1945 (sog. Lizenzpresse) in den dt. Besatzungszonen intendierte ein demokrat. P.wesen; nach der Lizenzfreigabe (1949) setze aus ökonom. Gründen jedoch ein neuer Konzentrationsprozeß (bei der Tages-P. wie bei allen Typen der Publikumszeitschriften) ein. Trotz vieler Neugründungen durch die Altverleger nahm die Anzahl der Zeitungen laufend ab. 1979 stellten 122 Vollredaktionen 1 240 Zeitungstitel (einschl. der sog. Kopfblätter, die sich nur in Titel und Lokalteil von der Hauptausgabe unterscheiden) her.

📖 *Schäfer, I.: Polit.-administratives System u. Massenmedien in der Bundesrepublik. Ffm. 1983. - Schönbach, K.: Das unterschätzte Medium. Mchn. 1983. - Tobler, J.: Die Wortmischer. P. zw. Anmaßung und Anpassung. Mchn. 1982. - Fischer, Heinz-Dietrich: Hdb. der polit. P. in Deutschland 1480–1980. Düss. 1981. - Hdb. der Massenkommunikation. Hg. v. K. Koszyk u. K. H. Pruys. Mchn. u.a. 1981. - Stroetmann, K. A.: Neue Medien u. Informationstechnologien. Mchn. 1980. - Bebber, F.: Wie sage ich es der Öffentlichkeit? Stg. u. Köln 1979. - Gesellschaftl. Kommunikation u. Information. Hg. v. J. Aufermann u.a. Ffm. 1973. - Hdb. der Publizistik. Hg. v. E. Dovifat. Bd. 3 Bln. 1969. - Groth, O.: Die unerkannte Kulturmacht. Grundlegung der Zeitungswiss. (Periodik). Bln. 1960–72. 7 Bde.*

◆ allg. eine Vorrichtung zum Zusammendrücken, Formen, Schneiden oder Entwässern von Stoffen; speziell in der Metallbearbeitung Bez. für eine Werkzeugmaschine zur spanlosen Umformung von Werkstoffen. - P. erzeugen die Druckkräfte durch Hebel, Spindel, Exzenter oder mechan. Getriebe (*mechan. P.*) oder auf hydraul. Wege durch Druckflüssigkeiten *(hydraul. P.)*. Bei den mechan. P. unterscheidet man nach der Art des Stößelantriebs *Spindel-P.*, bei denen eine in einer Gewindemutter laufende Spindel den Preßstempel gegen das Werkstück drückt, *Exzenter-P. Kurbel-P., Handhebel-P.* sowie *Kniehebel-P.*, bei denen ein Kniehebel als druckübertragendes Element dient. *Hydraul. P.* erhalten ihren Antrieb meist durch einen Hydraulikkolben; Druckmittel sind Wasser oder Öl.

◆ (Druck-P.) veraltete Bez. für eine meist nach dem Tiegelprinzip arbeitende Druckmaschine.

Presse, Die, östr. Tageszeitung, ↑ Zeitungen (Übersicht).

Presseagentur, andere Bez. für ↑ Nachrichtenagentur.

Presseamt beim Vorsitzenden des Ministerrats der DDR, in Zusammenarbeit mit den Abteilungen für Agitation und für Propaganda des ZK der SED zentrale weisungsberechtigte staatl. Lenkungsinstanz für die Publizistik der DDR; hervorgegangen aus der „Hauptverwaltung für Information" (im Aug. 1949 gegr., Okt. 1950 „Amt für Information", dann bis 1963 „Presseamt beim Min.präs. der DDR"). Aufgaben: Lizenzierung von Periodika, Veröffentlichung von Regierungskommuniqués und -erklärungen, Veranstaltung von Pressekonferenzen und -besprechungen, Anleitung und Koordination der Öffentlichkeitsarbeit der zentralen Staatsorgane u. a.

Pressechef ↑ Pressestelle.

Pressedelikte, im Pressestrafrecht zusammenfassende Bez. für die Presseordnungsdelikte und die sog. Presseinhaltsdelikte. Unter **Presseordnungsdelikten** versteht man vorsätzl. Verstöße gegen die in den einzelnen Pressegesetzen der Bundesländer enthaltenen Ordnungsvorschriften. Wer z. B. eine beschlagnahmte Druckschrift in Kenntnis der Beschlagnahme vorsätzl. weiterverbreitet, begeht ein Presseordnungsdelikt. Nicht zu den Presseordnungsdelikten gehören die bloßen Ordnungswidrigkeiten, d. h. leichte Verstöße gegen die Presseordnung wie z. B. die Nichtbeachtung der Impressumvorschriften. Bei den sog. **Presseinhaltsdelikten** wird die strafbare Handlung durch den geistigen Inhalt der Druckschrift verwirklicht. Dies ist z. B. der Fall bei öffentl. Verbreitung zum Rassenhaß aufstachelnder Schriften.

Ähnl. strafrechtl. Bestimmungen enthält das östr. *Pressegesetz* vom 7. 4. 1922. - In der *Schweiz* fallen presserechtl. Delikte unter die Tatbestände des StGB.

Pressedienste, von amtl. oder privaten Stellen und von Nachrichtenagenturen oder -büros hg. „Informationsdienste", „Nachrichtendienste", „Korrespondenzen" u. ä. insbes. für die Massenmedien.

Pressefreiheit, durch Art. 5 GG gesichertes Grundrecht, das die freie Meinungsäußerung durch Presse, Rundfunk und Film sowie das Pressewesen selbst und bes. die Informationsbeschaffung schützt. Die P. ist außerdem in den Landespressegesetzen und internat. in der Europ. Menschenrechtskonvention und der Allg. Erklärung der Menschenrechte der UN verankert.

Die - im GG selbst nicht definierte - P. umfaßt nach Auslegung durch die Rechtsprechung die *Freiheit der Berichterstattung*, das Recht auf das Äußern und Verbreiten von Nachrichten (*aktive P.*), das *Verbreitungsrecht,* durch das der Weg von Presseerzeugnissen vom Verlag bis zum Empfänger geschützt wird, und das *Informationsrecht,* nach dem der Presse nicht nur die Nutzung allg. zugängl. Quellen, sondern auch ein Anspruch auf Auskunfterteilung durch die Behörden zusteht.

Ihre *Schranken* findet die P. gemäß Art. 5 Abs. 2 GG „in den Vorschriften der allg. Gesetze, den gesetzl. Bestimmungen zum Schutze der Jugend und in dem Recht der persönl. Ehre". Im Einzelfall ist hier zw. den sich widerstreitenden Rechtsgütern abzuwägen.

Dem Schutz der P. vor den sich aus der Pressekonzentration ergebenden Gefahren dient das Presse-KartellG vom 28. 6. 1976, durch das der Zusammenschluß von Zeitungs- und Zeitschriftenverlagen dem Anmelde- und Genehmigungsverfahren des Bundeskartellamts unterworfen wird. Mit dem Schutz der P. wird auch der in Presseverlagen geltende ↑Tendenzschutz begründet. Streitig ist, ob Art. 5 GG auch die sog. **innere Pressefreiheit** schützt, d. h. das Weisungsrecht von Besitzern oder Herausgebern gegenüber Redakteuren einschränkt.

In *Österreich* ist die P. durch Art. 6 des Wiener Staatsvertrages von 1955 und Art. 13 des Staatsgrundgesetzes von 1867 garantiert. - In der *Schweiz* gewährleistet Art. 55 BV die Pressefreiheit.

Geschichte: Auf die Verwendung der neuen Technik der Buchdruckpresse zur Verbreitung der Ideen von Humanismus und Reformation mit Flugschriften reagierte die Kirche durch die Einführung einer den Bischöfen übertragenen Vorzensur durch die päpstl. Bulle „Inter multiplices" 1487. Der „Augsburger Reichsabschied" von 1530 machte es allen Reichsfürsten zur Pflicht, dafür zu sorgen, daß „nichts Neues in Sachen des Glaubens" gedruckt und verbreitet werde. Als erster Staat gewährte England P., indem das abgelaufene Zensurstatut 1695 nicht mehr verlängert wurde. Die P. war dann 1776 auch Bestandteil der amerikan. Unabhängigkeitserklärung und 1789 der frz. Erklärung der Menschen- und Bürgerrechte. In Deutschland wurde die P. von der Frankfurter Nationalversammlung proklamiert, ebenso in dem Reichspressegesetz von 1874; sie konnte jedoch, da sie nicht verfassungsrechtl. geschützt war, durch einfaches Gesetz eingeschränkt werden, was dann auch im sog. Kulturkampf und im Zusammenhang mit dem Sozialistengesetz von 1888 geschah. Die Weimarer Reichsverfassung garantierte in Art. 118 die Freiheit der Meinungsäußerung in Wort, Schrift und Bild, doch wurde die P. durch „Gesetze zum Schutz der Republik" eingeschränkt. Nach der Beseitigung jegl. P. durch die nationalsozialist. Gleichschaltung wurde

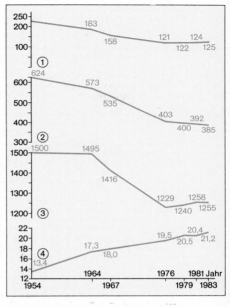

Pressekonzentration.
Anzahl der publizistischen Einheiten (1), der Verlage (2), der redaktionellen Ausgaben (3) und der verkauften Auflagen (4; in Millionen)

nach Kriegsende durch die Besatzungsmächte ein Lizensierungssystem eingeführt, bei dem nur die berufenen Lizenzträger das Recht hatten, Zeitungen und Zeitschriften herauszugeben.

📖 *Berka, W.: Medienfreiheit u. Persönlichkeitsschutz.* Wien 1982. - *Brodmann, J.: Arbeitskampf u. P.* Bln. 1982. - *Nuspliger, K.: P. u. Pressevielfalt.* Diessenhofen 1980. - *Branahl, U.: P. u. redaktionelle Mitbestimmung.* Ffm. 1979. - *Hoffmann-Riem, W.: Innere P. als polit. Aufgabe.* Neuwied 1979. - *Scholz, R.: P. u. Arbeitsverfassung.* Bln. 1978.

Pressekommissionen, Kommissionen, die die Verwirklichung der Pressefreiheit untersuchen. In der BR Deutschland sind mit der auf Vorschlag des Bundestags von der Bundesreg. berufenen „Kommission zur Untersuchung der Wettbewerbsgleichheit von Presse, Funk/Fernsehen und Film", der sog. **Michel-Kommission** (1964–67), und der von der Bundesreg. eingesetzten „Kommission zur Untersuchung der Gefährdung der wirtsch. Existenz von Presseunternehmen und der Folgen der Konzentration für die Meinungsfreiheit in der BR Deutschland", der

Pressekonferenz

sog. **Günther-Kommission** (1967/68) - beide Kommissionen jeweils nach ihren Vors. benannt (E. Michel [* 1897] bzw. E. Günther [* 1911]) -, Versuche unternommen worden, Daten für eine zu entwickelnde Kommunikationspolitik von unabhängigen Fachleuten erarbeiten zu lassen.

Pressekonferenz ↑ Pressestelle.

Pressekonzentration, die Zusammenfassung von Zeitungen und Zeitschriften in immer weniger Verlagen. In allen Ländern mit marktwirtsch. und privatkapitalist. Ordnung zu beobachten, vergleichbar der Monopolisierung und Konzentration in anderen Branchen und wohl mit den Folgen, daß Konzentration tendenziell den Wettbewerb um Preis und Qualität beschneidet, die Chancen zum Marktzutritt für Neulinge beträchtl. beschränkt und der Vernachlässigung der Interessen von Minderheiten Vorschub leistet, während sie den kommerziellen Interessen der Großverlage dient. Infolge Rückgangs der publizist. Einheiten (d. h. Zeitungsredaktionen die nicht nur den Lokalteil, sondern auch den sog. Mantel [überregionale, polit. Seiten] einer Tageszeitung selbst herstellen) von 1954: 225 auf 1983: 125, der die Vielfalt der Meinungsträger im Bereich der Tageszeitungen kontinuierl. verringert, erringen immer mehr Zeitungen ein lokales Monopol: Es entstehen sog. Ein-Zeitungs-Kreise, Landkreise und kreisfreie Städte, in denen die lokale Berichterstattung nur noch von einer Zeitung wahrgenommen wird. 1979 gab es in über 45 % aller Kreise der BR Deutschland ein lokales Monopol. Die von den Pressekommissionen der BR Deutschland in den 1960er Jahren vorgeschlagenen Maßnahmen zur Verhinderung weiterer P. sind z. B. günstige Kredite, steuerl. Vorteile bes. für Presseorgane mit geringer Auflage, kommunale Vertriebsorganisation für Tageszeitungen bzw. gemeinsamer Vertrieb der ortsansässigen Verlage, kommunale Druckzentren. Die Kreditvergabe ist angelaufen, eine Pressestiftung (unter Beteiligung von Bund, Verlegern, Journalisten), die gefährdeten Zeitungen helfen soll, befindet sich in Gründung. In jüngster Zeit werden auch eine öffentl.-rechtl. Organisation oder die Organisation in Form einer (gemeinnützigen) Stiftung für die Presse vorgeschlagen. - Abb. S. 281.

Pressekonzern, Unternehmen, das eine Vielzahl von Zeitungen und/oder Zeitschriften mit meist hohen Auflagen in einem oder mehreren Verlagen herausbringt. - ↑ auch Medienkonzern.

Pressepolitik, Teil der medienpolit. Maßnahmen (↑ auch Medienpolitik), mit denen das Pressewesen geregelt bzw. Einfluß auf die Presse zu nehmen versucht wird bzw. genommen wird (v. a. durch staatliche Stellen und/oder soziale Gruppen). - Zur Geschichte der P. ↑ Presse.

Presserecht, das die Verhältnisse der Presse regelnde Sonderrecht. Dabei umfaßt der Begriff „Presse" alle mittels eines zur Massenherstellung geeigneten Vervielfältigungsverfahrens hergestellten und zur Verbreitung bestimmten Schriften sowie besprochene Tonträger, bildl. Darstellungen und schließl. Musikalien mit Text oder Erläuterungen. Im Mittelpunkt des geltenden P. steht das Grundrecht der ↑ Pressefreiheit. Die Landespressegesetze enthalten ebenfalls wichtige Bestimmungen, die dem Schutz der P. dienen, z. B. die gewerbl. Zulassungsfreiheit und das Verbot von Berufsorganisationen mit Zwangsmitgliedschaft. In den Landespressegesetzen ist auch das Recht der ↑ Gegendarstellung geregelt. Weitere Regelungen betreffen das ↑ Impressum, die Ablieferung von Pflichtexemplaren an die staatl. Bibliotheken und v. a. die Beschlagnahme von Presseerzeugnissen; eine *Beschlagnahme* als bes. massiver Eingriff in das Grundrecht der Pressefreiheit steht - außer in wenigen gravierenden Fällen - nur dem Richter zu, wobei die in die Hände der Leserschaft gelangten Exemplare von einer Beschlagnahme freigestellt sind. Stellt sich im Laufe des Verfahrens die Beschlagnahme als unzulässig heraus, so hat der Fiskus dem betroffenen Verlag eine angemessene Entschädigung in Geld zu zahlen. Gesetzl. bes. geregelt ist das erweiterte *Zeugnisverweigerungsrecht* für Presseangehörige, dem zufolge die Presseangehörigen über die Person des Verfassers, Einsenders oder Gewährsmannes von Beiträgen für den redaktionellen Teil das Zeugnis verweigern dürfen, da die Möglichkeit zu vertraul. Behandlung der Informationsquellen durch die Presse als Voraussetzung für die Erfüllung ihrer Aufgabe der Information, Kontrolle und Kritik angesehen wird.

I. w. S. gehören zum P. auch die verschiedensten Rechtsvorschriften aus anderen Gebieten, soweit sie die Presse berühren. Hier ist neben dem Urheber- und Verlagsrecht, dem Arbeitsrecht und dem Wettbewerbs- und Kartellrecht v. a. das Strafrecht von Bedeutung, das z. B. durch das Verbot der Verbreitung gewaltverherrlichender Schriften die Pressefreiheit einschränkt.

📖 *P. Die Pressegesetze der Länder. Textausgabe* Mchn. ⁵1981. - *Rundfunk und Presse in Deutschland.* Hg. v. W. Lehr und K. Berg. Mainz ³1981. - *Mathy, K.: Das Recht der Presse.* Köln ²1980.

Pressereferent ↑ Pressestelle.

Pressestelle (Presseamt, Informationsstelle), Einrichtung in Organisationen (Behörden, Firmen, Parteien, Verbände u. a.) mit der Aufgabe, nach innen über alle in den Massenmedien verbreiteten, die Organisation und ihre Aufgaben- bzw. Interessengebiete betreffenden Nachrichten und Meinungen zu berichten und - nach außen - die Massenmedien über alle wichtigen Vorgänge zu unterrichten, z. B. auf **Pressekonferenzen** als organisierten Informationsveranstaltungen, bei denen die gegebenen mündl. Mitteilungen durch mögl. Fragen und Antworten ergänzt werden, oder in Einzelinformationen (teils auf Anfrage). Die (meist) journalist. Mitarbeiter einer P. werden als **Pressereferenten** oder **Pressesprecher** bezeichnet, der Leiter der P. (bzw. der Werbe-, Öffentlichkeitsarbeits- bzw. Public-Relations-Abteilung) mitunter als **Pressechef.**

Presse- und Informationsamt der Bundesregierung ↑ Bundesämter in der Bundesrepublik Deutschland (Übersicht).

Presseur [prɛ'søːr; lat.-frz.], mit Gummi überzogene Stahlwalze, die bei Tiefdruckmaschinen das Papier an den Druckzylinder preßt.

Preßglas, durch Einpressen flüssiger Glasschmelzmasse in Stahlformen hergestellte Glaserzeugnisse (z. B. Glasbausteine, Haushaltsgläser). - ↑ auch Glas.

Preßguß, svw. Druckguß (↑ Gießverfahren).

Preßharze ↑ Preßmassen.

Preßhefe, svw. ↑ Bäckerhefe.

Preßholz, Sammelbez. für alle durch Druckeinwirkung bei erhöhten Temperaturen verdichteten (verpreßten) Hölzer. Man unterscheidet u. a.: **Preßvollholz,** durch Einwirkung von Druck senkrecht zur Faserrichtung bei erhöhter Temperatur verdichtetes Vollholz, **Preßlagenholz,** Lagenholz, bei dem die Zellhohlräume z. T. verdichtet sind, und **Kunstharzpreßhölzer,** d. h. kunstharzgetränkte Furnierblätter, die nach Drücken bis maximal 400 bar bis zu 50 % ihres Gewichts Kunstharz enthalten.

Pression [lat.], Druck, Zwang, Nötigung.

Preßkopf (Preßsack, Schwartenmagen, Sülzwurst), Wurstart aus gepökeltem und gekochtem Schweine- und Kalbskopf, Backen (Kehle) und Schwarten; in Schweinemagen gefüllt (auch andere Hüllen); regionale Unterschiede.

Preßkuchen, svw. ↑ Ölkuchen.

Preßlagenholz ↑ Preßholz.

Preßluft, svw. ↑ Druckluft.

Preßlufthammer, svw. ↑ Drucklufthammer.

Preßmagnete, svw. ↑ Pulvermagnete.

Preßmassen, füllstoffhaltige Kunststoffmassen, die sich durch Pressen, Spritzpressen oder Strangpressen zu Formteilen verarbeiten lassen; P. werden meist warm verformt und gehärtet (*Heiß-P.*), z. T. auch kalt verformt und in der Wärme gehärtet (*Kalt-P.*). P. bestehen aus sog. *Preßharzen* (z. B. Phenol-, Harnstoff-, Polyester- und Epoxidharzen), Füllstoffen (u. a. Gesteinsmehl, Glasfasern, Holzmehl, Textilfasern) sowie Härtungsbeschleunigern, Farbstoffen und Weichmachern. P. werden zur Herstellung von Haushaltsgegenständen, Autoteilen und in der Elektrotechnik verwendet.

Pressorezeptoren [lat.] (Blutdruckzügler), auf den arteriellen Blutdruck ansprechende Endigungen von Gefäßnerven in der Wand des Aortenbogens und des Karotissinus (Erweiterung der Halsschlagader und des von ihr abzweigenden inneren Astes), deren afferente Nervenfasern dem Vagus und Zungen-Schlund-Nerv zuzuordnen sind und die Erregungen zu den blutdrucksenkenden Zonen im verlängerten Rückenmark leiten. Als Reiz wirkt auf die P. die Dehnung der Gefäßwand bei Blutdruckanstieg (sowohl bei Änderung des mittleren Blutdrucks als auch bei jeder einzelnen Pulswelle).

Preßsack, svw. ↑ Preßkopf.

Preßschweißen ↑ Schweißverfahren.

Preßspan (Glanzpappe), sehr feste, aus hochwertigen Rohstoffen (vorwiegend Hadern) hergestellte holzfreie Wickelpappe (Hartpappe), die oft mit Harzlacken getränkt und im Kalander geglättet wird; Verwendung für Bucheinbände sowie als Isoliermaterial in der Elektrotechnik.

Pressure-groups [engl. 'prɛʃə 'gruːps, eigtl. „Druckgruppen"] ↑ Interessenverbände.

Pressus [lat.], ma. Notenzeichen, ↑ Neumen.

Preßvollholz ↑ Preßholz.

Preßwehen (Austreibungswehen) ↑ Geburt.

Prestige [prɛs'tiːʒə; frz., zu lat. praestigiae „Blendwerke, Gaukeleien"], Bez. für das - im Ggs. zur Autorität weitgehend nicht rational begründbare - Ansehen (Wertschätzung oder Geltung), das bestimmte Personen, Gruppen oder Institutionen auf Grund ihrer Leistung, ihres Rangs bzw. ihrer sozialen Position, ihrer Kompetenz u. a. bei anderen Personen, Gruppen usw. oder in der Öffentlichkeit genießen (**Sozialprestige**) und das i. d. R. meinungsbildenden und verhaltensbestimmenden Einfluß zur Folge hat *(P.suggestion* und *P.orientierung)*. Das P.bedürfnis entspricht im wesentl. dem Geltungsbedürfnis.

presto [italien. „schnell"], musikal. Tempobez. für ein schnelles Zeitmaß. Durch Zusätze können Beschleunigung (z. B. *p. assai, molto p.*) oder Mäßigung (z. B. *p. ma non tanto, p. ma non troppo*) vorgeschrieben werden; *prestissimo* bedeutet äußerst schnell. **Presto** bezeichnet einen musikal. Satz in diesem Tempo.

Preston, Billy [engl. 'prɛstən], * Houston (Tex.) 9. Sept. 1946, amerikan. Rockmusiker (Gesang u. Keyboards). - Begann als Kirchenorganist in Los Angeles; begleitete als Zehnjähriger die Gospelsängerin M. Jackson auf dem Klavier; arbeitete danach mit zahlr. Solisten und Gruppen als Begleitmusiker zus. (u. a. R. Charles, Beatles, Rolling Stones); seit 1969 Soloaufnahmen und erste Hits; begründete 1973 eine eigene Gruppe „The God's Squad".

Preston

Preston [engl. 'prɛstən], Stadt in NW-England, 45 km nnö. von Liverpool, 143 700 E. Verwaltungssitz der Gft. Lancashire; polytechn. Hochschule, Museum, Kunstgalerie. Führender Viehmarkt in England; Ind- und Hafenstadt. - 1086 erstmals erwähnt; erhielt 1179 Stadtrecht; 1777 wurde die erste maschinelle Baumwollspinnerei in Betrieb genommen. - Rathaus (1867); nahebei Houghton Tower, ein befestigtes Herrenhaus des 16. Jahrhunderts.

Prêt-à-porter [frz. prɛːtapɔr'te: „bereit zum Tragen"], Bez. für Konfektionskleidung, die von bekannten Modeschöpfern entworfen wird.

Pretiosen […'zjo…] (Preziosen) [lat.], Kostbarkeiten; Schmuck.

Pretoria, Hauptstadt von Transvaal, Reg.sitz der Republik Südafrika, 1 400 m ü. d. M., 528 400 E. Sitz eines kath. Erzbischofs und eines anglikan. Bischofs; Südafrikan. Akad. für Wiss. und Kunst, 2 Univ. (gegr. 1873 bzw. 1908), TH, Sitz der Zentrale des Rates für naturwiss. und industrielle Forschung sowie des Rates für humanwiss. Forschung und der Direktion für landw. Forschung; außerdem Forstforschungsinst., Afrika-Inst.; Sitz der südafrikan. Atomenergiebehörde, Münze; Staatsarchiv; Transvaal-Museum, Kunstgalerie u. a. Museen, in Silverton kulturhistor. Freilichtmuseum; Zoo. Stahlwerk, Nahrungsmittel-, Metallwaren-, Tabak-, kosmet. und pharmazeut., Glas-, keram., kunststoffverarbeitende u. a. Ind., Bahnknotenpunkt; internat. ✈. - 1855 gegr., nach A. Pretorius (* 1798, † 1853), einem der Anführer des Großen Trecks, ben.; wurde 1860 Hauptstadt von Transvaal, 1910 Reg.sitz der Südafrikan. Union. - P. ist in Schachbrettform angelegt. Zentrum der Stadt ist Church Square mit Justizministerium, Hauptpost und Krügerdenkmal; Präs. Krügers Haus (1884–1900; heute Museum).

Preugo, Abk. für: Preußische Gebührenordnung, bis 1965 gültige Gebührenordnung für Ärzte und Zahnärzte. - ↑ auch ärztliche Gebührenordnung.

Preuß, Hugo, * Berlin 28. Okt. 1860, † ebd. 9. Okt. 1925, dt. Politiker und Jurist. - Prof. in Berlin 1906–18; linksliberaler Stadtverordneter ebd. ab 1895, Stadtrat 1910–18; vertrat das organ. Staatslehre mit dem Ziel einer liberal-demokrat. Staats- und Gesellschaftsreform und einer kommunalen Selbstverwaltung; Mitbegr. der DDP 1918; lieferte als Staatssekretär des Innern bzw. Reichsinnenmin. (Nov. 1918–Juni 1919) mit seinem Entwurf einer Reichsverfassung die Grundlage für die Weimarer Reichsverfassung; 1919–25 Mgl. der verfassunggebenden preuß. Landesversammlung bzw. preuß. MdL.

P., Konrad Theodor, * Preußisch Eylau 2. Juni 1869, † Berlin 8. Juni 1938, dt. Ethnologe. - Nach Feldforschungen in Mexiko (1905–07) und Kolumbien (1913–19) ab 1920 Direktor am Museum für Völkerkunde und ab 1921 Prof. in Berlin. Im Mittelpunkt seines Werks stehen Probleme der Religion und das Verhältnis von Kultus und Mythos bei den Naturvölkern. - *Werke:* Die Nayarit-Expedition (1912), Die geistige Kultur der Naturvölker (1914), Der religiöse Gehalt der Mythen (1933), Lehrbuch der Völkerkunde (1938; Hg.).

Preussag AG, 1923 als Preuß. Bergwerks- und Hütten-AG mit der Aufgabe, Bergbaubetriebe, Hütten und Salinen, die vorher im Besitz des preuß. Staates gewesen waren, zusammenzufassen und zu betreiben, gegr. Unternehmen. Heute ist das 1959 als erstes [teil]privatisierte Unternehmen Muttergesellschaft eines Konzerns, der v. a. in den Bereichen Metallerzeugung, Verkehr, Energie und Bau tätig ist.

Preußen, im 10. Jh. erstmals als **Pruzzen** erwähnte Stämme, die zu den balt. Völkern gehörten. Das P.land grenzte im O an Litauen, im SW an das poln. besiedelte, aber von den P. beherrschte Culmer Land, im W an Weichsel und Nogat. Die Bev. bestand großenteils aus freien Bauern. Städte wurden erst im Zuge der dt. Ostsiedlung gegr., die der Eroberung durch den Dt. Orden (1231–83) folgte. Die Verschmelzung der P. mit den zugewanderten dt. Siedlern vollzog sich allerdings erst im Laufe der folgenden Jahrhunderte.

Preußen, Hzgt. der Hohenzollern, entstanden durch die im Krakauer Vertrag (8. April 1525) zw. König Sigismund I., dem Alten, von Polen und dem Hochmeister des Dt. Ordens, Albrecht (von Brandenburg-Ansbach), vereinbarte Umwandlung des Ordensstaates in ein weltl. Hzgt. unter poln. Lehnshoheit. Dieses kam 1618 an die brandenburg. Linie der Hohenzollern, die bis 1660 die Souveränität in P. erlangen konnten. Mit der Krönung Friedrichs III. zum „König in P." (1701; ↑ Friedrich I.) geht die Geschichte des Hzgt. in der des fortan P. genannten brandenburg. Gesamtstaats auf.

P., Kgr. und Land des Dt. Reiches, 1939 mit einer Fläche von 294 159 km² und 41,8 Mill. E.

Geschichte: Zur Geschichte vor 1701 ↑ Brandenburg, ↑ Ostpreußen (Geschichte), ↑ Preußen (Hzgt.).

Aufstieg zur Großmacht (1701–88): Am 18. Jan. 1701 krönte sich Kurfürst Friedrich III. von Brandenburg (⚭ 1688–1713) in Königsberg - mit Zustimmung Kaiser Leopolds I. - als Friedrich I. zum souveränen „König in P.". Der Königstitel haftete jedoch zunächst nur an dem Lande P. (der späteren Prov. Ostpreußen), das nicht zum Hl. Röm. Reich gehörte, während das neue Königin seinen übrigen Staaten Kurfürst, Markgraf (von Brandenburg) bzw. Herzog (u. a. von

Magdeburg, Kleve, Jülich, Pommern und Schlesien) blieb. Seit Friedrich II., d. Gr., nannten sich die preuß. Herrscher „Könige von P.". - Friedrich I. gefährdete durch seine äußerl. glänzende Reg. das von seinem Vater, Friedrich Wilhelm von Brandenburg, dem Großen Kurfürsten, begonnene Werk und brachte durch Überbetonung der höf. Repräsentation den Staat an den Rand des finanziellen Ruins. Kunst und Wiss. wurden gepflegt; die Gründung der Univ. Halle (heute Martin-Luther-Univ. Halle-Wittenberg), der Akad. der Künste in Berlin und der Kurfürstl.-Brandenburg. Societät der Wiss. (1700), der späteren Preuß. Akad. der Wiss. wurden wegweisend. Friedrichs Hofbildhauer A. Schlüter gab dem neuen Königtum mit dem Stil des „preuß. Barock" eine Möglichkeit zur Selbstdarstellung. Unter Friedrich Wilhelm I. (✉ 1713–40) traten Sparsamkeit u. harte Pflichterfüllung an die Stelle höf. Prunkentfaltung; kostspielige krieger. Unternehmungen und außenpolit. Wagnisse wurden gemieden. Auf Grund alter Erbansprüche erwarb er von Schweden 1720 käufl. Vorpommern bis zur Peene mit Stettin, Usedom, Wollin. In der Erkenntnis, daß eine selbständige Politik für P. nur mögl. sei, wenn es ein starkes, aus eigenen Mitteln unterhaltenes Heer habe, stellte der König, der sich als „Amtmann Gottes" zum „Soldatenkönig" berufen fühlte, seinen Staat in den Dienst der Armee. Den in den opferreichen und schlecht besoldeten Heeresdienst gezwungenen Adel entschädigte Friedrich Wilhelm I. durch Anerkennung als erster Stand im Staate. Die Uniform des Offiziers wurde durch des Königs Vorbild zum Ehrenkleid, der Mannschaftsstand zunehmend nach dem Kantonsystem aus Landeskindern rekrutiert. Das Verhältnis von Offizier und Soldat setzte die ständ. Herrschaftsschichtung von Gutsherrn und Gutsuntertanen fort. Zur Heeresfinanzierung baute Friedrich Wilhelm I. eine umfassende Finanzverwaltung auf, an deren Spitze das Generaldirektorium Finanz- und Wirtschaftspolitik im Sinne des Kameralismus betrieb. Bei einem festen jährl. Staatshaushalt mußten sich erstmals die Ausgaben nach den Einnahmen richten. Das Bürgertum, der 2. Stand der absolutist. Ständegesellschaft, sollte durch wachsende Wirtschaftserträge den Unterhalt der Armee decken; es war dafür von der Rekrutengestellung befreit. Darüber hinaus stellte es das neue (v. a. untere und mittlere) Beamtentum in Zentral-, Provinzial- und Lokalbehörden, für das Pflichttreue und Sparsamkeit, Pünktlichkeit, Ordnung und Uneigennützigkeit oberste Gebote wurden. Äußerster Gehorsam und militär. Ordnungsdenken wurden auch das zivile Leben übertragen; die Vorherrschaft des Militärischen vor dem Zivilen wurde seit Friedrich Wilhelm I. zum Charakteristikum von P. Als Friedrich

Wilhelm I. starb, war das Heer von 38 000 auf 83 000 Mann vergrößert, die jährl. Staatseinnahmen von 3,4 auf 7 Mill. Taler gesteigert und ein barer Staatsschatz von 9 Mill. Talern aufgehäuft. - Mit dieser relativ größten und absolut besten Armee Europas fiel Friedrich II., d. Gr., 5 Monate nach seinem Reg.antritt (31. Mai 1740), als der Tod Kaiser Karls VI. eine günstige Gelegenheit zu territorialen Erwerbungen zu bieten schien, in Schlesien ein. Die Eroberung und Behauptung dieser reichen östr. Prov. in den 3 Schles. Kriegen (1740–42; 1744/45; 1756–63 [„Siebenjähriger Krieg"]) stellte P. in die Reihe der europ. Großmächte, begr. den östr.-preuß. Dualismus und versetzte dem Hl. Röm. Reich den Todesstoß. Durch den Erbanfall Ostfrieslands (1744) und den Erwerb Westpreußens, des Ermlands und des Netzedistrikts in der 1. Poln. Teilung (1772) vergrößerte Friedrich d. Gr. das preuß. Staatsgebiet um fast ²/₃. Im Innern setzte Friedrich das Werk seines Vaters im Sinne eines aufgeklärten Absolutismus fort: Das Heer wurde auf eine Friedensstärke von zuletzt 188 000 Mann gebracht, der Wiederaufbau und Ausbau des in den Kriegen verwüsteten Landes agrar. wie gewerbl. verstärkt fortgesetzt. In der Wirtschaftspolitik wurde der Merkantilismus streng durchgehalten, Macht- mit Wohlfahrtspolitik verbunden. Neben Maßnahmen zur Stärkung und Konservierung des grundbesitzenden Adels standen erfolgreiche Bemühungen um die Erhaltung eines kräftigen Bauernstandes, der die Hälfte der Soldaten stellte und die Hauptlast der für den Unterhalt der Armee lebenswichtigen Kontributionen trug. Die Justizreform und die Kodifikation des Allg. Landrechts [für die preuß. Staaten] von 1794 waren ein wichtiger Schritt auf dem Weg vom fürstl. Patrimonialstaat zum überpersönl. Rechts- und Verfassungsstaat. Die volle Glaubens- und Gewissensfreiheit wurde verankert und die Trennung von Justiz und Verwaltung strenger durchgeführt. Friedrich d. Gr. sah sich als „erster Diener" dieses in Europa viel bewunderten Obrigkeitsstaates, in dem auch die Künste und die nicht prakt.-nützl. Wiss. wieder eine Stätte fanden. Mit G. W. von Knobelsdorff erhielt das friderizian. Rokoko seine Ausprägung; die Preuß. Akademie der Wiss. wurde mit neuem Leben erfüllt; die Tafelrunde von Sanssouci und Friedrichs Freundschaft mit Voltaire machten P. zu einem Zentrum der dt. Aufklärung. - Der aufgeklärte Absolutismus entzog durch „Teilrevolution von oben" der Frz. Revolution den Boden. In der Ausrichtung des gesamten Staatswesens auf die Person des Herrschers, lag jedoch die fundamentale Strukturschwäche dieses polit. Systems begr., die unter den Nachfolgern offen zutage trat.

Zusammenbruch, Reform und Wiederaufstieg (1789–1815): Der Ausbruch

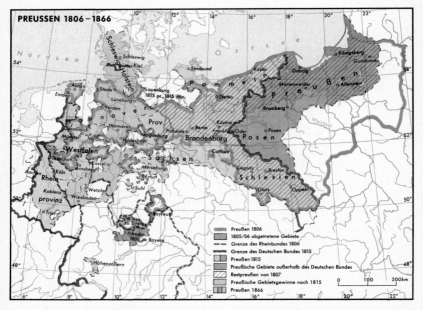

PREUSSEN 1806–1866

Preußen 1806
1805/06 abgetretene Gebiete
Grenze des Rheinbundes 1806
Grenze des Deutschen Bundes 1815
Preußen 1815
Preußische Gebiete außerhalb des Deutschen Bundes
Restpreußen von 1807
Preußische Gebietsgewinne nach 1815
Preußen 1866

0   100   200km

der Frz. Revolution führte 1792 Österreich und P. unter Friedrich Wilhelm II. (⌑ 1786–97) im Zeichen der monarch. Solidarität in den 1. Koalitionskrieg gegen das revolutionäre Frankreich. Nach wenig rühml. Verlauf zog sich P. unter Überlassung des linken Rheinufers an die Franzosen im Basler Frieden (1795) vorzeitig zurück, da der Krieg im W, zum anderen die Vergrößerung seines Staatsgebietes in der 2. und 3. Poln. Teilung (1793, 1795) um Danzig, Thorn sowie Süd-P. und Neuostpreußen zur finanziellen Erschöpfung geführt hatten. Im Reichsdeputationshauptschluß 1803 konnte P., das schon 1791 durch Kauf die hohenzollernschen Mark-Gft. Ansbach und Bayreuth erworben hatte, mit den Bistümern Hildesheim, Paderborn, eines Teiles des Bistums Münster, dem kurmainz. Eichsfeld und Erfurt, den Reichsabteien Herford, Essen und Quedlinburg sowie den Reichsstädten Mühlhausen, Nordhausen und Goslar beträchtl. Territorialgewinne verbuchen und 1805/06 gegen Abtretung Ansbachs und Kleves mit der Annexion Hannovers sogar kurzzeitig die getrennten preuß. Länder zu einem fast ganz Norddeutschland beherrschenden Staate vereinigen. Die unter König Friedrich Wilhelm III. (⌑ 1797–1815) fortgesetzte, territorial zunächst erfolgreiche Neutralitätspolitik gewährte nach 1795 Norddeutschland und den mitteldt. Staaten ein Jahrzehnt der Ruhe und hoher kultureller

Blüte. Aber nach dem Untergang des Hl. Röm. Reiches mußte P. die Auseinandersetzung mit Frankr. im 4. Koalitionskrieg allein führen und unterlag (Doppelschlacht von Jena und Auerstedt, 1806). Im Frieden von Tilsit (1807) verlor P. etwa die Hälfte seines Territoriums. Nur auf Einspruch des Zaren hin vorläufig noch als Pufferstaat belassen, von frz. Truppen besetzt und mit unerschwingl. Kontributionen belastet, wurde P. in die für seine Wirtschaft ruinöse Kontinentalsperre gegen Großbrit. einbezogen.

Gerade der verstümmelte und tief gedemütigte preuß. Staat zog Verwaltungsbeamte, Staatsmänner, Offiziere und Gelehrte an, viele von ihnen Nicht-Preußen wie Frhr. vom und zum Stein, Hardenberg, Altenstein, Fichte, Arndt, Scharnhorst, Gneisenau und Niebuhr, daneben die Preußen W. von Humboldt, Boyen, Schroetter, T. von Schön, Thaer, Nicolovius und Schleiermacher. Sie begannen im Geiste des erwachenden dt. Nationalgefühls, in Weiterentwicklung der Ideen der Frz. Revolution, des brit. Wirtschaftsliberalismus und Kants die ↑preußischen Reformen, die den Übergang vom Absolutismus zum Verfassungsstaat des 19. Jh. brachten. - Doch erst nach der für die verbündeten russ., östr. und preuß. Truppen siegreichen Völkerschlacht bei Leipzig (1813) und dem Sieg der preuß. und brit. Armeen unter Blücher und Wellington bei Belle-Alliance (Waterloo, 1815) konnte P. auf dem Wiener Kongreß (1815) seine Großmachtstellung zurückgewinnen und sein Staatsgebiet wieder vergrößern. Zu den alten Prov. Ost- und Westpreußen (bzw. Preußen), Pommern, Brandenburg und Schlesien traten die neugebildeten Prov. Jülich–Kleve–Berg und Niederrhein (bzw. Rheinland), Westfalen, Sachsen und Posen mit jeweils einem Oberpräs. an der Spitze. Sie waren gegliedert in Reg.-Bez. und Kreise. Mit allen Prov. (außer Posen, West- und Ostpreußen) trat P. dem Dt. Bund bei. - Damit hatte P. eine Position erreicht, die wesentl. Voraussetzungen im Hinblick auf die spätere Reichsgründung enthielt; in den Befreiungskriegen hatten sich stärker als je zuvor preuß. Staat und dt. Nationalgefühl verbunden, durch die territorialen Veränderungen war P. in weit höherem Maße ein dt. Staat geworden als vor 1807, die für die Entwicklung zum Ind.staat wichtigsten dt. Gebiete waren jetzt preußisch.

Restauration, Revolution und Reichsgründung (1815–71): Die Verfassungsfrage, die industrielle Revolution mit ihren sozialen Auswirkungen und die dt. Frage beherrschten die Politik von P. in seiner letzten Phase als selbständiger Staat. Als Mgl. des Dt. Bundes beteiligte sich P. an den Karlsbader Beschlüssen, der Pressezensur und den Demagogenverfolgungen im Kampf gegen die liberale und nat. Bewegung. Die Reformideen verfielen; 1819 traten die letzten Reformmin. Boyen, Grolmann, W. von Humboldt und Beyme zurück. Auf die lokale Ebene (Selbstverwaltung v. a. der Städte) beschränkt, stagnierte die Verfassungsentwicklung, während das preuß. Beamtentum Einheit und Kontinuität des Staates verbürgte. Am folgenschwersten wurde der Rückschlag in der Agrargesetzgebung für die östl. Provinzen. Nur die bäuerl. Oberschicht behielt ihren von Stein durchgesetzten Status, während die Kleinbauern und Häusler zum ländl. Proletariat wurden, ja mehr als in der Landw. kapitalist. Produktionsverhältnisse herausbildeten. Die 1850 abgeschlossene Bauernbefreiung begünstigte auf lange Sicht neben den befreiten Bauern v. a. den Adel, der sich in eine gutsherrl. Unternehmerklasse verwandelte und bürgerl. Kräfte in sich aufnahm. Die Errichtung von Provinzialständen und Provinziallandtagen (1823) konnte die vom König versprochene Verfassung und „Repräsentation des Volkes" ebensowenig ersetzen wie die Einberufung aller Provinzialstände zum ersten Vereinigten Landtag 1847. Mit König Friedrich Wilhelms IV. (✉ 1840–61) Reg.antritt war zwar die Verfassungsbewegung unter Führung des rhein. Bürgertums und des ostpreuß. Liberalismus wieder in Gang gekommen, doch die romant.-konservativ-christl. Vorstellungen des Königs vom Gottesgnadentum (Thron und Altar) und vom ma. Ständestaat im Sinne des monarch.

Prinzips verhinderten jeden Übergang zum Konstitutionalismus. Auf die Märzrevolution suchte der polit. unsichere Friedrich Wilhelm IV. mit vorzeitiger Einberufung des Vereinigten Landtages, Aufhebung der Pressezensur und einer Proklamation zur nat. und konstitutionellen Umgestaltung des Dt. Bundes („P. geht fortan in Deutschland auf") zu reagieren. Ein liberales Ministerium unter L. Camphausen wurde berufen (29. März), eine preuß. Nationalversammlung gewählt, in der die demokrat. Linke dominierte. Der sich zuspitzende Konflikt zw. der Reg. und der am 22. Mai eröffneten Nationalversammlung bewog den König nach dem Sieg der auf Militär, staatstreues Beamtentum und eine konservative Gegenbewegung gestützten Krone, am 2. Nov. 1848 ein konservatives Ministerium unter F. W. Graf von Brandenburg zu berufen, die Nationalversammlung aufzulösen u. eine Verfassung zu oktroyieren. Der fortan konstitutionell beschränkte Monarch übte seine Rechte unter Mitwirkung verantwortl. Min. aus; die gesetzgebende Gewalt stand ihm und dem Landtag gemeinschaftl. zu, das Budgetrecht dem Landtag allein. Dieser bestand nach der „revidierten" oktroyierten Verfassung von 1850 aus dem Herrenhaus mit erbl. oder vom König auf Lebenszeit ernannten Mgl. und dem nach dem Dreiklassenwahlrecht gewählten Abgeordnetenhaus. An dieser bis 1918 gültigen Verfassungsordnung konnten weder Versuche der Reaktion etwas ändern noch der nach der Zwischenphase der Neuen Ära 1860 ausgebrochene preuß. Verfassungskonflikt. In der konstitutionellen Monarchie des preuß.-dt. Typs gelang es den vorindustriellen Machteliten - Königtum und Adel - allen im Zuge der Industrialisierung sich vollziehenden sozialen Veränderungen zum Trotz, ihre Herrschaft durch Offizierkorps und Beamtentum zu behaupten und sogar die Militarisierung des Bürgertums zu erreichen. Von der Regierungsverantwortung ausgeschlossen, hat das preuß. Bürgertum, unterstützt von einer liberalen Beamtenschaft, im 19. Jh. den modernen Ind.staat geschaffen.

Grundvoraussetzung der Industrialisierung war ein einheitl. größeres Wirtschaftsgebiet. Es wurde mit der Bildung eines nunmehr zollfreien Marktes durch die Neuordnung der Steuerverfassung und das Handels- und Zollgesetz von 1818 geschaffen. Durch Vereinbarungen mit den benachbarten Staaten wurde das Zollgebiet abgerundet und am 1. Jan. 1834 zum Dt. Zollverein erweitert, der für die polit. Einigung Deutschlands eine wichtige Rolle spielte. 1853 erwarb P. von Oldenburg ein kleines Gebiet am Jadebusen zur Anlage eines Kriegshafens an der Nordsee und schuf damit die Voraussetzungen für eine Kriegsflotte; Wilhelmshaven und Kiel wurden dann preuß. Kriegshäfen. Überrascht

Preußen

schnell entwickelten sich neben Straßenbau, Kanalbau und Flußregulierung Eisenbahnen, Post und Telegrafie. In Oberschlesien, in um Berlin, beiderseits des Rheins, an Saar und Ruhr entstanden, durch systemat. Verkehrsausbau verbunden, die großen Ind.zentren. Die Industrialisierung führte mit dem Entstehen einer besitzlosen, lohnabhängigen Arbeiterschaft, mit der Urbanisierung und mit der Proletarisierung weiter Bevölkerungsteile zur sozialen Frage, dem schwersten und ungelösten Problem des Jahrhunderts. Die staatl. Sozialpolitik beschränkte sich, weil die Wehrtauglichkeit der Rekruten abnahm, zunächst auf den Schutz gegen Auswüchse der Kinderarbeit (1839). So entstand in den 1860er Jahren die große dt. Arbeiterbewegung. Der Aufhebung des Koalitionsverbotes in P. 1867 folgte ein kräftiger Aufschwung der Gewerkschaftsbewegung. - Seit den Befreiungskriegen waren die Augen vieler dt. Patrioten auf P. gerichtet. Die Frage, ob der dt. Nationalstaat mit oder ohne Einschluß Österreichs gebildet werden sollte, beherrschte in und seit der Revolution von 1848/49 die öffentl. Diskussion. 1849 lehnte König Friedrich Wilhelm IV. die ihm von der Frankfurter Nationalversammlung angetragene Kaiserkrone ab. Sein u. seines Außenmin. Radowitz Versuch, auf antirevolutionärem Wege eine kleindt. Union unter preuß. Führung zu schaffen, scheiterte am russ. Widerstand. In der Olmützer Punktation mußte P. 1850 auf die Unionspolitik verzichten und vor der östr. Politik kapitulieren. Erst Bismarck gelang es nach dem Dt.-Dän. Krieg 1864, nach dem Ausschluß Österreichs aus der dt. Politik, nach dem Dt. Krieg 1866 und der Annexion Hannovers, Schleswig-Holsteins, Nassaus, Kurhessens und Frankfurts sowie der Bildung des Norddt. Bundes 1867 im Dt.-Frz. Krieg 1870/71 die dt. Frage im kleindt. Sinne unter preuß. Führung zu lösen. P. umfaßte jetzt etwa $^2/_3$ des Reichsgebiets und $^3/_5$ der Reichsbevölkerung. Die wichtigsten Rohstoffgebiete und Industrien Deutschlands lagen in Preußen.

Das Ende Preußens (1874–1947): Die größte äußere Machtentfaltung von P. war zugleich sein Ende als souveräner Staat; die Herrschaft über das Reich eröffnete sein allmähl. Aufgehen im Reich. Mit der Reichsgründung und der Proklamation des preuß. Königs zum Dt. Kaiser 1871 ging die preuß. Geschichte in die dt. Geschichte über. In der Reichsverfassung von 1871 war die preuß. Hegemonie abgesichert, zusätzl. gestützt durch die fast durchgehend bestehende Personalunion zw. preuß. Min.präs., preuß. Außenmin. und Reichskanzler sowie durch die enge personelle Verzahnung der preuß. Ministerien mit den entsprechenden Reichsämtern. Diese gewannen jedoch seit den 1890er Jahren an Gewicht zu Lasten ersterer. Unter Kaiser

Friedrich (⚰ 1888), erst recht unter Kaiser Wilhelm II. (⚰ 1888–1918) trat das preuß. Königtum um und mehr hinter dem Glanz des neudt. Kaisertums zurück; der altpreuß. Adel freilich stand der Reichsgründung lange mißtrauisch, wenn nicht scharf ablehnend gegenüber. Im preuß. Abgeordnetenhaus hatten seit 1879 die Konservativen die Vorherrschaft. Daß die Arbeiterschaft hier fast völlig ausgeschlossen blieb, während im Reichstag die Sozialdemokratie bis 1912 zur stärksten Partei wurde, führte zu immer schärferen Auseinandersetzungen. Erst in den Tagen des Zusammenbruchs im Okt. 1918 wurde das gleiche Wahlrecht auch für P. proklamiert. Eine schwere Belastung stellten auch der Kulturkampf und die Frage der poln. Minderheit dar. - Die größte und eigenständigste Leistung im Kaiserreich vollbrachte der preuß. Staat, federführend für ganz Deutschland, in der Kultur-, Wiss.- und Unterrichtspolitik, die Ländersache blieb. In Weiterführung der Reorganisation des preuß. Bildungswesens unter W. von Humboldt erfolgten der Ausbau der Univ., die volle Anerkennung der TH, die Gründung der Handelshochschulen sowie die Errichtung reiner Forschungsinstitutionen. Neben das humanist. Gymnasium traten gleichberechtigt Oberrealschule (1890), Realgymnasium (1900) und Studienanstalt (1908; eine Form der höheren Mädchenschule). Die preuß. Museumspolitik galt als vorbildlich. Nach der Novemberrevolution 1918 übernahmen auch in P. SPD und USPD die Macht. Der durch die Bestimmungen des Versailler Vertrages geschwächte Staat blieb als weitaus größtes Land des Dt. Reiches erhalten und wurde durch die Verfassung vom 30. Nov. 1920 wie die anderen dt. Länder ein demokrat.-parlamentar. Freistaat. Im Unterschied zum Reich blieben in P. die Reg. relativ stabil. Ab 1919 wurde P. von der Weimarer Koalition (SPD, Zentrum, DDP; zeitweise auch DVP) regiert, bis der Staatsstreich Papens die nur noch geschäftsführende Reg. am 20. Juli 1932 beseitigte (Preußenputsch). Unter dem nat.-soz. Min.präs. H. Göring (1933–45) wurde auch für P. die Gleichschaltung vollzogen. Das Gesetz Nr. 46 des Alliierten Kontrollrats vom 25. Febr. 1947 besiegelte die Auflösung des nun auf die Besatzungszonen aufgeteilten, durch die Oder-Neiße-Linie ohnehin stark reduzierten P. als Staat.

⚏ Hubatsch, W.: Grundlinien preuß. Gesch. Darmst. ^{2}1985. - Heinrich, G.: Gesch. Preußens. Bln. 1984. - P.-Ploetz. Hg. v. M. Schlenke. Freib. 1983. - Nipperdey, Th.: Dt. Geschichte 1800–1866. Mchn. 1983. - Wehler, H.-U.: Das dt. Kaiserreich 1871–1918. Gött. ^{5}1983. - Büsch, O.: Militärsystem u. Sozialleben im alten P.: 1713–1807. Ffm. u.a. ^{2}1981. - Carsten, F. L.: Die Entstehung Preußens. Dt. Übers. Ffm. u.a. ^{2}1981. - Koselleck, R.: P. zw. Reform u. Revolution. Allg. Landrecht, Verwaltung u. soziale

Bewegung v. 1791–1848. Stg. ³1981. - P. Versuch einer Bilanz. Kat. zur Ausst. 1981. Hg. v. G. Korff. Rbk. 1981. 5 Bde. - Ranke, L. v.: Preuß. Gesch.: 1415–1871. Hg. v. H.-J. Schoeps. Mchn. 1981. - Craig, G. A.: Die preuß.-dt. Armee 1640–1945. Dt. Übers. Königstein im Taunus; Düss. ²1980. - Koch, W.: Gesch. Preußens. Mchn. 1980. - Craig, G. A.: Dt. Gesch. 1866–1945. Dt. Übers. Mchn. 1980. - Fischer, Fritz: Bündnis der Eliten. Düss. 1979. - Haffner, S.: P. ohne Legende. Hamb. 1979.

Preußen, Name des größten jemals gebauten Segelschiffs, Fünfmastvollschiff; 5 081 BRT; Länge 133,2 m, Breite 16,4 m; eines der bekanntesten ↑P-Schiffe; die P. ging 1910 nach Zusammenstoß mit einem brit. Kanaldampfer vor Dover unter.

Preußenfische (Dascyllus), Gatt. zieml. kleiner ↑Korallenbarsche, v. a. in Korallenriffen trop. Meere: Körperfärbung variabel, häufig weiß mit breiten, schwarzen Querbinden (z. B. beim *Perlpreußenfisch*, Dascyllus melanurus).

Preußenputsch, Bez. für die verfassungswidrige Absetzung der preuß. Minderheitsreg. O. Braun durch die Reichsreg. Papen auf Grund der Notverordnung vom 20. Juli 1932; stand mit Plänen einer autoritär ausgerichteten Reichsreform im Zusammenhang; Papen übernahm als Reichskommissar die Leitung der preuß. Reg.geschäfte. Die widerstandslose Hinnahme des P. durch die preuß. Reg. ebnete Hitler den Weg zur Macht.

Preußisch, zusammenfassende Bez. für die Mundarten der dt. Sprache in Ostpreußen, d. h. für das zum Mitteldeutschen gehörende Hochpreußisch und das zum Niederdeutschen gehörende Niederpreußisch. Der Begriff P. bezieht sich nicht auf das zu den ↑baltischen Sprachen gehörende, ausgestorbene ↑Altpreußisch.

Preußische Jahrbücher, Monatsschrift nat.-liberaler Prägung, gegr. 1858; 1866–89 war H. von Treitschke, 1889–1919 H. Delbrück Hg.; 1935 eingestellt.

preußische Reformen, polit.-gesellschaftl.-militär. Reformen, die unter der Leitung der Min. K. Reichsfrhr. vom und zum ↑Stein (dessen Nassauer Denkschrift vom Juni 1807 war das große Manifest der Reform) und K. A. Fürst von ↑Hardenberg nach dem Zusammenbruch von 1806/07 in Preußen Voraussetzungen für den Übergang vom absolutist. regierten Stände- und Agrarstaat zum bürgerl. Verfassungs-, Nat.- und Ind.-staat des 19. Jh. schufen. Die *Bauernbefreiung* (1807, 1811, abgeschlossen 1850) sollte durch Beseitigung der bäuerl. Erbuntertänigkeit samt Gesindezwang und Schollenbindung einen freien Bauernstand schaffen. In der Steinschen *Städteordnung* (19. Nov. 1808) wurde das Prinzip der Selbstverwaltung auf kommunaler Ebene eingeführt. Danach war die Stadtverordnetenversammlung Träger ge-

meindl. Rechtsetzung und Verwaltung; der von ihr gewählte Magistrat stand als abhängiges Vollzugsorgan an der Spitze der Stadtverwaltung. Die Städte erlangten die volle Finanzgewalt. Die städt. Bürger wurden ein in sich gleichberechtigter, staatsunmittelbarer Stand, dessen Mitwirkung an der Selbstverwaltung aber an Besitz und Bildung gebunden blieb. - 1811 wurden die Zunftordnungen zugunsten der *Gewerbefreiheit* aufgehoben, 1812 wurde die bürgerl. Gleichstellung der Juden erreicht. - Es wurden die fünf klass. Ministerien für Inneres, Auswärtiges, Finanzen, Krieg u. Justiz mit dem Staatskanzler als Vors. des *Min.rates* (1808/10) geschaffen. Aus dem Innenministerium wurde 1817 das Kultusministerium ausgegliedert. - Die 1807 begonnene *Heeresreform* Scharnhorsts, Gneisenaus und Boyens schuf mit der Erneuerung des Offizierskorps und dem Wegfall des Adelsprivilegs, der Bildung der Landwehr und des Landsturms, mit der Einführung des ↑Krümpersystems bzw. der allg. Wehrpflicht (1814) ein „Volk in Waffen" und bereitete die Befreiung Preußens von der frz. Vorherrschaft vor, wofür auch die Schaffung eines modernen Generalstabes entscheidend war.

Mit der Gründung der für die Univ. im 19. Jh. beispielhaften Berliner Friedrich-Wilhelm-Univ. (1809; heute Humboldt-Univ. zu Berlin) im Rahmen der von W. von Humboldt eingeleiteten Erziehungs- und *Bildungsreform*, die sich auf alle Stufen des Unterrichts erstreckte, wollte der preuß. Staat die geistigen Kräfte mobilisieren und eine Erziehung zu Selbständigkeit und Nationalbewußtsein im humanist. Sinne erreichen. Die Ziele der Reformer, „demokrat. Grundsätze in einer monarch. Reg." zu verwirklichen und den Ideen von 1789 in Richtung auf eine „Revolution in gutem Sinn" in Preußen Eingang zu verschaffen (Hardenberg), konnten jedoch nur teilweise realisiert werden. Die Selbstverwaltung auch für die Landgemeinde, die Aufhebung der gutsherrl. Patrimonialgerichtsbarkeit und Polizeigewalt, eine allg. Einkommensteuer und Grundsteuer scheiterten ebenso wie eine Nationalrepräsentation am erbitterten Widerstand des Junkertums und blieben mit dem Einsetzen der Restaurationsepoche ab 1815 vollends der Zukunft überlassen.

☐ *P. R. 1807–1820. Hg. v. B. Vogel. Königstein im Taunus 1980.*

preußische Religion, die Religion der Altpreußen (Pruzzen); die am schlechtesten überlieferte Religion der balt. Völker. Bekannt sind der Himmelsgott Deivas, der Mondgott Menins, der Donnergott Percunis, der Fruchtbarkeitsgott Curche, der Wassergott Potrimpus und Picullus, der Herr der Finsternis und Hölle. Sicher ist wohl die Verehrung der gesamtbalt. Schicksalsgöttin Laima. Auch eine Sonnengottheit gehörte zum preuß. Pantheon.

Preußischer Höhenrücken

Preußischer Höhenrücken (Preußische Seenplatte), west- und ostpreuß. Abschnitt der Endmoränenzone des Balt. Höhenrückens, bis 313 m hoch.

preußischer Kulturbesitz ↑Stiftung Preußischer Kulturbesitz.

preußischer Verfassungskonflikt (Heereskonflikt), um die Heeresreform ausgebrochener Konflikt in Preußen 1860–66 zw. Krone und Reg. einerseits und Abg.haus andererseits. Für die von Wilhelm I. und der Militärführung gewünschte Heeresverstärkung, Zurückdrängung der Landwehr in die Reserve und Sicherung der Armee als außerkonstitutionellem Machtfaktor der Krone verlangte die liberale Mehrheit des Abg.-hauses die Aufgabe der dreijährigen Dienstpflicht und die Verstärkung des parlamentar. Budgetrechts. In der Krise im Sept. 1862 wurde Bismarck Min.präs., der ohne verfassungsmäßig bewilligtes Budget regierte und eine Lösung erreichte, indem er einen wirtschaftspolit. Ausgleich versuchte und den inneren preuß. Konflikt mit der europ. Politik verquickte. Der p. V. wurde polit. mit dem preuß. Sieg im Dt. Krieg 1866, staatsrechtl. durch die Annahme der *Indemnitätsvorlage* im preuß. Landtag (nachträgl. Bewilligung der Staatshaushalte seit 1862) beendet. Zu den Ergebnissen des p. V. zählen die Neugruppierung des preuß.-dt. Parteiensystems (Dt. Fortschrittspartei, Nationalliberale Partei, Freikonservative Partei) und die Konservierung des sozialen Systems.

Preußisches Allgemeines Landrecht ↑Allgemeines Landrecht [für die preuß. Staaten].

Preußische Staatsbibliothek, bed. 1661 gegr. kurfürstl., 1701–1918 königl. Bibliothek in Berlin; heutige Nachfolgeinstitutionen sind die Staatsbibliothek Preuß. Kulturbesitz in Berlin (West) und die Dt. Staatsbibliothek in Berlin (Ost) (↑Bibliotheken, Übersicht).

Preußisch Eylau (russ. Bagrationowsk), Stadt in Ostpreußen, UdSSR*, 4 300 E. Molkerei, Fleischkombinat. - Entwickelte sich im Schutz einer 1325–30 vom Dt. Orden erbauten Burg ab 1340; erhielt 1585 Stadtrechte. - Durch die für beide Seiten verlustreiche **Schlacht von Preußisch Eylau** (7./8. Febr. 1807) konnten die verbündeten Russen und Preußen vorübergehend Napoleons I. Vormarsch aufhalten.

Preußisch-Oldendorf, Stadt am N-Rand des Wiehengebirges, NRW, 65 m ü. d. M., 10 000 E. Feuerwehrmuseum; Holz-, Textil-, Metallind., Margarinewerke; Luftkurort; Hafen am Mittellandkanal. - Im 10. Jh. erstmals bezeugt; heutiger Name ab etwa 1800; erhielt 1719 Stadtrecht. - Ev. spätgot. Pfarrkirche (1492–1510).

Preußisch Stargard ↑Starogard Gdański.

Preußler, Otfried, * Reichenberg 20. Okt. 1923, dt. Schriftsteller. - Einer der namhaftesten Kinder- und Jugendbuchautoren dt. Sprache; u. a. „Die kleine Hexe" (1957), „Der Räuber Hotzenplotz" (1962), „Krabat" (1971; Dt. Jugendbuchpreis 1972), „Der goldene Brunnen" (1975), „Die Glocke von grünem Erz" (1976), „Der Engel mit der Pudelmütze" (1985).

Preventer [lat.-engl.], (Blow-out-P.) svw. ↑Bohrlochabsperrvorrichtung.
◆ Stahlseil zur Absteifung eines Mastes oder Ladebaumes.

Prévert, Jacques [frz. preˈvɛːr], * Neuilly-sur-Seine 4. Febr. 1900, † Omonville-la-Petite (Manche) 11. April 1977, frz. Lyriker. - Zunächst Surrealist; wurde dann mit einfachen, originellen, auch spött. und satir. Chansons und Gedichten zu einem der populärsten zeitgenöss. Lyriker Frankr. (u. a. „Wenn es Frühling wird in Paris", 1951). Auch Drehbuchautor („Die Nacht mit dem Teufel", 1942; „Kinder des Olymp", 1943–45).

Previn, André [engl. ˈprɛvɪn], * Berlin 6. April 1930, amerikan. Dirigent, Komponist und Pianist dt. Herkunft. - Trat zunächst als Jazzpianist hervor; 1968–79 Chefdirigent des London Symphony Orchestra, 1979–84 des Pittsburgh Symphony Orchestra, seit 1984 des Los Angeles Philharmonic Orchestra; komponierte Orchester- und Kammermusik sowie Filmmusiken.

Prévost [frz. preˈvo], Abbé ↑Prévost d'Exiles, Antoine François.

P., Jean, * Saint-Pierre-lès-Nemours (Seine-et-Marne) 13. Juni 1901, ✕ bei Sassenage (Isère) 1. Aug. 1944, frz. Schriftsteller. - Journalist; Lektor; fiel 1944 als Widerstandskämpfer; schrieb populist. Romane, Novellen und Essays über Sportlichkeit und männl. Verhalten sowie histor. und Literaturkrit. Arbeiten u. a. über Stendhal und Baudelaire.

P., Marcel, eigtl. Eugène Marcel, * Paris 1. Mai 1862, † Vianne (Lot-et-Garonne) 8. April 1941, frz. Schriftsteller. - Verf. zahlr. psycholog. Sitten- und Gesellschaftsromane, die sich durch eindringl. Analyse weibl. Charaktere auszeichnen und zu ihrer Zeit ein wirksames Gegengewicht zum Naturalismus bildeten, u. a. „Liebesbeichte" (1891), „Vampir Weib" (1922); 1908 Mgl. der Académie française.

Prévost d'Exiles, Antoine François [frz. prevodɛɡˈzil], gen. Abbé Prévost, * Hesdin (Pas-de-Calais) 1. April 1697, † Courteuil bei Chantilly 23. Nov. 1763, frz. Schriftsteller. - Jesuit; Aufenthalt in den Niederlanden und England, seit 1734 u. a. Sekretär des Prinzen von Conti in Paris; 1735 Weltgeistlicher. Schrieb eines der Meisterwerke des psycholog. Liebes- und Abenteuerromans („Geschichte der Manon Lescaut und des Ritters Desgrieux", 1731); durch seine Übersetzungen der Romane S. Richardsons Wegbereiter der Empfindsamkeit in Frankreich.

Prévostsches Gesetz [frz. pre'vo], das zuerst von dem schweizer. Gelehrten P. Prévost (* 1751, † 1839) formulierte Gesetz, nach dem ein Körper, der im therm. Gleichgewicht mit seiner Umgebung ist, in jedem Augenblick ebensoviel (von seiner Umgebung ihm zugestrahlte) Strahlungsenergie absorbiert, wie er gleichzeitig durch eigene Strahlung verliert; seine Temperatur ändert sich daher nicht.

Prewesa, griech. Stadt in Epirus, 12 700 E. Hauptort des Verw.-Geb. P.; orth. Bischofssitz. Wichtigster Hafen des Epirus. - Anfang 15. Jh. von Albanern gegr., ab 1499 wiederholt von Venedig besetzt; 1912 zu Griechenland. - Reste der venezian. Festung; nahebei die Ruinenstätte **Nikopolis** mit Resten aus röm. Zeit.

Prey, Hermann, * Berlin 11. Juli 1929, dt. Sänger (Bariton). - Internat. bed. Lieder- und Opernsänger, Kammersänger der Bayer. Staatsoper München.

Preysing, Konrad Graf von P.-Lichtenegg-Moos, * Schloß Kronwinkl bei Landshut 30. Aug. 1880, † Berlin 21. Dez. 1950, dt. kath. Theologe und Kardinal (seit 1946). - Zunächst Jurist und bayr. Gesandtschaftssekretär in Rom; 1912 Priester; 1932 Bischof von Eichstätt, seit 1935 von Berlin; entschiedener Gegner des NS.

preziös [frz., zu lat. pretiosus „kostbar"], geziert, geschraubt, gekünstelt.

preziöse Literatur, 1. allg. Bez. für antiklass., manierist. Stilformen in der frz. Literatur, die in verschiedenen Epochen dominierten, aber auch kennzeichnend sind für Werke einzelner Dichter, z. B. für J. Giraudoux. 2. Bez. für die in der 1. Hälfte des 17. Jh. entstandenen literar. Werke, die dem manierist. (barocken) Stilideal verpflichtet sind (formale Artistik, esoter. Künstlichkeit und metaphor. Verrätselung der dichter. Sprache sowie exklusive Verfeinerung und Reglementierung aller Lebens- und Ausdrucksformen).

Preziosen, svw. ↑ Pretiosen.

Priamos (Priam, Priamus), Gestalt der griech. Mythologie. Sohn des Laomedon, Gemahl der Hekabe, Vater u. a. von Hektor, Paris, Helenos und Kassandra, letzter König von Troja. Seine Bitten bewegen Achilleus, die Leiche Hektors freizugeben. Beim Untergang der Stadt wird P. von Neoptolemos ermordet.

Priapismus [griech.], krankhaft anhaltende, schmerzhafte Erektion des Penis (neurogen oder als Folge einer Thrombose).

Priapos [pri'apɔs, 'pri:apɔs] (Priapus), ein bes. seit dem Hellenismus überaus populärer kleinasiat.-griech. Fruchtbarkeitsdämon der bäuerl. Sphäre, dessen Holzstatuen - mit übergroßem Phallus und rot bemalt - in Obst- und Weingärten sowohl als Glücksbringer als auch als Vogelscheuche und zur Abwehr von Dieben aufgestellt waren. Nach ihm hießen Kleingedichte derb-erot. Inhalts **Priapea.**

Priapswürmer [griech./dt.], svw. ↑ Rüsselwürmer.

Priapulida [griech.], svw. ↑ Rüsselwürmer.

Pribilof Islands [engl. 'prɪbɪləf 'aɪləndz], zu Alaska, USA, gehörende Inselgruppe im Beringmeer, nördl. der Aleuten; 1786 durch den Russen G. Pribylow entdeckt (1792 nach ihm ben.); die Russen siedelten hier den Eskimostamm der Aleuten an.

Pribram [tschech. 'prʃi:bram], Bergbaustadt 50 km sw. von Prag, ČSSR, 510 m ü. d. M., 39 800 E. Abbau von Uran, Blei- und Zinkerzen.

Price [engl. praɪs], Leontyne, * Laurel (Miss.) 10. Febr. 1927, amerikan. Sängerin (Sopran). - Hatte auf Tourneen 1952–55 mit Gershwins „Porgy and Bess" internat. Erfolg, sang dann an den bedeutendsten Opernhäusern der Welt und wurde 1961 an die Metropolitan Opera, New York, berufen; auch Konzertsängerin.

P., Margaret, * Tredegar (Wales) 13. April 1941, brit. Sängerin (Sopran). - Tritt seit 1962 internat. v. a. in Rollen von Mozart-Opern hervor; daneben auch Konzertsängerin.

Pricke [niederdt.], Bez. für einige Arten der Neunaugen, wie z. B. Bach-P. (↑ Bachneunauge).

Pricken [niederdt.], in flachen Küstengewässern in den Grund gesteckte Baumstämmchen (mit Ästen), die die Fahrrinne markieren.

Pricker [niederdt.], Stahldorn zum Spleißen von Stahltrossen.

Priel [niederdt.], Wasserrinne im Watt.

Priem [niederl.], svw. ↑ Kautabak.

Prien, Günther, * Osterfeld (Bez. Halle) 16. Jan. 1908, ✕ im Nordatlantik 8. März 1941, dt. Offizier. - Ab 1933 in der Kriegsmarine, U-Boot-Kommandant (U 47), zuletzt Korvettenkapitän; versenkte 1939 in der Bucht von Scapa Flow das Schlachtschiff „Royal Oak"; schrieb „Mein Weg nach Scapa Flow" (1940).

Prien a. Chiemsee ['ki:m...], Marktgem. am W-Ufer des Chiemsees, Bay., 532 m ü. d. M., 9100 E. Heimatmuseum; Spielkartenfabrik, Fachdruckerei für Computerformulare, Nährmittelwerk, Ballfabrik; Kneippkurort. - 1180 erstmals urkundl. erwähnt, seit dem 16. Jh. allg. als Marktflecken bezeichnet. - Barocke Pfarrkirche (18. Jahrhundert).

Priene, antike ion. Stadt in Karien, am S-Hang des Gebirges ↑ Mykale; bekannt als Vaterstadt des ↑ Bias und durch das Panionion auf seinem Gebiet; im 4. Jh. v. Chr. näher am Meer neu gegr., bis ins MA besiedelt. - Von den Ruinen der hellenist. Stadt ist v. a. das Theater bemerkenswert.

Prierias, Silvestro, eigtl. S. Mazzolini, * Prierio (Prov. Cuneo) 1456, † Rom 1523, italien. Dominikaner (seit 1471). - Prior und Inquisitor in Bologna und Cremona, 1514–23 Philosophieprof. in Rom; bearbeitete als Zensor ab 1517 Luthers Thesen und leitete ab 1518 die Voruntersuchung zu Luthers Prozeß; erster literar. Gegner Luthers in Italien.

Prießnitz, Vinzenz, * Gräfenberg (= Jeseník Lazné) bei Jeseník 4. Okt. 1799, † ebd. 28. Nov. 1851, dt. Naturheilkundiger. - P. begann um 1815, Kranke mit Waschungen, Umschlägen, Wassertrinkkuren und Diät zu behandeln. Die von ihm zw. 1815/35 entwickelte Naturheilmethode (über die er nichts veröffentlichte) umfaßte innere und äußere Anwendungen kalten und warmen Wassers, körperl. Bewegung, Licht und Luft sowie eine einfache gemischte Ernährung. P. war einer der Wegbereiter moderner physikal.-diätet. Therapie.

Prießnitz-Umschlag [nach V. Prießnitz], Umschlag aus mehreren Lagen kalter, feuchter Leinwandtücher, die von trockenen Woll- oder Flanelltüchern umhüllt sind. Die feuchten Tücher erwärmen sich langsam und üben nach anfängl. Kältereiz einen ansteigenden Wärmereiz aus.

Priester [zu griech. presbýteros „der Ältere, Gemeindeobere"], in der *Religionsgeschichte* der Mittler zw. göttl. Mächten und den Menschen. Der P. ist eine in fast allen Religionen auftretende Erscheinung. In Religionen, in denen kult. Handlungen und geheimes Wissen von vorrangiger Bed. sind, kann sich das P.tum zur bevorrechtigten Kaste entwickeln (z. B. Brahmanen, Druiden). Prophet. Religionen weisen ein eher spannungsreiches Verhältnis zum P.tum auf. Der P. handelt nicht aus eigener Machtvollkommenheit, sondern kraft göttl. Vollmacht und auf Grund einer rituellen Weihe, die ihm in einem Ordinationsakt vermittelt wird, zu dem Handauflegung, Salbung, Reinigung und Übertragung geheimen Wissens gehören können, das in archaischen Kulturen alle Gebiete umfaßt. - Innerhalb der Gesellschaft nimmt der P. meist eine Sonderstellung ein, die durch bes. Vorrechte (Privilegien) und äußerl. oft durch eine Amtstracht gekennzeichnet ist. Vielfach untersteht er dem Gebot der Ehelosigkeit († Zölibat). Der Vollzug kult. Handlungen, vornehml. des Opfers, gehört stets zu seinen Aufgaben. Hinzu tritt auf differenzierter Stufe eine Stellvertretung Gottes vor den Menschen und umgekehrt. Die Fülle priesterl. Aufgaben bewirkt eine Differenzierung der Funktionen und damit eine Aufgliederung in verschiedene P.klassen († auch Hierarchie).

In der *kath. Kirche* ist der P.tum im Unterschied zum allg. † Priestertum aller Gläubigen, das von Jesus Christus eingesetzte und durch das Sakrament der Priesterweihe übertragene Amt, dessen Träger die sakramentale Vollmacht für die Feier der Eucharistie, für die Spendung des Bußsakraments und der Krankensalbung empfangen hat. Das Wirken des P. († auch Seelsorge) ist nach kath. Lehre Teilhabe am Hohenpriestertum Christi innerhalb der Kirche.

□ *Greshake, G.:* P. sein. Freib. ⁴1985. - *Paarhammer, H., u. a.: Pfarrei u. Pfarrer im neuen CIC.* Wien 1983. - P. zw. Anpassung u. Unterscheidung. Hg. v. K. Forster. Freib. u. a. 1974. - Der priesterl. Dienst. Hg. v. H. Vorgrimler u. a. Freib. 1970-73. 6 Bde.

Priesterfisch (Streifenfisch, Atherina presbyter), bis etwa 15 cm langer Ährenfisch im Mittelmeer und an der Atlantikküste W-Europas und N-Afrikas, auch in Flußmündungen; sehr schlank, silbrig, mit dunklerem Rücken und goldgrünem Längsband an jeder Körperseite.

Priestergruppen, Reformgruppen von kath. Priestern, die sich in den Jahren 1968/69 in allen westeurop. Ländern im Gefolge des 2. Vatikan. Konzils bildeten; ihr Ziel war die Durchsetzung demokrat. Strukturen in der Kirche, die Verwirklichung der Reformbeschlüsse des Konzils, die Aktivierung der Laienmitarbeit und die Betonung der sozialen Verantwortung der Kirche und ihrer Verkündigung gegenüber gesellschaftl. Fragen.

Priesterrat, ein seit dem 2. Vatikan. Konzil für alle Diözesen vorgeschriebenes Gremium, das den Diözesanbischof in der Leitung der Diözese beraten soll.

Priesterschrift, Abk. P, Bez. für die jüngste (5. Jh. v. Chr.) Quellenschrift des Pentateuchs. Ihr bes. Interesse gilt den Gesetzestexten, daneben enthält sie v. a. das Berufswissen der jüd. Priester.

Priestertum, Bez. für den gesellschaftl. Stand der † Priester, dem als *Amts-P.* bes. religiöse Funktionen der Vermittlung zw. Gott (Göttern) und den Menschen und davon abgeleitet bes. Rechte in der Gesellschaft zuerkannt werden. Im Unterschied dazu wird vom **allgemeinen Priestertum** gesprochen, wenn jeder priesterl. Rechte und Funktionen übernehmen kann. Die Reformation betonte mit dem ev. Amtsverständnis das allg. P., erteilte der Geistlichkeit als Berufsstand jedoch die Aufgabe öffentl. geordneter Wahrnehmung der priesterl. Funktionen. Gesamtvollmacht im P. liegt bei der Gemeinde.

Priestervogel † Honigfresser.

Priesterweihe, in der kath. Kirche die sakramentale Übertragung des Priesteramtes († Ordination).

Priestley [engl. 'priːstlɪ], John Boynton, * Bradford (York) 13. Sept. 1894, † Stratford-upon-Avon 14. Aug. 1984, engl. Schriftsteller. - Seine Romane („Engelgasse", 1930) stellen das Alltagsleben v. a. der kleinen Leute realist. und humorvoll dar; auch Komödien und aktuelle Theaterstücke („Ein Inspektor kommt", 1945). - *Weitere Werke:* Die Conways und die Zeit (Dr., 1937), Das große Fest (R., 1951), Der Illusionist (R., 1965), Eine sehr engl. Liebesgeschichte (R., 1976).

P., Joseph, * Fieldhead (Yorkshire) 13. März 1733, † Northumberland (Pa.) 6. Febr. 1804, brit. Naturforscher, Philosoph und Theologe. - Sohn eines Tuchmachers; Geistlicher, dann auch Fremdsprachenlehrer; ab 1766 Mgl. der Royal Society; ab 1880 Pfarrer einer Dissentergemeinde in Birmingham, wo er der ↑ Lunar Society beitrat. In seinen Schriften behandelte P. neben naturwiss. auch psycholog., philosoph., polit. und theolog. Themen. Seine chem. Arbeiten galten der sog. pneumat. Chemie. Er erfand eine Reihe von Geräten zum Untersuchen von Gasen und verwendete Quecksilber als Sperrflüssigkeit; u. a. entdeckte er Ammoniakgas, Kohlenmonoxid und 1774 (unabhängig von C. W. Scheele) den Sauerstoff. - Im Ggs. zur herrschenden Theologie vertrat er arian. Gedanken und lehnte die Versöhnungs- und Inspirationslehre ab. Schlußpunkt seiner theolog. Entwicklung war die Übernahme der Lehre von der ↑ Apokatastasis.

Prignitz [...gnɪts], flachwellige, von vermoorten Rinnen durchzogene Grundmoränenlandschaft zw. Elde im W, Elbe im S, Dosse im O und Mecklenburg. Seenplatte im N (DDR); waldarm und vorwiegend landw. genutzt.

Prigogine, Ilya [frz. prigɔ'ʒin], * Moskau 25. Jan. 1917, belg. Physikochemiker. - Prof. in Brüssel seit 1970 auch an der University of Texas in Austin. P. befaßte sich mit der Thermodynamik und statist. Mechanik irreversibler Prozesse. Er entwickelte eine nichtlineare Thermodynamik, die auch auf Probleme der Soziologie, der Verkehrstechnik u. a. anwendbar ist; 1977 Nobelpreis für Chemie.

Příhoda, Váša [tschech. 'prʃiːɦɔda], * Wodňan bei Písek 22. Aug. 1900, † Wien 26. Juli 1960, tschech. Violinist. - Als „zweiter Paganini" gefeierter, vielseitiger Virtuose, der Tourneen in Europa, Amerika und Afrika unternahm; 1939-45 unterrichtete er am Salzburger Mozarteum, ab 1951 an der Akad. für Musik und darstellende Kunst in Wien.

Prilep, jugoslaw. Stadt 80 km ssö. von Skopje, 605 m ü. d. M., 13 600 E. Tabakinstitut; Tabakverarbeitung, Konservenfabriken, Marmorindustrie. - 1014 zuerst belegt; zeitweilig Residenz der serb. Herrscher. - Oriental. geprägte Altstadt.

prim [lat.], svw. ↑ teilerfremd.

Prim [lat.], (lat. prima hora „die erste Stunde") in der *kath. Liturgie* die erste Hore des ↑ Stundengebets.

◆ im *Fechtsport* Klingenhaltung bei allen Waffen (abgewinkelter Unterarm vor der Brust, Spitze tief; der Handrücken zeigt zum eigenen Gesicht).

prima [lat.-italien.], 1. vom Besten, erstklassig; Abk. pa., Ia; 2. vorzügl., wunderbar.

Prima [zu lat. prima (classis) „erste (Klasse)"], Bez. für die letzten beiden Klassen im Gymnasium (Ober- und Unterprima).

Primaballerina, Bez. für die erste Solotänzerin, die Tänzerin der Hauptrollen in einer Ballettkompanie; *P. assoluta,* Titel der

außer Konkurrenz stehenden Primaballerina.

Primadonna [italien.], seit dem 17. Jh. Bez. für die Sängerin von weibl. Hauptpartien in der Oper; danach auch Bez. für einen verwöhnten und empfindl. Menschen, der eine Sonderstellung und eine entsprechende Behandlung für sich beansprucht.

Prima-facie-Beweis [...tsi-e; lat./dt.], svw. ↑ Anscheinsbeweis.

prima materia, svw. ↑ Materia prima.

primär [lat.-frz.], allg. 1. zuerst vorhanden, urspr.; 2. wesentl., vordringl., vorrangig.

◆ in der *Psychologie* werden als p. die nicht überwiegend vom Denken gesteuerten Vorgänge bezeichnet.

◆ in der *Chemie* in mehrfacher Bed. verwendet zur Kennzeichnung von Verbindungen: *p. Salze* sind Salze mehrbas. Säuren, in denen nur ein Wasserstoffatom durch ein Metallatom ersetzt ist. Als *p. Kohlenstoff-* und *p. Stickstoffatome* werden C- und N-Atome bezeichnet, die mit nur einem einzigen anderen Kohlenstoffatom verbunden sind. Bei *p. Alkoholen* und *p. Aminen* ist die Hydroxyl- bzw. Aminogruppe an ein p. Kohlenstoffatom gebunden.

Primäraffekt, das erste örtl. Anzeichen einer Infektionskrankheit.

Primäreffloreszenz ↑ Effloreszenz.

primäre Knochen, svw. ↑ Ersatzknochen.

primäre Leibeshöhle ↑ Leibeshöhle.

Primärelemente ↑ elektrochemische Elemente.

Primärenergie, Bez. für den Energieinhalt der natürl. Energieträger (v. a. Verbrennungsenergie von Kohle, Erdöl, Erdgas; Wasserkraft).

primärer Generationswechsel ↑ Generationswechsel.

Primärfarben, svw. ↑ Grundfarben.

Primel. Frühlingsschlüsselblume

Primärförderung

Primärförderung ↑ Erdöl.

Primärharn ↑ Niere.

Primärinsekten (primäre Insekten), in der Forstwirtschaft Bez. für Insekten, die gesundes lebendes pflanzl. Gewebe befallen; z. B. Waldmaikäfer, Riesenbastkäfer, Kieferneule und Fichtenläuse. - Ggs.: **Sekundärinsekten,** die „kränkelnde" oder tote pflanzl. Gewebe befallen; z. B. Prachtkäfer, Holzwespen und Borkenkäfer (viele Borkenkäfer können auch als P. auftreten).

Primarius [lat.], der führende bzw. erste Geiger, z. B. im Streichquartett.

Primärliteratur, Bez. für dichter. oder philosoph. Werke im Ggs. zur wiss. Sekundärliteratur.

Primärluftklimaanlage ↑ Klimatechnik.

Primärprozeß, svw. ↑ Primärvorgang.

Primarschulen [lat./dt.], früher allg. Bez. für die Volksschulen, heute nur noch in der Schweiz. Je nach Kanton beträgt die Dauer der P. 7 bis 9 Jahre. Anschließend ist der Besuch einer 1- bis 4jährigen Fortbildungsschule Pflicht (falls keine berufl. Schule besucht wird).

Primärspannung, die Spannung an der Primärwicklung eines Transformators.

Primärspule, svw. Primärwicklung (↑ Transformator).

Primärstrahlung ↑ Höhenstrahlung.

Primärstruktur ↑ Proteine.

Primarstufe [lat./dt.], im internat. Sprachgebrauch (UNESCO) Bez. für die für alle Schüler gemeinsame Unterstufe der allgemeinbildenden Pflichtschule (im allg. 4–5 Jahre).

Primärtriebe, Bez. für die beim Menschen phylogenet. angelegten und damit ererbten psych. ↑ Antriebe, die den erlernten kulturellen (insbes. sozialeth. und -ästhet.) **Sekundärtrieben** gegenüberstehen und, nach psychoanalyt. Auffassung, zur Vermeidung eines Neurosen bewirkenden Triebkonflikts eine produktive Synthese mit diesen erfordern.

Primärtumor, (bösartige) Erstgeschwulst, von der ↑ Metastasen ausgehen.

Primärverteilung ↑ Einkommensverteilung.

Primärvorgang (Primärprozeß), von S. Freud entwickelter Begriff zur Bez. dem psych. System „unbewußt" eigenen Funktionsweise, bei der die psych. Energie diejenigen Vorstellungen besetzt, die mit Befriedigungserlebnissen zusammenhängen.

Primärwald, Bez. für eine sich ohne menschl. Beeinflussung einstellende Waldform.

Primärwicklung (Primärspule) ↑ Transformator.

Primary [engl. 'praɪmərɪ; zu lat. primarius „einer der ersten"] (Mrz. Primaries), Bez. für die in allen Staaten der USA gesetzl. vorgeschriebene Vorwahl, die der Kandidatenaufstellung für öffentl. Wahlen dient; löste Anfang des 20. Jh. den ↑ Caucus ab und förderte die Entmachtung der örtl. Parteiapparate. In 31 Staaten (1976) finden Primaries auch vor den Präsidentschaftswahlen statt; dabei wird der Präsidentschaftskandidat der jeweiligen Partei von den Wählern indirekt über die Delegierten für den Nationalkonvent bestimmt.

Primas [lat.], im kath. Kirchenrecht Ehrentitel eines dem Ehrenrang nach zw. dem Patriarchen und dem Metropoliten bzw. den Bischöfen eines Landes stehenden Oberbischofs mit partikularrechtl. z. T. größeren Hoheitsrechten. Das Amt des P. besteht in der westl. Kirche seit dem 4. Jh.; P. von Deutschland ist der Erzbischof von Salzburg.

◆ [aus gleichbed. ungar. primás] Solist und Vorgeiger einer Zigeunerkapelle.

Primaspiritus (Primasprit) ↑ Branntwein.

Primat [lat.], Vorrang, bevorzugte Stellung.

Primat des Papstes, in der kath. Theologie der Vorrang des Amtes im Aufbau der kirchl. Verfassung, das dem Papst als Nachfolger des Apostels Petrus zukommt. Auf der Grundlage älterer röm. Doktrin bildete die gregorian. Reform den entscheidenden Anstoß zur Entwicklung des P. des P. in der lat.-kath. Kirche bis zur Gegenwart. Einen vorläufigen Abschluß bildete die dogmat. Umschreibung des P. des P. auf dem 1. Vatikan. Konzil 1870 (↑ auch Unfehlbarkeit). Der P. des P. ist heute der bedeutendste Kontroverspunkt in der Frage der Wiedervereinigung der getrennten christl. Kirchen.

Primaten (Primates) [lat.], svw. ↑ Herrentiere.

Primatenzentrum, Einrichtung zur artgemäßen Haltung und Züchtung von Affen und Halbaffen, die als notwendige Versuchstiere für die Humanmedizin benötigt werden. Dadurch soll einer Dezimierung bzw. Ausrottung in der freien Wildbahn vorgebeugt werden. In der BR Deutschland besteht seit 1983 ein P. an der Univ. Göttingen.

prima vista ↑ a prima vista.

Prime (Prim) [lat.], der erste Ton der diaton. Tonleiter, auch Bez. für den Zusammenklang zweier töne gleicher Tonhöhe (↑ Intervall). Man unterscheidet dann die *reine* P., den sog. Einklang (z. B. c-c), die *übermäßige* P. (z. B. c-cis oder c-ces) und die *doppelt übermäßige* P. (z. B. ces-cis).

◆ auf der ersten Seite eines Druckbogens angebrachte ↑ Bogensignatur.

Primel [lat., eigtl. „erste (Blume des Frühlings)"] (Himmelsschlüssel, Schlüsselblume, Primula), Gatt. der Primelgewächse mit über 500 Arten in Europa und in den gemäßigten Zonen Asiens; meist ausdauernde Kräuter mit trichter- oder tellerförmiger Blütenkrone und röhrigem, glockigem oder trichterförmigem Kelch. Beliebte Zierpflanzen sind: ↑ Aurikel; **Frühlingsschlüsselblume** (Duftende Schlüsselblume, Duftende P., Frauenschlüssel, Primula veris, Primula officinalis), auf sonnigen Wiesen und an Waldrändern in Europa und Asien; mehrjährige Pflanzen mit wohlriechenden, dottergelben, am Schlund orangerot gefleckten Blüten und weitglockigem Kelch in einseitswendiger Dolde auf einem 10 bis 30 cm langen Schaft; Blätter behaart, längl. gezähnt, in grundständiger Blattrosette; werden medizin. u. a. als Husten- und Abführmittel verwendet; **Giftprimel** (Becher-P., Primula obconica), rot bis weiß blühende, weichbehaarte asiat. P.art mit 2- bis 13blütiger Dolde und becherförmigem Kelch; Sekret der Drüsenhaare stark hautreizend; **Mehlprimel** (Mehlstaub-Himmelschlüssel, Primula farinosa), besiedelt sumpfige, kalkhaltige Alpenwiesen und Flachmoore Europas; Blätter unterseits, ebenso wie der Blütenstand, mehlig bestäubt; Blüten lila, seltener purpurfarben oder weiß mit tiefgelbem Schlund; geschützt. - Abb. S. 293.

Primelgewächse (Primulaceae), Pflanzenfam. mit rd. 800 Arten in 40 Gatt. in den gemäßigten und wärmeren Gebieten der Nordhalbkugel; v. a. Kräuter, z. T. Rosettenstauden, Polster- oder Knollenpflanzen mit meist schraubig angeordneten Blättern; häufig Drüsenhaare; Blüten einzeln oder in Dolden, Rispen und Trauben. Bekannte Gatt. sind Alpenveilchen, Gilbweiderich, Gauchheil, Mannsschild und Primel.

Prime rate [engl. ˈpraɪm ˈreɪt], in den USA der Diskontsatz für Großbanken.

Primfaktor ↑ Primzahl.

Primgeige, die erste Geige im Streichquartett oder in einem anderen Kammermusikwerk; **Primgeiger,** der die erste Geige spielende Musiker.

primitiv [frz., zu lat. primitivus „der erste in seiner Art"], 1. ursprüngl., urzuständlich; auf niedriger Entwicklungsstufe; 2. (abwertend) von niedrigem Niveau; 3. einfach, behelfsmäßig.

primitive Kunst, eine mißverständl. und deshalb heute vermiedene Bez. für außerhalb von Hochkulturen angesiedelte Kunstwerke, z. B. der Naturvölker (bes. afrikan. Plastik, ozean. Kunst) oder naiver Kunst. Ebenso wie p. K. wird die Bez. primitive Musik, eine im 19. Jh. geprägte Bez. für die Musik der Naturvölker, heute weitgehend abgelehnt.

Primitivität [lat.], allg. svw. geistig-seel. Unentwickeltheit (abwertend gebraucht); Einfachheit, Behelfsmäßigkeit; fachsprachl. auch svw. Ursprünglichkeit, Urzuständigkeit oder Unentwickeltheit.
In der *vergleichenden Psychologie* (bes. der Kindes-, der Sozial- oder Völkerpsychologie) Bez. für die sog. primitive Mentalität, die v. a. durch nichtlogisches, insbes. mag. Denken gekennzeichnet ist.

Primitivrassen (Naturrassen, Urrassen), Haustierrassen, die unmittelbar durch Domestikation aus Wildtieren hervorgegangen sind. P. bilden das Ausgangsmaterial für Landrassen und Leistungsrassen.

Primitivreaktion, plötzl. reaktive psych. Enthemmung, v. a. nach einem Stau von Affekten (*Affekthandlung*; ↑ auch Kurzschlußhandlung). Dabei dominieren entwicklungsgeschichtl. alte Schichten (*Tiefenschichten*) des Gehirns. Dies wird mit einem durch den Affektdruck bewirkten Ausfall kortikaler Kontroll- und Regelfunktionen des Gehirns erklärt.

Primitivum [lat.], Stammwort im Ggs. zur Zusammensetzung, z. B. *geben* gegenüber *ausgeben*.

Primiz [zu lat. primitiae „Erstling(sopfer)"], die erste Gemeindemesse eines kath. Priesters nach seiner Weihe.

Primo [lat.-italien. „der erste"], beim vierhändigen Klavierspiel der Spieler des Diskantparts (der zweite Spieler: *Secondo*); *tempo primo* (Abk. I^{mo}), das erste Tempo, d. h. im Anfangstempo; *p. uomo*, im 17./18. Jh. in Italien Bez. für die erste männl. Gesangskraft (Tenor oder Kastrat).

Primo de Rivera y Orbaneja, Miguel [span. ˈprimo ðɛ rriˈβera i ɔrβaˈnɛxa], Marqués de Estella (seit 1921), * Jerez de la Frontera 8. Jan. 1870, † Paris 16. März 1930, span. General und Politiker. - Ab 1922 Generalkapitän von Katalonien, putschte im Einvernehmen mit Alfons XIII. 1923 gegen die parlamentar. Reg. u. errichtete eine Militärdiktatur (ab 1925 als Kabinett); gründete nach faschist. Vorbild die „Unión Patriótica"; 1930 vom König unter dem Druck der Öffentlichkeit entlassen.

Primo de Rivera y Saenz de Heredia, José Antonio [span. ˈprimo ðɛ rriˈβera i ˈsaenθ ðe reˈðja], Marqués de Estella (seit 1930), * Madrid 24. April 1903, † Alicante 20. Nov. 1936 (hingerichtet), span. Politiker. - Sohn von M. Primo de Rivera y Orbaneja; urspr. Monarchist, erfolglose Corteskandidatur 1931; orientierte sich danach am Faschismus und gründete 1933 die Falange, deren 1. Nat.-kongreß ihn 1934 zum unabsetzbaren Führer wählte; im März 1936 verhaftet, nach Ausbruch des Bürgerkrieges wegen Vorbereitung einer faschist. Revolte zum Tode verurteilt und erschossen.

Primogenitur [zu lat. primus „der Erste" und genitus „geboren"], in fürstl. Häusern das Anrecht des Erstgeborenen (meist des erstgeborenen Sohnes) auf die Erbfolge in das Hausgut und die Thronfolge; die jüngeren Linien sind ausgeschlossen; seit dem 14. Jh. für die Erbfolge bestimmend, um den ungeteilten Besitz zu wahren. - Die (männl.) Hauptlinie im Ggs. zur **Sekundogenitur** (lat. secundus „der Zweite"), der von einem nachgeborenen Sohn begr. Nebenlinie.

Primopolis

Primopolis ↑ Aspendos.

primordial [lat.], von erster Ordnung uranfängl., das Ur-Ich betreffend.

Primrose, Sir (seit 1953) William [engl. 'prɪmrouz], * Glasgow 23. Aug. 1903, † Provo (Utah) 1. Mai 1982, brit. Bratschist. - Gründete 1939 das W. P. Quartet und spielte in anderen bed. Kammermusikvereinigungen. Mit Y. Menuhin veröffentlichte er „Violin and Viola" (1976).

Primrose League [engl. 'prɪmrouz 'liːg „Primelbund"], von R. H. Spencer, Lord Churchill und Sir H. D. Wolff 1883 gegr. konservative Vereinigung, die der konservativen Partei den Unterbau einer Massenorganisation gab; Abzeichen war eine Primel.

Primula [lat.], svw. ↑ Primel.

Primulaceae [lat.], svw. ↑ Primelgewächse.

Primus [lat.], [Klassen]erster; **Primus inter pares**, erster unter Ranggleichen.

Prim y Prats, Juan [span. 'prim i 'prats], Vicomte von Bruch und Graf von Reus (seit 1843), Marqués de los Castillejos (seit 1860), * Reus 12. (?) Dez. 1814, † Madrid 30. Dez. 1870 (ermordet), span. General und Politiker. - 1843 am Sturz Esparteros beteiligt, 1844 als Verschwörer gegen Narváez verurteilt, jedoch schon 1847/48 Gouverneur von Puerto Rico; Führer der Progressisten; hatte maßgebl. Anteil an der Revolution von 1868; 1868/69 Kriegsmin., ab 1869 Min.präs.; begünstigte zunächst die span. Thronkandidatur des Hohenzollernprinzen Leopold, dann die Wahl von Amadeus.

Primzahl, Bez. für jede von 1 verschiedene natürl. Zahl, die nur durch 1 oder durch sich selbst teilbar ist (z. B. 7, 13, 19). Zwei P., deren Differenz gleich 2 ist, bezeichnet man als *P.zwillinge* (z. B. 3 und 5, 11 und 13, 59 und 61). Eine von 1 verschiedene natürl. Zahl, die nicht P. ist, bezeichnet man auch als *zusammengesetzte Zahl*, da sich jede derartige Zahl als Produkt von P. (*Primfaktoren*) darstellen läßt (↑ Primzahlzerlegung). Die größte z. Z. bekannte P. ist $2^{132049} - 1$, eine Zahl mit 39751 Ziffern.

Primzahlzerlegung (Primfaktorzerlegung), die Zerlegung einer natürl. Zahl in Faktoren, die sämtl. Primzahlen sind, z. B. $24 = 2 \cdot 2 \cdot 2 \cdot 3 = 2^3 \cdot 3$.

Prince [engl. prɪns, frz. prɛ̃ːs „Fürst", ↑ Prinz"], Adelstitel; in Großbrit. seit 1917 beschränkt auf die Kinder des Monarchen und die Kinder seiner Söhne (↑ auch Prince of Wales). In Frankr. trugen bis 1790 einige Hochadelsfam. den Titel eines P.; die königl. Prinzen hießen *P. du sang* („Prinzen von Geblüt").

Prince Edward Island [engl. 'prɪns 'ɛdwəd 'aɪlənd], kanad. Prov., Insel im Sankt-Lorenz-Golf, 5657 km², 127000 E (1985), Hauptstadt Charlottetown.

Landesnatur: Die Oberfläche ist eben bis flachwellig; nur kleinere hügelige Bereiche bis 140 m ü. d. M.; an der N-Küste Sandstrand mit Dünen; ausgeglichenes Klima. Der urspr. Wald ist bis auf wenige Bestände gerodet. **Bevölkerung, Wirtschaft, Verkehr:** Es dominiert das brit. Element mit 80 %, 17 % sind frz. Herkunft; indian. Minderheit. Univ. in der Hauptstadt. Hauptwirtschaftszweige sind Ackerbau und Viehzucht. Außerdem Fischerei (v. a. Hummer und Austern), Verarbeitung landw. Erzeugnisse und Fremdenverkehr. Die Insel ist durch Bahn und Straßen gut erschlossen; Fährverkehr zum Festland.

Geschichte: 1534 entdeckt; 1603 für Frankr. in Besitz genommen (Île Saint-Jean). 1744-48 von den Briten besetzt; kam 1763 endgültig in brit. Besitz; gehörte bis 1769 zu Nova Scotia, dann selbständige Kolonie; seit 1798 unter dem heutigen Namen; erhielt 1851 eine repräsentative, der Legislative verantwortl. Reg.; schloß sich 1873 dem Dominion Kanada an.

Prince Edward Islands [engl. 'prɪns 'ɛdwəd 'aɪləndz], zwei zu Südafrika gehörende Inseln im südl. Ind. Ozean, rd. 1900 km

Prince George [engl. 'prɪns 'dʒɔːdʒ], kanad. Stadt an der Mündung des Nechako River in den Fraser River, 570 m ü. d. M., 69300 E. Kath. Bischofssitz; College, Zentrum eines Holzwirtschaftsgeb., Erdölraffinerie, Fremdenverkehr. - Gegr. 1807.

Prince of Wales [engl. 'prɪns əv 'weɪlz], Titel des walis. Herrschers Llywelyn ap Gruffydd (* 1246, † 1282), 1301 vom engl. König Eduard I. seinem Sohn Eduard (II.) verliehen, um Wales fester an England zu binden. Seither führen ihn die meisten engl./brit. Thronfolger (gegenwärtig Prinz Charles).

Prince of Wales, Kap [engl. 'prɪns əv 'weɪlz], westlichster Punkt des amerikan. Kontinents, auf der Seward Peninsula in Alaska

Prince of Wales Island [engl. 'prɪns əv 'weɪlz 'aɪlənd], südlichste und größte Insel des Alexander Archipelago in SO-Alaska.

Prince of Wales Strait [engl. 'prɪns əv 'weɪlz 'streɪt], Meeresstraße im Nordpolarmeer, zw. Banks Island und Victoria Island, über 300 km lang, 15-30 km breit.

Princeton [engl. 'prɪnstən], Stadt im westl. New Jersey, 80 km sw. von New York, 60 m ü. d. M., 12000 E. Univ. (gegr. 1746), mehrere bed. Forschungsinst.; Kernfusionsanlage. - Entstand 1696 als Siedlung **Stony Brook** engl. Quäker (**Prince's Town** seit 1724, P. seit 1813); Hauptstadt der USA Juli–Nov. 1783. - Nassau Hall (1756).

Príncipe [portugies. 'prĩsipə] ↑ São Tomé und Príncipe.

principiis obsta! [...pi-is; lat.], „wehre den Anfängen" (nach Ovids „Remedia amoris", Vers 91).

Principium contradictionis [lat.] ↑ Widerspruch.

Principium exclusi tertii [...ti-i; lat.], Satz vom ausgeschlossenen Dritten: Jede Aussage ist entweder wahr oder falsch; Grundsatz der klass. Logik.

Principium rationis sufficientis [lat.] ↑Grund, Satz vom.

Pringsheim, Ernst, * Breslau 11. Juli 1859, † ebd. 28. Juni 1917, dt. Physiker. - Prof. in Berlin und Breslau. In Zusammenarbeit mit O. Lummer bestätigte P. experimentell die Gültigkeit des Stefan-Boltzmannschen Gesetzes sowie des Wienschen Verschiebungsgesetzes und wies 1900 bedeutsame Abweichungen von der Wienschen Strahlungsformel nach, die M. Planck zur Aufstellung seines Strahlungsgesetzes veranlaßten.

Printen [niederl.], hartes, lebkuchenähnl. Weihnachtsgebäck, v. a. *Aachener Printen.*

Printer [engl.], automat. Vergrößerungsmaschine für photograph. Massenkopien; verarbeitet Rollenpapier einheitl. Gradation.

Prinz (weibl. Form Prinzessin) [frz., zu lat. princeps „im Rang der Erste, Gebieter"], Titel der nichtregierenden Mgl. der regierenden (in Deutschland nach 1806 auch der mediatisierten) Fürstenhäuser. Der Thronfolger wird Erbprinz bzw. Kronprinz gen., in den Kur-Ft. hieß er *Kurprinz. Prinzgemahl* bezeichnet den Ehemann einer regierenden Fürstin. *Prinzregent* ist der zur Regentschaft berufene Verwandte des Monarchen. **Prinz von Preußen** war der Titel des preuß. Thronfolgers, wenn er nicht ein Sohn des regierenden Königs war.

Prinz-Albert-Berge, Küstengebirgskette des Victorialandes, Ostantarktis, bis 2 590 m hoch.

Prinzenapfel ↑Äpfel (Übersicht).

Prinzeninseln, Inselgruppe im O des Marmarameeres, Stadtteil von Istanbul; sie umfassen 4 größere und 5 kleinere Inseln.

Prinzeps (lat. princeps; Mrz. Prinzipes), antike röm. Bez. für die führenden Adligen fremder Staatswesen wie des eigenen Staates („principes civitatis"). Der gewählte Obmann des Senats hieß „princeps senatus" und hatte das Recht der ersten Stimmabgabe. Augustus wählte „P." als inoffiziellen Titel, eine Stellung in der von ihm geschaffenen Staatsform (↑Prinzipat) von Diktatur und Königtum abzuheben.

Prinzeßkleid, Bez. für ein durchgehenden Bahnen tailliert geschnittenes Kleid (ohne Taillenquernaht).

Prinzhorn, Hans, * Hemer 8. Juni 1886, † München 14. Juni 1933, dt. Psychiater. - Nervenarzt in Frankfurt am Main; Arbeiten zur Psychologie und Psychopathologie, insbes. zur Ausdrucks- und Persönlichkeitspsychologie (im Anschluß an L. Klages). P. wurde bekannt durch erste Untersuchungen über künstler. Schöpfungen geistig gestörter Personen (u. a. „Bildnerei der Geisteskranken", 1922).

Prinzip [zu lat. principium „Anfang"], in Philosophie und Wiss. allg.: Einsichten, Ziele und Handlungsregeln, die method. am Anfang eines theoret. Aufbaus oder Systems von Handlungsorientierungen stehen und zudem i. d. R. die inhalt. oder method. Grundlage eines theoret. oder prakt. Begründungszusammenhangs darstellen; daher je nach Anwendungsbereich svw. Grundsatz, Grundnorm oder Grundregel.

In der *Physik* wird die Bez. P. für eine physikal. Aussage oder Gesetzmäßigkeit sehr allg. Art verwendet, die es erlaubt, gleichartige physikal. Systeme und ihr Verhalten nach einem einheitl. Gesichtspunkt zu behandeln, oder durch die bestimmte physikal. Erscheinungen auf die gleiche Ursache zurückgeführt werden, so daß andere, gleichartige Vorgänge sich ebenfalls mit diesem P. erfassen bzw. erklären lassen.

Prinzipal [lat.], früher Lehrherr, Geschäftsinhaber; auch Leiter einer Wanderbühne.

Prinzipal [lat.], Hauptregister der Orgel, offene Labialpfeifen mittelweiter Mensur mit zylindr. Rohrverlauf und kräftiger Intonation; kommt in allen Fußlagen vor, vom 32- bis 1-Fuß und heißt entsprechend auch *Oktave* (4-Fuß) und Superoktave (2-Fuß). Der Name bezog sich urspr. auf die Plazierung der Pfeifenreihe an vorderster Stelle (im ↑Prospekt).

Prinzipalantrag, svw. ↑Hauptantrag.

Prinzipat (lat. principatus), allg. svw. Vorrang. Im antiken Rom inoffizielle Bez. der von Augustus geschaffenen neuen Staatsform der Herrschaft eines ersten Bürgers (↑Prinzeps), die nicht auf der Kumulierung von Ämtern, sondern von Amtsgewalten und auf erhöhter ↑Auctoritas basierte. Das P. war durch Weiterbestehen republikan. Einrichtungen gekennzeichnet.

Prinzip der kleinsten Wirkung (Hamiltonsches Prinzip [der kleinsten Wirkung], Hamiltonsches Wirkungsprinzip), das wichtigste ↑Extremalprinzip der theoret. Physik, mit dessen Hilfe sich das dynam. Verhalten eines jeden physikal. Systems erfassen läßt, und das eine sehr allg. Fassung der Bewegungsgesetze und der Erhaltungssätze darstellt; es besagt: Der tatsächl. Ablauf des Geschehens in einem physikal. System ist so, daß bei kleinstem Aufwand eine optimale Wirkung erzielt wird.

Prinzip des kleinsten Zwanges, svw. ↑Le-Chatelier-Braunsches Prinzip.

prinzipiell [lat.], 1. im Prinzip, grundsätzlich; 2. aus Prinzip, einem Grundsatz entsprechend.

Prinz-Karl-Vorland, westlichste Insel Spitzbergens, 86 km lang, 5–11 km breit; bis 1 081 m hoch; unbewohnt.

Prinzregent-Luitpold-Küste ↑Coatsland.

Prinz von Preußen

Prinz von Preußen ↑ Prinz.

Prior [lat. „der Erste, Obere"], im kath. Ordenswesen Bez. für: 1. den Zweitoberen in einer Abtei; 2. den Oberen eines selbständigen Mönchsklosters, das nicht Abtei ist; 3. den Oberen eines Klosters verschiedener Orden.

Priorität [lat.-frz.], 1. Vorrecht, Vorrang, Vorzug; 2. [zeitl.] Vorhergehen.

Prioritätsaktien ↑ Vorzugsaktien.

Pripjet, rechter Nebenfluß des Dnjepr, entspringt im äußersten NW der Ukrain. SSR, durchfließt die Polesje und mündet am NW-Ufer des Kiewer Stausees, 775 km lang.

Pripjetsümpfe, dt. für ↑ Polesje.

Prisca, weibl. Vorname (zu lat. priscus „alt").

Priscianus, lat. Grammatiker des 5./6. Jh. aus Caesarea in Nordafrika. - Sein Hauptwerk ist die „Institutio grammatica" (18 Bücher), die größte bekannte Darstellung der lat. Grammatik (Standardwerk im MA).

Priscilla, weibl. Vorname, Weiterbildung von Prisca.

Priscillian, * in Spanien um 335 oder 345, † Trier 385, span. Asket. - Bischof von Ávila; seine Theologie und asket. Praxis (**Priscillianismus**) wurden von span. Bischöfen der Häresie verdächtigt, die ihn 380 auf der Synode von Zaragoza verurteilten; als „Magier" hingerichtet.

Prisco, Michele [italien. 'prisko], * Torre Annunziata bei Neapel 18. Jan. 1920, italien. Schriftsteller. - Verf. psycholog. Erzählungen, u. a. „Das Pferd mit der Augenbinde" (dt. Auswahl 1970) und Romane („Gefährl. Liebe", 1954; „Nebelspirale", 1966) über das Bürgertum und die kleinen Leute seiner Heimat.

Priscus von Panion ↑ Priskos von Panion.

Prise [lat.-frz.] ↑ Prisenrecht.

Prisenrecht, das Recht der kriegführenden Parteien im Seekrieg, feindl. Handelsschiffe und Waren *(Prise)* sowie u. U. auch neutrale Schiffe und Waren zu beschlagnahmen und in ihr Eigentum zu überführen. Die Ausübung des P. beruht auf der jeweiligen nat. Gesetzgebung, ein gewohnheitsrechtl. Kernbestand von völkerrechtl. Regeln über das P. ist jedoch anerkannt. Die Feindeigenschaft richtet sich bei Schiffen nach der Flagge, bei Waren nach der Staatsangehörigkeit des Eigentümers oder nach dem gewerbl. Domizil. Neutrale Schiffe und Waren unterliegen der Einziehung, wenn die Ware Konterbande darstellt oder neutralitätswidrige Dienste oder Bruch einer Blockade vorliegen. Das P. muß in einem ordentl. Prisenverfahren durchgesetzt werden, das beim Anhalten und Durchsuchung des Schiffes (**Aufbringung**) beginnt; die Prise muß dann vor ein unabhängiges Prisengericht gebracht werden, das auf Freigabe oder auf Erwerb des Eigentums an der Prise durch den Nehmerstaat erkennen kann. Bei unbegründeter Beschlagnahme wird der Staat zu Schadenersatz verurteilt. Die Prisengerichtsbarkeit bestand bereits im MA. Die ma. Seerechtskodifikation (13./14. Jh.) im Consolat del Mar enthielt zahlr. prisenrechtl. Bestimmungen für das Mittelmeergebiet. 1916 wurde das sog. Navicertsystem eingeführt, unter dem die Konsulate kriegführender Parteien in den neutralen Staaten nach Vorprüfung Unbedenklichkeitszeugnisse (Navicerts) ausstellten, die vor weiterer Untersuchung auf hoher See schützen sollten.

Priskos (Priscus) **von Panion,** * Panion (Thrakien) um 415, † nach 472, byzantin. Geschichtsschreiber. - Spielte eine wichtige Rolle bei diplomat. Gesandtschaften des Reiches (u. a. zu Attila 448 oder 449). Schildert in seiner „Byzantin. Geschichte" die Geschehnisse der Jahre 411–472; wichtigste Quelle für diese Zeit.

Prisma [griech., eigtl. „das Zersägte, Zerschnittene"] (opt. P.), aus opt. Glas oder anderen durchsichtigen Werkstoffen gefertigter opt. Bauteil mit mindestens zwei zueinander geneigten, meist ebenen, opt. wirksamen Flächen. Nach ihrer Grundfunktion unterscheidet man Reflexions-, Teiler-, Polarisations-, Ablenk- und Dispersionsprismen. Das *Reflexions-P.* dient zur Strahlenumlenkung, zur Strahlenversetzung oder Bildumkehrung, das *Teiler-P.* zur Teilung eines Strahlenbündels in zwei Teilbündel oder mehrere Strahlengänge, das *Polarisations-P.* zur Trennung unpolarisierten Lichtes in die senkrecht zueinander polarisierten Anteile, das *Ablenk-P.* (sog. brechender Keil) zur Strahlenablenkung um meist kleine Winkel, das *Dispersions-P.* zur spektralen Zerlegung des Lichtes.
◆ ein Körper, der von zwei in parallelen Ebenen liegenden, deckungsgleichen (kongruenten) Vielecken (als Grundfläche und Deckfläche) und von Parallelogrammen (als Seitenflächen) begrenzt wird. Den Abstand von Grund- und Deckfläche nennt man die *Höhe* des P.; stehen die Seitenflächen senkrecht zur Grundfläche, so spricht man von einem *geraden P.,* anderenfalls von einem *schiefen Prisma.* Ein vierseitiges P., dessen Grund- und Deckflächen Parallelogramme sind, heißt **Spat;** ein von sechs Rechtecken begrenztes (gerades) P. wird als **Quader,** ein von 6 Quadraten begrenztes (gerades) P. als **Würfel** bezeichnet. Das Volumen *V* eines P. mit der Grundfläche *G* und der Höhe *h* ergibt sich zu $V = G \cdot h$.

prismatisches Glas ↑ Brille.

Prismatoid [griech.] (Prismoid, Trapezoidalkörper, Körperstumpf), ein gegenüber. Körper, dessen Grund- und Deckfläche zwei in parallelen Ebenen liegende beliebige Vielecke und dessen Seitenflächen Dreiecke oder Trapeze sind; Prisma, Pyramide und Pyramidenstumpf sind Sonderformen des Prismatoids.

Prismenastrolabium, ein von dem frz. Astronomen A. Danjon (* 1890, † 1967) konstruiertes Winkelmeßinstrument zur Bestimmung von Sterndurchgängen durch einen bestimmten Horizontalkreis. Durch ein gleichseitiges Prisma und einen darunter befindl. Quecksilberhorizont werden die von einem Stern kommenden Lichtstrahlen so reflektiert, daß in einem waagerecht liegenden Fernrohr zwei Bilder des Sternes entstehen, die zusammenfallen, wenn der Stern genau die gewünschte Zenitdistanz hat.

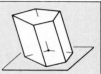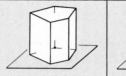

Prisma. Gerades (links) und schiefes Prisma

Prismenglas, svw. Feldstecher (↑ Fernrohr).

Prismeninstrumente, opt. Vermessungsgeräte (meist für geodät. Messungen) zum Ausrichten von Geraden und zum Abstecken von festen, meist 90°-Winkeln. * In ihnen erfolgt die Umlenkung der Lichtstrahlen durch Brechung und Reflexion an [Glas]prismen. Verwendet werden dreiseitige, vierseitige (Wollaston-Prismen) und fünfseitige Prismen (Pentagon-Prismen) sowie **Prismenkreuze,** zwei aneinandergesetzte rechtwinkliggleichschenklige Prismen, mit deren Hilfe sowohl 90°- als auch 180°-Winkel abgesteckt werden können.

Prismoid [griech.], svw. ↑ Prismatoid.

Priština [serbokroat. 'pri:ʃtina] (alban. Prishtinë, beides amtl.), Hauptstadt der Autonomen Prov. Kosovo, Jugoslawien, am O-Rand des Amselfelds, 570 m ü. d. M., 69 500 E. Univ. (gegr. 1970), Museen, Theater. Ind.-kombinat; Verkehrsknotenpunkt. - Ehem. Kolonie von Ragusa (= Dubrovnik); entwickelte sich im 19. Jh. zu einem wichtigen Handelsplatz. - Zahlr. Bauten aus türk. Zeit, u. a. Kaisermoschee (15. Jh.) und türk. Bad (15. Jh.). - Im Stadtgebiet wurde eine neolith. Siedlung (etwa 4. Jh. v. Chr.) ausgegraben.

Pritchard, John [engl. 'prɪtʃəd; * London 5. Febr. 1921, brit. Dirigent. - 1951 bis 1977 Dirigent bei den Festspielen von Glyndebourne (ab 1969 Musikdirektor), 1956 bis 1962 Musikdirektor beim Royal Philharmonic Orchestra, 1962–66 Chefdirigent des London Philharmonic Orchestra, 1978 auch der Kölner Oper, seit 1986 Musikdirektor der Oper in San Francisco.

Pritchett, Sir (seit 1975) Victor Sawdon [engl. 'prɪtʃɪt], * Ipswich (Suffolk) 16. Dez. 1900, engl. Schriftsteller. - 1974–76 Präs. des internat. PEN-Clubs; schrieb außer krit. Essays Romane und Kurzgeschichten, in denen er oft leicht satir. das Alltagsleben engl. Kleinbürger darstellt; als Hauptwerk gilt der kom.-satir. Roman „Mr. Beluncle" (1951).

Pritsche, ein klatschende Geräusche gebendes Schlaggerät der kom. Figuren Hanswurst und Harlekin in den alten Volksschauspielen, Stegreifkomödien und in Brauchspielen der Fastnacht.
◆ einfache [hölzerne] Liege.
◆ Ladefläche von Lastkraftwagen

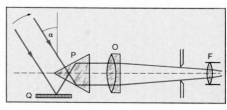

Prismenastrolabium. Schema mit Strahlengang: α Zenitdistanz, P gleichseitiges Prisma, Q Quecksilberhorizont, O Objektiv, F Fernrohr

Pritschmeisterdichtung ↑ Heroldsdichtung.

Pritzwalk, Krst. in der Ostprignitz, Bez. Potsdam, DDR, 70 m ü. d. M., 12 400 E. Nahrungsmittelind., Getriebewerk. - Aus einer slaw. Dorfsiedlung entstanden; 1256 Stadtrecht. - Spätgot. Backsteinhallenkirche (15. Jh.).

P., Landkr. im Bez. Potsdam, DDR.

privat [zu lat. privatus „gesondert, für sich stehend"], 1. die eigene Person angehend, persönl.; 2. vertraul.; 3. nicht öffentl., außeramtl.; 4. familiär, häuslich.

Privatbanken ↑ Banken.

Privatdozent ↑ Dozent.

Privatdruck, nicht im Handel erhältl. Druckwerk, meist in kleiner Auflage, oft bibliophil ausgestattet.

Privateigentum ↑ Eigentum.

Privatgeheimnis, die den persönl. Lebensbereich, den Beruf oder das Geschäft betreffenden Tatsachen, die nur einem einzelnen oder einem beschränkten Personenkreis bekannt sind und an deren Geheimhaltung der Betroffene ein schutzwürdiges Interesse hat. Die Verletzung von anvertrauten oder sonst bekannt gewordenen P. durch bestimmte Amtspersonen wird mit Freiheitsstrafe oder mit Geldstrafe bestraft.

Privatier [...ti'e:; lat.], jemand, der vom Ertrag seines Vermögens lebt (ohne einen Beruf auszuüben).

privatim [lat.], für sich allein; persönl., vertraul., unter vier Augen.

Privation [zu lat. privatio „Beraubung"],

privatissime

in der Scholastik Bez. für einen Mangelzustand: Einem Gegenstand kommt eine bestimmte Eigenschaft, die er haben sollte, nicht zu.

privatissime [lat.], im engsten Kreise; streng vertraulich.

Privativ (Privativum) [zu lat. privare „rauben"], Wort, das die Beseitigung oder das Fehlen des durch den Basisinhalt bezeichneten Gegenstands anzeigt, z. B. *entgiften*.

Privatklage, durch eine Privatperson ohne Mitwirkung der Staatsanwaltschaft erhobene Anklage. Die P. ist eine Ausnahme in dem durch die Amtsanklage der Staatsanwaltschaft (Offizialmaxime) beherrschten dt. Strafverfahren. Die P. gibt dem Verletzten für den kleinen Bereich der zu den Privatklagedelikten gehörenden Vergehen (z. B. Hausfriedensbruch, Beleidigung, Bedrohung, Sachbeschädigung) die Möglichkeit, die Strafverfolgung des Täters bei den ordentl. Gerichten zu betreiben, weil das öffentl. Interesse daran gering ist. Übernimmt die Staatsanwaltschaft die Strafverfolgung, so wird die P. zur ↑ Nebenklage.

Privatlehrer, Lehrer bzw. Lehrerinnen, die außerhalb der öffentl. und privaten Schulen privaten Einzel- oder Gruppenunterrricht erteilen. In der BR Deutschland gelten die Grundsätze über die freie Berufswahl und -ausübung im Sinne des Art. 12 GG. Die private Unterweisung schulpflichtiger Kinder, die keine öffentl. Schule besuchen können, ist genehmigungspflichtig und unterliegt der Schulaufsicht der zuständigen Behörde.

Privatpatient, Patient, der sich auf eigene Rechnung (bzw. mit einer privaten Krankenversicherung) in ärztl. Behandlung begibt.

Privatrecht (lat. Jus privatum), dasjenige Rechtsgebiet, das die Beziehungen der Bürger untereinander betrifft *(bürgerl. Recht)*. Man stellt das P. herkömml. dem ↑öffentlichen Recht gegenüber und grenzt beide dadurch voneinander ab, daß das P. die Interessen der einzelnen zum Gegenstand habe, das öffentl. Recht das Gemeinwohl (Interessentheorie), oder dadurch, daß das P. Gleichordnungsverhältnisse regele, das öffentl. Recht dagegen Über- und Unterordnungsverhältnisse (Subjektionstheorie). Die Einzelabgrenzung zwischen den Verhältnissen des öffentl. Rechts und des P. hängt von histor. Zufälligkeiten ab und bereitet oft Schwierigkeiten. Zum P. gehören insbes. das bürgerl. Recht i. e. S., Handels- und Gesellschaftsrecht, Wechsel- und Scheckrecht, Urheber- und Wettbewerbsrecht.

Privatschulen, im Ggs. zu öffentl. Schulen nicht vom Staat oder von den Gebietskörperschaften getragene, allerdings oft auch öffentl. bezuschußte Einrichtungen. Ihre freie Trägerschaft sind Kirchen, Stiftungen bzw. Vereinigungen (darunter Orden) oder Privatpersonen. Rechtsgrundlage der P. in der BR Deutschland bilden Art. 7 Abs. 4–6 GG, die Länderverfassungen und die einzelnen Privatschulgesetze; ihr bes. öffentl. Bildungsauftrag wird rechtl. anerkannt. Das Schulrecht unterscheidet zw. P., die den öffentl. Schulen vergleichbar und genehmigungspflichtig sind **(Ersatzschulen),** und solchen, die nicht als Ersatz für öffentl. Schulen gelten, folglich nur anzeigepflichtig sind **(Ergänzungsschulen)**; auf Antrag nach Überprüfung können sie ebenfalls staatl. anerkannt werden, wenn an ihnen auch keine Schulpflicht abgeleistet werden kann. Zu den P. gehören auch Einrichtungen für ↑ Fernunterrricht. - Aus dem Privatschulwesen kamen bed. pädagog. Anstöße (z. B. von den Landerziehungsheimen, den Jenaplanschulen von P. Petersen, den Schulen des Lette-Vereins, den Landfrauenschulen des Reifensteiner Verbandes für haus- und landw. Frauenbildung e. V., den Waldorfschulen). Die Verbände gemeinnütziger Schulen in freier Trägerschaft haben sich in der „Arbeitsgemeinschaft Freier Schulen" zusammengeschlossen.

Privatsphäre, Bez. für den durch das ↑ Persönlichkeitsrecht geschützten privaten Bereich des Menschen.

Privatstraßen, Straßen, Wege und Plätze, die nicht dem öffentl. Verkehr gewidmet sind.

Privatunterricht ↑ Privatlehrer.

Privileg [lat.], jurist. Bez. für die einem einzelnen *(Individual-P.),* einer Personenmehrheit *(General-P.)* oder Sachen und damit deren Besitzer gewährte rechtl. Sonderstellung sowie für die darüber ausgestellte Urkunde (Freibrief). Darüber hinaus steht P. für das nur bestimmten Personen einer Gesellschaft vorbehaltene Sonder- oder Ausnahmerecht. P. schaffen eine Gesellschaftsstruktur mit sozialen und/oder polit. Über- und Unterordnungsverhältnissen. **- Geschichte:** Das Zwölftafelgesetz (um 450 v. Chr.) nannte „privilegium" das Sonderrecht für die Einzelperson, im späteren röm. Recht bedeutete P. das Sonderrecht für bestimmte Personengruppen. Im MA und in der frühen Neuzeit war das Erteilen von P. das bedeutendste und auf Banngewalt beruhende Herrschaftsmittel und -recht. Es konnte sich dabei um Befreiung oder um Zuteilung von konkreten Rechtsbeziehungen (z. B. Gerichtsbarkeiten, Zölle, Zehnten, Heerfolgepflicht) handeln. Im absolutist. Staat wurden Konzessionen für das Betreiben eines Gewerbes, einer Fabrik als P. erteilt, danach Konzessionen bis ins 19. Jh. (z. B. für den Bau von Eisenbahnen) als P. bezeichnet.

Privilegium Paulinum [lat.], im kath. Eherecht das nach dem Apostel Paulus ben. Ausnahmerecht von dem Grundsatz der Unauflöslichkeit einer vollzogenen Ehe: Das P. P. gibt im Falle einer Ehe zw. Ungetauften demjenigen, der nach einer nichtchristl. Eheschließung Christ geworden ist, die Möglichkeit, „zugunsten des Glaubens" eine neue christl. Ehe einzugehen.

Privy Council [engl. 'prɪvɪ 'kaʊnsl], in Großbrit. Bez. für den Geheimen Staatsrat des Königs, dessen Anfänge bis ins 14. Jh. zurückreichen und der als wichtigste Exekutivbehörde unter den Tudors seine größte Bed. erreichte, die mit der Ausbildung des Kabinettssystems im 18. Jh. schwand. - ↑ auch Großbritannien und Nordirland, politisches System.

Prix Goncourt [frz. priɡõ'ku:r], frz. Literaturpreis, seit 1903 jährl. für ein während des Jahres erschienenes Erzählwerk in frz. Sprache von der **Académie Goncourt** (Vereinigung von 10 Schriftstellern, die nicht der Académie française angehören dürfen) vergeben.

Prizren [serbokroat. 'prizrɛn], jugoslaw. Stadt in der Autonomen Prov. Kosovo innerhalb der Rep. Serbien, 420 m ü. d. M., 41 700 E. Handelsstadt, Herstellung von Filigranarbeiten, Stickereien und Teppichen. - Wurde 1019 Bischofssitz (Bistum 1969 mit dem von Skopje vereinigt); gehörte seit 1204 zu Bulgarien; im 14. Jh. Hauptstadt der serb. Könige; 1737–39 von den Osmanen stark verwüstet. - Oriental. Stadtbild mit zahlr. Moscheen; türk. Brücke (15. und 17. Jh.); Metropolitankirche (14. Jh.) mit Innenfresken; oberhalb der Stadt die Ruinen der Festung.

pro..., Pro... [griech.-lat.], Vorsilbe mit den Bedeutungen: 1. „vor, vorher, zuvor, vorwärts, hervor", z. B. progressiv; 2. „für, zugunsten, zum Schutze von", z. B. prorussisch; 3. „an Stelle von", z. B. Prodekan; 4. „im Verhältnis zu", z. B. proportional.

pro anno [lat.], svw. ↑ per annum.

probabel [lat.-frz.], wahrscheinlich, glaubhaft, annehmbar.

Probabilismus [lat.], in der *Philosophie* die Auffassung, daß es keine absolut wahren, sondern nur wahrscheinl. Sätze gibt.

◆ in der *kath. Moraltheologie* Bez. für ein im 16. Jh. entwickeltes Moralsystem, das dem Menschen die eth. Freiheit zubilligt, sich gegen die Befolgung eines moral. Gesetzes zu entscheiden, sofern dafür „glaubwürdige" („probabilis") Gewissensgründe anerkannt werden können. V. a. von jesuit. Theologen vertreten, während die Jansenisten ihn als Jesuitenmoral strikt ab.

Proband [lat.], (Versuchsperson, Testperson) Individuum, das man eine Testuntersuchung oder an ein Experiment durchgeführt wird.

probat [lat.], erprobt, bewährt, wirksam.

Probe [zu lat. probare „billigen, prüfen"], in *Naturwiss.* und *Technik* eine allg. kleine Teilmenge eines Materials oder Produkts, das bestimmte Eigenschaften untersucht werden soll.

◆ in der *Mathematik* Bez. für ein Verfahren zur Prüfung der Richtigkeit einer durchge-

führten Rechnung oder eines Beweises, z. B. das Einsetzen der Elemente der Lösungsmenge in die gegebene Bestimmungsgleichung.

◆ bei *Theater, Film, Fernsehen* Vorbereitungsarbeit für eine Aufführung bzw. Aufzeichnung. Es werden am Theater *Lese-P.*, *techn. P.* und *Haupt-P.* unterschieden. Die *General-P.*, meist vor Publikum, soll wie eine Vorstellung ablaufen. Im Film und Fernsehen werden jeweils einzelne Szenen direkt vor der Aufzeichnung geprobt.

Probearbeitsverhältnis, Arbeitsverhältnis, für das eine Probezeit vereinbart ist, in der für eine Kündigung – sofern nicht anders vereinbart – nur die gesetzl. Mindestfristen gelten.

Probekörper, in ein ↑ Feld eingebrachter Körper, auf den dieses Feld Kräfte ausübt; dient zur Bestimmung der Feldgrößen an den einzelnen Raumstellen. Ein P. soll eine möglichst vernachlässigbar kleine Rückwirkung auf das Feld haben. Ein zur Ausmessung elektromagnet. Felder verwendeter elektr. geladener P. wird als *Probeladung* bezeichnet.

Probezeit, 1. Zeitraum der Eingewöhnung und Erprobung des Arbeitnehmers im Rahmen eines ↑ Probearbeitsverhältnisses; 2. die mindestens ein- und höchstens dreimonatige gesetzl. Eingewöhnungs- und Bewährungszeit zu Beginn eines Berufsausbildungsverhältnisses; dieses kann während der P. jederzeit fristlos gekündigt werden.

Probierbewegungen, ungerichtete und spontane motor. Aktions- und Reaktionsabläufe eines Lebewesens in einer bestimmten Reizsituation, wobei effektive Bewegungen wiederholt bzw. beibehalten werden.

Probierglas, svw. ↑ Reagenzglas.

Probiose [griech.] (Nutznießung, Karpose), Form der Beziehung zw. Tieren einer Art und artfremden Lebewesen, wobei erstere einseitig die Nutznießer sind (im Unterschied zur ↑ Symbiose), jedoch den Partner nicht erkennbar schädigen (wie bei ↑ Parasiten) oder ihn gar als Beute betrachten (z. B. das Nisten der Eiderente in Kolonien von Seeschwalben, wodurch die Gelege der Eiderente vor Raubmöwen geschützt sind).

Problem [zu griech. próblēma, eigtl. „das Vorgelegte"], allg. Bez. für theoret., techn., eth. und andere Fragestellungen, wobei die Lösungen entweder ganz oder teilweise verborgen oder auch völlig fehlen. Genaue P.stellungen sind in den Wiss. häufig Anlaß zur Entwicklung neuer Theorien, zu Entdeckungen und Erfindungen.

Problematik [griech.], Schwierigkeit, Fragwürdigkeit; Gesamtheit der auf einen Sachverhalt bezügl. Probleme.

problematisch, fragwürdig, zweifelhaft, nicht entschieden; in der Logik heißt ein Urteil p., wenn sowohl Aussage *A* als auch Aussage *B* mögl. ist.

Problemkinder, Bez. für Kinder, die -

Problemlösen

meist auf Grund von Verhaltensstörungen - schwer zu erziehen sind. Ursache ist i. d. R. ein Mangel an Zuwendung und Ermutigung.

Problemlösen, zusammenfassende Bez. für Prozesse beim Bearbeiten von Denkaufgaben, die nicht die bloße Anwendung früherer Erfahrungen, sondern neuartige Strategien erfordern. P. gilt als hervorragende Teilfähigkeit der Intelligenz.

Problemschach ↑ Schach.

Proboscidea [griech.], svw. ↑ Rüsseltiere.

Probstei, Grundmoränenlandschaft an der Kieler Bucht im N der Halbinsel Wagrien.

Probus, Marcus Aurelius, * Sirmium (= Sremska Mitrovica) 19. Aug. 232, † ebd. im Sept. 282, röm. Kaiser (seit 276). - Sicherte die Rhein- und Donaugrenze erfolgreich gegen die Germanen (277/278); ließ die Aurelian. Mauer vollenden; beim Aufbruch zum Perserkrieg ermordet.

Procain [Kw.] (Novocain ⊛, 4-Aminobenzoesäure-(2-diäthylaminoäthyl)-ester), Lokalanästhetikum; wird auch zur Heilanästhesie in der Neuraltherapie eingesetzt.

Procedere (Prozedere) [lat. „fortschreiten"], Verfahrensordnung, Prozedur.

Processus [lat.], in der *Anatomie* svw. Fortsatz, Vorsprung an einem Organ, v. a. an Knochen; z. B. *P. spinosus* (Dornfortsatz).

Procházka, Jan [tschech. 'prɔxaːska], * Ivančice (Südmähr. Geb.) 4. Febr. 1929, † Prag 20. Febr. 1971, tschech. Schriftsteller. - 1969 aus der KP ausgeschlossen; schrieb Erzählungen und Romane, in denen innere Wandlungen der Menschen dargestellt werden; auch erfolgreiche Jugendbücher („Es lebe die Republik", 1965).

Prochorow, Alexandr Michailowitsch, * Atherton (Australien) 11. Juli 1916, sowjet. Physiker. - Seit 1939 am P.-N.-Lebedew-Institut für Physik der sowjet. Akad. der Wiss., ab 1958 auch Prof. in Moskau; grundlegende Arbeiten zur Quantenelektronik, insbes. zus. mit N. G. Bassow zum Prinzip des Masers (1951–55) und Lasers, wobei ihre Untersuchungen der paramagnet. Resonanz 1958 den Bau eines Infrarotlasers ermöglichten. 1964 erhielt er zus. mit N. G. Bassow und C. H. Townes den Nobelpreis für Physik.

Proclus ↑ Proklos.

Proconsul ↑ Prokonsul.

◆ ↑ Mensch (Abstammung).

Procter & Gamble Co., The [engl. ðə 'prɔktə ənd 'gæmbl 'kʌmpənɪ], amerikan. Konzern der Wasch- und Reinigungsmittelsowie der Nahrungs- und Genußmittelind., Sitz Cincinnati (Ohio), gegr. 1837.

Procyonidae [griech.], svw. ↑ Kleinbären.

pro die [lat.], je Tag, täglich.

Prodigium [lat.], im alten Rom ein außergewöhnl. Ereignis, das als Äußerung des Unwillens der Götter und als Anzeichen einer Gefahr für den Staat angesehen wurde.

Prodikos von Keos, griech. Philosoph und Rhetor der 2. Hälfte des 5. Jh. v. Chr. aus Keos (= Kea). - Einer der Hauptvertreter der Sophistik; verfaßte „Über die Natur" und „Die Horen". Platon sah in P. den Wegbereiter der sokrat. Definitionskunst.

pro domo [lat. „für das (eigene) Haus"], in eigener Sache, zum eigenen Nutzen.

Prodromos, Theodoros ↑ Theodoros Prodromos.

Produkt [lat.], allg. svw. Erzeugnis, Ertrag; Ergebnis. In der *Mathematik* Bez. für das Ergebnis einer ↑ Multiplikation von Zahlen oder anderen mathemat. Objekten; z. B. von Vektoren, Mengen, Gruppen u. a.; auch Bez. für einen Ausdruck der Form $a \cdot b$ („unausgerechnetes Produkt").

Produktdifferenzierung, ein absatzpolit. Mittel, durch Preisdifferenzierung, räuml. und zeitl. Unterschiede sowie v. a. durch eine unterschiedl. Warendarbietung das Angebot vielseitig zu gestalten und neue Kaufanreize zu schaffen.

Produktionsfaktoren. Die verschiedenen Unterteilungsmöglichkeiten der Produktionsfaktoren in der Betriebswirtschaftslehre (blau) und in der Volkswirtschaftslehre (gelb)

Arbeit			Grund und Boden	Kapital
Betriebs- und Geschäftsleitungstätigkeit			Objekt-bezogene Arbeit	Betriebs-mittel	Werk-stoffe
Organisation	Planung	(Dispositive Arbeit)			
Derivative Faktoren			Originäre Faktoren		
Dispositive Faktoren			Elementare Faktoren		

Produktenbörse, svw. ↑ Warenbörse.

Produktgestaltung, wichtiges Teilgebiet der Absatzpolitik; umfaßt als wichtigste Aufgaben die äußere Gestaltung eines Produktes und seiner charakterist. Merkmale.

Produktiden (Productidae) [lat.], ausgestorbene, vom Ordovizium bis zum Perm bekannte Fam. bis 30 cm großer Armfüßer, die bes. vom Karbon bis zum Perm zahlr. Leitformen entwickelte; Schalenoberfläche teilweise oder ganz mit hohlen, z. T. sehr langen Stacheln besetzt.

Produktion [lat.-frz.], allg. svw. Hervorbringung, Erzeugnis, [künstler.] Werk.
◆ Herstellung (Fertigung) von Gütern i. w. S. durch die Kombination von P.faktoren.
◆ bei *Film* und *Fernsehen:* 1. Herstellung eines Films bzw. einer Fernsehsendung; 2. Bez. für die mit der finanziellen Kalkulation und wirtsch. Abwicklung des Fersehprogramms befaßte Abteilung; 3. Firma, die [Fernseh]filme herstellt.

Produktionsfaktoren, die ökonom. Leistungselemente, auf denen jeder Produktionsprozeß aufbaut. In der Volkswirtschaftslehre ist die Dreiteilung in Boden, Arbeit und Kapital (produzierte Produktionsmittel) am verbreitetsten, z. T. wird auch allein die Arbeit als eigtl. Produktionsfaktor angesehen, z. T. wird als 4. Produktionsfaktor die unternehmer. Leistung einbezogen.

Produktionsfunktion ↑ Produktionstheorie.

Produktionsgenossenschaft (Produktivgenossenschaft), auf Anregung von F. Lassalle gegründete Genossenschaften, bei denen die in der Produktion Beschäftigten zugleich Genossen sind.

Produktionsindex ↑ Mengenindex.

Produktionsmittel, allg. svw. ↑ Produktionsfaktoren; zum marxist. Begriff P. ↑ Marxismus.

Produktionsschule, Begriff für eine Arbeitsschule, bei der die Schüler unmittelbar an der Produktion in Industriebetrieben teilnehmen und so Kenntnis von der Realität des industriellen Alltags erwerben sowie eine berufl. Ausbildung erhalten.

Produktionstheorie, Zweig der Wirtschaftswiss., der sich mit der Analyse des Produktionsprozesses, v. a. mit den Beziehungen zw. Faktoreinsatz (Input) und Produktionsergebnis (Output) beschäftigt. Dazu werden Produktionsfunktionen formuliert, die angeben, mit welchen alternativen Mengen und Kombinationen beim Faktoreinsatz sich ein bestimmter Output erzielen läßt.
◆ *psycholog. Theorie,* wonach die Wahrnehmung einer Gestalt auf einer aktiven geistigen Produktivität des Wahrnehmenden beruht und die Gestalten daher auch als subjektiv bedingte Gebilde zu betrachten sind.

Produktionsverhältnisse ↑ Marxismus.

Produktionsweise ↑ Marxismus.

produktiv [lat.-frz.], ergiebig, fruchtbar; schöpferisch.

Produktivgenossenschaft, svw. ↑ Produktionsgenossenschaft.

Produktivität [lat.-frz.], die Ergiebigkeit des Wirtschaftsprozesses als Verhältnis des (mengen- bzw. wertmäßigen) Produktionsergebnisses zur Menge der eingesetzten Produktionsfaktoren bzw. zu den Herstellkosten. Dabei ist u. a. zu unterscheiden zw. *techn.* P., die sich mit Hilfe techn. Kennzahlen (z. B. Rohstoffbedarf je Produkteinheit) direkt für einzelne Arbeitsgänge ermitteln läßt, und *ökonom.* P., für deren Berechnung die Faktoreinsatzmengen bzw. einzelne Produkte mit konstanten Preisen, bei denen Geldwertänderungen eliminiert wurden, bewertet werden. Alle P.messungen sind, z. B. wegen der fragl. Vergleichbarkeit der zur Berechnung verwendeten Einheiten, schwierig und problematisch. Die gesamtwirtsch. P. wird v. a. durch Strukturänderungen, techn. Fortschritt und verschieden hohe Grade der Kapazitätsausnutzung beeinflußt, wobei dem techn. Fortschritt die größte Bed. zukommt. Da dieser meist mit dem Ersetzen menschl. Arbeitskraft durch Maschinen verbunden ist, knüpfen deshalb an P.steigerungen vielfach Befürchtungen eines Verlustes von Arbeitsplätzen an.

Produktmenge (Mengenprodukt, kartes. Produkt), Begriff der ↑ Mengenlehre: Die P. $A \times B$ zweier Mengen A und B (gelesen A Kreuz B) ist die Menge aller geordneten Paare, deren erste Komponente aus A, deren zweite Komponente aus B stammt: $A \times B$: $= \{(x; y)| x \in A \ \wedge \ y \in B\}$. Für die Produktmengenbildung gilt im allg.: $A \times B \ne B \times A$.

Produzent [lat.], allg. svw. Erzeuger, Hersteller.
◆ Leiter eines Unternehmens, das [Fernseh]-filme teils mit eigenem, teils mit fremdem Kapital herstellt. Bei Kinospielfilmen trägt der P. als Geldgeber das finanzielle Risiko, bei Auftragsproduktionen des Fernsehens ist der P. für Kalkulation und Verwaltung der vom Fernsehen an ihn gezahlten Budgets verantwortlich.
◆ in der *Biologie* ↑ Nahrungskette.

Produzentenhaftung, Haftung des Herstellers für Schäden, die durch seine Produkte entstehen. Eine direkte gesetzl. Regelung der P., die im Interesse des Verbraucherschutzes für wünschenswert gehalten wird, existiert nicht.

Produzentenrente, über das Differentialrentenprinzip zu erklärende Einkommensteile, die auf Produktionskostenvorteilen einzelner Anbieter basieren.

produzierendes Gewerbe, Begriff der amtl. Statistik in der BR Deutschland; er umfaßt den Bergbau, das verarbeitende Gewerbe, das Baugewerbe und die Elektrizitäts-, Gas-, Fernwärme- und Wasserversorgung.

Proenzym [pro-εn...], inaktive Vorstufe eiweißabbauender Enzyme; z. B. sind *Trypsinogen* (Bauchspeicheldrüse) bzw. *Pepsinogen* (Magenschleimhaut) die P. des Trypsins bzw. Pepsins.

Pro Familia [lat. „für die Familie"], Dt. Gesellschaft für Sexualberatung und Familienplanung e. V., Sitz Frankfurt am Main; 1952 gegr., konfessionell und polit. neutrale Vereinigung mit 10 Landesverbänden sowie 101 Haupt- und 31 Nebenberatungsstellen: die rd. 900 v. a. nebenamtl. beschäftigten Mitarbeiter sind v. a. Ärzte, Psychologen und Sozialpädagogen; Aufgaben sind Sexual-, Partnerschafts-, Familienplanungs-, Schwangerschaftskonflikt- und Sozialberatung.

profan, urspr. ein kult. Begriff, der das vor (lat. pro) dem hl. Bezirk (lat. fanum), d. h. außerhalb geweihter Bereiche Liegende bezeichnet und denn Ggs. zum Heiligen generell; heute svw. weltl., alltäglich; **profanieren,** entweihen, entheiligen.

Profanbauten, nichtkult. Bauten. - Ggs. Sakralbauten.

Profeß [mittellat., zu lat. profiteri „bekennen"], Ablegen der [klösterl.] Gelübde durch den Professen, der dadurch dem [Kloster]verband eingegliedert wird; das kath. Ordensrecht unterscheidet feierl. und einfache, zeitl. und ewige P. (lebenslänglich).

Professional [proˈfɛʃənəl; lat.-engl.] ↑ Berufssportler.

Professionalisierung [lat.], Ordnen und Zusammenfassen neuer Tätigkeiten zu gesellschaftl. anerkannten Berufen oder weitere Spezialisierung, Verwissenschaftlichung und ausbildungsmäßige Präzisierung von bereits bekannten Berufen.

Professor [lat.; zu profiteri „öffentl. bekennen, erklären"], Abk. Prof., Titel und Dienstbez. des Hochschullehrers an wiss. und künstler. Hochschulen einschließl. Fachhochschulen und pädagog. Hochschulen. Die *Hochschul-P.* haben Beamtenstatus, sie können nicht versetzt werden, sondern nehmen einen Ruf auf Grund (seit 1976 in allen Ländern) ihrer Bewerbung auf eine öffentl. Ausschreibung hin an. Die Hochschule erstellt eine Vorschlagsliste für die zuständige Landesbehörde. Nur ausnahmsweise ist die Berufung von Nichtbewerbern zulässig. Traditionell werden an dt., östr. und schweizer. Univ. unterschieden: Inhaber eines planmäßigen Lehrstuhls (1. ordentl. öffentl. P. [Ordinarius]; 2. außerordentl. öffentl. P. [Extraordinarius]) sowie außerplanmäßige P. (Abk. apl. Prof.) ohne Lehrstuhl; dieser Titel wurde an langjährig lehrtätige habilitierte Dozenten verliehen. Dieser war kein vollberechtigtes Mitglied der Fakultät. Seit dem Hochschulrahmengesetz 1976 gibt es nur noch den Hochschul-P.; Lehraufgaben nehmen auch Hochschulassistenten sowie wiss. oder künstler. Mitarbeiter (unter verschiedenen Bez.)

wahr. Der **Honorarprofessor** ist nebenamtl. tätig, er kann nicht zum Fachbereichssprecher gewählt werden.

◆ Titel als Anerkennung v. a. für hervorragende wiss. oder künstler. Leistungen.

◆ Gymnasialschullehrer, die fachdidakt. Unterricht für Referendare erteilen (Dienstbez. *Studienprofessor*).

Profi [Kw. für Professional] ↑ Berufssportler.

Profil [italien.-frz.], allg. Umrißgestalt, Kontur, Seitenansicht (z. B. eines Kopfes; Ggs. ↑ en face), Längs- oder Querschnitt eines Körpers oder Gegenstandes; stark ausgeprägte persönl. Eigenart, Charakter.

◆ in der *Fahrzeugtechnik* Bez. für die Struktur der Lauffläche von Reifen.

◆ in der *Aerodynamik* Querschnitt eines Auftrieb liefernden Bauteils (z. B. Tragflügel). Kennzeichen eines P. sind die im Vergleich zur Erstreckung in Längsrichtung (*P.tiefe*) relativ geringe Ausdehnung quer dazu (*P.dikke*), die abgerundete „Nase" (bei Unterschallprofilen) und das keilförmig auslaufende P.ende; die P.kontur wird beschrieben durch eine symmetr. Dickenverteilung (*P.tropfen*), die einer [gewölbten] Skelettlinie (*P.wölbung*) überlagert ist. - In einer [Parallel]strömung wird der stat. Druck an der P.oberseite wegen der erhöhten Strömungsgeschwindigkeit (positiver Anstellwinkel α vorausgesetzt) vermindert (*Saugseite*), entlang der Unterseite erhöht (*Druckseite*). Aus dieser Druckdifferenz ergibt sich eine Kraft, die in eine Komponente parallel zur Anströmrichtung, den *P.widerstand*, und eine rechtwinklig dazu gerichtete Komponente, den *Auftrieb*, zerlegt werden kann. Mit größer werdendem Anstellwinkel wächst der Auftrieb, bis sich plötzl. die Grenzschicht auf der Profiloberseite ablöst (↑ Grenzschichtablösung). Eine Steigerung des Auftriebs durch Vergrößerung des Anstellwinkels ist dann nicht mehr möglich; erst durch Anwendung von Nasen- und Hinterkantenklappen kann der Auftrieb weiter gesteigert werden.

◆ (Schnitt) die zeichner. Wiedergabe eines senkrechten Schnitts durch einen Erdkrustenteil.

profiliert [italien.-frz.], mit Profil versehen; markant, von ausgeprägter Art.

Profilmethode, Vorgehen bei der Auswertung von psycholog. Tests derart, daß nicht mehr nur ein Gesamtwert ermittelt wird, sondern Teilleistungen in Untertests graph. nebeneinander dargestellt werden und somit spezif. Begabungen und Defizite sichtbar werden. Die P. wird insbes. bei Intelligenztests angewendet; sie setzt aber voraus, daß die Untertests annähernd unabhängige Faktoren repräsentieren.

Profilneurose, von neurot. Merkmalen (↑ Neurosen) begleitete Furcht vor mangelnder (insbes. berufl.) Geltung, was zu andauerndem, häufig inadäquatem Bemühen um Ansehen führen kann. - ↑ auch Geltungsbedürfnis.

Profit [frz.-niederl., zu lat. profectus „Fortgang, Zunahme, Vorteil"], von den Klassikern der Nationalökonomie geprägte Bez. für Kapitalertrag; der P. umfaßte i. w. S. den Zins (als Entlohnung des Kapitals), i. e. S. einen Rest, den der Unternehmer für überdurchschnittl. Leistung erhält. In der modernen Verteilungstheorie wird unterschieden zw. dem normalen P., der die Verzinsung des Kapitals darstellt und stat. Charakter hat, und dem Pioniergewinn (infolge techn. Neuerungen) sowie dem Marktlagengewinn (auch „windfall profit" genannt), die beide dynam. Charakter haben; als Ergänzung treten noch Monopolgewinne hinzu.

profitieren, Nutzen ziehen, Vorteil haben.

Profitrate, allg. das Verhältnis von Gewinn zum eingesetzten Kapital. Nach K. Marx das Verhältnis vom gesamten ↑ Mehrwert zum gesamten Kapital.

pro forma [lat.], der Form halber, zum Schein.

Profoß (Profos) [niederl., zu lat. praepositus „Vorgesetzter"], im 16./17. Jh. im dt. Heerwesen Bez. für Regimentsscharfrichter und -stockmeister, kontrolliert vom **Generalprofoß** bzw. **Generalgewaltiger;** später Bez. für Unteroffiziere im Strafvollzug.

profund [lat.], tief, tiefgründig, gründlich.

Profundal [lat.] (P.zone), die tiefere Bodenregion von Süßwasserseen mit Schlammablagerungen; liegt unterhalb des ↑ Litorals. Das P. ist als lichtlose Zone durch das Fehlen phototropher Pflanzen gekennzeichnet. Die Fauna dieser Zone kann als Indikator für den Stoffwechselzustand des Gewässers dienen. Hohes Nährstoffangebot ist Vorbedingung für hohe Individuenzahl, hoher Sauerstoffgehalt (z. B. in oligotrophen Seen) für den Artenreichtum.

Progenie [griech.] ↑ Kieferanomalien.

Progerie [griech.], vorzeitige Vergreisung (als rezessiv erbl. Erkrankung).

Progesteron [Kw.] (Corpus-luteum-Hormon, Gelbkörperhormon, 4-Pregnen-3,20-dion), vom Gelbkörper und in der Plazenta, ferner auch im Hoden und in der Nebennierenrinde gebildetes Steroidhormon; Ausgangssubstanz für die Biosynthese der Kortikosteroide und Androgene. P. bewirkt die Aufnahmebereitschaft der Gebärmutterschleimhaut (Sekretionsphase) für das befruchtete Ei und wirkt schwangerschaftserhaltend. P. ist Ausgangsmaterial zur (halbsynthet.) Herstellung von Kortikosteroiden und ist in oralen empfängnisverhütenden Mitteln enthalten.

Proglottiden [griech.] ↑ Bandwürmer.

Prognathie [griech.] ↑ Kieferanomalien.

Prognose [zu griech. prógnōsis „das Vorherwissen"], wiss. fundierte Voraussage von Entwicklungen, Zuständen oder Ereignissen, die zu einem späteren Zeitpunkt eintreten. Genaue P. sind unerläßl. Voraussetzungen rationaler Planung. Sie bedienen sich statist. Verfahren wie Trendanalysen, Zeitreihenanalysen, Systemsimulationen. Bes. im sozialwiss. Bereich zeigte es sich, daß bloße Bekanntgabe einer P. Auftretenswahrscheinlichkeiten deutl. verändern kann. Beispiele von P. sind: in der *Meteorologie* die Wettervorhersage, in der *Medizin* eine Vorhersage des Krankheitsverlaufs auf Grund der Diagnose; in den *Sozial-* und *Wirtschaftswiss.* P. auf Grund von Umfragen oder Konjunktur-P., die z. T. die Grundlage für entsprechende wirtschaftspolit. Programme abgeben.

Profil. Geometrische Bezeichnungen bei Tragflügelprofilen.
1 Gesamtprofil, 2 Profiltropfen oder Dickenverteilung,
3 Veränderung der Druckverteilung am Profil bei Anwendung von Vorflügel und Doppelspaltklappe bei gleichem Grundprofil und gleichem Anstellwinkel
(r_N Nasenradius, r_N/l relativer Nasenradius, x_d Dickenrücklage, d Profildicke, x_d/l relative Dickenrücklage, d/l Dickenverhältnis)

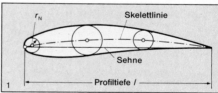

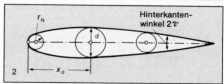

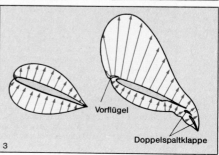

Prognostik

Prognostik [griech.], Lehre von der ↑ Prognose. Die P. will eine richtige Aussage zu einem Entwicklungstrend machen. Ihr Ausgangspunkt ist die hypothet. Vorgabe eines Bedingungskomplexes. Die P. ist ein selbständiger Wiss.zweig, der nicht unbedingt zum theoret. Entwicklungsfortschritt der zugehörigen Wiss. beiträgt.

Programm [zu griech. prógramma „schriftl. Bekanntmachung"], Plan, Ziel; Darlegung von Grundsätzen (z. B. in einem Parteiprogramm), die zur Erreichung eines bestimmten Zieles dienen.

◆ festgelegte Folge, vorgesehener Ablauf z. B. bei einer Aufführung, Veranstaltung; Tagesordnung; Ankündigungszettel, Programmheft.

◆ in Hörfunk und Fernsehen Bez. für die in einer bestimmten Zeitspanne ausgestrahlten Sendungen einer Rundfunkanstalt oder einer Gemeinschaft von Anstalten (z. B. ARD) im Unterschied zur einzelnen Sendung.

◆ in der elektron. Datenverarbeitung Bez. für eine Arbeitsanweisung (bzw. eine Folge von Anweisungen) für die Datenverarbeitungsanlage zur Lösung einer bestimmten Aufgabe.

Programmbeirat ↑ Fernsehen (Recht), ↑ Hörfunk (Organisation).

Programmdirektion ↑Fernsehen (Recht, Programme).

Programmierer, in der elektron. Datenverarbeitung (EDV): Der *EDV-Organisator* befaßt sich mit der Problemstellung und macht die Problemanalyse, u. U. unterstützt vom mathemat.-techn. EDV-Assistenten; der eigtl. P. (*Anwendungs-P.*) übersetzt die festgelegten Arbeitsschritte in Befehle der betreffenden Programmiersprache. Für die Betriebsysteme (Hardware und Software) zuständig ist der *Systemprogrammierer.*

Programmiersprache ↑ Datenverarbeitung.

programmierter Unterricht, Bez. für einen nach einem Lehrprogramm verlaufenden Selbstunterricht ohne die direkte Mitwirkung eines Lehrers. Zielsetzung des p. U. ist es, voraussagbare Lernerfolge zu erhalten und damit auch die Möglichkeit der ständigen Wiederholbarkeit und Kontrollierbarkeit des Unterrichtsstoffes. Die Lehrfunktionen werden beim p. U. an ein techn. Objekt gebunden (objektiviert); z. B. an ein Buch, eine Lehrmaschine oder andere techn. Medien mit Speichermöglichkeiten (Tonbandgeräte, Videorecorder, Computer). Das Lehrprogramm vermittelt den Lehrstoff in einer log. geordneten Aufreihung von kleinsten Lerneinheiten. Das Ergebnis der Aufgaben wird ihm sofort übermittelt (Rückmeldung, Feedback; Erfolgskontrolle). Histor. ist der p. U. auf die Entwicklung der ersten Lehrmaschine durch S. L. Pressey (1926), bes. aber auf die Arbeiten von B. F. Skinner (1945 und 1958) und N.

A. Crowder (1958) zurückzuführen. Beim *programmierten Lernen* wurden zum erstenmal in der Geschichte der Pädagogik psycholog. Theorien des ↑ Lernens (Reiz-Reaktions-Schema) als Ausgangspunkt genommen.

Programmierung, in der Datenverarbeitung das Aufstellen eines Programms für eine elektron. Datenverarbeitungsanlage bzw. für eine Numerikmaschine. Bei der *strukturierten P.* werden, ausgehend von einem vorgegebenen Problem, geeignete Abstraktionen herausgearbeitet und in einer Hierarchie angeordnet. Die strukturierte P. umfaßt die Verfeinerung vom (abstrakten) Modell zum (konkreten) Problem *(Top-down-P.)* sowie das Zusammensetzen vorhandener Programmbausteine zu Programmen *(Bottom-up-P.).*

◆ in der *Mathematik* svw. ↑ Optimierung.

Programmkoordination ↑ Fernsehen (Recht, Programme).

Programmusik, Instrumentalmusik, über deren außermusikal. Inhalt der Komponist in einem schriftl. fixierten Programm, d. h. als Überschrift, Titel oder Erläuterung, Auskunft gibt. P. kann akust. Vorgänge nachahmen, von opt. Vorstellungen und Bildern angeregt sein oder literar. und philosoph. Ideen (aber auch persönl. Erlebnisse) darstellen. Schon im 17. und 18. Jh. finden sich neben tonmaler. P., die Naturvorgänge, Schlachten oder Jagdszenen schildert, auch Werke, die Gemütszustände ausdrücken. Berühmt sind die „Bibl. Historien" (1700) von J. Kuhnau, die „Vier Jahreszeiten" von A. Vivaldi und die Programminfonien J. Haydns. Erst seit L. van Beethovens „Pastorale" op. 68 (1807/08) wurde die P. zu einer anspruchsvollen Gattung. Hieran anknüpfend schufen im 19. Jh. H. Berlioz, F. Liszt und R. Strauss eine Reihe bed. programmat. Werke (↑ sinfonische Dichtung). F. Liszt propagierte entgegen dem Ideal der ↑ absoluten Musik die Verbindung großer musikal. Gestaltungen mit den tragenden Ideen abendländl. Literatur und Philosophie als das Zeitgemäße und Neue. In der Musik nach 1920 überwiegt die Suche nach innermusikal. Ordnungsprinzipien.

Programmschleife (Schleife), in der Datenverarbeitung der Teil eines Rechenprogramms, der mehrfach durchlaufen wird, bis ein vorgegebener Wert erreicht ist.

Programmzeitschriften, Publikumszeitschriften, die dem Leser wöchentl. Informationen über die Hörfunk- und Fernsehprogramme bieten. Dem Programmteil ist ein umfangreicher „Mantel" beigegeben, der nach Art einer Illustrierten überwiegend auf den Rundfunk bezogenes Material aufbereitet.

Progression [lat.], Steigerung, Fortschreiten, Zunahme, Stufenfolge; z. B. die Zunahme des Steuersatzes bei wachsender Größe der Bemessungsgrundlage (z. B. in der Einkommensteuer).

Progressismus (Progressivismus) [lat.], in zumeist konservativen Kreisen verwendete abwertende Bez. zur Kennzeichnung von als zu „fortschrittl." verdächtigten Vorstellungen, Programmen oder Bewegungen.

Progressisten [lat.], allg. Bez. für Fortschrittler und Fortschrittsparteien, auch für Gruppen mit radikaldemokrat. Zielsetzung.

progressiv [lat.], 1. [stufenweise] fortschreitend, sich entwickelnd; 2. fortschrittlich.

Progressive Jazz [engl. prə'grɛsɪv 'dʒæz], Bez. für einen Stilbereich des Jazz, der sich in der Mitte der 1940er Jahre an der W-Küste der USA entwickelte. Der P. J. stellte den Versuch einer Synthese von Gestaltungsprinzipien des Jazz mit Kompositions-, v. a. aber Instrumentationstechniken der europ. Musik nach 1900 dar.

Progressive Movement [engl. prə'grɛsɪv 'muːvmənt „progressive Bewegung"], polit.-soziale Bewegung in den USA zw. dem Ende des 19. Jh. und dem Eintritt der USA in den 1. Weltkrieg. Das P. M. zielte auf Säuberung und Reformen auf allen Ebenen der Politik, verfocht Staatshilfe für sozial schwache Bev.gruppen und kämpfte gegen allzu große wirtsch. Machtkonzentration. Gesellschaftspolit. Ideal war im wesentl. eine mittelständ. Wirtschaftsgesellschaft mit möglichst vielen unabhängigen Einzelunternehmern; führende polit. Persönlichkeiten waren u. a. T. Roosevelt, W. Wilson und R. M. La Follette.

Prohaska, Felix, *Wien 16. Mai 1912, †ebd. 29. März 1987, östr. Dirigent. - War 1945–56 1. Kapellmeister an der Wiener Staatsoper sowie Lehrer an der Musikakademie und am Konservatorium in Wien, 1955–61 1. Kapellmeister der Frankfurter Oper; 1961–75 Prof. an der Musikhochschule in Hannover (1961–69 deren Direktor); auch Gastdirigent.

Prohibition [lat.-engl.], Bez. für das Verbot von Herstellung, Transport und Verkauf alkohol. Getränke (Alkoholverbot), in den USA durch Bundesgesetz 1920–33 in Kraft. Die amerikan. P. geht auf die Traditionen der starken Temperenzgesellschaften des 19. Jh. zurück, erhielt wesentl. Impulse aus den Ggs. von Land und Stadt, agrar. und industriellen Lebensformen, (prot.) Eingesessenen und (kath.) Einwanderern und zielte auf die Integration und Assimilation aller Bev.gruppen auf der Basis prot.-mittelständ. Gesellschaftsnormen. Führte v. a. in den sog. Golden twenties zu Schmuggel, illegaler Herstellung und gesetzwidrigem Verkauf von Alkohol in enormem Umfang und eröffnete eine neue Ära des organisierten Gangstertums; scheiterte schließl. in der Weltwirtschaftskrise, als die alten gesellschaftl. Ggs. an Bed. verloren und fiskal. Gründe für die Aufhebung der P. sprachen. Bis 1966 wurden auch alle einzelstaatl. P.gesetze aufgehoben.

Prohibitiv [lat.], Modus (Aussageweise) des Verbs, der ein Verbot, eine Warnung oder Mahnung beinhaltet; verneinter ↑Imperativ.

Prohibitivsatz, Nebensatz, der ein Verbot, eine Warnung oder Mahnung beinhaltet.

Project-art [engl. 'prɔdʒɛkt,ɑːt] (Projektkunst), Teilbereich der Konzeptkunst, angewandt bei Planung und Festlegung der Bedingungen von großen und aufwendigen, an sich aber realisierbaren künstler. Vorhaben, z. B. in der freien Natur.

Projekt [lat.], Vorhaben, Plan; Planung, Entwurf; Unterrichtseinheit (↑projektorientierter Unterricht).

Projektil [lat.-frz.], svw. ↑Geschoß.

Projektion [zu lat. proiectio „das Hervorwerfen"], in der *Geometrie* Bez. für eine Abbildung, bei der die Bildfigur aus dem ebenen oder räuml. Originalgebilde dadurch entsteht, daß man von den Punkten des Originalgebildes aus Geraden *(P.strahlen)* zeichnet, die entweder parallel sind *(Parallel-P)* oder durch ein Zentrum, das *P.zentrum,* gehen *(Zentral-P.),* und diese Geraden mit einer Bildebene zum Schnitt bringt. Die Schnittpunkte der P.strahlen mit der Bildebene sind die Bildpunkte, die Gesamtheit der Bildpunkte ergibt die Bildfigur, den sog. Riß. - Abb. S. 308.

♦ vergrößernde Abb. einer ebenen Vorlage (Diapositiv, Aufsichtsbild, Mikropräparat u. ä.) mittels eines opt. Systems auf einer Bildwand oder einem Bildschirm.

♦ (Externalisation) in der *Psychologie* die „Hinausverlegung" von Empfindungen, Gefühlen, Wünschen, Interessen oder Erwartungen in die Außenwelt.

♦ in der *Psychoanalyse* von S. Freud verwendete Bez. zur Beschreibung der patholog., insbes. bei der Paranoia vorkommenden ↑Abwehrmechanismen, bei denen eigene unerträgl. Vorstellungen, Gefühle, Wünsche (unbewußt) anderen Personen oder Dingen zugeschrieben werden.

Projektionsapparate (Projektoren), opt. Geräte zur ↑Projektion transparenter Vorlagen *(Diaskop)* oder von Aufsichtsbildern *(Episkop);* ihre wesentl. Bestandteile sind: Beleuchtungseinrichtung, Bildbühne und abbildendes opt. System. Beim **Episkop,** das in seiner häufigsten Bauart senkrecht auf die planliegende Projektionsvorlage aufgesetzt wird, befindet sich die Projektionslampe mit Reflektor vor der Bildbühne und beleuchtet die Vorlage mit gleichmäßig diffusem Licht. Bei den nach dem Diaskopprinzip arbeitenden P. wird eine gleichmäßig intensive Ausleuchtung des meist kleinen Bildformats dadurch erreicht, daß ein zw. Lichtquelle und Bildbühne angebrachter *Kondensor,* z. B. ein System aus zwei plankonvexen Linsen, die Lichtquelle in der Eintrittspupille des Projektionsobjektivs oder (bei Schmalfilmprojektoren) in der Bildbühne selbst abbildet. Die

307

Projektionsapparate

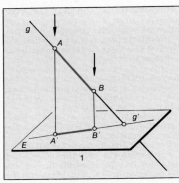

Orthogonale Parallelprojektion einer Strecke $\overline{AB}$ der Geraden g in die Bildebene E (A', B' Bildpunkte, g' Bildgerade)

Zentralprojektion eines Würfels mit dem Raumpunkt P in die Bildebene E mit dem Bildpunkt P'; alle Projektionsstrahlen ($\overline{OP}$) gehen durch das Projektionszentrum O

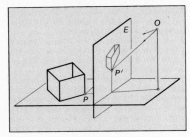

Projektionslampen sind Niedervolt-Halogenlampen (z. B. 12 Volt), bei Kinomaschinen und Großprojektoren auch Hoch- und Höchstdrucklampen (Edelgaslampen); bei Schmalfilmprojektoren sind Lampe und Reflexionsspiegel häufig als Baueinheit ausgeführt. Beim **Epidiaskop,** das wahlweise zur Projektion von Diapositiven und Aufsichtsbildern dient, läßt sich der Beleuchtungsstrahlengang durch mechan. Verstellung der Projektionslampe oder des Reflektors verändern, sofern nicht zwei getrennte Lichtquellen vorhanden sind. - Nach dem Verwendungszweck unterscheiden sich folgende Typen von P.: **Diaprojektoren,** zur Einzel- oder Serienprojektion gerahmter Diapositive (Dias) meist des Kleinbild- oder Mittelformats; automat. Projektoren für Serienprojektion entnehmen die Einzeldias mittels Greifer einem Längs- oder Rundmagazin (für ununterbrochene

Projektion), die Projektionsdauer kann durch einen sog. *Intervalltimer* oder bei vertonten Serien durch eine Impulsspur auf dem Ton- oder Tonkassettenband gesteuert werden. Für Bildüberblendungen sind zwei Projektoren mit Aus- und Einblendungsvorrichtung erforderl.; eine weitere Möglichkeit besteht darin, zwei Bilder im Strahlengang hintereinander anzuordnen und abwechselnd aus einer Position der totalen Unschärfe in die Bildebene fahren zu lassen (sog. *Phantomprojektion*). Auf ähnl. Weise ist ein „blitzschneller" Bildwechsel ohne Dunkelpause möglich. Die automat. *Scharfeinstellung* wird durch eine sog. **Autofokuseinrichtung** gesteuert; sie arbeitet in der Weise, daß die Wendel einer seitl. vom Dia stehenden Lampe durch ein Objektiv auf der Schichtseite des Dias als Lichtstrich abgebildet und durch ein weiteres Objektiv auf zwei nebeneinander angeordnete Siliciumdioden reflektiert wird. Werden die Dioden nicht mit der gleichen Intensität beleuchtet, verstellt ein Motor das Objektiv des Diaprojektors. Die Beleuchtungseinrichtung, meist mit einer Halogenlampe, enthält neben dem Kondensor noch einen Wärmeschutzfilter aus Glas; bei Leistungsaufnahmen über 150 W ist ein Kühlgebläse erforderlich. - **Filmprojektoren:** Wesentl. Funktionsmerkmal ist die Einrichtung für den schrittweisen d. h. *intermittierenden Filmtransport* am Bildfenster, bei kleinen Projektoren ein Greifersystem, bei dem ein *Ein-* oder *Doppelklauengreifer* in die Filmperforation eingreift und den Film absatzweise am Fenster vorbeizieht, bei 16-mm-, Normalfilm- und 70-mm-Projektoren eine Zahntrommel, die von einer *Malteserkreuzschaltung* diskontinuierl. bewegt wird. Bei Tonfilmprojektoren findet sich eine zweite Transportvorrichtung mit Zahntrommel für den kontinuierl. Filmlauf am Tonkopf bzw. Lichttonspalt an einem gegenüber dem Bildfenster definiert versetzten Ort. Zw. beiden Bewegungsarten des Films müssen Entlastungsschleifen vermitteln, die von der Vor- und der Nachwickeltrommel gebildet werden (nicht bei 8-mm- und Super-8-Schmalfilmprojektoren, hier vermittelt eine Flatterbewegung des Films im Filmkanal den Übergang). Die Bildfrequenz des Projektors ist gleich der der Kamera. Um jedoch die wesentl. höhere Flimmerfrequenz des menschl. Auges zu erreichen, muß eine rotierende *Flügelblende* (für 24 Bilder/s eine Zweiflügel-, für 18 Bilder/s eine Dreiflügelblende) die Projektion des stehenden Bilds ein- bzw. zweimal unterbrechen, während ein Flügel den Transportvorgang abdeckt. Die Bildabdeckung der Flügelblende führt zu einem beträchtl. Helligkeitsverlust (ca. 50 %), weswegen Filmprojektoren verhältnismäßig starke Projektionslampen benötigen. Da die Flügelblendenfrequenz für die physiolog. Bildverschmelzung im Auge maßgebend ist, kann die tatsächl. Bildfrequenz bei der Projektion verringert und eine scheinbare Zeitdehnung erreicht, d. h. ein mit normaler Frequenz aufgenommener Film in „Zeitlupe" gefahren werden. Häufig besitzen Schmalfilmprojektoren eine komplette Tonaufnahme- und Wiedergabeeinrichtung für Stereoton (auf Filmen mit zwei Magnetspuren) mit teilweise automatisierten Funktionen (Aussteuerungs- und Einblendeautomatik, Abfrageautomatik für vorweg aufgenommenen Ton, Multiplay, Mischpultaufzeichnung u. ä.) († auch Film [Filmtechnik]). Mit 70-mm-Projektionsanlagen werden Panavisionsfilme mit 6 Tonspuren (Todd-AO-Verfahren) vorgeführt. Neuerdings zeichnet sich die vollständige Automatisierung aller Vorführfunktionen ab, wobei auf dem Film aufgezeichnete Signale z. B. die Verdunklung steuern, Projektoren starten, Objektive wechseln. **Arbeitsprojektoren (Overheadprojektoren, Tageslichtprojektoren, Schreibprojektoren)** sind P., mit denen großformatige transparente Vorlagen, z. B. Zeichnungen oder Diagramme, die sich auf einer horizontalen, von unten beleuchteten Glasfläche befinden und während der Projektion z. B. beschrieben oder umgestaltet werden können, über ein opt. System mit um 90° abgewinkeltem Strahlengang projiziert werden. - **Vergrößerungsapparate (Vergrößerer)** sind P. zur Vergrößerung von Negativen, für Colorarbeiten mit Filterschublade oder Farbmischkopf mit dichroit. Filtern; der Projektionskopf ist zur Entzerrung häufig schwenkbar angeordnet.

📖 *Grau, W./Heine, H.: Technik der Projektion.* Bln. ²1980. - *Die Arbeitsprojektion im Unterricht.* Hg. v. G. Ketzer u. G. Krankenhagen. Stg. 1974. - *Die wiss. u. angewandte Photographie. Bd. 6: Tümmel, H.: Laufbildprojektion.* Wien 1973.

Projektionswand (Bildwand, Leinwand), Projektionsfläche für Diapositive oder [Schmal]filme; beschichtete Leinwand oder Bahn aus Kunststoff mit Oberflächenprägung. P. mit Oberflächenprägung strahlen auch nach seitl. Richtungen ein genügend helles Bild zurück, während die mit Glasperlen beschichteten sog. *[Kristall]perlwände* zur Seite hin ungenügend reflektieren.

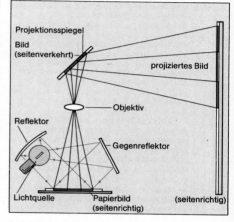

Projektionsapparate.
Funktionsschemata eines Episkops (oben) und eines Filmprojektors

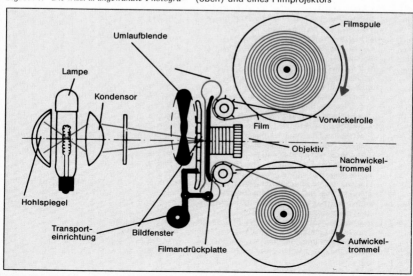

Projektkunst

Projektkunst, svw. ↑ Project-art.

Projektoren [lat.], svw. ↑ Projektionsapparate.

projektorientierter Unterricht, im Bereich von Schule und Unterricht seit Mitte der 60er Jahre allg. eine längere und fächerübergreifende Unterrichtsform, die durch Selbstorganisation der Lerngruppe gekennzeichnet ist: Das Projekt (Vorhaben) wird gemeinsam geplant, ausgeführt und ausgewertet, der Schüler ist von der Themenstellung bis zur Durchführung beteiligt und mitverantwortlich. Im Lehrplan der Hauptschulen und Gesamtschulen ist heute z. T. ausdrückl. ein Projektbereich vorgesehen, dabei können Jahrgänge oder Kurse zusammengefaßt werden (für ein oder auch mehrere Projekte nebeneinander). In traditionellen Schulformen wird p. U. bislang meist nur bei Schullandaufenthalten oder Schülerwettbewerben („Jugend forscht" u. ä.) durchgeführt. - P. U. wurde unter anderen Bez. schon seit Anfang des 20. Jh. verschiedentl. erprobt (v. a. B. Otto, O. Haase).

Projektstudium, ein interdisziplinär angelegtes, in problemorientierten [Forschungs]projekten organisiertes Studium, z. B. an der Univ. Bremen.

Prokaryonten [griech.], zusammenfassende Bez. für Lebewesen mit einfacher Zellorganisation. Im Ggs. zu den ↑ Eukaryonten ist ihr genet. Material nicht von einer Hüllmembran umschlossen, sondern liegt frei im Zellplasma. Zu den P. gehören Archebakterien, Bakterien und Blaualgen.

Proklamation [lat.-frz.], Erklärung, Bekanntmachung, Aufruf. Neben offiziellen P. von Staaten oder Staatsorganen, die verbindl. Charakter haben können, gibt es P. polit.-sozialer Organisationen oder Gruppen (z. B. Parteien). Im *Völkerrecht* ist die P. die förml. Erklärung eines oder mehrerer Staaten über eigene Auffassungen oder Absichten im zwischenstaatl. Bereich, die sich nicht an bestimmte Adressaten, sondern an die Staatengemeinschaft richtet. Einseitige P. spielen z. B. im Seerecht eine Rolle. Mehrseitige P. unterscheiden sich von Verträgen durch den fehlenden Verpflichtungscharakter.

proklamieren [lat.-frz.], verkünden, öffentl. bekanntgeben.

Proklos (Proclus), * Konstantinopel 411 (410?), † Athen 485, griech. Philosoph. - Bedeutendster Vertreter des athen. Neuplatonismus. In seiner Emanations- und Hypostasenlehre entwickelt P. method.-systemat. den Aufbau des gesamten Seienden, des Vielen, aus dem Urgrund, dem Einen, und systematisiert somit das hellenist. und das nichthellenist. philosoph.-theolog. Denken.

Prokne, Gestalt der griech. Mythologie. Tereus, ihr Gemahl, hat ihre Schwester Philomele verführt und, um seine Tat geheimzuhalten, ihr die Zunge herausgeschnitten. Um sich zu rächen, töten die Schwestern Tereus' Sohn Itys und setzen sein Fleisch dem Vater vor. Zeus verwandelt alle in Vögel: Tereus in einen Wiedehopf (oder Habicht), Philomele in eine Schwalbe und P. in eine Nachtigall, die seitdem mit dem Ruf „Ity" um ihren Sohn klagt.

Prokofjew [russ. praˈkɔfjıf], Alexandr Andrejewitsch, * Kobona (Geb. Leningrad) 2. Dez. 1900, † Leningrad 18. Sept. 1971, russ.-sowjet. Lyriker. - Schrieb von der Volksdichtung beeinflußte Gedichte über den Bürgerkrieg und dessen polit. und soziale Folgen.
P., Sergei Sergejewitsch (= Sonzowka (= Krasnoje, Geb. Donezk) 23. April 1891, † Moskau 5. März 1953, russ.-sowjet. Komponist und Pianist. - Geriet nach Auslandsaufenthalt (1918–32) mehrfach in ideolog. Auseinandersetzung mit der offiziellen Kulturpolitik. Merkmale seiner Musik sind: neoklassizist. Tendenzen, fortschrittl. Harmonik, verbunden mit stark emotionalem Ausdruck, das motor. Element, lyr.-betrachtende Züge und die auffallende scherzhaft-groteske Komponente; u. a. acht Opern, darunter „Die Liebe zu den drei Orangen" (1921, nach C. Gozzi), sieben Ballette, u. a. „Romeo und Julia" (1938), „Cinderella" (1945); Schauspiel- und Filmmusiken, Orchesterwerke (u. a. sieben Sinfonien, Klavier- und Violinkonzerte, Orchestersuiten; das sinfon. Märchen „Peter und der Wolf", 1936) Klavier- und Kammermusik, Chorwerke und Lieder.

Prokonsul (lat. proconsul), von Sulla 81/80 eingeführter Titel für die Konsuln, die nach Ablauf ihres Amtsjahres in Rom als Statthalter in die Prov. gingen und für die dort notwendige Militärbefehlsgewalt mit einem Imperium proconsulare (↑ Imperium) ausgestattet waren.

Prokop, * Caesarea Palaestinae um 500, † nach 559, byzantin. Geschichtsschreiber. - Mitarbeiter Belisars, nahm an dessen Feldzügen gegen Perser, Vandalen und Goten teil und berichtete darüber in einem Geschichtswerk („Bella", um 550; 8 Bücher), einer allg. Geschichte der Reg.zeit Kaiser Justinians I.

Prokop der Große (P. der „Geschorene", P. der „Kahle"), in Böhmen um 1380, ✗ bei Lipany (bei Český Brod) 30. Mai 1434, Hussitenführer. - Seit dem Tod J. Žižkas (1424) Feldhauptmann und Führer der radikalen Taboriten. Unter seiner Führung konnten sich die Hussiten lange gegen die militär. Übermacht König Sigismunds behaupten.

Prokosch, Frederic [engl. ˈproʊkɔʃ], * Madison (Wis.) 17. Mai 1908, amerikan. Schriftsteller östr. Abstammung. - Verf. von Reise- und Abenteuerromanen, meist über Lebensprobleme westl., bes. europ. Menschen, u. a. „Sieben auf der Flucht" (1937), „... und kalt glänzte der Marmor" (1964), „Amerika, meine Wildnis" (1972). Seine Erinnerungen („Voices") veröffentlichte er 1983.

Prokris, Gemahlin des ↑ Kephalos.

Prokrustes (Damastes), in der griech. Mythologie ein riesenhafter Unhold und Wegelagerer, der die Vorbeiziehenden gefangennimmt, um ihren Körper zu strecken (griech. prokrústēs „Strecker"), bis sie in sein großes Bett, bzw. zu verstümmeln, bis sie in sein kleines Bett passen; wird von Theseus getötet. - **Prokrustesbett** wird übertragen für ein vorgegebenes Schema, das schmerzhafte Anpassung erfordert, verwendet.

Proktologie [griech.], Wiss. und Lehre von den Erkrankungen des Mastdarms.

Proktozele [griech.], svw. ↑Mastdarmvorfall.

Prokura [italien., zu lat. procurare „Sorge tragen"], die dem *Prokuristen* vom Inhaber eines Handelsgeschäfts oder seinem gesetzl. Vertreter mittels ausdrückl. Erklärung erteilte handelsrechtl. Vollmacht, alle Arten von gerichtl. und außergerichtl. Geschäften und Rechtshandlungen vorzunehmen, die der Betrieb eines Handelsgewerbes mit sich bringt. Können mehrere Prokuristen nur gemeinschaftl. handeln, so liegt **Gesamtprokura** vor.

Prokuraindossament ↑Indossament.

Prokurator (lat. procurator), in der röm. Kaiserzeit Titel für kaiserl. leitende Beamte der Hof- und Reichsverwaltung; auch als Statthalter kleinerer Provinzen eingesetzt.

prolabieren [lat.], aus einer natürl. Körperöffnung heraustreten (von Teilen innerer Organe, z. B. vom Mastdarm).

Prolaktin [lat.] (Laktationshormon, laktotropes Hormon, luteotropes Hormon, LTH), ein zu den Gonadotropinen (↑Geschlechtshormone) zählendes, die Milchsekretion auslösendes Hormon des Hypophysenvorderlappens. Das P. bewirkt eine Vermehrung des Brustdrüsengewebes und steigert die Milchproduktion. Daneben hat es starke psych. Wirkungen, z. B. durch Auslösen von Brutpflegeinstinkten bei Säugern (nicht beim Menschen!). Auch bewirkt es eine vermehrte Progesteronbildung des Gelbkörpers und wirkt damit erhaltend auf die Schwangerschaft.

Prolaps (Prolapsus) [lat.] (Vorfall), Heraustreten innerer Organe aus natürl. Körperöffnungen; **Prolapsus ani** (Prolapsus recti), svw. ↑Mastdarmvorfall.

Prolatio [lat.], in der ↑Mensuralnotation Bez. für die Unterteilung der Semibrevis in drei (*P. major*) bzw. zwei Minimen (*P. minor*).

Prolegomena (Einz. Prolegomenon) [griech. „das im voraus Gesagte"], Vorrede, Vorbemerkungen, Einführung[en] zu wissenschaftl. Werken.

Prolepse (Prolepsis) [griech. „Vorwegnahme"], in der *Grammatik* betonende Voranstellung eines aus der normalen Syntax gelösten Wortes oder Satzteiles.

Prolepsie [griech.] (prolept. Assimilation, antizipator. Assimilation), von W. Stern eingeführte Bez. für eine Spracheigentümlich-

keit des Kleinkindes: Da die Wortvorstellung schneller als die Sprachmotorik abläuft, werden spätere Laute bereits früher und anstelle der richtigen Laute benutzt (z. B. „Kucker" statt „Zucker").

Prolepsis [griech. „Vorwegnahme"], vorzeitige Entfaltung der für die nächstjährige Vegetationsperiode angelegten pflanzl. Organe im Herbst; ausgelöst durch Schädlingsbefall oder klimat. Einwirkungen auf Blütenknospen und Laubsprosse (↑Johannistrieb).

Prolet [Kw. aus *Proletarier* (↑Proletariat)], abwertend für: ungebildeter Mensch.

Proletariat [lat.], *im antiken Rom* Bez. für diejenige Gruppe von Bürgern, deren schätzbares Vermögen den niedrigsten Zensussatz nicht erreichte und die deshalb nur nach der Zahl ihrer Köpfe erfaßt wurde („capite censi"). Die *Proletarier* (lat. proletarii) waren von Steuer und Heeresdienst befreit und hatten als einzigen Besitz ihre Nachkommenschaft („proles"). Das P. rekrutierte sich aus dem verarmten bäuerl. Mittelstand.

◆ (Arbeiterklasse) v. a. im *Marxismus* Bez. für die mit dem Kapitalismus entstandene Klasse der Lohnarbeiter, die im Ggs. zu den Leibeigenen im Feudalismus rechtl. frei ist, aber über keine eigenen Produktionsmittel verfügt. Das P. steht damit im krassen Ggs. zur herrschenden und sie ausbeutenden Klasse der Bourgeoisie. Als **Proletarier** wird der direkt vom Kapital abhängige Lohnarbeiter bezeichnet, der in einer warenproduzierenden Gesellschaft genötigt ist, seine Arbeitskraft zu verkaufen, um die Befriedigung seiner wichtigsten Bedürfnisse zu sichern, d. h. um leben zu können; er wird für seine Arbeit ledigl. entlohnt; die von ihm hergestellten Produkte werden jedoch Eigentum des Kapitaleigners, dem die Produktionsmittel gehören. Durch den von ihm erzeugten Mehrwert trägt das P. zur ständigen Mehrung des Kapitals bei, da die Kapitaleigner den Mehrwert i. d. R. reinvestieren (und nur einen Teil davon konsumieren). Da die Produktivität der Proletarier infolge von Arbeitsteilung und kooperativer Produktion sowie der Anwendung der Wiss. auf die Produktion anwuchs, die auf den einzelnen Arbeiter anfallenden Anteile des von ihm kollektiv erzeugten Produkts jedoch weit hinter dieser Steigerung zurückblieben, spricht der Marxismus von *relativer Verelendung* des P. (↑ auch Verelendungstheorie); die zunehmende Arbeitsteilung habe zur ↑Entfremdung des Proletariers von seinen Arbeitsprodukten geführt. Im Ggs. zum **Lumpenproletariat**, der untersten Gesellschaftsschicht im Kapitalismus, die aus deklassierten und demoralisierten Personen (z. B. Stadt- und Landstreicher, Verbrecher, Prostituierte) besteht und zum polit. Kampf unfähig sei, wird nach marxist. Auffassung das P. nach Erkenntnis seiner Klassenlage soviel Klassenbewußtsein entwickeln, daß es zum Träger einer antikapitalist. Revolution wird. Auf Grund der fortschreitenden techn. und industriellen Entwicklung haben an der industriellen Produktion sowohl manuell als auch intellektuell Arbeitende Anteil; auch Aufsicht, Anleitung und wiss. Entwicklung wird von Lohnabhängigen übernommen, so daß das P. heute keinen einheitl., „klassenbewußten" Block mehr darstellt und somit - auch auf Grund einer spürbaren Verbesserung der Lebensverhältnisse - seine revolutionäre Potenz, v. a. nach Meinung der ↑ neuen Linken, weitgehend verloren hat.

Ⓜ *Lukács, G.: Gesch. u. Klassenbewußtsein. Neuwied* ⁸*1983. - Mooser, J.: Sozialgesch. der Arbeiter in Deutschland 1900–1980. Ffm. 1984. - Engels, F.: Die Lage der arbeitenden Klasse in England. Mchn. 1972. - Sombart, W.: Das P. Ffm. 1906.*

Proletarier aller Länder, vereinigt Euch!, Schlußsatz des „Kommunist. Manifests" (1848) von K. Marx; sollte die internat. Solidarität der radikalen Arbeiterbewegung dokumentieren; später offizieller Wahlspruch der Komintern und der heutigen kommunist. Parteien.

proletarischer Internationalismus
↑ Internationale.

Proletkult, Abk. für: **Prolet**arskaja **kultu**ra [russ. „proletar. Kultur"], kulturrevolutionäre Tendenz der russ. Oktoberrevolution (1917–25), die unter Negierung der bürgerl. Traditionen eine spezif. proletar. Massenkultur entwickeln wollte (Theoretiker war v. a. A. A. Bogdanow). In der bildenden Kunst zeichnete sich zunächst der Konstruktivismus ab, in Literatur und Musik der Futurismus, der sich später auch in der bildenden Kunst ausprägte. Lenin lehnte experimentelle Kunst für die Massen ab, die erst den Anschluß an den tradierten Kenntnisstand gewinnen sollten („Über proletar. Kultur", 1920).

Proliferation [lat.], Wucherung eines Gewebes durch Zellvermehrung (z. B. bei Entzündungen oder zur Regeneration; auch die physiolog. Gewebsvermehrung der Gebärmutterschleimhaut).

Prolog [zu griech. prólogos „Vorrede, Vorspruch"], Einleitung eines *dramat. Werkes* (Schauspiel, Hörspiel, Film), die von einer oder mehreren Personen szen. dargestellt oder erzählend vorgetragen werden kann; dient u. a. der Begrüßung und Huldigung des Publikums, der Ankündigung des folgenden Schauspiels, der Information über die Handlung oder der Exposition. Eine selbständige Form des P. ist der *Fest-P.*, der zu bes. Anlässen gehalten wird (Eröffnung eines Theaters).

Prolongation [lat.], Verlängerung der Laufzeit eines Vertragsverhältnisses.

Prolongationsgeschäft, Verlängerung von Termingeschäften, wenn deren Abwicklung nicht zum vereinbarten, sondern zu einem späteren Zeitpunkt erfolgen soll.

PROM [Abk. für engl.: **p**rogrammable **r**ead-**o**nly **m**emory], in der Datenverarbeitung Bez. für einen programmierbaren Festspeicher, dessen Inhalt nach erfolgter Programmierung nicht mehr verändert werden kann. - ↑ auch EPROM.

Prome, birman. Stadt am Irawadi, 148 100 E. Kath. Bischofssitz; Textilind.; Endstation einer Bahnlinie von Rangun. - 8 km sö. von P. befinden sich die ältesten, z. T. 50 m hohen Stupas und Tempel Birmas.

pro memoria [lat.], Abk. p. m., zum Gedächtnis.

Promenade [frz.], [bes. angelegter] Spazierweg; **promenieren,** auf einer P. auf und ab gehen (oft nur, um gesehen zu werden).

Prometheus, Titan der griech. Mythologie. Sohn des Titanen Iapetos und der Okeanide Klymene, Bruder von Atlas und Epimetheus, im Ggs. zu letzterem durch Klugheit und vielerlei Kenntnisse ausgezeichnet (griech. prometheús „der Vorausdenkende"), ein Wohltäter der Menschen und Kulturbringer. Als Vertreter des Menschengeschlechts versucht er Zeus zu betrügen. Der Gott entzieht zur Strafe der Menschheit das Feuer. Als P. dieses entwendet, um es wieder zur Erde zu bringen, sendet Zeus die ↑ Pandora zu den Menschen; den Frevler selbst läßt er an einen Felsen schmieden, wo ihm ein Adler tägl. die Leber zerfleischt, die sich jeweils nachts erneuert, bis Herakles den Leidenden erlöst. - Der P.stoff erfuhr in der Dichtung der Antike bis heute eine vielfältige Bearbeitung, u. a. bei P. Claudel, A. Camus, H. Müller; in der Musik u. a. bei Beethoven, Liszt und C. Orff.

Promethium [nach Prometheus], chem. Symbol Pm; radioaktives, metall. Element aus der Reihe der Lanthanoide des Periodensystems der chem. Elemente, Ordnungszahl 61, Schmelzpunkt ungefähr 1 080 °C. An Isotopen ist Pm 132 bis Pm 154 bekannt; Pm 145 hat mit 17,7 Jahren die längste Halbwertszeit. P. ist nur in Spuren in Uranerzen enthalten und wird künstl. in Kernreaktoren hergestellt; es fluoresziert auf Grund seiner Radioaktivität. In seinen Verbindungen tritt P. stets dreiwertig auf. Das Isotop Pm 147 wird zur Herstellung von Leuchtstoffen sowie als Energiequelle in Isotopenbatterien verwendet. P. wurde 1945 von den Amerikanern J. A. Marinsky, L. E. Glendenin und C. D. Coryell, die P.isotope in Uran 235 identifizieren konnten, entdeckt.

Promille, Abk., p. m., Zeichen ‰, Tausendstel.

prominent [lat.], berufl. oder gesellschaftl. einen hervorragenden Rang einnehmend und daher namentl. sehr bekannt; **Prominenz,** die Gesamtheit der Prominenten.

Promiskuität [zu lat. promiscuus „gemischt"], Bez. für Geschlechtsverkehr mit wechselnden Partnern ohne eingrenzende soziale Normen für die Partnerwahl. P. wurde zunächst von der Völkerkunde bei den Naturvölkern angenommen und als Vorstufe der Gruppenehe angesehen. Kulturanthropolog. Studien haben jedoch die weltweite Gültigkeit des Inzesttabus (↑Inzest) bei den Naturvölkern bestätigt.

Promontory Point [engl. ˈprɔməntrɪ ˈpɔɪnt], Halbinsel am N-Ufer des Great Salt Lake, Utah. 1869 wurde hier der letzte, beide Schienenstränge der ersten transkontinentalen Eisenbahnlinie der USA sowie O und W symbol. verbindende goldene Nagel eingeschlagen.

Promoter [proˈmoːtər; engl. prəˈmoʊtə, zu lat. promovere „vorrücken"], Veranstalter von Berufssportwettkämpfen (v. a. Boxkämpfen).

Promotion [zu lat. promotio „Beförderung (zu Ehrenstellen)"] ↑Doktor.

Promotion [lat.-engl.; ...ˈmoːʃən], svw. ↑Sales-promotion.

Promotor [lat.], in der Chemie svw. ↑Aktivator.

promovieren [zu lat. promovere „vorwärts bewegen, befördern"], den akadem. Grad eines ↑Doktors erwerben.

Pronaos [griech.], Vorhalle des altgriech. Tempels, auch der orth. Kirchen.

Pronatoren [lat.] ↑Muskeln.

Pronomen [lat. „(Wort) für das Nomen"] (Fürwort; Mrz. Pronomina), Wortart, die als grammat. Stellvertreter für ein Nomen eintreten oder es wie der Artikel begleiten kann. In der syntakt. Behandlung steht das P. (etwa durch Deklination) dem Nomen nahe. Mit dem **Personalpronomen** (persönl. Fürwort) werden Personen und Dinge benannt (z. B. ich, du, wir, ihn, euch; „*Sie* spricht zu *euch*"); durch das **Reflexivpronomen** (rückbezügl. Fürwort) wird ein Rückbezug auf das Subjekt ausgedrückt („Ich wasche *mich*"); das **Possessivpronomen** (besitzanzeigendes Fürwort) zeigt ein Besitz- oder Zugehörigkeitsverhältnis an (mein, sein, euer; „Das ist *unser* Hund"); das **Demonstrativpronomen** (hinweisendes Fürwort) weist in bes. Weise auf Personen oder Sachen hin (dieser, jener; „*Dieses* Buch gefällt mir gut"); das **Relativpronomen** (bezügliches Fürwort) stellt eine Beziehung zw. einem Relativsatz, den es einleitet, und einem Hauptsatz her (der, welcher; „Der Mann, *der* dort steht, ..."); mit dem **Interrogativpronomen** (Fragepronomen, Fragefürwort) wird ein Fragesatz (Interrogativsatz) eingeleitet (wer?, was?, welcher?; „*Wer* kommt morgen?"); das **Indefinitpronomen** (unbestimmtes Fürwort) wird zur Bez. von Wesen oder Dingen in allg., unbestimmter Weise gebraucht ([irgend]einer, jemand, man; „*Irgendwer* wird schon lachen, wenr er das liest").

prononciert [pronõˈsiːrt; lat.-frz.], deutl. ausgesprochen, betont; ausgeprägt.

Pronuntius ↑Nuntius.

Pronunziamiento (Pronunziamento, Pronunciamiento) [span., zu lat. pronuntiare „verkündigen"], in Spanien und den spanischsprachigen Staaten Amerikas Bez. für Militärputsch.

pronunziato [italien.], musikal. Vortragsbez.: deutlich, markiert, hervorgehoben.

Proof [engl. pruːf „Probe, Versuch"], svw. Standardstärke, -qualität, -alkoholgehalt. In den USA entspricht „proof spirit" einem [Äthyl]alkohol-Wasser-Gemisch mit 50 Vol.-% Alkohol; die Angabe „100 proof" oder „100° proof" bedeutet „proof spirit", d. h. 50 Vol.-% Alkohol, „86 proof" oder „86° proof" 43 Vol.-% Alkohol usw.

Proömium (Prooimion) [griech.], urspr. Vorgesang zu Epen, dann allg. Vorspiel, Vorrede bei Werken der Antike.

Propädeutik [zu griech. propaideúein „vorher unterrichten"], allg. die Einführung in eine Kunst oder Wissenschaft. Den Wiss. wird als allg. P. häufig die Logik vorgeordnet. Im heutigen Schulwesen gelten die Leistungsfächer der gymnasialen Oberstufe als P. der Hochschulfächer.

Propaganda [lat., zu propagare „weiter ausbreiten, ausdehnen"], urspr. Bez. für die Verbreitung der christl. Glaubensüberzeugung (nach der 1622 gegr. Congregatio de propaganda fide [„(Päpst.) Gesellschaft zur Verbreitung des Glaubens"]; heute deckt P. die mündl. Beeinflussungsversuche durch Redner oder durch Propagandisten für Konsumartikel, Tätigkeiten zur Beeinflussung durch rationale sprachl. Strategien z. B. der seriösen Tagespresse oder der Parteipresse. P. feldzüge (or der Absatz von Produkten oder Dienstleistungen (↑auch Werbung) bzw. bei Wahlkampagnen. Die Gefahren der P., die in einer Fremdsteuerung (Manipulation) der Person liegen, werden durch die neuere Wirkungsforschung der Kommunikationswiss. relativiert. Eine bes. Ausprägung der P. stellt im Rahmen der psycholog. Kriegführung die Kriegspropaganda, teils als Greuelpropaganda, dar. V. a. in totalitären Herrschaftssystemen nimmt die nichtöffentl. Verbreitung durch die oft gegen die Machthaber gerichtete *Flüsterpropaganda* (als P. im vertraul. Gespräch) eine bed. Funktion ein. In der kommunist. Theorie der Beeinflussung der Massen wird unterschieden zw. ↑Agitation und Propaganda.

Propagandakompanien, Abk. P. K., bes. Truppeneinheiten (ab 1943 als Propagandatruppen eigene Waffengatt.) in der dt. Wehrmacht im 2. Weltkrieg zur Nachrichtenbeschaffung und für die Kriegsberichterstattung.

Propagandakongregation, Bez. für die Kongregation für die Evangelisation der Völker oder für die Glaubensverbreitung, ↑Kurienkongregationen.

Propagation [lat.], in der Biologie svw. Fortpflanzung, Vermehrung.

propagieren [zu lat. propagare „weiter ausbreiten"], für etwas werben, sich dafür einsetzen.

Propan [Kw. aus Propylen und Methan] CH_3-CH_2-CH_3; zu den Alkanen gehörender, gasförmiger Kohlenwasserstoff, der aus Erdgas oder beim Kracken von Erdöl gewonnen und verflüssigt als Brenn- und Heizgas sowie in der chem. Ind. zur Herstellung von Äthylen und Propylen verwendet wird.

Propanole [Kw.] (Propylalkohole), zwei strukturisomere, vom Propan abgeleitete Alkohole: 1-*Propanol (n-P.)*, $CH_3 - CH_2 - CH_2OH$ und 2-*Propanol (Iso-P., Isopropylalkohol)*, $CH_3 - CHOH - CH_3$ sind farblose, brennbare, mit Wasser gut mischbare Flüssigkeiten, die als Lösungsmittel, 2-P. auch als Frostschutzmittel und in kosmet. Präparaten, verwendet werden.

Propargyl- [Kw.], ältere Bez. der chem. Nomenklatur für die 2-Propinylgruppe (↑ Propinyl-).

pro patria [lat.], für das Vaterland.

Propeller [engl., zu lat. propellere „antreiben"] ↑ Luftschraube, ↑ Schiff.

Propen, svw. ↑ Propylen.

Propensäure [Kw.], svw. ↑ Acrylsäure.

Propenyl- [Kw.], Bez. der chem. Nomenklatur für die Gruppen $- CH = CH - CH_3$ (1-Propenyl-) und $- CH_2 - CH = CH_2$ (2-Propenyl-).

proper [zu lat. proprius „eigen"], ordentlich, sauber; sorgfältig gearbeitet.

Properz (Sextus Propertius), * Asisium (= Assisi) um 50, † nach 16 v. Chr., röm. Elegiendichter. - Aus angesehener umbr. Familie; Mgl. des Dichterkreises von Maecenas. Hauptthema seiner Elegien ist die erot. Bindung an die Kurtisane Cynthia, gemischt mit moral. Zeitkritik und Lobpreisung des Augustus; später Darstellung der Ursprünge röm. Kulte. Seine eigenwillige, anspruchsvolle Sprache, die Anspielungen so mitunter entlegene Mythen und die sprunghafte Komposition lassen sein Werk als ungewöhnl. schwierig erscheinen.

Propfan [engl. 'prɔpfæn], mehrblättrige Luftschraube mit (8–10) sichelähnlich gekrümmten Propellerblättern, die bei einem neuen Typ von Flugzeugtriebwerken verwendet werden soll.

Prophase, bei der Zellteilung das erste, die ↑ Interphase ablösende Stadium, in dem sich die Chromosomen spiralisieren und dadurch sichtbar werden.

Prophet [griech.], Typus religiöser Autorität, der durch das dynam. apodikt. „Sagen" (griech. „prophánai") des göttl. Richtigen und Wahren gekennzeichnet ist; die Vorhersage zukünftiger Geschehens, die der moderne Sprachgebrauch in den Vordergrund stellt, ist nur ein Teilaspekt. Die prophet. Rede (**Prophetie**) geschieht stellvertretend und ist auftragsgebunden. Der Vollzug des prophet. Ak-

tes ist sowohl durch Entpersönlichung des P. charakterisiert als auch durch die „Gotterfülltheit", durch den Enthusiasmus, der an die Stelle der menschl. Individualität tritt. Der theolog. und religionswiss. Begriff P. ist durch ein spezif., im A. T. bezeugtes Gotteserlebnis gekennzeichnet, das der P. bei seiner Berufung durch Jahwe erfährt: das Erleben eines übermächtigen Willens, der dem P. als schwere, jedoch unabdingbare Forderung zuteil wird. - Die P. des A. T. werden nach dem Umfang der mit ihrem Namen bezeichneten Bücher in Große und ↑ Kleine Propheten unterteilt. Aus dem semit. Bereich steht dem israelit. P.ismus Mohammed am nächsten, der den Islam als typ. prophet. Religion stiftete. Die Geschichte des P.ismus reicht bis in die Gegenwart. Nicht wenige der sog. neuen Religionen berufen sich auf prophet. Offenbarung. ▯ *Hagemann, L.*: P. - Zeugen des Glaubens. *Graz 1985. - Hinz, W.*: Zarathustra. *Stg. 1961. - Lanczkowski, G.: Altägypt. Prophetismus. Wsb. 1960. - Kuhl, C.: Israels Propheten. Mchn. u. Bern 1956.*

Prophezei [griech.], Bez. für eine von Zwingli 1525 im Chor des Großmünsters in Zürich eingeführte Form der tägl. Bibelauslegung in wiss. Arbeitsgemeinschaften.

Prophezeiung [griech.], svw. Weissagung.

prophylaktisch [griech.], in der Medizin für: vorbeugend, Schutz gegen Erkrankungen bietend, präventiv.

Prophylaxe [griech.], zusammenfassende Bez. für medizin. und sozialhygien. Maßnahmen, die der Verhütung von Krankheiten dienen.

Propinyl- [Kw.], Bez. der chem. Nomenklatur für die Gruppen $- C \equiv C - CH_3$ bzw. $- CH_2 - C \equiv CH$ (1- bzw. 2-Propinyl-).

Propionaldehyd [...'pjon-al...; Kw.] (Propanal), $CH_3 - CH_2 - CHO$; farbloser, stechend riechender, flüssiger Aldehyd; P. ist sehr reaktionsfähig und dient u. a. zur Herstellung von Kunststoffen und Weichmachern.

Propionibacterium [griech.], Bakteriengatt. mit acht Arten; unbewegl., anaerobe Stäbchen, die Zucker, Polyalkohole und Milchsäure zu Propionsäure und CO_2 (*Propionsäuregärung;* ↑ Gärung) vergären. P. *freudenreichii* und P. *shermanii* werden zur großtechn. Herstellung von Vitamin B_{12} verwendet.

Propionsäuregärung ↑ Gärung.

Propontis ↑ Marmarameer.

Proportion [lat.], Größenverhältnisse von Teilen eines Ganzen, insbes. des menschl. Körpers (↑ auch Kanon).

◆ in der *Musik*: 1. seit der Antike gebrauchte Bez. für das Intervallen zugrunde liegende Zahlenverhältnis, das an Saitenlängen oder Schwingungszahlen meßbar ist (z. B. 2:1 = Oktave, 3:2 = Quinte, 4:3 = Quarte); 2. in der ↑ Mensuralnotation Bez. für eine

Wertverkürzung oder -vergrößerung gegenüber einem Normalwert der Noten.
◆ (Verhältnisgleichung) eine Gleichung der Form $a:b = c:d$, die die Gleichheit zweier (oder auch mehrerer) Verhältnisse ausdrückt, z. B. $7:21 = 1:3$. Die Größen a, b, c, d, bezeichnet man als *Glieder* der P. oder *Proportionalen*. In der P. $a:b = c:d$ ist das Glied d die 4. Proportionale; a und d nennt man die *Außenglieder*, b und c die *Innenglieder* der Proportion. In einer P. der Form $a:m = m:x$, einer sog. *stetigen P.*, bezeichnet man $m = \sqrt{ax}$ als die *mittlere Proportionale* (das geometr. Mittel), $x = m^2/a$ als die 3. Proportionale. Eine *harmon.* P. hat die Form $(a - b):(c - d) = a:d$. In einer P. dürfen sowohl die Innenglieder unter sich als auch die Außenglieder unter sich vertauscht werden: Aus $a:b = c:d$ folgt $a:c = b:d$ und $d:b = c:a$. Innen- und Außenglied darf nur gleichzeitig auf beiden Seiten der P. vertauscht werden; aus $a:b = c:d$ folgt also $b:a = d:c$. - In jeder P. ist das Produkt der Innenglieder gleich dem Produkt der Außenglieder *(Produktsatz der P.)*; aus $a:b = c:d$ folgt $a \cdot d = b \cdot c$. - Gelten zwei P. der Form $a:b = c:d$ und $c:d = e:f$, so läßt sich dieser Sachverhalt in Form einer *fortlaufenden P.* ausdrücken: $a:c:e = b:d:f$.

Proportionalität [lat.], Verhältnismäßigkeit, richtiges Verhältnis. - ↑ auch Proporz.
◆ die einfachste Form einer funktionalen Abhängigkeit zweier variabler Größen: der aus beiden Größen gebildete Quotient hat einen bestimmten festen Wert. Die Größen x und y sind [direkt] *proportional* [zueinander] (Formelschreibweise $x \sim y$), wenn $x/y = c = $ const bzw. $x = c \cdot y$ gilt. Die Konstante c nennt man den *P.faktor.* Man bezeichnet zwei variable Größen x und y als *umgekehrt (indirekt) proportional* [zueinander], wenn $y = c \cdot 1/x$ bzw. $x \cdot y = c = $ const gilt. - Die

Propyläen der Akropolis in Athen

graph. Darstellung direkt proportionaler Größen ergibt eine Gerade durch den Nullpunkt des (x, y)-Koordinatensystems, die Darstellung indirekt proportionaler Größen eine Hyperbel, deren Asymptoten die x- und die y-Achse sind.

Proportionalsatz, zusammengesetzter Satz, in dem sich der Grad oder die Intensität des Verhaltens im Hauptsatz mit der im Nebensatz gleichmäßig ändert, z. B.: „Je älter er wird, desto bescheidener wird er".

Proportionalsteuer, prozentual gleichbleibender Steuersatz.

Proportionalwahl, svw. Verhältniswahl († Wahlen).

proportioniert [lat.], in einem bestimmten Verhältnis stehend; gut gebaut.

Proporz [Kw. aus Proportionalwahl], 1. Bez. für die Verteilung von Sitzen und Ämtern nach dem Stärkeverhältnis von Parteien, Konfessionen, Volksgruppen, Regionen oder Interessenorganisationen, mit der die Berücksichtigung aller gesellschaftl. relevanten Gruppen und Minderheiten in einem Entscheidungsprozeß garantiert werden soll. Erscheinungsformen sind u. a.: der *Fraktionsproporz*, der im Parlamentarismus der BR Deutschland die Besetzung der Ausschüsse, des Präsidiums und der Ausschußvorsitze bestimmt; die als *Proporzregierung* zu bezeichnende Allparteienreg. in der Schweiz und in österr. Bundesländern; die *Proporzpatronage* (die Besetzung von Beamten- und Richterstellen nach Partei-, Konfessions- oder Gruppenzugehörigkeit). 2. svw. Verhältniswahl.

Propositio [lat. „Voranstellung"], Urteil, Aussage; in der Syllogistik Bez. der beiden Prämissen eines Syllogismus.

Proposition [lat.], veraltet für: Vorschlag, Angebot; Ausschreibung bei Pferderennen.
◆ in der *Rhetorik* der am Beginn einer Rede oder Schrift stehende Teil; enthält Angabe

Proprätor

des Themas, Anführung der Hauptgedanken, der Ausgangspunkte oder eines Satzes, der im folgenden zu beweisen ist.

Proprätor (lat. pro praetore), seit Sulla 81/80 Statthalter von Prov. nach ihrem Amtsjahr als Prätor in Rom; in der Kaiserzeit Statthalter von kaiserl. Provinzen.

Propriorezeptoren [lat.] (Enterorezeptoren, Enterozeptoren, Interozeptoren), Bez. für Fühler (sensible Endorgane, Rezeptoren), die, in einem Körperorgan gelegen, auf Zustandsänderungen dieses Organs ansprechen und auf reflektor. Weg zu einer Reaktion desselben führen. - ↑ auch Exterorezeptoren.

Proprium missae [lat.], in den Gottesdienstordnungen der christl. Kirchen Bez. der nach dem Kirchenjahr oder bes. Anlässen veränderl. Texte.

Propst [zu lat. praepositus „Vorgesetzter"], in der *kath. Kirche* Titel für den ersten Würdenträger eines Domkapitels *(Dom-P.)* oder Kollegiatkapitels *(Stifts-P.).* - In den *luth. Kirchen* in den skand. Ländern Titel leitender Amtsträger mit Aufgaben des Superintendenten; in einigen ev. Landeskirchen in Deutschland Träger eines bes. geistl. Amtes.

Propyl- [griech.], Bez. der chem. Nomenklatur für die Gruppe $-CH_2-CH_2-CH_3$.

Propyläen [griech.], im Griech. urspr. Bez. für eine Tür zum Heiligtum, bald durch Mauern mit Überdachung geschützt, dann in eine Durchgangshalle umgeformt mit Säulenfronten und innenliegender Türwand mit Durchgängen; auch im profanen Bereich; am großartigsten sind die P. der Akropolis von Athen (438–432 von Mnesikles erbaut). - Abb. S. 315.

Propylen (Propen) [griech.], $CH_3-CH = CH_2$; gasförmiger Kohlenwasserstoff aus der Reihe der Alkene; Siedepunkt $-47,7\,°C$. P. wird bei der katalyt. und therm. Spaltung von Erdöl gewonnen und dient u. a. zur Herstellung von Propylenoxid, Acrylnitril und von Tri- und Tetrapolymeren zur Herstellung von Waschrohstoffen sowie v. a. zur Herstellung von ↑Polypropylen.

Propylen- [griech.], Bez. der chem. Nomenklatur für die zweiwertige Gruppe $-CH_2-CH(CH_3)-$.

Propylenoxid (1,2-Epoxipropan), cycl. Äther; farblose, leicht entflammbare, in Wasser und Alkohol lösl. Flüssigkeit, die u. a. zur Herstellung von Polypropylenglykolen (↑Polyäther) dient. Chem. Strukturformel:

$$H_3C-CH-CH_2$$
$$\diagdown O \diagup$$

Prorektor, Stellvertreter (meist Amtsvorgänger) des Rektors an Hochschulen mit traditioneller Rektoratsverfassung; auch stellvertretender Rektor an Grund-, Haupt- und Sonderschulen.

Prorogation [lat.], Aufschub, Vertagung; Amtsverlängerung.

♦ Zuständigwerden eines an sich unzuständigen ordentl. Gerichts erster Instanz durch Vereinbarung der Parteien eines Zivilprozesses; ist nur bei Streitigkeiten über vermögensrechtl. Ansprüche möglich.

Prosa [zu lat. prosa (oratio), eigtl. „geradeaus gerichtete (d. h. schlichte) Rede"], ungebundene, nicht durch formale Mittel (Metrik, Reim) geprägte Schreib- und Redeweise; umfaßt die sachl. zweckgebundene Alltagsrede ebenso wie die durch Metaphern, Periodenbau und Rhythmus kunstvoll gestalteten Redeformen.

Geschichte: Der Ggs. zw. zweckorientiert-sachl. P. und künstler. P. reicht bis in die Antike zurück, wo neben die ältere Versdichtung die P.literatur der Historiographie, Philosophie, Biographie und Naturwiss. trat. Mit der polit. Rede (Demosthenes) entstand eine rhetor. ausgefeilte P., die sowohl die histor. und philosoph. P. der Römer (Cäsar, Cicero) beeinflußte als auch die ma. patrist., philosoph. und histor. P. (Augustinus, Thomas von Aquin) prägte; als *funktionale P.* wirkte sie auf die Kanzleisprache und die Humanisten-P. (Erasmus von Rotterdam), wurde zur Sprache des Rechts („Sachsenspiegel"), der Chroniken und unter dem Einfluß von Luthers Bibelübersetzung auch der Predigten. Für eine *fiktionale P.* sind seit der Spätantike satir. Formen (z. B. Lukian) belegt. Im Spät-MA wurden höf. Stoffe iron. verfremdet und in Form von P.schwänken und Volksbüchern einem neuen Publikum bekannt gemacht. In Italien, Spanien und Frankr. formte sich im 16. Jh., in England im 17. Jh., die *Kunst-P.,* die seit dem 17. Jh. in Europa die ep. Gattungen Roman und Novelle populär machte. In Nachahmung und Fortbildung älterer Traditionen gewann im Barock auch die dt. P. an europ. Bed. (Grimmelshausen, Zesen). Seit der Empfindsamkeit (Klopstock) und Romantik ergriff die P. mit ihren freien Rhythmen auch die Lyrik. Im 19. Jh. wurde P. zur vorherrschenden dramat. Sprachform. Weitere, heute aktuelle, P.gattungen sind Essay, Feuilleton, die biograph. Literatur und die Memoirenliteratur.

📖 *Grawe, C.: Sprache im P.werk. Bonn* ²*1985. - Ros, A.: Zur Theorie literar. Erzählens. Königstein/Ts. 1972. - Brauer, W.: Die Gesch. des P.begriffs v. Gottsched bis zum Jungen Deutschland. Ffm. 1938. Nachdr. Hildesheim 1974.*

Prosagedicht, frz. literar. Gattung: lyr. Aussage in Prosa, die durch kunstvolle klangl. und rhythm. Gestaltung, durch Stilfiguren, Metaphern, Bilder und durch strophenähnl. Gliederung Gedankl.-Stimmunghaftes ungebrochen wiedergeben soll als metr.-lyr. Formen. Bed. Vertreter: A. Bertrand, C. Baudelaire, C. de Lautréamont.

Prosaiker [lat.], 1. nüchtern gesonnener Mensch; 2. svw. ↑Prosaist; **prosaisch,** 1. sachl.-nüchtern; 2. in Prosa abgefaßt.

Prosaist (Prosaiker) [lat.], Prosa schreibender Schriftsteller.

Prosarhythmus, Gliederung der ungebundenen Rede durch bestimmte Akzentuierungen wie Gliederung des Sprachflusses, Wechsel von betonten und unbetonten Silben, lange und kurze Wörter, bestimmte Klangfolgen, Wortstellung, Satzgliederung und Sinngebung. Der P. kann bei einzelnen Dichtern unterschiedl. ausgeprägte und kennzeichnende Formen annehmen, z. B. der lyr.-fließende P. bei E. Mörike oder R. M. Rilke, der ep. ausladende P. bei T. Mann oder der dramat. gespannte bei H. von Kleist.

Proscaenium [...'tsɛː...; griech.-lat.] ↑ Proskenion.

Proselyt [zu griech. prosélytos „der Hinzugekommene"], urspr. Bez. für einen Heiden, der zum Judentum übergetreten war. Heute bezeichnet P. generell denjenigen, der einen Bekenntniswechsel vollzogen hat.

prosenchymatisch [prɔs-en...; griech.], in die Länge gestreckt, zugespitzt und faserähnlich; gesagt von Zellen, die in Grundgeweben von Pflanzen vorkommen.

Proserpina ↑ Persephone.

Prosimiae (Prosimii) [lat.], svw. ↑ Halbaffen.

prosit! [lat.], wohl bekomm's!, zum Wohl!

Proskenion [griech.], im griech. und röm. Theater (Proscaenium) der Platz vor dem Bühnenhaus (Skene), der als Spielfläche diente.

Proskription [zu lat. proscriptio „öffentl. Bekanntmachung"], im alten Rom die auf Tafeln erfolgende Bekanntgabe von Geächteten, die unter Einziehung ihres Vermögens für vogelfrei erklärt wurden. Der P. bedienten sich 82/81 Sulla und 43 v. Chr. die Verbündeten des 2. Triumvirats gegenüber ihren polit. Gegnern.

Proskynese [zu griech. proskýnēsis „Anbetung"], Niederstrecken und Berühren des Bodens mit der Stirn, Gestus der extremen Ehrerbietung und Selbsterniedrigung, abgeschwächt auch als Beugen beider Knie und als Fußkuß üblich. Die P. war im Alten Orient weit verbreitet, dann bes. im Zeremoniell des hellenist., spätröm. und byzantin. Kaisertums. - In der kath. Liturgie ist die P. (**Prostration**) nur bei feierl. Mönchsprofeß, bei Weihen und bei der Segnung des Abtes üblich. In der Ostkirche wird sie v. a. gegenüber den Ikonen sowie höchsten geistl. Würdenträgern vollzogen.

Prosobranchia [griech.], svw. ↑ Vorderkiemer.

Prosodem [griech.] (prosodisches Merkmal) [prɔs-o...], in der Linguistik ein Merkmal der lautl.-phonolog. Seite von Äußerungen, das nicht zu einem Einzelphonem gehört, sondern sich über Silbe und Wort bis hin zum Satz erstrecken kann.

Prosodie [zu griech. prosōdía „Zugesang, Nebengesang"], in der Antike die Lehre vom Akzent und den Silbenquantitäten; heute als Hilfsdisziplin der Metrik die Lehre von den für die Versstruktur konstitutiven Elementen einer Sprache.

prosodisches Merkmal, svw. ↑ Prosodem.

Prosoma [griech.], vorderster Körperabschnitt der ↑ Tentakelträger, ↑ Kragentiere, ↑ Spinnentiere und ↑ Fühlerlosen.

Prosopis [griech.], Gatt. der Mimosengewächse mit mehr als 30 Arten in den Tropen und Subtropen, v. a. in Amerika; Bäume oder Sträucher mit doppelt gefiederten Blättern und kleinen, in achselständigen, zylindr. Ähren oder (seltener) in kugeligen Köpfchen stehenden Blüten. - Zur Gewinnung von Gummi wird der ↑ Mesquitebaum kultiviert.

Prospekt [zu lat. prospectus „Aussicht"], der - meist auf Leinwand gemalte - Hintergrund der Guckkastenbühne, auch als Zwischen-P.; hochziehbar oder versenkbar oder seitl. wegzuziehen bzw. abzurollen. Seit F. und G. Galli da Bibiena (17./18. Jh.) wird der P. nicht mehr zentralperspektiv. bemalt, sondern in Winkelperspektive (mehrere Fluchtpunkte). Heute vielfach durch Rundhorizont und Projektionen abgelöst. P. ist auch außerhalb der Bühnenmalerei Bez. für illusionist. Stadt- und Landschaftsansichten.

♦ Schauseite der Orgel, bestehend aus den entsprechenden Teilen des Gehäuses und den Prospektpfeifen, die fast immer zum ↑ Prinzipal gehören.

♦ in der *Werbung* eine Druckschrift, die eine Information mit Werbeinhalt über das angebotene Produkt enthält.

♦ im *Bank-* und *Börsenverkehr* die Offenlegung über Vermögensverhältnisse, Ertragsgrundlagen und Inanspruchnahme des Kapitalmarktes bei der Einführung von Wertpapieren sowie bei Konvertierungen und Kapitalerhöhungen. P.zwang besteht nach BörsenG.

Prospektion [lat.], Aufsuchen von nutzbaren Lagerstätten mittels geolog., geophysikal., geochem. und geophysikal., geochem. und bergmänn. Methoden.

prosperieren [lat.-frz.], gedeihen, gut vorankommen.

Proß, Helge, * Düsseldorf 14. Juli 1927, † Gießen 20. Okt. 1984, dt. Soziologin. - Ab 1965 Prof. in Gießen, seit 1976 in Siegen; verfaßte u. a. krit. Arbeiten über die soziale Diskriminierung der Frau und über die Strukturprobleme der bürgerl. Gesellschaft; u. a. „Manager und Aktionäre in Deutschland" (1965). „Gleichberechtigung im Beruf?" (1973), „Die Wirklichkeit der Hausfrau" (1975).

prost!, eingedeutschte Kurzform für ↑ prosit!

Prostaglandine [griech./lat.], aus ungesättigten Fettsäuren, v. a. in der Samenblase, aber auch in zahlr. anderen Organen gebildete Hormone mit gefäßerweiternder (d. h. blutdrucksenkender), wehenauslösender und Erschlaffung der Bronchialmuskulatur hervorrufender Wirkung. P. werden als blutdrucksenkende Mittel, Antiasthmatika und Wehenmittel verwendet. P. sind Derivate der *Prostansäure*; neben den natürl. P. sind zahlr. synthet. P. bekannt. Chem. Strukturformel der Prostansäure:

und Prostaglandin E₁:

Prostata [zu griech. prostátēs „Vorsteher"] (Vorsteherdrüse), häufig in paarige Drüsenkomplexe mit getrennten Ausführgängen gegliederte akzessor. Geschlechtsdrüse der ♂ Säugetiere. Die P. besteht beim Mann einerseits aus 30–50 Einzeldrüsen, andererseits aus einem dichten Flechtwerk aus glatten Muskelfasern und aus Bindegewebe. Sie ist kastaniengroß, kastanienförmig und etwa 20 g schwer. Die P. umfaßt die Harnröhre des Mannes unmittelbar unter der Harnblase ringförmig und wird außer von der Harnröhre auch von den beiden Spritzkanälchen durchzogen, die noch im Bereich der P. auf einer Vorwölbung der Harnröhrenwand in die Harnröhre münden. Dicht neben der Vorwölbung befinden sich auch die punktförmigen Mündungen der P.einzeldrüsen. Diese liefern vor und während der Ejakulation das dünnflüssige, milchig-trübe, alkal. P.sekret und damit den größten, für die Beweglichkeit der Spermien wichtigen und die Neutralisierung saurer Urinreste in Harnröhre und Vagina bewirkenden Anteil der Samenflüssigkeit. Die glatten Muskelzellen der P. haben die Aufgabe, beim Samenerguß durch ruckweise Kontraktion die Samenflüssigkeit in die Harn-Samen-Röhre zu pressen.

Prostatahypertrophie, durch Rückgang der Androgenproduktion (bei relativem Überwiegen der Östrogene) ausgelöste Alterserkrankung des Mannes in Form einer gutartigen Wucherung (Adenom) der Prostata (bes. der periurethralen Drüsen) mit nachfolgender Harnentleerungsstörung. Im 1. Stadium (Reizstadium) besteht nur häufiger Harndrang; die Blasenentleerung ist erschwert und verzögert, doch bleibt prakt. kein Restharn zurück. Im 2. Stadium kann die Blase nicht mehr vollständig entleert werden, vielmehr bleibt eine Restharnmenge von 100–300 cm³ zurück. Im 3. Stadium ist die Harnröhre

durch das Adenom so weit eingeengt, daß es zur chron. kompletten Harnverhaltung mit Überlaufblase (maximale Blasenfüllung mit mehr als 500 cm³ Restharn, tropfenweise Harnentleerung durch gesteigerten Blaseninnendruck) kommt. Der erhöhte Blaseninnendruck schließlich führt zur Rückstauungsschädigung der Nieren, im Endeffekt zur Harnvergiftung durch chron. Nierenversagen. - Die Behandlung besteht anfangs aus prophylakt. Maßnahmen, bes. gegen die akute Harnverhaltung (Vermeidung von Blasenüberfüllung). Später kommen operative Ausschälung oder die Elektroresektion, u. U. auch eine Dauerkatheterisierung in Frage.

Prostatakarzinom (Prostatakrebs, Vorsteherdrüsenkrebs), das im Unterschied zur gutartigen ↑Prostatahypertrophie aus dem spezif. Drüsengewebe des Organs hervorgehende Karzinom der Vorsteherdrüse. Die Erkrankung tritt selten vor dem 50. Lebensjahr auf und führt zu ähnl. Erscheinungen wie die Prostatahypertrophie (u. a. auch ischiasähnl. Schmerzen, Blutharnen, Harnverhaltung). Das P. neigt zu Absiedlungen bes. im Bereich der unteren Wirbelsäule und des Beckens (Früherkennung durch Vorsorgeuntersuchung). Das P. ist bei Männern der häufigste Organkrebs und steht an dritter Stelle der männl. Krebstodesfälle. - Die Behandlung besteht in der Gabe gegengeschlechtl. Hormone. Operativ kommen Elektroresektion, im Frühstadium die radikale Entfernung der Geschwulst in Betracht.

Prostějov [tschech. ˈprɔstjɛjɔf] ↑Olmütz.

prosthetische Gruppe [griech./dt.] ↑Enzyme, ↑Proteide.

Prostitution [zu lat. prostituere „vorn hinstellen, öffentl. zur Unzucht preisgeben"], Dienstleistung, die das Anbieten des eigenen Körpers zur Befriedigung sexueller Bedürfnisse anderer gegen Entgelt zum Inhalt hat. Unterschieden werden 4 Erscheinungsformen: 1. weibl.-homosexuelle P.; 2. männl.-homosexuelle P.; 3. männl.-heterosexuelle P.; 4. weibl.-heterosexuelle Prostitution. Letztere ist seit der Neuzeit die am häufigsten auftretende Form der P. und als solche im Unterschied zu den anderen Formen institutionalisiert. Grundlage dieser Art der P. scheint schon zu früheren Zeiten die durch ökonom. Interessen einer patriarchal. Gesellschaft begr. sexuelle Unterdrückung der Frau zu sein. Früheste bekannte Form der P. sind die etwa seit dem 14. Jh. v. Chr. in den frühen Hochkulturen Kleinasiens und N-Afrikas nachzuweisende Gast-P. und Tempel-P. (sakrale P.), denen jedoch der Entgelt- und damit der Berufscharakter fehlte. Die *Gast-P.* bedeutete für die Frau, daß sie sich als Eigentum ihres Mannes jedem seiner Gäste prostituieren mußte. Die *Tempel-P.* war, z. B. mit der Intention eines Fruchtbarkeitsritus und als hl. Handlung, eine einmalige P., bei der (nur) die Frauen durch Anbieten ihres Körpers um die Gunst der Götter warben. Aus der Tempel-P. entwickelte sich allmähl. die P. mit Berufscharakter. In Griechenland (v. a. in Athen) gab es seit dem 7. Jh. in Bordellen kasernierte Prostituierte, die wie in Rom i. d. R. Sklavinnen waren. Freien Römerinnen war eine promiskuitive Lebensweise nur erlaubt, wenn sie sich in ein Prostituiertenregister eintragen ließen. Die christl. Lehre brachte insbes. durch das Keuschheitsgebot und das Verbot des außerehel. Geschlechtsverkehrs eine moral. Abwertung der bis dahin als natürl. empfundenen Sexualität, was für die Prostituierten Diffamierung und Verfolgung bedeutete. In den Städten des späteren MA wurde die P. in die damalige Gesellschaftsordnung des Zunftwesens integriert, d. h. die P. wurde unter dem Schutz und der Kontrolle der Obrigkeit institutionalisiert in sog. Frauenhäusern, den histor. Vorläufern der später so genannten *Freudenhäuser*, betrieben, deren Besitzer Landesherren, Städte oder die Kirche waren, was jedoch nicht zu einer Aufwertung dieses Gewerbes führte. Mit Beginn des industriellen Zeitalters und der damit verbundenen Entwicklung der Großstädte weitete sich die P. aus; gleichzeitig entwickelte sich das Zuhältertum. - Die *soziale Herkunft* der Prostituierten hat sich gegenüber früher, als vorwiegend Sklavinnen, Besiegte und Angehörige der Unterschicht die P. ausübten, geändert. Heute rekrutieren sich die Prostituierten aus allen sozialen Schichten, werden aber als Mgl. einer sozialen Randgruppe diskriminiert, da sie gesellschaftl. herrschende Sexualnormen mißachten. Männer hingegen, die die Dienste der Prostituierten in Anspruch nehmen, unterliegen keiner gesellschaftl. Diskriminierung (anders ist dies bei der männl.-homosexuellen Prostitution). Ihnen werden angesichts einer auf die monogame Ehe ausgerichteten Sexualmoral kontrollierte Möglichkeiten zur Befriedigung ihrer sexuellen Bedürfnisse zugestanden, damit mögl., dem gesellschaftl. Normengefüge gefährl. werdende Spannungen vermieden werden. Diese als Ventilsitte bezeichnete Funktion der P. wird Frauen in aller Regel nicht zugestanden, was erklärt, warum die P. als Gewerbe toleriert wird und (mit Einschränkungen) legalisiert ist, die Prostituierte als die Gewerbetreibende jedoch geächtet ist und zahlr. Reglementierungen unterliegt (doppelte Moral).

Nach dem *Recht* der BR Deutschland ist die P. grundsätzl. nicht strafbar (seit 1973 gilt dies auch für die männl.-homosexuelle P., es sei denn, es liegt eine nach § 175 StGB strafbare homosexuelle Handlung vor). Jedoch können bestimmte anstößige Ausführungsarten der P. sowie bestimmte Formen der Förderung der P. mit Geldbuße bzw. mit Strafe geahndet werden (z. B. Ausübung der P. öffentl. in auffälliger und belästigender Weise,

in Jugendliche gefährdender Umgebung, in Sperrbezirken). Ferner müssen sich Prostituierte einer ständigen Gesundheitskontrolle unterziehen, die unter Umständen zwangsweise herbeigeführt werden kann. Angesichts der Tatsache, daß sich die P. wegen der damit verbundenen staatl. Kontrollmöglichkeiten nie auf die institutionalisierten Einrichtungen wie Bordelle (heute Eros-Center) bzw. auf die gestatteten Bezirke beschränkte, bringen die gesetzl. Reglementierungen die Prostituierten in ständigen Konflikt mit staatl. Behörden und damit in die Gefahr, kriminalisiert zu werden. Dies gilt insbes. für die - oft von Zuhältern organisierte - Ausübung der P. als Callgirl in Stundenhotels, Tanzbars, Massagesalons, Saunas sowie für den Straßen- bzw. Autostrich.

Schon in der 2. Hälfte des 19. Jh. kämpften Suffragetten und Prostituierte in England und Deutschland in der Abolitionistenbewegung gegen die Entrechtung und Entwürdigung der Prostituierten. Heute gibt es in einigen westl. Industrieländern Prostituiertenbewegungen, in denen sich zunehmend Prostituierte zusammenschließen, um sich gegen ihre Diskriminierung und Kriminalisierung zu wehren (in Frankr. z. B. organisierten die Prostituierten 1975 einen Streik). In der BR Deutschland, in der sog. Dirnenlohn zwar zu versteuern (Einkommensteuer), aber sonst als Vermögenswert nicht einklagbar ist, steht eine solche Bewegung erst in den Anfängen. Nach östr. Recht ist die P. mit Ausnahme der männl.-homosexuellen P. grundsätzl. straffrei. Bestimmte Ausführungs- und Förderungsarten sind jedoch unter Strafe gestellt.

In der *Schweiz* ist ausdrückl. nur die gleichgeschlechtl. P. verboten. Die Kantone haben jedoch das Recht, gegen Auswüchse der P. administrative Maßnahmen zu ergreifen.

⊞ *Bargon, M.: P. u. Zuhälterei.* Lübeck 1982. - *Giesen, R. M./Schumann, G.: An der Front des Patriarchats. Bensheim 1980. - Schulte, R.: Sperrbezirke. Tugendhaftigkeit u. P. in der bürgerl. Welt. Ffm. 1979. - Schelsky, H.: Soziologie der Sexualität.* Rbk. [21]1977. - *Röhr, D.: P.* Ffm. 1972.

Prostoma [griech.], svw. ↑ Urmund.
Prostration [lat.] ↑ Proskynese.
Proszenium [griech.-lat.], vorderer Teil der Bühne zw. Vorhang und Orchestergraben.
prot..., Prot... ↑ proto..., Proto...
Protactinium, chem. Symbol Pa; radioaktives, metall. Element aus der Reihe der Actinoide des Periodensystems der chem. Elemente, Ordnungszahl 91, Schmelzpunkt < 1600 °C, Dichte 15,37 g/cm³. An Isotopen sind Pa 215 bis Pa 218, Pa 222 bis Pa 238 bekannt; Pa 231 hat mit $3,25 \cdot 10^4$ Jahren die längste Halbwertszeit. Das silberweiße P. entsteht beim radioaktiven Zerfall des Uranisotops U 235; es kommt im Uranerz mit 300 mg pro t Uran vor und gehört mit einem

Protagonist

Anteil von $9 \cdot 10^{-11}\%$ an der festen Erdkruste zu den seltensten Elementen. 1918 gelang es O. Hahn und L. Meitner in Deutschland und F. Soddy und J. A. Cranston in England, das langlebige P.isotop Pa 231 als Zerfallsprodukt von Th 231 in der Actiniumreihe nachzuweisen.

Protagonist [griech.], 1. Hauptdarsteller, erster Schauspieler im altgriech. Theater; Haupthed bzw. zentrale Figur im Drama, bes. im expressionist. Stationendrama; 2. Vorkämpfer.

Protagoras, *Abdera um 480, †421, griech. Philosoph. - Wanderlehrer, jedoch meist in Athen; soll der Gottlosigkeit angeklagt worden sein; ertrank vermutl. auf der Flucht nach Italien bei einem Schiffbruch; entwarf 443 für Perikles die Verfassung für eine neugegr. unterital. Kolonie. Bedeutendster Vertreter der (älteren) Sophisten. Kernstück seiner Philosophie ist der sog. ↑Homomensura-Satz.

Protanopie [griech.], svw. Rotblindheit (↑Farbenfehlsichtigkeit).

Proteine. Struktur der α-Helix

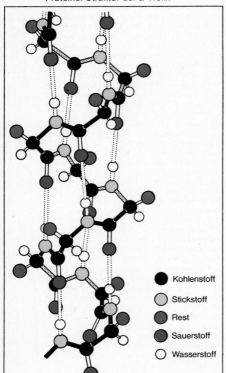

Kohlenstoff
Stickstoff
Rest
Sauerstoff
Wasserstoff

Protea [griech.], Gatt. der Proteusgewächse mit rd. 100 Arten v. a. in S-Afrika; immergrüne Sträucher mit lederartigen, oft seidenglänzenden Blättern und in Köpfen stehenden, von Hochblättern umgebenen Blüten; einige Arten sind dekorative Kalthauspflanzen.

Proteasen [griech.], zu den Hydrolasen gehörende Enzyme, die die Spaltung der Peptidbindungen von Proteinen und Peptiden katalysieren. P. sind v. a. Verdauungsenzyme, kommen aber auch als Gewebs-P. in tier. und menschl. Gewebszellen und in Pflanzenzellen vor. Man unterscheidet ↑Peptidasen und ↑Proteinasen.

protegieren [proteˈʒiːrən; lat.-frz.], begünstigen, bevorzugen; fördern; **Protegé,** Günstling, Schützling; **Protektion,** Schutz, Gönnerschaft; Begünstigung.

Proteide [griech. (↑Protein)], aus einer Protein- und einer Nichtproteinkomponente *(prosthet. Gruppe)* zusammengesetzte, in der Natur verbreitet vorkommende Substanzen. Nach der Art der prosthet. Gruppe werden ↑Chromoproteide (enthalten Farbstoffe), ↑Glykoproteide (enthalten Kohlenhydrate), ↑Lipoproteide (enthalten Fette) und ↑Phosphoproteide (enthalten Phosphorsäure) unterschieden.

Proteinasen [...teˈi...; griech.], v. a. Proteine hydrolyt. spaltende Enzyme (Proteasen), die die Peptidbindungen im Inneren der Moleküle angreifen. Zu den P. gehören neben den Verdauungsenzymen das Thrombin, die Kathepsine und das Papain.

Proteinbiosynthese (Proteinsynthese, Eiweißsynthese), die P. ist der Vorgang, bei dem die Reihenfolge der Basen (Basensequenz) der DNS in eine bestimmte Aminosäuresequenz (Reihenfolge der Aminosäuren im Proteinmolekül) übersetzt wird *(Translation)*. Bildungsort der Proteine sind die ↑Ribosomen. Die genet. Information für den Proteinaufbau befindet sich in der DNS des Zellkerns. Folgl. muß ein „Vermittler" die genet. Information aufnehmen und sie zu den Ribosomen im Zellplasma bringen. Diese Aufgabe hat die m-RNS (Boten-RNS), die eine Art Arbeitskopie der DNS ist, an der sie durch ↑Transkription gebildet wird. Jeweils drei aufeinanderfolgende Basen der einen RNS, die ein Codon bilden, kodieren für eine Aminosäure. Die im Plasma gebildeten Aminosäuren müssen mit einer weiteren RNS, der t-RNS (Transport-RNS) zu den Ribosomen gebracht werden. - Im einzelnen werden zunächst die 20 verschiedenen Aminosäuren, die die Bausteine der Proteine darstellen, mit Hilfe von ATP (↑Adenosinphosphate) aktiviert und an das eine Ende einer t-RNS geknüpft. Für jede Aminosäure gibt es eine bis mehrere spezif. t-RNS. Die beladenen t-RNS lagern sich nacheinander an den Ribosomen mit ihrem an einer bestimmten Stelle des Mo-

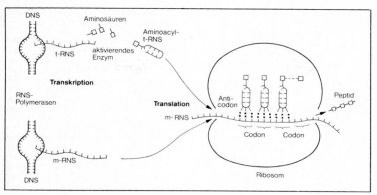

Proteinbiosynthese

leküls gelegenen Anticodon (das ebenfalls aus drei Basen besteht und zu dem entsprechenden Codon der m-RNS komplementär ist *[Adaptorhypothese]*) an das jeweilige Codon der m-RNS an. Hierbei wird eine Peptidbindung zw. der neu hinzukommenden Aminosäure und der vorangegangenen geknüpft und gleichzeitig die t-RNS der vorangegangenen Aminosäure freigesetzt. Die Synthese beginnt an einem Startcodon der m-RNS *(Initiator)* und läuft weiter *(Elongation)*, bis auf der m-RNS ein Stoppcodon erscheint *(Termination)*. Die P. ist ein energieverbrauchender Prozeß, der seine Energie aus Guanosintriphosphat bezieht. An der P. sind eine ganze Reihe von Enzymen und „Faktoren" (spezielle Proteinkomponenten) beteiligt; auch findet eine zykl. Ortsveränderung der wachsenden Aminosäurekette innerhalb des Ribosoms bei jeder Anknüpfung einer weiteren Aminosäure statt. Nach Beendigung der Aminosäurekette, d. h. nach Fertigstellung des Proteins, zerfällt das Ribosom in seine beiden Untereinheiten; es kann anschließend mit einer anderen m-RNS zu einer neuen Synthese zusammentreten. An einer m-RNS können mehrere Ribosomen gleichzeitig „arbeiten". Ein solcher Komplex aus einer m-RNS und mehreren Ribosomen wird als *Polysom* bezeichnet.

Proteine [zu griech. prõtos „erster"] (Eiweiße, Eiweißstoffe), als Polykondensationsprodukte von Aminosäuren aufzufassende, hochmolekulare Verbindungen (Polypeptide) mit einer Molekülmasse über 10 000 (z. T. bis über 100 000). Charakterist. für die P. (wie für die ↑Peptide) ist die Peptidbindung. P. und ↑Proteide sind Bestandteile der Zellen aller Organismen; sie sind Enzyme und zahlr. Hormone sind Proteine. Die P. werden nach ihrer Molekülgestalt und ihren Löslichkeitseigenschaften in *Skléro-P.* (Gerüsteiweiße, Faser-P.; z. B. ↑Keratine und ↑Kollagene) und

in *Sphäro-P.* (globuläre P.; z. B. ↑Albumine und ↑Globuline) sowie nach ihrem Vorkommen, ihren physiolog. Wirkungen und ihrer molekularen Struktur (z. B. Rinderserum-Albumin) eingeteilt. Beim Aufbau der P. unterscheidet man Primär-, Sekundär-, Tertiär- und Quartärstruktur. Als *Primärstruktur* wird die Aufeinanderfolge der Aminosäuren bezeichnet; die *Sekundärstruktur* (bes. bei den Skléro-P.) ist durch Ausbildung von Wasserstoffbrücken zw. CO- und NH-Gruppen der Peptidketten gekennzeichnet. Dies führt zu schraubenartig gewundenen Polypeptidketten (*α-Helix-* oder *α-Keratinstruktur*) oder zu einer mehr oder weniger flachen, leicht aufgefalteten Struktur der Polypeptidketten (*Faltblatt-* oder *β-Keratinstruktur*). Durch kovalente Bindungen, d. h. durch Verknüpfung der SH-Gruppen von je zwei Molekülen der Aminosäure Cystein und durch elektrostat. Wechselwirkungen zw. polaren Substituenten (z. B. -COOH- und -NH$_2$-Gruppen) kommt es zur *Tertiärstruktur*. Bei einigen Sphäro-P. konnte die Tertiärstruktur durch Röntgenstrukturanalyse aufgeklärt werden (z. B. beim Hämoglobin). Als *Quartärstruktur* bezeichnet man die Aggregation mehrerer (in sich abgeschlossener) Polypeptidketten zu einem Molekül, wobei der Zusammenhalt der Untereinheiten durch kovalente Bindungen und Dipolwechselwirkungen zustande kommt. Ein P. mit Quartärstruktur ist z. B. das Insulin. Durch Einwirken von Temperaturen über 60 °C, durch starke pH-Wert-Änderungen und bestimmte organ. Lösungsmittel wird die Struktur von Sphäro-P. irreversibel zerstört (Eiweißdenaturierung). Nur grüne Pflanzen können Aminosäuren und damit P. aus anorgan. Substanzen aufbauen. Tier und Mensch müssen P. über die Nahrung (Pflanzen, Fleisch, Eier, Milch) aufnehmen und im Verdauungstrakt durch hydrolyt. Enzyme (Proteasen) in die Aminosäuren zerlegen *(Eiweißspaltung)*, um körpereigene P. aufbauen zu

Proteinfasern

können. Im Hinblick auf die zunehmende Weltbevölkerung wurden Methoden zur Erschließung neuer Proteinquellen unter Beteiligung von Mikroorganismen (z. B. Hefen, Grünalgen)entwickelt. Da die erhaltenen Produkte jedoch unansehnl. sind, z. T. auch schädl. Nebenprodukte enthalten und daher aufwendigen Aufbereitungstechniken unterworfen werden müssen, hat die mikrobielle P.erzeugung derzeit nur in der Gewinnung zusätzl. Futtermittel Bedeutung.
Geschichte: Die P. wurden erst im 19. Jh. als gesonderte Substanzklasse erkannt. J. Mulder stellte um 1840 eine Hypothese auf, nach der alle Eiweiße aus einem gemeinsamen „Radikal", dem sog. „Protein" und unterschiedl. Mengen Wasserstoff, Stickstoff, Phosphor und Schwefel bestehen. Trotz der Unrichtigkeit der Hypothese wurde die Bez. P. beibehalten. 1890 isolierte F. Hofmeister das Eialbumin als erstes kristallisiertes P., und 1902 erkannten er und E. Fischer die P. als Polypeptide. 1952 entwarf L. Pauling das Helixmodell für Proteine. Um 1960 gelang J. C. Kendrew und M. Perutz die Ermittlung der dreidimensionalen Struktur des Hämoglobins und Myoglobins und G. Braunitzer die Aufklärung der Reihenfolge der Aminosäuren im Hämoglobin.
ⓒ *Der Energie- u. Proteinbedarf des Menschen. Hg. v. B. Blanc u. H. Bickel. Darmst. 1979. - Schulz, G. E./Schirmer, R. H.: Principles of protein structure. Bln. u.a.* ²*1979. - Dickerson, R. E./Geis, I.: Struktur u. Funktion der P. Dt. Übers. Whm.* ²*1975. - The proteins. Hg. v. H. Neurath u. R. L. Hill. New York* ³*1975–82. 5 Bde. - Fasold, H.: Die Struktur der P. Whm. 1972.*

Proteinfasern (Eiweißfasern), aus tier. und pflanzl. Eiweiß (z. B. Kasein) durch Lösen in Alkalien und Verspinnen in einem Säurebad hergestellte Fasern von nur geringer Festigkeit; werden meist nur in Gemisch mit anderen Fasern verwendet.

Proteinsynthese, andere Bez. für die ↑Proteinbiosynthese.

Proteinurie [...te-i...; griech.] (Eiweißharnen), krankhaft vermehrte Ausscheidung von Proteinen im Urin, v. a. bei ↑Nierenerkrankungen.

Protektionismus [lat.-frz.], eine [Außen]wirtschaftspolitik, die dem Schutz der Binnenwirtschaft vor ausländ. Konkurrenten dient. Maßnahmen: Zölle, Kontingentierung, Devisenbewirtschaftung, Einfuhrbeschränkungen und -verbote.

Protektor [lat.], Beschützer, Schirmherr, Förderer, Ehrenvorsitzender; Napoleon I. führte nach der Rheinbundsakte von 1806 den Titel „P. des Rheinbundes"; 1939–45 war der **Reichsprotektor** im Protektorat Böhmen und Mähren der höchste dt., Hitler unmittelbar unterstellte Beamte.
◆ die äußerste Schicht eines Reifens.

Protektorat [lat.], völkerrechtl. Staatenverbindung auf der Basis der Ungleichheit. Durch das P. begibt sich ein (ebenfalls als P. bezeichneter) Staat unter den Schutz eines anderen Staates oder einer Staatengemeinschaft (Protektor). Der untergeordnete Staat behält seine Völkerrechtsfähigkeit, er überträgt nur einzelne Kompetenzen - etwa auswärtige Beziehungen, Verteidigung - auf den Protektorstaat. Das P. war v. a. ein Mittel europ. Großmacht - (z. B. Freie Stadt Krakau, Ion. Inseln, zuletzt Protektorat Böhmen und Mähren) und Kolonialpolitik.
Protektorat Böhmen und Mähren, von den Nationalsozialisten eingeführte Bez. für die von Hitler ihrer Souveränität beraubten und dem Dt. Reich eingegliederten, im Münchner Abkommen bei der Rest-ČSR belassenen tschech. Gebiete (1939–45). - ↑auch Tschechoslowakei (Geschichte).

Proteolyse [griech.], Aufspaltung von Eiweißkörpern in Aminosäuren, z. B. der enzymat. Abbau des Nahrungseiweißes bei der Verdauung.

Proterozoikum [griech.], ältere Bez. für die Erdfrühzeit (Präkambrium), in der sich das Leben auf der Erde entwickelte.

Protest [italien., zu lat. protestari „öffentl. bezeugen, verkünden"], allg. Einspruch, Verwahrung, Widerspruch, Mißfallensbekundung.
◆ im *Sport* v. a. offizieller Einspruch gegen ein Wettkampfergebnis.
◆ im *Wechsel-* und *Scheckrecht* ↑Scheckprotest, ↑Wechselprotest.
◆ im *Völkerrecht* ein einseitiger Akt, der schriftlich oder mündlich vorgenommen werden kann. Ein Staat, der seine und/oder die allg. Rechte durch einen anderen Staat für verletzt oder bedroht hält, ist berechtigt, nicht aber verpflichtet, gegenüber diesem Staat P. zu erheben.

Protestanten [zu lat. protestari „öffentl. bezeugen, verkünden"], Bez. für die Mgl. der Kirchen, die aus der Reformation hervorgegangen sind.

Protestantismus [lat.], Gesamtheit der maßgebl. von der ↑Reformation bestimmten christl. Kirchen und Bewegungen. Die Bez. geht zurück auf die ↑Protestation von Speyer (1529). Der P. umfaßt alle theolog. Richtungen und konfessionellen Gruppen auf ev. Seite im 16. Jh. sowie die in der Folgezeit aus ihnen hervorgegangenen Kirchen und Gemeinschaften. Die Zugehörigkeit zum P. ist nicht leicht zu begrenzen. Die Reformationskirchen schlossen z. B. die Gegner der Kindertaufe und der Trinität aus, während heute die Neigung besteht, auch den „linken Flügel" der Reformation (sog. Schwärmer, Täufer u. a.) dem P. zuzurechnen. - Als *Lehre* gelten die zentralen theolog. Aussagen der Reformatoren: Der Mensch ist Sünder. Seine Rechtfertigung geschieht allein durch Christus, allein aus Gnade und allein durch den Glauben. Abgewiesen wird die Mitwirkung des Menschen an seinem Heil, eine Vermittlung durch Maria und die Heiligen, der Wert der guten Werke für die ewige Seligkeit. - In seiner *Geschichte* war der P. unterschiedl. Einflüssen ausgesetzt und hat mehrere Wandlungen durchgemacht. In der prot. Orthodoxie des 17. Jh. wurde bes. Gewicht auf den begriffl. Ausbau der Theologie gelegt. Aufklärung und Rationalismus bedeuteten für die prot. Theologie ein neues wiss.-method. Denken und den Sieg der Toleranz über den Konfessionalismus. Der Pietismus des 18. Jh. und die Erweckungsbewegung zu Beginn des 19. Jh. suchten die Verinnerlichung und Verlebendigung des persönl. Glaubens. Der liberale P. suchte bibl. Offenbarung und menschl. Vernunft auszugleichen. Seit der Jh.wende konzentriert sich die Theologie wieder stärker auf die bibl. Botschaft. - Die *Einheit* des P. ist weder in einer kirchl. Institution zu erkennen, noch durch kirchl. Bekenntnisse zu sichern. Es ist nach prot. Auffassung vielmehr eine geistige und geistl. Einheit, die im steten Hören auf das bibl. Zeugnis besteht. Dennoch bemüht sich der P. in der ökumen. Bewegung auch um institutionelle Einigung.

📖 *Schnübbe, O.: P. Tillich u. seine Bed. für den P. heute. Hannover 1985. - Ronchi, S.: Der P. Aschaffenburg 1983. - Roser, H.: Protestanten u. Europa. Mchn. 1979. - Benrath, G. A., u.a.: Der P. als krit. Kraft. Gött. 1979. - Kupisch, K.: Die Freiheit des geschichtl. Denkens. P. u. Gesch. Stg. 1979. - Tillich, P.: Der P. Dt. Übers. Stg. 1950.*

Protestantismusthese, von Max Weber in seiner Schrift „Die prot. Ethik und der Geist des Kapitalismus" (1905) aufgestellte These, daß kalvinist.-prot. Glaubensvorstellungen (z. B. Prädestinationslehre) und Lebensvorschriften (z. B. Askese) als Basis von Gewinnstreben, Marktrationalität und allg. Leistungsmotivation und somit der kalvinist. Protestantismus als die eth.-religiöse Entstehungsgrundlage der Wirtschaftsgesinnung des modernen Kapitalismus und der industriellen Leistungsgesellschaft anzusehen seien; die P. ist bis heute umstritten.

Protestation von Speyer, Einspruch der ev. Reichsstände gegen den Beschluß der altkirchl. Mehrheit auf dem Reichstag von Speyer (15. März bis 22. April 1529), am Wormser Edikt von 1521 festzuhalten. Der Reichstagsabschied setzte sich über den P. v. S. hinweg, von der sich die Bez. „Protestanten" herleitet.

Protestbewegungen, Sammelbez. für ideolog. unterschiedl. motivierte und in der polit. Praxis sich unterschiedl. verhaltende polit. Bewegungen; seit den 1960er Jahren insbes. die zumeist von Jugendlichen getragene Bewegung, die sich in den westl. Ind.gesellschaften gegen ihrer Meinung nach in-

humane, weil irrationale Herrschaftszustände und schlechte Lebensverhältnisse begründende Strukturzustände in Gesellschaft und Politik richten.

Protestsong ↑ Lied

Proteusgewächse (Silberbaumgewächse, Proteaceae), zweikeimblättrige Pflanzenfam. mit rd. 1 400 Arten in 62 Gatt. v. a. in Australien und S-Afrika; meist immergrüne Bäume oder Sträucher mit meist wechselständigen, lederartigen Blättern und in Trauben, Dolden oder Ähren angeordneten Blüten. Bekannte Gatt. sind Protea, Grevillea und Silberbaum.

Prothallium [griech.] (Vorkeim), haploider, aus einer Spore hervorgehender, thallöser Vorkeim (Gametophyt) der Farnpflanzen, an dem die Fortpflanzungsorgane entstehen.

Prothese [griech.] ↑ Prothetik.

Prothetik [zu griech. próthesis „das Voransetzen"], medizin.-techn. Wissenschaftszweig, der sich mit der Konstruktion von Prothesen und Orthesen befaßt. Als *Prothesen* werden alle [mechan.] Vorrichtungen bezeichnet, die zum Funktions- und/oder kosmet. Ersatz nicht oder nur unvollständig ausgebildeter, infolge Unfalls verlorener oder aus medizin. Indikation operativ abgetragener (amputierter) sowie durch Krankheit zerstörter Körper- oder Organteile im und am Körper dienen.

Wichtiges Teilgebiet der P. ist die Extremitäten[teil]ersatz. Neben zahlr. anderen, äußerl. einsetzbaren Prothesen erstreckt sich die P.

Prothetik.
Schema einer Beinprothese
mit hydraulischer Belastungsbremse

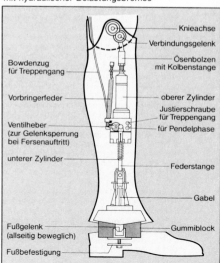

- Knieachse
- Verbindungsgelenk
- Ösenbolzen mit Kolbenstange

Bowdenzug für Treppengang

Vorbringerfeder

- oberer Zylinder

Ventilheber (zur Gelenksperrung bei Fersenauftritt)

Justierschraube für Treppengang für Pendelphase

unterer Zylinder

- Federstange

- Gabel

Fußgelenk (allseitig beweglich)

Gummiblock

Fußbefestigung

auch auf den Bereich der Endoprothesen, die in den Körper implantiert werden. Im Gegensatz zur Transplantation gelangt hierbei nur körperfremdes, synthet. oder natürl. Totmaterial zur Verwendung *(Alloplastik)*.

Prothesen zum Extremitätenersatz: Die Problematik des Extremitätenersatzes wurde schon sehr früh von der kosmet. (eiserne Handnachbildung des Römers Silus) und der mechan. Seite angegangen, wofür das bekannteste Beispiel die eiserne Hand des Götz von Berlichingen ist, an der Handgelenk, Finger und Daumen getrennt (passiv) bewegl. und in der Beugestellung arretierbar waren. Aus dieser Stellung konnten sie durch eine über drei Druckknöpfe auslösbare Federmechanik in Streckstellung gebracht werden. Heute werden bes. an *Arm[teil]prothesen* und *Handprothesen* funktionell wie kosmet. hohe Anforderungen gestellt, wenn der Versorgte in seiner Tätigkeit nicht eingeschränkt und psych. entlastet werden soll. Ziel der Entwicklung von Arm- und Handprothesen der letzten Jahre ist der *prothet. Ersatz mit Fremdantrieb* (elektromechan., elektrohydraul. oder pneumat. Antrieb): Durch ihn sind heute differenzierte Bewegungsabläufe wie die Beweglichkeit des Oberarms in zwei zueinander senkrechten Ebenen, Beugung und Streckung des Unterarms, Ein- und Auswärtsdrehung der Hand sowie ihre Öffnung und Schließung insgesamt oder nach den jeweiligen Erfordernissen als Einzelfunktionen (bes. der künstl. Hand) mögl. geworden. - Der techn. Aufwand der *Beinprothesen* kann wesentl. geringer gehalten werden. Hier muß ledigl. eine ausreichende Tragfähigkeit sowie eine passive Beweglichkeit im Knie- und Fußgelenk gewährleistet sein. Durch geeignete Federmechanismen im Kniegelenk wird ein unbeabsichtigtes Einknicken der Beinprothese verhindert und ein annähernd natürlicher Bewegungsablauf beim Gehen erzielt. Das Stumpfbett wird vielfach trägerlos als Haftkontaktbettung ausgeführt, die sich ohne Luftzwischenraum dem Stumpf elast. anschmiegt. Als Prothesenmaterial finden zunehmend auch glasfaserverstärkte Kunststoffe Verwendung.

Funktions- und kosmet. Prothesen: Funktionsprothesen sind u. a. ↑Hörgeräte, Sehgeräte für Blinde (Elektrophthalm) und ↑Zahnprothesen. Kosmet. Prothesen erfüllen keine physiolog. Funktionen, sondern dienen zur Erleichterung der psych., durch äußere Unzulänglichkeiten verursachten Schwierigkeiten, z. B. bei Brustamputation (↑plastische Chirurgie).

Endoprothesen: Die Implantation körperfremden Materials (Kunststoff, Metall) in den Körper erweitert den Problemkreis der P. hinsichtl. der hierbei verwendbaren Stoffe: Diese müssen vom Organismus reizlos vertragen werden und dürfen nicht durch körpereigene Substanzen in ihrer Struktur verändert oder angegriffen werden. Bei irreparablen Gelenkschädigungen wird die volle Beweglichkeit der betreffenden gelenkig verbundenen [Extremitäten]teile durch Einsatz künstl. *Gelenkprothesen* bzw. Gelenkteilprothesen wiederhergestellt. Bes. häufig werden solche Operationen am Hüft- und Kniegelenk vorgenommen. Auch die *Gefäß-* und *Herzchirurgie* bedient sich implantierbarer Prothesen. In der Herzchirurgie werden bereits routinemäßig künstl. Herzklappen als Prothesen eingepflanzt.

Orthesen sind techn. Hilfen, denen zum Ausgleich von Funktionsausfällen der Extremitäten oder der Wirbelsäule Stützfunktionen zukommen. Der Einsatz von Orthesen wird erforderl., wenn im Bereich der Extremitäten oder der Wirbelsäule durch Krankheit, Funktionsausfälle auftreten, die den Organismus nicht ausgleichen kann.

Die Kosten für Prothesen und Orthesen werden bei medizin. Indikation im Rahmen der Krankenpflege und Rehabilitation von den Krankenkassen getragen bzw. bezuschußt.

🕮 *Dolder, E. J./Wirz, J.: Die Steg-Gelenk-P. Hdbg. 1982. - Bundesprothesenliste. Hg. v. Bundesmin. f. Arbeit u. Sozialordnung. Stg. [1-3]1980. - Baumgartner, R.: Amputation u. Prothesenversorgung beim Kind. Stg. 1977. - Glass, K., u. a.: Antrieb u. Steuerung v. Fremdenergiegießprothesen u. -orthesen der oberen Extremitäten. Lpz. 1971.*

Prothrombin, im Blutplasma enthaltenes Glykoproteid, Vorstufe des für die Blutgerinnung wichtigen Thrombins.

Protisten [griech.], svw. ↑Einzeller.

Protium [griech.] ↑Wasserstoff.

proto..., Proto..., prot..., Prot... [zu griech. prōtos „erster"], Bestimmungswort von Zusammensetzungen mit der Bed. „erster; wichtigster; Ur...".

Protobantu ↑Urbantu. - ↑auch Bantu.

Protogene, dominante ↑Allele (Ggs. ↑Allogene).

Protohattisch (Hattisch, Chattisch), die Sprache der Bev. von ↑Chatti vor Einwanderung der Hethiter, im 15. Jh. v. Chr. ausgestorben; überliefert nur in Keilschrifttexten der Hethiter.

protoindische Schrift, svw. ↑Indusschrift.

Protokoll [mittellat., eigtl. „(den amtl. Papyrusrollen) vorgeleimtes (Blatt)"; zu griech. prōtos „erster" und kólla „Leim"], förml. Niederschrift; schriftl. Zusammenfassung der wesentl. Punkte einer Besprechung.
◆ in der *Diplomatik* ↑Urkunde.
◆ im *zwischenstaatl. Verkehr* die Niederschrift über Verlauf und Resultat zwischenstaatl. Verhandlungen. Von Verhandlungs-P. zu unterscheiden sind die Zusatz- und Schluß-P., bes. Urkunden, die Erläuterungen, Klarstellungen oder Nebenabreden zu völkerrechtl. Verträgen enthalten.

◆ die Gesamtheit der im *diplomat.* und *völker-rechtl. Verkehr* der Staaten gebräuchl. und eingehaltenen Formen. Die zeremoniellen Regeln (Etikette, Rangordnung) sind ein Mittel der Diplomatie, haben jedoch im Verhältnis zu früher nicht mehr die gleiche wesentl. Bedeutung. Im Auswärtigen Amt besteht für das P. eine eigene Abteilung.

Protokolle der Weisen von Zion, angebl. Niederschriften einer jüd. Geheimtagung, die Pläne für die Errichtung einer jüd. Weltherrschaft enthalten; antisemit. Fälschung, deren Herkunft und Entstehung unbekannt sind; erstmals 1905 in Rußland veröffentlicht, erlebte v. a. nach dem 1. Weltkrieg in vielen Ländern weite Verbreitung; 1921 in der Londoner „Times" als Fälschung entlarvt, durch mehrere Gerichtsurteile (Berlin 1924, Johannesburg 1934, Bern 1935, Basel 1936) bestätigt; spielten in der antisemit. Propaganda der NS eine wichtige Rolle und dienten Hitler als ein Motiv für die Kriegserklärung an die „jüd.-imperialist. Mächte".

Protokollsatz, ein Satz, der die „einfachsten" erkennbaren Sachverhalte unter Ausschluß aller theoret. Ordnungsfaktoren in Aussagen über das unmittelbar „Gegebene" festhalten soll; häufig auch svw. ↑Basissatz.

Protolyse (Säuredissoziation), Reaktion, bei der ein Protonendonator (Säure) Protonen an einen Protonenakzeptor (Base) abgibt. - ↑auch Säure-Base-Theorie.

Protomonadina [griech.], Ordnung farbloser Flagellaten mit meist ein bis zwei Geißeln. Hierher gehören u. a. die Kragengeißeltierchen und die Trypanosomen.

Proton [griech. „das erste"], physikal. Symbol p oder $^1_1$H; schweres, elektr. positiv geladenes, stabiles (d. h. nicht zerfallendes) Elementarteilchen aus der Gruppe der Baryonen (Baryonenzahl 1, Strangeness 0), das den Kern der leichten Wasserstoffatoms bildet und zus. mit dem Neutron Baustein aller zusammengesetzten Atomkerne ist. Es hat die Ruhmasse $m_p = 1,007276$ atomare Masseneinheiten $= 1,672 \cdot 10^{-24}$ g, das entspricht einer Ruhenergie von 938,259 MeV. Die Ruhmasse des P. ist damit rd. 2000 mal so groß wie die des Elektrons. Das P. ist Träger einer positiven Elementarladung (e $= 1,60219 \cdot 10^{-19}$ Coulomb); seine spezif. Ladung ist $e/m_p = 95\,790$ C/g. Es hat einen Spin vom Betrag $^1/_2$ $\hbar$ (mit $2\pi\hbar$ als Plancksches Wirkungsquantum) und ein magnet. Moment vom Betrage $\mu_p = 2,79276$ Kernmagnetonen. Im Ggs. zu freien Neutronen sind freie P. leicht durch Ionisierung von Wasserstoffatomen zu erhalten; sie entstehen ferner bei einer Reihe von Kernprozessen, bei Kernspaltungen und Kernzertrümmerungen sowie beim Betazerfall des freien Neutrons. Aus P. besteht auch der größte Teil der aus dem Kosmos einfallenden Primärkomponente der Höhenstrahlung. - E. Rutherford wies Anfang des 20. Jh. Wasserstoffkerne als Bestandteile der Stickstoffatome nach; diese wurden 1920 von ihm P. genannt.

Protonema [griech.], aus einer Spore hervorgehender, haploider Vorkeim der Moose, aus dem sich die Moospflanze mit den Geschlechtsorganen entwickelt.

Protonenakzeptor ↑Säure-Base-Theorie.

Protonendonator ↑Säure-Base-Theorie.

Protonenleitung, der durch Protonen verursachte Stromtransport in festen Körpern, die entweder mit Wasserstoff verunreinigt sind oder in denen eine Wasserstoffbrückenbindung wirksam ist.

Protonenresonanzspektroskopie ↑NMR-Spektroskopie.

Protonenstrahlen, Korpuskularstrahlen aus ↑Protonen. Durch Teilchenbeschleuniger auf sehr hohe Energie gebrachte P. werden in der Kern- und Hochenergiephysik zur Untersuchung von Kernstrukturen und Kernprozessen verwendet.

Protonensynchrotron ↑Synchrotron.

Protonenzahl, die Zahl von Protonen, die ein Atomkern enthält. Sie ist gleich der Kernladungszahl und folgl. gleich der Ordnungszahl des betreffenden Elements; bei neutralen Atomen ist sie gleich der Zahl der Elektronen in der Atomhülle. Die Summe von P. und Neutronenzahl eines Kerns ist seine Massenzahl.

Protonephridien, Exkretionsorgane der Platt- und Schnurwürmer, der Rädertiere sowie vieler Larvenformen. Paarige, entweder segmental angelegte oder zu verzweigten Röhrensystemen zusammengeschlossene Kanälchen, die in der primären Leibeshöhle oder im Parenchym mit einer Exkretionszelle beginnen und über eine Pore an der Körperoberfläche ausmünden.

Proton-Neutron-Reaktion ((p, n)-Reaktion), eine Kernreaktion, bei der vom Kern ein auftreffendes Proton absorbiert und anschließend ein Neutron mit der überschüssigen Reaktionsenergie ermittiert wird.

Proton-Proton-Reaktion (H-H-Reaktion), von H. A. Bethe und C. L. Critchfield 1938 als mögl. Quelle stellarer Energie vermutete Kernreaktion, die bei Temperaturen oberhalb von 5 Mill. K mögl. ist und bei der durch Stoß zweier Protonen ein Deuteron, ein Positron und ein Neutrino entstehen sowie Energie (in Form von γ-Quanten) frei wird:

$$p + p \rightarrow D + e^+ + \nu + 1,4 \text{ MeV.}$$

Die P.-P.-R. ist die erste Stufe des sog. **Proton-Proton-Zyklus,** bei dem insgesamt aus 4 Protonen ein ^{4}He-Kern mit einer Energietönung von 26,6 MeV pro Heliumkern entsteht. Man nimmt an, daß im Sterninnern bei Temperaturen unter 15 Mill. K die P.-P.-R. überwiegt,

Protophyten

bei höheren Temperaturen jedoch der ↑ Bethe-Weizsäcker-Zyklus.

Protophyten [griech.], Bez. für eine Organisationsstufe der Pflanzen, die alle einzelligen oder lockere Zellverbände darstellenden Pflanzen umfaßt. Zu den P. zählen Flagellaten, Bakterien und Schleimpilze.

Protoplasma ↑ Plasma.

Protoplast [griech.], in der Botanik der lebende, das Protoplasma darstellende Zelleib einer Zelle.

Protorenaissance [rənɛ‚sã:s], von J. Burckhardt geprägte Bez. für antikisierende Tendenzen des 11. bis 13.Jh. in der Toskana (Baukunst). Der Begriff P. wird auch auf antikisierende Strömungen in der roman. Architektur S-Frankr., der Plastik z.Z. Friedrichs II. in S-Italien sowie auf die Skulpturen N. Pisanos u. a. angewendet.

Protostomier [griech.] (Urmundtiere), Stammgruppe des Tierreichs, bei der der Urmund zur Mundöffnung wird und der After sekundär durchbricht; Hauptstränge des Nervensystems liegen bauchseits; die Rückenregion trägt demgegenüber die kontraktilen Elemente (Herz) des Blutkreislaufsystems. Die P. umfassen mit knapp 1 Mill. Arten die überwiegende Mehrheit aller Tiere, u. a. Platt- und Schlauchwürmer, Gliedertiere, Weichtiere, Tentakelträger. - Ggs. ↑ Deuterostomier.

Prototyp, Urbild, Muster, Inbegriff; in der *Technik* das vor der Serienproduktion gefertigte Probemodell (z. B. eines Autos); im *Automobilrennsport* nicht homologierter Serienwettbewerbswagen oder Einzeltyp.

Protozoen [griech.] (Urtierchen, Protozoa), Unterreich der Tiere (tier. ↑ Einzeller) mit rd. 20 000 bekannten etwa 1 μm bis 2 mm großen rezenten Arten; fossile Formen (z. B. Nummuliten) bis 10 cm groß; ein- oder mehrkernig, Zytoplasmakörper nicht zellig gegliedert, aber oft mit sehr ausgeprägter Differenzierung (↑ Organellen); Zelloberfläche nackt und weitgehend formveränderlich (z. B. bei Amöben) oder mit fester, relativ formkonstanter ↑ Pellikula. Während endoparasit. P. ihre Nahrung häufig osmot. aufnehmen, finden sich bei freilebenden Arten bes. Ernährungsorganellen *(Nahrungsvakuolen)*. Der Exkretion und Osmoregulation der Süßwasser-P. dienen *kontraktile Vakuolen* (pulsierende Vakuolen), sich rhythm. zusammenziehende und dabei das eingedrungene Wasser entleerende bläschenartige Zellorganellen. - Die Fortpflanzung erfolgt ungeschlechtl. durch Zweiteilung, Vielfachteilung oder Knospung, bei vielen P. auch geschlechtl. durch Kopulation oder Konjugation. Viele endoparasit. P. (Sporentierchen) haben Generationswechsel, nicht selten verbunden mit Wirtswechsel. - Zahlr. P. können ungünstige Lebensbedingungen als Dauerstadien (Zysten) überstehen. - P. bewegen sich mit Hilfe von Scheinfüßchen, Geißeln oder Wimpern fort. - Die P. leben einzeln

oder bilden (manchmal bis mehrere Zentimeter große) Kolonien im Meer und Süßwasser (auch in kleinsten Wasseransammlungen), oft als Ekto- oder Endoparasiten; einige sind gefährl. Krankheitserreger.

Protozoonosen [...ts-o...; griech.] (Protozoenkrankheiten), meist von Insekten übertragene Infektionskrankheiten durch parasitierend lebende Protozoen; z. B. Amöbenruhr, Malaria, Schlafkrankheit, Leishmaniosen, Toxoplasmose.

protrahiert [lat.], in der Medizin: verzögert bzw. über eine längere Zeitspanne hinweg wirkend; z. B. von Medikamenten (Depotpräparaten) gesagt.

Protuberanzen [zu lat. protuberare „anschwellen"], über die Chromosphäre der Sonne hinausragende glühende Gasmassen, die man zuerst bei Sonnenfinsternissen am Sonnenrand beobachtete; auch auf der Sonnenscheibe kann man P., die man dort wegen ihrer fadenförmigen Struktur **Filamente** nennt, heute erkennen. *Aktive P.* zeichnen sich durch lebhafte Materiebewegungen aus, die in Knoten oder Strömen in ein Attraktionszentrum (Magnetfeld) am Sonnenrand fließen. Am eindrucksvollsten sind die aufsteigenden P., die mit großen Geschwindigkeit (500 bis 700 km/s) in Höhen bis 500 000 km aufsteigen. Bei *Flecken-P.* strömt Gasmaterie aus Reservoire, die als helle Knoten über einer Fleckengruppe liegen, auf den Sonnenrand zu. Sehr langlebige P., die bis zu zehn Perioden der Sonnenrotation überdauern können, bezeichnet man als *ruhende P.;* eine weitere Gruppe stellen die *koronalen P.* dar, die sich anscheinend im Raum über der Chromosphäre formen und ihre Gasmassen auf die Sonnenoberfläche „niederregnen"

♦ (Protuberantiae) in der *Anatomie* Bez. für höckerartige Vorragungen v. a. an Knochen.

Protus [griech.], älterer Name für die erste (dor.) der authent. ↑ Kirchentonarten.

Protze [zu italian. biroccio „zweirädriger Wagen"], zweirädriger Vorderwagen von Geschützen.

Proudhon, Pierre Joseph [frz. pru'dõ], * Besançon 15.Jan. 1809, † Paris 19. Jan. 1865, frz. Frühsozialist und Schriftsteller. - Handwerkersohn; Autodidakt; ab etwa 1840 wurde er zum führenden Theoretiker der europ. (insbes. der west- und südeurop.) Arbeiterbewegung. Seine Einflüsse auf die Anarchisten Bakunin und Kropotkin und den frz. Syndikalismus wirkten lange nach. In seiner 1840 erschienenen Schrift „Was ist Eigentum?" griff P. die bestehende Eigentumsordnung an und forderte die gleichmäßige Verteilung des Produktionseigentums zu Lasten des gewerbl. Großkapitals und zugunsten einer Vielzahl von Kleinproduzenten, die ihre mit eigenen Arbeitsinstrumenten produzierten Waren an einer Tauschzentrale („Die Volksbank" 1848) gegen Tauschbons abliefern sollten.1849 begründete P. eine (allerdings nur ein halbes Jahr bestehende) Volksbank, die kostenlos Kredite vergab. Den zentralist. Staat kritisierte P. als Ursprung der Unterdrückung, seine neue Gesellschaftsordnung wollte er ohne Staatsmacht errichten. P. wurde v. a. vorgeworfen, er habe mit seiner Theorie versucht, die mit dem Kapitalismus entstandenen Klassen zu versöhnen und er habe die relative Progressivität des kapitalist. Konzentrationsprozesses verkannt.

Proust [frz. prust], Joseph Louis, * Angers 26. Sept. 1754, † ebd. 5. Juli 1826, frz. Apotheker und Chemiker. - Prof. für Chemie in Segovia und in Madrid; formulierte das Gesetz der konstanten Proportionen und entdeckte die Glucose (1799).

P., Marcel, * Paris 10. Juli 1871, † ebd. 18. Nov. 1922, frz. Schriftsteller. - Hatte maßgebl. Einfluß auf die Entwicklung des europ. Romans im 20. Jh.; schuf eine durch die Technik des inneren Monologs und der assoziativen Verknüpfung aktueller mit früheren Bewußtseinsinhalten gekennzeichnete psycholog. Methode zur Wiedergewinnung der „verlorenen Zeit", der Vergangenheit durch die Erinnerung. Der siebenteilige Romanzyklus „Auf der Suche nach der verlorenen Zeit" (1913–27) ist eine monumentale Darstellung der Pariser Aristokratie und des Großbürgertums in der Zeit vor dem 1. Weltkrieg: „In Swanns Welt" (1913), „Im Schatten junger Mädchenblüte" (1918), „Die Welt der

Sonne mit Protuberanz. Aufnahme von Skylab

Guermantes" (1920/21), „Sodom und Gomorra" (1920/21), „Die Gefangene" (1923) „Die Entflohene" (1925), und „Die wiedergefundene Zeit" (1927) schildern mit minutiöser Genauigkeit und Eindringlichkeit alle Bereiche menschl. Empfindungen und Gefühle.

Prout, William [engl. praʊt], * Horton (Gloucestershire) 15. Jan. 1785, † London 9. April 1850, brit. Mediziner und Chemiker. - Prakt. Arzt in London; machte Untersuchungen zur physiolog. Chemie; 1815 veröffentlichte er eine Hypothese, nach der die Atome aller Elemente aus Wasserstoffatomen aufgebaut und die Atomgewichte ganzzahlige Vielfache des Atomgewichts des Wasserstoffs sind (**Proutsche Hypothese**).

Provence [frz. prɔˈvãːs], histor. Geb. in SO-Frankr., zw. Dauphiné im N, unterem Rhonetal im W, Mittelmeer im S und der italien. Grenze im O; überwiegend karges, dünn besiedeltes Gebirgsland. Die Bev. konzentriert sich an der ↑ Côte d'Azur sowie im stark industrialisierten Raum Marseille–Fos-sur-Mer.

Kunst und Kultur: Abgesehen von frühesten vorgeschichtl. Zeugnissen (Felsbildern) sowie Dolmen und Kalksteinstelen (einer mundlosen Göttin) des 2. Jt. reichen die Traditionen der alten Kulturlandschaft der P. bis in die Zeit der Kelto-Ligurer (↑ Roquepertuse), der griech. Handelskolonien und der Römerzeit zurück. Es haben sich eine Fülle von röm. Bauwerken und Steinmetzarbeiten erhalten: Triumphbögen (Orange, Glanum, Carpentras), Arenen und Theater (Arles, Nîmes, Orange, Vaison-la-Romaine),

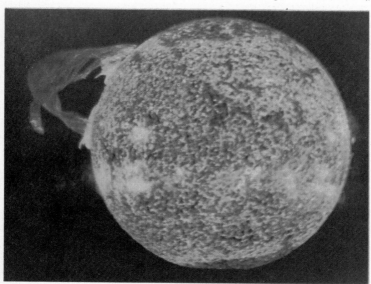

Provence-Alpes-Côte d'Azur

Tempel (Maison Carrée, Nîmes), Thermen, Brücken (Pont Flavien bei Apt), Aquädukte (Pont du Gard), Grabdenkmale (Kenotaph in Glanum) und Sarkophage (Arles, Les Aliscamps). Die Antike lebt fort in den Sarkophagen und Taufkapellen frühchristl. Zeit (Aix-en-Provence, Venasque). Nach Überstehen der Arabereinfälle, gegen die die Wehrkirche Saintes-Maries-de-la-Mer im 9. Jh. errichtet wurde (im 11. und 12. Jh. ausgebaut von den Mönchen des 949 gegr. Klosters von Montmajour), brachte das 12. Jh. eine bed. Bautätigkeit längs der Pilgerstraßen (außer der Abtei Montmajour Saint-Trophime in Arles und Saintes Gilles, beide mit bed. roman. Bauskulptur) und der Zisterzienser (Senanques, Silvacane, Le Thoronet). Im 13. Jh. entstanden die Kreuzfahrerstadt Aigues-Mortes sowie zahlr. Burgen wie Les Beaux und Beaucaire (beide 1632 geschleift), dem Ort jährl. großer Messen, und Tarascon. Vollständig erhalten ermöglicht die Burg von Tarascon, sich ein Bild vom ritterl. Leben in der P. z.Z. der Troubadours zu machen (↑ auch provenzalische Literatur). Das 14. Jh. war das Jh. der Päpste in Avignon (Papstpalast), im 15. Jh. wird Aix-en-Provence kultureller Mittelpunkt, Univ.stadt (1413) und Residenz des letzten Grafen der P. aus dem Hause Anjou, dem guten Kg. René. Als die P. an Frankr. fiel (1486), endete auch ihre große Zeit, wenn auch im 16.–18. Jh. Adelspalais (Aix-en-Provence) sowie zahlr. Adelsschlösser entstanden: Gordes (heute Vasarély-Museum), im Luberon Ansouis, Lourmarin, v. a. aus der Literatur bekannt: Schloß Grignan (Madame de Sevigné) und Schloß Vauvenargues (das Picasso erwarb). Die P. hat im 19. und 20. Jh. zahlr. bekannte und unbekannte Künstler angezogen, Cézanne und van Gogh sind beide Maler der P. und Bahnbrecher der Moderne zugleich. Während der 2. Weltkriegs entstanden Töpferzentren (Vallauris), die wiederum Picasso anregten.

Geschichte: Im Altertum von Ligurern und Kelten bewohnt; wurde 121 v. Chr. zur röm. Prov. Gallia transalpina (später nach der Hauptstadt *Narbonensis* ben.); Küste und Rhonetal gehörten bis 49 v. Chr. zum Gebiet von Marseille; später meist nur als *Provincia* bezeichnet; wurde um 480 westgot., 523 ostgot., um 536 fränk.; 855–863 und 879–933 selbständiges Kgr. (Niederburgund). Von der nach 950 gebildeten Gft. P., die 1112 an die Grafen von Barcelona kam, wurde 1053 die Gft. Forcalquier abgetrennt, Anfang 11. Jh. die Mark-Gft. P. (Avignon, Venaissin, Tournon), die 1125 an die Grafen von Toulouse kam. Die Gft. P. kam ab 1246 an verschiedene Linien des Hauses Anjou, 1481 an die frz. Krondomäne; ab 1660 war eine frz. Prov. verwaltet; nach 1789 in Dep. aufgelöst.

📖 Droste, T.: Die P. Köln 1986. - Neuwirth, H.: P. Mchn. 1985. - Tetzlaff, I.: Drei Jt. P. Köln 1985. - Pobé. M.: P. Freib. u. Olten [13] 1985. - Chevalier, R.: Die röm. P. Dt. Übers. Freib. 1979.

Provence-Alpes-Côte d'Azur [frz. prɔvãsalpkɔtda'zy:r], Region in SO-Frankreich, umfaßt die dem histor. Gebiet ↑ Provence entsprechenden Dep.; 31 400 km², 4,03 Mill. E, Regionshauptstadt Marseille.

Provenienz [lat.], Herkunft[sland], Ursprung.

Provenienzprinzip, seit Ende des 19. Jh. allg. praktizierter Grundsatz der Bestandsbildung in Archiven, wonach archival. Bestände in ihrer histor. Struktur und Herkunft belassen und ergänzt werden.

Provenzale, Francesco, * Neapel um 1627, † ebd. 6. Sept. 1704, italien. Komponist. - Mit der Oper „Ciro" (1653) wurde er zum Begründer der ↑ neapolitanischen Schule. Neben weiteren Opern komponierte er Oratorien, Kantaten, Motetten.

Provenzalisch, zu den roman. Sprachen gehörende Sprache mit mehreren Mundarten in S-Frankr., die sich aus dem Volkslatein Galliens südl. der Loire entwickelt hat. Die altprovenzal. Literatursprache (10.–13. Jh.) war eine v. a. auf den Mundarten westl. der Rhone fußende Kunstsprache; als Sprache der Troubadours wurde sie auch von den Minnedichtern in Italien und auf der Iber. Halbinsel verwendet. Im 19. Jh. wurden, ohne Anknüpfung an das Altprovenzal., moderne Mundarten für die Dichtung der ↑ Félibres verwendet; Grundlage für diese neuprovenzal. Literatursprache waren die Mundarten östl. der Rhone. Das P. gehört zu den konservativen roman. Sprachen. In der Bewahrung der lat. Vokale und Konsonanten ist es weit konservativer als das Frz., von dem sich sowohl Alt- wie Neuprovenzal. deutlich abheben. - ↑ auch Okzitanisch.

Provenzalische Alpen, Geb. der frz. Westalpen in der östl. Provence zw. mittlerer Durance und Côte d'Azur, bis 2 100 m hoch.

provenzalische Literatur, Kern und Hauptbestandteil der *altprovenzal.* Literatur bildete die Minnelyrik der Troubadours, daneben gab es eine Lehrdichtung in Vers und Prosa und eine ep. Dichtung. Um 1120 entstand in provenzal.-französischer Mischsprache mit dem Alexanderroman des Albéric de Besançon die älteste Bearbeitung der Alexandersage in einer Volkssprache. Zur höf. Dichtung des Artuskreises gehört der anonyme Versroman "Jaufré" (1. Hälfte des 13. Jh.); kulturhist. bes. aufschlußreich ist das Fragment des Liebesromans „Flamenca" (entstanden um 1240). Im 13. Jh. entstanden v. a. gereimte Heiligenlegenden, Marienklagen, Tugendlehren, Andachtsbücher für die Stände, im 15. Jh. auch Mysterienspiele. Eine Erneuerung der Troubadourdichtung und Betonung des Eigenwertes der provenzal. Sprache wurde im 19. Jh. durch die *neuprovenzal. Literatur* der ↑Félibres unter der Leitung von F. Mistral betrieben, die eine Renaissance der p. L. einleitete.

Proverb (Proverbium), svw. ↑Sprichwort.

Proverbia [lat.], svw. ↑Sprüche Salomos.

Proviant [lat.-italien.], Mundvorrat, Verpflegung für [kürzere] Reisen.

Providence [engl. 'prɔvɪdəns], Hauptstadt des Bundesstaats Rhode Island, USA, am N-Ende der Narragansett Bay, 156 300 E. Sitz eines kath. und eines anglikan. Bischofs; Univ. (gegr. 1764), Colleges; Hafen für die Küstenschiffahrt, Fischerei; Textil-, Schmuckwarenind., Metall- und Kautschukverarbeitung, Maschinenbau, Erdölraffinerien. - 1636 gegr.; seit 1831 City, Hauptstadt von Rhode Island seit 1900.

Provins [frz. prɔ'vɛ̃], frz. Stadt in der südl. Brie, Dep. Seine-et-Marne, 92 m ü. d. M., 12 100 E. - Hauptort einer fränk. Gft.; seit Ende des 12. Jh. Hauptresidenz der Grafen der Champagne; erhielt 1230 Stadtrecht. - Roman. Kirche Saint-Ayoul (11. und 13. Jh.), spätroman.-frühgot. Kirche Saint-Quiriace (um 1160 ff.; unvollendet); ma. Häuser und ma. Befestigungsanlagen (12./13. Jh.).

Provinz [lat.], (lat. provincia) im antiken Rom zunächst der Geschäfts- und Kompetenzkreis des Beamten und des Priesters; nach Erwerb außeritalischer Gebiete seit 228/227 das Land, das von röm. Statthaltern prätor. oder konsular. Ranges verwaltet wurde. 27 v. Chr. wurden die P. in senator. und kaiserl. P. aufgeteilt.

♦ nach röm. Vorbild in zahlr. Ländern Bez. für staatl. Verwaltungsbezirke, bei deren Bildung die natürl. Gegebenheiten, ethn. Gesichtspunkte und die histor. Entwicklung berücksichtigt wurden. In Frankr. wurden 1790 die 40 alten, aus Stammes-Hzgt. oder fränk. Lehns-Ft. entstandenen und von königl. Intendanten regierten P. oder Gouvernements durch das rein geograph.-zentralist. System der Dep. ersetzt. Preußen wurde im Zuge der preuß. Reformen 1815 in 10 P. mit je einem Oberpräs. an der Spitze gegliedert, die sich mehrfach änderten.

♦ oft abwertend gebrauchte Bez. für eine Gegend, in der (mit großstädt. Maßstab gemessen) in kultureller, gesellschaftl. Hinsicht, für das Vergnügungsleben o. ä. nur sehr wenig (und oft auf niedrigem künstler. bzw. geistigem Niveau) oder nichts geboten wird.

Provinzial [mittellat.], im kath. Ordensrecht der Obere einer Ordensprovinz.

Provinzialismus, (abwertende) Bez. für eine engstirnige Denkungsart.

Provinzialkonzil, vom Metropoliten mindestens alle 20 Jahre einzuberufendes Konzil als Organ der teilkirchl. Gesetzgebung für eine Kirchenprovinz.

Provinziallandfriede ↑Landfriede.

Provinzialordnungen, Bez. für die 1875–88 erlassenen Gesetze über die Verwaltung der preuß. Prov.; neben die staatl. Provinzialverwaltung trat ein kommunaler Selbstverwaltungskörper, der der Aufsicht des Oberpräs. unterstehende Provinzialverband (Organe: Provinziallandtag, Provinzialausschuß, Landesdirektor [Landeshauptmann]); 1933 aufgehoben.

provinzialrömische Kultur, einheim.-röm. Mischkultur in den Prov. des Röm. Reiches; in der dt. Archäologie v. a. Bez. für die Kultur der NW-, N- und NO-Prov. (im Ggs. zu den hellenist.-röm. geprägten Mittelmeerprov.): Gallien (mit Ausnahme der Prov. Gallia Narbonensis), Britannien, Germania superior und inferior, Rätien, Noricum und Pannonien. Ihre relative Einheitlichkeit und Eigenart ergab sich aus kelt., kelt.-german. und kelt.-illyr. Bev. und dem Ablauf der Romanisierung. Stets kamen mit den Soldaten und den Verwaltungsbehörden neben der röm.

Provinzialrömische Kultur.
Teil eines Grabreliefs aus Neumagen
(um 180/190 n. Chr.) mit einer
Schulszene. Trier, Rheinisches
Landesmuseum

Provinzialstände

Amtssprache zuerst die zivilisator. und verwaltungstechn. Neuerungen ins Land, am intensivsten im Umkreis der militär. Standlager und der regionalen Verwaltungsstädte: die streng geregelte röm. Stadtanlage, die die kelt. Oppida ablöste, röm. Befestigungsweise, Stein- und Ziegelbauweise, Straßen-, Brükken-, Wasserleitungsbau und Kanalisation sowie Einrichtungen des gehobenen Lebensstandards (Thermen, Hypokausten, Zirkus, Theater, Amphitheater u. a.). Versorgung von Heer und Städten und wirtsch. Ausbeutung der Prov. zogen Händler und Fabrikanten (v. a. Ziegel- und Keramikfabrikation, Metallverarbeitung) an. Die heim. Produzenten glichen sich ihren Methoden, dem röm. Geschmack sowie den neuen Lebensformen an und entwickelten rasch selbständige Formen. Bes. kulturelle Höhe erreichte das Kunstgewerbe (Terra sigillata, Gläser v. a. aus Köln, Bronzebeschläge, emaillierte Bronzefibeln). Auch das Kunstschaffen insgesamt wurde im Verlauf des 2. Jh. eigenständig (Verbindung von Elementen röm. Volkskunst mit stark ornamentaler Stilisierung). Eine Sonderleistung des Moselraumes sind die erzählenden Bildreliefs (Neumagener Grabreliefs) und die Jupitersäulen im Mittelrheingebiet.

Provinzialstände (frz. États provinciaux), in Frankr. im Ggs. zu den Generalständen die Ständevertretung der einzelnen Prov.; im 14. Jh. erwarben die P. das Steuerbewilligungsrecht.

provinziell [lat.], 1. landschaftl., mundartlich; 2. kleinbürgerl., hinterwäldlerisch.

Provision [italien., zu lat. providere „Vorsorge treffen"], erfolgsabhängige Vergütung insbes. der Handelsvertreter bzw. Gebühr für bestimmte Bankgeschäfte.

provisorisch [frz., zu lat. providere „Vorsorge treffen"], vorläufig, behelfsmäßig; probeweise; **Provisorium**, vorläufige Einrichtung; Behelfs...

Provokation [lat.], allg. svw. Herausforderung; Aufreizung, Aufwiegelung. In der *Politik* die bewußte Herausforderung eines polit. Gegners, um ihn zu (unbedachten) Aussagen oder Handlungen zu bewegen. In den Beziehungen zw. Staaten können P. (z. B. Grenzverletzungen, Verletzungen des Luftraums, Aufbringung gegner. Schiffe, Embargos u. a.) ernste Spannungen bis hin zu krieger. Auseinandersetzungen herbeiführen.

provozieren [lat.], jemanden herausfordern; aufstacheln; bewußt hervorrufen.

Proxima Centauri [lat.], der unserer Sonne am nächsten stehende Fixstern; seine Entfernung beträgt 4,3 Lichtjahre.

proximal [lat.], in der Anatomie und Medizin: näher zur Körpermitte bzw. zu charakterist. Bezugspunkten hin liegend als andere Körper- oder Organteile. - Ggs. ↑distal.

Prozedur [lat.], allg. svw. (zeitaufwendiges, umständl.) Verfahren.

Prozent [italien., zu lat. centum „hundert"], Zeichen %, Hundertstel; z. B. 4 % von 17 kg = 4/100 · 17 kg = 0,68 kg; **prozentual**, im Verhältnis zum vollen Hundert bzw. zum Ganzen, in Prozenten ausgedrückt, berechnet.

Prozeß [zu lat. processus „Verlauf"], allg. svw. Verlauf, Ablauf, Hergang, Entwicklung. Im *Recht* ein gerichtl. bzw. gerichtsförmiges Verfahren mit dem Ziel einer richterl. Entscheidung. Nach der Gliederung der ↑Gerichtsbarkeit ist zw. Zivil-P., Arbeitsgerichts-P., Straf-P., Verwaltungsgerichts-P., Sozialgerichts-P., Finanzgerichts-P. und Verfassungsgerichtsprozeß zu unterscheiden. Die verfahrensrechtl. Regelungen sind in den jeweiligen P.ordnungen normiert. Alle P. unterliegen mehr oder weniger ausgeprägt bestimmten ↑Prozeßmaximen. Mit Ausnahme des Straf-P., der der Durchsetzung des staatl. Strafanspruchs dient, dienen P. der Durchsetzung und Feststellung von privaten bzw. öffentl. Rechten (Ansprüchen). Der P. beginnt im allg. mit der Erhebung einer ↑Klage, die das P.rechtsverhältnis (Verhältnis zw. den P.beteiligten zueinander und zum Gericht) begründet. Über den geltend gemachten Anspruch darf das Gericht nur entscheiden, wenn die P. zulässig ist (↑Prozeßvoraussetzungen). Ist das nicht der Fall, so wird die Klage ohne jegl. Sachprüfung als unzulässig durch sog. *P.urteil* abgewiesen, anderenfalls tritt das Gericht in die Sachprüfung ein, indem es das Vorbringen der P.beteiligten und das Ergebnis der ↑Beweisaufnahme in tatsächl. und rechtl. Hinsicht würdigt, und erläßt sodann das ↑Urteil. Dieses wird rechtskräftig (↑Rechtskraft), wenn keine Rechtsmittel (↑Berufung, ↑Beschwerde, ↑Revision) eingelegt werden, womit der P. beendet ist. Weitere Beendigungsgründe sind z. B. Klagerücknahme und P.vergleich; im Straf-P. der Tod des Beschuldigten. Die P.beteiligten können den P. selbst führen (z. B. bei amtsgerichtl. Verfahren) oder durch ↑Prozeßvollmacht einen P.bevollmächtigten bestellen. Im Anwalts-P. müssen sich die P.parteien durch einen bei dem P.gericht zugelassenen Rechtsanwalt vertreten lassen (↑Anwaltszwang). Damit während der oft langen P.dauer keine vollendete Tatsachen geschaffen werden, gibt es summar. Verfahren des einstweiligen Rechtsschutzes, die entweder eine Sicherung des erhobenen Anspruchs oder die vorläufige Regelung eines streitigen Rechtsverhältnisses bezwecken. Durch zunehmende Änderungen der P.ordnungen, die teilweise die Verteidigungsmöglichkeiten einschränken, strebt der Gesetzgeber eine erhebl. Verkürzung der P.dauer an. Die *P.kosten*, d. h. Kosten, die ein P.beteiligter unmittelbar aufwenden muß, um den Rechtsstreit zu führen, sind i. d. R. von der unterliegenden Partei zu tragen. Sie setzen sich aus den ↑Gerichtskosten und den außergerichtl. Kosten (z. B. Anwaltsgebühren) zusammen. Im Straf-P. hat der Verurteilte bzw. derjenige, der erfolglos ein Rechtsmittel einlegt, die P.kosten zu tragen.

♦ in der *Psychologie* auf neurophysiolog. Grundlage sich vollziehender Vorgang, z. B. der Wahrnehmung oder des Denkens. Insbes. wird von der Entwicklungs- und Persönlichkeitspsychologie die Auffassung vertreten, daß alle psych. Phänomene als P. (*P.charakter* des Psychischen) zu verstehen seien.

♦ (sozialer P.) ↑ sozialer Wandel.

Prozeßbetrug, ein Betrug, der dadurch begangen wird, daß durch Täuschung eines Prozeßbeteiligten das Gericht zu einer Entscheidung veranlaßt wird, die das Vermögen des Prozeßgegners schädigt.

Prozeßfähigkeit ↑ Prozeßvoraussetzungen.

Prozeßhandlung, Bez. für alle Handlungen des Gerichts bzw. Erklärungen einer Prozeßpartei, die auf das Verfahren gestaltend einwirken (z. B. Terminbestimmung, Entscheidung durch das Gericht, Erhebung und Zurücknahme der Klage). Die Wirksamkeit der P. hängt insbes. von bestimmten ↑ Prozeßvoraussetzungen sowie vom Zugang der P. an das Gericht bzw. den Prozeßgegner ab. Sie ist zu unterscheiden von ↑ Realakten und ↑ Rechtsgeschäften.

Prozession [zu lat. processio „das Vorrücken"], in der *Religionsgeschichte* rituelle Begehung mag. Ursprungs, die tänzer. oder in betont feierl. Schreiten vollzogen wird mit dem Ziel, hl. Macht in einen Umkreis zu bannen, über diesen zu verbreiten und ihn vor dämon. Einflüssen zu schützen. - In den *christl. Liturgien* seit dem 4. Jh. ein feierl. Geleiten oder gemeinsames Gehen. Selbständige Gottesdienstformen sind in der kath. Kirche die Bitt-, Lichter-, Palm- und Fronleichnams-P., liturg. Gesten oder Elemente der kath. und östl. Liturgien sind der Ein- und Auszug zum Gottesdienst, die Gaben-P., der Kommuniongang und der Zug zum Friedhof oder Grab. - ↑ auch Flurumgang.

Prozessionsspinner (Thaumetopoeidae), v. a. in Europa, N-Afrika und W-Asien verbreitete Fam. der Nachtfalter mit rd. 100 z. T. als gefährl. Forstschädlinge gefürchteten Arten; Falter mittelgroß, plump, meist grau gefärbt, ohne Rüssel (nehmen keine Nahrung auf); Raupen leben gesellig in großen Gespinstnestern an Waldbäumen und ziehen meist nachts in langer, geschlossener, ein- oder mehrreihiger „Prozession" zur Fraßstelle und wieder zurück. In Deutschland bekannt sind der bis 3 cm spannende **Eichenprozessionsspinner** (Thaumetopoea processionea), mit braungrauen Vorderflügeln und dunklem Bogenstreif auf den helleren Hinterflügeln, und der bis 3,5 cm spannende **Kiefernprozessionsspinner** (Thaumetopoea pinivora), dessen Raupen Kiefernnadeln fressen.

Prozeßkostenhilfe, die vollständige oder teilweise Befreiung einer minderbemittelten Partei von den Prozeßkosten. Voraussetzungen hierfür sind: 1. die Partei kann die Prozeßkosten aus ihrem Einkommen bzw. Vermögen nicht oder nur teilweise aufbringen; 2. die beabsichtigte Rechtsverfolgung bzw. Rechtsverteidigung darf nicht mutwillig sein und muß hinreichende Erfolgsaussichten haben. Über die Bewilligung der P. und die Rückzahlungsmodalitäten entscheidet das Gericht, bei dem das Verfahren anhängig ist. Gegen die Verweigerung der P. ist grundsätzlich Beschwerde zulässig.

Prozeßkunst, eine Richtung der zeitgenöss., avantgardist. Kunst; sie will in einem neuen, noch nicht durch konventionelle Handhabung festgelegten Geschehensablauf die Aufmerksamkeit für Dinge, die i. d. R. nicht wahrgenommen werden, wecken. Die P. basiert in ihren darsteller. Mitteln wesentl. auf neuartigen techn. Medien wie Film und Videotape, die die künstler. Prozesse minutiös aufzeichnen.

Prozeßmaximen (Prozeßgrundsätze), allg., der Durchführung eines rechtsstaatl. Verfahrens dienende Grundsätze, die in den verschiedenen Prozeßordnungen (z. B. ZPO, StPO, Verwaltungsgerichtsordnung) unterschiedl. zur Geltung gelangen. Die wichtigsten P. sind: ↑ Öffentlichkeit, Mündlichkeit und Unmittelbarkeit (↑ Unmittelbarkeitsgrundsatz) der Verhandlung, der Grundsatz des ↑ rechtlichen Gehörs sowie der ↑ Verhandlungsgrundsatz, Verfügungs- (↑ Dispositionsmaxime) und ↑ Untersuchungsgrundsatz; ferner im Strafprozeß das ↑ Offizialprinzip.

Prozessor [lat.], zentraler Teil einer elektron. Datenverarbeitungsanlage; enthält das Rechenwerk und das Steuerwerk (↑ Datenverarbeitung).

Prozeßrechner ↑ On-line-Betrieb.

Prozeßtheologie, Sammelbez. für Positionen der jüngeren nordamerikan. Theologie, die, im Anschluß an die Philosophie A. N. Whiteheads („Process and reality", 1929), eine kohärente Lehre von Gott, Gottes Handeln in Raum und Zeit, in Natur und Geschichte zu entwickeln versucht. Dabei sind die universale Geschehens-[Prozeß-]Kategorie und die Kategorie der Zukunft von großer Bedeutung. Seit Ende der 1960er Jahre gewinnt die P. auch in Deutschland Beachtung.

Prozeßvergleich, ein Vergleich, der vor einem Gericht in Anwesenheit (oder in Vertretung) beider Prozeßparteien geschlossen wird. Er ist im Gerichtsprotokoll ordnungsgemäß zu beurkunden und beendet den Rechtsstreit. Wird der P. in der vorbehaltenen Frist widerrufen, so ist der alte Rechtsstreit fortzusetzen.

Prozeßverschleppung, die gewollte Verzögerung eines Verfahrens durch einen Prozeßbeteiligten, in der Absicht, durch die Verzögerung eine für ihn günstige Wendung des Prozesses herbeiführen zu können.

Prozeßvollmacht, die auf Rechtsgeschäft oder ↑ Prozeßhandlung beruhende Vertretungsmacht im ↑ Prozeß, die grundsätzl. zu allen den Rechtsstreit betreffenden Prozeßhandlungen (ausnahmsweise auch zu Rechtsgeschäften) ermächtigt und nach außenhin unbeschränkt ist (§§ 78 ff. ZPO). Die Erteilung der P. ist i. d. R. durch schriftl. Vollmachtsurkunde nachzuweisen. In Anwaltsprozessen ist die P. Prozeßhandlungsvoraussetzung (↑ Prozeßvoraussetzung), da in diesem nur Anwälte die ↑ Postulationsfähigkeit haben. **Prozeßbevollmächtigter** ist die Person, der P. erteilt ist. Diese muß prozeß- und postulationsfähig sein.

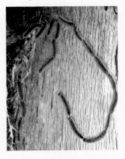

Eichenprozessionsspinner.
Raupenzüge

Prozeßvoraussetzungen (Sachurteilsvoraussetzungen, Verfahrensvoraussetzungen), gesetzl. vorgesehene Umstände, die vorliegen (positive P.) oder fehlen (negative P., sog. *Prozeßhindernisse*) müssen, damit eine gerichtl. Sachentscheidung ergehen kann. Ihr Vorliegen ist grundsätzl. in jeder Lage des Verfahrens von Amts wegen zu prüfen, da sie die Zulässigkeit des Verfahrens bzw. gewisser Verfahrensabschnitte bestimmen. *Echte P.*, bei deren Fehlen ein Prozeß überhaupt nicht zustandekommt, also eine gerichtl. Entscheidung nicht ergeht, ist das Bestehen der dt. Gerichtbarkeit. Zu den *allg. P.*, bei deren Fehlen es zwar zu einem Prozeß kommt, die Klage jedoch als unzulässig durch Prozeßurteil abzuweisen ist, gehören im Zivilprozeß ordnungsgemäße Klageerhebung (↑ Klage), Wirksamkeit der Klageerhebung als ↑ Prozeßhandlung sowie örtl., sachl. und internat. Zuständigkeit des Gerichts; ferner zählen hierzu die Existenz- und *Parteifähigkeit* (die der Rechtsfähigkeit im BGB entsprechende Fähigkeit, im Rechtsstreit Schuldner bzw. Kläger zu sein), die *Prozeßfähigkeit* (die der ↑ Geschäftsfähigkeit im BGB entsprechende Fähigkeit, Prozeßhandlungen selbst vor- bzw. entgegenzunehmen), *Prozeßführungsbefugnis* (Befugnis, einen Prozeß über ein eigenes Recht

im eigenen Namen zu führen [auch Sachbefugnis gen.], im Unterschied zur *Prozeßstandschaft*, bei der ein fremdes Recht im eigenen Namen geltend gemacht wird), Fehlen der Rechtskraft und Rechtshängigkeit, Zulässigkeit des Rechtsweges und das *Rechtsschutzinteresse*, das z. B. fehlt, wenn der Kläger die Durchsetzung seines Rechts auf einfacherem Weg als durch Inanspruchnahme eines Gerichts erreichen kann. Einige P. (z. B. Parteifähigkeit, ↑ Postulationsfähigkeit) sind auch **Prozeßhandlungsvoraussetzungen.** Von deren Vorhandensein oder Fehlen hängt es ab, ob einzelne Prozeßhandlungen des Gerichts oder der Prozeßparteien zulässig sind. Einige der P. gelten auch im Strafprozeß. Zusätzlich gibt es noch besondere P., wie z. B. das Vorliegen eines Strafantrags bei ↑ Antragsdelikten. Bei Fehlen einer P. ist das Strafverfahren durch Beschluß oder Urteil einzustellen.

Prozeßwärme, Bez. für die zur Durchführung technolog. Prozesse, insbes. chem. Reaktionen im großtechn. Maßstab, erforderl. Wärme mit hohem Temperaturniveau (rund 1 000 °C).

Prschewalsk [russ. prʒǝ'valjsk], Hauptstadt des sowjet. Geb. Issykkul, im O der Kirgis. SSR, 1 750 m ü. d. M., 60 000 E. PH; Nahrungsmittel-, elektrotechn. Ind., Bekleidungs-, Schuhfabrik. - 1869 gegründet.

Prschewalski, Nikolai Michailowitsch [russ. prʒǝ'valjskij], *Kimborowo (Gebiet Smolensk) 12. April 1839, †Karakol (= Prschewalsk) 1. Nov. 1888, russ. General und Asienforscher. - Gelangte auf 4 Reisen (1870–73; 1876/77; 1879/80; 1883–85) durch die Mongolei zur Wüste Gobi bis kurz vor Peking, reiste u. a. im Quellgebiet des Hwangho und des Jangtsekiang. P. entdeckte den Lop Nor und Altyn Tagh, berichtete erstmals über Wildkamel und Wildpferd.

Prschewalskigebirge ↑ Kunlun.

Prschewalskipferd [nach N. M. Prschewalski] (Przewalskipferd, Wildpferd, Urwildpferd, Equus przewalskii), urspr. mit mehreren Unterarten in weiten Teilen Europas und Asiens verbreitete Pferdeart, Stammform der Hauspferde. Das P. ist heute bis auf wenige Tiere der Unterart Östl. Steppenwildpferd (Mongol. Wildpferd, P. i. e. S., Equus przewalskii przewalskii) ausgerottet. Diese haben einen stämmigen, etwa 2,2–2,8 m langen Körper, einen dicken Hals, massigen Kopf und eine Schulterhöhe von rd. 1,2–1,45 m; Färbung überwiegend zimtbraun mit schwarzbrauner, aufrechtstehender Rückenmähne und schwarzem Aalstrich, schwarzem Schwanz und schwarz gestiefelten Beinen. Das Überleben des P. ist durch Zoozucht gesichert.

Prückner, Tilo, *Augsburg 26. Okt. 1940, dt. Schauspieler. - U. a. an der Schaubühne am Halleschen Ufer in Berlin (West); sensibler Darsteller meist von gesellschaftl. Außenseitern, u. a. in den Filmen „John Glückstadt" (1975), „Berlinger" (1975), „Bomber und Paganini" (1976), „Der Schneider von Ulm" (1979), „Der Unfried" (1986).

prüde [frz.], gehemmt in Bezug auf alles, was mit Sexuellem zu tun hat; **Prüderie**, prüdes Verhalten.

Prudentius Clemens, Aurelius, * in Spanien 348, † nach 405, christl. Dichter. - Bedeutendster christl. Dichter der latein. Spätantike; veröffentlichte 405 eine Gesamtausgabe seiner Werke (12 Hymnen, 2 Lehrgedichte, 1 allegor. Epos, 1 hexametr. Polemik gegen das Heidentum, 14 Lobgedichte), mit denen P. bis zum 17. Jh. zu den am meisten gelesenen Dichtern Europas gehörte.

Prud'hon (Prudhon), Pierre-Paul [frz. pry'dõ], * Cluny 4. April 1758, † Paris 14. oder 16. Febr. 1823, frz. Maler. - Verband in seinen allegor. Kompositionen und Porträts klassizist. Präzision mit weichen, maler. Übergängen; auch Zeichnungen. Bed. Einfluß auf Kunstgewerbe und Dekorationsstil des Empire. - *Werke* im Pariser Louvre: Entwurfszeichnung für ein Deckengemälde für Schloß Saint-Cloud (1795), Kaiserin Joséphine (1805), Entführung der Psyche (1808), Zephir, sich über dem Wasser schaukelnd (1814).

Prüfmotor ↑ Oktanzahl.

Prüfspannung, eine elektr. Spannung bestimmter Stärke, mit der elektr. Geräte, Apparate und Maschinen nach den Vorschriften des VDE geprüft werden müssen, bevor sie in Betrieb genommen werden dürfen. Die P. ist weit höher als die Betriebsspannung.

Prüfung, im Bildungswesen als Abschluß- oder Aufnahme-P. der (schriftl. und mündl.) Nachweis des Erwerbs von bestimmten Kenntnissen und/oder der Befähigung für den Besuch einer Schulart, für die Aufnahme einer Ausbildung, eines Studiums, eines Berufs. P.ergebnisse sind von zahlr. Faktoren abhängig, sowohl die Beurteilung von Eignung wie von Kenntnissen unterliegt Fehleinschätzungen. Außerdem ist bes. die Vergleichbarkeit von Zeugnissen problematisch.
◆ krit. Untersuchung von Geschäftsvorfällen und sonstigen Vorgängen auf ihre Ordnungs-, Gesetz- oder Zweckmäßigkeit; i. e. S. die Jahresabschlußprüfung.

Prüfungsangst, die Angst vor einer Prüfung, die deshalb häufig anzutreffen ist, weil zum einen vom Ergebnis der Prüfung i. d. R. weitreichende (insbes. soziale) Konsequenzen abhängen, zum anderen Prüfungen selten beliebig wiederholbar sind, und schließl., weil Prüfungen seltene und deshalb unvertraute Situationen und meist einseitige Abhängigkeitsverhältnisse von Prüfer und Prüfling darstellen. P. kann zu anhaltenden vegetativen Störungen, Konzentrationsunfähigkeit bis zu totaler intellektueller Blockade lange vor oder während der Prüfung, zum mehrmaligen Verschieben des Examenstermins und zur Not-

wendigkeit psychotherapeut. Beratung führen. Verminderung der P. ist erreichbar über die Gestaltung der Prüfung (überschaubare Fragenkataloge, Wiederholbarkeit der Prüfung usw.), die Einübung von Lerntechniken, Prüfungsrollenspiel unter Kollegen sowie die therapeut. Verarbeitung nicht prüfungsbedingter neurot. Konflikte.

Prügelstrafe, Bestrafung mit Peitschen-, Stock- oder Rutenhieben; im MA die mildeste Leibesstrafe, als **Stäupen** (durch den Henker) entehrend, als **Stockschilling** (durch ehrbare Männer) nicht entehrend. In neuzeitl. Heeren und bei Rohheitsdelikten häufig verhängt; im 19. Jh. weitgehend abgeschafft, im islam. Recht aber heute noch üblich.

Prüm, Stadt am SO-Fuß der Schnee-Eifel, Rhld.-Pf., 415–570 m ü. d. M., 5 200 E. U. a. Fertighausbau, Maschinenfabrik, Apparatebau. - Entwickelte sich bei dem 721 gegr. Kloster, das 762 unter karoling. Einfluß geriet; in der Folge erhielt der Abt Reichsfürstenrang; 1576 dem Erzbistum Trier angeschlossen; 1802/03 aufgehoben. 1856 erhielt P. Stadtrecht. - Nach Beschädigungen im 2. Weltkrieg wurde die barocke Abteikirche (18. Jh.) wiederaufgebaut.

Prünelle [lat.-frz.] (Brünelle), geschälte, entsteinte, getrocknete und gepreßte Pflaume.

Prunkbohne, svw. ↑ Feuerbohne.

Prunkkäfer (Lebia), Gatt. der Laufkäfer mit sechs einheim., 4–8 mm langen Arten, die metall. grün bis blau oder schwarzgelb gefärbt sind.

Prunkwinde, svw. ↑ Trichterwinde.

Pruntrut ↑ Porrentruy.

Prunus [lat.], Gatt. der Rosengewächse mit rd. 200 Arten, v. a. in den gemäßigten Zonen; meist sommergrüne Bäume und Sträucher mit wechselständigen Blättern, einzelnen oder in Büscheln oder Trauben stehenden fünfzähligen Blüten und meist einsamigen Steinfrüchten. In Deutschland sind v. a. Traubenkirsche, Schlehdorn und Vogelkirsche heimisch. Neben wichtigen Kulturpflanzen wie Sauerkirsche, Süßkirsche, Mandelbaum, Pflaumenbaum und Pfirsichbaum werden zahlr. Sorten und Arten als Zierbäume und Ziersträucher verwendet, u. a. Japanische Kirschen und Kirschlorbeer.

Pruritus [lat.] (Hautjucken), bei bestimmten Hautkrankheiten auftretender Juckreiz, **Pruritus ani** (Afterjucken), bei Hämorrhoiden auftretender Juckreiz am After.

Prusa ↑ Bursa.

Prusias II., † 149 v. Chr., König von Bithynien (seit 182). - Erregte als Gegner Pergamons (Krieg 156–154) in Rom Ekel durch sein unterwürfiges Auftreten vor dem Senat (167); bei einem Aufstand seines Sohnes ↑ Nikomedes II. ermordet.

Prussiate [frz.] (Pentacyanoferrate), Sammelbez. für eine Gruppe komplexer Eisenverbindungen; allgemeine Formel

$Me_x[Fe(CN)_5X]$; $X = NH_3$, H_2O oder NO^+. Natriumnitroprussiat (Natriumpentacyanonitrosylferrat) wird in der analyt. Chemie zum Nachweis von Sulfidionen verwendet.

Pruth, linker Nebenfluß der Donau, Grenzfluß zw. Rumänien und der UdSSR, entspringt in den Waldkarpaten, mündet östl. von Galatz, 950 km lang.

Prutz, Robert Eduard, *Stettin 30. Mai 1816, †ebd. 21. Juni 1872, dt. Schriftsteller und Literarhistoriker. - 1845 wegen der in seiner dramat. Satire „Die polit. Wochenstube" (1845) enthaltenen angebl. Majestätsbeleidigung angeklagt, durch A. von Humboldts Vermittlung begnadigt; verfaßte zahlr. Gedichte, sozialkrit. und polit. Romane, histor. Dramen, in denen er seine Forderungen nach mehr Freiheit und Demokratie zum Ausdruck brachte.

Pruzzen ↑Preußen.

Prytanen [griech.], in Athen seit Kleisthenes je 50 Rats-Mgl. aus einer Phyle, die die Amtsgeschäfte der Bule leiteten; amtierten jeweils für ein Zehntel des Jahres nach erloster Reihenfolge; Amtssitz war das **Prytaneion** (enthielt den hl. Staatsherd zur Speisung verdienter Bürger).

Przemyśl [poln. 'pʃɛmịɕl], poln. Stadt am mittleren San, 200 m ü.d.M., 64900 E. Hauptstadt der Verw.-Geb. P.; kath. Bischofssitz; bed. Ind.standort am N-Rand der Beskiden. - Seit dem 13. Jh. Bischofssitz; 1389 Magdeburger Recht; 1349–1772 zu Polen; dann östr.; seit 1870 zu einer starken Festung ausgebaut; 1914/15 wichtige Rolle im Kampf um Galizien; 1918/19 zu Polen. - Spätgot. Kathedrale (1460–1571; barockisiert), daneben der 71 m hohe barocke Uhrturm; barocke ehem. Karmelitenkirche (1625–30); spätbarocke Franziskanerkirche (1754–77); Schloß (1343; mehrmals zerstört und wiederaufgebaut).

Przemysliden [pʃɛ...] (Přemysliden), böhm. Herrschergeschlecht. Nach der Chronik des Cosmas von Prag begründete im 1. Viertel des 8. Jh. der mit Libussa vermählte Bauer Przemysl die Dynastie. Erster histor. belegter Vertreter war Hzg. Bořiwoj, der sich 874 taufen ließ. Unter Ottokar II. (1253–78) erlangte Böhmen die Stellung einer Großmacht. Mit König Wenzel III. starb 1306 das Geschlecht im Mannesstamm aus.

Przewalskipferd [pʃe...] ↑Prschewalskipferd.

Przybyszewski, Stanisław [poln. pʃibi-'ʃɛfski], *Łojewo bei Kruszwica (Woiwodschaft Bydgoszcz) 7. Mai 1868, †Jaronty 23. Nov. 1927, poln. Schriftsteller. - Wurde mit seiner programmat. Schrift „Confiteor" (1899) der führende Vertreter des naturalist.-symbolist. „Jungen Polen"; von großer Wirkung waren die Werke seiner „satan. Periode", in der er v.a. von Trieben beherrschte Charaktere darstellte („Satans Kinder", R., 1897). Bed.

Memoiren (in Dt. erschien 1965 „Erinnerungen an das literar. Berlin").

PS, Einheitenzeichen für ↑Pferdestärke.

PS, Abk. für: ↑Postskript.

Psalmen [zu griech. psalmós „Saitenspiel, zum Saitenspiel vorgetragenes Lied"], alttestamentl. Lieder; die Sammlung der P. (Abk. Ps.) enthält 150 Lieder, die in 5 Bücher unterteilt sind. Der im A.T. vorliegenden Sammlung liegen ältere, kleinere P.sammlungen zugrunde. Die in den P.überschriften genannten Namen Mose, David und Salomo sind in der überwiegenden Mehrzahl keine Verfassernamen. Einige Forscher leiteten aus dem Namen David die Vorstellung ab, daß diese P. ihren „Sitz im Leben" im Tempelkultus hatten und ausschließl. vom König (aus david. Geschlecht) vorgetragen wurden. Die Nennung von Asaph und Korach weist hingegen auf Tempelsängergilden hin, die einen bestimmten Bestand an Liedern zur Verfügung hatten. Andere Überschriften geben Auskunft über die Liedart und über die Aufführungsweise. Der größte Teil der P. ist wahrscheinl. in der Zeit des Exils und danach entstanden. - Die *Form* der P. ist durch das Metrum und durch den inhaltl. Parallelismus gekennzeichnet. Im wesentl. lassen sich folgende Gattungen unterscheiden: 1. *hymn. Gesänge*: in ihnen werden die Herrlichkeit der Schöpfung und die Taten Jahwes in der Geschichte der Völker gepriesen, sie zeigen eine deutl. Nähe zum Kultus; 2. *Klagelieder* (des Volkes oder des einzelnen); 3. *Danklieder* (des Volkes oder des einzelnen): sie werden v.a. mit Opferhandlungen in Zusammenhang gebracht; 4. *Königs-P.*: der Jerusalemer König als zentrale Figur ist ihnen gemeinsam.

In der kath. Liturgie sind die P. ein Hauptbestandteil der Gesangstexte. Allg. erfolgt der Vortrag im gehobenen Sprechgesang der von den ↑Psalmtönen geregelten ↑Psalmodie; daneben gibt es musikal. Formen, in denen die den P. entnommenen Texte mit mehr oder weniger reich verzierten Melodien versehen sind. Mehrstimmige P.vertonungen finden sich erst seit dem 15. Jh., zunächst im schlichten homophonen Satz (Italien) oder im Fauxbourdon (Frankr.), später polyphon als P.motette (J. Desprez), im konzertierenden Stil (C. Monteverdi), seit dem 17./18. Jh. als Motette bzw. Kantate (mit Soli, Chor und Orchester).

⊞ *Westermann, C.: Der Psalter*. Stg. [4]1980. - *Das Buch der P*. Erl. v. E. Beck. Düss. 1979. - *Weiser, A.: Die P*. Gött. [9]1979. 2 Bde. - *Kraus, H. J.: Theologie der P*. Neukirchen-Vluyn 1979. - *Kraus, H. J.: P*. Neukirchen-Vluyn [5]1978. - *Zur neueren P.forschung*. Hg. v. P. H. Neumann. Darmst. 1976. - *Gunkel, H.: Einf. in die P*. Gött. [3]1975.

Psalmen Salomos, Bez. für eine Sammlung von 18 pseudepigraph. Psalmen (König Salomo zugeschrieben). Sie sind vermutl. in Palästina zur Zeit der Makkabäer entstanden.

Psalmodie [griech.], Bez. für den Psalmenvortrag im gehobenen Sprechgesang der ↑Psalmtöne (von hier aus übertragen auch auf rezitativ. Singen allg., z. B. im Volksgesang), wie auch für die aus ihm hervorgegangenen Formen des Gregorianischen Gesangs (v. a. Antiphon und Responsorium). Grundlage der P. in der christl. Kirche ist die Praxis des synagogalen Psalmgesanges. Während die antiphonale P. durch den Wechselgesang von zwei Chören charakterisiert ist, stehen sich in der responsorialen P. der den Psalmtext vortragende Kantor und das mit einem Kehrvers antwortende Volk bzw. in seiner Vertretung die Schola gegenüber.

Psalmtöne, Bez. für die dem System der Kirchentonarten untergeordneten Melodiemodelle, die im Vortrag den jeweiligen Psalmtexten angepaßt werden. Für die P. ist ein Gerüst melod. Formeln charakterist., das aus einem gehobenen Leseton entstand und der zweiteiligen Anlage des Psalmverse folgt. Der Ablauf gliedert sich in: Initium (Eröffnung), Tenor oder Tuba (Rezitationston), Mediatio (Mittelkadenz), Tenor und Finalis oder Terminatio (Schlußkadenz).

Psalter (Psalterium) [griech.], 1. Buch der Psalmen im A. T.; 2. ma. liturg. Textbuch der Psalmen zur feierl. Rezitation im Stundengebet.

Psalterium [griech.], etwa vom 8. bis zum 17. Jh. in Europa gebräuchl. Saiteninstrument vom Typ der Zither, dessen 30 und mehr Saiten mit den Fingern oder einem Plektron gezupft werden. Im MA und später war es vielfach mit dem Hackbrett ident., dessen Saiten aber mit Klöppeln geschlagen werden. Im Ggs. zur neueren Zither hatte das P. kein Griffbrett. Seit dem 9. Jh. sind dreieckige und trapezförmige Psalterien belegt. Seit dem 14. Jh. ist die „Schweinskopfform" nachweisbar, die halbiert als Flügelform vom ↑Cembalo übernommen wurde.

◆ svw. ↑Psalter.

◆ svw. ↑Blättermagen.

Psammetich, gräzisierte Namensform ägypt. Könige der 26. Dyn.; bed.:

P. I., † 610 v. Chr., König seit 664. - Libyscher Abstammung; urspr. Fürst von Sais, begr. die 26. Dyn., einigte Ägypten und warf um 650 die assyr. Oberhoheit endgültig ab; trat als Ordner der Verwaltung und der sozialen Struktur des Landes hervor.

P. III., † 525 v. Chr., König (seit 526). - Bei Pelusium vom pers. Großkönig Kambyses II. geschlagen und hingerichtet; Ägypten wurde pers. Satrapie.

Psammion (Psammon) [griech.], Bez. für die Lebensgemeinschaft der in oder auf dem Sand der Uferzone des Meeres oder von Süßgewässern lebenden Organismen.

Psammophyten [griech.], svw. ↑Sandpflanzen.

P-Schiffe (Flying-P-Liner), Segelschiffe der Hamburger Reederei F. Laeisz, die um die Wende zum 20. Jh. gebaut wurden und deren Namen alle mit dem Buchstaben P begannen. Berühmt wurden die Schiffe wegen ihrer großen Schnelligkeit und Regelmäßigkeit, mit der sie verkehrten (bes. zur chilen.

Psalmtöne. Die Melodieformeln von Initium, Mediatio und Finalis mit dem jeweiligen Tenor (Rezitationston)

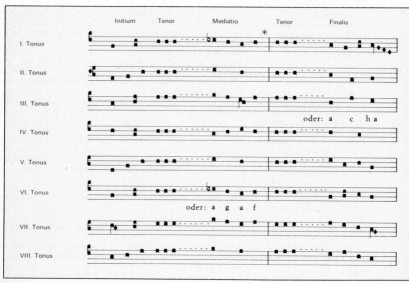

Psellismus

Salpeterküste); bekannt v. a. „Padna", „Pamir", „Passat", „Potosi" und „Preußen".

Psellismus [griech.], svw. ↑Stammeln.

pseud..., Pseud... ↑pseudo..., Pseudo...

Pseudepigraphen, l. antike Schriften, die unter falschem Namen umlaufen, teils als Fehler der Überlieferung, teils absichtl. einer Autorität untergeschoben, um ihnen bes. Beachtung zu sichern; 2. in der prot. Terminologie Bez. für die jüd. ↑Apokryphen.

pseudo..., Pseudo..., pseud..., Pseud... [zu griech. pseûdos „Lüge"], Bestimmungswort von Zusammensetzungen mit der Bed. „fälschlich, falsch, unecht, vorgetäuscht".

Pseudoarthrose (Scheingelenk), gelenkige Verbindung an einem sonst starren Knochenabschnitt durch nicht knöchern-feste Verheilung eines Knochenbruchs.

Pseudobulbus (Scheinzwiebel, Luftknolle), aus einem oder mehreren Sproßgliedern gebildete, scheiben-, keulen-, flaschenförmige oder ellipsoide knollenartige Verdickung der Sprosse vieler epiphyt. Orchideen; dient als Wasser- oder Reservestoffspeicher.
◆ svw. ↑Psalter.

Pseudo-Dionysios Areopagita ↑Dionysios Areopagita.

Pseudohalogene, zusammenfassende Bez. für chem. Gruppen, die in ihrem Reaktionsverhalten den Halogenen ähneln, v. a. die Cyanid-, die Cyanat-, die Rhodanid- und die Azidgruppe, $-CN$, $-OCN$, $-SCN$, $-N_3$; die Salze der P. werden als **Pseudohalogenide** bezeichnet.

Pseudohermaphrodit (Scheinzwitter), svw. ↑Intersex.

Pseudohermaphroditismus, svw. ↑Intersexualität.

Pseudoisidorische Dekretalen, Sammelname für die um die Mitte des 9. Jh. entstandene einflußreichste kirchenrechtl. Fälschung des MA, ben. nach ihrem angebl. Verfasser Isidorus Mercator (Pseudonym aus Isidor von Sevilla und Marius Mercator); Verfasser unbekannt. Die P. D. enthalten echte, gefälschte und verfälschte Bestandteile: u. a. Synodalbeschlüsse, Papstbriefe, fränk. Reichsgesetze. Mit diesen Fälschungen sollte die Stellung der Bischöfe gegenüber den Metropoliten und Synoden gestärkt und die Macht des Papstes als Schützer der Bischöfe und Wahrer der kirchl. Freiheit gefestigt werden. Sie erlangten v. a. in der Auseinandersetzung zw. Kaisertum und Papsttum große Bedeutung. - 1628 als Fälschung bewiesen.

Pseudo-Krupp ↑Krupp.

Pseudolismus [griech.], Antriebsanomalie, bei der der Betroffene versucht, durch Phantasieren, Schreiben oder Sprechen über (insbes. sexuelle) Wünsche eine gewisse Befriedigung zu erlangen.

Pseudomonaden, Bakterien der Gatt. *Pseudomonas* mit rd. 30 Arten. Die P. gewin-

nen ihre Energie nur durch Atmung und verwerten eine große Anzahl niedermolekularer Substanzen (u. a. aromat. und heterocycl. Verbindungen). P. sind in Boden und Gewässern weit verbreitet; einige sind pflanzenpathogen. **Pseudomonas aeruginosa** verursacht bei Menschen bösartige Infektionen (z. B. Brand) und ↑Hospitalismus. **Pseudomonas pseudomallei** ist Erreger einer rotzähnl. Krankheit bei Mensch (seltener) und Tier. **Pseudomonas mallei** ist Erreger des Rotzes.

Pseudomorphose, Umbildung eines Minerals, bei der die äußere Kristallform erhalten bleibt, die inhaltl. Substanz aber verändert wird. Man unterscheidet: 1. *Paramorphose* oder *Umlagerungs-P.*, bei der durch Änderung von Druck und Temperatur, aber bei Erhaltung der chem. Zusammensetzung das Kristallgitter umgebaut wird; 2. *Umwandlungs-P.*, bei der der stoffl. Bestand teilweise verändert, d. h. Stoff zu- oder/und abgeführt wird; 3. *Verdrängungs-* oder *Ausfällungs-P.*, bei der der stoffl. Bestand vollständig ausgewechselt wird; die neugebildeten Minerale werden auch als *Afterkristalle* bezeichnet; 4. *Umhüllungs-P.* oder *Perimorphose*, bei der ein Kristall von einer anderen Substanz eingehüllt und dann völlig herausgelöst wird, so daß nur ein Hohlraum zurückbleibt *(negativer Kristall)*.

Pseudomünzen ↑Münzen.

Pseudonym [zu griech. pseudõnymos „fälschl. so genannt"], fingierter Name, Deckname, Künstlername, bes. bei Künstlern und Schriftstellern. P. sind heute namensrechtl. geschützt.

Pseudopodien [griech.], svw. ↑Scheinfüßchen.

Pseudorotz (Melioidose), bakterielle, rotzähnl. Erkrankung von Nagern und Haussäugetieren in den Tropen durch Pseudomonas pseudomallei; Übertragung auf den Menschen selten.

Pseudosäuren, Bez. für organ. Verbindungen, die durch tautomere Umlagerung (↑Tautomerie) in eine zur Salzbildung befähigte Form *(aci-Form)* übergehen; typ. Vertreter der P. sind die Nitroalkane, die in die sauren Nitronsäuren übergehen.

Pseudosuchier [griech.] (Scheinechsen, Pseudosuchia), Unterordnung ausgestorbener, 20 cm bis 5 m großer Kriechtiere der Trias; Gestalt oft krokodil- oder eidechsenähnl., häufig gepanzert; mit gestrecktem Schädel, langem Schwanz und langen bis sehr langen, schlanken Extremitäten.

Pseudotuberkulose, Sammelbez. für meist tödl. verlaufende Infektionskrankheiten bei Tieren, die durch tuberkelähnl. Herde gekennzeichnet sind und durch das Bakterium Yersinia pseudotuberculosis verursacht werden.

Psi [griech.], vorletzter (23.) Buchstabe des klass. griech. Alphabets mit dem Lautwert [ps]: Ψ, ψ; Zahlenwert: 700.

◆ Symbol für Psychisches; i. e. S. (heute zunehmend gebräuchl.) Symbol für Parapsychisches oder Paranormales in psycholog. Hinsicht. - ↑auch Psifunktion, ↑Psiphänomene.

Psicharis, Jannis (frz. Jean Psichari), * Odessa 15. Mai 1854, † Paris 30. Sept. 1929, neugriech. Schriftsteller und Philologe. - Ab 1900 Prof. in Paris; trat für die neugriech. Volkssprache in der Literatur ein; schrieb Romane, Erzählungen und Essays in volkstüml., z. T. derber Alltagssprache.

Psifunktion, (ψ-Funktion, Schrödinger-Funktion, quantenmechanische Wellenfunktion) physikal. Zeichen ψ oder Ψ; eine den quantenmechan. Zustand eines mikrophysikal. Systems beschreibende Funktion der Systemkoordinaten und der Zeit t. Die P. ist eine Lösung der ↑Schrödinger-Gleichung des Systems und wird als Wahrscheinlichkeitsamplitude gedeutet, d. h., das Quadrat des Absolutbetrages der P. ist ein Maß für die quantenmechan. Wahrscheinlichkeit, Teilchen zu einem bestimmten Zeitpunkt an bestimmten Stellen anzutreffen. Mit Hilfe der P. lassen sich alle quantenmechan. Aussagen über das dynam. Verhalten und die beobachtbaren Größen des Systems formulieren.
◆ Bez. für eine von allen natürl. Funktionen unterschiedene parapsycholog. Funktion, die für die Erklärung psych. oder psychophys. Wechselwirkungen zw. Subjekt und Objekt angenommen wird, wenn keine sensor. bzw. sensomotor. Vermittlung festzustellen ist.

Psilocybin [griech.], ein Indolalkaloid, das in Form wasserlösl., farbloser Kristalle aus dem mex. Rauschpilz *Psilocybe mexicana* gewonnen wird. P. ist neben Haschisch, Meskalin und LSD das bekannteste Halluzinogen. Oral eingenommen, hat es eine dem LSD vergleichbare rauscherzeugende Wirkung, die sich in lebhaften Farbvisionen und Bewußtseinserweiterung, verbunden mit unangenehmen Begleiterscheinungen wie starke Lichtempfindlichkeit und Persönlichkeitsspaltung, äußert. - Schon vor rd. 3 000 Jahren wurde P. von südamerikan. Indios zu kult. Zwecken verwendet. Es wird in der Psychotherapie zur Behandlung von Psychoneurosen herangezogen.

Psilomelan [griech.] (Hartmanganerz, schwarzer Glaskopf), monoklines, schwarzes, metall. glänzendes Mineral, MnO_2, meist in amorphen oder feinkristallinen knolligen Aggregaten. Mohshärte 4–6; Dichte 4,4–4,7 g/cm³; P. ist ein wichtiges Manganerz.

Psiphänomene, Sammelbez. für okkulte Erscheinungen, z. B. für ↑außersinnliche Wahrnehmungen, für das sog. *Geisterklopfen* (unerklärl. Klopfgeräusche, Knarren, Poltern u. a.) und das ↑Tischrücken.

Psittacus [griech.], Gatt. der ↑Papageien mit dem Graupapagei als einziger Art.

Psittakose [griech.], svw. ↑Papageienkrankheit.

Psoas [griech.], Kurzbez. für den großen Lendenmuskel (Musculus psoas major).

Psoriasis [griech.], svw. ↑Schuppenflechte.

Psunj, Teil der Kroat.-Slawon. Inselgebirge, Jugoslawien, westl. von Slavonska Požega, bis 984 m hoch.

PSV, Abk. für: ↑psychologische Verteidigung.

PSV-Truppe, in der Bundeswehr Truppengatt. innerhalb der Führungstruppen v. a. mit der Aufgabe, die psycholog. Verteidigung aller Truppen sicherzustellen und mit mobilen Sendeanlagen, Lautsprechern und Flugblättern auf Einstellung und Verhalten des Feindes einzuwirken.

psych..., Psych... ↑psycho..., Psycho...

Psychagogik [griech.], Bez. für eine Vielzahl von pädagog.-therapeut. Verfahren, die (vorbeugend) beginnende Verhaltensstörungen und Konflikte abbauen bzw. (nach psychotherapeut. Behandlung) eine Nachbetreuung bilden. Die Grenzen zur ↑Psychotherapie sind fließend (Beratungsgespräche, Meditationen, Atemgymnastik, Logotherapie, autogenes Training u. a.).

Psyche [griech. „Seele"], im heutigen Sinne Bez. für die Gesamtheit bewußter und unbewußter seel. (insbes. emotionaler) Vorgänge und geistiger bzw. intellektueller Funktionen; bis zum 19. Jh. als *Seele* Gegenstand der (bis dahin zur Philosophie gehörenden) Psychologie.

Psychedelika [griech.], Bez. für ↑psychedelisch wirkende Mittel, insbes. die ↑Halluzinogene.

psychedelisch (psychodelisch) [amerikan., zu griech. psychḗ „Seele" und dēlos „offenbar"], Bez. für den Zustand des bes. durch Halluzinogene veränderten Bewußtseins sowie für die entsprechenden Bewußtseinsinhalte; auch zur Charakterisierung von bestimmten Medien (Musik, Lichtarrangements u. a.), die darauf abzielen, das Bewußtsein zu verändern, gesagt.

psychedelische Kunst, moderne Kunstrichtung seit den 1960er Jahren, die v. a. auf Erfahrungen mit bewußtseinsverändernden Drogen (v. a. LSD) oder meditativen Techniken und Einflüssen zurückzuführen sind und visuelle, z. T. akust. Wahrnehmungen mit künstler. Mitteln umsetzt (Malerei und Graphik, Lichtkunst, Experimentalfilm u. a.). - Abb. S. 338.

Psychiater [griech.], Facharzt für Psychiatrie.

Psychiatrie [zu griech. psychḗ „Seele" und iatreía „Heilung"], Teilgebiet der Medizin, das sich mit körperl. und medikamentöser Behandlung der seel. Krankheiten befaßt. - Neben der psychiatr.-wiss. Forschung, die sich darum bemüht, psych. Krankheiten und Störungen in ihrem Wesen aufzuklären, gibt es den weiten Bereich der *prakt. Psychiatrie,*

Psychedelische Kunst. Paul Ortloff, Exhalation (1965). Privatbesitz

bei dem es sich um die Aufgaben der psychiatr. Krankenbetreuung handelt. Prakt. Aufgaben in der P. erfüllt die *forens. Psychiatrie*, bei der es strafrechtl. um die Beurteilung der Schuldfähigkeit, zivilrechtl. um die Beurteilung des Geisteszustandes, bei Fragen der Geschäftsfähigkeit, Entmündigung, Ehescheidung u. a. geht. – Eine bes. Disziplin ist die **Kinder- und Jugendpsychiatrie,** die sich v. a. mit den krankhaften psych. Störungen und Veränderungen des Kindes- und Jugendalters im Zusammenhang mit den Entwicklungsprozessen des Kindes und mit dem Milieu, in dem das Kind sich befindet, sowie mit dessen Ausstrahlungen auf die kindl. Psyche beschäftigt. **Behandlungsmöglichkeiten:** Für einige psychiatr. Krankheitsbilder wurden körperl. faßbare Krankheitsprozesse erkannt. Dadurch können sie auch behandelt werden. Ein entscheidender Fortschritt in der psychiatr. Therapie wurde mit der Entwicklung und dem Einsatz der neuen Psychopharmaka erzielt. Akute Manifestationen schizophrener, manischer oder depressiver Psychosen werden heute mit Neuroleptika und Antidepressiva erfolgreich behandelt. Bei psychot. Krankheiten des manisch-depressiven Formenkreises können durch eine Dauertherapie mit Lithiumpräparaten oder Antidepressiva Wiedererkrankungen verhindert werden. Gute Erfolge zeigt auch die Dauertherapie mit

Neuroleptika bei schubförmig, zu Rückfällen neigenden oder chron. verlaufenden schizophrenen Psychosen. Mit Hilfe dieser neuen Therapiekonzepte wird es mögl., die Versorgung der Patienten zu dezentralisieren und gemeindenah zu gestalten. – Eine Behandlung mit Psychopharmaka (ebenso mit psychochirurg. Eingriffen) wird von Kritikern als gefährl. Entwicklung in der Medizin angesehen, nicht zuletzt deshalb, weil sie ein Mittel zur Manipulation des Menschen darstellt.

Geschichte: Die Bez. P. wurde erstmals 1808 von J. C. Reil verwendet. Mit W. Griesinger setzte sich ab 1845 ein somat. orientiertes Konzept durch („Geisteskrankheiten sind Gehirnkrankheiten"), gleichzeitig die Vorstellung einer sog. Einheitspsychose. Die Aufklärung brachte einen Wandel in der Einstellung zum psych. Kranken. Wurde dieser vormals noch als gefährl. Irrer „bewahrt" und die Gesellschaft vor ihm „beschützt", so wurde er nun als „Kranker" (Geisteskranker) bezeichnet, der behandelt und u. U. geheilt werden kann.

⚇ *Bleuler, E.:* Lehrb. der P. Bln. u. a. ¹⁵1983. – *Jervis, G.:* Krit. Handbuch der P. Dt. Übers. Ffm. ⁴1983. – *Ammon, G.:* Dynam. P. Mchn. 1980. – *Müller-Fahlbusch, H.:* P. Stg. ⁴1979. – *Kendell, R. E.:* Die Diagnose in der P. Dt. Übers. Stg. 1978. – *Berg, J. H. van den:* Grundriß der P. Dt. Übers. Stg. ³1978. – *Alexander, F. G./Selesnick, S. T.:* Geschichte der P. Dt. Übers. Konstanz 1969.

psychiatrische Klinik, psychiatr. Abteilung eines Allgemeinkrankenhauses; auch svw. ↑ psychiatrische Krankenanstalt.

psychiatrische Krankenanstalt (Heil- und Pflegeanstalt), Institution (Krankenhaus, Klinik) zur Unterbringung und Behandlung psych. Kranker.

psychisch, (seelisch) auf die Psyche (Seele) bezogen.

◆ im heutigen, umfassenden Sinn: zum Forschungsbereich der Psychologie gehörend. Als p. werden damit nicht nur die bewußten und unbewußten Erlebens- und Informationsverwendungsweisen des Individuums, sondern insbes. auch sein (daraus resultierendes) Verhalten bezeichnet.

psychische Epidemien, Bez. für Verhaltensweisen, die sich (v. a. auf Grund ↑ psychischer Infektion und Suggestion, verbunden mit innerer Bereitschaft und starker Affektbesetzung sowie insgesamt relativer Primitivität des Geschehens) ähnl. wie die Infektionskrankheiten ausbreiten; z. B. ekstat. Riten und Exzesse bei Naturvölkern oder die Hexenprozesse und Kinderkreuzzüge des MA und die Judenverfolgungen der Neuzeit.

psychische Infektion, Bez. für die Erscheinung, daß Einstellungen bzw. Meinungen, Urteile oder Handlungen sowie Erregungs- und Bewegungs-, Denk- und Gefühlsprozesse in einer Art Ansteckung übertragbar sind.

psychischer Apparat, S. Freud ging bei der Entwicklung der Psychoanalyse von der Annahme aus, daß das Seelenleben die Funktion eines Apparats habe, der in drei funktional zusammenhängende Strukturen untergliedert sei: das ↑ Ich, das ↑ Es und das ↑ Über-Ich.

psychisches Trauma, Bez. für seel. Belastungen, die intensiv und unerwartet - einmalig oder langdauernd - unterschwellig derart auf ein Individuum einwirken, daß sie von ihm nicht bewältigt werden können und anhaltende (psychosomat.) Schäden verursachen. In der neueren Terminologie wird p. T. teilweise durch den allgemeineren Begriff ↑ Streß ersetzt.

Psychismus [griech.], metaphys. Anschauung, wonach die Realität rein psych. Natur sei.

psycho..., Psycho..., psych..., Psych... [zu griech. psyché „Seele"], Bestimmungswort von Zusammensetzungen mit der Bed. „Seele, Gemüt".

Psychoanaleptika (Psychostimulanzien, psychomotor. Stimulanzien, Psychotonika), Substanzen mit vorwiegend erregender Wirkung auf die Psyche, die im Ggs. zu den Antidepressiva nicht für die Behandlung von Psychosen geeignet sind. Zu den P. gehören v. a. die Phenyläthylaminderivate Amphetamin und Methylamphetamin (↑ auch Weckamine). Beide Substanzen beeinflussen neben dem Zentralnervensystem (Steigerung des Antriebs, der Merk- und Erkenntnisfähigkeit, Verringerung bzw. Beseitigung von Müdigkeit) als Verwandte von Adrenalin und Noradrenalin auch das vegetative Nervensystem (Kreislauf); sie können außerdem zu Gewöhnung und psych. Abhängigkeit führen.

Psychoanalyse, eine von S. ↑ Freud Ende des 19. Jh. entwickelte Theorie und Technik, die dazu dienen soll, die Art und Wirkungsweise der psych. Kräfte zu studieren und zu beeinflussen. Die Bez. „Analyse" wurde von Freud bereits 1894 verwendet; der Ausdruck P. erscheint erstmals 1896. Neben dem Verfahren zur Untersuchung seel. Vorgänge ist die P. v. a. Behandlungsmethode bei neurot. Störungen (↑ Neurosen), die sich auf diese Untersuchung gründet. Letztl. umfaßt P. auch die auf diesem Weg gewonnenen psycholog. Ergebnisse. Als Untersuchungsmethode befaßt sich die P. bes. mit der Aufdeckung unbewußter psych. Prozesse (z. B. mit Träumen, Fehlleistungen, psychoneurot. Symptomen [tiefenpsycholog. Ansatz der P.]) mit Hilfe freier ↑ Assoziationen und psychoanalyt. Deutungen. Bei der darauf basierenden Behandlung (Psychotherapie) erzählt der Patient (Klient) von seinen Wünschen, Träumen, Vorstellungen, Erinnerungen usw., ohne bewußte Auswahl. Der Therapeut (Analytiker) soll nach Freud im Idealfall mit „gleichschwebender Aufmerksamkeit", d. h. frei von Vorurteilen bzw. eigenen Zielvorstellungen und persönl. Neigungen, zuhören und schrittweise die unbewußten Wünsche und Phantasien, die sich hinter den Mitteilungen des Klienten verbergen, erhellen (deuten). Dabei führt nicht die bloße verbale Übersetzung von Unbewußtem in Bewußtes zu therapeut. Konsequenzen; wesentl. ist neben dem intellektuellen v. a. das emotional-affektive Durcharbeiten der im Laufe der Analysesituation entstandenen engen wechselseitigen Beziehung zw. Klient und Analytiker. Diese Beziehung ist gekennzeichnet durch sog. positive und negative Übertragungen (Wiederbelebung und Übertragung etwa zärtl. oder feindl. Gefühle, unbewußter Vorstellungen, Ängste und Konflikte) auf den Therapeuten sowie durch die Vorgänge der Gegenübertragung (Einfluß des Klienten auf die unbewußten Gefühle und Reaktionen des Analytikers) und die emotionalen Widerstände (Hindernisse) bei der Erhellung der Symptome und der analyt. Arbeit.

P. als eine Art Zusammenfassung psycholog. und psychopatholog. Theorien bezieht sich auf ein Theoriensystem mit folgenden Hauptthesen: Psychisches ist niemals zufällig, sondern durch vorhergehend Lebensgeschichtliches bedingt; die entscheidenden Motivationen menschl. Verhaltens sind unbewußt auf Grund von ↑ Verdrängung; Gedanken, Handlungen, Träume und Symptome werden durch diese Motivationen beeinflußt; das Indivi-

Psychobiologie

duum wird durch ↑Antriebe (genetisch bedingte elementare psych. Komponenten, die Spannungen hervorrufen) dynamisiert, wobei nach Freud zwei Hauptantriebe zu unterscheiden sind: der Sexualtrieb, dessen psych. Energie (↑Libido) verschiedene Stadien in der frühkindl. Entwicklung durchläuft, und der ↑Destruktionstrieb, der sich in zerstörer. ↑Aggression äußert. Psych. Vorgänge können nach Freud unbewußt, vorbewußt oder bewußt sein und werden nach dem ↑Lustprinzip gesteuert. Ihnen liegt der in die drei funktional zusammenhängenden Strukturen des ↑Es, ↑Ich und ↑Über-Ich gegliederte ↑psychische Apparat zugrunde.

Geschichte: S. Freud bereitete zw. 1886 und 1891 die für die Entwicklung der P. wesentl. Untersuchungen vor. Mit Hilfe der von J. M. Charcot zur Behandlung neurot. und hysterischer Symptome eingesetzten Hypnose konnten auch Gesunde in einen hysterieähnl. Zustand (eingeengtes Bewußtsein mit räuml. und zeitl. Desorientiertheit und Verwirrung) versetzt werden; über das Verhalten und Erleben während eines hyster. Anfalls bestand Amnesie. Daraus folgerte Freud, daß es psych. Kräfte geben müsse, die Verhaltensabläufe bestimmen, dem Handelnden aber unbewußt bleiben. 1893 wurden von Freud und J. Breuer erste Ergebnisse über Therapien mit der sog. kathart. Methode veröffentlicht. Die Behandlungserfolge auf Grund von Hypnose waren jedoch meist nur von kurzer Dauer. Freud bemühte sich daher um die Aufhebung der hyster. Amnesie ohne hypnot. Suggestion und entwickelte daraus die psychoanalyt. Technik der freien Assoziationen. Zu den bekanntesten Schülern, die an den Hauptthesen der Freudschen P. festhielten, gehören u. a. K. Abraham, S. Ferenczi, O. Fenichel, ferner die brit. Analytikergruppe E. Glover und E. Jones, Freuds Tochter A. Freud und M. Klein (Arbeiten zur Kinderanalyse), H. Hartmann, E. Kris und R. Löwenstein (Arbeiten zur Psychologie des Ich), R. Spitz (Arbeiten über Hospitalismus bei Kleinkindern), E. H. Erikson (Arbeiten zur Rollenproblematik), W. Reich (Arbeiten zur Sexologie und über sexuelle Unterdrückung). Die Brücke zur ↑Psychosomatik schlug v. a. in Deutschland A. Mitscherlich. Von der „orthodoxen" P. z. T. erhebl. abweichend, entwickelte sich die Neo-P. (wichtigster Vertreter: E. Fromm), für die eine Betonung der Umwelteinflüsse und eine weitgehende Ablehnung der Libidotheorie charakterist. sind; ferner die Individualpsychologie A. Adlers und die analyt. Psychologie C. G. Jungs. Neben der klass. Langzeitanalyse (*„Große P."*; drei bis sechs Wochenstunden, Herbeiführung und Durcharbeiten der Übertragungsneurose) wurden neue analyt. Behandlungsformen entwickelt, z. B. *Fokaltherapie* (Kurzbehandlung von 20–30 Stunden, Beschränkung auf die zentrale Problema-

tik), analyt. Kinder- und Familientherapien sowie verschiedene Formen der ↑Gruppentherapie. - Seine ersten Anhänger sammelte Freud 1902 in der Wiener „Psycholog. Mittwochs-Vereinigung". Es folgten die Kontakte mit Bleuler (1904), später mit Jung (1906), an dessen Wirkungsstätte Zürich ein zweites Zentrum der frühen P. entstand. Endgültige Gestalt nahm die „psychoanalyt. Bewegung" durch internat. Kongresse (1908 *Salzburger Treffen*) und durch die Gründung der *Internat. psychoanalyt. Gesellschaft* sowie der *Dt. psychoanalyt. Gesellschaft* (beide 1910).

📖 *Nagera, H.:* Psychoanalyt. Grundbegriffe. Eine Einf. in Sigmund Freuds Terminologie u. Theoriebildung. Ffm. 1987. - *Brenner, C.:* Grundzüge der P. Dt. Übers. Ffm. ^{9}1986. - *Eschenröder, C. T.:* Hier irrte Freud. Zur Kritik der psychoanalyt. Theorie u. Praxis. Weinheim ^{2}1986. - *Freud, S.:* Abriß der P. Das Unbehagen in der Kultur. Ffm. ^{36}1986. - *Freud, S.:* Vorlesungen zur Einf. in die P. Hg. v. I. Grubrich-Simitis. Ffm. ^{7}1986. - *Leupold-Löwenthal, H.:* Hdb. der P. Wien 1986. - *Freud, S.:* Darstt. der P. Ffm. ^{15}1985. - *Koesters, P.:* Die Erforscher der Seele. Wie die P. die Macht des Unbewußten entdeckte. Hamb. 1985. - *Knoepfel, H.:* Einf. in die analyt. Psychotherapie. Stg. 1984. - *Stekel, W.:* Aktive P. Bern 1980.

Psychobiologie, psycholog. Richtung, die das Verhalten und die Verhaltensstörungen als Ausdruck psychophys. Geschehens betrachtet und sich gleichzeitig gegen Tendenzen einer Trennung in phys. und psych. Teilreaktionen wendet.
◆ von H. ↑Jungwitz begr. medizin.-psycholog. Lehre, als deren „doppeltes Fundament" Erkenntnistheorie und Biologie angesehen werden und deren Hauptbedeutung in einer „metaphysikfreien, realischen Weltanschauung" sowie in einer daraus abgeleiteten Neurosentherapie („Erkenntnistherapie") bestehen soll.

Psychochirurgie (psychiatr. Chirurgie), Fachgebiet der operativen Medizin, das sich mit solchen chirurg. Eingriffen am Gehirn befaßt, durch die psych. Erkrankungen oder Störungen des Verhaltens gebessert oder behoben werden sollen.

psychodelisch, svw. ↑psychedelisch.

Psychodiagnostik (diagnost. Psychologie, psycholog. Diagnostik), Gesamtheit der Vorgehensweisen zur Erfassung psych. Besonderheiten von Personen oder Personengruppen (bes. bei Schul-, Berufs- und Therapiezuweisungen). Neben Interview und Verhaltensbeobachtung haben Fragebogen und Tests an Zahl und Bed. immer mehr zugenommen, obwohl deren Güte und Verläßlichkeit von Psychologen zunehmend kritisch beurteilt wird.

Psychodrama ↑Gruppentherapie.
psychogalvanische Reaktion, Abk. PGR, Absinken des elektr. Leitungswider-

stands der Haut auf Grund erhöhter Schweißsekretion; gilt als Indikator für emotionale und affektive Reaktionen (z. B. beim ↑ Lügendetektor ausgenutzt).

psychogen, seel. bedingt, seel. verursacht, in der Psyche begründet; z. B. von körperl. Symptomen und Erkrankungen sowie von abnormen Erlebnisreaktionen gesagt.

Psychogramm, graph. Darstellung von Eigenschaften und Fähigkeiten einer Persönlichkeit (z. B. in einem Koordinatensystem).

Psychohygiene (Mentalhygiene), Disziplin der angewandten Psychologie mit der Aufgabe, für die Erhaltung psych. und geistiger Gesundheit zu sorgen **(Psychoprophylaxe),** sich für angemessene Behandlung und Betreuung und gegebenenfalls Rehabilitation psych. Kranker einzusetzen sowie die Bev. darüber aufzuklären, welche Bed. den psych. und geistigen Anomalien, etwa in den Bereichen Erziehung, Berufsleben und Wirtschaft oder Kriminalität (z. B. bei Triebtätern oder Süchtigen), zukommt.

Psychokinese, in der Parapsychologie Bez. für einen physikal. nicht erklärbaren Einfluß eines Menschen auf materielles Geschehen.

Psycholamarckismus ↑ Neolamarckismus.

Psycholepsie [griech.], Bez. für das plötzl. kurzzeitige Aussetzen der psych. Aktivität, insbes. des Denkens; bes. bei Schizophrenie.

Psycholeptika [griech.], svw. ↑ Neuroleptika.

Psycholinguistik, um 1950 aus der Verbindung von struktureller Linguistik, Informationstheorie und behaviorist. Psychologie hervorgegangene interdisziplinäre Forschungsrichtung; sie hat allg. zum Ziel, das Verhalten der an einer Kommunikation Beteiligten beim Ver- und Entschlüsseln von Nachrichten zu untersuchen. Die P. beschäftigt sich u. a. mit den psycholog. Grundlagen der Sprache („Sind formale Sprachprinzipien angeboren?") und mit der Rolle psycholog. Faktoren beim Spracherwerb.

Psychologe [griech.], der *Diplom-P.* absolviert ein Hochschulstudium von mindestens acht Semestern unter Einschluß von drei Praktika und einer Vorprüfung in allg. Psychologie, Entwicklungs- und Persönlichkeitspsychologie, psycholog. Methodenlehre, Physiologie, Philosophie u. a. sowie unter Einschluß der Hauptprüfung in psycholog. Diagnostik und Ausdruckslehre, angewandter Psychologie, Sozialpsychologie, pädagog. Psychologie, Tiefenpsychologie, Psychopathologie u. a.

Psychologie, Wiss., die sich mit dem Verhalten der Tiere *(Tier-P.;* ↑ Verhaltensforschung) und des Menschen *(Human-P.)* befaßt und die dem Verhalten zugrundeliegenden Bedingungen untersucht. Diese Bedin

gungen betreffen insbes. die dem Verhaltensantrieb bzw. der Motivation zugrundeliegenden, indirekt (stammesgeschichtl.) oder direkt (individuell) erworbenen und in Nervenzellen gespeicherten, bewußten oder unbewußten Informationen. Von der vergleichenden P. wird gleichzeitig die stammesgeschichtl. Entwicklung berücksichtigt, während der die Grundlagen auch für die seel. und geistige Entwicklung des Menschen entstanden sind. Andererseits wird gerade das spezifisch Menschliche weitgehend durch sozialhistor. Entwicklungsbedingungen der Menschheit bestimmt, so daß P. schon ihrem Wesen nach eine Wiss. ist, die zw. den (v. a. biolog.) Naturwiss. einerseits und den Sozial-, Kultur- und Geisteswiss. andererseits steht. Die beiden psycholog. Hauptbereiche sind die *empir.* und *theoret. P.* und die angewandte Psychologie. Zur erstgenannten zählen neben der allg. P. v. a. die Teilgebiete EntwicklungsP., Persönlichkeits-P. und differentielle P., pädagog. und Sozialpsychologie. Bes. enge Beziehungen bestehen zur Medizin. Sie sind v. a. darauf zurückzuführen, daß die Bindungen zw. psych. Gegebenheiten und somat. Erkrankungen untrennbar sind. Im Vordergrund der *medizin. P. (klin. P.)* steht damit die Betrachtung eines kranken Organismus in seiner Gesamtheit und infolgedessen die Behandlung jeweils nicht eines bestimmten organ. Krankheit, sondern eines Individuums insgesamt (↑ Psychosomatik).

Geschichte: Als „Lehre von der Seele" war die P. bis zum 19. Jh. Teilgebiet der Philosophie. Erste Ansätze zu einer solchen Lehre finden sich bei den Griechen (u. a. Thales von Milet, Anaximander, Anaximenes, Demokrit, Epikur, Lukrez, Platon und Aristoteles). Als erster verwendete P. Melanchthon die Bez. P. in seinen Vorlesungen. Er wies darauf hin, daß die Seele ein der wiss. Behandlung würdiger Gegenstand sei. Auf die weitere Entwicklung der P. nahmen v. a. der Kartesianismus und der Okkasionalismus Einfluß. Dies führte zu einer strikten begriffl. Trennung von körperl. Prozessen und Bewußtseinsvorgängen (↑ Leib-Seele-Problem). Zu den wichtigsten Wegbereitern einer empir. P. gehören die Sensualisten und Empiristen (bes. J. Locke, T. Hobbes, D. Hume). Aus der sinnespsycholog. Forschung zu Beginn des 19. Jh. (E. H. Weber, G. T. Fechner, G. E. Müller) entwickelte sich erstmals eine nach naturwiss. Methoden arbeitende P. (↑ Psychophysik), nachdem J. F. Herbart (1824) angeregt hatte, P. auch als Erfahrungswiss. zu betreiben. 1879 gründete W. Wundt in Leipzig das erste psycholog. Laboratorium. H. Ebbinghaus u. a. erforschten experimentell das Gedächtnis. Um die Jh.wende gaben F. Brentano, C. Stumpf und die Vertreter der ↑ Würzburger Schule (O. Külpe, K. Marbe, K. Bühler, N. Ach u. a.) der P. neue Impulse und Orientierungsricht

linien. - Parallel zur experimentellen physio-
psycholog. Forschung wurden in Rußland
durch W. M. Bechterew und I. P. Pawlow
die Reflexologie und in den USA der Behaviorismus entwickelt. Gleichzeitig entstanden
Gegenströmungen, so zur experimentellen
bzw. naturwissenschaftl. P. die geisteswiss. P.
(W. Dilthey, E. Spranger) oder zur Assozia-
tions-P. die Schulen der Ganzheits-P. und
die Gestaltpsychologie. - Außerhalb der akadem. P. entstanden die verschiedenen Richtungen der ↑ Tiefenpsychologie; Grundlage
war die von S. Freud entwickelte ↑ Psychoanalyse. Seit dem Zweiten Weltkrieg lösen sich
die zumeist rivalisierenden psycholog. „Schulen" auf, weitgehend zugunsten eines pro-
blem- und methodenbezogenen Eklektizis-
mus, ohne zusammenhängenden theoret.
Rahmen.

📖 Hdwb. der P. Hg. v. R. Asanger u. G. Wennin-
ger. Weinheim 1982. - Michel, C./Novak, F.:
Kleines psycholog. Wörterb. Freib. ⁷1982. -
Knoll, L.: Lex der prakt. P. Bergisch Gladbach
1979. - Die P. des 20. Jh. Hg. v. H. Balmer. Zürich u. Mchn. 1976–81. 15 Bde. u. Reg.-Bd. -
Einf. in die P. Hg. v. C. F. Graumann. Wsb.
¹⁻⁵1972–78. 7 Bde. - Hehlmann, W.: Gesch. der
P. Stg. ²1967.

psychologisch, aus der Sicht der Psychologie gesehen.

psychologische Kriegführung, Teilgebiet der Gesamtkriegführung mit der Zielsetzung, den Kampfwillen der Bev. und der
Truppen des Feindes zu schwächen, ihr Vertrauen in polit. und militär. Führung zu
untergraben. Hierzu werden alle Formen der
Propaganda, auch Drohungen, Versprechen,
Lügen, Verleumdungen, Gerüchte, angewendet und durch vielfältige Mittel verbreitet.
P. K. wurde organisiert erstmals im 1. Weltkrieg eingesetzt. Die etwa 1920 geprägte Bez.
p. K. (engl. psychological warfare) wurde von
den Amerikanern im 2. Weltkrieg anstelle
des Begriffs Propaganda benutzt, als es im
alliierten Hauptquartier eine eigene Abteilung p. K. gab und in den USA erstmals
mit den Mitteln der empir. Sozialforschung
(Inhaltsanalysen) versucht wurde, die Wirkungen der p. K. genauer abzuschätzen. Im
Zeichen des kalten Krieges gewann die p.
K. auch außerhalb direkter militär. Auseinandersetzungen an Bedeutung.

psychologische Tests, 1. das gesamte
messende (quantitative) Routineverfahren zur
Untersuchung von Persönlichkeitsmerkma-
len (Begabungen, Fähigkeiten, Intelligenz,
Fertigkeiten, Einstellungen oder Entwick-
lungsstandes) mit unterschiedl. Zielsetzung
nach genau festgelegter Vorschrift mit stan-
dardisiertem Testmaterial; 2. Bez. für das
Testmaterial.
Die Testverfahren sollen i. d. R. Entschei-
dungshilfen geben, z. B. bei Diagnose psych.
Störungen, Festlegung der Schullaufbahn, in

der Erziehungs- und Berufsberatung, zur Eig-
nungsprüfung und bei der Auswahl von Bewerbern. Sie spielen deshalb im Schul-, Be-
rufs- und Wirtschaftsleben eine große Rolle. -
Ein Test muß objektiv sein, verschiedene An-
wender müßten also bei derselben Person zum
gleichen Ergebnis kommen. Er muß verläß-
lich (reliabel) sein, also zuverlässig das zu
prüfende Persönlichkeitsmerkmal auch tat-
sächlich untersuchen. Und er muß valide sein,
d. h. nur das Merkmal messen, das zu messen
er beabsichtigt, muß u. U. eine zukünftige
Entwicklung richtig vorhersagen (Vorhersa-
gevalidität). Dazu müssen die Aufgaben des
Testes je nach dessen Zielsetzung bestimmte
Schwierigkeitsgrade besitzen und so trenn-
scharf sein, daß sie Personen mit dem gesuchten Persönlichkeitsmerkmal möglichst sicher
von denen trennen, die es nicht besitzen. Um
diese Kriterien zu erfüllen, werden Tests an
größeren Gruppen in Vorversuchen geeicht
(standardisiert) und für ihre Anwendung und
Auswertung sehr genaue Vorschriften (z. B.
Bearbeitungszeiten, Erklärungen) und Tabellen (Normtabellen) erarbeitet. Zulässig ist ihre
Anwendung nur bei dem Personenkreis, an
dem auch die Eichung erfolgte (z. B. bei
Schulanfängern).
Viele p. T. bedienen sich sprachl. Mittel (Ver-
balteste: Wortauswahl-, Satzergänzungs-, Er-
zähltest) und sind deshalb sehr abhängig von
Erziehung, Elternhaus, Schulbildung, Umwelt und Kulturkreis, andere Tests verzichten
auf Sprache (sprachfreie und kulturfreie Tests).
Ihre Anwendung erfolgt entweder an mehreren Personen (Probanden) gleichzeitig (Grup-
pentest) oder aber nur an einer Person. Der
Tester muß für die Testanwendung fachlich
qualifiziert sein, weil u. a. versucht werden
muß, für jede Anwendung eines Tests möglichst immer wieder gleiche Bedingungen zu
schaffen, da die Testsituation selbst das Ergebnis erheblich beeinflussen kann.
Man unterscheidet Leistungs- und Persönlichkeitstests. Die Abgrenzung ist fließend.
Leistungstests: Prüfen grundlegender Fähigkeiten und Eigenschaften der Sinnesorgane
und ihrer Reizverarbeitung: z. B. wird beim
Lichtsinn (Auge) das opt. Erfassen einfacher
und zusammengesetzter Eindrücke mit dem
Tachistoskop gemessen, das Bilder ganz kurz
darbietet. Für die Prüfung des Richtungssin-
nes muß in einem verdunkelten Raum auf
die Schallquelle gedeutet werden. Beim Messen der Funktionen Auffassen und Verarbeiten
mißt man z. B. die Aufmerksamkeit (Konzentration) mit einem Durchstreichtest, bei dem
in einem Text bestimmte Buchstaben durch-
zustreichen sind. Bei einem Gedächtnistest
müssen einfache Zahlen, Buchstaben oder
Wörter behalten und später wiedergegeben
werden. Die Raumvorstellung wird z. B. mit
einem Würfeltest untersucht, bei dem gezeichnete und ↑ in ihrer Lage veränderte Würfel

wiederzuerkennen sind. Die *Fähigkeit zu Ordnung und Umordnung* kann man z. B. mit der Deckungsmethode erfahren: Gegenstände müssen nach einem oder mehreren Merkmalen (z. B. Farbe, Größe, Form, Oberfläche, Zweck) geordnet werden. *Manuelle Fähigkeiten* wie Handgeschicklichkeit, aber auch Arbeitsverhalten lassen sich z. B. mit der Drahtbiegeprobe ermitteln: Ein Draht ist nach einer kleineren oder größeren Vorlage zu biegen. Die Feinmotorik wird z. B. durch einen Zeichentest untersucht, bei dem dünne Linien nachgezeichnet werden müssen. Die Abweichungen werden gemessen. *Techn. Fähigkeiten*, wie z. B. das mechanisch-techn. Verständnis, werden mit Zeichnungen geprüft, auf denen ein techn. Problem zu lösen ist. Das *Verhalten bei monotoner Arbeit* ermittelt man mit dem Monotonietest: gleichmäßig herabrollende Kugeln sollen aufgefangen und abgelegt werden. Bei der Additionsmethode sollen viele einfache Zahlenkolonnen addiert werden. Um die *Eignung* für die verschiedensten Berufe zu untersuchen, wurden die verschiedensten Eignungsteste entwickelt (z. B. Reaktionstest für Kraftfahrer). Die Fähigkeit zur *Abstraktion* mißt man mit einem Test, bei dem aus mehreren Wörtern ein Wortpaar mit gemeinsamen Merkmalen herauszusuchen ist. Die Urteilsbildung prüft man z. B., indem Sätze mit Wörtern einer vorgegebenen Liste ergänzt werden müssen. Für *Intelligenztests* werden stets aus mehreren Einzeltests der oben beschriebenen Art Testbatterien zusammengestellt. Man untersucht also einzelne geistige Leistungen, von denen man annimmt, daß sie die Intelligenz ausmachen und setzt daraus ein Gesamtbild (z. B. den Intelligenzquotienten) zusammen oder stellt die Einzelergebnisse als Kurvenzug (Intelligenzprofil) graphisch dar. Intelligenz ist in diesem Sinne also nur das, was der jeweilige Test wirklich mißt. Um die *geistige Entwicklung* bes. von Säuglingen und Kleinkindern oder die Schulreife sowie andere Entwicklungsstadien festzustellen, wurden eine Reihe von Entwicklungstests erarbeitet, deren Eichung an entsprechenden Altersstufen erfolgte. Sie sind ein wertvolles Mittel zur Erkennung von Entwicklungsstörungen. - **Persönlichkeitstests:** Sie versuchen den Ausprägungsgrad bestimmter charakterl. Merkmale wie Aggressivität, Antriebsstärke, Interessen, Affekte, Einstellung zu den verschiedensten Problemen u. ä. zu bestimmen. Die „*objektiven*" *Persönlichkeitstests* sind nach den Testkriterien Objektivität, Gültigkeit (Validität) und Zuverlässigkeit (Reliabilität) geprüft und können nach Normtabellen ausgewertet werden. Sie sind also vom Tester unabhängig (objektiv). So überprüft z. B. einer dieser Tests mit 212 Fragen die Merkmale Nervosität, Aggressivität, Depressivität, Erregbarkeit, Gesellkeit, Gelassenheit, Dominanzstreben, Gehemmtheit und Offenheit.

Projektive Persönlichkeitstests erlauben freie Antworten auf vieldeutiges Material (z. B. Tintenkleckse, unvollendete Zeichnungen, einfache Zeichenaufgaben, Farbwahl). Sie setzen auf Grund der schwierigen Auswertung gut geschulte Psychologen voraus und gestatten einen größeren Bewertungsspielraum. Diese Tests sind deshalb strenggenommen - im Sinne der Testtheorie - nicht objektiv, ihre Gültigkeit und Zuverlässigkeit kann angezweifelt werden.
Kritik: Bei Leistungstests erfaßt jeder Test nur sehr wenige Persönlichkeitsmerkmale. Seine Anwendung erfolgt fast immer in einer für den Prüfling außergewöhnl. Situation unter dem Einfluß von Prüfungsangst oder z. B. dem Zwang, eine Arbeit zu finden. Außerdem liegt die Eichung der meisten Tests, die heute angewendet werden, viele Jahre zurück, so daß sie heute nicht mehr die gleiche Aussagekraft wie früher besitzen. Trotzdem sind Leistungstests wohl die objektivste Methode, bestimmte Merkmale verschiedener Menschen miteinander zu vergleichen. Sie bei der Bewerberauslese jedoch zum wichtigsten Kriterium zu machen, ist sehr problematisch. Persönlichkeitstests sind gute Hilfsmittel in der psychiatr. Diagnostik. Für die Auslese von Bewerbern müssen sie abgelehnt werden. Sie dringen zu tief in die Persönlichkeit ein und können u. U. zu einem falschen Bild der getesteten Person führen.
 Kranz, H.: Einf. in die klass. Testtheorie. Ffm. [3]1986. - *Diagnose der Diagnostik.* Hg. v. K. Pawlik. Stg. [2]1982. - *Wottawa, H.: Grundr. der Testtheorie.* Mchn. 1980. - *Psycholog. Diagnostik.* Hg. v. K.-H. Wewetzer. Darmst. 1979. - *Grubitzsch, S./Rexilius, G.: Testtheorie - Testpraxis.* Rbk. 1978.

psychologische Verteidigung, Abk. PSV, Bez. für den speziellen Teil militär. Verteidigungsoperationen, mit dem durch psycholog. Operationen (insbes. der ↑ PSV-Truppe) v. a. der Kampfwille des Feindes geschwächt und durch psycholog. Konsolidierung auf die eigene Bev. eingewirkt werden soll. Die p. V. erfolgt im Zusammenwirken aller für die Aufrechterhaltung der allg. Ordnung zuständigen öffentl. Einrichtungen.

Psychologismus [griech.], Auffassung, nach der die Psychologie die Grundlage aller wiss. Disziplinen ist, da die Objekte der Wiss. als bestimmte Empfindungen angesehen werden; auch Bez. für die Überbewertung der Psychologie.

Psychometrie [griech.], Sammelbez. für psycholog. Forschungen oder Erhebungen, die sich quantitative (messender) Methoden bedienen (v. a. im Experiment, beim Test und in der Psychophysik).

Psychomotorik, Bez. für alle willkürl. gesteuerten Bewegungsabläufe (wie Gehen, Sprechen, Ausdrucksbewegungen, Koordinationsleistungen).

psychomotorische Anfälle (Dämmerattacken), anfallsweise auftretende, meist kurzdauernde Phasen von Bewußtseinstrübung mit Bewegungsautomatismen und vegetativen Symptomen bei einer Schläfenlappenverletzung.

psychomotorische Tests, Tests, die die Abstimmung zw. gezielten Bewegungen und der Kontrolle dieser Bewegungen durch die Wahrnehmung untersuchen.

Psychopathie [griech.], svw. seel. Leiden, das sich in Affekt- und Verhaltensstörungen äußert. Es kann auf vererbten Anlagen allein oder auf deren Wechselwirkung mit der Umwelt oder die Umwelt allein zurückgeführt werden. P. ist zwar eine stärkere Abweichung von den durchschnittl. Verhaltensweisen, kann jedoch nicht als Gemüts- oder Geisteskrankheit bezeichnet werden. Sie äußert sich beim **Psychopathen** z. B. in heftiger Impulsivität, Verantwortungslosigkeit, in der Unfähigkeit zu Angst, Reue, Schuldgefühl oder Zuneigung zu anderen, in Deprimiertheit, Geltungsbedürfnis, Selbstunsicherheit, Ängstlichkeit, Überempfindsamkeit oder Verschrobenheit. Bei Handlungen werden die Folgen für sich selbst und andere nicht bedacht.

Psychopathologie, Wiss., die Entstehung, Symptome und Verlauf von Persönlichkeits- und Verhaltensstörungen erforscht und dabei sowohl vererbte als auch organ. bedingte Einflüsse berücksichtigt.

Psychopharmaka [griech.], Stoffe, die das zentrale und auch das vegetative Nervensystem beeinflussen. Sie erzeugen für eine begrenzte Zeit Verhaltens- und Erlebensänderungen und werden zur Besserung oder Behebung psych. Störungen eingesetzt. Nach ihrer Wirkung unterscheidet man Neuroleptika und Antidepressiva, i. w. S. auch Stimulanzien und Tranquilizer.

Psychopharmakologie (pharmakologische Psychologie), interdisziplinäre Wiss., die in enger Zusammenarbeit mit der Biochemie, Pharmakologie, Neurophysiologie, Psychologie, Psychiatrie u. a. die Wirkungen verabreichter Substanzen (Psychopharmaka) auf das Seelenleben (Erleben, Befinden, Verhalten) erforscht. Teilbereiche (gelegentl. auch als Synonyma angegeben) sind die von E. Kraepelin begr. *Pharmakopsychologie,* die bes. die Wirkungen von Pharmaka auf normalpsycholog. Abläufe experimentell erfaßt (u. a. für die Verkehrspsychologie, z. B. durch Reaktionszeitbestimmungen, bedeutsam) sowie die *Pharmakopsychiatrie* und die *Pharmakopsychopathologie,* die sowohl die Besserung psych. Störungen durch Pharmaka *(Psychopharmakotherapie)* als auch die Entstehung psych. Störungen durch Pharmaka untersuchen.

Psychophysik, Teilgebiet der ↑experimentellen Psychologie, das sich speziell mit den Beziehungen zw. Reizintensität und -qualität einerseits und Reizwahrnehmung und -empfindung bzw. -beurteilung andererseits befaßt und dafür bestimmte Gesetzmäßigkeiten aufzustellen versucht.

psychophysischer Parallelismus ↑Parallelismus.

psychophysisches Problem, svw. ↑Leib-Seele-Problem.

Psychose [griech.], von E. von Feuchtersleben 1845 eingeführter Sammelbegriff für verschiedenartige Krankheitszustände, die mit erhebl. Störungen psych. Funktionen einhergehen, wobei meist offenkundige Fehleinschätzungen der Realität (z. B. durch Wahn, Halluzinationen, schwere Gedächtnis- oder Affektstörungen bedingt) sowie unmotiviert erscheinende Verhaltensänderungen auftreten. Häufig erleben die Betroffenen nicht sich selbst, sondern ihre Umgebung als verändert und haben im akuten Stadium meist keine Einsicht in die Krankhaftigkeit ihres Zustands. Von den P. qualitativ zu unterscheiden sind die Neurosen und Psychopathien sowie die Oligophrenien (geistige Behinderungen). Ferner werden leichte organ. Psychosyndrome und sog. Wesensveränderungen meist nicht zu den P. gerechnet. - **Exogene Psychosen** (körperlich begründbare, symptomat. oder organ. P.) heißen solche mit bekannter organ. Ursache (z. B. Infektionskrankheiten, Kopfverletzungen, Tumoren, Stoffwechselstörungen, Vergiftungen, Drogen- und Alkoholmißbrauch usw.). Schweregrad und Verlaufsformen reichen von flüchtigen, spontan abklingenden Erscheinungen bis zu irreversiblem totalem Persönlichkeitszerfall. Im Laufe ihres Lebens machen sehr viele Menschen zumindest eine leichte exogene P. durch. Formen sind z. B.: senile Demenz, progressive Paralyse, LSD- bzw. Alkoholrausch, Alkoholdelirium und Fieberdelirium. Als **endogene Psychosen** (funktionelle oder körperlich nicht begründbare P.) werden einige häufig vorkommende Krankheiten bezeichnet, die auf Grund ihrer psych. Symptomatik allein oft nicht sicher von organ. P. zu unterscheiden sind, denen aber bis heute trotz intensiver Bemühungen zahlr. medizin. und nichtmedizin. Forschungsrichtungen weder organ. noch psychogene Ursachen eindeutig zugeordnet werden können. Es handelt sich v. a. um die affektiven P. (manisch-depressive P.) und die Gruppe der Schizophrenien. Etwa 2 % der Gesamtbev. erkranken im Laufe ihres Lebens mindestens einmal an einer behandlungsbedürftigen endogenen Psychosen. Sicher ist, daß die Anlage, an einer derartigen P. zu erkranken, vererbt werden kann; ob aber bei vorhandener Erbanlage eine manifeste P. entsteht, hängt auch von nichterbl., bisher unbekannten, u. U. völlig unspezif. körperl. und/ oder psychosozialen Faktoren ab. Alle methodisch exakten empir. Untersuchungen

sprechen für die Hypothese, daß den endogenen P. noch nicht genau bekannte Gehirnstoffwechselstörungen zugrundeliegen. Ob es außer den genannten auch **psychogene Psychosen** (reaktive P.) gibt, ist umstritten.
Die **Behandlung** der P. ist seit Einführung der syndromspezifisch wirksamen Psychopharmaka (ab 1952) wesentlich erfolgreicher geworden. Vielfach sind heute rein ambulante Behandlungen möglich; die Dauer stationärer Aufenthalte hat sich erheblich verkürzt. Bei endogenen P. lassen sich Rückfälle durch kontinuierl. Nachbehandlung mit niedrigdosierten Präparaten zu einem großen Teil verhüten. Psychotherapeut. Verfahren können die medikamentöse Therapie und Rückfallprophylaxe erwiesenermaßen nicht ersetzen, aber sinnvoll ergänzen. Von großer Bed. sind Maßnahmen zur sozialen und beruflichen Rehabilitation.
Rechtliches: P. im akuten Stadium bedingen meist Schuld- und oft Geschäftsunfähigkeit. Entmündigungen sind bei P. selten erforderlich; die weniger eingreifende Errichtung einer Pflegschaft ist im Zweifelsfalle vorzuziehen und gelegentlich notwendig. - Entgegen einem weitverbreiteten Vorurteil begehen an P. Erkrankte insgesamt nicht mehr Gewalttaten, als ihrem Bevölkerungsanteil entspricht.
🕮 *Zerbin-Rüdin, E.: Vererbung u. Umwelt bei der Entstehung psych. Störungen. Darmst.* ²1985. - *Müller-Suur, H.: Das Sinn-Problem in der P. Gött. 1980.* - ↑*auch Psychiatrie.*

Psychosomatik [zu griech. psychē „Seele" und sōma „Körper"] (psychosomat. Medizin), Richtung der Medizin, die erkennt, daß zw. psych. Vorgängen und körperl. (somatischen) Erscheinungen ein enger Zusammenhang besteht. Nicht bewältigte psych. Konflikte können zu einer Reihe von Krankheiten führen. Dazu gehören z. B. Magen- und Darmgeschwüre, Durchfall, Verstopfung, Asthma, rheumat. Gelenkentzündung, Kreislaufstörungen (z. B. erhöhter Blutdruck), bestimmte Hautkrankheiten, Menstruationsstörungen und -schmerzen, Migräne, Allergien. Die Behandlung sollte dies berücksichtigen und psychotherapeutisch unterstützt werden.

psychosozial, in der Sozialpsychologie: die Bedingtheit psych. Faktoren (z. B. Lernen, Denken, Verhalten) durch soziale Gegebenheiten (Sprache, Kultur, Gesellschaft).

Psychosyndrom, psych. Störung (z. B. Psychose, Bewußtseinstrübung, Demenz) auf Grund von [hirn]organ. Ursachen.

Psychoterror, Bez. der polit. Wiss. für eine Strategie im polit. Kampf, die versucht, den Gegner u. a. durch Verunsicherung oder Bedrohung so weit einzuschüchtern, daß er hilflos, zermürbt, handlungs- bzw. reaktionsunfähig und damit widerstandslos der Realisierung fremder Interessen und Herrschaftsansprüche geläßt; oft auch als

Methode der Gehirnwäsche angesehen.

Psychotherapeut, Beruf, der ein Studium der Medizin oder Psychologie sowie weiterführende Spezialstudien (Neurosenlehre, Psychiatrie, Psychosomatik u. a.) und eine Lehranalyse voraussetzt.

Psychotherapie, die therapeut. Beeinflussung von Verhaltensanomalien und seel. Leiden (insbes. ↑ Neurosen) mit seel.-geistigen Mitteln. I. d. R. setzt die P. eine Übereinkunft über die Therapieziele zw. Klient und Therapeuten voraus. Unerläßl. sind des weiteren eine Theorie des normalen und abweichenden Verhaltens sowie eine Reihe lehrbarer Therapietechniken. Hinsichtl. Zielangabe, Theorie, Praxis und empir. Erwiesenheit der Wirksamkeit ihrer Methoden unterscheiden sich verschiedene Richtungen und Wege der P. beträchtlich; entsprechend unterschiedl. wird P. bisweilen definiert. Neben der ↑ Psychoanalyse und psychosomat. Behandlung sind wichtige, allg. anerkannte Behandlungstechniken der P.: **Gesprächstherapie** (der Therapeut versucht, seinen Klienten weder zu kritisieren, zu interpretieren oder suggestiv zu beeinflussen, sondern ihn zu veranlassen, im Gespräch seine Probleme selbst zu analysieren); **Gestalttherapie** (der Klient wird durch Verstärkung der sinnl. Wahrnehmung und der Körpergefühle an die Ganzheit seines leib-seelischen Erlebens herangeführt). - ↑auch Entspannungstherapie, ↑Gruppentherapie, ↑Verhaltenstherapie.

psychotisch [griech.], zum Erscheinungsbild einer ↑ Psychose gehörend; geisteskrank; gemütskrank; an einer Psychose leidend.

Psychotomimetika[griech.], svw.↑ Halluzinogene.

psychotrop [griech.], auf das Psychische wirkend, psych. Prozesse beeinflussend; z. B. auf Medikamente bezogen.

Psychrobionten [psyҫro...; griech.], Lebewesen, die in Biotopen mit niederen Temperaturen leben (z. B. viele Mikroorganismen).

Psychrograph [psyҫro...; zu griech. psychrós „kalt" und ↑...graph], registrierendes ↑ Psychrometer; neuerdings auch mit Thermoelementen oder Widerstandsthermometern versehen, die die psychrometr. Differenz anzeigen und elektr. oder photograph. aufzeichnen.

Psychrometer [psyҫro...; griech.], im wesentl. aus zwei Thermometern bestehendes Gerät zur Bestimmung der Luftfeuchtigkeit. An einem mit einer befeuchteten Mullhülle („Mullstrumpf") versehenen Thermometer verdunstet Wasser, und zwar um so mehr, je trockener die Luft ist; dabei kühlt sich das Thermometer ab. Der sich einstellende Temperaturunterschied gegenüber dem zweiten, trockenen Thermometer, die *psychrometr. Differenz*, ist ein Maß für die Luftfeuchtigkeit, die sich mit Hilfe von *P.tafeln* ermitteln läßt.

Psychrophyten

Beim *Hütten-P.* wird nur das feuchte Thermometer mit Hilfe eines Ventilators belüftet, beim *Aspirations-P.* beide. Beim *Schleuder-P.* erfolgt die Ventilation durch schleudernde Bewegung während der Messung.

Psychrophyten [psyçro...; griech.], Pflanzen kalter Böden, die lang anhaltenden Frost zu ertragen vermögen (z. B. Tundravegetation).

Psyllidae [griech.] ↑ Blattflöhe.

Psyllina [griech.], svw. ↑ Blattflöhe.

pt, Einheitenzeichen für ↑ Pint.

Pt, chem. Symbol für ↑ Platin.

Ptah, ägypt. Gott (der Handwerkerkunst), menschengestaltig dargestellt, mit ungegliedertem Körper, auf dem Haupt eine „Kappe". Ihm zugeordnet ist der hl. Stier Apis.

Ptahhotep, Wesir unter Pharao Djedkare (um 2350–2310). - P. wird eine berühmte Lebens- und Erziehungslehre zugeschrieben, die in mehreren Handschriften vollständig erhalten ist.

PTC [Abk. für: Phenylthiocarbamid] (Phenylthioharnstoff), $C_6H_5 - NH - CS - NH_2$; farblose, kristalline Substanz, die in anthropolog. Untersuchungen als *Geschmackstestsubstanz* verwendet wird, da es je nach Erbanlage als bitter oder geschmacklos empfunden wird. Verantwortl. dafür sind zwei Allele, wobei das Allel „bitter" dominant ist.

p-T-Diagramm, graph. Darstellung der Abhängigkeit von Dampf-, Schmelz- und Sublimationsdruck von der absoluten Temperatur T eines Stoffes. Die drei Kurvenzweige (Dampfdruck-, Schmelzdruck- und Sublimationsdruckkurve) grenzen die Existenzbereiche des betreffenden Stoffes in den drei Aggregatzuständen ab.

p-T-Diagramm des Wassers. Am Tripelpunkt existieren alle drei Aggregatzustände

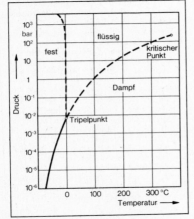

Pteridin [griech.] (1,3,5,8-Tetraazanaphthalin, Pyrazino[2,3-d]pyrimidin), aus einem Pyrimidin- und einem Pyrazinring bestehende, gelbe, kristalline Verbindung, deren Ringsystem den *Pteridinen* zugrunde liegt, zu denen die Flügelfarbstoffe des Kohlweißlings und Zitronenfalters sowie die ↑ Folsäure gehören.

Chem. Strukturformel:

Pteridium [griech.], svw. ↑ Adlerfarn.

Pteridophyta [griech.], svw. ↑ Farnpflanzen.

Pteridospermae [griech.], svw. ↑ Samenfarne.

Pterobranchia (Pterobranchier) [griech.], svw. ↑ Flügelkiemer.

Pteroclididae [griech.], svw. ↑ Flughühner.

Pteromyinae [griech.], svw. ↑ Flughörnchen.

Pterophoridae [griech.] ↑ Federmotten.

Pterosauria [griech.], svw. ↑ Flugsaurier.

Pterygium [griech.], Bez. für flächig ausgebreitete anatom. Strukturen bei Tieren, z. B. das Flossenskelett von im Wasser lebenden Wirbeltieren oder die Flughäute bei einigen Reptilien und Säugern; auch Bez. für die Insektenflügel.

Pterygoid [griech.] (Flügelbein), paariger Deckknochen des Munddachs der Wirbeltiere; nimmt urspr. nahezu die ganze Länge des Munddachs ein; bei höher entwickelten Wirbeltieren beschränkt es sich auf dessen hinteren Teil. Durch Verschmelzen mit dem benachbarten Keilbein entsteht bei einigen höheren Säugern (auch beim Menschen) ein flügelähnl. paariger Fortsatz (**Flügelfortsatz,** Processus pterygoideus) an der Basis des Hirnschädels.

Pterygota [griech.], svw. ↑ Fluginsekten.

PTH, Abk. für: ↑ Parathormon.

Ptilium [griech.], Gatt. der Laubmoose mit der einzigen Art ↑ Federmoos.

Ptilonorhynchidae [griech.], svw. ↑ Laubenvögel.

Ptolemäer (Lagiden), hellenist. Herrscherdyn. in Ägypten 323–30 v.Chr. Ihre Herrschaft bedeutete innenpolit. die Fortführung der alten sozialen und wirtsch. Verhältnisse bei verstärkter Zentralisierung von Landbesitz, Einkünften und Staatsverwaltung in königl. Hand mit Hilfe einer griech. Bürokratie. Umfassende staatl. Monopolwirtschaft und planmäßige, zielbewußte Förderung von Produktion sowie Handel (Ausbau Alexandrias zum Wirtschaftszentrum des Mittelmeerraumes) verstärkten die Einflußmöglichkeiten der P. in außerägypt. Ländern. Die Errichtung großer Kulturinstitutionen in Alexandria (Alexandrin. Bibliothek) diente der Verbindung griech. und einheim. Elemente. Außenpolit. folgte auf eine maßvolle Expansion bis Mitte des 3. Jh. (Kyrene, Zypern, Palästina, südkleinasiat. und thrak. Küste) eine Periode der Schwäche, die zur Anlehnung an Rom führte und seit etwa Mitte des 2. Jh. die Fortexistenz des **Ptolemäerreiches** in röm. Belieben stellte. - ↑ auch ägyptische Geschichte.

Ptolemaios (Ptolemäus), Name von 15 Herrschern des hellenist. Ägypten. Bed. waren v. a.:

P. I. Soter („der Retter"), * in Makedonien um 366, † 283, Satrap (seit 323), König (seit 305). - Sohn des Lagos (daher Dyn.name auch Lagiden); Jugendfreund und Feldherr Alexanders d. Gr. (Verf. einer Alexandergeschichte); 323 wesentl. an der Aufteilung des Alexanderreiches beteiligt, vermehrte durch eine kluge Außenpolitik in den Kriegen der Diadochen seine Macht (301 Gewinn Kyrenes und Palästinas, um 294 Zyperns) und stabilisierte die Position seiner Dyn. nach außen (Heiratspolitik) und im Innern.

P. II. Philadelphos („der Schwesterliebende"), * auf Kos um 308, † 246, Mitregent (seit 285), König (seit 283). - ∞ mit Arsinoe I. und Arsinoe II. (erste hellenist. Geschwisterehe). P. II. konnte trotz Verlusten in Kleinasien weitgehend Palästina und seine Stellung in der Ägäis behaupten; begr. den ptolemäischen Herrscherkult mit dem Kult für seine Eltern, Arsinoe II. und sich, förderte die Wirtschaft und baute kulturelle Institutionen aus (Alexandrin. Bibliothek).

P. VI. Philometor („der Mutterliebende"), † in Syrien 145, König (seit 180). - Seine Herrschaft wurde nach der Invasion (169/168) Antiochos' IV. im 6. Syr. Krieg (170–168) nur durch Rom gerettet. Nach 164 von Ptolemaios VIII. vertrieben und durch Rom zurückgeführt (163; Reichsteilung).

P. VIII. Euergetes II. („der Wohltäter", gen. Physkon „Dickbauch"), * um 180, † 116, König von Ägypten (Alleinherrschaft 164/163 und seit 145), König von Kyrene (163–145). - Bruder P. VI.; entzündete durch seine Doppelehe mit seiner Schwester Kleopatra II. und seiner Stieftochter Kleopatra III. einen nicht zur Ruhe kommenden Dyn.- und Bürgerkrieg; setzte als Herrscher von Kyrene als erster hellenist. König Rom testamentar. als Erben ein.

P. XV. ↑ Kaisarion.

Ptolemais, Name mehrerer nach Ptolemäern ben. antiker Städte; am bedeutendsten: 1. P. in Oberägypten (= Al Manschah sö. von Sauhag), 2. das hellenist. Akko.

Ptolemäus ↑ Ptolemaios.

Ptolemäus, Claudius (Ptolemaeus), * Ptolemais um 100, † Canopus (?) nach 160, alexandrin. Astronom, Mathematiker und Geograph. - P. wirkte als Astronom in Alexandria. Mit seinem Hauptwerk (in lat. Übersetzung „Almagest" gen.) legte er die erste systemat. Ausarbeitung der mathemat. Astronomie vor. Dieses das ↑ geozentrische System vertretende und über fast 1 500 Jahre maßgebl. astronom. Werk in 13 Büchern basiert z. T. auf eigenen Beobachtungen, jedoch auch auf Beobachtungen und Berechnungen des Hipparchos von Nizäa u. a. Die für astronom. Berechnungen von P. angelegte Liste der babylon., pers., makedon. und ptolemäischen Könige und röm. Kaiser von 747 v. Chr. an liefert astronom. genaue Daten, ist aber auf das ägypt. Jahr abgestellt. In seinem astrolog. Hauptwerk, dem „Viererbuch", einem Kompendium der spezif. Bedeutungen und Einflüsse der Sternkonstellationen auf ird. Vorgänge, bes. auf das Menschenleben, vollzieht P. die endgültige Verbindung der Tierkreis- und Planetenastrologie. Die zweite große Schrift des P. in 8 Büchern „Geographikē hyphēgēsis" (Einführung in die Geographie) vermittelt die mathemat. Kenntnisse für die Längen- und Breitenbestimmung von Orten (6 Bücher bestehen aus Tabellen und Angaben von etwa 8 000 Orten der Erde). P. verfaßte ferner eine „Optik", in der erstmals von der Messung des Einfalls- und Brechungswinkels des Lichts berichtet wird, eine „Harmonik", in der die griech. Musiktheorie dargestellt wird, sowie ein Werk über die Gravitation und kleinere philosoph. Schriften.

📖 Glowatzki, E./Göttsche, H.: Die Sehnentafel des Klaudios Ptolemaios. Mchn. 1976. - Kunitzsch, P.: Der Almagest. Wsb. 1974.

Ptomaine ↑ Leichengifte.

Ptuj [slowen. ptu:j] (dt. Pettau), jugoslaw. Stadt an der Drau, 230 m ü. d. M., 9 400 E. Marktort mit Weinkellereien. 10 km östl. eine der größten Aluminiumhütten Europas. - In der Römerzeit als **Poetovio** Legionslager und wichtige Handelsstadt; später bed. Grenzfestung gegen die Osmanen. - Orpheusdenkmal (194 n. Chr.); got. Hauptkirche (13./14. Jh.), Schloß (15. Jh.; jetzt Regionalmuseum).

Ptyalin [griech.] ↑ Amylase.

Ptychopteridae [griech.], svw. ↑ Faltenmücken.

Pu, chem. Symbol für ↑ Plutonium.

Pub [engl. pʌb; kurz für engl. public house, eigtl. „öffentl. Haus"], engl. Bez. für Wirtshaus, Kneipe.

Pubertät [lat.], die ontogenet. Entwicklungsphase des Menschen zw. Kindheit und Erwachsensein. Beginn und Ende der P. liegen in M-Europa bei Mädchen etwa zw. dem 11. und 15./16. und bei Knaben etwa zw. dem 12. und 16./17. Lebensjahr. - Außer durch die Ausbildung der sekundären Geschlechtsmerkmale sowie (bereits bei Beginn der P.) dem Auftreten der ersten Menstruation bei Mädchen und der ersten Ejakulation bzw. Pollution bei Knaben ist die P. bes. durch Veränderungen hinsichtl. des Körperwachstums gekennzeichnet (**puberaler Wachstumsschub**). - Die körperl. Entwicklung in der P. ist mit der geistigen Entwicklung zur sozial selbständigen Individualität verbunden. Be-

Pubertätsmagersucht

dingt durch das Spannungsverhältnis physiolog. (v. a. hormonal) bedingter Körperveränderungen (↑ auch Frau, ↑ Mann) und sozial noch nicht „geordneten" Geschlechtslebens, ist die P. auch eine Phase sozialer und psych. Unausgeglichenheit. Im Verhalten zeigen sich leicht hervorrufbare, starke Erregtheit, Gefühlsambivalenz und -übersteigerung („Zerrissenheit"), Protesthaltung (v. a. gegen die Erwachsenenwelt) und soziale Orientierungsschwierigkeiten.

Pubertätsmagersucht (Anorexia mentalis, Anorexia nervosa), v. a. bei jungen Mädchen als psych. Reifungskrise (u. a. Ablehnung der weibl. Rolle, Abwehrreaktion gegen das Erwachsenwerden und die körperl. Entwicklung zur Frau, andauernde Trotzhaltung, gestörte Mutterbeziehung) vorkommende extreme Abmagerung durch Nahrungsverweigerung, auch durch (künstl. herbeigeführtes) Erbrechen.

Pubes [lat.], Scham, Schamgegend; Bereich der äußeren Genitalien.
◆ svw. Schambehaarung.

publice [lat.], öffentlich.

Publicity [engl. pʌ'blɪsɪtɪ; zu lat. publicus „öffentlich"], Bekanntsein in der Öffentlichkeit; Reklame, Propaganda, um Aufsehen zu erregen.

Public Relations [engl. 'pʌblɪk rɪ'leɪʃənz „öffentl. Beziehungen"] ↑ Öffentlichkeitsarbeit.

Public Schools [engl. 'pʌblɪk 'skuːlz „öffentl. Schulen"], in Großbrit. unabhängige, private, vom Staat finanziell nicht unterstützte höhere Schulen (etwa 200), mit Internat (11–18 Jahre), finanziert aus dem Schulvermögen, neuen Zuwendungen und dem Schulgeld; zu den bekanntesten zählen Eton College, Rugby School und Winchester College. Dem Sport (Mannschaftsspielen) und der schul. Selbstverwaltung wird eine wichtige Funktion für die Charakterbildung („teamspirit") zugemessen.

publik [lat.-frz.], öffentl., offenkundig.

Publikum [lat.], die Gesamtheit der Rezipienten (Empfänger) einer Aussage (eines Signals): Leser, [Zu]hörer, Zuschauer; bezeichnete urspr. nur die Gesamtheit aller an einem bestimmten Ort zu einer bestimmten Zeit zum Erleben einer bestimmten Aussage (z. B. im Theater, Konzert, Kino, auf einer Versammlung, Ausstellung) versammelten Menschen (Präsenz-P., direktes P.); demgegenüber ist das P. der durch Massenmedien verbreiteten Aussagen meist weit verstreut (disperses P., indirektes P.). Forschungsobjekt ist das P. für die Kommunikationsforschung (bzw. die Publizistikwiss.) und im Rahmen verschiedener Fachsoziologien (insbes. Kunst-, Literatur-, Musiksoziologie) in der P.- bzw. Rezipientenforschung (Leser-, Hörer-, Zuschauerforschung), die sich v. a. der Methoden und Techniken der empir. Sozialwiss. bedient.

Problemat. ist die Bestimmung der Wirkung von Aussagen auf das P. und umgekehrt der Wirkung der Rückkopplung. Im Blick auf die Rezeption der Aussagen wird auch unterschieden zw. dem vom Kommunikator intendierten P. und dem tatsächl. erreichten, dem realen Publikum.

publizieren [lat.], veröffentlichen, herausgeben; **Publikation**, Veröffentlichung [eines Buches]; Bekanntmachung.

Publizistik [lat.] (öffentl. Kommunikation), Bez. für die Gesamtheit der am öffentl. Informations- und Meinungsbildungsprozeß beteiligten Massenmedien (v. a. Zeitungen, Zeitschriften, Film, Hörfunk, Fernsehen, Bücher), die in diesem Prozeß verbreiteten Aussagen sowie die an ihm gestaltend (Kommunikatoren) und rezipierend (Publikum) beteiligten Personen. In der DDR spricht man anstelle von P. von Journalistik. - Die älteren Bed. von P. sind völlig zurückgetreten: im MA als Bez. für den Streitschriftenkampf um die Reform der Kirche und um das Verhältnis zw. Kaiser und Papst, im 19. Jh. als Inbegriff öffentl. und wiss. Diskussion über öffentl. Recht und Politik.

Davon abzuheben ist die (häufig P. gen.) **Publizistikwissenschaft** als Bez. für die Wiss. von der öffentl. Kommunikation; entstand nach dem 2. Weltkrieg und baute auf der in den 1920er Jahren an dt. Univ. begr. Zeitungskunde/Zeitungswiss. auf; tendiert dazu, ihren Gegenstand einerseits unter Ausbildungsgesichtspunkten neu zu bestimmen oder aber zur Kommunikationswiss. auszuweiten, weil die medienvermittelte und die unvermittelte soziale und personale Kommunikation einen zunehmend als unteilbar erkannten Gegenstand bilden.

publizistischer Landesverrat ↑ Landesverrat und Gefährdung der äußeren Sicherheit.

Publizität [lat.], Begriff der Publizistikwiss. und Wesensmerkmal der Massenmedien: allg. Zugänglichkeit der Massenmedien und ihrer Inhalte, die ihrerseits P. schaffen.

Pucallpa [span. pu'kaipa], Hauptstadt des peruan. Dep. Ucayali, am W-Rand des Amazonastieflandes, 150 m ü. d. M., 46 000 E. Inst. zur Erforschung der Indianersprachen; Zentrum und Umschlagplatz eines landw. Pioniergebiets; Erdölraffinerie, Holzind. (Sägewerke, Sperrholzfabriken). - Gegr. 1896.

Puccini, Giacomo [italien. put'tʃiːni], * Lucca 22. Dez. 1858, † Brüssel 29. Nov. 1924, italien. Komponist. - Gilt als der bedeutendste Vertreter der italien. Oper nach Verdi. Seine von einer spätromant. bürgerl. Haltung getragenen Werke sind v. a. durch den dramat. bestimmten Handlungsablauf und durch die meisterl. Schilderung ihrer lyr.-poet. Atmosphäre charakterisiert. - Werke: „Manon Lescaut" (1893), „La Bohème" (1896), „Tosca" (1900), „Madame Butterfly" (1900, erweitert

1904), Trilogie „Der Mantel", „Schwester Angelica", „Gianni Schicchi"(1918), „Turandot" (beendet von F. Alfano, 1926).

Puchberg am Schneeberg, niederöstr. Marktgem., 60 km sw. von Wien, 578 m ü. d. M., 3 200 E. Heilklimat. Kurort und Wintersportplatz; Zahnradbahn auf den Schneeberg.

Puchmajer, Antonín Jaroslav, * Týn nad Vltavou (Südböhm. Geb.) 7. Jan. 1769, † Prag 29. Sept. 1820, tschech. Dichter und Philologe. - Gründete mit seinen literar. „Almanachen" (1795–1814) die erste neutschech. Dichterschule; schrieb anakreont. Liebeslyrik, Oden, Balladen; verfaßte eine Grammatik mit Wörterbuch der Zigeunersprache sowie der tschech. Gaunersprache.

Puck [pʊk; engl. pʌk], Figur in Shakespeares Komödie „Ein Sommernachtstraum"; ein schalkhafter Elf, Diener Oberons.

Puck [engl.] ↑ Eishockey.

Pückler-Muskau, Hermann Fürst von (seit 1822), * Muskau (= Bad Muskau) 30. Okt. 1785, † Schloß Branitz bei Cottbus 4. Febr. 1871, dt. Schriftsteller. - Erregte literar. Aufsehen durch die teils anonymen, teils pseudonymen Schilderungen seiner Reisen in Europa, N-Afrika und Kleinasien und damit verknüpfte Betrachtungen, u. a. in „Briefe eines Verstorbenen" (1830–32), „Tutti Frutti" (1834). Schuf in Muskau, Branitz und Babelsberg berühmte Parks im engl. Stil.

Pudding [engl.], 1. (Flammeri) kalte, sturzfähige Süßspeise, meist aus P.pulver, Milch, Zucker; 2. im Wasserbad gegarte Mehl-, Fleisch- oder Gemüsespeise.

Pudel, aus Lauf- und Hütehunden hervorgegangene alte Rasse lebhafter Luxushunde mit dichter, wolliger und gekräuselter, schwarzer, brauner oder weißer Behaarung. P. werden häufig geschoren, vielfach wird die Rute kupiert. Man unterscheidet nach der Größe: *Groß-P.* (bis 55 cm), *Klein-P.* (bis 45 cm) und *Zwerg-P.* (unter 35 cm schulterhoch). - Abb. S. 350.

Pudelpointer, aus Pointer und Pudel gezüchtete dt. Rasse großer (bis 65 cm schulterhoher), drahthaariger Vorstehhunde mit rauhem „Bart", anliegenden Hängeohren und kupierter Rute; Behaarung dicht und rauh in den Farben Weiß, Schwarz oder Braun; hervorragender Jagdhund.

Puder [frz., zu lat. pulvis „Staub"] (Pulvis inspersorius), zur äußerl. Anwendung auf der Haut bestimmte pulverförmige Zubereitung eines Arzneimittels oder Kosmetikums. **Medizin. Puder** (Pulvis inspersorius) wirkt abdeckend, aufsaugend, trocknend (auch kühlend), vermindert das Reiben zw. einzelnen Körperteilen; er dient ferner als Trägersubstanz für Arzneistoffe (u. a. adstringierende, desinfizierende, antibiot. Wirkung). *Anorgan. P. (mineral. P.)* bestehen meist aus einer P.grundlage von Talkum oder Zinkoxid. Sie sind oft

beständig und zersetzen sich nicht unter dem Einfluß von Schweiß oder Wundsekret. Eher zur Zersetzung neigen dagegen die *organ. P.* (meist pflanzl. P.), bei denen Reisstärke, auch Weizen- oder Kartoffelstärke als P.grundlage dienen.

Als **kosmet. Mittel** wurde P. schon im Altertum verwendet, roter Ocker bei den Ägyptern, gelber bei den Sumerern, Bleiweiß wohl zuerst bei den Griechen, dann auch bei den Römern, die u. a. auch weiße Tonerde benutzten. *Haar-P.* wurde als Haarfärbemittel zuerst im 15. Jh. in Italien, im 16. Jh. in Frankr. verwendet; von dort breitete sich diese Sitte weiter aus, sie erlosch mit der Perückenmode. *Gesichts-P.* wurde erst im 18. Jh. modern, doch bereits mit der Frz. Revolution und dem durch die Revolution vollkommen veränderten mod. Bild kam der P.gebrauch in Verruf. Seit Ende des 19. Jh. wird in der Kosmetik wieder P. verwendet.

Pudowkin, Wsewolod Illarionowitsch, * Pensa 28. Febr. 1893, † Moskau 30. Juni 1953, sowjet. Filmregisseur. - Seine Filme „Die Mutter" (1926), „Das Ende von Sankt Petersburg" (1927) und „Sturm über Asien" (1928) zählen zu den Klassikern des russ. Stummfilms; im Ggs. zu Eisenstein verwendete P. professionelle Schauspieler und individuelle Helden. Er verfaßte auch theoret. Werke.

Pudus [indian.] ↑ Neuwelthirsche.

Puebla [span. 'pu̯eβla] (offiziell P. de Zaragoza), Hauptstadt des mex. Staates P. am Río Atoyac, 2 160 m ü. d. M., 835 800 E. Kath. Erzbischofssitz; 2 Univ. (gegr. 1937 und 1973); Museen, Theater. Textil-, Automobil-, Glas-, keram., Holz-, Papier-, Zigaretten-, Nahrungs- und Genußmittelind., Zementfabrik. - 1531 als **Puebla de los Ángeles** gegr.; Stadtrecht seit 1558; 1847 von Truppen der USA, 1863 von frz. Truppen besetzt, die hier 1862 zurückgeschlagen worden waren (nach dem Sieger dieser Schlacht, dem mex. General I. Zaragoza, offiziell P. de Zaragoza ben.). - Die Stadt ist bekannt wegen der mit bunten Fliesen verkleideten Kirchen und Profanbauten (16.–18. Jh.).

P., Staat in Z-Mexiko, 33 902 km², 3,53 Mill. E (1982), Hauptstadt Puebla. Kerngebiet ist das in die Cordillera Volcánica eingelagerte Hochbecken von P.-Tlaxcala. Nach O erstreckt sich P. bis an den O-Rand des Hochlands. Im N reicht das Staatsgeb. bis in die Sierra Madre Oriental und ihre Abdachung zur Golfküstenebene. Das wechselfeuchte trop. Höhenklima des zentralen P. geht im N und absteiger SO in das immerfeuchte heiße Tropenklima der Golfküstenabdachung über. - Das Hochland ist dicht besiedelt und wird agrar. intensiv genutzt. Die Ind. ist außerhalb der Hauptstadt auf Nahrungsmittel- und Textilindustrie ausgerichtet. **Geschichte:** Früh besiedelt (Zeugnis u. a. die Pyramide von Cholula de Rivadabia); 1519

Pueblo

von H. Cortés auf seinem ersten Zug ins Innere durchquert; gehörte als Prov. (gegen Ende der Kolonialzeit Intendencia) zum Vize-Kgr. Neuspanien; seit 1824 Staat.

Pueblo [pu'e:blo; span. 'pu̯eβlɔ; „Dorf"], Siedlung der Puebloindianer und ihrer Vorfahren (↑ Anasazitradition) ab etwa 700 n. Chr. im SW der USA; besteht aus oberird. angelegten mehrstöckigen (bis 5 Stockwerke) Wohnbauten mit über- und nebeneinandergebauten rechteckigen Wohn- und Arbeitsräumen; aus plattig behauenen Steinen oder Lehmziegeln (Adobes) errichtet; Eingang früher über eine Leiter durch eine Öffnung in der Decke.

Puebloindianer, Indianerstämme im sw. Nordamerika. Die Nachkommen der prähistor. Pueblokultur (↑ Anasazitradition) leben in 3 Geb.: im oberen Rio-Grande-Tal (N. Mex.) mit Siedlungen der Tano und Keres, Zuni im westl. New Mexico und Hopi in NO-Arizona. Die P. haben zahlr. Gebräuche, v. a. auf dem Gebiet der Sozialordnung und der Religion, trotz jahrhundertelanger Missionierung bis heute bewahrt.

Puerilismus [pu-e...; lat.], Kindischsein; kindl. Wesen (etwa bei psychot. Störungen); **Puerilität,** kindl. oder kind. Wesen.

Puerpera [lat.], svw. ↑ Wöchnerin.

Puerperalfieber [pu-ɛr...; lat.], svw. ↑ Wochenbettfieber.

Puerto [span. 'pu̯ɛrto; zu lat. portus mit gleicher Bed.], span. svw. Hafen; Paß.

Puerto Barrios [span. 'pu̯ɛrto 'βarrjɔs], Hafenstadt in NO-Guatemala, am Golf von Honduras, 39 000 E; wichtigster Hafen des Landes; Erdölraffinerie, Insektizidenherstellung; ✈.

Puerto Bolívar [span. 'pu̯ɛrto βo'liβar] ↑ Machala.

Puerto Cabello [span. 'pu̯ɛrto ka'βejo], venezolan. Hafenstadt am Karib. Meer, 94 000 E. Trockendock, Nahrungsmittel-, Holz- u. a. Ind.; ✈. - Gegr. 1589.

Puerto Cortés [span. 'pu̯ɛrto kɔr'tes], Hafenstadt in Honduras, am Karib. Meer, 62 300 E. Erdölraffinerie, Nahrungsmittel- u. a. Ind.; bedeutendster Hafen des Landes. - 1525 als **Puerto Caballos** 5 km weiter südl. gegr., 1869 als P. C. an den jetzigen Platz verlegt.

Puerto de la Cruz [span. 'pu̯ɛrto ðe la 'kruθ], Stadt an der N-Küste der Kanareninsel Teneriffa, 25 000 E. Wichtigstes Fremdenverkehrszentrum der Insel.

Puerto La Cruz [span. 'pu̯ɛrto la 'krus], venezolan. Hafenstadt am Karib. Meer, 81 800 E. Größter Erdölexporthafen Venezuelas; Erdölraffinerie.

Puerto Rico [pu̯'erto 'ri:ko], mit den USA assoziierter Staat im Bereich der Westind. Inseln, umfaßt die gleichnamige Insel sowie die Isla Mona, die Isla Vieques und die Isla Culebra, 8 897 km², 3,2 Mill. E (1980) Hauptstadt San Juan.

Pudel. Großpudel

Landesnatur: P. R., die kleinste Insel der Großen Antillen, wird von einem bis 1 338 m hohen Gebirge in O-W-Richtung durchzogen. Ihm sind nördl. und südl. Bergländer und schmale Küstenebenen vorgelagert. Es herrscht randtrop. wechselfeuchtes Klima. Die urspr. Wälder wurden größtenteils gerodet.

Bevölkerung, Wirtschaft, Verkehr: Etwa 80 % der Bev. stammen von Einwanderern aus Spanien und von den Kanar. Inseln ab, etwa 20 % sind Nachkommen von Sklaven aus der Zeit der Plantagenwirtschaft. Fast 80 % sind Katholiken. Das nach 1945 relativ geringe Bev.wachstum ist durch die starke, fast ausschließl. nach New York gerichtete Auswanderung verursacht. Sie wird seit 1963 und v. a. 1970 durch Rückwanderung kompensiert. Amtssprachen sind Spanisch und Englisch. Trotz allg. Schulpflicht werden rd. 3 % der Kinder nicht unterrichtet. Neben 8 Colleges verfügt P. R. über 3 Univ. - Die 1941 eingeleitete Bodenreform wurde nur in Ansätzen verwirklicht. Für ehem. landlose Landarbeiter wurden 50 000 Kleinstbetriebe (bis zu 1,2 ha) eingerichtet; Großgrundbesitz überwiegt. In den Plantagen wird v. a. für den Export Zuckerrohr, Kaffee, Tabak und Ananas angebaut. Der Eigenbedarf an Nahrungsmitteln kann im Land nicht gedeckt werden. Voraussetzung für die seit 1940 durchgeführte Industrialisierung war der bes. polit. Status als autonomer Bestandteil der USA. Bundessteuern werden hier nicht erhoben, der Handel mit den USA ist zollfrei. Neben der traditionellen Nahrungsmittelind. bestehen heute Werke der Textil-, Metall-, Elektro-, chem., pharmazeut. Ind. sowie des Maschinen- und Apparatebaus. Die Rohstoffe für die Produktion müssen eingeführt werden. - R. verfügt über 13 800 km befestigte Straßen. Wichtigster Hafen ist San Juan. Neben 4 ✈ besteht ein internationaler ✈ bei San Juan.

Geschichte: Kolumbus gab der von ihm 1493 entdeckten Insel den Namen San Juan Bautista; erst 1508 begannen die Spanier, P. R. zu kolonisieren. Bereits 1511 erhoben sich die Indianer gegen die rücksichtslose Ausbeutung der span. Kolonialherren, mußten aber rasch kapitulieren. Die Spanier importierten Negersklaven aus Afrika, die überwiegend in Bergwerken und in den schon vor Mitte des 16. Jh. angelegten Zuckerrohrpflanzungen arbeiten mußten. Während des 19. Jh. richtete sich der Außenhandel von P. R. mehr und mehr auf die USA aus, die v. a. Zucker, aber auch Tabak und Kaffee importierten; 1899 gingen 61 % des Exports in die USA. In der 2. Hälfte des 19. Jh. erwachte das polit. Bewußtsein der Bevölkerung. Forderungen nach größeren Freiheiten, Autonomie und sogar nach Unabhängigkeit wurden laut. Für Unruhe sorgte auch das ungelöste Sklavenproblem. 1897 gestand Spanien P. R. die Autonomie zu, die jedoch wegen des span.-amerikan. Krieges nicht mehr wirksam wurde. Im Frieden von Paris (12. Dez. 1898) mußte Spanien P. R. an die USA abtreten. Der Übergang in den Besitz der USA hatte tiefe Wandlungen in der Wirtschaft zur Folge. Zugunsten der Zuckerproduktion wurde der Anbau fast sämtl. anderer Nutzpflanzen aufgegeben; Plantagengesellschaften, die den Großteil des kultivierten Bodens in ihren Besitz brachten, sorgten für die Entstehung eines Landarbeiterproletariats (Bev.: 1899: 0,95 Mill. E.; 1940: 2 Mill. E). Während der Weltwirtschaftskrise kam es daher zu einer Massenarbeitslosigkeit. 1917 erhielten die Inselbewohner die beschränkte Staatsbürgerschaft der USA zugesprochen, die Insel den Status eines von den USA verwalteten Territoriums, doch wurde P.R. den USA nicht angegliedert. Anfang der 1940er Jahre begann die neugegr. Partido Popular Democrático den Kampf um Reformen und forderte u. a. Verbesserung des polit. Status der Insel, Bodenreform, Industrialisierung und Förderung des Fremdenverkehrs. 1952 erhielt P. R. die volle innere Autonomie (Status eines mit den USA assoziierten Territoriums mit dem Recht, über sein zukünftiges polit. Schicksal selbst zu entscheiden). 1967 sprach sich die Bev. für die vorläufige Beibehaltung des gegenwärtigen Zustandes aus und lehnte die völlige Unabhängigkeit und auch den endgültigen Anschluß an die USA als 51. Bundesstaat ab. Die UN-Vollversammlung sprach sich 1982 für die Beibehaltung des Status quo aus.

Politische Verhältnisse: P. R. ist nach Municipios gegliedert, die über direkt gewählte Exekutiven und Legislativen verfügen. Das Recht ist sowohl vom span. und frz. wie vom angelsächs. Recht beeinflußt. Das Gerichtswesen ist vierstufig: Oberster Gerichtshof, Obergerichte, Distriktgerichte, Friedensrichter.

📖 *Carr, R.: P. R. A colonial experiment.* New York 1984. - *Johnson, R. A.: P. R.: Commonwealth or colony?* New York 1980. - *Röhr-*

bein, K./Schultz, R.: P. R. Bln. 1978. - Holbik K./Swan, P.: Industrialization and employment in P. R., 1950–1972. Austin (Tex.) 1975. - Picó, R.: The geography of P. R. Chicago 1974.

Puerto-Rico-Graben, Tiefseegraben im westl. Atlantik, nördl. von Puerto Rico, bis 9 219 m u. d. M. (tiefste Stelle des Atlantiks).

Pufendorf, Samuel Freiherr von (seit 1694), * Dorfchemnitz bei Sayda 8. Jan. 1632, † Berlin 26. Okt. 1694, dt. Staats-, Natur- und Völkerrechtstheoretiker. - 1661 Prof. für Politik in Heidelberg, ab 1668 in Lund; 1677 Reichshistoriograph und Staatssekretär Karls XII. von Schweden; 1688 Historiograph in Berlin. - P. wird die Systematisierung des † Naturrechts und des von Grotius begründeten Völkerrechts zugeschrieben. P. folgte der Theorie von Hobbes von der Triebnatur des Menschen und begründete den Imperativ des naturwiss. Naturrechts kausal aus der „Lex naturalis" menschl. Selbsterhaltung. Gegen den nur noch funktional verstandenen Gesellschaft. Indem P. die Gesellschaft über die biolog. Bedingtheit des Menschen bestimmte, begründete er das individualist. Naturrecht. Das unteilbare Souveränitätsrecht des absoluten Fürsten gründete P. auf einen ursprüngl. Herrschaftsvertrag.

Puff, Würfelbrettspiel († Backgammon). Aus Wendungen wie „mit jemandem P. spielen", „in den P. (dort, wo P. gespielt wird) gehen" entwickelte sich seit dem Ende des 18. Jh. die Verwendung von P. im Sinn von „Bordell".

Puffer, an den Stirnseiten von Schienenfahrzeugen angebrachte federnde Stoßeinrichtung.

◆ (Pufferspeicher) zw. der schnellen Zentraleinheit einer Datenverarbeitungsanlage und einem relativ langsam arbeitenden Gerät (z. B. Drucker, Kartenstanzer) eingeführter Informationsspeicher.

Puffer, in der *Chemie* Bez. für eine Lösung, die ihren pH-Wert bei Zusatz starker Säuren oder Basen nur wenig ändert. P.lösungen bestehen meist aus einer schwachen Säure (z. B. Essigsäure) und einem ihrer Salze (z. B. Natriumacetat); die Wirkungsweise eines P. ergibt sich aus dem Massenwirkungsgesetz: $HCl + CH_3COONa \rightleftharpoons NaCl + CH_3\text{-}COOH$. Die Wasserstoffionen der stark dissoziierten Salzsäure reagieren mit dem Natriumacetat, und es wird die viel weniger dissoziierte, schwächere Essigsäure gebildet (die Säure wird „abgestumpft" bzw. „gepuffert"). Analog vollzieht sich der Vorgang beim Zusatz einer starken Base: $NaOH + CH_3\text{-}COOH \rightleftharpoons H_2O + CH_3COONa$. Physiolog. wichtig ist die Konstanthaltung des pH-Werts des Blutes u. a. durch das Puffersystem Kohlensäure/Natrium- und Kaliumhydrogencarbonat.

Pufferstaat, Bez. für einen kleineren, i. d. R. neutralen Staat, der die Interessengebiete rivalisierender größerer Mächte trennt und so internat. Konfliktmöglichkeiten mildern kann.

Puffmais ↑ Mais.

Puffotter (Bitis arietans), bis 1,5 m lange, mit Ausnahme des äußersten N über ganz Afrika verbreitete Viper; Körper plump, mit breitem, dreieckigem Kopf; Färbung sehr variabel, Grundton blaßgelb bis braun oder dunkeloliv, mit wechselnder Zeichnung, längs des Rückens stets mit gelben oder braunen, meist schwarz gesäumten U- bis V-förmigen Flecken; wenig angriffslustig, jedoch außerordentl. giftig.

Puffs [engl.] (Bulbs), an ↑ Riesenchromosomen mikroskop. sichtbare lokale, sich wieder zurückbildende Ausstülpungen (Entspiralisierungen) bestimmter Querscheiben, die den Regionen mit starker Genaktivität entsprechen. Bes. große P. werden als **Balbiani-Ringe** bezeichnet. Das Verteilungsmuster der P. ist für jede Stufe der Individualentwicklung und die dem jeweiligen Gewebe bzw. Organ entsprechende Zellart charakteristisch und spiegelt das Aktivitätsspektrum der entsprechenden Genabschnitte wider.

Pugatschow, Jemeljan Iwanowitsch, * im Dongebiet um 1742, † Moskau 21. Jan. 1775 (hingerichtet), Donkosak. - Als angebl. Zar Peter III. Führer eines aus sozialen und nat. Ressentiments gegen den russ. Absolutismus entstandenen Volksaufstands (1773–75) von Kosaken, Raskolniki, Baschkiren und Leibeigenen im Ural- und Wolgagebiet; erstrebte einen bäuerl. Kosaken-Staat unter einem „Bauern-Zaren".

Puget, Pierre [frz. py'ʒɛ], * Marseille 16. Okt. 1620, † ebd. 2. Dez. 1694, frz. Bildhauer. - Bedeutendster frz. Barockbildhauer, nicht an der herrschenden klassizist. Richtung in Frankr. orientiert, sondern an italien. Barock (Bernini); auch Maler. - *Werke:* Karyatiden am Rathausportal in Toulon (1656/57); Marmorgruppen: Milon von Kroton (1682), Perseus befreit Andromeda (1684; beide Paris, Louvre).

Pugwash-Konferenzen [engl. 'pʌgwɔʃ], Name regelmäßig stattfindender Treffen von Wissenschaftlern aus aller Welt, entstanden auf Grund eines Aufrufs von B. Russell und A. Einstein, ben. nach dem 1. Konferenzort 1957 (Pugwash; Prov. Nova Scotia, Kanada); die P.-K. befassen sich mit Möglichkeiten der Zusammenarbeit zur Verhinderung von Atomkriegen, allen Fragen der Abrüstung sowie mit den Problemen der Entwicklungsländer.

Puig, Manuel [span. pụix], * General Villegas (Prov. Buenos Aires) 1932, argentin. Schriftsteller. - Gestaltet in seinen z. T. iron. distanzierten Romanen die existentielle Problematik des durch die Orientierung an vorgegebenen Verhaltensmodellen verursachten Persönlichkeitsverlustes, z. B. „Verraten von

Rita Hayworth" (1968), „Der schönste Tango der Welt" (1969), „Der Kuß der Spinnenfrau" (1976), „Herzblut erwiderter Liebe" (dt. 1985).

P'u I (Pu Yi) [chin. pu-i], * 1906, † Peking 17. Okt. 1967, Kaiser von China (1908–11). - Im Kindesalter letzter chin. Kaiser (Hsün Ti; Reg.devise Hsüan-t'ung); von Japan 1932 als Kaiser von Mandschukuo († Mandschurei) eingesetzt, 1945 in sowjet. Gefangenschaft und 1949 an die chin. Kommunisten ausgeliefert; 1959 freigelassen. Schrieb eine Autobiographie.

Pukan ↑ Pagan.

Pul [türk.-pers.], seit dem 13. Jh. auftauchende Bez. für meist zentralasiat. Münzen; heute noch (seit 1926) in Afghanistan = $^1/_{100}$ Afghani.

Pula (italien. Pola), Hafenstadt an der jugoslaw. Adriaküste, nahe der S-Spitze Istriens, 56 000 E. Kath. Bischofssitz; pädagog. Akad., archäolog. Museum, Theater; Spielkasino; Seebad. Werften, Schiffsdieselmotorenbau, Glas-, Möbel-, Metall-, Textil- und Nahrungsmittelind.; Haupthafen der jugoslaw. Kriegsmarine; Eisenbahnendpunkt; ✠. - Als röm. Militärsiedlung **Pietas Julia** unter Kaiser Augustus angelegt; wurde im 6. Jh. Bischofssitz; ab 1797 östr.; wurde ab 1848 zum wichtigsten östr. Kriegshafen mit Arsenal (1856) ausgebaut; fiel 1920 an Italien, 1947 zu Jugoslawien. - Aus röm. Zeit stammen das Amphitheater, der Tempel des Augustus und der Roma, die Porta Aurea sowie Reste der Stadtbefestigung. Dom (15 Jh.; mit Resten einer frühchrist. Basilika aus dem 5. Jh.), venezian. Kastell (17. Jh.).

Puławy [poln. pu'uavị], poln. Stadt an der Weichsel, 46 000 E. Mehrere Forschungsinst., u. a. für Veterinärmedizin und für Bodenkultur, Düngung und Bodenkunde; Mittelpunkt eines Agrargeb., Chemiekombinat.

Pulci, Luigi [italien. 'pultʃi], * Florenz 15. Aug. 1432, † Padua Okt. oder Nov. 1484, italien. Dichter. - Lebte am Hofe seines Freundes und Gönners Lorenzo de' Medici; schrieb das tragikom. Heldenepos „Il Morgante maggiore" (1483; dt. 1890 u. d. T. „Morgant, der Riese"); auch [volkstüml.] Sonette.

Pulcinella [poltʃi'nɛla; italien.], aus dem neapolitan. Volkstheater stammende Figur der Commedia dell'arte: boshaft und bucklig, mit Vogelnase, kegelförmigem hohen Hut und weißer Kleidung. P. wurde während des 17. Jh. in ganz Europa als Person der Puppenspiels beliebt, in Frankr. als *Polichinelle*, in England als *Punch*, in Deutschland und seit dem 18. Jh. auch in Rußland als *Petruschka*.

Pulfrich, Carl, * Sträßchen (= Burscheid) 24. Sept. 1858, † Timmendorfer Strand 12. Aug. 1927 (Unfall), dt. Physiker. - Entwickelte verschiedene opt. Meßinstrumente, u. a. das Pulfrich-Refraktometer, das Pulfrich-Photometer, den stereoskop. Entfernungsmesser und den Stereokomparator. - 1968 stiftete die

Firma Carl Zeiss, Oberkochen, den *Carl-P.-Preis* für bes. Leistungen auf dem Gebiet des Vermessungswesens.

Pulheim, nw. an Köln anschließende Großgem., NRW, 47 300 E. Rohr- und Walzwerk, Baustoffindustrie. Im Ortsteil **Brauweiler** Max-Planck-Inst. für Züchtungsforschung, größte Schalt- und Umspannanlage Europas. - Ehem. Abteikirche (12. Jh.), Kreuzgang und Kapitelsaal der Klostergebäude.

Pulitzer, Joseph [engl. ˈpʊlɪtsə], * Makó 10. April 1847, † Charleston (S. C.) 29. Okt. 1911, amerikan. Journalist und Verleger ungar. Herkunft. - Wanderte 1864 in die USA ein; kaufte 1878 2 Tageszeitungen in Saint Louis, vereinigte sie und legte damit den Grundstein zu einem der größten Pressekonzerne der USA. P. stiftete einen hohen Geldbetrag zur Gründung der School of Journalism an der Columbia University in New York und für die von ihr seit 1917 jährl. vergebenen **Pulitzerpreise** (in Höhe von 500 und 1 000 Dollar) für hervorragende Leistungen auf journalist. (8 Preise), literar. (5 Preise) und musikal. (1 Preis) Gebiet.

Pulk (Polk) [slaw.], 1. [loser] Verband von Kampfflugzeugen oder militär. Kraftfahrzeugen; 2. Anhäufung [von Fahrzeugen]; Haufen, Schar; Schwarm.

Pull [engl.], Golfschlag, der dem Ball einen Linksdrall gibt.

Pullach i. Isartal, Gem. am S-Rand von München, 7 700 E. Zentrale des Bundesnachrichtendienstes; Predigerseminar der VELKD; - 804 erstmals erwähnt. - Spätgot. Pfarrkirche (15./16. Jh.).

pullen, seemänn. und niederdt. für: rudern.

Pullmanwagen [engl. ˈpʊlmən; nach dem amerikan. Industriellen G. M. Pullman, * 1831, † 1897], luxuriös ausgestattete, geräumige Durchgangs-(Salon)- und Schlafwagen der [amerikan.] Eisenbahn.

Pullorumseuche [lat./dt.] ↑Geflügelkrankheiten.

Pulmo [lat.] ↑Lunge.

Pulmonalklappe [lat./dt.] ↑Herz.

Pulmonalstenose [lat./griech.], Verengung im Bereich der Lungenschlagader, u. a. bei Verwachsung der Herzklappen als angeborener Herzfehler. Folge der P. ist eine Erhöhung des Drucks in der rechten Herzkammer mit Überlastungsstörungen des rechten Herzens (bes Kurzatmigkeit bei körperl. Anstrengung).

Pulmonaria [lat.], svw. ↑Lungenkraut.

Pulmonata [lat.], svw. ↑Lungenschnecken.

Pulmonologie [lat./griech.], Lungen- und Bronchialheilkunde als Teilgebiet der inneren Medizin.

Pulpa [lat.„das Fleisch(ige)"], (Zahn-P.) ↑Zähne.

◆ svw. Milzgewebe (↑Milz).

◆ das Innere des Federschafts der ↑Vogelfeder.

◆ das fleischige Gewebe, das bei manchen Früchten (z. B. bei Zitrusfrüchten, Bananen), vom Endokarp ausgehend, zw. den Samen ausgebildet ist.

Pulpe (Pulp, Pülpe) [frz., zu lat. pulpa „das Fleisch(ige)"], Bez. für verschiedene, aus zerkleinertem Pflanzenmaterial bestehende breiige Massen, z. B. für die aus Früchten hergestellten Vorprodukte bei der Bereitung von Marmeladen oder Obstsäften oder die bei der Bearbeitung von Kaffeekirschen (im sog. **Pulper**) anfallenden Fruchtfleischmassen.

Pulpen [lat.], svw. ↑Kraken.

Pulpitis [lat.], Entzündung des Zahnmarks (Pulpa dentis).

Pulque [ˈpʊlkə; indian.-span.], süßes, stark berauschendes Getränk aus dem vergorenen Saft der ↑Agave; mex. Nationalgetränk.

Puls [lat. „das Stoßen, Schlagen", (Pulsus) i. w. S. jede an dem Herzzyklus gekoppelte Strom-, Druck- oder Volumenschwankung innerhalb des Kreislaufsystems (Strom-, Druck-, Volumen-P.); i. e. S. der **arterielle Puls** (*P.schlag*), der als Anstoß der vom Herzschlag durch das Arteriensystem getriebenen Blutwelle an den Gefäßwänden bes. gut über der Speichenschlagader am Handgelenk zu fühlen ist.

Diagnostisch bes. wichtig ist die **Pulsform,**

Pierre Puget, Gallischer Herkules (nach 1668). Paris, Louvre

Pulsadern

d. h. die Form der (mit geeigneten Instrumenten aufgezeichneten) arteriellen Druckpulskurve. Der höchste Druckwert im Verlauf der P.kurve entspricht dem systol., der niedrigste dem diastol. Druck; der Abstand zw. beiden wird **Pulsdruck** (Druckamplitude) genannt. Die **zentrale Pulskurve** (in den herznahen Arterien) wird durch einen steilen Anstieg (Beginn der Austreibungszeit des linken Herzens während der Systole) mit anschließendem langsamerem Abfall (nach der den Aortenklappenschluß anzeigenden Inzisur während der Diastole des Herzens) gekennzeichnet. Die **periphere Pulsform** unterscheidet sich von der zentralen durch eine Überhöhung des systol. Druckwerts und einen zweiten Anstieg im abfallenden Kurvenabschnitt (zunehmender Wellenwiderstand, Reflexion der Pulswelle).
Die **Pulsfrequenz** ist die normalerweise mit der Herzfrequenz übereinstimmende Zahl der P.schläge pro Minute (beim Erwachsenen 60–80 pro Minute). Unter *Pulsqualität* versteht man die z. T. schon durch Pulsfühlen feststellbare Beschaffenheit (z. B. rascher, langsamer, harter, weicher P.) des arteriellen P., aus der Rückschlüsse auf den Zustand des Herz-Kreislauf-Systems gezogen werden können. Die Geschwindigkeit der P.welle (**Pulswellengeschwindigkeit,** Abk. PWG), die als Laufzeit entlang einer Arterienstrecke gemessen wird, ist u. a. von der Beschaffenheit der Gefäßwand (Elastizität, Verhältnis von Wanddicke und Radius) abhängig. Sie beträgt im Bereich der Aorta 5–6 m/s, in den Unterschenkelarterien etwa 10 m/s. Sie liegt damit deutl. über der Geschwindigkeit der Blutströmung (in der Aorta während einer P.periode gemittelt z. B. 20–25 cm/s). Als **Pulsation** bezeichnet man die rhythm. Zu- und Abnahme des (arteriellen) Gefäßvolumens (und fortgeleitet des Volumens von Organen, z. B. der Leber oder Milz) mit den einzelnen P.schlägen.
Ⓦ *Wetterer, E./Kenner, T.: Grundll. der Dynamik des Arterien-P. Bln. u. a. 1968.*
♦ eine Folge regelmäßig wiederkehrender, gleichartiger Impulse (in der Schwachstrom- und Nachrichtentechnik elektr. Strom- und Spannungsstöße), deren Dauer *(sog. Impulsdauer)* meist klein ist gegen die zeitl. Abstand der Impulse *(period. Impulsfolge).* MP. wird v. a. in der Funkmeß- und Fernsehtechnik, in elektron. Rechenmaschinen und bei der Modulation von Höchstfrequenzsendern gearbeitet. Sie werden gekennzeichnet durch die Amplitude, Phase und Frequenz der Grundschwingung, durch das *Tastverhältnis (Ver-* hältnis von Impulsdauer zu Periodendauer) sowie durch die *Impulsform* (z. B. Rechteck-, Dreieck-, Nadelimpuls).
Pulsadern, svw. ↑Arterien.
Pulsar [lat.], Bez. für eine Quelle kosm. Radiofrequenzstrahlung , die mit großer Regelmäßigkeit Strahlungspulse von einigen

Millisekunden Dauer abstrahlt. Die Zeit zw. den Hauptmaxima der einzelnen Pulse ist über längere Zeiträume hinaus mit hoher Genauigkeit konstant. Bei einigen P. wurde jedoch eine plötzl. Änderung zu einem kürzeren, seinerseits wiederum konstanten Zeitabstand der Pulse beobachtet. - Der erste P. wurde 1967 entdeckt (A. Hewish, J. Bell); 1969 gelang die Identifizierung eines P. mit einem opt. Objekt, dem Zentralstern des ↑Crabnebels. Dieser P. sendet neben Radiofrequenzpulsen auch Licht-, Röntgenstrahl- und Gammastrahlpulse aus. P. sind offenbar Überreste von Sternen, die einen Supernovaausbruch erlitten haben. Theoret. Überlegungen ergaben, daß P. schnell rotierende ↑Neutronensterne sind, deren Rotationsdauer gleich der Pulsperiode ist. - Abb. S. 356.
Pulsatilla [lat.], svw. ↑Kuhschelle.
Pulsation [lat.], period. Vorgang, bei dem abwechselnd eine Expansion und eine Kompression bzw. Kontraktion erfolgt.
Pulscodemodulation ↑Modulation.
Pulsdruck ↑Puls.
Pulsfrequenz ↑Puls.
pulsieren, rhythmisch (dem Pulsschlag entsprechend) an- und abschwellen; sich lebhaft regen, strömen, fließen.
Pulsmodulation ↑Modulation.
Pulsqualität ↑Puls.
Pulsschlag ↑Puls.
Pulsschreiber, svw. ↑Sphygmograph.
Pulswellengeschwindigkeit ↑Puls.
Pult [zu lat. pulpitum „Brettergerüst"], Möbelstück mit schräger Platte in Tischhöhe oder als Steh-P.; als Schreib- und Lese-P. vom MA bis ins 19./20. Jh. üblich.
Pultdach ↑Dach.
Pultscholle, schräggestellter, von Brüchen umgrenzter Erdkrustenkomplex, z. B. der Harz.
Pulu ↑Tiglatpileser III.
Pulver, Liselotte, * Bern 11. Okt. 1929, schweizer. Schauspielerin. - Größte Erfolge beim Film in komödiant., burschikosen Rollen wie „Ich denke oft an Piroschka" (1955), „Bekenntnisse des Hochstaplers Felix Krull" (1957), „Das Wirtshaus im Spessart" (1957), „Kohlhiesels Töchter" (1962).
Pulver (Pulvis) [lat. „Staub"], pharmazeut. Arzneimittelzubereitung aus festen, hinlängl. zerkleinerten Inhaltsstoffen, die sich an der Luft nicht zersetzen und nicht durch Wasseraufnahme zerfließen. P. enthalten v. a. Wirksubstanzen und einen Füllstoff.
Pulvermagnete (Preßmagnete, Sintermagnete), durch Pressen und Sintern eines feinkörnigen Pulvers aus Eisen oder Eisen-Kobalt-Legierungen hergestellter Magnet.
Pulvermetallurgie, die Herstellung von Werkstoffen und Werkstücken aus pulverförmigem Metall; Anwendung bes. bei hochschmelzenden Metallen (z. B. Wolfram), hochwarmfesten Legierungen metallkeram. Werk-

stoffen (sog. Cermets). Man unterscheidet bei der pulvermetallurg. Verarbeitung drei Schritte: die Pulverherstellung (z. B. Mahlen spröder oder Zerstäuben leichter schmelzbarer Metalle), das Pressen und das Sintern (Glühen unterhalb der Schmelztemperatur).

Pulverschnee ↑ Schnee.

Pulverschorf (Korkschorf, Schwammschorf, bösartiger Kartoffelschorf) ↑ Kartoffel.

Pulververschwörung (engl. Gunpowder Plot), Verschwörung von anfangs 5, schließl. 13 kath. Engländern (u. a. Guy Fawkes), die Jakob I. am 5. Nov. 1605 bei der Parlamentseröffnung in die Luft sprengen wollten, um für die Katholiken größere Freiheiten durchzusetzen; am Tag zuvor aufgedeckt.

Puma [indian.] (Silberlöwe, Berglöwe, Kuguar, Puma concolor), früher (mit Ausnahme des hohen N) über das gesamte N- und S-Amerika verbreitete, vorwiegend nachtaktive Kleinkatze, heute im östl. und mittleren N-Amerika ausgerottet, in den übrigen Gebieten z. T. im Bestand bedroht; Länge etwa 105–160 cm; Schwanz rund 60–85 cm lang, mit auffallend dichter Behaarung; Körper schlank, Kopf klein und rund; Fell dicht, braun bis rötlich- oder silbergrau (sehr selten schwarz); Jungtiere dunkel gefleckt, mit schwarzen Ohren. - Der P. erbeutet v. a. Säugetiere von Maus- bis Hirschgröße. Er ist ein gut kletternder Einzelgänger, der in ruhigen Gebieten auch tagaktiv sein kann; er greift den Menschen nicht an.

Pumpen [niederdt.], Vorrichtungen zum Fördern von Flüssigkeiten, schlammartigen Stoffen oder Gasen bzw. Dämpfen. P. lassen sich nach unterschiedlichsten Gesichtspunkten klassifizieren (z. B. nach Arbeitsprinzip oder Wirkungsweise, nach Verwendungszweck, Fördermedium, Antriebsart u. a.); entsprechend vielfältig sind die Bezeichnungen. Bei den *Flüssigkeits-P.* unterscheidet man z. B. nach dem Arbeitsprinzip Verdränger-P. und Kreisel-P. sowie zahlr. Sonder-P. bzw. -pumpvorrichtungen. **Verdrängerpumpen** arbeiten mit sog. Verdrängerkörpern (Kolben, Membranen u. ä.), die in einem abgegrenzten Raum bewegt werden und dadurch eine jeweils abgetrennte Flüssigkeitsmenge in period. Folge von der Saug- zur Druckseite fördern. Die **Kolbenpumpe** saugt bei einem Hub des Kolbens Flüssigkeit durch ein sich öffnendes Ventil in einen Zylinder („Stiefel") und drückt ihn beim nächsten Hub (Rückbewegung) durch ein Druckventil nach außen bzw. in eine Rohrleitung oder ein Gefäß (das Saugventil schließt sich dabei). Bei den als Brunnen-P. verwendeten **Hubkolbenpumpen** befindet sich das Druckventil direkt im auf- und abwärtsbewegten Kolben. - Andere Verdränger-P. sind die **Membranpumpe,** bei der der Kolben durch eine Membran ersetzt ist, und die **Flügelpumpe,** die mit einer in einem

Gehäuse hin- und herschwingenden Verdrängerfläche („Flügel") arbeitet. P. mit rotierenden Verdrängerkörpern werden als **Umlauf-, Rotations-** oder **Drehkolbenpumpe** bezeichnet. Man unterscheidet dabei *Einwellen-* und *Zweiwellenpumpen.* Eine typ. Einwellen-P. ist die **Flügelzellen-** oder **Drehschieberpumpe,** die einen exzentr. in einem Gehäuse gelagerten und sich drehenden Zylinder aufweist, an dem (in Schlitzen federnd) mehrere dem Gehäuse jeweils anliegende Schieber angebracht sind. Zu den Zweiwellen-P. gehören z. B. die **Zahnradpumpe,** bei der zwei miteinander kämmende Zahnräder an der sie umschließenden Gehäusewand in den Zahnlücken die Flüssigkeit fördern (häufig als *Öl-P.* an Kfz.-Motoren), und die **Rootspumpe,** bei der sich zwei im Querschnitt 8förmige Drehkolben gegenläufig in einem Gehäuse drehen.

Zur verbreitetsten P.art zählen die **Kreiselpumpen,** die (im Ggs. zu den Verdränger-P.) zu den Strömungsmaschinen gehören. Bei ihnen strömt die Förderflüssigkeit dem stetig rotierenden (angetriebenen) Laufrad zu, in dem die Strömungsenergie erhöht wird; in einem nachgeschalteten Diffusor oder einem Leitrad mit feststehenden Schaufeln wird die Strömungsenergie fast vollständig in Druckenergie umgewandelt, die die Flüssigkeitsförderung bewirkt.

Sonderbauarten von P. sind z. B. die **Strahlpumpen,** bei denen ein aus einer Düse mit hoher Geschwindigkeit ausströmendes Treibmittel (z. B. Wasser bei *Wasserstrahl-P.,* Dampf bei der *Dampfstrahl-P.,* dem sog. **Injektor**) die zu fördernde Flüssigkeit (oder auch Gas) aus einer Ansaugkammer mitreißt, **Gasmischheber** oder **Mammutpumpen,** deren Funktion auf der Auftriebswirkung eines Flüssigkeits-Gas-Gemisches beruht, **Stoßheber** (↑ hydraulischer Widder) sowie **elektromagnetische Pumpen,** die zur Förderung flüssiger Metalle benutzt werden und die dort bei Stromfluß wirksam werdenden elektromagnet. Kräfte ausnutzen.

Als P. zum Fördern von Gasen und Dämpfen werden heute meist als ↑ Verdichter bezeichnete Vorrichtungen verwendet. Ein typ. Verdichter ist z. B. die zum Füllen von Fahrzeugreifen verwendete **Luftpumpe,** im einfachsten Falle (Fahrrad-P.) ein nach dem Prinzip der Kolben-P. arbeitender Kolbenverdichter. Die zur Erzeugung eines Vakuums sowie alle zum Absaugen eines Gases benutzten P. zählen zu den Vakuum-P. (↑ Vakuumtechnik).

📖 *Jb. P. 1. Ausg. 1987/88.* Hg. v. G. Vetter. Essen 1987. - *Schulz, Hellmut:* Die P. Bln. u. a. [13]1983. - *Bohl, W.. u. a.:* P. u. P.anlagen. Grafenau [2]1981. - *P. f. Flüssigkeiten u. Gase.* Hg. W. Pohlenz. Bln. [2–3]1977. 2 Bde.

Pumpenbock, Gestell mit darauf gelagertem Schwengel (Wippe) zum Betreiben von Tiefpumpen in der Erdölförderung. Der Schwengel wird von einem Antriebsmotor in

Pumpermette

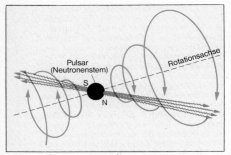

Pulsar. Die vom magnetischen Nord- und Südpol (N, S) ausgehende Strahlung eines rotierenden Neutronensterns kann nur empfangen - und damit der Pulsar selbst entdeckt - werden, wenn sich die Erde im Bereich des Mantels des Rotationskegels befindet

eine pendelnde Auf- und Abwärtsbewegung versetzt; an seinem vorderen Ende befindet sich ein kreissegmentförmiges Bauteil, der sog. Pferdekopf, der der Geradführung des Gestänges dient.

Pumpermette (Rumpelmette), kirchl. Feier (seit dem 8. Jh.) an den letzten drei Tagen der Karwoche zum Gedenken an das Leiden Christi: 12 Kerzen wurden nach und nach gelöscht, während die 13. brennen blieb. Der diesen Vorgang begleitende, mit hölzernen Instrumenten erzeugte Lärm symbolisierte die Kreuzigung Christi und das nachfolgende Erdbeben. Die P. bestand bis ins 9. Jahrhundert.

Pumpernickel, ein Brot aus Roggen-

schrot, das bei niedrigen Backtemperaturen (100–180 °C) in Dampfbacköfen 16 bis 36 Stunden gebacken wird.

Pumps [pœmps; engl.], ausgeschnittener Damenhalbschuh mit mittlerem bis höherem Absatz, ohne Spangen und nicht geschnürt.

Pumpspeicherwerke ↑ Kraftwerke.

Puna, Hochland in den zentralen Anden in S-Peru, Bolivien, N-Chile und N-Argentinien, 3 000–4 000 m ü. d. M. Überwiegend Viehhaltung (Lama, Alpaka, Vikunja, Schafe); nur vereinzelt Ackerbau; im bolivian. Teil Bergbau.

Punakha, Ort im westl. Bhutan, 1 575 m ü. d. M., 12 000 E. Herstellung von Metall-, Leder- und Wollwaren. - Gegr. 1527; ehem. Hauptstadt von Bhutan.

Puncak Jaya [indones. 'pɔntʃak 'dʒaja], Berg auf Neuguinea, mit 5 033 m höchste Erhebung Indonesiens.

Punch [engl. pʌntʃ „Schlag"], brit. satir. Wochenschrift; gegr. 1841; älteste ununterbrochen erscheinende satir. Zeitschrift der Welt.

Punch [engl. pʌntʃ] ↑ Pulcinella.
◆ im *Boxsport* Schlag von großer Wirkung, auch Schlagkraft eines Boxers.

Punchingball [engl. 'pʌntʃɪŋbɔːl], in Kopfhöhe hängendes birnenförmiges und mit Leder überzogenes Trainingsgerät des Boxers zu Steigerung der Treffsicherheit und Schlagschnelligkeit.

Punctus (Punctum) [lat.], in den ↑ Neumen das Notenzeichen für den Einzelton (neben der Virga), daneben auch als Bez. für Note schlechthin (punctus contra punctum [↑ Kontrapunkt]). In der Mensuralnotation wird das Zeichen • als Verlängerungspunkt (↑ Punkt) oder Trennungspunkt zur klaren Wertdeutung der Notenzeichen verwendet.

Punctum saliens [...li-ens; lat. „der

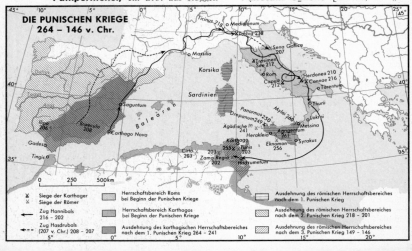

DIE PUNISCHEN KRIEGE
264 – 146 v. Chr.

Zeichenerklärung	
✗ Siege der Karthager	✗ Siege der Römer
← Zug Hannibals 216 - 202	
◄-- Zug Hasdrubals (207 v. Chr.) 208 - 207	

Herrschaftsbereich Roms bei Beginn der Punischen Kriege

Herrschaftsbereich Karthagos bei Beginn der Punischen Kriege

Ausdehnung des karthagischen Herrschaftsbereiches nach dem 1. Punischen Krieg 264 - 241

Ausdehnung des römischen Herrschaftsbereiches nach dem 1. Punischen Krieg

Ausdehnung des römischen Herrschaftsbereiches nach dem 2. Punischen Krieg 218 - 201

Ausdehnung des römischen Herrschaftsbereiches nach dem 3. Punischen Krieg 149 - 146 springende Punkt"], Hauptpunkt, Kernfrage, entscheidende Frage.

Pünder, Hermann, * Trier 1. April 1888, † Fulda 3. Okt. 1976, dt. Jurist und Politiker. - Als Mgl. des Zentrums 1926–32 Staatssekretär in der Reichskanzlei; wurde 1932 Reg.-präs. in Münster; 1933 aus polit. Gründen aus dem Amt entlassen; nach dem 20. Juli 1944 in KZ-Haft; 1945 Mitbegr. der CDU; 1945–48 Oberbürgermeister von Köln; 1948/49 Oberdirektor des Verwaltungsrats des Vereinigten Wirtschaftsgebiets; 1949–57 MdB; 1952–56 Vizepräs. der Gemeinsamen Versammlung der Montanunion.

Pune (Poona), Stadt im ind. Bundesstaat Maharashtra, 120 km sö. von Bombay, 550 m ü. d. M., 1,2 Mill. E. Kath. Bischofssitz; Univ. (gegr. 1949); meteorolog. Observatorium; Museen (u. a. für marath. Kunst); botan. Garten; Hauptquartier des südl. Kommandos der ind. Armee; u. a. Textil-, Baumwoll-, Papier-, Gummi-, chem. und pharmazeut. Ind. - Im 17./18. Jh. Zentrum der Macht der Marathen, 1749–1818 Hauptstadt der Peshwa-Dyn.; 1763 verwüstet; wurde 1818 britisch.

Puni, Iwan Albertowitsch, frz. Jean Pougny, * Kuokkala (= Repino, Gebiet Leningrad) 20. Febr. 1892, † Paris 28. Dez. 1956, russ.-frz. Maler und Bildhauer. - Gehörte seit 1916 dem russ. Konstruktivismus an (skriptural durchsetzte Bilder und Materialmontagen). 1919 emigrierte er über Berlin nach Paris (1923).

Punica [lat.], svw. ↑Granatapfelbaum.

Punier (lat. Poeni), die Phöniker N-Afrikas, bes. die Karthager.

Punisch ↑Phönikisch.

Punische Kriege, 3 Kriege Roms gegen die Karthager (Punier). Der *1. Pun. Krieg* (264–241) entwickelte sich zu einem Kampf um Sizilien zw. Rom und Karthago, in dem Syrakus 263 röm. Bundesgenosse wurde. Nach Bau einer röm. Kriegsflotte 260 röm. Seesieg bei Mylai (= Milazzo), 256 bei Eknomon, 255 Niederlage des Konsuls Marcus Atilius Regulus in Afrika, 241 röm. Seesieg bei den Aegates insulae (= Ägad. Inseln). Damit fiel Sizilien (außer Syrakus) an Rom (wurde 228/227 röm. Prov., ebenso die 237 besetzten Inseln Sardinien und Korsika). - Der *2. Pun. Krieg* (218–201), ausgelöst durch die vertragswidrige Überschreitung des Ebro durch Hannibal begann mit karthag. Siegen am Ticinus (= Ticino) und an der Trebia (= Trebbia), 217 am Trasimen. See, 216 bei Cannae. Nach Abfall italischer Bundesgenossen von Rom und Bündnis Hannibals mit Philipp V. von Makedonien (Anlaß zum 1. Makedon. Krieg 215–205) 211 röm. Niederlage in Spanien; jedoch gelang Rom die Unterwerfung von Syrakus (212; abgefallen 215/214), Capua (211) und Spanien (211–206). Hannibal wurde 202 bei Zama (Zama Regia) von Scipio Africanus d. Ä. geschlagen, Karthago 201 po-

lit. und militär. entmachtet und den Angriffen des numid. Königs Masinissa ausgesetzt, woraus 149 der *3. Pun. Krieg* entstand, der mit der Zerstörung Karthagos durch Scipio Africanus d. J. (146) endete.

Punischer Apfel ↑Granatapfelbaum.

Punjab [pʌn'dʒaːb], Bundesstaat in NW-Indien, 50 362 km², 16,7 Mill. E. (1981), Hauptstadt Chandigarh. P. umfaßt einen relativ kleinen Teil des östl. Pandschab mit den Flüssen Sutlej und Beas; dominierend ist die Landw.; außerdem Textilind., Zuckerraffinerien und Maschinenbau.

P., Prov. in Pakistan, 205 345 km². 47,29 Mill. E (1981), Hauptstadt Lahore. Die Prov. umfaßt den westl. Teil des Pandschab sowie die Salt Range und Teile des Potwar Plateau. Intensive Bewässerungslandwirtschaft; Gewinnung von Erdgas, Erdöl, Salz und Kohle; die Ind. ist in den großen Städten konzentriert.

Punkrock [engl. 'pʌŋk.rɔk; zu engl. punk „miserabel", „nichts wert"], bis 1977 eine (urspr. abwertende) Bez. für Tendenzen und Gruppen des „psychedel." Rock (einfache Harmonik, großer techn. Aufwand). Auf dem Hintergrund einer Ende 1976/Anfang 1977 in den westl. Ind.gesellschaften (v. a. Großbrit. und USA) entstandenen Protestbewegung von Jugendl. gegen Arbeitslosigkeit und Langeweile (**Punk**) setzte seit 1977 eine sog. „Punkwelle" ein; Ausgangspunkt war ein hekt.-aggressiver, musikal. einfacher (zunächst gespielt von Jugendl. ohne jede musikal. Ausbildung), von den Texten her meist zyn.-resignativer Rock als Reaktion auf die

Punkrock. Punker (1977)

wachsende wirtsch. und soziale Krise, als Ausdruck des Hasses auf die herrschende soziale Realität. In ihrer polit. Haltung (antibürgerl.) indifferent und diffus zw. links und rechts kennzeichnen sich die **Punker** bes. durch provozierendes, bewußt exaltiertes Auftreten, sowie durch eine häßl., Selbstverstümmelungen einschließende Aufmachung („Müll-Mode": grellbunt gefärbte Haare im Meckischnitt; zerrissene, unproportionierte Kleidungsstücke; Metallketten, Rasierklingen, durch Ohren bzw. Wangen gestochene Sicherheitsnadeln als Schmuck; auch hautenge Gummibekleidung, wie sie von Sadomasochisten getragen wird). Inzwischen vom Musikmarkt kommerzialisiert, haben sich Bed. und Wirksamkeit des P. wieder relativiert.

Punkt [zu lat. punctum, eigtl. „das Gestochene"], geometr. Grundgebilde; Euklid definierte: „Ein P. ist, was keine Teile hat". Im axiomat. Aufbau der Geometrie durch D. Hilbert gehören die P. zu den nicht zu definierenden „Dingen", deren Eigenschaften durch bestimmte Axiome festgelegt werden.
◆ als Satzzeichen kennzeichnet der P. das Ende eines Satzes; als Schlußzeichen fungiert er bei abgekürzten Wörtern. - ↑auch Interpunktion.
◆ in der *Musik* Zeichen der Notenschrift: ein P. hinter einer Note (oder Pause) verlängert dieselbe um die Hälfte ihres Wertes, zwei P. um drei Viertel; ein P. über oder unter einer Note bedeutet ↑staccato, in Verbindung mit einem Bogen ↑portato. - ↑auch Punctus.
◆ im *Sport* Wertungseinheit bei Wettbewerben (↑Punktwertung).
◆ (typograph. P.) Einheitenzeichen p, kleinste Einheit des typograph. Maßsystems für satztechn. Längenangaben, insbes. für Schriftgrößen:
$1 \text{ p} = 1\,000\,333/2\,660\,000\,000 \text{ m} \approx 0,376 \text{ mm}$.
◆ seit 1976 in der BR Deutschland Einheit der Leistungsbewertung im ↑Abitur.

Punktation [lat.] ↑Punktion.

Punktaugen (Einzelaugen, Nebenaugen, Ozellen, Ocelli), bei den Gliederfüßern (v. a. den Tausendfüßern, Spinnentieren und Insekten sowie vielen Larven) neben Facettenaugen vorkommender, noch kein Bildsehen ermöglichender Augentyp: kleine, punktartige, pigmentführende Augen mit jeweils einer Linse als dioptr. Apparat und mehreren, eine Retina bildenden Lichtsinneszellen. Beim Insektengrundtyp stehen drei P. in charakterist. Anordnung zw. den Facettenaugen. Bei Spinnen sind i. d. R. 4, seltener 3, manchmal auch bis 7 Paar P. in für die einzelnen Gatt. charakterist. Anordnung vorhanden, wobei Mittel-(Haupt-) und Seitenaugen (Nebenaugen) unterschieden werden können.

Punktion [lat.] (Punktur, Punktation), Einführen einer Hohlnadel in eine Körperhöhle (z. B. Bauchhöhle, Pleurahöhlen u. a.), ein Gefäß oder ein Organ (z. B. Leber, Niere,

Lymphknoten) mit dem Ziel, durch mehr oder weniger kräftiges Ansaugen Körperflüssigkeit (Blut, Erguß, Gehirnwasser) oder Gewebeteilchen zu Untersuchungszwecken zu entnehmen und/oder Medikamente einzuführen. Eine P. kann unter opt. Kontrolle oder als *Blind-P.* durchgeführt werden.

Punktladung, ein als punktförmig idealisierter elektr. geladener Körper.

Punktrichter ↑Punktwertung.

Punktschreiber ↑Kurvenschreiber.

Punktschweißen ↑Schweißverfahren.

Punktsymmetrie ↑Symmetrie.

punktuelle Abbildung [lat./dt.], eine von bes. Linsen, v. a. von Brillengläsern bewirkte opt. Abbildung, bei der der Astigmatismus schiefer Bündel (↑Abbildungsfehler) weitgehend beseitigt ist.

punktuelle Musik [lat./griech.], Bez. für ↑serielle Musik, in der jeder Ton „Schnittpunkt" mehrerer Reihen ist. Die Bez. deutet auch darauf hin, daß dem Hörer die Musik wie eine Abfolge von einzeln wahrzunehmenden Punkten erscheint, die sich nicht zu (melod.) Linien, Spannungsabläufen usw. zusammenfügen.

Punktur [lat.], svw. ↑Punktion.

Punktwertung, zahlenmäßige Bewertung in allen Sportdisziplinen; P. gibt es v. a. in Mehrkämpfen, Mannschafts- und Vergleichskämpfen speziell der Leichtathletik, wo die Leistungen in **Punkten** nach standardisierten Wertungstabellen errechnet und diese dann addiert werden. Bei Mannschaftsspielen werden nur erzielte Tore gewertet und die Punkte nur in Spielrunden verteilt. Bei Spielen, die nach Punktzahlen entschieden werden (z. B. Volleyball), entscheidet das Erreichen der gesetzten Punktzahl. In Spielen wie Basketball, Rugby, Kegeln ergeben verschieden erzielte Treffer je nach Leistung mehr oder weniger Punkte. In allen Wettbewerben, die nicht durch Stoppuhr, Bandmaß oder Trefferzählung entschieden werden können (u. a. Geräteturnen, Eiskunstlauf, Boxen, Ringen, Wasserspringen, Skispringen) entscheiden **Punktrichter**, die die Leistungen nach verschiedenen Kriterien wie Schwierigkeit, Ausführungen usw. bewerten.
◆ Bewertung im ↑Abitur.

Puno, Hauptstadt des Dep. P. in SO-Peru, 48 500 E. Kath. Bischofssitz, TU; Garnison; Marktort; Hafen am NW-Ufer des Titicacasees. - Stadtkern im Schachbrettgrundriß; Kathedrale (vollendet 1757).

P., Dep. in SO-Peru, an der bolivian. Grenze, 72 382 km², 890 300 E (1981), Hauptstadt Puno. Das Dep. liegt auf dem Altiplano mit dem peruan. Anteil am Titicacasee und reicht im NO auf die O-Abdachung der Anden. Ackerbau und Viehhaltung; etwas Bergbau. - Besteht seit 1858.

Punsch [engl., zu Hindi pamc „fünf"], heiß getrunkenes Getränk aus (urspr.) 5

Puppe. Von links:
Holzgliederpuppe (18. Jh.);
Gliederpuppe mit Wachskopf und
eingesetzten Haaren (um 1870);
Puppe mit Wachskopf, eingesetzten
Haaren und Schlafaugen (um 1893).
Alle Nürnberg, Spielzeugmuseum

Bestandteilen: Rum oder Arrak, Tee, Wasser, Zitrone und Zucker.

Punt, in ägypt. Inschriften häufig gen. Land in Afrika, genaue Lage unbekannt, wohl an der Küste der Somalihalbinsel; stand seit dem 3. Jt. v. Chr. im Handelsverkehr mit den Pharaonen. Berühmt ist die Expedition der Königin ↑ Hatschepsut.

Punta, span. und italien. svw. Kap.

Punta Arenas, chilen. Stadt im Großen Süden, Hafen an der Magalhãesstraße, 62 000 E. Kath. Bischofssitz; Zentrum eines Schafzucht- und Erdölgebiets; internat. ⚓. - Gegr. 1849.

Puntarenas, Hauptstadt der Prov. P. in Costa Rica, 27 500 E. Pazifikhafen; Seebad; Eisenbahnendpunkt.

Punze [italien., zu lat. punctio „das Stechen"], Stempel, Stahlgriffel mit einer oder mehreren Spitzen zum Herstellen bestimmter Treib- und Ziselierarbeiten.
◆ in Metalle eingestanzter Garantiestempel.

Pupienus, Marcus Clodius P. Maximus, * 169 (?), † Rom im Juli 238, röm. Kaiser (238). - Nach dem Tod Gordians I. zus. mit Balbinus vom Senat gegen Gajus Julius Verus Maximinus zum Kaiser erhoben; nach 99tägiger Reg. von den Prätorianern ermordet.

Pupille [lat.], die schwarze Lichteintrittsöffnung (Sehöffnung, Sehloch) des ↑ Auges der Wirbeltiere (einschl. Mensch) inmitten der Regenbogenhaut (Iris).

Pupillenreaktion (Pupillenreflex), (Lichtreaktion, Irisreflex) ein Fremdreflex, der bei Belichtung des Auges eine Verengung der Pupille bewirkt.

◆ (Lidschlußreaktion, Lidschlußreflex) reflexhafte Pupillenverengung bei kräftigem oder zwangsweisem Lidschluß.

Pupin, Mihajlo [engl. pju:'pi:n, serbokroat. 'pupin], * Idvor (Banat) 4. Okt. 1858, † New York 12. März 1935, jugoslaw. Elektrotechniker. - Prof. an der Columbia University, New York. P. führte 1899 die Selbstinduktionsspule *(Pupin-Spule)* zur Verbesserung der Übertragungsgüte von Fernsprech- und Telegrafieleitungen ein (Pupinisierung).

Puppe [lat.], Nachbildung der menschl. Gestalt für kult. oder mag. Zwecke, als Figurine für das ↑ Puppenspiel und schließl. als Kleider- und Schaufensterpuppe. - Aus dem Altertum sind P. v. a. als Grabbeigaben überliefert (Ägypten, Griechenland, Rom). In Europa werden P. z. T. bis heute als Votivgaben, Prozessionsfiguren und für Fruchtbarkeits-, Abwehr- oder Schadenzauber (Rachepuppen) verwendet. Die **Spielzeugpuppen** kennen fast alle Völker. Alte dt. Bez. sind *Docke* (oder *Tocke);* Ton-P. sind aus dem MA überliefert; spätere P. sind aus Holz und steif, wie etwa die Fatschendocke, oder bewegl. (Glieder-P.), wie z. B. die P. der Barockzeit, die Sonneberger Holzgelenkdocken oder die Grödnertaler Puppen. Daneben gibt es weiterhin die hausgefertigten P. aus Stoff, Holz, Binsen usw. Im 19. bzw. 20. Jh. kam als Material v. a. für Köpfe und Hände Papiermaché, Porzellan, Biskuitporzellan, Zelluloid, Gummi und verschiedene Arten von Kunststoff hinzu. - P. stellten urspr. Erwachsene dar; erst Mitte des 19. Jh. kam die Baby-P. auf. Anfang des 20. Jh. begann die Serie der Charakter- und Künstler-P. u. a. von K. Kruse, E. König di Scavini (Firma Lenci Soc.) und S. Morgenthaler. In Japan mit seiner differenzierten P.kultur gibt es (wie z. B. auch im alten Rom) ein eigenes P.fest (Hina matsuri am 3. März).
📖 Cieslik, J./Cieslik, M.: Ciesliks Lex. der dt. P.industrie. Jülich 1984. - Cieslik, M./Cieslik, J.: Puppen. Europ. Puppen v. 1800 bis 1930. Mchn.

Puppenfilm

Puppe. Von links: freie, Tönnchen-, Mumienpuppe

1979. - Baker, R.: Einf. in die Gesch. der Puppen u. Puppenhäuser. Dt. Übers. Wsb. 1978.

◆ (Pupa, Chrysalide, Chrysalis) letztes, aus dem letzten Larvenstadium hervorgehendes Entwicklungsstadium der Insekten mit vollkommener Verwandlung. Nach Entleerung des Darminhalts, Einstellung der Nahrungsaufnahme und Erreichen eines geeigneten Verpuppungsorts kommt die verpuppungsreife Larve zur Ruhe. Noch unter der Larvenkutikula werden die Anlagen für die Körperanhänge des Vollinsekts (Fühler, Flügel, Beine) ausgestülpt. Nach der Häutung (**Verpuppung**) zeigt die P. bereits die Gliederung und Anhänge des voll ausgebildeten Insekts. Die P. stellt ein Ruhestadium mit aufgehobener oder zumindest eingeschränkter Bewegungsfähigkeit dar. Im Verlauf der tiefgreifenden inneren Metamorphose werden die larvalen Organe ab- und die imaginalen aufgebaut. - Zum Schutz der P. kann die verpuppungsreife Larve in Erde, Mulm oder Holz Höhlungen als **Puppenwiegen** anlegen (z. B. bei Bockkäfern), deren Innenwandung meist bes. geglättet und durch Speichelsekret oder Kot erhärtet ist, oder sie kann sich in einen Puppenkokon einspinnen.

◆ (Rundhocke) in der *Landw.* die kegelförmige Aufstellung von 4–8 Getreidegarben zum Trocknen, wobei eine letzte Garbe umgekehrt über die anderen gestülpt wird; im Ggs. zur **Stiege** *(Mandel)* mit satteldachförmiger Längsaufstellung (Reihenhocke) von 4–8 Garbenpaaren.

Puppenfilm ↑ Trickfilm.

Puppenräuber (Kletterlaufkäfer, Calosoma), in Europa verbreitete Gatt. der Laufkäfer mit vier einheim., 1,2–3,2 cm langen, metall. grün bis kupferig glänzenden Arten; Imagines und Larven klettern auf Bäume und Sträucher und sind nützl. durch Jagd auf Schmetterlingsraupen und andere Insekten.

Puppenschnecke (Tönnchenschnecke, Getreideschnecke, Abida frumentum), bis 8 mm lange, hellbraune Landlungenschnecke, v. a. an sonnigen Rasenabhängen kalkhaltiger Böden Europas (bes. in den Kalkalpen); Gehäuse längl.-eiförmig.

Puppenspiel (Puppentheater), ein als Figurentheater bezeichnetes Spiel mit Puppen oder anderen mechan. bewegten Figuren auf fiktiver Bühne. Man unterscheidet P. mit plast. Figuren (↑ Marionetten, ↑ Handpuppen, Stock- oder Stabpuppen) und P. mit bewegl. oder starren Flachfiguren: Schattenspiel, Modell- oder Papiertheater. Das P. ist allen Dramenformen zugängl., bevorzugt aber v. a. volkstüml. Stoffe. Es hat in seiner Entwicklung eine Fülle feststehender, meist lustiger Figuren ausgebildet, z. B. Kasperl oder Pulcinella. Durch Frage und Antwort, der Zuweisung einer Aufpasserfunktion u. a. wird das Publikum bes. beim Kasperltheater ins Spiel einbezogen. Das P. ist beliebt als urspr. Form des Kindertheaters und kann pädagog. und auch therapeut. Zwecken nutzbar gemacht werden.

Geschichte: Nachweise für bewegl. Puppen gibt es bereits aus dem alten Ägypten. Im MA sind Krippenspiele als P. bezeugt. Seit dem 15. Jh. wurden P. zur festen Einrichtung auf Kirchweihplätzen und Jahrmärkten, später traten sie auch in Bürgerhäusern auf. In England entstanden schon Ende des 16. Jh., in Frankr. im 17. Jh. feste P.theater (in Deutschland erst 1802; ↑ Hänneschen-Theater). Seit Ende des 17. Jh. interessierten sich Adel und Bürgertum im Gefolge der Chinoiseriemode auch für das Schattenspiel. In der Romantik wurde dem P. wie der Volkskunst überhaupt große Beachtung zuteil (Arnim, Kleist, Mörike), es wurde z. T. auch literar. umgesetzt (Tieck, Brentano). Mitte des 19. Jh. erneuerte F. Graf Pocci das P. unter pädagog. Zielsetzung. Im 20. Jh. erlebte das P. durch die Zusammenführung von Einflüssen des asiat. P. und der modernen bildenden Kunst eine neue Blütezeit. Seit 1949 besteht in Bochum das „Dt. Institut für Puppenspiel".

☐ *Arndt, F.: Das Hand-P. Kassel* [7]*1980. - Rambert, M.: Das P. in der Kinderpsychotherapie Basel* [2]*1977. - Böhmer, G.: Puppentheater. Mchn.* [3]*1976. - Stimmen, R./Bezzola, L.: Die Welt im P. Zürich 1972.*

Pupper von Goch, Johann ↑ Johann Pupper von Goch.

Puppis [lat.] ↑ Sternbilder (Übersicht).